AN

INDEX

TO THE

PEDIGREES AND ARMS

CONTAINED IN THE

HERALDS' VISITATIONS,

AND OTHER GENEALOGICAL MANUSCRIPTS

IN THE

British Museum.

BY R. SIMS.

Baltimore
GENEALOGICAL PUBLISHING COMPANY
1970

Originally Published
London, 1849

Reprinted
Genealogical Publishing Company
Baltimore, 1970

Standard Book Number 8063-0400-6
Library of Congress Catalog Card Number 73-113835

Made in the United States of America

INTRODUCTION.

In submitting the present compilation to the indulgent notice of the Antiquarian, it is hoped that it may be found greatly to facilitate Genealogical research, and prove no unwelcome companion to the very useful work entitled "A Catalogue of the Heralds' Visitations in the British Museum," by that learned and enterprising Antiquary, the late Sir N. Harris Nicolas.

Upwards of two hundred of the most important Manuscripts mentioned in that work have been Indexed, together with many others which have been added to the National Collection since the period of its publication.

A list of these Manuscripts will be found prefixed to the present volume.

In consulting the Index it will be necessary to observe, that,

I. The names printed in Italics are references to Coats of Arms only.

II. The numbers are to be considered as always referring to Manuscripts in the Harleian Collection, unless otherwise specified.

London,
July 5th, 1849.

LIST OF THE

MANUSCRIPTS INDEXED.

COTTON. MS. JULIUS F. VIII.
    Huntingdonshire.
LANSDOWNE MSS.
  864. Bedford.
  880. Oxford.
EGERTON MS.
  996. Derby.
HARLEIAN MSS.
  155. Suffolk.
  615. Shropshire.
  774. Cheshire.
  808. Oxford.
  810. Leicester.
  886. { Derby. Nottingham. Stafford.
  887. Essex.
  888. { Dorset. Wilts.
  889. Devon.
  890. { Huntingdon. Northampton.
  891. { Lancashire. Suffolk.
 1041. Gloucester.
 1043. { Cambridge. Worcester.
 1045. Cheshire.
 1046. { Dorset. Surrey.
 1068. Rutland.
 1075. Huntingdon.
 1076. Sussex.
 1077. Stafford
 1079. Cornwall.
 1080. Devon.
 1081. Berks.
 1082. Nottingham.
 1083. Essex.
 1084. { Northampton. Sussex.
 1086. London.
 1091. Devon.
 1092. Dorset.
 1093. Derby.
 1094. { Northampton. Rutland.
 1095. Oxford.
 1096. London.
 1097. { Bedford. Lincoln. Oxford.
 1100. Warwick.

HARLEIAN MSS.—*continued.*
 1102. Bucks.
 1103. Suffolk.
 1106. Kent.
 1111. Wilts.
 1135. Sussex.
 1136. Bucks.
 1137. Essex.
 1138. Northampton.
 1139. { Berks. Bucks. Hampshire.
 1140. Hereford.
 1141. Somerset.
 1142. Cornwall.
 1147. Surrey.
 1149. Cornwall.
 1151. Bucks.
 1153. { Derby. Dorset. Durham. Northumberland.
 1159. Hereford.
 1162. Cornwall.
 1163. Devon.
 1164. { Cornwall. Devon.
 1165. Wilts.
 1166. Dorset.
 1167. Warwick.
 1168. Durham.
 1171. { Durham. Northampton. Northumberland. York.
 1173. Stafford.
 1177. { Norfolk. Suffolk.
 1179. Huntingdon.
 1180. Leicester.
 1181. Wilts.
 1184. { Northampton. Rutland.
 1187. { Leicester. Northampton.
 1188. Northampton.
 1189. Leicester.
 1190. Lincoln.
 1191. Gloucester.
 1193. Bucks.
 1194. Sussex.
 1195. { Leicester. Warwick.

HARLEIAN MSS.—*continued.*
 1196. Kent.
 1234. { Bucks. Cumberland. Hertford. Westmoreland.
 1241. Shropshire.
 1352. Worcester.
 1374. { Cumberland. Westmoreland.
 1385. Somerset.
 1386. Rutland.
 1390. Bedford.
 1391. Bucks.
 1394. York.
 1396. Shropshire.
 1397. { Durham. Surrey.
 1398. Essex.
 1399. Devon.
 1400. Nottingham.
 1401. Cambridge.
 1406. Sussex.
 1412. Oxford.
 1415. { Stafford. York.
 1420. York.
 1424. Cheshire.
 1429. Bucks.
 1430. Surrey.
 1431. Leicester.
 1432. { Essex. Kent.
 1433. { Hertford. Surrey.
 1435. Westmoreland.
 1437. Lancashire.
 1439. Stafford.
 1442. Hereford.
 1443. Wilts.
 1444. London.
 1445. Somerset.
 1448. Northumberland.
 1449. Suffolk.
 1451. Dorset.
 1457. Cumberland.
 1463. London.
 1468. { Lancashire. Middlesex.
 1472. Shropshire.
 1476. London.
 1480. Oxford.
 1483. Berks.

HARLEIAN MSS.—*continued.*

1484. Derby. Essex. Kent. Lincoln. Suffolk. Sussex.
1486. Derby. Worcester.
1487. York.
1499. Nottingham. York.
1504. Hertford.
1505. Cheshire.
1530. Berks.
1531. Bedford.
1532. Berks.
1533. Bucks.
1534. Cambridge.
1535. Cheshire.
1536. Cumberland. Westmoreland.
1537. Derby.
1538. Devon.
1539. Dorset.
1540. Durham.
1541. Essex.
1542. Essex.
1543. Gloucester.
1544. Hampshire.
1545. Hereford.
1546. Hertford.
1547. Hertford.
1548. Kent.
1549. Lancashire.
1550. Lincoln.
1551. Middlesex.
1552. Norfolk.
1553. Northampton.
1554. Northumberland.
1555. Nottingham.
1556. Oxford.
1557. Oxford.
1558. Rutland.
1559. Somerset.
1560. Suffolk.
1561. Surrey.
1562. Sussex.
1563. Warwick.
1564. Westmoreland.
1565. Wilts.

HARLEIAN MSS.—*continued.*

1566. Worcester.
1567. Devon.
1570. Stafford.
1820. Suffolk.
1982. Shropshire.
2055. Cumberland. Westmoreland.
2076. Cheshire. Lancashire.
2086. Lancashire.
2109. Bedford.
2113. Derby. Stafford.
2119. Cheshire.
2134. Derby.
2142. Cheshire.
2163. Cheshire.
2186. Dorset.
2187. Cheshire.
2198. Cambridge. Kent.
2230. Cheshire.
3288. Devon.
3391. Cumberland. Rutland.
4031. Cornwall.
4108. Bedford. Berks. Kent.
4109. Sussex.
4600. Bedford.
4630. York.
4755. Norfolk.
5181. Bucks.
5182. Cheshire.
5184. Wilts.
5185. Devon.
5186. Bedford.
5187. Oxford.
5189. Norfolk.
5822. Berks.
5823. Norfolk.
5832. Bucks.
5840. Devon.
5865. Hampshire.
5868. Bucks.
5871. Devon.
6065. Essex.
6093. Norfolk.

HARLEIAN MSS.—*continued.*

6104. Derby. Stafford.
6125. Leicester.
6128. Stafford.
6147. Hertford.
6159. Lancashire.
6164. Sussex.
6166. Norfolk. Oxford.
6172. Shropshire.
6173. Berks.
6183. Leicester.
6592. Derby.
6769. 6770. 6774. 6775. 6830. Cambridge.

ADDITIONAL MSS.

4961. Berks.
4962. Cambridge.
4963. Surrey.
4964. Middlesex.
5507. Kent.
5526. Kent.
5529. Cheshire.
5532. Kent.
5533. London. Surrey.
11,388. Norfolk. Oxford.
12,477. Lancashire. Northumberland. Somerset.
12,478. Surrey.
12,479. Berks. Gloucester. Worcester.
14,283. Berks.
14,284. Berks.
14,288. Devon.
14,307. Kent.
14,311. Surrey.
14,314. Shropshire.
14,315. Cornwall. Devon. Dorset. Somerset.
16,279. Kent.

INDEX

TO THE

PEDIGREES AND ARMS

CONTAINED

IN THE HERALDS' VISITATIONS

IN

THE BRITISH MUSEUM.

BEDFORDSHIRE.

ABBIS, 1390. fo. 32.

ACTON, 2109. fo. 61*b*.

——— or, ATTON, *Lord Vessey*, 2109. fo. 65.

Acton, 4108. fo. 52.

ALSTON, *of Odell or Woodhall, fr. Co. Suff.* 1390. ff. 25*b. 26(b.)   1531. fo. 162*b*.   4600. p. 69*b*.

ALWAY, *of Streatley, fr. Co. Dev.* 1097. fo. 31*b*. 1390. fo. 20*b*.   1531. fo. 13.   2109. fo. 28*b*. 4600. p. 40.   5186. p. 4.   Lansd. MS. 864. p. 40.

Alway, 4108. fo. 52.

ANDERSON, 1487. fo. 238*b*.

Andersonne, 2109. fo. 2.

ANDREWS, 2109. fo. 61*b*.

ANSCELL, *or*, ANSTELL, *of Barford, fr. Co. Dev.* 1097. fo. 23.   1390. fo. 12.   1531. fo. 45*b*. 2109. fo. 20.   4600. p. 23.   5186. p. 7. Lansd. MS. 864. p. 23.

Ansell, 4108. fo. 52.

ARDERNE, *or*, ARDEN, *of Hawnes, fr. Co. Chesh.* 1097. fo. 32.   1390. fo. 21.   1531. f. 12*b*. 2109. fo. 29.   4600. p. 41.   5186. p. 5. Lansd. MS. 864. p. 41.

Arderne, of Hakins, 4108. fo. 52.

ARUNDELL, *Earl of*, 2109. fo. 72*b*.

Ashfeild, 4108. fo. 52.

ASHLEY, 2109. fo. 63*b*.

ASTON, *of Tirhall*, 2109. fo. 84*b*.

ASTREY, *or*, AUSTREY, *of Harlington, fr. Co. Herts.* 1097. fo. 30*b*.   1390. fo. 19*b*.   1531. fo. 13*b*.   2109. fo. 27*b*.   4600. p. 38. 5186. p. 6.   Lansd. MS. 864. p. 38.

Astrey, 4108. fo. 52.

ATHENRY, *Baron, v.* BRIMINCHAM.

ATTON, *v.* ACTON.

AUDLEY, *of Houghton Conquest, fr. Co. Ess.* 1531. fo. 104.   4600. p. 71*b*.

Audley, 1390. fo. 31*b*.

Annesley, or, Aunsley, Visct. Mountnorris, 2109. fo. 48.

AUSTREY, *v.* ASTREY.

AYLEWORTH, 2109. fo. 92*b*.

BAA, 1531. fo. 1.

BADWELL, *of Badwell*, 1531. fo. 10*b*.   2109. fo. 31.   4600. p. 25.

BANESTER, *fr. Co. Lanc.* 1531. fo. 158.

Bardolffe, 1531. fo. 1.

Barington, 4108. fo. 52.

Barington, v. MORE.

BARKLEY, *of Stocke*, 2109. fo. 85.

BARNARDISTON, *of Norrell, fr. Co. Suff.* 1097. fo. 30.   1390. fo. 19.   1531. fo. 17.   2109. fo. 27.   4600. p. 37.   5186. p. 9.   Lansd. MS. 864. p. 37.

Barnardiston, 4108. fo. 52*b*.

BARNEHOUSE, 2109. fo. 90.

BARRY, 2109. fo. 63.

BASINGBORNE, 2109. fo. 72*b*.

BASSETT, *of Flamborough*, 2109. fo. 73*b*.

BAWDE, *of Harwold, fr. Co. Herts.* 1097. fo. 13*b*.   1390. fo. 2*b*.   2109. fo. 9*b*.   4600. p. 4. 5186. p 8.   Lansd. MS. 864. p. 4.

Bawde, 4108. fo. 52*b*.

BEAUCHAMP, *Baron Bedford*, 1531. fo. 135. 2109. fo. 85.

BEAUPLE, 1097. fo. 13.   1390. fo. 2.   1531. fo. 152.   2109. fo. 9.   4600. p. 2. Lansd. MS. 864. p. 3.

Becher, of Howbery, 1390. fo. 32.   1531. fo. 169 4108 fo. 52*b*.

Bedell, of Wootton, 1531. fo. 1*b*.

BEDFORD, *Earl of, v.* RUSSELL.

——— *Baron, v.* BEAUCHAMP.

Bellsonne, 4108. fo. 52.

Benger, 4108. fo. 52.

BENINDEN, 2109. fo. 55*b*.

Beresford, 5186. p. 58.

B

BERNAKE, *or*, BERNACKE, 1097. fo. 13.　1390.
　　fo. 2.　　1531. fo. 151*b*.　　2109.　fo. 9.
　　4600. p. 3. Lansd. MS. 864. p. 3.
Beverley, 4108. f. 52*b*.
BIRCHE, *fr. Co. Lanc.* 2109. fo. 40.　　4600. p. 61.
Bletso, of Wimington, 1531. fo. 2.　　4600. p 83.
BLEVERHASSET, *of Blomham, fr. Co. Norf.* 1531.
　　fo. 120.
BLOYON, *of Cornwall*, 1097. fo. 13.　　1390. fo. 2.
　　1531. fo 152.　　2109. fo. 9.　　4600. p. 3.
　　Lansd. MS. 864. p 3.
BLUNDELL, *of Carrington*, 1531. fo. 123*b*.
BOCKING, 2109. fo 58*b*.
BOLNEHURST, 4600. p. 67.
Bolsworth, of Layton, 1390. fo. 32.
BONVILLE, 2109. fo. 90.
BOOTHE, *of Sawleferry, Co. Derb.* 1531. fo. 62*b*.
　　2109. fo. 14*b*.　　4600. p. 14.　　Lansd. MS.
　　864. p. 14.
BOSGRAVE, *of Ranhall, fr. Godmanston, Co. Som.*
　　1097. fo 19*b*.　　1390. fo 8*b*　　1531. fo. 55*b*.
　　2109. fo. 16*b*.　　4600. p. 16*b*.　　5186. p.
　　32.　　Lansd. MS. 864. p. 16.
Bosgrave, 4108. fo 52.
BOTELER, *v.* BUTLER.
BOULSTRODE, 1102. fo. 121*b*.　　1139. fo. 50*b*.
　　1391. fo. 123.　　5181. p. 81.
BOYLE, *Earl of Cork*, 2109. fo. 47.
BOZOM, 2109. fo. 62.
BRABAZON, *Earl of Eastmeath*, 2109. fo. 47*b*.
Bradley, 4108. fo 52.
BRAY, 1531. fo. 125*b*.
Bray, of Eaton, 4108. fo. 52*b*.
Braybrooke, 3186. p. 58.
BRAYLES, *v.* COTLIF.
BRENCHLEY, *of Beninden, fr. Kent*, 2109. fo. 56.
Brenker, 1531. fo 1.
BRESSEY, *of Wotton, fr. Cheshire*, 1390. fo. 26.
　　b(*b*.)
Bressey, 1390. fo. 31*b*.
BRIDMAN, 1559. fo. 224.
Brigtrige, 4108. fo. 52.
BRIMINCHAM, *Bar. Athenry*, 2109. fo. 52.
BRISCO, *of Aldenham, Co. Hertf.* 5186. p. 50.
BROMHALL, *of Stevington*, 1531. fo. 114*b*.　　4600.
　　p. 78*b*.
Bromhall, 1390. fo. 31.　　4108. fo. 52.
BROOKE, 2109. fo. 14*b*.　　4600. p. 14.　　Lansd.
　　MS. 864. p. 15.
BROOKE, *Lord Cobham*, 2109. fo. 62*b*.
Brookes, 4108. fo. 52.
BROUGHTON, *of Tuddington*, 1097. fo 12*b*　　1390.
　　fo. 1*b*.　　1531. fo. 151*b*.　　2109 fo. 9.　　4600.
　　p. 3.　　5186. p. 12.　　Lansd. MS. 864. p. 2.
BRUDNELL, 2109. ff. 32*b*. 76*b*.
BRYDIMAN, *of Tingrave*, 1531. fo. 159*b*.
Bryers, 1390. fo. 32*b*.　　4108. fo. 52*b*.
Buckhurst, Lord. v. Sackville.
Buckley, 4108. fo. 52.
BULKLEY, *of Odell, fr. Co. Chesh.* 1531. fo. 128*b*.
Bulkeley, 5186. p. 58.
BULLEN, 2109. fo. 80*b*.
BULMER, 2109. fo. 71*b*.
BURGH, *Earl of Ulster*, 2109. fo. 81*b*.
BURGOYNE, *of Sutton*, 1097. fo. 26.　　1390. fo.
　　15.　　1531. fo. 31*b*.　　2109. fo. 23.　　4600.
　　p. 29.　　5186. p. 31.　　Lansd. MS. 864. p.
　　29.
Burgoyne, 4108. fo. 52.

BURLEIGH, *Lord*, *v.* CECILL.
BURNELL, *Lord*, 2109. fo. 85.
BURWASH, 2109. ff. 81*b*. 83.
BURY, *of Tuddington, fr. Bury Hall, Co. Lanc.*
　　1097. fo. 29*b*.　　1390. fo. 18*b*.　　1531. ff.
　　17*b*. 19.　　2109. fo. 26*b*.　　4600. p. 36.
　　5186. p. 15.　　Lansd. MS. 864. p. 36.
Bury, 4108. fo. 52.
BUTLER, *Earl of Ormond*, 2109. fo. 82*b*.
―――― *Baron Sudley*, 1531. fo. 125*b.
―――― *of Biddenham*, 1097. fo. 14*b*.　　1390.
　　fo. 3*b*.　　1531. fo. 86*b*.　　2109. fo. 10*b*.
　　4600. pp. 6*b*. 80.　　5186. p. 10.　　Lansd.
　　MS. 846. p. 6.
Butler, of Biddenham, 2109. fo. 2*b*.　　4108. fo.
　　52*b*.
BUTLER, *or*, BOTELER, *of Sharnebrooke, fr. Yatton*,
　　1097. fo. 14.　　1390. fo. 3.　　1531. fo. 84.
　　2109. fo. 10.　　4600. pp. 5. 6. 66*b*.　　5186.
　　p. 11.　　Lansd. MS. 864. p. 5.
Button, of Wotton, 1390. fo. 31*b*.
CARLINGFORD, *v.* SWYFT.
CARTER, *of Higham and Offley*, 1531. fo. 186*b*.
Carter, of Kempston, 1390. fo. 31.
CARY, *Lord Hunsdon*, 2109. fo. 2.
CATELIN, *or*, CATLYN, *of Newenham, fr. Raundes,*
　　Co. Northampt. 1097. fo. 36.　　1531. fo. 10.
　　2109. fo. 32.　　4600. p. 47.　　5186. p. 46.
　　Lansd. MS. 864. p. 48.
Cattlyn, 4108. fo. 52*b*.
CAULFIELD, *Baron*, 2109. fo. 54.
CAVE, 2109. fo. 76.
CECILL, *Lord Burleigh*, 2109. fo. 91*b*.
CHALLONS, 2109. fo. 90.
CHAMBERLAIN, *or*, SPICER, *of Normanton*, 1531.
　　fo. 93*b*.
CHARNOCK, *of Holcott*, 1097. fo. 31.　　1390. fo.
　　20.　　1531. fo. 16.　　2109. fo. 28.　　4600.
　　p. 39.　　Lansd. MS. 864. p. 39.
Charnock, 4108. fo. 52*b*.
CHAUSER, 2109. fo. 90*b*.
Chaworth, Baron, 2109. fo. 50.
Chenay, 4108. fo. 52.
CHENEY, *of Chesham*, 2109. fo. 32*b*.
―――― *or*, CHEYNEY, *of Tuddington, fr. Shep-*
　　pey, Co. Kent, 1097. fo. 12*b*.　　1390. fo. 1*b*.
　　2109. ff. 8*b*. 9. 91(*a*. *b*.)　　4600. p. 2.　　5186.
　　p. 13.　　Lansd. MS. 864. p. 2.
Cheney, 4108. fo. 52*b*.
CHESHAM, *of Chesham Bois*, 2109. ff. 32*b*. 91.
CHESHUNT, 2109. fo. 61.
CHESTER, *of Filsworth, fr. London*, 1531. fo. 154.
CHEYNEY, *v.* CHENEY.
CHIBNALL, *of Felmersham, fr. Astwood, Co.*
　　Bucks. 1097. fo. 20*b*.　　1390. fo. 9*b*.　　1531.
　　fo. 53.　　2109. fo. 17*b*.　　4600. p. 18.
　　5186. p. 33..　　Lansd. MS. 864. p. 18.
Chibnall, 4108. fo. 52*b*.
Childe, 1390. fo. 31.
Christi, 1390. fo. 33.
Clarke, 2109. fo. 2.　　4108. fo. 52*b*.
CLESBYE, 2109. fo. 72.
CLIFFORD, 2109. ff. 57(*a*. *b*.)
CLODESHALL, 2109, fo. 92*b*.
Clopton, 1531. fo. 1.
COBBE, *of Sharnebrook, fr. Sentringham, Co.*
　　Norf. 2109. fo. 35.　　4600. p. 53.
Cobbe, 4108. fo. 52*b*.
COBHAM, *Lord*, *v.* BROOKE.

COCKAYNE, *of Cockayne Hatley*, 1097. fo. 32*b*. 1390. fo. 21*b*. 1531, fo. 7*b*. 2109. ff. 29*b*. 33*b*. 34. 4600. pp. 42. 51. 5186. p. 17. Lansd. MS. 864. p. 42.
Cockney, of Ratley, 4108. fo. 52*b*.
COCKSEY, 2109. fo. 73.
COLBECK, *of Tempsford*, 1097. fo. 25. 1390. fo. 13. 2109. fo. 22. 1531. fo. 39. 4600. p. 27. 5186. p. 29. Lansd. MS. 864. p. 27.
Colbeck, 4108. fo. 52*b*.
COLVILE, 2109. fo. 64*b*.
CONQUEST, *of Houghton Conquest*, 1097. fo. 29. 1390. fo. 18. 1531. fo. 22. 2109. fo. 26. 4600. p. 35. 5186. p. 26. Lansd. MS. 864. p. 35.
Conquest, 2109. fo. 2*b*. 4108. fo. 52*b*.
CONSTANTINE, *v.* MORTIMER.
CONYERS, 2109. ff. 64 (*a. b.*) 72.
——— *Lord*, 2109. fo. 71*b*.
COOKE, 2109. fo. 89*b*.
Copley, of Southill, 1531. fo. 1.
CORKE, *Earl of, v.* BOYLE.
CORNWALLIS, 2109. fo. 72*b*.
Cotes, 5186. p. 58.
COTLIF, *or*, BRAYLES, 2109. fo. 61*b*.
COTTENHAM, *Baron, v.* STOTEVILLE.
COXE, *of Hanwell*, 2109. fo. 89*b*.
CRAWLEY, *of Someries*, 1531. fo. 157. 4600. p. 27.
CRAYFORD, *of Much Moungam*. 1531. fo. 140*b*.
CREEKE, *of Bolnehurst, jr. Rickmansworth, Co. Herts*. 1097. fo. 21. 1390. fo. 10. 1531. fo. 54*b*. 2109. fo. 18. 5186. p. 34. Lansd. MS. 864. p. 19.
CRESSEY, *of Hodstock*, 2109. fo. 75*b*.
CREWS, 2109. fo. 61*b*.
Croftes, 2109. fo. 2.
Croke, 4108. fo. 52*b*.
CROXHULL, 2109. fo. 81*b*.
CULPEPER, *of Exton*, 2109. fo. 80.
CUMBERTON, 2109. fo. 61.
DARCEY, 2109. fo. 71*b*.
DALBY, 2109. fo. 60*b*.
DANIELL, 2109, ff. 62. 90*b*.
DARNLEY, *Lord, v.* STEWARD.
Day, of Thurley, 1390. fo. 31.
DELABARRE, 2109. fo. 8.
DELAWARE, *Lord, v.* WEST.
DENBIGH, *Earl of, v.* FEILDING.
DENNIS, *of Camraleigh*, 2109. fo. 90.
DENSTON, 2109. fo. 9. 4600. p. 2.
DESMOND, *Earl of, v.* FITZGERALD.
DICK, 2109. fo. 56*b*.
DICKONS, *of Marston*, 1531. fo. 98.
DIKONS, *of Samford*, 2109. fo. 91*b*.
DIVE, *or*, DYVE, *of Bromham, fr. Co. Northampt*. 1097. fo. 23*b*. 1390. fo. 13*b*. 2109. fo. 20*b*. 4600. fo. 24. 5186. pp. 19. 20. Lansd. MS. 864. p. 24.
Dive, 2109. fo. 2*b*. 4108. fo. 53.
Downes, 4108. fo. 53.
Drayton, 1531. fo. 15.
Dride, 4108. fo. 53.
DRURY, *of Rougham*, 2109. fo. 44*b*.
Drury, 5186. p. 58.
DRYLAND, *of Devington*, 2109. fo. 75.
DUDLEY, *Lord, v.* SOMERY.
——— *of Harwold, jr. Co. Northampt*. 1531. fo. 145*b*.

DUKE, 2109. fo. 56.
DUNCOMBE, *of Badlesdon, fr. Much Brickhill*, 1531. fo. 152*b*.
Duncombe, 4108. fo. 53.
DUNSANY, *Baron, v.* PLUNKET.
Dyckins, 4108. fo. 53.
Dyer, 2109. fo. 2.
DYVE, *v.* DIVE.
EASTMEATH, *Earl of, v.* BRABAZON.
EDENSOR, 2109. fo. 58.
Edwards, 1390. fo. 31. 1531. fo. 169*b*. 4108. fo. 53.
EFFINGHAM, *Baron, v.* HOWARD.
Egerton, 2109. fo. 2.
ELRINGTON, 2109. fo. 89*b*.
ENDERBY, *of Stratton*, 1531, fo. 27*b*. 2109. fo. 21.
ENGAYNE, 2109. fo. 92.
ESTON, *of Holme*, 1097. fo. 28. 1390. fo. 17. 1531. fo. 25*b*. 2109. fo. 25. 4600. p. 33. 5186. p. 48. Lansd. MS. 864. p. 33.
Eston, 4108. fo. 53.
ESTOTEVILLE, *v.* STOTEVILLE.
EURE, 2109. fo. 65.
EVERARD, *of Beeston, fr. London*, 1097. fo. 25*b*. 1390. fo. 14*b*. 1531. fo. 34*b*. 4600. p. 28. 5186. p. 30. Lansd. MS. 864. p. 28.
Everard, 4108. fo. 53.
Ewer, of Luton, 1390. fo. 31*b*.
FALDO, *of Okley*, 1531. fo. 93*b*. 2109. fo. 39. 4600. p. 59.
Faldo, 4108. fo. 53.
Farrar, of Harrald, 4108. fo. 53.
FAWSETT, *of Norwich*, 1531. fo. 93*b*.
Fayrey, 1531. fo. 1.
FEILDING, *Earl of Denbigh*, 2109. fo. 46.
FENINGHAM, 2109. fo. 82.
FERNLEY, 2109. fo. 76*b*.
FERRERS, *Lord*, 2109. ff. 66. 81*b*.
——— *of Locksley*, 2109. fo. 68*b*.
——— *of Tamworth*, 2109. fo. 84*b*.
FINEUX, 2109. fo. 51.
FISHE, *of Southill*, 1531. fo. 146*b*.
Fishe, of Bekeswade, 1390. fo. 32.
FISHER, *of Alderways*, 2109. ff. 66(*a. b.*) 68*b*.
FITZ-GEFFEREY, *of Blackburn Hall*, 1097. fo. 16. 1390. fo. 5. 2109. fo. 12. 1531. fo. 74*b*. 4600. p. 9. 5186. p. 27. Lansd. MS. 864. p. 9.
——— *of Clapham*, 1097. fo. 22*b*. 1390. fo. 11*b*. 2109. fo. 19*b*. 1531. fo. 50*b*. 4600. p. 22. 5186. p. 27.
Fitz-Gefferey, 4108. fo. 53.
FITZ-GERALD, *Earl of Desmond*, 2109. ff. 82*b*. 83*b*.
FITZ-HENERY, *of Camelton, fr. Co. Ess*. 1531. fo. 112*b*.
FITZ-HUGH, *of Wildon*, 1097. fo. 21*b*. 1390. fo. 10*b*. 1531. fo. 52. 2109. fo. 18*b*. 4600. p. 20. 5186. p. 25. Lansd. MS. 864. p. 20.
FITZ-OTTES, 2109. p. 85.
Fitz-Peter, 5186. p. 58.
FITZ-RAPHE, 2109. fo. 82.
FITZ-THOMAS, *Earl of Kildare*, 2109. fo. 83(*a. b.*)
FITZ-WALTER, *Lord, v.* RATCLIFFE.
Fitz-Warin, 5186. p. 58.

FITZ-WILLIAMS, *of Kempston, fr. Co. York*, 1531.
ff. 93. 135*b*.   2109. fo. 42.   4600. p. 64.
———— *Baron Greystock*, 2109. fo. 68*b*.
Fitz-Williams, of Clayworth, 4108. fo. 53.
FLAMSTEAD, *Earl of*, 2109. fo. 84*b*.
Fletwood, 2109. fo. 2.
Flytweeks, 1531. fo. 1.
FOLCARD, *of Sperham*, 2109. fo. 62*b*.
FOLIOTT, 2109. fo. 43*b*.   1531. fo. 37.   Add.
MS. 16,279. p. 359.
FORSTER, *or*, FOSTER, *of Stony Stratford, Co.
Bucks.* 1097. fo. 12*b*.   1390. fo. 1*b*.   1531.
fo. 151*b*.   2109. fo. 9.   4600. p. 3.   Lansd.
MS. 864. p. 2.
FORTESCUE, *of Salden, Co. Bucks., fr. Co. Herts.*
5186. p. 3.
Foulthorpe, 1531. fo. 1*b*.
Fountayne, of Salle, 1390. fo. 32*b*.
FOWLER, *of Tillesworth, fr. Co. Oxon.* 1097. fo.
28*b*.   1390. fo. 17*b*.   1531. fo. 20*b*.
2109. fo. 25*b*.   4600. p. 34.   5186. p. 42.
Lansd. MS. 864. p. 34.
Fowler, of Ricott, 4108. fo. 53.
Foxcott, 5186. p. 58.
FRANCKLIN, *of Thurley, fr. Co. York.* 1097. fo.
16*b*.   1390. fo. 5*b*.   1531. fo. 68.   2109.
fo. 12*b*.   4600. pp. 10. 41.   5186. p. 36.
Lansd. MS. 864. p. 10.
Franklin, 2109. fo. 2*b*.   4108. fo. 53.
FRESHILL, 2109. fo. 44*b*.
FREVILL, 2109. fo. 84.
Fryer, 4108. fo. 53.
FYSHER, 1504. fo. 69*b*.
Fysher, 4108. fo. 53.
Fyttzhen, of Willden, 4108. fo. 53.
GASCOIGNE, *of Carington*, 1531. fo. 134*b*.
Gascoigne, 4600. p. 65*b*.
GAWDY, 2109. fo. 62.
GEDING, 2109. fo. 44*b*.
GILMAN, 6104. fo. 15.
GILFORD, 2109. fo. 72*b*.
GNOWSALE, 2109. fo. 61*b*.
Godard, 4600. p. 84*b*.
GODFREY, *of Norrell*, 1531. fo. 53.
Goldington, 1531. fo. 1.
GOLOFREY, 2109. fo. 92*b*.
Gomery, 1531. fo. 1.
GORING, 2109. fo. 56*b*.
GOSPATRICK, 2109. fo. 65*b*.
GOSTWICK, *or*, GOSTWIKE, *of Willington and
Southill*, 1097. fo. 20.   1390. fo. 9.   1531.
fo. 56*b*.   2109. fo. 17. 42*b*.   4600. pp. 17.
37*b*. 68. 73.   5186. p. 35.   Lansd. MS.
864. p 17.
Gostwick, 2109. fo. 2*b*.   4108. fo. 53.(*a.b.*)
GOULD, *of Norwich*, 2109. fo. 62*b*.
GRAY, *of Segenhoe, fr. Co. Herts.* 1097. fo. 22.
1390. fo. 11.   1531. fo. 47*b*.   2109. fo.
19.   4600. p. 21.   Lansd. MS. 864. p. 21.
Gray, 4108. fo. 53.
GREEN, *of Drayton*, 2109. fo. 80.
———— *of Stotfold*, 1097. fo. 18.   1531. fo.
63*b*.   2109. fo. 14.   4600. p. 7.
Green, 5186. p. 58.
GRENEVILL, *Earl of Ulster*, 2109. fo. 81*b*.
GRESLEY, 2109. fo. 75.
GREYSTOCK, *Baron, v.* FITZ-WILLIAMS.
Griffen, 5186. p. 58.
GUBION, 2109. fo. 62.
Gubyon, 1531. fo. 1.

GUILFORD, 2109. fo. 43.
HALL, *of Middleham*, 4108. fo. 53*b*.
HALLYWELL, 1531. fo. 125*b.
Hanky, 5186. p. 58.
Harecote, 4108. fo. 53*b*.
HARINGTON, *Lord*, 2109. fo. 86*b*.
HARLING, 2109. fo 82.
Harnoys, 1531. fo. 1.   4108 fo. 53*b*.
HARTESHORNE, 2109. ff. 43*b*. 84*b*.
HARTHEN, *v.* TAYLOR.
HARVEY, *or*, HERVEY, *of Thurley*, 1097. fo. 24*b*.
1390. fo. 12*b*.   1531. fo. 36*b*.   2109.
ff. 21*b*. 43*b*.   4600. p. 26.   5186. p. 28.
Lansd. MS. 864. p. 26.
Harvy, 4108. fo. 53*b*.
HARWEDON, 2109. fo. 61.
Haselden, of Goldington, 4108. fo. 53*b*.
Hawtrey, 4108. fo. 53*b*.
Heigham, 1531. fo. 1.
Henhall, 5186. p. 58.
Heuxton, 1531 fo. 1.
HEWETT, *of Ampthill, fr. Co. Herts.* 1097. fo.
26*b*.   1390 fo. 15*b*.   1531. fo. 29*b*.
4600. p. 30.   5186. p. 37.   Lansd. MS.
864. p. 30.
Hewett, 4108. fo. 53*b*.
HEYDON, 2109. fo. 62*b*.
Hill, of Silsoe, 1390. fo. 32*b*.   4108, fo. 53*b*.
HILLERSDON, *of Ampthill.* 1531. fo. 153*b*.
HILSDEN, 1547. fo. 75*b*.
HITCH, *of Hardwyke, fr. Co. York.* 1531. fo. 101*b*.
Hobbs, 1531. fo. 9.   4600. p. 65.
Hobby, 5186. p. 58.
HODDESDON, *of Leighton Buzzard, fr. Co. Herts.*
1531. fo. 142.
HODGKES, *of Ampthill, fr. Co. Chesh.* 1531. fo.
121.
HOGSHAM, 1531. fo. 113*b*.
HOLDICH, 2109. fo. 76*b*.
HOPKYNS, 2109. fo. 60*b*.
HOWTH, *Baron, v.* ST. LAWRENCE.
HOWARD, *Baron Effingham*, 2109. ff. 7*b*. 9. 91*b*.
4600. pp. 2. 43.
Hulso, 5186. p. 58.
HUNSDON, *Lord, v.* CARY.
HUNT, *of Chalversten.* 1097. fo. 17.   1390. fo. 6.
1531. fo. 71*b*.   2109. fo. 13.   4600. p.
11.   5186. p. 39.   Lansd. MS. 864. p.
11.
Hunt, 1083. fo. 48(*a.b.*)   1531. fo. 1*b*.   4108.
fo. 55.
HURLESTON, *of Cardington*, 5186. p. 7.
JACOB, 1531. fo. 1*b*.
JOHNSON, *of Goldington*, 1531. fo. 1*b*.
Johnson, of Leighton, 1390. fo. 29.   1531. fo. 2.
JONES, *of Littlington, fr. Co. Lanc.* 1531. fo. 163*b*.
4600. p. 83*.
Jones, 1390. fo. 32*b*.
Judg, or, Jug, 1531. fo. 1.
Juger, 1531. fo. 1*b*.
KEINSHAM, *of Tempsford, fr. Co. Dev.* 1531. fo.
106*b*.   4600. p. 78.
KENT, *of Henlow, fr. Co. Herts.* 1531. fo. 111*b*.
KILDARE, *Earl of, v.* FITZ-THOMAS.
KILKENNY, *Baron, v.* PLUNKET.
KILPECK, *or*, KILBECHE, *Lord*, 2109. fo. 84.
Kingston, 4108. fo. 53*b*.
KIRKHAM, 2109. fo. 90.
Knesworth, 5186. p. 58.
Knightley, 5186. p. 58.

KNOWLES, 2109. fo. 76.
KYRDESTON, 2109. fo. 90*b*.
LACY, *Earl of Ulster*, 2109. ff. 81*b*. 88*b*.
Lake, of Pullockshill, 1390. fo. 32.
LAMBERT, *Lord*, 2109. fo. 53*b*.
Lancelot, 1531. fo. 1*b*.
LANGFORD, *of Sutton Ashfield, fr. Co. Derb.* 2109. fo. 73.
LANGHORNE, 1547. fo. 54*b*.
Langworth, 5186. p. 58.
Lannoy, 1531. fo. 24. 4600. p. 66.
LASSELLS, *of Estrick, fr. Co. York.* 2109. fo. 74.
LAVINDER, *of Felmersham*, 1531. fo. 143. 4600. p. 66.
LEECH, *of Egmere*, 2109. fo. 75.
Leech, 5186. p. 58.
LEIGH, *of Caldwell*, 1531. fo. 113*b*.
LENOX, *Earl of*, 1531. fo. 129*b*. 2109, fo. 36. 4600. p. 55.
LESTRANGE, 2109. fo. 73.
Lewson, 5186. p. 58.
LICHFIELD, 1531. fo. 19. 2109. fo. 26*b*. 4600. p. 36.
Lichingam, 4108. fo. 53*b*.
Lillingston, 1390. fo. 31.
LLOYD, *of Denbigh*, 2109. fo. 61*b*.
LORD, *of Attleborough*, 1531. fo. 19*b*. 2109. fo. 26*b*. 4600. p. 36.
LORING, 1390. fo. 1*b*. 1531. fo. 152. 2109. fo. 9. 4600. p. 3. Lansd. MS. 864. p. 2.
Lovell, 4108. fo. 53*b*.
LOVETT, 2109. fo. 61*b*.
LOWTH, *Baron, v.* PLUNKET.
LUCEY, *of Cockermouth*, 2109. ff. 86*b*. 92.
Ludsup, 5186. p. 58.
LUKE, *of Cople*, 1097. fo. 15. 1390. fo. 4. 1531. fo. 78. 1546. fo. 79. 2109. fo. 11. 4600. p. 7. 5186. p. 24. Lansd. MS. 864. p. 7.
Luke, 1083. fo. 48. 2106. fo. 2*b*. 4108. fo. 53*b*.
LUMLEY, *Lord*, 2109. fo. 61*b*.
LUNSFORD, 2109. fo. 90*b*.
M'WILLIAMS, 2109. fo. 84*b*.
MAGENNIS, 2109. fo. 90*b*.
MALLOREY, *of Shelton*, 1531. fo. 99. 2109. fo. 78*b*.
Mallorey, 1390. fo. 31.
MALTBY, 2109. fo. 63.
MANDUIT, *of Warminston*, 2109. fo. 80.
Manley, of Wilshamstone, 1083. 48*b*. 1531. fo. 2. 4600. p. 83.
MAPLETHORP, *or*, MABLETHORPE, 2109. fo. 80.
Marchande, 4108. fo. 53*b*.
MARKHAM, *of King's Waldon*, 2109. fo. 34*b*.
Markham, 4108. fo. 53*b*.
MARMION, *Lord*, 2109. fo. 84.
MARNEY, *Lord*, 2109. fo. 72*b*.
MARTIN, *of Crekars, fr. Co. Worc.* 1097. 15*b*. 1390. fo. 4*b*. 1531. fo. 72*b*. 2109. fo. 11*b*. 4600. p. 8. 5186. p. 18. Lansd. MS. p. 8.
Martyn, 4108. fo. 53*b*.
Masterson, 5186. p. 58.
Meredith, v. More.
MERLEY, *Lord Morpeth*, 2109. ff. 65*b*. 68*b*.
MILLS, *of Hodington, fr. Co. Herts.* 1531. fo. 103*b*.
Milward, 4108. fo. 54.
MOHUN, *Lord*, 2109. ff. 81*b*. 88.

Molesworth, 1531. fo. 1.
MOLTON, *or*, MOULTON, *Lord Egremont*, 2109. ff. 86*b*. 92.
MOLYNEUX, *of Houghton*, 2109. fo. 77.
MONGEY, 2109. fo. 60*b*.
MONOUX, *of Wotton, fr. Co. Worc.* 1531. fo. 137. 2109. fo. 38. 4600. pp. 57. 58.
Monoux, 4108. fo. 54.
MORDANT, *of Okley and Turvey*, 1531. fo. 62. 2109. fo. 14*b*. 4600. p. 14. Lansd. MS. 864. p. 14.
Mordant, Lord, 2109. fo. 2.
MORE, 2109. fo. 51.
More, 4108. fo. 54.
More, or, Barington, 4108. fo. 53*b*.
More, or Meredith, 4108. fo. 53*b*.
MORPETH, *Lord, v.* MERLEY.
MORTYMER, *of Grendon*, 2109. fo. 78*b*.
MORTYMER, *or*, ZOUCH, *Baron Burford*, 2109. fo. 85.
MORTYMER, *Lord, of Attelburgh*, 2109. fo. 82.
MORVILLE, 2109. fo. 92.
MOULE, 4108. fo. 54.
MOULTON, *Lord, v.* MOLTON.
MOUNTFORD, fo 2109. fo. 71*b*.
Mountnorris, Visct. v. ANNESLEY.
NAPER, *of Luton Howe, fr. Co. Dev.* 1531. fo. 129*b*. 2109. f. 35*b*. 4600. p. 30.
Napper, of Exton, 4108. fo. 54.
NEALE, 2109. fo. 40. 4600. p. 35.
——— *of Tilney*, 2109. fo. 76.
Needham, 5186. p. 58.
NEVELL, *of Holt*, 2109. fo. 45*b*.
——— *of Rowleston*, 2109. fo. 75*b*.
NEWDIGATE, *of Hawnes*, 1531. fo. 118. 2109. fo. 26
Newdigate, 1531. fo. 1. 2109. fo. 2*b*.
NEWMARCH, 2109. fo. 90.
NEWPORT, 2109. fo. 62.
NEWTON, *of Biddenham, fr. Co. Dev.* 4600. p. 85.
NEYLE, *or*, NEYLL, *of Yelden, fr. Co. Staff.* 1097. fo. 17*b*. 1390. fo. 6*b*. 1531. fo. 64*b*. 2109. fo. 13*b*. 4600. p. 12. 5186. p. 40. Lansd. MS. 864. p. 12.
Neyle, 4108. fo. 54.
NICHOLLS, *of Ampthill, fr. London*, 1531. fo. 157*b*. 5186. p. 49.
NODES, *of Tempsford*, 1531. fo. 158*b*.
NORBURY, *of Stoke*, 1531. fo. 125**b*.
NORTOFT, 2109. fo. 75.
Norwood, 4108. fo. 54.
OKELEY, 5186. p. 58.
ORMOND, *Earl of, v.* BUTLER.
OSBORNE, *of Norrell, fr. Co. Kent*, 1097. fo. 36*b*. 1390. f. 25*b*. 1531. fo. 122*b*.
Osborne, of Chicksands, 1531. fo. 169*b*. 1390. fo. 27*b*.
OVER, *of Woborne, fr. Co. Oxon.* 1531. fo. 139*b*. 4600. p. 72.
OWEN, *of Wootton, fr. Co. Suss.* 1531. fo. 133. 109. f. 42*b*. 4600. p. 37*b*.
PAGE, *of Arlesey, fr. Lond.* 1390. fo. 7. 1531. fo. 63*b*. 2109. fo. 14. 4600. p. 13. 5186. p. 23. Lansd. MS. 864. p. 13.
Page, 4108. fo. 54.
Pakynham, 1531. fo. 1*b*.
PALMER, *of Hill. fr. London*, 1531. f. 166*b*. 2109. fo. 58*b*. 4600. p. 66.
Palmer, 4600. p. 86.
PANTOLFE, 2109. f. 62.

Parkinson, of Ampthill, 1083. fo. 48*b*.   1390. fo. 32*b*.   4108. fo. 54.
PARRE, *of Kendall,* 2109. fo. 79*b*.
Parre, 5186. p. 58.
Partescull, 1531. fo. 1*b*.
PASHLEY, 2109. fo. 72*b*.
PASTON, 2109. fo. 63.
PATESHALL, 890. fo. 3.   1084. fo. 17*b*.   1184. fo. 60.   1187. fo 18.   1188. p. 14.   1553. fo. 2.
Payne, 1390. fo. 31.
PENDRED, 5186. p. 14*b*.
PENNE, *of Coddicot, Co. Herts.* 1097. fo. 27. 1531. f. 28*b*.   2109. fo. 24.   4600. p. 31. 5186. p. 41.   Lansd. MS. 864. p. 31.
Penne, 4108. fo. 54.
PERT, *de,* 2109. fo. 64*b*.
PEVER, 1531. fo. 152.   2109. fo. 9.   4600. p. 2.
Pever, 1531. fo. 1*b*.
PICKERING, *of Harington,* 2109. fo. 74.
PIGOTT, *of Holme and Stratton, fr. Co. York,* 1097. fo. 27*b*.   1390. fo. 16*b*.   1531. ff. 25*b*.—27*b*. 135.   4600. pp. 32. 68*b*.   5186. p. 38.   Lansd. MS. 864. p. 32.
Pigott, 1531. fo. 1*b*.   4108. fo. 54.
PIROTT, 2109. fo. 14*b*.   4600. fo. 14.
Pitts, 4108. fo. 54.
PLOMER, *of Hill. from Co. Herts.* 1531, fo. 116*b*.
PLUNKET, *Baron Dunsany,* 2109. fo. 53.
———— *Baron Kilkenny,* 2109. fo. 53.
———— *Baron Lowth,* 2109. fo. 53.
POOLEY, *of Biddenham, fr. Co. Suff.* 1531. fo. 119.
Popham, 2109. fo. 2.
PORT, 2109. fo. 7*b*.
POTTER, 2109. fo. 57*b*.
Praers, 5186. p. 58.
PRESTON, *Lord,* 2109. fo. 46*b*.
PUDSEY, *of Stotefield, fr. Co. York.* 1097, fo. 35*b*. 1531. fo. 9*b*.   2109. fo. 31*b*.   4600. p. 46. 5186. p. 44.   Lansd. MS. 864. p. 47.
PUREFOY, 2109. fo. 61*b*.
Puttingham, 4108. fo. 54.
Pyhe, of Ranhall, 1531. fo. 1*b*.
Pynfold, of Dunstable, 1531. fo. 1.
QUARLES, 4108. fo. 54.
RADCLIFFE, 1549. fo. 89*b*.   2109. fo. 45.
Radcliffe, of Elstow, 1531. fo. 1.
Ragon, 5186. p. 58.
Raleigh, 5186. p. 58.
RANDES, *of Badwell,* 1097. fo. 35.   1390. fo. 24.   2109. fo. 31.   4600. p. 45.   5186. p. 45.   Lansd. MS. 864. p. 46.
Randes, 4108. fo. 54*b*.
RATCLIFFE, *Lord Fitz Walter,* 1097. fo. 34*b*. 1390. fo. 23*b*.   1531. fo. 12.   2109. fo. 30*b*.   4600. p. 44.   5186. p. 53.
Ratcliffe, 2109. fo. 2.   4108. fo. 54.
RAVEN, 2109. f. 57*b*.
REDMAN, 4108. fo. 54.
Ree, 5186. p. 58.
Riche, 1390. f. 32.
RIDGWAY, *Lord,* 2109. fo. 90.
Rive, 4108. fo. 54*b*.
ROANE, 2109. fo. 76*b*.
ROCHESTER, 2109. fo. 74*b*.
ROCKLIFFE, *or,* ROWCLIFFE, 2109. ff. 60. 74.
Rokes, 4108. fo. 54.
ROLT, *of Perten Hall,* 1531. fo. 160*b*.   4600. p. 67.

ROPER, 2109. fo. 51.
ROSSE, *Lord,* 2109. fo. 81.   ...
ROTHERAM, *or,* SCOTT, *of Farley, fr. Co. York,* 1097. fo. 34.   1390. fo. 23.   1531. fo. 2*. 2109. ff. 30. 33.   4600. pp. 43. 49.   5186. p. 47.   Lansd. MS. 864. p. 44.
Rotheram, 1531. fo. 15.   4108. fo. 54.   4600. p. 65*b*.
Rothercourt, of Farley, 4108. fo. 54.
Roulte, of Clifton, 4108. fo. 54*b*.
Rous, 1531. fo. 1*b*.
ROWCLIFFE, *v.* ROCKLIFFE.
ROWE, *of Clapham, fr. Co. Kent.* 1531. fo. 136*b*
ROWSE, 2109. fo. 90.
RUSSEL, 4600. p. 3.
RUSSELL, *Earl of Bedford,* 1080. fo. 37*b*.   1091. ff. 33. 38*b*. 39.   1171. fo. 11.   1538. fo. 277*b*.   2109. fo. 2.   3288. ff. 120*b*. 150*b*. 151. 165*b*.   5840. fo. 31*b*.   5871. 13*b*.
Rydell, 1531. fo. 2.
SACKVILLE, Lord Buckhurst, 2109. fo. 2.
SADLER, *of Aspley Hall, fr. C. Herts.* 1531. fo 149*b*.
ST. ALBIN, 2109. fo. 90.
ST. GEORGE, 1531. fo. 2*.
ST. JOHN, *of Thurly and Bletsho,* 1097. fo. 12. 1390. fo. 1.   1531. fo. 88.   2109. ff. 7*b*. 81.   4600. pp. 1. 70.   5186. p. 22. Lansd. MS. 864. p. 1.
St. John, 2109. fo. 2.   4108. fo. 54*b*.
ST. LAWRENCE, *Baron Howth,* 2109. f. 52*b*.
ST. QUINTAINE, *of Hornby,* 2109. fo. 71*b*.
SANDERSON, *of Tempsford,* 1531. fo. 141*b*.
SANDES, *Lord.* 2109. fo. 8*b*.
Sandes, 2109. fo. 2(*a.b.*)
SANKEY, 4108. fo. 54*b*.
SAPHAM, 2109. fo. 44*b*.
SARSFIELD, 2109. fo. 49.
SAY, 1531. fo. 138.   2109. ff. 38*b*. 85.   4600. p. 58.
SAY, *Lord,* 2109. ff. 81. 85.
SCOTT, *v.* ROTHERAM.
SCROGGS, *of Rainold, fr. Co. Herts.* 1531. fo. 144*b*.
Scroggs, 1531. fo. 1*b*.   4108. f. 55.   4600. p. 65.
Seborne, 4108. fo. 54*b*.
Sewell, of Edworth, 1531. ff. 1. 2.
SHEPPARD, *of Hockley,* 1531. fo. 96.   2109. fo. 39.   4600. p. 34.
SHERLEY, 2109. ff. 61*b*. 75.
SHOTTESBROOK, 2109. fo. 8*b*.   4600. p. 1*b*.
Simonds, 1390. fo. 31*b*.
SKARGILL, 1531. fo. 135.
Shargill, 4600. p. 65*b*.
Skevington, 5186. p. 58.
Slade, 1390. fo. 31.   1531. fo. 1*b*.
Smith, 4180. fo. 54*b*.
Smithe, 4108. fo. 54*b*.
SMYTH, *of Henlowe,* 1531. fo. 165.   4600. p. 87.
Smyth, 5186. p. 58.
SNAGG, *of Marston, fr. Co. Herts.* 1531. ff. 96*b*. 97.
SOMERY, *Lord Dudley,* 2109. fo. 85.
Somery, 1531. fo. 1*b*.
SOUTHCOTT, 2109. f. 90.
SPENCER, *Lord,* 2109. fo. 79.
———— *of Cople and Southmylls,* 1531. ff. 102*b*. 105.   4600. p. 77.
Spencer, of Cople, 1390. fo. 32*b*.   4108. fo. 54*b*.
SPICER, *v.* CHAMBERLAIN.
Spurston, 5186. p. 58.

STAFFORD, 2109. ff. 66*b*. 68*b*.
STANHOPE, *Lord*, 2109. fo. 84*b*.
Staunton, of Berchmore, 4108. fo. 54*b*.
———— 1390. fo. 31*b*.
STEWARD, *Lord Darnley*, 1531. fo. 129*b*.   2109.
fo. 36.   4600. p. 55.
Stokes, of Carlton, 1531, fo. 1*b*.
Stone, of Segenhoe, 1390. fo. 31*b*.
STONHAM, 1097. fo. 13.   1390. fo. 2.   1531.
fo. 151*b*.   2109. fo. 9.   4600. p. 3.
Lansd. MS. 864. p. 3.
STOTEVILLE, *or*, ESTOTEVILLE, *Baron Cottenham*,
2109. ff. 65*b*. 68.
STRANGE, *Lord*, 2109. fo. 73.
Strange, 5186. p. 58.
STRICKLAND, 1094. fo. 57.   1184. fo. 53.
1187. fo. 22*b*.   1188. p. 22.   1553. fo.
240*b*.
STYLE, *of Stephingley*, 1531. fo. 168.
SUDLEY, *Baron. v.* BUTLER.
SWYFT, *Visct. Carlingford*, 2109. fo. 50*b*.
TAME, 2109. fo. 91*b*.
TAVERNER, *of Marston, fr. Co. Norff.* 1531. fo.
145.
Tayler, of Eaton, 4108. fo. 54*b*.
TAYLLARD, 890. fo. 42.   1094. fo. 37.
TAYLOR, *or*, HARTHEN, *of Stevington*, 1531. fo.
116.   4600. p. 79*b*.
Taylor, of Grimsbury, 1390. fo. 31.
TENDRING, 2109. fo. 90*b*.
THOMOND, *Earl of*, 2109. fo. 83.
Thompson, 1390. fo. 35.
Throughton, 4108. f. 54*b*.
TIRINGHAM, *of Henwick, fr. Co. Bucks.* 1097. fo. 33.
1390. fo. 22.   1531. fo. 121*b*.   Lansd.
MS. 864. p. 43.
TOVY, 1531. fo. 138.   2109. fo. 38*b*.   4600.
p. 32*b*.
Tracy, 5186. p. 58.
Trayley, 1531. fo. 1*b*.
Tresham, 5186. p. 58.
TRUSSELL, 2109. fo. 73.
TUDOR, 1531. fo. 133.   4600 p 64*b*.
TUNSTALL, 1531. fo. 135.
TURGIS, *De*, 2109. fo. 63*b*.
TURKE, 1531. fo. 8.   2109. fo. 34*b*.   4600.
p. 28.
TURNER, *of Milton Ernest*, 1531. fo. 165*b*.
2109. fo. 66*b*.   4600. p. 87*b*.
ULSTER, *Earls of, v.* BURGH.
————————— GRENEVILL.
————————— LACY.

VACHELL, 4108. fo. 54*b*.
VAN OKE, 1531. f. 138.   2109. fo. 38*b*.   4600.
p. 32*b*.
VAUX, 2109. fo. 61.
Vaux, 1390. fo. 31*b*.
VECHAM, 2109. fo. 60*b*.
Ventris, of Compton, 1531. fo. 169*b*.
VERDON, *Lord*, 2109. ff. 81*b*. 88*b*.
Vere, 4600. p. 65.
VESSEY, *Lord, v.* ACTON.
VIPONT, 2109. f. 81.
Vivonia, 5186. p. 58.
WAGSTAFFE, of Ravensden, 1531. fo. 2.
WAHULL, *v.* WOODHALL.
Wallwine, 4108. fo. 54*b*.
WALROND, 2109. fo. 84.
WANTON, *of Keinsham, fr. Co. Hunt.* 1531. fo.
155*b*.
WARBERTON, 1531. fo. 138.   2109. fo. 38*b*.
4600. p. 32*b*.
WATSON, *of Ampthill, fr. Carlisle*, 1531. fo. 164*b*.
4600. p. 85*b*.
WATTERTON, 2109. fo. 90.
Wellenger, 4108. fo. 54*b*.
Wells, 1390. fo. 31.
Wenlock, 1531. fo. 15.   4600. p. 65*b*.
WEST, *Lord Delaware*, 2109. fo. 43.
WESTON, 4108. fo. 54*b*.
Whetley, 4108. fo. 54*b*.
Whitlocke, 1531. fo. 1*b*.
WIBB, 1531. fo. 84.   4600. p. 5.
WICKLIFFE, 2109. fo 72.
Wideville, 5186. p. 58.
Wilks, of Leighton Buzzard, 1390. fo. 31*b*.
4108. fo. 55.
WILLINGTON, 2109. fo. 76.
Wilmott, Visct. 2109. fo. 48.
WINCH, *of Everton*, 1531. fo. 99*b*.
Winch, 1531. fo. 1*b*.   2109. fo. 2*b*.
WINDSOR, *Lord*, 2109. fo. 70*b*.
WINGATE, *of Harlington and Sharpinhoe*, 1137.
fo. 101.   1432. fo. 70.   1531. fo. 107*b*.
2109. fo. 41.   4600. p. 63.
Wingate, 1390. fo. 27.   4108. fo. 55.
WOODE, 4108. fo. 54*b*.
WOODHALL, *or*, WAHULL, 5186. p. 59.
WOODHOUSE, 2109. fo. 62*b*.
Woodward, 4108. fo. 54*b*.
WYLDE, *of Bromham*, 1531. ff. 27*b*. 42.   2109.
fo. 21.   4600. p. 14.
WYNLAKE, 1982. fo. 66.
ZOUCH, *v.* MORTYMER.

BERKSHIRE.

ABERGAVENNY, *Lord, v.* NEVILE.

Albery, of Wokingham, 1532. fo. 55.　Add. MS. 4961. fo. 95.

ALDWORTH, *of Rushcombe,* 1483. fo. 69*b.*　1530. fo. 46*b.*　1532. fo. 112.　6173. fo. 4. Add. MS. 14,284. p. 35.

Aldworth, 4108. fo. 38.

ALFORD, *of Hall Place, fr. Co. Bucks,* 1076. fo. 69.　1084. fo. 139.　1135. fo. 125. 1406. fo. 115.　1532. fo. 73.　1562. fo. 194*b.*　4109. fo. 64.　6173. fo. 4*b.* Add. MSS. 4961. fo. 57.　14,283. fo. 57.

Alford, 4108. fo. 38*b.*

ALLEN, *of Streatley,* 1483. fo. 72*b.*　1530. fo. 52*b.*　Add. MS. 14,284. p. 53.

AMORE, 1532. fo. 46*b.*　6173. fo. 7.　Add. MSS. 4961. fo. 68.　14,283. fo. 68.

ANNESLEY, *of Maidenhead, fr. Co. Notts.* 1081. fo. 3*b.*　1139. fo. 134.　1532. fo. 37.　5822. fo. 26.　6173. fo. 3.　Add. MSS. 4961. fo. 59.　14,283. fo. 59.

Annesley, 4108. fo. 38*b.*

AP HARRY, *v.* PARRY.

ARCHES, *of East Henrith,* 1801. fo. 19.　1139. fo. 68*b.*　1532. fo. 19*b.*　4108. fo. 18. 5822. fo. 16*b.*　6173. fo. 36*b.*　Add. MSS. 4961. fo. 43*b.*　14,283. fo. 43*b.*

ARDES, *of Sherington,* 1139. fo. 81.

ASHCOMBE, *or* AYSHCOMBE, *of Lyford,* 1530. fo. 53*b.*　1532. f. 94.　1483. fo. 77.　6173. fo. 3*b.*　Add. MSS. 4961. fo. 30.　14,283. fo. 30.　14,284. p. 57.

Ashcombe, 4108. fo. 38*b.*

Ashmore, Add. MS. 4961. fo. 91.

ATMORE, *of Bray,* 1532. fo. 141.

AVELINE, *of Frogmore,* 1081. fo. 5.　1139. fo. 114*b.*　1532. fo. 15*b.*　6173. fo. 5*b.* Add. MSS. 4961. fo. 66*b.*　14,283. fo. 66*b.*

Aveline, 4108. fo. 38*b.*

AVERENGIS, *de,* 1139. fo. 110.

AYLEWORTH, *of West Hamney, fr. Co. Oxf.* 1483. fo. 113*b.*　1530. fo. 68.　Add. MS. 14,284. p. 92.

Ayleworth, Add. MS. 4961. fo. 92.

BABHAM, of Cobham. 1532. fo. 139.　4108. ff. 37*b.* 38*b.*

Bacheller, of Clinton, 4108. fo. 39.　Add. MSS. 4961. fo. 91.　14,283. fo. 96*b.*

BACKHOUSE, *of Swallowfield, fr. Co. Cumb.* 1483. ff. 66*b.* 67.　1530. fo. 94*b.*　1532. fo. 130. 6173. fo. 17.　Add. MS. 14,284. p. 30.

Backhouse, Add. MS. 4961. fo. 91.

BAKER, *of New Windsor, fr. Co. Chesh.* 1483. ff. 134*b.* 136.　1530. ff. 74*b.* 77*b.*　Add. MS. 14,284. p. 111. 119.

BAMFIELD. 1139. fo. 135*b.*

BARHAM, *of New Windsor, fr. Co. Surrey,* Add. MS. 14,284. p. 139.

BARKER, *of Sunning,* 1483. fo. 63*b.*　1530. fo. 36*b.*　1532. ff. 14*b.* 135*b.*　6173. fo. 12. Add. MS. 14,284. p. 11.

Barker, of Sandhurst, Add. MS. 4961. fo. 94.

BARON, *of Windsor, fr. Co. Wilts.* 1483. fo. 133*b.* 1530. fo. 80.　Add. MS. 14,284. p. 126.

Barsdell, 4108. fo. 39.　Add. MS. 14,283. p. 108.

BASKERVILLE, *of Sunningwell, fr. Co. Heref.* 1483. fo. 79*b.*　1530. fo. 56*b.*　1532. fo. 72*b.*　Add. MS. 14,284. p. 66.

Baskerville, of Baynorth, 4108. fo. 39.

BATHURST, *of Charlton, fr. Co. Kent.* 1483. fo. 111*b.*　1530. fo. 65*b.*　Add. MS. 14,284. p. 87.

BATTEN, *of East Garston and Ardington,* 1483. fo. 116*b.*　1530. fo. 52*b.*　Add. MS. 14,284. p. 52*b.*

BAXTER *of Stanhow,* Add. MSS. 4961. fo. 22*b.* 14,283. fo. 22*b.*

BEAUCHAMP, 1532. fo. 132.

BEKE, *of White Knights,* Add. MS. 12,479. fo. 3*b.*

Beke, 1532. fo. 139.

BELL, *of Lawrence Waltham, fr. Co. Bucks.* 1532. fo. 103*b.*　6173. fo. 13.　Add. MSS. 4961. fo. 52.　14,283. fo. 52.

Bell, 4108. fo. 39.

BENNETT, *of Baldock,* 1081. fo. 62*b.*　1532. fo. 90*b.*　5822. fo. 46.　6173. fo. 11*b.*　Add. MSS. 4961. fo. 21.　14,283. fo. 21.

BENNETT, *of Windsor,* 1483. fo. 134*b.*　1530. fo. 85.　Add. MS. 14,284. fo. 140.

Bennett, 4108. ff. 38*b.* 39.

BERINGTON, *of Streatley, fr. Co. Heref.* 1081. fo. 7*b.*　1139. fo. 115.　1532. fo. 22*b.* 5822. fo. 5*b.*　6173. fo. 10*b.*　Add. MSS. 4961. fo. 45*b.*　14,283. fo. 45*b.*

Berington, 4108. fo. 39.

BESSELS, *of Bessells Leigh,* 1139. fo. 110.

BIGGE, *of Hain's Hill, fr. Co. Kent.* 1483. fo. 70. 1530. fo. 47.　Add. MS. 14,284. p. 37.

BISLEY, *of Abingdon,* 1483. fo. 74*b.*　1530. fo. 42.　Add. MS. 14,284. p. 25.

BLACKNALL, *of Abingdon, fr. Co. Bucks.* 1532. fo. 65*b.*　6173. fo. 12*b.*　Add. MSS. 4961. fo. 3*b.*　14,283. fo. 3*b.*

Blacknall, 4108. fo. 39.

BLAGRAVE, *of Bulmarsh Court, fr. Co. Staff.* 1081. fo. 6.　1139. fo. 76*b.*　1483. ff. 62*b.* 125.　1530. ff. 35. 36*b.*　1532. fo. 39. 5822. fo. 3.　6173. fo. 7*b.*　Add. MSS. 4961. fo. 61.　14,283. fo. 61.　14,284. ff. 8. 12.

Blagrave, 4108. ff. 38*b.* 39.　Add. MS. 14,283. fo. 94*b.*

BLANCHARD, *of Cheveley,* 1532 fo. 84*b.*　6173. fo. 16.　Add. MSS. 4961. fo. 6.　14,283. fo. 6.

BLANEY, *Co. Montgom.* 1483. fo. 71*b.*　1530. fo. 50.　Add. MS. 14,284. p. 47.

BLEVERHASSETT, 1081. fo. 64*b.*

BLOWER, *of Reading, fr. Co. Leic.* 1483. fo. 71*b.* 1530. fo. 50*b.*　Add. MS. 14,284. p. 48.

BOLNEY, *of Tilehurst, fr. Co. Suff.* 1532. fo. 106. 6173. fo. 15.　Add. MSS. 4961. fo. 55. 14,283. fo. 55.

Bolney, 4108. fo. 39.

BONCASTLE, *of Wellhouse*, Add. MS. 14,284. p. 17.

BOND, *of Bray, fr. Co. Northumb.* 1532. fo. 146. *Bond*, 4108. fo. 37*b*.

BOOTH, *of Barkham*, 1483. fo. 65*b*. 1530. fo. 42*b*. Add. MS. 14,284. p. 26.

———— *of Fawler Court, fr. Co. Derb.* 1139. fo. 61*b*. 4108. fo. 38*b*.

BOSTOCK, *of Abingdon, fr. Co. Chesh.* 1081. fo. 8*b*. 1139. fo. 116*b*. 1483. fo. 74*b*. 1530. fo. 42. 1532. fo. 56*b*. 5822. fo. 6*b*. 6173. fo. 9*b*. Add. MS. 14,284. p. 24.

BOULSTRODE, *of Upton*, 1532. fo. 70. 4108. fo. 33. 6173. fo. 18.

BOURCHIER, 1532. fo. 17*b*. 4108. fo. 15.

BOUTH, *of Fawler Court, fr. Co. Derb.* 1081. fo. 4. 1532. fo. 5*b*. 5822. fo. 3*b*. 6173. fo. 8*b*. Add. MSS. 4961. fo. 44*b*. 14,283. fo. 44*b*.

———— *of Reading, fr. Co. Derb.* 1081. fo. 4*b*. 1139. fo. 72*b*. 1532. fo. 30. 5822. fo. 4. 6173. fo. 9. Add. MSS. 4961. fo. 46. 14,283. fo. 45*.

Bouth, of Reading, 4108. fo. 38*b*.

BRAHAM, *of New Windsor, fr. Co. Surr.* 1483. fo. 137. 1530. fo. 85.

Braham, 4108. fo. 38*b*. Add. MSS. 4961. fo. 93. 14,283. fo. 107.

BRAYBROOK, *of Brightwalton, fr. Co. Suff.* 1081. fo. 8. 1139. fo. 115*b*. 1532. fo. 52*b*. 1557. fo. 27. 5822. fo. 6. 6173. fo. 11. Add. MSS. 4961. fo. 53. 14,283. fo. 53.

———— *of Shinfield, fr. Co. Suff.* Add. MS. 12,479. fo. 8.

Braybrook, 4108. fo. 39.

BRICKENDEN, *of Inkpen, fr. Co. Kent*, 1483. fo. 120. 1530. fo. 46. Add. MS. 14,284. p. 33.

BRIMTON, 1532. fo. 3.

BRODERWICKE, *of Langford*, 1483. fo. 83. 1530. fo. 60*b*. Add. MS. 14,284. p. 75.

BROOKES, *of Wanting*, 1483. fo. 111*b*. 1530. fo. 65. Add. MS. 14,284. p. 85.

BROUGHTON, *of Wokingham, fr. Co. Staff.* 1483. fo. 65*b*. 1530. fo. 43. 1532. fo. 91*b*. 6173. fo. 14*b*. Add. MSS. 4961. fo. 22. 14,283. fo. 22. 14,284. p. 27.

Broughton, 4108. fo. 39.

Browne, of Shelford, 4108. fo. 39.

BROWNE, *v.* WEARE.

BRUDNELL, *of Stoke Mandeville, fr. Co. Oxon.* 1139. fo. 81*b*.

BRUNSE, *or*, BRUSE, *of Sutton Courtney*, 1081. fo. 28. 1532. fo. 3. 4108. fo. 6. Add. MSS. 4961. fo. 72. 14,283. fo. 72.

BUCKHURST, *Lord, v.* SACKVILLE.

BULLOCK, *of Aberfield*, 1081. fo. 6*b*. 1139. ff. 71*b*. 88*b*. 1532. fo. 27*b*. 5822. fo. 4*b*. 6173. fo. 8. Add. MSS. 4961. fo. 60. 12,479. fo. 4. 14,283. fo. 60.

Bulloch, 4108. fo. 38*b*.

BURCK, *Co. Galway*, 1081. fo. 66*b*.

BURGHLEY, 1532. fo. 14*b*.

BURLEY, *of Wokingham*, 1139. fo. 88. 1532. fo. 16. 1556. fo. 13. 1553. fo. 224*b*. 1561. fo. 232*b*.

Burye, 1081. fo. 60*b*.

CÆSAR, 1532. fo. 93*b*. Add. MSS. 4961. fo 25. 14,283. fo. 25.

CALTON, *of Milton*, 1532. fo. 96. 6173. fo. 26. Add. MSS. 4961. fo. 29*b*. 14,283. fo. 29*b*.

Calton, 4108. ff. 3. 37*b*.

CAMPION, *v.* CHAMPION.

CANTRELL, *of Wokingham, fr. Co. Suff.* 1483. fo. 64*b*. 1530. fo. 38*b*. 1532. fo. 113*b*. 6173. fo. 27. Add. MSS. 4961. ff. 23. 24. 14,283. fo. 23. 14,284. p. 16.

CAREY, *Baron Hunsdon*, 1139. fo. 113*b*.

CASTELION, *of Benham Valence*, 1081. fo. 13*b*. 1139. fo. 119. 1532. fo. 45*b*. 5822. fo. 10*b*. 6173. fo. 23*b*. Add. MSS. 4961. fo. 36. 14,283. fo. 36.

Castellon, 4108. fo. 3.

CATER, *of Uffington*, 1081. fo. 11*b*. 1139. fo. 60*b*. 1532. fo. 2. 5822. fo. 9*b*. 6173. fo. 20. Add. MSS. 4961. fo. 52*b*. 14,283. fo. 52*b*.

Cater, 4108. ff. 3. 39*b*. 14,284. fo. 144.

CHAMBERLAYNE, *or*, CHAMBERLIN, *of Donnington Castle, fr. Co. Oxon.* 1532. fo. 99. 6173. fo. 28*b*. Add. MSS. 4961. fo. 38. 14,283. fo. 38.

CHAMPION, *or*, CAMPION, *of Reading, fr. Co. Surr.* 1139. fo. 116. 1483. fo. 116. 1530. fo. 70*b*. 1532. fo. 130*b*. 6173. fo. 20*b*. 5822. fo. 7*b*. Add. MSS. 4961. fo. 62. 14,283. fo. 62. 14,284. p. 100.

CHANTRELL, *of the Baits*. Add. MS. 14,283. fo. 91*b*.

Chantrell, 4108. fo. 3. Add. MS. 14,283. fo. 101.

CHEYNEY, *or*, CHENEY, *of Woodhey and Ardington, fr. Co. Kent*, 1081. ff. 14. 15. 16. 1139. ff. 120*b*. 135*b*. 1532. fo. 131*b*. 5822. fo. 11*b*. 6173. fo. 24*b*. Add. MSS. 12,479. fo. 11.

Cheney, Add. MS. 4961. fo. 95*b*.

CHIDEOCK, 1139. fo. 135*b*.

CHOCKE, CHOKE, *or*, CHOLKE, *of Avington, fr. Co. Som.* 1081. fo. 10*b*. 1139. fo. 64*b*. 1483. fo. 118*b*. 1532. fo. 9*b*. 1530. fo. 49. 5822. fo. 8*b*. 6173. fo. 22. Add. MSS. 4961. fo. 63. 12,479. fo. 12. 14,283. fo. 63. 14,284. p. 45.

Chocke, 4108. fo. 3. Add. MS. 14,283. fo 103*b*.

CLARKE, *of Ardington*, 1081. fo. 15*b*. 1139. fo. 90*b*. 1532. fo. 54*b*. 5822. fo. 12*b*. 6173. fo. 23. Add. MSS. 4961. fo. 27*b*. 14,283. fo. 27*b*. 14,284. p. 97.

Clarke, of Abingdon, 4108. fo. 3.

Clovile, of Barneston, 1081. fo. 12. Add. MS. 4961. fo. 95.

CLIFFORD, *of Kintbury Eaton, fr. Co. Wilts.* 1081. fo. 23. 1483. fo. 117*b*. 1530. fo. 50. 1532. fo. 40. 4108. fo. 34. Add. MS. 14,284. p. 47.

CLOBBERT, 1532. fo. 141.

Coates, Add. MS. 4961. fo. 95.

COLLINS, *of Betterton*, 1483. fo. 112*b*. 1530. fo. 67. Add. MS. 14,284. p. 89.

COTTON, *of Okingham, fr. Co. Devon.* 1483. fo. 64. 1530. fo. 38. Add. MS. 14,284. p. 15.

COWPER, *of Bray, fr. Co. Hunts.* 1081. fo. 13. 1139. fo. 72. 1532. fo. 35. 5822. fo. 10. 6173. fo. 22*b*. Add. MS. 4961. fo. 54*b*. 14,283. fo. 54*b*.

Cowper, 4108. fo. 3.

Cox, *of Colshill*, 1483. fo. 62*b*.   1530. fo. 33*b*.
Add. MS. 14,284. p. 4.

DACRES, *Lord, v.* FINES.

DALBY, *of Reading, fr. Co. Warr.* 1483. fo. 70*b*.
1530. fo. 48.   Add. MS. 14,284. p. 41.

DALE, 1532. fo. 106*b*.   Add. MSS. 4961. fo. 65.
14,283. fo. 65.   14,311. fo. 35.

DANVILL, *v.* TAILEUR.

DARRELL, *of West Woodhey, fr. Co. Wilts.* 1532.
fo. 99*b*.   4108. fo. 34.   6173. fo. 31*b*.
Add. MSS. 4961. fo. 37*b*.   14,283. fo. 37*b*.

Darrell, 4108. fo. 3.

DAVIS, *of Berecourt*, 1483. fo. 127.   1530. fo.
58.   Add. MS. 14,284, p. 70.

DAY, *or,* DEE, *of Bray, fr. Co. Shrop.* 1532. fo.
103.   6173. fo. 32*b*.   Add. MSS. 4961.
fo. 51.   14,283. fo. 51.

—— *of Windsor, fr. Co. Bucks.* 1532. fo. 16*b*.
Add. MSS. 4961. fo. 50*b*.   14,283. fo. 50*b*.

Day, of Bray, 4108, fo. 3.

DEANE, 1532. fo. 104*b*.   6173. fo. 88.   Add.
MSS. 4961. fo. 54.   14,283. fo. 53*b*.

DEE, *v.* DAY.

DE LA HIDE, *of Brinton*, 1081. fo. 17.   1139.
fo. 71.   1483. fo. 139.   1530. fo. 82.
1532. fo. 25*b*.   5822. fo. 13. 6173. fo. 29.
Add. MSS. 4961. fo. 26.   14,283. fo. 26.
14,284. p. 131.

De la Hide, 4108. fo. 3.

DE LA MERE, *of Aldermarston*, 1139. ff. 85. 100.
1532. fo. 51*b*.   1544. fo. 40*b*.   4108. fo.
29.   5865. fo. 36.

De la Ryver, 4108. fo. 38*b*.

Dene, 4108. fo. 3.

DENFORD, *of Lambourne*, 1081. fo. 24*b*.   1532.
fo. 11.

DENTON, 4108. fo. 34.

DOLMAN, *of Shawe*, 1483. fo. 122*b*.   1530. fo.
39*b*.   1532. fo. 98.   6173. fo. 29*b*.
Add. MSS. 4961. fo. 33*b*.   14,283. fo. 33*b*.
14,284. p. 19.

Dolman, 4108. fo. 2*b*.

DONCASTLE, *of Wellhouse*, 1530. ff. 38*b*. 73*b*.
1483. ff. 123. 132*b*.   Add. MSS. 4961. fo.
94*b*.   14,284. p. 107.

DOWNES, *of Windsor, fr. Co. Glouc.* 1483. fo.
135*b*.   1530. fo. 78.   Add. MS. 14,284.
p. 121.

DRUFORDE, *of Lambourne*, 1139. fo. 64.

Duckett, of Barcott, 1532. fo. 138.

DUDSON, *of Whitley*, 1483. fo. 79.   1530. fo.
55*b*.   Add. MS. 14,284. p. 63.

DUGDALE, 1483. fo. 134*b*.   1530. fo. 74*b*.
Add. MS. 14,284. p. 111.

DUNCHE, *of Little Witnam*, 1081. fo. 17*b*.
1139. fo. 121*b*.   1483. fo. 75*b*.   1530.
fo. 53*b*.   1532. fo. 49.   5822. fo. 13*b*.
6173. fo. 30*b*.   Add. MSS. 4961. fo. 28.
14,283. fo. 28.   14,284. p. 56.

Dunche, of Brightwell, 4108. fo. 2*b*.

DURHAM, *of Hurst*, 1081. fo. 53*b*. 1139. fo. 74*b*.
1532. fo. 29.   4108. fo. 25.

EDGER, of Blobery, Add. MS. 4961. fo. 94*b*.

Edmonds, 1081. fo. 61*b*.

Egerton, 4108. fo. 2.

ELWES, *of Barton Court*, 1483. fo. 120*b*.   1530.
fo. 45.   Add. MS. 14,284. p. 31.

Elwes, Add. MS. 4961. fo. 93.

EMAN, *of Windsor, fr. London*, 1483. fo. 135.
5130. fo. 86.

Eman, Add. MS. 4961. fo. 90.

ENGLEFIELD, *of Englefield*, 1081. fo. 20*b*.   1139.
fo. 122*b*.   1187. fo. 21*b*.   1188. p. 19.
1483. fo. 69*b*.   1530. fo. 46.   1532. fo.
55*b*.   5822. fo. 14.   6173. ff. 34*b*. 35.
Add. MSS. 4961. fo. 93.   14,284. fo. 33.

ESSEX, *of Lamborne, fr. Co. Midd.* 1081. fo. 19*b*.
1139. fo. 67*b*. 1532. ff. 17*b*. 18.   5822. fo.
15*b*.   6173. fo. 35*b*.   Add. MS. 12,479.
fo. 6*b*.

Essex, 4108. fo. 2.   Add. MS. 14,283. fo. 97*b*.

Evan, of Windsor, Add. MS. 14,284. p. 142.

EVERARD, *of Aston Torrold*, 1081. fo. 18*b*.
1139. fo. 119*b*.   1532. fo. 19.

EYLAND, 1532. fo. 64*b*.

EYSTON, *of East Henrith*, 1139. fo. 68*b*.   1081.
fo. 19.   1483. ff. 72. 112.   1530. ff. 51*b*.
65.   1532. fo. 19*b*.   5822. fo. 16*b*.
6173. fo. 36*b*.   Add. MSS. 4961. fo. 44.
14,283. fo. 44.   14,284. pp. 51. 86.

Eyston, 4108. fo. 3.

FACHELL, *of Colley*, Add. MS. 12,479. fo. 3.

FARRELL, *Co. Longford*, 1081. ff. 66*b*. 67.

FERRERS, *of Cookham Lowebrook, fr. Co. Bucks.*
1483. fo. 132*b*.   1530. fo. 74.   1532. fo.
144*b*.   6173. fo. 95.   Add. MSS. 4961.
fo. 25*b*.   14,284. p. 110.

FETIPLACE, *of Bessells Leigh*, 1081. fo. 22*b*.   1139.
ff. 78. 109.   1483. fo. 85.   1530. fo. 61*b*.
1532. ff. 40. 143*b*.   5822. fo. 17*b*.   6173.
fo. 38.   Add. MSS. 4961. fo. 10*b*.   14,283.
fo. 10*b*.   14,284. p. 78.

———— *of Childrey*, 1483. fo. 115.   1530.
fo. 68*b*.   Add. MS. 14,284. p. 95.

———— *of North Denchworth*, 1081. fo. 23*b*.
1139. fo. 61.   1530. fo. 64.   1483. fo.
110*b*.   1532. fo. 3*b*.   5822. fo. 18*l*.
Add. MSS. 4961. fo. 11(*a. b.*)   12,479. fo.
7*b*.   14,283. ff. 11(*a.b.*) 12.   14,284.
p. 83.

Fetiplace, 4108. fo. 2(*a. b.*)

FINES, *Lord Dacres*, 1139. fo. 112.

FISHBOURNE, *of New Windsor, fr. Co. Notts.*
1483. fo. 134.   1530. fo. 76.   Add. MS.
14,284. p. 114.

FISHER, *of Childrey, fr. Co. Glouc.* 1483. fo. 113.
1530. fo. 67.

Fisher, 1530. fo. 66.

FITZGERALD, 1081. fo. 66*b*.

Flegg, of Bray, 1532. fo. 139.   4108. ff. 3. 37*b*.
Add. MS. 14,283. fo. 100.

FOLVILE, *of Ashby*, 1139. fo. 85.

Forde, of White Waltham, 1532. fo. 55.   4108.
fo. 3*b*.   Add. MS. 14,283. fo. 105*b*.

FORSTER, *of Aldermaston, fr. Co. Oxon.* 1081. fo. 24.
1139. fo. 78*b*.   1483. fo. 124*b*.   1530. fo.
72.   1532. ff. 51*b*. 57.   5822. fo. 17.
6173. fo. 37*b*.   Add. MSS. 4961. fo. 70.
12,479. fo. 5*b*.   14,283. fo. 70.   14,284.
p. 104.

Forster, 4108. ff. 2. 3.   Add. MS. 14,283. p.
102*b*.

Foxley, 4108. fo. 38*b*.

FREEMAN, *of Wallingford, fr. Co. Oxon.* 1483.
fo. 73.   1530. fo. 40*b*.   Add. MS. 14,284.
p. 22.

Fuller, 4108. fo. 3*b*.   Add. MS. 14,283. fo.
99.

GARDINER, of White Waltham, 1532. fo.
147.

GARMOND, *of Cleworth*, 1081. fo. 26. 1139. fo 75. 1532. fo. 34. 6173. fo. 44*b*. Add. MSS. 4961. fo. 58*b*. 14,283. fo. 58*b*.

GARNAM, *of Farnborough, fr. Co. Suff.* 1483. fo. 73*b*. 1530. fo. 41. Add. MS. 14,284. p. 22.

GARRARD, or, GERRARD, *of Lambourne and Inkpen*, 1483. ff. 114*b*. 115*b*. 120*b*. 123. 1530. ff. 36. 68. 70. 71. 6173. fo. 42. Add. MSS. 4961. fo. 47. 14,283. fo. 46. 14,284. pp. 10. 93. 99. 101.

———————— *of Shinfield*, 1483. fo. 69. 1530. fo. 45*b*. 1532. fo.71. Add. MS. 14,284. p. 32.

Garrard, of Beckhampton, 4108. fo. 3*b*.

Gaulton, of Ashampstead, 1532. fo. 138.

GAYER, *of Foxley, fr. Co. Cumb.* 1081. fo. 25*b*. 1139. fo. 73*b*. 1532. fo. 33. 5822. fo. 19. 6173. fo. 41. Add. MSS. 4961. fo. 63*b*. 14,283. fo. 63*b*.

——— *of Bray*, 1532. fo. 2*b*.

Gayre, of Foxley, 4108. fo. 3*b*.

GEORGE, *of Sparsholt*, 1532. fo. 145*b*.

GERRARD, *v.* GARRARD.

GILES, *of New Windsor*, 1532. fo. 144. 6173. fo. 48.

GODARD, *of Standen*, 1081. fo. 23. 4108. fo. 34.

GOODLAKE, *of Letcombe Regis*, 1483. fo. 117*b*. 1530. fo. 49*b*. Add. MS. 14,284. p. 46.

Goodyer, of New Windsor, Add. MS. 4961. fo. 95.

GREEVILE, 1530. fo. 62. Add. MS. 14,284. p. 79.

GREGORY, *of Buscott, fr. Co. Oxon.* 1483. fo. 85*b*. 1530. fo. 63*b*. Add. MS. 14,284. p. 82.

GUNTER, *of Kintbury*, 888. fo. 65. 1081. fo. 24*b*. 1139. ff. 63*b*. 64. 1483. fo. 119*b*. 1530. fo. 46*b*. 1532. ff. 10*b*. 59*b*. 1539. fo. 66. 5822. fo. 19*b*. 6173. fo. 41*b*. Add. MS. 4961. fo. 37. 14,283. fo. 37. 14,284. p. 34*b*.

———————— *of Reading*, 1483. fo. 71. 1530. fo. 49. 1532. fo. 108. Add. MS. 14,284. p. 44.

Gunter, of Kintbury, 4108. fo. 3*b*.

GWYN, *of Windsor, fr. Co. Montgom.* 1532. fo. 64.

HALES, *of New Windsor, fr. Co. Kent.* 1483. fo. 134. 1530. fo. 76. Add. MS. 14,284. p. 115.

HALSTED, 1530. fo. 72.

HAMPDEN, *of Hartwell*, 1139. fo. 82*b*.

HAMLYN, Add. MS. 14,284. p. 104.

HARECOURT, *of Wytham*, 1532. fo. 135.

HARGILL, *of Kilmington*, 1081. fo. 25. 6173. fo. 44.

HARRIS, *of New Windsor, fr. Co. York.* 1532. fo. 142*b*.

Harris, 1532. fo. 138. 4108. fo. 3*b*. Add. MS. 14,283. fo. 100.

HARRIS, *v.* SMITH.

HARRISON, *of Finch Hampstead, fr. Co. Cumb.* 1081. ff. 30*b*. 53*b*. 1139. ff. 74*b*. 123*b*. 1483. fo. 128*b*. 1532. fo. 53. 1550. fo. 117. 4108. fo. 25. 5822. fo. 24. 6173. fo. 47. Add. MSS. 4961. fo. 74. 14,283. fo. 74.

———————— *of Hurst*, 1483. fo. 69. 1530. fo. 45. Add. MS. 14,284. p. 31.

Harrison, of Hurst, 4108. fo. 3*b*.

HASSALL, *of Thatcham Hassall, fr. Co. Chesh.* 1483. fo. 128.

HAYNE, *of Kintbury, fr. Co. Wilts.* 1483. fo. 118. 1530. fo. 50*b*. Add. MS. 14,284. p. 48.

HEIGHAM, *of Wickham Brooke, fr. Co. Suff.* 1532. fo. 112*b*. 6173. fo. 47*b*. Add. MS. 4961. fo. 9. 14,283. fo. 9.

Heigham, of Stanvard, 4108. fo. 3*b*.

Helston, of Chaddatworth, 4108. fo. 3*b*.

HENE, *of Wingfield, fr. Co. Surr.* 1483. f. 138. 1530. fo. 76*b*. Add. MS. 14,284. p. 116.

Henn, or, *Hene*, 4108. fo. 3*b*. Add. MS. 14,283. fo. 98.

HENINGHAM, 1139. fo. 113.

HERCY, *of Crutchfield, fr. Co. Notts.* 1483. fo. 137*b*. 1530. fo. 79*b*. 1532. fo. 110*b*. Add. MSS. 4961. fo. 65*b*. 14,283. fo. 65*b*. 14,284. p. 124.

HERON, *of Abingdon, fr. Co. Oxon.* 1483. ff. 75. 79*b*. 1530. fo. 56. Add. MS. 14,284. fo. 63.

Heron, of Eyling Green, Add. MSS. 4961. fo. 91. 14,283. fo. 96*b*.

Hesy, 4108. fo. 38*b*.

HEUSE, *of Albrighton*, 1532. fo. 106*b*. Add. MSS. 4961. fo. 65. 14,283. fo. 65.

Heynes, of Reading, Add. MS. 4961. fo. 90.

HIDE *v.* HYDE.

HILDESLEY, *of Benam*, 1081. fo. 28*b*. 1139. fo. 70. 1483. fo. 63. 1530. f. 36. 1532. ff. 11*b*. 24*b*. 5822. fo.23. 6173. fo. 46*b*. Add. MSS. 4961. fo. 73. 14,283. fo. 73. 14,284. p. 10.

———————— *of Hildesley*, 1483. fo. 73*b*. 1530. fo. 41. Add. MS. 14,284. p. 23.

Hildesley, of Benam, 4108. fo. 3*b*.

HILL, *of Buntingsdale*, 1081. fo. 28. 1532. fo. 2*b*. 5822. fo. 23. 6173. fo. 46. Add. MS. 4961. fo. 72. 14,283. fo. 72. 14,284. pp. 125. 132.

——— *of Windsor, fr. Co. Hants.* 1483. fo. 138*b*. 1530. ff. 79*b*. 82.

HINTON, *of Bourton*, 1081. fo. 29*b*. 1139. fo. 67. 1483. fo. 85. 1530. fo. 62. 1532. ff. 20. 41*b*. 5822. fo. 21. 6173. fo. 42*b*. Add. MSS. 4961. fo. 71. 14,283. fo. 71. 14,284. p. 79.

Hinton, 4108. fo. 3*b*.

HOBBS, *of Ardington*, 1483. fo. 112. 1530. fo. 61. Add. MS, 14,284. p. 77.

HOBBY, *of Beesam Abbey*, 1483. fo. 139*b*. 1530. fo. 80. Add. MS. 14,284. p. 127.

Hobby, 4108. fo. 2.

HOLDEN, 1532. fo. 66.

HOLLES *v.* HULSE.

HOLLOWAYE, *of Maiden Hatch*, 1081. fo. 30. 1139. fo. 70*b*. 1532. fo. 23*b*. 6173. fo. 43. Add. MSS. 4961. fo. 69*b*. 14,283. fo. 69*b*.

Hollowaye, 4108. fo. 3*b*. Add. MS. 14,284. p. 144.

HOLT, *of Abingdon, fr. Co. Lanc.* 1483. fo. 74. 1530. fo. 41*b*. Add. MS. 14,284. p. 24.

HOO, *Lord*, 1081. ff. 44*b*. 45. 1139. ff. 113*b*. 127*b*. 1532. fo. 48. 5822. fo. 36. 6173. fo. 75.

HOPER, *of Sunning, fr. Co. Midd.* 1483. fo. 64. 1530. fo. 37*b*. Add. MS. 4961. 14,284. p. 14.

HOUSE, *of Whitley, fr. Co. Bucks.* 1483. fo. 127*b*. 1530. fo. 33*b*. Add. MS. 14,284. p. 3.

HOWES, *of Newbury*, 1483. fo. 122.   1530.fo.
42*b*.

HULSE, HULLS, *or*, HOLLES, *of Sutton Courtney,
fr. Co. Chesh.* 1081. fo. 27*b*.   1139. fo. 58*b*.
1532. fo. 2*b*.   5822. fo. 22*b*.   6173.
ff. 45*b*. 46.   Add. MSS. 4961. fo. 71*b*.
14,283. fo. 71*b*.

HUNGERFORD, *of Reading*, 1081. fo. 23.   1483.
fo. 110.   1530. fo. 63*b*.   4108. fo. 34.
Add. MS. 14,284. p. 81.

HUNSDON, *Baron, v.* CAREY.

Huntington, 1530. fo. 87*b*.

HYDE, *or*, HIDE, *of Kingston Lisle*, 1483. fo. 110*b*.
1530. fo. 64.   Add. MS. 14,284. p. 83.

—— *of Long Wittenham*, 1139. fo. 69.   6173.
fo. 45.

—— *of Shinfield*, 1483. fo. 70*b*.   1530. fo. 48*b*.
Add. MS. 14,284. p. 43.

—— *of South Denchworth.* 1081. fo. 26*b*.
1139. ff. 59*b*. 69*b*.   1532. ff. 1. 20*b*. 94*b*.
5822. fo. 21*b*.   6173. fo. 43*b*.   Add. MSS.
4961. ff. 29. 41.   14,283. fo. 41.

Hyde, of Denchworth, 4108. fo. 2*b*.

INGLEFIELD, Add. MS. 12,479. fo. 4*b*.

IREMONGER, *of Goldingfield, fr. Co. Staff.* 1081.
fo. 31*b*.   1139. fo. 66.   1532. fo. 13*b*.
5822. fo. 24*b*.   6173. fo. 49.   Add. MSS.
4961. fo. 39.   14,283. fo. 39.

Iremonger, 4108. fo. 3*b*.

JAMES, *of Denford, fr. Co. Hants.* 1483. fo. 121.
1530. fo. 43*b*.   1535. fo. 101*b*.   Add. MS.
14,284. p. 29.

James, Add. MS. 4961. fo. 90.

JARVIS, 4108. fo. 34*b*.

JENINGS, 1081. fo. 9.   1139. fo. 118.   1532.
fo. 58.

JHONES, *or*, JOANES, *of Welford, fr. London, and
Co. Shrop.* 1483. fo. 122.   1530. fo. 43.
1532. fo. 135*b*.   6173. fo. 49*b*.   Add.
MSS. 4961. fo. 68*b*.   14,283. fo. 68*b*.
14,284. p. 27.

Joanes, 4108. fo. 3*b*.

JUSTICE, *of Reading*, 1560. fo. 246.

Justice, 1532. fo. 55.

KEAT, *of Hogborne*, 1483. fo. 114.   1530. fo.
68*b*.   Add. MS. 14,284. p. 94.

Keat, 4108. fo. 37*b*.

KELKWHITE, *of Fawley*, 1139. fo. 129*b*.

Kemble, Add. MS. 4961. fo. 92.

KENDRICKE, *or*, KENRICKE, *of Reading*, 1483. fo.
128.   1530. fo. 33.   1532. fo. 105*b*.
6173. fo. 51*b*.   Add. MSS. 4961. fo. 49*b*.
14,283. fo. 49*b*.   14,284. p. 2.

Kendricke, 4108. fo. 4.

KNEVETT, 1139. fo. 113.

KNIGHT, 1081. fo. 8*b*.   1139. ff. 15*b*. 116*b*.
14,283. 49*b*.   1544. fo. 78.

Knight, 1530. fo. 87*b*.

KNOWLES, *of Reading, fr. Co. Oxon.* 1081. fo. 32.
1139. fo. 122.   1532. fo. 53*b*.   5822. fo.
25.   6173. fo. 50*b*.   Add. MSS. 4961.
fo. 17*b*.   14,283. fo. 17*b*.

Knowles, of Stamford, 4108. fo. 4.

LANE, *of Coworth*, 1081. fo. 66*b*.

LANGFORD, 1139. fo. 128.   1532. ff. 77. 127*b*.
Add. MSS. 4961. fo. 84.   14,283. fo. 84.

LANGTON, *of Staneswick, fr. Co. Linc.* 1483. fo. 83.
1530. fo. 60*b*.   Add. MS. 14,284. p. 76.

Langton, Add. MS. 4961. fo. 91.

LATTON, *of Kingston Bagpuze*, 1081. fo. 33*b*.
1139. fo. 124.   1483. fo. 75*b*.   1530.
fo. 53.   1532. fo. 44*b*.   1543. fo. 162.
5822. fo. 26*b*.   6173. fo. 53*b*.   Add. MSS.
4961. fo. 5.   14,283. fo. 5.   14,284. p. 55.

Latton, 1556. fo. 4*b*.   4108. fo. 4.

LAWDE, 1180. fo. 130*b*.   1189. fo. 100*b*.   1431.
fo. 92.   6183. fo. 108*b*.

LEA, *of Quarenden*, 1532. fo. 53*b*.

LEE, *of Binfield, fr. Co. Bucks.* 1483. fo. 133.
1530. ff. 74. 75*b*.   1532. fo. 123*b*.   6173.
fo. 56.   Add. MSS. 4961. fo. 20.   14,283.
fo. 20.   14,284. pp. 109. 113.

Leeds, 4108. fo. 4.   Add. MS. 14,283. fo. 94*b*.

LIDCOTT, *of Ruscomb*, 1081. fo. 32*b*.   1139. fo.
87*b*.   1532. ff. 15. 16.   6173. fo. 52*b*.
Add. MSS. 4961. fo. 75.   14,283. fo. 75.

LINSEY, Add. MS. 14,283. fo. 89.

LODER, *of Harwell*, 1483. fo. 119*b*.   1530. fo.
47. Add. MS. 14,284. p. 36.

LOGAN, *of Berry*, 1139. fo. 105*b*.

LOGGINS, *of Bray, and Staverton*, 1081. fo. 33.
1139. fo. 74.   1532. fo. 32*b*.   5822. fo.
26.   6173. fo. 53.   Add. MSS. 4961. fo. 50.
14,283. fo. 50.

Loggins, 4108. fo. 4.

LORYMER, 1532. fo. 15*b*.   6173. fo. 6.   Add.
MSS. 4961. fo. 67.   14,283. fo. 67.

LOVEDAY, *of Brimpton*, 1483. fo. 123*b*.   1530.
fo. 35*b*.   1532. fo. 3.   Add. MS. 14,284.
p. 9.

LOVEDEN, *of Buscott*, 1483. fo. 110.   1530. fo.
63.   Add. MS. 14,284. p. 81.

—— *of Fifield*, 1081. fo. 34*b*.   1139. fo. 59.
1532. fo. 7.   5822. fo. 27*b*.   6173. fo. 54*b*.
Add. MSS. 4961. fo. 45.   14,283. fo. 45.

Loveden, of Buscott, 4108. fo. 4.

LOVELACE, 4108. fo. 25.

LOVELL, *Lord*, 1139. fo. 112.

LUTON, 1139. fo. 82*b*.

LYDALL, *of Dudcote, fr. Co. Oxon.* 1483. fo. 73.
1530. fo. 40*b*.

—— *of Sunning*, 1532. fo. 108*b*.   6173. fo.
55.   Add. MSS. 4961. fo. 51*b*.   14,283. fo.
51*b*.   14,284. p. 21.

Lydall, of Sunning, 4108. fo. 4.

LYFORD, *of Hurley*, 1483. fo. 130*b*.

LYNFORD, 1139. fo. 81.

LYNGEN, 1139. fo. 123.

Lyttell, of Bray, 1532. fo. 138*b*.   4108. fo. 4.
Add. MS. 14,283. fo. 101.

MAHEW, 1532. ff. 2*b*. 69.   4108. f. 35.

MANSELL, *v.* MAXELL.

MANWARING, *of Beech Hill, fr. Co. Shrop.* 1483.
fo. 127.   1530. ff. 71*b*. 72.   Add. MS.
14,284. p. 103.

Manwaring, Add. MS. 4961. fo. 94.

MARIETT, *of Remenham, fr. Co. Worc.* 1532. fo.
109.   6173. fo. 60.   Add. MS. 4961. fo.
56.   14,283. fo. 56.

Mariett, 4108. fo. 4.

MARSHALL, *of Blewberry, fr. Co. Norf.* 1532. fo.
111.   Add. MSS. 4961. fo. 66.   14,283.
fo. 66.

Marshall, 4108. fo. 4.

MARTIN, *of Okingham*, 1081. fo. 36*b*.   1139. fo.
77.   1532. fo. 35*b*.   4108. fo. 10.   5822.
fo. 29*b*.   6173. fo. 58.   Add. MSS. 4961.
fo. 77.   14,283. fo. 77.

Martin, 4108. fo. 4. Add. MS. 4961. fo. 90.

MAXELL, *or*, MANSELL, *of Newbury, fr. Co. Glamorgan.* 1081. fo. 37*b.* 1139. fo. 76.* 1532. fo. 12*b.* 5822. fo. 30*b.* 6173. fo. 58*b.* Add. MSS. 4961. ff. 79. 90. 14,283. fo. 79.

Maxell, or, Mansell, 4108. fo. 4.

MERCER, *of Fifield*, 1532. fo. 55.

MICHELL, *of Old Windsor*, 1551. fo. 23*b.*

Milles, of Knightington, Add. MS. 4961. fo. 94*b.*

MOLYNES, *of Clapcot*, 1532. fo. 85*b.* 6173. fo. 59*b.* Add. MSS. 4961. fo. 14. 14,283. fo. 14.

Molynes, 1081. fo. 60. 4108. fo. 2

MOODY, *of Okingham, fr. Co. Worc.* 1532. fo. 89*b.* 6173. fo. 61. Add. MSS. 4961. fo. 16*b.* 14,283. fo. 16*b.*

Moody, 4108. fo. 4.

MOORE, *of Burfield*, 1532. ff. 26*b.* 68*b.* 4108. fo. 21.

———— *of Cookham, fr. Co. Shrop.* 1081. fo. 38. 1139. fo. 75. 1532. fo. 33*b.* 1556. fo. 105*b.* 5822. fo. 28. 6173. fo. 57. Add. MSS. 4961. fo. 76. 14,283. fo. 76.

———— *of South Fawley*, 1483. fo. 118. 1530. fo. 51. Add. MS. 14,284. p. 50.

Moore, of Cookham, 4108. fo. 4.

MORES, *of Coxwell*, 1483. fo. 82*b.* 1530. fo. 60. Add. MS. 14,284. p. 74.

MORLEY, *v.* PERKINS.

MORRIS, *of Coxwell*, 1081. fo. 35*b.* 1139. fo. 62. 1532. fo. 6. 6173. fo. 57*b.* Add. MSS. 4961. fo. 75*b.* 14,283. fo. 75*b.*

Morris, 4108. fo. 4.

MORTELEY, 1139. fo. 122*b.*

MUNDAY, *of Newbury, fr. Co. Wilts.* 1483. fo. 117. 1530. fo. 51*b.* Add. MS. 14,284. p. 51.

MUNDY, *of Bagshot, fr. Co. Derb.* 1532. fo. 85. 6173. fo. 59. Add. MSS. 4961. fo. 8*b.* 14,283. fo. 8*b.*

NELSON, *or*, NELSTON, *of Chadleworth, fr. Co. Lanc.* 1483. fo. 119. 1530. fo. 47*b.* 1532. fo. 101. 6173. fo. 65. Add. MSS. 4961. fo. 42*b.* 14,283. fo. 42*b.* 14,284. p. 38.

NERNUITT, *or*, NORNEWITT, 1531. fo. 37. 2109. fo. 43*b.*

NEVILL, *Lord Abergavenny*, 1081. fo. 40*b.* 1139. fo. 124*b.* 1532. fo. 73*b.* 5822. fo. 31. 6173. fo. 62*b.* Add. MSS. 4961. fo. 80. 14,283. fo. 80.

———— *of Pillingbere*, 1483. fo. 129*b.*

Newbery, 4108. fo. 4*b.* Add. MS. 14,283. fo. 95*b.*

Newman, 4108. fo. 4*b.* Add. MS. 14,283. fo. 95*b.*

NEWNHAM, 1139. fo. 103.

NOKE, *of Priesthill*, 1483. fo. 138*b.* 1530. Co. 80*b.* Add. MS. 14,284. p. 128.

———— *of Shottesbrooke*, 1081. fo. 39*b.* 1139. fo. 77*b.* 1532. fo. 37*b.* 5822. fo. 32*b.* 6173. fo. 64*b.*. Add. MSS. 4961. fo. 81. 14,283. fo. 81.

Noke, 4108. fo. 4*b.*

NORNEWITT, *v.* NERNUITT.

NORRIS, *or*, NORREYS, *of Fifield*, 1081. ff. 38*b.* 46. 1139. ff. 105*b.* 106. 111. 128. 1532. ff. 15*b.* 77. 126*b.* 1544. ff. 56. 61. 66. 5822. fo. 31*b.* 6173. ff. 63*b.* 64. 78*b.* Add. MSS. 4961. ff. 67. 84. 12,479. fo. 10. *(a. b.)* 14,283. ff. 67. 84,

Norris, 4108. ff. 2. 4. Add. MS. 14,283. fo. 104*b.*

NORTON, *of Charlton, fr. Co. Kent*, 1081. fo. 41. 1139. fo. 125. 1532. fo. 115*b.* 5822. fo. 48*b.* 6173. fo. 66. Add. MSS. 4961. fo. 10. 14,283. fo. 10.

Norton, 4108. fo. 4*b.*

NOYES, *of Trunkwood, fr. Co. Hants.* 1483. fo. 124. 1530. fo. 38. Add. MS. 14,284. p. 16.

OFFLEY, *of Woodley, fr. Co. Surr.* 1483. fo. 65. 1530. fo. 40. Add. MS. 14,284. p. 20*b.*

ONLEY, *of Windsor. fr. Co. Northampt.* 1483. fo. 133*b.* 1530. fo. 77. Add. MS. 14,284. p. 117.

ORGAN, *of Lamborne*, 1532. fo. 76. 6173. fo. 68. Add. MSS. 4961. fo. 12*b.* 14,283. fo. 12*b.*

Organ, 4108. fo. 4*b.*

ORPWOOD, *of Abingdon*, 1081. fo. 41*b.* 1139. fo. 125*b.* 1532. fo. 75. 5822. fo. 33*b.* 6173. fo. 67*b.* Add. MSS. 4961. fo. 78*b.* 14,283. fo. 78*b.*

PACKER, *of Shillingford, fr. Co. Midd.* 1483. fo. 139. 1530. fo. 81. Add. MS. 14,284. p. 129.

Packer, 4108. fo. 4*b.* Add. MS. 14,283. fo. 109.

PACKINGTON, *of Aylesbury*, 1139. fo. 83.

PAGE, *of Bray*, 1483. fo. 130*b.* 1530. fo. 83*b.* Add. MS. 14,284. p. 135.

PALMER, *of Hatford, fr. Co. Bucks*, 1483. fo. 80. 1530. fo. 56*b.* 14,284. p. 67.

———— *of Okingham*, 1483. fo. 64*b.* 1530. fo. 39. Add. MS. 14,284. p. 18.

PARROTT, 1081. fo. 14*b.* 4108. fo. 36*b.*

PARRY, *or* AP HARRY, *of Hampstead Marshall*, 1081. fo. 42. 1139. fo. 126. 1532. fo. 117*b.* 1545. fo. 85. 5822. fo. 34. 6173. fo. 69*b.* Add. MSS. 4961. fo. 82. 14,283. fo. 82.

Parsons, 4108. fo. 38.

PAVELEY, 1139. fo. 135*b.*

PAYNE, *of Wallingford, fr. C. Staff.* 1532. fo. 102. 6173. fo. 71*b.* Add. MSS. 4961. fo. 48*b.* 14,283. fo. 48*b.*

Payne, 4108. fo. 4*b.*

PEACOCKE, *of Chawley, fr. Co. York*, 1483. fo. 80. 1530. fo. 56. Add. MS. 14,284. p. 65.

Pecock, of Cowley, 4108. fo. 4*b.* Add. MS. 14,283. fo. 98.

PEARCE, *of Nookfield, fr. Co. Bucks*, 1483. fo. 124. 1530. fo. 69*b.* Add. MS. 14,284. p. 98.

PECK, *of Remnam*, 1532. fo. 66*b.*

PEGE, 1139. fo. 96*b.*

PEPLESHAM, 1532. fo. 131*b.*

PERKINS, *or* MORLEY, *of Ufton, fr. Co. Shrop.* 1483. fo. 125. 1530. fo. 37. 1532. fo. 89. 6173. fo. 72. Add. MSS. 4961. fo. 17. 14,283. fo. 17. 14,284. p. 14.

Perkins, 4108. fo. 4*b.*

PEROTT, *of Sutton Courtney, fr. Co. Oxon.* 1139. fo. 120. 1532. fo. 124*b.* 6173. fo. 73. Add. MSS. 4961. fo. 32. 14,283. fo. 32.

Phelipes, of Hurst, 1081. fo. 59*b.*

PICTON, *of Wivell Court*, 1532. fo. 78*b.* 6173. fo. 74. Add. MS. 4961. fo. 69. 14,283. fo. 69.

Picton, 4108. fo. 4*b.*

PIGOTT, *of Abingdon*, 1139. ff. 56. 100.

———— *of Marcham, fr. Co. Bucks.* 1483. fo. 78*b.* 1530. fo. 54*b.* 1532. fo. 76*b.* 6173. fo. 72*b.* Add. MSS. 4961. fo. 4. 14,283. fo. 4. 14,284. p. 60.

Pigott, of Hatford, 4108. fo. 4*b*.

PILE, *of Chadleworth, jr. Co. Bucks*, 1483. fo. 119.   1530. fo. 48.   Add. MS. 14,284. p. 40.

Pile, of Kemarsh, Add. MS. 4961. fo. 93.

PLANTYN, 1532. fo. 99.

PLAYDELL, *of Chipping Faringdon, Colshill and Shrivenham*, 1081. fo. 43*b*.   1139. fo. 126*b*. 1532. fo. 4*b*.   6173. fo. 71.   Add. MSS. 4961. fo. 43.   14,283. fo. 43.

Playdell, 4108. fo. 4*b*.

PLOMER, *of New Windsor, jr. London*, 1483. fo. 136.   1530. fo. 78*b*.   Add. MS. 14,284. p. 122.

PLOTT, *of Sparsholt*, 1081. fo. 43.   1139. fo. 63*b*. 1532. fo. 6*b*.   5822. fo. 35.   6173. fo. 70*b*. Add. MSS. 4961. fo. 83.   14,283. fo. 83.

Plott, 4108. fo. 4*b*.

PLUMPTON, *of New Windsor, jr. London*, 1483. fo. 135*b*.   1530. fo. 77*b*.   Add. MS. 14,284. p. 118.

POLDEN, 4108. fo. 36.

POOLEY, Add. MSS. 4961. fo. 62.   14,283. fo. 62.

PORDAGE, *of Bradfield, jr. London*, 1483. fo. 125*b*. 1530. fo. 34.   Add. MSS. 14,284. p. 4*b*.

POTTINGER, *of Burfield*, 1483. fo. 124*b*.   1530. fo. 37*b*.   Add. MS. 14,284. p. 15.

POWLE, *of Shottesbrooke, jr. Co. Glouc.* 1483. fo. 130.

PRAYERS, 1532. fo. 17*b*.   4108. fo. 15.

PRESTON, 1094. fo. 145*b*.   1184. fo. 142*b*. 1187. fo. 46.   1188. pp. 35. 36.

PUREFOY, *of Wadley, jr. Co. Bucks*, 1483. fo. 82. 1530. fo. 59*b*.   Add. MS. 14,284. p. 73.

PUSEY, *of Pusey*, 1081. fo. 42*b*.   1139. fo. 69. 1483. fo. 81*b*.   1530. fo. 58.   1532. fo. 50. 5822. fo. 34*b*.   6173. fo. 70.   Add. MSS. 4961. fo. 49.   14,283. fo. 49.   14,284. p. 70.

Pusey, 4108. fo. 4*b*.

PYE, *of Faringdon, jr. Co. Heref.* 1483. fo. 81*b*. 1530. fo. 59.   Add. MS. 14,284. p. 72.

Pye, Add. MS. 4961. fo. 93.

RADCLIFF, *of Moberley*, 1532. fo. 56*b*.

READ, *of Barton*, 1081. fo. 45.   1139. fo. 127*b*. 1530. fo. 55.   1532. ff. 48. 118*b*.   5822. fo. 36.   6173. fo. 75.   Add. MSS. 4961. fo. 7.   14,283. fo. 7.   14,284. p. 61.

———— *of Marcham*, 1483. fo. 78.   1530. fo. 54*b*. Add. MS. 14,284. p. 59.

Read, of Barton, 4108. ff. 2*b*. 5.

REDISHE, *of Locking*, 1081. fo. 45*b*.   1139. fo. 66*b*.   1532. fo. 18*b*.   5822. fo. 36*b*. 6173. fo. 75*b*.   Add. MSS. 4961. fo. 82*b*. 14,283. fo. 82*b*.

Redishe, 4108. fo. 4*b*.

Reefs, Add. MS. 14,283. fo. 110*b*.

REEVE, 1147. fo. 62.   1397. fo. 187.   1430. fo. 68.   Add. MS. 14,311. fo. 65.

RICHE, *of Sunning, jr. Co. Glouc.* 1483. fo. 63. 1530. fo. 35*b*.   Add. MS. 14,284. p. 9.

Riche, 4108. fo. 5.

ROBINSON, *of Cookham*, 1483. fo. 131*b*.   1530 fo. 82*b*.   Add. MS. 14,284. p. 133.

RUDALL, 4108. fo. 34*b*.

RUDYARD, *of West Woodhey*, 1483. fo. 120. 1530. fo. 45*b*.   Add. MS. 14,284. p. 32.

Rudyard, Add. MS. 4961. fo. 94.

SACKVILLE, *Lord Buckhurst*, 1139. fo. 113. 4108. fo. 2.

ST. MAWRE, 1139. ff. 64*b*. 135*b*.

SALTER, *of Bray*, 1483. fo. 129*b*.

SAMBOURNE, *of Moulsford*, 1097. fo. 9.   1483. fo. 126*b*.   1530. fo. 71*b*.   1532. fo. 96*b*. 1982. fo. 115*b*.   5865. fo. 16.   6173. ff. 86*b*. 87.   Add. MSS. 4961. ff. 30*b*. 31. 14,283. ff. 30*b*. 31.   14,284. p. 102.

Sambourne, 4108. fo. 5.

SAMPSON, *of Binfield, jr. Co. Derb.* 1081. fo. 49*b*. 1139. fo. 128*b*.   1532. fo. 64*b*.   6173. fo. 83.   5822. fo. 40.   Add. MSS. 4961. fo. 89.   14,283. fo. 89.

SAUNDERS, *of Woolston*, 1483. fo. 83*b*.   1530. fo. 61.   Add. MS. 14,284. p. 77.

————————*jr. Co. Oxon.* 1532. fo. 123*b*.   Add. MS. 14,283. fo. 20.

SCOULES, *of Charlton*, 1081. fo. 55.   1139. fo. 130*b*.

Scowles, 4108. fo. 5.   Add. MS. 14,283. fo. 107.

SEYMORE, *of Lambourne*, 1483. fo. 116.   1530. fo. 62*b*.   Add. MSS. 4961. fo. 54.   14,284. p. 80.

SHELTON, 1139. fo. 113.

SHERER, 1532. fo. 16.

SHERWOOD, *of East Hendred*, 1530. ff. 65*b*. 67*b*. 1483. ff. 112*b*. 113.   Add. MSS. 4961. fo. 95.   14,284. pp. 88. 90.

Sherwood, Add. MS. 4961. fo. 95.

SHOTTESBROOK, 1532. fo. 132.   4108. fo. 36.

SMALBONE, *of Bockhampton*, 1483. fo. 115. 1530. fo. 69.   Add. MS. 14,284. p. 96.

———————— *of Steventon*, 1483. ff. 77*b*. 79.   1530. fo. 55*b*.   1532. fo. 79*b*.   6173. fo. 84. Add. MSS. 4961. fo. 13.   14,283. fo. 13. 14,284. p. 64.

SMEATON, *of Henwick, jr. Co. York*, 1483. fo. 127*b*. 1530. fo. 33.   14,284. p. 1.

SMITH, *of Abingdon*, 1081. fo. 9.   1139. fo. 118. 1532. fo. 58(*a.b*)   Add. MS. 4964. fo. 69*b*.

Smith, 4108. fo. 5.

SMITH, *or* HARRIS, *of Withcot*, Add. MSS. 4961. fo. 58.   14,283. fo. 58.

SMYTH, *of Buscott*, 1483. fo. 85*b*.   1530. fo. 63. Add. MS. 14,284. p. 80.

SNELL, *of Hamstead Marshall*, 1081. fo. 47. 1139. fo. 65*b*.   1532. fo. 13.   5822. fo. 39*b*. 6173. fo. 82.

Snell, 4108. fo. 5.   Add. MS. 14,283. fo. 103*b*.

SOTTEWELL, *of Grenham, jr. Co. Wilts*, 1532. fo. 104*b*.   6173. fo. 87*b*.   Add. MSS. 4961. fo. 53*b*.   14,283. fo. 53*b*.

Sotwell, 4108. fo. 5.

SOUTHBY, *of Apleton*, 1483. fo. 77*b*.

———————— *of Careswell*, 1483. fo. 81.   1530. ff. 54. 57*b*.   Add. MS. 14,284. pp. 59. 69.

———————— *of Stamford*, 1483. fo. 81.   1530. fo. 58*b*.   Add. MS. 14,284. p. 71.

SPARKE, *of Finch Hampstead, jr. Co. Essex*, 1483. fo. 66.   1530. fo. 44.   Add. MS. 14,284. p. 28.

Speere, 4108. fo. 5.

SQUIBB, *of Reading, jr. Co. Dorset*, 1483. fo. 72. 1530. fo. 51.   Add. MSS. 4961. fo. 94. 14,284. p. 49.

Squibb, Add. MS. 4961. fo. 94.

STAFFERTON, 890. ff. 27*b*. 52.   1532. ff. 14*b*. 32*b*.

Stafferton, 1532. fo. 67.

STAFFORD, *of Bradfield*, 1081. fo. 46.   1483. fo. 125*b*.   1139. fo. 128.   1530. fo. 34. 1532. fo. 77.   5822. fo. 37.   6173. fo. 78*b*. Add. MSS. 4961. fo. 84.   12,479. p. 5. 14,283. fo. 84.   14,284. p. 5.

STAMPE, *of Cholsey*, 1081. fo. 48b. 1139. fo. 134b. 1532. fo. 42b. 5822. fo. 38b. 6173. fo. 80b. Add. MSS. 4961. ff. 85. 87. 14,283. fo. 85.

———— *of Peasmore*, 1483. fo. 122b. 1530. fo. 39. Add. MS. 14,284. p. 17.

Stampe, of Chalsey, 4108. fo. 5.

STANDISH, *of Wantage, fr. Co. Lanc.* 1081. fo. 46b. 1139. fo. 60. 1532. fo. 1b. 5822. fo. 37b. 6173. fo. 79. Add. MSS. 4961. fo. 83b. 14,283. fo. 83b.

Standish, 4108. fo. 5.

STANSHALL, *of Wasing*, 1081. fo. 47b. 1139. fo. 76. 1532. fo. 50b. 5822. fo. 38. 6173. fo. 79b. Add. MSS. 4961. fo. 88. 14,283. fo. 88.

Stanshall, 4108. fo. 5. Add. MS. 14,283. fo. 102b.

Stanton, 4108. fo. 5.

STANWARDINE, *or* WOOLLASCOT, 1532. fo. 106b. Add. MS. 14,283. fo. 64b.

STAVERTON, *of Staverton and Warvile*, 1081. fo. 33. 1139. ff. 68. 74. 105b. 1532. ff. 15b. 119b. 4108. fo. 23b. 5822. fo. 26b. 6173. ff. 53. 85b. Add. MSS. 4961. ff. 14b. 50. 67. 14,283. ff. 14b. 30. 67.

STAWELL 1139. fo. 135b.

STONEHOUSE, *of Radley, fr. Co. Kent.* 1081. fo. 50. 1139. fo. 129. 1532. fo. 77b. 5822. fo. 40b. 6173. fo. 83b. Add. MSS. 4961. fo. 6b. 14,283. fo. 6b.

Stonehouse, 4108. fo. 5.

STOW, *of Burford*, 1081. fo. 19. 1139. fo. 68b. 4108. fo. 18. Add. MS. 14,283. fo. 44.

STRANGE, 1385. fo. 68b. 1559. fo. 92b.

STRATFORD, *of Bradfield*, 1530. fo. 72. Add. MS. 14,284. p. 104.

STRONGHILL, *of Barkham, fr. Co. Camb.* 1483. fo. 66. 1530. fo. 43b. Add. MS. 14,284. p. 28.

TAILEUR, *or* DANVILL, *of Windsor, fr. Co. Essex,* 1483. fo. 136b. 1530. fo. 75. Add. MS. 14,284. p. 112.

TETTERSHELL, *of Finch Hampstead*, 1483. fo. 70. 1530. fo. 47b. Add. MS. 14,284. p. 39.

THORNE, *of Sunning*, 1532. fo. 131.

Thornhull, 4108. fo 5b. Add. MS. 14,283. fo. 99.

TILLER, Add. MS. 4961. fo. 90.

TIPPING, *of Eaton, fr. Co. Bucks*, 1483. fo. 118b. 1530. fo. 48b. 1532. fo. 80. 6173. fo. 90. Add. MSS. 4961. fo. 8. 14,283. fo. 8. 14,284. p. 42.

Tipping, 4108. fo. 5.

TODD, *of Bray, fr. Co. Linc.* 1532. fo. 110. 6173. fo. 90b. Add. MSS. 4961. fo. 32b. 14,283. fo. 32b.

Todd, 4108. fo. 5b.

TOOKER, *of Abingdon, fr. Co. Wilts*, 1483. fo. 74. 1530. fo. 41b. 1532. fo. 97. 6173. fo. 91. Add. MSS. 4961. fo. 34. 14,283. fo. 34. 14,284. p. 25.

Tooker, 4108. fo. 5b.

Torless, of Whatcombe, 4108. fo. 5. Add. MS. 14,283. fo. 108.

TRUMBULL, *of East Hampstead, fr. Co. York,* 1483. fo. 137b. 1530. fo. 85b. Add. MSS. 4961. fo. 94. 14,284. p. 141.

Trumbull, Add. MSS. 4961. fo. 94. 14,283. fo. 92b.

TUBB, *of Challow*, 1483. fo. 117. 1530. fo. 52. Add. MS. 14,284. p. 49.

TULL, *of Migham*, 1483. fo. 121. 1530. fo. 44. Add. MS. 14,284. p. 29.

TURBERVILL, *of Bradley, fr. Co. Glamorgan*, 1483. fo. 132. 1530. fo. 73. Add. MSS. 14,284. p. 106.

———— *of Bray, fr. Co. Glouc.* 1483. fo. 131b. 1530. fo. 84. Add. MS. 14,284. p. 136.

———— *of East Henreth*, 5822. fo. 16b. 6173. fo. 36b. Add. MSS. 4961. fo. 43b. 14,283. fo. 43b.

Turbervill, of Bradley, Add. MS. 4961. fo. 93.

Tygehill, 4108. fo. 5.

TYLER, *of Clewer, fr. London*, 1483. fo. 138. 1530. fo. 78. Add. MS. 14,284. p. 120.

UMPTON, *or* UNTON, *of Wadley*, 1081. fo. 51. 1139. fo. 109. 1532. fo. 47b. 5822. fo. 41b. 6173. fo. 92.

VACHELL, *of Colley*, 1081. fo. 52. 1139. fo. 73. 1483. fo. 137. 1530. fo. 84b. 1532. fo. 31b. 5822. fo. 42. 6173. fo. 93. Add. MSS. 4961. ff. 18b. 19. 14,283. fo. 19. 14,284. p. 138.

Vachell, 4108. fo. 5b.

VANLORE, *of Tilehurst*, 1532. fo. 92b. 6173. fo. 94. Add. MSS. 4961. fo. 24b. 14,283. fo. 24b.

VAUGHAN, 1081. fo. 42. 1139. fo. 126. 1483. fo. 129. 1532. ff. 16. 67b. 117b. 5822. fo. 31. Add. MSS. 4961. fo. 82. 14,283. fo. 82.

WADE, 1532. fo. 55.

Walmesley, 4108. fo. 2.

Warberton, 4108. fo. 2.

WARD, *of Hurst, fr. Co. York.* 1081. fo. 53b. 1139. fo. 74b. 1532. fo. 30b. 5822. fo. 43b. 6173. fo. 96b.

Ward, of Hurst, 4108. ff. 2b. 5b.

Wolvardington, 1532. fo. 139.

WARNFORD, *of Buckland*, 1483. fo. 80b. 1530. fo. 57. Add. MS. 14,284. p. 68.

WATERMAN, *of Kintbury, fr. Co. Hants.* 1483. fo. 121b. 1530. fo. 40. Add. MS. 14,284. p. 21.

WEARE, *or* BROWNE, *of Denford, fr. Co. Wilts,* 1532. ff. 126. 136b. 6173. fo. 101. Add. MSS. 4961. fo. 33. 14,283. fo. 33.

Weare, or Browne, 4108. fo. 5b.

WEEKES, 1563. fo. 3b.

WELBECKE, *of Reading, fr. Co. Oxon.* 1483. fo. 71. 1530. fo. 49b. Add. MS. 14,284. p. 46.

WELBY, *of Hastead*, Add. MS. 14,283. fo. 89.

Welby, 4108. fo. 39.

WELDON, *of Cookham*, 1483. fo. 132. 1530. fo. 73b. 5822. fo. 47b. Add. MSS. 4961. fo. 15b. 14,284. p. 108.

———— *of Shottesbrook, fr. Co. Surr.* 1081. fo. 58b. 1139. fo. 131b. 1483. fo. 130. 1532. fo. 86b. 5822. fo. 48. 6173. fo. 100. Add. MSS. 4961. fo. 16. 14,283. fo. 16.

Weldon, of Shottesbrook, 4108. fo. 5b.

WELLESBORNE, *of West Hannay, fr. Co. Bucks.* 1081. fo. 54b. 1139. fo. 130. 1532. fo. 26. 5822. fo. 44b. 6173. fo. 97b.

WESTHORPE, *of New Windsor, fr. Co. York*, 1483. fo. 135. 1530. fo. 86b.. Add. MS. 14,284. p. 143.

Whistler, 1542. fo. 149.   Add. MS. 4961. fo. 94*b*.

WHITE, *of Fifield, fr. Co. Herts.* 1081. fo. 54. 1139. fo. 129*b*.   1483. fo. 77.   1530. fo. 54.   1532. fo. 81*b*.   5822. fo. 44.   6173. fo. 97.   Add. MSS. 4961. fo. 31*b*.   14,283. fo. 31*b*.   14,284. p. 58.

———— *of Wokingham, fr. Co. Hants.* 1483. fo. 65. 1530. fo. 39*b*.   Add. MS. 14,284. p. 20.

White, of Fifield, 4108. fo. 5*b*.

Whitwich, of Marleston, Add. MS. 4961. fo. 92.

WICKHAM, *of Abingdon, fr. Co. Kent.* 1532. fo. 83*b*.   6173. fo. 99.   Add. MSS. 4961. fo. 5*b*.   14,283. fo. 5*b*.

Wickham, 4108. fo. 5*b*.

WIKE, 1139. fo. 114*b*. Add. MSS. 4961. fo. 66*b*. 14,283. fo. 66*b*.

WILCOX, *of Bray, fr. Co. Warr.* 1483. fo. 131. 1530. fo. 83.   14,284. p. 134.

WILKINSON, *of Lawrence Waltham, fr. Co. York.* 1483. fo. 129.

Wilkinson, Add. MS. 4961. fo. 92.

WILLIAMS, *of Burfield*, 1081. fo. 52*b*.   1139. fo. 68.   1532. ff. 26*b*. 48*b*.   5822. fo. 42*b*. 6173. fo. 95*b*.

Williams, 4108. ff. 2*b*. 5*b*.   Add. MS. 14,283. fo. 104*b*.

WILLMOTT, *of Charlton*, 1530. fo. 67*b*.   1483. fo. 114.   Add. MS. 14,284. p. 91.

———— *of Wantage*, 1532. fo. 92.   6173. fo. 100*b*.   Add. MSS. 4961. fo. 21*b*.   14,283. fo. 21*b*.

Willmott, 4108. fo. 5*b*.

WILLOUGHBY, 1081. fo. 25.

WINCH, *of Fifield*, 1483. fo. 131.   1530. fo. 81*b*. Add. MS. 14,284. p. 130.

WINCHCOMBE, *of Burghulbury*, 1483. fo. 126. 1530. fo. 34*b*.   Add. MSS. 4961. fo. 64*b*. 14,283. fo. 64*b*.   14,284. p. 7.

———— *of Newbury*, 1532. fo. 68.   6173. fo. 103.

Winchcombe, of Newbury, 1081. fo. 61.

WIRDNAM, *of Charlton*, 1081. fo. 55.   1139. fo. 130*b*.   1532. fo. 14.   5822. fo. 45. 6173. fo. 98.   Add. MSS. 4961. fo. 9*b*. 14,283. fo. 9*b*.

Wirdnam, 4108. fo. 5*b*.

WISEMAN, *of Steventon, fr. Co. Suff.* 1139. fo. 131. 1483. fo. 113*b*.   1081. fo. 55*b*.   1532. fo. 82*b*.   5822. 45*b*.   6173. fo. 98*b*. Add. MS. 4961. fo. 3.

Wiseman, 4108. ff. 2*b*. 5*b*.

WITHAM, 808. fo. 19*b*.   5187. fo. 26.

WITHENS, *of Wantage, fr. Co. Chesh.* 1532. fo. 101*b*.   6173. fo. 101*b*.   Add. MSS. 4961. fo. 48.   14,283. fo. 47.

Withens, 4108. fo. 5*b*.   Add. MS. 14,284. p. 144.

WOLLASCOTT, *of Shalford*, 1532. fo. 106*b*. Add. MSS. 4961. fo. 64(*a. b.*)   14,283, fo. 64*b*.

———— *of Shinfield*, 1483. fo. 126.   1530. fo. 55.   Add. MS. 14,284. p. 6.

———— *of Sutton Courtney*, 1081. fo. 28. 1483. fo. 78*b*.   1530. fo. 34*b*.   1532. fo. 2*b*.   Add. MS. 14,284. p. 62.

Woollascott, 4108. fo. 5*b*.

WOLLASCOTT, *v.* STANWARDINE.

Wonderyll, 4108. fo. 37*b*.

WOODESON, *of New Windsor, fr. Co. Hants.* 1483. fo. 136*b*.   1530. fo. 79.   Add. MS. 14,284. p. 123.

Woodiard, of Cookham, Add. MS. 4961. fo. 95.

Wroughton, of Wroughton, 4108. fo. 5*b*.   Add. MS. 14,283. fo. 97*b*.

WYES, *of Abingdon*, 1532. fo. 57*b*.

WYLDON, 1397. fo. 29.

YATE, *of Buckland*, 1081. fo. 56*b*.   1139. fo. 62.(*a. b.*)   1483. fo. 80*b*.   1530. 57. 1532. fo. 7*b*.   5822. fo. 46*b*.   6173. fo. 104*b*   Add. MSS. 4961. fo. 27.   14,283. ff. 26*b*. 27.   14,284. p. 68.

———— *of Lyford and Westbrook*, 1483. fo. 82*b*. 1530. ff. 58*b*. 60.   Add. MS. 14,284. pp. 71. 74.

—— — *of Stamford*, 1081. fo. 57*b*.   1139. fo. 127.   1532. fo. 22.

Yate, 4108. ff. 37*b*. 39.

Young, 1532. fo. 55.   4108. fo. 39.   Add. MS. 14,283. fo. 109.

ZINZAN, *of Tylehurst, fr. Co. Herts.* 1483. fo. 126*b*.   1530. fo. 72*b*.   Add. MSS. 4961. fo. 91.   14,284. p. 105.

Zinzan, Add. MS. 4961. fo. 91.

ZOUCHE, *Lord*, 1139. fo. 135*b*.

BUCKINGHAMSHIRE.

ALDEN, *of Newton Longvile*, 1102. fo. 38*b*. 1151. fo. 37*b*.   1193. fo. 38*b*.   1234. fo. 5*b*.   1391. fo. 41*b*.   1533. fo. 127*b*.

ALLEN, *or*, ALLEYNE, *of Willen*, 1234. fo. 13. 1533. fo. 194.

Alney, 1391. fo. 1.

ANDREW, *of Lathbury, fr. Co. Herts.* 1102. fo. 36.   1139. fo. 139*b*.   1151. fo. 34*b*. 1193. fo. 36.   1429. fo. 70.   1533. fo. 68*b*.   5832. fo. 11.   5181. p. 76.   5833. fo. 68*b*.   5868. fo. 4*b*.

ANNESLEY, 1102. fo. 107.   1139. fo. 43*b*.   1391. fo. 109.   5181. p. 11.

———— *of Newport Pagnell, fr. Co. Notts.* 1102. fo. 106*b*.   1139. fo. 43.   1391. fo. 108*b*.   5832. ff. 4. 43.   1533. fo. 44*b*. 5181. p. 10.   5868. fo. 61.

Annesley, 1429. fo. 82.

AP HOWELL, 1533. fo. 3.   5181. p. 87.   5832. fo. 13*b*.   5868. fo. 12.

AP REES, *of North Crowley, fr. Co. Brecknock.* 1139. fo. 80*b*.   1429. fo. 82.   1533. fo. 82*b*.   5181. p. 77.   5832. fo. 41.   5868. fo. 39.

ARDES, *of Sherington*, 1139. fo. 81.   1533. fo. 33*b*. 5181. p. 47.   5832. fo. 42.   5868. fo. 39*b*.

Ardes, 1429. fo. 82.

ASCOUGH, *of South Kelsey, fr. Cos. Linc. and York.* 1136. ff. 5(*a.b.*) 6.

ASHBY, 1102. fo. 84.   1151. fo. 83.   1193. fo. 84.   1391. fo. 90.

ASHFEILD, *of Chesham*, 1102. fo. 11.   1136. fo. 4.   1151. fo. 9.   1193. fo. 10.   1391. fo. 12.   1234. fo. 8.   1533. fo. 167*b*.

ATBROOKE, 1533. fo. 90*b*.

ATGROVE, 1533. fo. 90.

ATKINSON, *of Woburne Daincourt*, 1102. fo. 16.
1151. fo. 14.   1193. fo. 15.   1234. fo. 43*b*.
1391. fo. 16*b*.   1533. fo. 170.

AYLESBURY, 5181. p. 71.   6128. fo. 90.

BABHAM, *of Turvile, fr. Co Berks.* 1102. fo. 21.
1136. fo. 14*b*.   1151. fo. 19.   1533. fo.
170*b*.   1193. fo. 20.   1234 fo. 16*b*.
1391. fo. 22.

BACON, *of Weston, fr. Co. Norf.* 1102. fo. 102*b*.
1139. fo. 40.   1391. fo. 105*b*.   1533. fo.
45*b*.   5181. p. 2.   5832. fo.31.   5868.
fo. 59.

BALDWYN, *of Aylesbury*, 1533. fo. 15.

BARKER, *of Chesham*, 1102. fo. 7*b*.   1139. fo. 100.
1151. fo. 5*b*.   1234. fo. 56*b*.   1391.
fo. 8.   1193. fo. 6*b*.   1533. ff. 12*b*. 164*b*.
174.

———— *of Horwood, fr. Co. Northampt.* 1102. fo.
27*b*.   1151. fo. 26.   1193. fo. 27(*a.b.*)
1234. fo. 31*b*.   1391. ff. 30*b*. 31.

———— *of Southley*, 1102. fo. 43*b*.   1151. fo.
42*b*.   1193. fo. 43*b*.   1234. fo. 48.
1391. fo. 46*b*.   1533. fo. 133*b*.

BARTON, *of Barton*, 1533. fo. 36*b*.   1139. fo. 43.
5181. p. 80.   5832. fo. 46.   5868. fo. 44.

BASING, 1533. fo. 36.

BEAKE, *of Haddenham, fr. Co. Berks.* 1102. fo.
61*b*.   1151. fo. 60*b*.   1193. fo. 61*b*.
1234. fo. 36*b*.   1391. fo. 65*b*.   1533. fo.
153.

BEARD, *of Quainton, fr. Co. Linc.* 1102. fo. 25*b*.
1151. fo. 23*b*.   1193. fo. 24*b*.   1234. fo.
18*b*.   1391. fo. 27*b*.   1533. fo. 172.

BEAUCHAMP, *of Higham*, 1533. fo. 61*b*.

BEDELS, *or*, BEDLE, 1102. fo. 84.   1391. fo. 90.
1533. fo. 190.

BEDLOW, *v.* BLEDLOW.

Belham, 1429. fo. 83.

BELLAMY, *of Sudley, fr. Co. Midd.* 1533. fo. 87.

BELSON, *of Brill, fr. Co. Oxon.* 1429. fo. 76*b*.
1533. fo. 46*b*.   5181. p. 95.   5832. fo. 21.
5868. fo. 20.

BENNETT, *of Beckhampton*, 1391. fo. 128*b*.

BERENGER, *of Owburne, and Iver, fr. Co. Wilts*,
1102. fo. 46*b*.   1139. fo. 89*b*.   1193. fo.
46*b*.   1391. fo. 49*b*.   1429. fo. 73.
1533. ff. 3*b*. 136*b*.   5181. p. 34.   5832.
fo. 14.   5868. fo. 13.

BETHOM, *or* BETHAM, *of Ashendon*, 1102. fo. 106.
1139. fo. 44.   1391. fo. 108.   1533. p. 46.
5181. p. 9.   5832. fo. 30*b*.   5868. fo.
49*b*.

BIRD, *of Byerton, fr. Co. Heref.* 1102. fo. 4*b*.
1136. fo. 8*b*.   1151. fo. 2*b*.   1193. fo. 3*b*.
1391. fo. 5.   1533. fo. 162.

BLACKNALL, *or*, BLAKENHALL, *of Wing*, 1139. fo.
80.   1429. fo. 75.   1533. ff. 6*b*. 91.
5832. fo. 3.   5868. fo. 16.

BLEDLOW, *or* BEDLOW, 1102. fo. 60*b*.   1151. fo.
59*b*.   1193. fo. 60*b*.   1234. fo. 66*b*.
1391. fo. 64*b*.   1533. fo. 196*b*.

BLOUNT, *of Iver, fr. Co. Glamorgan.* 1533. ff. 75.
109*b*.

Blount, 1533. fo. 204*b*.

BOIS, 1533. fo. 87.

BORRARD, *of Clifton*, 1533. fo. 197*b*.

BORSTALL, 1533. fo. 79*b*.

BOSS, *of Berton*, 1234. fo. 50*b*.   1533. fo.
131*b*.

BOULSTRODE, *or* BULSTRODE, *of Upton, fr. Co.
Bedf.* 890. fo. 26*b*.   1094. fo. 37.   1102.
ff. 44. 121*b*.   1139. fo. 50*b*.   1151. fo. 43.
1187. fo. 21.   1188. p. 19.   1193. fo. 44.
1391. ff. 47. 123.   1533. ff. 90*b*. 106*b*. 132*b*.
5181. p. 81.

BOWYER, *of Denham, fr. London and Co. Suss.*
1102. fo. 42*b*.   1151. fo. 41*b*.   1193. fo.
42*b*.   1234. ff. 1*b*. 4.   1391. fo. 45*b*.
1533. fo. 103*b*.

BOWYETT, 1136. fo. 6*b*.

BRANDON, 1533. fo. 190*b*.

BRAYBROOK, *of Long Crendon, fr. Co. Suff.* 1533.
fo. 91*b*.

Braybrooke, 5832. fo. 63*b*.

Brecknock, 5832. fo. 68.

BRETT, *of Quinton, fr. Co. Som.* 1102. fo. 69.
1151. fo. 68.   1193. fo. 69.   1391. fo. 73.
1533. fo. 156.

BRIDGES, *Lord Chandos*, 5832. fo. 12.   5868. fo. 7.

BRIGHTBRIDGE, *or*, BRIGHTRIDGE, *of Iver*, 1102.
fo. 45*b*.   1139. fo. 42*b*.   1151. fo. 44*b*.
1193. fo. 45*b*.   1391. fo. 48*b*.   1429. fo.
72*b*.   1533. fo. 2*b*.   5181. p. 8.   5832.
fo. 10*b*.   5868. fo. 10*b*.

BRIGHTWELL, *of Chersley*, 1139. fo. 140.   1429.
fo. 70*b*.   1533. ff. 30*b*. 72.   5181. p. 63.
5832. ff. 12. 38*b*.   5868. ff. 7. 36*b*.

Brightwell, 1391. fo. 126.

BRINKHURST, *of Great Marlow, fr. Co. Berks.*
1102. fo. 52.   1151. fo. 51.   1193. fo 52.
1234. fo. 58.   1391. fo. 56.   1533. fo. 144.

Brinkhurst, 5832. fo. 75.

BROCKSBORNE, 1102. fo. 60*b*.   1151. fo. 59*b*.
1193. fo. 60*b*.   1234. fo. 66*b*.   1391. fo. 64*b*.

Bronsop, 1533. fo. 115.

BROWNE, *of Wickham, fr. Co. Wilts.* 1533. fo. 207.

BRUDENELL, *of Stoke Mandeville, fr. Co. Oxon.*
1102. fo. 20*b*.   1136. fo. 14.   1139. fo.
81*b*.   1151. fo. 18*b*.   1193. fo. 19*b*.
1234. fo. 16.   1391. fo. 21*b*.   1429. fo.
75*b*.   1532. fo. 70.   1533. ff. 5*b*. 90.
4108. fo. 33.   5832. fo. 18*b*.   5868. fo. 17*b*.

BRUGES, *of Edgeborough, fr. Co. Glouc.* 1102. fo.
26.   1151. fo. 24.   1193. fo. 25.   1234.
fo. 20.   1391. fo. 28.   1429. fo. 70*b*.
1533. fo. 172*b*.   5832. fo. 12.

BUCKINGHAM, *Duke of, v.* STAFFORD.

BULLOCK, *of Thornborough, fr. Co. Berks.* 1139. fo.
88*b*.   1533. ff. 35. 75*b*.   5181. p. 32.
5832. fo. 45.   5868. fo. 43.

Bullock, 1429. fo. 82.

BULSTRODE, *v.* BOULSTRODE.

BURLACEY, *or*, BORLACEY, *of Marlowe, fr. Co.
Cornw.* 1193. fo. 1.   1533. fo. 62*b*.

Burlacy, of Great Marlow, 1391. fo. 100*b*.

BURLEY, 1139. fo. 88.   1533. fo. 44.   5181. p.
89.   5832. fo. 57.   5868. fo. 55.

Burley, 1429. fo. 83.

BUSBY, *of Addington*, 1234. fo. 57*b*.   1533. fo.
143.

BUTLER, *of Chipping Wickombe, fr. Co. Lanc.* 1102.
fo. 55*b*.   1139. fo. 81.   1151. fo. 54*b*.
1193. fo. 55*b*.   1234. fo. 65*b*.   1391. fo.
59*b*.   1533. ff. 33*b*. 148*b*.   5181. p. 29.
5832. fo. 41*b*.   5868. fo. 39*b*.

Buttery, 1429. fo. 82.

CAGE, *of Brightwell, fr. Co. Suff.* 1533. fo. 101*b*.

CALVELEY, 1533. fo. 34*b*.

CARTWRIGHT, 1533. fo. 79*b*.

D

CASTELL, *of Olney, fr. Co. Surrey,* 1102. fo. 40. 1151. fo. 39.   1193. fo. 40.   1234. fo. 55. 1391. fo. 43.   1533. fo. 128.

CATESBY, *of Hardmead, from Co. Northampt.* 1102. fo. 79*b*.   1139. fo. 91.   1151. fo. 78*b*. 1193. fo. 79*b*.   1391. fo. 86.   1429. fo. 79. 1533. fo. 184.

CHACE, *of Chesham,* 1102. fo. 50*b*.   1151. fo. 49*b*.   1193. fo. 50*b*.   1234. fo. 57. 1391. fo. 53*b*.   1533. fo. 142.

CHAKERS, 1533. fo. 6*b*.

CHAMBERLAYNE, 1533. fo. 199*b*.

CHAMPNEYS, 1102. fo. 27*b*.   1151. fo. 26. 1193. fo. 27.   1234. fo. 31*b*.   1533. fo. 166*b*.

CHANDOS, *Lord, v.* BRIDGES.

CHARDGE. *of Wavenden,* 1102. fo. 37*b*.   1151. fo. 36*b*.   1193. fo. 37*b*.   1391. fo. 40*b*. 1429. fo. 84.   1533. fo. 178.

CHAWORTH, 5832. fo. 4*b*.

CHENEY, *or,* CHEYNEY, *of Chesham Bois,* 1102. fo. 12.   1139. fo. 80*b*.   1151. ff. 10. 91. 1193. fo. 11.   1136. fo. 12*b*.   1234. fo. 9. 1391. fo. 13.   1429. fo. 78.   1533. fo. 8*b*. 5181. p. 68.   5832. fo. 22*b*.   5868. fo. 20*b*.

CHESHAM, *of Chesham Bois,* 1533. fo. 8*b*.

CHESTER, *of Chichley, fr. London,* 1102. fo. 78*b*. 1151. fo. 77*b*.   1193. fo. 78*b*.   1391. fo. 85.   1533. fo. 110*b*.

Chester, 1429. fo. 83.

CHETWOOD, 1184. fo. 99*b*.   1187. fo. 27*b*. 1188. p. 28.   1194. fo. 103.   1553. fo. 7*b*.

Chetwood, 1429. fo. 82.

CHEYNEY, *v.* CHENEY.

CHIBNALL, *of Astwood,* 1102. fo. 115*b*.   1139. fo. 48.   1391. fo. 118*b*.   1429. fo. 69. 1533. fo. 47*b*.   5181. p. 20.   5832. fo. 7*b*. 5868. fo. 1*b*.

CLARKE, *of Dondon Court, fr. Co. Leic.* 1139. fo. 90*b*.   1483. fo. 114*b*.   1530. fo. 69. 1533. fo. 10*b*.   1429. fo. 79.   5181. p. 88.   5832. fo. 25.   5868. fo. 23.

——— *of Higham,* 1533. fo. 61*b*.

——— *of Wickomb,* 1139. fo. 46.

CLAVER, *of Oving and Foscott,* 1102. fo. 67. 1139. fo. 92*b*.   1151. fo. 66.   1193. fo. 67.   1234. fo. 40*b*.   1391. fo. 71.   1533. fo. 31*b*.   5181. p. 35.   5832. fo. 39*b*. 5868. fo. 37*b*.

Claver, 1429. fo. 81.

CLAYDON, 808. fo. 43*b*.

Cockshut, 1533. fo. 143.

COGENHO, 1533. fo. 36.

COLLINS, *or,* COLLIS, *of Bradwell, fr. Co. Worc.* 1102. fo. 104*b*.   1139. fo. 41*b*.   1391. fo. 106*b*.   1533. fo. 27.   5181. p. 6.   5832. fo. 36.   5868. fo. 34.

COMBE, *of Chedington, fr. Co. Herts.* 1102. fo. 70.   1151. fo. 69.   1193. fo. 70.   1234. fo. 52*b*.   1391. fo. 74.   1533. fo. 157.

COPCOTT, *of Gadsden,* 1533. fo. 80.

COSTER, 1396. fo. 60.

COTTES, 1140. fo. 91*b*.   1159. fo. 91*b*.   1442. fo. 94*b*.

COTTON, *of Pitleston,* 1234. fo. 9*b*.   1533. fo. 209.

CRANE, *of Loughton, fr. London,* 1102. fo. 69*b*. 1151. fo. 68*b*.   1193. fo. 69*b*.   1234. fo. 51.   1391. fo. 73*b*.   1533. fo. 157*b*.

CREWE, 1151. fo. 50*b*.   1193. fo. 51*b*.   1234. 58*b*.   1533. fo. 145*b*.

Cromwell, 5832. fo. 64.

CROOKE. *of Chilton,* 1102 ff. 7. 68*b*. 114.   1139. fo. 51.   1136. fo. 15*b*.   1151. ff. 5. 67*b*. 1153. fo. 90*b*.   1451. fo. 195.   1193. ff. 6. 68*b*.   1234. ff. 52. 56.   1391. ff. 7*b*. 72*b*. 123*b*.   1533. fo. 113*b*.   5181. p. 73.

CROPLEY, 1391. fo. 79.

DANVERS, *of Culworth,* 1102. fo. 27*b*.   1151. fo. 26.   1193. fo. 27.   1391. fo. 30*b*.   1533. fo. 173*b*.

DARRELL, *of Fulmere,* 1102. fo. 90.   1151. fo. 89.   1193. fo. 90.   1234. fo. 12.   1391. fo. 96.   1533. fo. 193.

DAVENTREE, 1187. ff. 93. 95.   1188. p. 105.

DAVERS, *of Chamber House,* 1102. fo. 118*b*. 1139. fo. 52*b*.   1533. fo. 124.

DAYRELL, *of Lillingstone,* 1102. ff. 81*b*. 102. 1139. fo. 39*b*.   1151. fo. 80*b*.   1193. fo. 81*b*.   1234. fo. 22*b*.   1391. ff. 87*b*. 104. 1533. fo. 48*b*.   5181. p. 1.

DE LA BEECH, 1102. fo. 57.   1151. fo. 56.   1193. fo. 57.   1391. fo. 61.   1533. fo. 150*b*.

DE LA LAUND, 1533. fo. 95*b*.

DE LA MARE, *of Markhay,* 1139. ff. 85. 100. 1429. fo. 71.   1533. ff. 12*b*. 71.   5181. p. 67.   5832. fo. 59.   5868. fo. 57.

DE LA PLANCHE, 6128. fo. 15.   Add. MS. 14,311. fo. 19*b*.

DENTON, *of Hillesdon, fr. Co. Berks.* 1102. fo. 87.   1140. fo. 42.   1151. fo. 86.   1159. fo. 42.   1193. fo. 87.   1234. fo. 26. 1391. fo. 92*b*.   1442. fo. 42.   1533. fo. 99*b*.   1545. fo. 51*b*.   5832. fo. 51*b*.

Derhurst, 1429. fo. 83.

DETHICK, 1139. fo. 44.   1151. fo. 91.

DEVYLL, 1533. fo. 57*b*.

DICKONS, *of Astwood, fr. Co. Bedf.* 1429. fo. 69*b*. 1533. fo. 48.   5832. fo. 8.   5868. fo. 2.

DIGBY, *of Goathurst, fr. Co. Rutl.* 1193. fo. 34. 1234. fo. 33.   1391. fo. 37.

Digby, 1102. fo. 32*b*.   1193. fo. 32*b*.   1391. fo. 35*b*.

DILLON, *of Shenley, fr. Co. Derb.* 1102. fo. 74. 1151. fo. 73.   1193. fo. 74.   1234. fo. 19*b*. 1391. fo. 80*b*.   1533. f. 181*b*.

DIXON, 1391. fo. 80.

DORMER, *of Eythorp, fr. Co. Oxon.* 1139. fo. 101*b*. 1429. fo. 79*b*.   1533. fo. 11*b*.   5832. fo. 26*b*.   5868. fo. 24*b*.

——— *of Peterley,* 1102. fo. 60.   1151. fo. 59.   1234. fo. 66.   1391. fo. 64.   1193. fo. 60.

——— *of Shipton Lee,* 808. fo. 6.   1095. fo. 36*b*.   1102. fo. 24.   1151. fo. 22.   1234. fo. 17*b*.   1391. fo. 24*b*.   1193. fo. 23. 1412. fo. 96.   1533. fo. 171*b*.   5187. fo. 9.

Dormer, 1533. fo. 204*b*.

Dove, 1429. fo. 82.

DOWNING, *of Hickford,* 1391. fo. 73.

DOWNTON, 1533. fo. 88*b*.

DOYLEY, *of Turvile,* 1102. fo. 12*b*.   1136. fo. 12. 1151. fo. 10*b*.   1193. fo. 11*b*.   1234. fo. 10.   1533. fo. 168*b*.

DRAPER, *of Marlow,* 1391. fo. 101.   1533. fo. 84.

Draper, 1391. fo. 126.

DRURY, *of Heughley, and Chatthorne St. Giles, fr. Co. Suff.* 1094. ff. 36*b*. 39.   1184. fo. 35.   1187. fo. 21*b*.   1188. fo. 19.   1533. fo. 89*b*.

DUCKETT, *of Aylesbury*, 1533. fo. 93*b*.
DUFFIELD, *of Medmenham*, 1102. fo. 109.   1139.
fo. 45*b*.   1429. fo. 70.   1391. fo. 111.
1533. ff. 49. 134*b*.   5181. p. 27.   5832.
fo. 9.   5868. fo. 8.
DUNCOMB, *of Junigo Aston*, 1102.   fo. 63*b*.
1139. fo. 44*b*.   1151. fo. 62*b*.   1193. fo.
63*b*.   1234. fo. 37*b*.
———— *of Much Brickhill*, 1102. ff. 35. 42.
1151. fo. 34.   1193. fo. 35.   1234.˙ ff. 34*b*. 55*b*.
———— — *of Whitchurch*, 1102. fo. 26*b*.   1136. fo.
13*b*.   1139. fo. 44.   1151. ff. 24*b*. 41*b*.
91.   1193. ff. 25*b*. 42.   1234. fo. 20*b*.
1331. ff. 29*b*. 38. 45. 67*b*.   1533. ff. 16*b*.
18*b*. 173.   5181. pp. 12. 58.   5832. ff.
32*b*. 54*b*.   5868. ff. 30*b*. 52*b*.
Duncomb, 1429. fo. 81.
Durant, of Calverton, 1533. fo. 115.
DYNHAM, *of Borestall*, 1139. fo. 80*. 1234. fo.
22.   1391. fo. 87.   1533. ff. 16. 186.
5181. p. 30.   5832. fo. 31*b*.   5868. fo.
29*b*.
EAST, *of Radnage*, 1102. fo. 110.   1139. fo. 46.
1391. fo. 112.   1429. fo. 69*b*.   1533. fo.
50.   5181. p. 14.   5832. ff. 8*b*. 32.
5868. ff. 3. 30.
EDMUNDS, *of Winslow*, 1102. ff. 58*b*. 60*b*.   1151.
fo. 57*b*.   1193. fo. 58*b*.   1234. ff. 36.
66*b*.   1391. ff. 62*b*. 64*b*.   1533. ff. 83*b*. 152*b*.
196*b*.
EGERTON, *of Adstock, fr. Co. Staff.* 1102. fo. 71*b*.
1151. fo. 70.   1193. fo. 71*b*.   1234. fo.
53.   1391. fo. 75*b*.   1533. fo. 159*b*.
EGLESTON, *of Wootton Underwood, fr. Co. Lanc.*
1102. fo. 22.   1151. fo. 20.   1193. fo. 21.
1234. fo. 21.   1391. fo. 23.   1533. fo.
171.
ELSTON, *of Ribleston*, 1533. fo. 72*b*.
EVANS, *of Marsh Gibbon*, 1102. fo. 85*b*.   1151.
fo. 84*b*.   1193. fo. 85*b*.   1234. fo. 27*b*.
1391. fo. 91*b*.   1533. fo. 192*b*.
EYRE, *of Burnham*, 1102. fo. 8*b*.   1139. ff. 85*b*.
138*b*.   1151. fo. 6*b*.   1193. fo. 7*b*.
1136. ff. 1. 2*b*.   1234. fo. 3.   1391. fo.
9*b*.   1429. fo. 72.   1533. fo. 1.   5181.
p. 25.   5832. fo. 12*b*.   5868. fo. 7*b*.
FAWKNER, of Ashenden, 1533. fo. 115.
FERRERS, *of Badsley*, 1102. fo. 19*b*.   1151. fo.
15*b*.   1234. fo. 46*b*.   1391. fo. 20*b*.
1533. fo. 58*b*.
FETTIPLACE, *of Bessells Leigh*, 1139. fo. 46.
FIELD, 1504. fo. 62.
FIGG, *or*, FYGE, *of Shipton and Winslow, fr. Co.
Essex*, 1102. ff. 27. 103*b*.   1139. ff. 41. 50.
1234. fo. 31.   1391. ff. 30. 104*b*.   1429.
fo. 73.   1533. fo. 49*b*.   5181. p. 4.   5868.
fo. 12*b*.
FINES, *v.* FYNES.
FITZHUGH, *of Wavendon, fr. Co. Bedf.* 1102. fo.
113.   1139. fo. 49*b*.   1391. fo. 116.   1533.
fo. 33.   5181. p. 22.   5832. fo. 43*b*.
5868. fo. 41*b*.
Fitzhugh, 1429. fo. 82.
Fitzneale, 1151. fo. 32*b*.
FLEETWOOD, *of Missenden, fr. Co. Lanc.* 1102.
fo. 59.   1151. fo. 58.   1193. fo. 59.   1391.
ff. 63. 98*b*.   1533. fo. 72*b*.   5832. fo.
53*b*.
Fleetwood, 1391. fo. 2*b*.

FORSTER, *or*, FOSTER, *of Hanslope, fr. Co.
Northampt.* 1102. ff. 74*b*. 78. 115.   1139.
fo. 49*b*.   1151. ff. 73*b*. 77.   1193. ff. 74*b*.
78.   1234. fo. 28.   1391. ff. 81. 84*b*. 118.
1533. fo. 50*b*.   5181. p. 23.   5832. fo.
40.   5868. fo. 38.
FORTESCUE, *of Salden*, 1102. fo. 31.   1151. fo.
30.   1193. fo. 31.   1234. fo. 35.   1391.
fo. 33*b*.   1533. fo. 43.   5832. fo. 57*b*.
5868. fo. 55*b*.
Fortescue, 1429. p. 83.
Foster, 1429. fo. 81.
FOSTER, *v.* FORSTER.
Fountayne, 1391. fo. 125.   1533. fo. 115.
FOWLER, *of Ludgersall, fr. Co. Oxon.* 1139. fo.
86*b*.   1533. fo. 26*b*.   5181. p. 31.   5832.
fo. 35.   5868. fo. 33.
Fowler, 1429. fo. 81.
FOX, *of Missenden*, 1391. fo. 100.   1533. fo.
210.   5868. fo. 56*b*.
Fox, of Chipping Wickham, 1533. fo. 115.
———— *of Missenden*, 1391. fo. 126.   1533. fo.
116.
FROM, 1533. fo. 111.
FYGE, *v.* FIGG.
FYNES, *or*, FINES, *Lord Saye and Seale*, 1102. fo.
27*b*.   1151. fo. 26.   1193. fo. 27.   1234.
fo. 31*b*.   1391. fo. 30*b*.   1533. fo. 173*b*.
GARDYNER, *of Grove Place*, 1533. fo. 122*b*.
GARNON, *or*, GORNEY, 1136. fo. 5.
GARRARD, *or*, GERRARD, *of Aston Clinton, fr.
Co. Midd.* 1102. fo. 66.   1151. fo. 65.
1193. fo. 66.   1234. fo. 39*b*.   1533. fo.
154.
——————————— *of Dorney, fr. Co. Kent,*
1102. fo. 45.   1151. fo. 44.   1193. fo.
45.   1234. fo. 48*b*.   1391. fo. 48.   1533
fo. 84*b*.   Add. MS. 14,311. fo. 36*b*.
GIBON, 1533. fo. 197*b*.
GIFFORD, *of Claydon*, 1095. fo. 66.   1097. fo.
2.   1102. fo. 111.   1139. fo. 48*b*.   1391
fo. 113.   1533. fo. 200.   5181. p. 16.
———— *of Twyford*. 1533. fo. 81*b*.
GOODWIN, *of Upper Winchendon*, 1102. fo. 60*b*.
1151. fo. 59*b*.   1193. fo. 60*b*.   1234. fo.
66*b*.   1391. fo. 64*b*.   1533. ff. 87*b*. 196*b*.
1551. fo. 62*b*.   5832. fo. 71.
GORNEY, *v.* GARNON.
GOSNOLD, *of Beaconsfield, fr. Co. Suff.* 1102. fo. 6.
1136. fo. 16.   1151. fo. 4.   1193. fo. 5.
1391. fo. 6*b*.   1533. fo. 163*b*.
GRACE, *of Beaconsfield*, 1391. fo. 99.
Grace, 1391. fo. 126.
GRAFTON, *of Misleden, fr. London*, 1533. fo. 51.
5832. fo. 37.   5868. fo. 59*b*.
————— *fr. Co. Worc.* 1102. fo. 120*b*.   1139.
fo. 46*b*.   1391. fo. 122*b*.   1429. fo. 84*b*.
5181. p. 56.
Grafton, 1429. fo. 83.
Greenfield, of Wootton Underwood, 1391. fo. 126.
GREENVILL, *of Wootton Underwood*, 1102. ff. 68.
91*b*.   1151. fo. 67.   1193. fo. 68.   1234.
fo. 41*b*.   1391. ff. 72. 97*b*. 98.   1533. fo.
102.
Greenway, 1391. fo. 126.
GROSSETT, 1533. fo. 36.
HACKETT, *of Crawley, fr. London*, 1102. fo. 46.
1151. fo. 45.   1193. fo. 46.   1291. fo.
49.   1533. fo. 135.

Hackwell, 1533. fo. 115.

HAMPDEN, *of Hampden*, 1102. ff. 18. 19. 1151.
ff. 15. 16. 1193. ff. 17(*a. b.*) 18. 1234.
ff. 45*b*—47. 1391. ff. 19. 20. 1533. fo.
58*b*. 5832. fo. 61. *et seqq.*
———— *of Hartwell*, 1139. fo. 82*b*. 1429. fo.
74. 5181. p. 53. 5832. fo. 16. 5868.
fo. 14*b*.
———— *of Wickomb*, 1533. fo. 105*b*.

Hampden, 5832. ff. 63*b*. 64.

HAMPSON, *of Taplow, from London*, 1102. fo. 48.
1151. fo. 47. 1234. fo. 60. 1193. fo.
48. 1391. fo. 51. 1533. fo. 138*b*.

HANDLO, 1533. fo. 79*b*.

HARLEY, *of Newport, fr. Co. Shrop.* 1533. fo.
121*b*.

HARRINGTON, 1102. fo. 114. 1391. fo. 123*b*.

HART, *of Brill*, 1391. fo. 60. 1533. fo. 149.

HASTINGS, *of Agmondisham, fr. Co. Dors.* 1102.
fo. 47*b*. 1151. fo. 46*b*. 1193. fo. 47*b*.
1391. fo. 50*b*. 1533. ff. 100. 138.

HATLEY, *of Aylesbury, fr. Co. Hunt.* 1102. fo.
110*b*. 1139. fo. 46. 1391. fo. 112*b*.
1429. fo. 70. 1533. fo. 64. 5181. p.
15. 5832. fo. 9*b*. 5868. fo. 9.

HATTON, *of Brickhill, fr. Co. Chesh.* 1533. fo.
88.

HAWTREY, *of Checkers, fr. Co. Linc.* 1139. fo. 80.
1429. fo. 75. 1533. fo. 59*b*. 5181. p.
55. 5832. ff. 61*b*—70. 5868. fo. 16.
———— *of Hedsore, fr. Co. Midd.* 1429. fo.
72*b*. 1533. fo. 2. 5868. fo. 11.

Hawtrey, 5832. fo. 47*b*.

Herbert, 1533. fo. 204*b*.

HEYNES, *of Turveston, fr. Co. Devon.* 1102. fo. 53.
1151. fo. 52. 1193. fo. 53. 1234. fo.
59*b*. 1391. fo. 57. 1533. fo. 146*b*.

HILLERSDON, *of Stoke Hammond, fr. Co. Bedf.*
1102. fo. 39. 1151. fo. 38. 1193. fo.
39. 1234. fo. 5. 1533. fo. 126*b*.

HITCHE, *of Grove, fr. Co. Oxon.* 1139. fo. 96.
5181. p. 51.

Holland, 5832. fo. 68.

HORSEY, 5832. fo. 64.

HUMFREY, 1533. fo. 119*b*.

HUNTERCOMBE, *of Burneham*, 1139. fo. 54.
1140. fo. 35*b*. 1159. fo. 35*b*. 1442. fo.
35*b*. 1545. fo. 44*b*.

HUNTLEY, 1046. fo. 74*b*. 1147. fo. 120*b*. 1430.
fo. 126*b*. 1397. fo. 113*b*. 1561. fo. 170.
Add. MS. 4963. fo. 146*b*.

Hyll, 1533. fo. 115.

HYND, *of Hedsore, fr. London*, 1533. fo. 104.

INGOLDSBY, *of Lethenborough*, 1102. fo. 86.
1151. fo. 85. 1193. fo. 86. 1234. fo.
26*b*. 1391. fo. 92. 1533. ff. 120. 190*b*.

IWARDBY, 890. fo. 25. 1094. fo. 22. 1171.
fo. 23*b*. 1187. fo. 41. 1188. p. 45.
1553. fo. 41*b*.

JACKMAN, 1140. fo. 10. 1442. fo. 9*b*. 1159.
fo. 9*b*. Add. MS. 4964. fo. 136.

JANSON, *of Beaconsfield*. 1102. fo. 15. 1151.
fo. 13. 1136. fo. 10. 1193. fo. 14. 1234.
fo. 42*b*. 1391. fo. 16. 1504. fo. 79.
1533. fo. 69*b*.

JONES, *of Taplow*, 1139. fo. 101. 1429. fo 73.
1533. fo. 3. 5181. p. 87. 5832. fo. 13*b*.
5868. fo. 12.

KEMP, *of Wicombe, fr. Co. Hants.* 1102. fo. 52*b*.
1151. fo. 51*b*. 1193. fo. 52*b*. 1234. fo.
59. 1391. fo. 56*b*. 1533. fo. 146.

KIDDERMISTER, *of Langley*, 1102. fo. 45. 1139.
fo. 114. 1151. fo. 44. 1193. fo. 45.
1234. fo. 48*b*. 1391. fo. 48. 1533. fo. 85.

KING, *of Iver, fr, Co. Kent*, 1234. fo. 4*b*. 1533.
fo. 132.

KINGESTON, *of Wendover*, 1139. fo. 97. 1429.
fo. 76*b*. 1533. fo. 7*b*. 5181. p. 42.
5832. fo. 22. 5868. fo. 21.

KNIFFE, *of Holwell*, 1187. fo. 21*b*. 1188. p. 19.
1533. fo. 90*b*.

KNIGHT, *of Hanslope*, 1102. fo. 74*b*. 1151.
fo. 73*b*. 1193. fo. 74*b*. 1391. fo. 81.
1533. fo. 50*b*.

KNIGHTLEY, 1533. fo. 134*b*.

KYPPING, *of Malden*, 1533. fo. 7*b*.

LAKE, *of Wilston, and Buckland*, 1102. fo. 13*b*.
1136. fo. 11. 1151. fo. 11*b*. 1193. fo. 12*b*.
1234. ff. 11*b*. 42. 1391. fo. 14*b*. 1533. fo. 169.

LAMBERT, 1102 fo. 34*b*. 1151. fo. 33*b*. 1193.
fo. 34*b*. 1234. fo. 34. 1391. fo. 37*b*.
1533. fo. 176.

LANGSTON, *of Caversfield*, 1533. fo. 94*b*.

LAWRENCE, *of Iver, fr. Co. Lanc.* 1102. fo. 4.
1151. fo. 2. 1193. fo. 3. 1391. fo. 4*b*.
1533. fo. 161*b*.

LEAKE, 1136. fo. 6*b*.

LECHINGHAM, *of Wendover*, 1139. fo. 99. 1429.
fo. 74*b*. 1533. fo. 4*b*. 5181. p. 49. 5832.
fo. 15*b*. 5868. fo. 15*b*.

LEE, *of Beaconsfield, fr. Co. Chesh.* 1533. fo. 76.
—— *of Claydon and Moreton*, 808. ff. 14. 40.
1095. fo. 32. 1102. fo. 63. 1151. fo. 62.
1193. fo. 63. 1234. fo. 37. 1415. fo.
92*b*. 1533. fo. 65*b*. 1535. ff. 125*b*.
196(*a. b.*) 1391. fo. 67. 1429. fo. 70.
1556. fo. 70*b*. 2119. ff. 125*b*. 126. 5181.
pp. 70. 94. 5523. fo. 43. 5868. fo. 4.
5832. fo. 10. 7187. ff. 18*b*. 42. Add.
MS. 14,311. fo. 86*b*.

Lee, 1533. fo. 115.

LEONARD, 1533. fo. 44.

LIDCOTT, *of Lidcott*, 1139. fo. 87*b*. 1533. fo
43*b*. 5181. p. 89. 5832. fo. 57. 5868. fo. 55.

Lidcott, 1429. fo. 83.

LITTLEBURY, 1139. fo. 56*b*.

LONG, *of Penn, fr. Co. Wilts.* 1234. fo. 24. 1533.
fo. 208*b*.

LONGVILLE, *of Bradwell*, 1102. fo. 105. 1391.
fo. 107.

———— *of Wolverton*, 1102. fo. 40*b*. 1139.
ff. 42*b*. 137. 1193. fo. 40*b*. 1151. fo.
39*b*. 1234. fo. 49*b*. 1391. fo. 43*b*. 1533.
ff. 35*b*. 130. 5181. p. 7. 5832. fo. 44*b*.
5868. fo. 42*b*.

Longvile, 1429. fo. 82.

LOVETT, *of Liscombe*, 1102. fo. 30. 1139. fo.
98*b*. 1151. fo. 29. 1193. fo. 30. 1234.
fo. 30*b*. 1391. fo. 33. 1429. fo. 78*b*.
1533. fo. 8. 5181. p. 37. 5832. fo. 23*b*.
5868. fo. 21*b*.

LOWE, *of Clifton Reynes, fr. Co. Shrop.* 1102.
fo. 36*b*. 1151. fo. 35*b*. 1193. fo. 36*b*.
1391. fo. 39*b*. 1533. fo. 80*b*.

LUCY, 1533. fo. 53*b*.

LUTON, 1139. fo. 82*b*. 1429. fo. 74. 1533.
fo. 60. 5181. p. 53. 5832. fo. 16.
5868. fo. 14*b*.

LYNFORD, *of Sherrington*, 1139. fo. 81. 1533. fo. 34. 5832. fo. 41*b*. 5868. fo. 39*b*.

MACHELL, *or*, MATCHELL, *of Wendover, fr. Co. Herts*. 1102. fo. 21*b*. 1136. fo. 13. 1151. fo. 19*b*. 1193. fo. 20*b*. 1391. fo. 22*b*. 1234. fo. 21*b*. 1533. fo. 92.

MALLORY. 1139. fo. 103. 1533. fo. 41.

MANFIELD, *of Clevedon*, 1102. fo. 5. 1136. fo. 15. 1139. fo. 61. 1151. fo. 3. 1193. fo. 4. 1391. fo. 5*b*. 1532, fo. 3*b*. 1533. fo. 163.

Marshall, of Edlesburgh, 1533. fo. 115.

MATCHELL, *v.* MACHELL.

MATTHEW, *of Thornborough, fr. Co. Northampt.* 1102. fo. 72. 1151. fo. 71. 1193. fo. 72. 1234. fo. 54*b*. 1391. fo. 76. 1535. ff. 117. 159.

MAYNE, *of Dinton and Ascott*, 1102. fo. 62. 1151. fo. 61. 1193. fo. 62. 1234. fo. 67*b*. 1391. fo. 66. 1533. fo. 61.

MEREDITH, *of Upper Weld*, 1533. fo. 25. 5181. p. 93. 5832. fo. 33*b*. 5868. fo. 31*b*.
——— *v. Moore.*

MERRIDALE, *of Sulbury and Brickhill*, 1102. fo. 91. 1151. fo. 90. 1193. fo. 91. 1234. fo. 19. 1391. fo. 97.

MIDMORE, *v.* WIDMORE.

MILLETT, *of Denham, fr. Co. Midd.* 1102. fo. 3*b*. 1151. fo. 1*b*. 1193. fo. 2*b*. 1234. fo. 2*b*. 1391. fo. 4. 1533. fo. 161.

MISSENDEN, *of Missenden*, 890. fo. 25. 1094. fo. 22. 1171. fo. 23*b*. 1184. fo. 22. 1187. fo. 41. 1188. p. 45. 1553. fo. 41*b*. 1533. fo. 111.

MONKE, *of Iver, fr. Co. Dev.* 1533. fo. 124*b*.
Monke, 1391. fo. 1.

MONTGOMERY, *or*, MOUNTGOMERY, *of Sherrington, fr. Co. Northampt.* 1102. fo. 103. 1139. fo. 41. 1391. fo. 105. 1429. fo. 83. 1533. fo. 56. 5181. p. 3. 5832. fo. 56*b*. 5868. fo. 54*b*.

MOORE, *of Bourton*, 1102. fo. 87*b*. 1151. fo. 86*b*. 1234. fo. 27. 1193. fo. 87*b*. 1429. fo. 79. 1391. fo. 93*b*. 1533. ff. 191*b*. 192.
——— *of Whitchurch*, 1533. fo. 10. 5181. p. 93. 5868. fo. 22*b*. 5832. fo. 24*b*.
Moore, or, Meredith, 1429. fo. 81.

MORDAUNT, *of Mulsho, fr. Co. Bedf.* 1102. fo. 107*b*. 1139. fo. 137*b*. 1391. fo. 109*b*. 1533. fo. 37*b*. 5832. ff. 49. 72*b*. 5868. ff. 45*b*.—47.

MORTEYNE, 1533. ff. 81*b*. 198*b*.

MOUNT, *or*, MOUNTNEY, *of Lynford, fr. Co. Lanc.* 1533. fo. 85.

MOUNTAGUE, *of Dorney and Boveney*, 1102. fo. 49. 1151. fo. 48. 1193. fo. 49. 1234. fo. 60*b*. 1391. fo. 52. 1533. fo. 139*b*.

MOUNTNEY, *v.* MOUNT.

MOYLE, *of Caversfield, fr. Co. Kent*, 1533. fo. 118*b*.

MULGRAVE, 1102. fo. 61. 1151. fo. 60. 1193. fo. 61. 1391. fo. 65.

MULSHO, *of Goathurst*, 1102. fo. 34. 1151. fo. 33. 1193. fo. 34. 1234. fo. 33. 1391. fo. 37. 1533. fo. 186*b*.

NAPPER, *of Linford, fr. Co. Bedf.* 1102. fo. 77*b*. 1151. fo. 76*b*. 1193. fo. 77*b*. 1234. fo. 63*b*. 1391. fo. 83. 1533. fo. 185*b*.

NERNUTE, 1533. fo. 61*b*.

NEVILL, *of Goathurst*, 1102. fo. 34. 1151. fo. 33. 1193. fo. 34. 1234. fo. 33. 1391. fo. 37. 1533. fo. 187.

NEWDIGATE, 1102. fo. 19*b*. 1151. fo. 15*b*. 1234. fo. 46*b*. 1391. fo. 20*b*.

NEWTON, *of Lavenden, fr. Co. Derb.* 1533. fo. 112*b*.

NICHOLLS, *of Willen, fr. Co. Northampt.* 1102. fo. 37*b*. 1151. fo. 36*b*. 1193. fo. 37*b*. 1391. fo. 40*b*. 1429. fo. 84. 1533. fo. 177*b*.

NICHOLSON, *of Walton, fr. London*, 1139. fo. 112*b*.

NORTON, *of Sherrington*, 1102. fo. 76. 1151. fo. 75. 1193. fo. 76. 1391. fo. 82*b*. 1533. fo. 182*b*.

NORWOOD, *of Astwood, fr. Co. Midd.* 1139. fo. 91*b*. 1533. fo. 25*b*. 5181. p. 39. 5832. fo. 34. 5868. fo. 32.
Norwood, 1429. fo. 81.

NOWERS, 1102. fo. 34. 1151. fo. 33. 1193. fo. 34. 1234. fo. 33. 1391. fo. 37. 1533. fo. 187.
Nowers, 1151. fo. 32*b*. 1193. fo. 33*b*.

OLNEY, Add. MS. 14,311. fo. 61*b*.

PAKINGTON, *of Aylesbury, fr. Co. Worc.* 1139. fo. 83. 1533. fo. 14*b*. 5181. p. 90. 5832. fo. 29*b*. 5868. fo. 27*b*.

PALMER, *of Waddesdon*, 1102. fo. 111*b*. 1139. fo. 47*b*. 1391. fo. 114*b*. 1429. fo. 70. 1533. fo. 64*b*. 5181. p. 17. 5832. fo. 10. 5868. fo. 8*b*.

PARSONS, *of Boveney, fr. Co. Northampt.* 1102. fo. 3. 1151. fo. 1. 1193. fo. 2. 1136. fo. 8. 1234. fo. 2. 1391. fo. 3*b*. 1533. fo. 160*b*.

PASHLEY, *v.* PESHALL.

PASLOW, 615. fo. 215*b*. 1241. fo. 46*b*. 1396. fo. 200*b*. 1982. fo. 67.

PAULETT, 1102. fo. 19*b*. 1533. fo. 54*b*.

PECKHAM, *of Denham*, 1533. fo. 75.

PENDLEBURY, 1102. fo. 84. 1391. fo. 90. 1533. fo. 190.

PENNE, *of Penne*, 1102. fo. 5*b*. 1136. fo. 16*b*. 1151. fo. 3*b*. 1193. fo. 4*b*. 1391. fo. 6. 1533. fo. 94.

PENNYSTON, *of Hanruge, fr. Cos. Oxon. and Kent.* 1234. fo. 14*b*.

PERPOINT, 1533. fo. 197*b*.

PERROTT, *or*, WICKHAM, 1102. fo. 27*b*. 1151. fo. 26. 1193. fo. 27. 1234. fo. 31*b*. 1391. fo. 30*b*. 1533. fo. 166*b*.

PESHALL, *or*, PASHLEY, 1241. fo. 10*b*. 1396. ff. 57. 200*b*.

PETER, *of Horton, fr. Co. Dors.* 1102. fo. 90*b*. 1151. fo. 89*b*. 1193. fo. 90*b*. 1391. fo. 96*b*. 1533. fo. 135*b*.

PETTY, *of Tetsworth*, 1102. fo. 116*b*. 1139. fo. 39*b*. 1391. fo. 119*b*.

Phillips, of Iver, 1533. fo. 115.

PHILPOTT, *of Turweston and Akeley, fr. Co. Hants.* 1102. fo. 75*b*. 1151. fo. 74*b*. 1193. fo. 75*b*. 1234. fo. 29*b*. 1391. fo. 82. 1533. fo. 183*b*.

PIGOTT, *of Abingdon*, 1139. fo. 56. 5181. p. 86.
——— *of Bechampton*, 1102. fo. 114*b*. 1139. fo. 48*b*. 1391. fo. 117*b*. 5868. fo. 35.
——— *of Doddershall, fr. Co. York.* 1102. fo. 23. 1139. ff. 40*b*. 54*b*. 56. 100. 1151. fo. 21. 1193. fo. 22. 1234. fo. 17. 1391. fo. 24. 1429. fo. 75*b*. 1533. ff. 27*b*. 111. 5181. pp. 82—85. 5868. fo. 18.

PIGOTT, *of Harwood*, 1429. fo. 80*b*.   1532. fo.
13.   5868. fo. 29.

POOLE, 1544. fo. 34*b*.   5865. fo. 33.

POPE, 1102. fo. 4*b*.   1136. fo. 8*b*.   1151
fo. 2*b*.   1193. fo. 3*b*.   1391. fo. 5.   1533.
fo. 162.

PORTER, *of Burton Hartshorne*, 1102. fo. 105*b*.
1139. fo. 43.   1391. fo. 107*b*.   1533. fo.
36*b*.   5181. p. 80.   5832. fo. 46.   5868.
fo. 44.

Porter, 1429. fo. 82.

POULTNEY, 1102. fo. 51*b*.   1151. fo. 50*b*.
1193. fo. 51*b*.   1234. fo. 58*b*.   1391. fo.
55*b*.   1533. fo. 145*b*.

POWER, 1533. fo. 203*b*.   2109. fo. 48*b*.

Prunes, of Wresbury, 1391. fo. 126.

PUREFOY, *of Sheldeston, fr. Co. Warr.* 1102. fo.
109*b*.   1139. fo. 45*b*.   1391. fo. 111*b*.
1533. fo. 37.   5181. p. 62.   5832. fo. 47.
5868. fo. 45.

Purefoy, 1429. fo. 83.

PUTTENHAM, *or*, PUTNAM, *of Penne*, 1139. fo. 79.
1429. fo. 72*b*.   1533. ff. 1*b*. 111*b*.   5181.
p. 28.   5832. fo. 13.   5868. fo. 10*b*.

PYE, 1136. fo. 1*b*.

PYM, *of Brill, fr. Co. Dev.* 1234. fo. 12*b*.   1533.
fo. 193*b*.

Pyne, 1429, fo. 83.

RADCLIFFE, *of Ordsall*, 1102. fo. 49*b*.   1151.
fo. 48*b*.   1193. fo. 49*b*.   1234. fo. 61*b*.
1391. fo. 52*b*.

RAMSEY, *of Hicham*, 1533. fo. 61*b*.

RANCE, 890. fo. 26*b*.

RANDALL, 1180. fo. 88.   6125. fo. 87.   6183.
fo. 80.

RAYNES, *or*, REYNES, *of Clifton Reynes*, 1102. fo.
37.   1139. fo. 44*b*.   1151. fo. 36.   1193.
fo. 37.   1391. fo. 40.   1397. fo. 155.
1430. fo. 157.   1533. ff. 18*b*. 81. 197*b*.
1561. fo. 233.*b*.   5832. fo. 54*b*.   5868.
fo. 52*b*.   Add. MS. 14,311. fo. 69.

RAYNSFORD, 1102. fo. 61.   1139. fo. 51*b*.
1193. fo. 61.   1234. fo. 67.   1391. fo.
65.   1533. ff. 87*b*. 196*b*.

READ, *of Borstall*, 1533. fo. 79*b*.

—— *of Crandon, fr. Co. Hants.* 1139. fo. 103*b*.
1533. fo. 41*b*.   1535. fo. 101*b*.   5181.
p. 36.   5832. fo. 55*b*.   5868. fo. 53*b*.

Read, 1533. fo. 204*b*.

Reading, 1533. fo. 115.

REDMAN, *of Woving*, 1139. fo. 139.   1129. fo.
76.   1533. fo. 5.   5181. p. 26.   5832.
fo. 20*b*.   5868. fo. 19*b*.

Reeve, 1533. fo. 115.

REYNES, *v.* RAYNES.

RICHARDSON, 1102. fo. 81.   1151. fo. 80.
1193. fo. 81.   1234. fo. 63.   1391. fo. 87.
1533. fo. 185.

RICHMOND, *or*, WEBB, *of Stewkley, fr. Co. Wilts.*
1102. fo. 104.   1139. fo. 41*b*.   1391. fo.
106.   1533. fo. 55*b*.   5181. p. 5.   5832.
fo. 51.   5868. fo. 49.

RISLEY, *or*, RYSLEY, *of Chetwood, fr. Co. Northampt.*
1102. ff. 72*b*. 84*b*.   1139. fo. 102*b*.   1151.
ff. 71*b*. 83*b*.   1193. ff. 72*b*. 84*b*.   1234.
fo. 25*b*.   1391. ff. 76*b*. 90*b*.   1533. fo. 41.
5181. p. 75.   5832. ff. 45*b*. 52*b*.   5868.
ff. 43*b*. 50*b*.

Risley, 1429. ff. 82. 83.

ROOKES, *or*, ROCKES, *of Fawley*, 1102. fo. 103.
1139. fo. 45.   1391. fo. 110.   1429. fo.
74.   1533. fo. 56*b*.   1581. p. 13.   5832.
fo. 15.   5868. fo. 14.

ROSSE, *of Waddesden and Dodbrooke*, 1102. fo. 20.
1151. fo. 18.   1193. fo. 19.   1136. fo. 9*b*.
1234. fo. 47*b*.   1391. fo. 21.   1533. fo. 114*b*.

ROYDEN, 1102. fo. 60*b*.   1151. fo. 59*b*.   1193.
fo. 60*b*.   1234. fo. 66*b*.   1391. fo. 64*b*.
1533. fo. 196*b*.

RUDD, *of Mulsho, fr. London*, 1102. fo. 39*b*.   1151.
fo. 40*b*.   1193. fo. 39*b*.   1234. fo. 49.
1391. fo. 42*b*.   1533. fo. 129*b*.

RUFFORD, *of Butlers*, 1139. fo. 99*b*.   1429. fo.
78*b*.   1533. fo. 9*b*.   5181. p. 44.   5832.
fo. 24.   5868. fo. 22.

RUTHALL, *of Mulsho*, 1139. ff. 86. 137.   1533.
fo. 39*b*.   1554. fo. 24*b*   5181. p. 72.
5832. fo. 50*b*.   5868. fo. 48*b*.

Ruthall, 1429. fo. 83.

RYCE, *of Medmenham*, 1533. fo. 115.

RYSLEY, *v.* RISLEY.

SACHEVERELL, 1480. fo. 41.   1557. fo. 16.

SACKVILL, 1139. fo. 105.

ST. CLARE, 1041. fo. 75.

ST. OWEN, 1533. fo. 88*b*.

SALTER, *of Richkings, fr. Co. Dors.* 1102. fo. 41*b*.
1151. fo. 37*b*.   1193. fo. 41*b*.   1391. fo.
44*b*.   1533. fo. 104*b*.

SANDERS, *of Dinton*, 1102. ff. 6*b*. 10.   1136.
fo. 3.   1151. ff. 4*b*. 8.   1193. ff. 5*b*. 9.
1234. fo. 7.   1391. ff. 7. 11.   1533. ff. 164.
166.

—— *of Waveden, fr. Co. Bedf.* 1102. fo. 73.
1151. fo. 72.   1193. fo. 73.   1391. ff. 41.
77*b*. 79. 116.   1533. fo. 180.

Sanders, of Dinton, 5832. fo. 47*b*.

SANDIS, *of Lattimers, fr. Co. Lanc.* 1102. fo. 32.
1151. fo. 31.   1193. fo. 32.   1234. fo.
33*b*.   1391. fo. 34*b*.   1533. fo. 106.
1555. fo. 11*b*.   1548. fo. 19*b*.

SANKEY, *of Estborough, or, Edlesborough*, 1139.
fo. 100.   1429. fo. 79*b*.   1533. fo. 12*b*.
5181. p. 45.   5832. fo. 27*b*.   5868. fo. 25*b*.

SARES, *of Maresworth*, 1533. fo. 99*b*.

SAYE, *Lord, v.* FYNES.

SCOTT, *of Marlow, fr. Co. Essex.* 1234. fo. 53*b*.
1533. fo. 160.

SCROOPE, *Lord*, 1533. fo. 85*b*.

SERJEANT, *of Kimble and Aston Mollins*, 1391. fo.
98*b*.

Serjeant, of Wadrick, 1533. fo. 115.

SHERRINGTON, 1139. fo. 81.

SINGLETON, *or*, SHINGLETON, *of Hartwell*, 1139.
fo. 82*b*.   1429. fo. 74.   1533. fo. 60.
5181. p. 53.

SLATER, *of Great Hampden*, 1533. fo. 101.

SMITH, 1102. fo. 19*b*.   1151. fo. 15*b*.   1234.
fo. 46*b*.   1391. fo. 20*b*.   1533. fo. 58*b*.

Smith, 1391. fo. 126.

SOTHERTON, *of Norwich*, 1533. fo. 38.

SPIGORNELL, 1533. fo. 111.

Spiller, 1533. 204*b*.

STAFFORD, *Duke of Buckingham*, 1173. fo. 5*b*.
1415. fo. 108*b*.   1439. fo. 6.   1484. fo.
61*b*.   1570. fo. 23.   2113. ff. 76. 77*b*.
1077. fo. 6*b*.   6128. fo. 89.

—— *of Tottenho*, 1102. fo. 29.   1151. fo
28.   1193. fo. 29.   1234. fo. 32*b*.   1391.
fo. 32.   1533. fo. 175.

STANTON, *of Smewens, fr. Co. Leic.* 1102. fo. 35*b*. 1151. fo. 35. 1193. fo. 35*b*. 1391. fo. 38*b*. 1533. fo. 176*b*.

STARKEY, 1102. fo. 60*b*. 1151. fo. 59*b*. 1193. fo. 60*b*. 1234. fo. 66*b*. 1391. fo. 64*b*. 1533. ff. 87*b*. 196*b*.

STAVELEY, *of Bignall,* 1429. fo. 76*b*. 1533. fo. 7*b*. 5832. fo. 21*b*.

STERNE, *of Crendon, fr. Co. Camb.* 1102. fo. 66*b*. 1151. fo. 65*b*. 1193. fo. 66*b*. 1234. fo. 41. 1391. fo. 70*b*. 1533. fo. 155.

STEWKLY, *of Marshtown,* 1533. fo. 83*b*.

STOKES, 1139. fo. 82*b*. 1429. fo. 74. 1533. fo. 60. 5181. p. 53.

Stoner, 5832. fo. 63*b*.

STRETLEY, 1187. fo. 22*b*. 1188. p. 22.

Stroud, 1429. fo. 82*b*.

Swanson, or, Swanton, 1533. fo. 115.

TEMPLE, *of Stowe, fr. Cos. Warr. and Leic.* 1102. fo. 88*b*. 1139. ff. 97*b*. 98. 1151. fo. 87. (*a.b.*) 1193. fo. 88*b*. 1234. fo. 15. 1391. fo. 94*b*. 1533. fo. 66*b*. 5832. fo. 74. 5868. fo. 51*b*.

Temple, 1429. fo. 83.

THOMAS, 1139. fo. 101. 1429. fo. 73. 1533. fo. 3. 5181. p. 87. 5832. fo. 13*b*. 5868. fo. 12.

THROGMORTON, *of Weston Underwood, fr. Co. Warr.* 1102. fo. 119. 1151. fo. 70. 1139. fo. 52. 1193. fo. 71. 1234. fo. 51*b*. 1391. ff. 75. 124*b*. 1533. fo. 158.

TIGE, *of Winslow, fr. Co. Essex.* 1151. fo. 25. 1193. fo. 26.

TILNEY, 5832. fo. 59*b*. 5868. fo. 57*b*.

TIRRELL, *of Thornton, fr. Co. Essex.* 1102. fo. 82*b*. 1139. ff. 42. 136*b*. 1151. fo. 81*b*. 1193. fo. 82*b*. 1234. fo. 23*b*. 1391. fo. 88*b*. 1533. ff. 39. 212. (*a. b.*) 5181. p. 33. 5832. fo. 50. 5868. fo. 47*b*.

TIRRINGHAM, *of Tirringham,* 1102. fo. 25. 1139. fo. 42. 1151. fo. 23. 1234. fo. 18. 1193. fo. 24. 1391. fo. 27. 1429. fo. 69. 1533. fo. 57*b*. 5181. pp. 78. 79. 5186. p. 52. 5832. fo. 7.

TORRELL, 1102, fo. 60*b*. 1151. fo. 59*b*. 1193. fo. 60*b*. 1234. fo. 66*b*. 1391. fo. 64*b*. 1533. fo. 87*b*.

Tresham, 1429. fo. 81.

TRIGGE, *of Shipton, fr. Co. Essex.* 1533. fo. 200*b*. 5832. fo. 2.

TROUGHTON, *of Linford,* 1102. ff. 112*b*. 117. 1139. fo. 49. 1391. ff. 115*b*. 120. 1533. fo. 32. 5181. p. 21. 5832. fo. 40*b*. 5868. fo. 38*b*.

Troughton, 1429. fo. 81.

UMFREVILLE, *of Farnham Royal,* 1102. fo. 8. 1136. fo. 2. 1151. fo. 6. 1391. fo. 8*b*. 1193. fo. 7. 1234. fo. 6. 1533. fo. 165.

UMPTON, *or,* UNTON, *of Wadley, fr. Co. Berks.* 1102. fo. 122. 1139. fo. 51. 5181. p. 96.

VACHELL, *of North Marston, fr. Co. Berks.* 1429. fo. 76. 1533. fo. 6. 5181. p. 46. 5832. fo. 20. 5868. fo. 19.

VERNEY, *of Claydon, fr. Co. Herts.* 1139. fo. 107. 1234. fo. 14. 1391. fo. 102. 1533. fo. 111. (*a. b.*) 5832. fo. 75*b*.

WAKE, *of Windsor,* 1102. fo. 58. 1139. fo. 57*b*. 1151. fo. 57. 1193. fo. 58. 1391. fo. 62. 1533. fo. 152.

WALGRAVE, 1234. fo. 67. 1391. fo. 65. 1533. fo. 197.

WALLER, *of Beaconsfield, fr. Co. Hants.* 1102. fo. 54*b*. 1151. fo. 53*b*. 1193. fo. 54*b*. 1234. fo. 64*b*. 1391. fo. 58*b*. 1533. ff. 102*b*. 147*b*.

WALLINGER, *or,* WALLENGER, *of Whitchurch, fr. Co. Essex.* 1139. fo. 93. 5181. p. 40. 1533. fo. 18. 5832. fo. 33. 5868. fo. 31.

Wallinger, 1429. fo. 81.

WALWYN, *of Aylesbury, fr. Co. Heref.* 1139. fo. 93*b*. 1429. fo. 80. 1533. fo. 13*b*. 5181. p. 69. 5832. fo. 28*b*. 5868. fo. 26*b*.

Wardyll, 1391. fo. 2*b*.

WASE, *of Wickham,* 1533. fo. 105*b*.

WASHINGTON, *of Westbury, fr. Co. Lanc.* 1533. fo. 204*b*.

Washington, 1429. fo. 81.

WATERHOUSE, *of Whitchurch,* 1533. fo. 92*b*.

WEBB, *v.* RICHMOND.

WELLS, *Lord,* 1533. fo. 99*b*.

WEST, *of Masworth,* 1102. fo. 28*b*. 1139. fo. 100*b*. 1151. fo. 27. 1234. fo. 30. 1391. fo. 31*b*. 1193. fo. 28. 1533. ff. 31. 175*b*. 5181. p. 48. 5832. fo. 39. 5868. fo. 37.

West, 1429. fo. 81.

WHARTON, *Lord,* 1391. fo. 64*b*.

WHEELER, *of Riding Court, fr. Co. Worc.* 1102. fo. 54. 1151. fo. 53. 1193. fo. 54. 1234. fo. 64. 1391. fo. 58. 1533. fo. 120*b*.

WHITE, *of Chaldicott, fr. Co. Bedf.* 1102. fo. 76*b*. 1151. fo. 75*b*. 1193. fo. 76*b*. 1234. fo. 28*b*. 1391. fo. 83*b*. 1533. fo. 107*b*.

WHITLOCKE, *of Fawley,* 1151. fo. 56. 1193. fo. 57. 1391. fo. 61. 1533. fo. 150*b*.

WHITTINGHAM, 1094. fo. 158*b*. 1184. fo. 155*b*. 1187. fo. 53. 1188. p. 65.

WHITTON, *of Wicombe, fr. Co. Oxon.* 1102. fo. 53*b*. 1151. fo. 52*b*. 1193. fo. 53*b*. 1391. fo. 57*b*. 1533. fo. 149*b*.

WICKHAM, *v.* PERROTT.

WIDMORE, *or,* MIDMORE, *of Hockindon,* 1102. ff. 108*b*. 114. 120. 1139. fo. 45. 1391. ff. 110*b*. 117. 1533. fo. 40. 5181. p. 24. 5832. fo. 37*b*. 5868. fo. 60.

WILKINSON, *of Waddesdon, fr. Co. York,* 1102. fo. 57*b*. 1151. fo. 56*b*. 1193. fo. 57*b*. 1391. fo. 61*b*. 1533. fo. 151*b*.

WILLIAMS, 1544. fo. 40. 5865. fo. 37*b*.

WILSON, *of Broughton, fr. Co. York,* 1102. fo. 73*b*. 1151. fo. 72*b*. 1193. fo. 73*b*. 1391. fo. 77. 1533. fo. 181.

WINDSOR, *of Upton, fr. Co. Midd.* 1533. fo. 117*b*.

WINWOOD, *of Ditton, fr. Co. Northampt.,* 1102. fo. 47. 1151. fo. 46. 1193. fo. 47. 1391. fo. 50. 1533. fo. 135*b*.

Wolverston, 1533. fo. 115.

WOLVERTON, 1533. fo. 36.

WOODFORD, *of Brightwell, fr. Co. Leic.* 1139. ff. 84*b*. 85. 1429. fo. 71. 1533. fo. 70*b*. 5181. p. 65. 5832. fo. 59*b*. 5868. fo. 57*b*.

Woodhall, 1429. fo. 82.

WOODLIFF, *of Aylesbury,* 1533. fo. 86*b*.

————— *of Putterley,* 1102. fo. 112. 1139. fo. 47*b*. 1391. fo. 115. 5181. p. 18.

WOODWARD, *of Upton,* 1102. fo. 17. 1139. fo. 94*b*. 1151. fo. 17. 1136. fo. 9. 1234. fo. 45. 1193. fo. 16. 1391. fo. 17. 1429. fo. 73*b*. 1533. fo. 4. 5181. p. 38. 5832. fo. 14*b*. 5868. fo. 13*b*.

CAMBRIDGESHIRE.

ADAM, *of Tidd St.Giles's, I. of Ely*, 1043. fo. 95*b*.
1401. ff. 37*b*. 81.   1534. ff. 50*b*. 105.
6769. fo. 29.   6770. fo. 51.   6774. fo.
100.   6775. fo. 101.   Add. MS. 4962. ff.
34. 76*b*.
Adam, 6774. fo. 6.
Adams, of Totehill, 6774. fo. 6*b*.
ALCOCK, 1194. fo. 105.   1562. fo. 8*b*.
ALDRED, *of Foulmire*, 6830. p. 76.
ALLEN, 1043. fo. 77.   1534. fo. 81*b*.   Add.
MS. 4962. fo. 57.
ALLINGTON, *of Westley*, 1043. fo. 104*b*.   1187. fo.
63.   1188. p. 85.   1401. ff. 1.* 80*b*.   1534.
ff. 9*b*. 102*b*.   6769. fo. 5.   6770. ff. 8*b*. 9.
6774. fo. 18.   6775. fo. 1*b*.   6830. pp. 5.
36.   Add. MS. 4962. ff. 1*b*. 2.
Allington, 2198. fo. 2.   6774. fo. 5*b*.
ALNOTE, 1401. fo. 15*b*.   1534. fo. 91.
AMY, *of Abbington*, 1043. fo. 101*b*.   1401. fo. 45.
1504. fo. 94*b*.   1534. fo. 60.   6769. fo.
36.   6770. fo. 65.   6774. fo. 61.   6775.
fo. 45.   6830. p. 113.   Add. MS. 4962.
fo. 41*b*.
Amy, 2198. fo 3*b*.   6774. fo. 6*b*.
Anger, 2198. fo. 2.
ARDRES, 1401. fo. 15*b*.
ARGENTINE, 1401. fo. 15*b*.   1534. fo. 91.   6774.
ff. 15*b*. 32*b*.   6775. fo. 15*b*.   Add. MS.
4962. fo. 14*b*.
ARKINSTALL, *of Wilbraham, I. of Ely*, 1043. fo.
78*b*.   1401. fo. 65.   1534. fo. 8.   6769.
fo. 17*b*.   6770. fo. 32.   6774. fo. 82.
6775. fo. 85.   6830. p. 49.   Add. MS.
4962. fo. 61.
Arkinstall, 2198. fo. 2.   6774. fo. 8*b*.
ARNOLD, 1043. fo. 107*b*.
Atkinson, 1534. fo. 129.   2198. fo. 4
AUNGER, 1401. fo. 8.   1534. fo. 14.   6774.
fo. 25.   6775. fo. 8.   Add. MS. 4962.
fo. 8.
Aunger, 6774. fo. 7.
AYLESBURY, 1534. fo. 123*b*.
AYLOFFE, *of Meldrith, fr. Co. Essex*. 1534. fo.
138*b*.
AYRE, *or*, EYRE, *of Ely,.fr. Co. Derb*. 1043. fo. 94*b*.
1401. fo. 37*b*.   1534. fo. 50*b*.   6769. fo.
28.   6770. fo. 48*b*.   6774. fo. 53*b*.   6775.
fo. 37*b*.   6830. p. 84.   Add. MS. 4962. fo. 34.
Ayre, 2198. fo. 3.
BACKUS, *of Trumpington*, 1043. fo. 74.   1401.
fo. 56.   1534. fo. 74.   6769. fo. 14.
6770. fo. 27*b*.   6774. fo. 73.   6775. fo. 76.
6830. p. 107.   Add. MS. 4962. fo. 52.
Backus, 2198. fo. 6.
BACON, 1401. fo. 8.   1534. fo. 14.   6775. fo.
8.   Add. MS. 4962. fo. 8.
Bacon, 6774. fo. 8.
BALAM, *of Ely*, 6830. p. 51.
Balam, 1043. fo. 112.
BALL, *of Long Stanton,.fr. Co. Lanc*. 1043. fo. 107.
1401. fo. 30*b*.   1534. fo. 40.   6769. fo. 40.
6770. fo. 72*b*.   6774. fo. 46*b*.   6775. fo.
30*b*.   Add. MS. 4962. fo. 27.

Ball, 2198. fo. 3.   6774. fo. 6.
BARETT, 1401. fo. 88.   Add. MS. 4962 fo. 82*b*.
Barkin, of Ely, 6774. fo. 8*b*.
BARNES, *or*, BERNES, *of Soame*, 1401. fo. 86.
1534. fo. 110.   6774. fo. 105.   6775. fo.
106.   Add. MS. 4962. fo. 80*b*.
Barnes, 2198. fo. 7*b*.
BARON, *of Trumpington*, 1043. fo. 111*b*.   1391.
fo. 40*b*.   1401. fo. 89.   1534. fo. 114.
6830. p. 109.
Baron, 2198. fo. 7*b*.
BARRETT, *of Deforden*, 1043. fo. 93*b*.   1401. fo.
72.   1534. fo. 95*b*.   6769. fo. 27.   6770.
fo. 47.   6774. fo. 91.   6775. fo. 92.   Add.
MS. 4962. fo. 67*b*.
Barrett, 6774. fo. 6*b*.
BASSINGBORNE, 1534. fo. 16.
BATTISFORD, *of Chesterton*, 1043. fo. 110*b*.   1534.
fo. 117.
Battisford, 2198. fo. 8.
BEKERING, 1534. fo. 124.
BERNARD, *of Isleham*, 1534. fo. 2.
BERNES, *v*. BARNES.
BETTES, *of Chatteris*, 1043. fo. 77.   1401. fo. 62.
1534. fo. 81*b*.   6769. fo. 16.   6770. fo.
30*b*.   6774 fo. 78.   6775. fo. 81.   6830.
p. 52.   Add. MS. 4962. fo. 57.
Bettes, 2198. fo. 6*b*.
BLAND, *of Hudenham, fr. Co. York*. 1534. fo.
118.
Bland, 2198. fo. 8.
BOLD, *or*, BOULD, *of Codington, fr. Co. Shrop*.
1043. fo. 82.   1401. fo. 9.   1534. fo. 22*b*.
6770. fo. 12*b*.   6775. fo. 9.   Add. MS.
4962. fo. 9.
BOROUGH, *of Borough Green*, 1401. fo. 36*b*.   6774.
fo. 52*b*.   6775. fo. 36.   Add. MS. 4962.
fo 33.
BOTELER, *v*. BUTLER.
BOULD, *v*. BOLD.
BOZUN, 1534. fo. 20.
BRAKIN, *of Chesterton*, 1043. fo. 71.   1401. fo.
53.   1534. ff. 24. 68*b*.   6769. fo. 12*b*.
6770. fo. 24*b*.   6774. fo. 69.   6775. fo. 73.
6830. p. 88.   Add. MS. 4962. fo. 49.
Brackin, 2198. fo. 6.   6774. fo. 5*b*.
BROY, 1401. fo. 15*b*.   Add. MS. 4961. fo.
14*b*.
BRUSE, *of Chatteris*, 1534. fo. 116.
BUCK, *of Ely*, 1534. fo. 132.
——— *of Wisbeach, fr. Co. York*. 1043. fo. 88*b*.
1401. fo. 53.   1534. fo. 69*b*.   6769. fo.
24.   6770. fo. 41*b*.   6774. fo. 69*b*.   6775.
fo. 73*b*.   6830. p. 92.   Add. MS. 4962.
fo. 49*b*.
Buck, of Ely, 6774. fo. 8*b*.   2198. fo. 4.
——— *of Wisbeach*, 2198. fo. 6.
BUCKHURST, *Lord, v*. SACKVILLE.
BUCKWORTH, *of Wisbeach*, 1043. fo. 63*b*.   1534.
fo. 46*b*.   6769. fo. 8.   6770. fo 18*b*.
6774. fo. 51.   6775. fo. 35.   6830. p. 43.
Add. MS. 4962. fo. 31*b*.

Buckworth, 2198. fo. 3.

BURGHE, *de, of Burgh Green*, 1043. fo. 56*b*. 1401. fo. 16. 1534. ff. 91*b*. 132*b*. Add. MS. 4962. fo. 15.

BURGOYNE, *of Stanton*, 1043. fo. 103. 1139. fo. 105*b*. 1401. fo. 6. 1534. fo. 19*b*. 6769. fo. 37*b*. 6770. fo. 13. 6774. fo. 23. 6775. fo. 6. Add. MS. 4962. fo. 6.

Burgoyne, 2198. fo. 1*b*. 6774. fo. 6.

BURY, *of Meldrith, fr. Co. Beds*. 1043. fo. 87. 1401. fo. 70. 1534. fo. 90*b*. 6774. fo. 87. 6775. fo. 90.

Bury, 2198. fo. 7.

BUTLER, *or*, BOTELER, *of Fenn Drayton, fr. Co. Hunt*. 1043. fo. 96*b*. 1401. fo. 77. 1534. fo. 100*b*. 6769. fo. 30. 6770. fo. 53. 6774. fo. 96. 6775. fo. 97. Add. MS. 4962. fo. 72*b*.

Butler, 6774. fo. 6*b*.

CAGE, *of Long Stowe, fr. Co. Suff*. 1043. fo. 59*b*. 1096. fo. 80. 1401. fo. 19. 1534. fo. 28*b*. 6769. fo. 6. 6770. fo. 15. 6774. fo. 36. 6775. fo. 19. 6830. p. 10. Add. MS. 4962. fo. 17.

Cage, 2198. fo. 2*b*. 6774. ff. 5*b*. 7.

CARLETON, *of Linton, fr. Co. Cumb*. 1043. fo. 101*b*. 1401. fo. 43. 1534. fo. 57*b*. 6769. fo. 35*b*. 6770. fo. 64*b*. 6774. fo. 59. 6775. fo. 43. 6830. p. 22. Add. MS. 4962. fo. 39*b*.

Carleton, 2198. fo. 3*b*.

CASTELL, *of Haddenham, fr. Co. Hunts*. 1043. fo. 78. 1401. fo. 63.* 1534. fo. 84. 1547. fo. 61*b*. 6769. fo. 15*b*. 6770. fo. 31*b*. 6774. fo. 80. 6775. fo. 83. 6830. p. 57. Add. MS. 4962. fo. 59.

—— *of Hatley*, 1043. fo. 66*b*. 1401. fo. 29. 1534. fo. 39. 6769. fo. 10. 6770 fo. 21. 6774. fo. 45. 6775. fo. 29. 6830. p. 30. Add. MS. 4962. fo. 25*b*.

Castell, of Haddenham, 6774. fo. 6. 2198. fo. 6*b*.

—— *of Hatley*, 2198. fo. 2*b*.

Chalis, 6774. fo. 6*b*.

CHAMBERLAYNE, *of Gedding*, 1401. fo. 27. 1534. fo. 37. 6774. fo. 43. 6775. fo. 27. 6830. p. 8. Add. MS. 4962. fo. 24*b*.

Chamberlayne, 2198. fo. 2*b*.

CHAPMAN, *of Ely, fr. Co. Herts*. 1043. ff. 66. 80(*a. b.*) 1401. ff. 32. 64*b*. 1534. fo. 85*b*. 6774. fo. 81*b*. 6769. fo. 18. 6770. fo. 34. 6775. fo. 84*b*. 6830. p. 94. Add. MS. 4962. fo. 60*b*.

—— *of Wickham*, 1401. fo. 69. 1534. fo. 89*b*. 6774. fo. 86. 6770. fo. 33*b*. 6775. fo. 89. 6830. p. 53. Add. MS. 4962. fo. 65.

Chapman, of Ely, 2198. fo. 6*b*.

—— *of Wickham*, 2198. fo. 7.

CHAPPELL, 1075. fo. 40*b*. 1179. fo. 84. Cotton. MS. Julius, F. viii. fo. 40*b*.

CHATTERTON, *fr. Co. Lanc*. 1401. fo. 73*b*. 1534. fo. 97. 6774. fo. 92*b*. 6775. fo. 93*b*. Add. MS. 4962. fo. 69.

Chatterton, 2198. fo. 7. 6774. fo. 6.

CHAWSER, 1401. fo. 36*b*. 6774. fo. 52*b*. Add. MS. 4962. fo. 33.

CHENEY, *of Fenn Ditton*, 1534. fo. 124*b*.

Chesley, 6774. fo. 6.

CHICHE, 1401. fo. 15. 1534. fo. 26*b*. 6774. fo. 32. 6775. fo. 15. 6830. p. 7. Add. MS. 4962. fo. 14.

CHICHLEY, *of Wynpull, fr. Co. Northampt*. 1401. fo. 15. 1534. fo. 26*b*. 6774. fo. 32. 6775. fo. 15. 6830. p. 7. Add. MS. 4962. fo. 14.

Chichley, 2198. fo. 2*b*.

CHOLMLEY. 1401. fo. 61. 1534. fo. 79*b*. Add. MS. 4962. fo. 56.

Chute, 6774. fo. 6*b*.

Clarke, 6774. ff. 5. 8.

CLOXTON, *or*, CLOPTON, *fr. Co. Suff*. 1043. fo. 96. 1401. fo. 83*b*. 1534. fo. 105*b*. 6775. fo. 103*b*. Add. MS. 4962. fo. 79.

Cloxton, 2198. fo. 3.

COE, *of Coe Hall*, 6774. fo. 107*b*.

COLVILE, *of Newton*, 1043. fo. 64. 1401. fo. 26. 1534. fo. 110*b*. 6769. fo. 8*b*. 6770. fo. 19. 6775. fo. 26. 6830. p. 18. Add. MS. 4962. fo. 23(*a. b.*)

—— *of Tadlow*, 1043. fo. 86*b*. 1401. fo. 57*b*. 1534. fo. 74*b*. 6769. fo. 23. 6770. fo. 39*b*. 6774. fo. 73*b*. 6775. fo. 76*b*. 6830. p. 87. Add. MS. 4962. fo. 52*b*.

Colvile, of Newton, 2198. fo. 7*b*.

—— *of Tadlow*, 2198. fo. 6*b*.

Cooke, of Milton, 6774. fo. 15*b*.

COTTON, *of Landward*, 1043. ff. 53*b*. 105*b*. 1401. ff. 4. 5. 1534. fo. 15*b*. 6769. fo. 2*b*. 6770. fo. 4*b*. 6774. ff. 21. 22*b*. 6830. p. 3. Add. MS. 4962. fo. 4.

Cotton, 6774. ff. 5. 6*b*. 2198. fo. 2.

Couper, 2198. fo. 8.

CRACYROFT, *or*, CRAYCROST, *of Cottenham, fr. Co. Linc*. 1043. fo. 68*b*. 1401. fo. 52. 1534. fo. 68. 6769. fo. 11*b*. 6770. fo. 10*b*. 6774. fo. 68. 6775. fo. 72. Add. MS. 4962. fo. 48*b*.

Craycroft, 2198. fo. 6.

CRAY, *of Wichford*, 1043. fo. 76. 1534. fo. 78. 6769. fo. 15. 6770. fo. 29*b*. 6774. fo. 76. 6775. fo. 79. 6830. p. 105. Add. MS. 4962. fo. 55.

Cray, 6774. fo. 6. 2198. fo. 6*b*.

CREAKE, *or*, CREKE, *of Cartling*, 1043. fo. 99*b*. 1401. fo. 41. 1534. fo. 54. 6769. fo. 33*b*. 6770. fo. 56*b*. 6774. fo. 57. 6775. fo. 41. 6830. p. 82. Add. MS. 4962. fo. 37*b*.

Creake, of Cartling, 2198. fo. 3*b*.

Creeke, 2198. fo. 8.

CREKE, *v*. CREAKE.

CROMWELL, 1401. fo. 49. 1043. fo. 69.

CROPLEY, 1075. fo. 26. 1179. fo. 55. Cotton. MS. Jul. F. viii. fo. 26.

CROSSE, 1043. fo. 67.

CRUDD, 1043. fo. 100. 1401. fo. 38. 1534. fo. 49*b*. 6770. fo. 58. Add. MS. 4962. fo. 34*b*.

CUTT, *or*, CUTTES, *of Childersley, fr. Cos. Essex and Kent*, 1043. fo. 112. 1401. fo. 10. 1504. fo. 11. 1534. fo. 24. 6774. ff. 5. 27. 6775. fo. 10. 6830. p. 6. Add. MS. 4962. fo. 9*b*.

Cutt, or, Cuttes, 2198. fo. 1*b*. 6774. ff. 5. 8.

DALE, *of Walden*, 1043. fo. 59*b*. 1401. fo. 19. 1534. fo. 29. 6769. fo. 6. 6770. fo. 15. Add. MS. 4962. fo. 17.

DALTON, *of Hildersham and Wratting*, 1043. fo. 63. 1401. fo. 28. 1534. fo. 37*b*. 6769. fo. 7*b*. 6770. fo. 17*b*. 6774. fo. 44. 6775. fo. 28. 6830. p. 37. Add. MS. 4962. fo. 25.

Dalton, 2198. fo. 2*b*.

DAY, *of Wisbeach*, 1043. fo. 95. 1401. fo. 24*b*. 1534. fo. 34*b*. 6769. fo. 28*b*. 6770. fo. 50. 6774. fo. 41*b*. 6775. fo. 24*b*. 6830. p. 89. Add. MS. 4962. fo. 22.

Day, 6774. fo. 8.

DELAHAY, *of Sheperith*, 1401. fo. 16. 1534. fo. 91*b*. 6769. fo. 3*b*. 6770. fo. 7. 6774. fo. 33. 6775. fo. 16. Add. MS. 4962. fo. 15.

DELWOOD, 1043. fo. 104. 1401. fo. 71*b*. Add. MS. 4962. fo. 67.

DENHAM, 1401. fo. 36. Add. MS. 4962. fo. 32*b*.

DOCURA, *of Fenn Ditton*, 6830. p. 102.

DOCKWRA, *of Fulborne, fr. Co. York*. 1043. fo. 102. 1401. fo. 31. 1534. fo. 40*b*. 6769. fo. 36. 6770. fo. 65*b*. 6774. fo. 47. 6775. fo. 31. 6830. p. 64. Add. MS. 4962. fo. 27*b*.

Dockwray, 2198. fo. 3.

DOLMAN, *or*, DOWMAN, *fr. Co. Herts*. 1043. fo. 100. 1401. fo. 37. 1534. fo. 49. 6769. fo. 22. 6770. fo. 57*b*. 6774. fo. 53. 6775. fo. 37. 6830. p. 67. Add. MS. 4962. fo. 33*b*.

DONNYNG, *or*, DORING, 1043. fo. 108. 6769. fo. 41*b*. 6770. fo. 63*b*.

DORING, *v.* DONNYNG.

DOWMAN, *v.* DOLMAN.

DOYLEY, 1401. fo. 4. Add. MS. 4962. fo. 4.

DRUELL, 1401. fo. 6. 1534. fo. 20. Add. MS. 4962. fo. 6.

DRURY, *of Swaffham, fr. Co. Norf*. 1043. fo. 99. 1401. fo. 46. 1534. fo. 113. 6769. fo. 33. 6770. fo. 55*b*. 6774. fo. 62. 6775. fo. 46. 6830. p. 73. Add. MS. 4962. fo. 42*b*.

Drury, 2198. fo. 7*b*.

EDMONDS, *or*, EDMUNDS, *of Cambridge*, 1043. fo. 89*b*. 1534. fo. 73*b*. 6769. fo. 24*b*. 6770. fo. 42*b*. 6774. fo. 72*b*. 6830. p. 119. Add. MS. 4962. fo. 83.

Edmonds, 2198. fo. 6. 6774. fo. 7.

EDWARDS, *of Swaffham, fr. Co. Midd*. 1534. fo. 119. ———— *of Wisbeach*, 1043. fo. 83. 1401. fo. 65*b*. 1534. ff. 86. 112*b*. 6769. fo. 19. 6770. fo. 36. 6774. fo. 82*b*. 6775. fo. 85*b*. 6830. p. 125. Add. MS. 4962. fo. 61*b*.

Edwards, of Swaffham, 2198. fo. 8. ———— *of Wisbeach*, 2198. fo. 7.

Egerton, Lord, 6774. ff. 5. 8.

ELRINGTON, *of Carleton Hall*, 1043. fo. 63. 1401. fo. 28. 6769. fo. 7*b*. 6774. fo. 44. 6775. fo. 28. Add. MS. 4962. fo. 25.

ENGAINE, *of Teversham*, 1401. fo. 16. 1534. fo. 91*b*. 6769. fo. 3*b*. 6770. fo. 7. 6774. fo. 33. 6775. fo. 16.

EVERARD, *of Hawden*, 1401. fo. 87. Add. MS. 4962. fo. 81*b*. ———— *of Wisbeach*, 1401. fo. 35*b*. 1534. ff. 48*b*. 122*b*. 6774. fo. 51. 6775. fo. 35.

EYRE, *v.* AYRE.

FAIRFAX, 6830. p. 131.

FINCHAM, *of Owtwell, fr. Co. Norf*. 1043. fo. 60. 1401. fo. 36. 1534. fo. 47*b*. 6769. fo. 6*b*. 6770. fo. 9*b*. 6774. fo. 52. 6775. fo. 36. Add. MS. 4962. fo. 32(*a. b.*)

Fincham, 2198. fo. 3.

FISHER, *of Wisbeach*, 6775. fo. 17*b*.

FITZ, *of Elsworth, fr. Co. Essex*, 1043. fo. 84. 1401. fo. 58*b*. 1534. fo. 75*b*. 6769. fo. 19*b*. 6770. fo. 37. 6774. fo. 74*b*. 6775. fo. 77*b*. 6830. p. 93. Add. MS. 4962. fo. 53*b*.

FITZ-RANDALL, *of Spenithorne*, 1534. fo. 132*b*.

FITZ-SIMON, 1043. fo. 106. 1401. fo. 3. 6770. fo. 5. 6774. fo. 20*b*. 6775. fo. 3*b*. Add. MS. 4962. fo. 3*b*.

FLOWER, *of Ely*, 1043. fo. 79*b*. 1401. fo. 68. 1534. fo. 88*b*. 6769. fo. 18. 6770. fo. 33. 6774. fo. 85. 6775. fo. 88. 6830. p. 78. Add. MS. 4962. fo. 64.

Flower, 6774. fo. 6*b*. 2198. fo. 7.

FORSTER, 1177. fo. 31. 1449. fo. 34. 1560. fo. 36.

FOXTON, *of Cambridge*, 1043. fo. 61. 1401. fo. 33*b*. 1534. fo. 44*b*. 6770. fo. 15*b*. 6774. fo. 49*b*. 6775. fo. 33*b*. 6830. p. 114. Add. MS. 4962. fo. 30.

Foxton, 1534. fo. 129. 2198. fo. 4.

FRANKLAND, *of Hudenham, fr. Co. York*. 1534. fo. 117*b*.

FYNES, *of Claverham*, 1043. fo. 108*b*. 6769. fo. 41*b*. 6770. fo. 64.

FYNNES, 1401. fo. 27. Add. MS. 4692. fo. 24*b*.

GARDINER, *of Histon, fr. Co. Chesh*. 1043. fo. 69. 1401. ff. 1*. 49. 1534. fo. 64*b*. 6769. fo. 11. 6770. fo. 22*b*. 6774. fo. 65. 6775. fo. 49. 6830. p. 62. Add. MS. 4962. fo. 45*b*.

Gardiner, 2198. fo. 3*b*.

Gerey, of Royston, 1534. fo. 129. 2198. fo. 4.

GERVEIS, *of Isle of Ely*, 1401. fo. 14. 1534. fo. 25. 6774. fo. 31. 6775. fo. 14. Add. MS. 4962. fo. 13.

Gerveis, 2198. fo. 1*b*.

GLAPTHORNE, *of Whitlesey*, 1043. fo. 86. 1401. fo. 59*b*. 1534. fo. 76*b*. 6769. fo. 23. 6770. fo. 39. 6774. fo. 75*b*. 6775. fo. 59*b*. Add. MS. 4962. fo. 54*b*.

Goad, 6774, fo. 5*b*.

GOODRICK, *of Ely, fr. Co. Linc*. 1043. fo. 65*b*. 1401. fo. 34. 1534. fo. 45*b*. 6769. fo. 9*b*. 6770. fo. 20. 6774. fo. 50. 6775. fo. 34. 6830. p. 40. Add. MS. 4962. fo. 30*b*.

Goodrick, 2198. fo. 3.

GOODWIN, *of Stonham*, 1043. fo. 106*b*. 1401. fo. 82*b*. 1534. fo. 106*b*. 6769. fo. 39*b*. 6770. fo. 71. 6774. fo. 101*b*. 6775. fo. 102*b*. Add. MS. 4962. fo. 78*b*.

Goodwin, 6774. fo. 6.

Gottes, 6774. fo. 6*b*.

GOULDWELL, *of Shelford, fr. Co. Kent*, 1043. fo. 74*b*. 1401. fo. 55. 1534. fo. 72. 6769. fo. 14*b*. 6770. fo. 28. 6774. fo. 71. 6775. fo. 75. 6830. p. 42. Add. MS. 4962. fo. 51. ———— *of Wisbeach, fr. Co. Kent*, 1043. fo. 77*b*. 1401. fo. 66. 1534. fo. 86*b*. 6769. fo. 16. 6770. fo. 31. 6774. fo. 83. 6775. fo. 86. 6830 p. 42. Add. MS. 4962. fo. 62.

Gouldwell, of Shelford, 6774. fo. 5b.   2198.
   fo. 6.

——————— *of Wisbeach,* 2198. fo. 7.

GRANGE, *or,* GRAUNGE, *of Swaffham, fr. Co. York,*
   1043. fo. 94b.   1401. fo. 74.   1534. fo.
   97b.   6769. fo. 28.   6770. fo. 49.   6774.
   fo. 93.   6775. fo. 94.   6830. p. 35.   Add.
   MS. 4962. fo. 69b.

Grange, 6774. fo. 6b.   2198. fo. 7b.

GRAY, *of Girton,* 1043. fo. 83b.   1401. fo.
   69b.

GREEKE, *of Cambridge, fr. Co. Hunts.* 1534.
   fo. 115b.   1548. fo. 138.   6830. p. 71.

GREENE, *of Gresingham,* 1401. fo. 31.   Add.
   MS. 4962. fo. 27b.

GUNTON, *of Ely,* 1534. ff. 81. 127.   1043. fo.
   85.   1401. fo. 61b.   Add. MS. 4962. fo.
   56b.

Gunton, 2198. fo. 4.

HAGGER, *or,* HAGER, *of Bourne, fr. Co. Essex,*
   1043. fo. 100b.   1401. fo. 40.   1534. fo.
   53.   6769. fo. 34b.   6770. fo. 58b.
   6774. fo. 56.   6775. fo. 40.   6830. p.
   58.   Add. MS. 4962. fo. 36b.

Hagger, 2198. fo. 3.

HALFEIDE, *of Whaddon,* 6830. p. 129.

HALL, *of Horningsey,* 1043. fo. 107b.   1401.
   fo. 78b.   1534. fo. 102.   6769. fo. 41.
   6770. fo. 74.   6774. fo. 97b.   Add. MS.
   4962. fo. 74.

Hall, of Ely, 6774. fo. 8b.

HAMMOND, *of Wivelingham, fr. Co. Herts.* 1043.
   fo. 90b.   1401. fo. 55b.   1534. fo. 72b.
   6769. fo. 25.   6770. fo. 43b.   6774. fo.
   71b.   6775. fo. 75b.   6830. p. 103.
   Add. MS. 4962. fo. 51b.

Hammond, 2198. fo. 6.

HARRINGTON, 6830. p. 131.

HARRIS, *of Milton,* 1401. fo. 89b.   1534. fo.
   113b.   6830. p. 111.

Harris, 2198. fo. 7b.

HARRISON, *or,* HIDE, 3288. fo. 169b.   5185. fo.
   65.

Harvy, 2198. fo 3b.   6774. fo. 7.

HASLEDON, *of Meldrith, fr. Co. York.* 1043. fo.
   87.   1401. fo. 70.   1546. fo. 100.   1534.
   fo. 90b.   6769. fo. 23b.   6770. fo. 40.
   6774. fo. 87.   6775. fo. 90.   6830. p.
   60.   Add. MS. 4962. fo. 66.

HASTINGS, *of Lanware,* 1401. fo. 5.   6774. fo.
   22.   6775. fo. 5.   Add. MS. 4962. fo. 5.

Hastings, 1534. fo. 129.   2198. fo. 4.

HATLEY, *of Caxton, fr. Co. Hunt.* 1043. fo. 94.
   1401. fo. 38b.   1534. fo. 51.   6769. fo.
   27b.   6770. fo. 48.   6774. fo. 54b.
   6775. fo. 38b.   6830. p. 96b.   Add. MS.
   4962. fo. 35.

Hatley, 2198. fo. 3.

Hawford, 6774. fo. 7.   2198. fo. 7b.

HAWKINS, 1043. fo. 107b.

Hetton, Bp. of Ely, 6774. fo. 8.

Hewson, of Swaffham, 2198. fo. 8.

HIDE, *v.* HARRISON.

Hide, 6774. fo. 5b.

HIGHAM, *of Sutton, fr. Co. Suff.* 1043. fo. 75b.
   1401. fo. 59.   1534. fo. 76.   6769. fo.
   14b.   6770. fo. 29.   6774. fo. 75.   6775.
   fo. 78.   6830. p. 99.   Add. MS. 4962.
   fo. 54.

Higham, 2198. fo. 6.

HILDERSHAM, *of Ely,* 1534. fo. 122.

Hildersham, 2198. fo. 8.

HINDE, *of Madingley,* 1534. fo. 119b.   1552.
   fo. 103.   6830. p. 23.

Hinde, 2198. fo. 8.

HINSON, *of Coveney,* 1534. fo. 133b.

Hinson, 2198. fo. 4.

HOBSON, *of Cambridge,* 6769. fo. 13b.

HOLDER, *of Ely,* 1534. fo. 121b.

Holder, 2198. fo. 8.

Holford, 6774. fo. 5b.   2198. fo. 6b.

HOLLAND, *of Ely, fr. Co. Linc.* 1043. fo. 58b.
   1401. fo. 24.   1534. fo. 34.   6769. fo.
   5b.   6770. fo. 14.   6774. fo. 41.   6775.
   fo. 24.   Add. MS. 4962. fo. 21.

Holland, 2198. fo. 2b.

Holme, 6774. fo. 6b.

HOLMES, *of Borough, fr. Co. Durham,* 1043. fo.
   104b.   1401. fo. 79b.   1534. fo. 103.
   6769. fo. 38b.   6770. fo. 69b.   6774. fo.
   98b.   6775. fo. 99b.   Add. MS. 4962. fo. 75.

HOLT, *of Sawston,* 1043. fo. 72b.   1401. fo. 50.
   1534. fo. 65b.   6769. fo. 13   6770. fo.
   26.   6774. fo. 66.   6775. fo. 50.   6830.
   p. 116.   Add. MS. 4962. fo. 46b.

Holt, 2198. fo. 6.

HOLTOST, 1401. fo. 36.

HOUND, *from Calais,* 1043. fo. 103.   1401. fo.
   74b.   1534. fo. 99.   6769. fo. 37.
   6770. fo. 67b.   6774. fo. 94b.   6775. fo.
   94b.   Add. MS. 4962. fo. 70.

Hound, 6774. fo. 7.   2198. fo. 7b.

HOWARD, 1043. fo. 77b.   1401. fo. 36b.   1534.
   ff. 86b. 121b.   6770. fo. 31.   Add. MS.
   4962. fo. 33.

Howard, Baron de Walden, 6774. fo. 5.

HUDLESTON, *of Sawston, fr. Co. Cumb.* 1401.
   fo. 7.   1534. fo. 20b.   6774. fo. 24.
   6775. fo. 7.   6830. p. 14.   Add. MS.
   4962. fo. 6b.

Hudleston, 2198. fo. 1b.

HUMFREY, *or,* HUMPHREY, *of Borough Green, fr.
   Co. Essex.* 1043. fo. 93.   1401. fo. 49b.
   1534. fo. 65.   6769. fo. 26b.   6770. fo.
   45b.   6774. fo. 65b.   6775. fo. 48b.
   6830. p. 100.   Add. MS. 4962. fo. 46.

Humfrey, 2198. fo. 3b.

HUMINGE, *of Ely,* 1401. fo. 69b.   Add. MS.
   4962. fo. 65b.

HUMPHREY, *v.* HUMFREY.

IBGRAVE, 1433. fo. 3.   1504. fo. 37.   1546.
   fo. 21b.   6147. fo. 23.

INGLETHORP, *of Borough Green,* 1534. fo. 132b.

INGREY, *of Shepard,* 1401. fo. 54.   1534. fo.
   71.   Add. MS. 4962. fo. 50.

Ithells, 6774. fo. 8b.

JACOB, *of Gamlingay,* 1043. fo. 108b.   6769. fo.
   42.   6770. fo. 61.

JARVIS, 2198. fo. 1.

JAWDRELL, *of Sutton,* 1401. fo. 12.   1534. fo. 8b.
   6774. fo. 29.   6775. fo. 12.   Add. MS.
   4962. fo. 11.

Jawdrell, 2198. fo. 2.

JENNE, 1401. fo. 2b.   6774. fo. 19b.   6775. fo.
   2b.   Add. MS. 4962. fo. 2b.

KEMPTON, *of Mordon, fr. Co. Herts.* 1043. fo.
   83b.   1401. fo. 69b.   1534. fo. 90.   6769.
   fo. 19b.   6770. fo. 36b.   6774. fo. 86b.
   6775. fo. 89b.   6830. p. 75.   Add. MS.
   4962. fo. 65b.

Kempton, 2198. fo. 7.

KILLINGWORTH, *of Fulborne,* 6775. fo. 109.
————— *of Pampisford,* 1534. fo. 137*b*.

Killingworth, of Pampisford, 2198. fo. 4.

KIRKBY, *of Landbeach,* 1043. fo. 77.   1401. fo. 62.   1534. fo. 81*b*.   6769. fo. 16.   6770. fo. 30*b*.   6774. fo. 78.   6775. fo. 81*b*.   6830. p. 52.   Add. MS. 4962. fo. 57.

KYRDERSTON, 1401. fo. 36*b*.   6774. fo. 52*b*. Add. MS. 4962. fo. 33.

LAMBERT, *of Oulton,* 1534. ff. 134*b*. 135*b*.

LANCASTER, 1401. fo. 87.   6774. fo. 106. 6775. fo. 107.   Add. MS. 4962. fo. 81*b*.

Lapworth, 6774. fo. 15*b*.

LARKIN, *of Cambridge, from Co. Kent.* 1043. fo. 109.   1401. fo. 44*b*.   1534. fo. 59*b*. 6769. fo. 42*b*.   6770. fo. 62.   6774. fo. 60*b*.   6775. fo. 44*b*.   6830. p. 80.   Add. MS. 4962. fo. 41.

Larkin, 2198. fo. 3*b*.   6774. fo. 7.

LATHOM, *of Papworth, fr. Co. Essex,* 1043. fo. 101.   1401. fo. 39*b*.   1534. fo. 52*b*. 6769. fo. 35.   6770. fo. 60.   6774. fo. 55*b*.   6775. fo. 39*b*.   6830. p. 115.   Add. MS. 4962. fo. 36.

Lathom, 2198. fo. 3.

LAYER, *of Shepereth, fr. Co. Suff.* 6830. p. 127.

LEEDES, *of Croxton, fr. Co. Kent.* 1043. fo. 84*b*. 1401. fo. 62*b*.   1534. fo. 82*b*.   6769. fo. 20.   6770. fo. 37*b*.   6774. fo. 78*b*. 6775. fo. 81*b*.   6830. p. 118.   Add. MS. 4962. fo. 57*b*.

Leedes, 2198. fo. 6*b*.   6774. fo. 6.

LEETE, *or,* LITE, *of Kingston,* 1043. fo. 87*b*. 1401. fo. 63*b*.   1534. fo. 83*b*.   6769. fo. 24.   6770. fo. 40*b*.   6774. fo. 79*b*.   6775. fo. 82*b*.   6830. p. 108.   Add. MS. 4962. fo. 58*b*.

Leete, 2198. fo. 6*b*.

LEGGE, *fr. Co. Norf.* 1043. fo. 95*b*.   1401. fo. 71. 1534. fo. 92*b*.   6769. fo. 29.   6770. fo. 50*b*.   6774. fo. 90.   6775. fo. 91.   Add. MS. 4962. fo. 66*b*.

Legge, 6774. fo. 5*b*.   2198. fo. 7.

LISLE, *of Wilbraham,* 6774, ff. 16*b*. 17.   1534. fo. 121.   1566. fo. 68*b*.

LITE, *v.* LEETE.

Lorance, 6774. fo. 6.

LOVE, *of Ely,* 1043. fo. 85.   1401. fo. 61*b*. 1534. fo. 81.   6769. fo. 20.   6770. fo. 38. 6774. fo. 77*b*.   6775. fo. 80*b*.   6830. p. 95.   Add. MS. 4962. fo. 56*b*.

LOWDHAM, 1534. fo. 124.

LOWND, *of Tekesford,* 1043. fo. 96*b*.   1401. fo. 76.   1534. fo. 99*b*.   6769. fo. 26.   6770. fo. 52*b*.   6774. fo. 95.   6775. fo. 96. Add. MS. 4962. fo. 71*b*.

Lownd, 2198. fo. 7*b*.   6774. fo. 6.

LUKYN, *of Cambridge,* 1534. fo. 116*b*.   6830. p. 70.

Lukyn, 2198. fo. 8.

LUND, *of Shelford, fr. Co. York,* 1043. fo. 61*b*. 1401. fo. 22*b*.   1534. fo. 31*b*.   6769. fo. 7. 6770. fo. 61.   6774. fo. 39*b*.   6775. fo. 22*b*.   Add. MS. 4962. fo. 20.

Lund, 2198. fo. 2*b*.

LYNNE, *of Bassingborne,* 1043. fo. 105.   1401. ff. 63. 84.   1534. fo. 108.   6769. fo. 39. 6770. fo. 70.   6774. fo. 103.   6775. fo. 104. 6830. p. 29.   Add. MS. 4962. ff. 58. 79*b*.

Lynne, 6774. fo. 6.

MALLOREY, *of Papworth,* 1043. fo. 59.   1401. fo. 23*b*.   1534. fo. 33*b*.   6769. fo. 6. 6770. fo. 14*b*.   6774. fo. 40*b*.   6775. fo. 23*b*.   6830. p. 15.   Add. MS. 4962. fo. 21*b*.

Mallory, 2198. fo. 2*b*.

MANBY, 1487. fo. 503.

MANNINGHAM, *of Fenn Drayton, fr. Co. Beds.* 1043. fo. 110.   1401. fo. 79.   1534. fo. 102*b*.   6769. fo. 30.   6774. fo. 98.   6775. fo. 99.   Add. MS. 4962. fo. 74*b*.

Manningham, 6774. fo. 6*b*.

MARCH, *of Ely,* 1043. fo. 76*b*.   1401. fo. 64. 1534. fo. 85.   6769. fo. 15*b*.   6770. fo. 30.   6774. fo. 81.   6775. fo. 84.   6830. p. 54.   Add. MS. 4962. fo. 60.

March, 2198. fo. 6*b*.

Margetson, 1534. fo. 141*b*.

Marshe, 6774. fo. 5*b*.

MARTIN, *of Steeple Morden, fr. Co. Dors.* 1043. fo. 65.   1401. fo. 33.   1534. fo. 44.   6769. fo. 9.   6770. fo. 19*b*.   6774. fo. 49. 6775. fo. 33.   Add. MS. 4962. fo. 29*b*.

Martin, 6774. fo. 7.   2198. fo. 3.

MASSEY, *of Ely, fr. Co. Chesh.* 1043. fo. 82. 1401. fo. 9.   1534. fo. 22*b*.   6770. fo. 12*b*.   6774. fo. 26.   6775. fo. 9.   6830. p. 20. Add. MS. 4962. fo. 9.

Massey, 2198. fo. 1*b*.

MAY, *of Carlisle,* 1401. fo. 26*b*.   1534. fo. 36*b*. Add. MS. 4962. fo. 24.

MEAD, *of Foxton, fr. Co. Som.* 1043. fo. 71*b*. 1401. fo. 54.   1534. fo. 70*b*.   6769. fo. 13. 6770. fo. 25.   6775. fo. 74.   6830. p. 81. Add. MS. 4962. fo. 50.

Mead, 2198. fo. 6.

MILLICENT, *of Barham Hall,* 1534. fo. 118*b*. 6775. fo. 17.   6830. p. 25.

Millicent, 2198. fo. 8.

MILLS, *of Shelford, fr. Co. Herts.* 1043. fo. 73*b*. 1534. fo. 73.   6769. fo. 14.   6770. fo. 27. 6774. fo. 72.   6830. p. 106.   Add. MS. 4962. fo. 83*b*.

Mills, 2198. fo. 6.

NEVELL, 6774. ff. 5. 8.

NEVILL, 1534. fo. 131*b*.

NIGHTINGALE, *of Kneesworth, fr. Co. Essex,* 1043. fo. 100*b*.   1401. fo. 39.   1534. fo. 51*b*. 6769. fo. 35.   6770. fo. 59.   6774. fo. 55. 6775. fo. 39.   Add. MS. 4962. fo. 35*b*.

Nightingale, 2189. fo. 3.

NORTH, *Lord,* 6830. p. 1.

North, Lord, 6774. ff. 5. 8.

NORTON, *of Hinxston, fr. Co. Som.* 1043. fo. 73. 1401. fo. 51.   1534. fo. 66*b*.   6769. fo. 13*b*.   6770. fo. 26*b*.   6774. fo. 67.   6775. fo. 51.   6830. p. 65.   Add. MS. 4962. fo. 47*b*.

Norton, 6774. fo. 6.   2198. fo. 6.

OLNEY, 1534. fo. 20.

ORRELL, *of Ely, fr. Co. Norf.* 1403. fo. 79. 1401. fo. 67.   1534. fo. 87*b*.   6769. fo. 17*b*.   6770. fo. 32*b*.   6774. fo. 84.   6775. fo. 87.   6830. p. 112.   Add. MS. 4962. fo. 63.

Orrell, 2198. fo. 7.

OSTRICH, 1401. fo. 88.   Add. MS. 4962. fo. 82*b*.

PABENHAM, 1534. fo. 123*b*.

PALLAVICINI, *of Badburgham,* 6775. fo. 17*b*.

PARK, *of Wisbeach, fr. Co. Bedf.* 1043. fo. 67. 1401. fo. 13*b*. 6769. fo. 10*b*. 1534. fo. 4. 6775. fo. 13*b*. 6830. p. 122. Add. MS. 4962. fo. 12*b*.

Park, 2198. fo. 1.

PARRIS, *of Linton,* 1043. fo. 62*b*. 1401. fo. 20. 1534. fo. 31. 6769. fo. 8. 6770. fo. 17. 6774. fo. 37. 6775. fo. 20. 6830. p. 16. Add. MS. 4962. fo. 17*b*.

Parris, 2198. fo. 2*b*.

PAYTON, *v.* PEYTON.

PEARSE, *v* PEIRSE.

PERIENT, 1401. fo. 6. Add. MS. 4962. fo. 6.

PEIRSE, *or,* PEARSE, *of Cambridge, fr. Co. Norf.* 1043. fo. 92*b*. 1401. fo. 50*b*. 1534. fo. 66. 6769. fo. 25*b*. 6770. fo. 45. 6774. fo. 66*b*. 6775. fo. 50*b*. 6830. p. 86. Add. MS. 4962. fo. 47.

Peirse, 2198. fo. 6.

PEIRSON, *v.* PERSON.

Peirson, 6774. fo. 8.

PELSANT, *v.* PELSETT.

PELSETT, *or* PELSANT, *of Milton, fr. Co. Kent,* 1043. fo. 100. 1401. fo. 37. 1534. fo. 49. 6769. fo. 34. 6770. fo. 57*b*. 6774. fo. 53. 6775. fo. 37. Add. MS. 4962. fo. 33*b*.

PEPIS, *or,* PIPES, *of Cottenham,* 1043. fo. 70*b*. 1401. fo. 46*b*. 1534. fo. 61*b*. 6769. fo. 12*b*. 6770. fo. 24. 6774. fo. 62*b*. 6775. fo. 46*b*. 6830. p. 68. Add. MS. 4962. fo. 43.

Pepis, 2198. fo. 3*b*.

PERNE, *of Ely, fr. Co. Norf.* 1043. fo. 104. 1401. fo. 72*b*. 1534. fo. 96. 6769. fo. 38. 6770. fo. 68*b*. 6774. fo. 91*b*. 6775. fo. 92*b*. Add. MS. 4962. fo. 68.

Perne, 6774. fo. 8.

PERSON, *or,* PEIRSON, *of Wisbeach, fr. Co. York,* 1043. fo. 81. 1401. fo. 67*b*. 1534. fo. 88. 6769. fo. 18*b*. 6770. fo. 34*b*. 6774. fo. 84*b*. 6775. fo. 87*b*. 6830. p. 85. Add. MS. 4962. fo. 63*b*.

PETESFORD, 1401. fo. 5. Add. MS. 4962. fo. 5.

PEYTON, *or,* PAYTON, *of Islesham, fr. Co. Suff.* 1043. fo. 97*b*. 1401. fo. 11. 1187. fo. 93*b*. 1534. fo. 1*b*. 6769. fo. 30*b*. 6770. fo. 11 (*a.b.*) 6774. fo. 28. 6775. fo. 11. Add. MS. 4962. fo. 10.

Peyton, or Payton, 2198. fo. 1. 6774. fo. 5.

PIGOTT, *of Abington,* 1043. fo. 98*b*. 1401. fo. 83. 1534. fo. 107. 6769. ff. 31*b*. 32. 6770. fo. 54*b*. 6774. fo. 102. 6775. fo. 103. 6830. p. 28*b*. Add. MS. 4962. fo. 78.

Pigott, 6774. fo. 5*b*.

PINCHBECK, 1043. fo. 64. 1401. fo. 26. 1534. fo. 110*b*. 6769. fo. 8*b*. 6770. fo. 19. 6775. fo. 26. 6830. p. 18. Add. MS. 4962. fo. 23*b*.

PINCHBECK, *v.* SARSON.

PIPES, *v.* PEPIS.

PLEDGARD, *fr. Co. Essex.* 1043. fo. 104*b*. 1401. fo. 80*b*. 1534. fo. 104*b*. 6769. fo. 38*b*. 6770. fo. 69. 6774. fo. 99*b*. 6775. fo. 100*b*. Add. MS. 4962. fo. 76.

Pledgard, 6774. fo. 6*b*.

Plesant, of Milton, 2198. fo. 3.

POLLEY, *v.* POOLEY.

POOLEY, *or,* POLLEY, *of Cambridge, fr. Co. Suff.* 1043. fo. 95. 1401. fo. 75. 1534. fo. 98*b*. 6769. fo. 28*b*. 6770. fo. 49*b*. 6774. fo. 94. 6775. fo. 95. Add. MS. 4962. fo. 70*b*.

Pooley, 2198. fo. 7*b*. 6774. fo. 7.

Popham, 6774. ff. 5. 8.

POTKIN, *of Iklestone, fr. Co. Kent,* 1401. fo. 87*b*. 1534. fo. 125*b*. 6774. fo. 106*b*. 6775. fo. 107*b*. Add. MS. 4962. fo. 82.

Potkin, 2198. fo. 4.

PROCTOR, *of Wisbeach,* 1043. fo. 93. 1401. fo. 29*b*. 1534. fo. 39*b*. 6769. fo. 26*b*. 6770. fo. 46. 6774. fo. 45*b*. 6775. fo. 29*b*. 6830. p. 124. Add. MS. 4962. fo. 26.

PYCHARD, *of Trumpington,* 6830. p. 59.

RAGON, 1531. ff. 27*b*. 42. 2109. ff. 21. 24*b*. 4600. p. 25.

READE, 1401. fo. 62.

REMPSTON, 1534. fo. 125.

Renolds, 1534. fo. 129. 2198. fo. 4.

RIVETT, *or,* RYVETT, *of Chippenham, fr. Co. Suff.* 1043. fo. 106*b*. 1401. ff. 4. 85. 1534. fo. 108*b*. 6769. fo. 40. 6770. fo. 71*b*. 6774. fo. 104. 6775. fo. 105. Add. MS. 4962. ff. 4. 80.

Rivett, 2198. fo. 7*b*. 6774. fo. 7.

RODE, 1043. fo. 77.

ROGERS, *of Burwell,* 1534. fo. 123*b*.

Rogers, 2198. fo. 4.

RUDSTON, *of Ely,* 1043. fo. 96. 1401. ff. 19. 82. 1534. fo. 106. 6769. fo. 29*b*. 6770. fo. 51*b*. 6774. ff. 36. 101. 6775. fo. 102. 6830. p. 48. Add. MS. 4962. ff. 17. 77*b*.

Rudston, 2198. fo. 7*b*.

Russell, 6774. fo. 5.

RYVETT, *v.* RIVETT.

SACKVILLE, *Lord Buckhurst,* 6774. ff. 5. 8.

ST. GEORGE, *of Hatley,* 1401. fo. 15*b*. 1534. fo. 91. 6769. fo. 3*b*. 6770. ff. 6*b*. 7*b*. 6774. fo. 32*b*. 6775. fo. 15*b*. Add. MS. 4962. fo. 14*b*.

St. George, 6772. fo. 5*b*.

SANDERS, 1043. fo. 77. 6769. fo. 16.

SANDES, *of Wilberton, fr. Co. Lanc.* 1043. fo. 53. 1401. fo. 13. 1534. fo. 3*b*. 6769. fo. 2. 6770. fo. 3*b*. 6774. fo. 30. 6775. fo. 13. 6830. p. 4. Add. MS. 4962. fo. 12.

Sandes, 2198. fo. 1.

SANDFORD, *of Wisbeach, fr. Co. Shrop.* 1043. fo. 81*b*. 1401. fo. 68*b*. 1534. fo. 89. 6769. fo. 18*b*. 6770. fo. 35. 6774. fo. 85*b*. 6775. fo. 88*b*. 6830. p. 55. Add. MS. 4962. fo. 64*b*.

Sandford, 2198. fo. 7.

SARSON, *or,* PINCHBECK, 1043. fo. 64. 1401. fo. 26. 1534. fo. 108*b*. 6769. fo. 8*b*. 6770. fo. 19. 6775. fo. 26. Add. MS. 4962. fo. 23*b*.

SAVAGE, 1401. fo. 1*. 1534. fo. 9*b*. Add. MS. 4962. fo. 1*.

SCARGILL, *of Knockwell, fr. Co. York.* 1043 fo. 99. 1401. fo. 41*b*. 1534. fo. 55. 6769. fo. 33. 6770. fo. 56. 6774. fo. 57*b*. 6775. fo. 41. 6830. p. 98. Add. MS. 4962. fo. 38.

Scargill, 2198. fo. 3*b*.

SCRIVEN, *of Stapleford, fr. Co. Suff.* 1043. fo. 89. 1401. fo. 51*b*. 1534. fo. 67*b*. 6769. fo. 20*b*. 6770. fo. 42. 6774. fo. 67*b*. 6775. fo. 51*b*. 6830. p. 121. Add. MS. 4962. fo. 48.

Scriven, 2198. fo. 6.

SCROOPE, *Baron,* 1534. fo. 131*b*.

SEDGEWICK, *of Wisbeach, fr. Co. York.* 1043. fo. 93*b*. 1401. fo. 26*b*. 1534. fo. 36*b*. 6769. fo. 27. 6770. fo. 46*b*. 6775. fo. 26*b*. Add. MS. 4962. fo. 24.

SEWSTER, *of Steeple Morden, from Co. Hunts.* 1401. fo. 63. 1043. fo. 77. 1534. fo. 83. 6774. fo. 79. 6775. fo. 82. Add. MS. 4962. fo. 58.

Sewster, 2198. fo. 6*b*.

SHERLEY, 1534. fo. 130.

SHERMAN, *of Litlington,* 1043. fo. 91. 1401. fo. 54*b*. 1534. fo. 71*b*. 6769. fo. 25. 6770. fo. 44. 6774. fo. 70*b*. 6775. fo. 74*b*. 6830. p. 126. Add. MS. 4962. fo. 50*b*.

SHUTE, *of Hollington,* 1043. fo. 108. 1401. fo. 76*b*. 1534. fo. 100. 6769. fo. 41. 6770. fo. 73*b*. 6774. fo. 95*b*. 6775. fo. 96*b*. Add. MS. 4962. fo. 72.

Shute, 2198. fo. 7*b*.

SIMONDS, or, SYMONS, *of Wittlesford,* 1043. fo. 69*b*. 1401. fo. 48*b*. 1534. fo. 112. 6769. fo. 12. 6770. fo. 23. 6774. fo. 64*b*. 6775. fo. 49*b*. 6830. p. 69. Add. MS. 4962. fo. 45.

Simons, 2198. fo. 7*b*.

SLEGG, *of Cambridge,* 1043. fo. 107. 1401. fo. 32*b*. 1534. fo. 43. 6769. fo. 40. 6770. fo. 72. 6774. fo. 48*b*. 6775. fo. 32*b*. 6830. p. 79. Add. MS. 4962. fo. 29.

Slegg, 6774. fo. 6. 2198. fo. 3.

SMYTH, *of Ely,* 1043. fo. 85. 1401. fo. 61*b*. 1534. fo. 81. Add. MS. 4962. fo. 56*b*.

STANHOP, 1043. fo. 57. 1401. fo. 1*. 1534. fo. 9*b*. 6769. fo. 5. Add. MS. 4962. fo. 1*.

STERNE, *of Orwell,* 1534. fo. 131*b*. 6830. p. 31. ———— *of Stokequi,* 1043. fo. 99*b*. 1401. fo. 42. 1534. fo. 55*b*. 6769. fo. 33*b*. 6770. fo. 57. 6774. fo. 58. 6775. fo. 42. 6830. p. 32. Add. MS. 4962. fo. 38*b*.

Sterne, of Orwell, 2198. fo. 4. 6774. fo. 6. ———— *of Stokequi,* 2198. fo. 3*b*.

STEWARD, *of Cambridge,* 6830. p. 74. 1403. fo. 92. 6769. fo. 26.

———— *of Ely,* 6830. p. 13.

———— *of Stoutney, fr. Co. Norf.* 1043. fo. 54. 1401. fo. 21. 1534. fo. 5*b*. 6769. fo. 3. 6770. fo. 5*b*. 6774. fo. 38. 6775. fo. 21. 6830. p. 12. Add. MS. 4962. fo. 18*b*.

Steward, 2198. fo. 1. 6774. fo. 8*b*.

STOKES, *of Cambridge, fr. Co. Berks.* 1043. fo. 106*b*. 1401. fo. 77*b*. 1534. fo. 101. 6769. fo. 39*b*. 6770. fo. 70*b*. 6774. fo. 96*b*. 6765. fo. 97*b*. Add. MS. 4962. fo. 73.

Stokes, 6774. fo. 8*b*.

Story, 2198. fo. 4.

Story, of Cambridge, 1534, fo. 141*b*.

STOTEVILLE, *of Brinckley Hall,* 1043. fo. 91*b*. 1401. fo. 60*b*. 1534. fo. 78*b*. 6769. fo. 25*b*. 6770. fo. 44*b*. 6774. fo. 76*b*. 6775. fo. 79*b*. 6830. p. 66. Add. MS. 4962. fo. 55*b*.

Stoteville, 2198. fo. 6*b*.

SUTTON, *of Duxford, fr. Co. Beds.* 1043. fo. 70. 1401. fo. 45*b*. 1534. fo. 111*b*. 6769. fo. 12. 6770. fo. 23*b*. 6774. fo. 61*b*. 6775. fo. 45*b*. 6830. p. 97. Add. MS. 4962. fo. 42.

SYMONS, *v.* SIMONDS.

TALKORNE, 1401. fo. 63. 1534. fo. 83.

TAYLOR, *of Stretchworth,* 1401. fo. 86*b*. 6775. fo. 105*b*. Add. MS. 4962. fo. 81.

———— *of Wisbeach, fr. Co. Linc.* 1043. fo. 67*b*. 1401. fo. 34*b*. 1534. ff. 46. 127*b*. 6769. fo. 10*b*. 6770. fo. 21*b*. 6774. ff. 50*b*. 105*b*. 6775. fo. 34*b*. 6830. p. 56. Add. MS. 4962. fo. 31.

Taylor, 2198. fo. 4.

TENDERING, 1401. fo. 36*b*. 6774. fo. 52*b*. Add. MS. 4962. fo. 33.

THORNTON, *of Some,* 1401. ff. 14*b*. 28. 1534. fo. 25. 6769. fo. 7*b*. 6774. ff. 31*b*. 44. 6775. ff. 14*b*. 28. 6830. p. 34. Add. MS. 4962. fo. 13*b*.

Thornton, 6774. fo. 6*b*. 2198. fo. 1*b*.

THOROLD, *of Chesterton, fr. Co. Linc.* 1043. fo. 68. 1401. fo. 48. 1534. fo. 64. 6769. fo. 11. 6774. fo. 64. 6775. fo. 48. 6830. p. 61. Add. MS. 4962. fo. 44*b*.

Thorold, 2198. fo. 3*b*.

TILNEY, *of Wisbeach, fr. Co. Norf.* 1043. fo. 55*b*. 1401. fo. 23. 1534. ff. 32*b*. 122. 6769. fo. 4*b*. 6770. fo. 8. 6774. fo. 40. 6775. fo. 23. 6830. p. 83. Add. MS. 4962. fo. 20*b*.

Tilney, 2198. fo. 2*b*.

Tindall, 6774. ff. 5. 8.

TORVETON, 1043. fo. 63.

TOTEHILL, *of Soffham,* 1534. fo. 131.

TOWERS, *of Hinton, fr. Co. Linc.* 1043. fo. 75. 1401. fo. 58. 1534. fo. 75. 6769. fo. 15. 6770. fo. 28*b*. 6774. fo. 74. 6775. fo. 77. 6830. p. 21. Add. MS. 4962. fo. 53.

Towers, 2198. fo. 6*b*.

TROWLE, *of Linton, fr. Co. Suff.* 1043. fo. 58. 1401. fo. 8*b*. 1534. fo. 23*b*. 6769. fo. 4*b*. 6770. fo. 13*b*. 6774. fo. 25*b*. 6775. fo. 8*b*. 6830. p. 90. Add. MS. 4962. fo. 8*b*.

Trowle, 2198. fo. 1*b*.

TURPIN, *of Bassingborne,* 1043. fo. 85*b*. 1401. fo. 63*b**. 1534. fo. 84*b*. 6769. fo. 20*b*. 6770. fo. 38*b*. 6774. fo. 80*b*. 6775. fo. 83*b*. 6830. p. 63. Add. MS. 4962. fo. 59*b*.

Turpin, 6774. fo. 7.

Twells, 1043. fo. 112.

Twyford, of Sanston, 1534. fo. 129. 2198. fo. 4.

TRUSSELL, 1401. fo. 15. 1534. fo. 27. Add. MS. 4962. fo. 14.

VENTRIS, *of Wittlesford,* 1043. fo. 100. 1401. fo. 38. 1534. fo. 49*b*. 6769. fo. 34. 6770. fo. 58. 6774. fo. 54. 6775. fo. 38. 6830. p. 101. Add. MS. 4962. fo. 34*b*.

Ventris, 2198. fo. 3.

VESSEY, *of Isleham,* 1043. fo. 94. 1401. fo. 73. 1534. fo. 96*b*. 6769. fo. 27*b*. 6770. fo. 47*b*. 6774. fo. 92. 6775. fo. 93. Add. MS. 4962. fo. 68*b*.

Vessey, 6774. fo. 6*b*. 2198. fo. 7.

VLUESFLET, 6830. p. 131.

WALDEN, Baron de, v. Howard.

WALTER, *of Crowden,* 1043. ff. 72. 107*b*. 1401. fo. 2*b*. 1534. fo. 14*b*. 6769. fo. 40*b*. 6770. fo. 73. 6774. fo. 19*b*. 6775. fo. 2*b*. 6830. p. 104. Add. MS. 4962. fo. 2*b*.

Walter, 6774. fo. 6.

WANTON, 6830. p. 132. 6775. fo. 27*b*.
WARD, *of Abington, fr. Co. Leic.* 1043. fo. 98*b*.
1401. fo. 44. 1534. fo. 58*b*. 6769. fo. 31.
6770. fo. 55. 6774. fo. 60. 6775. fo.
44. 6830. p. 91. Add. MS. 4962. fo.
40*b*.
Ward, 2198. fo. 3*b*.
WATSON, *of Conington*, 1043. fo. 101. 1401.
fo. 40*b*. 1534. fo. 53*b*. 6769. fo. 35*b*.
6770. fo. 59*b*. 6774. fo. 56*b*. 6775.
fo. 40*b*. 6830. p. 77. Add. MS. 4962.
fo. 37.
Watson, 2198. fo. 3*b*.
WEBB, *of Bottisham*, 1043. fo. 102*b*. 1401. fo.
47*b*. 1534. fo. 63*b*. 6769. fo. 36*b*.
6770. fo. 66*b*. 6774. fo. 63*b*. 6775. fo.
47*b*. 6830. p. 120. Add. MS. 4962.
fo. 44.
———— *of Cowling*, 1401. fo. 87. Add. MS.
4962. fo. 81*b*.
WILBORE, *of Foxton, fr. Co. York.* 1043. fo. 72.
1401. fo. 18. 1534. fo. 27*b*. 6769. fo.
13*b*. 6770. fo. 25*b*. 6774. fo. 35.
6775. fo. 18. 6830. p. 72. Add. MS.
4962. fo. 16.
Welbore, 2198. fo. 2*b*.
Wells, 1534. fo. 129. 2198. fo. 4.
WENDEY, *of Haslingfield*, 1043. fo. 62. 1401.
fo. 25. 1534. fo. 35*b*. 6769. fo. 7*b*.

6770. fo. 16*b*. 6774. fo. 42. 6775. fo. 25.
6830. p. 11. Add. MS. 4962. fo. 22*b*.
Wendey, 6774. fo. 5*b*. 2198. fo. 2*b*.
WILKS, *of Wisbeach, fr. Co. York.* 1043. fo. 82*b*.
1401. fo. 66*b*. 1534. fo. 87. 6769. fo.
19. 6770. fo. 35*b*. 6774. fo. 83*b*.
6775. fo. 86*b*. 6830. p. 122. Add. MS.
4962. fo. 62*b*.
Wilkes, 2198. fo. 7.
WILLES, *of Foxton*, 1401. fo. 54.
WILLIS, *of Ey Hall*, 1534. fo. 127*b*.
Willis, 2198. fo. 4.
WINGFIELD, 1043. fo. 83*b*. 1401. fo. 69*b*.
1534. fo. 90.
WISE, *of Hinton*, 1043. fo. 102*b*. 1401. fo. 47.
1534. fo. 62*b*. 6769. fo. 36*b*. 6770.
fo. 66. 6774. fo. 63. 6775. fo. 47.
6830. p. 50. Add. MS. 4962. fo. 43*b*.
Wise, 6774. fo. 7. 2198. fo. 3*b*.
WOOD, *of Fulborne*, 1043. fo. 96. 1401. fo.
83*b*. 1534. fo. 107*b*. 6769. fo. 29*b*.
6770. fo. 52. 6774. fo. 102*b*. Add. MS.
4962. fo. 79.
Wood, 6774. fo. 6*b*.
WORSELEY, 6830. p. 131.
WREN, *of Hinton, fr. Co. Durham*, 1534. fo.
120*b*.
Wren, 2198. fo. 8.

CHESHIRE.

ACTON, *of Weeverham*, 2119. fo. 239.
Acton, of Acton, 1535. fo. 31.
ALBAINE, 1535. fo. 288*b*.
Alcock, 1045. fo. 110*b*. 1535. fo. 7.
Alcock, of Ride, 1535. fo. 7.
ALDELYME, 1535. fo. 40*b*.
ALDERSEY, *of Aldersey*, 774. fo. 16. 1045. fo.
97*b*. 1424. fo. 10. 1505. fo. 10. 1535.
ff. 39*b*. 219*b*. 2119. ff. 32. 34*b*. 2142.
fo. 78*b*. 2187. fo. 16. 2230. fo. 32.
Add. MS. 5529. p. 2.
———— *of Chester*, 2119. ff. 32*b*. 34*b*. 35*b*.
2142. fo. 78*b*.
———— *of Horton*, 2119. fo. 35.
———— *of Spurstow*, 1424. fo. 9*b*. 1505. fo.
9*b*. 1535. fo. 39. 2119. ff. 32*b*. 33*b*. 37.
2142. ff. 48*b*. 78*b*. 2187. fo. 16. 2230.
fo. 32. Add. MS. 5529. p. 2.
Aldersey, 1535. fo. 7.
ALEXANDER, *of Winstanton, fr. Co. Kent*, 774. fo.
16*b*. 1045. fo. 109*b*. 1424. fo. 10*b*.
1505. fo. 10*b*. 1535. fo. 40. 2119. fo.
122. 2187. fo. 15. 2230. fo. 31*b*.
5182. p. 4.
Alexander, 1535. fo.7.
ALFORD, 1535. fo. 46.
Aldford, 1535. fo. 7*b*.
Alkington, 1535. fo. 7*b*.

ALLEN, *of Brindley*, 1535. fo. 41*b*. 6104. fo. 12.
ALLINGTON, Add. MS. 5529. p. 3.
ALMER, 1535. fo. 31.
ALPORT, *of Overton*, 1535. fo. 237.
ALPRAM, 1045. fo. 107. 1505. fo. 10*b*. 1535.
fo. 40. 5182. p. 3. Add. MS. 5529.
p. 1.
Alpram, 1535. fo. 7*b*.
ANTROBUS, *of Knutsford*, 1535. fo. 41. Add.
MS. 5529. p. 1.
Antrobus, 1535. fo. 7*b*.
AP JOHN, 1535. fo. 79.
APLEBY, 1535. ff. 101*b*. 102.
AP THOMAS, 1535. fo. 250.
ARDERNE, *or*, ARDREN, *of Alderley*, 1535. fo. 42.
2142. fo. 57*b*. 2187. fo. 7*b*.
———— *of Arden*, 1424. ff. 11*b*. 24. 1505.
ff. 11*b*. 23. 1535. ff. 42*b*. 49. 2142. ff.
57. 139. 2187. fo. 7. 2230. fo. 30*b*.
———— *of Timperley*, 774. fo. 15. 1405. fo.
96*b*. 1424. fo. 12. 1505. fo. 12. 1535.
ff. 43*b*. 68. 89. 2142. fo. 61. 2187. ff.
9. 74*b*. 133. 2230. fo. 34. 5182. pp. 6.
121.
Ardren, 1535. ff. 7. 31.
ARNEWAY, 1241. fo. 138. 1472. fo. 9*b*. 6172.
fo. 21*b*.
Arneway, 1535. fo. 7*b*.

ASHBY, *of Chelaston*, 2119. fo. 95.
ASHBY, *or*, ESSEBY, *of Worleston*, 2119. fo. 121*b*.
Ashebury, 1535. fo. 7*b*.
Asheley, 1535. fo. 7*b*.
ASTBURY, 1535. fo. 270*b*. 2119. fo. 209. 2187. fo. 131.
ASTON, *of Aston*, 774. fo. 15*b*. 1045. fo. 102*b*. 1424. fo. 11. 1505. fo. 11. 1535. ff. 46*b*. 105*b*. 208*b*. 2119. ff. 203. 205*b*.—208*b*. 2142. ff. 25. 119*b*. 2187. fo. 15*b*. 2230. fo. 32. 5182. p. 5.
Aston, 1535. fo. 7.
AUDLEY, *Lord*, 1424. ff. 12*b*. 55. 1505. ff. 12*b*. 55. 1535. ff. 45. 263. 2119. ff. 89. *et seqq*. 2142. ff. 37. 47. 2187. ff. 13*b*. 104*b*. 105*b*.
Audley, 1535. fo. 6*b*.
AVERY, 1535. fo. 260.
AWMER, 2187. fo. 139.
BAGGULEY, 1424. ff. 86*b*. 121*b*. 1505. ff. 84*b*. 85. 1535. ff. 63*b*. 97*b*. 186. 2142. fo. 51*b*. 2187. ff. 10. 72*b*. Add. MS. 5529. pp. 6. 44.
BAGNALL, *of Newcastle-under-Line*, 2230. fo. 32. Add. MS. 5529. fo. 11*b*.
Bagnall, 1535. fo. 7*b*.
BALL, *of Bickley and Erby*, 1535. fo. 66*b*. 2119. ff. 181*b*. 182.
—— *of Boughton*, 2119. fo. 184.
—— *of Chester*, 2163. fo. 81.
—— *of Warswall*, 2119. fo. 183.
Ball, 891. fo. 100.
BALLARD, Add. MS. 5529. p. 11.
Bamfield, 1535. fo. 9*b*.
BAMVILLE, *of Chester*, 1424. ff. 124*b*. 125. 1505. ff. 123*b*. 124. 1535. fo. 71. 2163. fo. 86. 2187. ff. 14. 31*b*.
Bangley, 1535. fo. 31.
Bannester, 1535. fo. 8.
BARKESDALE, *of Newbery*, 1424. fo. 61*b*. 1505. fo. 61. 1535. fo. 136*b*.
Barley, 1535. fo. 31.
BARNACK, *or*, BARNAKE, 1424. fo. 32*b*. 1505. fo. 31. 1535. fo. 85*b*. 2187. fo. 36.
Barnach, 1535. fo. 8.
BARNESTON, *of Churton*, 1535. fo. 54.
Barneston, 1535. fo. 7*b*.
Baron, 1535. fo. 31*b*.
BARROW, *of Chester and Churton*, 1535. ff. 65. 131. 2119. fo. 180. Add. MS. 5529. p. 12.
Barrow, 1535. ff. 8. 131. 2198. fo. 3.
BARRY, *of Thurston*, 1535. fo. 154*b*.
BARTON, *of Barton*, 1535. fo. 79. 2119. fo. 138. 2142. fo. 117. Add. MS. 5529. p. 37.
Barton, 1535. fo. 8.
BASKERVILLE, *of Whitington*, 1535. fo. 73*b*.
BASSETT, *Baron Haddington*, 1424. fo. 96. 1505. fo. 94*b*. 1535. fo. 212*b*. 2119. fo. 69*b*.
—— *of Bassett*, 1535. fo. 45. 2187. fo. 150*b*.
Baston, 1535. fo. 8.
BAVANT, *of Chester*, 1535. fo. 65*b*. 2163. fo. 85.
Bavant, 1535. fo. 8.
Bayne, 1535. fo. 7*b*.
BEAUCHAMP, *Baron Woodhey*, 1535. fo. 102.
BEBINGTON, *of Chorley*, 1535. fo. 59*b*.
Bebington, 1535. fo. 8*b*.
Becheton, 1535. fo. 8.

BECHINGTON, 1535. fo. 71. 2187. fo. 14.
Bechington, 1535. fo. 8.
BECKETT, 1505. fo. 62.
BECKWITH, 1535. fo. 82*b*.
BEEKE, *of Tene*, 1424. ff. 122*b*. 124. 1505. ff. 121*b*. 123. 1535. fo. 169*b*. 2119. fo. 69*b*. 2142. fo. 25. 2187. fo. 11*b*. Add. MS. 5529. pp. 6. 63*b*.
BEESTON, *of Beeston*, 1424. ff. 11. 25. 1505. ff. 11. 24. 1535. fo. 78. 2119. ff. 225*b*. 226. 2142. fo. 46*b*. 2187. fo. 26*b*. Add. MS. 5529. p. 10*b*.
Beeston, 1535. ff. 9. 31.
BELE, Add. MS. 5529. p. 7.
Belfield, *of Glegg*, 1535. fo. 31.
Belgrave, 1535. ff. 10. 31.
Belhowse, 1535. fo. 10.
BELLETT, 1439. fo. 10.
Bellewe, 1535. fo. 10.
Bellingham, 1535. fo. 31.
BELLOT, *of Moreton*, 1424. fo. 32. 1535. fo. 66. 2142. fo. 116.
Bellyn, *of Chester*, 1535. fo. 10.
BELWARD, *Baron Malpas*, 1505. ff. 95. 110. 1535. fo. 81.
BENET, *of Barnstone*, 2142. fo. 162*b*.
Bennett, *of Sutton*, 1535. fo. 8.
BENTLY, 1424. fo. 32.
BERCHELES, 2230. fo. 28.
BERESTALL, 1535. ff. 101*b*. 102.
BERINGTON, *of Bradwall*, 1424. fo. 27. 1505. fo. 26. 1535. ff. 230. 275. 2187. ff. 97. 121. Add. MS. 5529. p. 7.
Berington, 1535. fo. 8.
—— *of Moresborough*, 1535. fo. 8.
Bertley, 1535. fo. 5.
BESTON, 1535. ff. 159. 252.
BESWICK, 1504. fo. 96*b*.
Betteley, 1535. fo. 31.
Beverley, *of Huntingdon*, 1535. fo. 8*b*.
BEWPINE, 1535. fo. 1.
BEXTON, 1535. fo. 111*b*. 2119. fo. 102.
Bickeley, 1535. fo. 10.
BICKERTON, 1535. ff. 64*b*. 121*b*. 186. 268*b*. 2187. fo. 114. Add. MS. 5529. p. 11.
Bickerton, 1535. fo. 10.
BIDULFE, Add. MS. 5529. p. 11.
BILLINGHAM, 1535. fo. 118*b*.
BILLINGTON, 1504. fo. 65. 1546. fo. 59.
BIRCHELLS, *of Birchells*, 1424. fo. 31*b*. 1505. fo. 30*b*. 1535. fo. 63. 2142. fo. 107*b*. 2187. ff. 28. 101*b*.
Birchells, 1535. fo. 10.
BIRD, *of Broxton*, 1505. fo. 50*b*. 1535. ff. 61. 110*b*. 121. 216*b*. 2119. fo. 134. 2187. fo. 45.
—— *of Cherleton*, 1424. fo. 110*b*. 1535. fo. 150*b*. 6104. fo. 23*b*.
—— *of Clopton*, 1424. fo. 28*b*. 1505. fo. 27*b*. 2187. fo. 25. 1535. fo. 62.
—— *of Crewe and Yowley*, 1424. fo. 27*b*. 1505. fo. 26*b*. 1535. fo. 251*b*. 2142. fo. 91*b*. 2187. fo. 24*b*.
Bird, *of Clopton*, 1535. fo. 10*b*.
BIRKENHEAD, *of Crowton*, 1535. ff. 78*b*. 111. 2142. fo. 142*b*. 2187. fo. 27*b*. Add. MS. 5529. p. 12.
—— *of Huxley*, 1424. fo. 31*b*. 1535. ff. 78*b*. 111. 2142. fo. 142*b*. 2187. fo. 27*b*. Add. MS. 5529. p. 12.

Birkenhead, of Crowton, 1535. fo. 31.
——— 1535. fo. 10*b*. 2230. fo. 31*b*.
BLACKAMORE, *of Over*, 1535. fo. 79*b*.
BLACKENHALL, 1535. fo. 216*b*. 6128. fo. 9.
BLACKSHAW, *of Adlington*, 1535. fo. 64.
BLANCHCOTE, *of Chester*, 1535. fo. 296*b*. 2187.
fo. 144.
BLUNDELL, 1424. fo. 17*b*. 1535. fo. 31.
BLUNDEVILLE, *Earl of Chester*, 1535. fo. 2*b*.
BLUNT, 1535. ff. 73*b*. 144*b*. 2187. fo. 138.
Blymhille, 1535. fo. 10.
BOHUN, *Earl of Chester*, 2187. fo. 131.
BOLD, 2230. fo. 28*b*.
BOLT, 1397. fo. 212*b*. 1540. fo. 54.
BONBURY, *v.* BUNBURY.
BONNER, *of Dunham*, 1424. fo. 132. 1505. fo.
131.
BOOTH, *or*, BOUTH, *of Barton*, 1535. fo. 75.
2142. fo. 79*b*. Add. MS. 5529. fo. 18.
——— *of Dunham, fr. Co. Lanc.* 1396. fo. 232*b*.
1424. fo. 18. 1449. fo. 101. 1504. fo.
11*b*. 1505. fo. 17. 1535. ff. 193. 276.
218*b*. 1546. fo. 64. 2119. fo. 68*b*.
2142. ff. 19*b*. 20. 46. 79*b*. 89. 2187. fo.
18. Add. MS. 5529. fo. 18.
——— *of Eccleston*, 2142. ff. 48. 80*b*. 86*b*. 78*b*.
5182. fo. 23. Add. MS. 5529. fo. 18.
——— *of Sulley*, Add. MS. 5529. fo. 18.
——— *of Twemlow*, 1424. fo. 27. 1505. fo.
26. 2142. fo. 79*b*.
Booth, 1535. fo. 9. 2119. fo. 70.
BOROUGH, 1424. fo. 11.
BOSLEY, 1535. fo. 238. 2187. fo. 99*b*.
BOSTOCK, 1535. ff. 131. 217*b*.
——— *of Abington*, 2119. ff. 41*b*. 42. Add.
MS. 5529. fo. 5.
——— *of Belgrave*, 2119. fo. 45. 2187. fo.
137*b*. Add. MS. 5529. fo. 5.
——— *of Bostock*, 1424. ff. 20*b*. 21. 96*b*.
1433. fo. 65*b*. 1505. ff. 19*b*. 20. 95. 1535.
ff. 73. 89. 2119. ff. 42*b*. 43*b*. 132*b*. 2187.
ff. 9*b*. 137*b*. 5182. ff. 16. 122. Add. MS.
5529. ff. 4. 5.
——— *of Churton*, 1424. ff. 22. 32*b*. 1505.
ff. 21. 31. 1535. ff. 74. 168. 2119. ff.
42*b*. 45. 2187. fo. 138. 5182. ff. 17.
102. Add. MS. 5529. fo. 5.
——— *of Holt*, 1535. fo. 241. 2119. fo.
44*b*.
——— *of Huntington*, 1535. ff. 73*b*. 92. 2187.
fo. 37.
——— *of Huxley*, 1535. ff. 73*b*. 293. 2119.
fo. 46. Add. MS. 5529. fo. 5.
——— *of Mobberley*, 1424. fo. 22*b*. 1505. fo.
21*b*. 1535. ff. 73*b*. 162. 2119. ff. 42*b*.
45*b*. Add. MS. 5529. fo. 5.
——— *of Morton*, 2119. fo. 43.
——— *of Moulton*, 1424. fo. 21*b*. 1505. fo.
20*b*. 1535. fo. 74*b*. 2119. fo. 44. 2142.
fo. 58*b*. Add. MS. 5529. fo. 4.
——— *of Tattenhall*, 1535. fo. 73*b*. 2119.
fo. 46.
Bostock, 1535. fo. 9*b*.
BOULD, *of Coddington, fr. Cos. Shrop. and Lanc.*
1535. fo. 208. 2142. fo. 50. 2187.
fo. 81.
——— *of Upton*, 774. fo. 18. 1424. ff. 19*b*.
20. 1505. ff. 18*b*. 19. 1535. fo. 62*b*.
2142. ff. 50. 66*b*. 2187. fo. 27. 5182.
fo. 21. Add. MS. 5529. fo. 6.

Bould, of Upton, 1535. fo. 8.
Boulsworth, 1535. fo. 31.
BOURCHIER, 1535. fo. 45.
BOUTH, *v.* BOOTH.
BOWETT, 1424. fo. 55. 1505. fo. 55.
BOYDELL, *of Dodleston and Handley*, 1535. ff.
72. 181*b*. Add. MS. 5529. fo. 12*b*.
Boydell, of Pulcrost, 1505. fo. 22.
BRADBORNE, *of Bradborne*, 1535. fo. 88.
Bradbore, of Chester, 1535. fo. 8*b*.
BRADFIELD, *of Guisnes*, 774. fo. 17*b*. 1045. fo.
98. 1424. fo. 22*b*. 1505. fo. 21*b*.
1535. fo. 291*b*. 2142. fo. 33. 5182. fo.
19. Add. MS. 5529. ff. 13. 18*b*.
BRADWELL, 2142. fo. 63.
BRAILSFORD, 1535. fo. 114*b*. 2119. fo. 69*b*.
Brassy, of Terton, 1535. fo. 10*b*.
BRAYBROKE, 1535. fo. 102.
BRAYE, *Lord.* 1424. fo. 23*b*. 1505. fo. 22*b*.
1535. fo. 225.
BRAYNE, *of Aston*, 2119. fo. 119. 2187. fo. 66*b*.
Brayne, 1535. fo. 8*b*.
Brealesford, 1535. fo. 8.
BRERETON, *of Ashley*, 1424. fo. 16. 1505.
fo. 15. 1535. fo. 43. 5182. fo. 12.
——— *of Barrell, or, Kiddington*, 1535. fo. 69*b*.
——— *of Brereton*, 1045. fo. 99*b*. 1424.
ff. 14. 36*b*. 1505. fo. 13*b*. 1535. ff.
67(*a. b.*) 69. 95. 96. 114. 281. 2119. ff. 85.
228*b*. 2142. fo. 51. 2187. fo. 20.
2230. fo. 33. 5182. ff. 11. 14. 1487. ff.
9. 52*.
——— *of Eccleston*, 1424. fo. 17. 1505. fo.
16. 2142. fo. 38*b*. 2187. fo. 23. Add.
MS. 5529. fo. 13.
——— *of Handford*, 1045. fo. 104. 1424. fo.
16*b*. 1505. fo. 15*b*. 2187. fo. 23. 2230.
fo. 28.
——— *of Malpas*, 1424. fo. 14*b*. 1505. fo.
14. 1535. fo. 68*b*. 2187. fo. 21*b*. 2230.
fo. 34. 5182. fo. 13.
——— *of Tatton*, 1424. ff. 15*b*. 99. 1505.
fo. 97*b*. 1535. ff. 69. 192. 206.
Brereton, 1535. fo. 9.
BREREWOOD, *of Chester*, 1535. fo. 65*b*. 2163.
fo. 87.
Brerewood, 1535. fo. 8.
BRESSY, *of Bulkeley*, 1424. fo 28. 1505. fo. 27.
1535. fo. 53*b*. 2142. ff. 81(*a.b.*) 84. 2187.
fo. 23*b*. Add. MS. 5529. fo. 13.
——— *of Tiverton*, 1424. ff. 28*b*. 29*b*. 1505.
fo. 28*b*. 1535. fo. 53. 2142. ff. 81*b*. 83.
2187. fo. 19. 2230. fo. 35*b*.
——— *of Wistaston*, 1424. fo. 30. 1505. fo.
29. 1535. fo. 52*b*. 2142. fo. 84. 2187.
fo. 18*b*.
BRETT, *of Davenham*, 1535. fo. 293.
Breyster, of Bosley, 1535. fo. 8*b*.
Brickell, of Bretton, 1535. fo. 10*b*.
BRICKHULL, *or*, BRICKHILL, 1045. fo. 103. 1424.
fo. 118. 1505. fo. 117. 1535. fo. 240.
2187. ff. 101*b*. 123. 5182. fo. 86. Add.
MS. 5529. fo. 58.
BRINDLEY, *of Wistaston*, 1424. fo. 30. 1504.
fo. 85*b*. 1505. fo. 29. 1535. fo. 52*b*.
2119. ff. 76*b*. 118. 119. 2142. fo. 76*b*.
2187. fo. 18*b*.
——— 1535. fo. 31. 2230. fo. 35.
Brindley, of Wistaston, 1535. fo. 10*b*.
BROCKAS, 1535. fo. 225*b*.

BRODHURST, 1535, fo. 66.
BROME, *of Badesley and Northenden*, 2119. fo. 173*b*.
Bromfarlong, 1535. fo. 8*b*.
BROMHALL, 1424. fo. 45*b*. 1505. fo. 44*b*. 1535. fo. 118*b*. 2187. fo. 48*b*.
Bromhall, 1535. ff. 8*b*. 118*b*.
BROMLEY, *of Basford*, 1535. fo. 56*b*.
———— *of Chetilton*, 774. fo. 17. 1106. fo. 8. 1424. ff. 23*b*. 25*b*. 26. 1505. ff. 22*b*. 25. 1535. ff. 57. 95. 167*b*. 283. 1548. fo. 52. 2119. fo. 111. 2142. fo. 31. 2187. ff. 28*b*. 30. 2198. fo. 93. 5182. fo. 9. 5507. fo. 40. 5526. fo. 13. Add. MS. 5529. fo. 8.
———— *of Hampton*, 1535. fo. 209. 2119. fo. 113. 2187. fo. 82. Add. MS. 5529. fo. 8.
———— *of Mitley*, 2187. fo. 29*b*. Add. MS. 5529. fo. 8.
———— *of Nantwich*, 1424. ff. 10*b*. 26*b*. 1505. ff. 10*b*. 25*b*. 1535. ff. 40. 57*b*. 2119. fo. 112. 2187. ff. 15. 30*b*. 5182. fo. 4*b*.
———— *of Norbury*, 1424. fo. 26. 1505. fo. 25. 1535. ff. 57. 58. 163. 2142. fo. 31. 2187. fo. 29. Add. MS. 5529. fo. 8.
Bromley, 1535. ff. 5*b*. 9*b*.
BROOK, *of Leighton*, 774. fo. 17*b*. 1401. fo. 73*b*. 1424. fo. 18*b*. 1505. fo. 17*b*. 1535. fo. 92. 2119. fo 130*b*. 2142. ff. 122*b*. 127*b*. 2187. fo. 135(*a. b.*) 2230. ff. 28. 35*b*. 5182. ff. 7. 8. Add. MS. 4962. fo. 69.
Brooke, *of Nantwich and Norton*, 1535. fo. 9.
BROUGHTON, *of Chester*, 2163. fo. 88.
Broughton, 1535. fo. 5*b*.
BROWE, *de*, 1535. fo. 125*b*.
Browe, *of Bunbury*, 1535. fo. 8*b*.
BROWN, *of Upton*, 1535. fo. 54*b*.
Brown, 1535. fo 8*b*.
BROWNING, *of Lees*, Add. MS. 5529. fo. 72*b*.
BRUSE, *Lord*, 1535. fo. 38.
BRUYN, *of Stapleford*, 774. fo. 17. 1045. fo. 106*b*. 1424. fo. 30*b*. 1505. fo. 29*b*. 1535. fo. 51. 2142. fo. 63*b*. 2187. fo. 25*b*. 2230. fo. 34*b*. 5182. fo. 20.
———— *of Tarvin*, 1424. fo. 31. 1505. ff. 30. 75*b*. 1535. fo. 51*b*. 2187. ff. 26. 66*b*.
BULKLEY, *of Beaumaris*, 1505. fo. 44*b*. 1535. fo. 48*b*. Add. MS. 5529. fo. 9*b*.
———— *of Bickerton*, 1241. fo. 107. 1396. fo. 136*b*. 1424. ff. 23*b*. 24(*a. b.*) 26. 1505. ff. 22*b*. 23*b*. 1535. fo. 50*b*. 2119. fo. 159. 2142. ff. 73*b*. 138. Add. MS. 5529. fo. 9*b*.
———— *of Broxton*, 1535. fo. 47*b*. 2187. fo. 39*b*. Add. MS. 5529. fo. 9*b*.
———— *of Bulkley*, 1424 ff. 23*b*. 24*b*. 26. 1505. ff. 22*b*. 23*b*. 27. 1535. ff. 40. 48. 256. 283. 2142. fo. 138. 2187. fo. 14*b*. Add. MS. 5529. fo. 9*b*.
———— *of Cheadle*, 2119. fo 159*b*.
———— *of Eyton*, 1535. fo 48. 2187. fo. 43*b*. Add. MS. 5529. fo. 9*b*.
———— *of Porthamall*, 1535. fo. 49.
———— *of Stanlow*, 1535. fo. 167.
———— *of Wore*, 1424. fo. 24. 1505. fo. 23. 1535 ff. 50. 167. 168. 2142. fo. 138*b*. Add. MS. 5529. fo. 9*b*.
Bulkley, 1535. fo. 9*b*.

BUNBURY, *or*, BONBURY, *of Stanney*, 774. fo. 18. 1045. fo. 96. 1424. fo. 17*b*. 1505. fo. 16*b*. 1535. ff. 39. 216*b*. 77*b*. 2119. fo. 227. 2142. ff. 85. 88*b*. 2187. fo. 31. 5182. fo. 10. Add. MS. 5529. fo. 10*b*.
Bunbury, 1535. fo. 9.
BURDE, *of Chester*, 2163. fo. 84.
BURGHALL, 1424. fo. 111. 1505. fo. 110.
Burghe, *of Budworth*, 1535. fo. 8*b*.
Burgton, 1535. fo. 8*b*.
BURNELL, 2187. fo. 147*b*.
BURWARDESLEY, 1424. fo. 11. 1505. fo. 11. 1535. fo. 1.
BUSSEY, 1535. fo. 225*b*.
BUTLER, *of Bewsey*, 1505. fo. 34*b*. 1535. ff. 66*b*. 188. 2142. ff. 51. 63. 2187. fo. 37.
BYRON, 1535. fo. 129.
Byron, 2119. fo. 68.
CALCOTT, *of Calcott*, 774. fo. 18*b*. 1045. fo. 97. 1424. fo. 37*b*. 1505. fo. 36*b*. 1535. fo. 95*b*. 1582. fo. 26. 2142. fo. 52*b*. 2187. fo. 39. 2230. fo. 31*b*. Add. MS. 5529. fo. 16.
CALVELEY, *of Lea, fr. Co. York*. 1424. fo. 32*b*. 1505. fo. 31. 1535. ff. 50*b*. 85. 2076. fo. 18. 2119. ff. 108. *et seqq*. 241*b*. 2142. ff. 76. 132. 149. 2187. fo. 36.
———— *of Saughton on the Hill*, 2119. fo. 108*b*.
CAPHURST, *of Caphurst*, 1535. fo. 166*b*. 2142. fo. 160*b*. Add. MS. 5529. fo. 35.
CARDEN, *or*, CAWARDEN, 1535. fo. 94*b*. 2119. fo. 99. Add. MS. 5529. fo. 17*b*.
———— *or*, KARDIFF, 1535. fo. 178.
CARRINGTON, *of Carrington*, 1424. fo. 36*b*. 1505. fo. 35*b*. 1535. fo. 96. 2119. fo. 194*b*. 2142. fo. 116*b*. 2187. fo. 38. Add. MS. 5529. fo. 13*b*.
Case, of Chester, 1535. fo. 21.
CATHERALL, *of Horton and Broxton*, 1535. ff. 91*b*. 236*b*. 2187. fo. 39*b*. 88*b*.
CAVELEY, 1424. fo. 77*b*. 1505. fo. 77.
CAWARDEN, *v.* CARDEN.
CECILL, *Lord Ros*, 1505. fo. 73. 1424. fo. 73*b*.
CHALONER, *of Chester*, 1535. ff. 87. 155*b*.
CHANTRELL, *of the Baits, or Bache*, 774. fo. 18*b*. 1424. fo. 38. 1505. fo. 37. 1535. ff. 76*b*. 93*b*. 1582. fo. 24. 2142. fo. 72*b*. 2187. fo. 41. 2230. fo. 31*b*. Add. MS. 5529. fo. 14*b*.
CHARLETON, *of Apley*, 1535. fo. 167*b*.
CHATTERTON, *of Timperley*, 774. fo. 15. 1424. fo. 12. 1535. ff. 43. 210. 5182. fo. 6*b*.
CHEDLE, 1424. fo. 86*b*. 1505. ff. 85. 120*b*. 1535. fo. 97*b*. 2119. fo. 147. 2142. fo. 44. 2187. fo. 10. 2230. fo. 30*b*. Add. MS. 5529. fo. 15*b*.
Chedle, 1535. fo. 11.
CHENEY, *of Willaston*, 2119. fo. 51.
Cheney, 1535. fo. 11.
CHESTER, *Earls of*, 1424. fo. 3(*a. b.*) 1505. fo. 3(*a. b.*) 1535. ff. 37. 38. 2119. fo. 69(*v. b.*)
———— *v. Blundeville, Bohun, Gervis, Kevelock, Lupe, Meschines, Scott, or, Galloway.*
CHETILTON, 774. fo. 17. 1424. fo. 26(*a. b.*) 1505. fo. 25. 1535. fo. 95. 2142. fo. 31. 2187. fo. 29. 2230. fo. 30*b*. 5182. fo. 9. Add. MS. 5529. fo. 15*b*.
Chetilton, 1535. fo. 11.
CHETWOOD, *of Reis*, 1535. fo. 174. 2187. fo. 66.

CHETWOOD, *of Warkworth*, 1535. fo. 90.
———— *of Worleston, fr. Co. Staff.* 774. fo.
18*b*.   1424. fo. 34.   1505. fo. 33.   1533.
fo. 34*b*.   1535. fo. 90*b*.   1582. fo. 27.
2142. ff. 75*b*. 76.   2187. fo. 37*b*.   5832. fo.
44.   5868. fo. 42.   Add. MS. 5529. fo. 14.
CHETWYN, or, CHITWYN, *of Ingestrey*, 1535. ff.
126. 269*b*.
CHOLMLEY, or, CHOLMONDLEIGH, *of Cholmond-
leigh*, 2119. ff. 50*b*. 51.   2142. fo. 161*b*.
2187. fo. 33.
———— *of Chorley*, 1396. fo. 242.   1424. ff.
33*b*. 110*b*.   1505. ff. 32*b*. 109*b*.   1532. fo.
25.   1535. ff. 57. 81(*a. b.*) 83. 82*b*. 167*b*.
216*b*.   2119. ff. 46*b*. 48.   2142. fo. 161*b*.
2187. fo. 28*b*.   2230. fo. 29.
———— *of Copenhall*, 1535. fo. 83*b*.   2187.
fo. 33*b*.
CHROUGHTON, 1535. fo. 11*b*.
CHURCH, *of Nantwich*, 1535. fo. 100*b*.   2119.
fo. 183.
CLARK, 1505. fo. 95.   1535. fo. 189*b*.   2119.
ff. 69(*a. b.*)
CLARKE, *v.* GRENWAY.
CLAVERING, 1424. fo. 55.   1505. fo. 55.
CLAYTON, *of Thelwall, fr. Co. Lanc.* 1424. ff.
35*b*. 36.   1505. ff. 34*b*. 35.   1982. fo.
138.   2142. fo. 60. 89*b*.   2230. fo. 31*b*.
Add. MS. 5529. fo. 14*b*.
Clayton, of Henhull, 1535. fo. 11*b*.
———— *of Thelwall*, 1535. fo. 11.
CLERKE, Add. MS. 16,279. fo. 233.
CLIFFE, *of Huxley*, 1424. ff. 32*b*. 34*b*.   1505.
ff. 31. 33*b*.   1535. ff. 93. 168. 170.   2187.
ff. 26. 35.   2230. fo. 32.
CLIFTON, *of Westby*, 1424. fo. 73*b*.
Clifton, 1535. fo. 11.
CLIVE, *of Huxley*, 1535. fo. 296.
CLOPTON, 1424. fo. 11.   1505. fo. 11.   1535. fo. 1.
CLUTTON, *of Carden and Nantwich*, 1424. fo.
39*b*.   1505. fo. 38*b*.   1535. fo. 84*b*.
2119. ff. 161.162.
Clutton, or, Clotton, of Clutton, 1535. fo. 11.
Cocke, 1535. fo. 31*b*.
COCKER, or, COKER, *of Strethill, fr. Co. Linc.* 1424.
fo. 39.   1505. fo. 38.   1535. fo. 94.
1550. fo. 23*b*.   2142. fo. 95*b*.   2187. fo. 32.
Cocker, 1535. fo. 11*b*.
COCKESEY, or, COOKESEY, 1535. ff. 103. 245.
2119. fo. 50.   2142. fo. 95*b*.   Add. MS.
5529. fo. 64*b*.
CODDINGTON, 1424. fo. 111.   1505. fo. 110.
1535. ff. 102*b*. 217. 252.   2119. fo. 162*b*.
Add. MS. 5529. fo. 15*b*.
———— *of Aldford*, Add. MS. 5529. fo. 65*b*.
COGHULL, 1535. fo. 252.   Add. MS. 5529. fo. 17*b*.
COKER, *v.* COCKER.
COLFE, *v.* COPE.
Colfols, 1535. fo. 11*b*.
COLLY, *of Ebnowe*, Add. MS. 5529. fo. 23*b*.
Colly, of Ebnall, 5535. fo. 11*b*.
COLPEPER, 1535. fo. 189*b*.
Colwich, 2119. fo. 68.
Compton, 1535. fo. 11*b*.
CONSTABLE, *of Chester*, 2142. fo. 171.
COOKESEY, *v.* COCKESEY.
COPE, or, COLFE, *of Guisnes*, 774. fo. 17*b*.   1045.
fo. 98.   1505. fo. 21*b*.   2142. fo. 33.
2230. fo. 32*b*.   5182. fo. 19.   Add. MS.
5529. ff. 13. 18*b*.

COPENHALL, 1535. fo. 104.
CORBETT, *of Hatherton*, 1535. ff. 101. 167*b*.
———— *of Leighton*, 1535. fo. 227*b*.   **2187.**
fo. 97.   Add. MS. 5529. fo. 16.
CORDELL, Add. MS. 14,311. fo. 95*b*.
CORONA, 1535. ff. 71. 97*b*.   1424. fo. 86*b*.
2187. ff. 31*b*. 35*b*.   Add. MS. 5529. fo. 44.
Corona, of Adlington, 1535. fo. 11*b*.
Cosville, 1535. fo. 11*b*.
COTGRAVE, *of Cotton*, 774. fo. 19.   1424. fo.
50*b*.   1505. fo. 110.   1535. ff. 217.256.
2142. fo.29*b*.   2187. fo. 36*b*.
———— *of Hargrave*, 1424. fo.37.   1505. fo.
36.   2119. fo. 136.   2187. fo.36*b*.
———— *of Stubbs*, 1424. fo. 29.   1505. fo.
28.   2187. fo. 36*b*.
Cotingham, of Ledsham, 1535. fo. 11.
COTTES, *of Chester, fr. Co. Staff.* 2187. fo. 34*b*.
Add. MS. 5529. fo. 14.
Cottes, 1535. fo. 11.
COTTON, *of Combermere*, 1535. fo. 89*b*.
———— *of Cotton*, 1424. fo. 38*b*.   1505. fo.
37*b*.   1535. fo. 89.   2119. fo. 132.
2142. fo. 85*b*.   2187. ff. 40*b*. 137.   5182.
ff. 121.122.
———— *of Huntingdon*, 1535. fo. 91*b*.
———— *of Lachmanbank*, 1424. fo.145*b*.   1505.
fo. 144*b*.   1535. ff. 285.296.   5182. fo.
115.
———— *of Ridware*, 1424. fo. 138*b*.   1505. fo.
137*b*.   1535. ff. 88(*a. b.*)275*b*.   5182. fo.
102.
———— *of Saughton*, 2187. fo. 40.
Cotton, of Cotton, 1535. fo. 11.
COGHULL, *of Broxton and Coghull*, 1535. ff.
101*b*. 102. 207*b*.
COVENTRY, *of Grange*, 2187. fo. 41*b*.
———— *of Mollington*, 1535. fo. 100.
———— *of Newhouse*, 1535. ff. 99*b*. 205.   2187.
fo. 42.   Add. MS. 5529. fo. 17.
Coventry, of Mollington, 1535. fo. 11*b*.
CRADOCK, *of Weston*, 1424. fo. 102.   1505. fo.
101.   1535. fo. 211.   2142. fo. 140*b*.
2187. fo. 83*b*.   Add. MS. 5529. fo. 16.
Cradock, 1535. fo. 11*b*.
CRADOCK, or, NEWTON, 2142. fo. 109.
CRANAGE, *of Cotton*, 1535. fo. 97.
Cranage, 1535. fo. 11*b*.
CREW, *of Aston*, 2119. fo. 76*b*.
———— *of Cholmston*, 1390. fo. 26(*a.*)   1041.
fo. 118.   1424. fo. 40.   1505. fo. 39.
1535. fo. 98*b*.   1543. fo. 127.   2119. fo.
77*b*.   2142. fo. 111*b*.   2187. ff. 38*b*.
45*b*. 141*b*.   5186. p. 57.
———— *of Crewe*, 1535. ff. 121*b*. 251*b*.   2119.
fo. 73.
———— *of Grafton*, 2187. fo. 85.
———— *of Holt*, 2119. ff. 79*b*. 80.
———— *of Malbro'*, 2119. ff. 73*b*. 77*b*.
———— *of Nantwich*, 2119. fo. 74.
———— *of Pulcroft*, 1535. ff. 52*b*. 98.   2119.
fo. 77.   2187. fo. 141*b*.   Add. MS. 5529.
fo. 15.
Crew, 2119. fo. 75.
CROMARCHE, 1535. fo. 97.
CROSIER, 1535. fo. 225(*a. b.*)
CROSSLEY, *of Preston*, 1535. fo. 279.
CROXTON, *of Chester*, 2119. fo. 212*b*.
———— *of Croxton*, 2119. ff. 211(*a. b.*) 212.
213.   2142. fo. 35.   Add. MS. 5529. fo. 16.

CROXTON, *of Ravenscroft*, 1424. fo. 35. 1505. fo. 34. Add. MS. 5529. fo. 16.

Croyesden, 1535. fo. 11*b*.

CRUST, 1535. fo 225*b*.

CURTEYS, *or*, HOLME, 1535. fo. 154*b*.

DAA, 1535. fo. 59*b*.

DABERNON, 1535. fo. 225*b*.

Dalby, of Chester, 1535. fo. 12*b*.

DALE, *of Winkle*, 1535. fo. 123.

DAMPORT, *v.* DAVENPORT.

Dandy, 1535. fo. 12*b*.

DANIELL, *of Daresbury*, 774. fo. 19*b*. 1045. fo. 102. 1424. fo. 49. 1505. fo. 49. 1535. ff. 113. 217.*b*. 2119. ff. 104*b*. 106*b*. 2142. ff. 25*b*. 128. 2187. fo. 43. 5182. fo. 32.

———— *of Tabley*, 1424. fo. 48*b*. 1505. fo. 48*b*. 1535. fo. 111*b*. 2119. fo. 102*b*. 2142. fo. 49. 2187. fo. 42*b*.

Daniell, 1535. fo. 12*b*. 2119. fo. 107.

DANIERS, *of Bradley*, 1505. fo. 120*b*. 1535. ff. 63*b*. 97*b*. 2119. ff. 101*b*. 104. 105*b*. 107. 2142. fo. 44. 2187. fo. 10. Add. MS. 5529. fo. 19.

———— *of Cherrytree Hurst*, 2119. fo. 102.

DARCY, *Lord*, 1535. fo. 43*b*.

DARLESTON, 1535. fo. 180.

DAVENPORT, *or*, DAMPORT, *of Bromhall*, 891. fo. 96*b*. 1424. fo. 45*b*. 1505. fo. 44*b*. 1535. ff. 118*b*. 182. 2119. fo. 229*b*. 2142. fo. 129. 2187. fo. 48*b*.

———— *of Baguley*, 2119. fo. 234.

———— *of Blackhurst*, 2119. fo. 174.

———— *of Calveley*, 1424. fo. 46*b*. 1505. ff. 31. 45*b*. 1535. ff. 116*b*. 117*b*. 182. 218. 2076. fo. 18*b*. 2119. ff. 233*b*. 241*b*. 2142. fo. 129. 2187. fo. 50. 2230. fo. 35*b*.

———— *of Chester*, 2142. fo. 130.

———— *of Chorley*, 2119. fo. 234.

———— *of Davenport*, 1535. fo. 117. 2142. fo. 57. 2230. fo. 32. 2119. fo. 234*b*. 2142. ff 59. 107. 130. 2187. fo. 47*b*.

———— *of Henbury*, 1424. fo. 46. 1505. fo. 45. 2142. fo. 54*b*. 5182. fo. 28. 1535. fo. 119. 2142. ff. 54. 129. 2187. fo. 49*b*.

———— *of Welltrough*, 1424. fo. 47*b*. 1505. fo. 47*b*. 1535. fo. 118. 5182. fo. 29. 2142. fo. 129*b*. 2187. fo. 51.

———— *of Woodford*, 1424. fo. 47. 1505. fo. 46. 1535. fo. 119*b*. 2119. fo. 175. 2142. ff. 45*b*. 51*b*. 129*b*. 2187. fo. 50*b*.

Davenport, 1535. fo. 12*b*.

Daventry, 1535. fo. 12.

Daville, 1535. fo. 12*b*.

DAWSON, *of Nantwich*, 1424. fo. 90*b*. 1505. fo. 89.

DE LA HOLT, 1535. fo. 102*b*.

De la More, 1535. fo. 12.

De la Planche, 2119. fo. 69.

DE LA POOLE, 1535. fo. 101*b*.

De la Zouche, 1535. fo. 6.

DELVES, *of Doddington, jr. Co. Staff*. 1045. fo. 108. 1424. fo. 48. 1505. fo. 48. 1535. ff. 105*b*. 106. 2142. ff. 63. 145. 149. 2187. fo. 44. 2230. fo. 31. 5182. fo. 35.

———— *of Knutsford*. 2142. fo. 147.

DESPENCER, 2119. fo. 22.

DETHICK, 2119. fo. 68.

DODD, *of Bickerton, or, Smithfield*, 1424. fo. 50*b*. 1505. fo. 50*b*. 1535. fo. 121. 5182. fo. 30.

———— *of Broxton*, 774. fo. 19. 1045. fo. 107. 1241. fo. 131. 1424. fo. 50. 1504. fo. 89. 1505. fo. 50. 1535. fo. 121*b*. 1547. fo. 33*b*. 2142. ff. 56*b*. 106. 2187. fo. 45(*a. b.*) 2230. ff. 29*b*. 33. 5182. ff. 30. 31.

———— *of Chester*, 2142. fo. 102.

———— *of Cholmley*, 2119. fo. 193*b*.

———— *of Edge*, 1424. fo. 49*b*. 1505. fo. 49*b*. 1535. fo. 120*b*. 2119. ff. 186*b*. 193. 2142. ff. 100*b*. 101. 2187. ff. 44*b*. 46*b* Add. MS. 5529. fo. 21.

———— *of Shocklache*, 1535. fo. 122. 2119. fo. 185. 2142. fo. 29*b*.

Dodd, 1535. fo. 12.

DODGE, *of Stockport*, 1424. fo. 145*b*. 1505. fo. 144. 1535. ff. 122*b*. 280*b*. 2187. fo. 124*b*.

DOMVILLE, *of Lyme*, 774. fo. 20*b*. 1045. fo. 106. 1505. fo. 51. 1424. fo. 51. 1535. ff. 109. 218*b*. 2187. fo. 43*b*. 2230. fo. 30. 5182. fo. 36. Add. MS. 5529. fo. 20.

——— —— *of Moberly*, 2187. fo. 114*b*.

—— —— —— *of Oxton*, 2187. fo. 44.

Domville, 1535. fo. 12. 2230. fo. 33.

Doncaster, of Chester, 1535. fo. 12.

DONE, *or*, DONNE, *of Crowton*, 1535. fo. 111. 2187. fo. 70.

——— *of Utkinton*, 1424. ff. 42*b*. 43(*a. b.*) 1505. ff. 41*b*. 42(*a. b.*) 1535. ff. 110(*a. b.*) 111. 177. 287. 2142. fo. 62*b*. 2187. fo. 70. 5182. fo. 39. Add. MS. 5529. fo. 37.

——— *of Flaxyards*, 1424. fo. 43*b*. 1505. fo. 42*b*. 1535. ff. 110*b*. 182*b*. 2142. fo. 34*b*. 2187. fo. 70. 2230. fo. 28*b*. 5182. fo. 40.

——— *of Oulton*, 1535. ff. 110. 128*b*. 2187. ff. 52*b*. 70. 128*b*. 5182. fo. 39.

Done, 1535. fo. 12*b*.

Dormer, 1535. fo. 12.

DOWNES, *of Taxall*, 1424. fo. 52. 1505. fo. 52. 1535. fo. 106*b*. 2142. ff. 60*b*. 90*b*. 91. 2187. fo. 46. 2230. fo. 31. Add. MS. 5529. fo. 20*b*.

Downes, 1535. fo. 12.

Dowson, of Chester, 1535. fo. 12.

Draycott, of Chester, 1535. fo. 6.

DUCKENFIELD, *of Dukinfield*, 774. fo. 19. 1424. fo. 51*b*. 1505. fo. 51*b*. 1535. fo. 107. 2142. fo. 111. 2187. fo. 46*b*. 2230. fo. 31*b*. 5182. fo. 37.

DUNCALFE, *of Foxherst*, 1424. ff. 52*b*. 63. 1505. ff. 52*b*. 62*b*. 1535. ff. 113*b*. 150. 2142. fo. 107*b*. Add. MS. 5529. fo. 21*b*.

DUTTON, *of Chester*, 1535. fo. 115*b*. 2119. fo. 20. Add. MS. 5529. fo. 19.

———— *of Cloughton*, 1535. fo. 115. 2119. fo. 24.

———— *of Dutton, and Halton*, 1045. fo. 102. 1424. ff. 33. 41*b*. 42*b*. 51*b*. 1505. ff. 32. 40*b*. 41*b*. 51*b*. 66*b*. 1535. ff. 107. 114. 145*b*. 211. 2076. fo. 18*b*. 2119. ff. 18. 20*b*. 23. 76. 203. 2142. fo. 63. 2187. ff. 83*b*. 128*b*. 129*b*. 5182. ff. 33. 34. Add. MS. 5529. ff. 19*b*. 37. 50.

———— *of Frodsham*, 2119. fo. 21.

———— *of Halton*, 1535. fo. 114*b*. 2119. ff. 18*b*. 19. (*a. b.*) 26*b*. 27.

———— *of Hellesby*, 2119, fo. 21*b*.

DUTTON, *or*, WARBURTON, 1424. fo. 142*b*. 1505. fo. 141*b*. 1535. fo. 290*b*. 2119. fo. 18. 2142. ff. 15*b*. 17.
Dutton, 1535. fo. 12*b*. 2119. 25*b*.
EATON, *of Goostrey*, 1535. fo. 131*b*.
———— *of Stockport*, 774. fo. 27*b*. 1505. fo. 140. 1535. ff. 131*b*. 287*b*. 2187. ff. 132*b*. 133. 5182. fo. 105. 2119. fo. 82.
Eaton, 1535. fo. 13.
Eccleston, of Eccleston, 1535. fo. 13.
EDMONDS, 1535, fo. 248*b*.
EDWARDS, *of Eatton, fr. Co. Denbigh*, 1535. fo. 132.
EGERTON, *of Betteley*, 1077. fo. 18*b*. 1173. fo. 17*b*. 1415. fo. 110. 1439. fo. 46*b*. 1535. ff. 95. 127. 2119. ff. 51*b*. 229. 2142. ff. 22*b*. 23. 2187. ff. 52. 53. 2230. fo. 29. 6128. fo. 5.
———— *of Caldecote, fr. Co. Norf.* 1424. fo. 57*b*. 1505. fo. 57*b*. 1535. ff. 127*b*. 267*b*. 2119. ff. 52*b*. 228*b*. 2142. fo. 21*b*. 2187. fo. 52.
———— *of Christleton*, 1424. fo. 58. 1505. fo. 58. 2230. fo. 32.
———— *of Dodleston*, 1424. fo. 56*b*. 1505. fo. 56*b*.
———— *of Newhall*, 2187. fo. 52**b*.
———— *of Olton*, 1424. fo. 56*b*. 1505. fo. 56*b*. 1535. ff. 128. 216*b*. 2119. ff. 53*b*. 228*b*. 2142. fo. 22. 2187. fo. 52*b*.
———— *of Ridley*, 1424. fo 56*b*. 1505. fo. 56*b*. 1535. fo. 129. 2119. fo. 54. 2187. fo. 52*. 5182. fo. 42. Add. MS. 5529. fo. 18*b*.
———— *of Wrynehill*, 1045. fo. 101. 1424. fo. 57. 1505. ff. 57. 109*b*. 1535. ff. 101*b*. 125*b*.-126*b*. 275*b*. 252. 2119. ff. 52. 228*b*. 2142. ff. 22. (*a. b*.) 46. (*a. b*.) 52. 60*b*. 63. 2187. fo. 52. 2230. fo. 29. 5182. fo. 41.
EGERTON, *or*, MALPAS, 1505. ff. 95. 109*b*. 1535. ff. 127*b*. 128. 2187. ff. 52. 52*. 2142. fo. 21*b*. Add. MS. 5529. ff. 18*b*. 23*b*.
Egerton, 1424. ff. 45.-55*b*. 1505. ff. 54.-55*b*. 1535. fo. 13. 2119. fo. 69*b*. 2230. fo. 30*b*.
Elaston, 1535. fo. 13*b*.
ELCOCK, *of Stockport and Whitepoole*, 1535. fo. 132*b*.
ELCOCK, *v*. HARDWARE.
Elders, or, Altaribus, 1535. fo. 13*b*.
ELLIS, *of Haughgreene*, 1535. fo. 133.
Elow, 1535. fo. 13*b*.
ELTON, 1424. fo. 141. 1535. fo. 140*b*. 2187. fo. 54.
Erdeswick, of Leighton, 1535. fo. 13*b*.
Ernes, 1535. fo. 13*b*.
ESSEBY, 1535. fo. 98.
Eston, 1535. fo. 13*b*.
ETTON, *of Stopford*, 1535. fo. 287*b*.
Ewlaw, 1535. fo. 13*b*.
EYTON, *of Eyton*, 1535. fo. 131.
FALINGBROME, 1505. fo. 60*b*. 1535. fo. 14.
FALLOWES, 1535. fo. 141*b*.
Fallowes, 1535. fo. 14.
Falstaffe, 1535. fo. 14. (*a. b.*)
FARINGTON, 1424. fo. 35*b*. 1505. fo. 34*b*.

FARRAR, *of Atton*, 1535. fo. 141.
FAUCONER, *of Thurcaston*, 1535. fo. 88.
Felton, 1535. fo. 6*b*.
Ferrers, 1535. fo. 6*b*.
FERRES, 2142. fo. 62*b*.
Fessant, 1535. fo. 14*b*.
FILKIN, *of Tattenhall*, 774. fo. 20*b*. 1045. fo. 109. 1424. fo. 60. 1505. fo. 59*b*. 1535. ff. 142. 219*b*. 2187. fo. 53*b*. 5182. fo. 43. Add. MS. 5529. fo. 26*b*.
Filkin, 1535. fo. 14.
FISHER, 1535. fo. 257*b*. 2119. fo. 125*b*.
Fisher, of Chester, 1535. fo. 14.
FITTON, *of Bollyn*, 1535. ff. 139. 207. 276. 2187. ff. 18. 142*b*. 2119. fo. 68*b*. 5182. ff. 23. 83.
———— *of Carden*, 1535. fo. 140. 2187. fo. 142*b*.
———— *of Gosworth*, 1424. ff. 18. 59. 115. 1505. ff. 17. 58*b*. 115*b*. 1535. ff. 171. 139*b*. 227*b*. 281. 2142. fo. 80. 2187. ff. 54*b*. 59*b*. 5182. ff. 23. 83. Add. MS. 5529. fo. 27.
———— *of Pownall*, 1424. fo. 112*b*. 2142. ff. 107*b*. 108. 2187. fo. 95.
Fitton, of Bollyn and Gosworth, 1535. fo. 14.
FITZ-GERARD, 1535. fo. 189*b*.
Fitz-John, Baron Halton, 1535. fo. 14.
FITZ-NIGELL, *Baron Halton*, 1424. fo. 67.
Fitz-Nigell, Baron Halton, 1424. fo. 1. 1505. fo. 1*. 1535. fo. 14.
Fitz-Raffe, 1535. fo. 14.
Fitz-Roger, 1535, fo. 14.
Fitz-Walter, 1535. fo. 4*b*.
FITZ-WARREN, 1535. fo. 45.
Flecher, 1535. fo. 14.
FLETCHER, 1535. fo. 263.
Fogge, 1535. fo. 14*b*.
FOLIAMBE, 2119. fo. 95.
FOLVILE, *of Middlewich*, 1424. fo. 61*b*. 1505. fo. 61. 1535. fo. 135*b*.
Folvile, 1535. fo. 14*b*.
FOWLESHURST, FOULESHURST, *or*, FULLESHURST, *of Crewe*, 1424. fo. 59*b*. 1468. fo. 54. 1505. fo. 59. 1549. fo. 122. 2142. fo. 60*b*. 2187. ff. 32. 55. 1535. ff. 274*b*. 244*b*. Add. MS. 5529. fo. 27*b*.
Fowleshurst, 1535. fo. 14*b*.
Foyned, 1535. fo. 14.
Fray, 1535. fo. 6*b*.
FRELAND, *of Hutt*, 1535. fo. 111.
FRODSHAM, *of Elton*, 1424. ff. 17*b*. 60*b*. 1501. fo. 60. 1535. ff. 140*b*. 244. 2119. fo 100. 2142. fo. 123. 2187. ff. 54. 102*b*. 2230. fo. 29.
Frodsham, 1535. fo. 14*b*.
Frogge, 1535. fo. 14*b*.
FULLESHURST, *v*. FOWLESHURST.
FYFYDE, 1535. fo. 225*b*.
GALBY, 1535. fo. 15.
GAMULL, *of Chester*, 1535. fo. 149*b*. 2163. fo. 89. 2187. fo. 59. Add. MS. 5529. fo. 28.
Gamull, 1535. fo. 15.
Gamnell, 1535. fo. 15.
Gardner, of Maxfield, 1535. fo. 14*b*.
GARNETT, 1424. fo. 71. 1505. fo. 70*b*.
Gayton, of Gayton, 1535. fo. 15.
GEE, *of Chester*, 1535. fo. 170*b*. 2187. fo. 24.
Gee, 1535. fo. 15.
GERBERGE, 1535. fo. 218.
GERRARD, *of Brynne*, 1535. fo. 177. 2119. fo. 218*b*.

GERRARD, *of Crewood*, 1424. ff. 42*b*. 63. 73*b*.
1468. fo. 66*b*. 1505. ff. 41*b*. 62*b*. 73.
1535. fo. 150. 2119. ff. 217*b*. 218. 2142.
ff. 62*b*. 123*b*. 2187. fo. 35*b*. Add. MS.
5529. ff. 29. 37.
Gerrard, 1535. fo. 15.
Gervis, Earl of Chester, 1535. fo. 2*b*.
Gittens, of Malpas, 1535. fo. 14*b*.
GLASIER, *of Chester*, 1424. fo. 66. 1505. fo.
65*b*. 2119. fo. 154.
Glasier, 1535. fo. 15.
Gleave, 1535. fo. 15.
GLEGG, *of Chester*, 1535. fo. 70*b*.
——— *of Gayton*, 1424. fo. 65. 1505. fo. 64*b*.
1535. ff. 144. 200*b*. 202. 217*b*. 2142. fo. 67.
2187. ff. 22. 59. 2230. fo. 30*b*. 5182.
fo. 46.
——— *of Great Caldy*, 1535. fo. 143*b*.
Glegg, 1535. fo. 15*b*.
GLEYVE, *of Highleigh*, 1424. ff. 63*b*. 76*b*. 1505.
ff. 63. 76. 1535. fo. 152*b*. 2187. fo. 58*b*.
Add. MS. 5529. fo 29.
Glover, of Chester, 1535. fo. 14*b*.
GOLBORNE, or, GOULBORNE, *of Chester*, 2142. fo.
136*b*.
——————————— *of Christleton*, 2142.
fo. 126*b*. Add. MS. 5529. fo. 29*b*.
——— or, GOODMAN, *of Golborne Davy*, 1424.
fo. 64*b*. 1505. fo. 63*b*. 1535. fo. 150*b*
2142. fo. 126*b*. 2187. fo. 56. Add. MS.
5529. fo. 29*b*.
——— *of Overton*, 1424. ff. 64. 110*b*. 1505.
ff. 61. 109*b*. 1535. fo. 216*b*. 2142. fo.
126*b*. 2187. fo. 143.
Golborne, or, Goulborne, 1535. fo. 15.
GOODERE, *of Pointon*, 1424. fo. 140*b*. 1505. fo.
139*b*.
GOODMAN, 1424. ff. 17*b*. 110*b*. 1505. ff. 64.
109*b*. 1535. ff. 67*b*. 219*b*. 2187. fo.
55*b*.
——— *of Chester*, 1424. fo. 64*b*. 1535. fo.
151. 2187. fo. 55*b*. 2230. fo. 31.
——— *of Golborne*, 1535. fo. 151*b*. 2187.
fo. 55*b*. Add. MS. 5529. fo. 92*b*.
GOODMAN, *v.* GOLBORNE.
GOOSTREE, 2119. fo. 169*b*.
GORSTLOWE, *of Tarven*, 2187. fo. 53*b*. 1535.
fo. 142.
GOULBORNE, *v.* GOLBORNE.
GRAFTON, 2187. ff. 85. 99.
Grafton, 1535. fo. 14*b*.
GRASIER, *of Chester*, 1505. fo. 65*b*.
GRATWOOD, 1535. fo. 167*b*.
GRAY, *of Downes*, 1535. fo. 106*b*. 2187. fo. 46.
1505. fo. 52.
Gray, 1535. fo. 6.
GREENE, *of Chester*, 2163. fo. 80.
———— *of Congleton*, 1535. fo. 149. 2119. fo.
130*b*.
Greene, of Chester, 1535. fo. 15*b*.
GREGG, *of Bradley*, 1535. fo. 153.
Gregg, 1535. fo. 15*b*. 2187. fo. 140.
GRENWAY, or, CLARKE, 1535. fo. 168.
GREVILLE, *of Campden*, 1535. ff. 103. 245. 2119.
fo. 50. 2142. fo. 95*b*. Add. MS. 5529.
fo. 64*b*.
GRIFFIN, *of Batherton*, 774. fo. 20. 1045.
fo. 104. 1424. fo. 65*b*. 1505. fo. 65.
1535. ff. 148*b*. 163. 2142. ff. 47*b*. 76.
2187. fo. 56*b*. 5182. fo. 44.

GRIFFIN, *of Cattenhall*, 774. fo. 25. 1424. fo.
114. 1505. fo. 113. 1535. fo. 224.
2187. fo. 96. 5182. fo. 82*b*. Add. MS.
5529. fo. 30.
Griffin, 891. fo. 101. 1535. ff. 6*b*. 15*b*.
Grimesdiche, of Chester, 1535. fo. 15*b*.
GRIMSFORD, 1424. fo. 71. 1505. fo. 70*b*.
GROSVENOR, *of Bellaport*, 1535. fo. 146*b*.
——— ——— *of Budworth*, 1535. fo. 144*b*.
——————— *of Bushbury*, 1535. fo. 147.
——————— *of Dodleston*, 1535. fo. 214*b*.
——— *of Eaton*, 774. fo. 20*b*. 1045. fo.
107*b*. 1424. fo. 62*b*. 1505. fo. 62.
1535. ff. 88. 146. 2076. fo. 18. 2187.
fo. 58. 5182. fo. 45. Add. MS. 5529.
fo. 28*b*.
——————— *of Holme*, 1535. fo. 145. Add.
MS. 5529. fo. 28*b*.
Grosvenor, 1535. fo. 15*b*.
GULDSONNE, 2119. fo. 76*b*.
HADLEIGH, *of Bulkeley*, 1535. fo. 53*b*. 1424.
ff. 24*b*. 28. 1505. fo. 27. Add. MS.
5529. fo. 13.
Halle, 1535. fo. 18.
HALLUM, or, HALLOM, 1424. fo. 67*b*. 1505. fo.
67. 1535. ff. 161*b*. 162.
Hallum, 1535. fo. 18.
HALTON, *Baron*, 2187. fo. 6.
——— ———— *v.* FITZ-JOHN.
——— ———— FITZ-NIGELL.
Halton, 1537. fo. 17.
Hamlet, of Chester, 1535. fo. 17*b*.
HAMPTON, 1424. fo. 111. 1505. ff. 110. 217.
1535. fo. 217.
Hampton, 1535. fo. 17*b*.
HANCKYN, *of Huntington*, 1535. fo. 62*b*.
HANDFORD, *of Handford*, 1505. fo. 15*b*.
Handford, 1535. ff. 17. 70.
HANDLO, 1535. ff. 101*b*. 102.
HANDSACRE, 1535. fo. 94*b*.
HANKEY, *of Churton*, 1424. fo. 81*b*. 1505. fo.
80. 1535. fo. 168. 2142. fo. 77*b*.
2230. fo. 32. Add. MS. 5529. fo. 32*b*.
Hankey, 1535. fo. 17.
Harboron, 1535. fo. 17*b*.
Harbren, 1535. fo. 17*b*.
HARCOURT, *of Wincham, jr. Co. Staff.* 1535. ff.
169. 181. 2142. fo. 96. 2187. ff. 65. 122*b*.
Harcourt, 1535. fo. 17*b*.
HARDWARE, or, ELCOCK, *of Peele*, 1535. ff. 17.
170*b*. 2142. ff. 63. 119*b*. 2187. fo. 24.
Add. MS. 5529. fo. 36.
Hardware, of Peel, 1535. fo. 17.
HAREWELL, 1535. fo. 1.
HARGRAVE, 2119. fo. 136. 2187. fo. 37.
Hargrave, 1535. fo. 17.
Harkett, 1535. fo. 17*b*.
HARPER, *of Rushall*, 1535. fo. 57. 5182. fo. 9.
2187. fo. 30.
Harper, 1535. fo. 17.
HARRINGTON, 1424. fo. 92. 1505. fo. 90*b*.
HARTHILL, or, HARTHULL, *of Harthill*, 1424. fo.
33. 1505. fo. 32. 1535. ff. 159*b*. 256.
2142. fo. 149. 2187. fo. 115.
Harvey, of Chester, 1535. fo. 17.
HASELWALL, 1424. fo. 150. 1505. fo. 148*b*.
1535. fo. 289. 2142. ff. 24. 50. 119*b*.
2187. fo. 126*b*. Add. MS. 5529. fo. 34*b*.
HASSALL, *of Hassall and Hankelow*, 1535. fo.
173.

HASSALL, *of Nantwich*, 1045. fo. 105. 1424. fo. 78. 1505. fo. 77*b*. 1535. fo. 169. 2119. fo. 122*b*. 2142. fo. 32. 2187. fo. 65*b*. 2230. fo. 31. 5182. fo. 58.

—— *of Malbank*, 1535. fo. 173*b*.

Hassall, 1535. fo. 17.

HASTANGE, 1535. fo. 169*b*. Add. MS. 5529. fo. 32*b*.

HASTINGS, *Lord Aburgavenny*, 1535. fo. 38.

HATTON, *of Aldersey*, 1424. fo. 67. 2142. fo. 133*b*. Add. MS. 5529. fo. 33*b*.

—— *of Dundon*, 1535. fo. 162*b*. 2142. fo. 132*b*.

——— *of Groppenall and Tearton*, 1424. fo. 73. 1505. fo. 72*b*. 1535. fo. 165.

—— *of Hatton*, 2119. ff. 69. 144. Add. MS. 5529. fo. 33*b*.

——— *of Kirstybirches*, 1424. ff. 67. 68. 69. 1505. ff. 66*b*. 67*b*. 68*b*. 1535. ff. 161*b*. 162. 163. 2119. fo. 145. 2142. ff. 132*b*. 133. Add. MS. 5529. fo. 33*b*.

——— *of Maxfield*, 1535. fo. 164.

——— *of Norley*, 1424. fo. 70. 1505. fo. 69*b*. 1535. fo. 164. 2119. fo. 145*b*.

——— *of Northwood*, 1424. fo. 71*b*. 1505. fo. 71. 1535. fo. 164*b*. 2119. fo. 146.

—— *of Shrewsbury*, 1424. fo. 68*b*. 1505. fo. 68. 1535. fo. 162*b*. 2142. fo. 132*b*. Add. MS. 5529. fo. 34.

——— *of Shroggs*, 1424. fo. 70*b*. 1505. fo. 70.

——— *of Stockton Yate*, 1424. fo. 72. 1505. fo. 71*b*. 1535. fo. 165. 2119. fo. 146.

——— *of Weverham*, 1424. fo. 71. 1505. fo. 70*b*. 1535. fo. 164*b*.

—— *of Woodhouse*, 1424. fo. 72*b*. 1505. fo. 72. 2119. fo. 146*b*. 2142. ff. 133. 134.

Hatton, 1505. fo. 66*b*. 1535. fo. 17. 2119. fo. 69.

HATTON, *Baron, v.* LACY.

HAVERSHAM, 2119. fo. 69.

Hawarden, 1535. fo. 17(*a. b.*)

HAWKESTON, *of Wrinford*, 774. fo. 20. 1424. fo. 56. 1505. fo. 56. 1535. fo. 163. 2142. fo. 34. 2187. fo. 64. 5182. fo. 51. Add. MS. 5529. fo. 15*b*.

Hawkeston, 1535. fo. 17.

Hawkesworth, 1535. fo. 17*b*.

Hawle, 1535. fo. 18.

HAWLEY, 1535. fo. 225*b*.

HAWTREY, 1424. fo. 137. 1535. ff. 212*b*. 130.

HAYES, *of Littley*, 774. fo. 22. 1424. fo. 78*b*. 1505. fo. 78. 1535. fo. 170*b*. 2142. fo. 36. 2187. fo. 60. 2230. fo. 31*b*. 5182. fo. 47.

—— *of Nantwich*, 1535. fo. 156*b*.

HAYGHTON, *of Hayghton*, 1535. fo. 166*b*.

Hayghton, 1535. fo. 17.

HEATHE, 1424. fo. 145*b*. 1505. fo. 144*b*. 1535. ff. 285. 296. 5182. p. 115. 2187. fo. 137.

Heathe, 1535. fo. 17*b*.

HEIWOOD, *of Mackley*, 1535. fo. 157*b*.

HELLESBY, 1187. fo. 20. 1188. p. 17. 1505. fo. 67(*a. b.*) 1424. ff. 67*b*. 68. 1535. ff. 161*b*. 157. 257. 2187. fo. 143. Add. MS. 5529. fo. 18.

Hellesby, 1535. fo. 17*b*.

Henhull, of Henhull, 1535. fo. 18.

HENLEY, *v.* HOLCROFT.

HENSHAW, *of Henshaw*, 1424. ff. 82. 128*b*. 1505. fo. 80*b*. 1535. fo. 156.

Henshaw, 1535. fo. 16. 17*b*.

HEXTALL, 1535. fo. 282*b*.

HICKES, *of Shrewsbury*, 1424. fo. 71. 1505. fo. 70*b*.

Hickes, of Chester, 1535. fo. 16.

HIDE, *of Norbury*, 1535. fo. 171*b*.

—— *of Urmeston*, 1535. fo. 172.

HIGGENSON, 2119. fo. 183.

HIGHAM, *of Higham*, 1535. fo. 172*b*. Add. MS. 5529. fo. 36.

HIGHLEIGH, *Co. Flint.* 1535. fo. 265*b*. 2187. fo. 107.

HILL, 1424. fo. 71. 1505. fo. 70*b*. 1535. fo. 216*b*.

—— *of Buntingsdale*, 1535. ff. 93. 167*b*. 168. 2142. fo. 44. Add. MS. 5529. fo. 34.

—— *of Hounhill*, 1535. fo. 126*b*. 2187. fo. 53.

HINTON, 1535. fo. 62. 2187. fo. 25.

HOCKNELL, *or*, HOCKENHULL, *of Duddon*, 2142. fo. 123. 2230. fo. 31*b*. Add. MS. 5529. fo. 32.

——— *of Hocknell*, 774. fo. 21. 1424. fo. 76. 1505. fo. 75*b*. 1535. ff. 46*b*. 174*b*. 2142. fo. 33. 2187. ff. 63. 66*b*. 2230. fo. 30*b*. 5182. fo. 53. Add. MS. 5529. fo. 32.

—— *of Prenton*, 1424. fo. 76*b*. 1505. fo. 76. 1535. fo. 175. 2142. fo. 33*b*. 2187. fo. 67. 5182. fo. 54. 2230. fo. 32*b*. Add. MS. 5529. fo. 32.

Hocknell, of Duddon, 1535. fo. 16.

HODGSON, *of Nantwich, fr. Cos. Shrop. and York.* 2142. fo. 92.

HODINGTON, 1535. fo. 103.

HODLEY, 1535. fo. 17*b*.

HOLCROFT, *or,* HENLEY, *of Vale Royal, fr. Co. Lanc.* 1046. fo. 85*b*. 1397. fo. 124*b*. 1424. fo. 73*b*. 1433. fo. 116*b*. 1505. fo. 73. 1535. fo. 171. 2187. fo. 59*b*. 5182. fo. 56.

Holcrofte, 1535. fo. 16.

Holdenby, of Holdenby, 1535. fo. 163*b*.

HOLFORD, *of Davenham*, 774. fo. 21. 1043. fo. 88. 1401. fo. 61. 1424. fo. 74. 1045. fo. 105*b*. 1505. fo. 73*b*. 1534. fo. 79*b*. 1535. ff. 48. 161. 2119. fo. 142. 2142. ff. 31*b*. 47. 57. 5182. fo. 57. 6770. fo. 41. 6774. fo. 77. 6775. fo. 80. 6830. p. 46. Add. MS. 4962. fo. 56. 5529. fo. 31*b*.

——— *of Holford*, 1535. fo. 160(*a. b.*) 2119. fo. 139*b*. 2142. fo. 150*b*. 2187. fo. 68. 2230. fo. 33. Add. MS. 5529. fo. 31*b*.

HOLGRAVE, *or,* HULGRAVE, *of Torperley*, 1424. fo. 136*b*. 1505. fo. 135*b*. 1535. ff. 77*b*. 130. 159. 216*b*. 252. 2187. fo. 98. 2119. fo. 133*b*. 2142. fo. 81*b*. Add. MS. 5529. fo. 36.

——— *of Terton*, 1535. fo. 53. 2187. fo. 19.

Holgrave, or, Hulgrave, 1535. fo. 18.

Holl, 1535. fo. 5.

HOLLAND, *of Bradley*, 1424. fo. 72*b*. 1505. fo. 72.

——— *of Bretton*, 1045. fo. 103. 1424. fo. 118. 1505. fo. 117. 1535. fo. 240. 2187. fo. 101*b*. 5182. fo. 86. Add. MS. 5529. fo. 58.

——— *Co. Denbigh*, 1535. fo. 129.

Holland, 1535. fo. 16*b*.

HOLLE, 1535. fo. 218.

HOLLINGWORTH, *of Hollingworth*, 1535. fo. 157*b*. 158.

Hollingworth, 1535. fo. 16*b*.

HOLLINSHEAD, *of Caphurst, Bosley, and Sutton, and Co. Notts.* 1535. ff. 166*b*. 167. 2142. fo. 160*b*.   2187. fo. 134*b*.   Add. MS. 5529. fo. 35.

HOLME, *of Chester*, 1535. fo. 155*b*.   2187. fo. 61*b*.

——— *or*, CURTEYS, 1535. fo. 154*b*.

——— *or*, HULME, *of Coddington, fr. Co. Lanc.* 774. fo. 22.   1424. fo. 77*b*.   1505. fo. 77. 1535. fo. 155.   2142. fo. 56*b*.   2187. fo. 62.   2230. ff. 33. 34.   5182. fo. 49. Add. MS. 5529. ff. 32*b*. 34*b*.

Holme, 1535. fo. 16.

HOLT, *of Holt*, 1424. fo. 108*b*.   1535. fo. 89. 2119. fo. 132.   2187. fo. 87*b*.   5182. p. 121.   Add. MS. 5529. fo. 35*b*.

Holton, 1535. fo. 16*b*.

HOORDE, *of Bridgenorth*, 1535. fo. 57.   2187. fo. 30.

HOOTON, *v.* HOTTON.

HORPE, *of Chester*, 1535. fo. 71.   2187. fo. 31*b*.

HORSALL, 1535. fo. 111*b*.

HORTON, 1424. fo. 114.   1505. fo. 113.   1535. ff. 91*b*. 214. 224.   2187. fo. 96.

——— *of Chester*, 1535. fo. 245*b*.

——— *of Horton*, 2119. fo. 35.   Add. MS. 5529. fo. 31.

——— *of Howle, fr. Co. Derby*, 1424. fo. 81*b*. 1505. fo. 80.   1535. fo. 168*b*.   2187. fo. 64*b*.   2230. fo. 30*b*.   5182. fo. 82*b*. Add. MS. 5529. fo. 31.

——— *of Staunton*, Add. MS. 5529. fo. 31.

Horton, 1535. fo. 16*b*.

HOTTON, *or*, HOOTON, *of Hooton*, 1424. fo. 125. 1505. fo. 124.   1535. fo. 158*b*.   2119. fo. 91. 2230. fo. 30.   2187. fo. 104*b*.

Hotton, 1535. fo. 16*b*.

HOUGH, *of Chester*, 2142. fo. 83*b*.

——— *of Leighton*, 774. fo. 22.   1045. fo. 105. 1424. fo. 32*b*.   1505. fo. 31.   1535. ff. 175*b*. 144*b*. 216*b*.   2119. fo. 110*b*.   2142. ff. 50. 119*b*.   2187. fo. 63*b*.   2230. fo. 35*b*. 5182. fo. 55.   Add. MS. 5529. fo. 35*b*.

——— *of Thornton*, 1424. ff. 80. 81.   1505. fo. 79*b*.   2119. fo. 110*b*.   2187. fo. 63*b*. Add. MS. 5529. fo. 35*b*.

Hough, 1535. fo. 16*b*.

HOUGHTON, *of Houghton*, 1424. fo. 75*b*.   1505. fo. 75.   2142. fo. 123*b*.

Houlford, 1535. fo. 16.

HOWFORD, 1535. fo. 216*b*.

HUBERT, HUBECK, *or*, HUBERK, 1424. fo. 32*b*. 1505. fo. 31.   1535. fo. 85*b*.   2142. fo. 149.   2187. fo. 36.

HUDLESTON, 1424. fo. 11*b*.   1505. fo. 11*b*. 1535. ff. 43*b*. 195*b*. 265.

HULGRAVE, *v.* HOLGRAVE.

HULME, *v.* HOLME.

HULSE, *of Norbury*, 1241. ff. 67*b*. 332.   1396. fo. 163.   1424. ff. 23*b*. 77. 133*b*.   1505. ff. 22*b*. 76*b*. 132*b*.   1535. fo. 174.   2142. ff. 111*b*. 112.   2187. ff. 66. 114*b*.   2230. fo. 29*b*.   6172. fo. 21*b*.   Add. MS. 14,314. fo. 66.

Hulse, 1535. fo. 18.

HUNSTERTON, 1535. fo. 244*b*.

HUNT, *of Stoke Dawbney*, 1535. fo. 168*b*.   2142. fo. 28.   2187. fo. 65.   2230. fo. 30*b*.   Add. MS. 5529. fo. 34*b*.

Hunt, 1535. fo. 18.

Huntington, 1535. fo. 18.

HUNTON, 1424. fo. 28*b*.   1505. fo. 27*b*.

HURLESTON, *or*, HURLTON, *of Chester, fr. Co. Lanc.* 774. fo. 21*b*.   1424. fo. 75.   1045. fo. 103*b*.   1505. fo. 74*b*.   1535. ff. 66*b*. 166.   2142. ff. 106*b*. 125.   2187. fo. 60*b*. 5182. fo. 50.

——— *of Pickton*, 1424. fo. 74*b*.   1505. fo. 74.   1535. fo. 165*b*.

Hurleston, 1535. fo. 18.

Hurrell, 1535. fo. 18.

HUTTON, 1535. fo. 263.

HUXLEY, *of Brindley*, 1535. fo. 169*b*.

——— *of Sidwall*, 774. fo. 23.   1045. fo. 109. 1424. fo. 79*b*.   1535. ff. 93. 170.   2187. fo. 63.   2230. fo. 31*b*.   5182. fo. 52. Add. MS. 5529. fo. 33.   14,314. fo. 62.

Huxley, 1535. fo. 18.

HYDE, *of Norbury*, 774. fo. 22*b*.   1424. fo. 79. 1505. fo. 78*b*.   2119. ff. 56—60.   2142. fo. 95.   2187. ff. 7*b*. 62*b*.   5182. fo. 48.

——— *of Mottram*, 2119. ff. 60. 61.

Hyde, 1535. fo. 16.

IERLANDE, 1535. fo. 18*b*.

INCE, *of Chester*, 2142. ff. 98. 99.

Ingham, 1535. fo. 6*b*.

Ipstone, 1535. fo. 18*b*.

IRELAND, 1535. ff. 47. 217*b*.

IVES, *of Wrinford*, 2187. fo. 64.   1535. ff. 95. 163.

Ives, 1535. fo. 18*b*.

IWETT, *of Chester*, 2163. fo. 82.

JACKSON, of Chester, 1535. fo. 18*b*.

JENNINGS, *of Walesborough*, 1535. fo. 167*b*.

JODRELL, *of Yardley*, 1535. fo. 176.   2187. fo. 68*b*.   Add. MS. 5529. fo. 36*b*.

Jodrell, 1535. fo. 18*b*.

Johnson, of Chester, 1535. fo. 18*b*.

Jordane, 1535. fo. 18*b*.

Jourdeswall, 1535. fo. 18*b*.

JULENY, 1424. fo. 115.   1505. fo. 114.   5182. fo. 83.

JUNIPE, *or*, JUMPE, *of Salehall*, 1535. fo. 100.

Junipe, 1535. fo. 18*b*.

KAMERDSWELL, 1535. fo. 169*b*.

Kapenhurst, 1535. fo. 19.

KARDIFF, *v.* CARDEN.

Kawne, 1535. fo. 19.

Kekeshey, 1535. fo. 19.

KELCHETH, *of Ridley*, 1535. fo. 274.

Kelsall, 1535. fo. 19.

KETTELL, *of Bursley*, 1535. fo. 121.

Kettell, 1535. fo. 19.

Keveloche, Earl of Chester, 1535. fo. 2*b*.

KIMPERSLY, 2187. fo. 121.

KINGESLEY, *of Kingesley Norley*, 1424. fo. 42*b*. 1505. ff. 41*b*. 42.   1535. ff. 110. 177. 217*b*. 241. 257.   2119. ff. 28. 69.   2142. ff. 41. 42. 68.   2187. ff. 70. 143.   5182. ff. 39. Add. MS. 5529. fo. 37.

Kingesley, 1535. fo. 19.

KINGESLEY, *v.* RODEN.

KIRKBY, 2187. fo. 14.

KNIGHT, *of Chester*, 1535. fo. 261.   2187. fo. 138.

Knight, 1535. fo. 19.

KNIPERSLY, 1535. fo. 275.

Knipersly, 1535. fo. 19.

KNOTTESFORD, *of Twenlow*, 1535. fo. 176. 2187. fo. 68*b*. Add. MS. 5529. fo. 37.

Knottesford, 1535. fo. 19.

KYMER, *of Malpas*, 1535. fo. 234.

KYNASTON, *of Wolverton*, 1535. fo. 93.

KYNSEY, *of Middlewich*, 2119. ff. 188(*a. b.*) 189.

LACON, 1535. fo. 71. 2187. ff. 14. 34*b*.

LACY, *Baron Halton*, 1535. fo. 19*b*.

Lacy, 1535. fo. 19*b*.

LANCELINE, *of Poulton*, 1424. ff. 42*b*. 89*b*. 1505. ff. 41*b*. 88. 1535. ff. 177. 179(*a. b.*) 2119. fo. 28. 2142. ff. 43. 68. 2187. fo. 70. Add. MS. 5529. fo. 37.

Lanceline, 1535. fo. 19*b*.

LANGFORD, 1045. fo. 102. Add. MS. 5529. fo. 42*b*.

Langley, 1535. fo. 21.

Larton, of Larton, 1535. fo. 19*b*.

LATHOM, *of Congleton*, 1424. fo. 125. 1505. fo. 124. 1535. fo. 182. 2119. fo. 129*b*. 2142. fo. 108. 2187. fo. 105. 5182. p. 101.

——— *of Somerford*, 2119. fo. 130.

LATTON, *v.* LAWTON.

LAWTON, *or*, LATTON, *of Church Lawton*, 1424. fo. 83. 1505. ff. 81*b*. 95. 1535. fo. 190. 2187. fo. 70*b*. 5182. fo. 61. Add. MS. 5529. fo. 43*b*.

Lawton, or Latton, 1535. fo. 19*b*.

Lea, 1535. fo. 20*b*.

LECTON, *v.* LEIGHTON.

LEE, *of Chester*, 1535. fo. 196*b*.

——— *of Lee*, 1396. fo. 36. 1424. fo. 94*b*. 1472. fo. 31. 1505. fo. 93.(*a. b.*) 1535. ff. 241. 296. 195*b*. 2119. fo. 125. 2187. fo. 139. Add. MS. 5529. fo. 43.

LEECH, *of Carden, fr. Co. Derby*, 1045. fo. 98. 1424. fo. 90. 1505. fo. 88*b*. 1535. ff. 69. 194*b*. 2119. ff. 95.—98*b*. 2142. fo. 122. 2187. fo. 71*b*. 2230. fo. 34*b*. 5182. fo. 60.

——— *of Chester*, 2119. fo. 98(*a. b.*)

——— *of Nantwich*, 1424. fo. 90*b*. 1505. fo. 89. 1535. fo. 195. 2119. fo. 96. 2187. fo. 72.

Leech, 1535. fo. 19*b*.

LEICESTER, *of Tabley*, 1424. fo. 91. 1505. ff. 89*b*. 91. 1535. ff. 145*b*. 192. 2119. fo. 198. 2142. fo. 66. 2187. fo. 79*b*. 2230. fo. 29*b*. 5182. fo. 63. Add. MS. 5529. fo. 41.

——— *of Toft*, 774. fo. 23. 1505. fo. 90. 1535. fo. 193. 2119. ff. 198*b*. 200. 2142. ff. 66. 126. 2187. fo. 78*b*. 2230. fo. 29*b*. 5182. fo. 62. Add. MS. 5529. fo. 41.

——— *of Worleston*, 1424. fo. 92*b*. 1535. fo. 192*b*. 2119. fo. 199. 2142. fo. 28. 2187. fo. 79*b*. 2230. fo. 30.

Leicester, 1535. fo. 19*b*.

LEIGH, *of Adlington*, 1424. ff. 11*b*. 24. 62*b*. 87. 1045. fo. 108. 1505. ff. 11*b*. 23. 62*b*. 85*b*. 1535. ff. 42. 49. 129. 2142. ff. 18*b*. 45. 55*b*. 57*b*. 2187. ff. 8*b*. 74*b*. 5182. fo. 66. Add. MS. 5529. ff. 43*b*. 44.

——— *of Baguley*, 1424. fo. 86. 1484. fo. 36*b*. 1505. fo. 84*b*. 2142. fo. 73*b*. 2187. fo. 74. Add. MS. 5529. ff. 43*b*. 44.

——— *of Bechington*, 2187. fo. 54*b*.

——— *of Boothes*, 1424. fo. 85*b*. 1045. fo. 110. 1505. fo. 84. 1535. ff. 145*b*. 252*b*. 2142. ff. 38. 67*b*. 2187. ff. 72*b*. 73*b*. 5182. fo. 65. 2230. ff. 31*b*. 35*b*. Add. MS. 5529. ff. 43*b*. 44.

LEIGH, *of Highleigh*, 1081. fo. 14. 1139. ff. 114. 119*b*. 1424. ff. 83*b*. 88*b*. 1045. ff. 96*b*. 107*b*. 108*b*. 1505. ff. 82. 83. 87. 1535. ff. 182*b*. 183. 185. 250. 2119. fo. 136*b*. 2142. ff. 18*b*. 20*b*. 47*b*. 69. 2187. ff. 14*b*. 43*b*. 72*b*. 77*b*. 5182. ff. 64. 67. 2230. ff. 31*b*. 32*b*.

——— *of Lyme*, 1424. fo. 87*b*. 1505. fo. 86. 1543. fo. 112*b*. 2187. fo. 75*b*.

——— *of Midleton*, 1535. fo. 183*b*.

——— *of Norwood*, 2187. fo. 76*b*.

——— *of Ridge*, 1424. fo. 88. 1045. fo. 109*b*. 1505. fo. 86*b*. 2086. fo. 7*b*. 2187. fo. 76. 5182. fo. 66*b*.

——— *of Rushall*, 1535. fo. 57. 2187. fo. 30. 5182. fo. 9.

——— *of Swinshead*, 1424. fo. 89. 1505. fo. 87*b*. 1535. fo. 185*b*. 2142. fo. 21. 2187. fo. 77. 5182. ff. 68*b*. 69.

Leigh, 1535. fo. 20.

LEIGHTON, 1535. ff. 1. 64*b*. 130. 180.

——— *or*, LECTON, Add. MS. 5529. fo. 42*b*.

Leighton, 1535. fo. 20*b*.

Lelley, 1535. fo. 20*b*.

LESTRANGE, *of Knockin and Ellesmere*, 2119. fo. 93*b*.

LESTWICH, *of Lestwich*, 1424. fo. 94. 1505. fo. 92*b*. 1535. fo. 181. 2119. ff. 176. 188. 2142. ff. 23*b*. 35*b*. 124. 2187. fo. 122*b*. Add. MS. 5529. fo. 70.

——— *of Wincham*, 1535. fo. 169.

Lestwich, 1535. ff. 19*b*. 20*b*.

LEVERSEDGE, *of Maxfield*, 1424. fo. 31*b*. 1505. fo. 30*b*. 1535. fo. 63.

——— *of Wheelock*, 1424. fo. 93*b*. 1045. fo. 106*b*. 1505. fo. 92. 1535. fo. 190*b*. 2187. fo. 71. 5182. fo. 59. Add. MS. 5529. fo. 40*b*.

Leversedge, of Wheelock, 1535. fo. 19*b*.

Lewknor, 1535. fo. 5*b*.

Lexington, 1535. fo. 6.

LIMM, 1424. fo. 51. 1505. fo. 51. 1535. ff. 181*b*. 185.

LINFORD, 1424. fo. 93. 1505. fo. 91*b*. 2142. fo. 20. Add. MS. 5529. fo. 41.

LINGEN, 1535. fo. 1.

LINIALL, *of Chester*, 2187. fo. 133*b*.

Liniall, of Chester, 1535. fo. 20*b*.

Linnett, of Chester, 1535. fo. 20*b*.

Linte, 1535. fo. 20*b*.

LITELL, 1505. fo. 110.

LITHERLAND, *of Poulton*, 1535. fo. 205.

LITTLEBURY, 1535. ff. 130*b*. 212*b*. 273. 2187. fo. 12. 5182. p. 100.

LITTLER, *of Wallerscott*, 1535. ff. 51*b*. 191.

Littler, 1535. fo. 20*b*.

LLOYD, *of Crewe*, 1535. fo. 70*b*.

LONNANS, 1535. fo. 167*b*.

Loowcar, of Chester, 2187. fo. 140.

LOSTOCK, 1535. ff. 160. 260*b*. 2119. ff. 139. 141. 2142. fo. 150. 2187. fo. 68. Add. MS. 5529. fo. 31*b*.

Lostock, 1535. fo. 21.

LOVELL, *of Tichmarsh*, 2142. fo. 28. 2187. fo. 147*b*.

LOWE, *of Clifton*, 1535. fo. 194.

Lownde, 1535. fo. 21.

LOWNDS, *of Overton*, 1535. fo. 197.

Lowne, 1535. fo. 21.

Luckhols, 1535. fo. 21.
Lupe, Earl of Chester, 1535. fo. 2*b*.
LYLLY, *of Chester*, 2187. fo. 61.
LYME, 2187. fo. 44.
Lyme, of Lyme, 1535. fo. 20*b*.
LYNEALL, 2163. fo. 92.
LYONS, *of Warecourt*, 1535. fo. 90.
MACLESFIELD, 1535. fo. 22.
MADOCKS, 1424. fo. 83.   1505. fo. 81*b*.   1535. fo. 190.   5182. fo. 61.
———— *of Edge*, 1535. fo. 61*b*.   Add. MS. 5529. fo. 46*b*.
MAINWARING, *v.* MANWARING.
MALBANK, *or*, MALBAN, *Baron Namptwich*, 1424. fo. 96.   1505. fo. 94*b*.   1535. fo. 212*b*. 2142. fo. 135.   2187. fo. 118.   Add. MS. 5529. fo. 63*b*.
Malban, Baron Namptwich, 1424. fo. 1.   1505. fo. 1*.
MALBON, *of Budworth*, 1535. fo. 216.
MALPAS, *Baron*, 1424. ff. 56*b*. 96*b*. 110*b*.   1505. ff. 56. 95. 109*b*. 110.   1535. ff. 150*b*. 216*b*. 125(*a. b.*) 239*b*. 245(*a.b.*)   2119. ff. 48*b*. —54. 141*b*. 228.   2142. fo. 21*b*.   2187. ff. 52. 52*.   Add. MS. 5529. ff. 18*b*. 23*b*. 46*b*.
MALPAS, *v.* EGERTON.
———————— PATRICK.
Malpas, Baron, 1424. fo. 1.   1505. fo. 1*.   1535. ff. 4*b*. 22*b*.
MALTRAVERS, 1424. fo. 55*b*.   1505. fo. 55*b*. 2119. fo. 220(*a. b.*)   Add. MS. 5529. fo. 63*b*.
MALVOISINE, 1535. fo. 94*b*.   2119. fo. 99.
Mandeville, 1535. fo. 22.
MANLEY, *of Manley*, 1535. fo. 214.
———— *of Poulton*, 1424. fo. 105*b*.   1505. fo. 104*b*.   1535. fo. 214*b*.   2119. fo. 115. 2187. fo. 94.   Add. MS. 5529. fo. 48.
MANNING, 1137. fo. 105*b*.   1432. fo. 100*b*.
Manning, of Malpas, 1535. fo. 22.
MANSTON, 1535. fo. 168.
MANWARING, *or*, MAINWARING, *of Betley*, 2119. fo. 67*b*.
———————— *of Calveley*, 1045. fo. 100.   1424. fo. 104.   1505. fo. 103.   2119. fo. 65. 1535. ff. 103. 202. 269.   2142. fo. 46*b*. 2187. ff. 90. 108*b*.
———————— *of Caringham*, 1424. fo. 103*b*. 1505. fo. 104.   2119. ff. 62. 64*b*.   2187. fo. 90.   1535. fo. 201*b*.
———————— *of Croxton*, 1424. ff. 104. 148. 1505. ff. 103*b*. 146*b*.   1535. fo. 198*b*.   2119. fo. 62*b*.   2187. fo. 90*b*.
———————— *of Ightfield*, 1424. fo. 103*b*.   1505. fo. 103*b*.   1535. ff. 201. 288*b*.   2119. fo. 63.   2187. fo. 90.
———————— *of Nantwich*, 1045. fo. 108.   1424. fo. 104*b*.   1505. fo. 103*b*.   1535. ff. 56. 203.   2119. ff. 65*b*.—67.   2187. fo. 91. 2230. fo. 31.   5182. fo. 78.   1535. fo. 199.
———————— *of Peever*, 1424. fo. 103*b*.   1505. fo. 102*b*.   1535. fo. 199*b*.   2119. ff. 62*b*.—64.   2142. ff. 48. 63.   2187. fo. 89*b*.   2230. ff. 28*b*. 31.   5182. fo. 78.
Manwaring, or, Mainwaring, 1535. fo. 22.
MARBURY, *of Marbury*, 1045. ff. 102. 104*b*. 1424. fo. 107*b*.   1505. fo. 106*b*.   1535. fo. 213.   2142. ff. 26*b*. 27.   2187. fo. 86. 2230. fo. 28.   5182. fo. 76.

MARBURY, *of Walton*, 1424. fo. 108.   1505 fo. 107.   1535. fo. 213*b*.   2142. fo. 27.   2187. fo. 85*b*.   5182. fo. 77.
Marbury, 1535. fo. 21.
MARCHINGTON, 1535. fo. 277.
MARTYN, 1535. fo. 45.
MASSY, *of Aldford*, 1424. fo. 102.   1505. fo. 101.   1535. fo. 211.   2187. ff. 83*b*. 98. 2230. fo. 34*b*.
———— *of Broxton*, 1424. fo. 102*b*.   1535. fo. 209.   2187. fo. 82.   5182. fo. 70.
———— *of Coddington*, 1424. ff. 29. 77*b*. 103. 1505. ff. 28. 31. 77. 102.   1535. ff. 207*b*. 208*b*. 247*b*.   2119. ff. 164*b*. 165*b*.—167. 2142. ff. 140*b*. 141. 143.   2187. ff. 31*b*. 81*b*.
———— *of Denfield and Nantwich*, 2187. fo. 80*b*. 2230. fo. 35.   Add. MS. 5529. fo. 47.
———— *of Dunham*, 1424. ff. 18. 98.   1505. ff. 17. 96*b*.   1535. fo. 139.   2142. fo. 80. 5182. ff. 23. 70.   Add. MS. 5529. fo. 47.
———— *of Edgerley*, 1424. fo. 102*b*.   1505 fo. 101*b*.   1535. fo. 208.   2119. fo. 164*b*. 2187. fo. 81.
———— *of Ellerborough*, 1424. fo. 101.   1505. fo. 100.   1535. fo. 209*b*.   2187. fo. 83. 2230. fo. 34.   Add. MS. 5529. fo. 47*b*.
———— *of Grafton*, 1424. fo. 101*b*.   1505. fo. 100*b*.   1535. ff. 211*b*. 219*b*. 220.   2142. fo. 46(*a. b.*)   2187. fo. 84.   2163. fo. 78. 2230. fo. 35.   Add. MS. 5529. fo. 47*b*.
———— *of Potington*, 1424. ff. 98*b*. 102*b*.   1505. ff. 97. 101*b*.   1535. ff. 101*b*. 102. 207*b*. 2142. fo. 140.   2187. fo. 80.   5182. fo. 71*b*.   Add. MS. 5529. fo. 47.
———— *of Puddington*, 2142. fo. 148.
———— *of Sale*, 1424. fo. 100.   1505. fo. 99. 1535. fo. 210*b*.   2142. fo. 61*b*.   2187. fo. 82*b*. 5182. fo. 73.   Add. MS. 5529. fo. 47*b*.
———— *of Rixton*, 1045. fo. 97.   1535. fo. 208*b*.
———— *of Tatton*, 1045. ff. 96*b*. 108*b*.   1424. fo. 99.   1505. fo. 97*b*.   2142. ff. 45*b*. 56*b*. 108. 140.   2187. fo. 80.   5187. ff. 71. 72.   Add. MS. 5529. fo. 47.
———— *of Timperley*, 1045. fo. 109.   1424. fo. 99*b*.   1505. fo. 98.   1535. fo. 43.   2187. fo. 9.   5182. fo. 6*b*.   5182. fo. 70.   Add. MS. 5529. fo. 47*b*.
Massy, Baron Dunham, 1424. fo. 1.   1505. fo. 1*.   1535. fo. 21*b*.   2230. fo. 30.
MASTERSON, *of Nantwich*, 1424. fo. 105.   1505. fo. 104.   1535. fo. 204.   2119. ff. 78. 86*b*. 2142. ff. 43. 75*b*.   2230. fo. 30*b*.
Masterson, 1535. fo. 21.
MEDDOWES, 1535. fo. 197*b*.
MEERE, *of Meere and Rowstorne*, 774. fo. 93*b*. 1045. fo. 104.   1424. fo. 109*b*.   1505. fo. 108*b*.   1535. fo. 218*b*.   2142. ff. 31*b*. 64*b*.   2187. fo. 86*b*.   2230. fo. 32(*a.b.*) 5182. fo. 75.
Meere, 1535. fo. 22*b*.
Meignell, 2119. fo. 68.
MELTON, *of Aston*, 1535. fo. 43*b*.
MEOLES, *of Meoles*, 1424. fo. 106.   1505. fo. 105.   1535. fo. 205.   2119. ff. 151*b*. 152. 2187. fo. 84*b*.
Meoles, 1535. fo. 22*b*.
MERLAND, 1535. fo. 181*b*.
MERRY, 1535. fo. 174.
MERTON, 1535. ff. 73. 144. 217*b*.   Add. MS. 5529. fo. 49.

Merton, 1535. fo. 22*b*.

Meschines, Earl of Chester, 1535. fo. 2*b*.

MIDLETON, *of Chester*, 1505. fo. 102. 1535. ff. 1. 162. 209. 2187. fo. 89. Add. MS. 5529. fo. 46.

MILLINGTON, *of Appleton*, 1424. fo. 110*b*. 1505. fo. 109. 1535. fo. 221. 2142. ff. 18*b*. 27*b*.

———— *of Grafton*, 2142. fo. 18*b*. 1535. ff. 211*b*. 220.

———— ———— *of Millington*, 1424. fo. 110. 1505. fo. 109. 1535. ff. 219*b*. 221. 292. 2142. fo. 27*b*. 2187. ff. 85. 92. 2230. fo. 30.

Millington, 1535. fo. 22*b*.

MILNETON, 1535. fo. 219*b*.

MILTON, Add. MS. 5529. fo. 44*b*.

MINSHULL, *of Chester*, 2119. fo. 222. 2142. fo. 74.

———— *of Hulgrave*, 1535. ff. 149*b*. 195*b*. 2119. fo. 219*b*.

———— *of Minshull and Erdeswick*, 774. fo. 23*b*. 1045. fo. 105. 1505. ff. 105*b*. 106. 1424. ff. 106*b*. 107. 1535. ff. 98. 126. 215(*a. b.*) 2119. ff. 76. 219(*a. b.*) 220. 2142. ff. 72*b*. 73. 75. 2187. ff. 93. 142. 5182. fo. 79. Add. MS. 5529. fo. 45.

———— *of Wiche Malbank*, 1535. fo. 295. 2142. fo. 74*b*.

Minshull, 1535. fo. 22*b*. 2119. fo. 221.

MITLEY, 2187. fo. 29.

MITTON, *of Mowthway*, 1535. fo. 1.

Moberly, 1535. fo. 23.

MOLE, 2119. fo. 137*b*.

MOLINSON, 1535. fo. 91*b*.

MOLLINEUX, *of Molesworth*, 1424. fo. 37. 1505. fo. 36. 1535. fo. 92. 2187. fo. 37.

MOLLINGTON, 1535. ff. 220*b*. 221*b*.

Mollington, 1535. fo. 22*b*.

MONHALT, *Baron Hawarden*, 1424. fo. 97(*a. b.*) 1505. ff. 95*b*. 96. 1535. ff. 23. 212. Add. MS. 5529. fo. 46*b*.

Monhalt, Baron Hawarden, 1424. fo. 1. 1505. fo. 1*. 1535. fo. 6.

Monings, of Chester, 1535. fo. 22.

MOORE, *of Haslington*, 1535. ff. 198. 212.

Moore, 1535. fo. 23.

Moryan, of Chester, 1535. fo. 34.

MORLEY, *Lord, v.* PARKER.

Morres, 1535. fo. 23.

MORTON, *of Morton*, 774. fo. 24. 1424. ff. 108*b*. 117. 1505. ff. 107*b*. 116. 1535. ff. 16). 182. 218. 2142. fo. 85. 2187. fo. 87*b*. 2230. fo. 34. 5182. fo. 74. Add. MS. 5529. ff. 31*b*. 49*b*.

———— *of Rode*, 2142. fo. 150.

Morton, 1045. fo. 110*b*. 1535. fo. 23.

Morville, 1535. fo. 23.

MOSTON, 1535. fo. 151. 2187. fo. 55*b*.

Moston, 1535. fo. 22*b*.

Moterham, 1535. fo. 23.

Motlowe, 1535. fo. 23.

MOULSWORTH, *of Wincham*, 1535. fo. 220.

Moulsworth, 1535. fo. 22*b*.

MOULTON, *or,* MULTON, 1535. ff. 227*b*. 274. Add. MS. 5529. fo. 51*b*.

Moulton, 1535. fo. 22*b*.

Moyle, of Chester, 1535. fo. 23.

NAMPTWICH, *Baron, v.* MALBANK.

NAPTON, *of Broughton*, 1535. fo. 273.

NEEDHAM, *of Shevington*, 1424. fo. 113*b*. 1505. fo. 112*b*. 1535. ff. 57. 167*b*. 2187. fo. 30.

Needham, 1535. fo. 23*b*.

Nevett, 1535. fo. 23*b*.

NEWPORT, *of Eyton*, 1535. fo. 1.

NEWTON, *of Beverley and Coole*, 774. fo. 23*b*. 1045. fo. 107. 1424. fo. 113. 1505. fo. 112. 1535. ff. 162*b*. 223*b*. 2142. fo. 91*b*. 2187. ff. 85 94*b*. 5182. fo. 81.

———— *of Cowlane*, 2187. fo. 94*b*. 5182. fo. 81.

———— *of Highleigh*, 2142. fo. 91*b*.

———— *of Pownall*, 774. fo. 24*b*. 1424. fo. 112*b*. 1505. fo. 111*b*. 1535. fo. 223. 2142. ff. 103*b*. 107*b*. 108. 2187. fo. 95. 5182. fo. 80.

———— *of Prestbury*, 2142. fo. 103.

Newton, 1535. ff. 23*b*. 34*b*.

NEWTON, *v.* CRADOCK.

NIGELL, *Baron Halton*, 1505. fo. 66*b*.

Nigell, Baron Halton, 1535. fo. 23*b*.

———— *v.* FITZ-NIGELL.

NORBURY, *of Chester*, 1424. fo. 112. 1508. fo. 111.

———— *of Frodsham*, 1424. ff. 23*b*. 27*b*. 1505. ff. 22*b*. 26*b*. 1535. ff. 174. 250. 225(*a. b.*) 2187. fo. 95*b*. 2230. fo. 30*b*. Add. MS. 5529. fo. 45*b*.

Norbury, 1535. fo. 23*b*.

Norley, 1535. fo. 23*b*.

NORRIS, *of Speke*, 1535. fo. 66*b*. 2187. fo. 89.

———— *of Dasbury*, 1535. fo. 113.

Norris, of Daresbury, 1535. fo. 23*b*.

NUTHALL, *of Tattenhall*, 774. fo. 25. 1424. fo. 114. 1505. fo. 113. 1535. fo. 224. 2187. fo. 96. 5182. fo. 82. Add. MS. 5529. fo. 45*b*.

OFFERTON, 1535. fo. 24.

OFFLEY, *of Chester and London*, 1504. fo. 127.

OKES, *of Pever*, 1535. fo. 231*b*.

Oldborough, 1535. fo. 23*b*.

OLDFIELD, *of Knutsford*, 1535. fo. 146. 2119. fo. 127*b*. 2187. fo. 97*b*. Add. MS. 5529. fo. 51.

———— *of Lestwich*, 2119. fo. 128. Add. MS 5529. fo. 51.

———— *of Middlewich*, 1424. fo. 27. 1505. fo. 26. 1535. fo. 230. 2119. fo. 127*b*. 2187. fo. 97*b*. 2230. fo. 31*b*. Add. MS. 5529. fo. 51.

———— *of Somerford*, 1535. fo. 270*b*. 2119. fo. 127*b*. 2187. fo. 130*b*.

Oldfield, 1535. fo. 24.

OLDINTON, 1535. fo. 244*b*.

OLTON, *of Olton*, 1424. fo. 126*b*. 1505. fo. 125*b*. 1535. fo. 227. 2187. ff. 98. 111. 5182. fo. 91.

———— *of Wettenhall*, 1424. fo. 116. 1505. fo. 115. 1535. ff. 59*b*. 130. 226*b*.

ORREBY, *or,* ORBY, *of Candesley, fr. Co. Linc.* 1045. fo. 98*b*. 1424. ff. 59. 115. 1505. ff. 58*b*. 114. 1535. ff. 42. 212. 227*b*. 2187. fo. 96*b*. 5182. fo. 83. Add. MS. 5529. fo. 51*b*.

———— *of Gosworth*, 1535. ff. 139*b*. 207. 2187. ff. 54*b*. 142*b*.

Orreby, 1535. ff. 4*b*. 24. 2230. fo. 31.

Orrell, 1535. fo. 24.

ORTON, *of Broxton*, 2119. ff. 188*b*. 189.

OSBALDESTON, 1535. fo. 101*b*.
Otworth, 1535. fo. 23*b*.
OVERTON, 1424. fo. 111.   1505. fo. 110.   1535.
ff. 217. 236*b*. 279.   2187. fo. 88*b*.
Overton, 1535. fo. 24.
Owleton, 1535. fo. 24.
OWLGREVE, 1535. fo. 183.
PAGE, *of Erdeswick*, 1535. fo. 233.
PANTOLFE, *of Cubleston*, 1535. fo. 300.
PARKER, 1535. fo. 244*b*.
———— *of Copnall*, 1535. fo. 55.
———— *Lord Morley*, 1535. fo. 264.
Parker, of Capenhall, 1535. fo. 24*b*.
PARR, *of Bakeford*, 1424. fo. 117*b*.   1505. fo.
116*b*.   1535. fo. 238.   2142. fo. 125.
2187. fo. 100.   2230. fo. 29*b*.   Add. MS.
5529. fo. 53*b*.
Parr, 1535. fo. 24*b*.
Partriche, 1535. fo. 24*b*.
PATRICK, *Baron Malpas*, 1424. fo. 110*b*.   1505.
fo. 95.   1535. fo. 239*b*.   2187. fo. 51*b*.
Add. MS. 5529. ff. 46*b*. 64.
PAULIN, Add. MS. 5529. fo. 11.
Paver, of Northwich, 1535. fo. 24*b*.
PAYNE, 1535. fo. 101*b*.
Payne, Add. MS. 5533. fo. 51.
Peche, 1535. fo. 24*b*.
PERCE, *of Thornton*, 2187. fo. 18.
PERCY, *Lord*, 1424. fo. 115.   1505. fo. 114.
1535. fo. 227*b*.   5182. fo. 84*b*.   2187. fo. 97.
PERROT, 1147. fo. 75.   1430. fo. 82.   Add.
MS. 4963. fo. 96.
Pever, of Pever, 1535. fo. 24*b*.
PEVERELL, 1535. fo. 225*b*.
Philkine, of Tattenhall, 2230. fo. 31*b*.
PHILLIPS, *of Stockton*, 1535. fo. 121.
PICHARD, 1535. fo. 114.
PICKERINGE, *of Malpas*, 1535. fo. 234.
Pickmore, 1535. fo. 24*b*.
Piggott, of Putley, 1535. ff. 5. 24*b*.
PIMPE, 1535. fo. 102.
Pollard, 1535. fo. 5*b*.
POOLE, *or*, PULL, *of Poole*, 1045. fo. 101*b*.   1424.
fo. 116*b*.   1505. fo. 115*b*.   1535. ff. 144*b*.
175*b*. 235*b*.   2142. ff. 32*b*. 84*b*. 86.   2187.
ff. 79*b*. 98*b*.   2230. fo. 34*b*.   5182. fo. 85.
5186. p. 14.   Add. MS. 5529. ff. 52*b*. 59.
Poole, 1535. fo. 25.
PORT, *of Chester*, 1077. fo. 17.   1173. fo. 16.
1439. fo. 43*b*.   1535. fo. 65.   Add. MS.
5529. fo. 55.   Egert. MS. 996. fo. 72.
Port, 1535. fo. 25.
POTT, *of Dunge*, 1535. fo. 232*b*.
POVEY, *of Locros*, 1535. ff. 91*b*. 142.   2187. fo.
53*b*.
———— *of Shocklash*, 1535. ff. 236*b*. 237.   2187.
ff. 88*b*. 89.   Add. MS. 5529. fo. 53*b*.
Povey, 1535. fo. 25.
POWELL, *of Wrinham*, 1535. fo. 216*b*.
Pownall, 1535. fo. 25.
Poyntes, 1535. fo. 25.
POYNTON, 1505. fo. 139*b*.   1424. fo. 140*b*.
Poynton, 1535. fo. 25.
PRAYERS, *or*, PRAERS, *of Baddeley*, 1424. ff. 23*b*.
30*b*.   1505. ff. 23*b*. 30.   1535. ff. 216*b*.
217*b*. 235. 283.   2119. fo. 215*b*.   2142.
fo. 31.   2187. ff. 30. 99*b*. 125.   5182. fo. 9.
Add. MS. 5529. fo. 54*b*.
———— *of Bartomley*, 2119. ff. 119*b*. 215*b*.
Add. MS. 5529. fo. 54*b*.

Prayers, or, Praers, 1535. fo. 25.
PRESTLAND, *of Prestland*, 1424. fo. 117*b*.   1505.
fo. 116*b*.   1535. fo. 238*b*.   Add. MS.
5529. fo. 53*b*.
PRESTLAND, *of Sound*, 2142. fo. 138*b*.
Preston, 1535. fo. 25.
PROBYN, *of Oldcastle*, 1535. fo. 237.   2187. fo.
88*b*.
PULESDON, 1424. fo. 117.   1505. fo. 116.
PULESTON, *of Emerall*, 1535. fo. 216*b*.   Add.
MS. 5529. fo. 54.
———— *of Havatywerne*, Add. MS. 5529. fo. 54.
Puleston, 1535. fo. 25.
PULFORD, *of Pulford*, 1535. ff. 219*b*. 238.   2187.
fo. 99*b*.
PULL, *v.* POOLE.
PULTNEY, *of Mircaston*, 2119. fo. 74.
RADCLIFFE, *of Mobberley*, 1535. fo. 73*b*.
———— *of Ordshall*, 1045, fo. 96*b*.   1535.
fo. 186.   2142. fo. 67*b*.
———— *of Timperley*, 774. fo. 15.   1424.
fo. 12.   1505. fo. 12.   1535. ff. 43. 210.
5182. ff. 6*b*. 64*b*.
RAVENSCROFT, *of Bretton*, 1045. fo. 103.   1424.
fo. 118.   1505. fo. 117.   1535. ff. 166*b*.
240.   2187. fo. 101*b*.   5182. fo. 86.
Add. MS. 5529. fo. 58.
Ravenscroft, 1535. fo. 25*b*.
Rawley, 1535. fo. 25*b*.
Rawne, 1535. fo. 25*b*.
RAYLEY, 1424. fo. 34.   1505. fo. 33.   1535.
fo. 90*b*.   2187. fo. 37*b*.
RAYNES, *of Clyfton*, 1535. fo. 194.
REDISH, *of Cropnall*, 1535. fo. 213.
REE, 1424. fo. 34.   1505. fo. 33.   1533. fo. 34*b*.
1535. fo. 90*b*.   2187. fo. 37*b*.
Rees, 1535. fo. 25*b*.
Reignols, of Chester, 1535. fo. 25*b*.
RIDLEY, 1137. fo. 111.   1432. ff. 106. 107.
1535. fo. 274.
Ridley, 1535. fo. 25*b*.
Robysonne, of Chester, 1535. fo. 25*b*.
RODE, *of Rode*, 774. fo. 30.   1045. fo. 102*b*.
1424. fo. 118*b*.   1505. fo. 117*b*.   1535. fo.
242.   2119. fo. 137.   2142. fo. 48*b*.
2187. fo. 100*b*.   2230. fo. 32*b*.   5182. fo.
87.   Add. MS. 5529. fo. 57.
Rode, 1535. fo. 25*b*.
ROGERSON, 2163. fo. 83.
ROOE, *v.* ROW.
ROPPE, *or*, ROOPE, *of Stapeley*, 774. fo. 25*b*.   1424.
fo. 119*b*.   1505. fo. 118*b*.   1535. ff. 243*b*.
244.   2142. ff. 72. 111.   2187. fo. 102*b*.
2230. fo. 30.   5182. fo. 89.   Add. MS.
5529. fo. 58.
Roppe, 1535. fo. 25*b*.
ROSINGRAVE, *of Rosingrave*, 1535. fo. 92.   2119.
fo. 136.   2187. fo. 37.
Rosingrave, 1535. fo. 25*b*.
ROTHER, *or*, RUTTER, *of Kingesley*, 774. fo. 25*b*.
1045. fo. 105.   1424. fo. 120.   1505. fo.
119.   1535. fo. 242*b*.   2142. fo. 72.   2187.
fo. 102.   2230. fo. 35*b*.   5182. fo. 90.
Add. MS. 5529. fo. 57*b*.
Rothull, 1535. fo. 25*b*.
ROW, *or*, ROOE, *of Maxfield*, 774. fo. 30.   1424.
fo. 119.   1505. fo. 118.   1535. fo. 241*b*.
2142. fo. 116*b*.   2187. fo. 101.   5182. fo.
88.   Add. MS. 5529. fo. 57*b*.
ROWLESTON, *of Swarston*, 2119 fo. 125*b*

ROWLEY, *of Caringham*, 2119. fo. 168*b*.
——— *of Lawton*, 2119. ff. 168*b*. 169.
ROYDON, *or*, KINGESLY, *of Howlt*, 1535. fo. 241.
——— *of Lea*, 2187. fo. 139.
RUSSELL, 1535. fo. 82*b*.
RUTTER, *v.* ROTHER.
ST. LICE, 1535. fo. 90.
ST. OWEN, 2187. fo. 34*b*.
ST. PIERE, 1424. fo. 117*b*.   1505. ff. 56*b*. 116*b*. 1535. ff. 103. 216*b*· 239*b*. 245. (*a. b.*)   2187. fo. 52.   Add. MS. 5529. fo. 64*b*.
SALISBURY, 1045. fo. 102.   1535. ff. 169*b*. 250.
——— *Co. Denbigh*, 2187. fo. 89.
SAND, *of Shocklash*, Add. MS. 5529. fo. 66.
SANDBACH, 1535. fo. 134*b*.   Add. MS. 5529. fo. 63.
Sandbach, 1535. fo. 26.
SANDFORD, 1424. fo. 55*b*.   1505. fo. 55*b*.   Add. MS. 5529. fo. 63*b*.
SAVAGE, *of Clifton, and Rock Savage, fr. Co. Derby*. 1165. fo. 93*b*.   1424. ff. 20*b*. 121. 123*b*.   1505. ff. 19*b*. 120.—122*b*.   1535. ff. 246(*a. b.*)   2119. ff. 149. 150*b*.   2142. fo. 43*b*.   2187. ff. 13. 103*b*.   2230. fo. 28. 5182. fo. 119.   Add. MS. 5529. fo. 63*b*.
——— *of Dunham*, 1424. fo. 132.   1505. fo. 131.   2187. fo. 104*b*.
Savage, 1535. fo. 2*b*.
Scott, or, Galloway, Earl of Chester, 1535. fo. 2*b*.
SHAKERLY, *of Holme, fr. Co. Lanc.* 1424. fo. 132*b*. 1505. fo. 131*b*.   1535. ff. 145*b*. 186. 252*b*. 253.   2119. ff. 154*b*. 156.   2187. ff. 73*b*. 109.
Shakerly, 1535. fo. 26.
SHALCROSS, *of Stowshawe*, 1424. ff. 131. 146. 1505. ff. 130. 145.
Shandos, 1535. fo. 26.
SHAW, 1241. fo. 133*b*.   1535. fo. 244*b*.
Shaw, 1535. fo. 27*b*.
Shawcrosse, 1535. fo. 26.
SHEFFIELD, *of Butterwick*, 1535. fo. 105*b*.   2187. fo. 44.
SHERT, 1102. fo. 70*b*.   1151. fo. 69*b*.   1193. fo. 70*b*.   1391. fo. 74*b*.   1234. fo. 54. 1533. fo. 158*b*.
SHIPBROOK, *Baron, v.* VERNON.
SHOCKLACH, Add. MS. 5529. fo. 63.
Shockliche, 1535. fo. 26.
Shotleworth, 1535. fo. 5*b*.
SHRIGLEY, *of Beristow*, 1424. fo. 131*b*.   1505. fo. 130*b*.   1535. fo. 266*b*.   2142. fo. 57. 2187. fo. 113*b*.   Add. MS. 5529. fo. 62*b*.
Shrigley, 1535. fo. 26.
SIDENTON, *of Sidenton*, 5182. ff. 89. 121.
SILVESTER, *of Sturton*, 1535. fo. 71.   2187. ff. 14. 31*b*.
Silvester, 1535. fo. 27.
SKEVINGTON, 1045. fo. 103.   1424. fo. 118. 1505. fo. 117.   1535. fo. 240.   2187. fo. 101*b*.   5182. fo. 86(*a. b.*)   Add. MS. 5529. fo. 58.
SMITH, *of Brindley, from Co. Lanc.* 1535. fo. 270.
——— *of Elford*, 1424. fo. 11*b*.   1505. fo. 11*b*. 1535. ff. 43*b*. 195*b*. 265.   1550. fo. 33. 2187. fo. 105.
——— *of Hough, fr. Co. Lanc.* 1045. ff. 96. 270. 774. fo. 26.   1424. fo. 128.   1505. ff. 127. 265.   1535. ff. 254*b*. 267*b*.   2142. ff. 43. 56.   2230. fo. 30*b*.   2187. ff. 109*b*. 123.   5182. fo. 95.

SMITH, *of Oldhaugh*, 1424. fo. 128*b*.   1505. fo. 127*b*.   1535. fo. 268.   2187. fo. 110. Add. MS. 5529. fo. 63*b*.
Smith, of Brindley, 2187. fo. 140.
SMITHWICK, *of Smithwick*, 774. fo. 27.   1045. fo. 99*b*.   1424. fo. 129.   1505. fo. 128. 1535. fo. 269.   2142. fo. 51.   2187. fo. 108*b*.   5182. fo. 97.   Add. MS. 5529. fo. 65.
Smithwick, 1535. fo. 26*b*.
Snage, of Chester, 1535. fo. 26*b*.
SNEAD, *or*, TUNSTALL, *of Chester, fr. Co. Staff.* 1535. fo. 269*b*.   2119. fo. 124.
SNELSTON, 1424. fo. 22.   1535. ff. 74. 89. 252. 2119. fo. 132*b*.   5182. fo. 122.   Add. MS. 5529. fo. 64.
Snelston, 1535. fo. 26*b*.
SOLENY, 1535. fo. 227*b*.   2187. fo. 96*b*.
SOMERFORD, *of Somerford*, 1535. ff. 182. 270*b*. 2187. fo. 131.
Somerford, 1535. fo. 26*b*.
SOMERVILLE, 1045. fo. 98*b*.   1424. fo. 115. 1505. fo. 114.   1535. fo. 227*b*.   2187. fo. 96*b*.   5182. fo. 83.
Sounde, of Sounde, or Sandon, 1535. fo. 27.
SOUTHWORTH, *of Chester*, 1535. fo. 296*b*.   2187. fo. 144.
SPARKE, *of Nantwich*, 1535. fo. 27.
SPARROW, 1535. fo. 250.   2187. fo. 108.
SPENCER, *of Congleton*, 1535. fo. 255.   2119. fo. 130*b*.
SPURSTOW, *of Spurstow*, 774. fo. 27*b*.   1045. fo. 105*b*.   1424. ff. 88*b*. 129*b*.   1505. ff. 87. 128*b*.   1535. ff. 182*b*. 250.   2142. ff. 46*b*. 62.   2187. fo. 108.   2230. fo. 34*b*. 5182. fo. 98.
Spurstow, 1535. fo. 26*b*.
STAFFORD, *of Sandon*, 1535. ff. 43*b*. 130*b*. 212*b*. 213. 273.
STANFORD, Add. MS. 14,314. fo. 11.
STANLEY, *of Alderley*, 1424. fo. 123*b*.   1505. fo. 122*b*.   2119. fo. 90*b*.
——— *of Crosshall*, 2119. fo. 92.
——— *of Eccleston*, 2119. fo. 120.   2187. fo. 8*b*.
——— *of Elford*, 1424. ff. 11*b*. 124*b*.   1505. ff. 11*b*. 133*b*.   1535. ff. 43*b*. 49.   2187. ff. 7*b*. 105*b*.
——— *of Ely*, 1424. fo. 16*b*.   1505. fo. 15*b*.
——— *of Holt*, 1505. fo. 97*b*.   2119. fo. 90*b*.
——— *of Hooton*, 1424. ff. 124*b*. 125(*a. b.*) 1505. ff. 98. 124*b*.   1535. ff. 39. 57. 107. 145*b*. 210. 263.   2119. ff. 91. 92*b*.   2142. ff. 37. 46*b*. 47.   2187. ff. 14. 104*b*.   5182. fo. 71.
——— *of Pipe*, 1535. ff. 195*b*. 265.   2187. fo. 105.
——— *of Stourton*, 1424. fo. 124*b*.   1535. fo. 263.   2076. fo. 18*b*.   2119. fo. 91.
——— *of Tatton*, 1040. ff. 96*b*. 109.   1424. ff. 15*b*. 99(*a. b.*)   1505. fo. 14*b*.   1535. fo. 69.
——— *of Weever*, 774. fo. 26*b*.   1424. fo. 126.   1505. fo. 125.   1535. ff. 264*b*. 287. 2119. ff. 90*b*. 94.   2142. fo. 71*b*.   2187. fo. 106.   5182. fo. 96.
——— *Co. Flint*. 1535. ff. 265*b*. 266.   2187. ff. 106*b*. 107.
Stanley, 1535. fo. 5.
——— *of Handford*, 1535. fo. 26*b*.

STAPLETON, *of Upton, fr. Co. York.* 1535. ff. 27. 255*b*.
STAPLEY, 1535. fo. 27.
STARKEY, *of Olton,* 1045. fo. 106.   1424. fo. 127.   1505. fo. 126.   1535. fo. 248. 2142. fo. 28*b*.   2187. fo. 111*b*.   2230. fo. 29*b*.   5182. fo. 92.
—— *of Stretton,* 1424. fo. 126*b*.   1505. fo. 125*b*.   1535. ff. 247. 249.   2142. ff. 35. 154*b*. 155.   2187. ff. 110*b*. 111.   5182. ff. 91. 93.
—— *of Tarven,* 1424. fo. 72*b*.   1505. fo. 72.
—— *of Wrenbury,* 1424. fo. 127*b*.   1505. fo. 126*b*.   1535. ff. 59*b*. 227. 247*b*.   2142. ff. 151*b*. 156*b*.   2187. fo. 111*b*.
Starkey, of Darley, 1535. fo. 26*b*.
Starney, 1535. fo. 27*b*.
STAUNTON, 1535. ff. 43*b*. 195*b*. 265.   2187. fo. 105.   Add. MS. 5529. fo. 66*b*.
STAVELEY, *or,* STAYLEY, 2142. fo. 121*b*.
STAYLEY, *v.* STAVELEY.
Stetty, 1535. fo. 27*b*.
STICHE, 1424. fo. 33*b*.   1535. ff. 93. 168.   2142. fo. 44.   2187. fo. 35.
Stiche, 1535. fo. 27.   2187. fo. 140.
STOCKPORT, 774. fo. 27*b*.   1424. fo. 141. 1505. ff. 139*b*. 140.   2187. fo. 133.   5182. p. 105.
Stockport, Baron Stopford, 1424. fo. 1.   1535. fo. 1*.
STOCKTON, *of Kiddington,* 1535. ff. 268*b*. 282. 2187. fo. 114.   Add. MS. 5529. fo. 66*b*.
Stockton, 1535. fo. 27*b*.
STODART, *of Aberconway,* 2142. fo. 98*b*.
STOKE, 1424. fo. 11.   1505. fo. 11.   1535. ff. 102*b*. 252.   2187. fo. 26*b*.   Add. MS. 5529. fo. 65*b*.
STONE, *of Poynton, fr. Co. York.* 2119. fo. 146.
STOPFORD, 1535. ff. 189*b*. 287*b*.
Stopford, Baron, v. Stockport.
STOURTON, 1424. fo. 124*b*.   1505. fo. 123*b*. 5182. p. 117.
Strechly, or, Stretty, 1535. fo. 27*b*.
Strethill, 1535. fo. 27*b*.
Striche, 1535. fo. 27.
STRINGER, *of Crewe and Farndon,* 1424. fo. 27*b*. 1505. fo. 26*b*.   1535. ff. 61*b*. 251*b*.   2119. fo. 134*b*.   2142. fo. 100.   2187. fo. 139*b*. Add. MS. 5529. fo. 63.
Sturmey, 1535. fo. 27*b*.
Sturmyne, 1535. fo. 27*b*.
Sturton, 1535. fo. 27.
SUTTON, *Baron Dudley,* 1535. fo. 239*b*.   2119. fo. 50.   2187. fo. 51*b*.
—— *of Sutton,* 774. fo. 26*b*.   1045. fo. 103*b*. 1424. ff. 111. 130.   1505. ff. 110. 129. 1535. ff. 216*b*. 217. 249*b*.   2187. fo. 104*.   5182. fo. 94.   Add. MS. 5529. fo. 64.
Sutton, 1535. fo. 27*b*.
SWAN, 1424. fo. 145*b*.   1505. fo. 144*b*.   1535. ff. 285. 296.   2187. fo. 137.   5182. p. 115.
SWANWICK, *of Swanwick,* 1535. fo. 134.   Add. MS. 5529. fo. 65*b*.
SWETTENHAM, *of Somerford,* 1535. fo. 251.
—— *of Swettenham,* 1424. fo. 130*b*. 1505. fo. 129*b*.   1535. ff. 250*b*. 274. 279.
Swettenham, 1535. fo. 27.
SWIFT, 1424. fo. 77*b*.   1505. fo. 77.

SWINERTON, 1424. fo. 122*b*.   1505. fo. 123. 1535. fo. 169*b*.   2142. fo. 25.   2187. fo. 11*b*.   5182. p. 119.   Add. MS. 5529. fo. 63*b*.
Swinshead, 1535. fo. 27.
SWINTON, *of Knutsford,* 1535. fo. 230.   2119. fo. 130*b*.
TABLEY, *of Boxton and Tabley,* 1535. ff. 111*b*. 181*b*.   2119. ff. 101. 102.   Add. MS. 5529. fo. 67.
TANNAT, 1535. ff. 121*b*. 262.
Tannat, of Broxton, 1535. fo. 27*b*.
TARBOCK, 1424. fo. 115*b*.   1505. fo. 114*b*. 2142. fo. 60.   Add. MS. 5529. fo. 67.
TATTENHALL, 1424. fo. 33.   1505. fo. 32. 1535. ff. 50*b*. 91*b*. 256.   2119. fo. 109*b*. 2142. fo. 149.   2187. fo. 115.
Tattenhall, 1535. fo. 27*b*.
TATTON, *of Withenshaw,* 1424. fo. 135*b*.   1505. fo. 134*b*.   1535. fo. 256*b*.   2142. fo. 107. (*a. b.*)   2187. fo. 155*b*.   2230. fo. 32. Add. MS. 5529. fo. 67*b*.
Tatton, 1535. fo. 162.
TAYLOR, 1535. fo. 162.
TEW, *of Waverton,* 1535. fo. 296.
THELWALL, 1424. fo. 102*b*.   1505. fo. 101*b*. 1535. fo. 90*b*.
Thelwall, 1535. fo. 28.
THORNECROFT, *of Thornecroft,* 1535. fo. 259*b*. 2119. fo. 195*b*.
THORNLEY, *of Eccleston,* 1535. fo. 214*b*.
THORNTON, *of Chester,* 2187. fo. 143*b*.
—— *of Thornton,* 1424. ff. 18. 42*b*. 67*b*. 1505. ff. 17. 41*b*. 67.   1535. ff. 177. 257. 2119. ff. 28. 214.   2142. fo. 79*b*.   2187. ff. 70. 143.   2230. fo. 30.   5182. fo. 23. Add. MS. 5529. fo. 37.
Thornton, 1535. fo. 28.
Throckmorton, 1535. fo. 5*b*.
THURCASTON, 1535. fo. 289.
Thurcaston, 1535. fo. 28.
THURSTANTON, 1505. fo. 148*b*.   Add. MS. 5529. fo. 67.
Tibetots, 1535. fo. 6.
TILDESTON, *or,* TILSTON, *of Huxley,* 774. fo. 28*b*. 1045. fo. 100*b*.   1424. fo. 134.   1505. fo. 133.   1535. fo. 257*b*.   2142. ff. 156. 158. 160. 2187. fo. 116.   5182. fo. 99.   Add. MS. 5529. fo. 68.
TIMPERLEY, 774. fo. 15.   1424. fo. 12.   1535. ff. 43. 210. 298.   2142. fo. 47.   2187. fo. 9.   5182. fo. 6*b*.   Add. MS. 5529. fo. 67*b*.
Timperly, 1535. fo. 28.
TITTLEY, *of Titley,* 1535. fo. 261.   2142. ff. 43*b*. 46*b*.   Add. MS. 5529. fo. 68*b*.
Tittley, 1535. fo. 28.
TOFTE, *or,* TOSTE, 1424. fo. 91*b*.   1505. fo. 90. 1535. ff. 160. 260*b*.   2142. ff. 126. 150. 2119. ff. 139. 157*b*.   2187. fo. 68.   Add. MS. 5529. fo. 31*b*.
Tofte, 1535. fo. 28.
TOMLINSON, *of Halifax,* 1424. fo. 110*b*.   1505. fo. 109*b*.   1535. fo. 216*b*.
TOSTE, *v.* TOFTE.
TOUCHETT, *v.* TUCHETT.
Tounsend, 1535. fo. 5*b*.
TRAFFORD, *of Bridge Trafford,* 1535. ff. 254. 262*b*. 263.
TRANMOLL, *or,* TRANMORE, 1535. ff. 181*b*. 155*b*.
TRAYLEBEW, 1535. fo. 40*b*.

TRENTHAM, *of Rosseter*, 2142. fo. 95.

TROUTBECK, *of Trafford*, 1424. fo. 133*b*. 1505. fo. 132*b*. 1535. ff. 174. 259. 2187. fo. 114*b*.

Troutbeck, 1535. fo. 28.

Trubshaw, of Trubshaw, 1535. fo. 36.

TRUSSELL, *of Warmincham, fr. Cos. Leic. and Northampt.* 1424. fo. 135. 1505. fo. 134. 1535. ff. 180. 260. 300. 2119. fo. 62. 2187. fo. 89*b*.

Trussell, 1535. fo. 28.

TUCHETT, *or*, TOUCHETT, *Lord Audley*, 1535. ff. 45. 258*b*. 2187. fo. 13*b*. Add. MS. 5529. fo. 68*b*.

—— *or*, TOUCHETT, *of Whitley*, 1424. fo. 134*b*. 1505. fo. 133*b*. 1535. fo. 258. 285. 2142. fo. 95. 2187. fo. 117. Add. MS. 5529. fo. 68*b*.

Tuchett, 1535. fo. 4*b*.

TUNSTALL, *v.* SNEAD.

TWIFFORD, 1535. fo. 114*b*.

UFFORD, 1424. fo. 55. 1505. fo. 55.

USTETHWAITE, 1535. fo. 189*b*.

VALANTYNE, 1535. fo. 28*b*.

VAWDREY, *of Goostree*, 2119. fo. 172.

———— *of Reddings*, 2119. ff. 171(*a. b.*) 173. 1535. fo. 271. 2142. ff. 117*b*. 118*b*. 2187. fo. 119*b*. Add. MS. 5529. fo. 69*b*.

Vawdrey, of Bowden, 1535. fo. 28*b*.

VENABLES, *of Antrobus*, 1045. fo. 97*b*. 1424. ff. 18. 82*b*. 85*b*. 139*b*. 1505. ff. 17. 82*b*. 84. 138*b*. 2119. fo. 39*b*. 2142. fo. 58. 2187. fo. 121. 2230. fo. 32. 5182. fo. 104.

——— *of Alderley*, 1535. fo. 42.

———— *of Bollyn*, 1535. ff. 139. 207. 257. 2187. ff. 121. 142*b*. 143. 5182. fo. 104.

——— *of Bradwell*, 1535. ff. 230. 275. 2187. fo. 97*b*. 5182. fo. 101.

———— *of Chester*, 1045. fo. 99. 1535. fo. 150*b*. 2142. fo. 68.

——— *of Golborne*, 2119. fo. 39.

——— *of Horton and Hartford*, 1424. fo. 140. 1505. fo. 139. 1535. fo. 276*b*. 2142. ff. 78. 114*b*. 2230. fo. 35*b*.

———— *of Kinderton*, 1045. fo. 99. 1424. fo. 138*b*. 1505. fo. 137*b*. 1535. ff. 88. 162*b*. 217*b*. 275. 277. 278*b*. 2119. ff. 38. 41. 2142. ff. 78. 79*b*. 114*b*. 2187. ff. 105. 120*b*. 5182. ff. 101. 102. 103. Add. MS. 5529. ff. 37. 63*b*.

Venables, Baron Kinderton, 1424. fo. 1. 1505. fo. 1*.

———— 1525. fo. 28*b*.

VERNEY, *of Sandon*, 1535. ff. 130*b*. 212*b*.

VERNON, *of Chester*, 2142. fo. 69*b*.

——— *of Hanbury*, 2187. fo. 118*b*.

——— *of Haslington*, 1424. fo. 138. 1505. fo. 137. 1535. fo. 273*b*. 2142. ff. 135*b*. 137. 2187. fo. 12*b*.

——— *of Mottram*, 2142. fo. 135*b*.

——— *of Ridley*, 1535. fo. 274.

——— *of Shipbrooke and Hatton*, 774. fo. 28. 1424. ff. 68. 136*b*.-137*b*. 1505. ff. 67*b*. 140. 135*b*.—136*b*. 1535. ff. 63. 130. 138. 161*b*. 212*b*. 273. 274*b*. 300. 2119. ff. 120*b*. 122. 139. 2142. ff. 23*b*. 24(*a. b.*) 34. 67*b*. 70. 135 (*a. b.*) 2187. ff. 9*b*. 10. 117*b*.—119. 133. 5182. fo. 100(*a. b.*)

Vernon, Baron Shipbrook, 1424. fo. 1. 1505. fo. 1*.

——— 1535. fo. 28*b*.

WACHETT, of Coppenhall, 1530. fo. 29*b*.

WADHULL, *or*, WAHULL, *fr. Co. Oxon*, 1535. fo. 102.

Wagstaffe, 1535. fo. 30.

WALEIA, 1424. fo. 96. 1505. fo. 94*b*. 1535. fo. 212*b*.

WALENSIS, *of Hooton*, 1535. ff. 29*b*. 158*b*.

Walgerton, of Walgherton, 1535. fo. 29*b*.

WALKER, *of Lee Green*, 1424. fo. 57. 1505. fo. 57. 1535. fo. 126. 2119. fo. 130. 2187. fo. 51*b*.

Walker, 1535. fo. 30.

WALL, *of Helesby*, 1535. fo. 62*b*. 2119. fo. 156*b*. 2163. fo. 91.

—— *or*, KING, 1535. fo. 92. 2187. fo. 36*b*.

Wall, of Chester, 1535. fo. 30.

Walley, of Homestred, 1535. fo. 30.

——— *of Walley*, 1535. fo. 29*b*.

WALTHALL, *of Nantwich*, 1424. ff. 10*b*. 150*b*. 1505. ff. 10*b*. 149. 1535. ff. 40. 290. 2119. fo. 78. 2142. fo. 110. 2187. ff. 15. 127*b*. Add. MS. 5529. fo. 70*b*.

——— *of Wistaston*, 1535. ff. 198. 212.

Walthall, 1535. fo. 30.

WALTON, 1535. fo. 213*b*.

Walton, of Northwich, 1535. fo. 30.

Wanton, v. WAUTON.

WARBURTON, *of Arley*, 1424. fo. 143. 1505. fo. 142. 1535. ff. 119*b*. 145*b*. 267*b*. 281. 290*b*. 2142. fo. 15*b*. 2187. fo. 131*b*. 5182. fo. 114. Add. MS. 5529. fo. 50.

——— *of Northwich*, 1045. fo. 101. 1424. ff. 142*b*. 143*b*. 1505. ff. 141*b*. 142*b*. 1535. fo. 291. 2119. fo. 31. 2142. ff. 17. 46. 2230. fo. 28. Add. MS. 5529. fo. 50.

Warberton, 1535. ff. 29*b*. 30.

WARDE, *of Capesthorne*, 1535. fo. 292*b*.

Warde, 1535. fo. 30.

WARIHULL, *v.* WARRELL.

WARLESTON, 2119. ff. 77. 121*b*.

Warmichan, 1535. fo. 30.

WARRELL, *or*, WARIHULL, 2187. fo. 144*b*.

WARREN, *Earl*, 1424. fo. 140*b*. 1505. fo. 139*b*. 2119. fo. 81.

——— *of Ightfield*, 1535. fo. 288*b*. 2119. fo. 163*b*.

——— *of Poynton and Stockport*, 1505. fo. 140. 1424. fo. 141. 1535. ff. 287*b*. 288. 2119. ff. 81.—84. 2142. fo. 62*b*. 2187. fo. 132*b*. 5182. fo. 105.

Warren, 1535. fo. 30.

WARTON, 1535. fo. 219*b*.

Warton, 1535. fo. 30.

WARWICK, *of Chester and Upton*, 1424. fo. 20. 1505. fo. 19. 1535. ff. 42*b*. 62*b*. 2187. ff. 7*b*. 8*b*. 27.

Warwick, 1535. fo. 30.

WASHETT, *of Copnall*, 774. fo. 28. 1424. fo. 152. 1505. fo. 150*b*. 1535. fo. 286. 2119. fo. 123. 5182. fo. 106. Add. MS. 5529. fo. 71*b*.

WASTNEYS, 1535. fo. 275. 2119. fo. 71*b*.

WATSON, 1535. fo. 167*b*.

Wauton, or Wanton, 1535. fo. 30.

Weaver, 1535. fo. 30.

WEBSTER, *of Chester*, 1535. fo. 194*b*. 2187. fo. 71*b*. Add. MS. 5529. fo. 71*b*.

Webster, 1535. fo. 30*b*. 2187. fo. 140.

WEEVER, *of Aston, and Weverham*, 774. fo. 16*b*. 1045. fo. 96*b*. 1424. ff. 145*b*. 148*b*. 1505. ff. 144*b*. 147. 1535. ff. 264*b*. 285. 296. 2142. fo. 76*b*. 2187. fo. 120. 2230. fo. 31. 5182. fo. 109. Add. MS. 5529. fo. 70.

Weever, 1535. fo. 30*b*.

WELD, *or,* WILD, *of Eaton, jr. London*, 1424. fo. 151. 1505. fo. 149*b*. 1535. fo. 286. 2187. fo. 140*b*. Add. MS. 5529. fo. 73.

———— *Co. Denbigh*, 2187. fo. 21*b*. 1535. fo. 70*b*.

WELSHE, Add. MS. 5529. fo. 11.

WERRALL, *of Chester*, 1535. fo. 296*b*. 2187. fo. 144.

Weston, 1535. fo. 30*b*.

WETNALL, *or,* WHETTENHALL, *of Calveley,* 1535. fo. 269. 2119. fo. 113*b*. 2187. ff. 108*b*. 125*b*. 126.

———— *of Cholmeston*, 1424. fo. 147. 1505. fo. 145*b*. 1535. fo. 283. 2119. fo. 170. 2142. ff. 48. 122. 2187. fo. 125. Add. MS. 5529. fo. 23.

———— *of Copnall*, 774. fo. 31. 1045. fo. 102. 1424. ff. 23*b*. 147(*a. b.*) 148. 1505. ff. 22*b*. 146*b*. 1535. fo. 283*b*. 2119. ff. 113*b*. 170. 2187. ff. 30. 125*b*. 2142. ff. 31. 122. 2230. ff. 32. 33. 5182. ff. 9. 110. Add. MS. 5529. fo. 23.

———— *of Nantwich*, 1424. fo. 147*b.* 1505. fo. 146. 2119. ff. 113*b*. 170(*a. b.*) 1535. fo. 284. 2142. ff. 122. 126. Add. MS. 5529. fo. 23.

———— *of Wettenhall*, 1535. ff. 92. 214. 282*b*. 2187. fo. 126. 5182. fo. 110. Add. MS. 5529. fo. 23.

Wetnall, or, Wettenhall, 1535. fo. 30*b*.

WEEVERHAM, 1424. fo. 42*b*. 1505. fo. 41*b*. 1535. fo. 287. 2187. fo. 120. Add. MS. 5529. fo. 70.

WHEELOCK, *of Crewe*, 1535. fo. 52*b*. 2187. fo. 18*b*.

———— *of Wheelock*, 1045. fo. 106*b*. 1424. ff. 30. 93*b*. 1505. ff. 29. 92. 1535. fo. 190*b*. 2187. fo. 71. 5182. fo. 59. Add. MS. 5529. fo. 40*b*.

Wheelock, 1535. fo. 30*b*.

WHICKSTED, 1535. fo. 294.

Whicksted, 1535. fo. 30*b*. 2187. fo. 140.

WHITAKERS, 1535. fo. 286*b*.

WHITBY, *of Chester*, 1424. fo. 72*b*. 1505. fo. 72. 1535. fo. 92.

WHITGREVE, *of Nantwich*, 1424. fo. 110*b*. 1505. fo. 109. 1535. fo. 216*b*.

Whitly, 1535. fo. 30*b*.

WHITMORE, *of Leighton*, 1535. ff. 78. 175*b*. 2187. fo. 63*b*.

———— *of Thurstaston*, 1045. fo. 105. 1424. fo. 150. 1505. fo. 148*b*. 1535. fo. 289. 2119. fo. 110. 2142. ff. 50. 119. 2187. fo. 126*b*. Add. MS. 5529. fo. 70*b*.

Whitmore, 1535. fo. 30*b*.

WHITNEY, *of Cole*, 1396. fo. 36*b*. 1505. fo. 75*b*. 1535. fo. 73.

Whitney, 1535. fo. 30*b*.

WHITTINGHAM, *of Middlewich, fr. Co. Lanc.* 1424. fo. 151*b*. 1505. fo. 150. 1535. fo. 297*b*. 2230. fo. 31. Add. MS. 5529. fo. 71.

WHITTINGTON, *of Panteley*, Add. MS. 5529. fo. 72*b*.

WIBENBURY, 1535. fo. 180.

Wibenbury, 1535. fo. 29*b*.

WICHE, *of Alderley*, 2119. fo. 181. 1535. fo. 293.

Wiche, 1535. fo. 29.

WIGLAND, *of Lawton*, 1424. fo. 96*b*. 1505. fo. 95. 1535. fo. 125. 2187. fo. 52.

WILBRAHAM, *of Burland,* 2142. fo. 114.

———— *of Darfold,* 2142. fo. 113.

———— *of Nantwich,* 2142. ff. 112. 114. 2187. fo. 121*b.* 5182. fo. 107.

———— *of Woodhay,* 1424. fo. 141*b*. 1505. fo. 140*b*. 1535. fo. 279. 2142. ff. 112*b*. 114. 2187. fo. 121*b*. 2230. fo. 29. 5182. fo. 108.

———— *of Worleston,* 774. fo. 29*b*. 1045. fo. 104*b*. 1424. ff. 96. 137. 142. 1505. ff. 94*b*. 136. 141. 1535. ff. 130*b*. 167*b*. 181. 212*b*. 280. 281. 273. 2142. ff. 32. 77*b*. 2187. fo. 121*b*. 2230. fo. 31. 5182. fo. 107.

Wilbraham, 1535. fo. 29. 2142. fo. 113*b*.

WILD, *v.* WELD.

WILDE, *of Holt*, 1535. fo. 297.

Wilde, of Eton, 1535. fo. 29.

WILLIAMS, *Lord,* 1535. fo. 248*b*.

WILLINGTON, *of Willington*, 1045. fo. 104. 2142. fo. 64*b*. 2187. fo. 128.

WILLOUGHBY, 1045. fo. 98*b*. 1424. fo. 115. 1505. fo. 114. 1535. fo. 227*b*. 2187. fo. 96*b*. 5182. fo. 83.

WINNINGTON, *of Birches,* 1424. fo. 144*b*. 1505. fo. 143*b*. 2119. ff. 177*b*. 222*b*. 2187. fo. 124. 2230. fo. 28*b*. Add. MS. 5529. fo. 50*b*.

———— *of the Hermitage,* 774. fo. 29. 1045. fo. 105*b*. 1424. fo. 144. 1505. fo. 143. 2119. ff. 178(*a. b.*) 222*b*. 2187. fo. 123*b*. 5182. fo. 112. Add. MS. 5529. fo. 50*b*.

———— *of Lestwich,* 1424. ff. 94. 137. 1505. ff. 92*b*. 136. 1535. ff. 130*b*. 181. 212*b*. 273. 279. 2119. fo. 222*b*. 2142. fo. 35*b*. 2187. fo. 122(*a. b.*) 5182. fo. 100. Add. MS. 5529. fo. 50*b*.

———— *of Offerton,* 1424. fo. 145. 1505. fo. 144. 1535. fo. 280*b*. 2142. fo. 124. 2187. fo. 124*b*. 5182. fo. 113. Add. MS. 5529. fo. 50*b*.

———— *of Winnington,* 774. fo. 30. 1424. ff. 143*b*. 152. 1505. fo. 142*b*. 1535. ff. 217*b*. 267*b*. 280. 281. 2119. ff. 177. 222*b*. 2142. fo. 52. 2187. fo. 123. 2230. fo. 30. 5182. fo. 113. Add. MS. 5529. fo. 50*b*.

Winnington, 1535. fo. 29.

WINSTANTON, 1424. fo. 152. 1505. fo. 150*b*. 1535. fo. 216*b*.

Winstanton, 1535. fo. 29.

WOLFE, *of Church Lawton*, 2119. fo. 136*b*.

Woodholt, of Shevington, 1535. fo. 29.

WOODNET, *of Gousley*, 1424. fo. 146. 1505. fo. 145. 2187. fo. 137. Add. MS. 5529. fo. 72.

———— *of Shevington,* 774. fo. 31*b*. 1424. fo. 145*b*. 1505. fo. 144*b*. 1535. ff. 258. 284(*a. b.*) 285. 2187. fo. 136*b*. 5182. fo. 115. Add. MS. 5529. fo. 72.

WOODROFFE, 1505. fo. 92*b*. 1535. fo. 169. 2142. fo. 96. 2187. fo. 65.

Woodward, of Chester, 1535. fo. 29.

Worcelay, 1535. fo. 29.
WORSLEY, 1535. fo. 189*b*.   2142. fo. 71.
Worsley, 1535. fo. 29.
WORTH, *of Tidington, fr. Co. Devon*. 774. fo.
28.   1505. fo. 148.   1424. fo. 149*b*.
1535. fo. 289*b*.   2119. fo. 127.   2187. fo.
127.   5182. fo. 111.   Add. MS. 5529. fo.
70*b*.
Worth, 1535. fo. 29.
WRENBURY, *of Wrenbury*, 1424. fo. 126*b*.   1505.
fo. 125*b*.   1535. ff. 40*b*. 227.   2187. fo. 98.
Wrenbury, 1535. fo. 29.
Wrenche, 1535. fo. 36*b*.
WRIGHT, *of Chester and Pulford*, 2142. fo. 65.
———— *of Bickley*, 774. fo. 30*b*.   1045. fo.
98.   1424. fo. 149.   1505. fo. 147*b*.
1535. fo. 282.   2142. fo. 64(*a. b.*)   2187.
fo. 133*b*.   5182. fo. 117.   Add. MS. 5529.
fo. 71*b*.
———— *of Nantwich*, 1535. ff. 291*b*. 295.   2119.
fo. 128*b*.   2142. fo. 33.   2187. fo. 134.

Wright, 1535. fo. 29.
WROTESLEY, 1424. fo. 11*b*.   1505. fo. 11*b*.
1535. fo. 42.   2142. fo. 57*b*.   2187.
fo. 8*b*.
Wrotesley, 2187. fo. 140.
Wryne, of Wryne Hill, 1535. fo. 29*b*.
WYBUNBURY, *of Brinhurst*, 2187. fo. 152*b*.
Wyncham, 1535. fo. 29.
Wyrden, 1535. fo. 29.
WYTHERS, 1504. fo. 85*b*.
YARDLEY, *of Calcott*, 1535. fo. 298*b*.   2187.
fo. 141.
———— *of Farndon*, Add. MS. 5529. fo. 75*b*.
Yardley, 1535. fo. 29*b*.
YATES, *of Middlewich*, 2119. ff. 187.—189.
Yates, 1535. fo. 29*b*.
Yeardeswicke, 1535. fo. 29*b*.
Yewley, 1535. fo. 29*b*.
YONGE, 1535. fo. 245.
Yonge, 1535. fo. 29*b*.

CORNWALL.

ABOT, *v.* ALETH.
ACHAM, *of Plynt*, 1079. fo. 19*b*.
ADAM, *or*, POLGWEST, 1079. fo. 168.   1142. fo.
164.   1149. fo. 164.   1162. fo. 166.
ALBALANDA, *de*, 1164. fo. 66.
ALEIGH, *v.* LEIGH.
ALETH, *or*, ABOT, 4031. fo. 79*b*.
ANTREN, 4031. fo. 79*b*.
ANTREWON, 1079. fo. 153*b*.   1142. fo. 144*b*.
1149. fo. 144*b*.   1162. fo. 147*b*.
ANTRON, 1079. fo. 236*b*.   1162. fo. 91*b*.
ARCHARD, *of Lizard*, 4031. fo. 79*b*.
ARSCOT, *fr. Co. Devon.* 1079. fo. 121*b*.   1142.
ff. 17. 88*b*.   1149. ff. 17*b*. 89*b*.   1162. ff.
18. 93*b*.   4031. fo. 82.
ARUNDELL, *of Bleybell*, 4031. fo. 72*b*.
———— *of Camborne*, 1079. fo. 80*b*.   1142.
fo. 80.   1149. fo. 79.   1162. fo. 83.
———— *of Lanherne*, 1079. fo. 79*b*.   1142.
fo. 40*b*.   1149. ff. 35*b*. 39*b*.   1162. fo.
41*b*.
————— *of Ley*, 1079. ff. 27. 78.
———— *of Talverne*, 1079. fo. 80.   4031.
ff. 76. 83.   Add. MS. 14,315. p. 93.
———— *of Trerise*, 1079. fo. 78*b*.   1096. fo.
56.   1142. fo. 157*b*.   1149. fo. 157*b*.
1162. ff. 1*. 159*b*.   4031. ff. 71. 73. 75*b*. 81*b*.
ARWENNAKE, 4031. fo. 74*b*.
ATCOMB, 1164. fo. 65.
AT-STONE, 1079. fo. 32*b*.
AYRE, *or*, EYRE, *of Dewstowe*, 1079. fo. 135.   1142.
fo. 114.   1149. fo. 115.   1162. fo. 119.
BACK, *or*, BAKE, 1149. fo. 17.   1162. fo. 17*b*.
BANT, 1142. fo. 21.   1149. fo. 21.   1162. fo. 22.
BARABIN, *v.* BRABIN.
BARKELEY, *fr. Co. Devon.* 1079. fo. 155.   1142.
fo. 145*b*.   7149. fo. 145*b*.   1162. fo.
148*b*.

BARRETT, *of Penquite*, 4031. fo. 76*b*.
———— *of St. Sampson*, 1142. fo. 136*b*.   1149.
fo. 136*b*.   1162. fo. 139*b*.
———— *of Tregarne*, 1079. fo. 179*b*.   1142.
fo. 34*b*.   1149. fo. 33*b*.   1162. fo. 35*b*.
4031. fo. 77*b*.
BASSET, *of Trehiddie, fr. Co. Devon.* 1079. fo.
124.   1142. fo. 90*b*.   1149. fo. 91*b*.   1162.
fo. 95*b*.
BASTARD, *of Dewelowe*, 1079. fo. 68.   1142. fo.
23*b*.   1149. fo. 23*b*.   1162. fo. 24*b*.
BATTERSBY, *of Harrabeare, fr. Co. York*, 1079.
fo. 60.   1142. fo. 7.   1149. fo. 8*b*.   1162.
fo. 8*b*.
BATTYN, *of Donsland*, 1142. fo. 17.   1149. fo.
17*b*.   1162. fo. 18.
BEARE, *of Pengelley*, 1097. fo. 94.   1142. fo.
61.   1149. fo. 60.   1162. fo. 64.   4031.
ff. 72. 73.
———— *of Trevedoe*, 1079. ff. 38. 94*b*.   1149. fo.
26*b*.   1162. fo. 28.
BEAUCHAMP, *of Bymer*, 4031. fo. 79.
———— *of Chiton*, 1079. ff. 105*b*.   106.
1142. ff. 69. 82*b*.   1149. ff. 68. 82*b*.   1162.
ff. 72. 86*b*.   4031. ff. 72. 78*b*.   Add. MS.
14,315. p. 126.
BEAUPLE, 4031. fo. 79.
BEAUPRE, 4031. ff. 70*b*. 79*b*.
BECKETT, *or*, BEKETT, *of Corthither*, 1079. ff.
21*b*. 38.   4031. ff. 72. 73. 75.   Add. MS.
14,315. p. 78.
BEDEMORE, *or*, MORE, 4031. fo. 77*b*.
BEDOW, *v.* HILL.
BEKELEEY, 4031. fo. 74.
BEKETT, *v.* BECKETT.
BENNETT, *of Lawhitton*, 1079. fo. 66*b*.   1142.
fo. 23.   1149. fo. 23.   1162. fo. 24.

H

BEVILL, *of Killegath*, 1079. fo. 37*b*.   4031. ff. 72. 73. 74. 80*b*. 82*b*.   Add. MS. 14,315. p. 124.

BEW, *of Trevedoe*, 1142 fo. 27.

BICTON, 1079. fo. 62*b*.

BILL, *or*, BYLE, *of Santon*, 1079. fo. 191*b*.   1142. fo. 2.   1149. fo. 2.   1162. fo. 2.

BILLING, *of Hanger*, 1079. fo. 136*b*.   1142. fo. 115.   1149. fo. 116.   1162. fo. 120.

BLACKALL, *fr. Co. Devon*. 1142. fo. 9*b*.   1149. fo. 10*b*.   1162. fo. 10*b*.

BLAKE, *of Combleford, fr. Co. Devon*. 1079. fo. 119*b*.   1142. fo. 85*b*.   1149. fo. 85*b*. 1162. fo. 89*b*.

BLANCHARD, 4031. fo. 72.

BLAUMONTER, 4031. fo. 79.

BLEWETT, *of Colan, fr. Co. Devon*. 1079. fo. 2*b*.

BLIGH, *of Bodmin*, 1079. fo. 182*b*.   1142. fo. 21.   1149. fo. 119.   1162. fo. 123.

—— *of Botathen*, 1079. fo. 184.   1142. fo. 118.   1149 fo. 21.   1162. fo. 22.

—— *of Cranstock*, 1079. fo. 116.

BLOYHOW, 4031. ff. 78*b*. 80*b*.

BLOYON, 1097. fo. 13.   1390. fo. 2.   1531. fo. 152.   2109. fo. 9.   4600. p. 3.   Lans. MS. 864. p. 3.

BODRUGAN, 4031. fo. 78*b*.

BOND, *of Earth*, 1079. ff. 139. 247*b*.   1142. fo. 124*b*.   1149. fo. 125*b*.   1162. fo. 129*b*. 4031. fo. 8*b*.

—— *of Salt Ashe*, 1079. fo. 31*b*.   1164. fo. 70. 4031. fo. 73*b*.

Bonnatree, 1079. fo. 16*b*.   1142. fo. 22.   1149. fo. 22.   1162. fo. 23.

BONNITHON, *of Bonithon and Carelew*, 1079. fo. 40. 1149. fo. 149.   1162. fo. 152.   4031. fo. 70*b*.   Add. MS. 14,315. p. 99.

———— *of St. Collomb*. 1079. fo. 212*b*.   1142. ff. 38*b*. 149.   1149. fo. 37*b*.   1162. fo. 39*b*.

BONVILE, 1164. fo. 85.

BOSCAWEN, *or*, BOSCOWEN, *of Tregothnan*, 1079. ff. 12. 44.   1164. fo. 66.   4031. fo. 79*b*.

BOSSAVERNE, *of St. Just*, 1079. fo. 2.   1142. fo. 102.   1149. fo. 103.   1162. fo. 107.

BOSSAWSACK, 1079. fo. 133*b*.   1142. fo. 109*b*. 1149. fo. 110*b*.   1162. fo. 114*b*.

BOSSOURTH, 4031. fo. 73.

BOSUSTOW, *of Levan*, 1079. fo. 115*b*.   1142. fo. 78*b*.   1149. fo. 77*b*.   1162. fo. 81*b*. 4031. fo. 79*b*.

BOSVILE, 4031. fo. 71*b*.

BOTREULX, 4031. fo. 79.

BOTTREAUX, 1142. fo. 20.   1149. fo. 20.   1162. fo. 21.

Bourman, 1142. fo. 49.

BOWL, *of Miler*, 1142. fo. 163*b*.   1149. fo. 163*b*. 1162. fo. 165*b*.

BRA, *of Trewarles*, 4031. fo. 79.

BRABAN, *of St. Collomb*, 1079. fo. 166*b*.   1142. fo. 162*b*.   1149. fo. 162*b*.   1162. fo. 164*b*.

BRABIN, *or*, BARABIN, 1142. fo. 124*b*.   1149. fo. 125*b*.   1162. fo. 129*b*.

BRANE, 4031. fo. 79*b*.

BRAY, *of Trenwith*, 1079. fo. 18*b*.

—— *of Tresudian*, 1079. fo. 239*b*.   1142. fo. 79. 1149. fo. 78.   1162. fo. 82.   6128. fo. 86*b*.

BRENT, 4031. fo. 76*b*.

BROGRAVE, *of Bickingham*, 1079. fo. 163*b*.   1142. fo. 156*b*.   1149. fo. 156*b*.   1162. fo. 158*b*.

BUGAN, *or*, BUGING, *of St. Kerne*, 1079. fo. 107*b*. 1142. fo. 75*b*.   1149. fo. 74*b*.   1162. fo. 78*b*.

BULLER, *of Shillington, fr. Co. Som.* 1079. fo. 194.   1142. fo. 57*b*.   1149. fo. 56*b*. 4031. fo. 82*b*.   1162. fo. 60*b*.

BURDEN, *or*, BURDON, 4031. ff. 74. 79.

BURELL, *of Salt Ashe*, 1164. fo. 60.

BURGESSE, *of Truro*, 1079. fo. 120.   1142. fo. 87.   1149. fo. 88.   1162. fo. 92.

BUSUARGUS, *of St. Just*, 1079. fo. 151*b*.   1142. fo. 142.   1149. fo. 142.   1162. fo. 145.

BYLE, *v.* BILL.

BYLLETT, 1433. fo. 32.   1561 fo. 42*b*.

BYRD, *of Tremere, fr. Cos. Essex and Sussex*, 1142. fo. 62*b*.   1149. fo. 61*b*.   1162. fo. 65*b*.

CAMBORNE, *or*, PAINTER, *of Deverell*, 1079. fo. 236*b*.   1142. fo. 86*b*.   1149. fo. 87*b*. 1162. fo. 91*b*.

CAMILLA, *or*, CAMYLL, 1079. fo. 15.   4031. fo. 78.

CANTERBURY, *of Tethewy*, 4031. fo. 74*b*.

CAREW, *of Anthony*, 1079. ff. 58*b*. 243.   1142. fo. 4*b*.   1149. fo. 4*b*.   1162. fo. 4*b*.

CAREY, *of Launceston, fr. Co. Devon*. 1079. ff. 64. 218.   1142. ff. 12*b*. 18.   1149. ff. 13*b*. 18*b*.   1162. ff. 13*b*. 19.

CARINGTON, 4031. fo. 81*b*.

CARMINOW, *of Fentengollen*, 1079. fo. 42*b*.   1164. ff. 66. 77.   4031. ff. 71. 74*b*. 79.   Add. MS. 14,315. p. 95.

CARNESEW, *of Philley*, 1079. ff. 2. 201.   1142. fo. 44*b*.   1149. fo. 42*b*.   1162. fo. 45*b*. 4031. ff. 72*b*. 82.

———— *v.* THOMAS.

CARNSUYOW, *of Trentryse*, 4031. ff. 77*b*. 80*b*. Add. MS. 14,315. p. 117.

CARTER, *of St. Collomb*. 1079. fo. 139.   1142. fo. 124*b*.   1149. fo. 125*b*.   1162. fo. 129*b*.

CAULL, 4031. fo. 79.

CAULX, 4031. fo. 78.

CAVE, 4031. fo. 78.

CAVELL, *of Trehaverock*, 1142. fo. 35.   1149. fo. 34.   1162. fo. 36.   4031. fo. 78.   Add. MS. 14,315. p. 118.

CEELY, *of St. Ives, fr. Co. Som.* 1079. fo. 127*b*. 1142. fo. 99.   1162. fo. 104.

CHAMOND, *of Lancells*, 1079. fo. 62.   1142. fo. 14.   1162. fo. 15.   1149. fo. 15.   1533. fo. 38*b*.   4031. fo. 82.   Add. MS. 14,315. p. 123.

CHAMPERNON, *of Insworth*, 889. fo. 107*b*.   1079. fo. 184*b*.   1091. fo. 88.   1538. fo. 213*b*. 3288. ff. 62*b*. 70*b*. 138*b*. 151(*a. b*)   4031. ff. 72. 78*b*.   5871. ff. 29*b*. 34*b*.

CHAPMAN, *of Lishard*, 1079. fo. 163.   1142. fo. 170*b*.   1149. fo. 170*b*.   1162. fo. 172*b*.

———— *of Resprin, fr. Co. Devon*, 1079. fo. 70*b*. 1142. ff. 27*b*. 28*b*.   1149. fo. 27.   1162. fo. 28*b*.

CHARNDON, 1079. fo. 95.

CHENDUIT, 1079. fo. 223.   4031. fo. 72*b*.

CHENOUTH, *of Mogion*, 1079. fo. 238*b*.   1142. fo. 82.   1149. fo. 82.   1162. fo. 86.

CHIDLEY, 1079. fo. 38*b*.

CHIMERTON, 4031. fo. 79.

CHIVERTON, *of Paul*, 1079. fo. 55*b*.   1142. fo. 96*b*.   1149. fo. 97*b*.   1162. fo. 101*b*. 4031. fo. 77.

CHIVERTON, *of Trehunsie*, 1079. fo. 56b.   1142.
fo. 2b.   1149. fo. 3.   1162. fo. 3b.
CHYNTON, Add. MS. 14,315. p. 107.
CLARE, *of Lansladron*, 4031. fo. 71.
CLARKE, 1079. fo. 15.   4031. fo. 78.
CLEGHER, 4031. fo. 80.
COCKE, *of Launceston, fr. Co. Devon.* 1079. fo.
117.   1142. fo. 86.   1149. fo. 86.   1162.
fo. 90.
COCKWORTHY, 1079. fo. 184b.
CODE. *of Breage*, 1079. fo. 132b.   1142. fo. 105.
1149. fo. 106.   1162. fo. 110.
—— *of Morval*, 1079. fo. 187.   1142. fo.
59.   1149. fo. 58.   1162. fo. 62.   4031.
ff. 75. 78.
COLBROOK, 4031. fo. 71b.
COLE, 1079. fo. 14b.
—— *of St. Cleer*, 4031. fo. 78.
COLLARD, 1079. fo. 32b.
COLLING, *of Hampte*, 1079. fo. 91.   1142. fo.
55b.   1149. fo. 53b.   1162. fo. 57.
COLQUIT, *of Foye*, 1079, fo. 146b.   1142. fo.
137.   1149. fo. 137.   1162. fo. 140.
COLYN, 4031. fo. 76.
CONNOCK, *of Treworgy*, 1079. fo. 182.   1142.
fo. 55.   1162. fo. 57.   1149. fo. 53.
COOKE, *of Trerise, fr. Co. Devon.* 1079. fo. 142b.
1142. fo. 132b.   1149. fo. 132b.   1162. fo.
136b.
CORINGTON, *or*, CORYTON, *of St. Ives*, 1079. fo.
57.   1142. fo. 5b.   1149. fo. 6.   1162.
fo. 6.
CORYN, *of Kenwyn*, 1079. fo. 143.   1142. fo.
133b.   1149. fo. 133b.   4031. fo. 74.
CORYTON, *of Coryton*, 1079. fo. 23.   1149. fo.
131b.   1162. fo. 84b.   4031. ff. 75. 78b.
Add. MS. 14,315. p. 76.
———— *v.* CORINGTON.
COSSEN, *or*, MADERNE, *of Penzance*, 1079. fo. 167.
1142. fo. 163.   1149. fo. 163.   1162. fo.
165.
COSWORTH, *of Cosworth*, 1079. fo. 209b.   1142.
fo. 80b.   1149. fo. 79b.   1162. fo. 83b.
4031. fo. 83.
COTNEY, *of Lanrake*, 4031. fo. 77.
COURTNEY, *of Penkevell*, 1149. fo. 28.   1162.
fo. 99*b.
———— *of Lanrake*, 1079. fo. 172b.   1142.
fo. 95.   1149. fo. 96.   1162. fo. 100.
Add. MS. 14,315. pp. 77. 85.
———— *of Tremure*, 1142. fo. 29.   1149.
fo. 28b.   1162. fo. 30.   4031. ff. 75. 76b.
81. 82b.
COWLIN, *of Trenguenthen*, 1079. fo. 112.   1142.
fo. 77b.   1149. fo. 76b.   1162. fo. 80b.
4031. fo. 79b.
CRABB, *of Castlewich*, 1079. fo. 61b.   1142. fo.
12.   1149. fo. 13.   1162. fo. 13.
—— *of Tregerthick*, 1079. fo. 2.
CRANE, *of Camborne*, 1079. fo. 8.
CRAS, *of Trenreve*, 4031. fo. 80.
CREWES, *of Liskard, fr. Co. Devon.* 1079. fo. 186.
1142. fo. 70.   1149. fo. 69.
—— *of St. Garrons*, 1162. fo. 73.
CROCKER, *of St. Ann's, fr. Co. Devon.* 1079. fo.
137b.   1142. fo. 124.   1149. fo. 125.
1162. fo. 129.
CROSEMAN, *or*, CROSMAN, *of Cross*, 1079. fo.
57b.   1142. fo. 3.   1149. fo. 3.   1162.
fo. 3.

CULLOW, *of Tyntagell*, 1079. fo. 93b.   1142. fo.
58.   1149. fo. 57.   1162. fo. 61.
CURTEIS, *or*, CURTEYS, *of Pill*, 1079. fo. 16.
4031. fo. 70b.   Add. MS. 14,315. p. 119.
DABERNON, *of Donsland*, 1142. fo 17.   1449.
fo. 17b.   1162. fo. 18.
DAGG, *of Treweggett*. 1079. fo. 138.   1142. fo.
118b.   1149. fo. 119b.   1162. fo. 123b.
DAMERELL, 1142. fo. 59.   1149. fo. 58.   1162.
fo. 62.
DANDY, *or*, DANNY, *of Lanreth*, 1079. fo. 90b.
1142. fo. 54.   1149. fo. 52.   1162. fo. 56.
DANNY, *v.* DANDY.
DARLEY, *of Northill, fr. Co. York.* 1164. fo 61b.
DARRELL, *of Crowan*, 1079. fo. 163b.   1142. fo.
156b.   1149. fo. 156b.   1162. fo. 158b.
DART, *v.* WALLIS.
DAVY, *of Trewetheneth*, 4031. fo. 80.
DE LA HAY, 4031. fo. 72.
DE LA LAUND, 1079. fo. 12.
DE LA LAUNE, 1079. fo. 84b.   1142. fo. 43b.
1149. fo. 41*b.   1162. fo. 44b.
DE LA POLE, 1164. fo. 85.
DENNIS, *of Menhiniott, fr. Co. Devon.*   1079.
fo. 177b.   1142. fo. 9.   1149. fo. 10.
1162. fo. 10.
DEVIOKE, 1079. fo. 174.   4031. fo. 76b.
DEWEN, *of Gwynear*, 1079. fo. 132.   1142. fo.
104.   1149. fo. 105.   1162. fo. 109.
DEWY, *v.* TREVENNORE.
DIONISELL, 4031. fo. 74.
DOCSON, *v.* DOTSON.
DONSLAND, 1142. fo. 17.   1149. fo. 17b.
DOTSON, *or*, DOCSON, *of Heye*, 1079. fo. 119.
1142. fo. 84b.   1149. fo. 84b.   1162. fo. 88b.
DOWNE, 1164. fo. 62.   1538. fo. 238.
DOYNGELL, 1079. fo. 95.
DREFF, 4031. fo. 80.
DURNEFORD, 1079. fo. 187.   1149. fo. 58.
EDGCOMBE, *of "Bodringham*, 1079. fo. 83b.
1142. fo. 42b.   1149. fo. 41b.   1162. fo.
43b.   1164. fo. 71.   4031. fo. 80b.
EDMERSTON, *or*, EMERSTON, 1164. fo. 58.
EDMONDS, *of Truro, fr. Co. Rutland.* 1079. fo.
108b.   1142. fo. 73b.   1149. fo. 72b.
1162. fo. 76b.
EDWARDS, *of Lalant*, 1079. ff. 2. 144.   1100.
fo. 1.   1142. fo. 135.   1149. fo. 135.
1162. fo. 138.
ELFORD, *of Mawnan, fr. Co. Devon.* 1079. fo.
109.   1142. fo. 72b.   1149. fo. 71b.
1162. fo. 75b.
ELLIOTT, *of Port Eliot, fr. Co. Devon.* 1079.
fo. 188.   1142. fo. 1.   1149. fo. 1.
1162. fo. 1**.
ELYN, *of Langydrake*, Add. MS. 14,315. p. 110.
EMERSTON, *v.* EDMERSTON.
ENTHIE, 4031. fo. 76b.
ENYS, *or*, EMYS, 1079. fo. 201b.   1142. ff. 156.
161.   1149. ff. 156. 161.   1162. ff. 158. 163.
ERISEY, *of Erisey*, 1079. fo. 160b.   1142. fo. 155.
1149. fo. 155.   1162. fo. 157.   4031. fo.
73.   Add. MS. 14,315. p. 102.
ERYNFELD, Add. MS. 14,315. p. 127.
ESTCOTT, *of Launceston*, 1164. fo. 65.   4031.
fo. 75.
EYRE, *v.* AYRE.
FALWELL, 4031. fo. 74.
FIPPEN, *or*, FITZ-PEN, *of Truro, fr. Cos. Devon
and Dors.* 1149. fo. 80.   1162. fo. 84.

FITZ-IVA, *or*, FITZ-IVES, *of Lanneskely*, 4031. ff. 70*b*. 77*b*. 79*b*.
FITZ-PEN, *v.* FIPPEN.
FITZ-WAKE, 4031. fo. 76.
FLAMOCK, *or*, FLAMOKE, *of Buscane*, 1079. fo. 104*b*.   1142. fo. 123.   1149. fo. 124. 1162. fo. 128.   4031. ff. 71*b*. 77*b*.   Add. MS. 14,315. pp. 104. 120.
FLEMING, *of Landeth*, 889. fo. 57.   1079. fo. 88.   1142. fo. 47*b*.   1149. fo. 45*b*. 1162. fo. 48*b*.
FLETCHER, *of Mawgan*, *fr. Co. Leic.* 1079. fo. 164.   1142. fo. 159.   1149. fo. 159. 1162. fo. 161.
FORT, *of Pengersike*, 4031. fo. 79.
FORTESCUE, *of Hollowcombe*, 1142. fo. 16*b*.   1149. fo. 17.
———— *of Mawgan*, *fr. Co. Devon.* 1079. fo. 165*b*.   1142. fo. 159*b*.   1149. fo. 159*b*. 1162. fo. 161*b*.
GAMON, *or*, GAMBON, *of Mawgan*, *fr. Co. Devon.* 1079. fo. 73*b*.   1142. fo. 40.   1149. fo. 39.   1162. fo. 41.
GASCOYNE, *of St. Ives*, 1079. fo. 113.   1142. fo. 166*b*.   1149. fo. 166*b*.   1162. fo. 168*b*.
GASGELL, *of Thorpe*, 1142. fo. 15*b*.   1149. fo. 16.   1162. fo. 16*b*.
GAVEREGAN, *of Gaveregan*, 1079. fo. 1*b*.   1164. fo. 84.   4031. fo. 77*b*.
GAYER, *of Trenbrace*, 1079. fo. 45*b*.
GEORGE, *of Trenourth*, *fr. Co. Glouc.* 1079. fo. 140*b*.   1142. fo. 125*b*.   1149. fo. 126*b*. 1162. fo. 130*b*.
GERVEIS, *of Antrewon and Benathleck*, 1079. fo. 153*b*.   1142. fo. 145.   1149. fo. 144*b*. 1162. fo. 148.
GERVIS, *of Constantine*, 1079. fo. 154*b*.   1142. fo. 81.   1149. fo. 81.   1162. fo. 85.
GIFFORD, 1091. fo. 118.   1164. fo. 62.   1538. fo. 265*b*.   4031. fo. 74.
GLANVILE, *of Launceston*, *fr. Co. Devon.* 1079. fo. 226*b*.   1142. ff. 17*b*. 60.   1149. ff. 18. 59.   1162. ff. 18*b*. 63.
GLYNNE, *or*, GLINNE, *of Boyton*, 1142. fo. 117*b*. 1149. fo. 118*b*.   1162. fo. 122*b*.
———— *of Glinn*, 1079. fo. 233*b*.   1142. fo. 52.   1149. fo. 50.   1162. fo. 54.
———— *of Llanhydrock*, 1079. ff. 10. 187.   4031. fo. 73.
GODOLPHIN, *of Treveneage*, 1079. ff. 1*b*. 207.   1142. ff. 93. 94.   1149. ff. 5. 94. 95.   1162. ff. 5. 98. 99.   1567. fo. 60.
———— *of Trewarvenith*, 1079. fo. 206. 1142. fo. 98.   1149. fo. 99.   1162. fo. 103.
GODOTHAM, 4031. fo. 80.
GOODE, *of Whitley*, *or Whetston*, 1079. fo. 224*b*. 1142. fo. 13*b*.   1149. fo. 14*b*.   1162. fo. 14*b*.
GOVELEY, *of Goveley*, 1079. fo. 78*b*.   1142. fo. 81*b*. 1140. fo. 81*b*.   1162. fo. 85*b*.   4031. fo. 71.
GOVISE, 4031. fo. 71.
GRAUNT, 1533. fo. 40.
GREENFIELD, 1079. fo. 27.
GRENVILLE, *of Aldercomb and Stow*, 1079. fo. 216*b*.   1142. fo. 12*b*.   1149. fo. 13*b*. 1162. fo. 13*b*.   1164. fo. 76.   4031. ff. 80*b*. 81*b*. 82.   Add. MS. 14,315. p. 125.
GRILLES, *of Lanreth*, 1079. fo. 87.   1142. fo. 50.   1149. fo. 48.   1162. fo. 52.
———— *of Launceston*, 1079. fo. 64*b*.   1142. fo. 18*b*.   1149. fo. 19.   1162. fo. 19*b*.

GROSSE, *of Camborne*, *fr. Co. Norf.* 1079. fo. 127.   1142. fo. 100.   1149. fo. 101. 1162. fo. 105.
GURLIN, 4031. fo. 80.
HALEP, *of Trewonwell*, 1164. fo. 84.
HALFACRE, *of Whiston*, 1079. fo. 38*b*.
HALLACOMBE, 1162. fo. 17*b*.
HALLAMORE, *of Penryn*, 1079. fo. 155*b*.   1142. fo. 146.   1149. fo. 146.   1162. fo. 149.
HAMLY, 4031. fo. 78*b*.
HAMMOND, *of Pritwell*, 1079. fo. 163*b*.   1142. fo. 156*b*.   1149. fo. 156*b*.   1162. fo. 158*b*.
HARRIE, *of Rescrow*, 1079. fo. 39.
HART, *fr. Co. Devon.* 1079. fo. 30*b*.
HARVY, *of Hale*, 1079. fo. 169*b*.   1142. fo. 168. 1149. fo. 168.   1162. fo. 170.
HATCH, *of Basvistock*, 1142. fo. 45*b*.   1149. fo. 43*b*.   1162. fo. 46*b*.
HAVERING, 1164. fo. 85.
HAWES, *of Kaye*, 1079. fo. 121.   1142. fo. 126.   1149. fo. 127.   1162. fo. 131.
HAWKE, *of Trereven and St. Cleere*, 1079. fo. 73. 1142. fo. 32*b*.   1149. fo. 31*b*.   1162. fo 33*b*.
HEALE, *fr. Co. Devon.* 1142. fo. 170.   1149. fo. 170.   1162. fo. 172.
HEARLE, *or*, HERLE, *of Prideaux, from Co. Northumb.* 1079. ff. 44. 230*b*.   1142. fo. 66*b*. 1149. fo. 65*b*.   1162. fo. 69*b*.   1385. fo. 32.   1559. fo. 7*b*.   4031. fo. 71*b*.   Add. MS. 14,315. p. 89.
HECHINS, *of Kentsbury*, 1079. fo. 27*b*.
HELEGAN, 4031. ff. 70*b*. 76. 78*b*.
HELL, 1079. fo. 113.   1142. fo. 166*b*.   1149. fo. 166*b*.   1162. fo. 168*b*.
HELLER, *v.* MAYHOWE.
HENDER, *of Bottreaux Castle*, 1079. fo. 84. 1142. fo. 43.   1149. fo. 41*.   1162. fo. 44.
HERLE, *v.* HEARLE.
HERYSY, 4031. fo. 79.
HEWES, 4031. fo. 78*b*.
HEXT, *of Constantine*, *fr. Co. Devon.* 1079. fo. 131*b*.   1142. fo. 108*b*.   1149. fo. 109*b*. 1162. fo. 113*b*.
HEY, 1079. fo. 119.   1142. fo. 84*b*.   1149. fo. 84*b*.   1162. fo. 88*b*.
HICKES, *of Luxillion*, 1679. fo. 86.   1142. fo. 46*b*.   1149. fo. 44*b*.   1162. fo. 47*b*.
HILL, *or*, BEDOW, 1079. fo. 105.   1142. fo. 158*b*.   1149. fo. 158*b*.   1162. fo. 160*b*.
———— *of Helegan*, *fr. Co. Som.* 1079. fo. 104*b*. 1142. ff. 56. 159.   1149. fo. 55.   1162. fo. 59.
———— *of Hill Topp*, 1079. fo. 103*b*.   1142. fo. 115*b*.   1149. fo. 116*b*.   1162. fo. 120*b*.
———— *of Truro*, *fr. Co. Devon.* 1079. fo. 102*b*. 1142. ff. 74*b*. 92.   1149. ff. 73*b*. 93.   1162. ff. 77*b*. 97.
HOBLYN, *of Nanswhydon*, 1079. fo. 71*b*.   1142. fo. 30.   1149. fo. 29*b*.   1162. fo. 31.
HORE, *of Trenonth*, 1079. fo. 221.   1142. fo. 97*b*. 1149. fo. 93*b*.   1162. fo. 97*b*.
HUMFREY, *of Truro*, 1079. fo. 15*b*.
ILCOMBE, 1079. fo. 174.   4031. fo. 76*b*.
JENKIN, *of St. Collomb*, 1079. fo. 141.   1142. fo. 127.   1149. ff. 30. 125*b*. 128.   1162. fo. 132.
JERVES, *of Peryn*, 4031. fo. 70*b*.

JEYNENS, *of Bosmawgan*, 1079. fo. 87*b*. 1142. fo. 51*b*. 1149. fo. 49*b*. 1162. fo. 53*b*.
JOLIFFE, *of Tredidon*, 1164. fo. 62*b*.
JONES, *or*, VALENCE, *of Penrose*, 1079. fo. 246.
JOPE, *of Meryfielde*, 1079. fo. 67*b*. 1142. fo. 22*b*. 1149. fo. 22*b*. 1162. fo. 23*b*.
KAILL, 1142. fo. 20. 1149. fo. 20. 1162. fo. 21. 4031. fo. 76*b*.
KECKWICH, *or*, KETCHWICH, *of Catchfrench, fr. Co. Shrop.* 1079. fo. 198*b*. 1142. fo. 6. 1149. fo. 6*b*. 1162. fo. 6*b*.
KELLEY, *of Trecarrell, fr. Co. Devon.* 1079. fo. 31.
KEMPTHORNE, *of Morestow*, 1079. fo. 167*b*. 1142. fo. 164. 1149. fo. 164. 1162. fo. 166.
KEMPTHORNE, *v.* LEE.
KEMYELL, 4031. fo. 79.
KENDALL, *of Medrose*, 1142. fo. 53. 1149. fo. 51. 1162. fo. 55.
———— *of Pelyn*, 1142. fo. 73. 1149. fo. 72. 1162. fo. 76.
———— *of Treworgy*, 1079. fo. 202. 1142. fo. 24*b*. 1149. fo. 24*b*. 1162. fo. 25*b*. 4031. fo. 71*b*.
KENEGY, 4031. fo. 80*b*.
KENTELSBURY, *v.* RENTELSBURY.
KERLUNIETT, 4031. fo. 79*b*.
KERNE, *of Truro*, 1079. fo. 13.
KERNYKE, 4031. fo. 80.
KERRYS, *or*, KERRES, 4031. fo. 76.
KERTHEN, 4031. fo. 79*b*.
KESTELL, *of Kestell*, 1079. fo. 237*b*. 1142. ff. 108. 141. 1149. fo. 141. 1162. ff. 113. 145.
———— *of Pendevy*, 1079. fo. 180*b*. 1142. fo. 120. 1149. fo. 121. . 1162. fo. 125.
KETCHWICH, *v.* KECKWICH.
KETE, *of St. Collomb, fr. Co. Berks.* 1079. fo. 123. 1142. fo. 90. 1149. fo. 91. 1162. fo. 95.
KEVELY, 4031. fo. 79.
KILLIGREW, *of Arwenack*, 1079. fo. 41*b*. 4031. fo. 74*b*. Add. MS. 14,315. p. 100.
———— *of Penryn*, 4031. fo. 77.
———— *of Wolston*, 1079. fo. 141*b*. 1137. fo. 49. 1142. fo. 132. 1149. fo. 132. 1162. fo. 136. 1432. fo. 40*b*.
KILLIOWE, *of Lansalles*, 1079. ff. 15. 204. 1142. fo. 25*b*. 1149. fo. 25*b*. 1162. fo. 26*b*. 4031. fo. 78.
KING, *of Manackan*, 1079. fo. 168. 1142. fo. 163*b*. 1149. fo. 163*b*. 1162. fo. 165*b*.
KNEVETT, *or*, KNYVET, *of Rosmaryn, fr Co. Norf.* 1079. fo. 149*b*. 1142. fo. 139*b*. 1162. fo. 142*b*.
KNIGHT, 1079. fo. 43.
LAHERON, 4031. fo. 77*b*.
LAMBRON, 4031. fo. 80.
LAMPENE, *of Lampene*, 1079. ff. 25. 65*b*. 1142. fo. 19*b*. 1149. fo. 19*b*. 1162. fo. 20*b*.
LANDWARNECK, 1079. fo. 195*b*.
LANGDON, *of Jacobstowe*, 1079. fo. 63*b*. 1142. fo. 16. 1149. fo. 16*b*. 1162. fo. 17.
———— *of Keverell*, 1079. fo. 62*b*. 1142. fo. 37. 1149. fo. 3*b*. 1162. fo. 38. 4031. ff. 70. 81*b*.
———— *of Langdon Bow*, 1079. fo. 2. Add. MS. 14,315. p. 75.
LANGFORD, *of Langford Hill*, 1079. fo. 101*b*. 1142. fo. 66. 1149. fo. 65. 1162. fo. 69.
———— ———— *of Liskard*, 1079. fo. 102. 1142. fo. 157. 1149. fo. 157. 1162. fo. 159.

LANGHERGY, 4031. fo. 73.
LANGHERN, *of St. Erney*, 1079. fo 124*b*. 1142. fo. 91*b*. 1149. fo. 92*b*. 1162. fo. 96*b*.
LANGLAND, 4031. fo. 79*b*.
LANION, *of Lanion*, 1079. fo. 211*b*. 1142. fo. 68*b*. 1149. fo. 67*b*. 1162. fo. 71*b*.
LANKER, 4031. fo. 78.
LANNERGE, 4031. fo. 79*b*.
LANSLADRON, 4031. fo. 71.
LARCHDECON, 4031. ff. 77. 81.
LAUNCE, *of Pennare*, 1079. fo. 86*b*. 1142. fo. 48*b*. 1149. fo. 46*b*. 1162. fo. 49*b*.
LAVELIS, LEVELIS, *or*, LOVELIS, *of Castle Horneck*, 1079. fo. 215*b*. 1142. fo. 103. 1149. fo. 104. 1162. fo. 108. 4031. fo. 77. Add. MS. 14,315. p. 114.
LEACH, *of Stoke Climsland*, 1142. fo. 6*b*. 1149. fo. 7. 1162. fo. 7.
LEE, LEY, *or*, KEMPTHORNE, *of Merther, fr. Co. Devon.* 1079. fo. 189. 1142. ff. 10*b*. 91. 1149. ff. 12. 92. 1162. ff. 11*b*. 96. 4031. fo. 82.
LEIGH, *of Leigh*, 1079. fo. 53. 1142. fo. 1*b*. 1149. fo. 2*b*. 1162. fo. 2*b*.
LEIGH, *or*, ALEIGH, *of Leigh, fr. Co. Chesh.* 1079. fo. 52*b*. 1142. fo. 11*b*. 1149. fo. 12*b*. 1162. fo. 12*b*.
LENE, 1080. fo. 407. 1091. fo. 77*b*. 1538. fo. 193. 5185. fo. 19*b*. 5871. fo. 28.
LEVELIS, *v.* LAVELIS.
LEVENTHORPE, 1079. fo. 163*b*. 1149. fo. 156*b*.
LEY, *v.* LEE.
LIFE, 4031. fo. 72.
LIFFNEY, *of St. Ewe*, 1079. fo. 167*b*. 1149. fo. 164. 1162. fo. 166.
LITTLETON, *of Lanhydrock*, 1079. fo. 18. 4031. fo. 73.
LOVEIS, *or*, LOVES, *of Ogbeare*, 1079. fo. 218*b*. 1142. ff. 67*b*. 146*b*. 1149. ff. 66*b*. 146*b*. 1162. ff. 70*b*. 149*b*.
LOVELIS, *v.* LAVELIS.
LOVES, *v.* LOVEIS.
LOWER, *of Lefant*, 1079. fo. 55. 1142. fo. 1*b*. 1149. fo. 1*b*. 1162. fo. 1*b.
———— *of Polsecoth*, 4031. ff. 73*b*. 76*b*. Add. MS. 14,315. p. 83.
———— *of St. Tudy*, 1079. fo. 74. 1142. fo. 33. 1149. fo. 32. 1162. fo. 34.
———— *of Trelaske*, 1079. fo. 53*b*. 1142. fo. 10. 1149. fo. 11. 1162. fo. 11. 6128. fo. 86*b*.
LOWIS, 1080. fo. 268*b*. 1163. fo. 121*b*.
LUCCOMB, 1079. ff. 104*b*. 174. 1142. fo. 20. 1149. fo. 20. 4031. fo. 76*b*.
LUKE, *of Peryn*, 1079. fo. 5*b*. 4031. fo. 74.
LYNAM, *of St. Kew*, 1079. fo. 101. 1142. fo. 64*b*. 1149. fo. 63*b*. 1162. fo. 67*b*.
LYZARDE, *of Werlangdon.* 1079. fo. 62*b*.
MADERNE, *v.* COSSEN.
MADERVA, *or*, MADATHERVA, 4031. fo. 74.
MALLETT, 1079. fo. 17. 1142. fo. 150*b*. 1149. fo. 150*b*. 1162. fo. 153*b*. 4031. ff. 71*b*. 72.
MANINGTON, *of Manington*, 1079. fo. 191. 1142. fo. 7*b*. 1149. fo. 7*b*. 1162. fo. 7*b*.
MANNING, 1164. fo. 63*b*.
MANSLADRON, *or*, NANSLADRON, 4031. fo. 78*b*.
MARK, *of Liskard*, 1079. fo. 68*b*. 1142. fo. 24. 1149. fo. 24. 1162. fo. 25.
MARRAY, 1142. fo. 20. 1149. fo. 20. 1162. fo. 21.

MARRES, 4031. fo. 76*b*.

MARTIN, *of St. Dominick, fr. Co. Devon.* 1079. fo. 58. 1142. fo. 4. 1149. fo. 4. 1162. fo. 4.

MARTYN, *of Bodmin*, 1164. fo. 84.

MASSULY, *of Liskard*, 4031. fo. 79*b*.

MATHERDERVA, *of Penrith*, 4031. ff. 79. 80*b*.

MATHEW, *of Milton, fr. Co. Devon.* 1079. fo. 70. 1142. fo. 29*b*. 1149. fo. 29. 1162. fo. 30*b*.

———— *of Penetenny*, 1079. fo. 97. 1142. fo. 62. 1149. fo. 61. 1162. fo. 65.

MAYHOWE, *or*, HELLER, *of Lostwithiell*, 1079. fo. 4*b*.

MAYOW, *of Brey, and Morvell*, 1079. fo. 69*b*. 1142. fo. 25. 1149. fo. 25. 1162. fo. 26.

MELFRETROSE, 4031. fo. 79*b*.

MENTYN, 4031. fo. 80*b*.

MENWYNICK, *of Menwynick*, 1079. fo. 136. 1142. fo. 116*b*. 1149. fo. 117*b*. 1162. fo. 121*b*.

MERIFIELD, *of St. Collomb*, 1079. fo. 10*b*.

MICHELESTON, *v.* MICHELLSTOWE.

MICHELLSTOWE, *or*, MICHELESTON, 1091. ff. 70. 82. 1538. fo. 207. 5871. fo. 29.

MITCHELL, *or*, MICHELL, *of Bodmyn*, 1079. fo. 170. 1142. fo. 169. 1149. fo. 169. 1162. fo. 171. 4031. fo. 76.

———————————— *of Truro*, 1079. fo. 170*b*. 1142. fo. 46. 1149. fo. 44. 1162. fo. 47.

MILBURY, 889. fo. 125*b*.

MOHUN, 1164. fo. 74. 4031. ff. 75*b*. 81*b*.

MORE, *v.* BEDEMORE.

MORTON, *of Launceston*, 1079. fo. 148*b*. 1142. fo. 140*b*. 1149. fo. 140*b*. 1162. fo. 144*b*.

MOULESWORTH, *of Pencarrowe, fr. Co. Northampt.* 1079. fo. 99. 1142. fo. 64. 1149. fo. 63. 1162. fo. 67.

MOYLE, *of Bake*, 1079. fo. 196. 1142. fo. 16*b*. 1149. fo. 17. 1162. fo. 17*b*. 4031. fo. 81.

———— *of St. Austell*, 1079. ff. 141. 181*b*. 1091. fo. 81*b*. 1142. ff. 88. 127. 1149. ff. 89. 128. 1162. ff. 93. 132. 4031. fo. 76*b*.

MOYNE, *of Bodynike*, 4031. ff. 75. 78*b*.

MUNDAY, *of Railton, fr. Co. Derby*, 1079. fo. 139*b*. 1142. fo. 125. 1149. fo. 126. 1162. fo. 130.

MURTHE, MURTHER, *or*, RANDALL, *of Talland*, 1079. fo. 171*b*. 1142. fo. 26*b*. 109. 1149. fo. 26. 1162. fo. 27*b*. 4031. fo. 82*b*.

NANCOTHON, 1142. fo. 166*b*. 1149. fo. 166*b*. 1162. fo. 168*b*.

NANGATHAN, *of Rodriff*, 1079. fo. 4.

NANKEVILLE, *or*, TIPETT, *of St. Wenn*, 1079. fo. 156. 1142. fo. 148. 1149. fo. 148. 1162. fo. 151.

NANSLADRON, *v.* MANSLADRON.

NANSPIAN, *of Crowan*, 1079. ff. 111*b*. 213*b*. 1142. fo. 74. 1149. fo. 73. 1162. fo. 77. 4031. fo. 72*b*.

NANSTIAN, *v.* NANTION.

NANTION, *or*, NANSTIAN, 4031. ff. 72. 73.

NEWMAN, 1142. fo. 124*b*. 1149. fo. 125*b*. 1162. fo. 129*b*.

NICHOLL, *or*, NICHOLLS, *of Penvos*, 1079. fo. 91*b*. 1142. fo. 36*b*. 1149. fo. 35*b*. 1162. fo. 37*b*.

NICHOLLS, *of Trewane*, 1079. fo. 92. 1142. fo. 54*b*. 1149. fo. 52*b*. 1162. fo. 56*b*.

NORTH, 4031. fo. 72*b*.

NOY, *of St. Burryan*, 1079. fo. 113*b*. 1142. fo. 77. 1149. fo. 76. 1162. fo. 80.

OPIE, *of Penhorgard*, 1079. fo. 178*b*. 1142. fo. 31. 1149. fo. 30. 1162. fo. 32.

ORWEY, 1164. fo. 85*b*.

OUGHE, *of St. Cleere*, 1079. fo. 144*b*. 1142. fo. 134*b*. 1149. fo. 134*b*. 1162. fo. 137*b*.

OWRIE, *or*, TREGONWALL, *of Tregonwall*, 1079. fo. 168. 1142. fo. 164. 1149. fo. 164. 1162. fo. 166.

PAINTER, *v.* CAMBORNE.

PARKER, *of Blisland, fr. Co. York.* 1164. fo. 56.

Pauston, 1091. fo. 125.

PEDERDA, 4031. ff. 72. 73.

PENDARVIS, *of Camborne*, 1142. fo. 164*b*. 1149. fo. 164*b*. 1162. fo. 166*b*.

———— *of Constantine*, 1079. fo. 115. 1142. fo. 149*b*. 1149. fo. 149*b*. 1162. fo. 152*b*.

———— *of Pendarvis*, 1079. fo. 114. 1142. fo. 78. 1149. fo. 77. 1162. fo. 81. 4031. fo. 74.

PENFORD, 1091. fo. 103. 1538. fo. 238. 3288. fo. 64.

PENFOUN, *of Penfound*, 1142. fo. 116. 1149. fo. 117. 1162. fo. 121.

PENGERSIKE, 4031. fo. 80*b*.

PENHALLOW, *of Penhallow*, 1079. fo. 147*b*. 1142. fo. 138. 1149. fo. 138. 1162. fo. 141.

PENHELLECK, *of Helston*, 1079. fo. 228*b*. 1142. fo. 106*b*. 1149. fo. 107*b*. 1162. fo. 111*b*.

PENKEVILLE, *of Rossorow*, 1079. fo. 49*b*. 4031. fo. 75*b*.

PENPONT, *of Treswethin*, 1079. fo. 47*b*. 4031. fo. 70*b*. Add. MS. 14,315. p. 88.

PENROSE, *of Methely*, 1079. fo. 210*b*. 1142. fo. 160*b*. 1149. fo. 160*b*. 1162. fo. 162*b*.

———— *of Penrose*, 1079. fo. 6. 1142. fo. 107*b*. 1149. fo. 108*b*. 1162. fo. 112*b*. 4031. ff. 74*b*. 76. Add. MS. 14,315. p. 113.

PENSAW, 4031. fo. 79.

PENTIER, *of Pentire*, 1079. fo. 36. 4031. fo. 77*b*.

PENWARREN, *of Mullyton*, 1079. fo. 221*b*. 1142. fo. 139. 1149. fo. 139. 1162. fo. 142.

PERIAM, 1164. fo. 85.

PETITT, *of Andever*, 1079. ff. 42. 81*b*. 1142. fo. 81*b*. 1149. fo. 81*b*. 1162. ff. 85*b*. 118*b*. 4031. ff. 70. 74*b*. 77.

———— *of Pardanoke*, 4031. fo. 70*b*. Add. MS. 14,315. p. 86.

PETTICRU, 4031. fo. 78*b*.

PEVERELL, 1079. ff. 27*b*. 172. 1164. fo. 54.

PEWTHER, *of Basustowe*, 4031. fo. 79*b*.

PIPART, 4031. fo. 79.

PLOTT, *of Sparsholt*, 4031. fo. 72*b*.

PLOWMAN, 4031. fo. 73. Add. MS. 14,315. p. 105.

PLUMLEIGH, *of St. Mabyn, fr. Co. Devon.* 1079. fo. 72*b*. 1142. fo. 32. 1149. fo. 31. 1162. fo. 33.

POLE, 1164. fo. 84*b*.

POLGWEST, *v.* ADAM.

POLKINHORN, *of Guinniard*, 1079. fo. 113. 1142. fo. 166*b*. 1149. fo. 167. 1162. ff. 109*b*. 168*b*.

———— *of Polkinhorn*, 1079. fo. 112*b*. 1142. ff. 76. 104*b*. 1149. fo. 75. 1162. fo. 79.

POLLARD, *of Trevenege*, 1079. fo. 205. 1142. fo. 122. 1162. fo. 127.

POLWHELE, *of Polwhele*, 1079. fo. 74*b*. 1142. fo. 31*b*. 1149. fo. 30*b*. 1162. fo. 32*b*.

POLWITH, 4031. fo. 73.

POMEROY, *of Tregney, fr. Co. Devon.* 1079. fo. 82*b*. 1142. fo. 41*b*. 1149. fo. 40*b*. 1162. fo. 42*b*.

———— *of St. Collomb, fr. Co. Devon.* 1079. fo. 83. 1142. fo. 136. 1149. fo. 136. 1162. fo. 139.

POPHAM, *fr. Co. Som.* 4031. fo. 73*b*.

PORTER, *of Lancelles, fr. Co. Norf.* 1079. fo. 117*b*. 1142. fo. 14*b*. 1149. fo. 15*b*. 1162. fo. 15*b*.

———— *of Trimerton,* 1079. fo. 118. 1142. fo. 84. 1149. fo. 84. 1162. fo. 88.

POYLE, *of Castlezance,* 1079. fo. 162*b*. 1142. fo. 155*b*. 1149. fo. 155*b*. 1162. fo. 157*b*. 4031. fo. 72.

PREDIAS, 4031. fo. 78*b*.

PROUSE, *v.* PROUTE.

PROUTE, *or,* PROUSE, *of St. Stephens,* 1142. fo. 12*b*. 1149. fo. 13*b*. 1162. fo. 13*b*.

PYE, *of Bodenickveor,* 1079. fo. 156*b*. 1142. fo. 150. 1149. fo. 150. 1162. fo. 153.

PYNE, 1533. fo. 38*b*. 5838. fo. 73*b*. 5868. fo. 46*b*.

QUARME, *of St. Keverne, fr. Co. Devon,* 1079. fo. 164*b*. 1142. fo. 161*b*. 1149. fo. 161*b*. 1162. fo. 163*b*.

RANDALL, *of Meny,* 1079. fo. 133. 1149. fo. 110. 1162. fo. 114.

———— *v.* MURTHE.

RASHLEIGH, *or,* RASHLEY, *of Foye,* 1079. ff. 197. 199*b*. 1142. fo. 33*b*. 1149. fo. 32*b*. 1162. fo. 34*b*. 4031. fo. 82*b*.

RAVELL, *or,* REVELL, 1164. fo. 58.

RENTELSBURY, *or,* KENTELSBURY, 4031. fo. 73*b*.

RESCOMER, 4031. ff. 76. 77.

RESCROWE, *or,* ROSCROW, *of Gluvias,* 1079. fo. 152*b*. 1142. fo. 144. 1149. fo. 143*b*. 1162. fo. 146*b*.

RESKYMER, *of Marthen,* 1079. fo. 116*b*. 1142. fo. 79*b*. 1149. fo. 78*b*. 1162. fo. 82*b*. 4031. fo. 78*b*.

RESUGGAN, *of St. Earne,* 1079. fo. 161*b*. 1142. fo. 153*b*. 1149. fo. 153*b*. 1162. fo. 155*b*.

REVELL, *v.* RAVELL.

ROBERTS, *of Truro,* 1079. fo. 111. 1142. ff. 71*b*. 128. 1149. ff. 70*b*. 129. 1162. ff. 74*b*. 133.

ROBINSON, *of Helstone, fr. Co. Worc.* 1079. fo. 150. 1149. fo. 140. 1162. fo. 143.

ROCHE, *of Lesant,* 1079. ff. 29. 34*b*. 4031. fo. 75. Add. MS. 14,315. p. 121.

ROGERS, *of Lanke,* 1079. fo. 93. 1142. fo. 57. 1149. fo. 56. 1162. fo. 60.

ROLL, 1142. fo. 20. 1149. fo. 20. 1162. fo. 21.

ROLLS, 1079. fo. 177*b*.

ROSCARROCK, *of Cranne,* 1079. ff. 35*b*. 223. 1142. fo. 35*b*. 1149. fo. 34*b*. 1162. fo. 36*b*. Add. MS. 14,311. p. 32*b*.

———— ———— *of Roscarrock,* 1142. ff. 153. 168*b*. 1149. ff. 168*b*. 153. 1162. ff. 155. 170*b*. 4031. fo. 72*b*.

ROSCROWE, *v.* RESCROWE.

ROSCRUGE, *v.* ROSKRUGE.

ROSEWARNE, *of Carlyan,* 1079. fo. 122. 1142. fo. 89. 1149. fo. 90. 1162. fo. 94.

ROSKRUGE, *or,* ROSCRUGE, *of St. Anthony,* 1079. fo. 214*b*. 1142. fo. 147. 1149. fo. 147. 1162. fo. 150.

ROSMADRES, 4031. ff. 76*b*. 80.

ROSMERIN, 4031. fo. 80.

ROSOWHORNE, 1079. fo. 9.

ROUSE, 1164. ff. 58. 62. 4031. fo. 81*b*.

ROWSE, 1079. fo. 111. 1142. fo. 71*b*.

RUSSELL, 4031. fo. 78.

ST. ALBIN, *or,* ST. AUBIN, *of Glowance,* 1079. fo. 235. 1142. fo. 105*b*. 1149. fo. 106*b*. 1162. fo. 110*b*. 4031. ff. 77*b*. 83*b*. Add. MS. 14,315. p. 116.

ST. JUSTE, 4031. fo. 79.

SALTER, 1079. fo. 43.

SAMUELL, *of Sheviock,* 1079. fo. 194*b*. 1142. fo. 52*b*. 1149. fo. 50*b*. 1162. fo. 54*b*.

SAWLE, *of Penrise,* 1079. fo. 204*b*. 1142. fo. 127*b*. 1149. fo. 128*b*. 1162. fo. 132*b*.

SAYER, *of Michell Penkville,* 1079. fo. 176*b*. 1142. fo. 126*b*. 1149. fo. 127*b*. 1162. fo. 131*b*.

SCAWEN, *of Adven,* 1079. fo. 135*b*. 1142. fo. 114*b*. 1149. fo. 115*b*. 1162. fo. 119*b*. 1164. fo. 59(*a.b.*)

SENCHALL, 4031. fo. 77.

SERGIEUX, 2109. fo. 72*b*. 4031. fo. 77.

SERLE, *of Thankes,* 1079. fo. 59*b*. 1142. fo. 3*b*. 1149. fo. 5*b*. 1162. fo. 5*b*.

SHARROCK, *or,* SHORROCK, *of Tregon John,* 1079. fo. 169. 1142. fo. 167*b*. 1149. fo. 167*b*. 1162. fo. 169*b*.

SHERSTON, 1079. fo. 2.

SIDENHAM, 4031. fo. 78.

SINGLETON, *of Truro, fr. Co. Lanc.* 1079. fo. 5*b*. 4031. fo. 74.

SKENOCK, *of Trewint,* 1079. fo. 191*b*.

SKEVIS, 4031. fo. 71*b*.

SKORY, *of Lanlivery,* 1079. fo. 84*b*. 1142. fo. 43*b*. 1149. fo. 41*b*. 1162. fo. 44*b*.

SMITH, *of Tregoneck,* 1079. fo. 195*b*. 1142. fo. 60*b*. 1149. fo. 59*b*. 1162. fo. 63*b*. 4031. fo. 81.

———— *of Trewegett,* 1079. fo. 138. 1142. fo. 118*b*. 1149. fo. 119*b*. 1162. fo. 123*b*.

SOUTHCOTT, 1164. fo. 57*b*.

SPARNON, *of Sparnon,* 1079. fo. 118*b*. 1142. fo. 83*b*. 1149. fo. 83*b*. 1162. fo. 87*b*.

SPERMAN, 4031. fo. 74.

SPOURE, *of Northill, fr. Co. Som.* 1079. fo. 24. 1164. fo. 62.

SPREY, *of Bodmin,* 1079. fo. 98*b*. 1142. fo. 63*b*. 1149. fo. 62*b*. 1162. fo. 66*b*. 3288. fo. 159.

SPRY, *of Tencreke,* 1079. fo. 75*b*. 1142. fo. 37*b*. 1149. ff. 8. 38. 1162. fo. 38*b*.

STANBERY, *of Tamerton,* 1164. fo. 64.

START, *of Burien,* 1079. fo. 165*b*. 1142. fo. 159*b*. 1149. fo. 159*b*.

STAVELL, *of Lostwithiell,* 1079. fo. 25*b*.

STEPHENS, *or,* STEVENS, *of Tregony,* 1079. fo. 143*b*. 1142. fo. 134. 1149. fo. 134. 1162. fo. 137.

STONARD, 1142. fo. 20. 1149. fo. 20. 1162. fo. 21.

STONE, *of Trevigo,* 889. fo. 157*b*. 1079. fo. 162. 1142 fo. 154*b*. 1162. fo. 156*b*.

STONNER, 4031. fo. 76*b*.

STOW, *of Trevigo,* 1149. fo. 154*b*.

SULGENE, 4031. fo. 79*b*.

SYMON, 4031. fo. 76*b*.

TALVERNE, 4031. fo. 76.

TANNER, *of Brannell, fr. Co. Devon.* 1079. fo. 231*b*. 1142. fo. 133. 1149. fo. 133.

TAYLOR, 4031. ff. 72. 73.
TEAKE, *of St. Collomb,* 1079. fo. 29.   4031. fo. 75.
TEMPEST, 1142. fo. 121*b.* 1149. fo. 122*b.* 1162. fo. 126*b.*
TERRELL, 4031. fo. 79*b.*
THOMAS, *of Bosaverne,* 1079. fo. 130.
———— *of Lavant,* 1079. fo. 131. 1142. fo. 165*b.* 1149. fo. 165*b.* 1162. fo.167*b.*
———— *or,* CARNESEWE, *of Treun,* 1079. fo. 150*b.* 1142. fo. 143. 1149. fo 143. 1162. fo. 146.
———— *or,* THOMS, *of Curie,* 1079. fo. 130*b.* 1142. fo. 154. 1149. fo. 154. 1162. fo. 156.
THOMS, *v.* THOMAS.
TIPETT, *v.* NANKEVILL.
TOLCARNE, *of Tolcarne,* 1079. fo. 39*b.*
TOLKERNE, *of Catchfrench,* 1079. fo. 198*b.*
TONKIN, *of Trevelaske,* 1079. fo. 166*b.* 1142. fo. 162*b.* 1149. fo. 162*b.* 1162. fo. 164*b.*
TOTWORTHY, *of Pevishall,* 1164. fo. 65.
TREBARFOOTE, *of Trebarfoote,* 1079. fo. 96. 1142. fo. 63. 1149. fo. 62. 1162. fo. 66.
TREBARTHA, 1164. fo. 62.
TREBEHER, 4031. fo. 80.
TREDENECK, *or,* TREDINICK, *of Tredeneck,* 1079. fo. 33*b.* 1142. fo. 16*b.* 1162. fo. 17*b.* 4031. fo. 77*b.* Add. MS. 14,315. p. 122.
TREDENHAM, *of Philley,* 1079. fo. 159*b.* 1142. fo. 152. 1149. fo. 152.
TREDIDON, 1164. fo. 62*b.*
TREDINICK, *v.* TREDENECK.
TREFFREY, *of Foye,* 1079. fo. 145. 1142. fo. 169*b.* 1149. fo. 169*b.* 1162. fo. 171*b.* 4031. fo.82*b.*
———— *of Treffrey,* 1142. fo. 135*b.* 1149. fo. 135*b.* 1162. fo. 138*b.*
TREFUSES, *of Trefuses,* 1079. ff. 1*b.* 240*b.* 1164. fo. 84.
———— *of Landew,* 1142. fo. 8*b.* 1149. fo. 9*b.* 1162. fo. 9*b.*
TREGARDRETH, 4031. fo. 80.
TREGAYNE, 1079. fo. 12*b.*
TREGENDER, 1079. fo. 213*b.* 4031. fo. 79.
TREGERE, *of Crowan,* 1079. fo. 168*b.* 1142. fo. 164. 1149. fo. 164. 1162. fo. 166.
TREGIAN, *of Wolfedon,* 1079. fo. 48. 4031. ff. 75*b.* 78*b.* 82*b.* Add. MS. 14,315. p. 91.
TREGILLION, 4031. fo. 79*b.*
TREGODECK, 1079. fo. 26.
TREGONWALL, 1079. fo. 168. 1142. fo. 164. 1149. fo. 164. 1162. fo. 166.
———— *v.* OWRIE.
TREGOSE, 1079. fo. 3. 4031. ff. 72*b.* 77. Add. MS. 14,315. p. 106.
TREGOST, 1142. fo. 99. 1149. fo. 100.
TREGOURNE, *of Sankred,* 1142. fo. 95*b.*
TREGOWIS, 4031. fo. 80.
TREHANE, *of Trehane,* 1079. fo. 19. 1142. fo. 69*b.* 1149. fo. 68*b.* 1162. fo. 72*b.*
TREHAWKE, *of Blasey,* 1079. fo. 32.
TREIAGO, 1079. fo. 75*b.* 1164. fo. 65*b.*
TRELAWNY, *of Tudiford,* 1079. fo. 89. 1142. fo. 50*b.* 1149. fo. 48*b.* 1162. fo. 52*b.* 4031. fo. 81*b.*
TREMAGES, 4031. fo.80.
TREMAYNE, 4031. fo. 80.
TREMBESOW, 4031. fo.80.
TREMERE, 4031. fo. 79*b.*

TRENANCE, *of Bodmin,* 1079. fo. 180. 1142. fo. 123*b.* 1149. fo. 124*b.* 1162. fo. 128*b.*
TRENDREMAN, *or,* TRENDERNAN, 4031. fo. 79*b.*
TRENERTH, *of Constantine,*1079. fo. 129*b.* 1142. fo. 103*b.* 1149. fo. 104*b.* 1162. fo. 108*b.*
TRENGNENTON, 4031. fo. 79*b.*
TRENGOVE, *of Nance,* 1079. ff. 44*b.* 149. 1142. fo. 138*b.* 1149. fo. 138*b.* 1162. fo. 141*b.* 4031. fo. 83*b.*
TRENOUTH, *of Tilland,* 1079. ff. 12*b.* 75*b.* 1142. fo. 37*b.* 1162. fo. 38*b.* 1164. fo. 65*b.* 4031. fo. 80.
TRERENEKE, 4031. fo. 79.
TRERIFFE, *of St. Gayren,* 4031. fo. 76.
TRERISE, 1079. fo. 78*b.*
TRESAHER, *of Trevethen,* 1079. fo. 81*b.* 1142. fo. 81*b.* 1149. fo. 81*b.* 1162. fo. 85*b.*
TRESILIAN, 1080. fo. 62. 1451. fo. 171. 1538. fo. 169*b.* 1539. fo. 64. 2186. fo. 31. 5871. fo. 39*b.*
TRESOWES, 4031. fo. 80*b.*
TRESWELL, 1096. fo. 39. 1463. fo. 45.
TRESYTHENY, *of St. Collomb,* 4031. fo. 71*b.* 6128. fo. 86*b.* Add. MS. 14,315. p. 98.
TRETHE, 1142. fo. 160*b.*
TRETHERFF, 1079. ff. 20*b.* 193*b.* 1149. fo.160*b.* 4031. ff. 71*b.* 77. Add. MS. 14,315. p. 101.
TRETHULL, 4031. fo. 77.
TRETHWY, *of St. Stephens,* 1079. ff. 27*b.* 62*b.* 108. 1142. fo. 71. 1149. fo.70. 1162. fo. 74.
TREUNWITH, *of St. Erth,* 1079. ff. 35. 109*b.* 1142. fo. 75. 1149. fo. 74. 1162. fo. 78. 4031. fo. 76.
TREVANIAN, *of Kerry Hayes,* 1079. fo. 158. 1142. fo. 151. 1149. fo. 151. 1162. fo. 154. 4031. ff. 73*b.* 78*b.* 83. Add. MS. 14,315. p. 82.
———— *of Trelugan,* 1142. fo. 42. 1149. fo. 41. 1162. fo. 43.
TREVARTHIAN, 4031. ff. 74. 76. 79(*a. b.*)
TREVELIAN, *of Bassell, jr. Co. Som.* 1079. fo. 185. 1142. fo. 36. 1149. fo. 35. 1162. fo. 37.
TREVENNORE, *or,* DEWY, 1079. fo. 223. 1149. fo. 160*b.* 4031. fo. 72*b.*
TREVERE, *v.* WARMISELL.
TREVESINS, *or,* TREVISANS, 4031. ff. 70. 76. Add. MS. 14,315. p. 92.
TREVIADOS, 1164. fo. 84.
TREVINNARD, 4031. fo. 77.
TREVISA, *of Crochadon,* 1079. fo. 198. 1142. fo. 85. 1149. ff. 9. 85. 1162. ff. 9. 89. 4031. fo. 71.
TREVITHUEN, *of Tregovon,* 1079. fo. 29.
———— *of St. Mulens,* 1079. fo. 46*b.*
TREVRAN, *of Cressence,* 1079. fo. 50*b.* Add. MS. 14,315. p. 108.
TREVRY, *of Fowy,* 4031. ff. 73. 74*b.* Add. MS. 14,315. pp. 96. 111.
TREWARTHENICK, 1079. fo. 75*b.* 1164. fo, 65*b.*
TREWBODY, *of Castle,* 1079. fo. 90. 1142. fo. 53*b.* 1149. fo. 51*b.* 1162. fo. 55*b.*
TREWELIGER, 4031. fo. 79*b.*
TREWERNE, *v.* TRYOURNE.
TREWESWETHAN, 4031. fo. 80.

TREWINHART, 4031. fo. 80.
TREWOFF, 4031. fo. 80.
TREWOLA, *of Trewola*, 1079. fo. 232*b*. 1142.
fo. 165. 1149. fo. 165. 1162. fo. 167.
TREWONWALL, 1079. fo. 240*b*.
TREWORGY, 4031. fo. 80.
TREWRAN, *of Dryffmore*, 4031. fo. 76.
TREWRANOW, 4031. fo. 80.
TREWYMARD, Add. MS. 14,315. p. 115.
Trewynard, 1567. fo. 43*b*.
TRIPCONIE, 1079. fo. 7.
TRUEMYTH, Add. MS. 14,315. p. 109
TRYOURNE, *or*, TREWERNE, *of Sankred*, 1079. fo.
126*b*. 1149. fo. 96*b*. 1162. fo. 100*b*.
TUBB, *of Guinope*, 1079. fo. 197. 1142. fo.
166. 1149. fo. 166. 1162. fo. 168.
TUCKER, *of Helland*, *fr. Co. Devon*. 1079. fo.
100. 1142. fo. 65. 1149. fo. 64. 1162.
fo. 68. 4031. fo. 73.
TWIGGS, *of Lawhitton*, 1079. fo. 134*b*.
TYAKE, 1079. fo. 34*b*.
TYLLY, 4031. fo. 72.
TYNTAN, 4031. fo. 78*b*.
UPTON, *of Puslinch*, 1079. fo. 142. 1142. fo.
147*b*. 1149. ff. 131*b*. 147*b*. 1162. fo.
150*b*. 4031. fo. 76*b*.
VACY, *of Fenton*, 1164. fo. 72.
VALENCE, *v.* JONES.
VALETORT, 4031. fo. 72.
VENION, *of St. Collomb*. 1149. fo. 88*b*.
VERMAN, *of Lamorran*, 1079. fo. 82. 1142.
fo. 41. 1149. fo. 40. 1162. fo. 42.
VIELL, *of Treverder*, 1079. fo. 47. 1149. fo. 35.
1162. fo. 37. 4031. fo. 70.
VIVIAN, *of Key*, 1079. fo. 121. 1142. fo. 126.
1149. fo. 127. 1162. ff. 129*b*. 131.
———— *of St. Collomb*. 1079. fo. 120*b*. 1142.
ff. 87*b*. 124*b*. 1149. ff. 88*b*. 125*b*. 1162.
fo. 92*b*.
———— *of Trelawarren*, 1079. fo. 36*b*. 4031.
ff. 77. 79*b*. 83*b*. Add. MS. 14,315. p. 103.
WADHAM, *of St. Stephens*, 4031. fo. 81*b*.
WALISBOROW, *v.* WHALESBOROW.
WALLIS, *or*, DART, *of Mevagissey*, 1079. fo. 160.
1142. fo. 152*b*. 1149. fo. 152*b*.

WARMISELL, *or*, TREVERE, *of Truro*, 4031. fo.
73. Add. MS. 14,315. p. 112*b*.
WATT, 1079. fo. 141.
WEBBER, *of Amell*, 1079. fo. 138*b*. 1142. fo.
121. 1149. fo. 122. 1162. fo. 126.
WELLS, *of Saltash*, *fr. Co. Linc.* 1079. fo. 187*b*.
WENWICK, 1080. fo. 407. 1091. fo. 77*b*.
1538. fo. 193. 5185. fo. 19*b*. 5871.
fo. 28.
WHALESBOROW, *or*, WALISBOROW, 1079. fo. 185.
4031. fo. 77.
WHITE, *of St. Stephens*, 1079. fo. 66. 1142.
fo. 21*b*. 1149. fo. 21*b*. 1162. fo. 22*b*.
4031. fo. 78. Add. MS. 5507. fo. 394.
WHITLEY, 1079. fo. 32*b*.
WILLES, *of Lanrack*, 1079. fo. 134. 1142.
fo. 111.
WILLIAMS, *of St. Ives*, 1142. fo. 99. 1149.
fo. 100.
———— *of Treverno*, 1079. fo. 85. 1142.
fo. 44. 1149. fo. 42. 1162. fo. 45.
WILLOUGHBY, *of St. Enneder*, *fr. Co. Dorset*,
1079. fo. 77. 1142. fo. 39*b*. 1149. fo.
38*b*. 1162. fo. 40*b*.
WILLS, *of Bote Fleming*, 1079. ff. 61. 249*b*.
1142. fo. 13. 1149. fo. 14. 1162. fo. 14.
WINDSOR, 1149. fo. 17.
WIOTT, 4031. fo. 78.
WODENOTH, *of Linkinhorne*, 1164. fo. 61.
WOLWAYN, 4031. fo. 79*b*.
WORTHIVALL, *of Worthevale*, 1079. fo. 69. 1142.
fo. 28*b*. 1149. fo. 27*b*. 1162. fo. 29*b*.
WREY, *of Trebeigh*, *fr. Co. Devon*. 1079. fo.
141*b*. 1142. fo. 132. 1149. fo. 132.
1162. fo. 136. 4031. fo. 81*b*.
WYATT, 1079. fo. 15.
WYMARKE, 4031. fo. 78.
WYVELL, *of Wyvelscombe*, *fr. Co. Devon*. 1079.
fo. 134. 1142. fo. 111. 1149. fo. 112.
1162. fo. 116.
YORKE, *of Fillack*, *fr. Co. Som.* 1079. fo. 128*b*.
1142. fo. 101. 1149. fo. 102. 1162. fo.
106.

CUMBERLAND.

AGLIONBY, *of Carlisle*, 1234. fo. 247. 1457.
fo. 231*b*. 1536. fo. 27*b*. 1374. fo. 11*b*.
3391. fo. 3*b*.
Alder, 1457. fo. 24.
Allanson, *of Pardshaw*, 1234. fo. 246*b*. 1374.
fo. 13.
Allonby, *of Allonby*, 1234. fo. 246*b*. 1374.
fo. 14. 1536. fo. 27. 3391. fo. 3*b*.
ALLYSON, *of Pardsey Hall*, 1536 fo. 29.
Anderson, 1457. fo. 24.
Apleby, 1536. fo. 28*b*.
Arfour, 1234. fo. 246*b*. 1374. fo. 14.
Armorer, 1457. fo. 24.
ASEMUNDIRLAW, 1536. fo. 21.
Aske, 1234. fo. 247. 1374. fo. 11.

ASKOUGH, *of Abbot's Holme*, 1536. fo. 41*b*. 3391.
fo. 4*b*.
———— *of Lacra*, 1536. fo. 43*b*.
Askough, 1536. fo. 28*b*.
BACKHOUSE, 1504. fo. 87*b*.
Bainbridge, 1536. fo. 28. 3391. fo. 4.
Banes, 1234. fo. 247. 1374. fo. 11*b*.
Bartram, 1457. fo. 24*b*.
Barwick, *of Barwick Hall*, 1234. ff. 246*b*. 247.
1374. ff. 12*b*. 14. 1536. fo. 27*b*.
Barwis, *of Ilkerke*, 1234. fo. 247. 1374. fo. 13*b*.
2055. fo. 53.
BEAUCHAMP, 1536. fo. 1.
Beck, 1234. fo. 245*b*.
Belgrave, 1457. fo. 24.

Bellingham, of Kendal, 1234. ff. 246(*a.b.*) 247.
1374. ff. 12. 14*b.*
BERWIS, 1536. fo. 14.   3391. fo. 5.
Birchbeck, or, Birkbeck, 1234. fo. 247.   1374. fo.
12.   1536. fo. 27*b.*   3391. fo. 4.
BIRD, *of Pireth, and Co. Linc.* 1536. fo. 6*b.*
3391. fo. 1*b.*
Birkbeck, v. Birchbeck.
Blencowe, 1234. fo. 246*b.*   1374. fo. 14.   1536.
fo. 27.
———— *of Blencowe,* 1457. fo. 232.
Blenkinsop, 1457. fo. 24.
Blentowre, 3391. fo. 3*b.*
Bleverhasset, of Carlisle, 2055. fo. 53.
Blindrahasset, 1234. fo. 246.   1374. ff. 14*b.* 15.
Bradford, 1457. fo. 24.
Braham, 1234. fo. 246*b.*   1374. ff. 14*b.* 15*b.*
Brathwaite, 1234. fo. 245.
BRAY, 1536. fo. 21.
Bresby, of Penrith, 1457. fo. 231.
BRISKO, *of Crofton,* 1536. fo. 9*b.*   3391. fo. 4*b.*
Brisko, 1234. fo. 247.   2055. fo. 53.   1374.
fo. 13*b.*   1457. fo. 231*b.*
BROHAM, *v.* BRUHAM.
Broughton, 1234. fo. 245*b.*
Bruham, or, Broham, of Bruham, 1234. fo. 246*b.*
1536. fo. 27*b.*   3391. fo. 4.
Burden, 1234. fo. 247.   1374. fo. 11*b.*
Burnishead, 1234. fo. 245*b.*
BURRELL, *of Howtell,* 1536. fo. 37*b.*   3391. fo. 4*b.*
Burrell, 1457. fo. 24.
Bushby, 1234. fo. 247.   1374. fo. 12.   1536.
fo. 27*b.*   3391. fo. 4.
Byndlose, 1234. fo. 245.
CARLTON, *of Carlton,* 1234. fo. 247.   1347. fo.
12.   1457. ff. 25. 231.   1536. fo. 12.
3391. fo. 2*b.*
———— — *of Penrith,* 2055. fo. 53.
Carnaby, 1457. fo. 24*b.*
CHAMBER, *of Wolsty Castle,* 1536. fo. 5*b.*   3391.
fo. 4*b.*
Chirust, of Fornasse, 1234. fo. 247.   1374. fo.
11*b.*
Chumley, 1234. fo. 246*b.*   1374. fo. 13*b.*
Clenhill, 1457. fo. 24.
CLIFFORD, *Earl of Cumb.* 4630. p. 90.
CLYBORNE, *of Hay Close, jr. Co. Westm.* 1536.
fo. 32*b.*   3391. fo. 3.
Clyborne, 1234. fo. 247.   1374. fo. 12*b.*
Collingwood, of Eslington, 1457. fo. 24.
Copland, 1234. fo. 245*b.*
COULT, 1137. fo. 69.   1432. fo. 62.   1541. fo. 84.
Cowdwell, 1234. fo. 247.   1374. fo. 11*b.*   1536.
fo. 27*b.*   3891. fo. 3*b.*
Crakenthorp, 1234. fo. 246*b.*   1374. fo. 15.
1536. fo. 27*b.*   3391. fo. 4.
Cramlington, 1457. fo. 24.
Crastre, 1457. fo. 24.
Creamer, 1457. fo. 25.
CROFTON, 1536. fo. 9*b.*
CUMBERLAND, *Earl of, v.* CLIFFORD.
CURWEN, *of Camerton,* 1536. ff. 33*b.* 34*b.*
Curwen, of Workington, 1234. fo. 247.   1374.
fo. 11.   1435. ff. 7*b.* 35.   1457. ff. 231.
232.   1536. fo. 27.   1564. ff. 7*b.* 38.
2055. fo. 53.   3391. ff. 2*b.* 3.
DACRE, *of Leonard Coast,* 1234. fo. 246*b.*   1374.
fo. 14*b.*   2055. fo. 53.
DALSTON, *of Dalston,* 1536. fo. 5.   3391. fo. 1*b.*
Dalston, 1234. fo. 245.   1374. fo. 12.   1541.
fo. 125.   2055. fo. 53.

Delavale, of Seaton, 1457. fo. 24.
Denton, of Cardew, 1536. fo. 27.   3391. fo. 2*b.*
———— *of Warnell,* 1234. fo. 247.   1374. fo.
12*b.*   1457. fo. 231.   1536. fo. 28.
3391. fo. 4.   2055. fo. 53.
Dicks, 1374. ff. 12. 13.
Draper, 1457. fo. 24.
Duckett, of Grayrigge, 1234. fo. 247.   1374. ff.
12*b.* 14.
DUDLEY, *of Yeanwith,* 1536. fo. 40*b.*   3391. fo. 4*b.*
Dykens, 1536. fo. 27.   3391. fo. 3*b.*
Dykes, of Warthall, 1234. fo. 247.   1457. fo.
232.   1536. fo. 27.   2055. fo. 53.   3391.
fo. 2*b.*
EGLESFIELD, *of Alwarby,* 1457. fo. 232.
Eglionby, of Carlisle, 2055. fo. 53.
Ellis, of Bothel, 1234. fo. 247.   1374. fo. 13*b.*
1536. fo. 27*b.*   3391. fo. 3*b.*
Erington, 1457. fo. 24.
FALLOWFIELD, 1234. fo. 246*b.*   1374. fo.
14.   1536. fo. 27*b.*   3391. fo. 4.
Farington, 1234. fo. 246*b.*   1374. fo. 14*b.*
Fenwicke, 1457. fo. 24.
FETHERSTON, *of Langwathby,* 1457. fo. 231*b.*
Fetherstonhaugh, of Colledge, 2055. fo. 53.
Fleming, of Wath, 1536. fo. 28.   3391. fo. 4.
Fletcher, of Hutton in Forest, 2055. fo. 53.   1457.
ff. 231*b.* 232*b.*
Forster, of Stane Garthside, 1457. fo. 231.
GENTON, 1536. fo. 27.   3391. fo. 3*b.*
Gilpin, of Kentmere, 1234. fo. 246.   1374. fo.
14*b.*   1457. fo. 231*b.*
Graham, 1457. fo. 231*b.*
Gray, 1457. fo. 24*b.*
Grayham, of Esk, 2055. fo. 53.
Grindall, of St. Bees, or St. Bridges, 1234. fo.
246*b.*   1374. fo. 14*b.*   1536. fo. 27.   3391.
fo. 3*b.*
GULL, 1536. fo. 7.
HARINGTON, *of Wollax, jr. Co. Lanc.* 1536. fo.
36*b.*   3391. fo. 4*b.*
Harrington, 1234. fo. 247.   1374. fo. 13*b.*
HERBERT, *Co. Montgom.* 1536. fo. 8.
Heron, 1457. fo. 24*b.*
Hesilrigge, 1457. fo. 24*b.*
HETHERINGTON, *of Walton,* 1536. fo. 38.   3391.
fo. 4*b.*
HIGHMORE, *of Armathwaite,* 1536. fo. 4*b.*   3391.
fo. 4*b.*
Highmore, 1234. fo. 246*b.*   1374. fo. 13*b.*   1457.
fo. 232.
Hodgson, 1536. fo. 28*b.*   3391. fo. 4.
HOOTON, *v.* HUTTON.
Hoton, 1536. fo. 27.   3391. fo. 3*b.*
Howard, of Corsby Castle, 1457. fo. 231.
———— *of Naworth,* 2055. fo. 53.
HUDLESTON, *of Milholme Castle,* 1536. fo. 21*b.*
3391. fo. 5.
Hudleston, of Milholme Castle, 1234. fo. 246*b.*
1374. fo. 14.   1536. fo. 12.   2055. fo. 53.
3391. fo. 2*b.*
Hussy, 1234. fo. 246*b.*   1374. fo. 13.
HUTTON, *or,* HOOTON, *of Penrith,* 1536. fo. 1.
3391. fo. 2.
Hutton, of the Forest, 1234. fo. 247.   1374. fo.
13.   1536. fo. 27*b.*   3391. fo. 4.
———— *of Galle,* 1457. fo. 231*b.*
———— *of Hutton,* 1234. fo. 246*b.*   1374. fo. 15*b.*
IRETON, *of Ireton,* 1139. fo. 18.   1536. ff. 15.
32.   1544. fo. 83.   3391. fo. 1*b.*
Ireton, 1234. fo. 246.   1374. fo. 15*b.*

JACKSON, 1234. fo. 246*b*.   1374. fo. 14.
  1457. fo. 24*b*.   1536. fo. 28.   3391. fo. 4.
Jenison, of Newcastle, 1457. fo. 24*b*.
KILLINGHALL, 1536. fo. 27.   3391. fo. 3*b*.
Killingworth, 1457. fo. 24*b*.
Kirkbride, of Ellerton, 1457. fo. 231.
Kirkby, 1234. fo. 247.   1374. fo. 13*b*.
LAMPLEIGH, or, Lamplugh, of Dovenby, 1374.
  fo. 14*b*.   1536. fo. 27.   3391. fo. 2*b*.
LAMPLEW, *of Lamplew Hall*, 1536. fo. 30.
Lamplew, 1234. fo. 246*b*.   1374. fo. 15(*a.b.*)
  1457. fo. 232.   2055. fo. 53.   3391. fo. 3.
Lancaster, of Crachtrees, 1374. fo. 15.
———— *of Sockbridge*, 1234. ff. 245*b*. 246*b*.
  1374. fo. 15.
LANGTON, *of Heston, fr. Co. Lanc.* 1536. fo. 35*b*.
  3391. fo. 3.
LATUS, *of Milholme*, 1536. fo. 23.
Lawson, of Isall, 1234. fo. 247.   1374. fo. 13.
  1457. ff. 24*b*. 231.   1536. fo. 27.   2055.
  fo. 53.   3391. fo. 2*b*.
LAYTON, *of Delmayne*, 1394. p. 160.   1415. fo.
  12*b*.   1420. fo. 116*b*.   1536. fo. 35.
  3391. fo. 3.
Layton, 1234. fo. 246*b*.   1374. fo. 14.   1457.
  fo. 231*b*.   2055. fo. 53.
Lee, 1234. fo. 246*b*.   1415. fo. 103*b*.   1420.
  fo. 241*b*.
LEIGH, *of Isall*, 1234. fo. 246*b*.   1374. fo. 14*b*.
  1536. fo. 27.   3391. fo. 3*b*.
Leusie, 1234. fo. 246*b*.
Loughe, 1234. fo. 246*b*.   1374. fo. 15.   1536.
  fo. 27*b*.   3391. fo. 4.
Lowther, of Perith, 1234. ff. 246*b*. 247.   1374.
  fo. 15.   1457. fo. 232.
MACHELL, 1234. fo. 246*b*.   1374. fo. 14.
  1536. fo. 27*b*.   3391. fo. 4.
MIDDLETON, 1548. fo. 105*b*.   Add. MS. 5532. fo.
  108*b*.
Midleton, 1234. fo. 245.   1374. fo. 12*b*.   1457.
  fo. 24*b*.
MILLUM, 1536. fo. 21.
Millum, 3391. fo. 1*b*.
Mitford, 1457. fo. 24*b*.
MOLTON, 1153. fo. 88*b*.
Morrowsby, 1234. fo. 247.   1374. fo. 13*b*.
Morslye, 1536. fo. 28.   3391. fo. 4.
Mulcaster, 1536. fo. 28.   3391. fo. 4.
Mumparson, 1457. fo. 25.
Musgrave, 1234. fo. 247.   1374. fo. 12.   2055.
  fo. 53*b*.
NEVILLE, 1234. fo. 246*b*.   1374. fo. 14*b*.
OGLE, 1457. fo. 24*b*.
Orfeur, of Highclose, 1457. fo. 231.
———— *of Orfeur*, 1536. fo. 27.   3391. fo. 3*b*.
Osmotherlaw, or, Osmunderlaw, of Langrigge, 1457.
  fo. 231*b*.   1536. fo. 28.   3391. fo. 4.
PARE, 1374. fo. 13.
Parkins, of Hurtlo, 1536. fo. 27.   3391. fo. 2*b*.
Parr, 1234. fo. 247.
PATRICKSON, *of Stockhow*, 1536. fo. 3*b*.   3391.
  fo. 2.
Patrickson, 1234. fo. 246*b*.   1374. fo. 14.   1536.
  fo. 28.   2055. fo. 53*b*.   3391. fo. 4.
Patrickson, of Stockhow, 1457. fo. 232(*a.b.*)
PENNINGTON, *of Muncaster*, 1536. fo. 22*b*.
Pennington, 1234. fo. 245*b*.   1374. fo. 13*b*.
  1457. fo. 231.   1536. fo. 27*b*.   2055. fo.
  53*b*.   3391. fo. 4.

PENRUDDOCK, *of Arkeilby*, 1536. fo. 1*b*.   3391.
  fo. 2.
Penruddock, 1234. fo. 245*b*.   1374. fo. 13*b*.
Percy, Lord, 1374. fo. 12.
Phillipson, of Calgarth, 1234. fo. 245*b*.
Pickering, 1234. fo. 246.   1374. fo. 15*b*.
PORTER, *of Allerby*, 1536. fo. 39.   3391. fo 2*b*.
Porter, 1234. fo. 247.   1374. fo. 12.   1457.
  fo. 232.
Preston, 1234. fo. 247.   1374. fo. 13*b*.
RADCLIFFE, *of Derwentwater*, 1536. fo. 14*b*.
  3391. fo. 5.
Radcliffe, 2055. fo. 53*b*.
Ribton, 1234. fo. 247.   1374. fo. 13*b*.   1536.
  fo. 27*b*.   3391. fo. 3*b*.
RICHMOND, *of Highett Castle*, 1536. fo. 43.
Richmond, 1234. fo. 247.   1374. fo. 13.   1457.
  fo. 231*b*.   1536. fo. 27.   2055. fo. 53*b*.
  3391. fo. 3*b*.
ROOS, 1536. fo. 16.
SALKELD, 1536. ff. 25*b*. 26.   1556. fo. 115.
Salkeld, of Whitehall, 1234. ff. 246*b*. 247.   1374.
  ff. 12*b*. 13*b*.   1457. fo. 24*b*.   1536. fo. 27.
  3391. fo. 3*b*.
Samforth, or Sandforth, 1234. fo. 246*b*.   1374. fo.
  14.
SANDFORTH, *v.* SAMFORTH.
SANDIS, *of St. Bees*, 1536. fo. 15*b*.
Sands, 1234. fo. 246*b*.   1374. fo. 13*b*.   3391.
  fo. 5.
SCROOPE, *Lord*, 1234. fo. 247.   1374. fo. 12.
Selby, 1457. fo. 25.
Senowes, of Seascale, 1234. fo. 246*b*.   1374. fo.
  15.   1457. fo. 231*b*.   1536. ff. 12. 27*b*.
  3391. fo. 2*b*.
SKELTON, *of Armethwaite*, 1435. fo. 18*b*.   1536.
  fo. 40.   3391. fo. 4*b*.
Skelton, 1234. fo. 246*b*.   1374. fo. 15*b*.   1457.
  ff. 231. 232.   2055. fo. 53*b*.
Smotherley, 1234. fo. 246*b*.   1374. fo. 14.
Solkele, of Corby Castle, 2055. fo. 53*b*.
STANLEY, *of Dalgarth*, 1536. fo. 7*b*.   3391. fo. 1*b*.
Stanley, 1457. fo. 232.
Stanwix, of Carlisle, 1457. fo. 232.
Strickland, 1234. fo. 246*b*.   1374. fo. 14*b*.
Swynborne, of Hathat, 1234. fo. 246.   1374. fo.
  15*b*.   1457. fo. 231*b*.
TALSTON, of Kirkbride, 2055. fo. 53*b*.
Thamworth, 1457. fo. 25.
Thereld, of Melmerby, 1536. fo. 27*b*.   3391.
  fo 4.
THIRKELD, *of Mehere*, 1536. fo. 12*b*.
Thirkeld, 1234. fo. 246*b*.   1374. fo. 15.   1457.
  fo. 231.
Thirlway, 1234. fo. 246.   1374. fo. 15*b*.   1536.
  fo. 27*b*.   3391. fo. 4.
Thornborough, 1234. fo. 245*b*.
Thwayts, 1234. fo. 246*b*.   1374. fo. 14.   1536.
  fo. 28.   3391. fo. 4.
Tolson, 3391. fo. 4*b*.   1457. ff. 231*b*. 232*b*.
Towry, of Croglyn Hall, 1457. fo. 231.
Tunstall, 1234. fo. 246*b*.   1374. fo. 14*b*.
URIET, of Cockermouth, 1457. fo. 232.
VAUX, *of Catterlin*, 1536. fo. 30*b*.   3391. fo. 3.
Vaux, of Corby, 1234. fo. 246(*a.b.*)   1374. fo.
  14*b*.   1536. fo. 27.   2055. fo. 53*b*.   3391.
  fo. 3.
Vicars, 1536. fo. 12.   3391. fo. 2*b*.
WARCOP, 1234. ff. 245. 246.   1374. fo. 15*b*.
Warmouth, 1457. fo. 24*b*.

Warwick, of Warwick Briggs, 1234. fo. 247. 1374. fo. 13*b*. 1457. fo. 231*b*. 1536. fo. 28. 3391. fo. 4.

Wharton, 1234. fo. 247. 1374. fo. 12*b*.

Whelpdale, 1234. fo. 247. 1374. fo. 13. 1536. fo. 27*b*. 3391. fo. 4.

Whittingham, 1457. ff. 24*b*. 25.

Widerington, 1457. fo. 25.

WILLIAMSON, *of Newhall,* 1536. fo. 12*b*. 1551. fo. 66. 3391. fo. 5.

Williamson, 1536. fo. 28. 3391. fo. 4.

Wybergs, of Clifton, 1457. fo. 231*b*.

Wyborne, 1234. fo. 245*b*. 1374. fo. 13. 1536. fo. 27*b*. 3391. fo. 3*b*.

Wyvell, of Johnby, 1457. fo. 231.

DERBYSHIRE.

ABDEY, 2109. fo. 36. 4600. p. 30.

Abell, of Stapenhill, 1537. fo. 1. 6592. fo. 29*b*. Egert. MS. 996. fo. 5.

ABNEY, *of Willesley,* 1537. fo. 26*b*. 1093. fo. 62*b*.

ABTOFTE, Egert. MS. 996. fo. 41*b*.

AGARD, *of Foxton,* 1537. fo. 41*b*. Egert. MS. 996. fo. 60.

—— *of Sudbury,* 810. fo. 12*b*. 886. fo. 62. 1093. fo. 54. 1415. fo. 134*b*. 1537. ff. 42. 112*b*. 2113. fo. 106*b*. 6104. fo. 88. Egert. MS. 996. fo. 60.

Agard, of Foxton, 6592. fo. 29*b*.

AILSBURY, *of Wiverton,* 1093. fo. 18.

AKNEY, *of Willesley,* 6104. fo. 89

ALDESTREY, Egert. MS. 996. fo. 80*b*.

ALFRETON, 2119. fo. 129*b*.

Allen, 1537. fo. 1.

ALLESTRY, *of Alveston,* 6104. fo. 88*b*.

ALSOP, *of Alsop,* 1093. fo. 99. 1153. fo. 93. 1537. fo. 107*b*. 4106. fo. 90*b*. 6592. fo. 29*b*. Egert. MS. 996. fo. 49*b*.

—— *of Butterly,* Egert. MS. 996. fo. 59*b*.

APPLEBY, 1093. fo. 27*b*. 1153. fo. 101. 1537. fo. 5*b*. 2134. fo. 16. 6592. fo. 23. Egert. MS. 996. fo. 71.

ARDEN, *v.* CHAMBERS.

ARMSTRONG, *of Wysall,* 886. fo. 3.

ASCOUGH, 6952. fo. 6*b*.

ASHBY, *of Cholaston,* 1093. fo. 83*b*. 6592. fo. 8.

ASHENHURST, *of Berd, fr. Co. Staff.* 1093. ff. 126*b*. 127.

—— *of Gossopdale,* 6104. fo. 90.

ASHTON, *of Kinwoldmarsh, fr. Co. Lanc.* 886 fo. 31. 1093. fo. 12. 1153. fo. 93. 1537. fo. 33*b*. 2113. fo. 102. 2134. fo. 42*b*. 6592. fo. 24*b*. Egert. MS. 996. fo. 60*b*.

Ashton, 6592. fo. 29*b*.

ASTLEY, Egert. MS. 996. fo. 6*b*.

Aston, 1486. fo. 33*b*.

ATTON, 6592. fo. 8*b*.

AUFERTON, 1093. fo. 18.

BABINGTON, *of Dethick,* 1093. ff. 66*b*. 84. 1486. fo. 58. 1537. fo. 115. 6592. ff. 22*b*. 87*b*. Egert. MS. 996. ff. 61*b*. 66*b*.

Babington, 1093. fo. 124. 6592. fo. 29*b*.

BACH, *of Stanton,* 6104. fo. 92*b*.

BADELISMERE, 1153. fo. 93*b*.

BAGSHAWE, *of Abney,* 886. fo. 20*b*. 1093. fo. 26*b*. 1241. ff. 63. 124*b*. 1484. fo. 36*b*. 1537. fo. 40. Add. MS. 14,314. ff. 54*b*. 55(*a.b.*)

—— *of Ridge,* 1093. fo. 27. 1153. fo. 93. 1537. fo. 20*b*. 1486. fo. 60*b*. 1484. fo. 36*b*. 2113. fo. 97*b*. 2134. fo. 27*b*. 6104. fo. 93. Egert. MS. 996. fo. 38.

Bagshawe, 1093. fo. 110*b*. 6592. fo. 30.

BAGULEY, *or,* BALGEY, *of Ashton,* 1093. fo. 110*b*. 1153. fo. 93. Egert. MS. 996. fo. 45*b*.

Bakewell, 1093. fo. 124.

BALGEY, *v.* BAGULEY.

BALIDON, *of Derby,* 6104. fo. 91*b*.

BARKER, *of Dore,* 1093. fo. 117. 1153. fo. 93*b*. 1486. fo. 57*b*. 1537. fo. 91*b*. Egert. MS. 996. fo. 26*b*.

BARLEY, *of Barley,* 886. fo. 36*b*. 1093. fo. 39. 1153. fo. 93. 1537. fo. 110*b*. 1486. fo. 37. Egert. MS. 996. ff. 20*b*. 41*b*.

—— *of Dransfield Woodhouse,* 886. fo. 34*b*. 1093. fo. 33. 1537. fo. 37. 2113. fo. 103. 2134. fo. 47*b*.

Barley, 1093. fo. 32*b*. 1486. fo. 58.

BARLOW, *of Dransfield Woodhouse,* 6592. fo. 32*b*. —— *of Stoke,* 886. fo. 11*b*. 1093. fo. 70. 1486. fo. 54*b*. 1537. fo. 7. 6592. fo. 15. Egert. MS. 996. fo. 32*b*.

Barlow, 6592. fo. 30.

BARNARD, 1093. fo. 73*b*.

BARREY, 1093. fo. 126. Egert. MS. 996. fo. 20.

BARWELL, *of Ransone, fr. Co. Leic.* Egert. MS. 996. fo. 80.

Basford, 6592. fo. 93*b*.

BASSET, *of Langley,* 1486. fo. 45*b*. 1537. fo. 106*b*. Egert. MS. 996. ff. 13*b*. 62*b*.

—— *of Sapcotts,* 1093. fo. 36.

—— *fr. Co. Staff.* 1484. fo. 34*b*. 6592. fo. 4.

Basset, of Langley, 6592. fo. 30.

BATEMAN, *of Haltington,* 6104. fo. 93*b*.

BEARD, *of Beard,* 886. fo. 33. 1093. ff. 38*b*. 126*b*. 1153. fo. 93*b*. 1537. fo. 35. 2113. fo. 103. 2134. fo. 45*b*. 6592. fo. 20*b*. Egert. MS. 996. fo. 63.

Beard, 6592. fo. 30.

Beauley, of Melborne, 1537. fo. 1.

BEAUMONT, *Lord,* 2113. ff. 105*b*. 106.

—— *of Barrow, fr. Co. Leic.* 1537. fo. 39*b*.

BECKERING, 886. fo. 26. 1093. fo. 35. 2134. fo. 36*b*. Egert. MS. 996. ff. 67*b*. 68.

BENNET, *of Littleover*, 6104. fo. 92.
BENTLEY, *of Derby, fr. Co. Staff.* 1093. fo. 16*b*.
1153. fo. 94. 1486. fo. 27. 1537. fo.
96. Egert. MS. 996. fo. 39*b*.
———— *of Holborne*, 1093. fo. 115.
BERESFORD, *of Bentley, fr. Co. Staff.* 886. fo.
18*b*. 1093. fo. 47. 1153. ff. 93*b*. 94.
1484. fo. 36*b*. 1537. fo. 17*b*. 2113. fo.
97. 2134. fo. 25*b*. 6104. fo. 94.
6592. fo. 20*b*. Egert. MS. 996. ff. 40. 42*b*.
———— *of Euston*, 1537. fo. 94.
———— *of Newton Grange*, 1093. ff. 47*b*. 48*b*.
1486. fo. 29*b*. 1537. fo. 94*b*. 2113. fo. 111.
Beresford, of Bentley, 6592. fo. 30.
Beton, 1093. fo. 92*b*.
BICKERTON, 2113. fo. 110*b*.
BIDULPH, 2113. fo. 110*b*.
Bidulph, 886. fo. 66*b*.
BILGAY, 6104. fo. 91.
BINGHAM, 1093. fo. 124.
Birton, 1093. fo. 124.
BLACKWALL, *of Blackwall*, 1093. fo. 99*b*. 1153.
fo. 108*b*. 1484. fo. 38. 1537. fo. 43*b*.
1982. fo. 112. Egert. MS. 996. fo. 64.
Blackwall, 6592. ff. 30*b*. 93*b*.
BLANDESTON, or, BLUNDERSTON, *fr. Co. Suff.*
1093. fo. 52*b*.
BLITHE, *of Burchet*, 6104. fo. 94*b*.
———— *of Norton*, 1093. fo. 123*b*. 1537. fo.
46*b*. Egert. MS. 996. fo. 65.
Blithe, or, Blythe, 6592. fo. 30*b*.
BLOUNT, *Lord Mountjoye*, 2113. ff. 107*b* 108.
———— or, BLUNT, *of Burton*, 1093. fo. 62.
1537. fo. 41. 2113. fo. 109*b*.
———— *of Sodington*, 2113. fo. 110.
BLUNDERSTON, *v.* BLANDESTON.
Blunt, 1093. fo. 65*b*.
BONINGTON, *of Borrowcote*, 6104. fo. 95. Egert.
MS. 996. fo. 64.
Bonington, 1537. fo. 1. 6592. fo. 30*b*.
BOOTH, 1531. fo. 62*b*. 2109. fo. 14*b*. 4600.
p. 14. Lans. MS. 864. p. 14.
BOSTOCK, 6592. fo. 14*b*.
Bosvile, of Beighton, 6592. fo. 30*b*. Egert.
MS. 996. fo. 63*b*.
Boswell, of Bayton Hall, 1537. fo. 1.
BOWDON, *of Bowdon*, 1093. fo. 100*b*. 1153. fo.
94*b*. 1486. fo. 61. 1537. fo. 45*b*.
Egert. MS. 996. fo. 39.
Bowdon, 6592. fo. 30*b*.
BOWELLSWORTH, *of Dransfield*, 1537. fo. 118.
Bower, 1537. fo. 1.
BRADBERY, or, BRADBURY, *of Ollersett*, 886. fo.
33*b*. 1093. fo. 39*b*. 1537. fo. 36*b*.
1394. p. 273. 1420. fo. 196. 2113. fo.
103. 2134. fo. 46*b*. 6592. fo. 21.
Egert. MS. 996. fo. 38*b*.
BRADBORNE, *of Hough and the Lea*, 886. fo. 7.
1093. fo. 89. 1153. fo. 94. 1486. fo. 46.
1537. fo. 4*b*. 2113. fo. 93. 2134. fo. 14*b*.
Egert. MS. 996. ff. 14. 62.
Bradburne, 6592. fo. 31.
BRADBURY, *v.* BRADBERY.
Bradham, 1173. fo. 111.
BRADLEY, *of Ollersett*, 1153. fo. 94.
BRADSHAW, 886. fo. 13*b*. 1093. ff. 17. 61*b*.
1153. fo. 94*b*. 1484. fo. 35*b*. 1486. fo.
24. 1537. fo. 9*b*. 2113. fo. 95. 2134.
fo. 20*b*. 6592. ff. 7*b*. 16. 22*b*. Egert.
MS. 996. fo. 64*b*.

Bradshaw, 6592. fo. 31.
BRAILESFORD, *of Brailsford near Tapton*, 1093.
ff. 90*b*. 91. 97*b*. 1153. fo. 94*b*. 1484.
fo. 38. 1486. fo. 40. 1537. fo. 93*b*.
1562. fo. 7. 6104. fo. 96. Egert. MS.
996. fo. 27*b*.
BRETON, or, BRETTON, *of Walton*, 886. fo. 26.
1093. fo. 35. 1537. fo. 28*b*. 2134. fo.
36*b*. Egert. MS. 996. fo. 67*b*.
BREYSHFORD, 1093. fo. 42.
BROWNE, *of Marsh*, 1093. fo. 90. 1153. fo.
94*b*. 1486. fo. 59. 1537. fo. 43. 2134.
fo. 17. Egert. MS. 996. fo. 37.
———— *of Snelston*, 886. fo. 19. 1093. ff.
49. 82. 89*b*. 1153. fo. 94*b*. 1484. fo.
36. 1486. fo. 34*b*. 1535. ff. 219*b*. 220.
1537. fo. 18. 2113. fo. 97. 2134. fo. 26.
2187. fo. 85. 6104. fo. 96*b*. 6592. fo.
20. Egert. MS. 996. fo. 63*b*.
Browne, 6592. fo. 31.
BRYTANE, 1484. fo. 37*b*.
BULLOCK, *of Darley*, 886. fo. 35. 1093. fo.
106. 1153. fo. 94*b*. 1537. fo. 37*b*.
Egert. MS. 996. fo. 50*b*.
———— *of Ouston*, 1093. fo. 41. 1153. fo.
97*b*. 1486. fo. 39*b*. 1537. fo. 42*b*.
2134. fo. 48. 2113. fo. 103. 6592. fo.
24. Egert. MS. 996. fo. 24*b*.
Bullock, 6104. fo. 97. 6592. fo. 30*b*.
BURDETT, 886. fo. 6*b*. 1093. fo. 87. 1484.
fo. 34*b*. 2134. ff. 13*b*. 18. 6592.
fo. 4.
BURTON, *of Bradbourne*, 6104. fo. 98.
———— *of Dronfield, fr. Co. Staff.* 1093. fo.
128. 6104. ff. 97*b*. 98.
BUTLER, 1093. fo. 27*b*.
BUXTON, *of Brassington*, 6104. fo. 98*b*.
BYRD, 1093. fo. 38. 6952. fo. 8.
CALCROFTE, *of Chesterfield*, 1537. fo. 27. 1093.
fo. 18.
CALTHORP, 2113. fo. 103*b*.
CALTON, Egert. MS. 996. fo. 46*b*.
CAPELL, *of Morton, fr. Co. Herts.* 1093. fo.
106. 1537. fo. 49*b*. Egert. MS. 996.
fo. 54.
CAVENDISH, *of Chatsworth, fr. Co. Suff.* 1093.
fo. 13. 1486. fo. 53. 2134. fo. 42.
Egert. MS. 996. fo. 19.
Cavendish, 6592. fo. 31.
CHADERTON, 1093. fo. 40*b*. 1486. fo. 39*b*.
1537. fo. 80. Egert. MS. 996. fo. 25.
CHAMBERS, or, ARDEN, *of Sprotton*, 1093. fo.
52*b*.
CHANDOS, 1093. fo. 42.
CHARLETON, *of Sandiacre*, 6104. fo. 99*b*. Egert.
MS. 996. fo. 77.
CHENEY, Egert. MS. 996. fo. 68.
CHESTER, *Earl of*, Egert. MS. 996. fo. 56*b*.
CHINELL, Egert. MS. 996. fo. 80*b*.
CLARK, *of Ashgate*, 6104. fo. 101.
———— *of Somershall*, 1093. fo. 26. 1153. fo.
95. 1486. fo. 41*b*. 1537. fo. 48*b*.
6104. fo. 99. 6592. fo. 1*b*. Egert. MS.
996. fo. 22*b*.
Clay, of Crich, 6592. ff. 31*b*. 88.
CLEY, *of Crich*, 1093. fo. 117*b*. 1537. fo. 50.
Egert. MS. 996. fo. 46*b*.
CLIFTON, Egert. MS. 996. fo. 68*b*.

COCKAYNE, *of Ashbourne*, 886. fo. 5*b*.   1093.
ff. 86(*a. b.*) 87. 88.   1153. fo. 95(*a. b.*)
1484. ff. 34*b*.   1486. ff. 44.—45*b*. 49.   1537.
fo. 3*b*.   2113. fo. 99.   2134. fo. 12*b*.
6592. ff. 4. 31.   Egert. MS. 996. ff. 11*b*.
12.—13*b*.
COCKSEY, 1093. fo. 27*b*.
Coleclewth, 886. fo. 67.
COLOMBELL, *of Darley*, 886. fo. 22*b*.   1093. fo.
45.   1153. ff. 95*b*. 115.   1537. fo. 24.
1982. fo. 95.   2113. fo. 98*b*.   2134. fo.
31*b*.   6592. ff. 13. 31.   Egert. MS.
996. fo. 85*b*.
———— *of Stancliffe*, 1093. fo. 19.   1486.
fo. 32*b*.   1537. ff. 14*b*. 82*b*.
COLWICH, 6104. fo. 100.
COOKE, *of Trusley*, 1093. fo. 100.   1537. fo. 47*b*.
6104. ff. 77. 100*b*.   Egert. MS. 996. fo. 57.
Cooke, 6592. fo. 31.
CORNWALL, 1093. fo. 85.   2113. fo. 107*b*.
COTTON, *of Ridware*, 6592. ff. 13*b*. 14*b*.
Couke, 886. fo. 37*b*.
CRESWELL, 1153. fo. 95*b*.
CREWKER, *v*. CROOKER.
CROOKER, *or*, CREWKER, 1180. fo. 22.   1189.
fo. 25.   1431. ff. 18*b*. 38*b*.   6125. fo. 33*b*.
Crych, 1537. fo. 1.
CUNLIFFE, 1093. fo. 37*b*.
CURZON, *or*, CURSON, *of Croxall*, 886. fo. 24.
1093. fo. 11*b*.   1400. fo. 91.   1486. fo. 58.
1537. fo. 25*b*.   2134. fo. 33*b*.   6592. fo. 23.
Egert. MS. 996. fo. 66.
———————————— *of Kedleston*, 886. fo. 24*b*.
1093. ff. 7*b*. 8*b*. 9(*a. b.*) 42. 79*b*. 81*b*.   1486.
ff. 33*b*. 34*b*. 35. 36.   1537. fo. 26.
2113. fo. 101.   2134. fo. 34*b*.   Egert.
MS. 996. ff. 9*b*. 10*b*. 11. 16*b*.—18.
Curzon, or Curson, 1093. fo. 8.   1486. ff. 35*b*.
36.   6592. ff. 31. 69*b*.
DAKINS, *of Stubbing Edge*, 1093. fo. 33*b*.   1153.
fo. 96.   1486. fo. 37*b*.   1537. fo. 53*b*.
6104. fo. 82.   Egert. MS. 996. fo. 21*b*.
DALTON, *of Derby*, 6104. fo. 80*b*.
DANIELL, *of Tideswell*, 1486. fo. 33*b*.
Daniell, 6592. fo. 99*b*.
DARCY, 1093. fo. 125*b*.   Egert. MS. 996. fo. 20
Darcy, 1093. fo. 124.
DARLEY, *or*, DERLEY, 1982. fo. 95*b*.   1394. p. 55.
1415. fo. 64*b*.   1420. fo. 44.   1487. fo. 290*b*.
DAY, 1137. fo. 19.   1432. fo. 7*b*.
DEANE, *of Beeley, jr. Co. Staff*. 1093. fo. 114.
1153. fo. 96.   1537. fo. 54*b*.   Egert. MS.
996. fo. 47*b*.
DEBANCKE, *of Hartshorne*, 1093. fo. 111.   1537.
fo. 120.
DEGGE, *of Derby*, 6104. fo. 115.
DEINCOURT, 886. fo. 9.   1093. fo. 27*b*.   1537.
fo. 5*b*.   2134. fo. 15*b*.   Egert. MS. 996.
fo. 71.
Delabere, Egert. MS. 996. fo. 55*b*.
DE LA POOLE, *of Radborne*, 1093. fo. 42.
DELVES, 1093. fo. 66*b*.
DERBY, *Earl of*, *v*. STANLEY.
Derby, Earl of, 1187. fo. 62*b*.
DERLEY, *v*. DARLEY.
DETHICK, *of Bridesall*, 886. fo. 25*b*.   1093. ff. 7*b*.
73. 108.   1153. ff. 96. 101*b*.   1180. fo. 54*b*.
1187. fo. 135*b*.   1537. ff. 24*b*. 80*b*.   6125.
fo. 90*b*.   6183. fo. 103*b*.   6592. fo. 23*b*.
Egert. MS. 996. fo. 34.

DETHICK, *of Newhall*, 886. fo. 23.   1093. fo.
37*b*.   1153. fo. 101*b*.   1537. ff. 24*b*. 80*b*.
2113. fo. 100.   2134. fo. 32*b*.   6592. fo. 7*b*.
Egert. MS. 996. ff. 52*b*. 66*b*.
Dethick, 1486. fo. 32.   6592. fo. 31*b*.
DRAPER, *of Culland, fr. Co. Hants*. 6104. fo. 81.
DRAYCOTT, *of Loscoe*, 1093. fo. 119.   1153. fo.
96*b*.   1537. ff. 52*b*. 59*b*.   6104. fo. 81*b*.
Egert. MS. 996. fo. 44*b*.
———— *of Painsley*, 1093. fo. 119*b*.   1537.
fo. 50*b*.   Egert. MS. 996. fo. 51.
Draycott, of Loscoe, 6592. fo. 31*b*.
DUNHAM, 6592. fo. 9.
ELTONHEAD, Egert. MS. 996. fo. 61.
ENDESONERE, Egert. MS. 996. fo. 14.
EVERY, *of Eggington*, 6104. fo. 85.
EYRE, *of Crankhill*, 6104. fo. 83*b*.
———— *of Hassop*, 1093. fo. 110.   1486. fo. 53*b*.
1537. fo 56*b*.   6104. fo. 84(*a. b.*)   Egert.
MS 996. fo. 31*b*.
———— *of Highlowe*, 1486. fo. 54*b*.   2113. fo. 94*b*.
2134. fo. 18*b*.   Egert. MS. 996. fo. 31*b*.
———— *of Newbold*, 1537. fo. 55*b*.
———— *of Padley*, 886. fo. 11*b*.   1093. ff. 70. 74.
1153. ff. 96*b*. 97.   1484. fo. 35.   1486.
fo. 54*b*.   1537. ff. 6*b*. 55*b*.   2113. fo. 94*b*.
2134. fo. 18*b*.   6592. fo. 15.   Egert. MS.
996. fo. 32*b*.
———— *of Rowler*, 6104. fo. 82*b*.
———— *of Shalton*, 6104. fo. 83.
Eyre, 1093. fo. 68*b*.   1486. fo. 54.   6592. ff.
31*b*. 32.
Eyrton, of Eyrton, 6592. fo. 32.
FANSHAW, *of Hounsfield*, 6592. fo. 65.
FARLEY, 1153. fo. 102.
FEARNE, *of Prestwich*, 1093. fo. 63.
FERNE, *of Perwich*, 1093. fo. 103*b*.   Egert.
MS. 996. fo. 60.
FERRERS, *of Tamworth*, 886. ff. 6*b*. 8.   1093.
fo. 87.   1484. fo. 34*b*.   1486. fo. 45*b*.
6592. ff. 3. 4.
FITZHERBERT, *of Cotherall*, 1093. fo. 66*b*.
———————— *of Norbury*, 1093. fo. 112.   1484.
fo. 39.   1537. fo. 59*b*.   6592. ff. 13*b*. 14*b*.
Egert. MS. 996. fo. 52.
———————— *of Somersall*, 808. fo. 45.   886.
ff. 35*b*. 37.   1093. ff. 40. 97.   1137. fo.
112*b*.   1153. fo. 97*b*.   1400. fo. 5*b*.
1432. fo. 107*b*.   1484. ff. 34*b*. 38*b*. 39.
1537. fo. 38.   1541. fo. 21*b*.   2113. fo. 103*b*.
2134. fo. 48*b*.   6104. fo. 86.   6592. ff.
17*b*. 19.   Egert. MS. 996. fo. 51*b*.
———————— *of Tissington*, 1093. ff. 47. 97.
1486. fo. 29*b*.   1537. fo. 95*b*.   6104. fo.
85*b*.   Egert. MS. 996. ff. 57. 81.
Fitzherbert, 1093. fo. 121.   6592. fo. 32.
FITZ-WARREN, *Earl*, 6592. fo. 9.
FLACKETT, *of Hanson Grange*, 1093. fo. 109*b*.
Flaket, of Dovebridge, 1537. fo. 1.
FLOWRE, *of Whitwell*, 1537. fo. 16.
FOLIAMBE, *of Morehall*, 1537. fo. 58*b*.
———— *of Walton*, 886. fo. 26.   1093. ff. 35.
38. 83*b*. 92.   1153. fo. 100(*a. b.*)   1484.
fo. 37*b*.   1537. fo. 28*b*.   2113. fo. 101*b*.
2134. fo. 36*b*.   6592. fo. 8.   Egert. MS.
996. ff. 67*b*. 71*b*.
Foliambe, 1093. fo. 93.   6592. ff. 32(*a. b.*) 36*b*.
99*b*.
Fowkes, 886. fo. 67.

FRANCIS, *or*, FRAUNCES, *of Fornwark*, 886. fo. 10*b*. 1093. fo. 17. 1137. fo. 54*b*. 1153. fo. 99*b*. 1432. fo. 46*b*. 1537. fo. 3. 1541. fo. 152. 2113. fo. 94*b*. 2134. fo. 17*b*. 6065. fo. 165. 6592. fo. 22*b*. Add. MS. 16,779. pp. 35. 225. Egert. MS. 996. fo. 68*b*.

———————— *of Tickenhall*, 1093. fo. 64*b*. Egert. MS. 996. fo. 81*b*.

Fraunces, 1093. fo. 64*b*. 6592. fo. 32*b*.

FRECHVILE, *of Staley*, 886. fo. 27. 1093. ff. 45*b*. 83. 124*b*. 126. 1153. ff. 98. 100*b*. 1537. ff. 27*b*. 28. 57*b*. 2113. fo. 98*b*. 2134. fo. 37*b*. 6104. fo. 86*b*. Egert. MS. 996. fo. 20.

Frechvile, 1093. fo. 124. 6592. fo. 32*b*.

FREMAN, Egert. MS. 996. fo. 57.

FULWOOD, *of Middleton*, 1537. fo. 64*b*. 1486. fo. 62. Egert. MS. 996. fo. 40*b*.

———————— *of Tamworth, fr. Co. Warr.* 1093. fo. 114*b*. 1153. fo. 98*b*. 1486. fo. 62. 1537. fo. 63*b*. Egert. MS. 996. fo. 40*b*.

FYNDERNE, 1093. ff. 72. 73. 1153. fo. 97(*a. b.*) 1486. ff. 27*b*. 28*b*. 29. Egert. MS. 996. ff. 15(*a. b.*) 16.

Fynderne, 6592. fo. 32.

GEFFERY, *of Blackington*, 2113. fo. 108*b*.

GELL, *of Hopton*, 1093. fo. 83*b*. 6104. fo. 87. 6592. ff. 8. 93*b*.

Gell, 1537. fo. 1. 6592. fo. 32*b*. Egert. MS. 996. fo. 69*b*.

GERNON, 1534. fo. 1*b*.

Gerrard, of Etwall, 1537. fo. 1. 6592. fo. 32*b*.

GIFFORD, 1093. fo. 66*b*. 6592. fo. 13*b*. Egert. MS. 996. fo. 72.

Gifford, 1093. fo. 34*b*.

GILBERT, *or*, KNYVETON, *of Polgreve*, 886. fo. 12*b*. 1093. fo. 61. 1153. fo. 100. 1484. fo. 35. 1486. fo. 41. 1537. fo. 7*b*. 2113. fo. 95. 2134. fo. 19*b*. 6592. fo. 17. Egert. MS. 996. fo. 28*b*.

GILBERT, *of Lockho*, 1093. fo. 115*b*. 1537. fo. 66. 6104. fo. 87*b*. Egert. MS. 996. fo. 43.

Gilbert, 6592. fo. 32*b*.

GIRLINGTON, *of Girlington*, 6592. fo. 15*b*.

GLAPWELL, 1484. fo. 38.

GLOSSOP, 1189. fo. 64*b*. 1431. fo. 56.

GOTHAM, *of Norton Leys*, 1537. fo. 81*b*. Egert. MS. 996. fo. 73*b*.

Gousell, 1093. fo. 124.

GRAVES, *of Graves*, 6104. fo. 102.

GRAY, *of Ounston*, 1093. fo. 40*b*. 1486. fo. 39*b*. 1537. fo. 80. Egert. MS. 996. fo. 25.

———— *of Sandiacre*, 1537. fo. 29*b*.

Gray, Egert. MS. 996. fo. 55*b*.

GREGSON, *of Sharrow Hall*, 6104. fo. 101*b*.

GRENDON, 6592. fo. 13*b*.

GRESLEY, *of Drakelow*, 886. ff. 54*b*. 55. 1537. fo. 65*b*. Egert. MS. 996. fo. 78*b*.

Gresley, 1486. fo. 32. 6592. ff. 33. 71*b*.

GREY, *Lord, of Codnor*, 886. fo. 4. 1093. ff. 36. 85. 1153. fo. 99. 1484. fo. 34. 2113. fo. 92*b*. 2134. fo. 11*b*. 6592. fo. 3*b*. Egert. MS. 996. fo. 14*b*.

HALFORD, Egert. MS. 996. fo. 80*b*.

HARCOURT, 1093. fo. 17.

HARDING, *of Knewton*, 6104. fo. 103.

HARDWICK, *of Hardwick*, 886. fo. 30*b*. 1093. fo. 25*b*. 1153. fo. 100*b*. 1561. fo. 331. 2113. fo. 102. 1537. fo. 33. 2134. fo. 41*b*. 6592. fo. 22.

———————— *v.* HAVERMERE.

Hardwick, 1093. fo. 2*b*. 1486. fo. 33. 6592. fo. 33.

HARINGTON, 1093. ff. 54*b*. 82. 1486. fo. 34*b*.

HARPER, *of Swarkeston*, 886. fo. 10. 1093. ff. 72*b*. 73. 1153. fo. 99. 1486. ff. 31*b*. 32. 1537. ff. 8*b*. 120*b*. 2134. fo. 49*b*. 2113. fo. 94. 6592. fo. 20*b*. Egert. MS. 996. fo. 53.

Harper, 1486. fo. 32. 6592. fo. 33. 6104. fo. 102*b*.

HARTHILL, *v.* HERTHULL.

Hartington, of Highpeak, 6592. fo. 87*b*.

Hassall, 6592. fo. 93*b*.

HASTINGS, 6592. fo. 3.

Hastings, of Dale Abbey, 6592. fo. 33.

HAVERMERE, *or*, HARDWICK, 6592. fo. 22.

HAWLEY, 2113. fo. 109*b*.

HERCEY, *of Grove*, 1093. fo. 15*b*.

HERE, *or*, HEYRE, *of Hope*, 1093. fo. 69.

HERTHULL, *or*, HARTHILL, 886. fo. 5*b*. 1093. fo. 88. 1153. fo. 99*b*. 1484. fo. 34*b*. 1486. ff. 45. 46. 62. 1537. fo. 3*b*. 2109. fo. 58. 2113. fo. 99. 2134. fo. 12*b*. Egert. MS. 996. ff. 12*b*. 13. 14. 40*b*.

HEVENINGHAM, 1153. fo. 107*b*.

HEYRE, *v.* HERE.

HOLDEN, *of Welne*, 6104. fo. 103*b*.

HOLLIS, 1093. fo. 45*b*.

Holt, of Staunton, 1537. fo. 1.

HOPE, 1093. fo. 69.

HOPKINTON, 6104. fo. 104.

HORSEY, 2109. fo. 63*b*.

HORTON, 6104. fo. 104*b*.

Horton, of Catton, 1537. fo. 54. 6592. ff. 33. 69*b*.

HUNDESACRE, 6592. fo. 3.

HUNLOCK, *of Wingerworth*, 1093. fo. 17*b*. 1153. fo. 99*b*. 1486. fo. 42. 1537. fo. 67*b*. Egert. MS. 996. fo. 23.

HUNT, *of Ashover and Aston*, 1093. fo. 112. 1153. fo. 99*b*. 1537. fo. 67. Egert. MS. 996. fo. 33.

Hunt, 6592. fo. 33.

HURT, *of Ashborne*, 886. fo. 21*b*. 1093. fo. 42*b*. 1153. fo. 99*b*. 1484. fo. 37. 1537. fo. 23. 2113. fo. 98. 2134. fo. 29*b*. 6592. fo. 5. Egert. MS. 996. fo. 70.

Hurt, 6592. fo. 33.

HUSSEY, *of Bromley Regis*, 1093. fo. 54*b*. 2113. fo. 108.

INGLETHORPE, 6592. fo. 3*b*.

IRETON, *of Ireton*, 1537. fo. 69*b*. Egert. MS. 996. fo. 50.

JOHNSON, *of Kilburn*, 1537. fo. 70. Egert. MS. 996. fo. 57*b*.

JONES, 1180. fo. 88. 6125. fo. 87. 6183. fo. 80.

KENDALL, *of Smythsby*, 886. fo. 6. 1093. fo. 98*b*. 1537. fo. 71. 6104. fo. 105. Egert. MS. 996. ff. 70*b*. 81.

Kendall, 6592. ff. 33*b*. 72.

KINARDSLEY, *of Brailesford*, 1537. fo. 70*b*. Egert. MS. 996. fo. 70*b*.

KIRKE, 1189. fo. 104*b*. 1431. fo. 96.

KNEVETON, *of Bradly*, 1093. ff. 5*b*. 10. 1486. fo. 25*b*. 1537. fo. 71*b*. Egert. MS. 996. fo. 6.

KNEVETON, *of Mercaston*, 1093. ff. 3*b*. 4*b*. 5. 6*b*.
7. 92.   1486. ff. 24*b*. 34. 58.   1537. fo.
71*b*.   Egert. MS. 996. ff. 6*b*. 7. 10. 74.
Kneveton, 1093. fo. 6*b*.   6592. fo. 33(*a. b.*)
KNYVETON, *v*. GILBERT.
Kynersley, of Brailesford, 6592. fo. 33*b*.
LAMPETT, *of Brightwell*, 1093. fo. 82*b*.   1486.
fo. 34*b*.
LANGTON, 1093. fo. 57.   1484. fo. 36.   1537.
fo. 17.
LATHBURY, *of Home*, 1093. fo. 107.   1153. fo.
101.   1537. fo. 99.   Egert. MS. 996. fo. 49.
LATHOM, 1093. fo. 18.
LAVILLE, 1093. fo. 82(*a. b.*)   1486. fo. 34*b*.
LE BRETT, 1093. fo. 35*b*.
LEE, *of Ladyhole*, 6104. fo. 105*b*.
LEECHE, *of Chatsworth*, 1093. ff. 83*b*. 92(*a. b.*)
1486. fo. 58.   1537. fo. 75*b*.   6128. fo.
81.   6592. fo. 4*b*.   Egert. MS. 996. fo. 71*b*.
Leeche, 1093. fo. 92*b*.
LEEKE, *of Hasland*, 886. fo. 32.   1093. ff.
15(*a. b.*) 16.   1153. fo. 103*b*.   1486. fo.
48.   1537. fo. 29*b*.   2113. fo. 111*b*.   2134.
fo. 44*b*.   Egert. MS. 996. fo. 14*b*.
——— *of Sutton*, 886. fo. 27*b*.   1093. fo. 16.
1153. fo. 101(*a. b.*)   1486. fo. 48.   1537.
fo. 30.   2113. fo. 100*b*.   2134. fo. 38*b*.
Leeke, 1093. fo. 15.   6592. fo. 33*b*.
LEIGH, *of Eggington*, 886. fo. 20.   1093. fo. 51.
115:3. fo. 100*b*.   1484. fo. 36*b*.   1537. fo.
19*b*.   2113. fo. 97*b*.   2134. fo. 27.   6594.
fo. 19*b*.   Egert. MS. 996. fo. 44.
Leigh, 6592. fo. 33*b*.
LEIGHTON, 2113. fo. 110*b*.
LENOX, *Earl of*, 1093. fo. 13*b*.
LESTRANGE, 1093. fo. 27*b*.
LEVING, 1093. fo. 116*b*.   1153. fo. 101*b*.   1537.
fo. 97*b*.   Egert. MS. 996. fo. 45*b*.
LINACRE, *or* LINAKER, 1093. fo. 97*b*.   1484.
fo. 38.   1537. fo. 73*b*.   Egert. MS. 996.
fo. 71*b*.
Linacre, 6592. fo. 33*b*.
LISTER, *of Eaton and Little Chester*, 1093. fo.
75.   1153.   fo. 102.   1486. fo. 26*b*.
1537. fo. 74*b*.   2113. fo. 104*b*.   Egert.
MS. 996. fo. 9.
Lister, 1093. fo. 2*b*.   1486. fo. 33.
LITELTON, 886. fo. 6.   1484. fo. 34*b*.   1486.
fo. 45*b*.
Litton, 1537. fo. 1.   6592. ff. 34. 89*b*.
Loe, 6592. fo. 93*b*.
LONGFORD, *of Longford*, 886. fo. 8*b*.   1093.
fo. 27*b*.   1153. fo. 101.   1537. fo. 5*b*.
2113. fo. 93*b*.   2134. fo. 15*b*.   Egert. MS.
996. fo. 71.
Longford, 1093. fo. 34*b*.   6592. fo. 34.
LONGSDON, *of Longsdon*, 1537. fo. 99*b*.   Egert.
MS. 996. fo. 58*b*.
LOVETT, *of Codnor, fr. Co. Bucks.* 1093. fo. 118.
1153. fo. 102.   1537. fo. 97.   Egert.
MS. 996. fo. 48.
Lowdham, 1093. fo. 34*b*.
LOWE, *of Aldewaslee*, 6104. fo. 106.   1537.
fo. 73.   Egert. MS. 996. fo. 32*b*.
——— *of Denbigh*, 886. fo. 6*b*.   1093. ff. 78.
89*b*.   1153. fo. 102.   1484. ff. 34*b*. 35.
1486. ff. 31*b*. 45*b*.   1537. ff. 7. 72*b*.   2113.
fo. 104.   2134. fo. 13*b*.   6104. fo. 108.
6592. ff. 4. 15.   Egert. MS. 996. ff. 13*b*.
34. 53.
Lowe, 6592. fo. 34.

Ludlow, Egert. MS. 996. fo. 55*b*.
LYSEUX, *of Fledborough*, 1093. fo. 34.
MACKWORTH, *of Mackworth*, 1093. fo. 3.
Mackworth, 1093. fo. 2.   6592. fo. 93*b*.
MACLESFIELD, 2113. fo. 110*b*.
MANNERS, *of Haddon*, 1537. fo. 78.
Manners, of Haddon, 1093. fo. 93.   6592. fo. 34.
MARKHAM, *of Ollerton*, 1093. ff. 15*b*. 96*b*.   6592.
fo. 6*b*.
MASSEY, *of Grafton*, 1093. fo. 89*b*.
Maynell, or, Meinell, of Winster, 1537. ff. 74. 77.
6592. fo. 34.
MELLER, *of Derby*, 6104. fo. 106*b*.
MELTON, Egert. MS. 996 fo. 56.
MERRY, *of Barton, fr. London*, 1093. fo. 105.
1153. fo. 102.   1537. fo. 100.   6104. fo.
107.   Egert. MS. 996. fo. 35*b*.
MEVERELL, 6104. fo. 107*b*.
Meverell, 1093. fo. 34*b*.
MIDDLETON, 1548. fo. 105*b*.   Add. MS. 5532.
fo. 108*b*.
MILINGTON, *or*, MILTON, *of Grafton*, 1093. fo.
89*b*.   1537. fo. 43.
MILTON, *v*. MILINGTON.
MILWARD, *of Eaton*, 886. fo. 23*b*.   1093. fo.
63.   1153. fo. 102*b*.   1537. fo. 76*b*.
2113. ff. 108*b*. 109.   2134. fo. 33.   6104.
fo. 70.   Egert. MS. 996. fo. 47.
MONBOCHER, 1093. fo. 124(*a. b.*)
MONTGOMERY, *of Cubley*, 6592. fo. 4*b*.   Egert.
MS. 996. fo. 72.
Montgomery, 1093. fo. 56*b*.   6592. fo. 85*b*.
MOREWOOD, *of Alfreton, fr. Co. York.* 6104. fo.
70*b*.
MOSELEY, 1093. fo. 16*b*.
MOSTLEY, *of Ashbourne*, 2113. fo. 109.
Mountjoye, Lord, v. Blount.
MUNDAY, *of Markeaton, fr. Co. Bucks.* 1093.
fo. 102.   1153. ff. 92*b*. 102*b*.   1462. fo.
12.   1537. fo. 79.   6104. fo. 71.   Egert.
MS. 996. fo. 33*b*.
Mundy, of Marton, 6592. fo. 34.
Munell, v. Maynell.
MUSARD, *of Staveley*, 1093. fo. 126.   1153. fo.
98.   1537. fo. 57*b*.   Egert. MS. 996. fo. 20.
Musard, 6592. fo. 88.
NEEDHAM, *of Staunton Hall*, 1093. fo. 52*b*.
——— *of Thornsett*, 886. fo. 20*b*.   1093.
fo. 52.   1153. fo. 103*b*.   1484. fo. 36.
1537. fo. 21*b*.   2113. fo. 97*b*.   2134. fo.
28*b*.   6592. fo. 20.   Egert. MS. 996. fo.
72*b*.
Needham, 6592. fo. 34*b*.
NEVILL, *of South Leverton*, 6592. fo. 9.
NEWBOLD, *of Ounston*, 1093. fo. 40*b*.   1486.
fo. 39*b*.   1537. fo. 80.   Egert. MS. 996.
fo. 25.
NEWPORT, 1093. fo. 85.
NEWSAM, *of Stancliffe*, 1093. fo. 19.   1537. fo.
14*b*.
NEWTON, *of Chadesden*, 1093. fo. 24*b*.   1153.
fo. 102*b*.   1537. fo. 40*b*.   6104. fo. 71*b*.
Egert. MS. 996. fo. 45.
Newton, 6592. fo. 34*b*.
NOELL, *of Ellenhall*, 1093. fo. 32.
NUTHILL, 1093. fo. 125.   1153. fo. 98.   1537.
fo. 58.   Egert. MS. 996. fo. 19*b*.
ODINGSELL, 1537. fo. 47*b*.   Egert. MS. 996.
fo. 57.
ORMOND, 1093. fo. 18.
OSBORNE, *of Derby, fr. Co. Notts.* 6104. fo. 72.

OWEN, 1537. fo. 47*b*. Egert. MS. 996. fo. 57.
PANSON, *or, Pauson*, 1093. fo. 2*b*.
PARKER, *of Lees*, 1093. fo. 80*b*. 1537. ff. 15*b*.
  81*b*. 6592. fo. 25. Egert. MS. 996. fo. 73*b*.
Parker, 1537. fo. 1. 6592. fo. 34*b*.
Paullin, 1537. fo. 1.
Pauson, v. Panson.
PEGGE, *of Ashbourne*, 6104. fo. 72*b*.
PEMBRIGE, 1484. fo. 37.
PERPOYNT, 1093. fo. 124*b*.
PILKINGTON, 1504. fo. 62*b*. Egert. MS. 996.
  fo. 61*b*.
Pilkington, of Staunton, 1537. fo. 1. 6592. fo.
  34*b*. Egert. MS. 996. fo. 5.
POLE, 6592. fo. 4*b*.
POOLE, *of Highedge*, 1093. fo. 108. 1537.
  fo. 80*b*. 6104. fo. 74.
———— *of Radbourne*, 886. fo. 17*b*. 1093. ff.
  57. 100*b*. 1153. fo. 103. 1400. fo. 79.
  1484. fo. 36. 1537. fo. 17. 2113. fo.
  96*b*. 2134. fo. 24*b*. 6592. ff. 4. 19.
  Egert. MS. 996. ff. 52*b*. 73.
———— *of Wakefordge*, 6104. fo. 74*b*.
Poole, 1093. fo. 56*b*. 6104. fo. 73. 6592. ff.
  34*b*. 82*b*. 88.
PORT, *of Etwall*, 1077. fo. 58. 1173. fo. 49*b*.
  1093. fo. 66*b*. 1400. fo. 5*b*. 1537. fo. 59.
POTT, *of Stancliffe, fr. Co. Chesh.* 1093. fo. 19.
  1486. fo. 32*b*. 1537. ff. 14*b*. 82*b*. Egert.
  MS. 996. fo. 58.
POWTRELL, *of West Hallome*, 886. fo. 16. 1093.
  fo. 57*b*. 1153. fo. 103(*a. b.*) 1484. fo.
  35*b*. 1537. fo. 12*b*. 2109. fo. 77.
  2113. fo. 96. 2134. fo. 23. 6104. fo. 73*b*.
  6592. ff. 6*b*. 21*b*. Egert. MS. 996. fo. 43*b*.
Powtrell, 6592. fo. 35.
PRESCOTT, 1190. fo. 45. 1550. fo. 218*b*.
PUREFOY, 6592. fo. 7.
PYPE, 6592. fo. 4*b*. Egert. MS. 996. fo. 55*b*.
QUITLOWE, *v.* WHEATLEY.
RADCLIFF, *or*, RATCLIFF, *of Mellor*, 886. fo. 19*b*.
  1093. ff. 50. 82*b*. 1153. fo 104. 1484.
  fo. 36*b*. 1486. fo. 60. 1537. fo. 18*b*.
  2113. fo. 97. 2134. fo. 26*b*. 6592. ff.
  5. 21. Egert. MS. 996. fo. 37*b*.
Ratcliff, 6592. fo. 35.
REMPSTON, 886. fo. 26. Egert. MS. 996. fo. 67*b*.
REVELL, *of Hogs Norton*, 1093. fo. 83. 1537.
  fo. 27*b*. 6104. fo. 75. Egert. MS. 996.
  fo. 22.
———— *or*, RYVELL, *of Carnethwath, fr. Co.*
  Warr. 886. fo. 31*b*. 1093. fo. 11. 1153.
  fo. 104(*a. b.*) 1486. fo. 38*b*. 1537. fo.
  34. 2113. fo. 102*b*. 2134. fo. 43*b*. 6592.
  fo. 25. Egert. MS. 996. fo. 26.
Revell, 6592. fo. 35.
RIDWARE, 6592. fo. 13*b*.
RODES, *of Woodthorpe*, 886. fo. 21*b*. 1093. fo.
  44. 1153. fo. 104*b*. 1484. fo. 37. 1486.
  fo. 40*b*. 1537. fo. 23*b*. 2113. fo. 98.
  2134. fo. 30*b*. 6104. fo. 75*b*. 6592. fo.
  14. Egert. MS. 996. fo. 28.
Rodes, 1093. fo. 43*b*.
ROE, *of Alport, fr. Co. Notts.* 1093. fo. 30.
  1153. fo. 104*b*. 1486. fo. 48*b*. 1537. fo.
  84*b*. Egert. MS. 996. fo. 29*b*.
ROLLESLEY, *or*, ROWLESLEY, *of Rollesley*, 886.
  fo. 29. 1093. fo. 7. 1153. fo. 105.
  1486. fo. 38. 1537. fo. 32*b*. 2113. fo.
  102*b*. 2134. fo. 40*b*. 6592. fo. 25*b*.
  Egert. MS. 996. fo. 74.

Rollesley, 6592. fo. 35.
ROLLESTON, *of Ley*, 886. fo. 16*b*. 1093. fo.
  59. 1484. fo. 36. 1537. fo. 13*b*. 2113.
  fo. 96. 2134. fo. 23*b*. 6592. ff. 1*b*.
  7(*a. b.*) Egert. MS. 996. fo. 74*b*.
Rolleston, 1093. fo. 72*b*. 1486. fo. 32. 6592.
  fo. 35.
ROSSELL, Egert. MS. 996. fo. 61*b*.
ROSSINGTON, 6104. fo. 76*b*.
ROWLESLEY, *v.* ROLLESLEY.
RYE, *of Whitwell*, 1093. fo. 81. 1537. fo. 16*b*.
  Egert. MS. 996. fo. 75.
RYVELL, *v.* REVELL.
SACHEVERELL, *of Morley*, 1093. fo. 79*b*. 1180.
  fo. 24. 1189. fo. 27. 1195. fo. 85.
  1537. fo. 105*b*. 1431. fo. 20*b*. 6125. fo.
  43. 6183. fo. 44. Egert. MS. 996. ff.
  75*b*. 76.
Sacheverell, 6592. fo. 35.
ST. POLL, *or*, ST. PAULE, 886. fo. 12. 1484. fo.
  35. 1537. fo. 7. Egert. MS. 996. fo. 32*b*.
SALE, *of Shardelow*, 6104. fo. 77*b*.
SALFORD, 886. fo. 65*b*.
SANDERS, *of Lullington*, Egert. MS. 996. fo. 79.
SANDFORD, *of Bakewell*, 1093. fo. 28*b*. 1486.
  fo. 52. 1537. fo. 102. Egert. MS. 996.
  fo. 30*b*.
SAVAGE, *of Castleton*, 1093. ff. 63. 73*b*. 75*b*.
  1153. fo. 105. 1486. ff. 47. 50*b*. 1537.
  fo. 86. 1548. fo. 113*b*. 2113. fo. 104.
  Add. MS. 5532. fo. 38*b*. Egert. MS. 996.
  fo. 29.
Savage, 1093. fo. 2*b*. 1486. fo. 33. 6592. fo.
  88*b*.
SAVILL, *of Bakewell, fr. Co. Leic.* 6104. fo. 78.
SCALES, *Lord*, 1153. fo. 105*b*.
SCROPE, *of Masham*, Egert. MS. 996. fo. 68.
SELIOCK, *of Hasleborow*, 886. fo. 28*b*. 1093.
  fo. 25. 1153. fo. 105. 2113. fo. 102.
  2134. fo. 40. 6592. fo. 24.
Selyocke, 1537. fo. 1. 6592. fo. 35*b*.
SHAKERLEY, *of Longsdon*, 886. ff. 15*b*. 28.
  1093. fo. 23*b*. 1153. fo. 105*b*. 1484. fo.
  35*b*. 1486. fo. 38. 1537. fo. 11*b*. 2113.
  fo. 95*b*. 2134. ff. 22*b*. 39*b*. 6592. ff.
  17*b*. 25*b*. Egert. MS. 996. fo. 75*b*.
Shakerley, 6592. fo. 35*b*.
SHALCROSSE, *of Shalcrosse*, 886. fo. 14*b*. 1093.
  ff. 19.—22. 1153. fo. 105*b*. 1484. fo.
  35*b*. 1486. fo. 32*b*. 1537. fo. 10. 2113.
  fo. 95*b*. 2134. fo. 21*b*. 6592. fo. 16.
  Egert. MS. 996. ff. 58. 76*b*.
Shalcrosse, 6592. fo. 35*b*.
SHEFFIELD, 1486. fo. 25.
SHELDON, 6104. fo. 108*b*.
SHERLEY, 1093. fo. 90*b*.
Sherley, 6592. fo. 35*b*.
SHORE, *of Snifferton*, 6104. fo. 79*b*.
SITWELL, *of Kempshaw*, 6104. fo. 78*b*.
SLAUGHTER, *of Chenies Court, fr. Co. Linc.*
  1093. fo. 113*b*. 1153. fo. 105*b*. 1537.
  fo. 102*b*. Egert. MS. 996. fo. 46.
SLEIGH, *of Ash*, 1153. fo. 108. 1537. fo. 123.
  6104. fo. 79.
SMYTH, *of Campden*, 1093. fo. 123.
SOLERY, 1093. fo. 27*b*.
SOLNEY, 886. fo. 9. 1153. fo. 101. 1537. fo.
  5*b*. 2134. fo. 15*b*. Egert. MS. 996. fo.
  71.
SOTEHILL, 1093. fo. 125. Egert. MS. 996. fo.
  19*b*.

K

SPATEMAN, 6104. fo. 109.

Stackpole, Egert: MS. 996. fo. 55*b*.

STAFFORD, *of Botham*, 886. fo 15.　　1093. fo. 59*b*.　1153. fo. 106.　1484. fo. 35.　1486. fo. 52*b*.　1537. fo. 10*b*.　2113. ff. 95*b*. 104*b*.　2134. fo. 22.　6104. fo. 80.　Egert. MS. 996. fo. 71.

————— *of Eyam*, 1093. fo 76.　1486. fo. 47.

————— *of Toddenham*, 1093. fo. 73*b*.

Stafford, 6592. fo. 35*b*.

STANHOPE, *of Shelford*, 1093. fo. 84.　1153. fo. 1 06.　6592. fo. 6*b*.　Egert. MS. 996. fo. 53*b*.

Stanhope, 6592. fo. 35*b*.

STANLEY, *Earl of Derby*, 891. fo. 96.　1437. fo. 109.　1468. ff. 42*b*. 108*b*.　2076. ff. 12. 15.　2086. ff. 68*b*. 69*b*.　2119. ff. 90. 92. 129*b*.　6159. fo. 68*b*.

STANLEY, 1093. fo. 94.　1537. fo. 89.　Add. MS. 5533. p. 197.

STARKEY, *of Laston*, 1537. ff. 9. 39.

STATHAM, *or*, STATHOM, 1093. fo. 79*b*.　1100. fo. 115*b*.　1167. fo. 153*b*.　1537. fo. 105*b*. Egert. MS. 996. fo. 76.

STAUNTON, 886. fo. 1*b*.

STAVELEY, 6592. fo. 6*b*.

STONE, *of Kersington*, 1093. fo. 103.　1153. fo. 106.　1537. fo. 101*b*.　Egert. MS. 996. fo. 35.

STONNOR, Egert. MS. 996. fo. 60.

STOURTON, *Lord*, 1093. fo. 94.

Strangwyshe, 886. fo. 66.

Stranley, 1093. fo. 71.

STRELLEY, *of Woodborough*, 1093. fo. 96.　6592. fo. 6*b*.

STRINGER, *of Norton*, *fr. Co. York*. 1093. fo. 14*b*.　1153. fo. 106*b*.　1486. fo. 36*b*. 1537. fo. 100*b*.　Egert. MS. 996. fo. 23*b*.

STURLEY, 1093. fo. 17.

Styrley, 1484. fo. 37.

SUTTON, *of Aram*. 1093. fo. 34.

————— *of Over Haddon*, *fr. Co. Chesh*. 1093. fo. 101.　1486. fo. 31.　1537. fo. 85*b*.　2113. fo. 108*b*.　Egert. MS. 996. fo. 7*b*.

Sutton, 6592. fo. 35*b*.

Sydney, 1484. fo. 37*b*.

TAYLER, *of Chesterfield*, 6104. fo. 109*b*.

Tempest, 1093. fo. 124.

TETLOW, 1093. fo. 40*b*.　1486. fo. 39*b*.　1537. fo. 80.

THACKER, *of Repton*, 6104. fo. 110.　Egert. MS. 996. fo. 79*b*.

Thacker, 1537. fo. 87*b*.　6592. fo. 35*b*.

THORPE, 1093. fo. 35.

THWAITS, *of Remerston*, *fr. Co. Norf*. 1093. fo. 108*b*.　1153. fo. 106*b*.　1537. fo. 88. Egert. MS. 996. fo. 48*b*.

TIRWHITT, 1093. fo. 126.　Egert. MS. 996. fo. 20.

TOOKE, 1093. fo. 71.　1486. fo. 29.　Egert. MS. 996. fo. 16.

TRESWELL, *of St. Albans*, 1093. ff. 102. 111.

TREWSELL, 2113. fo. 110*b*.

TRUSSELL. *of Odyam*, 1093. fo. 27*b*.

Trussell, Egert. MS. 996. fo. 55*b*.

TUNSTED, *of Tunstead*, 1537. fo. 86*b*.　6104. fo. 110*b*.　Egert. MS. 996. fo. 36.

Tunsted, 6592. fo. 36.

TURK, 886. fo. 6.

TURVILE, *of Normanton*, 1093. fo. 10.　6592. fo. 7*b*.

TWIFORD, *of Spoonden*, 1093. fo. 42.　1153. fo. 106*b*.　1486. fo. 33*b*.　1537. fo. 81. Egert. MS. 996. fo. 9*b*.

VENABLES, 6592. fo. 14*b*.

VERDON, 1093. fo. 30*b*.

VERNON, *of Haddon*, 1093. ff. 92. 94.　1484. fo. 37.　1486. fo. 46.　1537. fo. 88*b*. 6592. fo. 4*b*.　Add. MS. 1533. pp. 35. 75*b*. Egert. MS. 996. fo. 13*b*.

————— *of Sudbury*, 6592. fo. 3.

Vernon, *of Haddon*, 1093. fo. 93.　6592. fo. 93*b*. Egert. MS. 996. fo. 55*b*.

WAGSTAFFE, *of Haseland*, 1093.　fo. 31*b*. 1153. fo. 107.　1486. ff. 46*b*. 49.　1537. fo. 92.　Egert. MS. 996. fo. 24.

WAKE, *Lord*, 6592. ff. 3*b*. 16*b*.

WAKLYN, *of Hilton*, 6104. fo. 111.

Wall, *of Crich*. 886. fo. 37*b*.　1537. fo. 1.

WALLRON, Egert. MS. 996. fo. 80*b*.

WALTON, *of Dovebridge*, 1093. fo. 62*b*.

Walworth, 886. fo. 66*b*.

Wandsford, *of Kirklington*, 6592. fo. 65.

WEDIPOOLE, 1093. fo. 82*b*.

WELBECK, 1541. fo. 34*b*.

WELBY, *of Molton*, 1153. fo. 107.

Wells, 1537. fo. 1.

WENDESLEY, *of Wendesley*, 886. fo. 37.　1093. fo. 41*b*.　1153. fo. 107*b*.　1537. fo. 38*b*. 2113. fo. 103*b*.　2134. fo. 49.　6592. fo. 12*b*.

Wendesley, 6592. fo. 36.

WEST, *of Darley Abbey*, *fr. Co. York*. 1537. fo. 91.

WHEATLEY, *or*, QUITLOWE, 1531. fo. 45*b*.　2109. fo. 20.　4600. fo. 23.

WHITE, *of Duffield*, *fr. Co. Dors*. 1093. ff. 104. 121*b*.　1153. fo. 107.　1537. fo. 103. Egert. MS. 996. fo. 34*b*.

WHITEHALL, *of Yeldersley*, *fr. Co. Staff*. 1093. fo. 112*b*.　1153. fo. 107.　1486. fo. 30*b*. 1537. fo. 104*b*.　Egert. MS. 996. fo. 41.

Whittington, 886. fo. 66*b*.

WICKHAM, *of Enfield*, Egert. MS. 996. fo. 73*b*.

WIGFALL, *of Remshaw*, 6104. fo. 111*b*.

WIGLEY, *of Middleton*, 1093. fo. 113.　1153. fo. 107.　1537. fo. 103*b*.　6104. fo. 112. Egert. MS. 996. fo. 30.

WILLIMOT, *of Chadesden*, 6104. fo. 112*b*.

WILLOUGHBY, *of Risley*, *fr. Co. Notts*. 1093. ff. 14. 129.　1486. fo. 53.　1537. fo. 92*b*.

Willoughby, 6592. fo. 36.

WILSON, *of Ashmenton*, *or*, *Ahementon*, 886. fo. 21*b*. 1537. fo. 23.　2134. fo. 29*b*.　6592. fo. 5. Egert. MS. 996. fo. 70.

WOLLEY, *of Riber*, 886. fo. 6.　6104. fo. 113.

Wood, *of Woodford*, 886. fo. 66*b*.

Woodroofe, *of Hoope*, 1537. fo. 1.

WOODROWE, *of Hoope*, 1537. fo. 15.

WOOLHOUSE, *of Glapwell*, 1093. fo. 111*b*.　1153. fo. 107.　1486. fo. 57*b*.　1537. fo. 104. 6104. fo. 113*b*.　Egert. MS. 996. fo. 27.

WRAY, *of Richmond*, 1093. fo. 31*b*.

WRIGHT, *of Longston*, 6104. fo. 114.

————— *of Unthanke*, 6104. fo. 114*b*.

ZOUCH, *of Codnor*, *fr. Co. Northampt*. 886. fo. 4.　1093. ff. 84*b*. 85.　1153. fo. 107*b*. 1484. fo. 34.　1486. fo. 25.　2113. fo. 92.　2134. fo. 11.　6592. ff. 3*b*. 6. Egert. MS. 996. fo. 8*b*.

Zouch, 6592. fo. 36.

DEVONSHIRE.

ABBOTT, *of Hartland*, 1163. fo. 113.
—––––– *of Luffincott*, 1164. fo. 39*b*.
—––––––– *of Wraye*, 1080. fo. 202.　　1163. fo. 23.
Abbott, of Hartland, 1538. fo. 4.
ACKLAND, *of Chittlehampton*, 1163. fo. 53*b*.
—––––––– *of Goodley and Hawkridge*, 1080. fo. 51.
　1163. ff. 100*b*. 135*b*.　　1164. fo. 6.
Ackland, 1538. fo. 4.　　1567. fo. 53*b*.
Adam, v. Aldam.
ADAMS, *of Fenne*, 1399. fo. 115.
Adams, of South Gabriell, 1538. fo. 4.
ADDINGTON, *of Leigh, fr. London*, 1080. fo. 7*b*.
　1163. fo. 182.
Adelston, or, Adeston, 1538. fo. 4.
ALABASTER, 3288. fo. 149.　　5185. fo. 5.
Aldam, or, Adam, 1538. fo. 4.
Alford, of Okehampton, 1538. fo. 4.
Allen, 1091. fo. 133*b*.
—––– *of Bampton*, 1538. fo. 310*b*.
Alley, of Exeter, 1538. fo. 4.
ALLEYN, *of Bampton, fr. Co. Suff.* 1080. fo. 306.
　1163. fo. 200*b*.
Altavilla, 1538. fo. 4.
ALWAYE, *of Stretley*, 1080. fo. 356*b*.
AMADIS, 1538. fo. 279*b*.　　3288. ff. 157*b*. 173.
　5185. fo. 5*b*.
AMERIDETH, *of Marston, Tamerton, and Slapton,*
　1080. ff. 15*b*. 346.　　1163. fo. 155.
AMERY, *v.* DAMERIE.
Amory, 1538. fo. 4*b*.
ANDREWS, *of Awston*, 1399. fo. 116.
ANTHONY, 1538. fo. 306*b*.
APLETON, 1091. fo. 103.　　1538. fo. 238.
Appleton, 1538. fo. 4.
ARAAS, *or,* ARVAS, *of Predieux*, 1080. fo. 106*b*.
　1163. fo. 173.
ARDERNE, 3288. fo. 163*b*.
Argentyn, 1538. fo. 4.
Armesham, 1538. fo. 4*b*.
Arnedell, 889. fo. 11.
ARSCOTT, *of Abbots Bickenton*, 1163. fo. 119.
—––––––– *of Annery*, 1163. fo. 180*b*.
—––––––– *of Ashwater*, 5185. fo. 6*b*.
—––––––– *of Dunsland*, 889. fo. 138.　　1080. fo.
　58.　　1091.　fo. 50*b*.　　1163.　fo. 184*b*.
　1164. fo. 37*b*.　　1399. fo. 95.　　1538. fo.
　157*b*.　　5185. fo. 6*b*.　　5840. fo. 110*b*.
　5871. fo. 33.
—––––––– *of Holsworthy*, 5185. fo. 6.
—––––––– *of Tetcott*, 1080. fo. 57*b*.　　1163. fo. 176*b*.
　3288. ff. 67. 151.　　5185. fo. 6*b*.
—––––––– *of West Budley*, 1163. fo. 214.
Arscott, 1567. ff. 46*b*. 51. 57*b*.
ARUNDELL, *Earl of*, 1167. fo. 12.
—––––––– 1080. fo. 377*b*.　　1091. fo. 53.　　1538.
　fo. 161*b*.　　3288. fo. 151*b*.　　5840. fo. 20*b*.
　5871. fo. 13*b*.
Arundell, of Trerys, 1567. fo. 46*b*.
ARVAS, *v.* ARAAS.
ASHE, *or,* ESSE, *of Ashburton*, 1091. fo. 27*b*.
　1538. fo. 37.
—––– *of Barton*, 1535. fo. 312.
—––– *of Clist Jomison*, 1080. fo. 46*b*.　　1163. fo.
　11*b*.

Ashe, 1091. fo. 130*b*.
ASHFORD, *of Ashford*, 1080. fo. 325.　　1091. fo.
　48.　　1163. fo. 251.　　3288. fo. 130.　　5185.
　fo. 7.　　5840. fo. 56*b*.　　5871. fo. 23.　　Add.
　MS. 14,315. p. 64.
—––––––– *of Wonvell*, 889. fo. 80.　　1080. fo.
　410*b*.　　1091. fo. 48.　　1399. fo. 48.　　1538.
　fo. 150.　　3288. fo. 35.　　5185. fo. 7*b*.　　5840.
　fo. 56*b*.　　5871. fo. 23.
Asheford, 1567. fo. 45.
Ashenden, of Dartmouth, 1538 fo. 4.
ASHLEY, 1091. fo. 122.
ASHTON, 1153. fo. 85.
Askwith, 1538. fo. 4.
Aston, or, Ashton, of Chepington, 1538. fo. 4.
—––––– *v. Auston.*
ATFORD, *v.* FORD.
Attford, 1538. fo. 4.
ATTE, *of Trewen*, 1091. fo. 59.　　1538. fo. 93.
ATTERHILL, *v.* HILLMAN.
ATWILL, *of Manhead*, 1080. fo. 49*b*.　　1163. fo.
　14.
—––––– *of Walkhampton*, 1080. fo. 50*b*.　　1163.
　fo. 103*b*.
Atwill, of Exeter, 1538. fo. 4.
—––––– *of Manhead*, 1091. fo. 131.
ATWOOD, *v.* WOOD.
Auncell, 1538. fo. 4.
Auston, or, Aston, 1538. fo. 4.
AWDLEY, 3288. fo. 149*b*.　　5185. fo. 65*b*.
AYLEMERE, 1982. fo. 55.
Aylcworth, of Polslow, 1538. fo. 4.
AYRE, *of Wotton*, 1080. fo. 272*b*.　　1163. fo. 129.
BAA, 1538. fo. 5.
BABINGTON, *of Ottery St. Mary, fr. Co. Northumb.*
　889. ff. 67*b*. 153(*a. b.*)　　1080. fo. 391*b*.
　1091. fo. 43*b*.　　1399. fo. 39.　　1538. fo.
　131.　　5185. fo. 9.　　3288. fo. 46.　　5840.
　fo. 45.　　5871. ff. 6. 20.
BADCOCK, *of Shebbeare, fr. Co. Cornw.* 1080. fo.
　258*b*.　　1163. fo. 110*b*.
Badcock, 1091. fo. 133.
BAGG, *of Plymouth, fr. Co. Shrop.* 1080. fo. 286*b*.
　1163. fo. 146.　　1538. fo. 302.
Bagg, 1091. fo. 132.
Bake, 1538. fo. 5*b*.
Baker, 1538. fo. 5.
Baldwyn, of Exeter, 1538. fo. 6.
Bale, of Kenton, 1538. fo. 6.
BALL, *of Mamhead*, 1080. fo. 346*b*.　　1164. fo. 54.
BALUM, 1091. fo. 122.
BAMFIELD, *of Poltesmore*, 889. fo. 144*b*.　　1080.
　fo. 228*b*.　　1091. fo. 119.　　1163. fo. 62*b*.
　1399. fo. 101.　　1538. fo. 267*b*.　　3288. ff.
　33. 73.　　5840. fo. 118.　　5871. fo. 35.
BARBY, *of Washfield, fr. Co. Northampt.* 1080. fo.
　223*b*.　　1163. fo. 55*b*.
BARKLEY, *or,* BERKLEY, 889. fo. 105*b*.　　1080.
　fo. 62.　　3288. fo. 118*b*.　　5185. fo. 11.
　5871. ff. 30. 39*b*.
Barnard, of Exeter, 1538. fo. 6.
BARNHOUSE, *of Marshe*, 1080. fo. 332.　　1091.
　fo. 78.　　1164. fo. 57*b*.　　1538. fo. 195*b*.
　5871. fo. 4*b*.

Barnstaple, of Barnstaple, 1538. fo. 6.
BARON, *of Plymouth*, 1080. fo. 347.
—— *of Stoke*, 889. fo. 130*b*.　　1080. fo. 430*b*.
　1091. fo. 105*b*.　　3288. fo. 110*b*.　　5871.
　fo. 31*b*.
BARROW, *or*, BURROW, *of Colehampton*, 889. fo.
　27*b*.　　1080. fo. 373.　　1091. fo. 51.
　5840. fo. 10*b*.　　5871. fo. 11.
BARRY, *of Bickington*, 1080. fo. 56.　　1163. fo.
　130.　　1399. fo. 77*b*.
—— *of Bindon*, 889. fo. 69.　　1080. fo. 56.
　1091. ff. 44. 95.　　1399. fo. 40*b*.　　1538.
　fo. 136*b*.　　5185. fo. 10*b*.　　5840. fo. 89.
　5871. fo. 21.
—— *of Winscott*, 889. fo. 117.　　1091. fo. 95.
　3288. fo. 36.　　Add. MS. 14,315. p. 70.
Barry, 1567. ff. 43*b*. 52.
Baskervile, of Exeter, 1538. fo. 6.
BASSET, *of Umberleigh and Co. Cornw.* 1080. fo.
　343*b*.　　1091. fo. 122.　　1538. fo. 297.
　Add. MS. 12,479. fo. 46.
BASTARD, *of Gerston*, 1080. fo. 241*b*.　　1163. fo.
　83.
Bastard, of Allington, 1538. fo. 5.
Bath, 1538. fo. 5.
BATTIN, *or*, BATTEN, *of Dunsland*, 1080. fo. 58.
　1091. fo. 50*b*.　　1163. fo. 184*b*.　　1164. fo.
　37*b*.　　1538. fo. 159.　　5871. fo. 33.　　Add.
　MS. 14,315. p. 50.
BATTISHILL, *of Westwick*, 889. fo. 133*b*.　　1080.
　fo. 38.　　1091. fo. 99.　　1163. fo. 10*b*.
　1399. fo. 91*b*.　　1538. fo. 230.　　3288. fo.
　36*b*.　　5185. fo. 11*b*.　　5840. fo. 107.
　5871. fo. 32.
Battishill, 1091. fo. 130.　　1567. fo. 56*b*.
Battyn, of Exeter, 1538. fo. 6.
Bamfield, of Poltesmere, 1567. ff. 49*b*. 59*b*.
Beammes, or, Beaums, 1538. fo. 5*b*.
BEARE, *or*, BERE, *of Franckmarsh*, 1080. fo. 59.
　1163. ff. 163*b*. 201.　　1535. fo. 282*b*.　　5871.
　fo. 42.
—— *of Huntsham*, 3288. fo. 143(*a.b.*)　　5185.
　fo. 13*b*.
Beare, 1091. ff. 8. 125.
Beauchamp, 1538. fo. 6.
Beaudin, 1538. fo. 5*b*.
Beaums, v. Beammes.
BEAUMONT, *Earl of Mellent*, 3288. fo. 157.
—————— *of Gittisham*, 889. ff. 71*b*. 72.　　1080.
　ff. 328*b*. 396*b*.　　1091. ff. 44*b*. 110.　　1163.
　fo. 257*b*.　　1399. fo. 42.　　1538. ff. 139*b*.
　272. 297*b*.　　3288. ff. 74*b*. 127. 168.　　5185.
　ff. 12(*a.b.*) 13.　　5840. ff. 49. 125*b*.　　5871.
　ff. 21. 39. 41*b*.　　Add. MS. 14,315. p. 3.
Beaumont, 1091. fo. 8.　　1567. fo. 44.
Beauple, of Barnstaple, 1091. fo. 8.　　1538. fo. 6.
Beckingham, of Exeter, 1091. fo. 8.　　1538. fo. 6.
Bedloughe, of Brampton, 1091. fo. 8.　　1538.
　fo. 6.
Belhowse, 1538. fo. 5.
BELLEW, *of Hunshaw, Stockley, and Alverdiscott*,
　889. fo. 121.　　1080. fo. 61.　　1091. fo.
　101.　　1163. ff. 58. 131.　　1538. fo. 233.
　1567. fo. 26.　　1399. fo. 81.　　3288. fo. 63.
　5185. fo. 14*b*.　　5840. fo. 92.
Bellew, 1538. fo. 7.　　1567. fo. 53.
BELLMAYNE, *of Dallamore*, 1080. fo. 246*b*.
　1163. fo. 88.
BELLOTT, *of Downton, fr. Cos. Chesh. and Wilts.*
　1080. fo. 238.　　1163. fo. 80.

Bellott, of Maham, 1091. fo. 131*b*.
Bendvile, 1538. fo. 6.
BENNET, *of Chudleigh*, 1080. fo. 199.　　1163. fo.
　19*b*.
Bennett, 1091. fo. 130.
BERE, *v.* BEARE.
Berell, of Ermington, 1091. fo. 8.　　1538. fo. 6.
BERKLEY, *v.* BARKLEY.
BERRY, *or*, BERRIE, *of Colleton and Chittle-
　hampton*, 1080. fo. 18*b*.　　1163. ff. 2. 143.
—— *of Eastleigh and Lobb*, 1080. ff. 20.
　338*b*. 339.　　1163. ff. 127. 192.
Berry, of Colleton, 1091. fo. 8.
BERRY, *v.* BURY.
BERRYMAN, *of Berry*, 1080. fo. 224*b*.　　1163.
　fo. 52*b*.
Berryman, 1091. fo. 129*b*.
Beverley, 1538. fo. 6*b*.
Bevill, of Plente, 1091. fo. 8.　　1538. fo. 6*b*.
BEWPENNEY, 889. fo. 146*b*.
Bewpre, 1538. fo. 5*b*.
BIAPLE, *of Barnstable*, 1080. fo. 438.
Bichly, of Bickley, 1538. fo. 5*b*.
BIDLAKE, 1080. fo. 253*b*.　　1163. fo. 97.
Bidlake, 1091. fo. 131.
BILLETT, *or*, BYLLOTT, 1163. fo. 226*b*.　　3288.
　fo. 125*b*.　　5185. fo. 46*b*.
Billett, 1538. fo. 5.
BISHOP, *of Cold Ashe*, 889. fo. 124*b*.　　1080. fo.
　426*b*.　　1091. fo. 99*b*.　　1399. fo. 83*b*.
　1538. fo. 231.　　5185. fo. 15.　　5840.
　fo. 96*b*.
Bishop, 1091. fo. 8.　　1567. fo. 54.
Bissett, 1538. fo. 5.
Blackaller, of Exeter, 1091. fo. 8.　　1538. fo. 6*b*.
BLACKDON, *of Blackdon*, 1079. fo. 30.　　1080.
　fo. 274*b*.　　1163. fo. 127*b*.　　4031. fo. 75.
BLACKHALL, *of Cowick*, 1080. fo. 204.
—— *of Totness*, 1080. fo. 203*b*.　　1163.
　fo. 28*b*.
Blackhall, of Hampstead, 1091. fo. 129*b*.
BLACKMORE, *of Bishops Mympton*, 1080. fo. 319*b*.
　1163. fo. 242*b*.
Blagdon, of Blagdon, 1091. fo. 133*b*.
Blanchfeld, 1538. fo. 5.
BLERICK, 889. fo. 57.　　1080. fo. 186.　　1091.
　fo. 39*b*.　　1163. fo. 25.　　5871. fo. 18.
BLEWETT, *of Holcombe Regis and Broadcliffe*,
　889. fo. 146.　　1080. fo. 326*b*.　　1091. fo.
　120.　　1141. fo. 72.　　1163. fo. 254*b*.
　1385. fo. 7*b*.　　1399. fo. 102*b*.　　1445. fo.
　102*b*.　　1559. fo. 198.　　1567. ff. 31*b*. 32.
　3288. ff. 74. 104*b*. 142*b*.　　1538. fo. 268*b*.
　5185. ff. 15*b*. 16.　　5840. fo. 119.　　5871.
　fo. 35*b*.　　Add. MS. 12,477. fo. 57.
Blewet, 1091. ff. 8. 125.　　1567. fo. 59*b*.
Blondy, of Exeter, 1091. fo. 8.　　1538. fo. 6*b*.
Blunt, of Tavistoche, 1091. fo. 8.　　1538. fo. 6*b*.
Boarne, 1091. fo. 132*b*.
—— *of Wells*, 1091. fo. 133*b*.
Bodleigh, 1538. fo. 5.
BODLEY, *of Dunscombe and Exeter*, 1046. fo. 64*b*.
　1147. fo. 93*b*.　　1164. fo. 42*b*.　　1397. fo.
　104.　　1430. fo. 98*b*.　　1433. fo. 96*b*.
　1538. fo. 298*b*.　　1561. fo. 154*.　　5871.
　fo. 41.　　Add. MS. 14,311. fo. 13*b*.
Bodlye, of Kyrton, 1091. fo. 8*b*.
Bodrugan, 1538. fo. 5*b*.
BOGAN, *of Hempston*, 1080. fo. 200*b*.　　1163. fo. 25*b*.
Bohune, 1091. fo. 8*b*.

Bolter, of Bolters Combe, 1091. fo. 8*b.* 1538. fo. 5.

Bond, 1091. fo. 8*b.* 1538. fo. 6*b.*

Bonifant, 1538. fo. 5*b.*

BONVILE, *of Chewton,* 889. ff. 153*b.* 125*b.* 1080. fo. 62. 1091. ff. 91, 92. 1538. ff. 170. 217*b.* 307. 3288. fo. 165*b.*

———— *of Modbury,* 889. fo. 58. 1080. fo. 381*b.* 1091. ff. 39*b.* 91. 92. 1399. fo. 31. 1538. fo. 107. 5185. fo. 16*b.* 3288. fo. 37. 5840. fo. 34*b.* 5871. fo. 18.

BOOTSED, *of Butsed,* Add. MS. 14,315. p. 36.

Borough of Broadcliff, 1091. fo. 8*b.* 1538. ff. 5. 6*b.*

BOSWYDELL, 1091. fo. 53. 1538. fo. 161*b.*

BOTELER, *of Parkham,* 1080. fo. 10. 1163. fo. 156*b.*

Botlesham, 1538. fo. 5.

Botterell, 1538. ff. 5*b.* 6.

Bottiler, 1538. ff. 5*b.* 6.

BOURCHIER, *Lord Fitzwarren,* 1080. fo. 377*b.* 1091. fo. 33. 1164. fo. 2. 3288. ff. 132*b.* 151*b.* 5185. ff. 18*b.* 35*b.* 5840. fo. 20*b.* 5871. fo. 13*b.*

BOWERMAN, *of Hemiock,* 889. fo. 68*b.* 1080. fo. 392*b.* 1091. fo. 43*b.* 1399. fo. 39*b.* 1538. fo. 131*b.* 3288. fo. 37*b.* 5185. fo. 19. 5840. fo. 46. 5871. fo. 20*b.*

Bowerman, 1567. fo. 43.

BOWYER, *of Knolle, fr. London,* 1080. fo. 327*b.* 1163. fo. 257.

Boyer, 1091. fo. 8*b.* 1538. fo. 6*b.*

BOYS, 3288. fo. 141. 5185. fo. 17.

Boys, 1538. fo. 6.

———— *of Totness,* 1538. fo. 5(*a. b.*)

BOZOM, *or,* BOZON, *of Bozom Soyle,* 1080. fo. 436*b.* 1091. fo. 39. 1163. fo. 218*b.* 1538. fo. 280. 3288. ff. 120*b.* 136. 151. 5871. fo. 38.

BOZUN, *of Hele,* 1538. fo. 306*b.*

Bracebridge, of Exeter, 1538. fo. 5*b.*

Bracye, of Welcombe, 1538. fo. 5*b.*

BRADFIELD, 3288. fo. 128*b.*

Bray, 1091. fo. 8*b.* 1538. fo. 6*b.*

Brentingham, of Exeter, 1538. fo. 5*b.*

BRETON, *v.* BRUTON.

Brett, of Pilton, 1091. fo. 8. 1538. fo. 5.

Brewer, of Exeter, 1091. fo. 8*b.* 1538. fo. 6*b.*

Brewton, of Exeter, 1091. fo. 8*b.*

BREWYER, *of Tor Bay,* 3288. ff. 156. 157.

Bridges, 1538. fo. 5.

Brightley, 1538. fo. 5.

Brightleygh, 1091. fo. 8*b.*

Brogg, 1538. fo. 6.

Bromleigh, 1538. fo. 5*b.*

BROMLEY, 3288. fo. 169.

BROOKE, 3288. ff. 122*b.* 134*b.* 135. 5185. fo. 74.

BROUGHTON, *of Warisbrightley,* 1080. fo. 303*b.* 1163. fo. 190*b.*

Broughton, 1091. ff. 8*b.* 133. 1538. fo. 6.

BROWN, *of Brownshirlashe,* 889. fo. 100. 1080. fo. 407. 1091. fo. 77*b.* 1399. fo. 63*b.* 1538. fo. 193. 3288. fo. 38*b.* 5185. fo. 19*b.* 5840. fo. 72*b.* 5871. fo. 28.

BROWN, *of Colehampton,* 1091. fo. 29.

Browne, 1091. fo. 8*b.* 1538. fo. 6*b.* 1567. ff. 48*b.* 55.

Brownescombe, of Exeter, 1538. fo. 5.

Bruerton, of Exeter, 1538. fo. 5*b.*

BRUSE, 3288. fo. 157.

Brushford, 1538. fo. 6.

BRUTON, *or,* BRETON, *of Havitree,* 1080. fo. 340*b.*

Brynn, of Exeter, 1091. fo. 8*b.* 1538. fo. 6*b.*

Bryon, of Okehampton, 1091. fo. 8*b.* 1538. fo. 6*b.*

Buckenham, of Exeter, 1091. fo. 8*b.* 1538. fo. 6*b.*

Buckstone, 1538. fo. 5*b.*

Buckton, 1538. fo. 5*b.*

BUCKYATE, *of Buckyate,* 1080. fo. 244. 1091. fo. 34. 1163 fo. 86*b.* 1538. fo. 76. 3288. fo. 97. 5840. fo. 23. 5871. fo. 14*b.*

BUDOKESHIDE, 889. fo. 81*b.* 1079. fo. 20. 1080. fo. 413*b.* 1091. fo. 56. 1399. fo. 49. 1538. fo. 165. 3288. fo. 55. 5185. fo. 23*b.* 5840. fo. 57*b.* 5871. fo. 23*b.*

Budokeshide, 1567. fo. 45*b.*

Buller, of Exeter, 1538. fo. 5.

Burcher, 1091. fo. 9.

BURDEN, *of Burdon,* 1164. fo. 40.

Burdon, 1091. fo. 9. 1538. fo. 5*b.*

Burgen, of Sheepwash, 1091. fo. 9.

BURGOYNE, *of Allington,* 1163. fo. 112.

———— *of Bideford and South Tawton,* 889. fo. 131*b.* 1080. fo. 55. 1091. fo. 98. 1163. fo. 138*b.* 1399. fo. 90. 1538. fo. 228. 3288. fo. 66. 5185. fo. 20. 5840. fo. 104*b.* 5871. fo. 31*b.*

Burgoyne, 1567. fo. 56.

Burleigh, 1538. fo. 5. 1091. fo. 9.

BURNEBY, *of Burneby and Bratton,* 889. fo. 138*b.* 1080. fo. 217*b.* 1091. fo. 82*b.* 1163. fo. 47*b.* 1399. fo. 96*b.* 1538. fo. 208. 3288. fo. 38. 5185. fo. 22. 5840. fo. 112. 5871. fo. 33*b.*

Burnby, 1091. fo. 132. 1567. fo. 58.

BURNELL, 1080. fo. 236.

Burney, of Burney Braton, 1091. fo. 9.

Burnford, of Brixton, 1538. fo. 6.

BURRINGTON, *of Sandford,* 1080. fo. 198*b.* 1163. fo. 16.

BURROW, *v.* BARROW.

Burton, 1091. fo. 9. 1538. fo. 6*b.*

BURY, *or,* BERRY, *of Berrynarber,* 889. fo. 110. 1080. ff. 336*b.* 421*b.* 1091. fo. 89. 1399. fo. 72. 1538. fo. 214*b.* 1567. fo. 24*b.* 3288. ff. 68. 122. 5185. ff. 20*b.* 21. 50*b.* 5840. fo. 82. 5871. fo. 31.

———— *of Collyton,* 889. fo. 115*b.* 1091. ff. 42. 93*b.* 1163. fo. 241*b.* 1399. fo. 76. 1538. fo. 220*b.* 3288. fo. 70. 5185. fo. 21*b.* 5840. fo. 87. 5871. fo. 37*b.*

Bury, 1567. fo. 50*b.*

———— *of Collyton,* 1567. fo. 51*b.*

BUSHELL, *or,* BUSSELL, *of Bradley,* 3288. ff. 147(*a. b*) 166*b.* 5185. fo. 22*b.*

BUSSELL, *v.* BUSHELL.

BUTLER, *of Parcombe,* 1538. fo. 290. Add. MS. 14,315. p. 52.

Butler, of Exeter, 1091. fo. 9.

Butshed, of Butshed, 1091. fo. 9.

Butside, of St. Budokes, 889. fo. 10.

Butterford, of Butterford, 1091. fo. 9. 1538. fo. 5*b.*

Button, 1091. fo. 9. 1538. fo. 6*b.*

Bydwell, of Halberton, 1091. fo. 8. 1538. fo. 6.

BYLLOTT, *v.* BILLETT.

BYRTE, 1091. fo. 103. 1538. fo. 238. 3288. fo. 64.

BYRYE, *of Eastleigh*, 889. fo.'140*b*.   1091. fo.
118.   1399. fo. 99.   1538. fo. 265*b*.
3288. fo. 69.   5840. fo. 114.   5871.
fo. 34.

Byrye, 1567. fo. 58*b*.

CABELL, *of Buckfastleigh*, 1163. fo. 37.   1080.
fo. 211*b*.

Cabell, 1091. fo. 132.

CADE, *of Dunsland*, 1080. fo. 58.   1163. fo.
184*b*.

—— *of Tremington*, 1080. fo. 287.   1163.
fo. 144*b*.

CALMADY, *of Wenbury*, 1080. fo. 75.   1142.
fo. 20*b*.   1149. fo. 20*b*.   1162. fo. 21*b*.
1163. ff. 94. 172.

Calmady, 1538. fo. 7.

CALVEDON, 1538. fo. 282*b*.   5871. fo. 42.

CALWOODLEIGH, *of Uplowman*, 1163. fo. 245*b*.

Calwoodley, 1567. fo. 59.

Camell, *of Fitleford*, 1538. fo. 7*b*.

CARESWELL, *of Careswell*, 1091. fo. 109.   1538.
fo. 249*b*.   Add. MS. 14,315. p. 29.

CAREW, *of Anthony*, 889. fo. 33*b*.   1080. ff.
78. 376*b*. 378.   1091. fo. 33.   1538. fo.
63.   3288. ff. 34. 123.   5185. ff. 24*b*. 65*b*.

—— *of Bickleigh*, 889. fo. 136.   1080. fo. 77.
1163. fo. 240.   1399. fo. 93*b*.   1538. ff.
63. 294*b*.   3288. ff. 39. 123—124*b*. 161. 162.
5840. fo. 109.   5871. fo. 32*b*.

—— *of Haccomb*, 1080. fo. 78.   1091. fo.
31*b*.   1163. fo. 29.   1399. fo. 16.   1538.
fo. 63.   3288. ff. 39. 149*b*. 151*b*. 156. 157.
161. 162.   1567. fo. 22*b*.   5840. ff. 15*b*.
20.   5871. fo. 13(*a. b.*)

—— *of Otry Mohun*, 5185. ff. 25. 72*b*.

Carew, 889. fo. 9*b*.   1399. fo. 107*b*.   1567. ff.
36. 37*b*. 57.

CAREY, *v*. CARY.

CARHURTA, 1091. fo. 104.   5185. fo. 38*b*.   5871.
fo. 31.

Carissett, 1538. fo. 7.

Carswell, 1538. fo. 7.

CARTHEW, 1091. fo. 53.   1538. fo. 162.

CARWITHAM, *of Panston*, *fr. Co. Cornw*. 889. fo.
102*b*.   1080. fo. 408*b*.   1091. fo. 81.
1092. fo. 98*b*.   1142. fo. 68.   1153. fo.
87.   1399. fo. 65*b*.   1538. fo. 203*b*.
3288. fo. 33*b*.   5185. fo. 27*b*.   5840. fo.
75*b*.   5871. fo. 28*b*.

Carwytham, 1567. fo. 49*b*.

CARY, *Baron Hunsdon*, 1080. fo. 376.   1538.
fo. 82*b*.   3288. fo. 151.   5871. fo. 13*b*.

—— *or*, CAREY, *of Bradford*, 1080. fo. 86*b*.
1163. fo. 50*b*.

—— *of Carey*, 889. fo. 119*b*.   1399. fo. 79*b*.
3288. fo. 51*b*.   5840. fo. 91.   Add. MS.
14,315. p. 16.

—— *of Cockington*, 889. fo. 42*b*.   1082. ff.
245. 380.   1091. ff. 33. 34*b*.   1163. ff.
73*b*. 87.   1164. fo. 14.   1399. fo. 21*b*.
1538. ff. 77*b*. 306*b*.   3288. fo. 40.   1567.
fo. 23.   5185. fo. 27.   5840. fo. 23*b*.
5871. fo. 15.

Carey, *of Cockington*, 889. fo. 13.   1567. fo.
39*b*.

CAWOODLEY, *of Cawoodley*, 889. fo. 142.   1091.
fo. 117.   1399. fo. 99*b*.   1538. fo. 263*b*.
3288. fo. 45*b*.   5185. fo. 28.   5840. fo.
115*b*.   5871. fo. 34.

CHALLONS, 1538. fo. 307.

Chambers, 1538. fo. 7*b*.

CHAMPERNON, *of Cliff St. George*, 5185. fo.
29(*a. b.*)

—— *of Dartington*, 1080. ff. 213*b*. 245.
378. 415*b*.   1091. fo. 96.   1163. ff. 39*b*.
87.   1538. fo. 223.   5871. fo. 13*b*.
6128. fo. 13*b*.

—— *of Modbury*, 1091. fo 61.   1538.
fo. 166.   Add. MS. 14,315. p. 31.

CHAMPNES, *of Tavistock*, 1163. fo. 139.

—— *of Uffcolme and Barnstable*, 1080.
fo. 53*b*.   1163. fo. 117*b*.

Champnes, 1091. fo. 133.

Champney, 1538. fo. 7.

CHANNON, *of Tallaton*, 1080. fo. 311*b*.   1163.
fo. 207*b*.

CHANTRELL, 3288. fo. 156*b*.

CHAPMAN, *of Hole*, 1164. fo. 17.

CHAPPELL, *of South Molton*, 1080. fo. 300.
1163. fo. 185*b*.

—— *of Whitston*, 1091. ff. 127. 128.

CHARLES, *of Tavistock*, 889. fo. 22.   1080. fo.
366*b*.   1091. fo. 27.   1399. fo. 8.   1538.
fo. 36.   1567. fo. 20*b*.   3288. ff. 23. 25*b*.
173.   5185. fo. 28*b*.   5840. fo. 6.   5871.
fo. 10.   Add. MS. 14,288. fo. 7.

Charles, 889. fo. 8*b*.   1567. fo. 35.

Chauntrell, 1538. fo. 7.

Chaworth, 1538. fo. 7*b*.

Cheny, 1538. fo. 7*b*.

CHERYTON, 3288. fo. 156*b*.

CHESELDON, *or*, CHESTLEDON, 889. fo. 146*b*.
1091. fo. 120.   1538. fo. 268*b*.   3288. ff.
74*b*. 142*b*.   5871. fo. 35*b*.

Cheverstone, 1538. fo. 7*b*.

CHEYNEY, *of Ottery*, 1080. fo. 192.   1163. fo.
221*b*.   1550. fo. 199.   3288. fo. 122*b*.
5185. fo. 30*b*.

—— *of Pinhoe*, 3288. fo. 145.   5185. fo.
31.

CHICHESTER, *of Arlington*, 889. fo. 113.   1080.
fo. 81*b*.   1091. fo. 45*b*.   1163. ff. 141*b*.
142.   1163. fo. 189*b*.   1399. fo. 74.   1538.
fo. 272*b*.   1567. fo. 23*b*.   3288. fo. 78.
5185. fo. 32*b*.   5840. fo. 85.   5871. ff.
21*b*. 37. 41*b*.

—— *of Hall*, 889. fo. 109*b*.   1091. fo. 87.
1399. fo. 71.   1538. fo. 274.   3288. fo. 78.
5185. fo. 32.   5840. fo. 81*b*.   5871. fo. 30*b*.

—— *of Raleigh*, 889. ff. 72*b*. 73.   1080.
fo. 81*b*.   1091. ff. 45*b*. 83. 87.   1163. fo.
187*b*.   1399. fo. 74.   1538. fo. 272.
3288. ff. 78. 156*b*. 168.   5185. fo. 13.
5840. ff. 85. 125.   5871. ff. 21*b*. 39. 41*b*.

—— *of Tavistock*, 1080. fo. 81*b*.   1163.
fo. 187*b*.

—— *of Widworthy*, 1080. fo. 81*b*.
1163. fo. 211*b*.   1399. fo. 43.   3281. fo.
77*b*.   5185. fo. 31*b*.   5840. fo. 50.
5871. fo. 21*b*.

Chichester, 1567. ff. 44. 50*b*. 51*b*.

CHIDLEIGH, *v*. CHUDLEIGH.

CHILDERSLEY, 889. fo. 148.   1538. fo. 246*b*.
5185. fo. 43*b*.

CHIVERTON, *of Chiverton and Co. Cornw*. 1091. ff.
128*b*. 129.

CHOLMLEY, *or*, CHOLMONDLEY, *of Tiverton*, *fr.
Co. Surrey*, 1080. fo. 93*b*.   1163. fo. 234.

CHOLWELL, *of Lodisford*, 1080. fo. 261*b*.   1163.
  fo. 115.
Cholwell, 1091. fo. 133.
CHRISTENSTOWE, 889. fo. 148.   1091. fo. 107.
  1538. fo. 246*b*.   5185. fo. 43*b*.
Christenstow, 1538. fo. 7.
CHUDLEIGH, *or*, CHIDLEIGH, *of Ashton*, 889. fo.
  18.   1080. fo. 11.   1091. ff. 25*b*. 112.
  1163. fo. 156.   1399. fo. 106.   1538. fo.
  253*b*.   3288. fo. 144(*a. b.*)   5185. ff. 33.
  68*b*.   Add. MS. 14,315. p. 135.
CHURCHILL, 889. fo. 94*b*.   1538. fo. 180*b*.
  5185. fo. 42*b*.   5871. fo. 26*b*.
Churchill, 1080. fo. 440.
CLAPHAM, *of Barnstable*, 1080. fo. 264*b*.   1163.
  fo. 120.
Clark, 1538. fo. 7*b*.
CLARKE, Add. MS. 14,284. fo. 53.
Clavill, 1538. fo. 7*b*.
CLEMENT, *of Plymouth, fr. Co. Dors.* 1080. fo.
  347.
CLEOBURY, *v.* CLOBERY.
Clevedon, 1538. fo. 7*b*.
CLIFFORD, *of Chidley, fr. Co. Wilts.* 1164. fo. 36.
Clifte, 1538. fo. 7*b*.
CLOBERY, *or*, CLEOBURY, *of Bradstone*, 889. fo.
  88*b*.   1080. fo. 12*b*.   1091. fo. 75.   1163.
  fo. 168*b*.   1399. fo. 55*b*.   1538. fo. 188.
  3288. fo. 79.   5185. fo. 34.   5840. fo. 64.
  5871. fo. 25.
Clobery, 1567. fo. 47.
CLOPTON, 5185. fo. 31.
CLOTWORTHY, *of Clotworthy*, 889. fo. 120.   1080.
  fo. 296.   1091. ff. 87. 97.   1163. fo. 182*b*.
  1399. fo. 80.   1538. fo. 225*b*.   5185. fo.
  34*b*.   3288. ff. 80. 159*b*.   5840. fo. 91*b*.
Clotworthie, 1567. fo. 53.
CLYSTE, 3288. fo. 140.
COBLEY, *of Brightley*, 1091. fo. 49.   1538. fo.
  154*b*.   3288. fo. 89.   Add. MS. 14,315.
  p. 60.
COCKERAM, *of Collampton*, 1080. fo. 313.   1163.
  fo. 211.
COCKSHEAD, *of Chimley*, 1080. fo. 318*b*.   1163.
  fo. 242.
COCKWORTHY, 1091. fo. 114*b*.   1538. fo. 256*b*.
  5871. fo. 24*b*.
COFFIN, *of Portland*, 1091. fo. 115*b*.   1538. ff.
  259*b*. 292*b*.   Add. MS. 14,315. p. 56.
  ―― *of Portlinch*, 1080. fo. 87*b*.   1093. fo.
  61.   1163. ff. 111*b*. 118*b*.   1164. fo. 15.
Coffyn, 1567. fo. 47*b*.
COGAN, *of Baunton*, 3288. fo. 132.   5185. fo. 35*b*.
COKER, *of Maypowder*, 1091. fo. 110.
Cokeram, 1538. fo. 7.
Colane, 1538. fo. 7*b*.
COLBROOKE, *of Lorywell*, 1091. fo. 101.   1538.
  fo. 233.
Colcill, 1538. fo. 7.
COLE, *of Slade*, 889. ff. 45.   1080. fo. 380*b*.
  1091. fo. 35.   1399. fo. 22*b*.   1538. ff.
  52. 84*b*.   1567. fo. 22.   3288. fo. 89*b*.
  5840. fo. 24*b*.   5185. ff. 36. 46.   5871.
  fo. 14*b*.
  ―― *of Wolsworth*, 1538. fo. 292.
Cole, 1567. fo. 39.
COLLAMORE, *of Braunton*, 1080. fo. 79*b*.   1163.
  fo. 190.   3288. fo. 156*b*.
  ――――― *of Uplomyn*, 1080. fo. 80*b*.   1163.
  fo. 233.

Collamore, 1091. fo. 125.
COLLARD, 1080. fo. 425.   1538. fo. 169*b*.   5185.
  fo. 37*b*.   5871. fo. 24.
  ―――― *or*, CALLARD, *of Southcot*, 889. fo.
  158.   1080. ff. 416*b*. 425. 437.   1091. ff.
  64. 102.   1399. fo. 82*b*.   1538. fo. 235*b*.
  3288. fo. 58.   5185. fo. 24.   5840. fo.
  95*b*.
Collard, of Southcote, 1567. fo. 53*b*.
Collens, of Ugbury, 1091. fo. 132.
COLLETON, *of Exeter*, 1080. fo. 225.   1163. fo.
  58*b*.
Colleton, 1091. fo. 30.
COLLINS, *of Barneshill and Offwell*, 1080. fo. 84*b*.
  1163. ff. 37*b*. 247*b*.
Collins, of Awtrey, 1538. fo. 7.
COLLYFORD, *v.* CULLIFORD.
COLMAN, *of Tiverton*, 1080. fo. 313*b*.   1163. fo.
  210*b*.
Columber, 1538. fo. 7*b*.
COOKE, *of South Molton*, 1080. fo. 92.   1091.
  fo. 53.   1163. fo. 255*b*.
  ―― *of Thorne*, 889. fo. 67.   1080. fo. 91*b*.
  1091. fo. 43.   1163. fo. 199*b*.   1399.
  fo. 38.   1538. ff. 129. 161*b*.   3288. fo.
  45.   5185. fo. 36*b*.   5840. fo. 43*b*.
  5871. fo. 20*b*.
Cooke, 1567. fo. 42*b*.
Coolin, 1567. fo. 36.
COPLESTON, *of Bowden*, 889. fo. 84*b*.   1080. fo.
  424*b*.   1091. fo. 64.   1399. fo. 51*b*.
  1538. fo. 169*b*.   3288. fo. 60.   5840. fo.
  60.   5185. fo. 37*b*.   5871. fo. 24.
  ―――― *of Copleston*, 889. ff. 61. 125*b*.   1080.
  fo. 62.   1091. ff. 40*b*. 91.   1163. ff. 104.
  191.   1164. fo. 6*b*.   1399. fo. 84*b*.   1538.
  ff. 135. 222.   3288. fo. 59.   5840. fo. 97*b*.
  5185. fo. 37.   5871. ff. 17*b*. 39*b*.   Add.
  MSS. 12,479. fo. 60.   14,315. p. 14.
  ―――― *of Eggesford*, 889. fo. 119.   1080.
  fo. 425*b*.   1091. fo. 95*b*.   1399. fo. 78*b*.
  1538. fo. 222.   3288. fo. 65*b*.   5840. fo.
  90*b*.   5185. fo. 38.
  ――――― *of Exeter*, Add. MS. 14,315. p. 5.
  ――――― *of Kindon*, 1080. fo. 61*b*.   1096. fo.
  127.
  ――――― *of Upton Pyne*, 1080. fo. 63.   1163.
  fo. 64.
  ――――― *of Wear Gifford*, 1080. fo. 63*b*.
  1163. fo. 158.
  ――――― *of Woodland*, 889. fo. 126*b*.   1080.
  fo. 425.   1399. fo. 86*b*.   3288. fo. 59*b*.
  5840. fo. 98*b*.
  ――――― *of Yenstowe*, 889. fo. 104.   1080.
  fo. 62*b*.   1163. fo. 188.   1399. ff. 66*b*.
  68.   3288. ff. 60*b*. 65.   5840. ff. 76*b*. 78.
  5871. ff. 28*b*. 30.
Copleston, 889. ff. 10. 11.   1567. ff. 45*b*. 50.
  52*b*. 54*b*.
CORAM, *or*, CORHAM, *of Awtrie*, 1080. fo. 314.
  1163. fo. 213*b*.   1538. fo. 301.   5871.
  fo. 41.
CORINDON, *of Bratton*, 1080. fo. 250.   1163.
  fo. 96.
CORREY, 1080. fo. 298*b*.   1163. fo. 184.   1561.
  fo. 40.
Correy, 1538. fo. 7.
CORSETT, *of Wraye*, 1080. fo. 202.   1163. fo.
  23.
COSGRAVE, 1091. fo. 53.   1538. fo. 161*b*.

COTTLE, *of North Tawton*, 889. fo. 131.   1080.
ff. 103*b*. 104.   1091. fo. 104.   1163. fo.
129*b*.   1164. fo. 16*b*.   1399. fo. 88*b*.
1538. fo. 241.   3288. fo. 76*b*.   5185. fo.
38*b*.   5840. fo. 102.   5871. fo. 31.
Cottle, 1567. ff. 54*b*. 55*b*.   1091. fo. 133*b*.
Cottesford, 1538. fo. 7*b*.
COTTON, *of Atkington, fr. Co. Shrop.* 3288. fo.
171.
—— *of Cotton, fr. Co. Chesh.* 3288. ff. 163*b*.
167.
—— *of Exeter and Shabrook*, 1080. fo. 329*b*.
3288. fo. 171.
COTTRELL, 1163. fo. 226.
COURTEIS, *v.* COURTMAN.
COURTHORP, *of London*, 5871. fo. 5.
COURTMAN, COURTEIS, *or*, HALWELL, 3288. fo.
156*b*.
COURTNEY, *Marquis of Exeter*, 3288. fo. 152.
5840. fo. 33.
—— *Earl of Devon.* 1139. fo. 26.   Add.
MS. 4963. fo. 49*b*.
—— *of Bibeley*, Add. MS. 14,315. p. 11*b*.
—— *of Molland*, 889. ff. 113*b*. 116.   1080.
fo. 89.   1091. ff. 39. 84.   1163. fo. 194.
1164. fo. 3.   1399. ff. 74*b*. 76*b*.   1538.
ff. 63. 208*b*.   3288. ff. 75*b*. 155*b*. 171. 172.
1567. fo. 30.   5840. ff. 85*b*. 87*b*.   5185.
fo. 39.   5871. fo. 37.
—— *of Molton*, 1080. fo. 90*b*.   1163. fo.
143*b*.
—— *of Okehampton*, 3288. fo. 157.
—— *of Powderham*, 1080. fo. 89.   1091.
ff. 39. 84.   1164. fo. 3.   1538. fo. 210*b*.
3288. ff. 171*b*. 172.   1567. fo. 30.   5840.
fo. 17*b*.   5871. fo. 17.   Add. MS. 14,315.
p. 11.
Courtney, of Molland, 1567. fo. 51*b*.
Cragge, 1091. fo. 131.
Crathorne, 1538. fo. 7*b*.
CREWES, *or*, CREWSE, *of Chimley*, 889. fo. 52.
—— *of Crewes Morchard*, 889. fo. 115.
1080. fo. 65*b*.   1091. fo. 86.   1163. ff.
71*b*. 240*b*.   1399. fo. 75*b*.   1538. ff. 211.
282*b*.   3288. fo. 80*b*.   5185. fo. 40.
5840. fo. 86*b*.   5871. fo. 37*b*.
Crewes, 889. fo. 11*b*.   1567. fo. 40*b*.
Crewley, 1538. fo. 7*b*.
CREWSE, *v.* CREWES.
Crice, 1538. fo. 7.
CRIMES, *of Buckland*, 1080 fo. 287*b*.   1097. fo.
135.   1142. fo. 114.   1149. fo. 115.
1163. fo. 147.
CROCKER, *v.* CROKER.
Crofton, 1538. fo. 7.
CROKER, *or*, CROCKER, *of Lineham*, 889. fo. 54*b*.
1080. fo. 259*b*.   1091. ff. 38. 59*b*.   1399.
ff. 29.   1163. fo. 110.   1538. ff. 94. 104.
3288. fo. 81.   5185. fo. 40*b*.   5840. fo.
31.   5871. fo. 17.
Croker, 1080. fo. 440.   1538. fo. 7*b*.   1567.
fo. 41.
CROMWELL, 1091. fo. 107*b*.
CROSSING, *of Exeter*, 1080. fo. 345*b*.
Crudg, 1538. fo. 7.
CUDMORE, *of Loxbear*, 1080. fo. 312*b*.   1163.
fo. 210.
CULLIFORD, *or*, COLLYFORD, 1166. fo. 78.   1451.
fo. 126*b*.   1539. fo. 169*b*.
CULLING, *of Woodland*, 1163. fo. 195*b*.

CULME, *of Molland*, 889. fo. 128*b*.   1080. fo.
306*b*.   1091. fo. 101*b*.   1163. fo. 201.
1538. fo. 234*b*.   1399. fo. 86.   3288. fo.
77.   5185. fo. 41.   5840. fo. 100.   5871.
fo. 40*b*.
Culme, 1567. fo. 55.
CUSH, *of Braunton*, 3288. fo. 156*b*.
CUTCLIFF, *of Ilfordcombe*, 1080. fo. 303.   1163.
fo. 188*b*.
DABERNON, *of Bradford and Drewsteington*,
889. fo. 148.   1080. fo. 58.   1163. fo.
184*b*.   1164. fo. 37*b*.   3288. fo. 137.
1538. fo. 246*b*.   5185. fo. 41*b*.   5871. fo.36.
DAMERIE, *or*, AMERY, *of Chappell*, 1080. fo. 305*b*.
1163. fo. 194*b*.
Damsell, of Exeter, 1091. fo. 10*b*.
Dartmouth, of Dartmouth, 1091. fo. 10*b*.
DAVALLES, 1091. fo. 123.
Davent, 1538. fo. 8.
DAVILES, *of Morland*, 889. fo. 96*b*.   1080. fo.
405.   1091. fo. 69.   1399. fo. 60*b*.
1538. fo. 179*b*.   3288. fo. 81*b*.   5185. fo.
42.   5840. fo. 69*b*.   5871. fo. 27.
Daviles, 1567. fo. 48.
Davis, 1538. fo. 8.
DAVY, *of Crediton*, 1163. fo. 65*b*.
—— *of Midland and Sandford*, 1080. fo. 96.
1163. ff. 20*b*. 223.
—— *or*, DEWY, *of Beauford*, 1164. fo. 45*b*.
DAWNEY, 1080. fo. 103.   1091. fo. 70.   1538.
fo. 180*b*.   5871. fo. 27.
Dawney, 1538. fo. 8.
DEANE, *of Newton Patrock*, 1080. fo. 293.   1163.
fo. 169*b*.
DE LA CROSS, 1080. fo.245.   1163. fo. 87.
DE LA FORD, 1163. ff. 23. 226*b*.   3288. fo. 136*b*.
DE LA GREEN, 1091. fo. 118.   1538. fo. 266.
5185. fo. 21.
Delahach, 1538. fo. 8.
DE LA MORE, *or*, MORINGE, *of More Town*, 1080.
fo. 251*b*.   1163 fo. 98*b*.
De la More, 1091. fo. 132.
De la Poole, 1538. fo. 8.
DELVES, *of Crediton*, 1080. fo. 235*b*.   1163.
fo. 71.
DENEBAUD, 1091. fo. 40*b*.   3288. fo. 42.   5871.
fo. 19.
DENHAM, 1080. fo. 377*b*.   3288. fo. 151*b*.
5840. fo. 20*b*.
DENNIS, *of Holcombe*, 889. fo. 148.   1091. ff.92.
107.   1399. fo. 103.   3288. ff. 57. 135.
140*b*.   5182. fo. 44.   5840. fo. 120.
5871. fo. 36.
—— *of Mattcott*, 889. fo. 96.   1080. ff.
102*b*.404.   1091. fo. 70*b*.   1163. fo.123*b*.
1399. fo. 60.   1538. fo. 181*b*.   5185. fo.
43.   5187. fo. 27.
—— *of Orleigh*, 889. fo. 94.   1080. ff. 103.
403*b*.   1091. fo. 70.   1163. fo. 164*b*.
1399. fo. 58*b*.   1538. fo. 180*b*.   3288. fo.
48.   5185. fo. 42*b*.   5840. fo. 67*b*.
5811. fo. 26*b*.   Add. MS. 14,315. p. 43.
—— *of Padstowe*, 889. fo. 90.   1091. fo. 73.
3288. fo. 106.
—— *of Ralcigh*, 889. ff. 58. 153*b*.   1538 fo.
217*b*.
Dennis, 1538. fo. 8.   1567. ff. 48. 60.
DENSELL, *of Wear*, 1091. fo. 59.   1394. fo.
263.   1415. fo. 33.   1420. fo. 189.
1538. fo. 93.

DENVER, 1541. fo. 149.
DERBY, *Earl of*, 3288. fo. 157*b*.
DERWYN, *or*, DIRWYN, 889. fo. 155. 1091. fo. 93. 3288. fo. 149*b*. 5185. fo. 65*b*. 5871. fo. 6*b*.
DEVONSHIRE, *Earls of*, *v.* COURTNEY.
———————— RIVERS.
Devonshire, 1538. fo. 8.
DEWY, *v.* DAVY.
DIAMOND, *of Tiverton*,1080.fo.323. 1163.fo.246.
DILLON, *of Bratton, fr. Ireland*, 889. ff. 65*b*. 108. 1080. ff. 186. 279*b*. 1090. ff. 42*b*. 81*b*. 1093. fo. 31. 1163. fo. 137*b*. 1399. fo. 36*b*. 1486. fo. 30*b*. 1537. fo. 51*b*. 1538. fo. 125*b*. 3228. fo. 44. 5185. fo. 45. 5840. fo. 41*b*. 5871. fo. 20. Egert. MS. 996. fo. 8.
——— *of Hart*, 1080. fo. 280. 1163. fo. 137*b*.
——— — *of Newton Ferrers*, 889. fo. 79. 1080. fo. 412*b*. 1091. fo. 48*b*. 1399. fo. 48*b*. 3288. fo. 44*b*. 5185. fo. 45. 5840. fo. 57. 5871. fo. 22*b*.
——— - *of Wroughton, fr. Ireland*, 889. fo. 108*b*. 1399. fo. 70. 3288. fo. 44*b*. 5840. fo.80. 5871. fo. 30.
Dillon, 889. fo. 8*b*. 1567. fo. 35.
DINHAM, *v.* DYNHAM.
Dirwin, 1538. fo. 8.
DIRWYN, *v.* DERWYN.
DOCTON, *or*, DOKETON, 1080. fo. 264. 1163. fo. 116
Docton, or, Doketon, 1091. fo. 133.
Dodderidge, 1538. fo. 8.
Doddington, 889. fo. 11*b*.
DODESHAM, 889. fo. 152. 1080. fo. 355. 5871. fo. 5*b*.
DOKETON, *v.* DOCTON.
DOLBEARE, 1080. fo. 243. 1091. fo. 34. 1163. fo. 86*b*. 5871. fo. 14*b*.
Donnett, 1538. fo. 8.
Donscombe, 1538. fo. 8.
DOWAY, 3288. fo.132. 5185. fo. 35*b*.
Dorman, of Radley, 1538. fo. 8.
DOWNE, *of Pilton*, 1080. fo. 281. 1091. fo. 103. 1163. fo. 144.
DOWRISH, *or*, DOWRICH, *of Dowrich*, 1080. fo. 101. 1163. fo. 43. 5185, fo. 46.
——— *of Heathbarton*, 1163. fo. 61. 3288. fo. 30*b*.
Dowrish, 1538. fo. 8.
DRAKE, *of Ashe*, 1163. ff. 227. 228. 1567. fo. 28*b*. 3288. fo. 125*b*.
——— *of Buckland Drake*, 1080. fo. 65. 1163. fo. 145.
——— *of Hertford*, 1080. fo. 64. 1163. ff.226*b*. 258*b*. 5185. fo. 46*b*.
——— *of Pratshead*, 1163. fo. 253*b*.
Drake, of Ashe, 1091. ff. 11. 124*b*.
——— *of Buckland*, 1091. fo. 132*b*.
DREWE, *of Exeter*, 1080. fo. 97*b*. 1163. fo. 24.
——— - *of Higham, or Norton*, 889. fo. 134*b*. 1080. fo. 432. 1091. fo. 100. 1399. fo. 92*b*. 1538. fo. 232. 5840. fo. 108. 5871. fo. 32*b*. 3288. fo. 29*b*. 5185. fo. 48.
——— *of Morchard*, 1080. fo. 96. 1163. fo. 209. 5185. fo. 47*b*.
——— - *of St. Leonard's*, 889. fo. 19. 1080. fo. 363*b*. 1091. fo. 26. 1163. fo. 24. 1399. fo. 11*b*. 1538. fo. 27. 5840. fo. 4. 3288. fo. 21. Add. MS. 14,288. fo. 10*b*.

DREWE, *of Sharpham*, 1080. fo. 244*b*. 1163. fo. 86*b*. 1567. fo. 20*b*. 5181. fo. 47.
Drewe, 889. ff. 8. 13. 1567. ff. 34*b*. 57.
DREWELL, *of Exeter*, 1080. fo. 358*b*. 1091. fo. 25. 1538. fo. 21.
DUCK, *of Exeter*, 1080. fo. 230. 1163. fo. 66.
Duck, of Heavytree, 1091. fo. 131.
Duckenfeld, 1538. fo. 8.
DUKE, *of Otterton*, 1080. fo. 142*b*. 1163. fo. 251.
——— *of Powerhayes*, 3288. fo. 119. 5185. fo. 48*b*. 5840. fo. 42*b*.
——— *of Prynne*, 889. fo. 66. 1080. fo. 388*b*. 1399. fo. 37*b*. 1538. fo. 121. 3288. fo. 82*b*. 5840. ff. 42*b*. 43.
——— *of St. Mary Otry*, 1091. fo. 41*b*. 1399. fo. 37. 1538. fo. 120. 5840. fo. 42*b*. 5871. fo. 19*b*.
Duke, 889. fo. 14. 1567. fo. 42*b*.
Dumarell, of Woodbury, 1538. fo. 8.
DUNGY, *of Hartland,fr. Co. Cornw*. 1164. fo. 39.
Durant, 1538. fo. 8.
DYER, *of Malborowe*, 1080. fo. 212. 1163. fo. 40*b*.
Dyng, 1538. fo. 8.
DYNHAM, *or*, DINHAM, *of Wortham*, 889. fo. 86. 1080. fo. 216*b*. 1091. fo. 67. 1163. fo. 46*b*. 1399. fo. 53*b*. 3288. fo. 82. 1538. fo. 177. 5185. fo. 44*b*. 5840. fo. 62. 5871. fo. 24*b*.
Dynham, 889. fo. 10*b*. 1080. fo. 440. 1091. fo. 10*b*. 1567. fo. 46*b*.
EARE, of Wotton, 1091. fo. 133*b*.
EASTON, *v.* ESTON.
EBBESWORTHY, *of Ebbesworthy*, 1080. fo. 289*b*. 1163. fo. 149*b*.
EDGECOMBE, *of Lamerton*, 1080. fo. 132*b*. 1163. fo. 99.
——— - *of Plymouth*, 1080. fo. 134. 1163. fo. 106*b*.
——— — *of Tavistock*, 1080. fo. 133. 1163. fo. 106.
Edgecombe, of Tavistock, 1091. fo. 132*b*.
EDMONDS, *of Plymouth, fr. Co. Wilts*. 889. fo. 102. 1080. fo. 408. 1091. fo. 80*b*. 1399. fo. 65. 1538. fo.201. 3288. fo. 83. 5185. fo. 50. 5840. fo. 74*b*. 5871. fo. 28.
Edmonds, 1567. fo. 49.
EDWARDS, *of Exeter*, 1080. fo. 48*b*. 1163. fo.13*b*.
Edwards, 1091. fo. 131.
Elchfeld, 1538. fo. 8*b*.
ELFORD, *of Shipstor*, 1080. fo. 291. 1163. fo. 149.
ELLACOTT, *of Milbury*, 1080. fo. 182. 1163. fo. 14*b*.
ELLIES, 1100. fo. 5*b*.
ELLIOTT, *of Tavistock, fr. Co. Surrey*, 1080. fo. 242*b*. 1163. fo. 86.
Elliott, of Tavistock, 1091. fo. 131*b*. 1538. fo. 8*b*.
Ellis, 1538. fo. 8*b*.
Ellycott, 1091. fo. 131.
ELLYOTT, *of Faringdon*, 1399. fo. 112.
ENGLISH, *of Broadinshe*, 1080. fo. 309*b*. 1163. fo 204*b*.
Erill, of Exmouth, 1538. fo. 8*b*.
Erle, 1538. fo. 8*b*.
Eryse, 1538. fo. 8*b*.
ESSE, *of Bokeland Chelow*, 5185. fo. 51.

L

ESSE, *of Sowton*, 1091. fo. 118. 1538. fo. 307*b*. 5185. fo. 50*b*. 5871. fo. 34.
—— *of Thenborough*, 889. fo. 94. 1091. fo. 70. 1538. fo. 180*b*. 3288. ff. 122. 156*b*. 5185. fo. 42*b*. 5871. ff. 26(*a.b.*) 27. 29.
—— *v.* ASHE.
ESTON, *or,* EASTON, *of Eston*, 889. fo. 127. 1080. fo. 427*b*. 1399. fo. 87. 1091. fo. 103*b*. 1538. fo. 239. 3288. fo. 83*b*. 5185. fo. 49*b*. 5840. fo. 99. 5871. fo. 40.
Eston, 1091. fo. 133*b*. 1567. fo. 54*b*.
EVELEIGH, *of Holcombe*, 889. fo. 55. 1080. fo. 383. 1091. fo. 40. 1399. fo. 31*b*. 1538. fo. 109. 3288. fo. 84. 5185. fo. 51*b*. 5840. fo. 35. 5871. fo. 18*b*.
Eveleigh, 1538. fo. 8*b*.
Every, of Wycroft Castle, 1091. fo. 125. 1538. fo. 8*b*.
EXETER, *Earl of, v.* HOLLAND.
—— *Marquis of, v.* COURTNEY.
EYFFORD, *of Brykeley*, Add. MS. 14,315. p. 55.
—— *of Hawlysbury*, Add. MS. 14,315. p. 54.
FABER, 1538. fo. 8*b*.
Falvell, 1538. fo. 9.
FARRINGDON, *of Farringdon*, 889. fo. 70*b*. 1080. fo. 395*b*. 1091. fo. 44*b*. 1163. fo. 226*b*. 1399. fo. 41.* 1538. fo. 138*b*. 3288. ff. 52. 117*b*. 126*b*. 5185. fo. 52. 5840. fo. 48(*a.b.*) 5871. fo. 21.
Farringdon, 1567. fo. 43*b*.
Fawknor, 1538. fo. 9.
FENNER, *of Roseashe, fr. Co. Som.* 1080. fo. 317. 1163. fo. 243.
FERRERS, 889. fo. 45*b*. 3288. fo. 169.
FISHACRE, 1091. fo. 115. 1538. fo. 258.
Fitchett, 1538. fo. 8*b*.
FITZ, *of Fitzforde*, 889. fo. 99. 1080. fo. 405*b*. 1091. fo. 78*b*. 1164. fo. 2*b*. 1399. fo. 63. 1538. fo. 194. 3288. fo. 84*b*. 5185. fo. 52*b*. 5840. fo. 72. 5871. fo 28.
—— *of Tavistock*, Add. MS. 14,315. p. 42.
Fitz, 1567. fo. 48*b*.
Fitz-Barnard, 1538. ff. 5*b*. 8*b*.
Fitz-Gerrard, 1538. fo. 9.
FITZ-JAMES, 3288. fo. 142*b*.
Fitz-John, 1538. fo. 9.
Fitz-Payne, 1538. fo. 9.
Fitz-Raffe, 1538. fo. 9.
FITZ-ROGON, 3288. fo. 142*b*.
Fitz-Stephens, 1538. fo. 9.
Fitz-Urse, 1538. fo. 8*b*.
FITZ-WALTER, 889. ff. 105*b*. 125. 1080. fo. 62. 1091. fo. 91*b*. 1538. fo. 170*b*. 5185. fo. 11. 5871. ff. 30. 39*b*.
FITZ-WARREN, 3288. fo. 132. 5185. ff. 18*b*. 35*b*.
—— *Lord, v.* BOURCHIER.
Fitz-Water, 1538. fo. 8*b*.
FITZ-WILLIAMS, 1080. fo. 377*b*. 1091. fo. 33. 3288. fo. 151*b*. 5871. fo. 13*b*. 5840. fo. 20*b*.
Fitz-Williams, 1538. fo. 9.
FLAY, *of Chalden*, 1080. fo. 344*b*.
FLEMING, *or,* FLEMYNG, 889. ff. 105*b*. 125. 1080. ff. 62. 279*b*. 1091. ff. 91*b*. 101. 122. 1538. fo. 170*b*. 3288. fo. 63. 5871. fo. 39*b*.
—— *of Ireland*, 889. ff. 65. 108. 121. 1091. fo. 42*b*. 1538. fo. 125*b*. 3288. fo. 44. 5185. fo. 14*b*. 45. 5871. ff. 20. 30.
Flower, 1567. fo. 36.

FLOYER, *of Floyer Hayes*, 889. fo. 25. 1080. fo. 370. 1091. fo. 28*b*. 1399. fo. 10*b*. 1567. fo. 21. 3288. ff. 25(*a.b.*) 134. 1538. fo. 48. 5185. fo. 53. 5840. fo. 8*b*. 5871. fo. 11. Add. MS. 14,288. fo. 9*b*.
Floyer, 889. fo. 9*b*.
FOLIOTT, 3288. fo. 169.
Folliott, 1538. fo. 9.
FOLKERAY, *of Buckland*, 1080. fo. 244*b*. 1163. ff. 86*b*. 87.
FONKE, *of Humelstone*, 1399. fo. 114*b*.
FORD, *or,* ATFORD, *of Ashberton*, Add. MS. 14,315. p. 7.
—— *of Ilsington*, 889. fo. 41. 1080. fo. 139*b*. 1091. fo. 33*b*. 1163. ff. 77*b*. 229*b*. 1399. fo. 20. 1538. fo. 75. 3288. fo. 88*b*. 5185. fo. 54*b*. 5840. fo. 21*b*. 5871. fo. 14.
—— *of Morton*, 889. fo. 21*b*. 1080. fo. 367. 1091. fo. 27. 1538. fo. 36. 5185. fo. 28*b*. 5871. fo. 10.
—— *of Whitehall and Fordes Moore*, 889. fo. 75. 1080. fo. 398*b*. 1091. fo. 46*b*. 1399. fo. 45. 1538. fo. 145. 3288. fo. 35*b*. 5185. fo. 8. 5840. fo. 52*b*. 5871. fo. 22*b*.
Ford, of Ilsenton, 1567. fo. 39.
Forest, or Forster, 1538. fo. 8*b*.
Forlong, 1538. fo. 9.
FORTESCUE, *of Bickington*, 1080. fo. 135. 1163. fo. 132.
—— *of Buckland*, 889. fo. 97. 1080. fo. 136. 1091. fo. 59. 1163. fo. 114. 1399. fo. 61. 1538. fo. 93*b*. 3288. fo. 85*b*. 5840. fo. 70. 5185. fo. 55*b*. 5871. fo. 27*b*.
—— *of Chelley*, Add. MS. 14,315. p. 62.
—— *of Fallow Pitt*, 889. fo. 49. 1080. fo. 139. 1091. ff. 36. 58*b*. 1163. fo. 85. 1399. fo. 25. 1538. ff. 90. 91*b*. 3288. fo. 88. 5840. fo. 27. 5185. fo. 55. 5871. fo. 15*b*.
—— *of Filley*, 1080. fo. 136*b*. 1163. fo. 170. 1538. fo. 93.
—— *of Preston*, 1080. fo. 137*b*. 1091. fo. 58. 1163. fo. 36*b*. 1538. fo. 88. 5871. fo. 7*b*.
—— *of Wood*, 3288. fo. 120*b*. 5871. fo. 17. Add. MS. 14,315. p. 28.
—— *of Wymeston*, 889. fo. 48. 1080. fo. 137. 1091. ff. 38*b*. 58. 1163. fo. 84*b*. 1194. fo. 108*b*. 1399. fo. 24*b*. 1538. fo. 87. 1562. fo. 23*b*. 3288. fo. 85. 5840. fo. 26*b*. 5185. fo. 55. 5871. ff. 7*b*. 15*b*. Add. MS. 14,315. pp. 30. 32.
Fortescue, 889. fo. 10(*a. b.*) 1567. ff. 40. 46. 47*b*. 57*b*.
FOUNTAINE, *of Bawcombe*, 889. fo. 140. 1080. fo. 209*b*. 1091. fo. 111*b*. 1163. fo. 33*b*. 1399. fo. 98. 1538. fo. 253. 3288. fo. 117. 5185. fo. 56. 5840. fo. 113*b*. 5871. fo. 33*b*.
Fountaine, 1091. fo. 131*b*. 1567. fo. 58*b*.
FOWELL, *of Fowlescombe*, 889. fo. 84. 1080. ff. 141*b*. 423*b*. 1091. fo. 63. 1163. ff. 87*b*. 146*b*. 178. 1399. fo. 51. 1538. fo. 168*b*. 3288. ff. 86. 119*b*. 5185. fo. 53*b*. 5840. fo. 59*b*. 5871. fo. 24.
Fowell, 1091. fo. 132*b*. 1567. fo. 45*b*.
FOWNES, *of Plymouth, fr. Cos. Som. and Worc.* 1538. fo. 311. 1142. fo. 141*b*. 1149. fo. 141*b*. 1162. fo. 144*b*.

Foyns, of Plymouth, 1538. fo. 9.

Francis, of Brixham, 1538. fo. 8*b.*

FRANKCHEYNEY, *of Clist Gerrard,* 3288. fo. 140. 5185. ff. 35. 46*b.*

FRAUNCES, or FRAUNCYS, *of Fraunces Court and Combflory,* 3288. fo. 139(*a. b.*) 5185. fo. 56*b.*

FRENCH, *of Hornford,* 1080. fo. 363*b.* 1538. fo. 27.

FRYE, *of Exeter, fr. Co. Som.* 889. fo. 27. 1080. fo. 368. 1091. fo. 29. 1163. fo. 212. 1538. fo. 44. 3288. fo. 26*b.* 1399. fo. 12*b.* 5185. fo. 57. 5840. fo. 10. 5871. fo. 11. Add. MS. 14,288. fo. 11*b.*

—— *of Yertie,* 1080. fo. 143*b.* 1163. fo. 213.

Frye, 1567. fo. 36*b.*

FULFORD, *of Fulford,* 889. fo. 152. 1080. fo. 376*b.* 1091. ff. 33. 39. 57. 60*b.* 1163. fo. 217*b.* 1399. fo. 104*b.* 1538. fo. 306*b.* 3288. ff. 120*b.* 136. 151. 5185. fo. 57*b.* 5840. ff. 20. 31*b.* 5871. ff. 5*b.* 13*b.*

——— *of Littleham,* 1080. fo. 315*b.* 1163. fo. 218*b*

Fulford, of Fulford, 1166. fo. 88*b.* 1538. fo. 8*b.*

FURLONG, *of Clothworthy,* 3288. fo. 159*b.* 5185. fo. 34*b.*

——— *of Tamerton,* 1080. fo. 290*b.* 1163. fo. 150*b.* 1164. fo. 51.

Furneux, 1538. fo. 8*b.*

FURSDON, *of Fursdon,* 1080. fo. 4. 1163. fo. 204.

FURSE, *of Crokern Well,* 1080. fo. 270*b.* 1163. fo. 126.

FURSLAND, *of Beckington,* 889. fo. 39*b.* 1080. fo. 199*b.* 1091. fo. 33*b.* 1163. fo. 22. 1399. fo. 19*b.* 1538. fo. 74. 3288. fo. 86*b.* 5185. fo. 57. 5840. fo. 21. 5871. fo. 14.

Fursland, 889. fo. 13. 1567. fo. 38*b.*

GALE, *of Crediton, or Kirton,* 889. fo. 128. 1080. fo. 428*b.* 1091. fo. 102*b.* 1399. fo. 85*b.* 1538. fo. 237. 3288. fo. 87. 5185. fo. 58. 5840. fo. 99*b.* 5871. fo. 40.

Gale, 1567. fo. 54*b.*

GAMON, *of Shebbeare,* 1080. fo. 258*b.* 1163. fo. 110*b.*

GARLAND, *of Exeter and Whitfield,* 1080. fo. 220*b.* 1163. ff. 52. 137. 3288. fo. 156*b.*

Garland, 1091. fo. 124*b.* 1538. fo. 10.

GASGILL, 1080. fo. 69*b.*

GAY, *of Goldworthy,* 889. fo. 101*b.* 1080. fo. 122*b.* 438. 1091. fo. 79*b.* 1163. fo. 48. 114*b.* 1399. fo. 64*b.* 1538. fo. 199. 3288. fo. 87*b.* 5185. fo. 58. 5840. fo. 74. 5871. fo. 28.

Gay, of Fryvelstocke, 1091. fo. 132*b.*

—— *of Goldworthy,* 1567. fo. 49.

Gayre, 1538. fo. 10*b.*

GERARD, 3288. fo. 169.

GERE, or GEERE, *of Heavitree and Kene,* 889. fo. 26*b.* 1080. fo. 230*b.* 1091. fo. 29. 1163. fo. 66*b.* 1399. fo. 12. 1538. fo. 49. 3288. fo. 26. 5185. fo. 58*b.* 5840. fo. 9*b.* 5871. fo. 11.

Gere, 889. fo. 10. 1567. fo. 36*b.*

GERMIN, 1075. fo. 49*b.* 1179. fo. 103. Cott. MS. Jul. F. VIII. fo. 49*b.*

Germyn, 1538. fo. 10.(*a. b.*)

GERNOUN, 1080. fo. 303. 1163. fo. 189.

Gervis, 1538. fo. 10.

GIBBS, *of Venton,* 1080. fo. 189*b.* 1163. fo. 35.

GIFFORD, *of Brightley,* 1163. fo. 136. 1538. fo. 153.

——— *of Exeter,* 1163. fo. 3.

——— *of Instow,* 1163. fo. 189.

———— *of Methe and Clovelly,* 889. fo. 147*b.* 1538. fo. 246*b.* 5871. fo. 36.

——— *of Milton Damerell,* 1080. fo. 27*b.*

——— *of Themborow,* 889. ff. 92*b.* 94*b.* 104*b.* 1041. fo. 58*b.* 1080. fo. 108. 1091. ff. 64*b.* 70. 107. 1538. ff. 173. 180*b.* 3288. ff. 122. 138. 5185. ff. 42*b.* 50*b.* 5871. ff. 26(*a. b.*) 27. 29. 103*b.*

—— — *of Tiverton,* 1080. fo. 28. 1091. fo. 49. 1163. fo. 239*b.*

———— *of Topley,* 1080. fo. 25. 1091. fo. 123. 1163. fo. 167.

———— *of Waye,* 1399. fo. 66. 3288. fo. 89. 5185. fo. 59. 5840. fo. 76. 5871. fo. 28*b.*

Gifford, 1567. ff. 49*b.* 56.

GILBERT, *of Compton, fr. Co. Cornw.* 889. fo. 77. 1080. ff. 112*b.* 113. 1091. ff. 52. 54. 1163. fo. 27. 1164. fo. 37*b.* 1538. fo. 162*b.* 1399. fo. 114. 3288. ff. 53*b.* 62*b.* 5185. fo. 59*b.* 5871. fo. 42. Add. MS. 14,315. p. 68.

——— *of Greenway,* 1538. fo. 164.

——— *of North Petherton, fr. Co. Cornw.* 1163. fo. 125.

——— *of Whitcombe,* 1080. fo. 355.

——— *of Wollavington,* 889. fo. 152.

Gilbert, 1091. fo. 130. 1538. fo. 10*b.*

GILES, *of Bowden,* 889. fo. 41*b.* 1080. fo. 131*b.* 1091. 35*b.* 1163. fo. 39. 1399. ff. 23*b.* 110. 1538. fo. 85*b.* 3288. fo. 90. 5185. fo. 58*b.* 5840. fo. 25*b.* 5871. fo. 15.

Giles, 889. fo. 12*b.* 1567. fo. 39*b.*

Gill, 1538. fo. 10.

GLANVILE, *of Tavistock,* 1080. fo. 118*b.* 1163. fo. 45*b.* 3288. fo. 66*b.* 5185. fo. 60.

Glanvile, 1091. fo. 131*b.* 1538. fo. 10.

Glasse, 1538. fo. 10*b.*

GOBODESLEY, *or,* GOLDESLEY, 889. fo. 148. 1091. fo. 107. 1538. fo. 246*b.* 5871. fo. 36.

Godord, 1091. fo. 125.

Godwing, of Torrington, 1091. fo. 133*b.*

GOFFE, *of Woodbery,* 1538. fo. 147.

Gogis, 1538. fo. 10.

GOLDESLEY, *v.* GOBODESLEY.

GOODRIDGE, *of Totness,* 1080. fo. 179. 1163. fo. 30.

Goodridge, 1091. fo. 131.

GOODWIN, *of Clistwill and London,* 1080. fo. 385*b.* 3288. fo. 90*b.* 1399. fo. 34. 5185. fo. 60*b.* 5840. fo. 38. 5871. fo. 19.

——— - *of Plymtree,* 889. fo. 62. 1080. fo. 385*b.* 1091. fo. 41. 1538. fo. 118. 3288. fo. 90*b.* 5871. fo. 19.

——— *of Torrington,* 1080. fo. 275*b.* 1163. fo. 131*b.*

Goodwin, of London, 1567. fo. 42.

Goodyer, 1538. fo. 10*b.*

GORE, *of Heavitree,* Add. MSS. 14,288. fo. 11.

GOREWELL, *of Fremington,* 1091. fo. 98. 1538. fo. 228*b.*

GORGES, *of Tamerton,* 1080. fo. 62. 1091. fo. 91. 1538. fo. 170. 5185. *o.* 61*b.* 5871. fo. 30.

GORGES, *or*, RUSSELL, 3288. fo. 165*b*.
Gorge, 1538. fo. 10.
Gorney, 1538. fo. 10.
GOULD, *of Hayes*, 1080. fo. 47*b*.　1163. fo. 12*b*.
GOURNEY, 1080. fo. 248*b*.　1163. fo. 90*b*.
GOVE, *of Woodberry*, 889. fo. 76.　1080. fo. 400*b*.　1091. fo. 47.　1399. fo. 46.　1538. fo. 147.　3288. fo. 91.　5185. fo. 60*b*.　5840. fo. 53*b*.　5871. fo. 22*b*.
Gove, 1567. fo. 44*b*.
Graunson, of Exeter, 1538. fo. 10*b*.
GRAVE, *of Crosse*, 1080. fo. 245.　1163. fo. 87.
Gray, of Exeter, 1538. fo. 10.
GREENFIELD, *of Newland, fr. Co. Cornw*. 889. fo. 99.　1091. ff. 54. 77.　1399. fo. 62*b*.　3288. fo. 91*b*.　1528. fo. 192.　5185. fo. 61.　5840. fo. 71*b*.　5871. fo. 27*b*.
———— 1091. fo. 54.
Greenfield, 889. fo. 12.　1567. fo. 48*b*.
GREENWOOD, *of Torrington, fr. Co. Som*. 1080. fo. 271*b*.　1163. fo. 128.
Greenwood, 1538. fo. 10*b*.
Gregory, of Plipton, 1091. fo. 131*b*.
GREMYLON, *of Atkington*, 3288. fo. 171.
GRILLS, *or* GRILES, *of Tavistock*, 1080. fo. 127*b*.　1163. fo. 91.
Grills, 1091. ff. 129*b*. 131*b*.
GROSSE, 3288. fo. 25*b*.
GUBBE, *of Ilfracombe*, 3288. fo. 156*b*.
Guyse, 1538. fo. 10*b*.
Gyffard, 1080. fo. 440.
HACHE, *of Hache*, 1091. fo. 93.　1538. fo. 219*b*.　3288. ff. 149*b*. 150.　5871. fo. 6*b*.
———— *of Molton*, 1091. fo. 92*b*.　1538. fo. 218.　3288. ff. 149*b*. 150.　5871. fo. 6*b*.
———— *of Wolledge*, 3288. fo. 142.
HACKMORE, *v.* HUCKMORE.
HAKE, 1080. fo. 91*b*.　1091. fo. 43.
HAKEWILL, *of Exeter*, 1080. fo. 222*b*.　1163. fo. 53.
HALES, *or* HALLS, *of Beauford, fr. Co. Cornw*. 1080. fo. 293*b*.
HALL, *of Exeter*, 1538. fo. 315.
HALLIWELL, 1424. fo. 23*b*.　1505. fo. 22*b*.　1535. fo. 225.　1561. fo. 257*b*. Add. MS. 14,311. ff. 53. 60*b*.
HALLS, *v.* HALES.
HALSE, *of Bawtry*, 3288. fo. 31.
———— *of Hardwick*, 889. fo. 114.　1080. fo. 370*b*.　1399. fo. 80*b*.　1538. fo. 39.　3288. fo. 31*b*.　5840. fo. 93.　5871. fo. 10*b*.
———— *of Kenedon, fr. Co. Cornw*. 889. fo. 23.　1080. fo. 371.　1091. fo. 27*b*.　1399. fo. 9.　1567. fo. 21.　1538. fo. 37.　3288. ff. 24. 122.　5185. ff. 50*b*. 63.　5840. fo. 7.　5871. fo. 10*b*.　Add. MSS. 14,315, p. 26.　14,288. fo. 8.
———— *of Ratry*, 889. fo. 51*b*.　1080. fo. 372.　1091. fo. 37.　1399. fo. 26*b*.　1538. fo. 42.　5185. fo. 63*b*.　5840. fo. 28*b*.　5871. fo. 16*b*.
———— *of Beauford*, 1163. fo. 162.
Halse, 889. fo. 9.　1567. ff. 35*b*. 53*b*.
HALWAY *v.* HOLWAY.
HALWELL, *v.* COURTMAN.
HAMELEY, 1091. fo. 88.
Hamlyn, 1538. fo. 9*b*.
HAMONT, *of Arlington*, 1091. fo. 104*b*.　5185. fo. 73*b*.
HAMPTON, 889. fo. 70*b*.　1163. fo. 226*b*.　1538. fo. 138*b*.

Hampton, 1538. fo. 9*b*.
HANCKFORD, 3288. fo. 132*b*.
HANDCOCK, *or* HANCOCK, *of Combe Martin*, 889. fo. 135*b*.　1080. fo. 415.　1091. fo. 110*b*.　1399. fo. 96.　1538. fo. 251.　3288. fo. 92.　5185. fo. 64.　5840. fo. 111*b*.　5871. fo. 33.
Handcock, 1567. fo. 58.
HANLEY, *of Hanley*, 1091. fo. 114*b*.
Harding, 1538. fo. 9*b*.
HAREWOOD, *of Kingsland*, 1080. fo. 283.　1163. fo. 144*b*.
HARLEWYN, *of Sidmouth*, 1080. fo. 315.　1163. fo. 255.
Harlewyn, 1538. fo. 10.
HARPER, *of Burien Herbert, fr. Co. Derby*, 1080. fo. 277*b*.　1163. fo. 134.
HARRIS, *of Cherston, fr. Co. Monm*. 1080. fo. 184*b*.　1163. fo. 38*b*.
———— *of Hayne*, 889. fo. 87*b*.　1079. fo. 85*b*.　1080. ff. 184. 330*b*. 419*b*.　1091. fo. 68.　1142. fo. 47.　1162. fo. 48.　1149. fo. 45.　1538. fo. 178*b*.　3288. fo. 93*b*.　4031. fo. 81*b*.　5185. fo. 64*b*.　5840. fo. 62*b*.　5871. fo. 24*b*.
———— *of Radford*, 889. fo. 87.　1080. fo. 184.　1091. fo. 68.　1163. fo. 108.　1538. fo. 178.　1399. fo. 54.　3288. fo. 92*b*.　5185. fo. 64*b*.　5840. fo. 62*b*.　5871. fo. 24*b*.
Harris, 889. fo. 11.　1091. fo. 131.　1567. ff. 46*b*. 47.
Harte, of Exeter, 1538. fo. 10.
Hartford, of Plymouth, 1538. fo. 10.
HARVY, *of Aylesbeare*, 1080. fo. 316.　1163. fo. 221.
HATCHE, *of Auler*, 889. fo. 155.　1080. fo. 151*b*.　1163. fo. 191*b*.　5185. ff. 65*b*. 66.
———— *of Wolley*, Add. MS. 14,315. pp. 46. 61.
Hawkeridge, 1538. fo. 9*b*.
Hawkins, of Plymouth, 1538. fo. 9*b*.
———— *of Tavistock*, 1538. fo. 10.
HAWLEY, *of Dartmouth*, 1080. ff. 62. 424*b*.　1091. fo. 64.　1538. fo. 169*b*.　5871. fo. 39*b*.
HAY, *of Goldworthy*, Add. MS. 14,315. p. 58.
HAYDON, *of Elford and Cadhay*, 1091. fo. 44.　3288. fo. 148*b*.　5185. fo. 62*b*.　1164. fo. 7.　5840. ff. 38*b*. 46*b*.　5871. fo. 20*b*.
———— *of Woodbury and Hilles*, 889. fo. 69*b*.　1080. fo. 394.　1091. fo. 44.　1164. fo. 7.　1399. fo. 40.　1538. fo. 135.　3288. fo. 30.　5185. fo. 62*b*.　5840. ff. 38*b*. 46*b*.　5871. fo. 20*b*.
Hayes, of Puddington, 1091. ff. 13*b*. 125.　1538. fo. 9*b*.
Haynes, of Haynes, 1538. fo. 9*b*.
HEALE, *or*, HELE, *of Boup Tracy*, 1164. fo. 48*b*.
———— *of Copney Wood*, 889. fo. 152*b*.　1080. fo. 147.
———— *of Cornwood*, 1080. fo. 147.　1163. ff. 148. 154.　1538. fo. 51*b*.　5185. fo. 66*b*.
———— *of Exeter*, 1538. fo. 53.
———— *of Gnaton, fr. Co. Cornw*. 1163. fo. 83*b*.
———— *of Hele*, 889. ff. 28*b*. 30.　1080. ff. 147. 400.　1091. fo. 29*b*.　1163. fo. 154.　1538. fo. 51*b*.　1399. fo. 13*b*.　3288. ff. 96. 139.　5185 fo. 56*b*.　5840. fo. 11.　5871. ff. 5*b*. 11*b*.
———— *of Holbeton*, 1399. fo. 13*b*.　3288. fo. 96.　5840. fo. 11.　Add. MS. 14,288. fo. 12*b*.

HEALE, *or*, HELE, *of Newton Ferrers*, 1091. fo. 29*b*.
1163. fo. 154.   1538. fo. 55.   5185. fo.
66*b*.
—— *of Wharton*, 889. fo. 30.
Heale, 889. fo. 11*b*.   1091. ff. 124*b*. 132*b*.   1164.
fo. 37.   1567. fo. 37.
HELEGAN, 1091. fo. 122.   1538. fo. 297.
Helligan, 1538. fo. 9*b*.
HENGESCOTT, *of Hengescott*, 889. fo. 135.   1080.
fo. 395.   1091. fo. 109*b*.   1164. fo. 17.
1399. fo. 93.   1538. fo. 250*b*.   3288. fo.
93.   5185. fo. 67*b*.   5840. fo. 108*b*.
5871. fo. 32*b*.   Add. MS. 14,315. p. 10.
Hengescott, 1567. fo. 57.
HENSLEIGH *of Fursse*, 1080. fo. 220.   1163. fo.
136*b*.
HENTON, 1091. fo. 36*b*.
HEREFORD, *fr. London and Co. Monm.* 1538. fo.
287. Add. MS. 14,315. p. 37*b*.
Hereward, 1538. fo. 10.
HERLE, *of Predicux, fr. Co. Northumb.* 1080. ff.
106*b*. 245.   1163. ff. 87. 172*b*.   1164. fo. 14.
Hert, 1091. fo. 129*b*.
Heton, 1538. fo. 9*b*.
HEXTALL, 3288. fo. 169.
HEXTE, *of Kingston*, 889. fo. 139.   1091. fo. 81*b*.
1399. fo. 97.   1538. fo. 204*b*.   3288. fo.
94.   5185. fo. 67*b*.   5840. fo. 112*b*.
5871. fo. 33*b*.   Add. MS. 14,315. p. 22.
Hexte, 1567. fo. 58*b*.
HEYDON, *of Poltimore*, 1164. fo. 7*.
Heydon, of Hylle, 1567. fo. 43.
Hiliun, 1538. fo. 10.
HILL, *of Chagford*, 889. fo. 40*b*.   1080. fo.
139*b*.   1538. fo. 149.
—— *of Penquitt*, 889. fo. 156.   1538. fo. 200.
—— *of Shilstone*, 889. fo. 79*b*.   1080. fo. 402*b*.
1091. fo. 48.   1163. fo. 141*b*.   1399. fo.
47*b*.   1538. fo. 169.   3288. fo. 94*b*.
5185. fo. 68.   5840. fo. 56.   5871. fo. 7.
Add. MS. 14,315. p. 33.
Hill, 889. fo. 12*b*.   1091. fo. 124*b*.   1567. fo. 45.
Hillary, 1538. fo. 9*b*.
HILLERSDON, *of Hillersdon and Memland*, 1080.
fo. 214.   1163. fo. 41*b*.   3288. fo. 129*b*.
5185. fo. 38.   Add. MS. 14,315. p. 38.
Hillersdon, 1080. fo. 444.   1091. fo. 132*b*.
1538. fo. 9*b*.   1567. fo. 41.
HILLION, 3288. fo. 144.   5185. ff. 33. 68*b*.
HILLMAN, *or*, ATTERHILL, 1164. fo. 51.
Hillyard, of Exeter, 1538. fo. 10.
HINDESTON, 1080. fo. 411.   1091. fo. 48.
1538. fo. 151.   5185. fo. 7*b*.   5871.
fo. 23.
Hinton, 1538. fo. 9*b*.
HOCKMORE, *v.* HUCKMORE.
HOLBEAME, *of Holbeame*, 889. fo. 32.   1080.
fo. 374*b*.   1091. fo. 30*b*.   1399. fo. 15.
1538. fo. 59.   1567. fo. 21*b*.   3288. fo. 28.
5185. fo. 69.   5840. fo. 13.   5871. fo. 12.
Holbeame, 1567. fo. 37.
HOLCOMBE, *of Hull*, 889. fo. 74*b*.   1080. fo.
397*b*.   1091. fo. 46*b*.   1399. fo. 44*b*.
1538. fo. 143*b*.   3288. fo. 118.   5840.
fo. 52.   5871. fo. 22.
Holcombe, 1567. fo. 44*b*.
Holkham, of Holcombe, 1538. fo. 9*b*.
HOLLAND, *Earl of Exeter*, 1535. fo. 5.
———— *of Exeter*, 1399. fo. 109.   3288. fo.
152*b*.

HOLLAND, *of Weare*, 1080. fo. 353.   3288. fo.
152*b*.   5185. ff. 69*b*. 70.   5840. fo. 122*b*.
Holland, of Weare, 1091. fo. 130*b*.
Holloway, 1538. fo. 9*b*.
Hollys, 1567. fo. 41*b*.
HOLTE, 3288. fo. 164.
HOLWAY, *or*, HALWAY, *of Holway*, 889. fo. 42*b*.
———— *of Waton*, 1080. fo. 202*b*.   1163. fo.
28.   1166. fo. 3*b*.   1451. fo. 12.   1539.
fo. 90*b*.   Add. MS. 14,315. p. 21.
HONE, 1444. fo. 80.
HONIWOOD, 1163. fo. 102*b*.
HONYCHURCH, *of Avyton Gifford*, 889. fo. 83*b*.
1080. fo. 423.   1091. fo. 62.   1399. fo.
50*b*.   1538. fo. 167*b*.   3288. fo. 95.
5185. fo. 70*b*.   5840. fo. 59.   5871. fo. 23*b*.
Honychurch, 1538. fo. 9*b*.   1567. fo. 45*b*.
HOOKER, *v.* VOWELL.
HOOPER, *v.* HOWPER.
HORE, *of Risford*, 1164. fo. 35.
Hore, 1538. fo. 9.
HORSEY, 1163. fo. 226*b*.
Horton, 1538. fo. 9*b*.
HOWARD, 1091. fo. 78*b*.
HOWPER, *or*, HOOPER, *of Buckland*, 889. fo. 76*b*.
1080. fo. 401*b*.   1091. fo. 47.   1399. fo.
46*b*.   1538. fo. 148.   3288. fo. 95*b*.   5185.
fo. 71*b*.   5840. fo. 54.   5871. fo. 22*b*.
Howper, 1091. fo. 133*b*.   1567. fo. 45.
HOWPILL, 3288. fo. 166*b*.   5185. fo. 71*b*.
HUCKMORE, *or*, HOCKMORE, *of Buckland*, 889. fo.
42.   1080. fo. 244.   1091. fo. 34.   1538.
fo. 76.   1163. fo. 86*b*.   1399. fo. 21.
1567. fo. 22.   3288. fo. 97.   5185. fo. 72.
5840. fo. 23.   5871. fo. 14*b*.
Huckmore, 1567. fo. 39.
HUDDESFIELD, 1538. fo. 306*b*.   3288. ff. 146*b*.
151.   5185. fo. 72*b*.
HUISH, *of Sudbury, fr. Co. Som.* 1080. fo. 325*b*.
1163. fo. 254.
HULL, *of Larkbeare*, 889. fo. 24.   1080. fo. 369.
1091. fo. 28.   1538. fo. 45.   1399. fo. 9*b*.
3288. fo. 24*b*.   5185. fo. 73.   5840. fo. 8.
5871. fo. 10*b*.   Add. MS. 14,288. fo. 8*b*.
Hull, 889. fo. 9*b*.   1567. fo. 36.
Hulls, 1538. fo. 9*b*.
Humett, 1538. fo. 9*b*.
HUNSDON, *Baron, v.* CARY.
HUNT, *of Chidley*, 1080. fo. 239.   1163. fo. 62.
Hunt, 1091. fo. 130*b*.
—— *of Danskes*, 1091. fo. 131.
Huntington, 1538. fo. 9*b*.
HUSSEY, 5185. fo. 31.
Hutchins, 1538. fo. 9*b*.
INCLEDON, *of Bratton*, 1080. fo. 250*b*.   1163.
fo. 95.   1567. fo. 25*b*.
INGLEDEWE, *of Braunton*, 3288. fo. 156*b*.
Ingleton, of Braunton, 1567. fo. 60*b*.
INGLETT, *of Lamerton*, 1080. fo. 254*b*.   1163.
fo. 100.
Inglett, 1091. fo. 132*b*.
Inkleton, 1538. fo. 11.
Inkpen, 1538. fo. 11(*a. b.*)
ISAACK, *of Bolliott*, 1080. fo. 297*b*.   1163. fo.
183*b*.
—— *of Polleslow, fr. Co. Kent*, 1164. fo. 16.
JANITOR, *v.* PORTER.
Janitor, 1538. fo. 11.
JARVYS, *of Steatlinge, or, Stratling*, 3288. fo. 170.
5185.   fo. 73*b*.

Jaye, 1538. fo. 11.
JEKILL, *of Newington*, 5871. fo. 5.
Jermin, of Exeter, 1538. ff. 10. 11.
JEWELL, *of Eastdown*, 889. fo. 129*b*.   1080. ff.
    350*b*. 411*b*.   1091. fo. 104*b*.   1399. fo. 8.
    1538. fo. 243.   3288. fo. 97*b*.   5185. fo.
    73*b*.   5840. fo. 104.   5871. fo. 31*b*.
JORDAN, *of Jordan*, 1164. fo. 19.
Jude, 1538. fo. 11.
Jug, 1538. fo. 11.
Jule, 1567. fo. 55*b*.

KAILL, *or*, KAULL, 3288. fo. 134*b*.   5185. fo. 74.
Kayes, 1538. fo. 11*b*.
Kayle, or, Kaule, 1538. fo. 11*b*.
KEISER, 1079. fo. 1(*e*).
Kellaway, of Colhampton, 1567. fo. 43.
KELLEY, *of Kelley*, 889. fo. 90*b*.   1080. ff. 152*b*.
    358*b*.   1091. ff. 25. 74.   1163. fo. 92*b*.
    1164. fo. 7.   1399. fo. 56*b*.   1538. ff. 21.
    135. 187. 295.   3288. fo. 98.   5185. fo.
    74*b*.   5840. fo. 65.
Kelley, 1091. fo. 132.   1567. fo. 47*b*.
KELLOWAY, *of Stowford*, 1091. fo. 90.   1538.
    fo. 216*b*.   5871. fo. 36*b*.
KENDALL, *of Exeter, fr. Co. Cornw.* 1080. fo.
    219*b*.   1163. fo. 51.   Add. MS. 14,315. fo. 74.
Kendall, 1091. fo. 129*b*.   1538. fo. 11*b*.
KENTELBURY, 1080. fo. 362*b*.
Kentisbere, 1567. fo. 50*b*.
KEYNES, *of Winkley*, 1538. fo. 282*b*.
KEYNSHAM, *of Brixton and Blaston*, 889. fo. 83.
    1080. fo. 422*b*.   1091. fo. 48*b*.   1399. fo.
    50.   1538. fo. 152.   3288. fo. 98*b*.   5185.
    fo. 74.   5840. fo. 58*b*.   5871. fo. 23*b*.
KILLEGREW, 1091. fo. 82.   1538. fo. 207.
Kirkallen, 1538. fo. 11*b*.
KIRKHAM, *of Blackdowne*, 889. ff. 45*b*. 46.   1080.
    fo. 208*b*.   1091. ff. 35. 52. 78.   1163. fo.
    32*b*.   1399. fo. 7.   1538. ff. 30. 196.
    1567. ff. 27*b*. 28.   3288. ff. 33. 124*b*. 143*b*.
    5185. fo. 26*b*.   5840. fo. 25.   5871. ff. 14*b*.
    15.   Add. MS. 14,315. p. 17.
———— *of Pinhoe*, 889. fo. 20.   1080. fo. 365*b*.
    1091. fo. 26*b*.   1164. fo. 57*b*.   1399. fo.
    23.   1567. ff. 22. 27*b*. 28.   3288. fo. 22.
    5840. fo. 5.   5871. fo. 10.   Add. MSS.
    14,288. fo. 6.   14,315. p. 17.
Kirkham, 889. ff. 8*b*. 13*b*.   1167. fo. 39*b*.   1567.
    fo. 35.
Kirkhever, 1538. fo. 11*b*.
Kirkley, 1538. fo. 11*b*.
Kirton, 1538. fo. 11*b*.
Kishile, 1091. fo. 132.
KNAPMAN, *of Stanton Drewe, and Throwley*, 1164.
    fo. 42.
KNOLLES, *of Little Hampton*, 889. fo. 78.   1080.
    fo. 402.   1091. fo. 47*b*.   1399. fo. 47.
    1538. fo. 148*b*.   3288. fo. 54.   5185. fo.
    75.   5840. fo. 55.   5871. fo. 23.
Knowles, 1567. fo. 45.
KYLBY, 5871. fo. 25*b*.

LAAK, 3288. fo. 169.   5185. fo. 54.
Lacye, 1538. fo. 12.
LAKE, *of Bradmore*, 889. fo. 117*b*.   1080. fo. 102.
    1091. fo. 94*b*.   1538. fo. 221*b*.
Lamborne, 1538. fo. 12.
Lamprey, 1538. fo. 12.
LANDE, *of Plymtree*, 1080. fo. 309.   1163. fo.
    20*b*.

LANGDON, *of Careswell, fr. Co. Som.* 1091. fo. 49*b*.
    1538. fo. 156.
Langdon, 1399. fo. 113.
LANGESFORD, *of Bratton*, 1080. fo. 249*b*.   1163.
    fo. 92.
LANGFORD, 5185. fo. 75*b*.
Langford, of Brenton, 1091. fo. 132.   1538.
    fo. 12.
Langham, 1538. fo. 12*b*.
LANTE, *of Exeter*, 1080. fo. 39.   1163. fo. 9*b*.
Lante, 1091. fo. 130.
LARDER, *of Upton Pyne*, 889. fo. 153*b*.   1091.
    fo. 92.   1163. fo. 137.   1399. fo. 105*b*.
    1538. fo. 217*b*.   5871. fo. 6*b*.
LARKEWORTHY, *of Larkeworthy*, 1080. fo. 265*b*.
    1163. fo. 178*b*.
Larmouth, 1538. fo. 12.
Lattymer, 1538. fo. 12.
Lawrance, 1538. fo. 12.
LAWTERHAM, 889. fo. 157*b*.   1080. fo. 425.
    1091. fo. 64.   1538. fo. 169*b*.   5871.
    fo. 24.
LEACHE, *of Cadleigh*, 1080. fo. 319.   1163. fo.
    243*b*.
LE BARON, 1080. fo. 244*b*.   1163. fo. 87.
LEE, *of Pinhoe*, 1080. fo. 347*b*.   1091. fo.
    92*b*.
LEGH, *of Legh*, 889. fo. 156.   5871. fo. 7.
LE GRAVE, 5871. fo. 34.
LEIGH, *of Addington*, 1080. fo. 328*b*.   1163. fo.
    257*b*.
———— *of Borough*, 1080. fo. 9.   1163. fo.
    162*b*.
———— *of Leigh*, 3288. ff. 141*b*. 142.   5185.
    fo. 76.
———— *of Modbury*, 1538. fo. 200.
———— *of Ridge*, 1080. ff. 8*b*. 244*b*.   1163. ff.
    87. 236*b*.   3288. fo. 169.
Leigh, 1091. fo. 132*b*.   1538. fo. 12.
Lenthall, 1538. fo. 12.
Lethbridge, of Hatherleigh, 1091. fo. 125.
LEVERMORE, *of Exeter*, 1080. fo. 224.   1163.
    fo. 54.
Levermore, 1091. fo. 129*b*.   1538. fo. 12.
Ley, 1538. fo. 12.
Leyborne, 1538. fo. 12*b*.
Limpeney, 1538. fo. 12.
LIPPINGCOTT, *or*, LUPPINGCOTT, *of Wibbery*, 889.
    fo. 130.   1080. fo. 429*b*.   1091. fo. 105.
    1399. fo. 88.   1538. fo. 243*b*.   3288. fo.
    99.   5185. fo. 77.   5840. fo. 101.   5871.
    fo. 40*b*.
Lippingcott, 1567. fo. 55.
LOADER, *v.* STEPHENS.
LONG, *of North Molton, fr. Co. Wilts.* 1080. fo.
    304*b*.   1163. fo. 193*b*.
LONGLAND, 1163. fo. 226.
Lorayne, 1538. fo. 12.
Loveys,, 1538. fo. 12.
LOWER, 1538. fo. 313*b*.
———— *of Treslaske*, 3288. fo. 171.
Lower, 1538. fo. 12.
LOWIS, *fr. Co. Cornw.* 1080. fo. 268*b*.   1163. fo.
    121*b*.
LOWMAN, *of Whitstone, and Brokeland*, 889. fo.
    72.   1080. fo. 110*b*.   1091. fo. 45.
    1163. fo. 27*b*.   1538. fo. 140*b*.   1399. fo.
    42*b*.   3288. fo. 99*b*.   5185. fo. 76*b*.
    5840. fo. 49*b*.   5871. fo. 21*b*.
Lowman, 1567. fo. 44.

LUCAS, 3288. fo. 166b.
Lucumbe, 1538. fo. 12.
Lucye, 1538. fo. 12.
LUPPINGCOTT, *v.* LIPPINGCOTT.
LURE, 1538. fo. 84b.
LUSCOMBE, *of Luscombe*, 1080. fo. 203. 1163. fo. 32.
Luscott, of Luscott, 1538. fo. 12.
LUTTERELL, *of Hartland Abbey and Kentisbury, fr. Co. Som.* 1080. fo. 157b. 1163. ff. 116b. 134b.
Lutterell, 1091. fo. 133.
LUTTON, *of Cofford*, 1080. fo. 198. 1163. fo. 19.
Lutton, of Kenton, 1091. fo. 130b.
LYFF, 1538. fo. 219.
LYNN, *of Exeter, fr. Co. Camb.* 1080. fo. 105b. 1163. fo. 5b.
Lynne, 1091. fo. 130.
Lyons, 1538. fo. 12.
MACE, *of Exeter, fr. Co. Som.* 1080. fo. 92b. 1163. fo. 54b.
MACWILLIAMS, 1538. fo. 196b.
MADOCKES, *of Exeter*, 1091. fo. 48b.
MALDITT, *v.* SOMESTER.
Male, of Exeter, 1091. fo. 129b.
MALHERB, 1091. fo. 104. 5185. fo. 38b. 1538. fo. 241. 5871. fo. 31.
MALLACKE, *of Axmouth*, 889. fo. 61b. 1080. fo. 326. 1091. fo. 41. 1163. fo. 248. 1538. fo.117. 1399. fo. 33b. 3288. fo. 115. 5185. fo. 79. 5840. fo. 37b. 5871. fo. 18b.
Mallacke, 889. fo. 13b. 1538. fo. 13. 1567. fo. 42.
MALLETT, *of Enmere and Idsley, fr. Co. Som.* 889. ff. 146b. 155(*a. b.*) 1080. fo. 292b. 1091. fo. 93. 1163. fo. 158b. 1399. fo. 109b. 1538. fo. 219. 5871. fo. 6b.
MALLOCKE, 3288. fo. 138.
MALSTONE, *of Malstone*, 1091. fo. 31. 1164. fo. 21. 3288. fo. 119b. 1538. fo. 59b. 3288. fo. 120. 5871. fo. 12b.
MANINGE, *of Newton Bushell*, 1080. fo. 176b. 1163. fo. 35b.
Maning, of Collumpton, 1538. fo. 13.
MANWARING, *of Exeter*, 1080. fo. 228. 1163. fo. 64b. 1538. fo. 315.
MAPOWDER, *of Hasleworthy*, 1080. fo. 266b. 1163. fo. 121.
MARLAR, *fr. London*, 1538. ff. 29b. 279.
MARSHALL, *of Teingrace*, 889. fo. 40. 1080. fo. 378b. 1091. fo. 34. 1399. fo. 20b. 1538. fo. 74b. 3288. fo. 100. 5185. fo. 79. 5840. fo.22b. 5871. fo. 13b.
Marshall, 1567. fo. 39.
Marten, 1538. fo. 13.
Martham, 1538. fo. 13.
MARTIN, *of Exeter, fr. Co. Dorset.* 1080. fo.161b. 1163. fo. 38.
———— *of Hempston*, 1080. fo. 161. 1163. fo. 26.
———— *of Plymouth, fr. Co. Kent*, 1080. fo. 163b. 1163. fo. 102b.
———— *of Totnes*, 889. fo. 50b. 1080. fo. 213. 1091. fo. 37b. 1538. fo. 100. 3288. fo. 123. 5871. fo. 15b.
Martin, of Oxton, 1091. fo. 131b. 1538. fo. 13.
———— *of Plymouth*, 1091. fo. 132.

MARWOOD, *of Westcott*, 889. ff. 32. 109. 1080. fo. 409b. 1091. ff. 30b. 55. 89b. 1399. fo. 70b. 1538. fo. 215b. 3288. fo. 101. 5185. fo. 79b. 5840. fo. 81. 5871. ff. 30b. 41.
Marwood, 1567. fo. 34.
Massy, 1538. fo. 13.
MATTHEW, *of Dodbrooke, fr. Wales*, 889. ff. 21. 51. 1091. ff. 31. 37. 1399. fo. 26. 1538. fo. 98. 3288. fo. 101b. 5185. fo. 80. 5840. fo. 28. 5871. fo. 16.
Mathew, 889. fo. 13. 1567. fo. 40.
———— *or, Mayo, of Bunington*, 1538. fo. 13.
Matteford, 1538. fo. 13.
MAUDIT, *of Exeter and London*, 1091. fo. 124.
MAYNARD, *of Sherford*, 1079. fo. 125b. 1080. fo. 255b. 1091. fo. 38. 1142. ff. 93b. 112. 169. 1149. ff. 94b. 113. 1162. fo. 98b. 117. 1163. fo. 108b. 3288. fo. 151. 5185. fo. 77b.
Maynard, 1091. fo. 132b. 1538. fo. 13.
Mayne, of Cittington, 1091. fo. 129b.
Mayo, v. Mathew.
Medvile, 1538. fo. 13.
MELLENT, *Earl of, v.* BEAUMONT.
MELTON, *of South Hayne*, 1538. fo. 275b.
MEREDETH, *of Crediton, fr. Co. Radnor*, 889. fo. 136b. 1091. fo. 106. 1399. fo. 94. 1538. fo. 245b. 5185. fo. 80b. 5840. fo. 109b. 5871. fo. 32b.
Meredith, 1567. fo. 57b.
Merefield, 1091. fo. 133.
Meriett, 1538. fo. 13.
MILATON, *v.* MILLETON.
MILFORD, *of Wickington*, 1164. fo. 43b.
MILLETON, *or,* MILATON, *of Mewy*, 1091. fo. 38b. 1538. ff. 81b. 276b. 3288. fo. 150b. 5185. fo. 81. 5840. fo. 31b. 5871. fo. 17b.
MINIFIE, *of Harberton, fr. Co. Kent*, 1080. fo.317b. 1163. fo. 235.
MINSHULL, *of Nantwich, fr. Co. Chesh.* 1080. fo. 196b. 1163. fo. 17.
MOHUN, *of Poslinch*, 889. fo. 57. 1163. fo. 25.
———— *of Tavistoch, fr. Cos. Cornw. and Som.* 1080. ff. 13b. 149b. 1163. fo. 152. 3288. ff. 25b. 123. 154b. 156. 157. 5185. fo. 81b.
Mohun, 1091. fo. 133.
MOLEFORD, *of Cadbury*, 1399. fo. 104. 1538. fo. 305.
———— *of South Molton*, 1080. fo. 6. 1163. fo. 186b.
Moleford, 1538. fo. 13.
MOLINS, *Lord*, 1091. fo. 83. 1538. fo. 72.
———— 1164. fo. 19.
MOLTON, *or,* MOULTON, *of Collumpton*, 1080. fo. 164b. 1163. fo. 209b.
———— *of Plympton*, 1163. fo. 109b. 1538. fo. 312b.
———— *of Pinhoe*, 3288. fo.145. 5185. fo. 31.
Molton, 1538. fo. 13. 1091. fo. 133.
MONKE, *of St. Mary Otry*, 889. fo. 15b. 1080. fo. 359. 1091. fo. 25.
———— *of Powderich*, 889. fo. 106b. 1080. fo. 357b. 1091. fo. 88. 1399. fo. 68b. 1164. ff. 22. 23. 24. 1538. fo. 213. 3288. fo. 50. 5185. fo. 82. 5871. fo. 29b. Add. MS. 14,315. p. 45.
Monke, 1164. fo. 24. 1567. fo. 50.
MONTGOMERY, *v.* CAREW.
MOORE, *of Broadclift*, 1080. fo. 156b. 1163. fo. 256.

MOORE, *of Collumpton*, 1538. fo. 284.   Add. MS. 14,315. p. 2.
———— *of Moore*, 1080. fo. 154*b*.   1163. fo. 97*b*.
———— *of Moore Hayes*, 1080. fo. 153*b*.   1163. fo. 244*b*.   1567. fo. 30*b*.
———— *of Malptaske*, 1091. fo. 53*b*.
Moore, 1091. fo. 132.
MORINGE, *v.* DE LA MORE.
MORTIMER, *or*, TANNER, *of Crayley*, 1080. fo. 328. 1163. fo. 259*b*.
Moseyr, 1091. fo. 125.
Mote, of Molton, 1091. fo. 130*b*.
MOULTON, *v.* MOLTON.
MULYS, *or*, MULES, *of Halmeston*, 1399. fo. 114*b*.
Murdack, 1538. fo. 13.
MUTTLEBERRIE, 1164. fo. 19.
MYCHELL, *of Southcott, fr. Co. Som.* 1567. fo. 28*b*.
NAPPER, *or*, SANDIE, *of Exeter, fr. Scotland*, 1080. fo. 21.
NEWCOMB, *of Exeter*, 1080. fo. 197*b*.   1163. fo. 15.
Newcomb, 1091. ff. 130*b*. 131.
NEWCOURT, *of Halesworthy*, 1399. fo. 113*b*.
———— *of Tiverton*, 1080. fo. 276*b*.   1163. fo. 132*b*.   1567. fo. 25.
Newcourt, of Holdesworth, 1538. fo. 14.
———— *of Pickwell*, 1567. fo. 60*b*.
NEWDIGATE, 5185. fo. 83.
NEWLAND, *of Totnes*, 1538. fo. 270*b*.
NEWTON, *of Crabaton, fr. Co. Somerset*, 1080. fo. 237.   1163. fo. 74*b*.
Nicholls, 1538. fo. 14.
NOBLE, *of Bishop's Fenton*, 889. fo. 139*b*.   1080. fo. 432*b*.   1091. fo. 112*b*.   1399. fo. 97*b*. 3288. fo. 72*b*.   1538. fo. 255.   5185. fo. 82*b*.   5840. fo. 113.   5871. fo. 33*b*.
Noble, 1567. fo. 58*b*.
Norbury, 1538. fo. 14.
NORLEY, *of Norley*, 1091. fo. 109.   1538. fo. 249.
NORRIS, *of Chulmley*, 1080. fo. 202.   1163. fo. 23.
NORTHCOTT, *of Crediton*, 1080. fo. 32.   1163. fo. 4*b*.
NORTHLEIGH, *of Northleigh*, 1080. fo. 269*b*. 1163. fo. 122*b*.
———————— *of Matford*, 1164. fo. 17.
Northleigh, of Northleigh and Matford, 1091. ff. 130*b*. 133*b*.   1538. fo. 14.
Norton, 1538. fo. 14.
Norwood, 1538. fo. 14.
Novant, 1538. fo. 14.
NUTCOMBE, *of Nutcombe*, 1080. fo. 91.   1163. fo. 200.   1559. fo. 50.
OFFWELL, 1538. fo. 14*b*.
OKEBEARE, 3288. fo. 136*b*.   5185. fo. 82*b*.
Okeston, 1538. fo. 14*b*.
OLIVER, 1541. fo. 214.   1562. fo. 19.   Add. MS. 14,311. fo. 14.
ORCHARD, *of Comb Martin*, 3288. fo. 156*b*.
Orendge, 1538. fo. 14*b*.
ORMOND, *Earl of*, 3288. fo. 153*b*.
ORWAY, 1163. fo. 226*b*.
Orway, 1538. fo. 14*b*.
ORWELL, 889. fo. 70*b*.
OSMOND, *of Exeter*, 1080. fo. 232.   1163. fo. 68. 1463. fo. 11.
Ostoste, 1538. fo. 14*b*.
PAGE, 1538. fo. 15(*a. b.*)
Pallett, 1091. fo. 18*b*.
Pannell, 1538. fo. 15.
Parke, 889. fo. 9.   1538. fo. 15.

PARKER, *of Exeter*, 889. fo. 18*b*.   1091. fo. 26. 1163. fo. 153.   1538. fo. 26.   1399. fo. 10.   3288. fo. 29.   5840. fo. 3*b*.   Add. MS. 14,288. fo. 9.
———— *of Ilsington, fr. Co. Som.* 1163. fo. 224.
———— *of North Molton*, 889. fo. 116*b*.   1080. fo. 15.   1091. fo. 94.   1538. fo. 26. 1399. fo. 77.   3288. fo. 29.   5840. fo. 88.
Parker, 889. fo. 9.   1567. ff. 34*b*. 52.
Parrett, 1538. fo. 15.
Parrey, 1538. fo. 15.
PASSEMERE, *of Passemere Hayes*, 889. fo. 141*b*. 1080. fo. 17.   1091. fo. 116*b*.   1163. ff. 9. 231*b*.   1399. ff. 98*b*. 108.   1538. fo. 262*b*.   3288. fo. 72.   5871. fo. 33*b*. 5840. fo. 115.
Passemere, 1567. fo. 59.
Pattishull, 1538. fo. 15.
PAWLETT, *of Sampford Peverell, fr. Co. Som.* 889. fo. 60.   1091. fo. 40*b*.   1164. fo. 7. 1399. fo. 32*b*.   1538. fo. 111.   3288. ff. 42. 141.   5185. fo. 17.   5840. fo. 36*b*. 5871. fo. 19.
Pawlett, 889. fo. 12*b*.   1567. fo. 41*b*.
Payne, 1538. fo. 15.
PAYNELL, *of Baunton*, 3288. fo. 132.   5185. fo. 35*b*.
PEARD, 1091. fo. 136*b*.
PEARSE, *of Plympton St. Mary*, 1164. fo. 35*b*.
PEDERTON, 1091. fo. 119.   1538. fo. 268.   5871. fo. 35.
Penchester, or, Pinchester, 1538. fo. 15*b*.
Pendarvis, 1538. fo. 15*b*.
Penham, 1538. fo. 15.
PENNELLS, *of Lucton*, 1163. fo. 25.
PENNYMAN, 1080. fo. 355.
PENRES, 1091. fo. 53.   1538. fo. 162.
Penwarren, 1538. fo. 15*b*.
Peypard, of North Bovye, 1538. fo. 15*b*.
Pepperell, v. Pipperell.
PERCHAYE, *of Barlescombe and Kitton*, 3288. fo. 131.
PERIAM, *Lord*, 1091. fo. 118*b*.
PERRYE, *of Water*, 889. fo. 75*b*.   1080. fo. 399*b*.   1091. fo. 47.   1399. fo. 45*b*. 1538. fo. 146*b*.   3288. fo. 109.   5840. fo. 53.   5871. fo. 22.
Perrye, 1567. fo. 44*b*.
PERYAM, *of Exeter*, 889. fo. 152.   1444. fo. 80. 1538. fo. 309*b*.   5871. fo. 5*b*.
PETER, *of Bowhey*, 1080. fo. 160*b*.   1163. fo. 22*b*.   1164. fo. 44.
———— *of Torbryan and Co. Essex*, 889. fo. 36. 1091. fo. 32.   1399. fo. 17.   1538. fo. 67.   3288. ff. 32*b*. 150*b*.   5840. fo. 16*b*. 5871. fo. 42*b*.
Peter, 889. fo. 12.   1567. fo. 38.
PETERBOROUGH, 3288. fo. 154.
Petit, 1091. fo. 125.
PEVERELL, 1080. fo. 346*b*.   1164. fo. 54.
Peverell, 1538. fo. 15.
Peyton, 1538. fo. 15.
PHILLIPS, *of Alverdiscott*, 1080. fo. 279.   1163. fo. 140.
Pickeringe, 1538. fo. 15*b*.
Pillond, 1538. fo. 15.
Pincombe, of South Molton, 1538. fo. 15*b*.
PIPER, *of Launceston*, 3288. fo. 25*b*.
Pipperell, or, Pepperell, 1538. fo. 15*b*.
Plumleigh, of Dortmere, 1091. fo. 131.

PLUMLEY, *of Dartmouth*, 1080. fo. 206. 1163. fo. 31.

POINTINGTON, *of Pennycott*, 1080. fo. 104*b*. 1163. fo. 6.

POINTZ, *or*, POYNTZ, 1080. fo. 377. 1091. ff. 33. 118*b*. 1538. fo. 309*b*. 3288. fo. 151. 5871. fo. 13*b*.

POLE, 3288. fo. 160*b*.

POLGLAS, 3288. fo. 138*b*. 5185. fo. 29.

POLLARD, *of Knowstone*, 889. fo. 114*b*. 1080. fo. 414*b*. 1091. fo. 85*b*. 1399. fo. 75. 1538. fo. 124*b*. 5840. fo. 86. 5871. fo. 37*b*.

—— *of Langley*, 1080. fo. 294*b*. 1163. fo. 181. 3288. fo. 70.

—— *of Waye*, 889. fo. 63*b*. 1080. ff. 387*b*. 414*b*. 1091. ff. 42. 55. 89*b*. 113. 1163. fo. 181. 1399. fo. 35*b*. 1538. fo. 123. 3288. ff. 34*b*. 43. 5840. fo. 40. 5871. fo. 19*b*. 8181. p. 50. Add. MS. 14,315. pp. 57. 59.

Pollard, 1567. ff. 42*b*. 49.

POLLEXFEN, *of Ketley*, 1164. fo. 44*b*.

Poltesmore, 1538. fo. 15.

Polton, 1538. fo. 15.

POLTYMORE, 3288. fo. 133.

POMEROY, *of Ingston*, 1080. fo. 140. 1091. fo. 126*b*.

—— *of Pomeroy*, 1091. fo. 109*b*. 1538. fo. 250. Add. MS. 14,315. pp. 13. 23.

—— *of Sanderidge*, 1080. fo. 225*b*. 1163. ff. 59. 200.

POMFRETT, *of Exeter*, 1091. fo. 28. 1538. fo. 46.

PONTINGTON, *of Pennycott*, 889. fo. 137. 1091. fo. 108*b*. 1399. fo. 94*b*. 1538. fo. 248*b*. 3288. fo. 100*b*. 5840. fo. 110. 5871. fo. 33.

POOLE, *of Shute*, 1585. fo. 30. 3288. ff. 136*b*. 164*b*.

Poole, 1538. fo. 15.

POPHAM, *of Hunterworthy*, 1080. fo. 362*b*.

—— *of Linton, fr. Co. Som.* 1080. ff. 5. 362*b*. 1163. fo. 192*b*.

—— *of Perlock*, 1091. fo. 92*b*. 1538. fo. 218.

PORTER, *or*, JANITOR, 3288. fo. 149. 5185. fo. 5.

Porter, 1538. fo. 15*b*.

Portington, of Pennycott, 1567. fo. 57*b*.

POTE, *of Clawton*, 1080. fo. 271. 1163. fo. 126*b*.

Pote, 1091. fo. 133*b*.

POTTER, *of Iddesley*, 1080. fo. 251. 1163. fo. 113*b*.

Potter, 1091. fo. 133.

Poyntington, 1538. fo. 15.

POYNTZ, *v.* POINTZ.

Prawle, 1538. fo. 15*b*.

PREST, *of Hartland*, 1538. fo. 15*b*.

PRESTON, *of Up Awtrie, fr. Cos. Lanc. and Som.* 889. fo. 74. 1080. ff. 144*b*. 145. 1091. fo. 46. 1163. ff. 248*b*. 249. 1399. fo. 44. 1538. fo. 142. 3288. fo. 53. 5840. fo. 51. 5871. fo. 22.

Preston, 1567. fo. 44*b*.

PRESTWOOD, *or*, PRESTWOLD, *of Exeter*, 889. fo. 22*b*. 1080. fo. 367*b*. 1091. fo. 26*b*. 1163. fo. 29*b*. 1399. fo. 8*b*. 1538. fo. 35*b*. 3288. fo. 23*b*. 5840. fo. 6*b*. 5871. fo. 10. Add. MS. 14,288. fo. 7*b*.

—— *of Totnes*, 1080. fo. 204*b*.

Prestwood, 889. fo. 9. 1091. fo. 132. 1567. fo. 35*b*.

PRIDEAUX, *of Addeston*, 1080. fo. 362. 1399. fo. 57*b*. 1538. fo. 172*b*. 3288. fo. 47. 5840. fo. 66*b*. 5871. fo. 26.

—— *of Netherton and Soldon*, 1163. fo. 175*b*. 1080. fo. 108*b*. 1164. fo. 47.

—— *of Orchard*, 889. fo. 85. 1080. ff. 107. 363*b*. 418. 1091. ff. 26. 65. 1163. fo. 247*b*. 1399. ff. 52. 57*b*. 1538. ff. 27. 175. 5840. fo. 60*b*. 5871. fo. 24. Add. MS. 14,315. p. 25.

—— *of Prideaux*, 1080. fo. 107. 1163. fo. 172*b*.

—— *of Thewborough*, 889. fo. 92. 1163. fo. 174*b*. 1080. fo. 108. 1091. fo. 64*b*. 1538. fo. 172*b*. 5840. fo. 66*b*. 5871. fo. 26.

—— *of Totnes*, 1080. fo. 107*b*. 1163. fo. 88*b*.

Prideaux, 889. fo. 10*b*. 1567. ff. 46. 48.

Pridice, of Nutwell, 1538. fo. 15.

Prodhame, 1538. fo. 15*b*.

PROWSE, *or* PROWZE, *of Chagford*, 6080. fo. 41*b*. 1091. fo. 32*b*. 1163. fo. 180. 1538. fo. 69*b*. 3288. fo. 145*b*. Add. MS. 14,315. p. 34.

—— *of Combe Martin*, 889. fo. 111. 1399. fo. 73. 3288. ff. 61. 144. 146. 148. 5185. ff. 33. 68*b*. 5840. fo. 83*b*. 5871. fo. 36*b*.

—— *of Exeter*, 1163. fo. 12.

—— *of Tiverton*, 1080. fo. 45*b*. 1163. fo. 208.

—— *of Wellington*, 1080. fo. 42.

—— *of Withycombe*, 889. fo. 38. 1080. fo. 44. 1091. fo. 32*b*. 1399. fo. 18*b*. 3288. fo. 102. 5840. fo. 19. 5871. fo. 14.

Prowse, or, Prowze, 1538. fo. 15. 1567. ff. 38*b*. 51.

PRUST, *of Gorven and Woolfardisworthy*, 1164. fo. 52.

PRYE, *of Colbrooke*, 1080. fo. 16. 1163. fo. 8*b*.

Prye, of Horwell, 1091. fo. 130.

Punchardon, 1538. fo. 15.

PURCOMBE, 1080. fo. 243. 1163. fo. 86*b*.

Putehisdon, 1538. fo. 15*b*.

PYKE, 1538. fo. 191.

Pyke, 1538. fo. 15.

PYM, *of Brymmore*, 889. fo. 152. 1080. fo. 356. 5871. fo. 5*b*.

PYNCENT, 1430. fo. 176*b*.

PYNCOMBE, *of South Molton*, 1080. fo. 165*b*. 1163. ff. 95*b*. 199.

PYNE, *of East Downe, fr. Co. Corn.* 889. fo. ──. 1080. fo. 281*b*. 1091. fo. 103. 1399. fo. 82. 1538. fo. 238. 1567. fo. 24. 5840. fo. 93*b*. 3288. fo. 64. 5871. fo. 21*b*.

—— *of Hay, fr. Co. Dorset*, 889. fo. 73. 1091. fo. 45. 1399. fo. 43*b*. 1538. fo. 141. 1567. fo. 29. 5840. fo. 50*b*. 5871. fo. 21*b*.

Pyne, 1567. fo. 53*b*.

QUICK, of Newton St. Seers, 1091. fo. 131*b*.

RADCLIFFE, 1549. fo. 142*b*.

RADFORD, *of East Ausle, and Oakford*, 1080. fo. 159*b*. 1163. fo. 241. 1567. fo. 27.

—— *of Whitchurch*, 1080. fo. 159. 1163. fo. 148*b*.

Radford, 1538. ff. 16. 315*b*. 1567. fo. 60*b*.

RAGON, 3288. fo. 169. 5185. fo. 54.

M

Raleigh, 889. fo. 12.   1567. fo. 38*b*.

RANDALL, *of Kentisbury, fr. Co. Berks*. 1080. fo.
   278*b*.   1091. fo. 102*b*.   1163. fo. 135.

RATENBURIE, *of Oakhampton*, 1080. fo. 194*b*.
   1163. fo. 105*b*.

RAWLEIGH, *or*, RALEIGH, *of Fardell*, 889. fo. 39.
   1080. ff. 361. 377.   1091. ff. 33. 83.   1399.
   fo. 19.   1538. ff. 71*b*. 272*b*.   3288. ff.
   102*b*. 149*b*. 151(*a. b.*) 5840. ff. 19*b*. 20*b*.
   5871. ff. 13(*a. b.*) 41*b*.   5185. fo. 65*b*.   Add.
   MS. 14,315. p. 67.

———— *of Nettlecombe*, 1080. fo. 7.   1163.
   fo. 181*b*.   1567. ff. 1*b*. 2.

Raymond, 1538. fo. 16.

RAYNELL, *v.* REYNELL.

READE, *of Wenbury*, 1080. fo. 260*b*.   1163. fo.
   107*b*.

Reanoles, 1091. fo. 124*b*.

Rede, 1091. fo. 132*b*

Redman, 1538. fo. 16.

REGNEY, *or*, REIGNEY, *of Egford*, 889. fo. 118*b*.
   1080. fo. 426.   1091. fo. 95*b*.   1538. fo.
   222.   3288. fo. 65*b*.   5185. fo. 38.

REGNOLES, 1091. fo. 124*b*.

RESKAWITH, 1091. fo. 82.   1538. fo. 207.

REVELL, *of Stobyford*, 889. fo. 156.   1538. fo.
   200.   5871. fo. 7.

REYNELL, *or*, RAYNELL, *of Malston, fr. Co. Camb.*
   889. fo. 64*b*.   1080. fo. 120*b*.   1163. fo. 73.
   1164. fo. 21.   1399. fo. 36.   1538. fo. 59*b*.
   1567. fo. 21*b*.   3288. ff. 28*b*. 103. 120.   5840.
   fo. 41.   5871. fo. 12*b*.

———— *of Ogwell*, 889. fo. 33.   1080. fo. 120*b*.
   1091. fo. 31.   1163. fo. 57.   1164. fo. 21.
   1399. fo. 15*b*.   1538. fo. 59*b*.   3288. ff.
   119*b*. 120.   5840. fo. 14*b*.   5871. fo. 12*b*.
   Add. MS. 14,315. p. 27.

Reynell, 1567. fo. 37*b*.   1091. fo. 129*b*.

Rich, *v.* Rupe.

RIDER, *of Beare Ferris*, 1080. fo. 252*b*.   1163.
   fo. 102.

Rider, 1538. fo. 16.

RIDGE, *of Morchard*, 1080. fo. 8*b*.   1163. fo.
   236*b*.

RIDGEWAY, *or*, PEACOCK, *of Tore*, 1091. fo. 78.
   1538. fo. 195*b*.   5871. fo. 4*b*.

Ridgeway, *or*, *Peacock*, 1567. fo. 38.

RISDON, *of Babeley*, 1080. fo. 168.   1163. ff. 41.
   164.   1399. fo. 111*b*.

———— *of Buckland*, 1080. fo. 167*b*.   1163. fo.
   113.

———— *of Winscott*, 1080. fo. 169.   1163. fo. 168.

RIVERS, *Earl of Devon*, 1982. fo. 97.   3288. ff.
   155*b*. 157. 171*b*.   Add. MS. 14,314. p. 6.

ROACH, *of Wellcombe, fr. Co. Cornw.* 1080. fo. 9*b*.
   1163. fo. 163.

Roch, 1091. fo. 133.

ROCLIFFE, *v.* ROCKLEY.

ROCKLEY, ROCLIFFE, *or*, ROWCLIFFE, *of Yarnes-*
   combe, 1080. fo. 273*b*.   1163. fo. 128*b*.

Rodway, 1538. fo. 16.

ROE, *of Totnes*, 1091. fo. 106*b*.   1538. fo. 286*b*.

ROLLE, *or*, ROLLES, *of Meth*, 1163. fo. 161*b*.

———————— *of Stephenson*, 889. fo. 95*b*.
   1080. fo. 73.   1091. ff. 71. 76.   1163. ff.
   125*b*. 160*b*. 165*b*.   1399. fo. 59*b*.   1538.
   fo. 182*b*.   3288. fo. 103*b*.   5840. fo. 68*b*.
   5871. ff. 25*b*. 26*b*.

Rolls, 889. fo. 11*b*.   1567. fo. 48.

ROOPE, *of East Allington*, 1080. fo. 170*b*.   1163.
   fo. 82*b*.

———— *of St. Patrick*, 1080. fo. 169*b*.

———— *of Townstall*, 1163. fo. 78*b*.

Roope, 1091. fo. 131.

ROSKYMER, 1538. fo. 314.

ROUSE, *of Modbury*, 889. fo. 100*b*.   1080. fo. 332.
   1091. fo. 80.   1194. fo. 117.   1399. fo.
   64.   1538. fo. 200*b*.   1562. fo. 45*b*.
   3288. fo. 109*b*.   5840. fo. 73.   5871. fo.
   28.

Rouse, 1567. fo. 49.

ROW, *of Kingstone*, 1080. fo. 166*b*.   1163. fo.
   75*b*.

———— *of Tavistock*, 1538. fo. 303.   1080. fo. 167.
   1163. fo. 101*b*.

Rowand, 1538. fo. 16.

ROWCLIFFE, *v.* ROCKLEY.

ROWSE, 1091. fo. 78.   5871. fo. 4*b*.

Rowswell, 1538. fo. 16.

Roydon, *of Exeter*, 1538. fo. 16*b*.

Rupe, *or*, *Rich*, 1538. fo. 16.

RUSSELL, *v.* GORGES.

Russell, 1538. fo. 16.

RYKE, *of Denbury*, 1091. fo. 38*b*.

Rysdon, *of Harberton*, 1091. fo. 132.   1538. fo.
   16.   1567. fo. 52*b*.

SACKBY, 1538. fo. 17*b*.

SACKVILLE, 1163. fo. 226*b*.   3288. fo. 149.

Saffin, 1091. fo. 133*b*.

ST. ALBIN, 1538. fo. 307.

St. Alban, 1538. fo. 17.

St. Amond, 1538. fo. 17.

ST. AUBIN, 889. fo. 153*b*.   1091. fo. 92.   1538.
   fo. 217*b*.   5871. fo. 6*b*.

ST. CLEERE, *of Toodwell*, 1538. ff. 75. 285.   Add.
   MS. 14,315. p. 6.

ST. HILL, *or*, SEINTHILL, *of Bradwynche*, 889. fo.
   129.   1080. fo. 179*b*.   1091. fo. 100*b*.
   1163. fo. 222.   1399. fo. 87*b*.   1538. fo.
   232*b*.   3288. fo. 108*b*.   5840. fo. 100*b*.
   5871. fo. 40.

———————— *of Exeter*, 1163. fo. 223*b*.

St. Hill, 1567. fo. 55.   1091. fo. 133*b*.

ST. LEGER, *of Annerey*, Add. MS. 14,315. p. 44.

St. Leger, 1538. ff. 16*b*. 17.

St. Low, 1538. fo. 17(*a. b.*)

ST. MAURE, *of North Molton*, 889. fo. 47*b*.

SALE, 1091. fo. 118.   1538. fo. 266.   5185.
   fo. 21.   5871. fo. 34.

SALISBERIE, *of Buckland and Barnstaple*, 1080.
   fo. 175*b*.   1163. ff. 112*b*. 141.

Salisbury, 1091. fo. 133.

Samford, 1091. fo. 129*b*.

SANDFORD, *of Exeter and Co. Somerset*, 1080. fo.
   221*b*.   1163. ff. 51*b*. 166*b*.

SANDIE, *v.* NAPPER.

SAPCOTES, 1080. fo. 377*b*.   1091. fo. 33.   3288.
   fo. 151*b*.   5840. fo. 20*b*.   5871. fo. 13*b*.
   Add. MS. 12,479. fo. 59.

SAUNDERS, *of Tale*, 1080. fo. 314*b*.   1163. fo.
   256*b*.

Saunders, 1091. fo. 125.

SAVEREY, *of Shilstone*, 1164. fo. 49*b*.

———— *of Totness*, 889. fo. 53.   1091. fo. 37*b*.
   1399. fo. 27*b*.   1538. fo. 99.   3288. fo.
   108.   5840. fo. 29*b*.   5871. fo. 16*b*.

SAVEREY, *of Willinge*, 1080. fo. 212*b*. 1163. fo. 40.
Saverey, 1567. fo. 40*b*.
Say, 1538. fo. 17*b*.
SCALES, *Lord*, *v.* WOODVILLE.
SCOBBELL, 1079. fo. 152. 1142. fo. 142*b*. 1149. fo. 142*b*. 1162. fo. 145*b*.
SEARLE, *of Godford*, 1080. fo. 308*b*. 1163. fo. 205. 1541. fo. 210.
SECCOMB, *or*, THORNE, *of Buckland and Weston*, 1080. fo. 130. 1163. fo. 124*b*.
Seccomb, or, Thorne, 1091. fo. 133*b*.
SEGAR, *of Highweek*, 1080. fo. 233*b*. 1163. fo. 70.
SEINTHILL, *v.* ST. HILL.
SERVINGTON, *of Tavistock, fr. Co. Wilts*, 889. fo. 85*b*. 1080. fo. 418*b*. 1091. fo. 66. 1399. fo. 53. 1538. fo. 176. 3288. fo. 110. 5840. fo. 61*b*. 5871. fo. 24*b*.
Servington, 889. fo. 10*b*. 1567. ff. 41. 60.
SEWARD, *of Stoke*, 889. fo. 130*b*. 1080. fo. 430*b*. 1091. fo. 105*b*. 1399. fo. 89. 1538. fo. 245. 3288. fo. 110*b*. 5840. fo. 103*b*. 5871. fo. 31*b*.
Seward, 1567. fo. 55*b*.
Sewster, 1091. fo. 129*b*.
SEYMOUR, *of Berry Pomeroy*, 1080. fo. 113*b*. 1163. fo. 26*b*.
SHAPCOTT, *of Shapcott*, 1080. fo. 234*b*. 1163. fo. 68*b*.
SHAPLEIGH, *of Totnes and Dartmouth*, 1080. fo. 240*b*. 1163. ff. 80*b*. 81.
SHARP, *of Tiverton, fr. Co. Warr.* 1080. fo. 307*b*. 1163. fo. 202*b*.
Sharp, of Bickenton, 1538. fo. 17.
Sharpleigh, of Sharpleigh, 1091. fo. 131*b*.
SHERMAN, *of Awtrie St. Mary, fr. Co. Suff.* 1080. fo. 182*b*. 1163. fo. 252*b*.
Sherman, 1091. fo. 124*b*.
SHILLINGFORD, 3288. fo. 146*b*. 5185. fo. 72*b*.
Shillingford, 1538. fo. 17.
SHILSTON, 889. fo. 59. 1080. fo. 385. 1091. fo. 40. 5871. fo. 18*b*.
Shilston, 1567. fo. 41*b*.
SHORT, *of Newton*, 1080. fo. 227*b*. 1163. fo. 60.
SHORTHALFE, *Co. Kildare*, 1091. fo. 101.
SHORTRIDGE, *of Shortridge*, 1080. fo. 310*b*. 1163. fo. 206*b*.
Shully, 1538. fo. 17.
SIMONDS, *or*, SYMONDS, *of Exeter, fr. Co. Som.* 1080. fo. 23*b*. 1163. fo. 7. 1538. fo. 285*b*. Add. MS. 14,315. p. 8.
Simonds, 1091. fo. 130.
Sims, of Pounsford, 1091. fo. 133.
SKERITT, *of Petertany*, 1080. fo. 288*b*. 1163. fo. 150.
Skerett, 1091. fo. 132*b*.
SKINNER, *of Collumpton*, 1538. fo. 271*b*.
———— *of Commerton*, 1091. fo. 92*b*.
———— *of Cowley*, 1080. fo. 40*b*. 1091. fo. 92*b*. 1163. fo. 11.
Skinner, 1091. fo. 130*b*. 1567. fo. 61.
SLADER, *of Bathe*, 889. fo. 122*b*. 1080. fo. 427. 1091. fo. 50. 1399. fo. 84. 1538. fo. 156*b*. 3288. fo. 111*b*. 5840. fo. 97. 5871. fo. 39.

SLANNING, *of Ley and Hele*, 889. fo. 19*b*. 1080. ff. 291*b*. 365. 1091. fo. 26. 1163. fo. 152*b*. 1399. fo. 6*b*. 1538. ff. 28. 278. 3288. fo. 32. 5840. ff. 4*b*. 124. Add. MS. 14,288. fo. 5*b*.
Slanning, 889. fo. 8. 1567. fo. 34*b*. 3288. fo. 21*b*.
SLOWLEY, *of Fremington*, 1080. fo. 298. 1163. fo. 186.
SMALLACOMBE, *of Smallacombe*, 1080. fo. 75*b*. 1163. fo. 93*b*.
Smarte, of Bampton, 1538. fo. 17.
SMITH, *of Larkbeare*, 1164. fo. 19.
SMYTH, *of Dartmouth*, 1080. fo. 171*b*. 1163. fo. 44.
Smyth, of Totnes, 1538. fo. 17. 1567. fo. 35*b*.
———— *of Exeter*, 1567. fo. 60.
Snape, 1538. fo. 17.
Snedall, of Exbourne, 1538. fo. 16*b*.
SNELLING, *of Chadlewood*, 1080. fo. 256*b*. 1163. fo. 109.
Snelling, 1091. fo. 133.
SNELSTON, 3288. fo. 163*b*. 167.
SOMESTER, *or*, MALDITT, *of Pinsford*, 889. fo. 50. 1080. fo. 207*b*. 1091. fo. 36*b*. 1153. fo. 85. 1163. fo. 30*b*. 1399. fo. 25*b*. 1538. fo. 96. 3288. ff. 111. 121(*a. b.*) 5185. fo. 78*b*. 5840. fo. 27*b*. 5871. fo. 16. Add. MS. 14,315. p. 24.
Somerster, 1567. fo. 40.
Sotherley, 1538. fo. 16*b*.
SOUTHCOTT, *or*, SOUTHCOTE, *of Awtrie*, 1080. fo. 115*b*. 1163. fo. 258.
———— *of Calverley*, 1080. fo. 21.
———— *of Calwoodhey*, 1080. fo. 117. 1163. fo. 238*b*.
———— *of Chudleigh and Bovey*, 889. fo. 45. 1080. ff. 332. 417*b*. 436*b*. 1091. ff. 78. 102. 1538. ff. 195*b*. 236. 280. 3288. ff. 124*b*. 146*b*. 5185. ff. 24. 25. 5871. ff. 4*b*. 38*b*.
———— *of Lusley*, 1080. fo. 115. 1163. fo. 50.
———— *of Shillingford*, 1080. fo. 116*b*.
———— *of Southcott*, 1080. fo. 114*b*. 1163. fo. 111.
Southcott, 889. fo. 12. 1567. ff. 37*b*. 51.
Southhowse, 1538. fo. 17.
SOUTHMEAD, *of Wraye*, 1080. fo. 201*b*. 1163. fo. 23. 3288. fo. 25*b*.
SPARKE, 1079. fo. 129. 1142. fo. 101*b*. 1149. fo. 102*b*. 1162. fo. 106*b*.
Sparke, of Plymouth, 1091. fo. 130*b*. 1538. fo. 17*b*.
SPECCOTT, *of Speccott and Thornton*, 1080. fo. 181. 1163. ff. 177*b*. 179*b*. 1538. fo. 288. Add. MS. 14,315. p. 49.
Speckett, 1091. fo. 133*b*. 1538. ff. 5. 16*b*. 17.
SPENCER, *of Combe, and Co. Somerset*, 889. fo. 42*b*. 1164. fo. 13*b*.
SPICER, *of Exeter*, 1080. fo. 33. 1163. fo. 3*b*.
Spiller, 1538. fo. 16*b*.
SPRING, *or*, SPURING, 1080. fo. 247*b*. 1163. fo. 89*b*.
SPURING, *v.* SPRING.
SPURWAY, *of Dartmouth*, 1080. fo. 247*b*. 1163. fo. 89*b*. 1538. fo. 315. 3288. fo. 170*b*.
Spurway, 1091. fo. 132. 1538. fo. 17.
Stamford, 1538. fo. 17.
STANLEY, *Baron Strange*, 3288. ff. 154*b*. 157*b*. 169.
STANTER, 1092. fo. 18. 1153. fo. 73.

STAPLEHILL, *of Exeter and Dartmouth*, 1080 fo. 172*b*. 1163. ff. 36. 43*b*.
Staplehill, 1538. fo. 16*b*.
Stapleton, 1538. fo. 17.
STAVELEY, *of Buckland, fr. Co. York*, 889. fo. 134. 1080. fo. 431. 1091. fo. 97*b*. 1399. fo. 92. 1538. fo. 227. 3288. fo. 104. 5840. fo. 107*b*. 5871. fo. 32.
Staveley, 1567. fo. 56*b*.
STAWELL, 3288. fo. 168*b*. 5871. fo. 38.
STEPHENS, *or* LOADER, *of Barnstaple*, 1080. fo. 299*b*. 1163. fo. 185*b*.
STEWKLEY, *of Ashton, fr. Co. Som*. 1538. fo. 256. 1091. fo. 114.
———— *of Faringdon*, 889. fo. 66*b*. 1080. fo. 390. 1091. fo. 43. 1399. fo. 38*b*. 1538. fo.130. 3288. fo. 105. 5840. fo. 44*b*. 5871. fo. 20.
Stewkley, 1567. ff. 39*b*. 43.
STIGHULL, v. STILE.
STILE, *or* STIGHULL, *of Malston*, 1091. fo. 31. 1164. fo. 21. 1538. fo. 59*b*. 3288. fo. 119*b*. 5871. fo. 12*b*.
STODDEN, 1080. fo. 303. 1163. fo. 188*b*.
STOFORD, *of Ireland*, 3288. fo. 173.
STONE, 1080. fo. 425. 1091. fo. 64. 1538. fo. 169*b*. 5871. fo. 24.
Stoner, 1538. fo. 17.
Stoteford, 1538. fo. 16*b*.
STOWELL, *of Cudleston*, 1538. fo. 309*b*. Add. MS. 14,311. fo. 66*b*.
STOWFORD, *of Awtrie St. Mary*, 1080. fo. 177*b*. 1163. ff. 167*b*. 215*b*. 3288. fo. 157*b*.
———— *of Stomford*, 1080. fo. 420. 1091. fo. 117*b*. 1163. fo. 170*b*. 1538. fo. 264*b*. 1399. fo. 72*b*. 3288. fo. 104*b*. 5840. fo. 83.
Stomford, of Stomford, 1567. fo. 51.
Stradling, 1091. fo. 124*b*.
STRANGE, *Baron*, v. STANLEY.
STRECH, 1163. fo. 226*b*. 3288. fo. 145. 5185. fo. 31.
Strech, 1538. fo. 17.
STRECHLEY, *or* STRECHLEIGH, *of Stretchleigh*, 889. fo. 18. 1080. fo. 361*b*. 1091. fo. 25*b*. 1538. fo. 25*b*. 1399. fo. 6. 1567. fo. 20. 3288. fo. 20. 5840. fo. 3. Add. MS. 14,288. fo. 5.
Strechley, 1538. fo. 17*b*.
Strelley, 1538. fo. 16*b*.
STROBRIDGE, *of Modbury*, 1080. fo. 214*b*. 1163. fo. 42.
Strowbridge, 1091. fo. 131*b*.
STROWDE, *or*, STRODE, *of Newnham*, 889. fo. 56. 1080. fo. 245*b*. 1091. fo. 38*b*. 39. 1163. fo. 89. 1399. fo. 29*b*. 1538. fo. 105. 3288. ff. 41. 120*b*.150*b*. 152. 5840. ff. 31*b*. 32. 33. 5871. fo. 17*b*. Add. MS. 14,315. p. 35.
Strowde, 889. fo. 9.
STURE, *of Hewish*, 1080. fo. 239*b*. 1163. fo. 82.
Sture, of Morley, 1091. fo. 132.
Surf, of Crokernwell, 1091. fo. 133*b*.
SWEET, *of Exeter*, 1538. fo. 315.
Smylley, 1538. fo. 16*b*.
SYMONDS, v. SIMONDS.
TALBOTT, *of Exeter*, 1538. fo. 45.
———— *of Wyke*, 889. fo. 90*b*. 1080. fo. 152*b*. 1091. fo. 74. 1538. fo. 187. 5871. fo. 25*b*.
TALCARN, *of Hodcote*, Add. MS. 14,315. p. 128.

TANNER, v. MORTIMER.
TAVERNER, *of South Tawton*, 1091. fo. 98. 1538. fo. 228. 1546. fo. 146.
TAWLEY, *of Marldon*, 1080. fo. 210*b*. 1163. fo. 34.
TAYLER, 3288. fo. 156*b*.
Thornbury, 1538. fo. 18.
THORNE, *of Buckland*, 1163. fo. 159*b*.
———— *of Marwood*, 1163. fo. 185*b*.
———— *of Thorne and Sheepwash*, 889. fo. 98. 1091. fo. 79. 1399. fo. 61*b*. 1538. fo. 197. 3288. ff. 105*b*. 153. 5840. ff. 70*b*. 123*b*. 5871. fo. 27*b*. Add. MSS. 14,315. p. 47.
———— *v.* SECCOMB.
Thorne, 1567. fo. 48*b*.
Throwbridge, 1538. fo. 18.
TIDERLEIGH, *of Tiderleigh*, 1164. fo. 18.
Todwell, 1538. fo. 18.
TOOKER, v. TUCKER.
TOP, *of Awtrey*, 1091. fo. 130*b*.
TOTHILL, *of Exeter*, 889. fo. 21. 1080. fo. 229*b*. 1097. fo. 26*b*. 1163. fo. 65. 1399. fo. 7*b*. 1538. fo. 34. 3288. fo. 22*b*. 5840. fo. 5*b*. 5871. fo. 10. Add. MS. 14,288. fo. 6*b*.
Tothill, 889. fo. 8*b*. 1567. ff. 35. 58.
TOTTESCOMBE, *of Tottescombe*, 3288. fo. 156*b*.
TOURNEY, 1091. fo. 119. 1538. fo. 268. 5871. fo. 35.
Touton, 1538. fo. 18.
Tovy, 1538. fo. 18.
Travers, 1538. fo. 18.
Treffrey, 1538. fo. 18.
Tregarthen, 1538. fo. 18.
Tremayle, 1538. fo. 18.
TREMAYNE, *of Collacombe*, 889. fo. 89*b*. 1080. fo. 215*b*. 1091. fo. 73. 1163. fo. 44*b*. 1399. fo. 56. 1538. fo. 185. 3288. fo. 106. 5840. fo. 64*b*. 5871. fo. 25. Add. MS. 14,315. p. 40.
Tremayne, 1567. fo. 47.
Tremenett, 1538. fo. 18.
Tremill, 1538. fo. 18.
TREPE, *of Yarmley*, 1080. fo. 318. 1163. fo. 238.
Tresaire, 1091. fo. 125.
Treswell, 1538. fo. 18.
TRESYTHNY, 1538. fo. 313*b*.
Trethurse, 1567. fo. 56.
TREVELIAN, *of Yarnescombe, fr. Co. Som*. 889. fo. 142*b*. 1080. fo. 7. 1091. fo. 116. 1163. fo. 181*b*. 1399. fo.100. 1538. fo. 261. 3288. fo. 70*b*. 5840. fo. 116. 5871. fo. 34*b*.
Trevelian, 1567. fo. 59.
TREVITT, *or* TRYVETT, 889. fo. 152. 1080. fo. 356. 1385. fo. 21. 1559. fo. 51*b*.
TREWARTHAN, 1538. fo. 314.
TRISTRAM, *of Bampton*, 1080. fo. 316*b*. 1163. fo. 231.
TROBRIDGE, *of Trobridge*, 1080. fo. 215. 1163. fo. 222*b*.
TROSSE, *of Exwick*, 1080. fo. 78*b*. 1163. fo. 239.
Trowe, 1538. fo. 18.
Trull, 1538. fo. 18.
TRYVETT, v. TREVITT.
TUCKER, *or,* TOOKER, *of Exeter, and Co. Wilts*, 889. fo. 27*b*. 1080. fo. 372*b*. 1091. ff. 29. 51. 1399. fo. 13. 1538. fo. 160*b*. 3288. fo. 27. 5840. fo. 10*b*. 5871. fo. 11. Add. MS. 14,288. fo. 12.

Tucker, or, Tooker, 889. fo. 8.   1567. fo. 34.
TUDENHAM, *of Greswell*, 3288. fo. 128.
TURBERVILLE, *of Samford Peverell*, 1080. fo. 5*b*. 1163. fo. 200*b*.
TURNER, *of Halberton and Therverton*, 1080. fo. 128*b*.   1163. ff. 208*b*. 236.   1399. fo. 117.
Tursland, 1091. fo. 130.
TWIGGS, *of Worrington, fr. Co. Corn.* 1080. fo. 266.   1163. fo. 119*b*.   1164. fo. 38*b*.
Tyderleigh, 1567. fo. 52*b*.
UFFLETT, 1091. fo. 115.   1538. fo. 258.
Ufflett, 1538. fo. 18*b*.
Undon, or Underdon, 1538. fo. 18*b*.
UPCOTT, 889. fo. 59.   1080. ff. 186. 385.   1091. fo. 40.   5871. fo. 18*b*.
UPHILL, 1164. fo. 51.
UPTON, *of Luckton*, 889. fo. 37.   1080. fo. 186. 1091. fo. 32.   1163. fo. 24*b*.   1399. fo. 17*b*.   1538. fo. 68*b*.   3288. fo. 106*b*. 5840.   fo. 17.   5871. fo. 13.   Add. MS. 14,315. p. 20.
———— *of Poslinche*, 889. fo. 57.   1080. fo. 186.   1091. fo. 39*b*.   1399. fo. 30*b*. 1538. fo. 106*b*.   3288. fo. 107.   5840. fo. 33*b*.   5871. fo. 18.
Upton, 1567. ff. 38. 41.
Uvedall, 1538. fo. 18*b*.
VALETORT, 1080. fo. 416.   1091. fo. 96. 1538. ff. 166. 213*b*. 219. 223.   5185. fo. 17*b*.   5871. ff. 29*b*. 34*b*.
VAREWELL, *of Brixham*, 889. fo. 37.   1091. fo. 32.
Vawtort, 1538. fo. 18*b*.
VELLY, *of Hartland*, 1164. fo. 38.
Venard, 1538. fo. 18*b*.
VENNER, *of Hundescott*, 1080. fo. 280*b*.   1163. fo. 139*b*.
VESSEY, *v.* VOYSEY.
Vickarye, 1538. fo. 18*b*.
VIVIAN, 1091. fo. 125*b*.
VOWELL, *or*, HOOKER, *of Exeter*, 889. fo. 16. 1080. ff. 358*b*. 373.   1091. fo. 25.   1399. fo. 5.   1538. fo. 21.   1567. fo. 20.   5185. fo. 71.   5840. fo. 2.   5871. fo. 9*b*.   Add. MS. 14,288. fo. 4.
VOYSEY, *or* VESSEY, *of Dartmouth*, 1080. fo. 345.
WADDON, of Plymouth, 1091. fo. 133.
WADHAM, *of Egge, or, Edge*, 3288. fo. 126.
Wadham, 1538. fo. 19.
Wagett, 1538. fo. 19.
WAKEMAN, *of Beare Ferrers and Charlton, fr. Co. Worc.* 1080. fo. 193.   1163. fo. 103.
———— *of Exeter, fr. Co. Worc.* 1080. fo. 192*b*. 1163. fo. 23*b*.
Wakeman, 1091. fo. 130.
Walcot, of Exeter, 889. fo. 12*b*.
WALESBOROUGH, *v.* WHALISBOROUGH.
WALGRAVE, 5185. fo. 31.
WALLER, *of Exeter, fr. Co. Hants*, 889. fo. 31. 1080. fo. 373*b*.   1091. fo. 30.   1399. fo. 14*b*.   1538. fo. 57.   3288. fo. 27*b*.   5840. fo. 12.   5871. fo. 11*b*.   Add. MS. 14,288. fo. 13*b*.
Waller, 889. fo. 13*b*.   1567. fo. 37.
Wallis, 1091. fo. 130*b*.   1538. fo. 19*b*.
WALROND, *of Awtrie St. Mary*, 1080. fo. 219. 1163. fo. 215.
———— *of Bovey*, 1567. fo. 31.

WALROND, *of Bradfield*, 889. fo. 144.   1080. fo. 218*b*.   1091. fo. 115.   1163. fo. 215. 1399. fo. 100*b*.   1538. fo. 258.   1567. fo. 29*b*.   3288. ff. 71*b*. 128*b*.   5840. fo. 117. 5871. fo. 35.   Add. MS. 14,315. p. 1.
———— *of Upham*, 1163. fo. 49*b*.
Walrond, 1567. fo. 59.
WALTER, *of Ashbury, fr. Co. Camb.* 1080. fo. 11*b*. 1091. ff. 101*b*. 121.   1163. fo. 174.   1538. fo. 296.
WALTHAM, *of Exeter*, 1080. fo. 187*b*.   1163. fo. 18.
Warberton, 1538. fo. 19.
Ware, of Hestercombe, 1538. fo. 19.
Waring, of Lutbrooke, 1091. fo. 131*b*.
WARRE, *of Hestercombe*, 3288. fo. 131.
WARREN, *of Hedbury*, 1163. fo. 195*b.   2109. fo. 36.   4600. p. 54.
Warwick, 1538. fo. 19.
WATER, 1080. fo. 400.
Waterman, 1538. fo. 19.
WATTS, *of Thorverton*, 1080. fo. 433*b*.   1163. fo. 28*b*.
Watts, 1538. fo. 19.
WAY, *v.* WEY.
WEARE, *of Clist Hunington*, 1080. fo. 99.   1163. fo. 259.
WEBB, *of Exeter*, 1080. fo. 218.   1163. fo. 49.
WEEKES, *of Broadwood*, 1080. fo. 301.   1163. fo. 187.   1538. fo. 135.
WENYFORD, *v.* WYNEFORD.
Were, 1091. fo. 131*b*.
WESTCOTT, *of Raddon*, 1091. fo. 121.   1164. fo. 19*b*.   1538. fo. 296.
WESTON, *of Colliton, fr. Wales*, 1080. fo. 323*b*. 1163. fo. 250.
———— *of Hethayne, fr. Co. Staff.* 1538. fo. 308*b*.
Weston, 1538. fo. 19*b*.
WETENHALE, 3288. fo. 169.
WEY, *or*, WAY, *of Torrington, fr. Co. Somerset.* 1080. fo. 274.   1163. fo. 130*b*.
Wey, or, Way, of Torrington, 1091. fo. 133*b*. 1538. fo. 19.
WHADDON, *of Plymouth, fr. Co. Kent.* 1080. ff. 195*b*. 196.   1163. fo. 104*b*.
WHALESBOROUGH, *or*, WALESBOROUGH, 1091. fo. 116.   1163. fo. 181*b*.   1538. ff. 72. 261.   5871. fo. 34*b*.
WHICKER, *of Culliford and Co. Oxon.* 1080. fo. 339*b*.
WHIDDON, *of Chagford*, 889. fo. 59.   1080. fo. 384*b*.   1091. fo. 40.   1399. fo. 32.   1538. fo. 110.   3288. fo. 114.   5840. fo. 35*b*. 5871. fo. 18*b*.
Whiddon, 1567. fo. 41*b*.   1091. fo. 133.
WHITE, *of Diray, fr. Co. Norf.* 1080. fo. 40. 1163. fo. 7*b*.
WHITFIELD, *of Whitfield*, 1080. fo. 220.   1163. fo. 136*b*.
Whitfield, 1538. fo. 19.
WHITLING, 889. fo. 157*b*.
WHITLOCK, *of Wartley*, 889. fo. 117*b*.   1080. fo. 102.   1163. fo. 165.   1399. fo. 78. 1538. fo. 221*b*.   3288. fo. 113*b*.   5840. fo. 89.
Whitlock, 1567. fo. 52.
Whittacre, of Plymouth, 1538. fo. 19.
WIBBERY, *or*, WYBBERY, 1080. fo. 429*b*.   1091. ff. 91*b*. 105.   1538. ff. 170*b*. 243*b*.   5871. fo. 40*b*.

WICHALSE, WYCHALSE, or, WICHALFE, of Chud-
leigh and Barnstable, 889. fo. 17.   1080. fo.
359b.   1091. ff. 25*. 25b.   1142. fo. 11.
1149. fo. 11b.   1162. fo. 12.   1399. fo.
5b.   1538. fo. 23.   5840. fo. 2b.   Add.
MS. 14,288. fo. 4b.
Wichalse, 1567. fo. 34.
WIDWORTHY, 3288. fo. 148.
WIKES, or, WYKES, of Bindon, 3288. fo. 138.
——— of Northwyke, 889. fo. 133.   1080. fo.
22b.   1091. fo. 96b.   1163. ff. 10. 70b.
1399. fo. 90b.   1538. fo. 224.   3288. fo.
107b.   5840. fo. 105b.   5871. fo. 32.
Wikes, 1399. fo. 112b.   1567. fo. 56.
WILLESFORD, of Tavistock, 1080. fo. 247.   1163.
fo. 91b.
WILLIAMS, of Stonford, 889. fo. 52.   1080. fo.
243b.   1091. ff. 38. 118b.   1163. fo. 80b.
1164. fo. 41.   1399. fo. 28.   1538. fo.
102.   3288. fo. 112.   5840. fo. 30.   5871.
fo. 16b.
Williams, 1091. fo. 132b.   1567. fo. 40b.
WILLINGTON, 1538. ff. 272. 297b.   3288. ff.
127. 168.   5185. fo. 13.   5871. ff. 39. 41b.
WILLOUGHBY, of Eresby, 1163. fo. 221b.   3288.
fo. 122b.   5185. fo. 30b.
——— of Peyhenbury, 1080. fo. 191b.
1163. fo. 20.
Wilsford, 1091. fo. 131b.
WINDHAM, 1080. fo. 157b.   1163. fo. 117.
WI DIAT, of Exeter, 889. fo. 15b.   1080. fo.
359.   1538. fo. 21.
WINSLADE, 1091. fo. 103.   1538. fo. 238.
3288. fo. 64.
WISE, or, WYSE, of Greston and Sydenham, 889.
fo. 88.   1080. ff. 376. 403.   1091. ff. 33.
38b. 72.   1399. fo. 55.   1538. ff. 81b.
183b. 272. 277b.   1567. fo. 47.   3288. ff.
112b. 150b.   5840. ff. 31b. 63b. 124b.
5871. ff. 25. 41b.
WITHIE, of Berry, and of Co. Wilts. and London,
1080. fo. 350.
Wodham, of Bigbury, 1538. fo. 19.
WOLCOTE, of Exeter, Add. MS. 14,315. p. 9.
WOLCOTT, of Boterstow and Chudleigh, 1164. fo.
28.   Add. MS. 12,479. fo. 57.
WOLFE, of Harberton, fr. Cos. Berks. and Sussex,
1080. fo. 241.   1163. fo. 81b.
——— of Kentesbury, 3288. fo. 156b.
WOLLACOMBE, of Combe, 889. fo. 104b.   1080.
fo. 257b.   1091. fo. 82.   1163. fo. 171.
1538. fo. 207.   1399. fo. 67.   3288. fo.
49.   5840. fo. 77.   5871. fo. 29.   Add.
MS. 14,315. p. 51.
Wollacombe, 1567. fo. 50.
WOLRINGTON, 3288. fo. 150.   5185. fo. 65b.
Wolrington, 1538. fo. 19.
WOLSTON, of Staverton, 1080. fo. 236b.   1163.
fo. 72.
Wombwell, 1538. fo. 19.
WOOD, 1091. fo. 80b.   1164. fo. 6b.   1538.
fo. 135.   1567. fo. 26.
——— of Lewtrenchard, 889. fo. 63.   1091. fo.
42.   1163. fo. 171b.   1399. fo. 35.   1538.
fo. 122b.   3288. fo. 76.   5185. fo. 18.
5840. fo. 39b.   5871. fo. 19b.
——— of North Tawton, 889. fo. 118.   1080.
fo. 415b.   1091. fo. 96.   1140. fo. 22.
1159. fo. 22.   1399. fo. 79.   1442. fo. 22.
1538. fo. 223.   1545. fo. 33b.   3288. fo.

62.   5185. fo. 17b.   5840. fo. 89b.   Add.
MS. 14,315. p. 71.
Wood, of Lewtrenchard, 1567. fo. 42.
——— of North Tawton, 1567. fo. 52.
WOOD, or, ATWOOD, of Harestone, 889. fo. 54.
1080. fo. 193b.   1091. fo. 37b.   1163. fo.
155b.   1399. fo. 28b.   1538. fo. 103.
5185. fo. 8b.   5840. fo. 30b.   5871. fo.
16b.
Wood, or, Atwood, 1567. fo. 40b.
Woodland, 1538. fo. 19.
WOODROFFE, of Barstaple, 1080. fo. 3b.   1163.
fo. 193.
WOODVILLE, Lord Scales, 1091. fo. 83.   1538.
fo. 72.
WOOLCOMBE, of Pitton, 1080. fo. 258.   1163.
fo. 101.
Woolcombe, 1091. fo. 132b.
Woolcott, of Exeter, 1567. fo. 42b.
Woolfe, 1538. fo. 19b.
WORMAN, of Barnstable, 1080. fo. 299b.   1163.
fo. 185b.
Worstan, 1538. fo. 19.
WORTH, of Barnstable, 889. fo. 112b.   1080.
fo. 420b.   1091. fo. 85.   1399. fo. 73b.
1538. fo. 206.   3288. fo. 113.   5840. fo.
84b.   5871. fo. 36b.
——— of Worth, 1080. fo. 3.   1091. fo. 111.
1163. fo. 202.   1538. fo. 251b.   Add. MS.
14,315. p. 63.
Worth, 1138. fo. 19(a. b.)   1567. fo. 51b.
WORTHAM, of Wortham, 1080. fo. 216b.
WORTHYALE, of Womburnford, 1080. fo. 348b.
WOTTON, of Ingleborne, 1080. fo. 189b.   1163.
fo. 35.   1538. fo. 272b.   5871. fo. 41b.
Wotton, 1091. fo. 131b.   1538. fo. 19.
——— of Widworthy, 3288. fo. 148.
WRAY, of North Russell, 889. fo. 132b.   1091.
fo. 98b.   1399. fo. 91.   1538. fo. 229.
3288. fo. 114b.   5840. fo. 106b.   5871.
fo. 32.
Wray, 1567. fo. 56b.
Wrokeshall, 1538. fo. 19.
Wyarde, 1538. fo. 19.
WYATT, of Branton, 1080. fo. 284b.   1163. fo.
145b.
WYBBERY, v. WIBBERY.
WYCHALSE, v. WICHALSE.
WYKES, v. WIKES.
WYNEFORD, or, WENYFORD, 889. fo. 31.   1080.
fo. 374.   1538. fo. 57.   5871. fo. 11b.
WYNSLADE, of Wynslade, 1538. fo. 291.   Add.
MS. 14,315. p. 53.
Wynslade, 1538. fo. 19.
WYSE, v. WISE.
WYVELL, of Crediton, 889. fo. 62b.   1080. fo.
387.   1091. fo. 41b.   1399. fo. 34b.
1538. fo. 119.   3288. fo. 116b.   5840. fo.
39.   5871. fo. 19b.
Wyvell, 1567. fo. 42.
YARD, YARDE, or, YEARD, of Christon Ferrers
and Bradley, 889. fo. 47.   1080. fo. 125b.
1091. fo. 35b.   1163. ff. 16b. 21b. 74.   1399.
fo. 24.   1538. fo. 86.   3288. ff. 115b.
147b. 166b.   5871. fo. 16.   5185. ff. 22b.
23.   Add. MS. 14,315. p. 19.
——— of Tresurers Beare, 1163. fo. 250b.
Yard, 889. fo. 9b.   1091. fo. 129b.   1567. fo.
40.
YARWORTH, fr. Co. Monmouth, 3288. fo. 116.

YEALLATON, *of Pacholle*, 1080. fo. 282*b*. 1163. fo. 142*b*.

YEARD, *v.* YARD.

YEO, *of Bideford*, 3288. fo. 156*b*.
—— *of Broadworthy*, 1163. fo. 138.
—— *of Heampton Sackville*, 889. fo. 91. 1080. ff. 68*b*. 72. 1091. fo. 76. 1142. fo. 15*b*. 1149. fo. 16. 1163. fo. 160. 1162. fo. 16*b*. 1399. ff. 57. 83. 1538. fo. 189. 3288. fo. 56. 5840. fo. 65*b*. 5871. fo. 25*b*. Add. MS. 14,315. p. 69.
—— *of Hatherleigh*, 889. fo. 123*b*. 1080. fo. 70. 1163. fo. 173*b*. 1399. fo. 83. 1538. fo. 189*b*. 3288. fo. 56*b*. 5840. fo. 94*b*.
—— *of Henvys*, 889. fo. 98*b*. 1080. ff. 69. 70. 1163. fo. 159. 1399. fo. 62. 1538. fo. 190*b*. 3288. fo. 56*b*. 5840. fo. 71. 5871. fo. 27*b*. Add. MS. 14,315. p. 73.
—— *of Shebbeare*, 1163. fo. 157*b*.

Yeo, 889. fo. 11. 1538. fo. 20. 1567. fo. 47*b*.

YERTIE, *of Yertie*, 1080. fo. 143*b*. 1163. fo. 213.

YERWORTH, *or*, YEARWORTH, *of Ipplepen, fr. Co. Monm.* 889. fo. 36*b*. 1080. fo. 375*b*. 5840. fo. 18*b*. 5871. fo. 12. 1538. fo. 50*b*. 1091. fo. 30. 1399. fo. 18.

Yerworth, or, Yearworth, 889. fo. 13*b*. 1567. fo. 38*b*.

York, 889. fo. 8.

YOUNG, *of Colbrook, fr. Co. Dors.* 1081. fo. 36. 1163. fo. 6*b*. 1567. fo. 32*b*.
—— *of Stedcombe*, 1399. fo. 110*b*.
—— *of Upton, fr. Co. Berks*, 1080. fo. 111*b*. 1163. fo. 55.

Young, 1091. fo. 130. 1567. fo. 61.

YOUNGLING, *of Chagford*, 889. fo. 40*b*. 1080. fo. 139*b*. 1091. fo. 33*b*. 1538. fo. 75. 5185. fo. 54*b*. 5871. fo. 14.

ZOUCHE, *Lord, of Haringworth*, 1080. fo. 378. 1091. fo. 33. 3288. fo. 151*b*. 5840. fo. 20*b*. 5871. fo. 13*b*.

DORSETSHIRE.

ABBINGTON, *of Overcompton, fr. Co. Kent.* 888. fo. 53*b*. 1046. fo. 181*b*. 1092. fo. 31*b*. 1153. fo. 75*b*. 1166. fo. 44*b*. 1451. fo. 73*b*. 1539. fo. 42. 2186. fo. 21.

ADEYN, *v.* AUDYN.

ALLY, *or*, ALYE, *of Gussage St. Andrew*, 888. fo. 41*b*. 1046. fo. 225. 1092. fo. 19*b*. 1153. fo. 73. 1166. fo. 67. 1451. fo. 106. 1539. fo. 10*b*. 2186. fo. 9.

ANKETELL, *of Shaftesbury*, 888. fo. 47. 1046. fo. 234. 1092. fo. 52*b*. 1153. fo. 79. 1166. fo. 28. 1451. ff. 46. 190. 1539. fo. 25*b*. 2186. fo. 16.

ARNEY, *of Charlbery*, 1166. fo. 66. 1451. fo. 105. 1539. fo. 156. 2186. fo. 3.

ARUNDELL, *Earl of*, 1076. ff. 213*b*. 214. 215.
—— *of Chidiock, fr. Co. Corn.* 1076. ff. 124. 169*b*. 1166. fo. 56*b*. 1451. ff. 92*b*. 196*b*. 1539. fo. 146. 6164. fo. 17*b*.

ASHLEY, *of Winbourne, fr. Co. Wilts*, 886. fo. 42*b*. 1046. fo. 226*b*. 1092. fo. 25. 1153. fo. 74. 1451. ff. 151. 163*b*. 1539. ff. 10*b*. 12. 2186. fo. 10.

ATGATE, *v.* WESTON.

AUDYN, *or*, ADEYN, *of Dorchester*, 1539. fo. 198*b*.

AUNGER, 1092. ff. 116*b*. 117.

BAGINDEN, 1451. fo. 163*b*.

BAMFELD, *of Turnworth*, 1539. fo. 77.

BARKHAM, *of Merryfield*, 1166. fo. 55*b*. 1451. fo. 90. 1539. fo. 144*b*.

BARLEIGH, *or*, BORLEIGH, 1166. fo. 3*b*. 1451. fo. 12. 1539. fo. 90*b*.

BARNES, *of Duntishcourt*, 1166. fo. 5*b*. 1451. fo. 14*b*. 1539. fo. 93*b*.

BARRETT, *of Sherbourne, fr. Co. Wilts.* 1539. fo. 3*b*.

BASKETT, *of Dulish*, 1166. fo. 21*b*. 1451. fo. 36. 1539. fo. 109. Add. MS. 14,315. p. 158.

BATTESCOMBE, *of Veeres Wotton*, 1166. fo. 12*b*. 1451. fo. 12. 1539. fo. 97*b*. 1541. fo. 214.

BAYFORD, 1092. fo. 49.

BEAUCHEN, *of Beauchen's Hayes*, 1166. fo. 12*b*. 1451. fo. 21. 1539. fo. 97*b*.

BEDICK, 1451. fo. 192.

BEKE, *of Dorchester, fr. Co. Kent.* 1166. fo. 3*b*. 1451. fo. 12. 1539. fo. 90*b*.

BINGHAM, *of Bingham's Melcombe, fr. Co. Som.* 888. fo. 48. 1046. fo. 236. 1092. fo. 2. 1153. ff. 69. 74. 1166. fo. 78*b*. 1451. ff. 128*b*. 189. 1539. fo. 27*b*. 2186. fo. 17.

BIRTE, *of Candell Marche*, 888. fo. 54*b*. 1046. fo. 182. 1092. fo. 26*b*. 1153. fo. 74*b*. 1451. fo. 185. 1539. fo. 43*b*. 2186. fo. 20*b*.

BISHOP, *of Chilcomb*, 1166. fo. 4. 1451. fo. 12*b*. 1539. fo. 91*b*.
—— *of Holway*, 1539. fo. 181*b*.

BLOUNT, *Lord Mountjoy*, 888. fo. 51(*a.b.*) 1092. fo. 66*b*. 1153. fo. 81*b*.

BOND, *of Blackminster*, 1166. fo. 76*b*. 1451. fo. 124*b*. 1538. fo. 311*b*. 1539. fo. 167*b*.
—— *of Dorchester*, 1166. fo. 40. 1451. fo. 65. 1539. fo. 127.
—— *of Lutton, fr. Co. Cornw.* 2186. fo. 3*b*.

BORLEIGH, *v.* BARLEIGH.

BOWDICH, *or*, BUNEDICH, 1166. fo. 61. 1451. fo. 99. 1539. fo. 151*b*.

BOWYER, *of Deane, fr. London*, 1166. fo. 19. 1451. fo. 33*b*. 1539. fo. 107.

BRADSTOCK, *or*, BREDESTOKE, *of Wichampton, fr. Co. Worc.* 1166. fo. 58. 1092. fo. 30*b*. 1153. fo. 75. 1451. fo. 94*b*. 1539. fo. 148*b*.

BREDESTOKE, *v.* BRADSTOCK.

BRENT, *of Hunisbrooke, fr. Co. Som.* 1539. fo. 184*b*.

BRITT, *or*, BRITE, *of South Mapleton,* 1092. fo. 11*b*. 1153. fo. 71*b*. 1451. fo. 188. 1539. fo. 51*b*.

BROCAS, 1451. fo. 193*b*.

BROMER, 1092. fo. 49.

BROUGHTON, 1153. fo. 84*b*.

BROWNE, *of Bradle,* 1166. fo. 76. 1451. fo. 122*b*. 1539. fo. 165*b*.

———— *of Frampton,* 888. fo. 61*b*. 1092. fo. 29*b*. 1153. fo. 75. 1166. fo. 39. 1451. fo. 63*b*. 1539. fo. 59*b*. 2186. fo. 23*b*.

———— *v.* LE BRUNE.

BUCKLER, *or*, BUCLER, *of Wolcomb Maltravers,* 888. fo. 50. 1153. fo. 69. 1166. fo. 3. 1451. fo. 10. 1539. fo. 35*b*. 2186. fo. 19.

BULLER, 1451. fo. 194.

BUNEDICH, *v.* BOWDICH.

BUTLER, *of Hanley,* 1092. fo. 78. 1166. fo. 29*b*. 1451. fo. 51*b*. 1539. fo. 117*b*.

BUTTON, 1451. fo. 114. 1539. fo. 57*b*. 2186. fo. 28.

CAMYLL, *of Shapwick,* 1451. fo. 163. 1539. fo. 10. 2186. fo. 8*b*.

CHALDECOTT, *of Quarleston,* 1092. fo. 1*b*. 1153. fo. 69. 1166. fo. 24*b*. 1451. fo. 40*b*. 1539. fo. 111*b*.

CHAMPAYNE, 1539. fo. 7*b*.

CHANTMARRELL, 1451. fo. 167*b*. 1539. fo. 61. 2186. fo. 29.

CHATTOCK, 1451. fo. 190*b*. 1539. fo. 73. 2186. fo. 15.

CHECKFORD, *of Leaston,* 1166. fo. 77*b*. 1451. fo. 126. 1539. fo. 169.

CHEVERELL, *v.* SACHEVERELL.

CHICHESTER, *of Melbury, fr. Co. Devon.* 1166. fo. 49. 1451. fo. 81. 1539. fo. 135.

CHIDEOCK, *of Chideock,* 1451. fo. 196.

CHUDDELEIGH, *or*, CHUDLEIGH, *of Stroud, fr. Co. Devon.* 888. fo. 57*b*. 1451. fo. 179. 1539. fo. 53. 2186. fo. 25.

CHURCHILL, *of Muston,* 1166. fo. 2*b*. 1451. fo. 9*b*. 1539. fo. 89*b*.

CHYLD, *of Newton,* 1166. fo. 72*b*. 1451. fo. 117. 1539. fo. 161*b*.

CLAVILL, *of Steple,* 1166. ff. 25*b*. 77. 1451. ff. 43*b*. 125. 1539. ff. 113. 168.

COCKERAM, *of Purbeck, fr. Co. Devon,* 1166. fo. 25. 1451. fo. 42*b*. 1539. fo. 112*b*.

COKER, *of Ashbosham,* 888. fo. 43. 1046. fo. 227*b*. 1092. fo. 14. 1153. fo. 71*b*. 1166. fo. 43. 1451. ff. 36*b*. 70*b*. 1539. fo. 14*b*. 2186. fo. 10*b*. 4631. fo. 78*b*.

———— *of Maypowder,* 888. fo. 63*b*. 1092. fo. 23. 1153. ff. 73*b*. 78. 1166. fo. 48. 1451. fo. 78. 1539. fo. 62*b*. 2186. fo. 30.

COLE, 1073. fo. 152. 1142. fo. 142*b*. 1149. fo. 142*b*. 1162. fo. 145*b*.

COLLINS, 1111. fo. 76. 1181. fo. 44.

COLLYER, *of Podle Trenchard,* 1166. fo. 4*b*. 1451. fo. 13*b*. 1539. fo. 92*b*.

COOKE, 1451. fo. 190*b*. 1539. fo. 73. 2186. fo. 15.

COPLESTON, *of Nashe,* 1166. fo. 62. 1451. ff. 99*b*. 171. 1539. ff. 64. 76. 2186. fo. 31. Add. MS. 14,315. p. 163.

Cornwall, 1092. fo. 118.

CREWKERNE, *or*, CRUKERNE, *of Chilley,* 888. fo. 59. 1092. fo. 36*b*. 1153. fo. 76. 1451. fo. 172. 1539. fo. 59*b*. 2186. fo. 26.

DACCOMBE, *of Corfe Castle,* 1166. fo. 25*b*. 1451. fo. 43*b*. 1539. fo. 113.

———— *of Hogford,* 1166. ff. 79*b*. 83.

———— *of Kingston,* 1166. fo. 68*b*. 1451. fo. 108*b*. 1539. fo. 158.

———— *of Rushton,* 888. fo. 47*b*. 1046. fo. 234*b*.

———— *of Stapleton,* 888. fo. 45. 890. fo. 40*b*. 1046. fo. 231*b*. 1092. fo. 41. 1153. fo. 77. 1451. ff. 130. 136. 160*b*. 1539. ff. 20*b*. 171*b*. 2186. fo. 14.

DALLING, *or*, DOLLENGE, *of Worth,* 1166. fo. 75. 1451. fo. 121*b*. 1539. fo. 164*b*.

Dawe, of Chelborow, 1166. fo. 89*b*.

DE LA BERE, 1091. fo. 80*b*. 1538. fo. 202.

DE LA HAY, *of Linn,* 1539. fo. 180.

DE LA LYNE, *of Clenston,* 1539. fo. 190*b*. 1982. fo. 58*b*.

DIRDO, *of Gillingham,* 1165. fo. 95. 1443. fo. 197. 1451. fo. 141*b*.

DOCWRA, 1153. fo. 87.

DOLLENGE, *v.* DALLING.

DORSET, *Marquis of, v.* GREY.

DYNHAM, 1092. fo. 55. 1153. fo. 79*b*.

EARLE, *or*, ERLE, *of Charlborough, fr. Co. Devon.* 888. fo. 41*b*. 1166. fo. 20. 1451. ff. 35. 161*b*. 162. 1539. ff. 10. 108. 2186. fo. 8*b*.

EGGARDON, *of Eggardon,* 1166. fo. 41. 1451. fo. 66. 1539. fo. 128*b*.

ELRINGTON, *of Wolcomb Maltravers,* 888. fo. 50*b*. 1046. fo. 239. 1092. fo. 11. 1153. fo. 71*b*. 1451. fo. 153. 1539. fo. 33. 2186. fo. 18.

ENGLEBERT, *of Sherborne,* 1539. fo. 185*b*.

ERLE, *v.* EARLE.

ERNLEY, *of Charlbery, fr. Co. Sussex,* 1166. fo. 13. 1451. fo. 22*b*. 1539. fo. 99.

ESTCOTE, 1153. fo. 86*b*.

ESTMOND, 1559. fo. 87*b*.

ETTERICK, *of Barford,* 1166. fo. 66*b*. 1451. fo. 105*b*. 1539. fo. 156*b*.

Every, 1092. fo. 118.

FAUNTLEROY, *of Fauntleroy's Marshe,* 888. fo. 55*b*. 1092. ff. 21. 53*b*. 1153. ff. 73*b*. 79. 1451. fo. 183*b*. 1539. fo. 47*b*. 2186. fo. 22.

FEILD, 1539. fo. 3.

FILLIOLL, *of Knight's Street,* 888. fo. 39*b*. 1046. fo. 222. 1092. fo. 5. 1166. fo. 83*b*. 1153. fo. 70. 1451. ff. 136*b*. 149. 1539. fo. 2*b*. 2186. fo. 4*b*.

Fillioll, 1096. fo. 114.

FITZ-HERBERT, 1451. fo. 193*b*.

FORSTER, 1539. fo. 3.

FOWKE, *of Simsborough, fr. Co. Staff.* 888. fo. 59*b*. 1092. fo. 33. 1153. fo. 75*b*. 1451. fo. 173*b*. 1539. fo. 56*b*. 2186. fo. 27.

FOYLE, 1544. fo. 181.

FRAMPTON, *of Buckland,* 1166. fo. 39*b*. 1451. fo. 64.

———— *of Childe Frome,* 1092. fo. 52.

———— *of Moreton,* 888. fo. 64*b*. 1046. fo. 220. 1092. fo. 51. 1153. fo. 78*b*. 1451. fo. 168*b*. 1539. fo. 65. 2186. fo. 30*b*.

FREAKE, *of Faringdon,* 1166. ff. 29. 31. 1451. fo. 49. 1539. fo. 116.

FRYE, *of Ewermister*, 1166. fo. 28*b*.   1451. fo. 47.   1539. fo. 115.

GALL, *of Stalbridge, fr. Co. Som.* 888. fo. 65*b*. 1046. fo. 235*b*.   1092. fo. 33*b*.   1153. fo. 75*b*.   1451. fo. 166*b*.   1539. fo. 67. 2186. fo. 32.

GALLOP, *of Bowood*, 1166. ff. 60. 73*b*.   1451. ff. 97*b*. 117*b*.   1539. ff. 149. 162.

GARDINER, *of Blandford, fr. Co. Bucks.* 1166. fo. 15*b*.   1451. fo. 26*b*.   1539. fo. 101*b*.

GERRARD, *of Longhide*, 1166. fo. 79.   1451. fo. 129*b*.   1539. fo. 171.

GIBBS, *of South Perrot, fr. Co. Warr.* 1166. fo. 60*b*. 1451. fo. 98.   1539. fo. 151.

GLISSON, *of Rampisham, fr. Co. Som.* 1166. fo. 57*b*. 1451. fo. 93*b*.   1539. fo. 147*b*.

GOOD, *of Mayden Newton*, 1166. fo. 52.   1451. fo. 85*b*.   1539. fo. 139.

GOULD, *of Dorchester*, 1166. fo. 40*b*.   1451. fo. 65*b*.   1539. fo. 128.

GOVES, *or*, GOVIS, 1451. ff. 152*b*. 173.

GRATLETT, 1153. fo. 78*b*.

GRAY, *or*, GREY, *of Kingston*, 888. fo. 62*b*.   1046. fo. 241.   1092. fo. 22.   1166. fo. 1. 1153. fo. 73*b*.   1451. fo. 7*b*.   1539. fo. 60. 2186. fo. 28*b*.

—— *of Bridport*, 1166. fo. 59*b*.   1451. fo. 96*b*.

GREY, *Marq. of Dorset*, 1180. fo. 45.

GROVE, *of Corfe*, 1166. fo. 75*b*.   1451. fo. 122. 1539. fo. 165.

—— *of Shaftsbury, fr. Co. Wilts.* 1092. fo. 57. 1153. fo. 79*b*.   1166. fo. 30*b*.   1451. fo. 52*b*.   1539. fo. 119*b*.

HAMLYN, 1539. fo. 12*b*.

HANNAM, *of Wimborne, fr. Co. Som.* 888. ff. 43*b*. 55.   1046. fo. 230.   1092. ff. 3. 29. 56*b*. 1153. ff. 69*b*. 75. 79*b*.   1166. fo. 18*b*.   1451. fo. 32.   1539. ff. 18. 45. 106*b*.   2186. fo. 13.

HARDY, *of Wolcomb Maltravers*, 1092. fo. 14*b*. 1153. fo. 72.   1166. fo. 48*b*.   1451. fo. 79*b*.   1539. fo. 81*b*.

HARLESTON, 1166. fo. 58*b*.   1451. fo. 95*b*. 1539. fo. 149*b*.

HARVEY, *of Tarrant Launceston*, 1166. fo. 74. 1451. fo. 119.   1539. fo. 164.

HASSARD, *or*, HUSSARD, *of Lynne*, 1539. fo. 189*b*.

HASTINGS, 1165. fo. 64.   1443. fo. 166*b*.

HAWLES, *of Up Winborne, fr. Co. Hants.* 888. fo. 42.   1046. fo. 226.   1092. fo. 9.   1166. fo. 81.   1451. fo. 133.   1539. fo. 11. 2186. fo. 9*b*.

HAWLEY, 1451. fo. 171.   1539. fo. 64.   2186. fo. 31.

HAYNE, *of Dorchester*, 1166. fo. 19*b*.   1451. fo. 34.   1539. fo. 107*b*.

—— *of Gillingham*, 1451. fo. 192.

HEBBS, *of Corton*, 1092. fo. 73*b*.   1153. fo. 83. 1451. fo. 171*b*.   1539. fo. 187*b*.

Hebbs, 1166. fo. 89.

HEMING, *of Poxwell*, 1166. fo. 9.   1451. fo. 17. 1539. fo. 96.

HENINGHAM, 1166. fo. 58*b*.   1451. fo. 95*b*. 1539. fo. 149*b*.

HILL, *of Dorchester, fr. Co. Som.* 1166. fo. 36. 1451. fo. 60*b*.   1539. ff. 79. 125.

HODDYE, *v.* HUDDYE.

HOOPER, *of Boveredge, fr. Co. Wilts.* 1166. fo. 30.   1451. fo. 50.   1539. fo. 118.

HORSEY, *of Cliffe*, 1539. fo. 188*b*.

Horsey, 1166. fo. 88.

HOSKINS, *of Langdon*, 1166. fo. 62*b*.   1451. fo. 100*b*.   1539. fo. 153.

HOVELL, *of Poole, fr. Co. Suff.* 1539. fo. 183*b*.

HUDDYE, *or*, HODDYE, *of Hammon, fr. Co. Som.* 888. fo. 43*b*.   1046. fo. 229*b*.   1092. fo. 40. 1153. fo. 77.   1451. fo. 147*b*.   1539. fo. 18*b*.   2186. ff. 5*b*. 12*b*.

———————— *of Pillesdon*, 888. fo. 61. 1451. fo. 147*b*.   1539. fo. 18*b*.

———————— *of St. James's Parish*, 888. fo. 39.   1092. fo. 47*b*.   1153. fo. 78.   1451. fo. 147*b*.   1539. fo. 1.   2186. fo. 5*b*.

Huddye, or, Hoddye, 1567. fo. 38.

HUMFREY, *of Chaldon*, 1166. fo. 9*b*.   1451. fo. 17*b*.   1539. fo. 96*b*.

HUMFREYS, 1097. fo. 67.   1190. fo. 83.

HUNTLEY, *of Milborne, fr. Co. Som.* 888. fo. 64. 1092. fo. 10.   1153. fo. 71.   1166. fo. 38. 1451. ff. 61*b*. 165*b*.   1539. fo. 72.   2186. fo. 29*b*.

HUSSARD, *v.* HASSARD.

HUSSEY, *of Edmondesham*, 888. fo. 42.   1046. fo. 225*b*.   1092. fo. 32.   1166. fo. 73. 1539. fo. 7*b*.

—— *of Shapwick*, 1166. ff. 52*b*. 69*b*.   1451. ff. 86*b*. 111.   1539. fo. 7*b*.

—— *of Silton, fr. Co. Wilts.* 888. fo. 41. 1046. fo. 224.   1092. fo. 27.   1153. ff. 74*b*. 75*b*.   1451. ff. 86*b*. 111.   1539. fo. 7*b*.   2186. fo. 8.   Add. MS. 14,315. p. 156.

HYDE, *or*, HUYDE, *of Gussage St. Michael, fr. Co. Chesh.* 888. fo. 40*b*.   1046. fo. 223*b*.   1092. fo. 10*b*.   1153. fo. 71.   1451. fo. 149*b*. 1539. fo. 5.   2186. fo. 7.

HYND, *of Cleynston*, 1451. fo. 192*b*.   Add. MS. 14,315. p. 157.

IRIS, *v.* LE IRIS.

JESOPE, *of Chickerall and Chilcomb*, 1092. fo. 76*b*. 1153. fo. 83*b*.   1539. fo. 186*b*.

JOLIFFE, *of Eastover*, 1166. fo. 32*b*.   1451. fo. 55.   1539. fo. 121*b*.

KELWAY, *of Lillington*, 888. fo. 39*b*.   1092. fo. 20*b*.   1539. fo. 63*b*.   2186. fo. 21.

—— *of Stawbridge*. 888. fo. 45.   1046. fo. 221*b*.   1092. fo. 4*b*.   1153. fo. 70.   1539. fo. 3*b*.   2186. fo. 5.

KEYLEY, *of Bagler*, 1451. fo. 193.   1539. fo. 72*b*.

KEYMER, *v.* KYMER.

KEYTE, *of Batcomb*, 1166. fo. 50*b*.   1451. fo. 83.   1539. fo. 137.

Keyte, of Chiselborne, 1092. fo. 118.

KNIGHT, *of Hooke Park, fr. Co. Shrop.* 888. fo. 61.   1451. fo. 169*b*.   1539. fo. 58*b*. 2186. fo. 27*b*.

KYMER, *or*, KEYMER, *of West Chelborough*, 888. fo. 51*b*.   1092. fo. 7.   1153. fo. 70*b*. 1451. fo. 157.   1539. fo. 38.   1561. fo. 64.   2186. fo. 19.

LANE, *of All Hallow Gussedge*, 1166. fo. 63. 1451. fo. 101*b*.   1539. fo. 154.

LARDER, *of Loders*, 888. fo. 59.   1092. fo. 5*b*. 1153. fo. 70.   1166. fo 56.   1451. ff. 91*b*. 177*b*.   1539. fo. 56.   2186. fo. 26*b*.

LATYMER, *of Fittleford*, 1451. fo. 173.

LAWRANCE, *of Stepleton*, 1166. fo. 55.   1451. fo. 89.   1539. fo. 143.   2186. fo. 24*b*.

LE BRUNE, *or*, BRUNE, 1166. ff. 58*b*. 61*b*. 1451. fo. 95*b*. 1539. fo. 149*b*.

LE IRIS, *or*, IREYS, 888. fo. 10. 1111. fo. 33*b*. 1181. fo. 8. 1443. fo. 230. 1539. fo. 71*b*. 1565. fo. 5*b*. 5184. p. 3.

LEVESTON, *v*. LEWESTON.

LEWESTON, *or*, LEVESTON, *of Leweston*, 888. fo. 56*b*. 1075. fo. 41. 1092. fo. 28. 1153. fo. 74*b*. 1179. fo. 85. 1451. fo. 177. 1539. fo. 50*b*. 2186. fo. 24. Cott. MS. Jul. F. VIII. fo. 41.

Lewis, of Stock, 1092. fo. 118.

LOVELL, *of Minster*, 1451. fo. 155.

———— *of Tarrant Rawston*, 888. fo. 53. 1046. ff. 7*. 8*. 1092. ff. 42. 43. 44. 1166. ff. 65. 80. 1153. fo. 77. 1451. ff. 104. 154. 1539. fo. 39*b*. 2186. fo. 19*b*. Add. MS. 14,315. p. 155.

———— *of Wilford*, 1451. ff. 131*b*. 132. 1539. fo. 172*b*.

LOVY, 1451. fo. 195. 1539. fo. 181.

LUDESFORD, *of Bardolstone*, 1451. fo. 194.

LUMLEY, *of Lumley Castle*, 1166. fo. 87. 1539. fo. 93.

LYET, *of Manstone*, 1539. fo. 73. 2186. fo. 15.

LYNDE, *of Cleynstone*, 1451. fo. 192*b*. Add. MS. 14,315. p. 157.

MALBANKE, 1539. fo. 188*b*.

MALMAYNS, 1539. fo. 12*b*.

MARTIN, *of Parkpale*, 888. fo. 48*b*. 1046. fo. 237. 1092. fo. 49*b*. 1153. fo. 78*b*. 1166. fo. 37. 1385. fo. 33*b*. 1451. fo. 61. 1539. fo. 31. 2186. fo. 17*b*.

———— *of Walterstone*, 1451. fo. 152.

MATHEW, *of East Woodford, fr. Co. Suss.* 1166. ff. 5. 87. 1451. fo. 14. 1539. fo. 93.

MEERE, *or*, MERE, *of Sherborne*, 888. fo. 55. 1092. fo. 8. 1153. fo. 71. 1166. fo. 11. 1539. fo. 45*b*. 2186. fo. 21*b*. 1451. fo. 18*b*.

MEGGES, *of Bradford Peverell, fr. Co. Kent*, 888. fo. 64. 1046. fo. 220*b*. 1092. fo. 69*b*. 1153. fo. 82*b*. 1166. fo. 1*b*. 1451. ff. 8*b*. 170*b*. 1539. fo. 64. 2186. fo. 31.

MILLER, *of Came*, 1166. fo. 42. 1451. fo. 67*b*. 1539. fo. 79.

MOHUN, *of Fleet*, 1166. fo. 38*b*. 1451. fo. 62. 1539. fo. 125*b*. 2186. fo. 15*b*.

———— *of Wolveton*, 1166. fo. 33*b*. 1451. fo. 58.

MOLINEUX, *of Cranbourne, fr. Co. Chesh.* 888. fo. 40. 1046. fo. 223. 1092. fo. 30. 1153. fo. 75. 1451. fo. 164. 1539. fo. 6. 2186. fo. 6*b*.

MOLINS, 1165. fo. 68*b*. 1443. fo. 170*b*.

MONTFORD, 1541. fo. 214.

MOORE, *of Melplash, and London*, 1153. fo. 87*b*. 1539. fo. 194*b*.

More, of Mace, 1092. fo. 118.

MORGAN, *of Broad Windsor*, 1451. fo. 20.

———— *of South Mapleton, fr. Co. Devon.* 888. fo. 56. 1092. fo. 16. 1153. fo. 72. 1166. fo. 11*b*. 1451. fo. 187*b*. 1539. fo. 51*b*. 2186. fo. 22*b*.

MORTON, *of Henbury*, 1451. fo. 106*b*. 1166. fo. 67*b*. 1539. fo. 86.

———— *of Milborne St. Andrew, fr. Co. Notts.* 1092. fo. 9*b*. 1153. fo. 71. 1539. fo. 82*b*.

MOUNTJOY, *Lord, v*. BLOUNT.

MYNTERNE, *of Batcombe*, 1166. fo. 50. 1451. fo. 82. 1539. fo. 136.

NAPPER, *of Bexington*, 1451. fo. 71*b*. 1539. fo. 131*b*. 1166. fo. 43*b*.

———— *of Middle Marsh Hall*, 1539. fo. 192.

———— *of More Critchill*, 1451. fo. 71*b*. 1539. fo. 131*b*.

NEWBOROUGH, 1539. fo. 196.

OLIVER, 1562. fo. 19. Add. MS. 14,311. fo. 14.

PARHAM, 1451. fo. 191*b*. 2186. fo. 20*b*.

PAWLET, *Lord St. John*, 888. fo. 59*b*. 1092. fo. 68. 1153. fo. 82.

PAYNE, 1451. fo. 195. 1539. fo. 181.

———— *of Motcomb*, 1153. fo. 90.

———— *of Westbrooke, fr. Co. Lanc.* 1539. fo. 189.

PEASING, *of Lillington*, 1166. fo. 45. 1451. fo. 74. 1539. fo. 134.

PEERCE, *or*, PEERS, *of Corfhill, fr. Co. Devon.* 888. fo. 49. 1046. fo. 238*b*. 1092. fo. 8*b*. 1451. fo. 156. 1539. fo. 33*b*. 2186. fo. 18.

PEERS, *v*. PEERCE.

PELHAM, *of Compton Valence, fr. Co. Sussex*, 1166. fo. 42*b*. 1451. fo. 69*b*. 1539. fo. 131.

PERCY, *of Manston*, 888. fo. 46. 1092. fo. 72. 1451. fo. 190*b*. 1539. fo. 73. 2186. fo. 15.

———— *of Shaftsbury*, 888. fo. 46. 1046. fo. 232*b*. 1092. fo. 71. 1153. fo. 82*b*.

PEVERELL, *of Bradford*, 1451. fo. 193*b*.

PHILIPPS, *of Corfe Mullen, from Co. Som.* 1153. fo. 88. 1166. fo. 69. 1451. fo. 110. 1539. fo. 158*b*.

Philips, 1092. fo. 118.

PITT, 1544. fo. 171.

PLECY, *of Shapwick, and Up Wimborne*, 1451. fo. 163*b*. 2186. fo. 10.

POMFRET, *of Devilish, fr. Co. York.* 1163. fo. 63*b*. 1451. fo. 102. 1539. fo. 154*b*.

POPE, *of Marnhull, fr. Co. Hants.* 1166. fo. 35. 1451. fo. 59*b*. 1539. fo. 124*b*.

PORT, 1111. fo. 29. 1443. fo. 228*b*. 5184. p. 2.

Port, of Porle, 1092. fo. 118.

POYNINGS, 2186. fo. 11.

Pridmore, 1092. fo. 118.

PYNE, *of Wotton Glanfield, fr. Co. Som.* 1166. fo. 49*b*. 1451. fo. 81*b*. 1539. fo. 135*b*.

RADFORD, *of Dalish, fr. Co. Devon.* 1166. fo. 18. 1451. fo. 31*b*. 1539. fo. 106.

RAWLES, *of Fifield*, 1166. fo. 86*b*. 1451. fo. 141. 1539. fo. 179*b*.

RIDGWAY, 1396. fo. 60.

RIVES, *of Randlestone*, 888. fo. 66. 1092. fo. 24*b*. 1153. fo. 74. 1165. fo. 58. 1166. fo. 85*b*. 1451. fo. 138. 1539. fo. 175*b*. 2186. fo. 32*b*.

———— *of Shaftsbury*, 1539. fo. 68*b*.

RODNEY, *of Stoke Giffard*, 1092. fo. 76. 1153. ff. 83*b*. 89.

ROGERS, *of Brianstone*, 1166. fo. 22*b*. 1451. fo. 37. 1539. fo. 74. 1561. fo. 10*b*. 2186. fo. 31*b*. Add. MS. 14,315. p. 160.

Rose, of Lyme Regis, 1092. fo. 118.

RUSSELL, 1443. fo. 59*b*.

SACHEVERELL, *or*, CHEVERELL, *of Chantmarrell*, 888. fo. 62. 1166. fo. 45*b*. 1451. ff. 75. 167*b*. 1539. ff. 61. 62. 2186. fo. 29.

St. John, *Lord, v.* Pawlet.

Salter, *of Comb Kaines*, 1166. fo. 51*b*. 1451. fo. 85. 1539. fo. 138*b*.

Samways, *of Broadway*, 1166. fo. 7*b*. 1451. fo. 16*b*. 1539. fo. 44*b*.

—— —— *of Toller*, 888. fo. 54*b*. 1046. fo. 8*b. 1092. fo. 17*b*. 1153. fo. 72*b*. 1165. fo. 9. 1443. fo. 75. 1451. fo. 191*b*. 1539. fo. 95. 2186. fo. 20*b*.

Savage, *of Bloxworth*, 1153. fo. 86. 1166. fo. 71*b*. 1451. fo. 115*b*. 1539. fo. 160.

Seymer, *of Hansford*, 1166. fo. 31*b*. 1451. fo. 53*b*. 1539. fo. 120*b*.

Siddenham, *v.* Sydenham.

Smart, *of West Chickerall*, 1166. fo. 7. 1451. fo. 16. 1539. fo. 94*b*.

Squibb, of Whitchurch, 1166. fo. 88.

Stagg, *of Ashton*, 1166. fo. 68. 1451. fo. 107*b*. 1539. fo. 157.

Stile, *of Puddle Towne*, 1166. fo. 41*b*. 1451. fo. 66*b*. 1539. fo. 129*b*.

Stourton, *of Owre Moyne*, 1166. fo. 6*b*. 1451. fo. 15*b*. 1539. fo. 94.

Strangeman, *of Winterborne*, 888. fo. 57*b*. 1092. fo. 20. 1153. fo. 73. 1451. fo. 176. 1539. fo. 51. 2186. fo. 24*b*.

Strangwayes, *of Melbury*, 1166. fo. 14. 1451. fo. 23*b*. Add. MS. 14,315. p. 162*b*.

—— —— *of Winterborne, fr. Co. Lanc.* 888. fo. 44. 1046. fo. 228*b*. 1092. fo. 7*b*. 1153. fo. 70*b*. 1166. fo. 65*b*. 1451. fo. 104*b*. 1539. fo. 13. 2186. fo. 11*b*.

Strode, *of Parham*, 888. ff. 60*b*. 63. 1092. fo. 34. 1166. fo. 70*b*. 1153. fo. 76. 1451. fo. 114. 1539. fo. 57*b*. 2186. fo. 28.

Sutton, 1153. fo. 88.

—— *Lord Dudley*, 1153. fo. 88*b*.

Swayne, *of Gundville, fr. Co. Devon.* 1539. fo. 197. 2186. fo. 33*b*.

Swifte, *of Blandford*, 1166. fo. 27*b*. 1451. fo. 45. 1539. fo. 114*b*.

Sydenham, *or,* Siddenham, *of Wynford Eagle, fr. Co. Som.* 888. fo. 50*b*. 1046. fo. 240*b*. 1092. fo. 35*b*. 1153. fo. 76. 1166. fo. 6. 1445. fo. 15*b*. 1539. fo. 34*b*. 1451. ff. 15. 158*b*. 2186. fo. 18*b*.

Talbott, *of Bradmayne*, 1166. fo. 2. 1451. fo. 9. 1539. fo. 88*b*.

Thornhull, *or,* Thornhill, *of Thornhull*, 888. fo. 39. 1046. fo. 221. 1092. fo. 70*b*. 1153. fo. 82*b*. 1166. fo. 46*b*. 1451. ff. 76*b*. 192. 1539. fo. 1*b*. 2186. fo. 4.

Torney, *or,* Tourney, 1153. fo. 90. 1451. fo. 195. 1539. ff. 7*b*. 181.

Torrington, 1153. fo. 86*b*.

Tourney, *v.* Torney.

Tregonell, *of Middleton*, 1166. fo. 72. 1451. fo. 116*b*. 1539. fo. 161.

Trenchard, *of Lychett Maltravers, fr. Co. Hants.* 888. fo. 46*b*. 1046. fo. 233*b*. 1092. fo. 37*b*. 1153. fo. 76*b*. 1166. fo. 33*b*. 1451. fo. 58. 1539. fo. 22*b*. 2186. fo. 15*b*. Add. MS. 14,315. p. 161.

Tucker, *of Woodland, fr. Co. Devon.* 888. fo. 40. 1046. fo. 222*b*. 1092. fo. 31. 1153. fo. 75. 1539. fo. 4*b*. 2186. fo. 6.

Turberville, *of Bere Regis*, 888. fo. 52. 1046. fo. 6*. 1092. fo. 45. 1153. fo. 77*b*. 1166. fo. 64. 1451. fo. 164*b*. 1539. fo. 16. 2186. fo. 12.

Turberville, *of Whitchurch*, 888. fo. 444. 1046. fo. 229. 1092. fo. 47. 1153. fo. 78. 1451. fo. 164*b*. 1539. fo. 16.

—— —— *of Wolbridge*, 1451. fo. 102*b*. 1539. fo. 16.

Twynihoe, *of Turnworth, fr. Co. Som.* 1166. fo. 17*b*. 1451. fo. 30*b*. 1539. fo. 76*b*.

Tyderleigh, *of Tyderleigh*, 888. fo. 58. 1092. fo. 38*b*. 1153. fo. 76*b*. 1451. fo. 174*b*. 1539. fo. 54*b*. 2186. fo. 25*b*.

Uvedall, *of More Crichell, fr. Co. Hants.* 888. fo. 43. 1046. fo. 228. 1092. fo. 13. 1153. fo. 71*b*. 1166. fo. 26. 1451. ff. 44*b*. 145. 1539. ff. 14. 15*b*. 114. 2186. fo. 11.

Vaughan, *of Shapwick, fr. Co. Heref.* 888. fo. 44*b*. 1046. fo. 230*b*. 1092. fo. 12. 1153. fo. 72*b*. 1539. fo. 19*b*. 2186. fo. 13*b*.

Veer, *Le, of Walton*, 1166. fo. 12. 1539. fo. 52*b*.

Wadham, *or,* Woodham, *of Catherton, fr. Co. Som.* 888. fo. 57. 1092. fo. 6. 1153. fo. 70*b*. 1451. fo. 181*b*. 1539. fo. 49. 2186. fo. 23.

Walsh, *of Isle of Purbeck*, 1539. fo. 47*b*.

Warham, *of Osmington*, 1166. fo. 10. 1451. fo. 18. 1539. fo. 97.

Webb, *of Motcomb, fr. Co. Wilts.* 1153. fo. 90. 1451. fo. 195. 1539. fo. 180*b*.

Weeks, *of Motcomb*, 1451. fo. 176*b*.

Welborne, *of Burport*, 888. fo. 66. 1092. fo. 59. 1153. fo. 80. 1451. fo. 180*b*. 1539. fo. 70. 2186. fo. 33.

Weston, *or,* Atgate, 1139. fo. 140. 1429. fo. 70*b*. 1533. fo. 71*b*. 5181. p. 64. 5832. fo. 12. 5868. fo. 7.

Whitaker, *of Shaston*, 1166. fo. 33. 1451. fo. 55*b*. 1539. fo. 122*b*.

White, *of Fittleford*, 888. fo. 40*b*. 1046. fo. 224*b*. 1092. fo. 19. 1153. fo. 73. 1451. fo. 148*b*. 1539. fo. 6*b*. 2186. fo. 7*b*.

Williams, *of Herringstone*, 888. fo. 49. 1046. fo. 235. 1153. fo. 72. 1476. fo. 301. 1444. fo. 34. Add. MS. 5533. p. 139*b*.

—— —— *of Holton*, 888. fo. 47*b*. 1046. fo. 238. 1092. fo. 15. 1166. fo. 26*b*. 1539. fo. 28*b*. 2186. fo. 16*b*.

—— —— *of Tynam*, 1166. fo. 74*b*. 1451. fo. 120. 1539. fo. 28*b*.

—— —— *of Whit Lavington*, 1166. fo. 14*b*. 1451. fo. 24*b*. 1539. fo. 28*b*.

Willoughby, *of Silton*, 888. fo. 45*b*. 1046. fo. 232. 1092. fo. 62. 1166. fo. 53. 1153. fo. 80. 1451. fo. 87(*a. b.*) 1539. ff. 21*b*. 139*b*. 2186. fo. 14*b*. Add. MS. 14,315. p. 154.

Wintrey, 1539. fo. 188.

Wolley, *of Lye*, 1531. fo. 182*b*.

Woodham, *v.* Wadham.

Woolfries, *of Marsh*, 1166. fo. 64*b*. 1451. fo. 103*b*. 1539. fo. 155*b*.

Wright, *of Stowborough, fr. Co. Warr.* 1166. fo. 80*b*. 1451. fo. 132*b*. 1539. fo. 173*b*.

Wykes, *of Bindon*, 1451. fo. 162*b*. 1539. fo. 10. 2186. fo. 8*b*.

Young, *of Buckhorne Weston*, 1166. fo. 23. 1451. fo. 39. 1539. ff. 109*b*. 158.

DURHAM.

ANDERSON, *of Newcastle,* 1153. fo. 42*b*.   1168.
    fo 48*b*.   1397. fo. 245*b*.   1540. fo. 130.
APPLEYARD, 1153. fo. 42.   1168. fo. 44.   1397.
    fo. 255*b*.
ARTHINGTON, *of Knottingley,* 1540. fo. 142*b*.
ATKINSON, 1542. ff. 67. 217.
BAINBRIGGE, *of Hendfellow House,* 1540. fo.
    161.
BARLOW, *of Chichester,* 1540. fo. 53.
BARNES, *of Bedburn,* 1153. fo. 37*b*.   1168. fo.
    20*b*.   1397. fo. 217*b*.   1540. fo. 73*b*.
BAXTER, *of Corbrick,* 1153. fo. 41*b*.   1397.
    fo. 241.   1540. fo. 120*b*.
BAYNBRIDGE, *of Snotterton,* 1171. fo. 66.   1540.
    fo. 41*b*.
————— *of Wheatley Hill,* 1153. fo. 36.
    1168. fo. 14*b*.   1171. fo. 69.   1397. fo.
    211.   1540. fo. 31*b*.
BECKWITH, *of Nutwithcote, fr. Co. York.* 1153. fo.
    36*b*.   1168. fo. 18*b*.   1397. fo. 209.
    1540. fo. 70*b*.
BELLASSES, *of Morton,* 1153. fo. 36.   1168. fo.
    15.   1397. fo. 215.   1540. fo. 68*b*.
BELLINGHAM, *of Crokhall,* 1171. fo. 68*b*.   1540.
    fo. 34*b*.
Bellingham, 1168. fo. 59*b*.
BIDDICK, 1540. fo. 151*b*.
BLACKBORNE, 1153. fo. 36*b*.   1168. fo. 20.
    1397. fo. 217.   1540. fo. 29*b*.
Blackborn, 1540. fo. 158.
BLACKETT, *of Woodcrofte,* 1153. fo. 38.   1168.
    fo. 24.   1171. fo. 67*b*.   1397. fo. 220*b*.
    1540. fo. 36*b*.
BLAYKESTON, *of Gibside,* 1168. ff. 13*b*. 47.   1171.
    fo. 73*b*.   1397. fo. 207.
————— *of Great Chilton,* 1153. fo. 42*b*.
    1168. fo. 47.   1171. fo. 73*b*.   1397. fo.
    244.   1540. fo. 21*b*.
————— *of Sadberge,* 1171. fo. 74.   1540.
    fo. 23*b*.
————— *of Seaton,* 1153. fo. 40*b*.   1168.
    fo. 36*b*.   1171. fo. 73*b*.   1397. fo. 234*b*.
    1540. fo. 111*b*.
————— *of Thornton Hall,* 1540. fo. 23.
BLENKINSOPP, *of Birtley,* 1171. fo. 71.   1540.
    fo. 28.
Blynbridge, of Snotterton, 1168. fo. 59.
BOOTHE, *or,* BOUTHE, *of Old Durham,* 1153. fo. 37.
    1168. fo. 13.   1171. fo. 69*b*.   1397. fo.
    214.   1540. ff. 31. 67.
Boothe, 1168. fo. 58.
BOTELER, *v.* BUTLER.
BOUTHE, *v.* BOOTHE.
BOWER, *of Oxenfeild, fr. Co. Lanc.* 1153. fo. 42*b*.
    1168. fo. 48*b*.   1397. fo. 245*b*.   1540. fo.
    130.
BOWES, *of Barnes and Stretlam,* 1153. fo. 35(*a. b.*)
    1168. ff. 7. 9.   1171. fo. 65.   1397. ff.
    205. 210*b*.   1540. fo. 50*b*.
BRAKENBURY, *of Denton,* 1147. fo. 10*b*.   1397.
    fo. 43*b*.   1430. fo. 11*b*.   1433. fo. 41*b*.
    1540. fo. 145*b*.   Add. MSS. 4963. fo. 14*b*.
    14,311. fo. 80.
Brakenbury, 1168. fo. 58*b*.

BRANDLING, *of Felling,* 1153. fo. 39.   1168. fo.
    25*b.   1397. fo. 223*b*.   1540. fo. 87.
BULMER, *of Tiersdall,* 1153. fo. 35*b*.   1168. fo.
    7*b*.   1171. fo. 71*b*.   1397. fo. 205*b*.
    1415. fo. 17.   1420. fo. 129.   1540. ff.
    26. 57.
BUNNY, *of Ryton and Newsham,* 1153. fo. 42.
    1168. fo. 44.   1397. fo. 255*b*.   1540. fo.
    123*b*.
BURBAGE, 1171. fo. 80.
BURDEN, *of Helmedon,* 1168. fo. 17*b*.   1397. fo.
    208.   1540. fo. 70.
BUTLER, *or,* BOTELER, *of Bishop's Auckland, fr.*
    Co. Lanc. 1171. fo. 73.   1540. fo. 24.
————— *of Old Acres,* 1153. fo. 42*b*.   1168. fo.
    47*b*.   1397. fo. 244*b*.
CALVERLEY, *of Littleborne, fr. Co. York.* 1153.
    fo. 35.   1168. fo. 10.   1397. fo. 212.
    1540. fo. 64*b*.
CATTERICK, *of Stanwigg,* 1540. fo. 164.
CHAMBER, *of Cleadon, fr. Co. Westm.* 1153. fo. 39.
    1168. fo. 27.   1397. fo. 225.   1540. fo. 91.
CHEYTOR, *of Butterby, fr. Co. Northumb.* 1168.
    fo. 31*b*.   1171. fo. 75*b*.   1397. fo. 229*b*.
    1540. fo. 18.
CLAXTON, *of Hallom,* 1540. fo. 45*b*.
————— *of Old Park,* 1153. fo. 34*b*.   1168. fo.
    6.   1171. fo. 71*b*.   1397. fo. 202.   1540.
    fo. 25*b*.
COLMORE, *or,* COLEMORE, *of Durham, fr. Co.*
    Warr. 1153. fo. 40.   1168. fo. 33.   1397.
    ff. 214*b*. 231.   1540. fo. 103.
COLWICH, *of Berwick, fr. Cos. Midd. and Surrey,*
    1540. fo. 165.
COMPTON, 1540. fo. 147*b*.
COMYN, *of Durham,* 1153. fo. 43.   1168. fo.
    51*b*.   1397. fo. 248*b*.   1540. fo. 138.
CONYERS, *of Hordon,* 1171. fo. 68*b*.   1540. fo.
    32*b*.
————— *of Hornby,* 1540. fo. 32*b*.
————— *of Laton and Sockburn,* 1153. fo. 35.
    1168. fo. 6*b*.   1397. fo. 203*b*.   1540.
    ff. 47*b*. 54*b*.
————— *of Wynyard,* 1171. fo. 72.   1540. fo.
    27.
Conyers, of Horton, 1168. fo. 59*b*.
Cooper, of Durham, 1168. fo. 54*b*.   1397. fo.
    251.   1540. fo. 140.
CROSIER, *or,* CROYSIER, *of New Biggen,* 1153.
    fo. 37*b*.   1168. fo. 21*b*.   1171. fo. 73.
    1397. fo. 218.   1540. fo. 24*b*.
DALTON, of Durham, 1168. fo. 57*b*.   1540.
    fo. 5.
DAWSON, *of Unthank, fr. Co. Westm.* 1153. fo.
    41.   1168. fo. 41*b*.   1397. fo. 240.   1540.
    fo. 119.
DEARHAM, *or,* DERHAM, *of Brimlaw, fr. Co.*
    Norf. 1153. fo. 40.   1168. fo. 34*b*.   1397.
    fo. 232*b*.   1540. fo. 109.
De la Hay, 1168. fo. 58*b*.   1540. fo. 5.
DE LA VALE, *of Seaton Delavale,* 1171. fo. 80*b*.
DERHAM, *v.* DEARHAM.
DETHICK, *of Amerstone,* 1153. fo. 36*b*.   1168.
    fo. 15*b*.   1397. fo. 216*b*.   1540. fo. 69*b*.

Dixon, of Ramshaw, 1168. fo. 53.   1397. fo. 249*b*.   1540. fo. 141*b*.

DODESWORTH, *of Stranton, fr. Co. York.* 1153. fo. 41.   1168. fo. 41.   1397. fo. 239*b*. 1540. fo. 118*b*.

DOWNES, *of Evenwood,* 1153. fo. 39.   1168. fo. 27*b*.   1397. fo. 225*b*.   1540. fo. 92*b*.

DUDLEY, *of Chopwell, fr. Co. Northumb.* 1153. fo. 41*b*.   1168. fo. 43*b*.   1397. fo. 255. 1540. fo. 123.

EDEN, *of West Auckland,* 1171. fo. 75.   1540. fo. 18*b*.

Eden, 1168. fo. 57*b*.

ELMEDON, 1171. fo. 71*b*.   1540. fo: 26.

ELSTOBBE, *of Foxton,* 1153. fo. 41*b*.   1168. fo. 42*b*.   1171. fo. 75*b*.   1397. ff. 241*-242. 1540. fo. 17.

Emerson, of Foxton, 1540. fo. 157*b*.

EWBANCKE, *of Durham,* 1153. fo. 39.   1397. 224*b*.   1168. fo. 26*b*.   1540. fo. 89*b*.

FETHERSTON, or, PERKINSON, of Whesey, 1168. fo. 57.

FETHERSTONHALGH, *of Stanhope Hall,* 1153. fo. 38.   1168. fo. 22*b*.   1171. fo. 66*b*.   1397. fo. 219.   1540. ff. 41. 46*b*. 77*b*.

FORSER, *of Kelloe,* 1171. fo. 76.   1540. fo. 15*b*.

Forser, 1168. fo. 60.

FULTHORPE, *or,* FOULTHORPE, *of Harworth and Tunstall,* 1153. fo. 37.   1168. fo. 12*b*.   1171. fo. 70.   1397. fo. 214.   1540. ff. 31. 66.

FYSHBORNE, 1550. fo. 124.

GARNETT, *of Egglescliff, fr. Co. Westm.* 1153. fo. 38*b*.   1168. fo. 26.   1397. fo. 224. 1540. fo. 89.

GIFFORD, *of Darnton, fr. Co. Bucks.* 1153. fo. 36*b*.   1168. fo. 19.   1397. fo. 209*b*.   1540. fo. 72.

HAGTHORPE, *of Nettesworth,* 1171. fo. 69. 1540. fo. 32.

Hagthorpe, 1168. fo. 58.

HALL, *of Birtley,* 1153. fo. 36*b*.   1168. fo. 20. 1171. fo. 70*b*.   1397. fo. 217.   1540. fo. 29*b*.

―― *of Hollenbush,* 1153. fo. 41*b*.   1168. fo. 43. 1397. fo. 242*b*.   1540. fo. 122.

――- *of Lenthorpe,* 1540. fo. 44*b*.

HALLYMAN, *or,* HOLLYMAN, *of Lumley,* 1168. fo. 36.   1397. fo. 234.   1540. fo. 102.

HARDING, *of Holynshide,* 1540. ff. 47. 149. 1561. fo. 55.

Harding, 1168. fo. 60.

HARPER, *of Helmedon,* 1168. fo. 17*b*.   1397. fo. 208.   1540. fo. 70.

HAYTHORPE, 1394. p. 25.

HEATH, *or,* HETH, *of Keeper, fr. Co. Midd.* 1153. fo. 40.   1168. fo. 34.   1397. fo. 232. 1540. fo. 106.

HEBBORNE, *of Hardwick,* 1171. fo. 75.   1540. fo. 19.

Hebborne, 1168. fo. 58.

HEDWORTH, *of Harverton,* 1171. fo. 78.   1540. fo. 10*b*.   1561. fo. 55.

Hedworth, 1168. fo. 59.

HEIGHINGTON, *of Graystone and Nesbitt,* 1153. fo. 43.   1168. fo. 50.   1397. fo. 247. 1540. fo. 134*b*.

HERON, *of Thickley, fr. Co. Northumb.* 1171. fo. 67.   1540. fo. 38*b*.

Heron, 1168. fo. 58.

HETH, *v.* HEATH.

HILLIARD, *of Durham, fr. Co. York.* 1153. fo. 38. 1168. fo. 23*b*.   1397. fo. 220.   1540. fo. 79.

HILTON, *of Dyons,* 1153. fo. 42*b*.   1168. fo. 49. 1397. fo. 246.   1540. fo. 130*b*.

Hodgkin, 1540. fo. 5.

HODSHON, *of Hebborne, fr. Co. Northumb.* 1153. fo. 39*b*.   1168. fo. 29*b*.   1397. fo. 227*b*. 1540. fo. 97.

HOLLYMAN, *v.* HALLYMAN.

HOLME, *of Warmouth, fr. Co. Lanc.* 1540. fo. 45.

HOTON, *of Sedgefield,* 1171. fo. 75.

HULL, *of Ousterleyfield,* 1171. fo. 68.   1540. fo. 34.

Hull, 1168. fo. 58*b*.

HUTTON, *of Hunwick,* 1153. fo. 37*b*.   1168. fo. 18.   1397. fo. 208*b*.   1540. fo. 37.

―――― *of Stretham, fr. Cos. Cumb. or, Westm.* 1153. fo. 36*b*.   1148. fo. 19*b*.   1397. fo. 216.   1540. fo. 72*b*.

―――― *fr. Co. Lanc.* 1168. fo. 37*b*.   1397. fo. 235*b*.   1540. fo. 113.

Hutton, of Harske, 1168. fo. 55*b*.   1397. fo. 252. 1540. fo. 5.

JAMES, *of Durham, fr. Co. Staff.* 1153. fo. 34*b*. 1168. fo. 5.   1397. fo. 212*b*.   1540. fo. 54.

JENISONN, *of Walworth, fr. Co. York.* 1540. fo. 48*b*.

JOHNSON, *of Twysill,* 1153. fo. 42.   1168. fo. 46*b*.   1397. fo. 254.   1540. fo. 125*b*.

KENDALL, *of Thorpe Thewles,* 1171. fo. 78*b*. 1540. fo. 7.

Kendall, 1168. fo. 57.

KILLINGHALL, *of Midleton George,* 1540. fo. 163.

LAMBERT, *of Owlton,* 1153. fo. 43.   1171. fo. 71.   1540. fo. 28*b*.

Lambert, of Owlton, 1168. fo. 59*b*.

―――― *of Stockton,* 1168. fo. 54.   1397. fo. 250*b*.   1540. fo. 140*b*.

LAMBTON, *of Lambton,* 1153. fo. 36.   1168. fo. 14.   1171. fo. 68.   1397. fo. 206.   1540. fo. 35*b*.

LAUGHTON, *of Wynyard,* 1171. fo. 72.   1540. fo. 27.

LAWSON, *of Neesham,* 1540. fo. 42.

―――― *of Usworth, fr. Co. Northumb.* 1171. ff. 81*b*. 82.   1540. ff. 8*b*.   Add. MS. 12,477. fo. 51*b*.

LEE, *of Fishborne and Gretham,* 1153. fo. 41*b*. 1168. fo. 42.   1397. fo. 241*b*.   1540. fo. 121.

LIDDELL, *of Ravensworth Castle, fr. Co. Northumb.* 1153. fo. 39.   1168. fo. 28*b*.   1397. fo. 226*b*.   1540. fo. 94.

LILBORNE, *of Thickley Punchardon,* 1153. fo. 39*b*. 1168. fo. 32*b*.   1397. fo. 230*b*.   1540. fo. 101.

Lucas, 1168. fo. 58*b*.   1540. fo. 5.

LUMLEY, *of Ravensholme,* 1540. fo. 144.

MACHELL, *of Pitfield, fr. Co. Westm.* 1153. fo. 41*b*.   1397. fo. 240*b*.   1540. fo. 119*b*.

MADDISON, *of Unthank,* 1153. fo. 37.   1168. fo. 16*b*.   1171. fo. 67.   1397. fo. 215*b*.   1540. fo. 39*b*.

MADOKES, *of Skirmingham, fr. Co. Shrop.* 1153. fo. 42.   1168. fo. 45.   1397. fo. 253*b*. 1540. fo. 125.

MANNERS, *of Cheswick, fr. Co. Northumb.* 1540. fo. 164*b*.

MARCH, *of Redworth,* 1171. fo. 73. 1540. fo. 25.

March, 1168. fo. 57.

MARTYN, *of Durham,* 1153. fo. 40. 1168. fo. 33*b*. 1397. fo. 231*b*. 1540. fo. 105*b*.

MATHEW, 1540. fo. 53.

MIDLETON, *of Bernard Castle,* 1171. fo. 65*b*. 1540. fo. 42*b*.

———— *of Seaton,* 1153. fo. 40*b*. 1168. fo. 38. 1397. fo. 236. 1540. ff. 112. 113*b*. 150.

———— *of Silksworth,* 1168. fo. 37. 1397. fo. 235.

Midleton, of Carlile, 1168. fo. 59.

MILLOTT, *of Whitle,* 1153. fo. 45*b*. 1168. fo. 55. 1171. fo. 77. 1397. fo. 251*b*. 1540. fo. 14.

MORGAN, *of Milhowses,* 1153. fo. 37*b*. 1168. fo. 22. 1397. fo. 218*b*. 1540. fo. 75*b*.

NORTON, *of Norton Conyers,* 1171. fo. 79.

ORDE, *of Fishborne, fr. Co. Northumb.* 1153. fo. 39*b*. 1168. fo. 30. 1397. fo. 228. 1540. fo. 100*b*.

PEMBERTON, *or,* PEMERTON, *of Asleby,* 1153. fo. 38*b*. 1168. fo. 25*b*. 1397. fo. 222*b*. 1540. fo. 83*b*.

PEMERTON, *v.* PEMBERTON.

PENNE, 1540. fo. 147*b*.

PERKINSON, *of Beaumont Hill and Whessey,* 1171. fo. 66*b*. 1540. fo. 40.

Perkinson, v. Fetherston.

PILKINGTON, *of Durham, fr. Co. Lanc.* 1171. fo. 64*b*. 1540. fo. 144*b*.

Pilkington, 1168. fo. 59.

PLACE, *of Dinsdale, fr. Co. York.* 1153. fo. 39*b*. 1168. fo. 31. 1171. fo. 76*b*. 1397. fo. 229. 1540. fo. 14*b*.

Playse, of Hanlaby, 1168. fo. 57*b*.

PORTER, *of Sheldroe,* 1153. fo. 41*b*. 1168. fo. 44*b*. 1171. fo. 77*b*. 1397. fo. 253. 1540. fo. 11*b*.

PRESTON, *of East Morton, fr. Co. Westm.* 1171. fo. 74*b*. 1540. fo. 21.

Preston, 1168. fo. 47*b*.

PUNSHION, *or,* PUNSON, *of West Herington,* 1153. fo. 40*b*. 1168. fo. 35*b*. 1171. fo. 70*b*. 1397. fo. 233*b*. 1540. fo. 29.

RADCLIFF, *of Cardington,* 1540. fo. 26.

———— *of Newton Hansard,* 1171. fo. 76. 1540. fo. 16*b*.

Ratcliff, 1168. fo. 60.

Richardson, of Durham, 1168. fo. 52*b*. 1397. fo. 249. 1540. fo. 142.

RIDDELL, *of Gateside, fr. Co. Northumb.* 1153. fo. 38*b*. 1168. fo. 25. 1397. fo. 222. 1540. fo. 80.

RIDLEY, *of Unthank, fr. Co. Northumb.* 1171. fo. 80*b*.

ROBSON, *of West Morton,* 1153. fo. 41. 1168. fo. 39*b*. 1397. fo. 237. 1540. fo. 115.

SALESBURY, 1171. fo. 83.

SALVEYN, *of Croxdale,* 1153. fo. 35. 1168. fo. 8. 1397. fo. 203. 1540. fo. 58*b*.

SANDERSON, *of Branspath, fr. Co. Northumb.* 1153. fo. 39. 1168. fo. 28. 1397. fo. 226. 1540. ff. 93*b*. 152.

SCRUTEVILL, *of Kibblesworth,* 1153. fo. 42. 1168. fo. 46*b*. 1397. fo. 243*b*. 1540. fo. 129.

SELBY, *of White House, fr. Co. Northumb.* 1153. fo. 36. 1168. fo. 11*b*. 1397. fo. 204*b*. 1540. fo. 65.

SHAFTOE, *of Anvill,* 1171. fo. 69*b*.

———— *of Swalwell,* 1153. fo. 37*b*. 1168. fo. 17. 1397. fo. 207*b*. 1540. fo. 30.

———— *of Tanfield,* 1153. fo. 37*b*. 1168. fo. 21. 1540. fo. 74*b*.

SKEPPER, *of Durham,* 1153. fo. 41. 1168. fo. 40. 1397. fo. 238*b*. 1540. fo. 116*b*.

SMYTH, *of Durham,* 1540. fo. 139.

Smyth, of Durham, 1168. fo. 53*b*. 1397. fo. 250. 1540. fo. 141.

STAFFORD, 1171. fo. 83.

STUBBES, *of Consyde and Birtley,* 1153. fo. 36*b*. 1168. fo. 20. 1397. fo. 217. 1540. fo. 29*b*.

SURTEYS, *or,* SURTEIS, *of Durham,* 1171. fo. 76*b*. 1540. fo. 12.

———————— *of Ravensworth,* 1153. fo. 42. 1168. fo. 46. 1171. fo. 76*b*. 1397. fo. 243. 1540. fo. 128.

TEMPEST, *of Littleborne,* 1397. fo. 212. 1540. fo. 64.

———— *of Stelley,* 1153. fo. 35*b*. 1168. fo. 8*b*. 1397. fo. 210. 1540. fo. 60.

THOMLINSON, *of Gateside,* 1153. fo. 38. 1168. fo. 24*b*. 1171. fo. 77*b*. 1397. fo. 221. 1540. fo. 12*b*.

TONGE, *of Thickley,* 1168. fo. 9*b*. 1397. fo. 211*b*. 1540. fo. 62*b*.

TRAYNER, *of Stretham,* 1153. fo. 35. 1168. fo. 7. 1397. fo. 205. 1540. fo. 50*b*.

TROLLOP, *of Thornley,* 1153. fo. 35*b*. 1168. fo. 11. 1171. fo. 74*b*. 1397. fo. 213*b*. 1540. fo. 19*b*.

TROTTER, *of the Ashes,* 1168. fo. 50*b*. 1397. fo. 247*b*. 1540. fo. 132.

———— *of Helmedon,* 1153. fo. 43. 1168. fo. 17*b*. 1397. fo. 208. 1540. fo. 70.

TRUSSELL, *of Billesley,* 1171. fo. 83.

TUNSTALL, *of Cotham Maundeville,* 1153. fo. 41. 1168. fo. 32. 1171. fo. 78*b*. 1397. fo. 230. 1540. fo. 7*b*.

VASEY, *of Newlands,* 1153. fo. 38*b*. 1168. fo. 25*. 1397. fo. 223. 1540. fo. 85.

WALLEY, *of Hilton, fr. Co. Chesh.* 1540. fo. 160.

Walton, of Shaicklack Hall, 1168. fo. 60. 1540. fo. 142*b*.

WARD, *of Bishop's Midlam,* 1153. fo. 40. 1168. fo. 35. 1397. fo. 233. 1540. fo. 109*b*.

———— *of Bowes,* 1153. fo. 36*b*. 1168. fo. 16. 1397. fo. 206*b*. 1540. fo. 59*b*.

———— *of Consyde,* 1168. fo. 20. 1397. fo. 217. 1540. fo. 29*b*.

WATSON, *of Whitworth,* 1153. fo. 41*b*. 1397. fo. 241. 1540. fo. 120*b*.

WHARTON, *Lord, and of Wingate Grange,* 1153. fo. 42*b*. 1168. fo. 49*b*. 1397. fo. 246*b*. 1540. fo. 133.

WHITE, *of Redhughe,* 1153. fo. 39*b*. 1168. fo. 30*b*. 1171. fo. 77. 1397. fo. 228*b*. 1540. fo. 13*b*.

WHITTINGHAM, 1153. fo. 52*b*. 1448. fo. 17*b*. 1540. fo. 155. 1554. fo. 43.

WICLIFFE, *or,* WYCLIFFE, *of Offerton,* 1153. fo. 41. 1168. fo. 39. 1397. fo. 236*b*. 1540. fo. 114*b*.

WILKINSON, *of Harpley House, and Ferry Hill,* 1153. fo. 42(*a. b.*) 1168. ff. 38*b*. 48*b*. 1397. ff. 245*b*. 254*b*. 256. 1540. ff. 127. 130.

WILLEY, *of Houghton,* 1153. fo. 56. 1448. fo. 50. 1540. fo. 156*b*. 1554. fo. 118*b*.

WILLIAMSON, *of St. Ell,* 1153. fo. 39*b*. 1168. fo. 29. 1397. fo. 227. 1540. fo. 96.

WORTLEY, *of Langley, fr. Co. York.* 1153. fo. 41. 1168. fo. 40*b*. 1397. fo. 239. 1540. fo. 118.

WRENN, *of Binchester, fr. Co. Camb.* 1153. fo. 35*b*. 1168. fo. 10*b*. 1171. fo. 67. 1397. fo. 204. 1540. fo. 38.

WRIGHT, *of Durham, fr. Co. York.* 1168. fo. 51. 1397. fo. 248. 1540. fo. 136*b*.

WYCLIFFE, *v.* WICLIFFE.

WYELD, 1540. fo. 55*b*.

ESSEX.

ABELL, 1541. fo. 3*b*.

ACKWORTH, *of Lanford,* 1137. fo. 24. 1432. fo. 16*b*.

ADAMS, *of Saffron Waldon,* 1541. fo. 202.

ALLEYN, *of Haseleigh,* 1542. fo. 23*b*.

———— *of Hatfield,* 1083. fo. 67. 1137. fo. 129. 1432. fo. 135*b*. 1541. fo. 79. 1542. fo. 186. 6065. fo. 127.

Alleyn, 1137. fo. 15. 1432. fo. 6. 1541. ff. 3*b*. 6.

ALLEN, *of Little Leis,* 1137. fo. 68*b*. 1140. fo. 24*b*. 1159. fo. 24*b*. 1432. fo. 61*b*. 1442. fo. 24*b*. 1545. fo. 35.

Allen, 1541. fo. 5*b*.

ALSTON, *of Toppesfield, fr. Co. Suffolk,* 1542. fo. 73*b*.

Alston, 1083. fo. 49.

ALTHAM, *of Markhall, fr. Co. York.* 1541. fo. 191*b*.

Amcotts, of Cunham, 1137. fo. 18. 1432. fo. 6*b*. 1541. fo. 5.

AMERY, *v.* EMERY.

AMYCE, *of Tilbury, fr. Co. Somerset.* 1137. fo. 43. 1432. fo. 34*b*. 1484. fo. 57. 1541. fo. 20.

Amyce, 1541. fo. 4.

ANDREWS, 1137. fo. 72. 1432. fo. 65.

Andrews, 1083. fo. 50*b*.

APLETON, *of South Benfleet, fr. Co. Kent,* 1137. fo. 52. 1432. fo. 43*b*. 1541. fo. 62*b*. 6065. fo. 128.

Apleton, 1137. fo. 17. 1432. fo. 4.

ARCHER, *or,* DE BOYS, *of Colchester,* 1137. ff. 15. 20. 1432. ff. 6. 7*b*. 1541. fo. 3.

———————————— *of Theydon Garnon,* 1541. fo. 74*b*. 6065. fo. 122.

ARGALL, *of Much Baddow, fr. Co. Kent,* 1083. fo. 71*b*. 1137. fo. 114*b*. 1432. fo. 110*b*. 1542. fo. 94*b*. 6065. fo. 112.

———— *of East Sutton, fr. London,* 1541. fo. 137.

ARUNDELL, 1541. fo. 212*b*.

ASHTON, *or,* AYSTON, *of Sheering,* 1083. fo. 2. 1137. fo. 115. 1432. fo. 111. 1542. fo. 115*b*.

ASTLEY, *or,* ESTLEIGH, *of Writtle, fr. Co. Norf.* 1541. fo. 128*b*. 1542. fo. 11*b*. 6065. fo. 37*b*.

Astley, 887. fo. 10. 1137. fo. 32. 1432. fo. 1.

Aston, 1541. fo. 6.

ATSLOW, *of Downham, fr. Co. Beds.* 1083. ff. 2*b*. 79*b*. 1137. fo. 134. 1542. fo. 172.

ATWOOD, *of Littlebury,* 1083. fo. 70*b*. 1137. fo. 131. 1432. fo. 139*b*. 1542. fo. 235.

Attwood, 1083. fo. 44.

Aucher, 1137. fo. 18*b*. 1432. fo. 5.

AUDLEY, 1177. fo. 121*b*. 1552. fo. 48.

———— *of Berechurch,* 1432. fo. 163. 1541. fo. 114*b*. 1542. fo. 6. 6065. fo. 59.

Awdleigh, 887. fo. 14*b*.

AYLEFFE, *v.* AYLOFFE.

AYLETT, *of Braxsted and Coggeshall,* 1542. fo. 203*b*.

Aylett, 887. fo. 17*b*. 1137. fo. 19*b*. 1432. fo. 4*b*.

AYLOFFE, *or,* AYLEFFE, *of Braxtead and Brettayns,* 1137. fo. 43*b*. 1432. fo. 35. 1541. fo. 70*b*. 1542. fo. 86*b*. 6065. fo. 25.

———— *of Chissell,* 1541. fo. 201.

Ayloffe, or, Ayleffe, 887. fo. 8. 1083. fo, 49*b*. 1541. fo. 2*b*.

Aylwarde, 1541. fo. 3.

AYSTON, *v.* ASHTON.

BAARD, 1137. fo. 41. 1432. fo. 31*b*.

BACON, 1137. fo. 49. 1432. fo. 40*b*.

Badby, of North Kendon, 1137. fo. 18. 1432. fo. 5. 1541. fo. 4*b*.

BADCOCK, *of Much Bentley, fr. Co. Cornw.* 1083. fo. 68. 1137. fo. 130. 1432. fo. 137. 1542. fo. 207*b*.

Bagshawe, of Kendon, 1083. fo. 44*b*. 1137. fo. 17*b*. 1432. fo. 7. 1541. fo. 4*b*.

BAKER, 1111. fo. 36. 1181. fo. 10. 1443. fo. 115.

———— *of Buers Gifford,* 1541. fo. 211*b*.

Baker, of Sudbury, 887. fo. 11. 1137. fo. 16*b*. 1432. fo. 7. 1541. fo. 3*b*.

BALLET, *of Hatfield, fr. Co. Suff.* 1542. fo. 74*b*.

Ballet, 1083. fo. 49.

BANINGE, *of Bentley,* 6065. fo. 27.

Baninge, of Bentley, 887. fo. 9. 1137. fo. 20. 1432. fo. 7*b*. 6065. fo. 27*b*.

BANKES, *of Hadstoch, fr. Co. York.* 1541. fo. 60.

Barantine, 1541. fo. 51*b*.

BARINGTON, 1541. fo. 18*b*.

BARKER, *of Chignall, fr. Co. Berks.* 1541. ff. 59. 133.

BARKER, *of Monkwith*, 1083. fo. 61.   1137. fo.
126*b*.   1432. fo. 130.   1542. fo. 7.
6065. fo. 121.
Barker, 1432. fo. 3*b*.
BARKHAM, 1083. fo. 24.   1542. fo. 65*b*.
BARLEE, *of Albery*, 1541. fo. 187.
———- *of Ilsenham*, 1541. fo. 182.
——— - *of Stapleford*, 1541. ff. 37. 199.
BARLEY, 1504. fo. 72.
BARNABY, *of Colchester*, 1137. fo. 41*b*.   1432.
fo. 32*b*.   1541. fo. 58*b*.
Barnaby, 1541. fo. 3*b*.
BARNARD, *fr. Co. York*. 1137. fo. 50*b*.   1432. fo.
41*b*.   1541. fo. 104*b*.   6065. fo. 74.
BARNARDISTON, *or*, BARNARSTONE, *of Witham*,
fr. Co. Suff. 1083. fo. 25.
BARNEIS, 1548. fo. 168*b*.
BARNES, *of Thoby, fr. Co. Surrey*, 1137. fo. 29.
1484. fo. 53*b*.   1432. fo. 21*b*.   1541. fo.
112.
BARNEYS, *of Finchingfield*, 1137. fo. 36*b*.   1432.
fo. 27*b*.
BARON, *of Layer Britton*, 1083. fo. 37*b*.   1137.
fo. 120.   1432. ff. 50. 119.   1541. fo. 102.
1542. fo. 102*b*.
——— *of Low Layton, fr. London*, 1083. fo. 72*b*.
1137. fo. 132.   1432. fo. 141.   1542.
fo. 77.
Baron, of Bradwell, 1137. fo. 18.   1432. fo. 6*b*.
1541. fo. 4*b*.
BARRETT, *of Aveley*, 1398. fo. 11*b*.   1541. fo. 21*b*.
6065. fo. 40.
Barrett, 887. fo. 10*b*.   1137. ff. 16*b*. 32. 33.
1432. ff. 2. 6.
BARRINGTON, *of Barrington*, 1100. fo. 87.   1137.
ff. 40*b*. 41.   1167. fo. 105*b*.   1195. fo.
71.   1432. fo. 31*b*.   1541. fo. 40*b*.   1542.
fo. 227.   1563. fo. 124*b*.   6065. fo. 24.
Barrington, 887. fo. 8.   1137. fo. 18.   1432.
fo. 6*b*.   1484. fo. 58*b*.
BARROW, *of Walden, fr. Co. Camb.* 1542. fo. 125.
Barrow, of Barking, 1432. fo. 3*b*.
BARRY, *Co. Monmouth*, 1137. fo. 66*b*.   1432. fo.
59*b*.   1541. fo. 99.
BARSHAM, 1137. fo. 110*b*.   1432. fo. 105.
BARWICKE, 1137. fo. 74*b*.   1432. fo. 67*b*.
BASSANO, *of Waltham*, 1542. fo. 127*b*.
BASSETT, 1137. fo. 45.   1432. fo. 36*b*.   1484.
fo. 57.
BASSYNGE, 1137. fo. 48*b*.   1432. fo. 40.   1541.
fo. 170.
BATHAM, 1137. fo. 45.   1432. fo. 36*b*.
BATTELL, 1137. ff. 41*b*. 58.   1432. ff. 32. 50.
1541. fo. 102.   6065. fo. 137*b*.
BAYLEY, *of Woodford, fr. Co. Derby*, 1542. fo.
130*b*.
Bayley, 1541. fo. 6.
BECKINGHAM, *fr. Co. Wilts*. 1137. fo. 79*b*.
1432. fo. 73.   1541. fo. 97*b*.   6065. fo. 126.
BEDELL, *of Writtle*, 1137. fo. 48*b*.
Bedell, 1137. fo. 17*b*.   1432. fo. 5.   1541.
fo. 3*b*.
Bedford, of Colchester, 1541. fo. 53*b*.
BELHOUSE, *of Avethly*, 1398. fo. 12.   1541. fo.
22.   6065. fo. 40.
Belhouse, 887. fo. 10*b*.
BELKNAP, 1541. fo. 42*b*.
BELL, *of Writtle, fr. Co. Glouc.* 1137. fo. 87*b*.
1432. fo. 81*b*.   1541. fo. 69.   6065. fo. 60.
Bell, 887. fo. 14*b*.   1541. fo. 3*b*.

BENDISH, *of Steeple Bumstead*, 1083.   fo.   6.
1137. fo. 134.   1398. fo. 12*b*.   1541. fo.
22*b*.   1542. fo. 184*b*.   6065. fo. 15*b*.
Bendish, 887. fo. 7.   1137. ff. 17. 32. 33.   1432.
fo. 4.
BENDLOWES, *of Bradfield*, 1083. fo. 43.   1137.
fo. 122*b*.   1432. fo. 124.   1541. fo. 208*b*.
1542. fo. 108*b*.
Bendlowes, 1541. fo. 5.
BENNETT, *of Newhall, fr. Co. Herts*. 1083. fo. 69.
1137. fo. 130*b*.   1432. fo. 138.   1542.
fo. 75*b*.
——— *of Tiptree Priory, fr. Co. Hants*. 1083.
fo. 28*b*.   1137. ff. 123. 130*b*.   1432. fo.
124*b*.   1541. fo. 186.   1542. fo. 73.
6065. fo. 71.
Bennett, 1137. ff. 19*b*. 20.   1432. ff. 4*b*. 7*b*.
BERIFFE, *of Colchester*, 1083. fo. 75*b*.   1137. ff.
86*b*. 133.   1432. ff. 80. 144.   1542. fo. 58.
Beriffe, 1432. fo. 3*b*.
BERNARD, *of Margretting, fr. London*, 1542. fo. 9*b*.
BERNERS, 1083. fo. 6*b*.   1137. fo. 134*b*.   1432.
fo. 146*b*.   1542. fo. 186*b*.
BETTENSON, *of Delahay, fr. Co. Staff*. 1541. fo.
194*b*.
Beryelfe, 1137. fo. 15.
BEUSIE, *v*. BOOSEY.
BICKERTON, *of Gaynes Park, fr. Co. Warr*. 1541.
fo. 117.   6065. fo. 86.
BIGG, *of Shalford and Redgewell*, 1542. fo. 128*b*.
BIGLAND, 1137. fo. 75.   1398. fo. 14*b*.   1432.
fo. 68.   6065. fo. 41.
BINGHAM, *of Barking, fr. Co. Notts*. 1083. fo. 14.
1137. fo. 138.   1432. fo. 153.   1541. fo.
154*b*.   1542. fo. 197*b*.   6065. fo. 146*b*.
BIRCHE, 1432. fo. 35.
BISHOP, 1137. fo. 73*b*.   1432. fo. 66*b*.   1541.
fo. 34*b*.
BLAKE, *of Little Baddow*, 1137. ff. 34. 82*b*.
1432. ff. 24*b*. 76.   1541. fo. 85.   6065. fo. 103.
BLOUNT, *of Malden, fr. Cos. Glouc. and Wilts*.
1541. fo. 25*b*.   6065. fo. 164.
Blount, 1541. fo. 2*b*.
BLOWER, *of Westham, fr. Co. Suff*. 1542. fo. 84*b*.
Blower, 1083. fo. 49*b*.
BLYATT, 1137. fo. 75.
BOADE, *or*, BOODE, *of Rochford*, 1137. fo. 58.
1398. fo. 14*b*.   1432. fo. 50.   1541 fo.
102.   6065. fo. 41.
——— *of Rayley, fr. Co. York*. 1137. ff. 73*b*. 74*b*.
1432. ff. 66*b*. 67*b*.   1541. ff. 34*b*. 165.
BODDY, 1541. ff. 47*b*. 134*b*.   6065. fo. 83*b*.
BOFFE, 1137. fo. 50.   6025. fo. 125.
BOKENHAM, *of Woodham, fr. Co. Suff*. 1542. fo.
137*b*.
Bond, 1541. fo. 5.
BONHAM, *of Valence*, 1542. fo. 36*b*.
Bonham, 1083. fo. 50*b*.
BOODE, *v*. BOADE.
BOOSEY, *or*, BEUSIE, *of Springfield*, 1542. fo. 93.
Borowe, of Barking, 1137. fo. 15.
BOSTON, 1541. fo. 12.
Boswell, of Maldon, 1541. fo. 3.
BOTELER, *v*. BUTLER.
BOURCHIER, *Earl of Essex*, 1100. fo. 84*b*.   1167.
fo. 99*b*.
——— *of Lovedowne and Stambridge, fr. Co.
Worc.* 1083. fo. 32*b*.   1542. fo. 131*b*.
BOURNE, *of Bobbingworth*, 1541. fo. 58.   1542. fo.
167.   6065. fo. 84.

BOWES, *of Bromley, fr. Co. York.* 1137. fo. 22*b.*
1432. fo. 15.   1484. fo. 52.   1541. fo.
217.   1542. fo. 148.
Boyland, 1541. fo. 5*b.*
Boys, 1137. fo. 18*b.*   1432. fo. 5.
Boyton, of Walden, 1137. fo. 15*b.*   1432. fo. 3*b.*
1541. fo. 4.
BOZAM, 1137. fo. 76.   1432. fo. 69.
BRADBURY, 1401. fo. 18.   1534. fo. 27*b.*   6774.
fo. 35.   6775. fo. 18.   Add. MS. 4962.
p. 16.
———— *of Littlebury and Wickham Bonhun,*
1137. fo. 96.   1432. fo. 90*b.*   1484. fo.
57*b.*   1541. ff. 50. 156*b.*   6065. fo. 107.
BRAMPTON, 1137. fo. 70.   1432. fo. 63.   1541.
fo. 63*b.*
BRAMSTONE, 1096. fo. 50*b.*   1463. fo. 31*b.*
———————— *of Boreham, fr. London,* 1541. fo.
175*b.*   1542. fo. 154*b.*   6065. fo. 87*b.*
BRAND, *of Birch Parva, fr. Co. Suff.* 1542. fo.
180*b.*
BRAYTOFT, 1541. fo. 22.
Breame, 1541. fo. 6.
BRECHER, *or,* BRETHER. *of Kelvedon, fr. Co. Som.*
1137. fo. 90*b.*   1432. fo. 84.   1541. fo.
68.   6065. fo. 159*b.*
BRETHER, *v.* BRECHER.
Breton, of Layer Britton, 1541. fo. 6.
BREY, *of Barington, fr. Co. Bedford,* 1083. fo. 56.
Brianzon, 1541. fo. 2.
BRIDGES, *of Chelmsford,* 1083. fo. 73*b.*   1137.
fo. 132.   1432. fo. 142.   1542. fo. 44*b.*
Bright, 1541. fo. 6*b.*
BRISCO, *of Aldenham,* 1542. fo. 105.
Brisco, 1083. fo. 52*b.*
BRISTOW, *of Pitsey, fr. Co. Surrey,* 1542. fo. 53.
BRITHER, Add. MS. 12,477. fo. 52*b.*
BROCK, *of Colchester,* 1541. fo. 94*b.*
BROCKETT, *of Wingale, fr. Co. Herts.* 1137. fo.
101*b.*   1432. fo. 96.   1541. ff. 45. 179.
BROCKHULL, 1398. fo. 21.
BROCKMAN, *or,* BROKEMAN, *of Fawkenburne,*
1137. fo. 85.   1432. fo. 78*b.*   1541. fo.
64.   6065. fo. 38*b.*
Brockman, 887. fo. 10*b.*   1541. fo. 2*b.*
BROKESBORNE, *of Bradford,* 1137. fo. 37.   1432.
fo. 28.   1541. fo. 23.
BROMLEY, 6065. fo. 76.
Bromley, 1137. fo. 15*b.*   1432. fo. 6.
BROOKE, 1504. ff. 10. 95.   1546. fo. 11*b.*
Brookman, of Witham, 1541. fo. 54*b.*
BROUGHTON, *of Orsett, fr. Co. Staff.* 1541. fo. 67*b.*
6065. fo. 121*b.*
———————— *of Tuddington,* 1083. fo. 77*b.*   1137.
fo. 133*b.*   1432. fo. 145.
Broughton, 1137. fo. 32.
BROWNE, 1106. fo. 135.   1234. fo. 152.   1432.
fo. 260*b.*   1504. fo. 2.   1546. fo. 6.
1548. ff. 43. 176.   Add. MSS. 5507. fo. 286.
16,279. pp. 35. 224.
———— *of Colchester, fr. Co. Midd.* 1137. fo. 89.
1432, fo. 83.   1449. fo. 73.   1541. fo. 101.
1542. ff. 55. 237*b.*   1560. fo. 52.   6065.
fo. 65*b.*
———— *of Fidelers,* 1541. fo. 131.   6065.
fo. 92.
———— *of Flamberds, fr. Co. Surrey,* 1541. fo.
135*b.*   1542. fo. 100*b.*   6065. fo. 79.
———— *of Ingatestone,* 1541. fo. 219*b.*
———— *of Langynhow,* 1484. fo. 53.

BROWNE, *of Weald Hall,* 1542. ff. 24*b.* 57*b.*   6065.
fo. 96*b.*
Browne, 1137. ff. 19*b.* 32*b.*
———— *of Colchester,* 887. fo. 16.   1541. ff. 6*b.*
53*b.*
———— *of Flambroke Hall,* 1137. fo. 19.   1083.
fo. 51*b.*   1432. fo. 6*b.*
———— *of Weald,* 1137. fo. 16.   1432. ff. 2. 6.
BRUGES, *v.* BRYDGES.
Brune, v. Bruyn.
BRUYN, 1541. fo. 9.
Bruyn, or, Brune, of Okendon, 1137. fo. 17*b.*
1432. fo. 7.   1541. ff. 1. 51.
BRYDGES, *or,* BRUGES, *of Westham,* 1137. fo. 81.
1432. fo. 74*b.*   6065. fo. 129.   1541. fo. 78*b.*
Bruges, 1137. fo. 15.   1432. fo. 3*b.*
BUCKHURST, *Lord, v.* SACKVILLE.
Buckingham, 1432. fo. 108*b.*
BUGGE, *of Harlowe, fr. London,* 1137. ff. 66*b.* 67.
1432. fo. 60(*a. b.*)   1541. fo. 81*b.*   1542.
fo. 158.   6065. fo. 80.
BULLOCK, *of Much Totham,* 1541. fo. 115.   6065.
fo. 64.
———— *of Wigborough,* 1137. fo. 51*b.*   1432.
fo. 43.
Bullock, 887. fo. 15*b.*
BURGH, 1541. fo. 76*b.*
BURLEIGH, *Lord, v.* CECILL.
BURNETT, *of Braintree, fr. Co. Camb.* 1542. fo.
113*b.*
Burnett, 1137. fo. 19.   1432. fo. 4*b.*
BURRE, 1385. fo. 54*b.*   1445. fo. 211*b.*   1559.
fo. 35*b.*
———— *of Barking and Uphall,* 1137. fo. 23.
1432. fo. 15*b.*   1484. fo. 52*b.*   1541. fo.
80*b.*   6065. fo. 71*b.*
Burre, 887. fo. 17.
Burwell, of Writtle, 1137. fo. 17*b.*   1541. fo. 4*b.*
BURY, *of Eastwood,* 1542. fo. 51.
BUTLER, *or,* BOTELER, *of Burchall, fr. Co. Bedf.*
1137. fo. 99.   1432. fo. 93*b.*   1541.
fo. 159*b.*   1542. fo. 212*b.*   6065. fo. 135.
———— *of Sudley,* 1541. fo. 42*b.*
Butler, 1083. fo. 48.   1541. fo. 51*b.*
———— *of Bardfield,* 1541. fo. 5*b.*
BYRD, *of Littlebury,* 1083. fo. 12*b.*   1137. fo.
137.   1432. fo. 151*b.*   1541. fo. 241.
1542. fo. 195.
———— *of Standon Place,* 1083. fo. 57*b.*   1137. fo.
125*b.*   1432. fo. 128.   1542. fo. 127.
CADE, *of Rumford,* 1137. fo. 15*b.*   1432. fo.
6.   1541. fo. 2.
CAGE, *of Woodford, fr. Co. Camb.* 1542. ff. 35*b.*
116.
CALDEBECK, 1541. ff. 26*b.* 32. 203*b.*
CALDWELL, *of Horndon, fr. London,* 1542. fo. 65.
CAMBER, *of East Tilbury,* 1137. fo. 18*b.*   1432.
fo. 6*b.*   1541. fo. 6.
CAMOCKE, *of Layer Marney,* 6065. fo. 165*b.*
———— *of Malden,* 1541. fo. 68*b.*
Camocke, 1541. fo. 2*b.*
CAMPION, 1076. fo. 7.   1096. fo. 126*b.*   1166.
ff. 5. 87.   1444. fo. 41.   1451. fo. 14.
1476. fo. 395.   1539. fo. 93.   1562. fo.
179*b.*   Add. MS. 5533. p. 74.
CANNON, *of Rettendon,* 1541. fo. 195*b.*
Cannon, 1541. fo. 3*b.*
CANNYNG, *of Elsenham, fr. Co. Warr.* 1542. fo.
78*b.*
CAPDOW, *of High Easter,* 1541. fo. 48.

CAPELL, *of Freaning, and Raynes, fr. Co. Suff.*
1137. fo. 83*b*.   1432. fo. 77.   1542. fo.
169*b*.
———— *of Hadham*, 6065. fo. 96.
CARDINALL, *of Much Bromley*, 1137. ff. 76. 80.
1432. ff. 69. 73*b*.   1541. fo. 77.   1542.
fo. 105*b*.   6065. fo. 115.
Cardinall, 1083. fo. 52*b*.   1137. fo. 15.   1432.
fo. 3*b*.   1463. fo. 82*b*.
CAREW, *of Romford, fr. Co. Kent*, 1542. fo. 231*b*.
CARRINGTON, 1137. fo. 72.   1432. fo. 65.   1541.
fo. 55*b*.   6065. fo. 44.
Cartwright, 1083. fo. 45.
CASTELL, *of Woodham Walter*, 1083. fo. 35*b*.   1137.
fo. 115*b*.   1432. fo. 112.   1542. fo. 101.
CAUSE, 1432. fo. 62.
Causton, of Causton, 1541. fo. 3.
CAVENDISH, 1137. fo. 110*b*.   1432. fo. 105.
CECILL, *Lord Burleigh*, 1432. fo. 40*b*.
Ceilley, of Havering, 1541. fo. 2.
Cely, of Purudon, 1541. fo. 6.
CHAMBER, *of Dagenham, fr. Co. Westm.* 1542. ff.
67. 216*b*.
Chamber, of Upminster, 1541. fo. 5.
Chamock, 1541. fo. 52*b*.
CHAMPION, *of Witham, fr. London*, 1083. fo. 27*b*.
Champion, 1137. fo. 16.   1432. fo. 6.
CHASTELIN, 6065. fo. 138.
CHAUNCY, *of Shenfield, fr. Co. Herts.* 1541. fo.
92*b*.
CHEEKE, *of Debenham*, 1137. fo. 61.   1432. fo.
53*b*.   1541. fo. 35*b*.
———— *of Pirgo, fr. Co. Hants.* 1541. fo. 113*b*.
1542. fo. 59*b*.   6065. fo. 9*b*.
Cheney, 1137. fo. 20.   1432. fo. 4*b*.
CHESHULL, *of Baldfield*, 1541. fo. 214*b*.
Chesill, 1541. fo. 51*b*.
CHESTER, *of Lee, fr. Co. Durham*, 1542. fo. 29*b*.
CHETWIND, 1137. fo. 41.   1432. fo. 31*b*.
CHIBBORNE, *or*, CHILBORNE, *of Messing Hall*,
1541. fo. 207*b*.   1542. fo. 183.
Chibborne, 1137. ff. 15*b*. 20.   1432. fo. 6.   1541.
fo. 2.
CHILBORNE, *v.* CHIBBORNE.
CHITWOOD, 1137. fo. 72*b*.   1432. fo. 65*b*.
CHURCH, *of Earles Colne*, 1137. fo. 140*b*.   1432.
fo. 157*b*.   1541. fo. 147*b*.   1542. fo. 146.
6065. fo. 99*b*.
———— *of Springfield*, 1542. fo. 101*b*.
Cizelley, or, Cysseley, of Barking, 1137. fo. 18*b*.
1432. fo. 4*b*.   1541. fo. 5*b*.
Clarke, 1137. fo. 12.   1432. fo. 3.   1541. fo.
54.
CLIFFE, *of Ingerston, fr. Co. Devon.* 1083. fo. 70.
1137. ff. 98. 131.   1432. ff. 92*b*. 139.
1541. fo. 158.   1542. fo. 92*b*.   6065. fo.
98*b*.
CLIPESBY, 1137. fo. 76.   1432. fo. 69.
CLONVILE, *of Clonvile Hall*, 1137. fo. 84.   1432.
ff. 26*b*. 77*b*.   1541. fo. 64*b*.   1542. fo. 43*b*.
———— 1137. fo. 35*b*.
CLOPTON, *of Liston*, 1083. fo. 7.   1137. ff. 25.
134*b*.   1432. fo. 147.   1449. fo. 57*b*.
1541. fo. 182*b*.   1542. fo. 187.   1560.
fo. 3*b*.   6065. fo. 31.
Clopton, 887. ff. 9. 16.   1083. fo. 44*b*.   1137.
ff. 19*b*. 20.   1432. ff. 4*b*. 7*b*.
CLOVILE, *of Clovile*, 6065. fo. 51*b*.
COCK, *of Prittlewell*, 1541. fo. 199*b*.
Cockfield, 1137. fo. 15*b*.   1432. fo. 3*b*.   1541.
fo. 4.

COGGESHALL, *of Coggeshall, fr. Co. Hereford*,
1137. fo. 21*b*.   1432. fo. 14.   1398. fo. 6*b*.
1541. fo. 15.
Coggeshall, 1432. fo. 5.   1541. fo. 1.   1137.
fo. 18.
Coke, of Fulwelhatche, 1137. fo. 16*b*.
COLDHAM, *of Shering, fr. Co. Suff.* 1542. fo. 160.
COLE, *of Colchester*, 1137. fo. 54*b*.   1432. fo. 46.
1541. fo. 17*b*.
———— *of Farnham, fr. Co. Devon.* 1432. fo. 165*b*.
1542. ff. 27*b*. 160*b*.
———— *of Walden*, 1083. fo. 13.   1137. fo. 137*b*.
1432. fo. 152.   1542. fo. 195*b*.
Cole, 1541. ff. 2*b*. 3.
COLLEN, *v.* COLLINS.
COLLINS, *or*, COLLEN, *of Braxtead*, 1541. fo. 225.
———————— *of High Laver*, 1083. fo. 15.
1137. ff. 60*b*. 138*b*.   1398. fo. 5.   1432.
fo. 53.   1541. fo. 221.   1542. fo. 199*b*.
6065. fo. 165*b*.
———————— *of Theydon Garnon*, 1398. fo.
5.   1432. fo. 154.   1542. fo. 200*b*.
Colsell, 1137. fo. 16*b*.   1432. fo. 7.
COLSHILL, *of Chigwell*, 1541. fo. 212*b*.
Colte, 1137. fo. 15.
COLWELL, *of Warley, fr. Co. York*, 1541. fo. 242*b*.
CONWAY, *of Theydon Mount, fr. Co. Warr.* 1137.
fo. 143*b*.   1432. fo. 160*b*.
Conyers, of Walthamstowe, 1432. fo. 7*b*.
COO, *or*, COOE, *of Gestingthorpe and Patriswike*,
1541. fo. 187*b*.
———————— *of Pattiswick*, 887. fo. 16.   1137.
fo. 20.   1432. fo. 4*b*.
———————— *of Witham, fr. Co. Suff.* 1083. ff.
64*b*. 65.   1137. ff. 128. 129.   1432. ff.
133. 135.   1542. ff. 91. 185*b*.
Coo, or, Cooe, of Walden, 1542. fo. 236*b*.
COOKE, *of Chishall*, 1542. fo. 120.
———— *of Giddy Hall*, 1137. fo. 49.   1432. fo.
40*b*.   1541. fo. 42*b*.   1542. fo. 88.
———— *of Pebmarshe*, 1083. fo. 32.   1137. fo.
142.   1398. fo. 14*b*.   1432. fo. 160.
1542. fo. 171*b*.
———— *of Rotherfield and Thundersley, fr. Co.
Kent*, 1137. ff. 75. 76. 78*b*.   1398. fo. 14*b*.
1432. fo. 72.   1541. fo. 100*b*.   6065. fo.
133*b*.   Add. MS. 14,311. fo. 19*b*.
Cooke, of Fulwelhatche, 1432. fo. 6.   1541. fo. 4.
———— *of Giddy Hall*, 1083. fo. 50.   1541. fo. 6*b*.
6065. fo. 29*b*.
———— *of Little Stapbridge*, 1083. fo. 44.
COOTE, *of Valence, fr. Co. Norf.* 1541. fo. 37*b*.
COPE, *of Aston*, 1432. fo. 88.   1541. fo. 16*b*.
COPLEY, 1137. fo. 49.
Corlif, 1083. fo. 52.
CORNWALL, *of Haverell*, 1137. fo. 48.   1432. fo.
39*b*.   1541. fo. 105*b*.
CORNWALLIS, 1137. fo. 22.   1432. fo. 14*b*.
1541. fo. 8.
COSIN, 1137. fo. 54*b*.   1432. fo. 46.
COTEEL, *of Tarling, fr. London*, 1083. fo. 42*b*.
1137. fo. 122*b*.   1432. fo. 123*b*.   1542.
fo. 109.
COTTON, *of Boigholton Sackvile, fr. Co. Chesh.*
1542. fo. 5*b*.
———— *of Clavering, fr. Co. Suff.* 1541. fo. 43*b*.
———— *of Hornchurch*, 1542. fo. 60.
———— *of Panfield*, 1137. fo. 109*b*.   1432. fo.
104*b*.   1541. fo. 43*b*.
Cotton, of South Okendon, 1541. fo. 2*b*.
Coulte, 1432. fo. 3*b*.

COYES, *of North Okendon, fr. London and Co. Monmouth,* 1083. fo. 38. 1137. ff. 105. 120*b*. 1432. ff. 99*b*. 119*b*. 1541. fo. 162*b*. 1542. fo. 45. 6065. fo. 146.

CRACHERODE, *of Toppesfield and Co. Norf.* 1541. fo. 95*b*. 1542. fo. 71. 6065. fo. 132.

CRAWLEY, *of Maldon,* 1432. fo. 101.

Crayford, of Hornchurch, 1541. fo. 2.

CREAKE, *or,* CROOKE, 1541. fo. 71*b*.

CROMPE, *of Southwold,* 1542. fo. 32*b*.

Crompe, 1083. fo. 51. 1541. fo. 6.

CROOKE, 1542. fo. 37*b*.

CUDMORE, *of Kelvedon, fr. Co. Devon.* 1541. fo. 228*b*. 1542. fo. 222*b*.

CULPEPER, 1476. fo. 245*b*.

CUTTE, *or,* CUTTS, *of Debden,* 1137. fo. 92. 1432. fo. 86*b*. 1541. ff. 155. 171*b*.

Cutte, or, Cutts, 1137. fo. 16. 1432. fo. 4. 1541. fo. 4.

—— *of Thacksted,* 1541. fo. 6.

DALE, *of Clavering, fr. Co. Somerset,* 1432. fo. 91*b*. 1541. fo. 48*b*. 6065. fo. 107*b*.

Daniel, 1137. fo. 12. 1432. fo. 3.

Danwood, 1137. fo. 19*b*. 1432. fo. 4*b*.

DARCEY, *of Chiche, fr. London,* 1137. fo. 38. 1432. fo. 30. 6065. fo. 4.

—— *of Tiptree, fr. London,* 1541. fo. 72*b*. 1542. fo. 91*b*.

—— *of Touleshunt,* 6065. fo. 5*b*.

Darcey, 887. fo. 4*b*. 1137. fo. 2. 1432. fo. 3. 1541. ff. 2*b*. 52*b*.

DAUNCY, *of Saffron Walden,* 1541. fo. 241.

DAVENANT, *of Davenant's Lands,* 1137. fo. 109. 1432. fo. 103*b*. 1398. fo. 22*b*. 1541. fo. 176. 1542. fo. 71*b*.

·*Davenant,* 1137. fo. 19*b*. 1432. fo. 7*b*.

DE BOYS, *v.* ARCHER.

DEANE, *of Dynes, fr. Co. Lanc.* 1137. fo. 44*b*. 1432. fo. 36. 1541. fo. 107.

—— *of Maplestead, fr. Co. Lanc.* 6065. fo. 64*b*. 1542. fo. 107.

Deane, 887. fo. 16. 1137. fo. 19. 1432. fo. 6*b*. 1541. fo. 3.

Denham, 1083. fo. 46.

Denny, 1137. fo. 17*b*. 1432. fo. 5.

Derhaugh, of Warkhall, 1541. fo. 6.

DERING, *of Westham, fr. Co. Midd.* 1542. fo. 221.

DEVEREUX, *Earl of Essex,* 1100. ff. 30*b*. 84*b*. 1167. ff. 22. 100. 1563. fo. 119*b*.

Deyncourt, of Upminster, 1137. fo. 17. 1432. fo. 7. 1541. fo. 4.

DICHFIELD, *of Chelmsford, fr. Co. Chesh.* 1137. fo. 37*b*. 1432. fo. 28*b*. 1541. fo. 96*b*. 6065. fo. 125*b*.

Doule, of Ilford, 1432. fo. 6.

Downing, of Pynest, 1541. fo. 3*b*.

DOYLEY, 1541. fo. 43*b*.

Draken, of Maldon, 1541. fo. 52*b*.

DROKENSFORD, 1398. fo. 20*b*.

DRURY, *of Tendring, fr. Co. Suff.* 1083. fo. 63*b*. 1137. fo. 127*b*. 1432. fo. 132. 1541. fo. 137*b*. 1542. fo. 226. 6065. fo. 65.

Drury, 887. fo. 16. 1137. fo. 32*b*. 1432. fo. 1.

Dryberd, 1541. fo. 3*b*.

DRYWOOD, *of Okendon,* 1083. fo. 20*b*. 1137. fo. 131*b*. 1432. fo. 140. 1542. fo. 235*b*.

—— *of Upminster,* 1083. fo. 66*b*. 1137. fo. 128*b*. 1432. fo. 134*b*. 1542. fo. 225*b*.

• *Drywood, of Dunton,* 1137. fo. 15*b*. 1432. fo. 6. 1541. fo. 4.

DUNN, 1541. fo. 36*b*.

Dunn, of Theydon Garnon, 1137. fo. 16*b*. 1432. fo. 4.

DURWARD, *of Barking,* 1137. fo. 75*b*. 1432. ff. 68*b*. 76*b*.

Durward, 1137. fo. 16. 1432. fo. 3*b*. 1541. fo. 4.

DYNLEY, 1541. ff. 13. 21*b*.

Dyxwell, 1541. fo. 5*b*.

EAGLESFIELD, 1541. fo. 78. 6065. fo. 115*b*.

Eaglesfield, of East Ham, 1432. fo. 3*b*. 1137. fo. 15. 1541. fo. 54.

ECHINGHAM, *of Witherfield, fr. Co. Midd.* 1432. fo. 39.

EDEN, *or,* EDON, *of Ballindon, fr. Co. Suff.* 1083. fo. 7*b*. 1137. fo. 135. 1432. fo. 147*b*. 1542. fo. 187*b*.

Edmonds, of Cressing Temple, 1541. fo. 5*b*.

EDON, *v.* EDEN.

EGERTON, *of Ridley,* 1137. fo. 111*b*. 1432. fo. 106*b*.

Egerton, 1137. fo. 12. 1432. fo. 3.

EGLESFIELD, 1548. fo. 141. Add. MS. 5532. fo. 90.

ELDRED, *of Colchester, fr. Co. Suff.* 1432. fo. 162*b*. 1542. fo. 182.

Eldrington, 1137. fo. 20.

ELISTON, *of Tillingham,* 1083. fo. 38*b*. 1137. fo. 120*b*. 1432. fo. 120. 1542, fo. 95*b*.

Elleston, 887. fo. 17*b*.

ELLIOTT, *of New Land, fr. Cos. Herts. and York.* 1137. fo. 62. 1432. fo. 54. 1541. fo. 86*b*. 6065. fo. 103*b*.

Elliott, 1137. fo. 16. 1432. fo. 6.

ELRINGTON, 1504. fo. 3*b*. 1546. fo. 5. 6147. fo. 7.

—— *of Birch Hall,* 1542. fo. 220*b*.

—— *of Bulbroke,* 1541. fo. 183.

—— *of Witherfield,* 1137. fo. 47*b*. 1541. fo. 105.

Elrington, of Birch Hall, 1541. fo. 3.

EMERY, *or,* AMERY, *of Little Baddow,* 1083. fo. 43*b*. 1137. fo. 123. 1432. fo. 125. 1542. fo. 119.

ENGAINE, *or,* ENGAYNE, 1541. fo. 219. 1562. fo. 53.

Engaine, or, Engayne, 1137. fo. 17. 1432. fo. 4. 1541. fo. 4*b*.

ESSEX, *Earl of, v.* BOURCHIER.

—————— DEVEREUX.

ESTLEIGH, *v.* ASTLEY.

ETON, *of Springfield Hall, fr. Co. Shrop.* 1432. fo. 44. 1541. fo. 84*b*. 6065. fo. 101*b*.

EVERARD, *of Walthambury,* 1137. fo. 85*b*. 1432. fo. 79. 1541. ff. 49*b*. 61. 1542. ff. 48. 74. 1570. fo. 84. 6065. fo. 54*b*.

Everard, 887. fo. 14. 1137. fo. 15. 1432. fo. 6.

FANSHAW, *of Purcelewes, fr. Co. Derby,* 1541. fo. 245. 6065. fo. 3*b*.

Fanshaw, of Barking, 1137. fo. 20. 1432. fo. 7*b*. 1541. ff. 2. 52.

FARRE, *of Eastwood and Bursted,* 1541. fo. 65*b*. 1542. fo. 135.

FAVION, 1432. fo. 17*b*.

FILIOLL, *of Old Hall, fr. Co. Dorset.* 1083. fo. 41*b*. 1137. fo. 122. 1432. fo. 122*b*. 1541. fo. 125*b*. 1542. fo. 106*b*. 6065. fo. 57.

Filioll, 887. ff. 14*b*. 17*b*. 1137. fo. 19*b*. 1432. fo. 7*b*.

FINDERNE, 1137. fo. 36*b*.   1432. fo. 27*b*.
Finnis, v. Fynes.
FISHER, 1557. fo. 60*b*.
FITCH, *of Brason Head*, 1137. fo. 77.   1432. fo.
    70.   6065. fo. 72.
—— *of Canfield*, 1432. fo. 95*b*.   1541. ff.
    45. 66*b*.   6065. fo. 72.
—— *of Garnetts*, 1398. fo. 18*b*.   1542. fo.
    49.
Fitch, of Ramsden, 1137. fo. 17.   1432. fo. 4.
    1541. fo. 3.
Fitz-John, 1137. fo. 16.   1432. fo. 4.
Fitz-Lewis, of Dagenham, 1541. fo. 51*b*.
FITZ-LUCAS, *v.* LUCAS.
FITZ-SIMOND, 1137. fo. 35*b*.   1432. fo. 26*b*.
    1541. fo. 109.
FITZ-SWAYNE, 1541. fo. 38*b*.
FITZ-WARREN, 1542. fo. 237*b*.
FITZ-WILLIAMS, *of Gainspark*, 1541. fo. 14*b*.
    6065. fo. 33*b*.
Fitz-Williams, 887. ff. 9*b*. 96.   1137. fo. 19*b*.
    1432. fo. 4*b*.
Fleete, 1083. fo. 52.
Flegg, 1541. fo. 6*b*.
FLEMING, *of Warley Place*, 1432. fo. 164*b*.
    1542. fo. 228*b*.
FODRINGHAY, 1137. fo. 83.   1432. fo. 76*b*.
Foliambe, of Waltham, 1541. fo. 2*b*.
FORD, *of Horseley*, 1137. fo. 65*b*.   1432. fo. 58*b*.
    1541. fo. 89.
FORTESCUE, 1546. fo. 68.   1551. fo. 29*b*.
—— *of Falborne, fr. Co. Devon*. 1541. fo.
    189*b*.   1542. fo. 70.
Fortescue, of Fawborne, 1137. ff. 16. 19*b*.   1432.
    ff. 4*b*. 6.   1541. fo. 4*b*.
FOSCOTT, 1541. fo. 21*b*.
Fox, 1541. fo. 52*b*.
FRANCK, *of Hatfield, fr. Co. Linc.* 1541. fo. 190*b*.
    1542. fo. 82*b*.
Franck, 887. fo. 8*b*.   6065. fo. 26.
FREEMAN, *of Bromfield and Chelmsford*, 1541. fo.
    194.   1542. ff. 15*b*. 179.
FREERE, *of Belchamp St. Paul, fr. Co. Suff.*
    1137. fo. 142.   1432. fo. 159*b*.   1541. fo.
    119*b*.   1542. fo. 155*b*.   6065. fo. 73.
French, 1541. fo. 6.
FRESHWATER, *of Hebbridge Hall*, 1542. fo. 140.
FRITH, *of Sunnings*, 1541. fo. 188*b*.   6065. fo.
    82*b*.
Frost, of Westham, 1541. fo. 54.
FRYER, *of Clare, fr. Co. Suff.* 1137. ff. 85. 104*b*.
    1432. ff. 78*b*. 99.   1541. fo. 64.   6065.
    ff. 38*b*. 141*b*.
FULWER, *of Beehive, fr. Co. Kent*, 1542. fo. 42*b*.
Fynes, or, Finnes, 1137. fo. 78.   1432. fo. 71*b*.
    1541. fo. 69*b*.
GAINSFORD, 1561. fo. 85*b*.
GARDINER, *of Tollesbury, fr. Co. Bucks.* 1542.
    fo. 139.
Gardiner, of Hasted, 1541. fo. 3.
GARFOOT, *or,* GARFORTH, *of Hyde, fr. Co.*
    York. 1083. fo. 23.   1137. fo. 119*b*.   1432.
    fo. 117*b*.   1542. fo. 10*b*.
GARFORTH, *v.* GARFOOT.
Garland, 1541. fo. 6.
GARNEY, *or,* GORNEY, *of Stifford, fr. London*,
    1541. fo. 147.
Garney, or Gorney, 1137. fo. 18.   1541. fo. 5.
GASCOIGNE, 1541. fo. 50*b*.
GATES, 1541. fo. 48.

GAWDEY, 1096. fo. 31*b*.   1137. fo. 76.   1432.
    fo. 69.
Gawdey, 1137. fo. 12.   1432. fo. 3.
Geffrey, of Bursted, 1541. fo. 5.
GENT, *of Bumstead*, 1541. fo. 125.   1542. fo.
    77*b*.   6065. fo. 47*b*.
Gent, 887. fo. 12*b*.   1083. fo. 49.   1137. fo.
    32.   1432. ff. 1. 163*b*.
GERNON, 6065. fo. 10*b*.
Gernon, 887. fo. 5*b*.
GERRARD, *of Gerrards Bromley*, 1137. fo. 104.
    1398. fo. 13.   1432. fo. 98*b*.
GETHIN, *of Danbury, fr. Co. Shrop.* 1542. fo. 84.
GIBBES, *of Farnham, fr. Co. Herts.* 1542. fo.
    191*b*.
Gibbes, of Stanford, 1137. fo. 19.   1432. fo. 6*b*.
GILBERT, *of Colchester*, 1542. fo. 55*b*.
Gills, of Mucking, 1137. fo. 17*b*.   1432. fo. 5.
    1541. fo. 4*b*.
GLASCOCK, *of Chich*, 1137. fo. 45*b*.   1432. fo.
    37.   1484. fo. 56*b*.
—— *of Down Hall*, 1541. fo. 174*b*.
—— *of Heningham*, 1541. fo. 33*b*.
—— *of High Easter*, 1083. fo. 1.   1137. fo.
    117*b*.   1432. fo. 114*b*.   1541. ff. 49*b*. 229*b*.
    1542. ff. 76. 147.
GLOVER, 1137. fo. 22.   6065. fo. 87.
GOBYON, Add. MS. 16,279. p. 13*.
GODBOLD, *of Hatfield Peverell, fr. Co. Suffolk*,
    1542. fo. 110*b*.
Godbold, 1083. fo. 53.
Godston, of Ranham, 1541. fo. 2.
GOLDING, *or,* GOULDING, *of Belchamp and*
    Halstead, 1137. ff. 36*b*. 46*b*.   1432. fo. 38.
    1484. fo. 55*b*.   1541. fo. 107*b*.
Goldingham, of Goldingham, 1137. fo. 16*b*.   1432.
    fo. 7.
GONSON, 1542. fo. 237*b*.
GOOCHE, *of Rockeswell, fr. London*, 1137. fo.
    93*b*.   1432. fo. 87.   1541. fo. 172.
GOODAY, *of Pentlowe, fr. Co. Herts.* 1083. fo.
    21.   1137. fo. 139.   1432. fo. 155*b*.
    1541. fo. 143*b*.   1542. fo. 219.   6065. fo.
    118.
GOODWIN, 1137. fo. 37.
Goodwin, 1541. ff. 5. 6.
GORGE, *or,* GORGES, 1137. fo. 87*b*.   1432. fo.
    81*b*.
GORNEY, *v.* GARNEY.
Gosling, 1137. fo. 16*b*.   1432. fo. 7.   1541.
    fo. 4*b*.
GOSWORTH, 1137. fo. 111.   1432. fo. 106.
GOUGH, *of Broomfield. fr. Co. Wilts.* 1083. fo. 8*b*.
    1137. fo. 135*b*.   1432. fo. 148.   1542. fo.
    232*b*.
GOULDING, *v.* GOLDING.
Goulman, 1541. fo. 6*b*.
GRAY, *of Doveland, fr. Co. Northumb.* 1137. fo.
    57.   1541. fo. 104.   1553. fo. 15.
Gray, of Groby, 1137. fo. 12.   1432. fo. 3.
GRAYES, *of Cressing Temple*, 1137. fo. 103.
    1432. fo. 97.
GREENE, *of Navestock Hall*, 1541. fo. 206*b*.
    1542. fo. 82.
—— *of Witham, fr. Co. Shrop.* 1083. fo. 36.
    1137. ff. 44. 119*b*.   1171. fo. 80.   1432.
    ff. 35*b*. 118.   1541. ff. 66. 168*b*.   1542.
    fo. 102.   6065. fo. 124*b*.
GRIFFIN, *of Dingley*, 1541. fo. 20*b*.

GRIFFITH, *of Malden, fr. Co. Carnarvon.* 1542. fo. 140*b.*

GRIMSTON, *of Bradfield,* 1541. fo. 131*b.* 1542. fo. 28*b.* 6065. fo. 13*b.*

Grimston, of Bradfield, 887. fo. 6*b.* 1137. fo. 15*b.* 1432. fo. 6. 1541. fo. 2.

GULDEFORD, 1139. fo. 103*b.* 5832. fo. 56. 5868. fo. 53*b.*

GULIAMS, *v.* GWILLIAMS.

GUNSTON, *of Baddow,* 1432. fo. 164*b.*

Gunston, of Baddow, 1137. fo. 17. 1432. fo. 4.

GWILLIAMS, *or,* GULIAMS, *of Walthamstow, fr. Co. Monm.* 1541. ff. 150. 162*b.* 6065. fo. 152.

GYNES, *of Much Lees,* 1542. fo. 53*b.*

HAKE, 1137. fo. 105*b.* 1432. fo. 100*b.*

HALE, *of Claybury Hard, fr. London,* 6065. fo. 70.

Hale, 887. fo. 17. 1137. fo. 20. 1432. fo. 4*b.*

HALES, Add. MS. 14,311. fo. 22*b.*

HALL, *v.* HAWLEY.

Hamerton, of Westham, 1541. fo. 54.

HANSCOME, *or,* HANSKAME, 1137. fo. 84*b.* 1432. fo. 78.

HANSKAME, *v.* HANSCOME.

HARDFIELD, 1541. fo. 213*b.*

Harding, 1541. fo. 6.

HARLAKENDEN, *of Earles Colne,* 1541. fo. 184*b.* 1542. fo. 145. 6065. fo. 76.

Harlakenden, of Earles Colne, 1137. fo. 17*b.* 1432. fo. 5.

HARLESTON, *of Shimpling,* 1137. fo. 38. 1432. fo. 30. 1541. fo. 206*b.*

Harleston, of South Okendon, 1137. fo. 18. 1432. fo. 7. 1541. fo. 51.

Harlowe, of Harlowe, 1137. fo. 18. 1432. fo. 5. 1541. fo. 4*b.*

HARRINGTON, *of Heningham and Maplestead,* 1542. fo. 230*b.*

HARRIS, *of Cricksey,* 1083. fo. 39. 1137. fo. 57. 1432. fo. 56. 1541. fo. 120*b.* 1542. fo. 48*b.* 6065. fo. 50.

———— *of Maldon,* 1137. fo. 17*b.* 1432. fo. 7. 1541. fo. 2*b.*

———— *of Shenfield and Maldon,* 1137. fo. 62*b.* 1432. fo. 56. 1541. fo. 77*b.* 1542. ff. 3. 218*b.*

Harris, of Cricksey, 887. ff. 8*b.* 12*b.* 1137. fo. 18*b.* 1432. fo. 6*b.* 1541. ff. 3. 5. 52*b.*

HARRYS, *of South Minster,* 1137. ff. 39*b.* 93.

HARTE, *of Epping, fr. Co. Kent,* 1137. fo. 124. 1432. fo. 126. 1542. fo. 125*b.*

HARVEY, *of Ikeworth, fr. Co. Suff.* 1541. fo. 18.

———— *of Wangey, fr. London,* 1083. fo. 74*b.* 1137. fo. 132*b.* 1432. fo. 143. 1542. fo. 46.

———— *of Witham, fr. Cos. Beds. and Suff.* 6065. fo. 35.

Harvey, of Dagenham, 887. fo. 10. 1137. fo. 15*b.* 1432. fo. 3*b.* 1541. fo. 2.

HARVEY, *v.* MILDMAY.

HASELDEN, 1541. fo. 5.

HAWLEY, HAWLE, *or,* HALL, *of Over, fr. Co. Sussex,* 1137. fo. 78. 1432. fo. 71*b.* 1541. fo. 69*b.* 6065. fo. 111.

Hall, of Over, 1541. fo. 2*b.*

Hawtrey, of Rislip, 1541. fo. 193.

Hayes, 1541. fo. 6*b.*

———— *of Rokingdon,* 1137. fo. 16. 1432. fo. 6. 1541. fo. 4.

Heard, 1541. fo. 6(*a. b.*)

HELYON, 1541. fo. 107*b.* 6065. fo. 10*b.*

HEND, 1137. fo. 72. 1432. fo. 5.

HENINGHAM, 1137. fo. 49*b.* 1432. fo. 41.

Hennage, 1137. fo. 17. 1432. fo. 7.

HENSHAW, *of Great Warley,* 1083. fo. 75. 1137. fo. 133. 1432. fo. 143*b.* 1542. fo. 47*b.*

HERBERT, *v.* JENKINS.

HERRIS, 1398. fo. 17*b.*

HERON, *of Panfield Hall,* 1137. fo. 141. 1432. fo. 158. 1542. fo. 72.

HERVEY, *of Marks, fr. Co. Beds.* 1541. fo. 39*b.*

HEWETT, *v.* LUTHER.

HEYBORNE, *or,* RICHARDSON, *of Waltham,* 1541. fo. 168.

HIGATE, *of Fearing and Co. Suff.* 1137. fo. 102*b.* 1432. fo. 98. 1541. fo. 162.

HIGHAM, 1103. fo. 20*b.* 1177. fo. 20*b.* 1449. fo. 26*b.* 1542. fo. 38.

———— *of Chelmsford,* 1542. fo. 34.

———— *of Dunmow, fr. Co. Cheshire,* 1137. fo. 71. 1432. fo. 111*b.* 6065. fo. 112*b.*

———— *of East Ham,* 6065. fo. 88.

———— *of Beckingham,* 1137. fo. 115*b.* 1432. fo. 64. 1541. fo. 93*b.* 1542. fo. 34.

HILIVIN, 1137. fo. 36*b.* 1432. fo. 27*b.*

HILL, 1041. fo. 24. 1191. fo. 22.

HILLIUN, 1484. fo. 43.

HILTON, 1541. fo. 189.

HOBBEY, 1137. fo. 49. 1432. fo. 40*b.*

HOBSON, *of Sutton,* 1542. fo. 211.

HOLCROFT, *of East Ham, fr. Co. Lanc.* 1542. fo. 201.

HOLFORD, *of Purfleet, fr. Co. Cheshire,* 6065. fo. 63.

Holford, 887. fo. 15*b.* 1137. ff. 16*b.* 33. 1432. fo. 2. 7.

HOLGATE, *of Walden,* 1083. ff. 81. 82. 1541. fo. 210*b.* 1542. fo. 192.

HOLSTOCK, *of Horndon and Orsett, fr. London,* 1542. fo. 215*b.*

Holstock, 1137. fo. 18*b.* 1432. fo. 6*b.*

Holtofte, or, Hultofte, of Orsett, 1137. fo. 18. 1432. fo. 5. 1541. ff. 4*b.* 52.

HONE, *of Farnham, fr. London,* 1542. fo. 121*b.* 6065. fo. 5*b.*

HONYWOOD, *of Mark Hall, fr. Co. Kent,* 1542. fo. 111*b.*

Honywood, 1083. fo. 45.

HOO, 1541. fo. 102.

HOWE, *of South Okendon,* 1542. fo. 50.

Howe, 1137. fo. 16*b.* 1432. fo. 7.

HUBERD, *of Byrchanger, fr. London,* 1541. fo. 198*b.*

Hudleston, of Paswick, 1137. fo. 17*b.* 1432. fo. 5. 1541. fo. 5.

Hultofte, v. Holtofte.

———— ———— Hutton.

HUMBLE, *or,* HUMBELL, *of Gooseys, fr. London,* 1541. fo. 159. 6065. fo. 120*b.*

Humble, 1541. fo. 4.

HUMFREY, *of Rettendon, fr. London,* 1083. fo. 69*b.* 1137. fo. 130*b.* 1432. fo. 138*b.* 1541. fo. 195*b.* 1542. fo. 92.

HUNT, *of Bradley, fr. Co. Suff.* 1541. fo. 203*b.*

———— *of Hunt's Hall, fr. Co. Suff.* 1541. ff. 28. 32.

HUNTINGTON, 1398. fo. 13.

HUNWICK, *of Boyse Hall,* 1541. fo. 37.

HURST, *of Haseward, fr. Co. Herts.* 1542. fo. 130.

Hutton, or, Hultofte, of Orsett, 1541. fo. 6*b*.

INGOW, *of Barking,* 1137. fo. 75*b*.   1398. fo. 15*b*.   1432. fo. 68*b*.   1541. fo. 23*b*.

Ivatt, 1541. fo. 3*b*.

IVES, 1548. fo. 32*b*.

Ives, 1542. fo. 5*b*.   6065. fo. 124.

JACKMAN, *of Hornchurch,* 1463. fo. 43.   1542. fo. 46*b*.

Jackman, 1541. fo. 2.

JAMES, 1147. fo. 26*b*.   1397. fo. 69*b*.   1430. fo. 28*b*.   1433. fo. 67.   1561. ff. 227. 228.

———— *of Henham and Maunden, fr. London,* 1542. fo. 161.

James, Add. MS. 4963. fo. 28*b*.

JARNEYS, *of Brentwood,* 1083. fo. 46.

JARVIS, 1401. fo. 30.   1534. fo. 7*b*.   6774. fo. 46.   6775. fo. 30.   Add. MS. 4962. fo. 26*b*.

JEFFEREY, *of Bursted,* 1083. fo. 35.   1137. fo. 119.   1432. fo. 116*b*.   1542. fo. 11.

Jefferey, of Bursted, 1137. fo. 18*b*.   1432. fo. 6*b*.

JEFFREY, 1137. fo. 74*b*.   1432. fo. 67*b*.

JEKELL, *of Bocking, fr. London,* 1542. fo. 188*b*.

JENKINS, *or,* HERBERT, *of Co. Monmouth,* 1137. fo. 105.   1432. fo. 99*b*.   1541. fo. 162*b*.

JENNOR, 1543. fo. 71.

JENNYNS, *of Dunmow, fr. Co. Shrop.* 1542. fo. 118.

JENOUR, *of Bigods, fr. Co. Suff.* 1137. fo. 112*b*.   1432. fo. 107*b*.   1541. fo. 243*b*.   1542. fo. 75.   6065. fo. 46.

Jenour, 887. fo. 15.   1432. fo. 108*b*.   1541. fo. 5*b*.

JOBSON, *of Monkwich,* 1137. ff. 56. 57.   1541. fo. 41*b*.   Add. MS. 16,279. p. 361.

Jobson, of Ilford, 1137. fo. 18*b*.   1432. fo. 6*b*.

JOCELIN, *or,* JOSSELIN, *of Newhall, fr. Co. Linc.* 1137. fo. 55.   1398. fo. 16.   1401. fo. 73*b*.   1432. fo. 47.   1541. ff. 7*b*. 45*b*.   1542. fo. 54.   6065. ff. 42. 138.   Add. MS. 4962. fo. 69.

Jocelin, 887. fo. 11*b*.   6065. fo. 137.

JOHNSON, *of East Ham, fr. Co. York.* 1542. fo. 14*b*.

Johnson, of Lytton, 1541. fo. 3*b*.

JOSSELIN, *v.* JOCELIN.

Joyner, of Dunmow, 1083. fo. 44.

KELSEY, *of Chelmsford,* 1432. fo. 10.

KEME, 6128. fo. 100.

KEMPE, *of Finchingfield and Spains Hall, fr. Co. Norf.* 1137. fo. 108.   1432. fo. 102*b*.   1541. fo. 166*b*.   1542. fo. 153*b*.   6065. fo. 62.

Kempe, 887. fo. 15*b*.   1137. fo. 16*b*.   1432. fo. 4.

Kenolmarsh, of Dunmow, 1541. fo. 4.

Ketelby, of West Ham, 1541. fo. 54.

KIGHLEY, *of Grays Thurrock,* 1542. fo. 41*b*.

Kighley, or, Kightley, 1137. ff. 17. 19*b*.   1432. fo. 7(*a. b.*)   1541. fo. 4.

KING, *of Much Baddow,* 1137. fo. 34.   1432. fo. 25.   1484. fo. 54*b*.   1541. fo. 27*b*.

King, of Audley End, 1541. fo. 6.

———— *of Orsett,* 1541. fo. 52.

———— *of Subminster,* 1137. fo. 18.   1432. fo. 6*b*.   1541. fo. 4*b*.

KIRKEBY, *of Hedingham Castle,* 1137. fo. 50.   1432. fo. 54*b*.   1541. fo. 97.   6065. fo. 125.

KIRTON, *of Hadley,* 1541. fo. 50*b*.

Kitchen, of Stisted, 1541. fo. 3*b*.

Knightley, 1137. fo. 15.   1432. fo. 3*b*.

KNIGHTSBRIDGE, *of Chelmsford,* 1542. fo. 13.

LACON, *or,* LAKIN, *of Ardleigh, fr. Co. Shrop.* 1137. fo. 57*b*.   1432. fo. 49*b*.   1541. fo. 90*b*.   6065. fo. 152*b*.

LAKE, *of Barking,* 1083. fo. 18.   1137. fo. 138*b*.   1432. fo. 154*b*.   1542. fo. 202*b*.

LAKIN, *v.* LACON.

LANGHAM, 1560. fo. 292.

LANGLEY, *of Colchester,* 1535. fo. 189*b*.   1542. fo. 133*b*.

Langley, 1541. fo. 51.

LANGMERE, *or,* LONGMERE, *of Much Baddow, fr. Co. Staff.* 1541. fo. 185*b*.   6065. fo. 158.

LATHOM, *of Sandon,* 1083. fo. 62.   1137. fo. 51.   1432. fo. 42.   1541. fo. 93.   1542. fo. 2*b*.

———— *of Upminster,* 1398. fo. 1.   1432. fo. 42.   1541. ff. 16. 102*b*.

Lathom, of Upminster, 1137. fo. 17.   1432. fo. 4.

Lawe, 1541. fo. 52*b*.

Lawson, 1541. fo. 6.

———— *of Barfield,* 1541. fo. 5.

LEAKE, 1397. fo. 39.

Lee, of Chingford, 1541. fo. 4.

Leeke, 1541. fo. 5*b*.

LEGATT, *of Dagenham,* 1398. fo. 19*b*.

Legatt, of Hornchurch and Sutton, 1137. fo. 17*b*.   1432. fo. 5.   1541. fo. 4.

LEIGH, *of Chingford,* 1398. fo. 17*b*.   1542. fo. 81.

———— *of Hatfield,* 1542. fo. 23*b*.

Leigh, 1137. fo. 15*b*.   1432. fo. 3*b*.

LENTHALL, *of Hornchurch,* 1542. fo. 133.

LE SORE, 1137. fo. 66.   1432. fo. 59.   1541. fo. 98*b*.

LEVENTHORPE, *of Albery, fr. Co. Herts.* 1541. fo. 186*b*.

———— *of Hatfield, fr. Co. York.* 1541. ff. 38. 43*b*.

Lewis, of Thorndon, 1137. fo. 18.   1432. fo. 7. 1541. fo. 1.

Lewyn, of Upminster, 1541. fo. 2.

LEYNHAM, 1137. fo. 72.   1432. fo. 65.

LINGWOOD, *of Braintree,* 1083. fo. 40.   1137. fo. 121.   1432. fo. 121.   1542. fo. 68*b*.

LISTER, *or,* LYSTER, *of Bockinge, fr. Co. Shrop.* 1137. fo. 38*b*.   1432. fo. 29.   1541. fo. 80.   6065. fo. 156*b*.

Lister, 1137. fo. 15.   1432. fo. 3*b*.

LITTE, *of Halstead,* 1542. fo. 233*b*.

———— *of South Hansted,* 1137. fo. 141*b*.   1432. fo. 159.

LOMLEY, *of Bradfield, fr. London,* 1542. fo. 116*b*.

LONGMERE, *v.* LANGMERE.

Lovaine, 1137. fo. 16.   1432. fo. 4.

LUCAS, 1151. fo. 59*b*.   1193. fo. 60*b*.   1533. fo. 58.

———— *of St. Johns,* 1083. fo. 76.   1137. fo. 114.   1432. fo. 109*b*.   1542. fo. 58*b*.

———— *or,* FITZ-LUCAS, *of Colchester, fr. Co. Suff.* 1137. fo. 70.   1432. fo. 63.   1541. fo. 63*b*.   6065. fo. 31*b*.

Lucas, 1137. fo. 15.   1432. fo. 6.

———— *or, Fitz-Lucas,* 887. fo. 9*b*.

LUKYN, *or,* LUCKYN, 1480. fo. 60. 1557. fo. 31*b*.
—— *of Masbury and Roxwell,* 1541. fo. 144*b*.
1542. fo. 119*b*. 6065. fo. 100.
—— *of Sandon and Much Waltham,* 1541. fo.
141*b*. 1542. ff. 31. 119*b*. 6065. fo. 119.
Luckyn, 1083. fo. 51.
LUTHER, *or,* HEWETT, *of Kelvedon and Stapleford,*
1542. ff. 196*b*. 210.
LYNNE, *of Warmingford,* 1542. fo. 143.
Lynne, 1083. fo. 53.
Lynnett, of Ham, 1541. fo. 5*b*.
LYON, *of Springfield,* 1542. fo. 28.
LYSTER, *v.* LISTER.
MACHELL, *of Woodbury, fr. Co. Camb.* 1542.
fo. 198.
Maidstone, of Boxsted, 1541. fo. 5*b*. 1542. fo.
148*b*.
Maire, of Dorking, 1137. fo. 16*b*. 1541. fo. 4*b*.
MAN, *of Hatfield Bradoke, fr. London,* 1083. fo.
30*b*. 1541. fo. 117*b*. 1542. fo. 190*b*.
6065. fo. 73*b*.
—— *of Hornchurch, fr. London,* 1542. fo. 131.
Man, of Braintree, 1137. fo. 19*b*. 1541. fo. 3.
MANDEVILLE, 1137. fo. 41. 1398. fo. 20*b*.
1432. fo. 31*b*.
MANNOCKE, *of Withermondford, fr. Co. Suff.*
1137. fo. 68. 1432. fo. 61. 1541. fo. 74.
Mannoche, 1541. fo. 3*b*.
MANNYNG, *of St. Mary Cray, fr. Co. Kent,*
1541. fo. 150*b*. 6065. fo. 150*b*.
MANTELL, 1137. fo. 58. 1432. fo. 50. 1541.
fo. 102.
Mantell, 1137. fo. 32*b*. 1432. fo. 1*b*.
MANWOOD, *of Bromfield, fr. London,* 1542. fo. 14.
MARKAUNT, *of Thorington, fr. Co. Suff.* 1541.
fo. 183*b*. 6065. fo. 101.
Markmort, of Braintree, 1432. fo. 6*b*.
MARLAR, *of Kelvedon and Navestock,* 1083. fo.
54. 1137. fo. 69*b*. 1432. fo. 62*b*.
1541. fo. 61*b*. 1542. fo. 79*b*. 6065. fo. 113.
Marles, 1541. fo. 2*b*.
MARNEY, 1137. fo. 40*b*. 1432. fo. 31. 1541.
fo. 9.
Marney, 1541. fo. 1.
Marsh, v. Marshley.
Marshall, of Barking, 1541. fo. 3*b*.
MARSHAM, *of High Laver, fr. Co. Suff.* 1542. fo.
168*b*. 6065. fo. 30.
Marsham, 887. fo. 8*b*. 1137. fo. 20. 1432.
fo. 4*b*.
Marshley, or, Marsh, of Dunmow, 1137. fo. 16*b*.
1432. fo. 4.
MARSTON, *of Ascott and Writtle,* 1541. fo. 152*b*.
6065. fo. 150.
MARTIN, 1432. fo. 100*b*.
—— *of Woodford, fr. Co. Linc.* 1542. fo. 15.
Martin, of Woodford, 1083. fo. 50*b*.
MASSEY, *of Springfield, fr. Co. Warr.* 1541. fo.
134. 6065. fo. 116*b*.
MAUNSELL, *of Woodford, fr. Co. Bucks.* 1542.
fo. 201*b*.
MAXEY, *of Bradwell and Saling,* 1137. fo. 45.
1432. fo. 36*b*. 1484. fo. 57. 1541. fo.
108*b*. 1542. fo. 111. 6065. fo. 133.
Maxcey, 1083. fo. 53. 1137. fo. 17*b*. 1432.
fo. 7.
MAY, *of Orsett, fr. Co. Sussex,* 1542. fo. 29.
MAYNARD, *of Little Estow, fr. Cos. Devon. and
Herts.* 1137. fo. 100*b*. 1432. fo. 95. 1541.
fo. 10*b*.

MEADE, *of Berden Hall and Stansted,* 1542. fo.
166.
—— *of Clavering and Wendon Loftes,* 1542. fo.
120*b*.
—— *of Matching and Much Easton,* 1542. fo.
158*b*.
MEAUTIS, *of West Ham,* 1137. fo. 22. 1432.
fo. 14*b*. 1484. fo. 52. 1541. fo. 8.
6065. fo. 87.
MEDCALFE, 1041. fo. 24. 1191. fo. 22. 1543.
fo. 17.
MEDHOPE, *of Sapland, fr. Co. Notts.* 1541. fo.
114. 6065. fo. 85*b*.
MEDLEY, *of Titley Abbey, fr. Co. Warr.* 1541. fo.
200.
Medley, 1541. fo. 5*b*.
MEERES, 1541. fo. 165.
MERELL, *of Shenfield, fr. Co. Suff.* 1542. fo. 64*b*.
Merrell, or, Meriell, 1137. fo. 19*b*. 1432. fo. 4*b*.
Meyrs, of Daginge, 1432. fo. 4.
MIDLETON, *of Stansted, fr. Co. Denbigh,* 1083. fo.
11*b*. 1137. fo. 136*b*. 1432. fo. 150*b*.
1542. fo. 194.
MILBORNE, *of Dunmow, fr. Co. Derby.* 1541. fo.
133*b*. 1542. fo. 117. 6065. fo. 79*b*.
MILDMAY, *of Danbury and Mendlesham,* 1137. fo.
31. 1398. fo. 5*b*. 1432. fo. 23*b*. 1484.
fo. 54. 1541. fo. 13*b*. 1542. fo. 25.
6065. fo. 21.
—— *of Moulsham,* 1542. fo. 38*b*. 6065.
fo. 21.
—— *of Woodham,* 1542. fo. 68.
—— *or,* HARVEY, *of Marks,* 1083. fo. 80.
1137. fo. 133. 1432. fo. 144*b*. 1542.
fo. 85*b*.
Mildmay, 887. fo. 7*b*. 1137. fo. 12. 1432.
fo. 6.
—— *of Chelmsford,* 1137. fo. 15*b*.
MILLINGTON, *of Stratford Langton, fr. Co. Chesh.*
1542. fo. 229.
Mongomery, 1541. fo. 1.
MONOX, *of Walthamstow, fr. Co. Worc.* 1137. ff.
59*b*. 61*b*. 1432. fo. 51*b*. 1541. fo. 82*b*.
6065. fo. 156.
MOORE, *of Dagenham,* 1542. fo. 2*b*.
—— *of Stratford,* 1083. fo. 57. 1137. fo.
125. 1432. fo. 127*b*. 1542. fo. 22.
MORDANT, *or,* MORDAUNT, *of Thunderley,* 1137.
fo. 107. 1432. fo. 101*b*. 1541. fo. 163.
1542. fo. 123*b*. 6065. fo. 67.
—— *fr. Co. Beds.* 1398. fo. 12*b*.
Mordant, 887. fo. 16*b*.
MORE, 1541. fo. 19.
MORGAN, 1137. fo. 66. 1432. fo. 59. 1541.
fo. 99. 6065. fo. 118*b*.
—— *of Little Holingbury,* 1137. fo. 54.
1398. fo. 18. 1432. fo. 45*b*. 1504. fo.
62*b*. 1541. fo. 25. 6065. fo. 75*b*.
Morley, Lord, 1137. fo. 12. 1432. fo. 3.
—— *of Storford,* 1083. fo. 44.
Morlow, 1541. fo. 1*b*.
MORRICE, *of Chipping Ongar,* 1137. fo. 77*b*.
1432. fo. 71. 1541. fo. 87*b*. 1542. fo.
34*b*. 6065. fo. 99.
Morrice, 1137. fo. 16. 1432. fo. 4. 1541.
fo. 4*b*.
MORTIMER, 1560. fo. 208*b*.
MOTT, *of Braintree,* 1432. fo. 162. 1542. fo.
112*b*.

Mott, 887. fo. 17*b*. 1137. fo. 19. 1083. fo. 44*b*. 1541. fo. 6*b*.

MOUNTCHENSEY, *of Edmonston*, 1137. fo. 25. 1432. fo. 17*b*. 1541. fo. 71*b*.

MOUNTFORT, *or*, MOUNTFORD, *of Radwinter, fr. Co. Staff.* 1137. fo. 79. 1432. fo. 72*b*. 1541. fo. 83*b*. 6065. ff. 130*b*. 157.

Mounthermer, 1541. fo. 2*b*.

Mountney, of Mounteshing, 1541. fo. 2.

MULCASTER, 1046. fo. 42. 1147. fo. 65*b*. 1397. fo. 80. 1430. fo. 72. 1433. fo. 74. 1561. fo. 132.

Mungomery, of Fawburne, 1137. fo. 16. 1432. fo. 6. 1541. fo.4.

NALINGHURST, *of Much Baddow*, 1137. fo. 30*b*. 1432. fo. 23. 1484. fo. 54*b*. 1541. fo. 109*b*.

NANFANT, 1541. fo. 212*b*.

NELSON, *of Wanstead, fr. Co. Yorh.* 1541. fo. 116. 6065. fo. 83.

NEVELL, 1449. fo. 20.

NEVILL. *v.* SMITH.

Nevill, 887. fo. 12.

NEWMAN, *of Wetherfield*, 1541. fo. 56.

NEWPORT, *of Chesterford, fr. Co. Herts.* 1542. fo. 122*b*.

Newport, 1541. fo. 6.

NICHOLLS, *of Saffron Walden*, 1137. fo. 84*b*. 1432. fo. 78. 1541. fo. 76. 6065. fo. 123*b*.

Nicholls, of Littlebury, 1137. fo. 18*b*. 1432. fo. 4*b*. 1541. fo. 2*b*.

NICHOLSON, *of Chapell, fr. Cos. Cumb. and Lanc.* 1083. fo. 17. 1137. fo. 139. 1432. fo. 155. 1541. fo. 227*b*. 1542. fo. 202.

NIGHTINGALE, *of Newport*, 1541. fo. 116*b*. 1542. fo. 163. 6065. fo. 78.

Nightingale, 1541, fo. 2*b*.

NORTHEY, 1541. fo. 5*b*.

NORVELL, 1541. fo. 38*b*.

NUTBEANE, 1541. ff. 26*b*. 32. 203*b*.

NUTBROWNE, *of Stanway Hall*, 1541. fo. 190.

Nutbrowne, of Barking, 1137. fo. 16. 1432. fo. 6. 1541. fo. 4.

OLMESTED, 1535. fo. 162.

Osborne, of Clerley, 1541. fo. 2.

Osburne, 1083. fo. 45*b*.

OWEN, *of Little Badfield, fr. London*, 1542. fo. 78.

Owen, 1083. fo. 49.

Oxford, Earl of, v. Vere.

PADINGTON, or, Packington, 1541. fo. 1*b*.

PALMER, *of Lamborne*, 1083. fo. 19*b*. 1541. fo. 214. 1542. fo. 221*b*.

Palmer, of Denes Hall, 1541. fo. 5*b*.

———— *of Waltham*, 1083. fo. 49.

PARGITER, *of Barking, fr. Co. Oxon.* 1137. fo. 88*b*. 1432. fo. 82*b*. 1541. ff. 29. 247*b*. 6065. fo. 69*b*.

Pargiter, 887. fo. 17.

Parish, 1083. fo. 49*b*.

PARKE, *of Alphamstone*, 1542. ff. 66*b*. 83*b*.

PARKER, 1137. fo. 40*b*. 1432. fo. 31.

———— *of Frith Hall*, 1137. fo. 91. 1432. fo. 85. 1541. fo. 81. 6065. fo. 77*b*.

———— *of Shenfield*, 1432. fo. 84*b*. 1541. fo. 65. 6065. ff. 117*b*. 158*b*.

Parker, of Frith Hall, 1541. fo. 3*b*. 1137. fo. 15.

PARRAT, 1137. fo. 100*b*. 1432. fo. 95.

PARTRIDGE, *of Navestock*, 1542. fo. 169.

———— *of Widdington*, 1542. fo. 211*b*.

PARVISH, *of Leighton*, 1542. fo. 87*b*.

PASCALL, 1504. fo. 25. 6147. fo. 18.

———— *of South Hanningfield and Much Baddow*, 1137. ff. 34. 92*b*. 1432. fo. 24*b*. 1482. fo. 54*b*. 1541. ff. 88. 176*b*. 6065. fo. 56.

———— *of Spendhurst*, 1541. fo. 180*b*.

Pascall, of Springfield, 887. fo. 13*b*. 1137. fo. 17. 1432. fo. 7. 1541. fo. 4.

PATMERE, 6065. ff. 138. 139.

Paunton, 1432. fo. 5*b*.

PAWNE, *of Writtle*, 1137. fo. 48*b*. 1432. fo. 40. 1541. fo. 170.

PECH, 1541. ff. 32. 203*b*.

Peche, 1137. fo. 19. 1432. fo. 7*b*.

PEERES, *of Arnoldshall*, 1542. fo. 237.

Peers, of Mountnessing, 1542. fo. 236*b*.

PEETER, *or*, PETTER, *of Writtle, fr. Co. Devon.* 1137. fo. 29*b*. 1432. ff. 22. 52. 1484. fo. 54. 1398. fo. 1*b*. 1541. fo. 11*b*. 6065. fo. 19.

Peeter, 887. fo. 7.

Peirsonn, of Barking, 1541. fo. 53.

PENINGTON, *of Chignell*, 1542. fo. 126.

PENISTONE. *of Walden, fr. Co. Oxon.* 1083. fo. 10*b*. 1137. fo. 136. 1432. fo. 149*b*. 1542. fo. 193.

PENNINGE, *of Dunmowe, fr. Co. Suff.* 6065. fo. 75.

PERT, *of Arnolds, fr. Co. York.* 1137. fo. 98*b*. 1432. fo. 93. 1541. ff. 111*b*. 158*b*. 1542. fo. 8*b*. 6065. fo. 109.

PETT, *of Nasing, fr. London*, 1137. fo. 64. 1432. fo. 56*b*. 1541. fo. 86. 1556. fo. 79. 6065. fo. 108*b*.

PETTUS, *of Kelvedon, fr. Co. Norf.* 1542. fo. 199.

PIKE, 1046. fo. 86. 1397. fo. 125. 1438. fo. 116*b*. 1551. fo. 127. 1561. fo. 66*b*. Add. MS. 4963. fo. 148.

PILBOROW, 1137. fo. 75. 1398. fo. 14*b*. 1432. fo. 68. 6065. fo. 41.

Pilburgh, of Hatfield, 1541. fo. 2.

PINCHON, *of Writtle, fr. Wales*, 1541. fo. 122. 1542. fo. 4*b*. 6065. fo. 60*b*.

Pinchon, 887. fo. 14*b*.

PINCHPOOLE, 1504. ff. 14. 35. 6147. fo. 17.

Plays, 1541. fo. 1.

PLUMME, *of Yeldham*, 1542. fo. 223*b*.

Pontchardon, 1137. fo. 18*b*. 1432. fo. 5. 1541. fo. 4*b*.

Poole, 1541. fo. 51.

PORTER, *of Barking, fr. Co. Camb.* 1542. fo. 171.

Poule, of Cranbrooke, and Ilford, 1137. ff. 15*b*. 92. 1432. fo. 86. 1541. fo. 53.

POUNCETT, *of Locksford, fr. Co. Som.* 1137. fo. 89*b*. 1432. fo. 83*b*. 1541. fo. 170*b*.

POWER, 1137. fo. 85. 1432. fo. 78*b*. 1541. fo. 64. 6065. fo. 38*b*.

POWLTER, *of Maldon, fr. Co. Herts.* 1541. fo. 242.

POYNTER, *of New Wakington*, 1432. fo. 53*b*.

POYNTZ, *of North Okendon*, 1137. fo. 61. 1444. fo. 80. 1541. fo. 35*b*. 6065. fo. 92*b*.

Poyntz, 1432. fo. 3*b*. 1137. fo. 15*b*.

PRENTYS, *of Barking*, 1137. fo. 62*b*. 1432. fo. 55*b*. 1541. fo. 203.

Prentys, 1137. fo. 32*b*.

PRESCOTT, *of Thoby, fr. Lond. and Co. Lanc.* 1137. fo. 113*b*. 1542. fo. 20.

Prews, or, Prows, 1137. fo. 91*b*.   1432. fo. 85*b*.
Prion, of Reading, 1137. fo. 18.   1432. fo. 5. 1541. fo. 5.
Procter, of Rochford Hall, 1137. fo. 19*b*.   1434. fo. 4*b*.
Prowe, 1137. fo. 17*b*.   1432. fo. 5.   1541. fo. 4*b*.
Prows, v. Prews.
PULLEY, *of Leigh, fr. Co. Glouc.* 1083. fo. 23*b*. 1542. fo. 149.
Pynchion, of Writtle, 1137. fo. 33.   1432. fo. 2.
PYOTT, *of Low Layton, fr. London.* 1083. fo. 56*b*. 1137. fo. 124.   1432. fo. 126*b*.   1542. fo. 21.
PYRTON, *of Bentley,* 1137. fo. 73*b*.   1432. fo. 66*b*.   1541. fo. 34*b*.   1556. fo. 143. 1560. fo. 166.
———— *of Elmstead,* 1542. fo. 181*b*.
Pyrton, 1137. fo. 15*b*.   1432. fo. 3*b*.
QUARLES, *of Romford, fr. Co. Northampt.* 1137. fo. 94*b*.   1398. fo. 7*b*.   1432. ff. 88. 89*b*. 90.   1541. ff. 9*b*. 16*b*.   1542. fo. 85. 6065. fo. 105.
Quarles, 1137. fo. 15*b*.   1432. fo. 3*b*.
Quose, of North Kendon, 1137. fo. 18*b*.   1432. fo. 4*b*.   1541. fo. 5.
RADCLIFFE, *or,* RATCLIFFE, *of Chappell, fr. Co. Lanc.* 1137. fo. 104.   1432. fo. 98*b*.   1541. ff. 178*b*. 181*b*.   1542. fo. 27.   6065. fo. 144.
RAINSFORD, *or,* RAYNSFORD, *of Bradfield, fr. Cos. Lanc. and Oxon.* 1137. ff. 37. 70*b*. 1398. fo. 13*b*.   1432. ff. 28. 63*b*.   1541. ff. 23. 59*b*.
Rainsford, 1137. fo. 16.   1432. fo. 4.   1541. fo. 51*b*.
———— *of Epping,* 1137. fo. 18.   1432. fo. 7.
Rame, of Hornchurch, 1137. fo. 15*b*.   1432. fo. 3*b*.   1541. fo. 2.
Ramston, 1541. fo. 5*b*.
Rande, of Bradwell, 1137. fo. 20.   1432. fo. 4*b*.
Randes, 1541. fo. 3.
RATCLIFFE, *v.* RADCLIFFE.
Rawlins, 1541. fo. 6*b*.
RAWSON, 1137. fo. 49.
RAY, *of Stansted,* 1542. fo. 164*b*.
RAYMOND, *of Dunmow,* 1137. fo. 86.   1432. fo. 79*b*.   1541. fo. 91*b*.   1542. fo. 76*b*.   6065. fo. 131.
———— *of Watters Belchamp, fr. Co. Herts.* 1542. fo. 207.
RAYNSFORD, *v.* RAINSFORD.
REDINGE, 1401. fo. 3.   Add. MS. 4962. fo. 3.
Reinolds, 1137. fo. 19.   1432. fo. 6*b*.   1541. fo. 3*b*.
REVE, *of Rumford, fr. Co. Suffolk,* 1541. fo. 118*b*. 1542. fo. 156*b*.   6065. fo. 85.
Rich, 1083. fo. 46.
—— *of Horndon,* 1137. fo. 17.   1432. fo. 7.
RICHARDSON, *v.* HEYBORNE.
RIDLEY, *fr. Co. Chesh.* 1137. fo. 111.   1432. ff. 106. 107.
RIKEDON, 1137. fo. 85.   1432. fo. 78*b*.   1541. fo. 64.   6065. fo. 38*b*.
ROBERTS, *of Braxstead,* 1083. fo. 64.   1137. ff. 74. 127*b*.   1432. ff. 67. 132*b*.   1541. fo. 73*b*.   1542. fo. 138*b*.   6065. fo. 111*b*.
Roberts, 1541. fo. 2*b*.
ROBOTHAM, *or,* ROWBOTHAM, *of Upminster,* 1541. fo. 183.   6065. fo. 81*b*.

Robotham, of Upminster, 1137. fo. 17.   1432. fo. 7.   1541. fo. 4.
ROCH, *of Gooses,* 1542. fo. 35.
Roche, 1083. fo. 51.
ROCHESTER, *of Tarling,* 1137. fo. 42*b*.   1432. fo. 34.   1541. ff. 12. 95.   6065. fo. 134.
Rochester, 1137. fo. 15.   1432. fo. 3*b*.
ROCKLEY, *or,* ROKELL, 1541. fo. 9.
Rockwood, of Colchester, 1541. fo. 53*b*.
ROE, *or,* ROWE, *of Higham Hill, fr. London,* 1542. fo. 173.   6065. fo. 9.
Rokeley, 1541. fo. 52*b*.
ROKELL, *v.* ROCKLEY.
RONE, *of Stamborne, fr. Co. York.* 1541. fo. 138*b*. 6065. fo. 123.
Roos, 1398. fo. 20*b*.
ROUS, *of Brickleysey, fr. Co. Suffolk,* 1083. fo. 61*b*. 1137. fo. 127.   1432. fo. 130*b*.   1542. fo. 146*b*.
—— *of Waltham, fr. Co. Berks,* 1542. fo. 52*b*.
ROWBOTHAM, *v.* ROBOTHAM.
ROWE, *v.* ROE.
ROYDON, *of Roydon Hall,* 1541. fo. 64.
RUDD, *of Chelmsford, fr. Co. York.* 1083. fo. 34. 1137. fo. 119.   1432. fo. 117.   1542. fo. 4.
RUSHE, *of Boreham, fr. Co. Suff.* 1542. fo. 30*b*.
Rushe, of Brenham, 1083. fo. 51.
RUSSELL, *Lord,* 1137. fo. 49.   1432. fo. 40*b*.
Rykill, of Harwich, 1541. fo. 52.
SACKVILLE, Lord Buckhurst, 1432. fo. 3.
SADLER, *of Parndon, fr. Co. Camb.* 1542. fo. 182*b*.
St. Cleere, 1137. fo. 17*b*.   1432. fo. 5.
ST. JERMYN, 1137. fo. 29.   1432. fo. 21*b*.   1541. fo. 112.
ST. PEERE, *v.* SPEERE.
SALTFORD, *of Burton-on-Trent,* 1541. fo. 34*b*.
Saltonstall, of South Okendon, 1137. fo. 18.   1432. fo. 6*b*.   1541. fo. 51.
SAMES, *or,* SAMS, *of Kelvedon,* 1542. fo. 174*b*.
———— *of Tolleshunt,* 1542. fo. 24*b*. 6065. fo. 36.
———— *of Totham and Lanckford Hall,* 1541. fo. 122*b*.   6065. fo. 36.
Sames, or, Sams, 887. ff. 10. 13.   1541. fo. 3.
SANDES, *of Harwich,* 1541. fo. 88*b*.   6065. fo. 106*b*.
———— *of Woodham, fr. Co. Cumb.* 1137. ff. 58*b*. 106.   1432. ff. 50*b*. 100.
SANDFORD, *of Coggeshall,* 1541. fo. 216*b*.   1542. ff. 69. 141.
———— *of Colchester,* 6065. fo. 67*b*.
Sandford, of Coggeshall, 887. fo. 16*b*.   1137. ff. 19*b*. 20.   1432. fo. 7*b*.
———— *of Rayly,* 1137. fo. 18*b*.   1432. fo. 5.   1541. fo. 5.
Saunders, 1541. fo. 6*b*.
SAYE, 1137. fo. 61*b*.   1432. fo. 52.   1541. fo. 83.
SAYER, *of Bourchier's Hall and Colchester,* 1541. fo. 62.   1542. fo. 103*b*.   6065. fo. 50*b*.
Sayer, of Aldham, 887. fo. 13*b*.   1137. fo. 32*b*. 1432. fo. 1.   1541. fo. 2*b*.
Schokath, 1541. fo. 1*b*.
SCOTT, *of Great Easton,* 1542. fo. 118*b*.
———— *of Stapleford,* 1137. fo. 76*b*.   1432. fo. 69*b*.   1541. fo. 71.   6065. fo. 116.
———— *of Woston Hall.* 1541. fo. 204*b*.
Scott, of Stapleford, 1541. fo. 2*b*.
Scrogs, or, Scrugges, Co. Beds. 1083. fo. 48.
SCROOPE, 1137. fo. 22*b*.   1432. fo. 15.   1541. fo. 217*b*.

SEBRIGHT, *of Much Baddow and Co. Worc.* 6065. fo. 159.

SEDGWICKE, *of Chipping Onger, fr. Co. York.* 1083. fo. 3*b*.

Sewencke, 1083. fo. 45.

SEYMER, *of Colchester,* 1542. fo. 234*b*.

Seymer, of Walden, 1137. fo. 19*b*.   1432. fo. 4*b*.

SHAA, *of Tarling,* 1083. fo. 42.   1137. fo. 122. 1432. fo. 123.   1463. fo. 47*b*.   1542. fo. 70*b*.

SHARPE, 1401. fo. 3*b*.   6770. fo. 5.   6774. fo. 20*b*.   6775. fo. 3*b*.   Add. MS. 4962. fo. 3*b*.

———— *of Leigh,* 1083. fo. 17*b*.   1432. fo. 110. 1541. fo. 109.   1542. fo. 203.

———— *of Maldon,* 1432. fo. 26*b*.   1541. fo. 109.   1137. fo. 35*b*.

Shawarden, of Colchester, 1541. fo. 6*b*.

Sillesden, of Finchingfield, 1541. fo. 6.

Silverlock, of Stifford, fr. Co. Sussex, 1432. fo. 9.

Sizley, 1541. fo. 53.

SLANEY, *of Hornchurch, fr. London,* 1542. fo. 49*b*.

SMITH, *of Blackmore,* 1083. fo. 58.   1137. fo. 125*b*.   1398. fo. 22.   1432. fo. 128*b*. 1541. fo. 55*b*.   1542. fo. 18.   6065. fo. 44.

———— *of Hill Hall,* 1541. fo. 110*b*.   1542. fo. 205*b*.

———— *of Radwinter,* 1083. fo. 13*b*.   1137. fo. 137*b*.   1432. fo. 152*b*.   1542. fo. 196. 6065. fo. 44.

———— *of Raven Hall,* 6065. fo. 44.

———— *of Walden,* 1137. fo. 23*b*.   1432. fo. 16. 1484. fo. 52*b*.   1541. fo. 110*b*.

———— *or,* NEVILL, *of Cressing Temple and Co. Leic.* 1137. fo. 72.   1432. fo. 65.   1541. fo. 57. 1542. fo. 107*b*.   6065. fo. 45.

Smith, of Moot Hall, 1137. fo. 16*b*.   1432. fo. 6.   1541. fo. 54*b*.

———— *of Raven Hall,* 887. ff. 12. 13.   1137. fo. 17*b*.

———— *of Witham,* 1083. fo. 52*b*.   1432. fo. 7.

Smyth, of Thaxted, 1541. fo. 6.

SNAPE, *of Maldon, fr. Co. Oxon.* 1083. fo. 40*b*. 1137. fo. 121*b*.   1432. fo. 121*b*.   1542. fo. 96.

SOAME, *of Haydon, fr. London,* 1542. fo. 162*b*.

SOMESTER, 1541. fo. 213*b*.

SORRELL, *of Stebbing and High Easton,* 1083. fo. 67*b*.   1137. fo. 129*b*.   1432. fo. 136. 1542. fo. 214*b*.

———— *of Waltham and Writtle,* 1542. fo. 89.

Sotherton, of Barking, 1137. fo. 15*b*.   1541. fo. 2. 1432. fo. 3*b*.

SOUTHCOTE, *of Witham, fr. Co. Devon.* 1083. fo. 19.   1137. ff. 110. 116*b*.   1432. ff. 105. 112*b*.   1541. fo. 215*b*.   1542. fo. 208.

Southcote, 1541. fo. 54*b*.

SOUTHWILL, 1137. fo. 38.

SPARROW, *of Gestingthorpe,* 1541. fo. 179*b*. 1542. fo. 154.

SPEERE, *or,* ST. PEERE, *of Danbury, fr. Co. Shrop.* 1083. fo. 62*b*.   1137. fo. 127.   1432. fo. 131.   1542. fo. 139*b*.

Spice, 1541. fo. 6*b*.

Spranger, of Canes, 6065. fo. 26*b*.

STAFFORD, *of Bromhill,* 1541. fo. 213.

STANLEY, *of Laytonstone, fr. Co. Oxon.* 1083. fo 59*b*.   1137. fo. 126.   1432. fo. 129. 1542. fo. 134*b*.

———— *of Roydon Hall, fr. Co. Chesh.* 1541. fo. 205*b*.   1549. fo. 144.

Stanley, 1137. fo. 17.   1432. fo. 7.   1541. fo. 4*b·*

STANTON, *or,* STAUNTON, *of Wickham, fr. Co. Som.* 1137. ff. 35*b*. 88.   1401. fo. 3*b*.   1432. fo. 82.   1541. ff. 91. 109.   6065. fo. 114*b*. Add. MS. 4962. fo. 3*b*.

Stanton, 1541. fo. 6*b*.

STARKEY, 1137. fo. 37.   1541. fo. 23.

STAUNTON, *v.* STANTON.

STAVELEY, 1541. fo. 38*b*.

STEPHENS, *of Colchester,* 1541. fo. 140.   6065. fo. 114.

STEPNEY, *or,* STEPNETH, *of East Ham, fr. Co._ Herts.* 1137. fo. 80*b*.   1432. fo. 74.   1541. fo. 85*b*.   6065. fo. 102*b*.

STONARD, 1560. fo. 22*b*.

STONER, 1137. fo. 51.   1432. fo. 42.

———— *of Stapleford,* 1542. fo. 220.

Story, 1541. fo. 6*b*.

STRACHEY, *of Saffron Walden,* 1541. fo. 198.

STRANGMAN, *or,* STRANGEMAN, *of Hadley and Rothley,* 1137. ff. 58. 75.   1432. ff. 50. 68. 1398. fo. 14*b*.   1541. ff. 23*b*. 101*b*.   6065. fo. 41.

Strangman, 887. fo. 11.

STUDLEIGH, 1137. fo. 74*b*.   1432. fo. 67*b*.

Stuvell, 1137. fo. 16.   1432. fo. 5*b*.

STYLE, *of Monazin Hall, fr. Co. Kent,* 1541. fo. 42.

SUDLEY, *Lord,* 1541. fo. 43.

SULIARD, *of Flemings,* 1542. fo. 206*b*.

Suliard, 1137. fo. 18.   1432. fo. 6*b*.   1541. fo. 4*b*.

SUMPTER, *of Colchester,* 1398. fo. 21.

SUTTON, 1137. fo. 81*b*.   1432. fo. 75.   1534. fo. 2.   1541. fo. 89*b*.

Sutton, 1541. fo. 1.

SWALLOW, *of Bocking,* 1137. fo. 47.   1432. fo. 38*b*.   1484. fo. 56.   1541. fo. 106*b*.

SWAN, 1096. fo. 53*b*.   1463. fo. 5.

———— *of South Weald, fr. Co. Kent,* 1542. fo. 33*b*.

SWIFT, *of Roydon and Tackley,* 1541. fo. 200*b*.

SWINBORNE, *of Horkesley,* 1137. fo. 36*b*.   1432. fo. 27*b*.   6065. fo. 10*b*.

Swinborne, 1541. fo. 1.

Swinford, 1137. fo. 18*b*.   1432. fo. 5.

SYLID, 1083. fo. 50.

SYMONDS, *of Toppesfield and Yeldham, fr. Co. Shrop.* 1542. fo. 150.

SYMPSON, *of Buers St. Mary, fr. Co. Cumb.* 1542. fo. 104*b*.

Sympson, 1083. fo. 53.

TABAR, 1043. fo. 90.   1401. fo. 42*b*.   1534. fo. 56*b*.   6769. fo. 24*b*.   6770. fo. 43. 6774. fo. 58*b*.   6775. fo. 42*b*.   6830. p. 117.   Add. MS. 4962. fo. 39.

TALCOTT, *of Colchester, fr. Co. Warr.* 1083. fo. 9. 1137. fo. 135*b*.   1432. fo. 148*b*.   1542. fo. 136.

TALKARNE, *or,* TALKERNE, *of Ashenaltesse, fr. Co. Cornwall,* 1137. fo. 94.   1432. fo. 87*b*. 1541. fo. 155*b*.   6065. fo. 104.

TANFIELD, *of Copford Hall, fr. Co. Northampt.* 1083. fo. 66.   1137. fo. 128*b*.   1432. fo. 134.   1542. fo. 90*b*.   6065. fo. 53.

Tanfield, 887. fo. 14.   1137. fo. 16*b*.   1432. fo. 4.

TAVERNER, *of Arnoys, fr. Co. Norf.* 1083. fo. 55*b*. 1137. fo. 124*b*.   1432. fo. 127.   1542. fo. 222.

———— *of Rainham,* 1432. fo. 55*b*.

TAVERNER, *of Upminster, fr. Co. Norf.* 1083. fo. 55.   1137. fo. 123*b*.   1432. fo. 125*b*.   1541. fo. 226*b*.   1542. fo. 86.

Taverner, of Upminster, 1432. fo. 7.   1541. fo. 3.

Tedcastell, 1541. fo. 53.

TENDERING, *of Boreham,* 1137. ff. 42. 56*b*.   1398. fo. 7.   1432. fo. 33.   1484. fo. 45.   1541. fo. 15*b*.   1542. fo. 26*b*.   6065. fo. 81.

TENNANT, *of West Ham, fr. Co. York.* 1542. fo. 178*b*.

TETLOW, *of West Ham, fr. Co. York.* 1542. fo. 175*b*.

TEY, *of Layer De la Hay,* 1137. fo. 39.   1541. fo. 46(*a. b.*)   1432. fo. 30*b*.   6065. fo. 157*b*.

Tey, 1137. fo. 15.   1432. fo. 6.   1541. fo. 2.

THANEY, *of Stapleford,* 1398. fo. 20*b*.

THIMLEY, *of Depden,* 1541. fo. 241.   1542. fo. 195.

THISTLEWAITE, *of Danbury, fr. Co. Wilts.* 1542. fo. 208*b*.

THORESBY, *of Durwase and Bocking,* 1137. fo. 83.   1432. fo. 76*b*.   1541. fo. 38*b*.   1542. fo. 109*b*.   6065. fo. 110.

———— *of Wickham,* 1137. fo. 140.   1432. fo. 156*b*.

Thoresby, of Bocking, 1541. fo. 2*b*.

Thorley, 1541. fo. 1.

THOUROGOOD, *of Felsted, fr. Co. Herts.* 1083. fo. 29*b*.

Throgmorton, of Aston, 1137. fo. 18*b*.   1432. fo. 6*b*.   1541. fo. 5.

THWAITES, *of Newland Hall, fr. Cos. Bucks. and York.* 1083. fo. 60.   1137. fo. 116.   1432. fo. 113*b*.   1541. fo. 111*b*.   1542. fo. 19.

TICHBORNE, 1424. fo. 66.   1505. fo. 65*b*.

TIMPERLEY, 1137. fo. 74.   1432. fo. 67.

TIRRELL, *or,* TYRRELL, *of Beeches,* 6065. fo. 89.

———— *of Heron,* 1137. fo. 27.   1398. fo. 4.   1432. fo. 19*b*.   1484. fo. 53.   1541. fo. 8*b*.   2109. fo. 72*b*.   6065. ff. 10*b*. 89.   6830. p. 44.

———— *of Springfield,* 1542. fo. 89*b*.

Tirrell, of Beeches, 1541. fo. 6.

———— *of Heron,* 1083. fo. 50.   1137. fo. 18*b*.   1432. fo. 6*b*.   1541. fo. 1.

TOPESFIELD, *of Upton, fr. Co. Suff.* 1083. fo. 74.   1137. fo. 132*b*.   1432. fo. 142*b*.   1542. fo. 45*b*.

TORRELL, 1137. ff. 37. 70*b*.   1432. ff. 28. 63*b*.   1484. fo. 63*b*.   1541. fo. 45*b*.

Torrell, 1541. fo. 1.

TOVY, 1137. fo. 61*b*.   1432. fo. 52.

TOWSE, *of Takeley,* 1542. fo. 194*b*.

TRAFFORD, *of Low Layton, fr. Co. Rutland,* 1542. fo. 60*b*.

Trafford, 1083. fo. 52.

TRAPPS, *of Orsett, fr. London,* 1542. fo. 7*b*.

TREMILL, *of Keldon, fr. Co. Devon.* 1541. fo. 220.

TRENCH, *of West Ham, fr. Co. Norf.* 1542. fo. 170.

Treswell, 1541. fo. 51*b*.

TROTT, *of Langridge, fr. London,* 1541. fo. 202*b*.   1542. fo. 80*b*.

TRUSSELL, 1542. fo. 237*b*.

TRYAN, *of Hawsted, fr. London,* 1541. fo. 246*b*.   6065. fo. 74*b*.

Tryan, 1542. fo. 209*b*.

TUKE, *of Layer Marney, fr. London,* 1083. fo. 41.   1137. ff. 121*b*.   1432. ff. 115. 122.   1541. fo. 196*b*.   1542. fo. 19*b*.

Tuke, 1137. fo. 17*b*.   1432. fo. 5.

Tunerner, of Upminster, 1137. fo. 16*b*.

TURNER, *of Cressing Hall,* 6065. fo. 164*b*.

———— *of Parndon, fr. Cos. Suff. and Northampt.* 1541. fo. 26*b*.   1542. fo. 144.

———— *of Walden,* 1083. fo. 5.   1137. fo. 136*b*.   1432. fo. 150.   1541. fo. 189.   1542. fo. 193*b*.   1560. fo. 178*b*.

———— *of Walthamstow, fr. Co. Devon.* 1541. fo. 151*b*.   6065. fo. 168.

Turner, of Collen Wake, 1541. fo. 3*b*.

TUSSER, *of Rinmold,* 1137. fo. 63*b*.   1432. fo. 55.   1541. fo. 100.   6065. fo. 126*b*.

———— *of Riven Hall,* 2542. fo. 93.

TUTHILL, *of Upminster, fr. Co. Norf.* 1542. fo. 213*b*.

TWEDY, *of Harford Stoke, fr. Scotland,* 1137. fo. 87.   1432. fo. 80*b*.   1541. fo. 172*b*.   6065. fo. 102.

Twyttie, 1541. fo. 5.

TYNDALL, *of Maplestead, fr. Co. Norf.* 1542. fo. 152.

TYRRELL, *v.* TIRRELL.

UNDERHILL, *of Bradley,* 1541. ff. 32. 203*b*.

VAUNCY, 1137. fo. 25*b*.   1432. fo. 18.   1541. fo. 71*b*.

VAVASOUR, *of Waltham, fr. Co. York.* 1137. fo. 99*b*.   1432. fo. 94.   1541. ff. 10. 160.   1542. fo. 218.   6065. fo. 78*b*.

VAWDEY, *of Saffron Walden,* 1541. fo. 189.

Venour, 1083. fo. 46.

VERNON, *of Little Beleigh, fr. Cos. Derby and Notts.* 1083. fo. 60*b*.   1137. ff. 65. 126*b*.   1432. ff. 57*b*. 58. 129*b*.   1541. fo. 90.   1542. fo. 138.   6065. fo. 151*b*.

VESCY, *or,* VESSEY, *of Wickes Park,* 1542. ff. 103. 143*b*.

Vescy, 1137. fo. 19.   1432. fo. 7*b*.

VIGERIS, *of Langham,* 1137. fo. 74.   1432. fo. 67.

WAKERING, *of Churchall,* 1542. fo. 183*b*.

———— *of Wakering Hall,* 1541. fo. 240.

WALDCHEIFFE, 1137. fo. 110.   1432. fo. 104*b*.

WALDEN, 1432. fo. 105.

WALDGRAVE, *of Bearley,* 1542. fo. 172*b*.   6065. fo. 7.

———— *of Ilford,* 1542. fo. 144*b*.

———— *of Lamford, fr. Co. Suff.* 1137. ff. 25. 42*b*.   1432. fo. 17*b*.   1541. ff. 11. 12. 71*b*.   6065. fo. 7.

———— *of Walthamstow,* 1137. fo. 82.   1432. fo. 75*b*.   1541. fo. 72.   6065. fo. 7.

Waldgrave, of Walthamstow, 887. fo. 5.   1541. fo. 2*b*.

———— *of Lamford,* 1137. fo. 17.   1432. fo. 7.

WALE, *of Bardfield, fr. Co. Camb.* 1542. fo. 177*b*.

WALLINGER, *of Chelmsford,* 1139. fo. 93.   1541. fo. 206*.   1542. fo. 93*b*.

Wallinger, 1137. fo. 19.   1432. fo. 6*b*.

WALSHE, *or,* WELSHE, 1137. fo. 51.   1432. fo. 42.

WALSINGHAM, 1137. fo. 42*b*.   1432. fo. 34.

WALTER, *of Rokeswell,* 1137. fo. 49*b*.   1432. fo. 41.   1541. fo. 82.   1542. fo. 237*b*.   6065. fo. 80*b*.

WALTHALL, *of Stratford, fr. Co. Cheshire,* 1541. fo. 115*b*.   6065. fo. 86*b*.

WALTHAM, *or,* WELTHAM, 1137. fo. 37.   1432. fo. 28.   1541. fo. 23.

WALTON, *of Bursted, fr. Co. Som.* 1542. fo. 37*b*.

Walton, 1083. fo. 45.   1137. fo. 19.

WALWORTH, 1188. p. 18.

Wankford, of Barwick Hall, 1432. fo. 7b.
WARBERTON, 1137. fo. 61b.
WARD, *of Ilford, jr. Co. York*, 1083. fo. 22b. 1137. fo. 139b. 1432. fo. 156. 1542. fo. 229b.
WARE, *of Leigh, jr. Co. Kent*, 1083. fo. 73. 1137. fo. 132. 1432. fo. 141b.
—— *of Raleigh, jr. Co. Kent*, 1542. fo. 37.
—— *of Thunderley, jr. Co. Kent*, 1541. fo. 201b.
Ware, of Thunderley, 1083. fo. 51b.
—— *of Ware*, 1541. fo. 5b.
Warham, of Allwithley, 1541. fo. 5.
WARNER, *of Halstead*, 1137. fo. 46b. 1432. fo. 38. 1449. fo. 52. 1541. fo. 107b. 1560. fo. 212b.
Warner, of Waltham, 1137. fo. 16b. 1432. fo. 4. 1541. fo. 4.
Warrer, of Fearing, 1137. fo. 19b. 1432. fo. 4b.
Washington, 1137. fo. 32b. 1432. fo. 1b.
Water, 1541. fo. 3b.
WATTEVILLE, *of Panfield*, 1137. fo. 110. 1432. fo. 105.
Watts, 1137. fo. 19. 1432. fo. 6b.
WEBB, 1476. fo. 439b.
WEBLIN, *of Barking, jr. London*, 1083. fo. 37. 1137. fo. 120. 1432. fo. 118b. 1542. fo. 42.
Welbore, of Ponds, 1541. fo. 3.
WELSHE, *v.* WALSHE.
WELTHAM, *v.* WALTHAM.
WENTWORTH, *of Bocking, jr. Co. York*. 1083. fo. 12. 1137. ff. 36. 137. 1432. ff. 27. 151. 1541. fo. 29b. 1542. fo. 189b. 6065. fo. 11.
—— *of Codham*, 1484. ff. 55. 56. 1541. fo. 30b. 6065. fo. 12.
—— *of Gosfield*, 6065. fo. 13.
—— *of Toppesfield*, 1541. fo. 29b.
Wentworth, of Gosfield, 1137. fo. 17b. 1432. fo. 7.
WEST, *of Amberden Hall, jr. Co. York.* 1541. fo. 60b.
West, 1541. fo. 3.
WESTDEN, 1541. fo. 62.
WESTLEY, 1398. fo. 12b. 1541. fo. 22b. 6065. fo. 15b.
WESTON, *of Skrynes*, 1137. fo. 60. 1432. fo. 52b. 1541. fo. 112b. 6065. fo. 6.
Weston, of Rockswell, 887. fo. 5. 1137. fo. 16. 1432. fo. 4. 1541. fo. 3.
Westwood, 1096. fo. 139b.
WHETCOME, *v.* WHITCOME.
WHETSTONE, *of Woodford Hall, jr. London*, 1449. fo. 42b. 1541. fo. 173b. 1542. fo. 1. 1560. fo. 49.
Whetstone, 1137. fo. 16. 1432. fo. 6. 1541. fo. 4. 1542. fo. 1b.
WHIGHT, *v.* WHITE.
WHITCOME, *or*, WHETCOME, *of Writtle, jr. Cos. Devon. and Som.* 1541. fo. 140b. 1542. fo. 22b. 6065. fo. 113b.
WHITE, *or*, WHIGHT, *of Hutton*, 1137. fo. 28b. 1432. fo. 21. 1484. fo. 53b. 1541. fo. 110. 1542. fo. 5. 6065. fo. 82.
White, 1541. fo. 2.
WHITEBREAD, *of Stapleford*, 1137. fo. 90. 1541. fo. 111.
—— *of White Nottley*, 1137. fo. 103. 1432. fo. 97. 1541. fo. 111. 6065. ff. 145. 148b.

WHITEBREAD, *of Writtle*, 1083. fo. 72. 1137. ff. 103. 131b. 1432. ff. 97. 140b. 1541. fo. 111. 1542. fo. 95. 6065. ff. 145. 148b.
Whitebread, 887. fo. 17.
WHITFIELD, 1241. fo. 64. 1396. p. 327.
WHITGIFT, *of Curleys, jr. Co. York.* 1542. fo. 12b. 1397. fo. 133b. Add. MS. 4963. fo. 2.
WHITING, *of East Ham, jr. Co. Northampt.* 1542. fo. 2*.
WHITTINGTON, 1541. fo. 212b.
Wiberd, of High Onger, 1541. fo. 5b.
WILCOCKS, *of Brittlesey, jr. Co. Shrop.* 1542. fo. 25b.
WILFORD, *of Quendon, jr. Co. Devon.* 1137. ff. 30. 106. 1398. fo. 13. 1432. ff. 22b. 100. 1484. fo. 54. 1541. fo. 163b. 1542. fo. 223. 6065. fo. 144b.
Willett, of Walthamstowe, 1541. fo. 5b.
WILLIAMS, *Lord*, 1137. fo. 37.
—— *of Colchester, jr. Co. Suff.* 1083. fo. 35*. 1137. fo. 118. 1432. fo. 115b. 1542. fo. 6b.
WILLIAMSON, *of Woodford, jr. Co. Cumb.* 1542. fo. 33.
Williamson, 1083. fo. 50b.
Willoughby, of Colchester, 1541. fo. 53b.
WILMER, *of Chignvell, jr. London and Warwick*, 1542. fo. 226b. Add. MS. 5533. p. 187.
Wilmer, 1541. fo. 54.
WILSON, *of Jenkins, jr. London*, 1542. fo. 151b.
Wilson, 887. fo. 17b.
WILTSHIRE, 2109. fo. 44b. 1435. fo. 25. 1564. fo. 27b.
WINCH, *of Woodford, jr. Co. Beds.* 1137. fo. 97b. 1432. ff. 91*. 92. 1541. fo. 157b. 1542. fo. 81b. 6065. fo. 108.
Winch, 1083. fo. 49b.
WININGTON, 1137. fo. 87. 1432. fo. 80b.
Wirley, of Wirley, 1137. fo. 32b. 1432. fo. 1b.
WISEMAN, *of Baddow*, 1432. fo. 44b. 1541. ff. 19b. 238b. 6065. fo. 68.
—— *of Bradox*, 1137. fo. 53. 1398. fo. 9. 1541. fo. 19b. 1542. fo. 97.
—— *of Canfield*, 1083. fo. 11. 1137. ff. 101. 128. 129b. 1432. ff. 95b. 133b. 136b. 1541. ff. 44b. 49b. 230. 1542. ff. 152b. 190. 6065. ff. 136. 139.
—— *of Elsenham, jr. Co. Northampt.* 1083. fo. 14b. 1137. fo. 138. 1432. fo. 153b. 1542. fo. 217b.
—— *of Felsted and Stisted*, 1542. fo. 16b. 6065. fo. 77.
Wiseman, of Upminster, 887. fo. 16b. 1083. fo. 52. 1137. fo. 15. 1432. fo. 6. 1541. fo. 2.
—— *of Waltham*, 1137. fo. 17. 1432. fo. 7. 1541. fo. 4b.
WITHER, *of Colchester, jr. Co. Lanc.* 1137. fo. 100. 1432. fo. 94b. 1541. fo. 160b. 6065. fo. 135b.
—— *of Danbury*, 6065. fo. 135b.
WITHERING, *of Nelmes, jr. Co. Staff.* 1432. ff. 161b. 161*.
WOLPHE, *jr. Co. Pembroke*, 1137. fo. 66b. 1432. fo. 59. 1541. fo. 98b.
WOLSTON, 1541. fo. 42.
WOOD, *of Stapleford, jr. Cos. Kent and Norf.* 1541. fo. 209b. 1542. fo. 50b.
Wood, 1541. fo. 3.
WOODCOCK, *of Alphamstone*, 1083. fo. 39b. 1137. fo. 121. 1432. fo. 120b. 1542. fo. 67b.

WOODHALL, 1137. fo. 72*b*.   1432. fo. 65*b*.
——————— *of Walden, fr. Co. Cumb.* 1541. fo. 55.
WORTHINGTON, *of Springfield, fr. Co. Kent,* 1541. fo. 149*b*.   6065. fo. 109*b*.
Worthington, of Horndon, 1137. fo. 17.   1432. fo. 4.   1541. fo. 4*b*.
WORTHY, *of Halstead,* 1137. fo. 46*b*.   1432. fo. 38.   1449. fo. 52.   1541. fo. 107*b*.   1560. fo. 212*b*.
WORTLY, *of Chelmsford, fr. York.* 1137. fo. 102. 1432. fo. 96*b*.   1541. fo. 161*b*.   6065. fo. 127*b*.
WRIGHT, *of Harlow,* 1083. fo. 63.   1432. fo. 131*b*.   1542. fo. 215.
——————— *of Wright's Bridge,* 1541. fo. 56*b*. 1542. fo. 61.
Wright, 1541. fo. 3.

WRITTLE, *of Bobbingworth,* 1137. fo. 42*b*.   1541. fo. 12.   1548. fo. 73.   2109. fo. 74*b*. Add. MS. 14,311. fo. 5*b*.
WROTH, *of Loughton,* 1137. fo. 59.   1432. fo. 51. 1541. ff. 31*b*. 32*b*.   6065. fo. 47.
Wroth, of Loughton, 887. fo. 15.   1137. fo. 18*b*. 1432. fo. 6*b*.
WYAT, *of Bullingworth,* 1137. fo. 64*b*.   1432. fo. 57.   1541. fo. 70.   6065. fo. 117.
——————— *of Hornchurch,* 1542. fo. 142*b*.
Wyatt, 1137. fo. 19.   1083. fo. 51*b*.   1432. fo. 6*b*.   1541. ff. 2*b*. 52.
WYKE, *of Newport, fr. Co. Somerset,* 1083. fo. 1*b*. 1137. fo. 141*b*.   1432. fo. 158*b*.   1542. fo. 165.
YOUNG, *of Newlands and Thaxted,* 1083. fo. 68*b*. 1137. fo. 130.   1432. fo. 137*b*.   1541. fo. 37.   1542. fo. 166*b*.   6065. fo. 151.

GLOUCESTERSHIRE.

ABBINGTON, *of Dodeswell, fr. Cos. Camb. and Worc.* 1041. fo. 31.   1191. fo. 26.   1543. ff. 22*b*. 163.
ABERLE, *or,* ABERHALL, 1041. fo. 42.
Ablehall, 1543. fo. 52.
ABRAHALL, 1041. fo. 70.   1543. fo. 68.
ABURHALL, 1041. fo. 27.
ACTON, *of Acton,* 1041. ff. 9*b*. 10. 46.
——————— *of Burton and Langhope,* 1543. fo. 90.
ALBANEY, *of Kingsholme,* 1041. fo. 55*b*.   1385. fo. 72.   1559. fo. 103.
ALYE, *of Tewksbury, fr. Co. Worc.* 1041. fo. 105*b*.   1543. fo. 141*b*.
AMORY, *v.* DAMORY.
Ancesly, 1543. fo. 52*b*.
Andrews, of Harsfield, 1543. ff. 51. 54.
APARKE, *of Hardwick Court,* 1543. fo. 40*b*.
Ap Howell, 1543. fo. 53.
APPARRY, *of Apurley, fr. Co. Heref.* 1543. fo. 174*b*.
AP POLL, 1041. fo. 95*b*.   1543. fo. 113.
Arcas, 1543. fo. 49.
Archester, 1543. fo. 49.
ARDEN, 1041. fo. 52.   1543. fo. 72*b*.
ARNOLD, 1041. fo. 54*b*.   1543. fo. 69.
Arnold, 1543. fo. 49*b*.
——————— *of Highnam,* 1543. fo. 52.
Arsesten, 1543. fo. 49.
ARTHUR, 1041. ff. 43. 55*b*.   1543. fo. 74.
ARUNDELL, 1041. ff. 58. 64*b*.
ARUNDEL, *Earl of, v.* DAUBIGNY.
ASHE, *v.* ASHELEY.
ASHELEY, *or,* ASHE, 1041. fo. 34.   1543. fo. 25*b*.
Atkins, of Hempstead, 1543. ff. 49*b*. 54.
ATKINSON, *of Stowell, fr. Co. Oxon.* 1041. fo. 118*b*. 1543. fo. 169.
ATTON, 1041. fo. 57.
ATTWOOD, *of Beach,* 1543. fo. 155*b*.

ATTWOOD, *of Sherehampton, fr. Co. Worc.* 1041. fo. 110.   1543. fo. 155.
AUDELEY, *Lord,* 1041. fo. 49*b*.
Audley, 1543. fo. 52*b*.
Avenell, 1543. fo. 49.
Avery, 1041. fo. 70*b*.   1543. ff. 49. 52*b*.
Aviland, 1543. fo. 53.
AYLEWAY, *of Tainton,* 1543. ff. 173*b*. 174.
Ayleway, 1041. fo. 72*b*.
AYLEWORTH, *of Ayleworth,* 1041. fo. 116*b*.   1543. fo. 55*b*.
Ayre, 1543. fo. 52*b*.
BADGER, *v.* BAGHOTT.
BAGHOTT, *or,* BADGER, *of Hall Place,* 1041. fo. 37.   1191. fo. 32*b*.   1543. fo. 30*b*.
BARDOLFE, 1041. ff. 9*b*. 45*b*.
BARKER, *or,* TAYLOR, 5533. p. 123.
Barker, or, Taylor, 1543. fo. 49.
BARKLEY, 1041. ff. 60*b*. 64*b*.   1543. ff. 40*b*. 41. 74*b*. 147.   Add. MS. 14,315. fo. 150.
——————— *of Coberley,* 1041. fo. 19.   1543. fo. 9.
——————— *of Stoke,* 1041. fo. 119*b*.   1543. fo. 169*b*.
Barkley, Lord, 1543. fo. 175.
——————— *of Stoke,* 1041. fo. 73.   1543. fo. 50.
——————— *of Beverstone,* 1543. fo. 52.
BARNABY, 1543. fo. 35.
BARNARD, *of Upton St. Leonard, fr. Co. Northampt.* 1041. ff. 32*b*. 36.   1191. fo. 28*b*. 1543. fo. 24.
BARROWE, 1041. fo. 66.
BARTLETT, *of Senbury, fr. Co. Worc.* 1041. fo. 25. 1191. fo. 22*b*.   1543. fo. 4.
Baskervile, 1543. fo. 49.
BASSET, *of Yenley,* 1041. fo. 20.   1191. fo. 11. 1543. fo. 9*b*.
Bassett, 1543. ff. 49. 50*b*. 52.
BATHERST, *of Lechlade, fr. Co. Kent,* 1041. fo. 112.   1543. fo. 168*b*.
Batherst, 1543. fo. 51*b*.

BAUGH, *of Twining*, 1041. fo. 105.   1543. fo. 137b.

Baugh, 1041. fo. 73.   1543. fo. 52b.

BAYNHAM, *of Westbery*, 1041. ff. 27(a. b.) 1191. fo. 24b.   1543. ff. 7b. 177b.

BEAUFOREST, 1102. fo. 119b.   1139. fo. 53. 1391. fo. 121b.

BELL, *of Sandhurst*, 1041. fo. 88b.   1543. fo. 94.

Bell, 1543. fo. 53b.

BEREWE, *of Felcourt*, 1041. fo. 20b.   1191. fo. 11b.   1543. fo. 10b.

Berkrolls, 1543. fo. 49.

BESFORD, or, PERESFORD, 1543. fo. 42.

BIRD, *of Wootton Under Edge, fr. Co. Worc.* 1041. ff. 94b. 116.   1543. fo. 111b.

BITTON, 1041. fo. 20.   1191. fo. 11.   1543. fo. 9b.

BLACKET, 1140. fo. 27.   1159. fo. 27.   1442. fo. 27.

BLACKMONSTER, 1041. fo. 58.

BLAKETT, 1533. fo. 90.

Blewet, 1543. fo. 49.

BLOMER, *of Cowley*, 1543. fo. 164b.

—— *of Heythrop, fr. Co. Westm.* 1041. fo. 71.   1543. fo. 87b.

BLOUNT, *of Magersfield*, 1041. fo. 42.

BODENHAM, 1041. fo. 64b.   1543. fo. 74b.

BOLLES, 1041. fo. 58.

BOND, *of Scatterford*, 1041. fo. 86.   1543. fo. 81b.

Bonner, v. Ryddell.

BOOTHE, 1041. fo. 67b.

BOSTOCK, 1041. fo. 52.   1543. ff. 38b. 73.

BOTELER, 1543. fo. 40b.   1561. fo. 258.   Add. MS. 14,311. ff. 36. 53.

Bourcher, of Barnsley, 1543. fo. 51b.

Bovey, 1041. fo. 75.

BOWSER, *of Stone*, 1041. fo. 95.   1543. fo. 112.

BOYLE, *of Maresmore*, 1041. fo. 103b.   1543. fo. 132b.

Bradley, of Southernes, 1543. fo. 51b.

BRADSTONE, 1041. fo. 38.   1191. fo. 33.   1543. fo. 31b.

Bradstone, 1543. fo. 49b.

BRADWAY, *of Potslipe*, 1041. fo. 22.   1191. fo. 20.   1543. fo. 12.

Bradway, 1543. fo. 52.

BRAYNE, *of Dean*, 1041. fo. 26b.   1191. fo. 24. 1543. fo. 20.

Brent, 1543. fo. 49.

BRIAN, 1543. fo. 80b.

BRIDGMAN, *of Dean*, 1041. fo. 22.   1191. fo. 16b.   1543. fo. 14b.   1563. fo. 79b. 1566. fo. 172b.

BRIDGES, *Lord Chandos*, 1041. ff. 18. 19. 65. 1191. fo. 14b.   1543. fo. 8b.

—— *or*, BRUGG, 1041. fo. 115b.   1543. ff. 8. 43b.   Add. MS. 12,479. fo. 37b.

Briger, 1543. fo. 50.

BRIGGES, Add. MS. 12,479. fo. 6.

BROMWICH, *of Bromsborough*, 1041. fo. 24. 1191. fo. 22.   1543. ff. 17. 61b. 67b.

BROWNE, *of Hathfield*, 1041. fo. 80.   1543. fo. 46.

—— *of Nibley, fr. Co. Linc.* 1041. fo. 117. 1543. fo. 115.

BROWNING, *of Cowley*, 1041. fo. 100.   1543. fo. 125.

BRUGG, v. BRIDGES.

Brunt, of Larkstock, 1543. fo. 49.

BUCKE, *of Bibury*, 1041. fo. 19b.   1191. fo. 14.   1543. ff. 1. 8.

Buck, of Winterborne, 1543. fo. 50b.

BUCKLAND, 1543. fo. 8b.

BURGYS, 1543. fo. 49b.

BURNELL, *of Brinsham*, 1041. fo. 117.   1543. fo. 115b.

BUSHELL, *of Brodmerston*, 1041. fo. 62.   1100. fo. 90.   1167. fo. 112.   1543. fo. 42b. 1563. fo. 133b.

BUTLER, *of Badminton*, 1041. ff. 25. 69. 85b. 1543. fo. 65b.

Butler, 1543. fo. 50.

BUTTON, 1543. fo. 186b.

CACHMAID, *of Bigsweare*, 1543. fo. 80b.

Cachmaide, 1041. fo. 73.   1543. fo. 52b.

CADULL, 1041. fo. 55b.

CAGE, *of Frethern, fr. London*, 1041. fo. 120. 1543. fo. 170b.

CALEW, v. CALO.

CALO, or, CALEW, *of Michel Dean*, 1191. fo. 36b. 1543. fo. 33b.

CAM, *de*, 1141. fo. 100.   1445. fo. 138b.   1543. fo. 185.   1559. ff. 225b. 263.

CAPELL, *of Essington, fr. Co. Heref.* 1041. fo. 118b.   1543. fo. 134.

CARPENTER, 1137. fo. 59b.   1432. fo. 51b. 1531. fo. 137.   1543. fo. 81.   2109. fo. 38.   4600. p. 32.

Carpenter, 1543. fo. 53.

—— *of Coleford*, 1543. fo. 54.

CARR, *of Tewksbury, fr. Co. Northumb.* 1543. fo. 140.

CARTWRIGHT, *of Washborne*, 1041. fo. 104b. 1543. fo. 137.

CASSEY, *of Cassey Compton*, 1394. p. 219.   1415. fo. 25b.   1420. fo. 158b.   1543. fo. 51. 6128. fo. 26b.

Cassey, 1543. fo. 51.

Castleman, 1543. fo. 189b.

Chacumber, 1543. fo. 53.

Challeng, 1543. fo. 54.

CHAMBER, *of Gloucester, fr. Co. Herts.* 1543. fo. 129b.

Chamberlyn, of Prestbury, 1543. ff. 50. 52.

Champnes, 1543. fo. 50b.

CHANDOS, *Lord*, v. BRIDGES.

CHEDDER, 1041. fo. 57.

CHESTER, *of Amesbury and Barton Regis*, 1041. fo. 109b.   1543. fo. 152.

Chester, 1543. ff. 50b. 52. 53.

CHICHELEY, 1543. fo. 8b.

CHILDE, 1041. fo. 62.

CHURSDON, or, LELONG, 1041. fo. 55.   1543. fo. 40.

CIFREWAST, 1041. ff. 10. 46.

CLANVOWE, 1041. ff. 10. 46.

Clare, 1543. fo. 49.

CLIFFORD, *of Frampton*, 1041. ff. 55. 66.   1543. fo. 66b.

Clifford, 1543. fo. 50b.

CLOPTON, *of Snitterfield*, 1041. fo. 38.   1191. fo. 33b.   1543. ff. 3. 69b.   Add. MS. 14,314. fo. 43.

CLOTTERBROOKE, *of Stanley Regis*, 1041. fo. 98. 1543. fo. 119.

CLYNTON, 1543. fo. 153b.

CODRINGTON, *or*, CORDINGTON, *of Doddington,* 1041. fo. 56.   1543. fo. 67*b*.

COLE, *of Northey,* 1041. ff. 61*b*. 90*b*.   1543. fo. 104*b*.

COMPTON, *of Hartbury, fr. Co. Wilts.* 1041. fo. 23.   1191. fo. 21*b*.   1543. ff. 16.

COOKE, *of Highnam,* 1041. fo. 81.   1543. fo. 48*b*.

CORDINGTON, *v.* CODRINGTON.

Cotherington, of Doddington, 1543. fo. 50*b*.

COTTINGTON, 1041. fo. 19*b*.   1191. fo. 14. 1543. fo. 1.

Cottington, 1543. fo. 52.

COTTON, *of Whittington, fr. Co. Chesh.* 1041. fo. 52.   1543. ff. 38*b*. 72*b*. 121*b*.

COXWELL, *of Ablington,* 1041. fo. 112*b*.   1543. fo. 168.

CRADOCK, *v.* NEWTON.

Crane, 1543. fo. 53*b*.

CROKER, *of Battisford,* 1041. fo. 101*b*.   1543. fo. 130.

CROMLEYN, 1041. ff. 7*b*. 49.

DAMENEVILLE, 1543. fo. 186*b*.

DAMORY, *or,* AMORY, *of Cotherington and Yate,* 1041. fo. 84*b*.   1543. fo. 64.

DASTON, 1041. fo. 62.

Daston, of Wormington, 1543. fo. 50*b*.

DAVERS, *of Dauntesey,* 1041. ff. 58. 64*b*.

DAUBIGNY, *Earl of Arundel,* 1041. fo. 7.

DAUNT, *of Oldpen,* 1041. fo. 44.   1191. fo. 18*b*.   1543. fo. 29.

DAVIS, 1543. fo. 75.

DEANE, *of Great Dean,* 1041. fo. 28.   1191. fo. 24*b*.   1543. fo. 7*b*.

DE CLARE, *Earl of Gloucester,* 1982. fo. 94.

DE LA BERE, *of Southam, fr. Co. Heref.* 1041. fo. 106.   1543. fo. 144*b*.

De la Bere, 1543. fo. 50*b*.

DE LA ESTCOURT, *v.* EASTCOURT.

DE LA MORE, 1543. fo. 186*b*.

DENNIS, *of Allyston and Gloucester,* 1041. ff. 46*b*. 50*b*.   1543. ff. 37*b*. 39*b*.

———– *of Pulcherchurch,* 1543. fo. 75*b*.

DEREHURST, 1041. fo. 20*b*.   1191. fo. 11*b*. 1533. fo. 41.   1543. ff. 7*b*. 10*b*.

Derehurst, 1543. fo. 53.

DICKLESTON, 1043. fo. 27*b*.   1352. fo. 13. 1486. fo. 7.   1566. fo. 87.

DOWELL, *of Over, fr. Co. Som.* 1041. fo. 144. 1543. fo. 114.

DOWLE, *of Dunsbery,* 1543. fo. 39*b*.

Dunscote, 1543. fo. 52.

DUTTON, *of Chedworth,* 1543. fo. 121.

———–— *of Sherbourne, fr. Co. Chesh.* 1041. fo. 53.   1543. fo. 73*b*.

Dutton, 1543. fo. 50.

DYNGHILL, 1041. fo. 55*b*.

ESTCOURT, *or,* DE LA ESTCOURT, *of Tedbury,* 1543. fo. 158*b*.

Eastcort, of Shipton, 1041. fo. 111*b*.   1543. fo. 52.

EIGNION, EYNION, *or,* ONYON, 1041. ff. 27. 28. 1191. fo. 24*b*.   1543. ff. 7*b*. 177*b*.

Esington, 1543. fo. 54*b*.

EVANS, *of Gloucester, fr. Co. Montgom.* 1041. fo. 118*b*.   1543. fo. 133*b*.

EVERDON, 1041. fo. 68.

EYNION, *v.* EIGNION.

FEILD, *of Pagenhall,* 1041. fo. 97.   1543. fo. 117*b*.

Felton, 1543. fo. 49.

FERRERS, *Lord,* 1191. fo. 36*b*.   1543. fo. 33*b*.

———— *of Fiddington. fr. Co. Wilts.* 1041. fo. 104.   1191. fo. 36*b*.   1543. fo. 136*b*.

Fettiplace, of Colne, 1543. fo. 51*b*.

FIFELD, *or,* LOW, 1041. fo. 107*b*.   1543. fo. 146*b*.

FINCH, *of Kempley, fr. Co. Bucks.* 1041. fo. 120*b*. 1543. fo. 173.

Fisher, 5533. fo. 10.

FITZ-NICHOL, *or,* FITZ-NICHOLAS, 1041. ff. 10. 46. 1543. fo. 175*b*.

Fitz-Payne, 1543. fo. 49.

FOLLIGATE, *of Thorndon,* Add. MS. 12,479. fo. 76.

FORSTER, 1457. fo. 25.

FOULKE, *of Thornborough, fr. Co. Staff.* 1041. fo. 30.   1191. fo. 43.   1543. fo. 21*b*.

FOWKES, 1566. fo. 127.

FOWLER, *of Stonehouse,* 1041. fo. 93*b*.   1543. fo. 109.

Fowler, 1543. fo. 54.

FREME, *of Lippiat,* 1041. ff. 109*. 111.   1543. fo. 157*b*.

FURNEULX, 1041. fo. 20.   1191. fo. 11.   1543. fo. 9*b*.

GAGE, *of Cirencester,* 1041. fo. 74*b*.

GARNON, *of Harnhill, fr. Co. Heref.* 1041. fo. 99. 1543. fo. 123.

Garnons, 1543. fo. 52.

GASCOIGNE, 1041. fo. 50.

GASTRELL, *of Shipton Moigne,* 1041. ff. 33*b*. 36*b*. 1191. fo. 28.   1543. fo. 24*b*.

GATES, *of Cleeve, fr. Co. Essex,* 1543. fo. 97*b*.

GEORGE, *of Bawnton,* 1041. fo. 120*b*.   1543. fo. 184.

George, of Cirencester, 1543. fo. 51.

GIFFORD, *of Weston-under-Edge,* 1041. fo. 59. 1543. fo. 72.

GLOUCESTER, *Duke of, v.* STAFFORD.

———— *Earl of, v.* DE CLARE.

GOLOFREY, 1041. ff. 7*b*. 49*b*.

GOODRIGE, *of Charlew,* 1041. fo. 35*b*.   1191. fo. 31*b*.   1543. fo. 27.

GOSTLETT, *of Marfield,* 1041. fo. 91.   1543. fo. 106*b*.

GOUGH, *of Wisbury,* 1543. fo. 100*b*.

GREENE, *of Tamworth, fr. Co. Northampt.* 1041. fo. 106*b*.   1543. fo. 145.

GREGORY, 1041. fo. 61*b*.

GRENDOWRE, 1041. fo. 27.   1543. fo. 178. 1545. fo. 28*b*.

GREVELL, *of Charlton Regis,* 1543. fo. 142*b*.

———— *of Drayton,* 1041. fo. 21.   1191. fo. 19*b*.   1543. fo. 11*b*.

Grevill, of Milcott, 1543. fo. 50.

GRIFFIN, 1041. fo. 57.

GUEST, *of Tewksbury,* 1543. fo. 83*b*.

GWILLIM, 1041. ff. 23. 67*b*.   1191. fo. 21. 1543. fo. 15*b*.

GWINNETT, *of Shurdington,* 1543. fo. 190.

GYSE, *of Elmore,* 1041. fo. 21.   1191. fo. 12. 1543. fo. 11.

HAKELOUT, 1543. fo. 52*b*.

HALL, *of High Meadow,* 1041. fo. 86*b*.   1191. fo. 40.   1543. fo. 82*b*.

HAMLYN, *of Lee,* 1191. fo. 24.   1543. fo. 20.

HAMPTON, 1041. fo. 57.

HANNYNG, 1982. fo. 113.

HARDING, *of Cam and Cowley,* 1543. fo. 185.

HARMER, 1041. fo. 67*b*.

Harpden, 1543. fo. 53*b*.

HARRIS, *of Walton, fr. Co. Worc.* 1041. fo. 119. 1543. fo. 135*b.*

HAVILAND, *of Tewksbury, fr. Co. Dorset.* 1041. fo. 92*b.* 1543. fo. 108.

HAWKESWORTH, *of Thornborough, fr. Co. York.* 1041. fo. 85. 1543. fo. 65.

HENEAGE, 1041. fo. 11.

HERBERT, *of Troy,* 1041. fo. 45.

HERLE, 1041. ff. 24*b.* 54. 1191. fo. 18. 1543. ff. 18. 39.

HEYWARD, 1543. fo. 185.

HICKES, *of Campden and Tetsworth,* 1041. fo. 43. 1191. fo. 38*b.* 1444. fo. 27. 1543. fo. 74. 5533. p. 29.

HIGGES, *of Collesborne,* 1041. fo. 75*b.* 1543. fo. 76.

HILL, 1041. fo. 67*b.*

—— *or,* HULL, *of Olneston,* 1041. fo. 92. 1543. fo. 107*b.*

Hill, or, Hull, 1543. fo. 52. •

HINSON, *of Hints Court, fr. Co. Camb.* 1041. fo. 102. 1543. fo. 130*b.*

HODGES, *of Dimock,* 1191. fo. 37. 1543. ff. 33*b.* 72.

HOLFORD, *of Churchdown, fr. Co. Chesh.* 1041. fo. 120. 1543. fo. 171.

HOLTE, 1041. fo. 52. 1543. ff. 38*b.* 72*b.*

HOOKE, *of Alway,* 1041. fo. 29*b.* 1543. fo. 20*b.*

HOPTON, *of Chalford,* 1041. fo. 100. 1543. fo. 126.

HORE, 1543. fo. 54*b.*

HORTON, *of Commidge, fr. Co. Wilts.* 1041. fo. 99*b.* 1543. fo. 123*b.*

HOSKINS, *fr. Co. Monmouth.* 1543. fo. 80*b.*

Hoton, 1543. fo. 49.

HUDLESTON, 1041. fo. 81. 1543. fo. 47*b.*

HUGFORD, *of Dickleston, fr. Co. Warr.* 1043. fo. 39. 1543. fo. 41*b.* 1566. fo. 8.

Hukeford, 1543. 49.

HUNGERFORD, *of Down Ampney,* 1041. ff. 8. 63. 1543. fo. 182*b.* Add. MS. 12,479. fo. 63.

—————— *of Dykeston,* 1543. fo. 45*b.* Add. MS. 12,479. fo. 40*b.*

HUNTER, *or,* PERY, *of Wootton-Under-Edge, fr. Co. York.* 1041. fo. 113*b.* 1543. fo. 176.

HUNTLEY, *of Boxwell,* 1041. ff. 23*b.* 115*b.* 1191. ff. 12*b.* 24. 1543. ff. 16*b.* 44*b.*

HUSSE, 1543. fo. 187*b.*

Hutton, 1041. fo. 70*b.*

HWYSHE, 1041. fo. 58.

HYED, 1041. fo. 55*b.*

HYETT, *of Lydney,* 1140. fo. 48*b.* 1159. ff. 27. 48*b.* 1442. fo. 48*b.* 1543. fo. 82. 1545. fo. 39.

IZOD, *of Stainton,* 1041. fo. 90. 1543. fo. 103.

JOANES, *of Gloucester,* 1543. fo. 105*b.*

JOHNSON, *of Widford, fr. Co. Beds.* 1041. fo. 98*b.* 1543. fo. 122.

JOYCE, *of Newland,* 1041. fo. 27. 1543. fo. 178.

KECKE, 1397. fo. 190*b.*

Kelke, of Bristol, 1543. fo. 49.

KEMYS, *of Wickwick,* 1041. fo. 82*b.* 1543. fo. 61.

Ketleby, of Sudington, 1543. fo. 52.

KILCOOPE, 1041. fo. 61*b.*

KINGESCOTT, *of Kingescott,* 1041. fo. 29. 1191. fo. 124. 1543. ff. 2. 21.

Kingeston, 1543. fo. 52.

Knight, 1543. fo. 50.

KNOVILLE, 1041. ff. 7*b.* 49.

KYNNE, *of Sende,* 1041. fo. 22*b.* 1191. fo. 17. 1543. fo. 13*b.*

LANE, *of Gloucester,* 1543. fo. 91. Add. MS. 14,311. fo. 86*b.*

LANGLEY, *of Mangerfield, fr. Co. Monm.* 1041. fo. 107. 1543. fo. 145*b.*

—————— *of Sodington,* 1041. ff. 23*b.* 68. 1191. ff. 12*b.* 41*b.* 1543. ff. 2*b.* 16*b.*

LANGSTON, 1041. fo. 69.

LANGTON, 1041. ff. 8. 50.

Larkinge, 1041. fo. 73.

Lawley, 1543. fo. 52.

LAWRANCE, *of Prior's Court,* 1041. fo. 38*b.* 1191. fo. 34*b.* 1543. fo. 3*b.*

—————— *of Sherdington,* 1543. fo. 99*b.*

Lawrance, of Foxcott and Foxhall, 1543. fo. 53.

Leigh, of Longborough, 1543. fo. 52.

LELONG, *v.* CHURSDON.

LLOYDE, *of Hollyrood Ampney, and Whitminster,* 1041. fo. 39. 1191. fo. 35. 1543. fo. 29*b.*

LOUDHAM, 1041. fo. 114*b.* 1543. fo. 27*b.*

LOWE, *v.* FIFELD.

LUCY, 1041. fo. 54*b.*

Lucy, of Heynam, 1543. fo. 51*b.*

LYDIATT, 1557. fo. 17. 1480. fo. 42.

Lygon, of Upton St. Leonard, 1543. fo. 50.

LYMMERICK, *of Cirencester and Mynt.* 1041. fo. 118. 1543. fo. 124.

MACHIN, *of Crookley,* 1041. fo. 88. 1543. fo. 91*b.*

MADOCK, *of Alvington and Hartbury,* 1041. fo. 34*b.* 1191. fo. 29*b.* 1543. fo. 26.

MALLETT, *of Cory Mallett,* 1041. ff. 9*b.* 45*b.*

MANWARING, 1041. fo. 49.

MARTIN, 1543. fo. 35*b.*

MASSEY, 1041. fo. 68.

MASTER, *of Cirencester,* 1041. fo. 111. 1543. fo. 158.

MAUNDE, *of Chesterton,* 1041. fo. 62.

MAUNSELL, 1041. fo. 56*b.*

Mayde, of Bycheswere, 1543. fo. 51*b.*

MINNE, 1449. fo. 35. 1560. fo. 37.

MITLEY, 6093. fo. 130*b.*

Moderby, 1543. fo. 49.

MONTACUTE, *Lord, v.* POOLE.

Morgan, of Breame, 1543. fo. 52*b.*

Morris, 1543. fo. 49.

MORTON, 1548. fo. 128*b.* 1539. fo. 78*b.*

Moulton, 1543. fo. 53.

MOUNTAGUE, 1385. fo. 20. 1559. fo. 60*b.*

MUCKLOW, *of Winchcomb,* 1041. fo. 26. 1191. fo. 41.

MYLL, *of Horscombe,* 1041. fo. 24*b.* 1191. fo. 18. 1543. fo. 17*b.*

NANFANT, *of Tewksbury,* 1543. fo. 97.

NAYLOR, *of Newlands,* 1041. fo. 86. 1543. fo. 81*b.* 2109. fo. 60*b.*

NEWTON, *or,* CRADOCK, *of Bitton, fr. Co. Som.* 1041. ff. 56*b.* 108. 1543. ff. 37. 147*b.*

Newton, 1543. fo. 50*b.*

NICHOLAS, *of Prestbury,* 1543. fo. 167*b.*

Nicholas, 1543. fo. 50*b.*

NORTHWOOD, *of Leckhampton,* 1543. fo. 143*b.*

NORTON, 1191. fo. 36. 1543. fo. 32*b.*

Norton, 1543. fo. 50.

NORWOOD, *of Brodwey,* 1041. fo. 62.

Norwood, of Lckehampton, 1543. fo. 50*b.*

OKEWOLD, *of Odington*, 1041. fo. 30*b*.   1191. fo. 42*b*.   1543. fo. 1*b*.

OLDESWORTH, *of Pultens Court*, 1543. fo. 41*b*.

Oldesworth, 1543. fo. 52*b*.

———— *of Wotton*, 1543. fo. 50*b*. 53.

ONYON, *v.* EIGNION.

OSBALDSTON, *of Odington, fr. Co. Lanc.* 1041. fo. 31.   1191. fo. 25*b*.   1543. fo. 22.

Overbery, of Aston Under Edge, 1543. fo. 52*b*.

PACKER, *of Cheltenham*, 1041. fo. 89.   1543. fo. 95.

PALMER, *of Lemington*, 1041. fo. 61.   1543. fo. 66.

PARKER, *of Northleach*, 1140. fo. 48.   1159. fo. 47*b*.   1442. fo. 47*b*.   1543. fo. 84*b*. 1545. fo. 38*b*.

Parker, 1543. ff. 52*b*. 53.

X PARTRIDGE, *or*, PARTRICHE, *of Cirencester, fr. Co. York.* 1041. fo. 25*b*.   1191. fo. 25.   1543. fo. 4*b*.

PATE, *of Mastersden*, 1543. fo. 52*b*.

PAUNCEFOOTE, 1041. fo. 54.   1543. ff. 8*b*. 39.

Pauncefoote, of Hasfield, 1543. fo. 51.

PAWLETT, *of Thornbury, fr. Co. Som.* 1041. fo. 91*b*. 1543. fo. 107.

PAYNE, *of Rodberrow*, 1041. fo. 110*b*.   1543. fo. 156*b*.

PEETER, *of Henbury, fr. Co. Devon.* 1543. fo. 117.

PEPWELL, *of Bristow and Cold Aston*, 1041. fo. 77*b*.   1191. fo. 41*b*.   1543. fo. 2*b*.

PERESFORD, *v.* BESFORD.

PERY, *v.* HUNTER.

Phorpe, 1543. fo. 52*b*.

PIGOTT, 1543. fo. 39*b*.

PINCHARD, 1041. fo. 20.

PLEYDELL, *of Holyrood Ampney, fr. Co. Berks.* 1041. fo. 96*b*.   1543. fo. 116.

POLEYN, *of Kingsweston*, 1041. fo. 20*b*.   1191. fo. 13.   1543. fo. 10.

POOLE, *of Sapperton, fr. Co. Chesh.* 1041. ff. 41. 64*b*. 1191. fo. 37*b*.   1543. ff. 33. 74*b*.

Poole, 1543. fo. 50.

———— *Lord Montacute*, 1543. fo. 54*b*.

PORTER, 1041. ff. 55. 60.   1543. ff. 40. 69*b*.

POWELL, 1543. fo. 34.

POYNTZ, *of Alderley*, 1041. fo. 47.

———— *of Cory Mallett*, 1041. ff. 9*b*. 45*b*.   1543. ff. 36. 175*b*.   4109. fo. 79.

PRICE, *of Kings Barton*, 1041. fo. 83*b*.   1543. fo. 63.*

Price, 1543. fo. 52*b*.

PROWZE, *of Slaughter, fr. Co. Devon.* 1543. fo. 103*b*.

PURLEWENT, 1543. fo. 41.

PYE, 1041. ff. 23*b*. 68. 101*b*.   1543. fo. 130.

RAWLEY, 1041. fo. 20.

RAYNSFORD, *of Compton, fr. Co. Berks.* 1041. fo. 31*b*.   1191. fo. 36*b*.   1543. fo. 6.

READ, 1545. fo. 105*b*.

Read, 1543. fo. 49*b*.

———— *of Mitton*, 1041. fo. 70*b*.   1543. fo. 50.

———— *of Yate*, 1543. fo. 52*b*.

RIDGE, 1543. fo. 186*b*.

ROBERTS, *of Wysterley, fr. Co. Shrop.* 1041. fo. 39*b*.   1191. fo. 35*b*.   1543. fo. 32. 3288. fo. 167*b*.

ROE, 1041. fo. 119*b*.

ROGERS, *of Eastwood, fr. Co. Som.* 1041. fo. 110. 1543. fo. 156.

———— *of Gloucester, fr. Co. Wilts.* 1041. fo. 89*b*. 1543. fo. 101*b*.

ROUSE, *of Horscombe*, 1041. fo. 24*b*.   1191. fo. 18.   1543. fo. 18.

RUSSELL, 1041. ff. 8. 49. 50*b*.

Ryddell, or, Bonner, 1543. fo. 52*b*.

ST. ALBAN, 1041. fo. 64*b*.   1543. fo. 74*b*.

St. Owen, 1543. fo. 49*b*.

ST. POOLE, 1041. fo. 55.   1543. fo. 40.

SANDFORD, *of Lennard Stanley, fr. Co. Shrop.* 1543. fo. 118.

———— *of Stowe*, 1041. fo. 26.   1191. fo. 41.   1543. fo. 5.

SANDYS, *of Musarden, fr. Co. Lanc.* 1041. fo. 73*b*.

SANESONNE, 1041. fo. 67*b*.

SARGENT, *or*, SERGENT, *of Stone, fr. Co. Monmouth*, 615. fo. 231.   1041. fo. 57*b*.   1543. fo. 68*b*.   1982. fo. 155*b*.

SAVAGE, *of Tetbury, fr. Co. Chesh.* 1041. fo. 117*b*. 1543. fo. 120.

SELWIN, *of Stanley, fr. Co. Sussex*, 1041. fo. 101. 1543. fo. 128.

SERGENT, *v.* SARGENT.

SEYMER, 1041. fo. 68.

Seymor, of Frampton, 1543. fo. 50.

SHELDON, *of Childs Wycon*, 1041. fo. 22*b*.   1191. fo. 20*b*.   1543. fo. 13.

SHRIMPTON, 1100. fo. 93*b*.   1167. fo. 117. 1563. fo. 140*b*.

SIDENTON, 1041. fo. 52.   1543. fo. 72*b*.

SITSILT, 1041. fo. 78*b*.   1543. fo. 171*b*.

Slaughter, 1041. fo. 70*b*.   1543. ff. 53. 54.

Smey, 1543. fo. 49*b*.

SMITH, *or*, SMYTH, *of Campden*, 1041. fo. 59*b*. 1100. fo. 53*b*.   1167. fo. 45*b*.   1543. fo. 71. 1563. fo. 215*b*.

SMYTH, *of Nibley, fr. Co. Linc.* 1041. fo. 100*b*. 1543. fo. 126*b*.   6128. fo. 20*b*.

Smyth, of Nibley, 1543. fo. 49*b*.

SNELL, *of Lockwell, fr. Co. Wilts.* 1041. fo. 109*b*. 1543. fo. 151*b*.

SNELSTON, 1041. fo. 52.   1543. ff. 38*b*. 73.

SNOW, *of Risley*, 1041. fo. 116.   1543. fo. 54*.

Somervile, 1543. fo. 49*b*.

SOMERY, *of Barrowe*, 1041. ff. 7*b*. 49.

SPERT, *of Tetbury, fr. Cos. Midd. and Wilts.* 1041. fo. 97*b*.   1543. fo. 118*b*.

Stafford, Duke of Gloucester, 1535. fo. 5.

———— *of Morle Wood*, 1543. fo. 50.

STANTON, 1041. fo. 55.   1043. fo. 42*b*.   1543. fo. 40.   1566. fo. 113.

STAPLETON, 1041. fo. 62.   1543. fo. 40.

STEPHENS, *of Estington*, 1041. fo. 94*b*.   1543. fo. 110*b*.

Stevens, 1543. fo. 51.

STOKES, *of Barnwood, fr. Co. Wilts.* 1041. fo. 93. 1543. fo. 108*b*.

STONE, *of Lechlade*, 1041. fo. 83.   1543. fo. 63*b*.

Stone, 1543. fo. 49*b*.

STRADLING, 1041. ff. 58. 64*b*.

STRANGE, *Lord*, 1041. fo. 8.

———— *of Cirencester and Mounscourt*, 1041. fo. 43*b*.   1543. ff. 19. 114*b*.   1191. fo. 23.

STRATFORD, *of Farncott*, 1041. ff. 35. 114*b*. 1191. fo. 30*b*.   1543. fo. 27*b*.

STUMPE, 1543. fo. 41.

Sudeley, 1543. fo. 49*b*.

SYMONDS, *of Hillesley, fr. Co. Dorset.* 1041. fo. 109.   1543. fo. 150*b*.

Q

TALBOYS, *of Tetbury, fr. Co. York.* 1041. fo. 117*b*.   1543. fo. 119*b*.

TAME, *of Fairford and Rayton,* 1041. fo. 80*b*. 1543. fo. 46*b*.   Add. MS. 12,479. fo. 39.

TAYLOR, *of Haselton Grange, fr. Co. Linc.* 1543. fo. 57*b*.

———— *v.* BARKER.

Taylor, 1041. fo. 76*b*.

TESTE, 1041. fo. 56.   1543. fo. 67.

Teylow, 1543. fo. 53.

THAME, 1100. fo. 14*b*.   1167. fo. 8.   1563. fo. 26*b*.

THROGMORTON, *or,* THROCKMORTON, *of Coss Court,* 1543. fo. 64*b*.

———————— *of Crowsland, fr. Co. Worc.* 1041. fo. 65.   1543. ff. 8*b*. 74*b*.

Throgmorton, of Tetworth, 1543. fo. 50.

THYNN, *of Hildesley, fr. Co. Wilts.* 1041. fo. 109. 1543. fo. 150.

TIRREY, *fr. Ireland,* 1041. ff. 8*b*. 49.

Torberville, 1543. fo. 49*b*.

TOWERS, *or,* TROWERS, *of Henyng,* 1041. fo. 67. 1543. fo. 7.

TRACEY, *of Stanway and Tuddington,* 1041. ff. 40. 59*b*.   1191. fo. 38.   1543. ff. 34*b*. 78*b*.

Tracy, 1543. fo. 50.

TRASCY, *de,* 1543. fo. 35*b*.

TROTMAN, *of Cam and Eastwood,* 1041. fo. 108*b*. 1543. fo. 149.

TROWERS, *v.* TOWERS.

TRY, *of Hardwick,* 1041. fo. 60*b*.   1504. fo. 8. 1543. ff. 40*b*. 41.

Tuckden, of Forley, 1543. fo. 52*b*.

TWINYHO, *of Shipton, fr. Co. Som.* 1041. fo. 84. 1543. fo. 63*b.

TYNDALL, *of Eastwood,* 1543. fo. 43.

URBESTON, 1041. fo. 67.

VAUGHAN, *of Just, fr. Co. Heref.* 1041. fo. 77*b*. 1543. fo. 6*b*.

————— *fr. Co. Monmouth,* 1543. fo. 29*b*.

VEELE, *or,* VELE, *of Longford,* 1041. fo. 37.   1191. fo. 32.   1543. fo. 30.

———————— *of Over.* 1041. fo. 21*b*.   1153. ff. 85*b*. 86*b*.   1191. fo. 15.(*a. b.*)   1543. ff. 12*b*. 36.

VERNON, *of Hatton,* 1041. fo. 53.

VINON, 1543. fo. 187.

WAKEMAN, *of Nith, fr. Co. Worc.* 1041. fo. 121. 1543. fo. 76*b*.

Wakeman, of Beckford, 1543. fo. 52*b*.

WALROND, *of Puklechurch, fr. Co. Som.* 1041. fo. 31*b*.   1191. fo. 27.   1543. fo. 23.

WALSH, *of Olveston,* 1191. fo. 36.   1543. fo. 32*b*.   Add. MS. 12,479. fo. 38.

WALWYN, *of Bickerton,* 1041. fo. 27.

———————— *of Southam, fr. Co. Herts.* 1041. fo. 44*b*. 1191. fo. 17*b*.   1543. ff. 19*b*. 178.

———————— *of Swindon,* 1543. fo. 96*b*.

WARREN, *of Stanton,* 1041. fo. 87*b*.   1543. fo. 85*b*.

WATSON, *of Stratford, fr. Co. Worc.* 1041. ff. 34*b*. 82.   1191. fo. 29.   1543. ff. 26*b*. 56*b*.

WATTS, *of Stroudwater,* 1543. fo. 60*b*.

WELSH, 1543. fo. 36*b*.

Welsh, 1543. fo. 49*b*.

WEOLY, *of Campden,* 1041. fo. 41*b*.   1530. fo. 87.   1543. fo. 62*b*.

Weoly, 1543. fo. 50.

WESTON, *of Hanham,* 1543. fo. 50*b*.

WHITNEY, 1041. fo. 45.

WHITTINGHAM, 1543. fo. 85.

WHITTINGTON, *of Hamswell and St. Brevill,* 1041. ff. 24*b*. 38*b*. 58. 64*b*.   1191. fo. 23*b*. 1543. fo. 18*b*.

———————— *of Lippiatt,* 1543. fo. 92*b*.

———————— *of Notgrove,* 1191. fo. 39.

———————— *of Pauntley,* 1041. fo. 64*b*.   1543. ff. 74*b*. 165.

Whyte, of Bristowe, 1543. fo. 88.

WIGSTON, 1041. fo. 68.

Willington, 1543. fo. 49*b*.

WILTON, *of Dymock,* 1041. ff. 32. 36.   1191. fo. 28*b*.   1543. fo. 23*b*.

Winsington, 1543. fo. 53.

WINSTON, *of Standish, fr. Co. Heref.* 1041. fo. 78*b*.   1543. fo. 171*b*.

Winston, 1041. fo. 113.

WINTER, *of Derham,* 1543. fo. 148.

———————— *of Huddington,* 1041. ff. 7*b*. 49.

WISSE, *v.* WYSSE.

WOOD, *of Brockthorpe and Harscombe,* 1041. fo. 103.   1543. fo. 131*b*.

WOODWARD, *of Cam,* 1543. fo. 59*b*.

———————— *of Deane,* 1041. fo. 78.   1191. fo. 16.   1543 fo. 14.

WYATT, *of Tewksbury,* 1041. fo. 105.   1543. fo. 141.

WYE, *of Tewksbury,* 1041. fo. 40.   1543. ff. 92*b*. 78*b*.

Wye, 1543. fo. 49*b*.

Wykes, 1543. fo. 49*b*.

———————— *of Dursley,* 1543. fo. 50.

Wylkins, 1041. fo. 70*b*.

WYNSTON, *of Sandes, fr. Co. Heref.* 1543. fo. 75.

Wynter, of Lydney, 1543. fo. 50.

WYRRALL, *of Barnwood and Bryknor,* 1041. fo. 51.   1543. fo. 38.

Wyrrall, 1543. fo. 53.

WYSSE, *or,* WISSE, *of Thornbury, fr. London,* 1041. fo. 35*b*.   1191. fo. 31.   1543. fo. 5*b*.

YATE, *of Arlingham,* 1543. fo. 147.

Yate, 1543. fo. 52*b*.

———————— *of Arlingham,* 1543. ff. 50*b*. 53*b*.

YOUNG, 1041. fo. 34.   1191. fo. 29.   1543. fo. 25*b*.

HAMPSHIRE.

ABARROW, *of North Chadforth*, 1544. fo. 175.
Abarrow, 5865. fo. 49.
ALEXANDER, *of Winchester*, 1544. fo. 164*b*.
Alexander, 5865. fo. 46*b*.
ALLEN, 1476. fo. 414*b*.
ALPHE, *fr. London*, 1139. fo. 27*b*.   1544. fo. 92.
ANDREWS, *of Freefolk*, 1043. fo. 36.   1544. fo. 44.   5865. fo. 25*b*.
ANTON, 1532. fo. 53.   6173. fo. 47.
Aphe, 5865. fo. 2*b*.
ARNWOOD, *of Arnwood*, 1139. fo. 26*b*.   1544. fo. 88*b*.
Arnwood, 5865. fo. 3.
ASHELDAM, 1544. fo. 196.
ASHMAN, *of Lemington*, 1544. fo. 125.
ATHERLEY, *of Winchester*, 1139. fo. 9.
ATTEHOOKE, *of Hooke*, 1544. fo. 161*b*.
ATWOOD, 1139. fo. 29.
AWOOD, 1544. fo. 68*b*.
AYLEFF, *of Skeres*, 1544. fo. 174.   5865. fo. 47.
AYLWARD, 1544. fo. 125.
BACON, *fr. Co. Wilts.* 1139. fo. 8*b*.   1544. fo. 71.
Bacon, 5865. fo. 2.
BALDWIN, *of Southampton*, 1139. fo. 37.
BANBURY, 1544. fo. 113*b*.
BANESTER, *of Idsworth*, 1544. fo. 23*b*.   5865. fo. 24.
BARKLEY, *of Vine*, 1544. fo. 53.
BARLOW, *fr. Co. Pemb.* 1139. fo. 22*b*.   1544. fo. 58*b*.
BARNHAM, *of Odiham*, 1544. fo. 130*b*.
BARROW, 1043. fo. 66.   1401. fo. 32.   1534. fo. 42.   6769. ff. 9*b*. 17.   6770. fo. 20*b*.   6775. fo. 32.   6830. p. 33.   Add. MS. 4962. fo. 28*b*.
BARRY, 5865. fo. 38*b*.
BARTHOLMEW, *of Bickton*, 1139. fo. 12*b*.   1544. ff. 32. 178.
Bartholomew, 5865. fo. 2.
BASKETT, *of Allington and the Isle of Wight*, 1544. fo. 122.
BAYLY, *of the Isle of Wight*, 1544. fo. 13.   5865. fo. 14*b*.
—— *of Mervyle*, 1544. fo. 36*b*.   5865. fo. 34*b*.
BEAUSERVICE, 1544. fo. 58.
BECONSAW, *of Moyles Court, fr. Co. Lanc.* 1544. fo. 177.
Beconsaw, 5865. fo. 49.
BEE, *of Basingstoke*, 1544. fo. 4.   5865. fo. 8.   6128. fo. 87.
BENNHAM, 1139. fo. 6.
BESMEAD, *v.* PESMEAD.
BETHELL, *of Winchester*, 1199. fo. 7.   1544. fo. 69*b*.
Bethell, 5865. fo. 2.
BETTS, *of Southampton*, 1139. fo. 4.   1544. fo. 64.
Betts, 5865. fo. 2.
BILSONN, 1544. fo. 164*b*.
BISHOP, 1483. fo. 66*b*.   1530. fo. 44*b*.   Add. MSS. 14,284. p. 30.

BLAKE, *of Estontowne*, 1544. ff. 135*b*. 182*b*.
BONHAM, 1139. fo. 6.   1544. ff. 37*b*. 68. 122. 5865. fo. 35.
Boswell, of Combe, 1544. fo. 3.
BOURMAN, *of Brooke*, 1544. fo. 141*b*.   5865. ff. 44. 32.
BOWYER, *of Hoo, fr. Co. Suss.* 1544. ff. 4. 75*b*. 5865. fo. 8.
Bowyer, 5865. fo. 2.
BOYS, *of Wely*, 1139. fo. 17*b*.   1544. fo. 81.
BRAMSHOTT, 2109. fo. 56*b*.
Braxton, 1544. ff. 2. 3.
BRETTON, 1544. fo. 25*b*.
BROCAS, *of Beaurepayre*, 1544. ff. 113*b*. 149*b*.
BROOKE, *of Whitchurch*, 1139. fo. 37.   1544. fo. 186*b*.
BRUDNELL, 1544. fo. 119*b*.
BULKLEY, *of Burgate, from Co. Chesh.* 1139. fo. 11*b*. 1544. fo. 7*b*.   2119. fo. 158*b*.   5865. fo. 10*b*.
BULLAKER, *of Southampton*, 1544. fo. 154*b*.
BULLER, 5865. fo. 28*b*.
BURLEY, *of Midleton Hall, fr. Co. Wilts.* 1139. fo. 19.   1544. fo. 83*b*.
Burley, 5865. fo. 2*b*.
BURTON, *v.* WALLOP.
BUTTON, *or* GRANT, *fr. Co. Wilts.* 1544. fo. 183*b*.
Button, of Buckland, 5865. fo. 49*b*.
BYFLEET, 1111. fo. 73.   1181. fo. 55.   1565. fo. 40.   5184. p. 2.
CARESWELL, *of Odiham*, 5865. fo. 9.
Careswell, 5865. fo. 3.
CHAMBERLYN, *of Lyndhurst, fr. Co. Oxon.* 1544. fo. 189.
CHAMPANTI, *or*, CIAMPANTI, *of Feldhowe, fr. Lond.* 1139. fo. 3.   1544. fo. 60.
Champanti, or, Ciampanti, 5865. fo. 43*b*.
Champany, 5865. fo. 2.
CHAMPION, *of the Isle of Wight, fr. Co. Surrey*, 1544. fo. 132.
CHAUNDLER, *of Hyde Barton*, 1544. fo. 124.
CHEEKE, *of Newport*, 1544. fo. 51*b*.   1562. fo. 59.
Cheke, 5865. fo. 43*b*.
CLARKE, *of Avington*, 1544. fo. 165*b*.
Clarke, 1544. fo. 1.   5865. fo. 3*b*.
Clavell, 1544. fo. 1.
Clobery, 1544. fo. 2.
CLYNT, 5865. fo. 18.
COBB, *of Swareton*, 1139. fo. 30.   1544. fo. 94.
Cobb, 5865. fo. 2*b*.
Coker, 1544. fo. 1.   5865. fo. 3*b*.
Collins, 1544. fo. 1*b*.   5865. fo. 50.
COLNETT, *of Combley*, 1544. fo. 140*b*.
COMPTON, *of Compton*, 1544. fo. 125.
——— —— *of Peirsden*, 1139. fo. 36.   1544. fo. 105*b*.
Compton, 5865. fo. 3.
COOKE, 1544. fo. 48*b*.   5865. fo. 24*b*.
Cooke, of Fordingbridge, 1544. fo. 1.
COPE, *of Bedenham, fr. Co. Oxon.* 1544. fo. 24. 5865. fo. 24*b*.
Cope, 5865. fo. 3*b*.

CORHAM, *of Barton, fr. Co. Devon.* 1544. fo. 111*b*.

COTTON, *of Warblington,* 1544. fo. 112*b*.

Courtney, of Southampton, 1544. fo. 3.   5865. fo. 50.

COWDREY, *of Heriott,* 1544. fo. 35*b*.   5865. fo. 34.

Cowdrey, 5865. fo. 3*b*.

CRESWELL, *of Farneham,* 1139. fo. 33*b*.   1443. fo. 31*b*.

———— *of Hackfield,* 1544. fo. 100*b*.

———— *of Odiham,* 1544. fo. 8.

CRISPE, 1504. fo. 104.

CROWLAND, 5865. fo. 16*b*.

CUFFOLD, *of Basing,* 1544. fo. 173*b*.

DABRIDGCOURT, *of Stratfield,* 1544. fo. 40*b*. 5865. fo. 36.

DAWLEY, *of Ibesley,* 1544. fo. 178*b*.

DAWTREY, *of Woodcot, fr. Co. Suss.* 1139. fo. 6*b*. 1544. ff. 16. 68*b*.   5865. fo. 15.

DEAN, *of Deneland,* 1544. ff. 78*b*. 173.

——— *of Mattingley, fr. Co. Berks.* 1544. fo. 151*b*.

Dean, 5865. fo. 47.

DE AULA, *v.* DE LA SALE.

DEERING, *of Lyss, fr. Co. Kent,* 1139. fo. 28. 1544. fo. 90.

Deering, 5865. fo. 3.

DE LA BEERE, 5865. fo. 38*b*.

DE LA SALE, *or* DE AULA, *of Bintworth,* 1139. fo. 38.

DELAWARE, *Lord, v.* WEST.

DENNIS, *of Shankling,* 1544. fo. 149*b*.

Dennis, 5865. fo. 46*b*.

DILLINGTON, *or* TILLINGTON, *of Dillington, or, Tillington,* 1544. fo. 18*b*.   5865. fo. 17.

——— — *of Knighton,* 1544. fo. 160*b*.

Dillington, of Knighton, 5865. fo. 44*b*.

DINGLEY, *of Southampton,* 1544. fo. 154.

——— *of Wolverton,* 1544. fo. 145.   1562. fo. 59.   5865. fo. 22.

Dingley, of Southampton, 5865. fo. 43.

——— *of Wolverton,* 5865. fo. 44*b*.

DOBBS, 1544. fo. 173.

DOWSE, *of Moore Court,* 1139. fo. 13*b*.   1544. fo. 53*b*.

Dowse, 5865. ff. 2. 48.

Doyley, of Ibesley, 5865. fo. 49*b*.

DREW, 1544. fo. 116*b*.

DUFFIELD, 1139. fo. 37.

DURANT, 1544. fo. 109*b*.

EARLESMAN, *of Westover,* 1544. fo. 158.

Earlesman, 5865. fo. 45.

EDMONDS, *of Bossington, fr. Co. Suss.* 1544. fo. 187*b*.

FALCONER, *v.* FAWKNOR.

FASHIN, *of Southampton,* 1139. fo. 2*b*.   1544. fo. 59*b*.

Fauntlcrcy, 1544. fo. 3.

FAWKNOR, *or,* FALCONER, *of Kingsclere,* 1139. fo. 22.   1544. fo. 85*b*.   5865. fo. 37*b*.

Farconer, 5865. fo. 3.

FISHER, *or* FITCHER, *of Chilton Condover,* 1139. fo. 22*b*.   1544. fo. 58.

Fisher, 5865. fo. 3.

FITCHER, *v.* FISHER.

FLEMING, *of Stoneham,* 1544. ff. 37*b*. 126. 138. 5865. fo. 35.

Fleming, 5865. fo. 43.

FORSTER, *of Baddesley,* 1385. fo. 33.   1544. fo. 176.

Foster, 1544. fo. 3.   5865. fo. 38.

FOYLE, *fr. Co. Dors.* 1544. fo. 181.

FREELAND, *of Gretham,* 1544. fo. 102*b*.

Freeland, 5865. fo. 2*b*.

FULLER, *or* FULWER, *of St. Helens,* 1544. fo. 111.

GAYNESFORD, 1544. fo. 72*b*.

GIFFORD, *of Itchell,* 1139. fo. 17.   1539. fo. 75*b*.   1544. fo. 19.   2186. fo. 31*b*. 5865. fo. 17*b*.

Gifford, 5865. fo. 3.

GOBYON, *Earl of Southampton,* 1556. fo. 15.

GODDARD, *of East Woodhay, fr. Co. Wilts.* 1544. fo. 145*b*.

Goddard, 5865. fo. 47*b*.

GOISORS, 5865. fo. 16*b*.

GOLDSMITH, *of Exon.* 1139. fo. 32.   1544. fo. 98.

GOODWYN, 1139. fo. 6.   1544. fo. 68.

GRANT, *v.* BUTTON.

GRAY, *of Silchester, fr. Co. Norf.* 1139. fo. 20*b*. 1544. fo. 84*b*.

Gray, 5865. fo. 3.

GUNTER, 1544. fo. 125.   6173. fo. 44.

HACKETT, 5865. fo. 17.

Hadnoll, 1544. fo. 1*b*.

HAMLYN, 1544. fo. 80.

HANBURY, *of East Mapledurham,* 1544. fo. 195.

Hancock, 5865. fo. 1*b*.

HARRIS, *of Broughton,* 1139. fo. 16*b*.   1544. fo. 57*b*.

——— *v.* HEIRRERS.

HARVY, *of Alvington,* 5865. fo. 44*b*.

Harvy, 1544. fo. 1*b*.

Hawley, of the Isle of Wight, 1544. fo. 3.

HAWTE, *of Pluckley,* 1544. fo. 90.

HAYDOCK, *or* HEYDOCK, *of Greywell,* 1544. fo. 13*b*.   5865. fo. 19*b*.

HAYES, *of Hayes,* 1139. fo. 23.   1444. fo. 80. 1544. fo. 57.

Hayes, 5865. fo. 3.

HEIRRERS, *or* HARRIS, 1544. fo. 12*b*.   5865. fo. 13.

HELLIER, *of Fawcomb.* 1544. fo. 131*b*.   1081. fo. 25.   1532. fo. 62*b*.   6173. fo. 44.

HERBERT, *of Swansey,* 1544. fo. 53.

HERWARD, *of Odiham, fr. Co. Shrop.* 1544. fo. 164.

Herward, 5865. fo. 47.

HEWETT, *of Heckfield,* 1544. fo. 155.

Hewett, 5865. fo. 46.

HEYDOCK, *v.* HAYDOCK.

HILL, 1544. fo. 23.   5865. fo. 22*b*.

Hill, 5865. fo. 3*b*.

HOBSON, *of the Isle of Wight, fr. Co. Midd.* 1544. fo. 115.

HOLDCROFTE, *of Basingstoke, fr. Co. Chesh.* 1544. fo. 172.

Holdcrafte, 5865. fo. 47.

HOLOWELL, 1544. fo. 173.

HOLT, *of Portsmouth, fr. Co. Lanc.* 1544. fo. 196.

HOLTE, 1544. ff. 53. 119.

Homes, of Southampton, 1544. fo. 1*b*.

HOOKE, *of Bramshot, fr. Co. Surrey,* 1139. fo. 10*b*.   1544. fo. 74.   5865. fo. 18.

Hooke, 5865. fo. 46*b*.

HOUGHTON, *of Petersfield, fr. Co. Herts.* 1139. fo. 26*b*.   1544. fo. 88.

Houghton, 5865. fo. 3.

HUNGERFORD, 1544. fo. 135.

HURLBART, *or* HURLBART, *of Kentworth, fr. Co. Surrey,* 1139. fo. 33.   1544. fo. 99*b*.

Hurlbatt, 5865. fo. 3.

Huttost, 1544. fo. 3.

HYDE, *of Romsey,fr. Co. Berks.* 1544. fo. 116.
INCKFORBY, 1544. fo. 3*b.*
INKPENNE, *or,* INGPEN, *of Galaker and White-house,* 1544. fo. 30*b.* 5865. fo. 30.
Inkpene, or, Ingepen, of Bartley Regis, 5865. ff. 3*b.* 49.
IRELAND, *of Greatham,* 1139. fo. 34*b.*
Irton, 5865. fo. 2*b.*
JAMES, *of Newport,* 1544. fo. 148.
James, 5865. fo. 47.
Jennings, 1544. fo. 2.
JEPHSON, *of Froyle,* 1544. fo. 128*b.*
Jephson, 5865. fo. 1*b.*
Johnson, 1544. fo. 1. 1533. fo. 115.
KEDWELLEY, *of Hartley, fr. Co. Glamorgan,* 1544. fo. 121.
KELLOWAY, 1544. fo. 27*b.* 5865. fo. 28*b.*
KEMP, *of the New Forest,fr. Co. Kent,* 1544. fo. 118*b.*
KENE, *of the Isle of Wight,* 1139. fo. 37.
KINGSMILL, *of Basingstoke,* 1139. fo. 18*b.*
——————— *of High Clere,fr. Co. Berks.* 1544. fo. 5. 5865. fo. 7.
——————— *of Milbrooke,* 1544. fo. 89*b.*
Kingsmill, 5865. fo. 2*b.*
KINGSTON, *of the Isle of Wight,* 1544. fo. 116*b.*
KINGSWELL, *of Shalden,* 1139. fo. 33. 1544. fo. 99*b.*
Kingswell, 5865. fo. 1*b.*
KINGWOOD, *of Credistowe,* 5865. fo. 21.(*a. b.*)
Kirby, of Stanbridge, 5865. fo. 48*b.*
KIRKBY, *of Stanbridge,* 1139. fo. 16. 1544. fo. 170*b.*
KNIGHT, *of Southampton,* 1544. fo. 190*b.*
——————— *of Timsbury, fr. Co. Northampt.* 1544. fo. 190.
Knight, of Southampton, 5865. fo. 43*b.*
——————— *of Timsbury,* 5865. fo. 48.
KNOWLES, *of Downton,* 1139. fo. 14. 1544. fo. 76*b.*
Knowles, 5865. fo. 2*b.*
LAMBERT, *of Leverstock,* 1544. ff. 44. 125*b.*
——————— *of Winchester, fr. Co. Wilts.* 1043. fo. 36. 1139. fo. 9. 1544. fo. 37. 1561. fo. 69*b.* 5865. fo. 35.
LANGRISH, *of Langrish,* 1139. fo. 25*b.* 1544. fo. 87*b.*
Langydge, 5865. fo. 3*b.*
Lawrance, 1544. fo. 3. 5865. fo. 2*b.*
LAWRENS, *of Winchester,fr. Co. Dors.* 1139. fo. 32*b.* 1544. fo. 99.
LEEDS, *of Soberton, fr. Co. Suss.* 1139. fo. 24. 1544. fo. 86.
Leeds, 5865. fo. 3.
LEIGH, *of Coldray,* 1544. fo. 139.
——————— *of Thorley,fr. Co. Som.* 1544. fo. 156.
Leigh, of Newport, 5865. fo. 45.
Leigh, or Tiderleigh, 5865. fo. 1*b.*
Lipscombe, 5865. fo. 3.
LISLEY, *of Wootton,* 1544. ff. 49*b.* 110*b.*
——————— *of Wood Eaton,* 1544. fo. 150. 5865. fo. 30.
Lisley, of Newport, 1544. fo. 1*b.* 5865. fo. 44*b.*
LISTER, 1544. fo. 43*b.* 5865. fo. 38*b.*
LITLECOTT, 1544. fo. 47*b.*
LLOYDE, *or,* MORYEN, *of Upham,fr. Co. Denb.* 1139. fo 31. 1544. fo. 97.
Lloyde, 5865. fo. 2*b.*
LODE, *of Kingsley,* 1544. fo. 3.
LONG, *of Lymington,fr. Co. Wilts.* 1139. fo. 35*b.* 1544. fo. 103*b.*

LOVE, *of Basing,* 1544. fo. 151.
Love, of Norton, 5865. fo. ff. 3*b.* 41*b.*
LOVELL, 1139. fo. 53.
LUTTERELL, 1139. fo. 26.
LYNDHURST, *v.* ROTHERFELD.
LYNE, *of Ringwood,* 1544. fo. 176*b.*
Lyne, 5865. fo. 49.
LYSSLEY, *of Lemington,* 1544. fo. 125.
MAJOR, *of Southampton,* 1544. fo. 1*b.* 5865. fo. 42.
MARSHALL, *of Abbots Ann, fr. Co. Linc.* 1139. fo. 19*b.* 1544. fo. 84.
Marshall, 5865. fo. 2*b.*
MARTIN, *of Edenbridge,* 5865. ff. 28*b.* 41.
Martyn, 1544. fo. 1*b.*
Marvin, 5865. fo. 1*b.*
Maskall, 1544. fo. 1.
MEERES, *of Milbrooke, fr. Co. Dors.* 1544. fo. 117*b.*
MELLER, *or* MELLOR, 1544. fo. 13. 5865. fo. 14*b.*
MEULX, *of Kingston,* 1544. fo. 116*b.*
Meux, of the Isle of Wight, 5865. fo. 45.
Mewse, 1565. fo. 3*b.*
MILL, *of Newton Bury,* 1139. fo. 2. 1544. fo. 139*b.*
MILLER, *of Sherborne,fr. London,* 1544. fo. 171*b.*
Millerd, of Sherborne, 5865. fo. 46*b.*
MOLYNS, *of Sandhall,* 1139. fo. 10. 1544. fo. 107.
Mollyns, 5865. fo. 2.
MOMPESSON, *or,* MOMPERSON, 1139. fo. 6. 1544. fo. 68.
MONINGHAM, 1544. fo. 135.
MOORE, *of Odiham, fr. Co. Shrop.* 1544. fo. 150*b.*
——————— *of Penington and Wichford,* 1139. fo. 11. 1544. fo. 28*b.* 5865. fo. 29.
Moore, 5865. ff. 1*b.* 47*b.*
MORGAN, 1139. fo. 2.
MORLEY, *or,* MORLOW, *of Barnes,* 1544. fo. 93.
Morley, 5865. fo. 2*b.*
MORLOW, *v.* MORLEY.
MORYEN, *v.* LLOYDE.
MOUNTER, 1532. fo. 141.
MULLINS, 1139. fo. 38.
NALDERETT, 1139. fo. 29.
NEALE, *of Warnford,* 1544. fo. 129*b.*
NORTH, *of Fordingbridge,* 1139. ff. 14. 34. 1544. fo. 101*b.*
North, 5865. fo. 2*b.*
NORTON, *of East Tisted,* 1139. fo. 25. 1533. fo. 6. 1544. fo. 16.
——————— *of Rotherfield,* 5865. fo. 15.
——————— *of Southwick,* 1544. fo. 16.
OGLANDER, *of Nunwell,* 1544. fo. 142*b.*
Oglander, 5865. fo. 44.
OKEDEN, *of Ellingham,* 1139. fo. 12. 1544. fo. 30. 5865. fo. 29*b.*
OWEN, 1139. fo. 28. 1544. fo. 90.
OXENBRIDGE, *of Dunley and Husborne,* 1544. fo. 132*b.*
PADDON, of Henton, 1544. fo. 1*b.*
PAGENHAM, 5865. fo. 36*b.*
Pagett, 1544. fo. 3.
PALMES, *of Overton, fr. Co. York.* 1139. fo. 21*b.* 1544. fo. 85.
Palmes, 5865. fo. 1*b.*
PARMIGER, *of Washingley, fr. Co. Kent,* 1139. fo. 36*b.* 1544. fo 106.
Parmiger, 5865. fo. 3.

Pascall, 5865. fo. 3*b.*
PAWLETT, *Marquis of Winchester,* 1165. fo. 92*b.*
1443. fo. 193. 1538. fo. 112. 3288. fo.
149*b.*
———— *of Basing,* 1043. fo. 36. 1544. fo.
172*b.* 5865. fo. 23*b.*
———— *of Winchester,* 1544. fo. 193*b.*
PENRYS, *of Gower,* 1544. fo. 41.
PERSALL, *of Beaurpaire,* 5865. fo. 27.
PESCOD, *of Newton Valence,* 1139. fo. 35. 1544.
fo. 104.
Pescod, 5865. fo. 3.
PESMEAD, *or,* BESMEAD, *of Sherborne,* 1544. fo.
137*b.*
PEXSALL, *of Beaurpaire,* 1544. ff. 25. 113*b.*
Phettiplace, 1544. fo. 1.
PHILPOTT, *of Thraxton, fr. London,* 5865. fo. 16*b.*
Philpott, 5865. fo. 3*b.*
PIGEON, *of Stanbridge Earles, fr. Co. Midd.* 1139.
fo. 16. 1544. fo. 81*b.*
Pigeon, 5865. fo. 2*b.*
PISTAR, *of Elton,* 1544. fo. 126*b.*
PITT, *fr. Co. Dorset,* 1544. fo. 171.
PORTER, 1544. fo. 148.
Porter, 1544. fo. 1*b.* 5865. fo. 50.
Pound, of Drayton, 1544. fo. 1*b.*
POWNDS, 1552. fo. 189*b.*
Poynter, 1544. fo. 3.
PRICE, 1188. p. 9.
PUTTENHAM, *of Sherfield,* 1544. fo. 20*b.* 5865.
fo. 18*b.*
RAMSAY, *of Bickton, fr. Co. Surrey,* 1139. fo. 12*b.*
5865. fo. 31*b.*
Ramsey, 5865. fo. 3*b.*
REED, 1139. fo. 103*b.*
RICE, *of Bathingborne,* 1544. fo. 180*b.*
RICHARDS, *of Yaverland, fr. Co. Monm.* 1544 fo.
152.
Richards, 5865. ff. 3*b.* 43*b.*
RIGGS, *of Fareham,* 1544. fo. 135*b.*
RINGWOOD, *of Credilstow,* 1139. fo. 13. 1544.
fo. 22.
Ringwood, 5865. ff. 3*b.* 40.
ROBYE, 1544. fo. 59.
ROCHES, 1544. fo. 113*b.*
ROGERS, *of Freefolk,* 1544. fo. 149*b.*
ROLFE, *of Easton, fr. Co. Wilts.* 1544. fo. 163*b.*
ROMSEY, *of Bickton,* 1544. fo. 32.
ROSSE, 1544. fo. 196.
ROTHERFIELD, *or,* LYNDHURST, 1544. fo. 16.
5865. fo. 15.
RUDIARD, *of Hatley and Winchfield, fr. Co.
Staff.* 1544. fo. 120*b.*
ST. JOHN, *of Farley,* 1544. fo. 169*b.*
St. John, 5865. fo. 1*b.*
SALE, *de, v.* DE LA SALE.
SALMON, *of Barton Stacey,* 1139. fo. 29*b.* 1544.
fo. 162.
Salmon, of Odiham, 5865. ff. 3. 46*b.*
Sanders, 1544. fo. 3.
SANDES, *Lord,* 5865. fo. 30*b.*
SAVAGE, 1544. fo. 21*b.* 5865. fo. 20.
SCROOPE, *of Itchingstoke, fr. Co. Heref.* 1139. fo.
4*b.* 1544. fo. 65*b.*
Scroope, 5865. fo. 2.
SHELLEY, *of Mapledurham, fr. Co. Suss.* 1139.
fo. 26. 1544. fo. 9. 5865. fo. 11*b.*
Sherwin, 5865. fo. 49*b.*
SHERWYN, *of Lymington, fr. Co. Sussex,* 1544.
fo. 161.

SILVER, *of Ropley, fr. Co. Herts.* 1544. fo. 56*b.*
SKARFELD, 1544. fo. 69.
SKILLING, *of Stockbridge,* 1544. fo. 169.
Skilling, 5865. fo. 48*b.*
SOUTH, *of Locker,* 1544. fo. 167*b.*
SOUTHAMPTON, *Earls of, v.* GOBYON.
—————— ——— WRIOTHESLEY.
SPRINTE, *of Bristowe,* 1139. fo. 28*b.* 1544. fo.
92*b.*
Sprinte, 5865. fo. 2*b.*
Stafferton, 5865. fo. 2.
STAVERTON, *of Durley, fr. Co. Berks.* 1139. ff.
3*b.* 105*b.* 1544. fo. 61.
STAVEY, 1139. fo. 25.
Stempe, 1544. fo. 3.
STEWART, 1041. fo. 74.
STEWKLEY, *of Hinton, fr. Co. Som.* 1544. fo. 182.
189*b.*
STOCKWITH, *of East Meane, fr. Co. Notts.* 1139.
fo. 7*b.* 1544. fo. 70.
Stockwith, 5865. fo. 2.
STRINGFELLOW, *of Barton Peverell, fr. Co. York.*
1139. fo. 27*b.* 1544. fo. 91*b.*
Stringfellow, 5865. fo. 2*b.*
STYLLEMANN, *of Rotherwick, fr. Cos. Berks. and
Wilts.* 1544. fo. 38*b.* 5863. fo. 35*b.*
TALBOTT, 1544. fo. 59.
TALKE, *of Havant and Morley,* 1139. fo. 14*b.*
1544. ff. 33*b.* 34. 5865. fo. 33*b.*
TAUKE, 1544. fo. 58.
Tawke, 5865. fo. 2.
TAYLOR, 1544. fo. 116*b.*
THORNBOROUGH, *of Sottesden, fr. Co. York.* 1139.
fo. 20. 1544. fo. 46*b.*
Thorneborow, 5865. fo. 2*b.*
THORPE, 1165. fo. 96.
Tiderleigh, v. Leigh.
TILLINGTON, *v.* DILLINGTON.
TISTED, *of Tisted,* 1544. fo. 110*b.* 5865. fo. 39.
TITCHBORNE, *of Aldershot,* 1139. fo. 21. 1430.
fo. 51*. 1544. fo. 108*b.* 1562. fo. 80.
5865. ff. 16. 39.
Titchborne, 1544. fo. 1.
TRUSSELL, *of Winchester, fr. Co. Warr.* 1544. fo.
192*b.*
TUTT, *of Chilbolton,* 1139. fo. 23*b.* 1544. fo.
184*b.*
—— *of West Meane,* 1544. fo. 186.
Tutt, 5865. fo. 49*b.*
TWYNAM, 1139. fo. 104.
TWYNE, *of Bullington and Longparish,* 1139. fo.
20*b.* 1544. fo. 107*b.*
Twyne, 5865. fo. 3.
TYGHALL, 1081. fo. 51. 1139. fo. 76*b. 1532.
fo. 34*b.* 5822. fo. 41. 6173. fo. 89.
Tyghall, 1544. fo. 1*b.*
TYTHERLEY, *of Easton, fr. Co. Dorset.* 1139. fo. 8.
1544. fo. 70*b.*
UNWIN, *of Horton and Yabington, fr. Co. Wilts.*
1139. fo. 30*b.* 1544. fo. 96. 5865. fo. 40*b.*
URREY, *of Gatcombe,* 1544. fo. 188*b.*
VAUGHAN, 1139. fo. 7.
VAULX, 1544. fo. 76.
Vaulx, 1544. fo. 1*b.*
VAUSE, *of Odiham,* 1544. fo. 21*b.* 5865. fo. 20.
Vause, 1544. fo. 1. 5865. fo. 3*b.*
VENABLES, *of Andover,* 1544. fo. 166*b.*
Venables, 5865. ff. 3. 48.
VERNEY, 5865. fo. 33.
VILLERS, 1139. fo. 8*b.*

VUEDALL, *of Hameldon*, 1139. ff. 25. 27.　　1544.
　fo. 44*b*.　　5868. fo. 26.
Vuedall, 5865. fo. 3.
WALLER, *of Old Stoke*, 1544. fo. 119*b*.
WALLIS, *of Cowden*, 5865. fo. 41.
WALLOP, *of Farley*, 1544. fo. 25*b*.　　5865. fo. 28.
Wallop, 5865. fo. 1*b*.
WARHAM, *of Malshanger*, 1544. fo. 32*b*.　　1561.
　fo. 15.　　4963. fo. 65.　　5865. fo. 32*b*.
WARNFORD, *of Stanbridge, fr. Co. Wilts.* 1544.
　fo. 168.
Warnsword, of Stanbridge, 5865. fo. 48*b*.
WATSON, *of Winchester*, 1139. fo. 5*b*.　1544. fo. 66*b*.
Watson, 5865. fo. 2.
WAYTE, *of Wayte's Court*, 1111. fo. 71*b*.　　1443.
　fo. 217.　　1544. fo. 159*b*.
Wayte, 1544. fo. 1.　　5865. fo. 44.
WELLS, *of Brambridge*, 1139. fo. 6.　1544. fo. 67*b*.
Wells, 5865. ff. 2. 3*b*. 48*b*.
WEST, *Lord Delaware*, 1139. fo. 28.　　1544. fo.
　54*b*.
WHITCHURCH, 1544. fo. 12*b*.　　5865. fo. 13.
WHITE, *of Christchurch, fr. Co. Essex*, 1094. fo.
　126.　　1188. p. 11.　　1139. fo. 9*b*.　　1544.
　fo. 72.　　1553. fo. 75.
———— *of Godsell, fr. Co. Sussex*, 1544. fo. 142.
　1551. fo. 74.　　1552. fo. 189*b*.
———— *of Timsbury and Co. Oxon.* 1544. fo. 197*b*.
———— *of Winchester*, 5865. fo. 14.
White, of Bridge Court, 5865. fo. 44.
WHITEHEAD, *of Titherley*, 1139. fo. 15*b*.　　1544.
　fo. 80.

Whitehead, 5865. fo. 2.
WHYTE, *of Aldershot*, 1544. fo. 14*b*.
WILLMOTT, *of Ringwood, fr. Co. Glouc.* 1544. fo.
　179.
WILLOUGHBY, *of Sandhill*, 1544. fo. 31*b*.　　5865.
　fo. 31.
WILTSHIRE, 1544. fo. 124*b*.
WINCHESTER, *Marquis of*, v. PAWLETT.
WINDSOR, *of Stanwell*, 1544. fo. 55*b*.
WISEMAN, 1539. fo. 158.
WITHER, *of Manydowne*, 1139. fo. 104*b*.　　1544.
　fo. 191.
Wither, 5865. fo. 47.
WOLVERIDGE, *or*, WOLVERICH, *of Odiham, fr. Co.
　Kent*, 1544. fo. 170.
Wolveridge, 5865. fo. 50.
WOOD, 1544. fo. 41.
WORSELEY, *of Apuldurcombe, fr. Co. Lanc.* 1046.
　fo. 29*b*.　　1397. fo. 67*b*.　　1433. fo. 63*b*.
　1544. fo. 24*b*.　　4963. fo. 4*b*.　　5865. fo.
　25.
WRIGHT, *of Eastmeade, fr. Co. York.* 1139. fo.
　24*b*.　　1544. fo. 86*b*.
———— *of Winchester, fr. Co. Bucks.* 1139. fo.
　5.　　1544. fo. 65.
Wright, 5865. fo. 2.
WRIOTHESLEY, *Earl of Southampton*, 2109. ff.
　32*b*. 91.
WYNYAT, *of the Isle of Wight*, 1544. fo. 49.
YOUNGE, *of Odiham, fr. Co. Essex*, 1139. fo. 31*b*.
　1544. fo. 97*b*.
Younge, 5865. fo. 2*b*.

HEREFORDSHIRE.

ABRAHALL, *of Abrahall*, 1081. fo. 42.　　1139. fo.
　126.　　1140. ff. 45*b*. 104*b*.　　1159. ff. 45*b*.
　58*b*.　　1442. fo. 45*b*.　　1532. fo. 118.
　1545. ff. 53*b*. 86. 115.
A BRETT, 1140. fo. 104*b*.
ADEY, *or*, HAYDAY, *of Weston, fr. London*, 1140.
　fo. 10*b*.　　1159. fo. 10*b*.　　1442. fo. 10*b*.
　1545. fo. 15*b*.
Adey, of Weston, 1545. fo. 79.
Aly, of Sapwell, 1140. fo. 114*b*.
AP HARRY, v. PARRY.
AP PRISE, v. PRICE.
ASHFIELD, 1140. fo. 48.　　1159. fo. 47*b*.　　1442.
　fo. 47*b*.　　1545. fo. 38*b*.
AUBREY, *or*, AWBREY, *of Hereford, fr. London*,
　1140. ff. 101*b*. 105*b*.　　1545. fo. 110*b*.
BALLARD, of Dewchurch, 1545. fo. 79.
Banester, 1545. fo. 78*b*.
Barbor, 1545. fo. 78*b*.
BARKLEY, 1140. fo. 19*b*.　　1159. fo. 19*b*.　　1442.
　fo. 19*b*.　　1545. fo. 26.
Barrell, of Biford, 1442. fo. 2*b.
————— *of Bownshill*, 1140. fo. 114*b*.
BARROW, *of Bollingham*, 1140. fo. 8.　　1159.
　fo. 8.　　1442. fo. 8.　　1545. fo. 14*b*.
———— *of Collington*, 1140. fo. 3*b*.　　1159.
　fo. 3*b*.　　1442. fo. 3*b*.　　1545. fo. 4*b*.

BARTON, *of Webley*, 1140. fo. 27.　　1545. fo.
　37*b*.
BASINGBORNE, 1449. fo. 44.
BASKERVILE, *of Erdesley*, 1140. ff. 9. 18. 27. 37.
　46. 75.　　1159. ff. 9. 18. 27. 37. 46. 75.
　1442. ff. 9. 18. 27. 37. 46. 78.　　1544. fo.
　52*b*.　　1545. ff. 14. 35*b*. 46. 88*b*.　　5865.
　fo. 27*b*.
Baskervile, 1545. fo. 78.
Bassett, 1545. fo. 78*b*.
BAYLEY, 1140. ff. 67*b*. 84*b*.　　1159. ff. 8. 66*b*.
　84*b*.　　1442. ff. 8. 69*b*. 87*b*.　　1545. ff. 15.
　71. 83.
Bayneham, 1140. fo. 114*b*.
BEAUCHAMP, *Lord*, 1545. fo. 105*b*.
BENEVILE, *of Buckley*, 1545. fo. 101.
BERINGTON, *of Hereford*, 1140. ff. 49*b*. 62.　　1159.
　ff. 49*b*. 61.　　1442. ff. 49*b*. 62.　　1545.
　fo. 54.
BERKROLLS, 1140. fo. 54.　　1159. fo. 53.　　1442.
　fo. 54.　　1545. fo. 58.
BEVANS, 1140. fo. 101*b*.
BEWPRE, *or*, BEWPERE, 1140. fo. 21.　　1159. fo.
　21.　　1442. fo. 21.
BISHOP, *of Burford*, 1140. fo. 48.
Blacket, 1140. fo. 111*b*.
Blaney, 1140. fo. 112*b*.　　1442. fo. 3*.

BLAYNEY, *or*, BLEYNEY, *of Overkingson*, 1140. fo. 7.   1159. fo. 7.   1442. fo. 7.   1545. fo. 12.

BLOUNT, *of Hanes Castle and Hereford*, 1140. fo. 54*b*.   1159. fo. 53*b*.   1442. fo. 54*b*. 1545. fo. 59*b*.

—— *of Kinlett*, 1545. fo. 100*b*.

—— *of Yee*, 1140. ff. 95*b*. 101.   1159. fo. 95*b*.   1442. fo. 98*b*.   1545. fo. 101.

BODENHAM, *of Rotherwas*, 1140. fo. 55*b*.   1159. fo. 54*b*.   1442. fo. 55*b*.   1545. fo. 60*b*.

BOHUN, *Earl of Hereford*, 1484. fo. 61*b*.   6592. fo. 8*b*.   Cotton. MS. Jul. F. viii. fo. 57*b*.

—— 1140. fo. 69.   1159. fo. 68.   1442. fo. 71.   1545. fo. 72.

BOLINGBROOK, *Earl of*, *v.* ST. JOHN.

Booth, 1545. fo. 78*b*.

Borell, 1140. fo. 92*b*.   1159. fo. 92*b*.   1442. fo. 95*b*.

BOTELER, *of Woodhall and Co. Surrey*, 1140. fo. 106.

BOYLE, *of Hereford*, 1140. fo. 93*b*.   1159. fo. 93*b*.   1442. fo. 96*b*.   1545. fo. 72*b*.

Brace, of the Noke, 1442. ff. 2**b*. 95*b*.

BRACEY, 1140. fo. 40*b*.   1159. fo. 40*b*.   1442. fo. 40*b*.   1545. fo. 49*b*.

BRADFORD, *of Lee*, 1140. fo. 91.   1159. fo. 91. 1442. fo. 94.   1545. fo. 54*b*.

BRAMPTON, *or*, BROMPTON, 1140. ff. 34. 100*b*. 1159. fo. 34.   1442. fo. 34.   1545. ff. 24*b*. 98. 101.

Brampton, 1545. fo. 78.

BREYNTON, *of Stretton*, 1140. fo. 62*b*.   1159. fo. 61*b*.   1442. fo. 62*b*.   1545. fo. 67.

BRIDGES, *of Lee*, 1140. fo. 81.   1159. fo. 81. 1442. fo. 84.   1545. fo. 86*b*.

Bridges, 1545. fo. 78.

—— *of Besbury*, 1442. fo. 3*.

BROMPTON, *v.* BRAMPTON.

BROMWICH, 1140. ff. 50*b*. 107*b*.   1159. fo. 49*b. 1442. fo. 50*b*.   1545. fo. 55*b*.

Bromwich, 1140. fo. 115*b*.

BROUGHTON, 1140. fo. 43*b*.   1159. fo. 43*b*. 1442. fo. 43*b*.

Browet, 1140. fo. 115*b*.

BROWN, 1140. ff. 10*b*. 37*b*.   1159. ff. 10*b*. 37*b*. 1442. ff. 10*b*. 37*b*.

Brynton, 1545. fo. 78.

Budd, 1545. fo. 78*b*.

BULFINCH, 1140. fo. 39.   1159. fo. 39.   1442. fo. 39.

Burfeld, 1545. fo. 78.

BURFORD, *Baron, v.* CORNWALL.

BURGH, 1545. fo. 109.

BURGHILL, *of Thinghill*, 1140. fo. 39.   1159. fo. 39.   1442. fo. 39.   1545. fo. 47.   Add. MS. 14,314. fo. 56.

BURLEIGH, *Lord, v.* CECILL.

Butterfield, 1140. fo. 115.

BUTTS, *of the Bache, jr. Co. Shrop.* 1545. fo. 122*b*.

Bysh, of Hereford, 1140. fo. 110.

CAIDE, *Cawaide, or, Cadish*, 1442. fo. 95*b*.

CAPELL, *of How Capel*, 1440. ff. 11*b*. 80*b*. 1159. ff. 9*b*. 11*b*. 80*b*.   1442. ff. 9*b*. 11*b*. 83*b*.   1545. fo. 16*b*.

Capley, 1140. fo. 115.

CARPENTER, 1140. fo. 13*b*.   1159. fo. 13*b*. 1442. fo. 13*b*.

Carpenter, 1442. fo. 3*.

CECILL, *Lord Burleigh*, 1140. ff. 57*b*. 59.   1159. ff. 56*b*. 58.   1442. ff. 57*b*. 59.   1545. ff. 62*b*. 63*b*.

CHABNOR, *of Mouseley*, 1140. fo. 98*b*.   1545. fo. 104*b*.

Chabnor, 1140. fo. 110.

CHAMBERS, *of Little Markhill, jr. Co. Worc.* 1545. fo. 117*b*.

CHAMPAYNE, 1140. fo. 103.

CHANDOS, 1041. fo. 19.   1191. fo. 15.   1543. fo. 9.   Add. MS. 12,479. fo. 37.

Chenull, 1140. fo. 114*b*.

CHESELL, *of Laughton*, 1545. fo. 106*b*.

CHETWIN, 1140. fo. 101.

Chipman, 1140. fo. 113*b*.

CHIPPENHAM, *of Hereford*, 1140. fo. 1.   1159. fo. 1.   1442. fo. 1.   1545. fo. 1.

Clamboy, 1545. fo. 78.

CLARKE, *of Hereford*, 1140. fo. 80*b*.   1159. fo. 80*b*.   1442. fo. 83*b*.   1545. fo. 87*b*.

Clarke, 1545. fo. 78*b*.

CLINTON, *or*, CLYNTON, *of Eastnor*, 1140. fo. 45. 1159. fo. 45.   1442. fo. 45.   1545. fo. 53.

CLODSHALL, 1140. fo. 40*b*.   1159. fo. 40*b*. 1442. fo. 40*b*.   1545. fo. 49*b*.

COBHAM, *Lord, v.* OLDCASTLE.

COLLINS, 615. fo. 220*b*.   1241. fo. 58*b*.   1396. fo. 78*b*.   1472. fo. 14.   1982. ff. 35. 75*b*.

CONINGSBY, *jr. Co. Warw.* 1140. fo. 29*b*.   1159. fo. 29*b*.   1442. fo. 29*b*.   1545. fo. 119.

CORNWALL, *Baron Burford*, 1140. fo. 108*b*.

—— *of Berington*, 1140. fo. 48*b*.   1545. fo. 39*b*.

—— *of Kinlett*, 1140. ff. 34. 100*b*.   1159. ff. 34. 48*b*.   1442. ff. 34. 48*b*.   1545. ff. 98. 101.

—— *v.* WILLIAMS.

Cornwall, of Berrington, 1545. fo. 79.

Cox, 1140. fo. 115.   1545. fo. 79.

Cressy, 1140. fo. 111*b*.   1545. fo. 78*b*.

Creswell, 1442. fo. 3*.

CROFT, 1140. ff. 14*b*. 34.   1159. ff. 14*b*. 34. 1442. ff. 14*b*. 34.   1545. fo. 24*b*.

Croftes, 1545. fo. 78.

DABITOTT, *or*, DABYTON, *of Redmars*, 1140. fo. 11.   1159. fo. 11.   1442. fo. 11.   1545. fo. 24.

Dansey, 1140. fo. 111*b*.   1545. fo. 78.

DANVERS, *of Dauntesey*, 1140. fo. 54.   1159. fo. 52*b*.   1442. fo. 53*b*.   1545. fo. 59.

Daunce, 1140. fo. 113*b*.   1442. fo. 3*.

DAUNSEY, *or*, DAUNTESEY, *of Brinsop*, 1140. ff. 4. 37*b*. 99*b*.   1159. ff. 4. 37*b*.   1442. ff. 4. 37*b*.   1545. ff. 5. 46*b*. 59.

DAVID, 1140. fo. 109.

DAVIS, 1545. fo. 121*b*.

Deane, of Yatton, 1140. fo. 114.

DE LA BERE, *of Kinardesley and Turburton*, 1140. ff. 13. 55*b*.   1159. ff. 12*b*. 54*b*.   1442. ff. 12*b*. 17*b*. 55*b*.   1545. fo. 19*b*.

De la Bere, 1140. fo. 112*b*.   1545. fo. 78.

De la Booth, 1140. fo. 111*b*.

DE LA HAY, *of Arkeston*, 1159. fo. 19.   1442. fo. 19.   1545. fo. 124*b*.

De la Hay, 1140. fo. 114.   1442. fo. 3*.   1545. fo. 78.

DE LA LANDE, 1140. fo. 23.   1159. fo. 23. 1442. fo. 23.   1545. fo. 34*b*.

DE LA MARE, 1545. fo. 113.

Delaroch, 1545. fo. 78*b*.

DENERES, 1140. fo. 108.

DENTITH, 1140. fo. 10.　　1442. fo. 9*b*.

Denton, 1545. fo. 78*b*.

Depton, 1140. fo. 113.　　1545. fo. 78*b*.

DEVEREUX, 1140. fo. 40*b*.　　1159. fo. 40*b*.
　　1442. ff. 13. 40*b*.　　1545. fo. 49*b*.

DINGLEY, 1146. ff. 27. 48.　　1159. ff. 27. 48.
　　1442. ff. 47. 48.　　1545. fo. 38*b*.

DOWNE, *or*, DOWNES, *of Hyde*, 1140. fo. 15*b*.
　　1159. fo. 15*b*.　　1442. fo. 15*b*.　　1545. fo. 23*b*.

DOWNTON, 1140. ff. 44. 91*b*.　　1159. ff. 44. 91*b*.
　　1442. ff. 43*b*. 44. 94*b*.　　1545. ff. 80*b*. 100.

EDWIN, *of Holmer*, 1140. fo. 69*b*.　　1159. fo.
　　68*b*.　　1442. fo. 71*b*.　　1545. fo. 76.

EGERTON, 1140. fo. 15.　　1159. fo. 15.　　1442.
　　fo. 15.　　1545. fo. 22*b*.

ELLIOTT, 1140. fo. 98.

ELTON, *of Ledbury, fr. Co. Chesh.* 1140. ff. 2. 33.
　　1159. ff. 2. 33.　　1442. ff. 2. 33.　　1545.
　　fo. 44.

Enkpenne, 1140. fo. 114.

ESTERLING, *v.* STRADLING.

EVANS, *of Nethe*, 1140. fo. 90.　　1159. fo. 90.
　　1442. fo. 93.　　1545. fo. 86.

EVESHAM, *of Willington*, 1140. fo. 67.　　1159.
　　fo. 66.　　1442. fo. 69.　　1545. fo. 70.

EYNSFORD, *of King's Peon*, 1140. fo. 26*b*.　　1159.
　　fo. 26*b*.　　1442. fo. 26*b*.　　1545. ff. 14. 36.

Eynsford, 1140. fo. 113.

FARINGTON, 1140. fo. 22.　　1159. fo. 22.
　　1442. fo. 22.

FARLEY, *of Bosbury*, 1545. fo. 93*b*.

FAWKES, 1043. fo. 23.

FERRERS, *Visct. Hereford*, 1394. p. 4*b*.　　1420.
　　fo. 32*b*.

Fitz-Williams, 1545. fo. 78*b*.

FOLYOL, *of Pirton*, 1442. fo. 48.

FOWLESHURST, 1140. fo. 75.　　1159. fo. 75.
　　1442. fo. 78.　　1545. fo. 88*b*.

FOX, *of Ludlow*, 1140. fo. 96*b*.

Fox, 1140. fo. 114*b*.　　1545. fo. 78*b*.

Frenes, 1140. fo. 114.

Freynes, 1140. fo. 115.

FURNIVALL, *Lord*, 1140. fo. 26*b*.　　1159. fo. 26*b*.
　　1442. fo. 26*b*.　　1545. fo. 36.

Gage, 1140. fo. 111*b*.

GAMAGE, *of Coyty, fr. Co. Monm.* 1140. ff. 52*b*.
　　97.　　1159. fo. 51*b*.　　1442. fo. 52*b*.
　　1545. fo. 57*b*.

GARAWAY, *of Webley*, 1140. fo. 106*b*.

GARDENER, 1140. fo. 22.　　1159. fo. 22.　　1442.
　　fo. 22.　　1545. fo. 33.

Gargnons, 1140. fo. 111*b*.

GARNONS, *or*, GERNONS, *of Blackmoor*, 1140. ff.
　　14. 80*b*.　　1159. ff. 14. 80*b*.　　1442. ff. 14.
　　83*b*.　　1545. ff. 20*b*. 87*b*.

Garnon, 6172. fo. 31.

GIBBONS, 1140. ff. 10. 11*b*.　　1159. ff. 9*b*. 11*b*.
　　1442. ff. 9*b*. 11*b*.　　1545. fo. 16.

GILBERT, 1140. fo. 14.　　1159. fo. 14.　　1442.
　　fo. 14.　　1545. fo. 20*b*.

GILLMAM, *or*, GLLMAM, *of Faley*, 1140. fo. 16.
　　1159. fo. 16.　　1442. fo. 16.　　1545. fo. 27*b*.

GOCH, 1140. fo. 109.

GOMOND, *of Byford*, 1140. fo. 41*b*.　　1159. fo.
　　41*b*.　　1442. fo. 41*b*.　　1545. fo. 50*b*.

Gomond, 1545. fo. 78.

GRAY, *of Upton, fr. Co. Notts.* 1545. fo. 112*b*.

Gray, 1137. fo. 19.　　1432. fo. 7*b*.　　1442. fo. 2*b*.

GREENWAY, 1140. fo. 14.　　1442. fo. 14.

GRENDON, 1545. fo. 97*b*.

Grey, of Upton, 1545. fo. 79.

GRIFFITH, 1545. fo. 42*b*.

Griffith, 1140. fo. 115.

GRUFFITH, 1545. fo. 54*b*.

HABINGTON, of Buckinghall, 1545. fo. 79.

HACKLUITT, *or*, HACKLUET, *of Yatton*, 1140. ff. 8*b*.
　　43. 46.　　1159. ff. 8*b*. 43. 46.　　1442. ff.
　　8*b*. 43. 46.　　1545. ff. 13*b*. 36.

HAMPTON, 1140. fo. 102.

Hampton, 1140. fo. 115*b*.

HARDING, *of Wellington*, 1140. fo. 62.　　1159.
　　fo. 61.　　1442. fo. 62.　　1545. fo. 66*b*.

Hardey, v. Harvey.

HARFORD, *of Bosbury*, 1140. fo. 3.　　1159. fo. 3.
　　1442. fo. 3.　　1545. fo. 3*b*.

HARLEY, *of Brampton Castle*, 1140. ff. 14*b*. 34.
　　81*b*. 100*b*.　　1159. ff. 14*b*. 34.　　1442. ff.
　　14*b*. 31.　　1559. fo. 86*b*.　　1545. fo. 97*b*.
　　Add. MS. 14,311. fo. 33*b*.

—— —— *v.* VAUGHAN.

Harley, 1140. ff. 115. 116.　　1545. fo. 78.

HARPER, *of Wellington*, 1140. ff. 2*b*. 21.　　1159.
　　ff. 2*b*. 21.　　1442. ff. 2*b*. 21.　　1545. fo. 32*b*.

HARRY, 1140. fo. 98.

Harvey, *or*, *Hardey*, *of Nox*, 1140. fo. 78.　　1159.
　　fo. 78.　　1442. fo. 81.

HAVARD, 1140. fo. 65.　　1159. fo. 64.　　1442. fo.
　　65.　　1545. fo. 68.　　Add. MS. 14,311. fo. 96.

HAWARD, *of Ponstell*, 1442. fo. 17.

Hamford, 1545. fo. 78*b*.

HAWKINS, *of Sherington*, 1140. fo. 44*b*.　　1159.
　　fo. 44*b*.　　1442. fo. 44*b*.　　1545. fo. 52*b*.

HAWKWORTH, *or*, HAWORTH, *of Wellington, fr.*
　　Co. Lanc. 1140. fo. 61*b*.　　1159. fo. 60*b*.
　　1442. fo. 61*b*.　　1545. fo. 65.

HAWORTH, *v.* HAWKWORTH.

Haworth, of Burhope, 1140. fo. 113*b*.

HAYDAY, *v.* ADEY.

HAYWARD, *of Wellington*, *or*, *Priory Court*, 1140.
　　fo. 9*b*.　　1159. fo. 9*b*.　　1442. ff. 9*b*. 10. 17.
　　1545. fo. 16.

Hayward, 1140. fo. 114.

HEAVEN, *v.* HEVEN.

Heaven, 1545. fo. 78.

HERBERT, 1140. ff. 47. 109.　　1159. fo. 47.
　　1442. fo. 47.

Herbert, 1140. fo. 109.

HEREFORD, *Earl of*, *v.* BOHUN.

—————— *Visct. v.* FERRERS.

HERGEST, *or*, HERGAST, *of Hergest*, 1140. fo. 17.
　　1159. fo. 17.　　1442. fo. 17.　　1545. fo. 60*b*.

HERRING, 1140. fo. 108.　　1442. fo. 63.

HEVEN, HEAVEN, *or*, HEVON, *of Clybery*, 615. fo.
　　212.　　1140. fo. 43*b*.　　1159. fo. 43*b*.　　1241.
　　ff. 58*b*. 71.　　1442. fo. 43*b*.　　1545. fo.
　　100.

HIBBINS, *of Kimbolton Court, fr. Co. Worc.* 1545.
　　fo. 111*b*.

Hiett, 1140. fo. 111*b*.

HIGGINS, 1140. fo. 43*b*.　　1159. fo. 43*b*.　　1442.
　　fo. 43*b*.

Hill, 1140. fo. 115*b*.

Hodisdon, 1140. fo. 114*b*.

Hodson, 1442. fo. 2*b*.

HOPTON, *of Chirbery, fr. Co. Shrop.* 1140. fo. 63*b*.
　　1159. fo. 62*b*.　　1442. fo. 63*b*.　　1545. fo. 80*b*.

——————— *of Hopton, fr. Co. Shrop.* 1140. fo. 43*b*.
　　1159. fo. 43*b*.　　1442. fo. 43*b*.　　1545. fo. 95*b*.

Hopwood, 1140. fo. 113.   1442. fo. 3*.   1545. fo. 78.

HORE, 2109. fo. 54*b*.

Hound, 1442. fo. 85.   1545. fo. 78*b*.

Huband, of Hampton, 1140. fo. 113*b*.

HULL, 1545. fo. 74.

Hunt, of Hoggesbach, 1442. fo. 99.   1545. fo. 79.

HUSSEY, *of Bowden*, 1140. fo. 103.

HUYS, *Co. Monm.* 1140. fo. 17.   1159. fo. 17. 1442. fo. 17.

HYDE, 1140. fo. 13*b*.   1159. fo. 13*b*.   1442. fo. 13*b*.

Hyde, 1140. fo. 114.

INGRAHAM, *of Kenchurch, fr. Co. Warr.* 1545. fo. 118.

JONES, *of Lemster*, 1140. fo. 114.

——— *of Lanwarne*, 1545. fo. 79.

KING, 1140. fo. 80*b*.   1159. fo. 80*b*.   1442. fo. 83*b*.   1545. fo. 87*b*.

King, 1442. fo. 2*b*.

Kirle, 1442. fo. 3*.

Knight, 1140. fo. 113*b*.

Knocking, 1140. fo. 115.

Knolles, 1140. fo. 114*b*.

KNYLL, *of Knyll*, 1140. fo. 6*b*.   1159. fo. 6*b*. 1442. fo. 6*b*.   1545. fo. 11.

Knyll, 1140. fo. 115*b*.

Kyrll, 1545. fo. 78.

LACON, 1140. fo. 100*b*.   1545. fo. 97*b*.

Lacy, 1140. fo. 114.

LAMBARD, *of Ledbury*, 1140. fo. 103*b*.

Larkyn, 1140. fo. 74*b*.   1545. fo. 79.

Leatley, 1140. fo. 111*b*.

LEE, 1140. fo. 29*b*.   1159. fo. 29*b*.   1442. fo. 29*b*.   1545. fo. 119.

LEIGHTON, *of Poston and Wattlesburgh*, 1545. fo. 108*b*.

LENTHALL, 1164. fo. 12.

LEYCOTT, 1140. fo. 70*b*.   1159. fo. 69*b*.   1442. fo. 72*b*.   1545. fo. 77.

Lillo, 1442. fo. 2*b*.

Lisle, 1442. fo. 2*b*.

Lister, 1140. fo. 111*b*.

Locher, 1140. fo. 111*b*.

LOCKEY, 1449. fo. 88.   1560. fo. 176*b*.

Longford, 1545. fo. 79.

LOVETOFT, 1545. fo. 36.

LUCY, 1140. fo. 102.

Lucy, of Wigmore, 1140. fo. 114.

LUDLOW, 1140. fo. 91.   1159. fo. 91.   1442. fo. 91.

Lyngham, 1545. fo. 78.

MADOCK, 1545. fo. 79.

MANNINGTON, 1140. fo. 36*b*.   1442. fo. 36*b*.   1545. fo. 45*b*.

Mannors, 1140. fo. 114*b*.

Marden, of Marden, 1442. fo. 3*.

MASON, 1140. fo. 44.   1159. fo. 44.   1442. fo. 44.

MATHEW, *of Landaff*, 1140. fo. 73.   1159. fo. 72*b*.   1442. fo. 76.

MAYNSTONE, *of Langarven*, 1041. fo. 79*b*.   1140. fo. 20*b*.   1159. fo. 20*b*.   1396. fo. 291. 1442. fo. 20*b*.   1543. fo. 28*b*.   1545. fo. 28

MERBURY, 1140. fo. 43.   1442. fo. 43.

MEREDITH, *of Stanton*, 1140. fo. 70*b*.   1159. fo. 69*b*.   1442. fo. 72*b*.   1545. fo. 77*b*.

MERICK, *of Merick's Court, and Co. Som.* 1140. fo. 102*b*.

Merick, of Kingston, 1545. fo. 79.

MILBORN, *of Tillington, fr. Co. Glouc.* 1140. ff. 8*b*. 26*b*. 46.   1159. ff. 9. 26*b*. 46.   1442. ff. 9. 26*b*. 46.   1545. ff. 14. 35*b*.

MOIGNE, 1140. fo. 20.   1159. fo. 20.   1442. fo. 20.   1545. fo. 26*b*.

MONINGTON, *of Lawton*, 1140. fo. 39*b*.   1159. fo. 39*b*.   1442. fo. 39*b*.   1545. fo. 48*b*.

——— *of Sarnsfield*, 1140. ff. 17*b*. 46. 64*b*. 1159. ff. 17*b*. 46. 63*b*. 76*b*.   1442. ff. 17*b*. 46. 64*b*. 79*b*.   1545. ff. 35*b*. 67*b*.

MORE, 1173. fo. 53*b*.   1570. fo. 59*b*.   6128. fo. 4.

MORETON, *of Esbech and Massington, fr. Co. Glouc.* 1140. fo. 5*b*.   1159. fo. 5*b*.   1442. fo. 5*b*.   1545 fo. 8*b*.

MORGAN, *of Arkeston*, 1140. fo. 100.   1159. fo. 88*b*.   1442. fo. 91*b*.   1545. fo. 124*b*.

——— *of Over Lyde*, 1140. fo. 67*b*.   1159. fo. 66*b*.   1442. fo. 69*b*.   1545. fo. 71.

Morley, 1140. fo. 109.

MORTIMER, 1140. fo. 108*b*.   1396. fo. 54.   1982. fo. 97*b*.

Mortimer, 1140. ff. 111*b*. 115.(*a. b.*)

MOWBRAY, 1140. fo. 19.   1442. fo. 19.   1545. fo. 18*b*.

MYLES, *of New Court*, 1140. fo. 47*b*.   1159. fo. 47*b*.   1442. fo. 47*b*.   1545 fo. 37*b*.

MYNORS, *of Pengarson Green and St. Wannards*, 1140. ff. 84. 104*b*.   1159. fo. 84.   1442. fo. 87.   1545. fo. 80.

MYNTRICH, *or*, MYNTRIDGE, *of Cradley*, 1140. fo. 61.   1159. fo. 60.   1442. fo. 61.   1545. fo. 64.

NEWMARCH, 1140. fo. 19.   1442. fo. 19.   1545. fo. 18*b*.

NORRIS, 1140. fo. 98.

Nott, 1545. fo. 78*b*.

OLDCASTLE, *Lord Cobham*, 1140. ff. 8*b*. 97*b*. 1159. fo. 8*b*.   1442. fo. 43.   1545. fo. 13*b*.

OTELEY, *of Pichford*, 1140. fo. 101.

PANNE, 1140. fo. 114*b*.

Parker, 1140. fo. 113.   1545. fo. 78*b*.

PARROTT, *of Moreton*, 1140. fo. 71.   1159. fo. 70. 1442. fo. 73.

PARRY, *or*, AP HARRY, *of Morehampton*, 1140. ff. 12. 13*b*.   1159. ff. 12. 13*b*.   1442. ff. 12. 13*b*.   1545. fo. 17*b*.

——— *of New Court*, 1140. fo. 26(*a. b.*)   1159. fo. 26*b*.   1442. fo. 26*b*. 1545. ff. 17*b*. 40.

——— *of Poston*, 1140. fo. 18*b*. 1159. fo. 19.   1442. fo. 19.

Parry, 1545. fo. 79*b*.

PATESHALL, *of the Ford*, 1140. fo. 3*b*.   1159. fo. 3*b*.   1442. fo. 3*b*.   1545. fo. 4.

Pateshall, 1545. fo. 78.

Peake, 1140. fo. 10.

Pearle, of Dewswall, 1545. fo. 79.

Pember, of Bollinghill, 1442. fo. 2*b*.

PEMBRIDGE, *of Maunsell Gamadge*, 1140. ff. 5*b*. 17*b*. 42. 77.   1159. ff. 5*b*. 17*b*. 42. 76*b*. 1442. ff. 5*b*. 17*b*. 42*b*.   1545. fo. 52.

Pembridge, 1140. ff. 114*b*. 115.   1545. fo. 78.

Penbar, 1442. fo. 95*b*.

PENRIS, *of Gower*, 1545. fo. 114.

PERROT, *of Harleston*, 1140. ff. 26. 29.   1159. ff. 26. 29.   1442. ff. 26. 29.   1545. ff. 40. 41*b*.

Perrot, of Harford West, 1140. fo. 112*b*.
PHILLIPS, *of Lemster,* 1140. fo. 7*b*.   1159. fo.
7*b*.   1442. fo. 7*b*.   1545. fo. 12*b*.
Phillips, 1140. fo. 113.
PICHARD, *of Cradley, fr. Co. Worc.* 1140. fo. 74.
1159. fo. 74.   1442. fo. 77.   1545. fo. 2*b*.
POWELL, 1545. fo. 82.
Powell, 1442. fo. 3*.
PRIOR, 1140. ff. 10. 11*b*. 15.   1159. ff. 11*b*. 15.
1442. ff. 9*b*. 11*b*. 15*b*.   1545. ff. 16. 22*b*.
PRISE, *or,* APRISE, *of Portham,* 1140. ff. 7. 15.
1159. fo. 15.   1442. fo. 15.   1545. ff. 12.
22*b*.
Prise, 1140. fo. 115*b*.
PULLEN, 1545. fo. 117*b*.
Pullen, 1140. fo. 115*b*.
PYE, *of Saddlebow,* 1545. fo. 107*b*.
REA, *of Kingsland,* 1545. fo. 95.
READING, *or,* REDING, *of Lemster and Underley,*
1140. fo. 22.   1159. fo. 22.   1442. fo. 22.
1545. fo. 33.
RODE, *of Pembridge,* 1140. fo. 70.   1159. fo. 69.
1442. fo. 72.
Rode, 1545. fo. 79.
RODNEY, 1140. fo. 35.   1159. fo. 33*b*.   1442.
fo. 33*b*.
ROWDON, 1140. fo. 20.   1159. fo. 20.   1442.
fo. 20.   1545. fo. 26*b*.
RUDHALL, *of Rudhall,* 1140. fo. 46*b*.   1159. fo.
46*b*.   1442. fo. 46*b*.   1545. ff. 36*b*. 96*b*.
Rudhall, 1140. fo. 114*b*.   1545. fo. 79.
Russell, 1140. fo. 111*b*.
Rydall, 1140. fo. 114*b*.
ST. OWEN, *of Gerneston and Burton,* 1140. fo.
91*b*.   1159. fo. 91*b*.   1442. fo. 94*b*.   1545.
fo. 100.
ST. JOHN, *Earl of Bolingbrooke,* 1545. fo. 105*b*.
SALTER, 1140. fo. 101.
SCOREY, 1043. fo. 46.
Scorey, 1096. fo. 116*b*.
SCROOPE, *of Colwall,* 1140. fo. 3.   1159. fo. 3.
1442. fo. 3.   1545. fo. 3.
SCUDAMORE, *or,* SKUDAMORE, *of Home Lacy,*
1139. fo. 83.   1140. fo. 35*b*.   1159. fo.
35*b*.   1442. fo. 36.   1545. ff. 40. 45.
———— *of Kentchurch,* 1140. fo. 25*b*.   1159.
fo. 25*b*.   1442. fo. 25*b*.   1545. fo. 44*b*.
SEBORNE, *or,* SEBOURN, *of Sutton,* 1140. ff. 2. 71*b*.
1159. ff. 2. 70.   1442. ff. 2. 74.   1545.
fo. 1*b*.
Seborne, 1442. fo. 95*b*.
Sheham, of Webley, 1442. fo. 3*.
Shelley, 1140. fo. 113*b*.   1545. fo. 78*b*.
Singleton, 1545. fo. 78*b*.
Shipe, 1442. fo. 2*b*.
Shipwith, 1140. fo. 110.
SKORY, *of Wormesley,* 1140. fo. 24*b*.   1159. fo.
23.   1442. fo. 24.   1545. fo. 34*b*.
SKUDAMORE, *v.* SCUDAMORE.
SKULL, *of Much Cowarne, fr. Co. Brecknock,* 1140.
fo. 6.   1159. fo. 6.   1442. fo. 6.   1545.
fo. 10.
SLADE, 1140. fo. 44.   1159. fo. 44.   1442.
fo. 44.
SMALMAN, *of Elton,* 1140. fo. 93.   1159. fo.
93.   1442. fo. 96.
SMYTH, *of Crelnell and Weston,* 1140. fo. 27*b*.
1159. fo. 27*b*.   1442. fo. 27*b*.   1545. ff.
40*b*. 102.
Spencer, 1140. fo. 110.

STANFORD, 1140. ff. 27. 48.   1159. ff. 27. 47*b*.
48.   1442. fo. 48.
STAPLEFORD, 1140. fo. 101.
Staunton, 1545. fo. 78.
STRADLING, *or,* ESTERLING, *of Dauntesey, fr. Co.*
Glam. 1140. ff. 13*b*. 53(*a. b.*) 73*b*. 99*b*.   1159.
ff. 13*b*. 52. 73.   1442. ff. 13*b*. 53(*a. b.*) 76*b*.
1545. fo. 58.
STRONGBOW, 1140. fo. 54.   1159. fo. 53.   1442.
fo. 54.   1545. fo. 58.
Swansey, 1140. fo. 114*b*.
Swithun, of Butterfield, 1545. fo. 79.
TALBOTT, 1140. fo. 101.
TAYLOR, 1140. fo. 10.   1159. fo. 9*b*.   1442.
fo. 9*b*.   1545. fo. 16.
THOMAS, 1140. fo. 104*b*.   1159. fo. 86.
TOMKINS, *or,* TOMPKINS, *of Webley,* 1140. ff. 5.
60*b*.   1159. ff. 5. 59*b*.   1442. ff. 5. 60*b*.
1545. fo. 7.
TONNEY, 1982. fo. 97*b*.
TOWNLEY, 1140. fo. 20.   1159. fo. 20.   1442.
fo. 20.   1545. fo. 26*b*.
Treheron, 1140. fo. 109.
TREHEYRON, 1140. fo. 43.   1159. fo. 43.
1442. fo. 43.
Turbervyle, 1140. fo. 115.
TURNEY, 1140. fo. 103.
Tyrrell, 1545. fo. 78.
UNETT, *of Castle Frome and Ledbury,* 1140. fo.
40*b*.   1159. fo. 40*b*.   1442. fo. 40*b*.
1545. fo. 49*b*.
UPTON, 1140. fo. 10*b*.   1159. fo. 10*b*.   1442.
fo. 10*b*.   1546. fo. 10*b*.
Upton, 1140. fo. 112*b*.   1545. fo. 78*b*.
VAUGHAN, *of Kynton,* 1140. fo. 56*b*.   1159. fo.
56.   1442. fo. 56*b*.   1545. fo. 28*b*.
———— *of Pedwarden,* 1140. ff. 72*b*. 80. 84*b*.
105.   1159. ff. 72. 80. 84*b*. 88.   1442. ff.
75. 83. 84*b*. 89*b*. 91.   1545. ff. 41. 82*b*.
———— *of Tretower,* 1140. fo. 86*b*.   1159.
fo. 86*b*.   1442. fo. 87*b*.
———— *of Treverwyn,* 1140. fo. 51*b*.   1159.
fo. 50*b*.   1442. fo. 51*b*.   1545. fo. 57.
———— *or,* HARLEY, *of Tiliglas,* 1140. fo. 81*b*.
1159. fo. 81*b*.
Vaughan, of Pedwarden, 1140. fo. 109*b*.
VAWER, *of Hereford West,* 1140. fo. 94*b*.   1159.
fo. 94*b*.   1442. fo. 97*b*.   1545. fo. 107.
VERDON, *of Alton Castle,* 1545. fo. 35*b*.
WALL, *of Lillinghall, fr. Co. Shrop.* 1545. fo. 94.
WALLER, *of Ludlow,* 1140. fo. 8*b*.   1159. fo. 8*b*.
1442. fo. 8*b*.
WALTER, 6770. fo. 25*b*.
WALWYN, *of Coddington,* 1140. ff. 52. 72.   1153.
ff. 84. 85*b*.   1159. fo. 71*b*.   1442. fo. 74*b*.
1545. fo. 28*b*.
———— *of Hellings,* 1140. fo. 48.   1159. fo. 48.
1545. fo. 38.
———— *of Longford,* 1140. fo. 56*b*.   1159. ff.
56. 79.   1442. fo. 56*b*.
———— *of Markhill,* 1140. fo. 52.   1159. fo.
51.   1442. fo. 52.   1545. fo. 28*b*.
———— *of Old Court,* 1140. fo. 22*b*.   1159. fo.
22*b*.   1442. ff. 22*b*. 82.
Walwyn, 1140. fo. 115.
WARNCOMBE, *of Hereford,* 1140. ff. 14*b*. 37.
1159. ff. 14*b*. 37.   1442. ff. 14*b*. 37.   1545.
ff. 21*b*. 46.
WASHBOURNE, *of Bosbury,* 1140. fo. 95.   1159.
fo. 95.   1442. fo. 98.

WATERTON, 1140. fo. 19.   1442. fo. 19.   1545. fo. 18*b*.

WATKYNS, *of Llangynnyd*, 1140. fo. 84*b*.   1159. fo. 84*b*.   1191. fo. 43*b*.   1442. fo. 87*b*. 1545. fo. 83.

Wathyns, 1442. fo. 2*b.

Weale, of Lemster, 1140. fo. 113.

WEAVER, *of Burton and Prestend*, 1140. fo. 69. 1159. fo. 68.   1396. fo. 318*b*.   1442. fo. 71.   1545. fo. 72.

WEDNESTER, *of Bromyard*, 1140. fo. 99.

Wednester, 1140. fo. 114*b*.   1442. fo. 2*b.

WELFORD, *of Westerton*, 1545. fo. 2.

Welford, 1140. fo. 112*b*.

WHITNEY, *of Whitney*, 1140. ff. 17. 42*b*. 47. 65*b*. 1159. ff. 43. 47. 64*b*.   1442. ff. 43. 47. 65*b*. 66. 67. 68.   1545. ff. 37. 68*b*.

WHITTINGTON, *of Notgrove, fr. Co. Glouc.* 1545. fo. 116.

——————— *of Pauntley*, 1140. fo. 46.   1159. fo. 46.

WIGMORE, *of Shobden*, 1140. ff. 14*b*. 80.   1159. fo. 14*b*.   1442. ff. 14*b*. 83.   1545. fo. 41.

WILFORD, *of Wosteston*, 1140. fo. 2*b*.   1159. fo. 2*b*.   1442. fo. 2*b*.

WILLASON, *of Sugwas*, 1140. fo. 42.   1159. fo. 42.   1442. fo. 42.   1545. fo. 51*b*.

Williams, 1442. fo. 3*.

WILLILEY, *of Kenlegh*, 1545. fo. 97*b*.

WILTON, *of Dymock*, 1140. fo. 21*b*.   1159. fo. 21*b*.   1442. fo. 21*b*.

Winford, of Sapey, 1140. fo. 111.

WINSTON, *of Evias*, 1140. fo. 83.   1159. fo. 83. 1442. fo. 86.   1545. fo. 81*b*.

——————— *of Sandes, Terwin and Langarren*, 1140. ff. 14. 59(*a. b.*)   1159. fo. 58(*a. b.*)   1442. ff. 14. 59(*a. b.*)   1545. ff. 62*b*. 114*b*.

WYARD, *of Kerry Wyard*, 1140. fo. 81*b*.   1159. fo. 81*b*.   1442. fo. 84*b*.

WYKES, *of Morton Jefferys*, 1140. fo. 49.   1159. fo. 49.   1442. fo. 49.   1545. fo. 56.

WYMESLEY, 1545. fo. 55.

WYSHAM, *of Tedstone delamere*, 1140. fo. 38. 1159. fo. 38.   1442. fo. 38.   1545. fo. 48.

YOUNGER, 1442. fo. 3*.

HERTFORDSHIRE.

ABINGTON, 1043. fo. 30.   1352. fo. 4.   1486. fo. 3*b*.

ADY, *of Weston*, 1546. fo. 10*b*.

ACKETT, *v.* HACKETT.

ALDEN, *of Rickmansworth*, 1234. fo. 113*b*.   1504. fo. 131.   1547. fo. 41.

A Leaghe, of Sapwell, 1234. fo. 155*b*.

ALLEN, *of Berkhampstead*, 1433. fo. 21*.   1504. ff. 59*b*. 100. 123.   1546. fo. 44*b*.   6147. fo. 46.

——————— *of Standon*, 1504. ff. 100. 123.

ALTHAM, *of Oxey, fr. Co. York.* 1546. fo. 138*b*.

ANDERSON, *of Penley, fr. London*, 1546. fo. 90*b*. 6147. fo. 55.

ANDREW, *or*, ANDREWES, *of Hitchin*, 1504. fo. 73.   1546. fo. 71.

ANTROBUS, *of Aldenham, fr. Co. Chesh.* 1546. fo. 71*b*.

AP HOWELL, *v.* POWELL.

ARNOLD, *of Childwich, fr. Co. Midd.* 1433. fo. 24. 1504. fo. 61*b*.   1546. fo. 46.   6147. fo. 47*b*.

ARUNDELL, 1234. fo. 152.   1504. fo. 1.   1546. fo. 5*b*.   6147. fo. 7*b*.

ASHE, *of Weldwinding*, 1546. fo. 58.   1551. fo. 63.

ASTRY, *or*, AUSTRY, 1504. fo. 56*b*.   1433. fo. 17*b*.   6147. fo. 41*b*.

AUSTRY, *v.* ASTRY.

AYLMER, *v.* ELMER.

BACON, *of Northall*, 1504. fo. 18*b*.

BAGSHAW, 6147. fo. 17*b*.

BAKER, 1504. fo. 9*b*.   1546. fo. 5.   6147. fo. 7.

BALDWIN, *of Redheth*, 1546. fo. 117.

BARBER, *of Hertford, fr. London*, 1234. fo. 145. 1504. fo. 163.   1547. fo. 68.

BARDOLPHE, *or*, BARDOLFE, *of Harpenden*, 1433. fo. 14.   1504. fo. 53*b*.   1546. fo. 37.   6147. fo. 37*b*.

BARDOLPHE, *of St. Michaels*, 1547. fo. 2*b*.

BARKLEY, *of East Barnet, fr. Co. Glouc.* 1234. fo. 151*b*.   1504. fo. 169.   1547. fo. 88.

BARLEY, *of Bibsworth Hall*, 1234. fo. 147.   1504. fo. 162.   1547. fo. 65*b*.   1550. fo. 149.

BARNERS, *or*, BERNERS, *of Therfield, fr. Co. Surrey*, 1234. fo. 120*b*.   1504. fo. 146. 1546. fo. 116*b*.   1547. fo. 21*b*.

BARNETT, 1546. fo. 57*b*.

BARNWELL, *of St. Albans*, 1504. fo. 19*b*.   1546. fo. 6*b*.   6147. fo. 12*b*.

Barnwell, 1234. fo. 155*b*.

Barrett, 1546. fo. 111*b*.

BASH, *of Stansted Bury*, 1504. fo. 17*b*.   1546. ff. 5. 50.   6147. fo. 7.

BAWDE, 1043. fo. 110.   6770. fo. 60*b*.

BAYLY, *of Hoddesdon*, 1234. fo. 147*b*.   1504. fo. 162*b*.   1546. fo. 134.   1547. fo. 66.

——————— *of Standon*, 1547. fo. 43.

BELFIELD, *of Studham, fr. London*, 1433. fo. 21*b. 1504. fo. 60.   1546. fo. 45.   1547. fo. 1*b*. 6147. fo. 46*b*.

BELL, 1544. fo. 14.

BERNERS, *v.* BARNERS.

BESTNEY, *of St. Albans*, 1504. fo. 64*b*.   1546. ff. 14*b*. 58*b*.

Benford, of Little Hadham, 1546. fo. 111.

Bide, 6147. fo. 59.

BINDON, *Visct. v.* HOWARD.

BLACKETT, *of Tring, fr. Co. Bucks.* 1504. fo. 20. 1546. fo. 15.

BLACKNEY, *of Cropley Hall*, 1546. fo. 59.

BLOUNT, *or*, BLUNT, *of Tittenhanger, fr. Co. Staff.* 1234. fo. 137.   1504. ff. 71*b*. 93*b*. 154. 1546. fo. 67.   1547. fo. 39*b*.   6147. fo. 57*b*.

BOLLE, *v.* BOWLES.

BORASTON, *of Aldenham, fr. Co. Worc.* 1504. fo. 17. 1546. fo. 7*b*.
Boraston, 1234. fo. 155*b*.
BOTELER, *of Hatfield and Woodhall,* 1234. fo. 154. 1504. ff. 4*b*. 25. 1546. fo. 8*b*. 1547. fo. 90*b*. 6147. ff. 10*b*. 18.
———— *of Stapleford,* 1547. fo. 92*b*.
Botler, 1234. fo. 155.
BOUNTEY, 1504. fo. 93*b*.
BOWLES, *or,* BOLLE, *of Wallington,* 890. fo. 47*b*. 1504. fo. 9*b*. 1546. fo. 5. 6147. ff. 7. 18*b*.
Bowles, 1234. fo. 155.
BOZON, 1546. fo. 147*b*.
BRADBERY, *of Branghing, fr. Co. Derb.* 1546. fo. 123.
BRIGGES, *of Rickmansworth, fr. Co. York.* 1234. fo. 141*b*. 1504. fo. 143. 1547. fo. 6.
BRISCO, *or,* BRISKO, *of Aldenham, fr. Co. Cumb.* 1504. fo. 63. 1546. fo. 54*b*. 1547. fo. 47*b*. 5186. p. 50.
———— *of St. Michaels,* 1547. fo. 44*b*.
BRISTOW, *of Sacomb,* 1546. fo. 103*b*.
BROCKETT, *of Whethamstead and Brockett Hall,* 1504. fo. 11. 1546. ff. 62*b*. 102. 1547. fo. 48.
———— *of Coricott,* 1547. fo. 50*b*.
Brockett, 1234. fo. 154*b*.
BROGRAVE, *of Braffin, fr. Co. Kent,* 1546. fo. 86*b*.
———— *of Hammels,* 1547. fo. 36.
BROKETT, 1546. fo. 11.
BROMLEY, 1234. fo. 140*b*. 1504. fo. 140. 1547. fo. 29.
Brooke, of Borough, 1546. fo. 111.
Brunskill, 1096. fo. 5.
BULL, *of Hertford, fr. London,* 1433. fo. 8. 1504. ff. 42*b*. 56. 1546. fo. 29*b*. 1547. fo. 68*b*. 6147. fo. 30.
BULLER, *of St. Albans, fr. Co. Norf.* 1234. fo. 125*b*. 1504. fo. 151*b*. 1547. fo. 10*b*.
BURWELL, 1504. fo. 14.
BURGOYNE, *of Quicks Wood, fr. Co. Camb.* 1546. fo. 146*b*.
BURY, 1504. fo. 14.
Bury, 1234. fo. 154*b*.
BUSSEY, *of Cheston, fr. Co. Linc.* 1546. fo. 129*b*.
BUTLER, 2109. fo. 33*b*.
BYLLE, 5865. fo. 19*b*.
BYNDS, *of Charshalton,* 1433. fo. 23.
BYRCHE, *of Grays Inn,* 1504. fo. 106.
CADE, *of Aldenham, fr. London,* 1504. fo. 10*b*. 1546. fo. 12*b*.
CAGE, *of Hormead, fr. London,* 1234. fo. 119. 1504. fo. 136*b*. 1546. fo. 99*b*. 1547. fo. 63*b*.
CALDEBECK, 1546. fo. 83*b*.
CAPELL, *of Little Haddam, fr. Co. Suff.* 1234. fo. 152. 1504. fo. 1. 1546. fo. 5*b*. 1547. fo. 38*b*. 6147. fo. 7*b*.
CARMINO, 1546. fo. 67*b*.
CARTER, *of Garston, and Hatfield,* 1546. fo. 124*b*. 1547. fo. 70*b*.
CARY, *Baron Hunsdon, fr. Co. Devon.* 1546. fo. 120*b*.
CASON, *of Aston Bury, fr. Co. Camb.* 1547. fo. 80*b*.
CASSEY, 1504. fo. 19.
CAVE, *of Bagrave,* 1100. fo. 96*b*. 1504. fo. 11.
CAWSON, *of Pelham, fr. Co. Essex,* 1504. fo. 14*b*. 1546. fo. 50*b*. 6147. fo. 19*b*.

Cawson, 1234. fo. 154*b*.
CESAR, *of Bennington, fr. London,* 1546. fo. 127*b*. 1547. fo. 85.
CHAMBERS, *of Barkway, fr. Co. Cumb.* 1504. ff. 15*b*. 76. 1546. fo. 76*b*. 1547. fo. 62*b*.
CHAPMAN, *of Rushden, fr. Co. York.* 1504. fo. 129.
———— *of Ware, fr. Co. Camb.* 1167. fo. 31. 1433. fo. 7*b*. 1504. fo. 43. 1546. fo. 29. 6147. fo. 30*b*.
CHAUNCEY, *or,* CHANCY, *of Sawbridgeworth,* 1433. fo. 8*b*. 1504. fo. 43*b*. 1546. fo. 30. 1547. fo. 24*b*. 6147. fo. 31*b*.
———— *of Yardley,* 1547. fo. 84. 6147. fo. 23*b*.
CHEDDER, 1504. fo. 1*b*. 1546. fo. 6.
CHEDIOCKE, 1504. fo. 1. 1546. fo. 5*b*.
CHESTER, *of Royston,* 1546. fo. 73*b*. 1547. fo. 13*b*.
Childe, of Langlebery, 1504. fo. 159*b*. 1547. fo. 97*b*.
CHOLMLEY, *of Chidingley,* 1546. fo. 137.
CHUME, *or,* CHUNE, *of Shenley, fr. Co. Kent,* 1504. fo. 134. 1234. fo. 116*b*. 1547. fo. 77*b*.
CHYLDE, *of North Mims, fr. Co. Surrey,* 1546. fo. 129.
CLARKE, 1504. ff. 10. 95. 1546. fo. 11*b*.
———— *of Walkern and Ashwell,* 1234. fo. 130*b*. 1504. fo. 164*b*. 1547. ff. 59. 61.
CLEY, *of Theobalds,* 1546. fo. 69*b*.
COCKE, *of Broxbourn,* 1433. fo. 2. 1476. fo. 208*b*. 1504. fo. 13*b*. 1546. ff. 18*b*. 46*b*. 6147. fo. 21*b*.
Cocke, of Wormeley, 1234. fo. 154*b*.
COCKERELL, 1504. fo. 14. 6147. fo. 17.
COCKETT, *or,* COKETT, *of South Mims, fr. Co. Suff.* 1433. fo. 11. 1546. fo. 33. 1504. fo. 49*b*. 6147. fo. 33.
COGHILL, *of Bushey, fr. London,* 1234. fo. 132*b*. 1504. fo. 161. 1547. fo. 34.
COKETT, *v.* COCKETT.
COLE, *of Shenley Hall, fr. Co. York.* 1547. fo. 43*b*.
COLLES, *of Parkbury, fr. Co. Worc.* 1100. fo. 96*b*. 1167. fo. 123*b*. 1546. fo. 114*b*. 1547. fo. 51.
COLLEY, *of Ware, fr. Co. Chesh.* 1433. fo. 4*b*. 1504. fo. 39. 1546. fo. 25*b*. 6147. fo. 25.
COLLINS, 1433. fo. 2*b*. 1546. fo. 21. 6147. fo. 22*b*.
COLTE, *of Rickmansworth,* 1234. fo. 141. 1504. fo. 142*b*. 1547. fo. 4.
COMBE, *of Hemel Hempstead, fr. Co. Midd.* 1433. fo. 13. 1504. fo. 51*b*. 1546. fo. 36. 1547. fo. 2. 6147. fo. 36*b*.
CONEY, *or,* CUNNEY, *of St. Albans,* 1234. fo. 140. 1504. fo. 139*b*. 1547. fo. 9*b*.
CONINGSBY, *or,* CONNYSBY, *of North Mims, fr. Co. Warr.* 1504. ff. 29. 69. 1546. fo. 17*b*. 1547. fo. 46.
CONSTABLE, 1504. fo. 27. 1546. fo. 3.
CONYERS, *of Barnet, fr. Co. Durham,* 1546. fo. 127.
COPCOTT, *of Pirton, fr. Co. Oxon.* 1504. fo. 128.
COPLEY, 1504. fo. 55.
COPPINE, *of Markeatsel,* 1234. fo. 115*b*. 1504. fo. 133. 1547. fo. 76*b*.
COPWOOD, *of Totteridge,* 1433. fo. 4*b*. 1504. fo. 39*b*. 1546. fo. 24*b*. 6147. fo. 24*b*.
CORBETT, *of Morton Corbet,* 1546. fo. 17.

COTTON, *of Flamstead, fr. Co. Bucks.* 1547. fo. 74*b*.

———— *of London, fr. Co. Shrop.* 1504. fo. 102.

COX, *of Beamond, fr. Co. Monm.* 1234. fo. 114. 1433. fo. 22.   1504. ff. 61. 131*b*.   1546. fo. 45*b*.   1547. fo. 1.   6147. fo. 47.

CRESSEY, *of Harpden,* 1433. fo. 14.   1504. fo. 53*b*.   1546. fo. 37.   6147. fo. 38.

CROMER, *of Aldenham,* 1504. fo. 116**b*.

CROSBYE, *of Windridge,* 1234. fo. 146*b*.   1504. fo. 141.   1547. fo. 79*b*.

CUNNEY, *v.* CONEY.

DACRES, *of Cheshunt,* 1137. fo. 61*b*.   1432. fo. 51*b*.   1504. fo. 22.   1541. fo. 83.   1546. fo. 48*b*.   1547. fo. 67*b*.   6147. fo. 13*b*.

Dacres, 1234. fo. 157.

DALE, *of Walden,* 1546. fo. 100.

DARNELL, *of Essendon, from London,* 1546. fo. 105.   1547. ff. 42. 84*b*.   6147. fo. 56*b*.

DETHICK, 1504. fo. 82.

DEWHURST, *or,* DUHURST, *of Cheshunt,* 1234. fo. 143.   1504. fo. 144*b*.   1547. fo. 98*b*.

DIGHTON, 1097. fo. 53*b*.

DIXON, *of Broughing, fr. Co. Durham,* 1234. fo. 132.   1504. fo. 155.   1547. fo. 65.

Dobsonn, of St. Albans, 1547. fo. 99*b*.

DOCKWRA, *of Puttridge, fr. Co. York.* 1504. fo. 6*b*.   1546. fo. 8.   1547. ff. 14. 84*b*.

Docwra, 1234. fo. 155.

DOLMAN, *or,* DOWMAN, *of Newnham, fr. Co. York,* 1546. fo. 123*b*.

DOWMAN, *v.* DOLMAN.

DREW, *of Broxborne, fr. Co. Devon.* 1234. fo. 112*b*.   1504. fo. 130.   1547. fo. 40.

DRUELL, 1546. fo. 147.

DUDLEY, *Lord North,* 1504. fo. 11.

DUHURST, *v.* DEWHURST.

DYER, *of Aldbury,* 1433. fo. 13*b*.   1504. fo. 53. 1546. fo. 36*b*.   6147. fo. 37.

Dyser, of Fanchurch, 1504. fo. 168.

EAKINS, *of Northall, fr. Co. Hunts.* 1234. fo. 118*b*.   1504. fo. 136.   1547. fo. 26.

ELLERKER, 1504. fo. 8.

ELMER, *or,* AYLMER, *of Much Hadham, fr. Co. Norf.* 1546. fo. 91.

EWER, *of Lees Langley and Cheshunt,* 1234. fo. 138*b*.   1504. fo. 138.   1546. fo. 112. 1547. fo. 4*b*.

FAIRCLOUGH, *of Fair Clough and Weston,* 1547. fo. 32*b*.   1546. fo. 89.

FANSHAW, *of Ware Park, fr. Co. Derb.* 1504. fo. 13.   1546. fo. 53*b*.   6147. fo. 8*b*.

Fanshaw, 1234. fo. 154*b*.

FARRER, *of Great Amwell, fr. Co. York.* 1234. fo. 117*b*.   1504. fo. 135.   1547. fo. 28*b*.

FAUCONBRIDGE, *Lord, v.* NEVILL.

FERRERS, *of Pulesborne and St. Albans,* 1546. fo. 81.

FINCH, *of Redburn and St. Albans,* 1546. fo. 131*b*.

FISHE, *of Hatfield and Little Ate,* 1547. ff. 55. 57.

FISHER, 1546. fo. 57*b*.

FISKE, *of Studhow,* 1234. fo. 142*b*.   1504. fo. 144.   1547. fo. 98.

FITZ–SIMON, 1504. fo. 12*b*.   1546. fo. 62*b*.

FORSTER, *of Hunsdon, fr. Co. Northumb.* 1546. fo. 72*b*.

FORTESCUE, 1194. fo. 108*b*.   1562. fo. 23*b*.

FOTHERLY, *of Rickmansworth,* 1546. fo. 73.

Fotherly, 1504. fo. 173.

FOWKE, *of Flamstead and St. Albans,* 1547. fo. 52.

FRANCES, *of Cookmans and Salmons,* 1234. fo. 114*b*.   1504. fo. 132.   1547. fo. 6*b*.

FRANCKLAND, *of Rye,* 1504. fo. 6.   1546. fo. 10. 6147. fo. 12.

FREETHORNE, 1504. fo. 14.

FROWICK, *of North Mims, fr. Co. Surr.* 1504. fo. 69.   1532. fo. 53*b*.   1546. fo. 57*b*.

FYSHER, *of Bugdon and Lottesford, fr. Co. Staff.* 1504. ff. 75. 77*b*.

GAINSFORD, 1561. fo. 86.

GALLEY, 1546. fo. 52*b*.

GAPE, *of St. Albans,* 1100. fo. 96*b*.   1167. fo. 123*b*.   1546. fo. 109*b*.

GARAWYE, 1234. fo. 125*b*.   1504. fo. 151*b*. 1547. fo. 10*b*.

GARDINER, *of Jeningesbury, fr. London,* 1234. fo. 144.   1504. fo. 160.   1547. fo. 31*b*.

———— *of Thundridge Bury, fr. London,* 1234. fo. 124*b*.   1504. fo. 150*b*.   1547. fo. 93.

———— *of Watford, fr. Co. Lanc.* 1234. fo. 125.   1504. fo. 151.   1547. fo. 24.

Gardyner, of Thundridge Bury, 1546. fo. 111*b*.

GARRARD, *of Whethampstead, fr. Co. Kent.* 1504. fo. 109.   1546. fo. 65*b*.

GEDNEY, *of London, fr. Co. Camb.* 1504. fo. 118*b*.

Gifford, 1546. fo. 111.

GILL, *or,* GYLL, *of Anstey, fr. Co. Camb.* 1234. fo. 121*b*.   1504. fo. 147.   1547. fo. 86.

GLOUCESTER, 1504. fo. 69*b*.

GOODIER, *or,* GOODYERE, *of St. Albans, fr. Co. Midd.* 1433. fo. 1*b*.   1504. fo. 32.   1546. fo. 19.   1547. fo. 70.   6147. fo. 21.

Goodier, of Boynton, 1234. fo. 157*b*.

GOODMAN, *of Rushden, fr. Co. Chesh.* 1504. fo. 71.   1546. fo. 76.

GOURNEY, *of Hitchin,* 1547. fo. 58*b*.

GRAVELEY, *of Graveley,* 1433. fo. 12.   1504. ff. 25*b*. 51.   1546. ff. 15*b*. 34*b*.   6147. ff. 17*b*. 35*b*.

GRAY, *Lord,* 1546. fo. 6.

GREENE, *of East Barnett, fr. Co. York.* 1234. fo. 119*b*.   1504. fo. 137.   1547. fo. 64. 1551. fo. 55*b*.

———— *of Gressingham,* 1504. fo. 7.   1546. fo. 8.

———— *of Shenley,* 1504. fo. 78*b*.

———— *of Theobalds, fr. Co. Midd.* 1546. fo. 69*b*.

Greene, of Gressingham, 1234. fo. 155.

GREVE, *of Shenley, fr. Co. York.* 1433. fo. 18*b*. 1546. fo. 40.   6147. fo. 42*b*.

GRIFFIN, 1546. fo. 6.

GRIMESDICH, *of Hadham, fr. Co. Chesh.* 1433. fo. 4.   1504. fo. 38.   1546. ff. 24. 108. 6147. fo. 24.

GROSVENOR, *of Wades Mill, fr. Co. Staff.* 1433. fo. 9.   1504. fo. 45*b*.   1546. fo. 31. 6147. fo. 31.

GRUBBE, *of North Mims,* 1504. fo. 98*b*.   1547. fo. 99.

Grubbe, of North Mims, 1546. fo. 111*b*.

GULSTON, *of Widdiall, fr. Co. Leic.* 1234. fo. 133. 1504. fo. 156.   1547. fo. 23*b*.

GYLL, *v.* GILL.

GYLMAN, 1546. fo. 39.

HACKETT, *or,* ACKETT, 1504. ff. 102*b*. 114.

HALE, *of Codicote, fr. London,* 1547. fo. 76.

———— *of King's Walden, fr. London,* 1234. fo. 129*b*.   1504. fo. 167*b*.   1546. fo. 145. 1547. fo. 88*b*.

———— *of Tuin, fr. London,* 1547. fo. 37.

HALL, *of Worsall*, 1546. fo. 132*b*.

HALSEY, *of Gaddesdon*, 1547. fo. 52*b*.

HALTON, *of Sawbridgeworth*,*fr. London*, 1234. fo. 131.   1504. fo. 166.   1547. fo. 90.

HAMMERSLEY, *of Stafford*, 1504. fo. 103.

HANCHETT, *of Braffen and Hinksworth*, 1234. fo. 143*b*.   1504. fo. 145.   1547. fo. 96*b*.

———— *of Gadesbury*, 1504. fo. 74.   1546. fo. 74.

HANSACRE, 1504. fo. 93*b*.

HARE, 1546. fo. 136*b*.

HARRIS, *of Rickmansworth*, 1234. fo. 151.   1504. fo. 168*b*.   1547. fo. 87*b*.

HARVEY, *of Shenley*, 1433. fo. 20*b*.   1504. fo. 28.   1546. fo. 16*b*.   6147. fo. 44*b*.

HASELWELL, 1504. fo. 113.

HAYDON, *or*, HEYDON, *of Grove*, 1433. fo. 24*b*. 1504. fo. 58*b*.   1546. fo. 42*b*.   6147. fo. 48.

———————— *of Norcot Hill*, 1433. fo. 19*b*.   6147. fo. 43*b*.

HAYES, *of Hertford*, *fr. London*, 1234. fo. 145*b*. 1504. ff. 127*b*. 163*b*.   1547. fo. 69.

Hemyng, of Hitchin, 1546. fo. 111.

HEVENINGHAM, 1546. fo. 147*b*.

HEWETT, *of Rickmansworth*, 1547. fo. 50.

HEYDON, *v.* HAYDON.

HILL, *of Hill End*, 1504. ff. 19*b*. 25.   1546. fo. 15*b*.   6147. ff. 12*b*. 17*b*.

———— *of St. Albans*, 1546. fo. 6*b*.

———— *of Whitborow Hill*, *fr. London*, 1137. fo. 76.   1432. fo. 69.   1433. fo. 2*b*.   1504. fo. 34*b*.   1541. fo. 214.   1546. fo. 21. 6147. fo. 22*b*.   Add. MS. 14,311. fo. 14.

Hill, 1234. fo. 155*b*.

HINNWICK, 1504. fo. 72.

HOO, *of Paul's Walden*, 1234. fo. 122.   1433. fo. 15*b*.   1504. ff. 54*b*. 147*b*.   1546. fo. 38*b*.   1547. fo. 87.   6147. fo. 39*b*.

HORSEY, *of Digswell*, 1504. fo. 18.   1546. fo. 49*b*.   6147. fo. 6*b*.

Horsey, 1234. fo. 155*b*.

HOWARD, Visct. *Bindon*, 1546. fo. 11*b*.

HOWLAND, *of St. Albans*,*fr. Co. Essex*, 1547. fo. 80.

HUMBERSTON,*of Walkerne*, 1102. fo. 93.   1234. fo. 134.   1504. fo. 157.   1546. fo. 118*b*. 1547. fo. 19*b*.

Humberston, 1552. fo. 2.

HUNSDON, *Baron*, *v.* CARY.

HURST, *of Sawbridgeworth*, 1234. fo. 138.   1504. fo. 137*b*.   1547. ff. 25*b*.

———— *of Stortford*, 1547. fo. 94.

HYDE, *of Albury*, 1234. fo. 124.   1504. fo. 150. 1547. fo. 36*b*.   6065. fo. 138.

———— *of Much Hadham*, *fr. Co. Chesh.* 1234. fo. 129.   1504. fo. 167.   1547. fo. 91.

———— *of Throcking*, 1234. fo. 127.   1504. fo. 153.

———— *of Twin*, 1547. fo. 37*b*.

HYGATE, *of Hayes*, 1504. fo. 57.

IBGRAVE, *of Abbots Langley*, 1546. fo. 111.

INKERSALL, *of Weston*,*fr. Co. Notts.* 1547. fo. 75.

IRONSIDE, *of Rickmansworth*, 1547. fo. 34*b*.

JAMES, 1046. fo. 31*b*.   1147. fo. 26*b*.   1397. fo. 69*b*.   1430. fo. 28*b*.

JENNINGS, *of Sandrich*,*fr. Co. Som.* 1546. fo. 92*b*.

JOSSELYN, *or*, JOSCELIN, *of Sawbridgeworth*, 1234. fo. 148*b*.   1433. fo. 5*b*.   1504. ff. 46*b*. 169*b*.   1546. fo. 26.   1547. fo. 89.   6147. fo. 26*b*.

JURDAYN, JURDEYN, *cr*, LANGLEY, 1433. fo. 3. 1504. fo. 37.   1546. fo. 21*b*.   6147. fo. 23.

KEMPTON, *or*, KYMPTON, *of Weston*, 1234. fo. 135*b*.   1504. fo. 158*b*.   1546. fo. 139*b*. 1547. fo. 56*b*.

KENDALL, 1531. fo. 8.   2109. fo. 34(*a. b.*) 4600. p. 51.

KENT, *of Benington and Aston*, 1546. fo. 68*b*.

KINGSLEY, *of Sarrat*, 1234. fo. 123.   1504. fo. 149.   1547. fo. 27*b*.

KITCHIN, *of Totteridge*,*fr. Co. York*. 1547. fo. 56.

KNIGHT, *of Baldock*, *jr. Co. Notts.* 1433. fo. 7. 1504. fo. 44*b*.   1546. fo. 28*b*.   6147. fo. 28*b*.

KNIGHTON, *of Bayford*, 1096. fo. 93*b*.   1234. fo. 144*b*.   1504. fo. 160*b*.   1541. fo. 204. 1546. fo. 83*b*.   1547. fo. 32.

KNOWLES, *of North Mims*, 1546. fo. 58.

KYMPTON, *v.* KEMPTON.

LAKE, *of Wilston*, 1546. fo. 134*b*.   1547. fo. 73*b*.

LAMBERT, *of Bradwell Ash*, 1504. fo. 25*b*.   1546. fo. 16.   6147. fo. 18.

LANGLEY, *v.* JURDAYN.

LAVENDER, *of Standon*, 1234. fo. 134*b*.   1504. fo. 157*b*.   1547. fo. 72*b*.

LAWRENCE, *of Hartingford Bury*, 1547. fo. 42.

LAWS, 1504. fo. 19.

Leaghe, v. A Leaghe.

LEE, *of St. Julian's and Sopwell*,*fr. Co. Sussex*, 1504. fo. 15.   1546. fo. 62.

LEIGH, *of Addington*, 1433. fo. 22*b*.

LEVENTHORPE, *of Albury and Shingle Hall*, 1546. ff. 84*b*. 87.   1550. fo. 149.

LEWEN, *or*, LEWYN, *of Broxbourn*, 1504. fo. 21. 1546. fo. 49.   6147. fo. 13.

Lewin, of Hertford, 1234. fo. 157.

LITTON, *of Knebworth*, 1443. fo. 101.   1535. fo. 76*b*.   1546. fo. 17.   1547. fo. 75*b*.   6147. fo. 49*b*.

Litton, 1234. fo. 154*b*.

LOCKEY, *of Holmes and St. Albans*, *fr. Co. York*. 1504. fo. 73*b*.   1546. fo. 65.

LOWE, *of St. Albans*, *fr. Co. Lanc.* 1547. fo. 78. Add. MS. 5533. fo. 228.

LUSER, *or*, LUSHER, 1433. fo. 3.   1504. fo. 37. 1546. fo. 21*b*.   6147. fo. 23.

LUSHER, *v.* LUSER.

LUXFORD, 1504. fo. 15*b*.

LYON, *of West Twyford*, *fr. Co. Midd.* 1433. fo. 2*b*.   1504. fo. 31*b*.   1546. fo. 20.   6147. fo. 22.

Lyon, 1234. fo. 157*b*.

MANINGSLEY, 1546. fo. 75.

MANSFIELD, 1546. fo. 143.   6147. fo. 51.

MARKES, *or*, MARQUIS, 1546. fo. 102*b*.

MARQUIS, *v.* MARKES.

MARSHALL, *of Much Hadham*,*fr. Co. Notts.* 1433. fo. 10.   1504. fo. 48*b*.   1546. fo. 32. 6147. fo. 34.

MARSONN, *of Hadham*, 1546. fo. 78.

MARSTON, *of Hemel Hempsted*, 1547. fo. 35.

MAYNARD, *of St. Albans*, *fr. Co. Devon.* 1433. fo. 12*b*.   1504. fo. 52.   1546. fo. 35*b*. 1982. fo. 56*b*.   6147. fo. 36.

MAYNE, *of Bovingdon*, *fr. Co. Bucks.* 1504. fo. 72*b*.   1546. fo. 78*b*.   1547. fo. 44.   6147. fo. 58*b*.

MERICK, *of Upton*, 1546. fo. 10*b*.

MERREY, *of Hatfield*, 1504. fo. 18*b*.   1546. fo.
   64*b*.   1562. fo. 43*b*.   6147. fo. 55*b*.
Merrey, of Hatford, 1234. fo. 155*b*.
MEWTIS, *of Hertford,,fr. Co. Essex*, 1547. fo. 67.
MILDMAY, *of Sawbridgeworth,,fr.Co. Essex*, 1504.
   fo. 66*b*.   1546. fo. 59*b*.
MOHUN, *of Aldenham,fr. Co. Cornw*. 1433. fo. 21.
   1504. fo. 59.   1546. fo. 44.   6147. fo.
   45.
MONOX, *of Charlingwood*, 1234. fo. 135.   1504.
   fo. 158.   1547. fo. 73.
MOORE, *of Hadham*, 1504. fo. 74.   1546. fo.
   74.
MORGAN, *of Bushey Hall*, 1234. fo. 127*b*.   1504.
   fo. 153*b*.   1547. fo. 77.
MORLEY, *of Backhampsted*, 1546. fo. 132*b*.
MORRISON, *of Cashiobury, fr. Co. York*. 1504.
   fo. 24*b*.   1546. fo. 47.   6147. fo. 16*b*.
————— *of Standon, fr. Co. Linc*. 1234. fo.
   132*b*.   1504. fo. 155*b*.   1546. fo. 141.
   1547. fo. 21.
MORTON, *fr. Co. Surrey*, 1546. fo. 90.
MOSTON, 1504. fo. 71.
MYNOTT, 1546. fo. 100.
NAYLOR, 1504. fo. 82.
NEEDHAM, *of Wymondley,,fr. Co. Derby*, 1433. fo.
   11*b*.   1504. fo. 50.   1546. fo. 33*b*.   1547.
   fo. 53.   6147. fo. 34*b*.
NEVILL, *Lord Fauconbridge*, 1504. fo. 11.   1546.
   fo. 62*b*.
NEWCE, *or*, NUCE, *of Broxborne and Hadham, fr.
   London*, 1234. fo. 126.   1433. ff. 4. 14*b*.
   1504. ff. 27*b*. 37*b*. 152.   1546. ff. 22*b*.37*b*.
   1547. fo. 93*b*.   6147. ff. 24. 39.
Newce, 1234. fo. 157*b*.
NEWCOMEN, *of Stortford, fr. Co. Linc*. 1547.
   fo. 92.
NEWPORT, *of Pelham*, 1546. fo. 92.   1547.
   fo. 22*b*.
————— *of Sandon*, 1504. fo. 74.   1546. fo.
   74.
NEWTON, 1504. fo. 1*b*.   1546. fo. 6.   6147.
   fo. 7*b*.
NOADES, *of Sheephull Bury,,fr.Co. Essex*, 1504 fo.
   129*b*.   1547. fo. 82*b*.
NODDS, *of Graveley*, 1433. fo. 6*b*.   1504. fo.
   40*b*.   1546. fo. 27.   6147. fo. 29(*a. b.*)
NORLAND, 1546. fo. 102*b*.
NORRIS, 1468. ff. 67*b*. 68.   1549. ff. 82*b*. 83.
   6159. fo. 58*b*.
NORTH, *of Twin*, 1504. fo. 170*b*.
——————— *Lord, v.* DUDLEY.
NORTON, *of Market Cell, fr. Co. Beds*. 1234. fo.
   113.   1504. ff. 18*b*. 130*b*.   1546. fo. 102*b*.
   1547. fo. 45*b*.
NUCE, *v.* NEWCE.
NUTBEANE, 1546. fo. 83*b*.
OAKE, *or*, OKE, *of Strickland*, 1504. fo. 11*b*.
   1546. fo. 64.
OTEBY, 1546. fo. 79*b*.
PAGE, 1504. fo. 8.   1546. fo. 52.
PALMER, *of Shenley, fr. Co. Leic*. 1433. fo. 5.
   1504. fo. 38*b*.   1546. fo. 25.   6147. fo.
   25*b*.
PARRATT, 1504. fo. 52.
PECHE, 1546. fo. 83*b*.
Pecock, 6147. fo. 48*b*.
PEMBERTON, *of St. Albans*, 1234. fo. 117.   1504.
   fo. 134*b*.   1546. fo. 115*b*.   1547. fo. 7*b*.
PENNE, *v.* PENNY.

PENNY, *or*, PENNE, *of Codicote*, 1234. ff. 150*b*.
   152*b*.   1504. ff. 2*b*. 142.   1546. fo. 61*b*.
   1547. fo. 79.   6147. fo. 14.
PERYENT, *of Digswell*, 1504. fo. 128*b*.   1546. ff.
   143. 147.   6147. fo. 50.
Peryent, 6147. fo. 49.
PICHFORD, *of St. Albans, fr. Co. Shrop*. 1547.
   fo. 51*b*.
Pickeringe, 1234. fo. 157*b*.
PLOMER, *of Radwell*, 1504. fo. 21*b*.   1546. fo.
   13*b*.   1547. fo. 84*b*.
Plomer, 1234. fo. 157.
POTKIN, *of Lilly and Rickmansworth,,fr. Co. Kent*.
   1546. fo. 106*b*.
Poulley, of Wymondley, 1234. fo. 155*b*.
POULTER, *or*, PULTER, *of Bradfield and Wy-
   mondley*, 1504. fo. 16*b*.   1546. fo. 7.   1547.
   fo. 42*b*.   6147. fo. 9.
POWELL, *or*, AP HOWELL, *of St. Albans*, 1234.
   fo. 139*b*.   1504. fo. 139.   1546. fo. 130*b*.
   1547. fo. 3.
PRANELL, 1504. ff. 10. 95.   1546. fo. 11*b*.
   5186. p. 43.
Prannell, of Rusdemill, 1234. fo. 155.
PRESTON, *of Chilwick,,fr. Co. Beds*. 1234. fo. 116.
   1504. fo. 133*b*.   1547. fo. 78*b*.
PROCTER, 1234. fo. 125*b*.   1504. fo. 151*b*.   1547.
   fo. 10*b*.
Pryssott, of Walyngton, 1546. fo. 111.
PUCKERINGE, *of Weston*, 1504. fo. 26*b*.   1546.
   fo. 2*b*.
PULTER, *v.* POULTER.
PURVEY, *of Wormeley*, 1546. fo. 98.
QUARLES, *of Graves,,fr. Co. Norf*. 1546. fo. 94*b*.
RADCLIFF, *of Hitchin, fr. Co. Lanc*. 1433. fo.
   16*b*.   1504. fo. 49.   1546. fo. 39*b*.   1547.
   fo. 58.   6147. fo. 41.
RAYNSFORD, 1504. fo. 32*b*.
Raynesford, 1234. fo. 158*b*.
READE, 1433. fo. 2*b*.   1504. fo. 34*b*.   1546.
   fo. 21.   6147. fo. 22*b*.
————— *of Brochet Hall, fr. Co. Berks*. 1504. fo.
   24.   1546. fo. 13.
Reade, 1234. fo. 157.
RICH, *of Anstey, fr. Co. Sussex*, 1234. fo. 128.
   1504. fo. 165.   1547. fo. 62.
Risam, 6147. fo. 49.
ROBINSON, *of Cheshunt, fr. Co. Westm*. 1234. fo.
   121.   1504. fo. 146*b*.   1547. fo. 95.
ROBOTHAM, *of St. Albans, fr. Co. York*. 1547.
   fo. 8*b*.
ROGERS, *of Mayden Croft,,fr. Co. Som*. 1547. fo.
   83.
ROLFFE, *of St. Albans*, 1547. fo. 40*b*.
ROTHERAM, *of Farley,,fr. Co. Beds*. 1547. fo. 83*b*.
ROWLETT, 1433. fo. 18.   1546. fo. 41.   1982.
   fo. 57.
SADLER *of Sopwell*, 1547. fo. 3*b*.
————— *of Standon,,fr. Co. Lanc*. 1234. ff. 153.
   156*b*.   1504. fo. 3.   1546. fo. 3*b*.   1547.
   fo. 27.
ST. GERMIN, 1546. fo. 116*b*.
SALTONSTALL, *of Buckney, fr. Co. Essex and
   London*, 1547. fo. 61*b*.
SANDFORD, *or*, SANFORT, *of Crowcorne*, 1433. fo.
   10*b*.   1504. fo. 45.   1546. fo. 32*b*.   6147.
   fo. 32*b*.
SANFORT, *v.* SANDFORD.
SAPCOTTS, *of Tharfeld, fr. Co. Hunts*. 1546.
   fo. 94.

SAUNDERS, *of Beechwood, fr. Co. Bucks.* 1136. fo. 1*b*. 1547. fo. 74.

SCROGGS, *of Patmore,* 1546. fo. 106.

SEDLEY, *of Digswell,* 1547. fo. 55*b*.

SELIOKE, *of St. Albans, fr. Co. Derby,* 1547. fo. 35*b*.

SENNOAKE, *or,* SENNOCK, *of Layston,* 1234. fo. 115. 1504. fo. 132*b*. 1547. fo. 72.

SHELLEY, Add. MS. 14,311. fo. 84.

SHEPHARD, *of North Collingham,* 1504. fo. 33.

SHIRLEY, *of Hertford,* 1546. fo. 130.

SHOTBOLT, *of Yardley,* 1546. fo. 144*b*.

SIMPSON, *of St. Albans, fr. London,* 1547. fo. 49*b*.

SKIPWITH, *of Flamstead,* 1546. fo. 52.

————— *of Parkbury,* 1546. fo. 82*b*.

————— *of St. Albans, fr. Co. York.* 1412. fo. 102*b*. 1433. fo. 17*b*. 1504. ff. 8. 56. 1546. ff. 40*b*. 53. 81*b*. 6147. fo. 41*b*.

SKYNNER, *of Hitchin, fr. Co. Surrey,* 1546. fo. 90. 1547. fo. 57*b*.

SMITHWICK, *of Lees Langley, fr. Co. Chesh.* 1433. ff. 3. 20. 1504. ff. 37. 57*b*. 1546. ff. 22. 43*b*. 6147. ff. 23. 44.

SMYTH, *of Annables, fr. Co. Lincoln,* 1546. fo. 79*b*. ——— *of Hitchin,* 1504. fo. 128*b*.

Smyth, 1546. fo. 111.

SNAGGE, *of Lechworth,* 1433. fo. 6. 1504. fo. 41*b*. 1546. fo. 27*b*. 6147. fo. 27.

SNELLING, *of St. Margetts, fr. Co. Midd.* 1546. fo. 124.

SONGER, *of Stocking Pelham,* 1504. fo. 25. 1546. fo. 15*b*.

SPENCER, *of Offley,* 1504. fo. 54. 1546. fo. 110*b*. 6147. fo. 57.

——— *of St. Albans,* 1433. fo. 11. 1504. fo. 11. 1546. fo. 39. 6147. fo. 40*b*.

SPENLOWE, *of St. Albans,* 1504. fo 65. 1546. fo. 58*b*.

STANDISH, 1504. fo. 87.

STANHOP, 1504. fo. 8. 1546. fo. 52.

STEPNEY, *or,* STEPNETH, *of Aldenham and St. Albans,* 1546. fo. 87*b*.

STERNE, *of Burkway,* 1547. fo. 60. ——— *of Hoddesdon, fr. Co. Camb.* 1234. fo. 118. 1504. fo. 135*b*. 1547. fo. 26*b*.

STEWARD, *of Braughin, fr. Co. Suff.* 1547. fo. 96.

STRATFORD, *of Meesden, fr. Co. Glouc.* 1547. fo. 12*b*.

STUKES, *of Wotton,* 1234. fo. 123*b*. 1504. fo. 149*b*. 1547. fo. 11.

SUTTON, *of Tittenhanger, fr. Co. Leic.* 1234. fo. 137. 1504. ff. 71*b*. 154. 1546. fo. 67. 1547. fo. 39*b*. 6147. fo. 58.

Smythan, of Hertford, 1546. fo. 111.

TAVERNER, *of Hextonbury, fr. Co. Norf.* 1546. fo. 113*b*. 1547. fo. 16. 6147. fo. 56.

TAYLOR, *of St. Albans, fr. Cos. Lanc. and Midd.* 1546. fo. 66*b*.

——— *of Westmele,* 1546. fo. 148.

THOMPSON, *of Wotton,* 1234. fo. 123*b*. 1504. fo. 149*b*. 1547. fo. 11.

THORNETON, *of Greenford, fr. Co. Chesh.* 1504. fo. 70*b*.

THOROUGOOD, *or,* THOROWGOOD, *of Temple Chelston,* 1504. fo. 75. 1546. fo. 74*b*. 6147. fo. 53*b*.

—————————————— *of Tharzfeild,* 1234. fo. 128*b*. 1504. fo. 165*b*. 1547. fo. 63.

THORPE, 1504. fo. 79*b*.

TOOKE, *of Popes and Wormesley, fr. Co. Kent.* 1234. fo. 126*b*. 1504. fo. 152*b*. 1546. fo. 95*b*. 1547. ff. 11*b*. 69*b*.

TUCKER, 1547. fo. 55*b*.

UNDERHILL, *of Bradley,* 1546. fo. 83*b*.

VARNEY, *v.* VERNEY.

VAUGHAN, 1504. fo. 62*b*.

VERNEY, *or,* VARNEY, *of Penley, fr. Co. Bucks.* 1433. fo. 19. 1504. fo. 58. 1546. ff. 12. 41*b*. 6147. fo. 43.

VERNON, *of Hartingford Bury, fr. Co. Derb.* 1546. fo. 105*b*. 1547. fo. 41*b*.

WALLER, *v.* WARREN.

Waller, of Crawden, 1234. fo. 157*b*.

WALLS, *of Tendrige, fr. London,* 1504. fo. 140*b*.

WALROND, 1504. fo. 14.

WALTER, *of Broxbourn, fr. Co. Camb.* 1433. fo. 1. 1504. fo. 35. 1546. fo. 20*b*. 6147. fo. 20.

WARD, 155. fo. 59*b*. 1560. fo. 115*b*.

WARREN, *of Aldenham, fr. Co. Chesh.* 1234. fo. 136. 1504. fo. 159. 1547. fo. 95*b*.

——— *of Harden, fr. Co. Chesh.* 1546. fo. 54.

——— *of St. Albans,* 1504. fo. 62.

——— *or,* WALLER, *of Ashwell,* 1234. fo. 142. 1504. fo. 143*b*. 1546. fo. 114. 1547. fo. 20.

WARTON, 1504. fo. 71. 1546. fo. 76.

WATERHOUSE, *of Berkhampstead, fr. Co. Shrop.* 1504. fo. 22*b*. 1546. fo. 47*b*. 6147. fo. 15*b*.

Waterhouse, 1234. fo. 157.

WATHE, *of St. Albans, fr. Co York.* 1234. fo. 137*b*. 1504. fo. 154*b*. 1547. fo. 64*b*.

WATTS, *of Tendridge, fr. London,* 1234. fo. 146. 1546. fo. 103. 1547. fo. 30.

——— *of Ware,* 1547. fo. 94*b*.

WELD, *of Widbury Hill, fr. Co. Chesh.* 1504. fo. 112. 1547. fo. 71*b*.

Wemley, v. Wymley.

WEYLAND, 1504. fo. 11*b*. 1546. fo. 64.

WHITAKERS, *of Ashwell, fr. Co. York.* 1547. fo. 22.

WHITHORNE, *fr. Co. Somerset,* 1504. fo. 94.

WHITMORE, *of Thurstaston,* 1504. fo. 113.

WHITTINGHAM, *of Penley,* 1234. fo. 14. 1504. fo. 58. 1533. fo. 111*b*. 1546. fo. 41*b*.

WILLABY, *or,* WILLARBY, 1546. fo. 79*b*.

WILLIAMS, 1504. fo. 15*b*. 1546. fo. 125*b*.

WILLIMOT, *of Kelshall,* 1234. fo. 122*b*. 1504. fo. 148. 1547. fo. 86*b*.

WILLIS, *of Bolles, fr. Co. Kent.* 1234. fo. 133*b*. 1504. fo. 156*b*. 1547. fo. 29*b*.

WILSON, *of Wellen, fr. Co. Linc.* 1504. fo. 25. 1546. fo. 15*b*. 1547. fo. 81*b*. 6147. fo. 17*b*.

Wilson, 1234. fo. 157.

WITTEWRONG, *of Rothamsted,* 1504. ff. 171*b*. 172.

WOODLIFF, *of Wormesley,* 1546. fo. 98.

WROTH, *of Woodbery Hill and Yongs, fr. Co. Midd.* 1504. fo. 66. 1546. fo. 60*b*. 1547. fo. 28.

Wymley, or, Wemley, 6147. fo. 49.

WYNDOWT, *of Raddeswell,* 1234. fo. 150. 1504. fo. 141*b*. 1546. fo. 102*b*. 1547. fo. 85*b*.

WYNGATE, *of Lockleys, fr. Co. Beds.* 1234. fo. 130. 1504. fo. 164. 1547. ff. 17*b*. 60*b*.

YONG, *of Berkhampstead,* 1546. fo. 111.

s

HUNTINGDONSHIRE.

Amundeville, 1179. fo. 120.   Cott. MS. Jul. F.
viii. fo. 59.

AP RHESE, *v.* PRICE.

Arnold, 1179. fo. 45.   Cott. MS. Jul. F. viii. fo.
20*b*.

ATTEHEATH, *or*, GRENDON, Cott. MS. Jul. F. viii.
fo. 7*b*.

AUDLEY, *of Gransdon*, 890. fo. 45.   1075. fo. 23.
1179. fo. 49.   Cott. MS. Jul. F. viii. fo. 23.

AUSTREY, *of Somersham, fr. London*, 1075. fo.
45*b*.   1179. fo. 93.   Cott. MS. Jul.
F. viii. fo. 45*b*.

AWDELEY, *of St. Ives, fr. Co. Suss.* 890. fo. 45*b*.

BALDWIN, *of Stoughton, fr. Co. Hants.* 1075. fo.
25*b*.   1179. fo. 54.   Cott. MS. Jul. F.
viii. fo. 25*b*.

Barlowe, 1179. fo. 45.   Cott. MS. Jul. F. viii.
fo. 20*b*.

Barnack, 1179. fo. 48.

BEAUMES, 1075. fo. 35*b*.   1179. ff. 16. 74.
Cott. MS. Jul. F. viii. ff. 7*b*. 35*b*.

BEDELL, *of Hamerton, fr. Co. Northampt.* 890. fo.
41.   1075. fo. 17.   1179. fo. 38*b*.   Cott.
MS. Jul. F. viii. fo. 17.

BELLAY, *of Paxton, fr. Co. Som.* 1075. fo. 59*b*.
1179. fo. 121.   Cott. MS. Jul. F. viii. fo.
59*b*.

BEST, *of Eyncsbury*, 1075. fo. 29*b*.   1179. fo.
62.   Cott. MS. Jul. F. viii. fo. 29*b*.

BEVILLE, *of Chesterton*, 890. fo. 43.   1075. ff. 3.
4*b*. 5. 18*b*. 19(*a. b.*)   1179. ff. 4*b*.—10.
40*b*.—42.   Cott. MS. Jul. F. viii. ff. 5. 18*b*.

Beville, 1179. fo. 117.   Cott. MS. Jul. viii. fo.
57*b*.

BOLTON, *of Offord*, 1075. fo. 24.   1179. fo. 50*b*.
Cott. MS. Jul. F. viii. fo. 24.

BORRARD, 1075. fo. 41.   1179. fo. 85.   Cott.
MS. Jul. F. viii. fo. 41.

BOWLES, *of Sawtrey, fr. Co. Herts.* 890. fo. 47*b*.

BRANDON, 1075. fo. 41.   1179. fo. 85.   Cott.
MS. Jul. F. viii. fo. 41.

BROUGHTON, *of Godmanchester, fr. Co. Lanc.*
1075. fo. 37*b*.   1179. fo. 78.   Cott. MS.
Jul. F. viii. fo. 37*b*.

BROWNE, *of St. Ives, fr. London*, 1075. fo. 44.
1179. fo. 90.   Cott. MS. Jul. F. viii. fo. 44.

BRUDENELL, *of Deddington*, 890. p. 50.   1075.
fo. 40*b*.   1179. fo. 84*b*.   Cott. MS. Jul. F.
viii. fo. 40*b*.

BRUS, *of Exton*, 1179. fo. 29.   6159. fo. 40*b*.
Cott. MS. Jul. F. viii. fo. 13.

CALTON, *of Catworth, fr. London*, 1075. fo. 17*b*.
1179. fo. 39.   Cott. MS. Jul. F. viii. fo. 17*b*.

CASTLE, *of Glatton, fr. Co. Northampt.* 890. p. 41*b*.
1075. fo. 53.   1179. fo. 109.   Cott. MS.
Jul. F. viii. fo. 53.

Chaderton, Cott. MS. Jul. F. viii. fo. 18.

CHAMBUR, 1075. fo. 67.   1179. fo. 114.   Cott.
MS. Jul. F. viii. fo. 56.

CHEYNE, 1075. fo. 56.   1179. fo. 114.   Cott.
MS. Jul. F. viii. fo. 56.

CLIFTON, *of Leighton, fr. Co. Som.* 1075. fo. 2*b*.
1179. fo. 3.   Cott. MS. Jul. F. viii. fo. 2*b*.

COLES, *of Preston*, 1075. fo. 54*b*.   1179. fo. 112.
Cott. MS. Jul. F. viii. fo. 54*b*.

COMPTON, 1075. fo. 8*b*.   1179. fo. 18*b*.   Cott.
MS. Jul. F. viii. fo. 8*b*.

Cornwall, 1179. fo. 119.   Cott. MS. Jul. F. viii.
fo. 58*b*.

COTTON, *of Conington*, 890. fo. 43*b*.   1075. fo.
13.   1179. fo. 28*b*.   Cott. MS. Jul. F.
viii. fo. 13.

Cotton, 1179. fo. 26*b*.   Cott. MS. Jul. F. viii. fo.
11.

CRESPIN, *of Hilton, fr. Co. Dorset*, 1075. fo. 23*b*.
1179. fo. 50.   Cott. MS. Jul. F. viii. fo.
23*b*.

CROMWELL, *or*, WILLIAMS, *of Hinchinbrooke*, 890.
p. 38.   1075. fo. 36*b*.   1179. fo. 76*b*.
Cott. MS. Jul. F. viii. fo. 36*b*.

DACKOMB, *of Huntingdon, fr. Co. Dors.* 890. fo.
40*b*.

DARINGTON, *of Spaldwick*, 890. fo. 48.

DENNYS, 1075. fo. 36*b*.   1179. fo. 76*b*.   Cott.
MS. Jul. F. viii. fo. 36*b*.

DEYER, *of Stoughton*, 1075. fo. 31*b*.   1179. fo.
67.   Cott. MS. Jul. F. viii. fo. 31*b*.

DREWE, 1075. fo. 14.   1179. fo. 31*b*.   Cott.
MS. Jul. F. viii. fo. 14.

DREWELL, *of Little Gidding*, 890. fo. 40.

Drewell, 1179. fo. 89.   Cott. MS. Jul. F. viii.
fo. 43.

EDWARDS, *of Allerton, fr. Co. Northampt.* 1075.
fo. 54*b*.   1179. fo. 112.   Cott. MS. Jul.
F. viii. fo. 54*b*.

ELCOCK, 1147. fo. 19.   1430. fo. 21.   1433.
fo. 63.   1561. fo. 117.   1140. fo. 106.

FAWDRELL, Cott. MS. Jul. F. viii. fo. 30.

FAWKENER, *of Allerton, fr. Co. Sussex*, 1075. fo. 16.
1179. fo. 36.   Cott. MS. Jul. F. viii. fo. 16.

Fitz-Geffrey, Cott. MS. Jul. F. viii. fo. 46.

FORSTER, *of Southoe, fr. Co. Shrop.* 1075. fo. 24*b*.
1179. fo. 52.   Cott. MS. Jul. F. viii. fo. 24*b*.

FOWBERY, *of Bluntisham, fr. Co. York.* 1075. fo.
48*b*.   1179. fo. 101.   Cott. MS. Jul. F.
viii fo. 48*b*.

GIBON, 1075. fo. 41.   1179. fo. 85.   Cott.
MS. Jul. F viii. fo. 41.

GRACE, *of Ellington, fr. Co. Camb.* 1075. fo. 10.
1179. fo. 23*b*.   Cott. MS. Jul. F. viii. fo.
10.

Grace, Cott. MS. Jul. F. viii. fo. 18.

GREEKE, 1548. fo. 138.

GRENDALL, *of Fenton*, 1075. fo. 7*b*.   1179. fo.
16.   Cott. MS. Jul. F. viii. fo. 7*b*.

GRENDON, *v.* ATTEHEATH.

HASTINGS, *Earl of Huntingdon*, 1165. fo. 29.
1166. fo. 81*b*.   1189*b*. fo. 2.   1180. fo. 44.
1443. ff. 49*b*. 103*b*.   1451. fo. 134.   1539.
fo. 174.

HEDLEY, *v.* HETLEY.

HERBERT, *of Covington, fr. Co. Monm.* 1075. fo.
8.   1179. fo. 17.   Cott. MS. Jul. F. viii.
fo. 8.

HEREWARD, 1075. fo. 67.   1179. fo. 114.   Cott.
MS. Jul. F. viii. fo. 56.

HERON, *of Godmanchester, fr. Co. Norf.* 1075. fo. 45. 1179. fo. 92. Cott. MS. Jul. F. viii. fo. 45.

HETLEY, or, HEDLEY, *of Brampton, fr. Co. Beds.* 1075. fo. 51. 1179. fo. 3* Cott. MS. Jul. F. viii. fo. 51.

HOLCOTT, *of Ellington,* 1075. fo. 10. 1179. fo. 24. Cott. MS. Jul. F. viii. fo. 10.

HOULLOCKE, *of Southoe, fr. Co. Northampt.* 1075. fo. 50*b*. 1179. fo. 105. Cott. MS. Jul. F. viii. fo. 50*b*.

HUNTINGDON, *Earl of, v.* HASTINGS.

JACKMAN, *of Graffham, fr. Co. Bucks.* 1075. fo. 49. 1179. fo. 102. Cott. MS. Jul. F. viii. fo. 49.

JAWDRELL, *of Stoughton, fr. Co. Camb.* 1075. fo. 30. 1179. fo. 63.

KAYE, *of Glatton, fr. Co. York.* 890. p. 48*b*. 1075. fo. 14*b*. 1179. fo. 32*b*. Cott. MS. Jul. F. viii. fo. 14*b*.

KNOWLES, or, KNOLLES, *of Brampton,* 1075. fo. 47. 1179. fo. 98. Cott. MS. Jul. F. viii. fo. 47.

KRYELL, 1075. fo. 56. 1179. fo. 114. Cott. MS. Jul. F. viii. fo. 56.

LATIMER, Cott. MS. Jul. F. viii. fo. 14.

LAWRANCE, 1543. fo. 97. 1401. fo. 80. 1534. fo. 103*b*. 6769. fo. 31. 6770. fo. 54. 6774. fo. 99. 6775. fo. 100. Add. MS. 4962. fo. 75*b*.

LEETE, *of Doddington, fr. Co. Camb.* 1075. fo. 30*b*. 1179. fo. 64. Cott. MS. Jul. F. viii. fo. 30*b*.

Linde, 1179. fo. 45.

LOVELL, 1075. fo. 67. 1179. fo. 114. Cott. MS. Jul. F. viii. fo. 56.

LOWTHE, 155. fo. 61*b*. 1179. fo. 11. Cott. MS. Jul. F. viii. fo. 6*b*.

LUKE, *of Abbotsley and Hardwick, fr. Co. Beds.* 1075. fo. 26*b*. 1179. fo. 56*b*. Cott. MS. Jul. F. viii. fo. 26*b*.

MARSH, 2109. fo. 36. 4600. fo. 30.

MARSHALL, *of Sawtry,* 1075. fo. 15. 1179. fo. 33*b*. Cott. MS. Jul. F. viii. fo. 15.

Merch, de, 1179. fo. 119*b*. Cott. MS. Jul. F. viii. fo. 59.

MIDLETON, *of Newington Butts,* 1075. fo. 27*b*. 1179. fo. 58*b*. Cott. MS. Jul. F. viii. fo. 27*b*.

NAYLOR, *of Offord Darcy, fr. London,* 1075. ff. 44*b*. 51*b*. 1179. ff. 91. 106*b*. Cott. MS. Jul. F. viii. ff. 44*b*. 51*b*.

OTTER, *of Walthamstowe,* 1075. fo. 25. 1179. fo. 31*b*. Cott. MS. Jul. F. viii. fo. 14.

OVERTON, *of Somersham, fr. Co. Linc.* 890. fo. 46*b*.

PABENHAM, 1075. fo. 56. 1179. fo. 114. Cott. MS. Jul. F. viii. fo. 56.

PARIS, *of St. Neots and Stowe, fr. Co. Beds.* 1075. fo. 27*b*. 1179. fo. 58*b*. Cott. MS. Jul. F. viii. fo. 27*b*.

PAYNE, *of Midloe and St. Neots.* 1075. fo. 28*b*. 1179. fo. 60*b*. Cott. MS. Jul. F. viii. fo. 28*b*.

PEIRPOINT, 1075. fo. 41. 1179. fo. 114. Cott. MS. Jul. F. viii. fo. 41.

PICKERING, *of Aulkmondbury, fr. Co. Northampt.* 890. p. 34. 1075. fo. 9. 1179. fo. 20*b*. Cott. MS. Jul. F. viii. fo. 9.

POULTER, *of Broughton,* 1075. fo. 46*b*. 1179. fo. 96. Cott. MS. Jul. F. viii. fo. 46*b*.

POUNT, 1483. fo. 72*b*. 1530. fo. 52. Add. MS. 14,284. fo. 52.

POYNINGS, 1075. fo. 56. 1179. fo. 114. Cott. MS. Jul. F. viii. fo. 56.

PRATT, *of Overton, fr. Co. Northampt.* 1075. fo. 16*b*. 1179. fo. 37. Cott. MS. Jul. F. viii. fo. 16*b*.

PRICE, or, AP RHESE, *fr. Co. Brecknock,* 1075. fo. 14. 1179. fo. 31. Cott. MS. Jul. F. viii. fo. 14.

RERESBY, *of Bunsham, fr. Co. York.* 890. fo. 44*b*.

Revell, Cott. MS. Jul. F. viii. fo. 18.

REYNES, *of Clifton and Okley,* 890. p. 41*b*. 1075. fo. 41. 1179. fo. 85. Cott. MS. Jul. F. viii. fo. 41.

Reynes, Cott. MS. Jul. F. viii. fo. 39.

ROOE, *of Yaxley, fr. Co. Suff.* 1075. fo. 42*b*. 1179. fo. 88. Cott. MS. Jul. F. viii. fo. 42*b*.

Rous, Cott. MS. Jul. F. viii. fo. 18.

ROWSE, *of Little Stewkley, fr. Co. Worc.* 890. fo. 47. 1075. fo. 48. 1179. fo. 100. Cott. MS. Jul. F. viii. fo. 48.

ST. JOHN, *of Ripton,* 890. fo. 1*b*. 1075. fo. 2. 1179. fo. 2. Cott. MS. Jul. F. viii. fo. 2.

SAPCOTTS, *of Elton,* 1075. fo. 6*b*. 1179. fo. 12*b*. 2109. ff. 9. 91*b*. Cott. MS. Jul. F. viii. fo. 6*b*.

Sapcotts, 1179. fo. 15. Cott. MS. Jul. F. viii. fo. 7.

Scudamore, Cott. MS. Jul. F. viii. fo. 38.

SKEGGS, *of Eynesbury,* 1075. fo. 28. 1179. fo. 59*b*. Cott. MS. Jul. F. viii. fo. 28.

SLADE, *of Huntingdon,* 1075. fo. 9*b*. 1179. fo. 22*b*. Cott. MS. Jul. F. viii. fo. 9*b*.

STONES, *of Pidley,* 1075. fo. 47. 1179. fo. 97. Cott. MS. Jul. F. viii. fo. 47.

Stonham, 1179. fo. 48. Cott. MS. Jul. F. viii. fo. 22*b*.

Strete, Cott. MS. Jul. F. viii. fo. 39*b*.

STUKELEY, 1075. fo. 47*b*. 1179. fo. 99. Cott. MS. Jul. F. viii. fo. 47*b*.

SYMCOT, *of Fenestaunton, fr. London,* 890. fo. 45.

TAYLARD, *of Doddington, fr. Co. Beds.* 890. fo. 42. 1075. fo. 40*b*. 1094. fo. 37. 1179. fo. 84*b*. Cott. MS. Jul. F. viii. fo. 40*b*.

Taylard, 1179. fo. 44. Cott. MS. Jul. F. viii. fo. 20*b*.

THROCKMORTON, *of Ellington, fr. Co. Warr.* 1075. fo. 60. 1179. fo. 123. Cott. MS. Jul. F. viii. fo. 60.

TIRINGHAM, 1075. ff. 56. 57. 1179. ff. 114. 116. Cott. MS. Jul. F. viii. ff. 56. 57.

TORKINGTON, *of Stewkley, fr. Co. Chesh.* 890. fo. 46. 1075. fo. 47*b*. 1179. fo. 99. 1535. fo. 261*b*. Cott. MS. Jul. F. viii. fo. 47*b*. Add. MS. 5529. fo. 68*b*.

Trencham, 1179. fo. 119. Cott. MS. Jul. F. viii. fo. 58*b*.

TRICE, *of Godmanchester,* 1075. fo. 50. 1179. fo. 104. Cott. MS. Jul. F. viii. fo. 50.

TURBERVILLE, *of Graffham, fr. Co. Brecknock,* 1075. fo. 25. 1179. fo. 53. Cott. MS. Jul. F. viii. fo. 25.

TURNER, 1449. fo. 25*b*.

TYRWHYT, *of Leighton, fr. Co. Linc.* 890. p. 38*b*.

WALDEN, *of Buckworth, fr. Co. Kent,* 1075. fo. 8*b*. 1179. fo. 19. Cott. MS. Jul. F. viii. fo. 8*b*.

Waldeschef, 1179. fo. 118*b*. Cott. MS. Jul. F. viii. fo. 58.

WARREN, 890. fo. 38.

Wauton, Cott. MS. Jul. F. viii. fo. 22*b*.

WESSENHAM, 890. fo. 43b.   1075. fo. 13.   1179. fo. 28b.   Cott. MS. Jul. F. viii. fo. 13b.

WHITBROOKE, *of Water Newton, fr. Co. Shrop.* 1075. fo. 32b.   1179. fo. 69.   Cott. MS. Jul. F. viii. fo. 32b.

WILLIAMS, *of Aulkmondbury*, 1075. fo. 9b.   1179. fo. 21b.   Cott. MS. Jul. F. viii. fo. 9b.

WILLIAMS, *v.* CROMWELL.

WINGFIELD, *of Kimbolton, fr. Co. Suff.* 1043. fo. 71.   1075. fo. 53b.   1179. ff. 110b. 126. 1401. fo. 53.   1534. fo. 69.   6770. fo. 36b.   Add. MS. 4962. fo. 49.   Cott. MS. Jul. F. viii. ff. 53b. 60b. 63b.

WYKES, *of Newmarket*, 1075. fo. 56.   1179. fo. 114b.   Cott. MS. Jul. F. viii. fo. 56.

KENT.

ABBOT, *fr. Co. Surrey*, Add. MS. 16,279. p. 443.
ABDEY, 1548. fo. 3.   4108. fo. 64.
———— *of East Malling, fr. Co. York.* 1548. fo. 142b.   Add. MS. 5532. p. 157.
ABERGAVENNY, *Lord*, Add. MS. 16,279. p. 16.
ACHORNE, 1084. fo. 134.   1135. fo. 120.   1406. fo. 110.
Adey, 1548. fo. 3.
ALCHORNE, *of Boughton, fr. Co. Sussex*, 1106. fo. 95b.   1432. fo. 237.   Add. MSS. 5507. p. 217.   5526. p. 174.
Alchorne, Add. MS. 14,307. fo. 1.
Aldam, Add. MS. 14,307. fo. 1b.
ALDAY, *or*, ALDE, *of Chequer and Sandwich*, 1106. fo. 32b.   1432. fo. 193b.   1548. fo. 82b. 2198. fo. 117b.   Add. MSS. 5507. p. 87. 16,279. p. 422.
Alde, Add. MS. 14,307. fo. 2.
ALDERSEY, *of Bredgar and Sutton, fr. Co. Chesh.* 1106. fo. 180.   1432. fo. 295.   Add. MSS. 5507. p. 368.   5526. p. 375.
Aldersey, Add. MS. 14,307. fo. 1.
Alfey, Add. MS. 14,307. fo. 2.
Allard, of Winchelsea, 1548. fo. 3.
ALLEN, *of Borden*, 1106. fo. 17b.   1432. fo. 182.   1553. fo. 170.   2198. fo. 102b. 6104. fo. 89.   Add. MSS. 5507. p. 59. 5526. p. 30.
Allen, 1548. fo. 3.   4108. fo. 64.   Add. MS. 14,307. fo. 2.
Alleyne, 1548. fo. 3.
ALLISON, *of Hastingleigh, fr. Co. Essex*, 1548. fo. 65.
ALME, 1548. fo. 168.
ALPHEW, *of Boreplace*, 1548. fo. 110.   Add. MSS. 5532. p. 41.   16,279. p. 432.
AMBERVILE, 1548. fo. 71b.
Amherst, 1432. fo. 327b.   1548. fo. 3.   Add. MS. 14,307. fo. 2b.
ANGELL, *of Crowhurst, fr. Co. Northampt.* Add. MS. 16,279. p. 438.
Angell, 2198. fo. 127.   Add. MSS. 14,307. fo. 1. 16,279. p. 90.
Annesley, of Lewisham, 1548. fo. 3.   4108. fo. 64b.   Add. MS. 14,307. fo. 2.
ANNET, *of Canterbury*, 1548. fo. 78.
Apledore, Add. MS. 14,307. fo. 2b.
Appleton, 1548. fo. 3.   4108. fo. 64b.   Add. MS. 14,307. fo. 2.
Apuldorfielde, of Challock, Add. MS. 14,307. fo. 1b.

Archard, 4108. fo. 64b.   Add. MS. 14,307. fo. 2b.
Archer, 1548. fo. 3.
Arden, 1548. fo. 3.   4108. fo. 64b.   Add. MS. 14,307. fo. 2.
ARGALL, *of Sutton*, Add. MS. 16,279. p. 429.
Argall, 1548. fo. 3.   4108. fo. 64b.   Add. MS. 14,307. fo. 2b.
ASHBOURNHAM, *of Bromham*, 1106. fo. 222. 1484. fo. 67b.   Add. MS. 5507. p. 390.
Ashbournham, Add. MS. 14,307. fo. 1b.
Ashenden, 1548. fo. 3.   Add. MS. 14,307. fo. 2.
Ashley, 4108. fo. 64b.
ASKETIN, *v.* ASTIN.
Askough, 1548. fo. 3.   4108. fo. 64b.
ASTIN, *of Chevening*, 1548. fo. 137.   Add. MS. 5532. p. 80.
———— *or*, ASKETIN, *of Peckham*, 1548. fo. 146b.   Add. MS. 5532. p. 117.
Astin, 1548. fo. 3.   4108. fo. 64b.
———— *or, Asketin*, Add. MS. 14,307. fo. 1b.
ASTLEY, *of Maidstone*, 1106. fo. 161b.   1432. fo. 282.   Add. MSS. 5507. p. 327.   5526. p. 328.
Astley, 1548. fo. 3.   Add. MSS. 14,307. fo. 1. 16,279. p. 70.
Atclyffe, Add. MS. 14,307. fo. 1b.
Atkins, of Deptford, Add. MS. 14,307. fo. 2.
ATLEZE, 1548. fo. 33.
Att Bregge, v. Bregge.
Aubrey, 1548. fo. 3.   4108. fo. 64.   Add. MS. 14,307. fo. 2b.
AUCHER, *of Borne, fr. Co. Essex*, 1106. fo. 201b. 1432. fo. 311.   1484. ff. 68b. 311.   1548. fo. 178.   Add. MSS. 5507. p. 190.   5526. p. 420.   5532. p. 138.
Aucher, 1548. fo. 3.   4108. fo. 64b.   Add. MSS. 14,307. fo. 1.   16,279. p. 131.
AUDLEY, 1468. fo. 127.   1096. ff. 152b. 159.
———— *Lord*, Add. MS. 16,279. pp. 220. 360.
Auldey, 1548. fo. 3.   4108. fo. 64b.
Auly, or, Haule, of Maidstone, Add. MS. 14,307. fo. 1.
AUSTIN, *of Bexley and Tenterden*, 1106. fo. 100b. 1432. fo. 238b.   Add. MSS. 5507. p. 228. 5526. p. 186.
———— *of Broadford*, Add. MS. 16,279. p. 390.
———— *of Dover*, Add. MS. 5532. p. 117.
Austin, of Tenterden, Add. MSS. 14,307. fo. 1. 16,279. p. 177.
Averenches, of Folkstone, Add. MS. 14,307. fo. 2b.

AYLEWORTH, *of St. Stephens, fr. Co. Glouc.* 1106. fo. 168*b*.　1432. fo. 28*b*.　Add. MSS. 5507. p. 341.　5526. p. 352.

Ayleworth, of Canterbury, 1548. fo. 3.　4108. fo. 64.　Add. MSS. 14,307. fo. 1.　16,279. p. 82.

AYLMES, Add. MS. 16,279. p. 218.

Ayscough, Add. MS. 14,307. fo. 2*b*.

BACHELER, Add. MS. 16,279. p. 164.

BADBYE, *of Hawley, fr. Co. Suff.* Add. MS. 5507. p. 411.

Badlesmere, Add. MS. 14,307. fo. 8*b*.

BAKER, 1415. fo. 133*b*.　6128. fo. 13.

——— *of Bewers Gifford,* 1548. fo. 173.

——— *of Groom Bridge,* 1106. fo. 199.　1432. fo. 309.　Add. MS. 5526. p. 415.

——— *of Maidstone,* Add. MS. 5507. p. 185.

——— *of Sisingherst,* 1076. fo. 153.　1084. fo. 32*b*.　1106. fo. 74*b*.　1135. fo. 18*b*. 1137. fo. 27.　1406. fo. 12.　1432. fo. 222*b*.　1541. fo. 21*b*.　1548. fo. 176*b*. 1562. fo. 89.　6065. fo. 40.　Add. MSS. 5507. pp. 177*. 178.　5526. p. 136.

Baker, Add. MS. 14,307. fo. 5.

——— *of Battle,* Add. MSS. 14,307. fo. 4*b*. 16,279. p. 126.

——— *of Sisinghurst,* 4108. fo. 64.　Add. MS. 14,307. fo. 3*b*.

BALLARD, *of Horton and Cos. Leic. and Notts.* 1548. fo. 180.

BAMFIELD, Add. MS. 16,279. p. 220.

BAMME, 1504. fo. 121.　1548. fo. 175*b*.

——— *of Gillingham,* Add. MS. 16,279. p. 433.

Bamme, Add. MS. 14,307. fo. 4*b*.

BARGRAVE, *of Bifrons and Bridge,* 1106. fo. 7*b*. 1432. fo. 174.　1548. fo. 51*b*.　2198. fo. 92*b*.　Add. MSS. 5507. pp. 39. 40(*a*.)　5526. p. 12.

Bargrave, of Bargrave, Add. MS. 14,307. fo. 3.

BARHAM, *or,* BERHAM, *of Barham,* 1548. ff. 119. 163*b*.　1484. fo. 67.　Add. MS. 5532. p. 107.

——————— *of Boughton, fr. Co. Sussex,* 1106. fo. 181.　1432. fo. 294*b*. 1484. fo. 67.　1566. fo. 20*b*.　Add. MSS. 5507. p. 369.　5526. p. 376.

——————— *of Maidstone,* 1548. fo. 26. Add. MS. 5532. p. 24.

——————— *of Teeson,* 1531. fo. 84*b*. Add. MS. 16,279. p. 341.

Barham, 4108. fo. 64*b*.　Add. MS. 16,279. p. 96.

BARKER, *of Chartham, fr. Co. Suff.* 1548. fo. 89.

Barker, 4108. fo. 64*b*.　Add. MS. 14,307. fo. 6*b*.

Barklett, Add. MS. 14,307. fo. 6*b*.

Barkley, 4108. fo. 64*b*.　Add. MS. 14,307. fo. 6*b*.

Barnard, Add. MS. 14,307. fo. 7.

Barne, Add. MS. 14,307. fo. 6*b*.

BARNES, *of Woolwich,* 1106. fo. 163.　1432. fo. 282*b*.

Barneys, 4108. fo. 65.

BARNHAM, *of Hollingborne, fr. Co. Hants.* 1106. fo. 189*b*.　1432. fo. 301.　Add. MSS. 5507. p. 79.　5526. p. 396.

Barnham, Add. MSS. 14,307. fo. 4.　16,279. p. 111.

BARRETT, *of Filbeche,* Add. MS. 16,279. p. 222.

BARROW, *of Hinxhill,* 1548. fo. 147.　Add. MS. 5532. p. 40*b*.

Barrow, 4108. fo. 65*b*.　Add. MS. 14,307. fo. 5*b*.

——— *Lord,* 4108. fo. 64.

BARRY, *of Sevington,* 1484. fo. 68.　1532. fo. 115*b*.　1548. ff. 23*b*. 177*b*.　Add. MS. 16,279. pp. 371—377.

Barry, Add. MS. 14,307. fo. 5.

Bartlyt, 4108. fo. 64*b*.

Barton, Add. MS. 14,307. fo. 8*b*.

Basing, Add. MS. 14,307. ff. 5. 7.

Basquire, Add. MS. 14,307. fo. 7.

BASSISFORD, *of Barham,* Add. MS. 16,279. p. 436.

BATHURST, *of Catchlade,* Add. MS. 16,279. p. 119.

——— *of Finchcox,* 1106. fo. 196.　1432. fo. 306*b*.　Add. MSS. 5507. p. 162.　5526. p. 409.

——— *of Franks.* 1106. fo. 183.　1432. fo. 296.　Add. MSS. 5507. p. 161.　5526. p. 383.

——— *of Lechlade,* 1548. fo. 177.

Bathurst, 4108. fo. 64*b*.　Add. MS. 14,307. fo. 4.

BATTE, 1548. fo. 171*b*.

Baxhull, or, Bukell, Add. MS. 14,307. fo. 5.

Baynham, 4108. fo. 65.　Add. MS. 14,307. fo. 8.

BEAUMONT, *of Rochester, fr. Co. Suffolk and London,* 1106. fo. 66.　1432. fo. 218*b*.　Add. MSS. 5507. p. 150.　5526. p. 119.

Beaumont, of Rochester, Add. MS. 14,307. fo. 3*b*.

Beawley, Add. MS. 14,307. fo. 8.

Becher, 4108. fo. 64*b*.　Add. MS. 14,307. fo. 6.

BECKINGHAM, Add. MS. 5507. p. 191.

BEDINGFIELD, *of Bradborne, fr. Co. Norf.* 1548. fo. 126.　Add. MS. 5532. p. 81.

Bedingfield, 4108. fo. 65.

BEECHER, *fr. London,* Add. MS. 16,279. p. 431.

Beeston, or, Beyston, 4108. fo. 63*b*.　Add. MS. 14,307. fo. 6.

BELKNAP, 1982. fo. 1.

Bell, of Canterbury, Add. MS. 14,307. fo. 5*b*.

BELLINGHAM, Add. MS. 5532. p. 109.

——— *of Chercefleet,* 1484. fo. 66.

BELTON, 1548. fo. 168*b*.

BENGER, *of Dover and Hougham, fr. Co. Wilts.* 1106. fo. 60.　1432. fo. 215.　Add. MS. 5507. p. 140.　5526. p. 109.

Beningfield, Add. MS. 14,307. fo. 5*b*.

BENNEGER, *or,* BERENGER, *fr. Co. Wilts.* 1548. fo. 132*b*.

Bennet, Add. MS. 14,307. fo. 5*b*.

BERE, *of Dartford,* 1106. fo. 207*b*.　1432. fo. 317.　Add. MSS. 5507. p. 288.　5526. p. 432.　5532. p. 112.

——— *of Gravesend and Co. Berks.* 1106. fo. 6. 1432. fo. 173.　1548. fo. 47.　2198. fo. 91.　Add. MSS. 5507. p. 36.　5526. p. 10.

Bere, 4108. fo. 65.　Add. MS. 14,307. fo. 3. 16,279. p. 139.

BERESFORD, *of Squerries and Co. Sussex, fr. Co. Derby,* 1106. fo. 192*b*.　1432. fo. 304. 1548. fo. 66*b*.　Add. MSS. 5507. p. 129. 5526. p. 402.　5532. p. 127.

Beresford, 4108. fo. 65.　Add. MS. 14,307. fo. 4.

BERHAM, *v.* BARHAM.

Berham, 4108. fo. 65.　Add. MS. 14,307. fo. 6*b*.

Bernham, Add. MS. 14,307. fo. 8*b*.

BERRY, *of Lidd,* 1106. fo. 119.　1432. fo. 250*b*. Add. MSS. 5507. p. 264.　5526. p. 223.

Berry, Add. MSS. 14,307. fo. 3*b*. 16,279. p. 207.

Berwick, 4108. fo. 65. Add. MS. 14,307. fo. 6*b*.

BEST, *of Allington Castle*, 1106. fo. 14*b*. 1432. fo. 178. 1548. fo. 58*b*. 2198. fo. 99*b*. Add. MSS. 5507. p. 53*b*. 5526. p. 24.

Best, Add. MS. 14,307. fo. 3.

BESWICK, *of Spilmanden, fr. Co. Chesh.* 1106. fo. 171*b*. 1432. fo. 288*b*. 1504. fo. 96*b*. 1548. fo. 44*b*. Add. MSS. 5507. p. 351. 5526. p. 358.

Beswick, Add. MS. 14,307. ff. 4. 7*b*.

BETTENHAM, *of Shorland*, 1106. ff. 122*b*. 167. 1432. ff. 254. 288*b*. Add. MSS. 5507. pp. 269. 338. 5526. pp. 248. 349. 5532. p. 36*b*. 16,279. p. 21.

Bettenham, 4108. fo. 65*b*. Add. MS. 14,307. fo. 5*b*.

BETTISON, *of Scadbury, fr. Co. Essex*, Add. MS. 5507. p. 378.

Bewley, 4108. fo. 65.

Beyston v. Beeston.

BILLINGESLEY, 1096. fo. 35. 1463. fo. 40*b*. 1476. fo. 71*b*. 1504. fo. 88.

BING, *of Granchester and Wrotham*, 1106. fo. 31*b*. 1432. fo. 193. 2198. fo. 116*b*. Add. MSS. 5507. p. 85. 5532. p. 27. 5526. p. 54.

Bing, 4108. fo. 65*b*.

Bingham, Add. MS. 14,307. fo. 6*b*.

Bio, of Babchildcourt, 1106. fo. 223.

Birchett, 4108. fo. 65. Add. MS. 16,279. p. 175.

BIX, *of Basschild*, Add. MS. 5507. p. 387.

BLAGGE, *or*, BLAGE, *of Rochester, fr. Cos. Glouc. and Wilts.* 1484. fo. 44*b*. 1548. fo. 100*b*. 1560. fo. 119*b*.

Blagge, 4108. fo. 65. Add. MS. 14,307. fo. 6.

Blague, Add. MS. 14,307. fo. 7.

BLECHINDEN, *of Simnells*, 1548. fo. 125. Add. MS. 5532. p. 88.

Blechinden, 4108. fo. 65*b*. Add. MS. 14,307. fo. 4*b*.

BLOMER, Add. MS. 5507. p. 191.

BLONDELL, 1106. fo. 31. 1432. fo. 192*b*. 2198. fo. 116. Add. MSS. 5507. p. 84. 5526. p. 53.

BLUNDE, Add. MS. 16,279. p. 215.

BLUNT, *of Charlton, fr. Co. Shrop.* 1106. fo. 199*b*. 1432. fo. 309*b*. Add. MSS. 5507. p. 115. 5526. p. 416.

Blunt, Add. MSS. 14,307. fo. 4*b*. 16,279. p. 129.

BOARE, 1548. fo. 185*b*.

BODE, *of Feversham, fr. Co. Essex*, 1106. fo. 59. 1432. fo. 214. Add. MSS. 5507. fo. 138. 5526. fo. 107.

—— *of Rochford*, Add. MS. 5526. p. 108.

Bode, Add. MS. 14,307. fo. 3*b*.

BONHAM, 1137. fo. 40*b*. 1432. fo. 31. 1484. fo. 57. 1541. fo. 108*b*.

BOORNE, 1484. fo. 63*b*.

BOOTH, 1476. fo. 290.

Borges, Add. MS. 14,307. fo. 6.

Borne, 4108. fo. 65*b*.

BORLEY, 1484. fo. 61.

BOROUGH, *Baron Borough*, Add. MS. 16,279. p. 332.

Bostocke, Add. MS. 14,307. fo. 7.

BOSVILLE, *of Aynsford*, 1106. fo. 217. 1432. fo. 323*b*. 1548. fo. 28. Add. MS. 5526. p. 453.

BOSVILLE, *of Bradborn, fr. Co. York.* 1106. fo. 191. 1432. fo. 301*b*. 1548. fo. 27*b*. Add. MSS. 5507. p. 111. 5526. p. 398. 5532. p. 152. 16,279. pp. 112. 157.

Bosville, Add. MS. 14,307. fo. 4.

Boswell, 4108. fo. 65*b*. Add. MS. 14,307. fo. 7*b*.

BOTELER, *of Chalk, fr. Co. Essex*, Add. MS. 5507. p. 381*

—— —— *of Teston*, Add. MS. 5507. p. 380.

BOUGHTON, *of Woolwich*, 1484. fo. 62. 1548. fo. 21*b*.

Boughton, 4108. fo. 65. Add. MS. 14,307. ff. 5*b*. 6.

Boulde, Add. MS. 14,307. fo. 8*b*.

Bourchier, 4108. fo. 63. Add. MS. 14,307. fo. 6.

BOURNE, *of Sharested*, 1106. fo. 50*b*. 1432. fo. 208. Add. MSS. 5507. pp. 121. 121*. 5526. p. 90. 5532. p. 44*b*.

Bourne, Add. MS. 14,307. fo. 3*b*.

BOWLE, *of Chislehurst, fr. Co. Linc.* 1106. fo. 129*b*. 1432. fo. 257. Add. MSS. 5507. p. 268. 5526. p. 264*b*.

Bowles, Add. MSS. 14,307. fo. 3*b*. 16,279. p. 27.

Bowne, Add. MS. 14,307. fo. 8*b*.

BOYES, *of Hawkhurst*, 1106. fo. 104*b*. 1432. fo. 241. Add. MSS. 5507. p. 233. 5526. p. 194. 5532. p. 109.

—— *of Hoade Court*, Add. MS. 5507. p. 115*.

—— *of Nonington*, 1106. fo. 47. 1432. fo. 204. 1435. fo. 25*b*. 1548. fo. 169. 1564. fo. 27*b*. 1562. fo. 28. Add. MS. 5507. pp. 111**b*. 113.

Boyes, 1548. fo. 188. 4108. fo. 65*b*. Add. MSS. 14,307. ff. 3. 7*b*. 16,279. p. 182.

Boyle, Add. MS. 14,307. fo. 7.

Bracy, Add. MS. 14,307. fo. 5*b*.

Bradshaw, 4108. fo. 65. Add. MS. 14,307. fo. 7*b*.

BRANDON, Add. MS. 5507. p. 65*.

BRAYBROOKE, *of Braybrooke*, Add. MS. 16,279. pp. 327. 359.

Braybrooke, Add. MS. 14,307. fo. 5.

BRAYE, 1484. fo. 65. Add. MS. 16,279. p. 439.

Bredgate, 4108. fo. 65*b*. Add. MS. 14,307. fo. 8.

Bregge, or, Att Bregge, Add. MS. 14,307. fo. 8*b*.

Bredham, 4108. fo. 65*b*.

BRENT, *of Charing*, 1484. fo. 68. 1548. fo. 116*b*. Add. MSS. 5526. p. 243. 5532. p. 59. 16,279. p. 14.

Brent, 4108. fo. 65. Add. MS. 14,307. fo. 4*b*.

Brett, 4108. fo. 66. Add. MS. 14,307. ff. 7. 8.

BRETTINGHAM, 1548. fo. 160*b*.

BREWER, *of Ditton and West Farley*, 1548. fo. 83*b*.

Breymer, Add. MS. 14,307. fo. 5.

BRIDGES, Add. MS. 16,279. p. 221.

Brigge, Add. MS. 14,307. fo. 7.

BROCKHULL, *or*, SELLING, *of Aldington*, 1106. fo. 150*b*. 1432. fo. 271. 1548. fo. 129*b*. Add. MSS. 5507. p. 310. 5526. p. 306. 5532. p. 35.

Brockhull, 4108. fo. 65*b*. Add. MS. 14,307. fo. 5*b*.

BROCKMAN, *of Beechborough*, Add. MS. 5507. fo. 195*.

—— —— *of Newington*, 1106. fo. 83*b*. 1432. fo. 229*b*. 1548. fo. 22*b*. Add. MSS. 5507. p. 195. 5526. p. 152. 5532. p. 21.

Brockman, 4108. fo. 65*b.*   Add. MS. 14,307. fo. 3*b.*

BRODNEX, *of Godmersham,* 1106. fo. 84.   1432. fo. 228*b.*   Add. MSS. 5507. p. 196.   5526. p. 153.

Brodnex, Add. MS. 14,307. fo. 3*b.*

BROGRAVE, *of Beckenham, fr. Co. Herts.* 1106. fo. 130.   1432. fo. 257*b.*   Add. MSS. 5507. p. 227.   5526. p. 265.

Brograve, of Beckenham, Add. MS. 14,307. fo. 3*b.*

——— *of Nottingham,* Add. MS. 16,279. p. 28.

Broker, 4108. fo. 65*b.*   Add. MS. 14,307. fo. 7.

Bromfield, Add. MS. 14,307. fo. 8.

BROOKE, *of Cobham and Cos. Som. and Suff.* Add. MS. 16,279. pp. 327. 344.—355.

——— *of Hartlip,* 1106. fo. 17.   1432. fo. 181*b.*   2198. fo. 102.   Add. MSS. 5507. p. 58.   5526. p. 29.

Brooke, Add. MS. 14,307. fo. 8.

——— *of Ashe,* Add. MS. 14,307. fo. 5.

——— *of Aspall,* Add. MS. 16,279. pp. 364. 366.

——— *of Hartlip,* 4108. ff. 63*b.* 64.   Add. MSS. 14,307. ff. 3. 5.   16,279. p. 362.

BROOKER, *of Maydeken and Barham, fr. Co. Suss.* 1106. fo. 22.   1432. fo. 185.   1548. ff. 88. 178*b.*   2198. fo. 107.   Add. MSS. 5507. p. 68.   5526. p. 39.   16,279. p. 427.

Brooker, Add. MS. 14,307. fo. 8.

BROUGHTON, 1484. fo. 62.

Broughton, 4108. fo. 65.   Add. MS. 14,307. fo. 8.

BROWNE, *of Ashford,* 1532. fo. 98*b.*   1548. fo. 35.   6173. fo. 13*b.*

——— *of Beechworth,* Add. MS. 16,279. p. 439.(*a.*)

——— *of Canterbury,* Add. MSS. 4961. fo. 35. 5507. p. 396.   14,283. fo. 35.

——— *of Horton Kirby,* 1096. fo. 62*b.*   1106. fo. 184*b.*   1397. fo. 118.   1430. fo. 89. 1432. fo. 297*b.*   1463. fo. 12.   1484. fo. 64.   Add. MSS. 5507. p. 61.   5526. p. 386. 5532. p. 71.   14,311. fo. 62.   16,279. pp. 104. 417.

Browne, 4108. fo. 63.   Add. MS. 14,307. fo. 8*b.*

——— *of Brenchley,* 1548. fo. 3*b.*

——— *of Horton Kirby,* 4108. fo. 65*b.*   Add. MS. 14,307. fo. 4.

Bruer, 4108. fo. 65.

Bruges, Add. MS. 14,307. fo. 5.

Brun, Add. MS. 14,307. fo. 6.

BRUYN, 1548. fo. 63*b.*

BRYAN, *of Wrotham, fr. Co. Leic.* 1106. fo. 3. 1432. fo. 170*b.*   1548. fo. 40.   2198. fo. 88. Add. MS. 5507. p. 30.   5526. p. 5. .

Bryan, Add. MS. 14,307. fo. 3.

BUCK, *of Rochester, fr. Cos. Hants. and Berks.* 1106. fo. 29*b.*   1432. fo. 191*b.*   2198. fo. 114*b.*   Add. MSS. 5507. p. 81.   5526. p. 50.

Buck, 4108. fo. 65.   Add. MS. 14,307. ff. 3. 7*b.*

Buckhurst, Lord, 4108. fo. 63.

BUFFKYN, *of Looseam and Gore Court,* 1548. fo. 81*b.*   Add. MS. 5507. p. 412.

Buffkin, of Otham, Add. MS. 14,307. fo. 4*b.*

Bukell, v. Baxhull.

Bulmer, Add. MS. 14,307. fo. 7*b.*

BULSTRODE, Add. MS. 16,279. p. 211.

BUNCE, *of Boughton and Ottrinden,* 1106. fo. 137*b.*   1432. fo. 262*b.*   Add. MSS. 5507. p. 290.   5526. p. 280.

BUNCE, *of Charing and Challock,* Add. MS. 5507. pp. 289*. 289**

Bunce, of Ottrinden, Add. MS. 14,307. fo. 4.

BUNGY, *of Ickham, fr. Co. Norf.* 1106. fo. 138*b.* 1432. fo. 263*b.*   Add. MSS. 5507. p. 292. 5526. p. 282.

Bungy, Add. MSS. 14,307. fo. 4.   16,279. p. 42.

Burden, 4108. fo. 65*b.*   Add. MS. 14,307. fo. 8.

BURFORD, 1548. fo. 153.

Burgh, Add. MS. 14,307. fo. 6*b.*

BURGIS, Add. MS. 5507. p. 84.

BURGOINE, Add. MS. 16,279. p. 336.

Burleigh, Add. MS. 14,307. fo. 8*b.*

BURROUGH, *of Sandwich,* 1196. fo. 108.

Burrowes, Add. MS. 14,307. fo. 6*b.*

Burston, 4108. fo. 66.   Add. MS. 14,307. fo. 7*b.*

Burwash, Add. MS. 14,307. fo. 5*b.*

Buskin, 4108. fo. 66.

BUTLER, *Earl of Ormond,* 1484. fo. 61*b.*

——— *of Gravesend,* 1548. fo. 173*b.*

——— *of Rochester and Herendon,* 1106. fo. 48*b.*   1401. fo. 27.   1432. fo. 206.   Add. MSS. 4962. fo. 24*b.*   5507. p. 117.   5526. p. 86.

Butler, of Rochester and Herendon, 4108. fo. 65*b.* Add. MS. 14,307. fo. 3.

——— *of Sandwich,* Add. MS. 14,307. fo. 4*b.*

BUTT, *of Spring Grove,* Add. MS. 5507. p. 65*.

BUTTS, *of Bromley, fr. Co. Norf.* 1106. fo. 130*b.* 1432. fo. 258.   Add. MSS. 5507. p. 279*b.* 5526. p. 266.

Butts, Add. MSS. 14,307. fo. 4.   16,279. p. 29.

Byknore, Add. MS. 14,307. fo. 5.

Bynge, of Wrotham, Add. MS. 14,307. ff. 3. 6.

BYRCHETT, *of Goodhurst, fr. Co. Sussex,* 1106. fo. 212.   1432. fo. 321.   Add. MSS. 5507. p. 326.   5526. p. 441.

Byrchett, of Goodhurst, Add. MS. 14,307. fo. 4*b.*

CADMAN, *of Strood,* 1106. fo. 67.   1432. fo. 219.   Add. MSS. 5507. p. 146.   5526. p. 121.

CÆSAR, *of Rochester,* 1106. fo. 154*b.*   1432. fo. 274.   Add. MSS. 5507. p. 316.   5526. p. 314.

Cæsar, Add. MS. 16,279. p. 63.

CAGE, Add. MS. 16,279. p. 219.

Calthorp, 4108. fo. 66.

Cambell, Add. MS. 16,279. p. 181.

Camarthen, 4108. fo. 66*b.*

Camberley, Add. MS. 14,307. fo. 12.

CAMPION, *of Combwell, fr. London,* 1046. fo. 214*b.* 1106. fo. 107*b.*   1397. fo. 185*b.*   1432. fo. 243.   1433. fo. 171*b.*   1561. fo. 236. Add. MSS. 5507. pp. 239. 240.   5526. p. 200.

Campion, Add. MSS. 14,307. fo. 9*b.*   16,279. p. 188.

Campnes, Add. MS. 14,307. fo. 11.

Canne, Add. MS. 14,307. fo. 11*b.*

Canterbury, Add. MS. 14,307. fo. 10*b.*

CANTLOW, 1548. fo. 68.

Cappnes, Add. MS. 14,307. fo. 11*b.*

CAREW, *Lord,* Add. MS. 16,279. p. 212.

Carew, 4108. ff. 63. 66.   Add. MS. 14,307. fo. 13.

Carill, Add. MS. 14,307. fo. 12.

CARKEREDGE, *of Godmersham,* 1106. fo. 66*b.* 1432. fo. 218*b.*   Add. MSS. 5507. p. 151. 5526. p. 120.

CARLELL, *of Barham*, 1106. fo. 35*b*. 1432. fo. 196. 2198. fo. 120*b*. Add. MSS. 5507. p. 93. 5526. p. 62.

Carlell, Add. MS. 14,307. fo. 9.

Carpender, of East Farley, Add. MS. 14,307. fo. 10.

Cartwright, Add. MS. 14,307. fo. 12*b*.

CASER, *or*, CAYSER, *of Hollingborne*, 1548. fo. 130. Add. MS. 5532. p. 84.

Castloch, Add. MS. 14,307. fo. 13.

Catlin, 4108. fo. 66.

Cavell, 4108. fo. 66.

Cawnton, 4108. fo. 66*b*.

Caysar, Add. MS. 14,307. fo. 10.

· CAYSER, *v.* CASER.

Cesar, Add. MS. 14,307. fo. 9*b*.

Chaloner, or, Chawndler, of Croden, 1548. fo. 6.

CHAMBERLYN, *of Geding*, 1548. fo. 175.

CHAMBERS, 1548. fo. 71*b*.

CHAMPAINE, 1548. fo. 167. Add. MS. 16,279. p. 430.

Champion, Add. MS. 14,307. fo. 11.

CHAMPNES, 1548. fo. 107*b*. Add. MS. 5532. p. 29.

Champnes, 4108. fo. 66*b*. Add. MS. 14,307. fo. 13.

Champneys, Add. MS. 14,307. fo. 11.

Chapman, Add. MS. 14,307. ff. 12*b*. 13.

Chartesey, Add. MS. 14,307. fo. 12.

CHASE, *of Stone, fr. Co. Bucks.* Add. MS. 5507. p. 407.

CHAUCER, Add. MS. 5532. p. 123.

CHAUNCEY, 1548. fo. 145.

CHAUNDELOR. *of Lynsfield*, 1484. fo. 65*b*.

Chawndler, v. Chaloner.

CHELSCOMBE, 1548. fo. 145*b*.

CHENEY, *or*, CHEYNEY, *of Higham*, 1106. fo. 50. 1153. fo. 84(*a. b.*) 1432. fo. 207*b*. 1484. fo. 63*b*. 1504. fo. 70. 1548. fo. 182. Add. MSS. 5507. p. 120. 5526. p. 89. 5532. p. 70*b*.

——— *of Sittingborne*, Add. MS. 5532. p. 135.

Cheney, or, Cheyney, Add. MS. 14,307. fo. 13.

——————— *of Higham*, 4108. fo. 66. Add. MS. 14,307. fo. 9.

CHEQUER, *v.* HARFLEET.

CHEVIN, Add. MS. 16,279. p. 430.

Cheyne, of Sheppey, Add. MS. 14,307. fo. 10*b*.

CHEYNEY, *v.* CHENEY.

CHIBBORNE, Add. MS. 5507. p. 384.

CHICHE, Add. MS. 16,279. p. 434.

Chiche, Add. MS. 14,307. fo. 10*b*.

Chislett, Add. MS. 14,307. fo. 13.

CHOWNE, *of Fairland*, 1106. fo. 31. 1432. fo. 192*b*. 2198. fo. 116. Add. MSS. 5507. p. 84. 5526. p. 53.

Chowne, of Tunbridge, 4108. fo. 66. Add. MS. 14,307. fo. 10.

Chowthton, Add. MS. 14,307. fo. 12.

CHUNNE, 1504. fo. 26*b*. 1546. fo. 2*b*.

CHUTE, *of Bethersden*, 1106. fo. 108*b*. 1432. fo. 243*b*. 1548. fo. 36*b*. Add. MSS. 5507. p. 241. 5526. p. 202.

Chute, 4108. fo. 66*b*. Add. MSS. 14,307. fo. 9*b*. 16,279. p. 190.

Chytcroft, Add. MS. 14,307. fo. 11.

CLAMFORD, 1548. fo. 177.

CLARKE, *of Bredgar*, 1106. fo. 49. 1432. fo. 206*b*. Add. MSS. 5507. p. 118. 5526. p. 87.

CLARKE, *of Farnham and Canterbury*, Add. MS. 16,279. p. 448.

——— *or*, WOODCHURCH, *of West Halke*, Add. MS. 16,279. p. 428.

Clarke, 4108. fo. 66*b*. Add. MSS. 14,307. ff. 10. 11. 12*b*. 16,279. p. 180.

Clegat, of Canterbury, 1548. fo. 6.

Clemants, Add. MS. 14,307. ff. 11. 12*b*.

CLEMENT, *of Itamin*, 1484. fo. 62*b*.

CLERKE, 1076. fo. 200*b*. 1084. fo. 152*b*. 1135. fo. 140*b*. 1194. fo. 142. 1562. fo. 203.

——— *of Forde*, 1106. fo. 4. 1548. fo. 49*b*. 1432. fo. 171. 2198. fo. 89. Add. MSS. 5507. p. 32. 5526. p. 7.

——— *of Wrotham*, Add. MS. 5532. p. 103.

Clerke, of Horde, Add. MS. 14,307. fo. 9.

CLEYBROOK, *of Swalclive, fr. Co. Midd.* 1106. fo. 88*b*. 1432. fo. 233. Add. MSS. 5507. p. 205. 5532. p. 72.

Cleybrook, of Nash Court, 4108. fo. 66. Add. MS. 14,307. fo. 9.

CLIFFORD, *of Bobbings*, 1548. fo. 113*b*. Add. MS. 5532. p. 39.

Clifford, 4108. fo. 64. Add. MS. 14,307. ff. 10. 12.

CLIVE, *of Copton, fr. Co. Chesh.* 1106. fo. 27. 1432. fo. 189. 2198. fo. 112. 1548. fo. 63*b*. Add. MSS. 5507. p. 59. 5526. p. 45.

COBBS, *of Aldington and Faversham*, 1106. fo. 168. 1432. fo. 285*b*. 1548. fo. 94. Add. MSS. 5507. pp. 339. 340. 5526. p. 351.

——— *of Reculvers*, 1548. fo. 94. Add. MS. 5507. p. 340.

——— *of Romney*, 1548. fo. 94. Add. MS. 5507. p. 340.

Cobbs, 4108. fo. 66*b*. Add. MSS. 14,307. fo. 9*b*. 16,279. p. 80.

COBHAM, *Lord*, Add. MS. 16,279. pp. 326. 357. 398.

——— *of Belluncle*, Add. MS. 16,279. p. 329.

——— *of Randall*, Add. MS. 16,279. pp. 367. 399.

——— *of Rochester*, Add. MS. 16,279, p. 330*.

——— *of Sterborough*, Add. MS. 16,279. p. 331.

Cobham, 4108. ff. 63. 66. Add. MS. 14,307. ff. 10*b*. 11*b*.

COCK, *of Littlebury*, 1548. fo. 131*b*.

Cockes, 4108. fo. 66*b*. Add. MS. 14,307. fo. 11*b*.

COCKMAN, Add. MS. 5507. p. 65*.

Colard, 4108. fo. 66*b*.

COLDALL, 1548. fo. 107*b*.

COLEPEPER, *or*, CULPEPER, *of Aylesford*, 1106. fo. 13. 1432. fo. 177*b*. 1484. fo. 62*b*. 1548. fo. 57. 1556. fo. 144. 1561. fo. 20*b*. 2198. fo. 98. Add. MSS. 5507. p. 50. 5526. p. 21. 5532. p. 14*b*. 14,311. ff. 79. 88*b*. 16,279. p. 340.

——————— *of Bay Hall*, Add. MS. 5507. p. 163*.

——————— *of Bridgebury*, 1106. fo. 72*b*. 1432. fo. 221. 1548. fo. 153. Add. MSS. 5507. p. 163. 5526. p. 132.

——————— *of Wakehurst*, 1106. fo. 73*b*. 1432. fo. 222. 1484. fo. 65. 1548. fo. 152*b*. Add. MSS. 5507. p. 164. 5526. p. 134.

Colepeper, or, Culpeper, 4108. fo. 63. Add. MS. 14,307. ff. 9. 12*b*.

COLFE, *of Canterbury*, 1106. fo. 175*b*. 1432. fo. 291*b*. Add. MSS. 5507. p. 359. 5526. p. 366.

Colfe, Add. MSS. 14,307. fo. 9*b*. 16,279. p. 91.

Colley, Add. MS. 14,307. fo. 11.

COLLINS, *of Buds*, 1106. fo. 198*b*. 1432. fo. 308*b*. Add. MSS. 5507. p. 180. 5526. p. 414.

———— *of Hythe*, 1106. fo. 166. 1432. fo. 284*b*. 1548. fo. 40*b*. Add. MSS. 5507. p. 335. 5526. p. 347.

———— *of Sittingborne, fr. Co. Sussex*, Add. MS. 5507. p. 206.

Collins, of Buds, Add. MSS. 14,307. fo. 9*b*. 16,279. pp. 76. 127.

Colman, 4108. fo. 66*b*.

Colsell, Add. MS. 14,307. fo. 12*b*.

COLWELL, *of Feversham, and Co. Worc. fr. Co. York.* 1106. fo. 136. 1432. fo. 261*b*. 1548. ff. 103. 146. Add. MSS. 5507. p. 287. 5526. p. 277. 5532. p. 66.

Colwell, 4108. fo. 66. Add. MS. 14,307. fo. 9*b*.

COMBRIDGE, *of Cold Harbour and Hawden*, Add. MS. 16,279. p. 386.

Compton, 4108. fo. 66*b*.

CONGHURST, *of Conghurst*, 1548. fo. 46. Add. MS. 5532. p. 42*b*.

CONYERS, Add. MS. 16,279. pp. 333. 337.

Conyers, Add. MS. 14,307. fo. 11.

COOKE, *of Bexley and Mount Mascal, fr. Co. Sussex*, 1100. fo. 29. 1106. fo. 133. 1432. fo. 260. Add. MSS. 5507. p. 282. 5526. p. 271.

Cooke, 4108. fo. 66. Add. MSS. 14,307. ff. 9*b*. 12. 16,279. fo. 33.

Cookson, Add. MS. 14,307. fo. 11.

Copildihe, Add. MS. 14,307. fo. 11*b*.

COPPINGER, *of Derington, fr. Co. Sussex*, Add. MS. 16,279. p. 437.

Coppinger, 4108. fo. 66. Add. MSS. 14,307. fo. 10.

CORBETT, Add. MSS. 5532. fo. 138. 16,279. p. 430.

———— *of Newenham*, 1548. fo. 167.

———— *fr. Co. Shrop.* Add. MS. 5507. p. 192.

Corbett, Add. MS. 14,307. fo. 12*b*.

CORBY, Add. MS. 14,311. fo. 20.

Cornishe, Add. MS. 14,307. fo. 12.

Cosin, 4108. fo. 66*b*. Add. MS. 14,307. fo. 13.

COSINGTON, *of Aylesford*, Add. MS. 5532. p. 61.

Cosington, Add. MS. 14,307. fo. 11*b*.

COSSINGTON, *of Cossington*, 1548. fo. 186*b*. 5185. fo. 49.

COTTON, *of Hadlow*, 1106. fo. 178. Add. MSS. 5507. p. 356. 5526. p. 371. 5532. p. 146.

Cotton, 4108. fo. 67. Add. MS. 14,307. fo. 9*b*.

COUCHMAN, *of Cranbrook and London*, 1106. fo. 124*b*. 1432. fo. 255. 1548. fo. 69. Add. MSS. 5507. p. 273. 5526. p. 252.

———— *of Tooting*, Add. MS. 5507. p. 383.

Couchman, Add. MS. 16,379. p. 23.

COURTHORPE, *of Stodmars't*, 1106. fo. 213. 1432. fo. 321*b*. 1548. fo. 18. Add. MSS. 5507. p. 336. 5526. p. 443. 16,279. p. 392.

Courthorpe, Add. MSS. 14,307. fo. 10. 16,279. p. 147.

COURTNEY, Add. MS. 16,279. p. 220.

COUTRY, *v.* CUNTRY.

COVERT, *of Stawgham*, 1106. fo.155*b*. 1432. fo. 274*b*. Add. MSS. 5507. fo. 318. 5526. p.316.

Covert, 4108. fo. 66*b*. Add. MS. 14,307. fo. 10.

Cowdale, Add. MS. 14,307. fo. 13.

Cradock, 1432. fo. 327*b*.

CRAFFORD, *or*, CRAFORD, *of Mongeham*, 1106. fo. 40. 1432. fo. 200*b*. 1484. fo. 67. 2198. fo. 125. Add. MSS. 5507. p. 102. 5526. p. 71.

Craford, 4108. fo. 66*b*.

CRALLE, Add. MS. 16,279. p. 408.

Cralle, Add. MS. 14,307. fo. 10*b*.

Cranmer, 4108. fo. 67.

Craye, Add. MS. 14,307. fo. 12.

CREKE, *of Boughton and Shoreham*, Add. MS. 16,279. p. 413.

Crevequer, Add. MS. 14,307. fo. 10*b*.

Crewher, Add. MS. 14,307. fo. 12*b*.

CRIOLL, *v.* KERIELL.

CRISPE, *or*, CRIPPS, *of Charde and Clive Court, fr. Co. Oxon.* 1106. fo. 84*b*. 1432. fo. 230. 1548. fo. 41*b*. Add. MSS. 5507. p. 197. 5526. pp. 154. 208. 16,279. p. 409.

———— *of Dover*, Add. MS. 5532. p. 94.

Crispe, of Queeks, 4108. fo. 66*b*. Add. MS. 14,307. fo. 9.

CROMBRIG, *or*, GROMBRIG, 1484. fo. 62*b*.

CROMER, *or*, CROWMER, *of Tunstall, fr. Co. Herts.* 1484. fo. 63*b*. 1548. fo. 110*b*. Add. MS. 5532. p. 136.

Cromer, or, Cromwer, 4108. fo. 66*b*. Add. MS. 14,307. fo. 10.

CROMPE, Add. MS. 5507. p. 95.

Crooke, Add. MS. 14,307. fo. 12*b*.

CROUCH, 1504. fo. 26. 6147. fo. 18.

Crouch, Add. MS. 14,307. fo. 10*b*.

CROW, *of Brasted*, 1548. fo. 185*b*.

Crowe, 4108. fo. 67.

CROWLAND, 1548. fo. 168*b*.

CROWMER, *v.* CROMER.

CRUX, *of Sheldwich*, Add. MS. 5507. p. 404.

Crux, Add. MS. 14,307. fo. 13.

Cryell, Add. MS. 14,307. ff. 10*b*. 11*b*.

CUNTRY, *or*, COUTRY, *of Reculvers*, 1106. fo. 19*b*. 1432. fo. 183. 2198. fo. 104*b*. Add. MS. 5526. p. 34.

CURLING, *of Fordwick and Thanet*, 1106. fo. 24. 1432. fo. 187. 2198. fo. 109. Add. MSS. 5507. p. 72. 5526. p. 42.

Curling, Add. MS. 14,307. fo. 9.

CURTIS, 1106. fo. 99*b*. 1432. fo. 239. Add. MSS. 5507. p. 226. 5526. p. 184.

Curtis, Add. MSS. 14,307. fo. 9. 16,279. p. 176.

CUTTS, *of Beeingbery, fr. Co. Essex*, 1548. fo. 89*b*.

Cutt, 4108. fo. 66*b*.

DACRES, *Lord*, Add. MS. 16,279. p. 378.

———— *v.* FYNES.

———— LENNARD.

Dade, of Sittingborne, fr. Co. Suff. Add. MS. 5507. fo. 401.

D'AETH, *v.* DEATH.

Dale, Add. MS. 14,307. fo. 14*b*.

Dalyson, 4108. fo. 67. Add. MS. 14,307. fo. 14*b*.

DANE, *of Herne*, 1106. fo. 111*b*. 1432. p. 246. Add. MS. 5526. p. 208.

Dane, Add. MS. 14,307. fo. 14.

———— *of Dane Court*, Add. MS. 14,307. fo. 15.

Danzeles, Add. MS. 14,307. fo. 14.

Darcy, 4108. fo. 67.

DARKENOLD, *of Canterbury*, 1484. fo. 64*b*. 1548. fo. 160.

Darkewell, of Darknold, Add. MS. 14,307. fo. 14.

DARLINGTON, Add. MS. 16,279. p. 335.

T

DARRELL, *of Cale Hill*, Add. MSS. 5507. p. 88(*a.b.*)
5532. p. 114.
———— *of Scotney*, 1106. fo. 221*b*. 1432. fo.
326. 1484. fo. 62*b*. Add. MSS. 5507. p.
389. 14,311. ff. 25*b*. 28*b*.
Darrell, Add. MSS. 14,307. fo. 13*b*. 16,279. p.138.
DAVY, *of Maidstone, fr. Co. Norf.* 1106. fo. 174.
1432. fo. 288*b*. Add. MSS. 5507. p. 348.
5526. p. 363.
DAWTREY, *fr. Co. Sussex*, 1484. fo. 66.
DAY, *of Henings, fr. London*, 1548. fo. 164.
Deale, Add. MS. 14,307. fo. 14*b*.
DEANE, Add. MSS. 14,311. fo. 20. 16,279. p.
421.
DEATH, or, D'AETH, *of Dartford and North Cray*,
1106. fo. 127. 1432. fo. 255*b*. Add. MSS.
5507. p. 275*b*. 5526. p. 259.
Death, 4108. fo. 67*b*. Add. MSS. 14,307. fo. 13*b*.
16,279. p. 24.
DE AULA, *v.* HAULE.
DECKLING, Add. MS. 5532. p. 135.
Dedicotte, Add. MS. 14,307. fo. 14*b*.
Delahay, 4108. fo. 67.
DELAPINDE, *of Battle Hall*, 1548. fo. 127. Add.
MS. 16,279. p. 410.
Delapinde, 4108. fo. 67. Add. MS. 14,307 fo.
13*b*.
DE LA POOLE, Add. MS. 16,279. pp. 327. 356. 358.
DE LA WARE, *of De la Ware*, Add. MS. 16,279.
p. 420.
DELAWNE, *of Sharstead, fr. London*, Add. MS
5507. p. 385.
Delves, 4108. fo. 63*b*.
DENEBAND, 1548. fo. 116*b*.
DENNE, *of Den Hill and Kingston*, 1106. ff. 85.
110*b*. 1432. ff. 230*b*. 245. Add. MSS.
5507. pp. 198. 245. 245*. 246. 5526. pp.
155. 206.
Denne, 4108. fo. 67. Add. MS. 14,307. ff. 13*b*.
14*b*.
DENTON, *of Tunbridge, fr. Co. Cumb.* 1106. fo.192.
1432. fo. 303. Add. MSS. 5507. p. 136.
5526. p. 401.
Denton, or, *Hart, of Sellinge*, Add. MS. 14,307. fo.
24*b*.
Denys, Add. MS. 14,307. fo. 14.
Derham, 4108. fo. 67.
DERING, *of Pevington*, Add. MS. 5507. p. 131.
———— *of Surrenden and Egerton*, 1106. fo. 157*b*.
1432. ff. 275*b*.—280. Add. MSS. 5507. p. 321.
5526. pp. 232. 320. 5532. p. 59. 16,279.
pp. 3*b*.—12. 394.—404.
Dering, 1432. ff. 278. 279. 4108. fo. 67. Add.
MSS. 5526. p. 230*b*. 14,307. fo. 13*b*.
16,279. pp. 394.—404.
Dettelynge, Add. MS. 14,307. fo. 14.
DIGGS, *of Barham and Chilham*, 1106. fo. 75*b*.
1432. fo. 223. 1484. fo. 67. 1548. fo.
61. Add. MSS. 5507. pp. 179. 179*. 5526.
p. 138.
Diggs, 4108. fo. 67. Add. MS. 14,307. fo. 13*b*.
DINGLEY, *of Chilham, fr. Co. Worc.* 1106. fo. 52.
1432. fo. 209*b*. Add. MSS. 5507. pp. 123*.
124. 5526. p. 93.
Dingley, Add. MS. 14,307. fo. 13*b*.
DIXON, *of Hilden*, 1106. fo. 196*b*. 1432. fo.
307. Add. MSS. 5507. p. 157*b*. 5526. p.
410. 5532. fo. 63.
Dixon, *of Hilden*, 4108. fo. 67. Add. MSS.
14,307. fo. 13*b*. 16,279. p. 122.

Dixon, *of Rochester*, Add. MS. 14,307. fo. 15.
DIXWELL, *of Brome, fr. Co. Warr.* Add. MS.
5507. p. 403.
DODGE, *of Camphurst*, 1548. fo. 177.
Dodge, 4108. fo. 67. Add. MS. 14,307. fo. 14*b*.
DORRELL, *of Cade Hill*, 1106. fo. 206. 1432. fo.
316*b*. Add. MS. 5526. p. 429.
Dorrell, 4108. fo. 67.
DRAPER, *of Cromwell*, 1106. fo. 131*b*. Add.
MSS. 5507. p. 248. 5526. p. 268.
Draper, Add. MS. 14,307. fo. 14*b*.
DRAYNER, *of Cranbrooke*, 1484. fo. 68*b*. 1548.
fo. 141*b*. Add. MS. 5532. p. 124.
Drayner, 4108. fo. 67*b*. Add. MS. 14,307. fo.
14.
Drewrey, 4108. fo. 63.
Druwell, Add. MS. 14,307. fo. 14.
DRYLAND, *of Feversham*, 1484. fo. 64. 1548.
fo. 33*b*.
Dryland, 4108. fo. 67. Add. MS. 14,307. fo.
14.
DUKE, *of Cossington, fr. Co. Devon*, 1548. fo. 186*b*.
Add. MS. 16,279. p. 447.
Duke, 4108. fo. 67.
DYNHAM, 1548. fo. 104.
EARDE, 1102. fo. 36. 1151. fo. 34*b*. 1193.
fo. 36. 1391. fo. 39. 1429. fo. 70.
1533. fo. 69. 5832. fo. 11*b*.
EASTDAY, or, ESTDAY, *of Saltwood*, 1106. fo. 89*b*.
1432. fo. 233*b*. Add. MSS. 5507. p. 207*b*.
5526. p. 162.
Eastday, Add. MS. 14,307. fo. 15.
Echingham, Add. MS. 14,307. fo. 15*b*.
EDEN, *fr. Co. York.* 1484. fo. 61*b*.
EDGBURY, or, WILKINSON, *of Deptford, fr. Co.
Denbigh*, 1106. fo. 209*b*. 1432. fo. 319.
Add. MSS. 5507. p. 317. 5526. p. 436.
Edgbury, of Deptford, Add. MS. 14,307. fo. 15.
EDINGHAM, *v.* ENGEHAM.
EDOLPHE, *of Hinxhill and St. Radigund*, 1102. fo.
36. 1106. ff. 62. 81. 1139. fo. 139*b*.
1151. fo. 34*b*. 1193. fo. 36. 1391. fo.
39. 1432. ff. 216. 227. 1533. fo. 69.
5832. fo. 11. Add. MSS. 5507. pp. 144. 189.
5526. pp. 113. 149. 5532. p. 122.
Edolphe, 4108. fo. 67*b*. Add. MS. 14,307. fo. 15.
EDWARDS, *of Dartford, fr. Co. Corn.* 1076. fo. 203.
1548. fo. 185.
Edwards, 4108. fo. 67*b*. Add. MS. 14,307. fo.
16.
EGLESFIELD, *fr. Co. Essex*, 1548. fo. 141. Add.
MS. 5532. p. 90.
Eglesfield, 4108. fo. 67*b*. Add. MS. 14,307. fo.
15.
ELAM, *of Elam*, 1548. fo. 7*b*. Add. MS. 14,307.
fo. 16.
Elden, Add. MS. 14,307. fo. 16.
Elderton, Add. MS. 14,307. fo. 15*b*.
Elham, 4108. fo. 67*b*.
ELLINBRIDGE, 1548. fo. 121.
ELLIS, 1551. fo. 78*b*. 1532. fo. 115*b*.
———— *of Kennington*, 1484. fo. 63*b*. 1548. fo.
23*b*. Add. MS. 16,279. p. 436.
Ellis, 1548. fo. 23. 4108. fo. 67*b*.
Ellys, Add. MS. 14,307. fo. 15*b*.
ELNOR, *of Sandwich*, Add. MS. 16,279. p. 162.
Emery, 4108. fo. 67*b*.
ENGEHAM, or, EDINGHAM, *of Great Chard*. 1484.
fo. 68. 1548. fo. 80.

ENGHAM, *or*, EDINGHAM, *of Goodnestone*, 1106. fo. 58. 1432. fo. 213*b*. Add. MSS. 5507. p. 135.(*a. b.*) 5526. p. 105. 5532. p. 74.

Engham, 4108. fo. 67*b*. Add. MS. 14,307. fo. 15.

ENGLEFIELD, *v.* INGLEFIELD.

Enold, Add. MS. 14,307. fo. 15*b*.

Erde, Add. MS. 14,307. fo. 15*b*.

Eruelle, Add. MS. 14,307. fo. 15*b*.

Estangrane, Add. MS. 14,307. fo. 15*b*.

ESTDAY, *v.* EASTDAY.

Estnoche, *v.* Eston.

Eston, Add. MS. 14,307. fo. 16.

—— *or*, *Estnoche*, Add. MS. 14,307. fo. 15*b*.

Everard, 4108. fo. 67*b*.

Everden, Add. MS. 16,279. p. 160.

EVERING, *of Evering*, 1106. fo. 118*b*. 1432. fo. 252. Add. MSS. 5507. p. 263. 5526. p. 222. 5532. p. 132.

Evering, 4108. fo. 67*b*. Add. MSS. 14,307. fo. 15. 16,279. p. 206.

Eves, Add. MS. 14,307. fo. 16.

EVIAS, *of Morston*, 1484. fo. 63*b*.

Evias, 4108. fo. 67*b*.

EXHERST, *of Ash*, 1106. fo. 32*b*. 1432. fo. 193*b*. 2198. fo. 117*b*. Add. MS. 5507. p. 87.

FAGGE, *of Feversham*, Add. MS. 16,279. p. 426.

Fagge, 4108. fo. 67*b*. Add. MS. 14,307. fo. 17*b*.

FANE, *or*, VANE, *of Badsell and Tunbridge*, 1548. fo. 75. Add. MSS. 5532. pp. 158.— 161. 14,311. fo. 14*b*.

Fane, 4108. fo. 67*b*. Add. MS. 14,307. fo. 43*b*.

FARNEBY, *of Kippington*, Add. MS. 5507. p. 41.

FAUNCE, *of Rochester*, Add. MS. 16,279. p. 380.

FAUSSETT, *of Rochester*, Add. MS. 5507. p. 305*.

FAVERSHAM, Add. MS. 5532. fo. 77.

Faversham, *of Graveney*, Add. MS. 14,307. fo. 18.

FAWNE, *of Hadlow*, 1106. fo. 222.

Fenton, 4108. fo. 67*b*.

FERBY, *of Paul's Cray*, 1106. fo. 182*b*. 1432. fo. 295*b*. Add. MSS. 5507. p. 370. 5526. p. 382. 5532. p. 100.

Ferby, 4108. fo. 67*b*. Add. MSS. 14,307. fo. 16*b*. 16,279. p. 100.

FERNEWOLD, 1484. fo. 65*b*.

Ferningham, Add. MS. 14,307. fo. 17*b*.

FERRERS, *of Baddesley and Peckham, fr. Co. Leic.* Add. MS. 16,279. p. 438.(*a.*)

FIELD, 1041. fo. 24. 1191. fo. 22. 1543. fo. 17.

FIFIELD, *or*, LOWE, *of Bromley, fr. London*, 1106. fo. 131*b*. 1432. fo. 259. Add. MSS. 5507. pp. 247. 248. 5526. p. 268. 5532. p. 69.

Fifield, Add. MS. 14,307. fo. 17.

—— *or*, *Lowe*, 4108. fo. 61. Add. MSS. 14,307. ff. 17. 27. 16,279. pp. 31. 51.

FILBECHE, Add. MS. 16,279. p. 222.

FILMER, *of Sutton*, 1106. fo. 188*b*. 1432. fo. 300. Add. MSS. 5507. p. 105. 5526. p. 394. 5532. p. 115.

Filmer, 4108. fo. 59. Add. MSS. 14,307. fo. 17. 16,279. p. 110.

FINCH, *of Coldred*, 1041. fo. 11. 1106. fo. 35. 1432. fo. 195*b*. 2198. fo. 120. 1484. fo. 66*b*. 6065. fo. 95. Add. MSS. 5507. p. 92. 5526. p. 61. 14,311. fo. 9*b*. 16,279. p. 464.

—— *of Grovehurst and Hastwell*, 1391. fo. 128. 1548. fo. 20.

—— *of Linstead*, Add. MS. 16,279. p. 462.

FINCH, *or*, HERBERT, *of Eastwell*, 1106. fo. 78*b*. 1432. fo. 225. Add. MSS. 5507. p. 56. 5526. p. 144.

—— *or*, HERBERT, *of Kingsdowne, fr. Co. Sussex*, 1106. fo. 16. 1432. fo. 180*b*. 2198. fo. 101. Add. MSS. 5507. p. 184. 5526. p. 27.

Finch, 4108. fo. 63. Add. MS. 14,307. fo. 16*b*.

FINETT, *of Soulton*, 1106. fo. 187. 1432. fo. 299. Add. MS. 5507. p. 89.

Finett, Add. MSS. 14,307. fo. 16*b*. 16,279. p. 108.

FINEUX, *of Hougham*, 1106. fo. 34. 1432. fo. 194*b*. 1548. fo. 61. 2198. fo. 119. Add. MSS. 5507. p. 90. 5526. p. 59. 5532. pp. 31. 148.

Fineux, 4108. fo. 59. Add. MS. 14,307. fo. 16*b*.

FISHER, *of Maidstone*, 1106. fo. 178*b*. 1432. fo. 293*b*. 1557. fo. 60*b*. Add. MSS. 5507. p. 365. 5526. p. 372. 5532. p. 131.

Fisher, 4108. fo. 59. Add. MSS. 14,307. fo. 17. 16,279. p. 94.

FITTS, Add. MS. 16,279. p. 220.

Fitz-Barnard, Add. MS. 14,307. fo. 17*b*.

FITZ-ELLIS, 1548. fo. 75.

FLEETE, *of Chartham*, 1432. fo. 267*b*.

Fleett, 4108. fo. 59.

Fletcher, 4108. fo. 59. Add. MS. 14,307. fo. 17*b*.

FLOOD, *or*, FLUDD, *of Gore Court, fr. Co. Shrop.* 1548. fo. 86*b*. Add. MS. 5507. p. 375.

—— *of Mill Gate, fr. Co. Shrop.* Add. MS. 5532. p. 89.

Flood, 4108. fo. 63*b*. Add. MS. 14,307. fo. 17.

Flower, 4108. fo. 59.

FOCHE, *of Wotton*, 1106. fo. 57. 1432. fo. 212*b*. Add. MSS. 5507. pp. 134.(*a.-c.*) 5526. p. 102.

Foche, Add. MS. 14,307. fo. 16*b*.

FOGG, *of Ashford*, 1484. fo. 64.

—— *of Braborne*, 1081. fo. 9*b*. 1480. fo. 33*b*. 1548. fo. 117*b*. 1557. fo. 9. Add. MS. 5532. p. 110.

—— *of Chilham*, 1548. fo. 18. Add. MSS. 5507. p. 395. 14,311. ff. 10*b*. 24*b*. 77.

Fogg, 4108. fo. 59. Add. MS. 14,307. fo. 17.

FOLKES, 1106. fo. 139. 1432. fo. 263. Add. MSS. 5507. p. 186. 5526. p. 283.

Folkes, Add. MS. 14,307. fo. 17.

FORSTER, *of Tonge, fr. Co. Shrop.* 1106. fo. 15*b*. 1432. fo. 180. 1548. fo. 60. 2198. fo. 100*b*. Add. MSS. 5507. p. 55*b*. 5526. p. 26.

Forster, *of Borden*, Add. MS. 14,307. fo. 16*b*.

FOTHERBY, *of Barham, fr. Co. Linc.* 1106. fo. 123*b*. 1432. fo. 254*b*. Add. MSS. 5507. p. 271. 5526. p. 250. 14,307. fo. 18.

Fotherby, *of Barham*, Add. MSS. 14,307. fo. 16*b*. 16,279. p. 22.

Foulston, Add. MS. 14,307. fo. 17*b*.

FOWLE, *of Sandhurst*, 1106. fo. 39*b*. 1432. fo. 199*b*. 2198. fo. 124*b*. Add. MSS. 5507. p. 101. 5526. p. 70.

Fowle, Add. MS. 14,307. fo. 16*b*.

FOWLER, *of Stonehouse, fr. Co. Glouc.* 1106. fo. 36*b*. 1432. fo. 197. 2198. fo. 121*b*. Add. MSS. 5507. p. 251. 5526. p. 64.

—— *of Welmestone, fr. Co. Midd.* Add. MS. 16,279. p. 423.

Fowler, Add. MS. 14,307. fo. 16*b*.

FRANKLYN, *of Chard*, 1548. fo. 91. Add. MS. 5532. p. 79.

—— *of Maidstone and Sandwich*, Add. MS. 5532. p. 79.

Franklyn, 4108. fo. 59.   Add. MS. 14,307. fo. 17.
FREMLING, 1548. fo. 34.
Fremling, 4108. fo. 59.   Add. MS. 14,307. fo. 17*b*.
French, 4108. fo. 59.   1548. fo. 8.
FRISKNEY, 1548. fo. 35.
FROGENHALL, *of Frognall*, 1548. fo. 33*b*.
Frogenhall, Add. MS. 14,307. fo. 17*b*.
FROMONDS, *of Hadlow*, 1433. fo. 23.   1548. fo. 121.   Add. MS. 16,279. p. 439.
Froston, Add. MS. 14,307. fo. 17*b*.
FURNEY, *of Waldersham*, Add. MS. 5507. p. 303***.
FYNES, *Lord Dacres*, 1484. fo. 64*b*.
Fynes, Add. MS. 14,307. fo. 17.
GAGE, Add. MS. 14,307. ff. 19*b*. 20.
GAINSFORD, *of Allington Castle*, 1548. fo. 139*b*.
———— *of Cosens*, 1106. fo. 193*b*.   1432. fo. 304*b*.   Add. MSS. 5507. p. 141.   5526. p. 404.
Gainsford, 4108. fo. 59.   Add. MS. 14,307. fo. 18*b*.
Garard, Add. MS. 14,307. fo. 20.
GARDINER, *of Rochester, fr. Scotland*, Add. MS. 16,279. p. 168.
Gare, Add. MS. 14,307. fo. 19.
Garrard, Add. MS. 14,307. ff. 18. 20.
GARRETT, *or*, GARRARD, *of Sittingbourne*, Add. MS. 16,279. p. 450.
Garrett, 4108. fo. 59.
GASON, *of Ickham*, 1076. fo. 37*b*.   1548. fo. 62*b*.   Add. MS. 5532. p. 162.
Gason, 4108. fo. 59.
Gatton, *of Throwley*, Add. MS. 14,307. fo. 20*b*.
GAY, *of Petham*, 1548. fo. 119*b*.   Add. MS. 5532. p. 47.
Gay, 4108. fo. 59.   Add. MS. 14,307. fo. 19.
Geyronde, Add. MS. 14,307. fo. 18.
GIBBON, *of Bishop's Bourne*, 1106. fo. 113.   1432. fo. 247.   1548. fo. 164*b*.   Add. MSS. 5507. p. 252.   5526. p. 211.
Gibbon, Add. MS. 14,307. fo. 18*b*.
GIBBS, *of Elmeston*, 1106. fo. 202*b*.   1432. fo. 312.   Add. MSS. 5507. p. 371.   5526. p. 422.   5532. p. 111.
Gibbs, 4108. fo. 59.   Add. MSS. 14,307. fo. 18*b*. 16,279. p. 132.
Gibson, 4108. fo. 59.
Gifford, Add. MS. 14,307. fo. 20*b*.
GILBERT, *of Westbere*, 1076. fo. 46.   1106. ff. 201. 202.   1432. fo. 310*b*.   Add. MSS. 5507. p. 218.   5526. p. 419.
Gilbert, Add. MSS. 14,307. fo. 18*b*.   16,279. p. 130.
GILBORNE, *of Charing, fr. Co. York*. 1106. fo. 210*b*.   1432. fo. 230.   Add. MSS. 5507. p. 320.   5526. fo. 438.
Gilborne, Add. MSS. 14,307. fo. 18*b*.   16,279. p. 145.
Giles, Add. MS. 14,307. fo. 20.
GILMAN, *of Deptford*, 1548. fo. 145.   Add. MS. 5532. p. 123.
Gilman, Add. MS. 14,307. fo. 19.
GIPPS, *of Canterbury*, Add. MS. 5507. p. 191*.
GLOVER, *of Rochester, fr. Co. Warr.* 1548. fo. 171*b*.   Add. MS. 16,279. p. 437.
Glover, Add. MS. 14,307. fo. 19.
GODEN, *of Trottercliffe*, 1548. fo. 159*b*.
Goden, Add. MS. 14,307. fo. 20.

GODFREY, *of Lydd*, 1106. fo. 150.   1432. fo. 270*b*.   Add. MSS. 5507. pp. 305*-307. 5526. p. 305.
———— *of Wilmington*, 1548. fo. 98.
Godfrey, Add. MSS. 14,307. ff. 18*b*. 20.   16,279. p. 55.
GOKIN, *of Ripple Court*, 1106. fo. 55.   1432. fo. 212.   Add. MSS. 5507. p. 103.   5526. p. 99.
GOLDFINCH, *of Sandwich, fr. Co. Linc.* 1548. fo. 35.   Add. MS. 16,279. p. 416.
Goldfinch, 4108. fo. 59*b*.   Add. MS. 14,307. fo. 19.
Golding, 4108. fo. 59*b*.   Add. MS. 14,307. fo. 20(*a. b.*)
GOLDSMITH, *of Crayford*, 1106. fo. 218.   1432. fo. 324.   1548. fo. 61*b*.   Add. MSS. 5507. p. 238.   5526. p. 455.
Goldsmith, *of Crayford*, 4108. fo. 59*b*.   Add. MSS. 14,307. fo. 19.   16,279. p. 159.
GOLDWELL, *of Goddenton*, 1548. fo. 172.   Add. MS. 5507. p. 397.
———— *of Wrotham*, 1548. fo. 144*b*.   Add. MS. 5532. p. 37.
Goldwell, 4108. fo. 59*b*.   Add. MS. 14,307. fo. 19*b*.
Gollingham, Add. MS. 14,307. fo. 18.
Gonston, Add. MS. 14,307. fo. 19*b*.
GOODER, 1548. fo. 151*b*.
GOODLACKE, 1548. fo. 168*b*.
Goodlocke, Add. MS. 14,307. fo. 20*b*.
Goodwin, 4108. fo. 59*b*.   Add. MS. 14,307. fo. 20.
Gorley, 4108. fo. 59*b*.   Add. MS. 14,307. fo. 18.
GOSNOLD, 1548. fo. 25.
Goston, Add. MS. 14,307. fo. 19*b*.
GOULDING, *of Cosmus Bleane and Maidstone*, 1106. fo. 82.   1432. fo. 228.   Add. MSS. 5507. p. 192.   5526. p. 151.
Goulding, Add. MS. 14,307. fo. 18*b*.
GOURLEY, 5865. fo. 16*b*.
GOWERBY, 1548. fo. 168*b*.
Gowre, Add. MS. 14,307. fo. 19*b*.
Graunge, Add. MS. 14,307. fo. 20.
Gravesend, Add. MS. 14,307. fo. 19*b*.
GRAY, *Earl of Kent*, 1080. fo. 94*b*.   2109. fo. 2. 1189. fo. 58.   1431. fo. 49*b*.
Greeke, Add. MS. 14,307. fo. 19.
GREEN, 4108. fo. 59*b*.
GREENE, Add. MS. 16,279. p. 225.
———— *or*, NORTON, 1548. fo. 32*b*.
Greenstreet, Add. MS. 14,307. fo. 20*b*.
Grene, Add. MS. 14,307. fo. 19*b*.
Gresham, 4108. fo. 59*b*.
GREY, 1187. fo. 87.   1548. fo. 169.
Grice, 4108. fo. 59*b*.
Grimston, Add. MS. 14,307. fo. 18*b*.
GROMBRIG, *v.* CROMBRIG.
Grove, Add. MS. 14,307. fo. 19.
Grygge, Add. MS. 14,307. fo. 18.
Gryndall, Add. MS. 14,307. fo. 18.
GUILFORD, *of Hemsted*, 1548. fo. 150.   1982. fo. 115*b*.   Add. MSS. 5507. p. 250.   16,279. p. 12.
Guilford, 4108. fo. 59*b*.   Add. MS. 14,307. fo. 19.
Guille, Add. MS. 16,279. p. 222.
GULL, *of Maidstone*, 1106. fo. 152.   1432. fo. 272.   Add. MSS. 5507. p. 95.   5526. p. 309.

Gull, 4108. fo. 59*b.*   Add. MSS. 14,307. fo. 18*b.*
    16,279. p. 61.
Gylsburgh, Add. MS. 14,307. fo. 20*b.*
Gylt, Add. MS. 14,307. fo. 19*b.*
GYSORS, 1548. fo. 168*b.*
HACKETT, *or,* ACKETT, 1504. ff. 102*b.* 114.
HADD, *or,* LE HADD, *of Canterbury,* 1106. fo.
    109*b.*   1432. fo. 244*b.*   Add. MSS. 5507.
    p. 243.   5526. p. 204.   5532. p. 52*b.*
Hadd, 4108. fo. 59*b.*   Add. MSS. 14,307. fo. 21*b.*
    16,279. p. 192.
HALES, *of Bokesbourne,* Add. MS. 5507. p. 303*.*
—— *of Darrington,* Add. MS. 5507. p. 303**.
—— *of Tenterden,* 1106. fo. 69.   1432. fo.
    219*b.*   Add. MSS. 5507. p. 155.   5526.
    p. 125.   5532. p. 140.   14,311. fo. 22*b.*
Hales, 4108. fo. 60.   Add. MS. 14,307. fo. 21*b.*
HALL, *of Ashford,* 1106. p. 14.   1432. fo. 179.
    1548. fo. 58.   2198. fo. 99.   Add. MSS.
    5507. p. 52.   5526. p. 204.
—— *of Kennington,* 1106. fo. 148*b.*   1432. fo.
    270.   Add. MSS. 5507. p. 305.   5526. p.
    302.
—— *of Wilsborough,* Add. MS. 5507. p. 52.
Hall, 4108. fo. 59*b.*   Add. MSS. 14,307. fo. 21*b.*
    16,279. p. 53.
HALLEY, *of Elkington,* Add. MS. 16,279. p. 215.
Halowe, Add. MS. 14,307. fo. 22*b.*
Hame, Add. MS. 14,307. fo. 24*b.*
HAMES, Add. MS. 5526. p. 81.
HAMINGTON, *of Dover,* 2198. fo. 124.
Hamington, 4108. fo. 59*b.*   Add. MS. 14,307.
    fo. 23*b.*
Hammond, Add. MS. 14,307. fo. 21.
HAMON, *of Acryse,* 1106. fo. 79*b.*   1432. fo. 226.
    Add. MSS. 5507. p. 187*b.*   5526. p. 146.
Hamon, 4108. fo. 60.   Add. MS. 14,307. ff.
    21*b.* 22.
HAMOND, *of Nonington,* 1106. fo. 54.   1432.
    fo. 211*b.*   Add. MSS. 5507. pp. 127*. 128.
    5526. p. 97.   5532. p. 98.
HANDVILE, *of Ulcomb,* 1106. fo. 52*b.*   1432. fo.
    210.   Add. MSS. 5507. p. 125.   5526.
    p. 94.
Handvile, Add. MS. 14,307. fo. 21.
HANNINGTON, HAMINGTON, *or,* HAMIGSTON, *of*
    Dover, 1106. fo. 39.   1432. fo. 200.   2198.
    fo. 124.   Add. MS. 5507. p. 100.
Haningston, Add. MS. 14,307. fo. 21.
Hanlowe, Add. MS. 14,307. fo. 24.
Hanmershe, Add. MS. 14,307. fo. 23*b.*
Haute, Add. MS. 14,307. fo. 24*b.*
Hardpeny, Add. MS. 14,307. fo. 24.
HARDRES, *of Hardres,* 1548. fo. 120*b.*   Add.
    MSS. 5507. p. 374.   5532. pp. 100. 101(*a.*)
Hardres, 4108. fo. 60.   Add. MS. 14,307. fo.
    22.
Hards, Add. MS. 14,307. fo. 22.
HARFLEET, *or,* CHEQUER, *of Moland,* 1548. ff.
    122*b.* 123.   Add. MS. 5507. pp. 426-428.
Harfleet, or, Septuans, 4108. fo. 60.   Add. MS.
    14,307. fo. 22*b*
Haringham, Add. MS. 14,307. fo. 23.
HARLAKENDEN, *of Tunstall and Upton,* Add. MS.
    5507. p. 396.
———————— *of Warhorne,* Add. MS. 5532. p.
    58*b.*
———————— *of Woodchurch,* 1484. fo. 67*b.*
    1548. ff. 134. 148*b.*   Add. MS. 5532. pp.
    21(*b.*) 22.

Harlakenden, 4108. fo. 60.   Add. MS. 14,307.
    fo. 22*b.*
HARLESTONE, *of Hardwick, fr. Co. Suff.* 1106. fo.
    10.   1432. fo. 175*b.*   1548. fo. 54.   2198.
    fo. 95.   Add. MSS. 5507. p. 44.   5526.
    p. 17.
Harlestone, Add. MS. 14,307. fo. 21.
HARMAN, *of Earde, or, Crayford,* 1548. fo. 21.
    Add. MSS. 5532. p. 125.   14,311. ff. 6*b.*
    96.
Harman, 4108. fo. 60.   Add. MS. 14,307. fo.
    22*b.*
HARPER, *or,* HARPUR, *of Cobham, fr. Co. Staff.*
    1548. fo. 131*b.*   Add. MS. 5532. p. 33.
Harper, 4108. fo. 60*b.*   Add. MS. 14,307. fo.
    22.
HART, 1106. fo. 217.   1432. fo. 323*b.*   1548.
    fo. 169*b.*   Add. MSS. 5507. p. 82.   5526.
    p. 453.   16,279. p. 18.
—— *of Lullington, fr. Co. Herts.* Add. MS.
    5507. p. 391.
—— *of Selling,* Add. MS. 5507. p. 409.
Hart, 4108. fo. 60.   Add. MSS. 14,307. fo. 22.
    16,279. p. 156.
—— *v. Denton.*
Hartie, Add. MS. 14,307. fo. 24.
HARTOPP, *of Dartford,* Add. MS. 5532. p. 32*b.*
Hartopp, 4108. fo. 60.   Add. MS. 14,307. fo.
    23*b.*
Hartredge, 4108. fo. 60.
HARTY, *of Birchington,* 1106. fo. 43*b.*   1432. fo.
    202*b.*   2198. fo. 128*b.*   Add. MSS. 5507.
    p. 109.   5526. p. 75.
Harty, Add. MS. 14,307. fo. 21.
HASLING, *of Meopham,* 1106. fo. 8*b.*   1548. fo.
    52*b.*   2198. fo. 93*b.*   Add. MSS. 5507. p.
    41.   5526. p. 14.
Hasting, Add. MS. 14,307. fo. 21.
HATCHEREGGE, Add. MS. 16,279. p. 13*.
HATTON, 1424. fo. 69*b.*   1505. fo. 69.   1535.
    fo. 163*b.*
HAULE, *or,* DE AULA, *of Maidstone,* 1106. fo. 159.
    1432. fo. 280*b.*   Add. MSS. 5507. p. 324.
    5526. p. 323.
Haule, or, De Aula, Add. MS. 14,307. fo. 23.
    16,279. p. 68.
HAUTE, *or,* HAWTE, *of Borne and Pluckley,* 1432.
    ff. 168. 281.   1484. fo. 67.   1548. fo. 151.
    Add. MS. 5526. p. 245.
Haute, of Nash Court, Add. MS. 14,307. fo. 22*b.*
Haward, of Gillingham, Add. MS. 14,307. fo. 21.
HAWKINS, *of Nash,* 1548. fo. 158*b.*   Add. MS.
    5526. p. 80.
Hawkins, 4108. ff. 60. 63*b.*   Add. MS. 14,307.
    fo. 23*b.*
Hawle, Add. MS. 14,307. fo. 23.
HAWTE, *v.* HAUTE.
HAYDON, 1548. fo. 177.
HAYMAN, *v.* HEYMAN.
Haymond, 4108. fo. 60*b.*
HAYWARD, *of Faversham,* Add. MS. 5507. p.
    77*.
—— *of Hartley,* 1106. fo. 27*b.*   1432. fo.
    189*b.*   2198. fo. 112*b.*   Add. MSS. 5507.
    p. 77.   5526. p. 46.
HEAD, Add. MS. 16,279. pp. 381. 382.
Heades, Add. MS. 14,307. fo. 24.

HEATH, *of Eaton Bridge, fr. Co. Surrey*, 1106.
fo. 184. 1432. fo. 297. Add. MSS. 4963.
fo. 12. 5507. p. 51. 5526. p. 385.
14,311. fo. 58.
Heath, 4108. fo. 60. Add. MSS. 14,307. fo. 22.
16,279. p. 105.
Hegham, Add. MS. 14,307. fo. 22*b*.
HENDEN, *of Biddenden*, 1476. fo. 233*b*. Add.
MS. 5507. p. 399.
Henden, Add. MS. 16,279. p. 160.
HENDLEY, *of Corshorne*, 1106. fo. 106*b*. 1432.
fo. 242*b*. 1548. fo. 112*b*. Add. MSS.
5507. p. 237. 5526. p. 198.
———— *of Gore Court*, Add. MS. 5507. p.
239*.
Hendley, 4108. fo. 60. Add. MSS. 14,307. ff.
21*b*. 23*b*. 16,279. p. 186.
Hendmarsh, 4108. fo. 60.
Hendon, Add. MS. 14,307. fo. 23*b*.
HENLEY, 1046. fo. 29*b*. 1147. fo. 21*b*. 1483.
fo. 63*b*.
Hennow, Add. MS. 14,307. fo. 24.
HERBERT, *v.* FINCH.
HERDSON, 1553. fo. 123*b*.
Herdsonne, 4108. fo. 60.
HERENDEN, *of Maidstone*, 1548. fo. 63.
———— *of West Farleigh*, Add. MS. 16,279.
p. 454.
Herenden, Add. MS. 14,307. fo. 23*b*.
HERINGOLD, *or*, HERINGOOD, 1548. fo. 120*b*.
Add. MS. 5532. p. 101.
HERON, *of Barning, fr. Co. Northumb.* 1548.
fo. 129. Add. MS. 5532. p. 128.
Heron, Add. MS. 14,307. fo. 22.
HERTE, *of Champaine*, 1548. fo. 167.
——— *of Champion Court, fr. London*, 1548. fo.
181*b*. Add. MS. 5532. p. 135.
HEVENINGHAM, 1548. fo. 32*b*.
HEXTALL, Add. MS. 16,279. p. 414.
HEYMAN, *or*, HAYMAN, *of Selling*, 1106. fo. 205*b*.
1432. ff. 315*b*. 316. Add. MSS. 5507. pp.
297*b*. 298. 5526. p. 428. 5532. p.
60.
Heyman, Add. MSS. 14,307. fo. 22. 16,279.
p. 137.
Higham, Add. MS. 14,307. fo. 23.
HIKKE, Add. MS. 5532. p. 27.
HILL, *of Lewisham, fr. Co. Worc.* 1432. fo. 259*b*.
Add. MSS. 5507. p. 281. 5526. p. 270.
Hill, 1548. fo. 9*b*. Add. MSS. 14,307. fo. 21*b*.
16,279. p. 32.
Hilton, Add. MS. 14,307. fo. 24.
HOBBY, *of Queenborough Castle*, Add. MS. 16,279.
p. 441.
Hobby, 4108. fo. 64. Add. MS. 14,307. fo. 24.
Hoby, 4108. fo. 63.
HODSALL, *of Ash*, Add. MS. 5507. p. 408.
Hodsall, Add. MS. 14,307. fo. 25*b*.
Hoen, Add. MS. 14,307. fo. 24.
HOLBROOK, *of Newington*, 1106. fo. 18. 1432.
fo. 181*b*. 2198. fo. 103. Add. MSS.
5507. p. 60. 5526. p. 31.
Holbrook, Add. MS. 14,307. fo. 21.
HOLDEN, *of Hockeridge*, Add. MS. 5507. p. 411.
HOLLAND, *Earl of Kent*, 1080. fo. 353. 1549.
fo. 55. 3288. fo. 152*b*. 5840. fo. 122*b*.
——— *of Felton*, 1187. fo. 82. 1548. fo.
172.
HOLMDEN, *of Dabornes, fr. Co. Sussex*, 1548. fo.
27. Add. MS. 5532. p. 162.

Holmden, Add. MS. 14,307. fo. 22*b*.
HOLTOFTE, *of Owtwell*, Add. MS. 16,279. p. 217.
HONYWOOD, *of Elmsted*, 1106. fo. 205*b*.
———— *of Honywood*, 1548. fo. 114*b*. Add.
MS. 5532. p. 54.
———— *of Lenham*, 1106. fo. 53*b*. 1432.
fo. 211. Add. MSS. 5507. p. 127. 5526.
p. 96.
Honywood, 4108. ff. 59*b*. 60. Add. MS. 14,307.
fo. 21.
Hoo, Add. MS. 14,307. fo. 23.
Hoppey, Add. MS. 16,279. p. 165.
HORDEN, Add. MS. 16,279. p. 440.
——— *of Goathurst*, 1484. fo. 63.
——— *of Horden*, 1548. fo. 149*b*.
Horden, Add. MS. 14,307. fo. 23.
——— *of Horden*, Add. MS. 14,307. fo. 24*b*.
Horne, Add. MS. 14,307. fo. 23.
HORSMANDEN, *of Goathurst*, Add. MS. 5507. p.
403.
HORSPOOLE, *of Buckland, fr. Co. Leic.* 1106. fo.
160*b*. 1432. fo. 281*b*. Add. MSS. 5507.
p. 74. 5526. p. 326.
Horsepoole, Add. MSS. 14,307. fo. 22. 16,279.
pp. 68. 69.
HOSKINS, *of Oxsted, fr. Wales*, Add. MS. 16,279.
p. 446.
HOUGHAM, *of Ash*, Add. MS. 5526. p. 203.
———— *of Sandwich*, Add. MS. 5507. p. 242.
———— *of Weddington*, 1106. fo. 109. 1432.
fo. 244. Add. MS. 5507. pp. 241*. 242.
247*.
Hougham, Add. MSS. 14,307. fo. 21*b*. 16,279.
p. 191.
HOUGHTON, 1548. ff. 168*b*. 177.
HOWARD, *Lord*, Add. MS. 16,279. p. 340.
HOWELL, *of Camphurst, fr. Co. Sussex*, 1106. fo.
142. 1432. fo. 265*b*. Add. MSS. 5507.
p. 133. 5526. p. 289.
Howell, Add. MSS. 14,307. ff. 21*b*. 24. 16,279.
p. 49.
Huband, Add. MS. 14,307. fo. 24*.
Hudson, 1432. fo. 327*b*.
HUGESSEN, *of Linstead*, Add. MS. 5507. p. 405.
Hugisson, Add. MS. 16,279. p. 166.
Hulkes, *or*, *Hulse*, Add. MS. 14,307. fo. 24*b*.
Hull, Add. MS. 14,307. fo. 22*b*.
Hulse, *v.* *Hulkes*.
Hume, Add. MS. 14,307. fo. 24*b*.
HUNT, *of Ashover*, 1106. fo. 131. 1432. fo.
258*b*. Add. MSS. 5507. p. 280. 5526.
p. 267.
Hunt, Add. MSS. 14,307. fo. 21*b*. 16,279. p.
30.
Huntingdon, Add. MS. 14,307. fo. 23.
HURT, *of Bristol*, Add. MS. 5507. p. 93*b*.
——— *of Dover*, 1106. fo. 36. 1432. fo. 196*b*.
2198. fo. 121. Add. MS. 5526. p. 63.
Hurt, 4108. fo. 59*b*.
HUSSEY, *fr. London*, Add. MSS. 5507. p. 48.
16,279. p. 35.
Hyde, *of Canterbury*, 1548. fo. 9*b*.
Hylls, 4108. fo. 60. Add. MS. 14,307. fo. 23*b*.
Hyzham, Add. MS. 14,307. fo. 23.
IDEN, *of Sandwich*, 1548. fo. 83. Add. MS.
5532. p. 82.
——— *of Stoke*, 1548. fo. 135. Add. MS. 5532.
p. 82.
Iden, 4108. fo. 60*b*. Add. MS. 14,307. fo. 25.

Idiche, Add. MS. 14,307. fo. 25*b*.
INGHAM, 1484. fo. 63*b*.
Ingham, Add. MS. 14,307. fo. 25.
INGLEFIELD, *or*, ENGLEFIELD, *fr. Co. Berks.* 1484. fo. 66*b*.
ISAACK, *of Patricksbourne*, 1546.fo. 95*b*.   1548. fo. 172*b*.   Add. MSS. 14,311. fo. 30*b*.   16,279. p. 453.
ISHAM, 1548. fo. 32.
Isham, 1548. fo. 32.
Isham, 4108. fo. 60*b*.   Add. MS. 14,307. fo. 25.
ISLEY, *of Sondridge*, 1484. fo. 62*b*.   1548. fo. 111*b*.   Add. MSS. 5532. p. 43.   16,279. p. 407,
Isley, 4108. fo. 60*b*.   Add. MS. 14,307. fo. 25.
JAMES, *of Ightham*, *fr. London*, 1106. fo. 1*b*. 1147. fo. 26*b*.   1397. fo. 69*b*.   1430. fo. 28(*a. b.*)   1432. fo. 169*b*.   1433. fo. 67. 1548. fo. 48*b*.   2198. fo. 86*b*.   Add. MSS. 5507. p. 27*b*.   5526. p. 2.
———— *of Smerden, fr. London and Wales*, 1548. fo. 168.
James, 4108. fo. 60*b*.   Add. MS. 14,307. fo. 25.
JENKIN, *of Folkstone*, 1106. fo. 94*b*.   Add. MS. 5507. p. 215.
Jenkinson, Add. MS. 14,307. fo. 25*b*.
Jennings, Add. MS. 14,307. fo. 25*b*.
Joanes, Add. MS. 14,307. p. 25.
JOHNSON, 1046. fo. 28*b*.   1433. fo. 60.   1147. fo. 16.   1551. fo. 30*b*.   1561. ff. 81. 113.
———— *of Canterbury*, Add. MS. 5507. p. 200.
———— *of Margate*, 1106. fo. 85*b*.   1432. ff. 231*b*. 264*b*.   Add. MSS. 5507. pp. 199. 200. 5526. p. 156.   5532. p. 86*b*.
———— *of Ticehurst*, 1548. fo. 128*b*.
———— *of Tunbridge*, *fr. Co. Beds.* 1106. fo. 139*b*.   Add. MSS. 5507. p. 166.   5526. p. 284.
Johnson, 4108. fo. 60*b*.   Add. MSS. 14,307. fo. 25. 16,279. p. 44.
JORDAN, *of Halden*, Add. MS. 5507. p. 355.
———— *of Hattiborough*, Add. MS. 16,279. p. 222.
JUDD, *of Tunbridge*, Add. MS. 16,279. pp. 434. 442.
Judd, Add. MS. 14,307. fo. 25.
JUXON, *of Canterbury*, *fr. Co. Sussex*, Add. MS. 5507. p. 410.
Juxon, of Chart, Add. MS. 14,307. fo. 25*b*.
KELSHAM, 4108. fo. 60*b*.   Add. MS. 14,307. fo. 26*b*.
KEMPE, 1094. fo. 156*b*.   1184. fo. 153*b*.   1484. fo. 64.   Add. MS. 14,311.fo. 23*b*.
———— *of Dover*, 1106. ff. 27*b*. 38.   1432. ff. 189*b*. 198*b*.   1480. fo. 33*b*.   1557. fo. 9. 2198. ff. 112*b*. 123.   Add. MSS. 5507. p. 98.   5526. pp. 46. 67.   5532. p. 143.
———— *of Ollantigh*, 1484. fo. 64.   1548. fo. 155*b*.   Add. MS. 5507. pp. 97*. 106.
Kempe, 4108. fo. 60*b*.   Add. MS. 14,307. fo. 26(*a. b.*)
Kenell, Add. MS. 14,307. fo. 26.
KENNE, 1401. fo. 15.
Kennett, Add. MS. 14,307. fo. 26*b*.
KENT, *Earl of, v.* GRAY.
———————— HOLLAND.
Kente, Add. MS. 14,307. fo. 26.
KENWRICK, *of Boughton, fr. Co. Northampt.* Add. MS. 5507. p. 400.
Kenwrick, Add. MS. 14,307. fo. 26*b*.
KERIELL, *or*, CRIOLL, *of Sutton*, 1548. fo. 71*b*. Add. MS. 16,279. pp. 435. 451. 452. 453.
Keriell, Add. MS. 14,307. fo. 26.
Kerkebye, Add. MS. 14,307. fo. 26.

Keyes, 4108. fo. 60*b*.   1548. fo. 9.   Add. MS. 14,307. fo. 26.
Keynardsley, Add. MS. 14,307. fo. 26*b*.
KEYS, *of Greenwich*, 1484. fo. 67.
KINGSLEY, *of Canterbury*, *fr. Co. Lanc.* 1106. fo. 143.   1432. ff. 26*b*. 266.   Add. MSS. 5507. p. 293.   5526. p. 291.
Kingsley, Add. MSS. 14,307. fo. 26.   16,279. p. 50.
KNATCHBULL, *of Mersham*, 1106. fo. 119*b*.   1432. fo. 252*b*.   Add. MSS. 5507. p. 266.   5526. p. 224.   5532. p. 95.
Knatchbull, 4108. fo. 60*b*.   Add. MSS. 14,307. fo. 26.   16,279. p. 208.
KNEVET, 1484. fo. 68*b*.
KNEVETT, *of Chert Magna*, *fr. Co. Norf.* Add. MS. 5507. p. 349.
Kniffe, Add. MS. 16,279. p. 211.
Knight, Add. MS. 14,307. fo. 26.
KNOWER, 1548. fo. 172.
LACY, *of Brerely*, Add. MS. 5532. p. 69.
Lake, 4108. fo. 60*b*.
LAMB, *of Kennington*, 1106. fo. 151*b*.   1432. fo. 271*b*.   Add. MSS. 5507. p. 108.   5526. p. 308.
———— *of Maidstone*, Add. MS. 5507. p. 108.
Lamb, 4108. fo. 60*b*.   Add. MSS. 14,307. fo. 27. 16,279. p. 57.
LAMBARD, *of Greenwich*, *fr. Co. Heref.* 1106. fo. 187*b*.   1432. fo. 299*b*.   Add. MS. 5507. p. 94.
Lambard, 4108. fo. 60*b*.   Add. MSS. 14,307. fo. 27.   16,279. p. 109.
Lame, Add. MS. 14,307. fo. 27*b*.
Lampton, Add. MS. 14,307. fo. 27*b*.
Langford, Add. MS. 14,307. fo. 27*b*.
LANGLEY, 810. fo. 20*b*.   1100. fo. 19.   1167. fo. 12.   1563. fo. 37*b*.
Langley, Add. MS. 14,307. fo. 27*b*.
LANGWORTH, *of Wilmington*, Add. MSS. 5507. p. 412.
LASSELLS, *of Swine, in Holderness*, Add. MS. 16,279. p. 215.
LAWES, *of Haulden*, *fr. Co. Norf.* 1106. fo. 219*b*. 1432. fo. 325.   Add. MSS. 5507. p. 152. 5526. p. 458.
Lawes, of Canterbury, Add. MSS. 14,307. fo. 27. 16,279. p. 153.
LEAK, *of Wrangell*, 1548. fo. 35.
Leche, 4108. fo. 60*b*.
LEE, *of De Lee*, 1106. fo. 65.   1432. fo. 217*b*. Add. MSS. 5507. p. 147.   5526. p. 117, 16,279. p. 333.
Lee, 4108. fo. 60*b*.   Add. MS. 14,307. fo. 27*b*.
—— *of Lee*, Add. MS. 14,307. fo. 26*b*.
LEECH, 1548. fo. 18.
LE HADD, *v.* HADD.
LEIGH, *of Welton and Rushall*, 1548. fo. 132.
Leigh, 4108. fo. 61.
LEMON, 1106. fo. 27*b*.   1432. fo. 189*b*.   2198. fo. 112*b*.   Add. MS. 5526. p. 46.
LENNARD, 1504. fo. 83*b*.   Add. MS. 14,311. ff. 6*b*. 7*b*.
———— *Lord Dacre*, 1548. fo. 18*b*.
———— *of West Wickham and Shevening*, 1548. fo. 18*b*.
Lennard, 4108. fo. 61.   Add. MS. 14,307. fo. 27.
LEONARD, 1194. fo. 104.   1562. fo. 11*b*.
LEVERSEDGE, *of Deptford*, 1106. fo. 216*b*.   1432. fo. 322.   Add. MSS. 5507. p. 46.   5526. p. 450.

LEVESEY, *of Hollingborne, fr. Cos. Surrey and Notts.* 1106. fo. 113*b.* 1432. fo. 247*b.* Add. MSS. 5507. p. 253. 5526. p. 212.

Levesey, 4108. fo. 61. Add. MS. 14,307. fo. 26*b.*

LEVESON, *of Hawling, fr. Co. Staff.* 1077. fo. 115*b.* 1432. fo. 332. 1548. fo. 92. Add. MSS. 5532. p. 91. 14,311. fo. 8*b.*

Levison, Add. MS. 14,307. fo. 27*b.*

LEWIN, *or,* LOWIN, *of Ottrinden, fr. Co. Herts.* 1432. fo. 248*b.* Add. MSS. 5507. p. 255. 5526. p. 214*b.*

Lewin, 4108. fo. 61.

LEWKNOR, 1484. fo. 66*b.* 1548. fo. 134*b.* Add. MSS. 5507. p. 97*. 14,311. ff. 23*b.* 89*b.* 16,277. p. 412.

——— *of Shelvidge,* 1548. ff. 74. 140. Add. MS. 5532. p. 118.

Lewknor, 4108. fo. 61. Add. MS. 14,307. fo. 27*b.*

Lewson, 4108. fo. 63*b.*

Leyborne, Add. MS. 14,307. fo. 27*b.*

Lichfield, Add. MS. 14,307. fo. 28.

LINCH, *of Stapley,* 1548. fo. 161*b.* Add. MS. 5532. p. 147.

Linche, 4108. fo. 61.

Lindley, 4108. fo. 61. Add. MS. 16,279. p. 165.

LINGHAM, *of Wales,* 1484. fo. 66*b.*

LLOYD, *of Clerke,* 1106. fo. 65*b.* 1432. fo. 218. Add. MSS. 5507. p. 149*b.* 5526. p. 118.

Locksmith, Add. MS. 16,279. p. 165.

LONDINOYS, 6065. fo. 76*b.* Add. MS. 5532. p. 58.

LONDON, 1171. fo. 47.

LONE, *of Sevenoaks, fr. Co. Suff.* 1106. fo. 156*b.* 1432. fo. 275. Add. MSS. 5507. p. 319. 5526. p. 318. 5532. p. 65.

Lone, Add. MSS. 14,307. fo. 27. 16,279. p. 65.

LOVE, *of Cranbrook,* 1548. fo. 126*b.* Add. MS. 16,279. p. 411.

——— *of Haston,* 1106. fo. 96. 1432. ff. 107*b.* 237. Add. MS. 5526. p. 175.

Love, Add. MS. 14,307. fo. 27.

LOVELACE, *of Lovelace and Bayford,* 1106. fo. 143*b.* 1432. fo. 266*b.* 1548. fo. 165*b.* Add. MSS. 5507. pp. 295-296. 5526. p. 292.

——— *of Woolwich,* Add. MS. 5507. p. 296.

Lovelace, 4108. fo. 61. Add. MSS. 14,307. fo. 27. 16,279. p. 51.

LOVELL, 1548. fo. 71*b.*

LOWE, *v.* FIFIELD.

LOWIN, *v.* LEWIN.

Loyd, of Maidstone, Add. MS. 14,307. fo. 26*b.*

LUCAS, 1540. fo. 147*b.*

LUCEY, 1982. ff. 64. 67.

Lucie, Add. MS. 14,307. fo. 28.

LUMBARD, *of Greenwich, fr. Co. Heref.* Add. MS. 5526. p. 392.

Lymsey, Add. MS. 14,307. fo. 27*b.*

Lyolle, Add. MS. 14,307. fo. 28.

MACOTT, Add. MS. 14,307. fo. 30*b.*

Maine, or, Monxe, Add. MS. 14,307. fo. 30*b.*

MAKENADE, Add. MS. 5526. p. 173.

MALMAYNES, *of Waldershore,* 1548. fo. 172. Add. MS. 5507. pp. 398. 434.

Malmaynes, 1548. fo. 11. Add. MS. 14,307. fo. 29.

MAN, *of Canterbury, fr. Co. Dors.* 1106. fo. 25*b.* 1432. fo. 188. 1548. fo. 179. 2198. fo. 110*b.* Add. MSS. 5507. p. 75. 5526. p. 43.

Man, 1548. fo. 10*b.*

——— *of Canterbury,* 4108. fo. 61. Add. MS. 14,307. fo. 28.

MANEY, *v.* MAYNEY.

Manger, 4108. fo. 64.

MANLEY, *of St. Margarets, fr. Co. Chesh.* Add. MS. 5507. p. 297.

Mannering, Add. MS. 14,307. fo. 30*b.*

MANNING, *of Downe,* 1548. fo. 29*b.*

——— *of St. Mary Cray,* 1106. ff. 185. 222. 1432. ff. 298. 329. 1548. fo. 29*b.* Add. MSS. 5507. p. 76. 5526. p. 387. 16,279. p. 16.

Manning, of Comham, Add. MS. 14,307. fo. 28*b.*

MANNINGHAM, *of East Malling, fr. Co. Beds.* 1106. fo. 9. 1548. fo. 53. 2198. fo. 94. Add. MSS. 5507. p. 42. 5526. p. 15.

Mannington, of East Malling, Add. MS. 14,307. fo. 28.

Manny, Add. MS. 14,307. fo. 30.

MANSTON, *of Thanet,* 1548. fo. 152.

Manston, or, Masted, Add. MS. 14,307. fo. 29*b.*

MANTELL, *or,* MANTLE, *of Horton, fr. Co. Northampt.* 1106. fo. 97*b.* 1432. fo. 237*b.* 1548. fo. 67*b.* Add. MSS. 5507. p. 221. 5526. p. 180.

Mantell, or, Mantle, 4108. fo. 61*b.* Add. MS. 14,307. fo. 28*b.*

Manwaring, 4108. fo. 61.

MANWOOD, *of St. Stephens and Sandwich,* 1106. fo. 163. 1432. fo. 282*b.* Add. MSS. 5507. pp. 329-330. 5526. p. 341.

Manwood, 4108. fo. 61*b.* Add. MS. 14,307. fo. 28*b.* 16,279. p. 71.

Manye, 4108. fo. 61.

MAPLESDEN, *of Rochester and Maidstone,* 1106. fo. 176*b.* 1432. fo. 292. Add. MSS. 5507. p. 361. 5526. p. 368.

Maplesdon, Add. MSS. 14,307. fo. 28*b.* 16,279. p. 95.

MARLER, *of Crayford,* 1106. fo. 186*b.* 1432. fo. 298*b.* Add. MSS. 5507. p. 86. 5526. p. 390.

Marler, 4108. fo. 61*b.* Add. MSS. 14,307. fo. 28*b.* 16,279. p. 107.

MARSH, *of Denton,* Add. MS. 5507. p. 406.

Marsh, 4108. fo. 61*b.* 1548. ff. 10*b.* 11. Add. MS. 14,307. ff. 30*b.* 31.

MARSHALL, *of Crayford,* 1548. fo. 89*b.*

MARTIN, *of Eatonbridge,* 1548. fo. 139. 1548. fo. 114*b.* Add. MS. 5532. pp. 48. 54. 76.

——— *of Horton and Gravesend,* 1548. fo. 173*b.* Add. MS. 5532. p. 76.

Martin, 4108. fo. 61*b.* Add. MS. 14,307. ff. 29(*a. b.*) 30*b.*

MARTYN, 1401. fo. 27. 6774. fo. 43. Add. MS. 4962. fo. 24*b.*

——— *of New Church,* Add. MS. 16,279. p. 417.

Maskall, 4108. fo. 61*b.* 1548. fo. 11. Add. MS. 14,307. fo. 30*b.*

MASON, *of Frendbury,* 1106. fo. 210. 1432. fo. 319*b.* Add. MSS. 5507. p. 306. 5526. p. 437.

Mason, of the Isle of Thanet, Add. MSS. 14,307. fo. 28*b.* 16,279. p. 144.

Masted, v. MANSTON.

MASTER, *of Canterbury*, Add. MS. 5507. pp. 51*. 51**.

———— *of Ospringe*, 1106. fo. 34*b*. 1432. fo. 195. 2198. fo. 119*b*. Add. MSS. 5507. p. 91. 5526. p. 60.

———— *of Wellesborough*, 1106. fo. 12*b*. 1432. fo. 177. 1548. fo. 56. 2198. fo. 97*b*. Add. MSS. 5507. pp. 49. 65*. 5526. pp. 20. 60.

———— *of Woodchurch*, 1106. fo. 13*b*. 1432. fo. 178*b*. 1548. fo. 57*b*. 2198. fo. 98*b*. Add. MS. 5526. p. 22.

Master, Add. MS. 14,307. fo. 28.

Maston, Add. MS. 14,307. fo. 29*b*.

MAY, 1102. fo. 36. 1106. fo. 81. 1139. fo. 36. 1151. fo. 34*b*. 1391. fo. 39. 1429. fo. 70. 1432. fo. 227. 1533. fo. 69. Add. MSS. 5507. p. 189. 5526. p. 149.

May, Add. MS. 14,307. fo. 30.

Maydston, Add. MS. 14,307. fo. 30.

Maye, Add. MS. 14,307. fo. 31.

MAYNEY, *or*, MANEY, *of Linton and Biddenden*, 1484. fo. 68. 1548. fo. 128. Add. MS. 5532. pp. 116*b*. 130.

Mayney, Add. MS. 14,307. fo. 29.

Meggs, Add. MS. 14,307. fo. 30.

MENNIS, *of Sandwich*, 1106. fo. 118. 1432. fo. 251*b*. Add. MSS. 5507. p. 262. 5526. p. 221.

Mennis, Add. MS. 14,307. fo. 28*b*.

MERRYWETHER, *of Barfraystone*, 1106. fo. 211*b*. 1432. fo. 320*b*. Add. MS. 5526. p. 440.

———————— *of Shepperds Well*, Add. MS. 5507. p. 323.

Merrywether, Add. MSS. 14,307. fo. 28*b*. 16,279. p. 174.

Mete, Add. MS. 14,307. fo. 30.

Mevinson, Add. MS. 5526. p. 254.

Meyke, Add. MS. 14,307. fo. 30.

Micknor, Add. MS. 14,307. fo. 30.

MIDDLETON, 1076. fo. 142. 1084. fo. 30. 1135. fo. 16. 1194. fo. 16. 1406. fo. 7*b*. 1562. fo. 128*b*. 4109. fo. 70*b*. 6164. fo. 89.

Middleton, 4108. fo. 61*b*. Add. MS. 14,307. fo. 29.

MILLER, *of Oxenheath*, Add. MS. 5507. p. 388.

Miller, 1548. fo. 187*b*.

MILLES, *of Ashford*, Add. MS. 16,279. p. 437(*a*.)

———— *of Norton Court*, 1106. fo. 169*b*. 1432. fo. 286*b*. 2109. fo. 65*b*. Add. MSS. 5507. p. 343. 5526. p. 254.

Milles, Add. MS. 16,279. p. 84.

MILLYS, Add. MS. 16,279. p. 16.

Mockett, Add. MS. 14,307. fo. 29.

MONINS, *of Dover*, 1106. fo. 32*b*. 1432. fo. 193*b*. 2198. fo. 117*b*. Add. MSS. 5507. pp. 87. 390. 14,311. fo. 27*b*.

———— *of Swanton*, 1484. fo. 64*b*. Add. MS. 5532. p. 106.

Monyngs, 4108. fo. 61. Add. MS. 14,307. fo. 29.

Monxe, *v.* Maine.

MOORE, *of Canterbury, fr. Co. Linc.* 1106. fo. 81*b*. 1432. fo. 227*b*. Add. MSS. 5507. p. 191. 5526. p. 150. 16,279. pp. 162. 406. 419.

———— *of Dover, fr. Co. Oxon.* 1548. fo. 88*b*.

Moore, 4108. ff. 61. 63. 64. Add. MS. 14,307. fo. 29*b*.

More, *of Canterbury*, Add. MS. 14,307. fo. 28.

Moreland, Add. MSS. 14,307. fo. 30. 16,279. p. 246.

MORETON, *of Croydon, fr. Cos. Dors. and Glouc.* Add. MSS. 5507. p. 381. 16,279. p. 445.

Morfyn, Add. MS. 14,307. fo. 29*b*.

Morgan, 4108. fo. 61*b*. Add. MS. 14,307. fo. 29*b*.

MORLEY, *of Glyn*. Add. MS. 16,279. p. 40.

MORRICE, Add. MS. 16,279. p. 436.

Morskin, Add. MS. 14,307. fo. 31.

Morston, Add. MS. 14,307. fo. 29.

Morsyn, Add. MS. 14,307. fo. 30*b*.

MORTIMER, *of Mortimer Hall*, Add. MSS. 5526. p. 239. 16,279. p. 12.

MORTON, 1180. fo. 24*b*. 1189. fo. 27*b*. 1431. fo. 21. 6125. fo. 25*b*. 6183. fo. 36*b*.

Morton, 4108. fo. 61*b*.

MOULTON, *of Aldham*, Add. MSS. 5526. p. 35. 5532. p. 30*b*.

Moulton, 4108. fo. 61*b*.

MOUNT, *of Town Malling, fr. Co. Surrey*, 1548. fo. 108*b*. Add. MS. 5532. p. 113.

Mount, 4108. fo. 61. Add. MS. 14,307. fo. 29.

MOYLE, 1077. fo. 82*b*. 1100. fo. 13*b*. 1167. fo. 7*b*. 1535. ff. 43*b*. 195*b*. 265. 1570. fo. 73. 2187. fo. 105.

———— *of Buckwell*, Add. MS. 5507. p. 382.

———— *of Eastwell, fr. Co. Corn.* 1548. ff. 101*b*. 139*b*.

Moyle, 4108. fo. 61*b*. Add. MS. 14,307. ff. 29. 30*b*.

MULTON, *of St. Cleeres*, 1106. fo. 20. 1432. fo. 183*b*. 2198. fo. 105. Add. MS. 5507. p. 64.

Multon, *of Ightam*, Add. MS. 14,307. fo. 28.

Mures, Add. MS. 14,307. fo. 29*b*.

MYCHELL, *of Stameram*, 1484. fo. 65*b*.

Myller, Add. MS. 14,307. fo. 30*b*.

Mylls, *of Norton Court*, Add. MS. 14,307. fo. 28*b*.

Myngham, Add. MS. 14,307. fo. 29*b*.

MYNOTT, 1043. fo. 59*b*. 1401. fo. 19. 1534. fo. 29. 6770. fo. 15. 6774. fo. 36. 6830. fo. 10. Add. MS. 4962. fo. 17.

NAPLETON, Add. MS. 14,307. fo. 32.

NAYLOR, 1106. fo. 38*b*. 1432. fo. 199. 2198. fo. 123*b*. Add. MSS. 5507. p. 99. 5526. p. 68.

———— *of Momfords*, 1432. fo. 216*b*.

Naylor, Add. MS. 14,307. fo. 31.

Neame, Add. MS. 14,307. fo. 31*b*.

Nethersall, Add. MS. 14,307. fo. 31*b*.

NETHERSOLE, *of Winghamwold*, 1106. fo. 37*b*. 1432. fo. 198. 2198. fo. 122*b*. Add. MSS. 5507. pp. 97. 97*b*. 5526. p. 66.

Nethersole, 4108. fo. 61*b*. Add. MS. 14,307. fo. 31.

Netwold, Add. MS. 14,307. fo. 31*b*.

NEVILL, 1106. fo. 98. 1432. fo. 237*b*. 1548. fo. 67. Add. MSS. 5507. p. 221. 5526. p. 181.

———— *Lord Abergavenny*, 1484. fo. 62*b*. Add. MS. 16,279. p. 360.

Nevill, 4108. fo. 61*b*. Add. MS. 14,307. fo. 32.

NEVINSON, *of Estrey, fr. Co. Camb.* 1106. fo. 165. 1432. fo. 284. 1548. fo. 25. Add. MSS. 5507. pp. 333. 334. 5526. p. 345.

Nevinson, 4108. fo. 61*b*. Add. MSS. 14,307. fo. 31*b*. 16,279. p. 74.

NEWMAN, *of Canterbury*, Add. MS. 5507. p. 407*.

———————— *of Rochester*, Add. MS. 5507. p. 408.

Newman, Add. MS. 14,307. fo. 32.

NEWPORT, 1484. fo. 68*b*.

NICHOLSON, *of Doddington*, Add. MS. 5507. p. 402.

NISELL, 1106. fo. 207*b*. 1432. fo. 317. 1548. fo. 211*b*. Add. MSS. 5507. p. 288. 5526. p. 432. 5532. p. 112.

Nisell, Add. MS. 14,307. fo. 31*b*.

Norden, Add. MS. 14,307. fo. 32.

Norland, Add. MS. 14,307. fo. 31*b*.

NORREYS, *of Rainham, jr. Co. Glouc.* 1106. fo. 26. 1432. fo. 188*b*. 2198. fo. 111. Add. MSS. 5507. p. 63. 5526. p. 44.

NORTHWOOD, *of DaneCourt*, 1106. fo. 42*b*. 1432. fo. 202. 2198. fo. 127*b*. Add. MSS. 5507. p. 107. 5526. p. 76.

NORTOFTE, *of Egmere*, 1548. fo. 72*b*.

NORTON, 1080. fo. 163*b*. 1163. fo. 102*b*. 1531. fo. 282*b*. 1476. fo. 439. 5871. fo. 42.

———— *of Calis*, 1484. fo. 63.

———— *of Feversham*, 1484. fo. 63*b*.

———— *of Northwood*, 1106. fo. 90*b*. 1432. fo. 234. 1548. fo. 33. Add. MSS. 5507. p. 209. 5526. p. 164. 5532. p. 45.

———— *v.* GREENE.

Norton, 1086. fo. 22*b*. 1096. fo. 113*b*. 4108. fo. 61*b*.

Norwood, 4108. fo. 62. 1548. fo. 11*b*. Add. MS. 14,307. fo. 31.

NOWELL, *of Rye, jr. Co. Sussex*, 1106. fo 212*b*. 1432. fo. 320*b*. Add. MS. 5507. p. 328.

Nowell, Add. MSS. 14,307. fo. 31. 16,279. p. 146.

Nutt, 1548. fo. 11*b*.

Nysell, Add. MS. 14,307. fo. 31*b*.

OLIVER, *v.* QUINTON.

ORMOND, *Earl of, v.* BUTLER.

ORWELL, *of Cliffe*, 1548. fo. 107. Add. MS. 5532. p. 28*b*.

Orwell, *of Rochester*, 4108. fo. 62. 1432. fo. 327*b*. Add. MS. 14,307. fo. 32*b*.

OSBORNE, *of Hartlip*, 1106. fo. 16*b*. 1432. fo. 181. 2198. fo. 101*b*. Add. MSS. 5507. p. 57*b*. 5526. p. 28. 5532. p. 49.

———— *of Nutts*, 1106. fo. 17. 1431. fo. 181. 2198. fo. 102. Add. MSS. 5507. p. 57*b*. 5526. p. 28.

Osborne, 4108. fo. 62. Add. MS. 14,307. fo. 32.

OXENBRIDGE, 1484. fo. 67.

OXENDEN, *of Deane*, Add. MSS. 5507. p. 67**. 16,279. p. 427.

———— *of Herne and Wingham*, 1106. fo. 21*b*. 1432. fo. 184*b*. 2198. fo. 106*b*. Add. MSS. 5507. pp. 67. 67**. 5526. p. 38. 5532. p. 87.

Oxenden, of Wingham, 4108. fo. 62. Add. MS. 14,307. fo. 32.

OXFORD, *Earl of, v.* VERE.

PABENHAM, 1548. fo. 71*b*.

Packring, 4108. fo. 63.

PAGE, *of Shorne*, 1548. fo. 162. Add. MSS. 5532. p. 142*b*. 16,279. p. 456.

Page, 4108. fo. 62. Add. MS. 14,307. fo. 34*b*.

Painter, 4108. fo. 62.

PALMER, *of Hartlip*, 1106. fo. 218*b*. 1432. fo. 324*b*. Add. MSS. 5507. p. 143. 5526. p. 456. 14,311. ff. 12*b*. 13*b*. 36*b*.

———— *of Howletts*, 1106. fo. 117*b*. 1432. fo. 251. Add. MSS. 5507. p. 261. 5526. p. 220.

———— *of Steyning*, 1484. fo. 65*b*.

Palmer, 4108. ff. 62. 63*b*. Add. MSS. 14,307. ff. 33. (*a. b.*) 34. 16,279. p. 158.

PARAMORE, *of Fordwick*, 1106. fo. 15. 1432. fo. 179*b*. 1548. fo. 59*b*. 2198. fo. 100. Add. MSS. 5507. p. 54. 5526. p. 25.

———— *of St. Nicholas*, 1106. fo. 87. 1432. fo. 231. Add. MSS. 5507. p. 202. 5526. p. 159.

Paramore, 4108. fo. 62*b*. Add. MS. 14,307. ff. 32*b*. 34.

PARBO, *of Sandwich, jr. Co. Chesh.* 1106. fo. 48. 1432. fo. 205*b*. Add. MSS. 5507. p. 116. 5526. p. 85.

Parbo, Add. MS. 14,307. fo. 32*b*.

Parke, Add. MS. 14,307. fo. 34.

PARKER, *of Shorne, jr. Co. Chesh.* 1106. fo. 194. 1432. fo. 305. Add. MSS. 5507. p. 145. 5526. p. 405.

———— *of Canterbury, jr. Co. Norf.* Add. MS. 5532. p. 56.

Parker, 4108. fo. 62*b*. Add. MSS. 14,307. fo. 33*b*. 16,279. p. 116.

———— *of Shorne*, Add. MS. 14,307. fo. 33.

PARKHURST, *of Lenham*, 1548. fo. 147*b*.

Parlmer, 4108. fo. 62*b*.

PARTRIDGE, *of Bridge Court*, 1548. fo. 163.

———— or, PARTRICH, *of Eastry*, 1548. fo. 115*b*. Add. MS. 5532. p. 145.

———— *of Lenham*, Add. MS. 5507. p. 376.

Partrich, 4108. fo. 62. Add. MS. 14,307. fo. 34.

PASHLEY, Add. MS. 14,311. fo. 20*b*.

Pashley, Add. MS. 14,307. fo. 34.

Pasley, Add. MS. 14,307. fo. 34*b*.

PAUNSHERST, Add. MS. 16,279. p. 13*.

PAVINGTON, Add. MS. 5526. p. 242.

PAWLIN, *of Brasted*, Add. MS. 16,279. p. 419.

PAYNE, 1548. fo. 145. Add. MS. 16,279. p. 155.

———— *of Shotenton*, 1106. fo. 221. 1432. fo. 325*b*. Add. MSS. 5507. p. 153. 5526. p. 461.

Payne, Add. MS. 16,279. p. 154.

PAYNTER, *of Twidall*, 1106. fo. 163*b*. 1432. fo. 283. Add. MSS. 5507. p. 331. 5526. p. 342.

Paynter, *of Gillingham*, Add. MSS. 14,307. fo. 33. 16,279. p. 72.

PECHAM, *of Wortham*, 1484. fo. 62.

Peche, Add. MS. 14,307. ff. 34*b*. 35.

PECKHAM, 2109. fo. 56*b*. Add. MS. 16,279. p. 457.

Peckham, 4108. fo. 62.

Peers, Add. MS. 14,307. fo. 35.

PEIRS, *of Stonepitts, jr. Co. Sussex*, Add. MS. 5507. p. 406.

Peirson, Add. MS. 14,307. fo. 35.

PEKE, *of Sandwich*, 1106. fo. 56. 1432. fo. 213. Add. MSS. 5507. p. 131. 5526. p. 100.

Peke, 4108. fo. 62*b*. Add. MS. 14,307. fo. 32*b*.

PELHAM, Add. MS. 14,311. 57*b*. 94*b*.

PENDRETH, *of Northborne*, 1106. fo. 87*b*. 1432. fo. 232*b*. Add. MSS. 5507. p. 203. 5526. p. 160.

Pendreth, Add. MS. 14,307. fo. 33*b*.

Pendshurst, Add. MS. 14,307. fo. 34.

Penyston, 4108. fo. 62. Add. MS. 14,307. fo. 35.

PEPER, *of Canterbury*, 1544. fo. 107*b*. 1548. fo. 36.

Peplysham, Add. MS. 14,307. fo. 34.

PERCIVALL, *of Dover*, Add. MS. 5507. p. 208.
PERCY, 1555. fo. 121*b*.
PERSALL, 1548. fo. 75*b*.
PERSHALL, *of Bromley*, *fr. Co. Staff.* 1106. fo. 200. 1432. fo. 310. Add. MSS. 5507. p. 204. 5526. p. 417. 16,279. p. 408.
PETITT, *of Boughton*, 1548. fo. 108. Add. MS. 5532. p. 26*b*.
———— *of Dandelion, fr. London*, 1106. fo. 86*b*. 1432. fo. 232. 1548. fo. 175*b*. Add. MSS. 5507. p. 201. 5526. p. 158. 5532. p. 78*b*.
———— *of Shamford*, 1106. fo. 112*b*. 1432. fo. 247. Add. MSS. 5507. p. 249. 5526. p. 210. 5532. p. 53.
Petitt, 4108. fo. 62. Add. MSS. 14,307. ff. 33. 35. 16,279. p. 196.
PETLEY, *of Downe*, 1432. fo. 329. 1484. fo. 60*b*. 1548. ff. 30. 183*b*.
———— *of Filson*, 1106. fo. 198. 1432. fo. 308. Add. MSS. 5507. p. 177. 5526. p. 413. 16,279. p. 124.
Petley, Add. MS. 14,307. fo. 33.
PETT, 1106. fo. 28. 1432. fo. 190. 2198. fo. 113. Add. MSS. 5507. p. 78. 5526. p. 47.
Pett, Add. MS. 14,307. fo. 32*b*.
Petys, Add. MS. 14,307. fo. 35.
Peverell, Add. MS. 14,307. fo. 34*b*.
Pevington, *of Charing*, Add. MS. 16,279. p. 13.
Peyfore, Add. MS. 14,307. fo. 34*b*.
PEYTON, Add. MS. 14,311. fo. 15.
———— *of Knolton*, 1106. fo. 76*b*. 1432. fo. 224. Add. MSS. 5507. p. 181. 5526. p. 140.
———— *of St. Edmund's Bury*, 1106. fo. 217. 1432. fo. 323*b*. Add. MSS. 5507. p. 82. 5526. p. 453.
Peyton, 4108. fo. 63*b*. Add. MS. 14,307. fo. 32*b*.
Phillips, Add. MS. 14,307. fo. 33*b*.
PHILPOTT, 1548. fo. 169.
Philpott, Add. MS. 14,307. fo. 35.(*a. b.*)
PIDGEON, *of Deptford*, 1106. fo. 216*b*. 1432. fo. 322. Add. MSS. 5507. p. 46. 5526. p. 450.
Piget, 4108. fo. 62.
Pillard, Add. MS. 14,307. fo. 35.
PIMPE, 2109. fo. 72*b*.
Pimpe, Add. MSS. 14,307. fo. 35. 14,311. fo. 20*b*.
Pinder, Add. MS. 14,307. fo. 34.
PIX, *of Folkestone*, 1106. fo. 150. 1432. fo. 270*b*. Add. MSS. 5507. p. 308. 5526. p. 305.
——— *of Hawkhurst*, Add. MS. 5507. pp. 37. 38*b*.
——— or, RICKS, *of Crayford*, 1106. fo. 183*b*. 1432. fo. 296*b*. Add. MS. 5526. p. 384.
Pix, Add. MSS. 14,307. fo. 33. 16,279. p. 102.
Playne, Add. MS. 14,307. fo. 33*b*.
PLUKELEY, *of Plukeley*, Add. MSS. 5526. p. 233. 16,279. p. 3.
Plumbe, Add. MS. 14,307. fo. 33*b*.
PLUMER, *of Cranbrook*, Add. MS. 16,279. p. 167.
PLUMMER, *of Milkhouse*, Add. MS. 16,279. p. 166*.
PODAGE, *v.* PORDAGE.
POLLEY, *or*, POLHILL, *of Otford and Preston*, 1106. fo. 98*b*. 1432. fo. 238. Add. MSS. 5507. pp. 223*b*. 418. 5526. p. 182.
Polley, *of Wrotham*, Add. MS. 14,307. fo. 33.
POLHILL, *v.* POLLEY.

POLSTED, *of Albury*, Add. MS. 16,279. p. 466.
POPE, *of Maidstone*, 1548. fo. 160*b*. 3288. fo. 154. Add. MS. 16,279. p. 170.
PORDAGE, *or*, PODAGE, *of Redmersham*, 1548. fo. 140*b*. Add. MSS. 5507. p. 244. 5532. p. 129.
Pordage, 4108. fo. 62.
PORRAGE, *or*, PORRIDGE, *of Ash,* Add. MS. 5532. p. 129.
PORTER, *of Lamberhurst, fr. Cos. Notts. and Sussex*, 1106. fo. 174*b*. 1432. fo. 291. 1548. fo. 47*b*. Add. MSS. 5507. p. 357. 5526. p. 364.
Porter, Add. MSS. 14,307. fo. 33. 16,279. p. 93.
POTMAN, *of Stockbury*, 1548. fo. 93. Add. MS. 16,279. p. 458.
Potman, 4108. fo. 62. Add. MS. 14,307. fo. 33*b*.
POTTER, *of Westham*, 1548. fo. 116. Add. MS. 5532. p. 46*b*.
Potter, 4108. p. 62. Add. MS. 14,307. fo. 34(*a. b.*)
POTTS, 1548. fo. 177.
POYNINGS, 1548. fo. 71*b*.
Poynings, Add. MS. 14,307. fo. 34*b*.
PRESTON, 1106. fo. 187. 1432. fo. 299*b*. Add. MS. 5526. p. 391.
PETRISBOROUGH, 1548. fo. 160*b*.
PROUD, *of Ash*, Add. MS. 5507. p. 103*b*.
——— *of Canterbury*, 1548. fo. 34*b*.
——— *of Egston*, 1106. fo. 41. 1432. fo. 201*b*. 2198. fo. 126. Add. MSS. 5507. p. 104. 5526. p. 73.
Proud, Add. MS. 14,307. fo. 32*b*.
Purfry, *or*, *Purfoy*, 4108. fo. 62*b*. Add. MS. 14,307. fo. 33*b*.
Pynnoke, Add. MS. 14,307. fo. 34*b*.
Pyte, Add. MS. 14,307. fo. 34*b*.
QUINTON, *or*, OLIVER, *of Leyborne*, 1106. fo. 209. 1432. fo. 318*b*. 1548. fo. 72. Add. MSS. 5507. p. 315. 5526. p. 435.
Quinton, *or*, *Oliver*, Add. MSS. 14,307. ff. 32. 35. 16,279. p. 142.
RADCLIFFE, *of Sevington, fr. Co. Herts.* 1106. fo. 81. 1432. fo. 227. Add. MSS. 5507. p. 189. 5526. p. 149.
Rame, Add. MS. 14,307. fo. 36*b*.
RAMSEY, 1463. fo. 39*b*.
Ramsey, 4108. fo. 62*b*. Add. MS. 14,307. fo. 36.
RANDALL, 1561. fo. 12*b*.
Randall, 1548. fo. 188.
Randolph, 1548. fo. 13. 4108. fo. 62*b*. Add. MS. 14,307. fo. 37.
RAYNEY, *of Wrotham*, Add. MS. 5507. p. 379.
Raynscroft, Add. MS. 14,307. fo. 36*b*.
READ, 1106. fo. 215. 1432. fo. 322*b*. 1484. fo. 63. 1548. fo. 110. 1561. fo. 77*b*. Add. MSS. 5507. p. 364. 5526. p. 447. 5532. p. 41. 14,311. ff. 20. 86*b*. 16,279. p. 432.
Read, Add. MSS. 14,307. fo. 36. 16,279. p. 150.
Rede, Add. MS. 14,307. fo. 37.
Reding, Add. MS. 14,307. fo. 36*b*.
Redman, 4108. fo. 62*b*. Add. MSS. 14,307. fo. 37. 16,279. p. 165.
Rensley, Add. MS. 14,307. ff. 36*b*. 37.
Reusley, Add. MS. 14,307. ff. 36*b*. 37.

REYNES, *of Mereworth*, 1548. ff. 24*b*. 25*b*. 135*b*.
　　Add. MS. 5532. p. 83.
Reynes, 4108. fo. 62*b*.　　　Add. MS 14,307. fo. 36.
Reyney, of Maling Abbey, Add. MS. 14.307. fo. 36.
RICH, *of Otford*, Add. MS. 5507. p. 35.
RICHARDS, Add. MS. 5507. p. 405.
Richards, Add. MS. 14,307. fo. 37.
RICHARS, *or*, RICHES, *of Wrotham, fr. Co. Norf.*
　　1548. fo. 113.　　　Add. MS. 5532. p. 58*b*.
Richars, 4108. fo. 62*b*.
Richaut, of Aylesford, 1548. fo. 188.
RICHES, *v.* RICHARS.
RICKS, *v.* PIX.
RIGDON, 1431. fo. 10.　　　1550. fo. 156.
RIVERS, Add. MS. 16,279. p. 383.
Rivers, Add. MS. 14,307. fo. 37.
ROBERTS, *of Cranbrook, fr. Co. Som.* 1106.
　　fo. 105*b*.　　　1432. fo. 241*b*.　　　1560. fo.
　　118.　　　1484. fo. 63.　　　Add. MSS. 4961. fo.
　　132.　　　5507. p. 235.　　　5526. p. 196.
　　5532. p. 149.
Roberts, 4108. fo. 62*b*.　　　Add. MS. 14,307. fo. 35*b*.
ROBINSON, *of Gravesend*, 1106. fo. 7.　　　1432. fo.
　　173*b*.　　　1548. fo. 44.　　　2198. fo. 92.　　　Add.
　　MSS. 5507. pp. 38. 38*. 　　　5526. p. 11.
Rodstone, 4108. fo. 62*b*.
ROE, Add. MS. 14,311. fo. 36*b*.
Roe, 4108. fo. 64.
ROGERS, *of Dartford*, Add. MS. 5532. p. 144.
　　———— *of Dover and Sutton, fr. Co. Wilts.*
　　1106. fo. 104.　　　1548. fo. 143.　　　Add. MSS.
　　5532. p. 23.　　　16,279. p. 407.
Rogers, of Sandridge, 4108. fo. 63.　　　Add. MS.
　　14,307. fo. 36.
Rokefield, Add. MS. 14,307. fo. 36*b*.
Rokesley, Add. MS. 14,307. fo. 36*b*.
Roksle, Add. MS. 14,307. fo. 36.
ROLFE, 1106. fo. 187.　　　1432. fo. 299.　　　Add.
　　MSS. 5507. p. 89.　　　5526. p. 391.
　　———— *of Deptford, fr. Co. Beds.* 1106. fo. 195*b*.
　　1432. fo. 306.　　　Add. MSS. 5507. p. 160.
　　5526. p. 408.
　　———— *of St. Lawrence*, 1548. fo. 35*b*.
Rolfe, Add. MSS. 14,307. fo. 35*b*.　　　16279. p. 120.
ROLTE, *of St. Margarets*, 1548. fo. 157.
Rolte, Add. MS. 14,307. fo. 36.　　　16,279. p. 151.
Rowney, Add. MS. 14,307. fo. 36*b*.
Roo, Add. MS. 14,307. fo. 36*b*.
ROOKE, *of Canterbury*, Add. MS. 5507. p. 269*.
　　———— *of Horton*, 1106. fo. 204*b*.　　　1432. ff.
　　314. 326*b*.　　　Add. MSS. 5507. p. 270.　　　5526.
　　p. 426.
　　———— *of Woodneston*, 1432. fo. 326*b*.
Rooke, Add. MSS. 14,307. fo. 36.　　　16,279. p.
　　135.
ROPER, 1043. ff. 53*b*. 105*b*.　　　1401. fo. 3*b*.　　　Add.
　　MSS. 4962. fo. 3*b*.　　　14,311. fo. 26*b*.
　　———— *of Eltham and Brenley*, 1106. fo. 92.
　　1432. fo. 235.　　　1548. fo. 37*b*.　　　Add.
　　MSS. 5507. p. 211.　　　5526. p. 167.　　　5532.
　　p. 31.
　　———— *of Well Hall*, Add. MS. 5507. pp. 211*.
　　212.
Roper, of Tenham, 4108. fo. 63*b*.　　　Add. MS.
　　14,307. fo. 35*b*.
　　———— *Baron Tenham*, Add. MS. 5507. p. 214.
Rosksle, Add. MS. 14,307. fo. 37.
ROWLESTON, *of Swackston*, 1548. fo. 64*b*.
ROYDON, *of Peckham, fr. Co. Suff.* 1548. fo. 149.
Ruck, Add. MS. 14,307. fo. 37.

RUDSTON, *of Boughton Monchelsea, fr. Co. York,*
　　1548. fo. 112.　　　Add. MS. 5532. p. 73.
Rudston, Add. MS. 14,307. fo. 36.
Rumney, Add. MS. 14,307. fo. 37.
Ryder, 4108. fo. 62*b*.
Rydon, Add. MS. 14,307. fo. 36*b*.
RYTHER, *of Canterbury, fr. Co. York.* Add. MS.
　　16,279. p. 460.
RYVERS, *of Chafford*, 1548. fo. 30*b*.
Ryvers, 4108. fo. 62*b*.
SABIN, *or*, SAVIN, *of Patricksborne*, Add. MS.
　　5507. p. 384.
SACKVILLE, 1463. fo. 47*b*.　　　1484. fo. 61*b*.
Sackville, Add. MS. 14,307. fo. 38*b*.
ST. JERMYN, 1548. fo. 168*b*.
ST. LEGER, *of Ulcomb*, 1548. ff. 170. 182.
St. Leger, 4108. ff. 63. 64.　　　Add. MS. 14,307.
　　fo. 38*b*.
ST. NICHOLAS, *of Ash*, 1548. fo. 122.　　　Add.
　　MSS. 5532. p. 51.　　　16,279. p. 430.
St. Nicholas, 4108. fo. 62*b*.　　　Add. MS. 14,307.
　　fo. 38.
ST. OWEN, 1548. fo. 75.
SAKER, *of Feversham*, 1106. fo. 51*b*.　　　1432. fo.
　　208*b*.　　　Add. MSS. 5507. p. 123.　　　5526.
　　p. 92.
Saker, Add. MS. 14,307. fo. 37*b*.
Samford, Add. MS. 14,307. fo. 38*b*.
SAMPSON, *of Nutts*, 1548. fo. 144.　　　Add. MS.
　　5532. p. 105.
Sampson, 4108. fo. 68.　　　Add. MS. 14,307. fo.
　　38.
SANCTA CECILIA, *of Maidstone*, 1196. fo. 112*b*..
　　1548. fo. 87*b*.
SANDERS, *of Monkton*, 1106. fo. 87*b*.　　　1432. fo.
　　232*b*.　　　Add. MSS. 5507. p. 203.　　　5526.
　　p. 160.
Sandford, Add. MS. 14,307. fo. 39*b*.
SANDS, *or*, SANDY, *of Northborne, fr. Co. Lanc.*
　　1106. fo. 166*b*.　　　1432. fo. 285.　　　Add.
　　MSS. 5507. pp. 337. 338.　　　5526. p. 348.
　　———— *of Throwley, fr. Co. Surrey*, 1106. fo. 116*b*.
　　1432. fo. 250.　　　Add. MSS. 5507. p. 259.
　　5526. p. 218.　　　5532. pp. 134*b*. 135.
　　16,279. p. 202.
Sands, of Northborne, Add. MS. 14,307. fo. 40*b*.
　　———— *of Throwley*, Add. MS. 14,307. fo. 40.
Sandwiche, Add. MS. 14,307. fo. 38*b*.
Sandys, Add. MS. 16,279. p. 77.
SANFORD, *of Canterbury, fr. Co. Som.* 1106. fo. 170*b*.
　　1432. fo. 288*b*.　　　Add. MSS. 5507. p. 349*b*.
　　5526. fo. 356.
SARE, *of Norton and Lenham*, 1106. fo. 204.
　　1432. fo. 313*b*.　　　Add. MSS. 5507. p. 225.
　　5526. p. 425.
Sare. 4108. fo. 68.　　　Add. MSS. 14,307. fo. 38.
　　16,279. p. 134.
SAUNDERS, 1548. fo. 161.
SAVAGE, *of Boughton*, Add. MS. 5507. p. 217.
Savage, Add. MS. 14,307. fo. 39.
Saverton, Add. MS. 14,307. fo. 38*b*.
SAVIN, *v.* SABIN.
Saye, Add. MS. 14,307. fo. 38*b*.
SCOTT, *of Conghurst*, 1106. fo. 103*b*.　　　1432. fo.
　　240*b*.　　　1548. fo. 45*b*.　　　Add. MSS. 5507.
　　p. 345.　　　5526. p. 192.　　　5532. p. 42*b*.
　　———— *of Scots Hall and Egerton*, 1106. fo. 145(*a.b.*)
　　1432. fo. 268.　　　Add. MSS. 5507. p. 299.
　　5526. p. 296.　　　5532. p. 133.　　　14,311. ff.
　　20*b*. 24*b*.

SCOTT, *of Snyth*, 1484. ff. 64. 67*b*.
Scott, 4108. ff. 63*b*. 68.   Add. MSS. 14,307. fo. 40.   16,279. p. 180.
SEDLEY, 1535. fo. 88*b*.
Sedley, 4108. fo. 68.
See, 4108. fo. 68.   Add. MS. 14,307. fo. 39.
Segar, of Wrotham, Add. MS. 14,307. fo. 37*b*.
SELBY, *of the Mote*, Add. MS. 5507. p. 386.
Selby, 1432. fo. 327*b*.   4108. fo. 62*b*.   Add. MS. 14,307. fo. 41.
SELENGER, *of Ulcomb*, 1484. fo. 68*b*.
SELLING, *of Saltwood*, 1106. fo. 150*b*.   1432. fo. 271.   Add. MS. 5507. p. 310.   1548. p. 129*b*.   5532. p. 92.
———— *v.* BROCKHULL.
Selling, 4108. fo. 68.   Add. MS. 14,307. fo. 39.
Sennocke, Add. MS. 14,307. fo. 39*b*.
Sepham, Add. MS. 14,307. fo. 37*b*.
SEPTVANS, *or*, HARFLEET, *of Molland*, 1548. fo. 122*b*.   Add. MS. 5507. p. 427.
SETON, *of Croydon*, 1548. fo. 105*b*.
SEVINGTON, *of Dover*, Add. MS. 16,279. p. 371.
SEYLIARD, *of Biddenden and Dover*, Add. MS. 5507. p. 83*.
———— *of Boxley*, Add. MS. 16,279. p. 384.
———— *of Delaware*, Add. MS. 16,279. p. 418.
SHAKERLY, *of Otham, fr. Co. Lanc*. 1106. fo. 179*b*.   1432. fo. 294.   Add. MS. 5507. p. 367.
———— *of Wrotham*, Add. MS. 5526. p. 374.
Shakerly, 4108. fo. 68.   Add. MSS. 14,307. fo. 40*b*.   16,279. p. 97.
SHARPE, *of Cranbrook*, Add. MSS. 5507. p. 410. 16,279. p. 459.
SHARPEIGH, *of Benenden*, Add. MS. 5507. p. 402.
———— *of Sharpeigh*, 1196. fo. 105.
Shelle, Add. MS. 14,307. fo. 38*b*.
SHELLEY, *of Scottisocholt*, 1432. fo. 328*b*.   1548. fo. 30.
Shelving, 1548. fo. 23.
SHEPPARD, *of Maidstone, fr. Co. Sussex*, 1196. fo. 112.   1548. fo. 90*b*.
———— *of Tenterden, fr. Co. Sussex*, 1548. fo. 167*b*.
Sheppard, 4108. fo. 68.   Add. MS. 14,307. ff. 39*b*. 41.
SHERLEY, *of Wiston, fr. Co. Suss.* 1484. fo. 65(*a.b.*)
SHEWYNK, Add. MS. 5532. p. 135.
Shipman, Add. MS. 14,307. fo. 38*b*.
Shirley, Add. MS. 14,307. fo. 39.
Shokesbrook, Add. MS. 14,307. fo. 39.
SHORT, *of Tenterden*, 1106. fo. 102*b*.   1432. fo. 239*b*.   Add. MSS. 5507. p. 231.   5526. p. 190.
Short, Add. MS. 14,307. fo. 40.
SHRUBSOLE, *of Canterbury*, 1106. fo. 170.   1432. fo. 287.   Add. MSS. 5507. p. 347.   5526. p. 355.
Shrubsole, Add. MSS. 14,307. fo. 40*b*.   16,279. p. 85.
Sibbell, Add. MS. 14,307. fo. 39*b*.
SIBELL, *of Eynesford*, 1484. fo. 62.   1535. ff. 193. 218*b*.   1548. fo. 107*b*.   Add. MS. 5532. p. 29.
Sibell, 4108. fo. 68.   Add. MS. 14,307. fo. 38.
SIDENHAM, Add. MS. 16,279. p. 220.
SIDLEY, *or*, SYDLEY, *of Aylesford*, Add. MSS. 5507. p. 159.   5526. p. 129.
———— *of South Fleet*, 1106. ff. 71. 221*b*.   1432. fo. 220*b*.   Add. MS. 5532. p. 19.

Sidley, of Aylesford, Add. MS. 14,307. fo. 40.
SIDNEY, *or*, SYDNEY, *of Penshurst*, 1412. fo. 101*b*.   1548. ff. 31*b*. 73*b*.   Add. MS. 14,311. ff. 18*b*. 60*b*.
Sidney, 4108. fo. 63*b*.
Silliard, of Ightam, Add. MS. 14,307. fo. 37*b*.
SIMPSON, *of Canterbury*, 1106. fo. 97.   1432. fo. 236*b*.   Add. MSS. 5507. p. 220.   5526. p. 177.
Simpson, Add. MS. 14,307. fo. 40.
SKEFFINGTON, *of Tunbridge, fr. Co. Notts.* 1106. fo. 171.   1432. fo. 289.   Add. MSS. 5507. p. 350.   5526. p. 357.
Skeffington, Add. MSS. 14,307. fo. 40*b*.   16,279. p. 87.
SKINNER, *of Totesham Hall, fr. Co. Devon.* 1106. fo. 139.   1432. fo. 263.   Add. MSS. 5507. p. 186.   5526. p. 283.
SKIPWITH, *of Ormesby, fr. Co. York*, Add. MS. 16,279. p. 214.
SLOPER, 1484. fo. 69*b*.
SMITH, *of Bidborough, and Ostenhanger, fr. Co. Wilts.* 1106. fo. 128*b*.   1432. fo. 256*b*.   Add. MSS. 5507. p. 277*b*.   5526. p. 262.
———— *of Canterbury, fr. Co. Suff.* 1106. fo. 54*b*.   1432. fo. 212.   Add. MSS. 5507. p. 123.   5526. p. 98.
———— *of Charte*, 1432. fo. 236*b*.   1106. fo. 96*b*.   Add. MSS. 5507. p. 219.   5526. p. 176*b*.
———— *of Greenwich, fr. Co. Herts.* 1106. fo. 203*b*.   1432. fo. 313.   Add. MSS. 5507. p. 222.   5526. p. 424.
———— *of Maidstone*, Add. MS. 5507. p. 219*.
———— *of Plumstead*, 1106. fo. 214*b*.   1432. fo. 322.   Add. MSS. 5507. p. 222.   5526. p. 446.
Smith, 4108. fo. 68.   Add. MSS. 14,307. ff. 37*b*. 39*b*.   16,279. pp. 26. 133.
SMYTH, *of New Romney*, 1548. fo. 18.
Sole, Add. MS. 14,307. fo. 39*b*.
SOMER, *of Halstow*, Add. MSS. 5507. p. 70(*b*.)   5526. p. 40*b*.
———— *of St. Margarets*, 1106. fo. 63*b*.   1432. fo. 216*b*.   Add. MS. 5507. p. 70(*a. b.*)
Somers, Add. MS. 14,307. fo. 41.
Soper, Add. MS. 14,307. fo. 39.
Southouse, of Southouse, Add. MS. 14,307. fo. 37*b*.
SOUTHLAND, *of Ickham*, 1106. fo. 177*b*.   1432. fo. 293.   Add. MSS. 5507. p. 363.   5526. p. 370.
———— *of Lee*, Add. MS. 16,279. p. 92.
Southland, Add. MSS. 14,307. fo. 40*b*.   16,279. p. 92.
Southwell, 4108. fo. 63*b*.
SPELSELL, Add. MS. 16,279. p. 13*.
SPENCER, *of Chard*, 1106. fo. 136*b*.   1432. fo. 262.   1196. fo. 106.   Add. MSS. 5507. p. 289.   5526. p. 278.
———— *of Sandwich, fr. London*, 1548. fo. 93*b*.
Spencer, 4108. fo. 68.   Add. MS. 14,307. ff. 39*b*. 40*b*.   16,279. p. 79.
SPICER, 1548. fo. 168*b*.
Spilman, 4108. fo. 68(*a. b.*)   Add. MS. 14,307. fo. 41.
SPRACKLING, 1106. fo. 141.   1432. ff. 264*b*. 305*b*.   Add. MS. 5526. p. 287.
———— *of Boughton*, Add. MS. 5507. p. 147**b*.
———— *of Canterbury*, Add. MS. 5507. p. 139.
———— *of Fordwick*, Add. MS. 5507. p. 147*.

SPRACKLING, *of St. Lawrence*, 1106. fo. 194*b*. Add. MSS. 5507. p. 148.   5526. p. 406.
Sparckling, 4108. fo. 68.   Add. MSS. 14,307. fo. 40*b*.   16,279. pp. 48. 117.
STANLEY, *of Maidstone and Peckham*, 1106. fo. 64. 1432. fo. 217.   1548. fo. 39.   Add. MSS. 5507. p. 73.   5526. p. 115.
Stanley, Add. MS. 14,307. fo. 40.
STARKEY, 1106. fo. 4*b*.   1432. fo. 172.   1548. fo. 51.   2198. fo. 89*b*.   Add. MSS. 5507. p. 33.   5526. p. 8.
Staughton, 4108. fo. 68.
Staynegray, Add. MS. 14,307. fo. 39.
STEED, *of Hartsham*, 1106. fo. 83.   1432. fo. 229.   Add. MS. 5507. p. 194.
Steed, 4108. fo. 68.   Add. MS. 14,307. fo. 40.
Stepham, Add. MS. 14,307. fo. 39.
STOCKETT, *of Brasted*, 1548. fo. 185*b*.
———— *of St. Stephens*, 1106. fo. 205.   1432. fo. 314*b*.   1548. fo. 185*b*.   Add. MSS. 5507. p. 284.   5526. p. 427.
Stockett, Add. MSS. 14,307. fo. 38.   16,279. p. 136.
STOCKTON, *or*, STOUGHTON, *of Ash*, 1106. fo. 21. 1432. fo. 184.   1548. fo. 124.   2198. fo. 106.   Add. MSS. 5507. p. 65.   5526. p. 36.   5532. p. 85.
Stockton, Add. MS. 14,307. fo. 38.
Stoddard, Add. MS. 14,307. fo. 41.
STODY, 1548. fo. 168*b*.
STOKES, *of Watersend*, 1106. fo. 33*b*.   1432. fo. 194.   2198. fo. 118*b*.   Add. MS. 5507. p. 83.
Stokes, Add. MS. 14,307. fo. 39.
Stone, 4108. fo. 68*b*.   Add. MS. 14,307. fo. 41.
STONEHOUSE, *of Boxley*, 1106. fo. 82*b*.   1432. fo. 228*b*.   Add. MS. 5507. p. 193.
Stonehouse, 4108. fo. 68*b*.   Add. MS. 14,307. fo. 40.
Story, Add. MS. 14,307. fo. 38*b*.
STOUGHTON, *v.* STOCKTON.
STRANGMAN, *of Hadley*, 1106. fo. 59.   1432. fo. 214.   Add. MS. 5526. p. 107.
Stransham, 4108. fo. 68*b*.   Add. MS. 14,307. fo. 38.
STRETFIELD, *of Chiddingstone*, 1106. fo. 164. 1432. fo. 283*b*.   Add. MSS. 5507. p. 332. 5526. p. 343.
Stretfield, Add. MS. 16,279. p. 73.
STREYNSHAM, *or*, STROUGHTON, 1106. fo. 34*b*. 1432. fo. 195.   2198. fo. 119*b*.
STROUGHTON, *v.* STREYNSHAM.
STUDLEY, *of Sandwich*, 1106. fo. 191*b*.   1432. fo. 302*b*.   Add. MSS. 5507. p. 132.   5526. p. 400.
Studley, Add. MSS. 14,307. fo. 38.   16,279. p. 113.
STYLE, *of Langley*, 1548. fo. 96.
——— *of Wateringbury*, 1106. fo. 140.   1432. fo. 264.   Add. MSS. 5507. p. 154.   5526. p. 285.   16,279. p. 45.
Style, 4108. fo. 68.   Add. MS. 14,307. fo. 40*b*.
SULIARD, *of Ightam*, 1106. fo. 30*b*.   1432. fo. 192.   2198. fo. 115*b*.   Add. MSS. 5507. p. 83.   5526. p. 52.
Suliard, 4108. fo. 68*b*.
SUMER, *of Halstow*, 1106. fo. 23.   1432. fo. 186. 2198. fo. 108.
Sumer, Add. MS. 14,307. fo. 37*b*.
SURRENDEN, *of Bethersden*, Add. MSS. 5526. p. 233.   16,279. p. 2*.
Swallowe, Add. MSS. 14,307. fo. 39*b*.

SWAN, *of Denton Court*, 1106. fo. 147*b*.   1432. fo. 269*b*.   Add. MSS. 5507. pp. 303. 304. 5526. p. 300.
——— *of North Fleet*, 1548. ff. 101. 142.   Add. MSS. 5507. p. 377.   5532. pp. 46*b*. 93.
Swan, 4108. fo. 68*b*.   Add. MSS. 14,307. ff. 38. 40*b*.   16,279. p. 54.
SWARLAND, *of Horton Kirby*, 1548. fo. 28*b*.
Swinoke, *of Maidstone*, 1106. fo. 223.   1432. fo. 327*b*.
SYDLEY, *v.* SIDLEY.
SYDNEY, *v.* SIDNEY.
SYDNOR, 1560. fo. 304.   1820. fo. 36.
Sydnor, Add. MS. 14,307. fo. 41.
Symons, Add. MS. 16,279. p. 248.
Sysley, Add. MS. 14,307. fo. 39*b*.
TALBOTT, 1548. fo. 32.
TAYLOR, *of Momfords*, 1106. fo. 63.   1432. fo. 226*b*.   Add. MS. 5507. pp. 99. 146.
——— *of Wilsborow*, 1106. fo. 80*b*.   1432. fo. 226*b*.   Add. MSS. 5507. p. 74.   5526. p. 148.
Taylor, 4108. fo. 68*b*.   Add. MS. 14,307. fo. 43.
TENCHE, *of Birchington*, 1106. fo. 89.   1432. fo. 233*b*.   Add. MS. 5507. p. 71.
Tenderden, Add. MS. 14,307. fo. 43.
Tenham, *Baron*, *v. Roper*.
Tepham, Add. MS. 14,307. fo. 43.
Thenacree, Add. MS. 14,307. fo. 42*b*.
THEOBALD, *of Seale*, 1548. fo. 24*b*.   Add. MS. 5532. p. 96.
Theobald, 4108. fo. 68*b*.
Therle, Add. MS. 14,307. fo. 42*b*.
THOMAS, *of Sellinge*, 1106. fo. 213*b*.   1432. fo. 321*b*.   Add. MSS. 5507. p. 344.   5526. p. 444.   5532. p. 68.
Thomas, Add. MS. 14,307. fo. 42*b*.
——— *of Sellinge*, 4108. fo. 68*b*.   Add. MS. 14,307. fo. 42.
THOMPSON, *or*, THOMSON, *of Pelham and Rayton*, 1106. fo. 11*b*.   1432. fo. 176*b*.   1548. fo. 55.   2198. fo. 96*b*.   Add. MSS. 5507. p. 47. 5526. p. 19.
THOMSON, *of Blackheath, fr. Co. Herts*. Add. MS. 5507. p. 407.
Thomson, 4108. fo. 68*b*.   Add. MS. 14,307. fo. 42*b*.
——— *of Sandwich*, Add. MS. 14,307. fo. 41*b*.
Thornbury, Add. MS. 14,307. fo. 43.
Thornebury, *of Feversham*, Add. MS. 14,307. fo. 43*b*.
THORNEY, Add. MS. 16,279. p. 211.
Thornham, Add. MS. 14,307. fo. 42*b*.
THORNHILL, *of Bromley, fr. Co. York*. 1548. fo. 64.   2119. fo. 125*b*.   Add. MS. 5507. p. 393.
——— *of Ollantigh*, Add. MS. 5507. p. 395*.
Thornhill, 4108. fo. 68*b*.   Add. MS. 14,307. fo. 42.
THORNHURST, *of Winfrith*, Add. MS. 5507. p. 420**.
Thornhurst, 4108. fo. 64.
THOROGOOD, *of Bridgenorth*, 1548. fo. 132.
Thonested, Add. MS. 14,307. fo. 42*b*.
Thurbarne, Add. MS. 14,307. fo. 43.
THURSBY, *of Thursby*, 1106. fo. 219.   1432. fo. 325.   Add. MS. 5526. p. 457.
THURSTON, *of Challock*, 1106. fo. 67*b*.   1432. fo. 219.   Add. MS. 5507. p. 109.   5526. p. 122.
THWAYTES, *of Estme*, 1484. fo. 64.
Thwaytes, 4108. fo. 68*b*.   Add. MS. 14,307. fo. 42*b*.

TICHBORNE, *of Cowden*, 1106. fo. 197*b*. 1177. fo. 160*b*. 1432. fo. 307*b*. 1548. fo. 139. 6093. fo. 160. Add. MSS. 5507. p. 165. 5526. p. 412.

———— *of Eaton Bridge*, Add. MS. 5532. p. 48.

Tichborne, Add. MSS. 14,307. fo. 41*b*. 16,279. p. 121.

Tilden, Add. MS. 16,279. p. 173.

TILGHMAN, *of Snodland and Malling*, 1106. fo. 44. 1432. fo. 203. 2198. ff. 128*b*. 129. Add. MSS. 5507. p. 110. 5526. p. 77. 5532. p. 120*b*.

Tilghman, 4108. fo. 68*b*. Add. MS. 14,307. fo. 41*b*.

TILLESLEY, *of Rochester, fr. Co. Staff*. 1106. fo. 29. 1432. fo. 190*b*. 2198. fo. 114. Add. MSS. 5507. p. 30. 5526. p. 49.

TOKE, *of Chard*, 1484. fo. 68.

———— *of Goddington and Bere*, 1106. fo. 173. 1432. fo. 290. Add. MSS. 5507. pp. 353. 354. 5526. p. 361.

Toke, Add. MSS. 5507. p. 355. 14,307. fo. 41*b*. 16,279. p. 88.

Toldervey, Add. MS. 14,307. fo. 43.

TONG, *of Tunstall*, 1106. fo. 19. 1432. fo. 182*b*. 1548. fo. 147. 2198. fo. 104. Add. MSS. 5507. p. 62. 5526. p. 33.

Tong, Add. MS. 14,307. fo. 41*b*.

TONYFORD, Add. MS. 16,279. p. 3.

TOOKE, *or*, TUCK, 1096. fo. 58. 1463. fo. 19*b*.

TORNEY, *v.* TOURNEY.

TOTESHAM, *of West Peckham*, 1548. fo. 138*b*. Add. MS. 5532. p. 126.

Totesham, 4108. fo. 68*b*. Add. MS. 14,307. fo. 42.

TOURNEY, *or*, TORNEY, *of Brockhill*, 1106. fo. 150*b*. 1432. fo. 271. 1548. fo. 129*b*. Add. MSS. 5507. p. 309. 5526. p. 306.

———————— *of Saltwood*, Add. MS. 5532. pp. 35. 92.

Tourney, 4108. fo. 69. Add. MS. 14,307. fo. 41*b*.

Towke, Add. MS. 14,307. fo. 43.

TOWN, Add. MSS. 5532. p. 135. 16,279. p. 421.

Towne, of Towne Place, 1548. fo. 23. Add. MS. 14,307. fo. 43*b*.

Treigus, Add. MS. 14,307. fo. 42.

Trevitt, Add. MS. 14,307. fo. 42*b*.

TRIPPE, *of Sandwich*, 1106. fo. 22*b*. 1432. fo. 185*b*. 2198. fo. 107*b*. Add. MSS. 5507. p. 69. 5526. p. 37. 16,279. p. 163.

Trippe, Add. MS. 14,307. fo. 41*b*.

TROUTS, *of Feversham*, Add. MS. 5532. p. 162.

Trout, Add. MS. 14,307. fo. 43*b*.

Tuchborn, 4108. fo. 68*b*.

TUCK, *of Beere*, Add. MS. 5532. p. 50.

———— *v.* TOOKE.

Tuck, 4108. fo. 68*b*.

TUCKER, *of Milton, fr. Co. Devon*, 1106. fo. 5. 1432. fo. 172. 1548. fo. 50*b*. 2198. fo. 89*b*. Add. MSS. 5507. p. 34. 5526. p. 9.

Tucker, Add. MS. 14,307. fo. 41*b*.

Tuder, Add. MS. 14,307. fo. 43*b*.

TUFTON, *of Hothfield, fr. Co. Sussex*, 1106. fo. 134*b*. 1432. fo. 260*b*. Add. MSS. 5507. p. 285. 5526. p. 274*b*. 16,279. pp. 34.—39.

———— *of the Mote*, Add. MS. 16,279. p. 39.

Tufton, 4108. fo. 69. Add. MS. 14,307. fo. 41*b*.

Turker, Add. MS. 16,279. p. 222.

TURNER, *of Budds, fr. London*, 1106. fo. 28*b*. 1432. ff. 191. 333*b*. 1560. fo. 178*b*. 2198. fo. 113*b*. 1548. fo. 60*b*. Add. MSS. 5507. p. 38. 5526. p. 48.

Turner, Add. MS. 14,307. fo. 42.

Turney, Add. MS. 16,279. p. 56.

TWISDEN, *of Roydon Hall*, 1106. ff. 152*b*. 222. 1432. fo. 272*b*. Add. MSS. 5507. pp. 311. 390. 5526. p. 310.

———— *of Wye*, Add. MS. 5532. p. 141.

Twisden, 4108. fo. 69. Add. MS. 14,307. fo. 42.

Twiselden, Add. MS. 14,307. fo. 43.

TWYNE, *of Hard Acre, fr. Co. Hants*. 1548. fo. 36. Add. MS. 5532. p. 99.

Twyne, Add. MS. 14,307. fo. 42.

Twysclton, Add. MS. 14,307. fo. 42.

TYDDER, Add. MS. 16,279. p. 219.

TYLL, 1535. fo. 236*b*. 2187. fo. 88*b*.

TYSER, 1394. p. 263. 1415. fo. 33. 1420. fo. 189.

UPTON, *of Feversham*, 1106. fo. 53. 1432. fo. 210*b*. Add. MSS. 5507. p. 126. 5526. p. 95.

Upton, Add. MS. 14,307. fo. 43*b*.

Urick, Add. MS. 14,307. fo. 44.

VALEYNS, Add. MS. 14,307. fo. 44.

Valinges, Add. MS. 14,307. fo. 44.

VANE, *v.* FANE.

Vaughan, Add. MS. 14,307. fo. 44.

Vanveldere, 4108. fo. 69. Add. MS. 14,307. fo. 44.

Vati, or Votre, of Fenchurch St. Add. MS. 16,279. p. 166.

VENOUR, *of Sandgate, fr. Co. Sussex*, 1106. fo. 153*b*. 1432. fo. 273*b*. Add. MSS. 5507. p. 314. 5526. p. 312.

Venour, Add. MSS. 14,307. fo. 43*b*. 16,279. p. 62.

VERE, *Earl of Oxford*, 1106. fo. 217.

VERRIER, *of Sand*, Add. MS. 5507. p. 303**.

VIOLET, *of Bromley*, 1106. p. 131. 1432. fo. 258. Add. MS. 5507. p. 280.

Votre, v. Vati.

VOWELL, *of Filbeche*, Add. MS. 16,279. p. 222.

WAKE, 1548. fo. 169.

Wake, Add. MS. 14,307. ff. 46. 47*b*.

Wakley, Add. MS. 14,307. fo. 47.

WALDEN, 1484. fo. 62. 1535. fo. 248*b*. 1552. fo. 186.

Walden, Add. MS. 14,307. fo. 47*b*.

WALKER, *of Frankham*, Add. MSS. 14,307. fo. 45. 16,279. p. 25.

———— *of Norton Kirby*, 1106. fo. 127*b*. 1432. fo. 256. Add. MSS. 5507. p. 274. 5526. p. 260.

———— *of Otford, fr. Co. Som*. 1548. fo. 145*b*. Add. MS. 5507. p. 274.

———— *of Rochester, fr. Co. Derb*. 1548. fo. 183.

Walker, Add. MSS. 14,307. fo. 45*b*. 16,279. p. 25.

WALLER, *of Groom Bridge*, 1106. fo. 146*b*. 1432. fo. 269. 1548. fo. 65*b*. Add. MSS. 5507. p. 301. 5526. p. 298. 5532. p. 64.

———— *of Lye*, 1548. fo. 136.

Waller, 4108. fo. 63. Add. MSS. 14,307. ff. 45. 46. 16,279. p. 52.

WALLIS, *of Glyn*. Add. MS. 16,279. p. 40.

WALLYS, *of Codham*, 1432. fo. 328*b*. 1548. fo. 29*b*.

Walpoole, Add. MS. 14,307. fo. 47.

Walsham, Add. MS. 14,307. fo. 46.

WALSINGHAM, *of Penshurst*, 1106. ff. 96. 163.
1432. ff. 237. 282*b*.   1561. fo. 12.   Add.
MSS. 4963. fo. 56*b*.   5507. p. 217.   5526.
p. 175.   14,311. ff. 5*b*. 85.
———— *of Skadbury*, 1548. fo. 72*b*.
Walsingham, 4108. fo. 69.   Add. MS. 14,307. ff.
45*b*. 47.
WALTHEW, *of Deptford*, 1106. fo. 208*b*.   1432.
fo. 318.   Add. MSS. 5507. p. 313.   5526.
p. 434.
Walthew, Add. MSS. 14,307. fo. 45*b*.   16,279. p.
141.
Walworth, Add. MS. 14,307. fo. 47*b*.
Warcup, 4108. fo. 69.
WARD, *of Dover*, 1106. fo. 37.   1432. fo. 197*b*.
2198. fo. 122.   Add. MSS. 5507. p. 96.
5526. p. 65.
Ward, 4108. fo. 69.   Add. MS. 14,307. fo. 44*b*.
WARHAM, *of Bridge, fr. Co. Hants.* 1548. fo. 78*b*.
———— *of Wingham, fr. Co. Hants.* Add. MS.
16,279. p. 424.
Warham, 4108. fo. 69.
WARREN, *of Dover*, 1106. fo. 45.   1432. fo. 203*b*.
2198. fo. 130.   Add. MSS. 5507. p. 112.
5526. p. 79.   5532. p. 102.
Warren, of Ripple, 4108. fo. 69.   Add. MS. 14,307.
fo. 44*b*.
Washington, 4108. fo. 69.
Waters, of Royton, 1548. fo. 17*b*.
WATMERE, *v.* WATMOUGH.
WATMOUGH, *or*, WATMERE, *of Ecclestone*, 1106.
fo. 51.   1432. fo. 209.   Add. MSS. 5507. p.
122.   5526. p. 91.
Watmough, Add. MS. 14,307. fo. 45.
WATSON, *of Frendsbury, fr. Co. Essex*, 1106. fo.
23*b*.   1432. fo. 286*b*.   2198. fo. 108*b*.
Add. MSS. 5507. p. 71.   5526. p. 41.
———— *Bp. of Chichester*, 1548. fo. 40.
Watson, Add. MS. 14,307. fo. 44*b*.
WATTLE, 1076. fo. 183*b*.
WATTON, *of Addington*, 1106. fo. 10*b*.   1432. fo.
17*b*.   1548. fo. 54*b*.   2198. fo. 95*b*.
Add. MSS. 5507. p. 45.   5526. p. 18.
16,279. p. 433.
Watton, 4108. fo. 69.   Add. MS. 14,307. fo. 44*b*.
WEBB, *of Frittenden*, 1106. fo. 140*b*.   1432. fo.
265.   Add. MSS. 5507. p. 291.   5526. p. 286.
———— *of Warhorne*, 1196. fo. 107.
Webb, 4108. fo. 69.   Add. MS. 14,307. fo. 46*b*.
———— *of Frittendon*, 1484. fo. 62*b*.   Add. MSS.
14,307. fo. 45.   16,279. p. 47.
WECHERLIN, *of Newnham*, Add. MS. 5507. p.
400.
Weldiche, Add. MS. 14,307. fo. 46*b*.
WELDON, *or*, WELTDON, *fr. Cos. Berks. and Nor-
thampt.* Add. MS. 16,279. p. 321.
Weldon, 1548. fo. 16.   4108. fo. 69.   Add.
MSS. 14,307. ff. 45*b*. 47.   16,279. p. 248.
Well, Add. MS. 14,307. fo. 46.
Wells, Add. MS. 14,307. fo. 47.
WELTDON, *v.* WELDON.
WENLOCK, 1106. fo. 187.   1432. fo. 299.   Add.
MSS. 5507. p. 89.   5526. p. 391.
WEST, 1548. fo. 73.
Westley, Add. MS. 14,307. fo. 46.
WESTON, *of Ightham, fr. Co. Berks.* 1548. fo. 131.
Add. MS. 5532. p. 121.
Weston, Add. MS. 14,307. fo. 45*b*.
WETTENHALL, *of East Peckham*, 1548. fo. 121.
Add. MS. 16,279. p. 414.

Wettenhall, Add. MS. 14,307. fo. 47.
Whaley, 4108. fo. 69.
WHATTON, 1548. fo. 175*b*.
WHEATLEY, 1548. fo. 65.
WHETHILL, Add. MS. 16,279. p. 336.
Whetnall, 4108. fo. 69*b*.
WHITE, *fr. Co. Corn.* Add. MS. 5507. p. 394.
WHITFIELD, *of Tenterden, fr. Co. Sussex*, 1106. fo.
101*b*.   1432. fo. 240.   Add. MSS. 5507. p.
229*b*.   5526. p. 188*b*.
Whitfield, Add. MSS. 14,307. fo. 45.   16,279. p.
178.
WHITGIFT, 4108. fo. 63.   Add. MS. 14,307. fo. 46*b*.
WHITTON, 1075. fo. 52.   1179. fo. 107.   Cott.
MS. Julius F. viii. fo. 52.
———— *of Rochester, fr. Cos. Oxon. and Herts.*
1548. fo. 84*b*.
Wiborne, Add. MS. 14,307. fo. 45*b*.
WICHALSE, *of Lewisham, fr. Co. Devon.* Add. MS.
5507. p. 401.
Wickham, Add. MS. 14,307. fo. 46*b*.   •
WILCOCK, 1106. fo. 81.   Add. MS. 5526. p. 149.
Wilcock, Add. MS. 14,307. fo. 47.
WILCOCKS, 1102. fo. 36.   1151. fo. 34*b*.   1139.
fo. 139*b*.   1391. fo. 39.   1429. fo. 70.
1533. fo. 69.
WILD, *of Ash*, Add. MS. 5507. p. 65*.
WILDE, *of St. Martins, fr. Co. Chesh.* 1106. fo. 21.
1432. fo. 184.   2198. fo. 106.   Add. MSS.
5507. p. 66.   5526. p. 36.
WILDGOSE, *of Salehurst*, 1548. fo. 20*b*.   Add.
MS. 5532. p. 151.
Wildgose, 4108. fo. 69*b*.
WILFORD, *of Hartridge, fr. London*, 1484. fo. 68.
Add. MS. 5532. p. 34*b*.
Wilford, 4108. fo. 63*b*.
WILKINS, *of Stoke*, 1548. fo. 133*b*.   Add. MS.
5532. p. 119.
———— *of Thong*, 1548. fo. 130*b*.   Add. MS.
5532. p. 97.
Wilkins, 4108. fo. 69*b*.   Add. MS. 14,307. fo.
45*b*.
WILKINSON, *v.* EDGBURY.
Wilkinson, Add. MSS. 14,307. fo. 47*b*.   16,279. p.
143.
WILLOUGHBY, *of Adlington, fr. Co. Linc.* 1106.
fo. 9*b*.   1432. fo. 175.   1548. fo. 53*b*.
2198. fo. 94*b*.   Add. MSS. 5507. p. 43.
5526. p. 16.
———— *of Bore Place and Penshurst*, 1548.
fo. 109*b*.   Add. MSS. 5532. p. 41.   16,279.
p. 449.
Willoughby, 1548. fo. 16.   4108. fo. 69*b*.   Add.
MS. 14,307. ff. 44*b*. 45*b*.
WILSFORD, *of Cranbrooke, fr. Co. Devon*, 1106. fo.
115*b*.   1432. fo. 249.   Add. MSS. 5507. pp.
258. 415.   5526. p. 216.
———— *of Dover, fr. Co. Devon.* 1106. fo. 61.
1432. fo. 215*b*.   Add. MSS. 5507. fo. 142.
5526. p. 111.
Wilsford, Add. MSS. 5507. p. 257.   14,307. fo.
45.
Wiltshire, Add. MS. 14,307. fo. 47.
Windebanch, 4108. fo. 69*b*.
Windsor, 4108. fo. 69*b*.
WINGFIELD, 1106. fo. 217.   1432. fo. 323*b*.
Add. MSS. 5507. p. 82.   5526. p. 453.
Wingfield, 4108. fo. 63*b*.
Winnall, 4108. fo. 69*b*.   Add. MS. 14,307. fo.
47.

WINNE, *of Sevenoaks, fr. Co. Flint.* Add. MS. 5507. p. 404.
Wiseman, 4108. fo. 69*b*.
WITHEN, *of Southend, fr. Co. Chesh.* 1106. fo. 208. 1432. fo. 317*b*. Add. MSS. 5507. p. 294. 5526. p. 433.
Withen, Add. MSS. 14,307. fo. 45. 16,279. p. 140.
Woldridge, Add. MS. 14,307. fo. 46*b*.
WOMBWELL, *of Wombwell Hall, fr. Co. York.* 1106. fo. 8. 1432. fo. 174*b*. 1548. fo. 52. 2198. fo. 93. Add. MSS. 5507. p. 40. 5526. p. 13. 5532. p. 25. 16,279. p. 16.
Wombwell, 4108. fo. 69*b*.
WOOD, 1548. fo. 68.
———— *of Sandwich, fr. Co. Derby.* 1548. fo. 82. Add. MS. 5532. p.154.
———— *of Snodland, fr. Co. Norf.* 1548. fo. 99*b*. 1196. fo. 109.
Wood, 4108. fo. 69*b*. Add. MS. 14,307. fo. 46(*a. b.*)
WOODCHURCH, 1167. fo. 65. 1563. fo. 88*b*.
———————— *of Woodchurch,* Add. MS. 16,279. p. 428.
——————— *v.* CLARKE.
WOODGATE, *of Summerhill,* Add. MS. 16,279. p. 388.
WOODWARD, *of Ashford,* 1106. ff. 40*b*. 221*b*. 1432. fo. 201. 2198. fo. 125*b*. Add. MSS. 5507. pp. 103. 389. 5526. p. 72.
Woodward, 4108. fo. 69*b*. Add. MS. 14,307. ff. 44*b*. 46.
Woodyer, of Bully Hall, 1432. fo. 327*b*. 1541. fo. 6*b*.
WOOTTON, 1504. ff. 119*b*. 120*b*. Add. MS. 14,311. fo. 20.

WORLEY, *of Tonge,* 1106. fo. 49*b*. 1432. fo. 207. Add. MSS. 5507. p. 119. 5526. p. 88.
Worley, Add. MS. 14,307. fo. 44*b*.
WOTTON, *of Bocton,* 1484. fo. 63.
Wotton, 4108. ff. 63*b*. 64. Add. MS. 14,307. ff. 46*b*. 47*b*.
WRIGHT, *of Aldington, fr. Co. York.* 1106. ff. 120*b*. 144*b*. 1432. ff. 251*b*. 267*b*. Add. MSS. 5507. p. 267. 5526. pp. 226. 294.
Wright, Add. MSS. 5507. p. 297. 14,307. fo. 45. 16,279. p. 1.
Wrott, of Fackham, Add. MS. 14,307. fo. 47*b*.
WYATT, *of Allington Castle, fr. Co. York.* 1548. fo. 26*b*.
———— *of Boxley, fr. Co. York.* 1106. fo. 159*b*. 1432. fo. 281. Add. MSS. 5507. p. 325. 5526. p. 324.
Wyatt, 4108. fo. 69. Add. MS. 14,307. ff. 45. 46.
WYETT, 1484. fo. 67*b*.
Wyberd, Add. MS. 14,307. fo. 46*b*.
WYBORN, *of Hackwell, fr. Co. Sussex,* 1548. ff. 104*b*. 136*b*. Add. MS. 5532. p. 20.
Wyborn, 4108. fo. 69*b*.
WYDVILE, *of Maidstone,* 1432. fo. 281.
Wylde, of St. Martins, 4108. fo. 69*b*. Add. MS. 14,307. fo. 44*b*.
Wyldgoss, Add. MS. 14,307. fo. 47*b*.
WYNBORNE, 1548. fo. 123.
Yardley, 4108. fo. 70.
Yates, 4108. fo. 69*b*.
YOUNG, *of Rochester,* Add. MS. 5507. p. 384.
Young, 1548. fo. 17*b*.

LANCASHIRE.

ACRES, 1553. fo. 107*b*.
ADERTON, *of Aderton,* 2076. fo. 14*b*.
ADLINGTON, *of Adlington,* 891. fo. 93. 1437. fo. 117. 1468. fo. 28*b*. 1549. fo. 18*b*. 2086. fo. 63. 6159. fo. 9*b*.
Adlington, 891. fo. 100. 1468. fo. 96. 1549. fo. 4.
Agard, 1468. fo. 96. 1549. fo. 4.
Aighton, of Meoles, 1468. fo. 96.
AINSWORTH, *of Plessington,* 1437. fo. 84. 1468. fo. 71*b*. 1549. fo. 17*b*. 2086. fo. 31. 6159. fo. 8*b*.
Ainsworth, 891. fo. 103. 1468. fo. 96. 1549. fo. 4.
Aintree, 1468. fo. 96*b*.
Alleyn, 1468. fo. 96.
AMBROSE, *of Ambrose Hall,* 891. fo. 80*b*. 1468. fo. 52. 1549. fo. 18. 2086. fo. 46. 6159. fo. 9.
Ambrose, 891. fo. 103. 1468. fo. 96. 1549. fo. 4.
ANDERTON, *of Anderton,* 1468. fo. 53*b*. 1549. fo. 21*b*.
Anderton, 1468. fo. 96. 1549. fo. 4.
Antingham, 1468. fo. 96. 1549. fo. 4.

Appulcsdon, 1468. fo. 96.
Apulton, 1468. fo. 96. 1549. fo. 4.
Arbreth, 1468. fo. 96.
ARDEN, 1437. fo. 118.
Arderne, 891. fo. 99.
Arrowood, or, Harowood, 1468. fo. 96.
Arrowsmith, 1468. fo. 96*b*. 1549. fo. 4.
ASHAWE, *or,* ASHEHOW, *of the Hall,* 891. fo. 81*b*. 1437. fo. 9. 1549. fo. 19*b*. 2076. fo. 17. 2086. fo. 65. 6159. fo. 10*b*.
Ashawe, 1468. fo. 96*b*. 891. fo. 100. 1549. fo. 4.
Asheley, 891. fo. 102*b*.
ASHEHOW, *v.* ASHAWE.
Ashfield, 1549. fo. 4.(*a. b.*)
ASHTON, 1100. fo. 51. 1167. fo. 43. 1550. ff. 24. 94*b*. 1535. fo. 118*b*. 1563. fo. 21.
———— *of Ashton,* 1437. fo. 16. 1549. fo. 15.
———— *of Bamfurlong,* 1437. fo. 18.
———— *of Chaderton,* 1468. fo. 31*b*. 1549. ff. 15*b*. 142*b*. 2086. fo. 23. 6159. fo. 6*b*. Add. MS. 12,477. fo. 39.
———— *of Crofton,* 1549. fo. 21.
———— *of Great Lever,* 1549. fo. 16*b*. 2076. fo. 17*b*. 6159. fo. 7*b*.

x

ASHTON, *of Penketh*, 1437. fo. 21.   1468. fo. 32*b*.
1549. fo. 17.   2086. fo. 93*b*.   6159. fo. 8.
Add. MS. 12,477. fo. 35.
—————— *of Middleton*, 1437. ff. 9*b*. 42*b*.   1468.
fo. 32*b*.   1549. fo. 16.   2086. ff. 30*b*.
58*b*. 59.   6159. fo. 76.   Add. MS. 12,477.
fo. 47*b*.
—————— *of Shepley*, 1549. fo. 20*b*.   2086. fo.
13*b*.   6159. fo. 7.
—————— *of Sherley Hall*, 1468. fo. 32.
Ashton, 891. ff. 96*b*. 98*b*. 100.(*a. b.*)   1468. fo.
96*b*.   1549. fo. 1.
ASHURST, 1437. fo. 98.   1549. fo. 24*b*.   6159.
fo. 12.   Add. MS. 14,314. fo. 64.
Ashurst, 891. fo. 98.   1549. fo. 4.   1468. fo. 96*b*.
ASSHALL, *of Asshall*, 1468. fo. 16.
ASTLEY, *of Stakes*, 1437. fo. 83*b*.
ASTON, 1549. fo. 79.
Aston, 891. fo. 99*b*.
ATHERTON, *of Atherton*, 1468. fo. 73.   1549.
ff. 20. 150*b*.   6159. fo. 11*b*.
Atherton, 891. fo. 98.   1468. fo. 96*b*.   1549.
fo. 4.
AUGHTON, *of Adlington*, 891. fo. 91.   1468. fo.
49.   1549. fo. 19.   2086. fo. 61*b*.   6159.
fo. 10.
—————— *of Meoles*, 1549. fo. 70.   6159. fo. 50.
Aughton, 891. fo. 103*b*.   1549. fo. 4.
BAINE, 1549. fo. 4*b*.
Balderington, v. Balderson.
Balderson, or, Balderington, 1468. fo. 99.
BALL, *of Warington*, 1468. fo. 97.
Bame, v. Bany.
BAMFORD, *of Bamford*, 1437. fo. 33*b*.
BANESTER, *of the Bank*, 891. fo. 91*b*.   1437. fo.
24.   1468. fo. 26*b*.   1549. fo. 29*b*.   2076.
fo. 15*b*.   2086. fo. 61.   6159. fo. 16*b*.
—————— *of Darwen*, 891. fo. 87.   1468. fo.
28.   1549. fo. 30.   2086. fo. 35*b*.   6159.
fo. 17.
Banester, 1468. fo. 97.   1549. fo. 4*b*.
Bany, or, Bame, 891. fo. 98*b*.
Bardesly, 1468. fo. 97.
BARDSEY, *of Bardsey*, 1541. fo. 60.   1549. fo.
162*b*.
BARLOWE, *of Barlowe*, 1549. fo. 27.   1468. fo. 13.
2086. fo. 11*b*.   6159. fo. 15*b*.   Add. MS.
12,477. fo. 37*b*.
Barlowe, 1468. fo. 97.
Barnes, of Bold, 1468. fo. 97.
BARTON, *of Barton*, 891. fo. 71*b*.   1468. fo. 30.
1549. fo. 31*b*.   2086. fo. 54.   6159. fo.
18*b*.   Add. MS. 12,477. fo. 24.
—————— *of Smethells*, 1468. fo. 30*b*.   1549. ff.
32. 93.   2076. fo. 17.   2086. fo. 24.
6159. fo. 19.   Add. MS. 12,477. fo. 42.
Barton, 891. ff. 96. 101.   1468. fo. 97*b*.   2076.
fo. 19.
Bartram, 1468. fo. 97*b*.
Barwick, 1468. fo. 97*b*.
BASSETT, *of Sapcote*, 6159. fo. 40(*b*.)
BATE, 1153. fo. 83*b*.
Bate, 1468. fo. 97.
Bayne, 1468. fo. 97.
BECONSALL, *of Beconsall*, 1468. fo. 74.   1549.
fo. 35.   2076. fo. 15*b*.   6159. fo. 21.
Beconsall, 1468. fo. 97*b*.
Beconshaw, 891. fo. 100.   1468. fo. 97*b*.
Belfield, of Glegg, 1468. ff. 97*b*. 98*b*.   1549. fo.
5.   6159. fo. 22.

Bellingham, of Bellingham, 1468. fo. 97*b*.
Bellowe, 1468. fo. 97*b*.   1549. fo. 5.   6159.
fo. 23.
Berhome, 1468. fo. 97*b*.
Beron, of Clayton, 891. fo. 98*b*.   2076. fo. 13.
Berwick, 1468. fo. 99.   1549. fo. 5.   6159.
fo. 22.
Bethom, 1549. fo. 5.   6159. fo. 22*b*.
Beysley, 1549. fo. 7.
Bickersteth, 1468. fo. 97*b*.
Billinge, 1468. fo. 97*b*.
Birch, 6172. fo. 23.
Birkhened, 1468. fo. 98.
BIRTWESELL, *or*, BRITWESELL, *of Huncote Hall*,
1468. fo. 72*b*.   1549. fo. 34.   2086. fo. 32*b*.
Birtwesell, 1468. fo. 98.
Bispam, 1468. fo. 97.
Blackborne, 1468. fo. 98(*a. b.*)   1549. fo. 5.
6159. fo. 22*b*.
BLACKEY, *of Blackey Hall*, 1549. fo. 35*b*.   6159.
fo. 23.
Blackey, 1468. fo. 97.   1549. fo. 5.
Blacklech, 1468. fo. 97.   1549. fo. 5.
Blond, of Bold, 1468. fo. 98.
BLONDELL, *or*, BLUNDELL, *of Crosby*, 891. fo.
62.   1468. fo. 45.   1549. fo. 33.   2086.
fo. 94*b*.   Add. MS. 12,477. fo. 29*b*.
—————— *of Ince*, 1437. fo. 79*b*.   1468. fo.
45*b*.   1549. fo. 33*b*.   2086. fo. 95.
Add. MS. 12,477. fo. 30.
Blondell, 891. fo. 101.   1468. fo. 98.
BOLD, *of Bold*, 1437. fo. 17.   1468. fo. 47*b*.
1549. fo. 27*b*.   2086. fo. 92.   6159. fo.
16.
Bold, 891. fo. 97*b*.   1468. fo. 98.
Bolron, 891. fo. 97*b*.
Bolton, 1468. fo. 98.
BONVILE, *Lord*, 6159. fo. 40*b*.
BOOTH, *of Barton*, 1468. fo. 73*b*.   2076. fo. 14.
6159. ff. 21*b*. 34*b*.
—————— *of Salford*, 1437. fo. 10*b*.
Booth, 1468. fo. 98.
Borough, 1549. fo. 5.   6159. fo. 22*b*.
Bostoke, 891. fo. 102*b*.
BOULTON, *fr. Co. Wilts.* 1549. fo. 138*b*.
Boulton, 1549. ff. 4*b*. 5.
Bouth, 891. ff. 97. 98*b*.
BOWKER, *of Barton*, 1549. fo. 163*b*.
BOWLER, 2076. fo. 16.
Bowyer, v. Johnson.
Bozon, 1468. fo. 98*b*.
BRADDYLL, *of Whalley*, Add. MS. 12,477. fo. 48*b*.
BRADHULL, *of Brockholes*, 1437. fo. 31.   1468.
fo. 70*b*.   1549. fo. 30*b*.   2086. fo. 29*b*.
6159. fo. 17*b*.
Bradhull, 891. fo. 102*b*.   1468. fo. 98*b*.
BRADLEY, *of Bradley*, 891. fo. 85.   1468. fo.
58.   1549. fo. 32*b*.   2086. fo. 38.   6151.
fo. 19*b*.
Bradley, of Bradley and Bethome, 1549. fo. 4*b*.
891. fo. 103.   1468. ff. 98. 99.
Bradsey, 1549. fo. 5.   6159. fo. 22*b*.
BRADSHAWE, *of Aspoole*, 1549. fo. 131.
—————— *of Bradshawe*, 1437. fo. 58.
—————— *of Haigh*, 891. fo. 68*b*.   1437.
fo. 57.   1468. fo. 58*b*.   1549. fo. 31.
2086. fo. 74*b*.   6159. fo. 18.   Add. MS.
12,477. fo. 43*b*.
Bradshawe, 891. fo. 96.   1468. fo. 98.(*a. b.*)
2076. ff. 16*b*. 19.

BRATHWAIT, *of Beaumont*, 1437. fo. 29.
BRERES, *of Brockhall*, 1437. ff. 94. 96.
Brereton, of Malpas, 891. fo. 99.
BRETARGHE, *of Bretarghe Holt*, 1468. fo. 75. 1549. fo. 133*b*.
Bretargh, 1468. fo. 98*b*.
BREWCHE, *or*, BRICHE, 891. fo. 95. 1468. fo. 44*b*. 1549. fo. 34*b*. 2076. fo. 15. 2086. fo. 101*b*. 6159. fo. 21.
Brewche, of Brewche, 891. fo. 96.
Bridge, of Prescot, 1468. fo. 98*b*. 1549. fo. 4*b*.
Bridleshawe, 1468. fo. 98*b*. 1549. fo. 5. 6159. fo. 23.
BRITWESELL, *v.* BIRTWESELL.
BROCKAS, 1435. fo. 19.
BROCKHOLES, *of Clayghton*, Add. MS. 12,477. fo. 23*b*.
————————— *of Hoton*, 1437. ff. 32. 56.
Brockhole, of Brockhole, 1468. fo. 98*b*.
BROKESBY, 1549. fo. 44*b*. 6159. fo. 33.
Broughe, 1468. fo. 98*b*.
Broughton, 1468. fo. 98*b*. 1549. fo. 5. 6159. fo. 22.
Browne, of Brinsopp, 1468. fo. 98*b*. 1549. fo. 5. 6159. fo. 22.
BRUDNELL, 6159. fo. 33.
Bryers, 1549. fo. 4*b*.
Bryket, 891. fo. 101.
Bryn, of Ternam, 891. fo. 99.
Bulkeley, 891. fo. 99*b*.
Burche, of Burche, 1468. fo. 98*b*.
BUTLER, *of Bewsey,* 1468. fo. 38*b*. 1549. fo. 26. 2086. fo. 88. 6159. fo. 14.
————— *of Kirhland*, 891. fo. 72*b*. 1437. fo. 77. 1468. fo. 38. 1549. fo. 26*b*. 1562. fo. 77. 2086. fo. 43*b*. 6159. fo. 14*b*.
—————— *of Rocliff*, 1549. fo. 24. 2076. fo. 14*b*.
Butler, 891. fo. 96. 1468. fo. 98*b*.
BUTTERWORTH, *of Belfield*, 1437. fo. 13.
BYNDLOSE, *of Barwick, fr. Co. Westm.* 1549. fo. 23*b*.
BYROM, *of Salford*, 1437. fo. 34.
Byrom, of Byrom, 1549. fo. 169.
BYRON, 886. fo. 63*b*. 1077. fo. 18*b*. 1173. fo. 17*b*. 1415. ff. 110. 134*b*. 1439. fo. 46*b*. 1562. fo. 77. 1552. fo. 168. 1570. fo. 16. 6128. fo. 5.
————— *of Clayton*, 1437. fo. 63. 1468. fo. 54*b*. 2086. fo. 10*b*. 6159. fo. 15.
Byron, 891. fo. 96*b*. 1468. fo. 98.
Byston, 891. fo. 102.
CALCOTH, 1468. fo. 99.
Calvely, of the Leigh, 891. ff. 96. 99.
CALVERT, *or*, CALVERLY, *of Cockerham,* 1437. fo. 70.
CAMDEN, 1437. fo. 29.
Cane, or, Cave, 1468. fo. 99. 1549. fo. 5*b*.
Canfield, 1468. fo. 99.
Carelton, of Fazakerly, 1468. fo. 100.
CAREW, 6159. fo. 74.
CARUS, *fr. Co. Westm.* 1468. fo. 63. 1549. fo. 36. 2086. fo. 56*b*. 6159. fo. 24*b*.
Carus, 891. fo. 103*b*.
CATHERALL, *or*, CATERALL, *of Little Mitton*, 891. fo. 92*b*. 1468. fo. 21. 1549. fo. 38. 2086. fo. 38*b*. 6159. fo. 27.
Catherall, of Mitton, 891. fo. 97*b*. 1468. fo. 99. 2076. fo. 19.
———— *of Garstang,* 891. fo. 97*b*.
Catterall, or, Garstang, 1468. fo. 101*b*.
CHADERTON, *v.* CHATTERTON.

CHADWICK, 1173. fo. 101*b*. 6104. fo. 28.
————— *of Chadwick and Heyley Hall*, 1437. fo. 107*b*. 1468. fo. 94.
Chantrell, 1468. fo. 99.
CHARNOCK, *of Charnock,* 891. fo. 82*b*. 1437. fo. 10. 1468. fo. 36. 1549. fo. 37. 2086. fo. 59*b*. 6159. fo. 25*b*.
————— *of Farrington,* 1468. fo. 36*b*.
————— *of Leyland,* 891. fo. 86*b*. 1437. fo. 101*b*. 1468. fo. 37. 1549. fo. 37*b*. 2086. fo. 66*b*. 6159. fo. 26.
Charnock, 891. fo. 101. 1468. fo. 99. 2076. fo. 19.
CHATTERTON, *or*, CHADDERTON, *of Chatterton*, 1100. fo. 51. 1549. fo. 142*b*. 1563. fo. 74.
————— *of the Leigh,* 1167. fo. 43. 1437. fo. 8.
————— *of Medhurst*, 1549. fo. 41. 6159. fo. 29.
Chatterton, 1468. fo. 99.
CHETHAM, 155. fo. 21*b*. 1103. fo. 11*b*. 1177. fo. 14. 1449. fo. 21. 1560. fo. 17*b*.
————— *of Nuthurst, and Cromphall,* 1437. fo. 87*b*. 1549. fo. 41*b*. 6159. fo. 29.
Chetham, 1468. fo. 99.
Childerawe, 891. ff. 98*b*. 101*b*. 1468. fo. 99*b*.
CHISNALL, *or*, CHISENHALL, *of Chisnall,* 891. fo. 88. 1437. fo. 25*b*. 1468. fo. 22*b*. 1549. fo. 39*b*. 2086. fo. 64. 6159. fo. 28.
Chisnall, 891. fo. 103*b*. 1468. fo. 99*b*.
CHORLEY, *of Chorley,* 891. fo. 84*b*. 1437. fo. 45*b*. 118*b*. 1468. fo. 17. 1549. fo. 38*b*. 2086. fo. 64*b*. 6159. fo. 26*b*.
Chorley, 891. fo. 102*b*. 1468. fo. 99*b*.
CLAYTON, *of Clayton*, 1437. fo. 45. 1468. fo. 77. 1549. ff. 42*b*. 146*b*. 6159. fo. 29*b*.
Clayton, 1468. ff. 99*b*. 100.
CLETHEROE, 1487. fo. 280*b*.
CLIFTON, *of Westby,* 891. fo. 72. 1437. fo. 89. 1468. fo. 37*b*. 1549. fo. 40. 2086. fo. 42*b*. 6159. fo. 27*b*. Add. MS. 12,477. fo. 76.
Clifton, 891. fo. 97. 1468. fo. 99*b*. 1549. fo. 5*b*. 2076. fo. 19.
Conney, of Ditton, 1468. fo. 99*b*.
COTTAM, *of Tarnaker,* 1437. fo. 100.
Cottyngham, 891. fo. 99*b*.
Couplant, 1468. fo. 100.
CROMP, 1549. fo. 107.
Crompton, 1468. fo. 99*b*.
Crooke, or, Crookes, of Walton, 1468. ff. 99*b*. 100. 1549. fo. 5*b*.
CROSSE, *of Liverpool,* 1437. fo. 94. 1468. fo. 34*b*. 1549. fo. 40*b*. 2086. fo. 89*b*. 6159. fo. 28*b*.
Crosse, 891. fo. 101. 1468. fo. 99*b*. 1549. fo. 5*b*.
Crostes, 891. fo. 98. 1468. fo. 99*b*. 1549. fo. 5*b*. 6159. fo. 24.
CROSTON, 1415. fo. 34*b*. 1420. fo. 195*b*. 1187. fo. 121.
Croston, 1468. fo. 99.
CUDWORTH, *of Werneth,* 1437. fo. 81. 1468. fo. 27. 1549. fo. 36*b*. 2086. fo. 19. 6159. fo. 25.
Cuerdall, 1468. fo. 99*b*.
Cuerden, of Curden, 1468. fo. 99*b*.
CULCHETH, *of Culcheth,* 891. fo. 67*b*. 1468. fo. 35. 1549. ff. 25. 68. 2086. fo. 71*b*. 6159. fo. 49.
Culcheth, 1468. fo. 100.
CUNLIFFE, *of Billington,* 1549. fo. 140*b*.

CUNLIFFE, *of Hollings*, 1468. fo. 93*b*.
Curden, of Curden, 1468. fo. 100.
CURWEN, *of Stubbe*, 1437. fo. 69.
———— *of Poulton Hall*, 1437. fo. 29.
Curwyn, 1468. fo. 100.
DALTON, *of Thornham and Besham*, 891. fo. 94. 1437. fo. 32*b*. 1468. fo. 76. 1549. fo. 134*b*.
Dalton, 1468. fo. 100. 6159. fo. 30.
DAMPORT, *of Chester*, 891. fo. 96*b*.
———— *of Henbury*, 891. fo. 99.
Daneye, or, Dantzy, 1468. fo. 100. 6159. fo. 31*b*.
Dantzy, v. Daneye.
Danyell, 891. fo. 102*b*.
Dawne, 891. fo. 101*b*.
Deane, of Blackbourn, 1468. fo. 100.
Delamere, 1468. fo. 100.
Delleffield, 1468. fo. 100*b*. 6159. fo. 31.
Delves, 891. fo. 99.
Denton, 6159. fo. 31. 1468. fo. 100*b*.
DEWHURST, *of Dewhurst*, 1437. fo. 97.
Dewhurst, 1468. fo. 100*b*.
DITCHFIELD, *of Ditton*, 1468. fo. 46*b*. 1549. fo. 43. 2086. fo. 102*b*. 6159. fo. 30*b*.
Ditchfield, 1468. fo. 100*b*.
DODING, *of Conishead, fr. Co. Westm.* 1437. fo. 75.
Doding, 1468. fo. 100*b*.
Dodsworth, of Hutton Grange, 1468. fo. 100*b*.
Dokesbury, 891. fo. 102.
Duchefield, 891. fo. 102.
DUCKENFIELD, *of Portwot*, 2076. fo. 14.
Duckenfield, 891. fo. 96*b*.
Duckworth, 6159. fo. 31.
DUTTON, 6159. fo. 75*b*.
Dymock, 1468. fo. 100*b*.
Dytton, 891. fo. 100*b*. 1468. fo. 100*b*. 6159. fo. 31.
EATON, of Eaton, 1468. fo. 100*b*.
ECCLESTONE, *of Ecclestone*, 1468. fo. 48. 1549. fo. 43*b*. 2086. fo. 81*b*. 6159. fo. 32.
Ecclestone, 891. fo. 101*b*. 1468. fo. 100*b*.
Egerton, 891. fo. 99*b*.
ELTONHEAD, *of Eltonhead*, 891. fo. 66. 1437. fo. 114. 1468. fo. 57. 1549. fo. 44. 2086. fo. 99. 6159. fo. 32*b*.
Eltonhead, 1468. fo. 100*b*.
Elybrond, 1468. fo. 103.
English, 1468. fo. 100*b*.
ENTWISELL, 1094. fo. 37. 1549. fo. 44*b*. 6159. fo. 33.
Entwisell, 1468. fo. 100*b*.
ETHELSTON, 1437. fo. 56.
Ethersall, of Hethersall, 1468. fo. 100*b*.
Eton, 891. fo. 102*b*.
Enlborne, v. Golborne.
FAIRCLOUGH, 1468. fo. 101. 6159. fo. 36.
FARINGTON, *of Lingard*, 891. fo. 79*b*. 1468. fo. 40*b*. 1549. fo. 46. 2086. fo. 47. 6159. fo. 35.
———— *of Little Farrington*, 891. fo. 86. 1468. fo. 56. 1549. fo. 45. 2076. fo. 15*b*. 2086. fo. 66. 6159. fo. 34*b*.
———— *of Ribbleton*, 891. fo. 70*b*. 1437. fo. 101. 1468. fo. 40. 1549. ff. 42*b*. 45*b*. 2086. fo. 45*b*. 6159. fo. 35.
———— *of Werdon*, 1437. fo. 20. 1549. fo. 46*b*. 6159. fo. 34*b*. Add. MS. 12,477. ff. 46*b*. 47.

Farington, 891. ff. 96. 97*b*. 103. 1468. fo. 101.
FAZAKERLEY, *of Fazakerly*, 1437. fo. 80. 1468. fo. 77*b*. 1549. fo. 25*b*.
Fazakerley, 1468. fo. 101. 1549. fo. 6*b*. 6159. fo. 34.
Ferneley, 891. fo. 99.
FITTON, 1437. fo. 124*b*. 1549. fo. 106*b*.
———— *of Bollin*, 1549. fo. 112. 6159. fo. 75.
Fitton, of Gosworth, 891. fo. 101*b*.
———— *of Rufford*, 1468. fo. 101.
Fitz-Warren, 1468. fo. 101.
Fitz-Williams, 1468. fo. 101.
FLEETWOOD, *of Hemworth*, 891. fo. 76.
———— *of Penwortham*, 1437. fo. 119. 1468. fo. 55. 1549. ff. 70*b*. 152. 2086. fo. 56. 6159. fo. 35*b*.
———— *of Roshall*, 1437. fo. 90. 1536. fo. 36.
Fleetwood, 1468. fo. 101.
Fleming, 1468. fo. 101. 6159. fo. 36.
Floqnet, 891. fo. 99*b*.
Forward, 1486. fo. 101. 6159. fo. 36.
FOWLESHURST, *fr. Co. Chesh.* 1468. fo. 54. 1549. fo. 122.
Frekelton, 1468. fo. 101. 6159. fo. 36.
GARGRAVE, 1468. fo. 101*b*. 1549. fo. 7.
Garnett, or, Gernett, 1468. fo. 101*b*. 1549. fo. 7.
Garstang, v. Catterall.
Garstany, 1549. fo. 7.
GARSTON, *of Walton*, 1437. fo. 94.
Gawen, 1468. fo. 102.
GEE, 808. fo. 44.
GELEBRAND, *or*, GELLYBRAND, *of Chorley Hall*, 1437. fo. 113*b*. 1549. fo. 167*b*.
———— *of Peel*, 1437. fo. 120. 1549. fo. 168.
Gentle, 1468. fo. 101*b*.
Gernett, v. Garnett.
GERRARD, *of Astley and Ince*, 891. fo. 63. 1437. fo. 26*b*. 1468. ff. 46. 66. 1549. ff. 47*b*. 161*b*. 1570. fo. 61*b*. 2086. ff. 71. 85. 6128. ff. 10. 26*b*. 6159. fo. 38. Add. MS. 12,477. fo. 44*b*.
———— *of Kingesley*, 1468. fo. 65. 1549. fo. 47*b*.
Gerrard, 1468. fo. 101*b*. 2076. fo. 16*b*.
Gidlowe, of Dispull, 1468. fo. 101*b*.
Giles, of Prestwich, 1468. fo. 101*b*.
GIRLINGTON, *of Thurland Castle, fr. Co. York.* 1437. fo. 35. 1487. fo. 355*b*.
Glene, 891. fo. 102.
Golborne, or, Enlborne, 891. fo. 102.
GOODLAW, *of Aspall*, 1437. fo. 47.
Goodlaw, 1549. fo. 7.
Granson, 1468. fo. 101*b*.
GREGORY, *of Highhurst*, 1468. fo. 61*b*. 1549. fo. 52. 2086. fo. 13. 6159. fo. 38*b*.
Gregory, of Highhurst, 891. ff. 96*b*. 100*b*.
———— *of Manchester*, 1468. fo. 101*b*.
GREGSON, *or*, NORMANTON, 1549. fo. 53. 6159. fo. 39*b*.
Greene, 1549. fo. 7.
Greenhaugh, or, Grenehalghe, 1468. fo. 101*b*. 1549. fo. 7.
Grelley, Baron Manchester, 1468. fo. 101*b*.
GRENE, *of Exton*, 6159. fo. 40*b*.
Greneacres, 1468. fo. 101*b*.
GRESLEY, *or*, GRELLEY, *Baron Manchester*, 6159. fo. 37.
Gresnor, of Yeton, 891. fo. 100.

Greston, 1468. fo. 101*b*.
GRIMSHAW, *of Grimshaw and Clayton*, 1437. fo.
    28.   1468. fo. 72.   1549. fo. 52*b*.   2086.
    fo. 32.   6159. fo. 39.
Grimshaw, 891. fo. 103.   1468. fo. 102.
GRYMSTON, Add. MS. 12,477. fo. 52*b*.
HABERIAM, *of Haberiam*, 1468. fo. 102.   6159.
    fo. 46*b*.
Hall, *of Salford*, 1468. fo. 102*b*.
HALSALL, *of Halsall*, 1468. ff. 43. 88.   1437.
    fo. 59.   1549. fo. 57*b*.   2076. fo. 16*b*.
    2086. fo. 78*b*.   6159. fo. 42*b*.
Halsall, 891. ff. 100. 101.   1468. fo. 102.
Hancock, 1468. fo. 102*b*.   1549. fo. 8.
Harebron, 891. fo. 101.
Harecourt, 891. fo. 102*b*.
Harowood, v. Arrowood.
HARRINGTON, *of Fleete*, 1468. fo. 88*b*.   6159.
    fo. 40*b*.
—————— *of Heyton Hay*, 1437. fo. 76.   1549.
    fo. 124*b*.   6159. fo. 40*b*.   Add. MS. 12,477.
    fo. 32*b*.
—————— *of Hornby*, 1549. fo. 57*b*.   6159.
    fo. 40*b*.
Harrington, *of Hornby*, 891. fo. 98.   1468. fo.
    102.
Harvy, 1159. fo. 78.   1442. fo. 81.   1545. fo.
    78*b*.
HAWARDEN, *of Appleton*, 1437. fo. 89*b*.
—————— *of Wolston, fr. Co. Flint.* 891. fo.
    66*b*.   1468. fo. 34.   1549. fo. 64*b*.   2086.
    fo. 74.   6159. fo. 45*b*.
HAYDOCK, *of Cottom*, 1437. fo. 105.
Haydock, 1468. fo. 102.   6159. fo. 46*b*.
HAYES, *of Charleton Hall*, 1468. fo. 92*b*.
Healy, *of Healey*, 1549. fo. 8.
Hellton, *of Barbe*, 891. fo. 100.
HENDLEY, *of Hendley Hall*, 1437. ff. 115*b*. 116.
    1468. fo. 79.   1549. fo. 65*b*.   6159. fo.
    46.
HESILRIGGE, 6159. fo. 33.
HESKETH, *of Aughton*, 1437. ff. 22. 23.
—————— *of Hesketh and Rufford*, 891. fo. 104.
    1437. fo. 124*b*.   1468. fo. 48*b*.   1549.
    fo. 54*b*.   2076. fo. 15.   2086. fo. 70.
    6159. fo. 41.
—————— *of North Meals*, 1437. fo. 110.
Hesketh, 891. fo. 100.   1468. fo. 102.
Hew, *of Adlington*, 2076. fo. 17.
HEYTON, *of Heyton*, 1468.   fo. 79*b*.   1549.
    ff. 65. 136*b*.   2076. fo. 17.   6159. fo.
    46.
Heyton, 891. fo. 100.   1468. fo. 102.
HIDE, *v.* HYDE.
HILTON, *Baron Hilton*, 1549. fo. 165*b*.
Hocknell, 891. fo. 101*b*.
HODGSON, *of Liverpool*, 1549. fo. 168*b*.
Hodleston, *of Millam Castle*, 1468. fo. 102.
HOLCROFT, *of Holcroft*, 1468. fo. 59.   1549. fo.
    54.   2086. fo. 97*b*.   6159. fo. 40(*b*.)*b*.
    Add. MS. 12,477. fo. 33*b*.
—————— *of Holt*, 1468. fo. 59.
Holcroft, 1468. fo. 102*b*.
HOLDEN, *of Holden*, 891. fo. 89*b*.   1437. fo. 83.
    1468. fo. 20.   1549. fo. 64.   2086. fo. 51.
    6159. fo. 45*b*.
Holden, 1461. fo. 102*b*.
Holford, 891. fo. 99*b*.
HOLLAND, *of Clifton*, 1468. fo. 50*b*.   2068. fo.
    20.

HOLLAND, *of Denton*, 1468. fo. 15*b*.   1549. fo.
    55.   2086. fo. 21*b*.   6159. fo. 41*b*.   Add.
    MS. 12,477. fo. 38.
—————— *of Hale*, 1549. fo. 157.
—————— *of Litherland*, 1468. fo. 50*b*.
—————— *of Sutton*, 1468. fo. 51.   2086. fo.
    96.   6159. ff. 16. 42.
Holland, 891. fo. 96*b*.   1468. fo. 102*b*.   2076.
    fo. 17*b*.
HOLME, *of Maghull*, Add. MS. 12,477. fo. 30*b*.
Holme, 1468. fo. 102*b*.
HOLT, *of Grislehurst*, 1437. fo. 38.   1468. fo.
    62.   1549. fo. 59*b*.   2076. fo. 13.   2086.
    fo. 24*b*.   6159. fo. 44.
—————— *of Whitnall and Stubley*, 1437. fo. 92.
    1468. fo. 62*b*.   1549. fo. 60.   2076. fo.
    12*b*.   2086. fo. 17*b*.   6159. fo. 44.
Holt, 891. ff. 96*b*. 100*b*.   1468. fo. 102*b*.   1549.
    fo. 7*b*.
HOPWOOD, *of Hopwood*, 1468. fo. 33*b*.   1549.
    fo. 58.   2076. fo. 13.   2086. fo. 22.
    6159. fo. 43.
Hopwood, 891. fo. 100*b*.   1468. fo. 102*b*.
HOUGHTON, *of Houghton Tower*, 1437. fo. 49*b*.
    1468. fo. 69*b*.   1549. fo. 60*b*.   2076. fo.
    12*b*.   2086. fo. 27*b*.   2119. fo. 91.   6159.
    fo. 44*b*.
—————— *of Park Hall*, 1437. fo. 114*b*.   1549.
    fo. 61*b*.
Houghton, 891. ff. 96*b*. 100*b*.   1468. fo. 102*b*.
Howlden, *of Howlden*, 891. fo. 103*b*.   1468. fo.
    102*b*.
HOWORTH, *of Howorth*, 1437. fo. 6.
Hulme, 1549. fo. 8.
HULTON, *of Farnworth*, 1468. fo. 27*b*.   1549.
    fo. 63.   2086. fo. 15*b*.   6159. fo.
    45.
—————— *of the Park*, 1468. fo. 64.   1549. ff.
    63*b*. 126.   2076. fo. 17*b*.   6159. fo. 45.
    Add. MS. 12,477. fo. 42*b*.
Hulton, 891. fo. 100.
HUNTON, Add. MS. 12,479. fo. 7.
HURLSTON, *of Hurlstone*, 1531. fo. 100*b*.   1549.
    fo. 66.   6159. fo. 46*b*.
Hurlston, 891. fo. 102.   1468. fo. 102*b*.
HUTTON, 1168. fo. 37*b*.   1397. fo. 235*b*.   1540.
    fo. 113.
HYDE, *or*, HIDE, *of Denton*, 1437. fo. 51.   1468.
    fo. 33.   1549. fo. 59.   2086. fo. 20*b*.
    6159. fo. 43*b*.
—————— *of Norbury*, 1437. fo. 54*b*.
—————— *of Urmeston*, 1437. fo. 52.   1468. fo. 50.
    1535. fo. 42*b*.   1549. fo. 58*b*.   2086. fo.
    18.   6159. fo. 43*b*.
Hyde, or, Hide, 891. fo. 101*b*.   1468. fo. 102.
Hyndley, *of Hyndley*, 1468. fo. 102*b*.
INCE, *of Ince*, 1468. fo. 103.   1549. fo. 8.
    6159. fo. 48.
Ipres, 1468. fo. 103.   6159. fo. 48.
IRELAND, *of Bewsey*, 1468. fo. 90*b*.
—————— *of Cronton and the Hutt*, 891. fo. 64.
    1437. fo. 103.   1468. ff. 43*b*. 90*b*.   1549.
    fo. 157.   2086. fo. 80.   6159. fo. 47*b*.
    Add. MS. 12,477. fo. 27.
—————— *of Lydiatt*, 1468. ff. 44. 90*b*.   1549.
    fo. 156.   2086. fo. 102.   6159. fo. 48.
—————— *of Oswestry*, 1549. fo. 155.
Ireland, 891. fo. 97*b*.   1468. fo. 103.   6172.
    fo. 15*b*.

JENNIN, 1437. fo. 15.
Johnson, or, Bowyer, 1468. fo. 103. 1549. ff. 5. 8.
KEARSLEY, 1468. fo. 142*b.*
Keckwich, of Catchfrench, 1468. fo. 103.
Kendall, 1468. fo. 103. 6159. fo. 50.
Kenyon, of Kenyon, 1468. fo. 103.
KEURDEN, *or,* KEWRDEN, 891. fo. 90*b.* 1468.
    fo. 35*b.* 1549. fo. 67*b.* 2086. fo. 62*b.*
    6159. fo. 49*b.*
Keykwich, or, Keywich, 1549. fo. 8*b.* 6159. fo.
    50.
KIGHLEY, *of Inskip,* 891. fo. 95. 1468. fo. 63*b.*
    1549. fo. 69. 2076. fo. 14*b.* 6159. fo.
    49*b.*
Kighley, 891. fo. 98. 1468. fo. 103.
KIRKBY, *of Up Rawcliffe,* 891. fo. 77. 1437.
    fo. 93. 1468. fo. 24*b.* 1549. fo. 68*b.*
    2086. fo. 41*b.* 6159. fo. 49.
Kirkby, 891. fo. 105. 1468. fo. 103(*a. b.*)
Kirstow, 1468. fo. 103*b.* 1549. fo. 8*b.* 6159.
    fo. 50.
KITCHEN, *of North Meals,* 891. fo. 93*b.* 1437.
    fo. 110. 1468. fo. 75*b.* 1549. fo. 70.
    6159. fo. 50.
Kitchin, 1468. fo. 103*b.*
Klipest, 1468. fo. 103.
KNIPE, *of Broughton,* 1468. ff. 92*b. 93.
Knolles, 891. fo. 99*b.* 1468. fo. 103*b.*
KNYPE, *of Ramshide and Greenhame,* 1549. fo.
    166*b.*
Knype, of Bubblethwayte, 1549. fo. 8*b.*
Kurdell, 1468. fo. 103*b.*
Kytson, 1468. fo. 103*b.*

LAMPULGH, 1468. fo. 104.
LANCASTER, *of Rainhill,* 1437. fo. 19. 1468.
    fo. 29. 1549. fo. 72. 2086. fo. 98.
    6159. fo. 52*b.*
Lancaster, 1468. ff. 103*b.* 104*b.*
Langford, v. Longford.
LANGLEY, *of Agercroft,* 1468. fo. 81. 1549.
    fo. 72*b.* 2076. fo. 13*b.* 6159. fo. 53.
    Add. MS. 12,477. fo. 40.
Langley, 891. ff. 100*b.* 101*b.* 1468. fo. 103*b.*
    2076. fo. 13*b.*
LANGTON, *of Newton,* 891. fo. 94*b.* 1468. fo.
    69*b.* 1549. fo. 70*b.* 2086. fo. 26*b.*
    6159. fo. 51.
Langton, 891. fo. 96. 1468. ff. 103*b.* 104.
    1549. fo. 8*b.*
LANGTREE, *of Langtree,* 891. fo. 82. 1468. fo.
    19*b.* 1549. fo. 71. 2086. fo. 60*b.* 6159.
    fo. 52.
Langtree, 1468. ff. 103*b.* 104.
Langworth, 1468. fo. 104*b.*
LATHOM, *of Irlam,* 1437. fo. 7.
——— *of Latham,* 1468. fo. 78. 1549. ff. 69*b.*
    74*b.* 6159. fo. 50*b.*
——— *of Mosborough,* 1437. fo. 104.
Lathom, 891. ff. 97. 98. 1468. ff. 103*b.* 104.
    2076. fo. 19.
LAURENCE, *of Ashton,* 1549. fo. 73*b.* 6159. fo.
    53*b.*
Laurence, 891. fo. 99. 1468. fo. 104.
LAWARRE, *Lord,* 6159. fo. 37.
LAWSON, *fr. Co. Durham,* Add. MS. 12,477. fo.
    51*b.*
Layland, of Morley, 1468. fo. 104.
Lea, of Lea, 1468. fo. 104. 1549. fo. 8*b.*
LEAVER, *v.* LEVER.

LEGHE, *of Aughrington,* 1437. fo. 48*b.*
Leghe, 891. fo. 102.
LEIGH, *of Bradley,* 2076. fo. 16.
Leigh, of Bradley, 891. ff. 96. 97*b.* 1468. fo.
    104. 1549. fo. 8*b.*
Leland, of Leland, 1468. fo. 104*b.* 1549. fo. 9.
LE ROOS, 1549. fo. 75*b.* 6159. fo. 44.
LETWOOD, *v.* SAROCOLE.
Letwood, 1468. fo. 104.
Levenholme, of Levenholme, 1468. fo. 104. 1549.
    fo. 9.
LEVER, *or,* LEAVER, *of Leaver,* 1437. ff. 33. 42*b.*
    1549. fo. 66*b.* 2086. ff. 14*b.* 30*b.* 6159.
    fo. 51*b.*
Lever, 891. ff. 98*b.* 100*b.* 1468. fo. 104.
LEVESEY, *of Alkar,* 1549. fo. 139.
——— *of Levesey,* 1437. fo. 102. 1549. fo.
    137*b.*
Levesey, 891. fo. 98*b.* 1468. fo. 104. 6159. fo.
    53*b.*
Lewester, 891. fo. 101*b.*
LEYLAND, 1468. fo. 81*b.* 1549. ff. 73. 114.
    6159. fo. 53.
Leyland, of Worley, 891. fo. 97.
Lindsey, 1468. fo. 104. 6159. fo. 53*b.*
Littell, of Manchester, 1549. fo. 9.
Longford, or, Langford, of Hough, 891. fo. 98.
    1468. fo. 103*b.* 6159. fo. 52*b.*
Longtree, 2076. fo. 17.
LONGWORTH, *of Longworth,* 1437. fo. 38*b.* 1468.
    fo. 78*b.* 1549. ff. 71*b.* 75. 2086. fo. 25.
    6152. fo. 52.
Lowe, of Lowe, 1468. fo. 104. 6159. fo. 53*b.*
MAGHULL, 1468. fo. 104*b.* 1549. fo. 107.
Makereth, 1468. fo. 105*b.*
Malbon, 1468. fo. 104*b.* 1549. fo. 9*b.*
MALBORNE, 1549. fo. 107.
Man, 891. fo. 97. 2076. fo. 19.
MANCHESTER, *Baron, v.* GRELLEY.
Manmore, of Shepley, 1468. fo. 104*b.* 1549. fo.
    9*b.*
Masby, of Dunham, 891. fo. 102.
Mason, of Clitheroe, 1549. fo. 9*b.*
MASSEY, *of Carlton and Rixton,* 891. fo. 76*b.*
    1437. ff. 7. 80*b.* 1468. fo. 55*b.* 1549.
    ff. 79. 149. 2076. fo. 17*b.* 2086. fo.
    53*b.* 6159. fo. 56*b.* Add. MS. 12,477.
    fo. 34*b.*
——— *of Tatton,* 1549. fo. 148.
Massey, of Clitheroe, 1468. fo. 104*b.*
——— *of Rixton,* 891. fo. 100*b.* 1468. fo.
    104*b.*
——— *of Tate,* 891. fo. 102*b.*
MAWDESLEY, *of Mawdesley,* 1437. fo. 79.
Mayneley, 891. fo. 101*b.*
Maynwaring, 891. fo. 99*b.*
Meles, or, Meoles, 1468. fo. 104*b.* 6159. fo. 56*b.*
Melling, 1549. fo. 9*b.*
Melton, 1468. fo. 104*b.* 6159. fo. 57.
Meoles, v. Meles.
MEREDETH, 1549. fo. 155.
MERTON, 1549. fo. 156*b.* 2086. fo. 80.
Merton, of Melling, 1468. fo. 104*b.* 1549. fo.
    9*b.*
MIDLETON, *of Leighton, fr. Co. Westm.* 1437. fo.
    30*b.* 1468. fo. 76*b.* 1549. fo. 78. 2086.
    fo. 57*b.* 6159. fo. 56.
Midleton, 891. fo. 103*b.* 1468. fo. 104*b.*
Mobricke, of Mobricke, 1468. fo. 104*b.*
Modye, 1468. fo. 104*b.*

MOLINEUX, *of Hawkley*, 1468. fo. 18*b*. 1549. fo. 76. 2086. fo. 90*b*. 6159. fo. 55*b*.

———— *of Melling and Sephton*, 891. fo. 69(*a. b.*) 1468. ff. 14*b*. 17*b*. 87*b*. 1549. fo. 76*b*. 2076. fo. 16. 2086. ff. 83*b*. 86*b*. 6459. fo. 54*b*. Add. MS. 12,477. ff. 28*b*. 49.

Molineux, 891. fo. 96. 1468. ff. 104*b*. 105.

Moling, of Moling, 1468. fo. 105*b*.

Monthald, or, Monhaut, 891. fo. 97. 2076. fo. 19.

Monthall, 1468. fo. 105*b*. 1549. fo. 9*b*.

MOORE, *of Bank Hall*, 1468. fo. 47. 1549. fo. 78*b*. 2076. fo. 16. 2086. fo. 77*b*. 6159. fo. 56. Add. MS. 12,477. fo. 27*b*.

Moore, 891. ff. 100. 101. 1468. fo. 105.

Morecroft, 1549. fo. 9*b*.

MORLEY, *of Wennington*, 1437. fo. 69. 1487. fo. 355*b*. 1549. fo. 132*b*. 6159. fo. 57.

Morley, 891. fo. 101. 1468. fo. 105*b*. 2076. fo. 19.

MOSLEY, *of Ancotes and the Houghe*, 1437. fo. 36. 1549. fo. 153*b*.

MOTON, *fr. Co. Leic.* 6159. fo. 40(*b.*)

Mowbrick, of Mowbrick, 1549. fo. 9*b*.

Mylneton, 891. fo. 102.

NATBY, of Natby, 1468. fo. 105*b*.

NELSON, *of Mawdesley*, 6159. fo. 59*b*.

———— *of Wrightington*, 1437. fo. 64*b*.

Nelson, 1468. fo. 105*b*.

NEWPORT, *of Leichfield*, 2076. fo. 16*b*.

NEWSHAM, *of Newsham*, 891. fo. 71. 1468. fo. 31. 1549. fo. 83*b*. 2086. fo. 49*b*. 6159. fo. 59*b*.

Newsham, of Newsham, 891. fo. 103. 1468. ff. 105*b*. 106.

Newton, of Lancaster, 1468. fo. 105*b*.

NICHOLSON, *of Poulton*, 1437. fo. 29.

NORMANTON, *v.* GREGSON.

NORRIS, *of Speake*, 1468. fo. 67. 1549. fo. 81.

Norris, 1468. fo. 105*b*. 1549. fo. 10.

North, 1468. fo. 105*b*. 1549. fo. 10.

Northwood, 1468. fo. 105*b*.

NORTON, 1468. fo. 85. 1549. fo. 91*b*.

Norvers, 1468. fo. 105*b*. 1549. fo. 10.

NOWELL, *of Little Merley*, 891. fo. 75*b*. 1468. fo. 24. 1549. ff. 79*b*. 163*b*. 2086. fo. 33*b*. 6159. fo. 58.

———— *of Read*, 891. fo. 92. 1437. fo. 67*b*. 1468. fo. 20*b*. 1549. fo. 79*b*. 2086. fo. 36*b*.

Nowell, 1468. fo. 106.

Nutshall, of Nutshall, 1468. fo. 105*b*. 6159. fo. 60.

OGLE, of Prescot, 1468. fo. 106. 1549. fo. 10*b*.

Oldcastell, 1468. fo. 102*b*.

Oldenham, of Oldenham, 1468. fo. 106. 1549. fo. 10*b*.

ORMESTON, *v.* URMESTON.

ORRELL, 1424. fo. 115*b*. 1505. fo. 114*b*. 2142. fo. 60.

———— *of Turton*, 1437. fo. 48. 1468. fo. 89*b*, 1549. ff. 85*b*. 144*b*. 2076. fo. 17*b*. 6159. fo. 61.

Orrell, 891. fo. 96. 1468. fo. 106.

OSBALDESTON, *of Osbaldeston*, 1437. fo. 85. 1468. fo. 23*b*. 1549. fo. 84. 2076. fo. 15. 2086. fo. 34. 6159. fo. 60*b*.

Osbaldeston, 1468. fo. 106. 1549. fo. 10*b*.

PARKER, *of Penketh*, 1468. fo. 92.

Parker, of Bromeston, 1468. fo. 106. 6159. fo. 63.

———— *of Holland*, 6159. fo. 63.

———— *of Penketh*, 1468. fo. 106.

PARR, *of Kempnought*, 891. fo. 61. 1468. fo. 60. 1549. fo. 86*b*. 2086. fo. 100*b*. 6159. fo. 61*b*.

Parr, 1468. fo. 106.

Paullin, 1549. fo. 11.

Payton, or, Peiton, 1468. fo. 106. 6159. fo. 63*b*.

Peiton, v. Payton.

Pelliford, of Pelliford, 1468. fo. 106*b*. 6159. fo. 64*b*.

Pemberton, of Pemberton, 1468. fo. 106*b*. 6159. fo. 64.

Pendlebery, 1549. fo. 11.

PENKETH, 1549. fo. 88. 2086. fo. 103*b*. 6159. fo. 62*b*.

Penketh, 1468. fo. 106.

Pennington, 1468. fo. 107. 6159. fo. 64.

Pickering, 1468. fo. 106*b*.

PILKENTON, *of Rivington*, 1549. fo. 88*b*. 6159. fo. 63*b*.

PILKINGTON, 1468. fo. 80. 1549. fo. 127*b*. 2119. ff. 105. 155.

Pilkington, of Rivington, 891. fo. 98. 1468. fo. 106*b*.

Plat, 1468. fo. 107.

PLESSINGTON, *of Demples*, 1139. fo. 37*b*. 1437. fo. 78. 1468. fo. 92*b*. 1549. fo. 87*b*. 2086. fo. 57. 6159. fo. 62.

Plessington, 891. fo. 103*b*. 1468. fo. 106*b*.

Plompton, or, Plumley, 891. fo. 101*b*. 1468. fo. 106*b*. 1549. fo. 11.

Plumley, v. Plompton.

Porter, 1468. fo. 106*b*.

Powle, of Wyrall, 891. fo. 102.

Prenton, 1468. fo. 106*b*. 6159. fo. 64.

Prescott, 1468. fo. 106*b*. 6159. fo. 64*b*.

PRESTON, *of Furnes*, 1437. fo. 60. 1549. fo. 159*b*.

———— *of Holker, fr. Co. Westm.* 1437. fo. 27. 1549. fo. 160*b*.

———— *of Preston*, 1437. fo. 55.

Preston, 1468. fo. 106*b*. 6159. fo. 63*b*.

PRESTWICH, *of Holme*, 1437. fo. 39. 1468. fo. 14. 1549. fo. 87. 2086. fo. 12*b*. 6159. fo. 62.

Prestwich, 891. fo. 97*b*. 1415. fo. 104. 1468. fo. 107. 1549. ff. 10*b*. 11. 2076. fo. 18.

Pudsey, 891. fo. 98. 1468. fo. 106*b*. 6159. fo. 64.

QUATERMAYNES, 891. fo. 102*b*.

RADCLIFFE, *or*, RATCLIFFE, *of Bishop's Stortford*, 1549. fo. 94*b*. 6159. ff. 65(*b*). 142*b*.

———— *of Ordsall*, 1468. ff. 85*b*. 86. 2076. fo. 13*b*. 2086. ff. 7*b*. 23*b*. 6159. fo. 6*b*. Add. MS. 12,477. fo. 36.

———— *of Smethells*, 1549. ff. 15*b*. 32. 93. 6159. ff. 19. 65(*b*.)

———— *of Totmerdon*, 1549. fo. 91*b*. 6159. ff. 65*b*. 65(*b*)*b*. Add. MS. 12,477. fo. 51.

———— *of the Tower*, 1549. fo. 89. 6159. fo. 65*b*.

———— *of Tyllesley*, 1549. fo. 94.

———— *of Wymerley*, 1437. fo. 41(*a. b.*) 1468. fo. 85. 1549. ff. 55. 91. 6159. ff. 65*b*. 65(*b*)*b*.

RADCLIFFE, *or*, RATCLIFFE, *of Wordsall*, 1549. fo. 93*b*. 6159. ff. 65(*b*). 75*b*.

Radcliffe, 891. ff. 97*b.* 100*b.*   1468. fo. 107. 1549. fo. 11*b.*

Radman, of Irby, 1468. fo. 107.

RAINSFORD, 1100. ff. 22. 29.   1167. ff. 15*b.* 19*b.*

Rainsford, 1468. fo. 107.   6159. fo. 67*b.*

RATCLIFFE, *v.* RADCLIFFE.

REDISH, *or,* REDITCH, 1092. fo. 3*b.*   1153. fo. 69*b.*   1451. fo. 159*b.*

———— *of Redish and Co. Wilts.* 1468. fo. 59*b.* 1549. fo. 95.   6159. fo. 65(*b*)*b.*   2076. fo. 14.   2086. fo. 16*b.*

Redish, 1468. fo. 107.

Redman, 891. fo. 101*b.*   6159. fo. 67*b.*

Ridge, 1468. fo. 107*b.*

RIGBY, *of Burgh,* 1437. fo. 112.   1549. fo. 152*b.*

———— *of Harioke,* 891. fo. 84.   1437. fo. 25. 1468. fo. 16*b.*   1549. fo. 96*b.*   2086. fo. 65*b.* 6159. fo. 66.

———— *of Wiggin and Peel,* 1437. fo. 66.

Rigby, 891. fo. 103*b.*   1468. fo. 107*b.*

RIGMAYDEN, *of Wedacre,* 891. fo. 73.   1468. fo. 29*b.*   1549. fo. 97.   2086. fo. 52. 6159. fo. 66*b.*   Add. MS. 12,477. fo. 22.

Rigmayden, 891. fo. 97*b.*   1468. fo. 107*b.*   2076. fo. 19.

RILEY, *of the Green,* 1468. fo. 83.   1549. fo. 98. 6159. fo. 67.

Rishton, 1468. fo. 107*b.*

Risley, 1468. fo. 107*b.*

RIXTON, 1535. ff. 51. 111.   2142. fo. 98*b.* 2119. fo. 138*b.*   Add. MS. 5529. fo. 58*b.*

———— *of Great Sankey,* 1468. fo. 83*b.*   1549. ff. 96. 122*b.*   2086. fo. 96*b.*   6159. fo. 66.

Rixton, 1468. fo. 107*b.*

ROGERLEY, *of Park Hall,* 1437. fo. 15.

ROSETHORNE, *of Compton,* 891. fo. 87*b.*   1468. fo. 57*b.*   1561. fo. 51*b.*

RUSHTON, *of Powtargh,* 1549. fo. 141.

———— *of the Sparth,* 1437. fo. 95.   1468. fo. 84.   1549. fo. 98*b.*   2086. fo. 39*b.* 6159. fo. 67.

Rushton, 1468. fo. 107*b.*

Ryley, 1468. fo. 107*b.*

SALE, or, SAULE, 1468. fo. 107*b.*

Salebury, of Salebury, 1468. fo. 107*b.*

Samlesbury, of Samlesbury, 1468. fo. 107*b.*

SANDES, *of Farne and Fells,* 1468. fo. 80*b.*

Sandes, 1549. fo. 12*b.*   1468. fo. 107*b.*

SANKEY, 1241. ff. 127*b.* 152.   1982. fo. 42*b.*

Sankey, of Sankey and Southall, 1468. fo. 107*b.* 6159. fo. 72*b.*

SAROCOLLE, *or,* LETWOOD, 1549. fo. 135*b.*

Saule, v. Sale.

Savage, 891. fo. 99.

Scales, 1468. fo. 108.

SCARESBRICK, *or,* SCARESBRIGHT, *of Scarisbrick,* 891. fo. 68.   1468. fo. 13*b.*   1549. fo. 101*b.*   2076. fo. 16*b.*   2086. fo. 75*b.* 6159. fo. 70*b.*

Scaresbrech, or, Scarsbrydge, 891. ff. 96. 101. 1468. fo. 108.

SCOFIELD, *of Scofield,* 1468. fo. 49*b.*   1549. fo. 107*b.*   6159. fo. 72*b.*

Scofield, 1468. fo. 108.

Seplon, of Aintree, 1468. fo. 108*b.*

SHAKERLEY, *of Shakerley,* 1549. fo. 126*b.*   2076. fo. 14.

Shakerley, 1468. fo. 108.   1549. fo. 12*b.*

SHARPLES, *or,* WARD, 1468. fo. 60*b.*   1549. fo. 103*b.*   2086. fo. 15.   6159. fo. 71*b.*

Shawe, of Ruington, 1468. fo. 108*b.*

SHERBORNE, *of Ribbleton,* 1437. fo. 106.

———·—— *of Stonyhurst,* 891. fo. 74.   1437. fo. 28*b.*   1468. fo. 25*b.*   1549. fo. 100*b.* 2086. fo. 55.   6159. fo. 70.

Sherborne, 891. fo. 98*b.*   1468. fo. 108.   1549. fo. 12.

Sherington, of Sherington, 1468. fo. 108.

SHUTTLEWORTH, *of Galthorpe,* 1437. fo. 68. 1468. fo. 71.   1549. fo. 101.   2086. fo. 31*b.*   6159. fo. 70*b.*

Shuttleworth, 891. fo. 103.   1468. fo. 108*b.*

SINGLETON, *of Brockhall,* 1437. fo. 82.

———·—— *of Brompton,* 891. fo. 90.   1468. fo. 52*b.*   1549. fo. 131*b.*   Add. MS. 12,477. fo. 24*b.*

——·—— *of Singleton Hall,* 891. fo. 78.   1468. fo. 52*b.*   1549. fo. 109.   6159. fo. 73.

——·—— *of Wythgill,* 1549. fo. 114.

Singleton, 1468. fo. 108.   1549. fo. 12*b.*   6159. fo. 73.

SKILLICORNE, *of Preese,* 891. fo. 89.   1468. fo. 21*b.*   1549. fo. 103.   2086. fo. 50*b.* 6159. fo. 71*b.*

Skillicorne, 891. fo. 103.   1468. fo. 108.   1549. fo. 12.

SMITH, *of Cuerdley,* 1549. fo. 104(*a.b.*)   6159. fo. 72.

Smith, 1468. fo. 108(*a. b.*)

SMYTH, 1549. fo. 106*b.*

———— *or,* TARBOCK, *fr. Co. Staff.* 1549. fo. 115.

Sonkey, 1468. fo. 108*b.*

Sorrocolle, of Samford, 1468. fo. 108*b.*

SOUTHWORTH, *of Salmesbury,* 1468. fo. 70.   1549. fo. 100.   2086. fo. 28.   6159. fo. 69*b.*

Southworth, 891. ff. 97*b.* 100*b.*   1468. fo. 108*b.*

Squire, of Standen, 1549. fo. 12*b.*

STAFFORD, 1437. fo. 118.

STANDISH, *of Burgh,* 1437. fo. 119*b.*   1549. ff. 130*b.* 164.

———— *of Duxbury,* 1437. ff. 71. 72.   1468. fo. 41*b.*   2076. fo. 12*b.*   2086. fo. 76. 6159. fo. 71.

———— *of Standish,* 891. fo. 65.   1468. fo. 42.   1549. fo. 102.   2076. fo. 15.   2086. fo. 85*b.*   6159. fo. 71.   Add. MS. 12,477. fo. 45*b.*

Standish, 891. ff. 96*b.* 97. 98*b.*   1468. fo. 108*b.* 2076. fo. 12*b.*

STANLEY, 1437. fo. 118.   1549. ff. 57*b.* 148.

———— *of Bickerstaffe, fr. Co. Chesh.* 1549. fo. 143*b.*   Add. MS. 12,477. fo. 31.

———— *of Cross Hall,* 1437. fo. 109.   1468. fo. 42*b.*   1549. fo. 99*b.*   2076. fo. 15. 2086. ff. 68*b.* 69*b.*   6159. fo. 68*b.*

Stanley, 891. ff. 97. 99*b.*   2076. fo. 19.

STARKEY, *of Symondston,* 1468. fo. 15.   1549. ff. 86*b.* 129*b.*

Starkey, 891. fo. 96*b.*   1468. fo. 108*b.*   1549. fo. 12*b.*   2076. fo. 18*b.*

Strange, 891. fo. 97.   2076. fo. 19.

STRANGWISH, *of Melbury,* 1549. fo. 111.

———·———— *of Strangwish and Co. York.* 1437. fo. 14.   1549. fo. 110*b.*   6159. fo. 73*b.*

Strangwishe, 1468. fo. 108*b.*

SUDWORTH, 2076. fo. 13*b.*

Sutton, of Rixton, 1468. fo. 108*b.*

SWANSEY, 1437. fo. 45*b.*

SWINCY, 1437. fo. 44.

Swinglehurst, of Farrick Hall, 1468. fo. 108*b.*

TALBOTT, *of Salebury*, 891. fo. 85*b*. 1468. fo. 56*b*. 1549. fo. 112*b*. 141*b*. 2076. fo. 12*b*. 2086. fo. 37*b*. 2142. fo. 73. 6159. fo. 75*b*.

Talbott, 891. ff. 96*b*. 98*b*. 1468. fo. 109. 1549. fo. 13.

Tapeley, 1468. fo. 109. 1549. fo. 13*b*.

TARBOCK, *of Tarbock*, 1096. fo. 139. 1468. fo. 61. 1549. fo. 114*b*. 2086. fo. 76*b*. 6159. fo. 76*b*. Add. MS. 12,477. fo. 32.

Tarbock, 891. fo. 97*b*. 1468. fo. 109. 1549. fo. 13. 2076. fo. 15*b*.

TETLOW, or, CHAUBER, *of Oldenham*, 1437. fo. 12. 1468. fo. 74*b*. 1549. fo. 130.

Tetlow, 1468. fo. 109. 6159. fo. 78.

Thomson, 1468. fo. 109.

THORNBOROUGH, *of Hampsfield*, 1468. fo. 68*b*. 1549. ff. 118. 139*b*. 6159. fo. 78.

Thornborough, 1468. fo. 109.

THORNTON, 1437. fo. 112*b*. 2086. fo. 8*b*.

Thornton, of Newton, 1549. fo. 13*b*.

THURLAND, 1549. fo. 107.

Thurston, of Anderton, 891. fo. 97. 2076. fo. 19.

TILDESLEY, 1424. fo. 132*b*. 1505. fo. 131*b*. 1531. fo. 123*b*. 1535. ff. 181*b*. 253. 2142. ff. 57*b*. 71. 2187. fo. 44*b*.

———— *of Wardley*, 891. fo. 70. 1437. fo. 100*b*. 1468. fo. 39(*a. b.*) 1549. fo. 113*b*. 2086. fo. 44. 6159. fo. 76. Add. MS. 12,477. fo. 41.

Tildesley, 1468. fo. 109. 1549. fo. 13.

Tipping, 1468. fo. 109. 6159. fo. 78*b*.

TOWNLEY, *of Royle*, 1437. ff. 62*b*. 99. 1549. fo. 149*b*.

———— *of Townley*, 1437. fo. 63. 1549. fo. 122*b*. 2076. fo. 12*b*.

Townley, 891. fo. 100*b*. 1468. fo. 109. 1549. ff. 13*b*. 161*b*.

TRAFFORD, *of Trafford*, 1437. fo. 11. 1468. fo. 12. 1549. fo. 112. 2076. fo. 13*b*. 2086. fo. 8*b*. 6159. fo. 75. Add. MS. 12,477. fo. 38*b*.

Trafford, 1468. fo. 109. 891. ff. 96*b*. 98*b*.

TRAVERS, *of Netby*, 1437. fo. 87.

Travers, of Netby, 6159. fo. 77*b*. 1468. fo. 109*b*.

———— *of Preston*, 6159. fo. 78*b*.

TRENCHARD, *of Woleton*, 1549. fo. 111*b*. 6159. fo. 74.

Troutbeck, 891. fo. 99. 1468. fo. 109*b*.

TUNSTALL, *of Thurland*, 1468. fo. 90. 1549. fo. 115*b*. 6159. fo. 77*b*. Add. MS. 12,477. fo. 37.

Tunstall, of Boulton, 1569. fo. 13.

———— *of Thurland*, 1468. fo. 109*b*.

Turton, of Turton, 1468. fo. 109*b*.

Twyford, 1468. fo. 109*b*.

URMESTON, or, ORMESTON, *of West Leigh*, 891. fo. 75. 1468. fo. 25. 1549. fo. 116*b*. 2076. fo. 14*b*. 2086. fo. 95*b*. 6159. fo. 80.

Urmeston, or, Ormeston, 1468. ff. 106. 109*b*. 1549. ff. 10*b*. 14.

Urswick, 891. fo. 98. 1468. fo. 109*b*. 6159. fo. 80.

VALENTINE, 1541. fo. 134.

Valentine, 1468. fo. 109*b*. 1549. fo. 14.

VEALE, *of Methop*, 1437. fo. 80*b*.

VENABLES, *of Northenden*, 1549. fo. 112. 2086. fo. 8*b*.

Venables, Baron, of Kynderton, 891. fo. 99.

Verdon, 1468. fo. 109*b*.

VERNON, *of Haslington*, 891. fo. 59.

WALL, *of Preston*, 891. fo. 78*b*. 1468. fo. 53. 1549. fo. 119. 2086. fo. 47*b*. 6159. fo. 82*b*.

Wall, 891. fo. 103. 1468. fo. 110.

WALMSLEY, *of Dunken Hall*, 1437. fo. 68. 6159. fo. 85.

Walmsley, 1468. fo. 110. 1549. fo. 14*b*.

WALTON, *of Hale Wood*, 1549. fo. 157.

———— *of Kemble*, 1468. fo. 82*b*.

———— *of Walton*, 1549. fo. 38*b*.

———— *of Walton in le Dale*, 1437. fo. 100.

Walton, 1468. fo. 110. 6159. fo. 84.

WARBURTON, 1549. fo. 106*b*.

Warburton, 891. fo. 101*b*.

WARD, *v.* SHARPLES.

Warmoughe, of Mychead, 1468. fo. 110.

Warren, 891. fo. 97. 2076. fo. 19.

WATMOUGH, *of Myclehead*, 1437. fo. 113.

Weirden, of Weirden, 1468. fo. 110.

Weld, 6159. fo. 84.

WESTBY, *of Leton Hall*, 1468. fo. 86*b*.

———— *of Mobrick, fr. Co. York*. 891. fo. 80. 1437. fo. 91. 1468. fo. 51*b*. 1549. fo. 117*b*. 6159. fo. 81*b*.

———— *of Westby*, 2086. fo. 46*b*. Add. MS. 12,477. fo. 25*b*.

Westby, 1468. fo. 110.

WHITTACRE, *of Whittacre*, 1468. fo. 82. 1549. fo. 120*b*. 6159. fo. 83*b*.

Whittacre, 1468. fo. 110.

WHITTINGHAM, *of Whittingham*, 891. fo. 81. 1153. fo. 85. 1437. fo. 63*b*. 1468. fo. 41. 1549. fo. 118*b*. 2086. fo. 48*b*. 6159. fo. 82.

Whittingham, 891. fo. 103. 1468. fo. 110.

Windsor, 1468. fo. 110.

WINKLEY, 1437. fo. 37.

Winckley, 1549. fo. 14*b*.

WINNINGTON, 1549. fo. 132*b*.

Winnington, 891. fo. 99.

WINSTANLEY, *of Blackley*, 1549. fo. 159.

———— *of Winstanley*, 1549. fo. 121*b*. 6159. fo. 84*b*.

Winstanley, 1468. fo. 110*b*.

Wolton, 891. fo. 98.

WOOD, *of Turton*, 1437. fo. 46.

Wood, 1468. fo. 110.

Woodward, 1549. fo. 14*b*.

WORCELEY, *of Kempnouth*, 1549. fo. 86*b*. 2086. fo. 100. 6159. fo. 61*b*.

WORKESLEY, or, WORSLEY, *of Boothes*, 1549. ff. 120. 148*b*. 163. 2076. fo. 14. 6159. fo. 83. Add. MS. 12,477. fo. 49*b*.

———— *of Wardley*, 1549. fo. 113*b*.

———— *of Worsley Maines, and the Isle of Wight*, 1437. fo. 73*b*.

Workesley, 891. fo. 99*b*.

WORTHINGTON, *of Blainscough*, 1468. fo. 23. 1549. fo. 117. 2086. fo. 67. 6159. fo. 81.

———— *of Croshawe*, 1437. fo. 121*b*.

———— *of Shevington*, 891. fo. 88*b*. 1437. fo. 121. 1468. fo. 22. 1549. fo. 129.

———— *of Worthington*, Add. MS. 12,477. fo. 45.

Worthington, of Worthington, 891. fo. 97*b*. 1468. fo. 110.

Wrightenton, 6159. fo. 84.

Wrighton, of Wrighton, 1468. fo. 110.

Wrottesley, 6159. fo. 84.

WYLDE, 1549. fo. 163*b*.

Wylde, 1468 fo. 110. Y

LEICESTERSHIRE.

ABNEY, *of Leicester*, 1180. fo. 108.　　1187. fo.
99*b*.　　1189. fo. 66*b*.　　1431. fo. 58.
6183. fo. 11*b*.
———- *of Newton*, 1180. fo. 107.　　1189. fo. 66*b*.
1431. fo. 58.　　6183. fo. 11*b*.　　6125. ff.
10*b*. 110.
ALLEN, *of Burrow*, 1180. fo. 144*b*.　　1189. fo.
110*b*.　　1195. fo. 76.　　1431. fo. 102.
6125. ff. 82*b*. 111. 101*b*.　　6183. ff. 75*b*. 121.
——— *of Croxton*, 1180. fo. 148*b*.　　1189. fo.
112.　　1431. fo. 103*b*.　　6125. fo. 104.
6183. fo. 118*b*.
——— *of Whetstone*, 1180. fo. 73.　　1187. fo.
122*b*.　　1189. fo. 53*b*.　　1431. fo. 45.
6125. ff. 82. 118.　　6183. fo. 75.
ALSOP, *of Markfield, fr. Co. Derby.* 1180. fo. 69.
1187. fo. 121*b*.　　1189. fo. 84.　　1195. fo.
91*b*.　　1431. fo. 75*b*.　　6125. ff. 70*b*. 111.
6183. fo. 71*b*.
Anderson, 1189. fo. 2.
APPLEBY, *of Appleby*, 1180. fo. 6*b*.　　1187. fo.
99*b*.　　1189. fo. 9.　　1431. fo. 2.　　6125.
fo. 11.　　6183. fo. 12.
Appleby, 6125. fo. 110.
ARMESTON, *or*, URMESTON, *of Burbage, fr. Co.
Lanc.* 1180. fo. 125.　　1187. fo. 135*b*.
1189. fo. 95.　　1431. fo. 86*b*.　　6125. fo.
91.　　6183. fo. 104.
ARMESTRONG, *of Burbage*, 6125. fo. 111*b*.
ASHBY, *of Loseby*, 1180. ff. 8. 31*b*.　　1187. fo.
100*b*.　　1189. fo. 47.　　1431. ff. 31*b*. 39.
6125. ff. 13*b*. 44. 112*b*.　　6183. ff. 14*b*. 45.
——— *of Quenby*, 1180. ff. 7*b*. 89*b*.　　1187.
fo. 100.　　1189. fo. 52.　　1431. fo. 39*b*.
6125. ff. 11*b*. 112*b*.　　6183. fo. 12*b*.
Ashby, of Loseby, 1189. fo. 3.
——— *of Quenby*, 1189. fo. 3*b*.
ASHTON, *of Gleane, fr. Co. Hunts.* 1180. fo. 148.
1187. fo. 139.　　1189. fo. 111.　　1195. fo.
74*b*.　　1431. fo. 102*b*.　　6125. ff. 103*b*.
118.　　6183. fo. 120*b*.
AYLESBURY, 1435. fo. 37.
BABINGTON, *of Temple Rodeley, fr. Co. Derby.*
1180. fo. 155.　　1187. fo. 140*b*.　　1189. fo.
76.　　1195. fo. 84.　　1431. fo. 67*b*.　　6125.
ff. 107. 117.　　6183. fo. 124.
Babington, of Cossington, 1189. fo. 3.
BADGER, *v.* BAGHOT.
BAGHOT, *or*, BADGER, *of Leicester, fr. Co. Glouc.*
1180. fo. 105.　　1187. fo. 131.　　1189. fo.
65*b*.　　1431. fo. 57.　　6125. ff. 77. 111*b*.
6183. fo. 94.
BAINBRIDGE, *of Lockington*, 1180. ff. 130. 139.
1187. fo. 134.　　1189. fo. 101.　　1431. fo.
92*b*.　　6183. fo. 107*b*.
Bainbridge, of Lockington, 6125. fo. 111*b*.
BALE, *of Carlton and Humberston*, 1180. fo. 97.
1187. fo. 127.　　1189. fo. 60.　　1431. fo.
51*b*.　　6183. fo. 85.　　6125. fo. 116.
BALLARD, *of Wymsall, fr. Co. Linc.* 1189. fo. 14*b*.
1431. fo. 7.　　6125. fo. 118.
Ballard, 1189. fo. 3.　　6125. fo. 117*b*.

BANISTER, *of Bosworth and Upton, fr. Co. Staff.*
1180. fo. 118.　　1187. fo. 122.　　1189. fo.
91.　　1431. fo. 82*b*.　　6125. fo. 81.　　6183.
fo. 74.
Banister, 6125. fo. 115*b*.
BANKES, *of Pechleton, fr. Co. Midd.* 1180. fo. 104.
1187. fo. 130*b*.　　1189. fo. 61*b*.　　1431. fo.
53.　　6125. fo. 76.　　6183. fo. 93.
BARFORD, *of Wisham*, 6125. fo. 118*b*.
BARKLEY, 1106. fo. 113*b*.　　1432. fo. 247*b*.　　Add.
MSS. 5507. p. 253.　　5526. p. 212.
BARKELEY, *or*, BERKELEY, *of Wymondham*, 1180.
fo. 3.　　1187. fo. 97.　　1189. fo. 37.　　1431.
fo. 30*b*.　　1433. fo. 28*b*.　　6125. ff. 3*b*. 112.
6183. fo. 5.
BARKER, 6125. fo. 118.
BARNACK, 1180. fo. 18*b*.　　1189. fo. 19*b*.　　1431.
fo. 12*b*.　　6125. fo. 26.　　6183. fo. 27.
BARRET, *or*, BARRAT, *of Wimsole*, 1180. fo. 70.
1187. fo. 122.　　1189. fo. 83*b*.　　1195. fo.
89*b*.　　1431. fo. 75.　　6125. fo. 72*b*.
6183. fo. 73*b*.
Barret, 6125. ff. 111. 120.
Barton, of Lindsey, 6125. fo. 114.
BARWELL, 1041. fo. 114*b*.　　1543. fo. 27*b*.
BASFORD, *of St. Albans*, 810. fo. 2.
BASKERVILE, *of Cardworth*, 1180. fo. 20*b*.　　1189.
fo. 24.　　1431. fo. 17*b*.　　6125. fo. 30.
6183. fo. 31.
BASSETT, *of Sapcote*, 810. fo. 6*b*.
BEAUCHAMP, 1180. fo. 68.　　1195. fo. 98.
BEAUMONT, *of Cole Orton, fr. Co. Northampt.* 1180.
fo. 32.　　1187. ff. 114. 134*b*.　　1189. fo. 38.
1431. ff. 28. 31.　　6125. ff. 44. 117*b*.　　6183.
ff. 45. 101*b*.
————— *of Grace Dieu*, 1180. fo. 121*b*.　　1189.
fo. 38*b*.　　1431. fo. 31.　　6183. fo. 102*b*.
——— *of Stoughton*, 1180. fo. 121.　　1187.
fo. 135.　　6125. fo. 117*b*.　　6183. fo. 102.
———— *of Thrinkston*, 1180. fo. 121*b*.　　1189.
fo. 38*b*.　　1431. fo. 31.　　6183. fo. 102*b*.
——— *of Thruston*, 1180. fo. 31.　　1189. fo.
34*b*.　　1431. fo. 28.　　6125. fo. 42.
Beaumont, 1189. fo. 2.
BELGRAVE, *of Belgrave and Blaby*, 810. fo. 17. (*a. b.*)
890. fo. 23.　　1180. ff. 5*b*. 36*b*. 37.　　1187.
ff. 113. 120.　　1189. ff. 15. 44.　　1431. fo.
36*b*.　　6125. ff. 5. 42*b*. 46*b*. 64*b*. 114.　　6183.
ff. 6. 43*b*. 47*b*. 65*b*.
——— *of North Kilworth*, 810. fo. 17.　　1180.
fo. 61.　　1189. ff. 15. 44.　　1195. fo. 92.
1431. fo. 37.　　6125. ff. 46*b*. 114.　　6183.
fo. 47*b*.
Belgrave, 1189. fo. 2*b*.
BELLERS, *of Kirkby*, 1180. fo. 15.　　1187. fo.
105*b*.　　1189. fo. 17.　　1400. fo. 26.　　1431.
fo. 10.　　1551. fo. 7.　　6125. fo. 27.　　6183.
fo. 28.
BENT, *of Cosby*, 1180. fo. 114.　　1187. fo. 131*b*.
1189. fo. 72*b*.　　1431. fo. 64.　　6125. fo.
79.　　6183. fo. 96.

BENT, *of Enderby*, 1180. fo. 113.　1187. fo. 131*b*.
1189. fo. 72.　1431. ff. 63. 64.　6125. fo.
80.　6183. ff. 96. 97.
—— *of Frowlesworth*, 1180. fo. 113*b*.　1189.
fo. 72.　1431. fo. 63.　6125. fo. 8.　6183.
fo. 97.
—— *of Narborough*, 1180. fo. 113.　1187. fo.
132.
BERESFORD, *of Shakerston and Nelston, fr. Co.
Derby*. 1180. fo. 127.　1187. fo. 133.　1189.
fo. 97.　1431. fo. 88*b*.　6125. fo. 116*b*.
6183. fo. 105.
BERKELEY, *v.* BARKELEY.
BERRIDGE, 1480. fo. 41.　1557. fo. 16.
BERRY, *or*, BERRIE, *of Eston*, 6125. fo. 55*b*.
6183. fo. 125.
—— *of Queniborow, fr. Cos. Linc. and Rutl.*
1180. fo. 156.　1187. fo. 117.　1189. fo.
75*b*.　1195. fo. 87.　1431. fo. 67.　6125.
fo. 118.
BICKERTON, *of Beeby*, 1180. fo. 122*b*.　1187.
fo. 132*b*.　1189. fo. 91*b*.　1431. fo. 83.
6183. fo. 99*b*.　6125. fo. 111*b*.
Bickerton, 6125. fo. 120.
BLAKETT, *or*, BRAKETT, 1180. fo. 8*b*.　1189. fo.
48.　1431. fo. 40*b*.　6125. fo. 15.　6183.
fo. 16.
BOOTHBY, 6104. fo. 23.
BOTHOM, *of Leicester, fr. Co. Derby*. 1180. fo. 117*b*.
1189. fo. 89*b*.　1195. fo. 91.　1431. fo.
81.　6125. fo. 50.　6183. fo. 51.
Bothom, 6125. fo. 118.
BOWYER, *of Bosworth*, 1180. fo. 132.　1189. fo.
103.　6125. fo. 93.　6183. fo. 110.
BRABAZON, *of Sproxton*, 1139. fo. 85.　1180. fo.
24*b*.　1187. fo. 109.　1189. fo. 27*b*.
1429. fo. 71.　1431. fo. 21.　5181. p. 66.
5832. fo. 60.　5868. fo. 58.　6183. fo. 36*b*.
6125. fo. 110.
Bracebridge, 6125. fo. 110.
BRADGATE, *of Peatting, fr. Co. Surrey*, 1431. fo.
111*b*.
BRADSHAW, *of Mooreborne, fr. Co. Lanc.* 1180. ff.
22*b*. 116.　1189. fo. 25*b*.　1187. fo. 108*b*.
1431. fo. 19.　6125. ff. 34. 110.　6183.
fo. 35.
BRAKETT, *v.* BLAKETT.
BRANDON, 1043. fo. 85.　1401. fo. 61*b*.　1534.
fo. 81.　Add. MS. 4962. fo. 56*b*.
BRETON, *of Barwell, fr. London*, 1180. fo. 115*b*.
1187. fo. 115.　1189. fo. 88*b*.　1195. fo.
99*b*.　1431. fo. 80.　6125. ff. 47*b*. 110*b*.
6183. fo. 48*b*.
Breton, 6125. fo. 120.
BRETT, *of Rotherby*, 1180. fo. 155*b*.　1187. fo.
141.　6125. fo. 107*b*.　6183. fo. 124*b*.
Brett, 6125. fo. 118.
BRODFIELD, *v.* COOKE.
BROMWICH, 1180. fo. 27*b*.　1187. fo. 110*b*.
1431. fo. 24*b*.　6125. fo. 39.　6183. fo.
40.
BROOKE, *of Leighton and Norton, fr. Co. Warr.*
1180. fo. 35.　1187. fo. 114*b*.　1189. fo. 40.
1431. fo. 33.　6125. fo. 46.　6183. fo. 47.
Brooke, of Leighton and Norton, 6125. fo. 114*b*.
BROOKESBY, *of Broughton and Stapleford*, 1180.
fo. 150.　1189. fo. 113.　1195. fo. 76*b*.
1431. fo. 104*b*.

BROOKESBY, *of Shollesley*, 1180. ff. 26. 123.　1187.
ff. 109*b*. 133.　1189. ff. 29. 90*b*.　1195.
fo. 86.　1431. ff. 22*b*. 82.　6125. ff. 36*b*.
113*b*.　6183. ff. 37*b*. 100.
———— *or*, VILLERS, 1189. fo. 17.　1431.
fo. 10.
Browne, of Kyleby, 1189. fo. 3.
BRUDNELL, *of Stanton Wyvill, fr. Co. Northampt.*
1180. fo. 98*b*.　1187. fo. 129*b*.　1189. fo.
62.　1431. fo. 53*b*.　6183. fo. 89.
Buckhurst, Lord, v. Sackville.
BURDETT, *of Huncote and Shepey, fr. Co. Warr.*
810. fo. 10*b*.　1180. ff. 12. 96.　1187. fo.
102*b*.　1189. ff. 23. 59.　1431. ff. 16*b*.
50*b*.　6125. fo. 20*b*.　6183. ff. 21*b*. 86*b*.
———— *of Loseby*, 1180. ff. 10. 13.　1187. ff.
101*b*. 102*b*.　6125. fo. 17*b*.　6183. fo. 18*b*.
Burdett, 6125. fo. 113.
BURGH, 1180. fo. 5*b*.　1189. fo. 15.　1431. fo.
7*b*.　6125. fo. 4*b*.　6183. fo. 5*b*.
BURTON, *of Lindsey, fr. Co. Staff.* 810. ff. 1*b*. 10.
1180. fo. 30.　1187. fo. 111.　1189. fo.
34.　1431. fo. 27*b*.　6125. fo. 40.　6183.
fo. 41.
———— *of Stockerston, fr. Co. Rutland*, 1180. fo.
115.　1187. fo. 108.　1189. fo. 86*b*.
1195. fo. 90*b*.　1431. fo. 78.　6125. fo.
33.　6183. fo. 34.
Burton, 1180. fo. 82.　6125. fo. 120.
CALCOTT, *of Calthorpe, fr. Cos. Oxon. and Berks.*
1189. fo. 11*b*.　1431. fo. 4.
CALDWELL, *of Leicester, fr. Cos. Worc. and Staff.*
1180. fo. 141.　1187. fo. 138.　1189. fo.
102.　1431. fo. 93*b*.　6125. ff. 98*b*. 117.
6183. fo. 115*b*.
CARRINGTON, *v.* SMITH.
CATER, *of Leicester*, 1180. fo. 2.
CAVE, *of Bagrave, fr. Co. Northampt.* 1171. fo. 20.
1180. ff. 81*b*. 85.　1187. fo. 126.　1189.
ff. 49. 56.　1195. fo. 100.　1431. ff. 41.
47*b*.　1553. fo. 32*b*.　6183. fo. 84.
——— *of Horsepoole Grange, fr. Co. Northampt.*
1180. fo. 83.　6125. fo. 118*b*.　6183. fo. 84.
——— *of Ingarsby*, 1180. ff. 86. 90.　1187. fo.
127*b*.　1189. fo. 50*b*.　1195. fo. 72.
1431. fo. 42*b*.　6183. fo. 84.
——— *of Pickwell, fr. Co. Northampt.* 1180. fo. 85*b*.
1189. fo. 50*b*.　1431. fo. 42*b*.　6183. fo. 84.
CECILL, 1180. fo. 4.　6125. fo. 6.　6183.
fo. 7.
CHAMBERLAYNE, *of Newton Harcourt*, 1180. fo.
93.　1187. fo. 125*b*.　1189. fo. 87*b*.
1195. fo. 103.　1431. fo. 79.　6183. fo.
82.
CHAMBERS, *of Gaddesby*, 810. fo. 19*b*.　1180. fo.
27*b*.　1187. fo. 110*b*.　1431. fo. 24*b*.
6125. ff. 39. 71*b*. 114.　6183. fo. 40.
CHAMPAYNE, *v.* CHAMPION.
CHAMPION, *or*, CHAMPAYNE, 1180. fo. 29.　1187.
fo. 111*b*.　1189. fo. 33*b*.　1431. fo. 27.
6183. fo. 41*b*.　6125. ff. 40*b*. 118.
CHARLTON, 1189. fo. 46.　1431. fo. 38.
CHARNELLS, *of Snarkeston and Co. Warr.* 1093.
fo. 117*b*.　1180. fo. 83*b*.　1187. fo. 97.
1189. fo. 55*b*.　1431. fo. 47.　6125. ff.
3. 112.　6183. fo. 4.　Egert. MS. 996. fo.
46*b*.
CHESELDON, *of Uppingham*, 1180. fo. 11.　1189.
fo. 14.　1431. fo. 6*b*.　6125. ff. 19. 110.
6183. ff. 20. 102.

CHESTER, *of Blaby, fr. Co. Herts.* 1180. fo. 94. 1187. fo. 99.   1189. ff. 46*b*. 88.   1431. ff. 38*b*. 79*b*.   6125. ff. 8. 110.   6183. fo. 9.

CHIPPINGDALE, *of Leicester, fr. Co. York.* 1180. fo. 112.   1187. fo. 106*b*.   1189. fo. 71. 1431. fo. 62*b*.   6125. ff. 29*b*. 110.   6183. fo. 30*b*.

Chippingdale, 1189. fo. 2.

CLERKE, *of Rowley,* 1189. fo. 51*b*.   1431. fo. 43*b*.

CLOPTON, 810. fo. 12.

COATES, *v.* COTES.

COBLEY, *or,* COLLEY, 1180. fo. 32*b*.   1189. fo. 39*b*.   6125. fo. 44*b*.   6183. fo. 45*b*.

COLBRAND, *of Marsfield, fr. Co. Warr.* 1189. fo. 51.(*a. b.*)   1431. fo. 43.   6125. fo. 118.

COLLEY, *v.* COBLEY.

COMPTON, 810. fo. 12.

COOKE, *or,* BRODFIELD, *of Burbage,* 1180. fo. 71. 1187. fo. 122*b*.   1189. fo. 22.   1431. fo. 16.   6125. ff. 81*b*. 118*b*.   6183. fo. 74*b*.

COOPER, *or,* COWPER, *of Sapcote, fr. Cos. Chesh. and Lanc.* 1180. fo. 56.   1189. fo. 75. 1195. fo. 73*b*.   1431. fo. 66*b*.   6125. ff. 60. 110*b*.   6183. fo. 60.

CORBETT, *of Barton, fr. Co. Shrop.* 1180. fo. 126. 1187. fo. 124.   1189. fo. 96.   1431. fo. 87*b*.   6125. ff. 72. 111.   6183. fo. 73.

———— *of Wanley, fr. Co. Shrop.* 1180. ff. 9*b*. 25.   1187. ff. 107*b*. 109.   1189. fo. 28. 1431. fo. 21*b*.   6125. ff. 15*b*. 35. 110. 6183. ff. 16*b*. 36.

Cortoise, 6125. fo. 110*b*.

COTES, COTTES, *or,* COATES, *of Knighton, fr. Co. Staff.* 1180. ff. 57. 60.   1187. fo. 120. 1189. fo. 77.(*a. b.*)   1195. ff. 82. 97*b*.   1431. ff. 68*b*. 69.   6125. ff. 61. 64. 111.   6183. ff. 62. 65.

COTTON, *of Loughton, fr. Cos. Chesh. and Staff.* 1180. fo. 139*b*.   1187. fo. 137.   1189. fo. 107.   1195. fo. 75.   1431. fo. 98*b*. 6125. ff. 97. 116*b*.   6183. fo. 114.

COWPER, *of Lubbenham, fr. Co. Northampt.* 1180. fo. 106.   1187. ff. 118*b*. 131.   1189. fo. 57*b*.   1431. fo. 49.   6125. ff. 59*b*. 76*b*. 6183. ff. 60*b*. 93*b*.

———— *v.* COOPER.

CRADOCK, *of Boresworth, fr. Co. Northampt.* 1180. fo. 103*b*.   1187. fo. 99*b*.   1189. fo. 62*b*. 1431. fo. 54.   6125. fo. 10.   6183. fo. 11.

Crevecuer, of Tetbury, 6125. fo. 110.

CROFT, *of Pechleton,* 1180. fo. 95*b*.   1187. fo. 128.   1189. fo. 59.   1431. fo. 50*b*. 6183. fo. 86*b*.

Cromwell, Lord, 1189. fo. 2.

CROOKE, 6125. fo. 16.

CUTLER, *of Bloherby,* 1180. fo. 93*b*.   1187. fo. 98.   1189. fo. 36*b*.   1431. fo. 30.   6125. ff. 5*b*. 110.   6183. fo. 6*b*.

DALTON, *v.* LAWRENCE.

DANNATT, *or,* DANNETT, 1180. ff. 27*b*. 34.   1187. fo. 114*b*.   1189. ff. 31. 42.   6125. ff. 39. 45*b*.   1431. fo. 35.   6183. ff. 40. 46*b*.

Dannatt, or, Dannett, 1189. fo. 3.   6125. fo. 114*b*.

DANVERS, *of Swithland,* 1180. fo. 52*b*.   1187. fo. 118.   6125. fo. 58*b*.   6183. fo. 59*b*.

Danvers, of Rothley, 6125. fo. 114*b*.   1189. fo. 3.

DARBY, *or,* DERBY, *of Walton,* 1180. fo. 9*b*. 1187. fo. 101*b*.   1431. fo. 10*b*.   6125. fo. 16*b*.   6183. fo. 17*b*.

Darby, or, Derby, 6125. fo. 110.

DAWES, *of Stapleton,* 1077. fo. 110.   1173. fo. 100.   1180. fo. 62*b*.   1187. fo. 120*b*. 1189. fo. 79*b*.   1195. fo. 94*b*.   1241. fo. 149*b*.   1431. fo. 71.   6125. ff. 65*b*. 111. 6183. fo. 66*b*.

DE LA LAUNDE, 1180. fo. 3.   1189. fo. 37.   6125. fo. 3*b*.   6183. fo. 5.

DENNETT, *v.* DANNATT.

DENTON, 1180. fo. 3.   1189. fo. 37.   1431. fo. 25.   6125. fo. 3*b*.   6183. fo. 5.

Denton, 6125. fo. 110.

DERBY, *v.* DARBY.

DIGBY, *of Colshull,* 1180. ff. 20. 33*b*. 53.   1187. fo. 106*b*.   1189. fo. 41.   1431. ff. 13. 34. 6125. ff. 28*b*. 41*b*. 113*b*.   6183. ff. 29*b*. 42*b*.

———— *of Holwell and Welby,* 1180. fo. 149*b*. 1187. fo. 118.   1189. ff. 12*b*. 112*b*.   1195. fo. 78.   1431. fo. 104.   6125. fo. 58. 6183. fo. 59.

———— *of Kettleby,* 1189. fo. 20.   1431. fo. 5.

———— *of Ravenstone,* 6125. fo. 57*b*.   6183. fo. 58*b*.

———— *of Tilton,* 1180. fo. 24.   1189. fo. 27. 1431. fo. 20*b*.   6125. fo. 43.

Digby, of Ravenstone, 6125. fo. 110*b*.

DILK, *of Godeby,* 1180. fo. 126*b*.   1189. fo. 95*b*. 1195. fo. 107.   6125. fo. 91*b*.   6183. fo. 104*b*.

DIXEY, *or,* DIXIE, *of Bosworth, fr. Co. Hunt.* 1180. fo. 79.   1187. fo. 123*b*.   1189. fo. 47*b*. 1431. fo. 40.   6125. ff. 85*b*. 115*b*.   6183. fo. 78*b*.

Dixey, 1180. fo. 77.

DIXSON, *or,* DIXON, *of Rolleston,* 1180. fo. 144. 1187. fo. 138*b*.   1189. fo. 110.   1195. fo. 80.   1431. fo. 101*b*.   6125. fo. 101. 6183. fo. 118.

Dixson, 6125. fo. 118*b*.

DORMER, 1189. fo. 16.

DRAPER, *of Melton Mowbray, fr. Cos. Flint. and Notts.* 810. fo. 19.   1180. fo. 28.   1187. fo. 110*b*.   1189. fo. 32*b*.   1431. fo. 26. 6125. fo. 38*b*.   6183. fo. 39*b*.

Draper, 1189. fo. 3.   6125. fo. 113*b*.

DU PORT, *or,* PORT, *of Sheepshead,* 1164. fo. 19. 1180. ff. 25*b*. 84.   1187. fo. 125.   1189. ff. 28*b*. 57.   1431. ff. 22. 48*b*.   6125. ff. 36. 88. 116. 118*b*.   6183. ff. 37. 81*b*.

DUSTON, 1180. fo. 76.   6125. fo. 83*b*.   6183. fo. 76*b*.

DYVE, 810. fo. 1.

EATON, *of Gaddesley,* 1189. fo. 3.

EGBASTON, 1189. fo. 46*b*.   1431. fo. 38*b*.

Egerton, Lord, 1189. fo. 2.

ELKINGTON, *of Cathorp,* 1180. fo. 52.   6125. fo. 56*b*.   6183. fo. 57*b*.

———— *of Shawell,* 1180. fo. 107*b*.   1187. fo. 131*b*.   1189. fo. 69.   1431. fo. 60*b*. 6125. ff. 78*b*. 111*b*.   6183. fo. 95*b*.

ENTWISELL, 1180. fo. 8*b*.   6125. fo. 14*b*.   6183. fo. 15*b*.

EVERARD, *of Hether,* 1180. fo. 123*b*.   1431. fo. 84*b*.   6183. fo. 100*b*.

———— *of Newbold and Pechleton,* 1180. fo. 97*b*. 1187. fo. 100.   1189. fo. 60*b*.   1431. fo. 52.   6125. fo. 13.   6183. fo. 14.

———— *of Shenton,* 1180. ff. 7. 27. 49.   1187. fo. 133.   1189. ff. 30*b*. 93.   1431. fo. 24. 6125. ff. 12*b*. 33. 38.   6183. fo. 39.

Everard, 1189. fo. 3*b.*   6125. fo. 120.
EYRE, *of Belton,* 1180. fo. 141*b.*   1187. fo. 138.
     1189. fo. 106*b.*   1431. fo. 98.   6125. ff.
     99. 111*b.*   6183. fo. 116.
Eyre, 6125. fo. 120.
EYTON, *of Gaddesby, fr. Co. Staff.* 1180. fo. 131.
     1187. fo. 136.   1189. fo. 96*b.*   1431. fo.
     88.   6125. fo. 92.   6183. fo. 109.
Eyton, 6125. fo. 116*b.*
FALCONER, 2113. fo. 75*b.*
FARMER, *of Ratcliffe,* 1180. fo. 127*b.*   1187. fo.
     133*b.*   1189. fo. 97*b.*   1431. fo. 89.
     6125. fo. 119*b.*   6183. fo. 105*b.*
————— *v.* WARD.
Farmer, 6125. fo. 120.
FARNHAM, *of Quarndon,* 810. fo. 17*b.*   1180.
     fo. 47*b.*   1187. fo. 116*b.*   1189. fo. 114*b.*
     1431. fo. 106.   6125. fo. 53.   6183. fo. 54.
Farnham, 1189. fo. 3.   6125. fo. 117.
FARRENT, *of Lutterworth, fr. Cos. Bucks. and*
     Hunts. 1180. fo.   150*b.*   1187. fo. 139.
     1189. fo. 111*b.*   1431. fo. 103.   6125. ff.
     103. 119*b.*   6183. fo. 120.
FAUNT, *of Fosson, fr. Co. Hunts.* 1180. fo. 14.
     1187. fo. 103*b.*   1189. fo. 19.   1431. fo.
     12.   6125. ff. 22*b.* 113.   6183. fo. 23*b.*
FAWKNER, Add. MS. 14,314. fo. 29*b.*

FLAMVILLE, *of Aston,* 1180. fo. 28*b.*   1189. fo.
     33.   1431. fo. 26*b.*   6125. fo. 41.   6183.
     fo. 42.
FLANDERS, 810. fo. 1*b.*
FOLVILLE, 1075. fo. 34.   1139. fo. 84*b.*   1179.
     ff. 71.—73.   1180. fo. 24*b.*   1189.
     fo. 27*b.*   1429. fo. 71.   1431. fo.
     21.   1533. fo. 71.   5181. p. 67.   5832.
     fo. 59.   5868. fo. 57.   6125. fo. 35*b.*
     6183. fo. 36*b.*   Cott. MS. Julius, F. viii. fo.
     34.
Folville, 6125. fo. 110.
Fornis, of Thorpe, 6125. fo. 110*b.*
FOWCHER, 1180. fo. 29.   1189. fo. 33*b.*   1431.
     fo. 27.   6125. fo. 40*b.*   6183. fo. 41*b.*
FOWLER, *of Wellesborough,* 810. fo. 20*b.*   1180.
     fo. 96.   1189. fo. 59.   1431. fo. 50*b.*
     6183. fo. 86*b.*
FOX, *of Ratcliffe,* 1180. fo. 103.   1187. fo. 130.
     1189. fo. 65.   1431. fo. 56*b.*   6125. ff.
     74. 111.   6183. fo. 91.
FRYNE, *fr. London,* 1189. fo. 107*b.*   1431. fo.
     99.
FULWOOD, 1189. fo. 46*b.*   1431. fo. 38*b.*

GEE, *of Rothley,* 1180. fo. 129.   1187. fo. 133*b.*
     1189. fo. 99.   1431. fo. 90*b.*   6125. fo.
     111*b.*   6183. fo. 107.
GERVEIS, *or,* JARVEIS, *of Peatting,* 1180. fo. 42*b.*
     1187. fo. 116.   6125. ff. 52. 119.   6183.
     fo. 53.
Gervis, 6125. fo. 120.   1189. fo. 3*b.*
GILBERT, *of Thrisington and Selby,* 1180. fo.
     137*b.*   1187. fo. 136*b.*   1189. fo. 86.
     1431. fo. 77*b.*   6125. ff. 94. 111*b.*
GODDARD, *of Beeby, fr. Cos. Berks. and Norf.*
     1180. fo. 138.   1187. fo. 137.   1189. fo.
     99*b.*   1431. fo. 91.   6125. ff. 96*b.* 111*b.*
     6183. fo. 113*b.*
GOODMAN, *of Blaston, fr. Co. Chesh.* 1180. fo.
     51*b.*   1187. fo. 117*b.*   6125. ff. 57. 110*b.*
     6183. fo. 58.
Goodman, 1189. fo. 3*b.*

GORE, *of Ullesthorpe, fr. Co. Hunts.* 1180. fo. 52.
     1187. fo. 117*b.*   6125. ff. 56*b.* 118*b.*   6183.
     fo. 57*b.*
GOSSELL, 810. fo. 16.
GRAY, *of Barwell,* 810. fo. 15*b.*   1180. fo. 9.
     1187. fo. 101*b.*   1189. fo. 11.   1431. fo.
     3*b.*   6125. ff. 16. 118*b.*   6183. fo. 17.
————— *of Burbach,* 1180. fo. 94*b.*   1189. fo.
     58.   1431. fo. 49*b.*
————— *of Grooby,* 1180. fo. 45.   1187. fo. 101*b.*
————— *of Langley,* 1431. fo. 8*b.*   6125. fo.
     118*b.*
Gray, of Donnington, 1189. fo. 3.
GREGORY, *of Affordby,* 1180. fo. 136*b.*   1187.
     fo. 137*b.*   1189. fo. 105*b.*   1431. fo. 97.
     6125. ff. 97*b.* 116*b.*   6183. fo. 114*b.*
GREVILL, 1180. fo. 17.   1189. fo. 32.   1431.
     fo. 25.   6125. fo. 31.   6183. fo. 32.
GRIFFITH, *of Barrow,* 1180. fo. 154.   1187. fo.
     140*b.*   1189. fo. 45*b.*   1143. fo. 37*b.*
     1195. fo. 74.   6125. ff. 106*b.* 118.   6183.
     fo. 123*b.*
GRIMSBY, *of Drakelow,* 1180. ff. 7. 27. 49.
     1187. ff. 100. 110.   1189. fo. 30.   1431.
     fo. 23*b.*   6125. ff. 12*b.* 37*b.*   6183. ff.
     13*b.* 38*b.*
GUBBYON, 810. fo. 4*b.*
Gyles, or, Gylles, of Bosworth, 1189. fo. 3*b.*
     6125. fo. 120.

HALFORD, *of Kebworth, fr. Co. Northampt.*
     1180. fo. 99*b.*   1187. fo. 130.
————— ——— *of Welham,* 1180. fo. 100.   1187. fo.
     64.   1188. p. 73.   1189. fo. 59*b.*   1431.
     fo. 51.   6125. ff. 72*b.* 118.   6183. fo.
     89*b.*
HALL, *fr. Co. Worc.* 1180. fo. 153*b.*   1187. fo.
     140.   1189. fo. 113*b.*   1195. fo. 81.
     1431. fo. 105.   6125. ff. 106. 118.   6183.
     fo. 123.
HANDWICK, *of Hardwick and Lynley,* 810. ff. 1.
     8*b.*
HARCOURT, *of Dadlington,* 1180. fo. 119.   1189.
     fo. 22.   1431. fo. 16.   6125. fo. 25*b.*
     6183. fo. 26*b.*
————— ——— *of Dodington and Bosworth,* 1180. ff.
     19. 71.   1187. fo. 122.   1189. fo. 22.
     1431. fo. 16.   6125. ff. 25*b.* 81*b.*   6183.
     fo. 74*b.*
Harcourt, 6125. fo. 110.
HARRINGTON, *Lord,* 1180. fo. 31.   1187. fo.
     112*b.*   1189. fo. 34*b.*   1431. fo. 28.
     6125. fo. 42.   6183. fo. 43.
Harrington, 1189. fo. 2.   6125. fo. 110*b.*
HARRIS, *v.* SMITH.
HART, *of Melton Mowbray and London,* 1187. fo.
     123*b.*   6125. fo. 85.   6183. fo. 78.
Hart, 6125. fo. 111.
HARTOPP, *of Burton Lazzars,* 1180. ff. 6. 146.
     1187. fo. 98.   1189. fo. 40*b.*   1431. fo.
     33*b.*   6125. fo. 7.   6183. fo. 8.
————— ——— *of Frithby,* 1189. fo. 40*b.*
Hartopp, 6125. fo. 110.
HARVEY, *of Elmesthorpe,* 1180. fo. 96.   1189.
     fo. 59.   1431. fo. 50*b.*   6183. fo. 86*b.*
Harvey, 6125. fo. 116.

HASELRIGGE, *of Noseley, fr. Co. Northumb.* 1180.
     fo. 8*b.*   1187. fo. 101.   1189. fo. 48.
     1431. fo. 40*b.*   6125. ff. 14*b.* 118*b.*   6183.
     fo. 15*b.*

Haselrigge, 1180. fo. 40. 1189. fo. 3.

HASTINGS, 1180. fo. 8*b*. 1187. fo. 101. 1189. fo. 48. 1431. fo. 40*b*. 6125. fo. 15. 6183. fo. 16.

HAWFORD, 1043. fo. 103. 1401. fo. 75*b*. 1534. fo. 98. 6769. fo. 37. 6770. fo. 67. 6774. fo. 93*b*. 6775. fo. 95*b*. Add. MS. 4962. fo. 71.

HERBERT, *v.* HUBERT.

HERRICK, 1180. fo. 57. 1189. fo. 77. 1195. fo. 82. 1476. fo. 210*b*. 6125. fo. 61. 6183. fo. 62.

HILL, 1180. fo. 103. 1189. fo. 65. 6125. fo. 74. 6183. fo. 91.

HODGES, *of Sison, fr. Co. Dorset.* 1180. fo. 108*b*. 1187. fo. 102. 1189. fo. 70. 1431. fo. 61*b*. 6125. ff. 18*b*. 110. 6183. fo. 19*b*.

HOLLAND, 1180. fo. 133. 1187. fo. 136*b*. 1189. fo. 102*b*. 1431. fo. 94. 6125. ff. 93*b*. 111*b*. 6183. fo. 110*b*.

HOLLINGWORTH, *of Wheston, fr. Cos. Linc. and Chesh.* 1180. fo. 133. 1187. fo. 136*b*. 1189. fo. 102*b*. 1431. fo. 94. 6125. ff. 93*b*. 111*b*. 6183. fo. 110*b*.

HOUGHTON, *of Houghton,* 1180. fo. 32*b*. 1187. fo. 114. 1189. fo. 39*b*. 6125. fo. 44*b*. 6183. fo. 45*b*.

HOWBY, 1180. fo. 15. 1189. fo. 17. 1431. fo. 10. 6125. fo. 27. 6183. fo. 28.

———— *v.* SUTTON.

HUBERT, *or,* HERBERT, *of Stapleford,* 1180. fo. 18*b*. 1187. fo. 105. 1189. fo. 19*b*. 1431. fo. 12*b*. 6125. ff. 26. 118*b*. 6183. fo. 27.

HUMFREY, *of Barton, fr. Cos. Glouc. and Northampt.* 1180. fo. 33. 1187. fo. 114. 1189. fo. 39. 1431. fo. 32. 6125. ff. 45. 118*b*. 6183. fo. 46.

HUNT, Add. MS. 14,311. fo. 96.

HUSSEY, 1180. fo. 3. 1189. fo. 37. 1431. fo. 30*b*. 6125. fo. 3*b*. 6183. fo. 5.

ITHELL, 1043. fo. 104. 1401. fo. 71*b*. 1534. fo. 93. 6769. fo. 38. 6770. fo. 68. 6774. fo. 90*b*. 6775. fo. 91*b*. Add. MS. 4962. fo. 67.

JARVEIS, *v.* GERVEIS.
Jesson, of Burley, 6125. fo. 120.

KEBLE, *or,* KEBELL, *of Homerston,* 810. fo. 15. 1180. fo. 29*b*. 1187. fo. 111. 1189. fo. 35. 1431. fo. 28*b*. 6125. ff. 39*b*. 110*b*. 6183. fo. 40*b*.

Keble, 1189. fo. 3.

KENDALL, *of Blaby and Co. Derby,* 1180. fo. 56*b*. 1187. fo. 119*b*. 1189. fo. 74*b*. 1195. fo. 82*b*. 1431. fo. 66. 6125. ff. 63. 111. 6183. fo. 64.

KNIGHTCOT, 810. fo. 1.

KNOWLES, 1431. fo. 42*b*.

LACY, *of Melton Mowbray, fr. Co. York.* 810. fo. 18*b*. 1180. ff. 47. 118*b*. 135. 1187. fo. 115*b*. 1189. fo. 89. 1195. fo. 79*b*. 1431. fo. 80*b*. 6125. ff. 51(*a. b.*) 114*b*. 6183. fo. 52(*a. b.*)

Lacy, 1189. fo. 3. 6125. fo. 118*b*.

LANGHAM, *of Gopshall,* 810. fo. 1*b*. 1180. fo. 7. 1187. fo. 100. 1431. fo. 52*b*. 6125. fo. 13. 6183. fo. 14.

Langham, 6125. fo. 110.

LANY, *of Newark, fr. Co. Suff.* 1180. fo. 145. 1187. fo. 139. 1189. fo. 109*b*. 1195. fo. 77*b*. 1431. fo. 101. 6125. ff. 102. 117. 6183. fo. 119.

LASCELLS, *of Woodhouse, fr. Co. Notts.* 1180. fo. 109. 1187. fo. 100*b*. 1189. fo. 68. 1431. fo. 59. 6125. fo. 14. 6183. fo. 15.

Lascells, 6125. fo. 112*b*.

Lathbury, 6125. fo. 110*b*.

LAWRENCE, *of Whatton,* 1180. fo. 66. 1187. fo. 121*b*. 1189. fo. 81. 1195. fo. 98*b*. 1431. fo. 72*b*. 6125. ff. 68*b*. 119. 6183. fo. 69*b*.

———— *or,* DALTON, *of Weststokeland, fr. Co. Lanc.* 1180. fo. 13*b*. 1187. fo. 103*b*. 1189. fo. 13*b*. 1431. fo. 6. 6125. ff. 23*b*. 110. 6183. fo. 24*b*.

LEGARD, 1180. fo. 10*b*. 1187. fo. 102. 1189. fo. 13. 1431. fo. 5*b*. 6125. ff. 18. 112*b*. 6183. fo. 19.

LEICESTER, *Earl of,* 1535. fo. 37.

———————— *v.* SYDNEY.

LEIGH, *of Affordby, fr. Co. Chesh.* 1180. fo. 123. 1189. fo. 90*b*. 1195. fo. 86. 1431. fo. 82. 6183. fo. 100.

Leigh, 6125. fo. 116*b*.

Lethbury, 6125. fo. 110*b*.

LINCOLN, *of Barkby,* 1180. fo. 69*b*.

LYNLEY, 810. fo. 1.

MALLORY, *of Kirkby Mallery,* 1180. fo. 31. 1189. fo. 34*b*. 1400. fo. 12*b*. 1431. fo. 28. 1555. fo. 26*b*. 6125. fo. 42. 6183. fo. 43.

MARSHALL, *of Diceworth,* 1180. fo. 67. 1187. fo. 120*b*. 1189. fo. 82. 1195. fo. 90. 1431. fo. 73*b*. 6125. fo. 66. 6183. fo. 67.

MARSTON, *of Slawston,* 1180. fo. 65. 1187. fo. 121. 1189. fo. 21*b*. 1195. fo. 99. 1431. fo. 14*b*. 6125. ff. 67*b*. 119. 6183. fo. 68*b*.

MARTIVALL, *of Nowesley,* 1180. fo. 87*b*. 6125. ff. 15. 86. 6183. ff. 16. 79.

Martivall, 6125. fo. 111.

MAY, *of Sutton Cheney, fr. Co. Sussex,* 1180. fo. 126. 1187. fo. 133*b*. 1189. fo. 98*b*. 1431. fo. 90. 6125. fo. 111*b*. 6183. fo. 106*b*.

MEAD, *of Narborough, fr. Co. Staff.* 1180. fo. 105*b*. 1187. fo. 131. 1189. fo. 58*b*. 1431. fo. 50. 6125. ff. 77*b*. 111*b*. 6183. fo. 94*b*.

MERYHURST, 1180. fo. 103. 6125. fo. 74. 6183. fo. 91.

MOLINS, 1180. fo. 25*b*. 1187. fo. 109*b*. 1189. fo. 28*b*. 1431. fo. 22. 6125. ff. 36. 110. 6183. fo. 37.

MOLTON, 1093. fo. 36.

Molton, 6125. fo. 110*b*.

MONKE, 1189. fo. 15. 6125. fo. 5. 6183. fo. 6.

MONTAGUE, 1180. ff. 25*b*. 104. 1187. ff. 109*b*. 1189. ff. 28*b*. 57. 1431. fo. 22. 6125. ff. 36. 88*b*. 119. 6183. ff. 37. 81*b*.

———— *Lord, v.* POOLE.

Morecraft, 1096. fo. 138.

MORTON, *of Bosworth, fr. Co. Staff.* 1180. fo. 132. 1187. fo. 136. 1189. fo. 103. 1431. fo. 94*b*. 6125. fo. 92*b*. 6183. fo. 109*b*.

Morton, 6125. ff. 110. 120.

MOTTON, *or*, MUTTON, *of Peckleton*, 810. fo. 6*b*. 1180. ff. 31. 49. 1187. ff. 75*b*. 112*b*. 1188. p. 104. 1189. fo. 34*b*. 1400. fo. 79. 1431. fo. 28. 1555. fo. 122. 6125. ff. 38. 42. 6183. ff. 33. 43. Add. MS. 14,311. fo. 51*b*.

Motton, 6125. fo. 114.

MOUNTNEY, *of Newbald Verdon, fr. Co. Norf.* 1180. fo. 128. 1187. fo. 133*b*. 1189. fo. 98. 1431. fo. 89*b*. 6125. fo. 111*b*. 6183. fo. 106.

MULSHAWE, *v.* MULSHO.

MULSHO, *or*, MULSHAWE, *of Barrow*, 1180. fo. 110. 1187. fo. 102*b*. 1189. fo. 69*b*. 1431. fo. 61. 6125. ff. 19*b*. 119. 6183. fo. 20*b*.

MUTTON, *v.* MOTTON.

NAPTON, 810. fo. 13*b*.

NASPES, 1431. fo. 38*b*.

NEALE, *of Abbekettleby*, 1180. fo. 117. 1187. fo. 132*b*. 1189. fo. 90. 1195. fo. 79. 1431. fo. 81*b*. 6183. fo. 99.

———— *or*, POULTNEY, *of Poultney, fr. Co. Suff.* 1180. fo. 39. 1187. fo. 115*b*. 1189. fo. 46. 1431. fo. 38. 6125. ff. 49*b*. 114*b*. 6183. fo. 50*b*.

Neale, of Prestwould, 6125. fo. 114.

NEEDHAM, *of Gatesby, Ilston, and Overy*, 1180. fo. 64. 1187. fo. 120*b*. 1189. fo. 80. 1195. fo. 88*b*. 1431. fo. 71*b*. 6125. fo. 66*b*. 6183. fo. 67*b*.

NEELE, *of Prestwood*, 1180. fo. 24. 1187. fo. 113*b*. 1189. fo. 27. 1431. fo. 20*b*. 6125. fo. 43. 6183. fo. 44.

NEVILL, *of Holt*, 808. fo. 44*b*. 810. fo. 15. 1095. fo. 17. 1180. fo. 11*b*. 1187. fo. 103. 1189. fo. 16. 1412. fo. 82*b*. 1431. fo. 9. 1531. fo. 93*b*. 5187. fo. 47*b*. 6125. fo. 21*b*. 6183. fo. 22*b*.

———— *v.* SMITH.

Nevill, 6125. ff. 118. 119.

NEWDIGATE, 810. fo. 16.

NICHOLLS, *or*, NICOLLS, *of Tilton, fr. Co. Northampt.* 1180. fo. 136. 1187. fo. 137. 1189. fo. 105. 1431. fo. 96*b*. 6125. ff. 95*b*. 111*b*. 6183. fo. 112*b*.

NOBLE, *of Reresby*, 1180. fo. 76*b*. 1187. fo. 122*b*. 1189. fo. 12. 1195. fo. 93. 1431. fo. 4*b*. 6125. ff. 83. 115*b*. 6183. fo. 76.

———— *of Stomford*, 1431. fo. 41.

NOELL, *Baron Ridlington*, 1180. fo. 4. 1187. fo. 123. 6125. ff. 83*b*. 112. 6183. fo. 76*b*.

———— *of Dalby*, 1180. fo. 76. 1187. fo. 98. 1189. fo. 10. 1431. fo. 3.

———— *of Wellesborough*, 810. fo. 20*b*. 6125. fo. 112.

Noell, 1189. ff. 2. 3*b*. 6125. fo. 6. 6183. fo. 7.

NOONE, *of Walton*, 1180. fo. 124. 1187. fo. 134*b*. 1189. fo. 93*b*. 1195. fo. 83*b*. 1431. fo. 85. 6125. fo. 111*b*. 6183. fo. 101.

NOWERS, *of Knossington*, 1180. fo. 92. 1187. fo. 129*b*. 1189. fo. 85. 1431. fo. 76*b*. 6125. fo. 111. 6183. fo. 88*b*.

OLDBEEFE, 810. fo. 16*b*. 1180. ff. 5*b*. 74. 1189. fo. 15. 1431. fo. 7*b*. 6125. fo. 5. 6183. fo. 6.

OLIFFE, 1180. fo. 148*b*. 6183. fo. 121.

ORETT, 1431. fo. 10.

ORTON, *v.* OVERTON.

OVERTON, *or*, ORTON, *of Lea*, 1180. fo. 142. 1187. fo. 138. 1189. fo. 108. 1431. fo. 99*b*. 6125. ff. 99*b*. 111*b*. 6183. fo. 116*b*.

OVERY, *of Jackson*, 1180. fo. 5*b*. 1189. fo. 15. 1431. fo. 7*b*. 6125. fo. 4*b*. 6183. fo. 5*b*.

OWEN, *v.* POULTNEY.

PACE, 1180. fo. 32*b*. 1189. fo. 39*b*. 1431. fo. 32*b*. 6125. fo. 44*b*. 6183. fo. 45*b*.

PALMER, *of Stoney Staunton*, 1100. fo. 46*b*. 1167. fo. 38*b*. 1180. fo. 19. 1187. ff. 92*b*. 104*b*. 1189. fo. 22. 1431. fo. 16. 6125. ff. 25*b*. 110. 6183. fo. 26*b*.

PAMELL, 810. fo. 5.

PANCHEN, 6125. fo. 5. 6183. fo. 6.

PARAMORE, 6125. fo. 118.

PARLY, *or*, PURLY, 1190. fo. 55. 1484. fo. 32*b*. 1097. fo. 112.

PATE, *of Brin*, 1180. fo. 55. 1187. fo. 116*b*. 1189. fo. 73*b*. 1431. fo. 65. 6125. ff. 53*b*. 110*b*. 6183. fo. 54*b*.

Pate, 6125. fo. 120.

PECKE, *of Kingsthorpe, fr. Co. Derby*, 810. fo. 10*b*. 1180. fo. 37*b*. 1187. fo. 115. 6125. ff. 48. 110*b*. 6183. fo. 49.

———— *of Knossington, fr. Cos. Rutland and York.* 1180. fo. 102. 1187. fo. 130*b*. 1189. fo. 63*b*. 1431. fo. 55. 6125. ff. 74*b*. 116. 6183. fo. 91*b*.

Pecke, 1189. fo. 3.

Pellsant, of Bosworth, 1189. fo. 115*b*. 6125. fo. 117*b*.

PEPPER, *of Thurmaston*, 1180. fo. 67*b*. 1187. fo. 121*b*. 1189. fo. 82*b*. 1195. fo. 89. 1431. fo. 74. 6125. ff. 70. 115. 6183. fo. 71.

PERIN, *of Ashby de la Zouch, fr. Co. Shrop.* 1180. fo. 147. 1189. fo. 107*b*. 1431. fo. 99. 6125. ff. 102*b*. 118. 6183. fo. 119*b*.

PERWICH, *v.* PRESTWICH.

PEVERELL, Add. MS. 16,279. p. 256.

PILKINGTON, *of Borrow*, 1180. fo. 131. 1189. fo. 96*b*. 1431. fo. 88. 6183. fo. 109. 6125. fo. 92.

———— *of Worthington, fr. Co. Derby*, 1100. fo. 2*b*. 1180. fo. 48. 1187. fo. 116*b*. 1504. fo. 62*b*. 6125. ff. 54. 110*b*. 6183. fo. 55.

PLESINGTON, 1180. fo. 26. 1189. fo. 29. 6125. fo. 36*b*. 6183. fo. 37*b*.

Plesington, 6125. fo. 110.

PLUMBE, *of Marston, fr. Co. Norf.* 1180. fo. 82*b*. 1187. fo. 125*b*. 1189. fo. 55. 1431. fo. 46*b*. 6125. ff. 111. 118*b*. 6183. fo. 82*b*.

POCHIN, *of Barkby*, 810. ff. 17. 19. 1180. ff. 19. 69*b*. 1187. fo. 124. 1189. fo. 22*b*. 1195. fo. 93*b*. 1431. fo. 15*b*. 6125. ff. 25*b*. 113. 6183. ff. 26*b*. 72*b*.

POOLE, *Lord Montague*, 1180. fo. 44.

PORTER, *of Elkington*, 810. fo. 12.

PORT, *v.* DU PORT.

POULTNEY, *or*, OWEN, 1180. fo. 39. 1187. fo. 115*b*. 1189. fo. 46. 1415. fo. 134*b*. 1431. fo. 38. 1555. fo. 7. 1570. fo. 16. 6125. ff. 49*b*. 114*b*. 6128. fo. 88. 6183. fo. 50*b*.

———— *v.* NEALE.

Poultney, of Misterton, 1189. fo. 3*b*.

POWER, 1180. fo. 69*b*. 1187. fo. 124. 1189. fo. 22*b*. 1431. fo. 15*b*.

PREST, 1429. fo. 71.

PRESTON, 1533. fo. 70*b*.

PRESTWICH, *or*, PERWICH, *of Lubbenham*, 1180. fo. 33*b*. 1189. fo. 41. 1431. fo. 34. 6125. ff. 41*b*. 117. 6183. fo. 42*b*.

PULTNEY, *of Misterton*, 6183. ff. 125*b*. 127*b*.

PUREFOY, *fr. Co. Warr*. 810. ff. 1*b*. 7*b*. 9. 1180. ff. 16. 17. 18. 19. 1187. fo. 107. 1189. ff. 18. 22. 32. 35*b*. 1431. ff. 11*b*. 25. 29. 6125. ff. 25*b*. 31. 32. 113*b*. 6183. fo. 32.

PURLY, *v*. PARLY.

PYNCENT, 1430. fo. 176*b*.

Pynsent, Add. MS. 5533. p. 2.

REPINGTON, *of Armington*, 1180. fo. 21. 1187. fo. 108. 1189. fo. 24*b*. 1431. fo. 18. 6125. ff. 32*b*. 117*b*. 6183. fo. 33*b*.

RIDLINGTON, *Baron*, *v*. NOELL.

ROBERTS, *of Sutton Chenell*, *fr. Co. Shrop*. 1180. fo. 80. 1187. fo. 125. 1189. fo. 53. 1431. fo. 44. 6125. ff. 88. 111. 6183. fo. 81.

Roberts, 6125. fo. 120.

ROBINSON, *of Long Whatton*, *fr. Co. Berks*. 1180. fo. 130*b*. 1187. fo. 134. 1189. fo. 100*b*. 1431. fo. 92. 6183. fo. 108*b*. 6125. fo. 111*b*.

ROOSE, 6128. fo. 109.

ROSKIN, *of Melton Mowbray*, 810. fo. 18*b*. 1180. ff. 47. 135.

RUDIARD, *of Leicester*, *fr. Co. Staff*. 1180. fo. 151. 1187. fo. 139*b*. 1189. fo. 100. 1195. fo. 77. 1431. fo. 91*b*. 6125. ff. 104*b*. 113. 6183. fo. 121*b*.

RUDING, *of Westcote*, 1180. fo. 68. 1187. fo. 121*b*. 1189. fo. 83. 1195. fo. 98. 1431. fo. 74*b*. 6125. ff. 69*b*. 115. 6183. fo. 70*b*.

RUSKIN, 1551. fo. 7.

RYVELL, 1189. fo. 46. 1431. fo. 38.

SACHEVERELL, 1480. fo. 41. 1557. fo. 16.

Sacheverell, 6125. fo. 110*b*.

Sackville, Lord Buckhurst, 1189. fo. 2.

SALISBURY, *of Ravenstone*, 1180. fo. 133*b*. 1187. fo. 136*b*. 1189. fo. 104. 1431. fo. 95*b*. 6125. ff. 94*b*. 111*b*. 6183. fo. 111*b*.

Sandon, 6125. fo. 110*b*.

SAVILL, *or*, SAVELL, *of Blaby*, 810. fo. 20. 1180. fo. 59. 1187. fo. 119*b*. 1189. fo. 78. 1195. fo. 73. 1431. fo. 69*b*. 6125. fo. 62. 6183. fo. 63.

Savill, 1189. fo. 3. 6125. fo. 115.

SEGRAVE, *of Scalford*, 1180. fo. 10. 1187. fo. 101*b*. 1189. fo. 30*b*. 1431. fo. 24. 6125. fo. 17. 6183. fo. 18.

Segrave, 6125. fo. 113.

SHARP, *of Rolleston*, *fr. Cos. Cumb. and Rutl*. 1180. fo. 55*b*. 1187. fo. 119. 6125. ff. 60*b*. 110*b*. 6183. fo. 61*b*.

SHEPEY, 810. fo. 10*b*.

SHERARD, *of Stapleford*, *fr. Co. Lanc*. 810. fo. 11. 1180. fo. 6*b*. 1187. fo. 98*b*. 1189. fo. 19*b*. 1431. fo. 12*b*. 6125. ff. 7*b*. 112*b*. 6183. fo. 8*b*.

—————— *of Tonge*, *fr. Co. Lanc*. 1180. fo. 54. 1189. fo. 74. 1431. fo. 65*b*.

SHERMAN, *of Newark*, *fr. Co. Suff*. 1180. fo. 153. 1187. fo. 140. 1189. fo. 41*b*. 1195. fo. 78*b*. 1431. fo. 34*b*. 6125. fo. 105*b*. 113. 6183. fo. 122*b*.

SHIPWARD, *of Melton Mowbray*, *fr. Co. Glouc*. 1180. fo. 50. 1187. fo. 117. 6125. ff. 55. 119. 6183. fo. 56.

SHIRLEY, *of Shirley and Stanton*, *fr. Cos. Derby and Notts*. 890. fo. 12*b*. 1171. fo. 28. 1180. fo. 12*b*. 1187. fo. 104. 1553. fo. 15. 6125. fo. 24*b*. 6183. fo. 25*b*. Add. MS. 14,311. fo. 91*b*.

SKEFFINGTON, *or*, SKEVINGTON, *of Skeffington and Cos. Staff. and Shrop*. 810. ff. 16*b*. 17. 1180. ff. 5*b*. 74. 1187. ff. 97*b*. 123*b*. 1189. fo. 15. 1431. fo. 7*b*. 6125. ff. 4*b*. 112. 6183. ff. 5*b*. 77*b*.

SLORREY, *of Slorrey*, 1180. fo. 24. 1189. fo. 27. 1431. fo. 20*b*. 6125. fo. 43. 6183. fo. 44.

SMALLEY, *of Newbold*, *fr. Co. Derby*, 1180. fo. 46. 1187. fo. 116. 6125. ff. 52*b*. 119. 6183. fo. 53*b*.

SMITH, *of Bosworth*, 6125. fo. 114*b*.

——— *or*, CARRINGTON, *of Ashby Folville*, 1180. fo. 89. 1187. fo. 127*b*. 1189. fo. 27*b*. 1431. fo. 21. 6183. fo. 85*b*.

——— *or*, HARRIS, *of Wichcottes*, 1180. fo. 35*b*. 1187. fo. 115. 1189. fo. 42*b*. 1431. fo. 35*b*. 6125. fo. 48*b*. 6183. fo. 49*b*.

——— *or*, NEVILL, *of Holt*, *fr. Co. Essex*, 1180. ff. 11*b*. 101. 1431. fo. 54*b*. 6125. ff. 22. 115*b*. 6183. ff. 23. 85*b*. 1189. fo. 63.

Smith, of Shelford, 1189. fo. 3. 6125. fo. 117*b*.

SODINGTON, 1180. fo. 8*b*. 1189. fo. 48. 1431. fo. 40*b*. 6125. fo. 15. 6183. fo. 16.

SPIGURNELL, 1180. fo. 39. 1189. fo. 46. 1431. fo. 38. 6125. fo. 49*b*. 6183. fo. 50*b*.

STANFORD, *of Barkby*, 1180. fo. 114*b*. 1187. fo. 110. 1189. fo. 73. 1431. fo. 64*b*. 6125. ff. 12. 37. 110. 6183. fo. 38.

STANHOPE, 810. fo. 16*b*. 1180. ff. 5*b*. 74. 1187. fo. 98. 1189. fo. 15. 6125. fo. 5. 6183. fo. 6.

STARESMORE, *of Frowlesworth*, *fr. Co. Staff*. 810. fo. 8. 1180. ff. 5. 26*b*. 63. 1187. ff. 76. 99. 1188. p. 104. 1189. ff. 8. 26*b*. 30. 1195. fo. 97. 1431. ff. 1. 20. 6125. ff. 8*b*. 112. 6189. fo. 9*b*.

STARKEY, *of Tonge*, *fr. Co. Chesh*. 1180. ff. 54*b*. 124*b*. 1187. fo. 135*b*. 1189. fo. 94. 1431. fo. 85*b*. 6125. ff. 90*b*. 111*b*. 6183. fo. 103*b*.

STAVELEY, *fr. Co. Oxon*. 1180. fo. 91*b*. 1187. fo. 100. 1189. fo. 9*b*. 1431. fo. 2*b*. 1468. fo. 135. 6125. fo. 119. 6183. fo. 13.

Stokes, of Beaumannour, 1189. fo. 3*b*. 6125. fo. 120.

STONER, 810. fo. 5*b*.

STOURTON, *v*. STURTON.

STRELLEY, *of West Langton*, *fr. Co. Derby*. 810. fo. 9. 1180. fo. 142*b*. 1187. fo. 138*b*. 1189. fo. 108*b*. 1195. fo. 80*b*. 1431. fo. 100. 6125. ff. 100. 111*b*. 6183. fo. 117.

Strelley, 6125. fo. 120.

STURGES, 1180. fo. 48*b*. 6125. fo. 54*b*. 6183. fo. 55*b*.

STURTON, *or*, STOURTON, *of Narborough*, *fr. Co. Notts*. 1180. fo. 81. 1187. fo. 124*b*. 1189. fo. 54. 1431. fo. 45*b*. 6125. ff. 86*b*. 115*b*. 6183. fo. 79*b*.

SUTTON, *or*, HOWBY, 1180. fo. 15. 1189. fo. 17. 1431. fo. 10. 1982. fo. 84. 6125. fo. 27. 6183. fo. 28.

SWYNFEN, *of Sutton Chenell*, 1180. fo. 91. 1187. fo. 128. 1189. fo. 87. 1431. fo. 78*b*. 6125. fo. 111. 6183. fo. 87*b*.

Swynfen, 6125. fo. 120.
SYDENHALL, 810. fo. 14.
SYDNEY, *Earl of Leicester*, 1406. fo. 130*b*.
TEMPLE, *of Temple Hall, fr. Cos. Oxon. and Bucks.* 1180. fo. 120. 1187. fo. 132. 1189. fo. 92. 1139. fo. 97*b*. 1431. fo. 83*b*. 6125. ff. 80*b*. 116. 6183. fo. 97*b*.
TEVERY, *or*, TEVERLEY, 1093. fo. 41*b*.
THAME, *fr. Co. Oxon.* 1180. fo. 88. 1187. fo. 124*b*. 6125. ff. 87. 111. 6183. fo. 80.
THOMWORTH, 1556. fo. 175.
TRIMNELL, *of Stoke Golding, fr. Co. Staff.* 1180. fo. 125*b*. 1187. fo. 118*b*. 1189. fo. 94*b*. 1431. fo. 86. 6125. ff. 59. 110*b*. 6183. fo. 60.
TURNER, *of Leicester, fr. Co. Warr.* 1180. fo. 60*b*. 1187. fo. 120. 1189. fo. 78*b*. 1195. fo. 92*b*. 1431. fo. 70. 6125. ff. 63*b*. 115. 6183. fo. 64*b*.
TURPIN, *of Knapthorpe*, 810. fo. 5*b*. 1556. fo. 15.
Turpin, 1180. fo. 38. 1189. ff. 2. 45. 6125. fo. 115.
TURVILLE, *of Normanton and Thurlaston*, 810. fo. 20. 1180. fo. 28*b*. 1187. fo. 112. 1189. fo. 33. 1431. fo. 26*b*. 6125. fo. 41. 6183. fo. 42.
Turville, 6125. ff. 110*b*. 114.
TYLLEY, 810. fo. 5.
URMESTON, *v.* ARMESTON.
VELE, LE, 1187. fo. 141.
VILLERS, *of Brooksby*, 1180. fo. 15. 1187. fo. 105*b*. 1189. fo. 17. 1431. fo. 10. 6125. ff. 26*b*. 113. 6183. fo. 27*b*.
——— *v.* BROOKESBY.
VILLIERS, *of Burton Grange*, 6104. fo. 55*b*.
VINCENT, *of Missingham*, 1431. fo. 28. 6183. fo. 13*b*.
——— *of Peckleton, fr. Co. Linc.* 810. fo. 7. 1180. ff. 27. 49. 1189. fo. 30. 1431. fo. 23*b*. 1570. fo. 84. 6125. ff. 12*b*. 37*b*. 6183. fo. 38*b*.
——— *of Shepey*, 1180. fo. 48*b*. 1187. fo. 117. 6125. fo. 54*b*. 6183. ff. 55*b*. 56*b*.
Vincent, 6125. ff. 110*b*. 113*b*.
VOUGH, *or*, VOW, *of Halloughton*, 1180. fo. 143. 1187. fo. 138*b*. 1189. fo. 109. 1195. fo. 75*b*. 1431. fo. 100*b*. 6125. ff. 100*b*. 119. 6183. fo. 117*b*.
WALDIFFE, 886. fo. 63*b*. 6128. fo. 104.
WALKER, *of Bosworth*, 1180. fo. 92*b*. 1187. fo. 98. 1189. fo. 85*b*. 1195. fo. 81*b*. 1431. fo. 77. 6125. ff. 6*b*. 119. 6183. fo. 7*b*.
——— *of High Hampton, fr. Co. Staff.* 1187. fo. 107.
WALLEIS, *of Swithland*, 1180. fo. 52*b*. 1187. fo. 119. 6125. fo. 58*b*. 6183. fo. 59*b*.
Walleis, 6125. fo. 110*b*.
WALPOLE, 1153. fo. 86.
WALSALL, *or*, WALSHALL, *of Frowlesworth*, 1180. fo. 5. 1187. fo. 141. 1189. fo. 8. 1431. fo. 1. 6125. ff. 8*b*. 110. 6183. fo. 9*b*.
WALSH, 886. fo. 63*b*. 1415. fo. 134*b*. 1570. fo. 16. 2113. fo. 81. 6128. ff. 42*b*. 88. 104.
WALSHALL, *v.* WALSALL.
WARD, *of Carlton, and Co. Kent*, 1180. ff. 51. 53*b*. 1187. fo. 117*b*. 6125. ff. 56. 110*b*. 6183. fo. 57.

WARD, *or*, FARMER, *of Hugglescot, fr. Co. Chesh.* 1180. fo. 126*b*. 1187. fo. 136. 1189. fo. 95*b*. 1431. fo. 87. 6125. ff. 91*b*. 111*b*. 6183. fo. 104*b*.
WASE, *of Rotherby, fr. London*, 1180. fo. 149. 1187. fo. 139*b*. 1189. fo. 112. 1431. fo. 103*b*. 6125. ff. 104. 118. 6183. fo. 121.
WASHINGTON, 1553. ff. 135*b*. 136*b*.
WATERTON, 1570. fo. 84.
WELLESBOROUGH, 810. fo. 8*b*. 1180. fo. 15*b*. 1187. fo. 105. 6125. ff. 27*b*. 119*b*. 6183. fo. 28*b*.
WELSH, 1555. fo. 7.
WHALLEY, *of Norton, fr. Co. Notts.* 1180. fo. 102*b*. 1187. fo. 130. 1189. fo. 64*b*. 1431. f). 56. 6125. ff. 73*b*. 111. 6183. fo. 90*b*.
WHEATLEY, *of Castle Bromwich*, 1180. fo. 27*b*. 1189. fo. 31. 6125. ff. 39. 110*b*. 6183. fo. 40.
WHETHILL, *or*, WHITTLE, *of Shepey*, 810. fo. 11. 1180. fo. 23. 1187. fo. 109. 1189. fo. 26. 6125. ff. 34*b*. 113*b*. 6183. fo. 35*b*.
WHITAPH, *of Reresby*, 1180. fo. 66*b*. 1187. fo. 130*b*. 1189. fo. 81*b*. 1195. fo. 96*b*. 1431. fo. 73. 6125. ff. 75*b*. 119*b*. 6183. fo. 92*b*.
WHITGIFT, 1397. fo. 133*b*. Add. MS. 4963. fo. 2.
WHITING, *of Desford, fr. Co. Northampt.* 1180. fo. 58. 1187. fo. 118*b*. 1189. fo. 76*b*. 1195. fo. 95. 1431. fo. 68. 6125. ff. 61*b*. 111. 6183. fo. 62*b*.
WHITTLE, *v.* WHETHILL.
WICHARD, 1504. fo. 154. 1546. fo. 67. 6147. fo. 58.
WIGLEY, *of Scraptoft, fr. Co. Derb.* 1180. fo. 62. 1187. fo. 120. 1189. fo. 79. 1195. fo. 88. 1431. fo. 70*b*. 6125. ff. 65. 111. 6183. fo. 66.
WILCOCKS, *of Knossington*, 1180. fo. 92. 1187. fo. 129*b*. 1189. fo. 85. 1431. fo. 76*b*. 6183. fo. 88*b*.
Wilcocks, 6125. fo. 120.
WILLOUGHBY, *of Barkby*, 810. fo. 19. 1180. fo. 69*b*.
WILSON, 1180. fo. 13. 1189. fo. 23*b*. 1431. fo. 17. 6183. fo. 22.
WINCOLL, *of Leicester, fr. Co. Suff.* 1180. fo. 111. 1187. fo. 105. 1189. fo. 70*b*. 1431. fo. 62. 6125. ff. 28. 110. 6183. fo. 29.
WINTER, *of Worthington*, 810. fo. 13*b*. 1180. fo. 20*b*. 1187. fo. 107. 1189. fo. 24. 1431. fo. 17*b*. 6125. ff. 30. 113. 6183. fo. 31.
WIRLEY, 1180. fo. 83*b*. 1189. fo. 55*b*. 1431. fo. 47. 6125. fo. 3. 6183. fo. 4.
WOODFORD, 1139. fo. 84*b*. 1180. ff. 15*b*. 24*b*. 1187. fo. 104. 1189. ff. 21. 27*b*. 1431. ff. 14. 21. 6125. ff. 24. 35*b*. 119. 6183. ff. 25. 27. 36*b*.
WRIGHT, *of Sutton*, 1180. fo. 106*b*. 1187. fo. 131*b*. 1189. fo. 68*b*. 1431. fo. 60. 6125. ff. 78. 119*b*. 6183. fo. 95.
WYGSON, *of Belgrave*, 810. fo. 20*b*.
YARD, *of Cosby, fr. Co. Devon.* 1180. fo. 57. 1187. fo. 118*b*. 1189. fo. 77. 1195. fo. 82. 1431. fo. 68*b*. 6125. ff. 61. 115. 6183. fo. 62.

LINCOLNSHIRE.

ADAMS, of Holland, 1550. fo. 193.
AFFORDBY, *of Billesley,* 1097. ff. 78b. 82b.   1190.
     ff. 31b. 49b.   1484. fo. 15b.   1550. fo. 53.
AINCOURT, 1097. fo. 116b.   1190. fo. 51.   1484.
     fo. 33.
AISCOUGH, *v.* ASCOUGH.
AKE, *v.* ASKE.
ALLEN, *of Grantham, fr. Co. Staff.* 1097. fo. 59.
     1190. fo. 23.   1484. fo. 23.   1550. fo.
     149b.
ALLET, 1097. fo. 73.   1484. fo. 12.
ALLYN, Add. MS. 14,311. fo. 96.
AMCOTTS, *of Astrop and Were Temple,* 1097. fo.
     108b.   1190. fo. 94b.   1484. fo. 31b.
     1550. fo. 159b.
ANDERSON, *of Newcastle,* 1550. fo. 216b.
ANGEVILLE, *or,* AUNGEVILLE, *of Thethelthorpe,*
     1097. fo. 47.   1136. fo. 6b.   1190. fo. 74.
     1484. fo. 16.   1550. ff. 75. 147b.
ANTON, *or,* ANNTON, *of Lincoln, fr. Cos. Hants.*
     and York. 1550. fo. 117.
ARKEBUS, 1190. fo. 44b.   1484. fo. 10.   1550.
     fo. 36b.
ARMSTRONG, *of Corby,* 1097. fo. 97.   1190. fo.
     62.   1484. fo. 27b.   1550. fo. 173b.
ARMYN, *v.* ERMYN.
Arneway, 1550. fo. 223.
ASCOUGH, *or,* AISCOUGH, *of Blyborough, fr. Co.*
     Cumb. 1097. fo. 61b.   1190. fo. 26b.
     1550. fo. 66b.   1484. ff. 6. 26.
———— *of Bullen, fr. Co. Rutland.* 1097. fo.
     48b.   1190. fo. 59b.   1484. fo. 29(*a. b.*)
———— *of Pott Grange and South Kelsey, fr.*
     Co. York. 1097. fo. 62.   1190. fo. 56b.
     1550. ff. 78b. 79b.
ASHTHORPE, 1190. fo. 94b.   1550. fo. 160.
ASKE, *or,* AKE, 1190. fo. 38b.   1484. fo. 12b.
     1550. fo. 237b.
ASTERBY, *v.* ESTERBY.
ATBEKE, *or,* LEGBORNE, 1190. fo. 9.   1484. fo.
     19.   1550. fo. 32b.
ATHALL, 1097. fo. 72b.   1190. fo. 38b.   1484.
     fo. 12b.   1550. ff. 44. 237b.
ATWELL, *of Legborn,* 1097. fo. 100b.   1190.
     fo. 16b.   1484. fo. 9b.   1550. fo. 23.
AUDLEY, *of Boston, fr. Co. Derby.* 1097. fo. 89.
     1190. fo. 32b.   1484. fo. 23.   1550. fo. 20b.
AUNCELL, 1190. fo. 9.   1484. fo. 19.   1550.
     fo. 32b.
AUNGEVILLE, *v.* ANGEVILLE.
AYLMER, *v.* ELMER.
AYSTERLY, *of Croxby,* 1550. fo. 53.
BANESTER, *of Epworth, fr. Co. Lanc.* 1550. fo.
     120b.
BARD, *or,* BEARD, *of North Kelsey,* 1097. fo. 63b.
     1190. fo. 44.   1484. fo. 10.   1550. fo.
     51b.
Bardeney, 1550. fo. 193b.
BARKLEY, *of Wymondham,* 1190. fo. 92.
BARNAKE, *v.* BERNAKE.
BARNARD, *of Spilsby,* 1550. fo. 139b.
BARNARDISTON, *or,* BRAMSTON, 1097. fo. 108.
     1190. fo. 93b.   1484. fo. 31b.
Barnardiston, of Great Cotes, 1550. fo. 193.

BASFORD, 1097. fo. 63.   1190. fo. 45.
BASTON, 1550. fo. 179.
Bate, 1550. fo. 192.
BATONNA, 1097. fo. 85.   1550. fo. 167b.
Batt, of Boston, 1550. fo. 192b.
BAWDE, *or,* BAUDE, *of Somerby,* 1097. fo. 70.
     1190. fo. 33b.   1484. fo. 6.   1550. fo.
     9*b.
BAWDREY, *of Boston,* 1097. fo. 43b.
BAYLY, *of Louth,* 1550. fo. 133.
BEARD, *v.* BARD.
BEESTON, *of Holton, fr. Co. Chesh.* 1550. fo. 83.
BEKERING, 1550. fo. 166b.
BELL, *of Bennington,* 1097. ff. 60b. 84.   1190.
     fo. 11.   1484. fo. 21.   1550. fo. 70b.
Belleward, 1420. fo. 226.
BELLINGHAM, *of Gromby Wood and Manton,*
     1097. fo. 94b.   1190. fo. 65.   1484. fo. 26.
     1550. fo. 54.
Bellingham, 1190. fo. 100b.
BENINGTON, *of Bennington,* 1097. fo. 85.   1190.
     fo. 29.   1484. fo. 22.   1550. fo. 167b.
BENNET, *of Boston,* 1097. fo. 109b.   1550. fo.
     176b.
BERNAKE, *or,* BARNAKE, 1097. fo. 43.   1190. fo.
     69b.   1484. fo. 19b.   1550. ff. 31b. 45.
     60b.
Berty, Lord Willoughby, 1190. fo. 95.
Bery, of Bitchfield, 1550. fo. 192.
BILLESBY, *of Billesby,* 1097. fo. 59b.   1190. ff.
     12. 23b.   1484. ff. 14. 15b.   1550. fo.
     42b.
BILLING, 1097. fo. 88b.   1190. fo. 17b.   1484.
     fo. 24.   1550. fo. 22b.
BINGHAM, 1097. fo. 42.   1190. fo. 73.   1484.
     fo. 28b.
BIRD, *of Pinchbeck, fr. Co. Cumb.* 1536. fo. 6b.
     1550. fo. 69b.   3391. fo. 1b.
BISHOP, *of Hemswell,* 1550. fo. 111.
BLAKE, 1550. fo. 233b.
BLAXSTONE, *of Horncastle, fr. Co. York.* 1550.
     fo. 129b.
BLESBY, 1550. fo. 86b.
BLEWETT, *or,* BLUET, *of Harlaxton,* 1097. fo.
     69b.   1190. fo. 33.   1484. fo. 5b.   1550.
     fo. 7b.
BLINCKARME, 1468. fo. 141b.
BLITHE, *or,* BLYTHE, *of Stranston, or, Straxton,*
     1097. fo. 56b.   1190. fo. 77.   1484. fo.
     15b.   1550. fo. 117b.
Blithe, or, Blythe, 1550. fo. 192.
BLOUNT, *Lord Mountjoy,* 1550. fo. 78.
BLUET, *v.* BLEWETT.
BLUNT, 1097. fo. 93.   1190. fo. 67.   1550. fo.
     174b.
BLYTHE, *v.* BLITHE.
BOGG, *of Sutterton,* 1550. fo. 163.
BOHAM, *v.* BOHUN.
BOHUN, *or,* BOHAM, *of Dryby,* 1082. fo. 65b.
     1097. ff. 64b. 85.   1190. ff. 29. 76b.   1484.
     ff. 10b. 22.   1550. ff. 46. 167b.
BOIS, *of Burne,* 1550. fo. 194b.
Bois, 1550. fo. 192.

BOLE, *of Gosberkirke*, 1190. fo. 81.

BOLLS, *v.* BOWLES.

BOLLINGBROOK, *of Stallingborough*, 1097. fo. 49b. 1190. fo. 61b.   1484. fo. 29b.   1550. fo. 80b.   1570. fo. 14.

Bolls, 1550. fo. 249b.

BOOTH, *of Goxhill and Wotton*, 1550. fo. 114b.
—— *of Middle Soyle*, *fr. Co. Lanc.* 1097. fo. 50.   1190. fo. 58b.   1484. ff. 9. 28b. 1550. fo. 73b.

BOROUGH, *or*, BURGH, *of Waltham*, *fr. Co. York.* 1097. fo. 75.   1190. fo. 40b.   1484. fo. 13b.   1550. ff. 26. 121b.

Borough, Lord, 1190. fo. 95.

BOSOM, 1550. fo. 4b.

BOUNTAYNE, *of Hagwortham*, 1550. ff. 136b. 233b.

Bouthby, 1550. fo. 192b.

Bowcher, 1550. fo. 193b.

BOWLES, *or*, BOLLS, *of Haugh*, 1097. fo. 57. 1100. fo. 8b.   1190. fo. 86b.   1484. fo. 29b.   1534. fo. 24.   1550. fo. 54b.   Add. MS. 14,311. fo. 14b.

BOWYETT, 1097. fo. 47.

BOZUN, 1560. fo. 5.

BRADLY, *of Louth*, 1190. fo. 80.   1550. fo. 203.

BRADSHAW, 1484. fo. 35b.

BRALEFORTH, 1484. fo. 38.

BRAMPTON, *of South Reston*, *fr. Co. Norf.* 1550. fo. 221.

BRAMSPITH, *of Heppam and Upton*, 1550. fo. 118.

BRAMSTON, *v.* BARNARDISTON.

BRAND, *v.* BREND.

BRAY, *of Hallywell*, 1097. fo. 70.

BRAYTOST, 1097. fo. 42b.   1082. fo. 69b.   1190. fo. 72.   1400. fo. 12b.   1484. fo. 20.   1550. ff. 44b. 84.   1555. fo. 26b.

BREND, *or*, BRAND, *of Branston*, *fr. Co. Notts.* 1550. fo. 116.

BRIGHOUSE, *of Colby*, *fr. Co. York.* 1550. fo. 104.

BROCKELSBY, *of Glentworth*, 1097. fo. 115b. 1190. fo. 51b.   1484. fo. 32b.   1550. fo. 231.

BROGRAVE, *of Kirkby*, *fr. Cos. Kent and Northampt.* 1550. fo. 148b.

BROMFIELD, *of Bullingborough*, *fr. Co. Norf.* 1550. fo. 41.

BROOKBANK, *of Alford*, 1550. fo. 208b.

Brookbank, 1550. fo. 193b.

BROWNE, *of Croft*, *fr. Co. Herts.* 1550. fo. 131b.
—— *of Hill*, 1097. fo. 42.   1190. fo. 72b. 1484. ff. 12. 28b.
—— *of Stamford*, 890. fo. 46.   1094. fo. 22.   1138. fo. 18.   1171. fo. 23b.   1184. fo. 22.   1187. fo. 40b.   1188. p. 45. 1553. fo. 41.

BROWNLOWE, *of Kirkby*, *fr. Co. Derby.* 1190. fo. 90.   1550. fo. 153.

BROXHOLME, *of Corringham and Lincoln*, 1550. fo. 98b.
—— *of Otesby*, 1097. fo. 98b.   1190. fo. 19b.   1484. fo. 11.

BRUSE, 1097. ff. 42. 104b.   1190. ff. 72b. 94. 1484. ff. 28b. 30b.   1550. fo. 24b.

BRYAN, *of Bullingbroke*, 1550. fo. 140b.

BRYTAYNE, 1484. fo. 37b.

BUCK, *of Hambeck Grange*, 1550. fo. 76b.

BULLER, *of Barkston*, 1550. fo. 137b.

BULTON, 1550. fo. 233.

BURDETT, 1484. fo. 34b.

BURGES, *of Creyton*, *fr. Co. Kent.* 1550. fo. 228b.

BURGH, *v.* BOROUGH.

Burghleigh, Baron, *v. Cecill.*

BURRELL, 1546. fo. 119b.

Burrell, 1550. fo. 246.

BURTON, Add. MS. 12,224.
—— *of Cotes*, 1550. fo. 124.

Burton, of Deeping, 1550. fo. 192.

Bury, 6125. fo. 119.

BUSSY, *of Haugham*, 1097. fo. 69.   1190. fo. 47b. 1484. fo. 4.   1550. fo. 5b.

BUTLER, *of Cotes*, 1550. fo. 121.

CABORNE, of Trusthorpe, 1550. fo. 192b.

Capp, 1550. fo. 193.

CARBY, 1097. fo. 110.   1484. fo. 32.   1550 ff. 212b. 219b.

CARR, *of Sleaford*, 1097. fo. 92b.   1190. fo. 66b 1484. fo. 25.   1550. ff. 9. 179.   Add. MS. 14,283. fo. 92.

CARSEY, *of Reresby*, 1097. fo. 93b.   1190. fo. 66.   1484. fo. 25b.   1504. fo. 9.   1546. fo. 52b.   1550. ff. 41b. 67.

CARTER, *v.* HASELDEN.

CARTWRIGHT, *of Normanby*, *fr. Co. Notts.* 1550. fo. 112b.

CASTILLION, SKERNE, *or*, STEWARD, 1550. fo. 237b.

CASTLETON, *v.* WELBY.

Cawtherne, 1550. fo. 193.

CAYTHORP, 1097. fo. 48b.   1190. fo. 59.   1484. fo. 29b.   1550. fo. 80.

Cecill, Baron Burghleigh, 1190. fo. 95b.

Chamberlyn, 1550. fo. 193b.

CHANNELL, 1097. fo. 49b.   1190. fo. 61b.   1484. fo. 29b.   1550. fo. 80b.

CHATOR, *of Byckirk*, 1097. fo. 101b.   1190. fo. 15.   1484. fo. 10b.   1550. fo. 175.

CHILTON, 1550. fo. 86b.

Claremont, *of Frampton*, 1550. fo. 192.

CLARKE, *of Ledenham*, 1097. ff. 65b. 96b.   1190. ff. 42. 64b.   1484. fo. 7b.   1550. ff. 10b. 71b.

Claypoole, *of Latham*, 1550. fo. 193.

CLAYTON, *of Appleby*, 1550. fo. 104b.
—— *of Lea*, 1550. fo. 113.

CLEMENT, *of Leverton*, 1097. fo. 84.   1190. fo. 11.   1484. fo. 21.   1550. fo. 70(*a. b.*)

CLIFFORD, *of Brakenborough*, 1097. fo. 105. 1190. fo. 94.   1484. fo. 30b.   1550. fo. 203b.

Clinton, 1190. fo. 95.

COBB, *of Sandringham*, 1550. fo. 83b.

COCKFIELD, 1097. fo. 49b.   1190. fo. 61b.   1484. fo. 29b.   1550. fo. 80b.

Cockrington, *of Cockerington*, 1550. fo. 193b.

COLSTON, 1171. fo. 28b.

COLUMBELL, *of Blyton*, *fr. Co. Derby.* 1550. fo. 109.

COLVILLE, *of Hornby*, 1097. fo. 71.   1190. fo. 34.   1449. ff. 22. 87.   1534. fo. 1b. 1550. fo. 8b.   1560. fo. 175b.

Colvile, 1550. fo. 192.

COMBERWORTH, 1097. fo. 64.   1190. fo. 45b. 1484. fo. 10b.   1550. fo. 48b.

CONNEY, *of Bassingthorpe*, 1077. fo. 44b.   1097. fo. 68b.   1173. fo. 36b.   1190. fo. 47. 1463. fo. 5b.   1484. fo. 7.   **1550. fo. 3b.** 6128. fo. 42.

Conney, 1190. fo. 104*b*.

CONYERS, 1190. fo. 61.   1484. fo. 30.   1550. fo. 78.

COPLEDYKE, *of Harrington and Tynton*, 1097. fo. 56.   1190. fo. 21.   1484. fo. 16*b*. 1534. fo. 123.   1550. fo. 12*b*.

CORINDYE, 1173. fo. 36*b*.

COTTON, *of Burton.,fr. Co. Staff*. 1550. fo. 109*b*.

Cranwell, of Cranwell, 1550. fo. 192.

CRATHORNE, *or*, CRETHORNE, *of Salaby, fr. Co. York*. 1097. fo. 97*b*.   1190. fo. 20*b*.   1484. fo. 27*b*.   1550. fo. 174.

CRAYCROFTE, *of Craycrofte*, 1097. fo. 82.   1190. fo. 2.   1484. fo. 20.   1550. fo. 161*b*.

Craycrofte, 1190. fo. 99.

CRESSY, *of Blyborough, fr. Cos. Notts. and York*. 1550. ff. 97. 195*b*.

Cressy, 1190. fo. 101.

CRETHORNE, *v*. CRATHORNE.

Croft, of Dalton, 1550. fo. 223.

CROMWELL, 1097. fo. 43*b*.   1190. fo. 70. 1484. fo. 19*b*.   1550. fo. 60*b*.

CURTEIS, *of Clye and Toynton*, 1550. fo. 185*b*.

DACKOMBE, 890. fo. 40*b*.

Dalison, of Gretwell, 1550. fo. 193.

DALLISON, *of Kirmington and Langston*, 1097. fo. 107.   1190. fo. 6*b*.   1484. fo. 31.   1550. fo. 177*b*.

———— *of Scotney*, 1190. fo. 7.

DANBY, *of Billesby, fr. Co. York*. 1550. fo. 147.

DARBY, *of Bennington*, 1097. fo. 85.   1190. fo. 29.   1484. fo. 22.   1550. fo. 167*b*.

DARCY, 1097. fo. 49.   1190. fo. 61.   1484. fo. 30.   1550. fo. 78.

DARNELL, *of Thornholme*, 1097. fo. 44*b*.   1190. ff. 68. 71.   1484. ff. 6. 12.   1550. fo. 91.

DAWBENEY, 1097. fo. 45.   1190. fo. 85.

DEANE, *of Baraby*, 1190. fo. 36.   1550. fo. 8*b*. 1560. fo. 5.

DE LA MORE, 1097. fo. 49.   1190. fo. 61.   1484. fo. 30.   1550. fo. 78.

De la Poole, 1190. fo. 95.

DENTON, 1546. fo. 126.

DEWCAKRIGES, 1550. fo. 167.

DIGHTON, *of Hockstone, fr. Co. York*. 1550. fo. 102*b*.

———— *of Stourton*, 1097. fo. 53*b*.   1550. fo. 182.   1484. fo. 31.

———— *of Wynsby*, 1097. fo. 53.   1484. ff. 27. 30.(*a. b*.)   1550. fo. 182.

DISHEBORNE, *of Boston*, 1097. fo. 79.

DISNEY, DEISNEY, *or*, ISNEY, *of Norton Disney*, 1097. ff. 52*b*. 67. 106.   1190. fo. 82*b*.   1400. fo. 12*b*.   1484. fo. 7.   1550. ff. 10. 61*b*. 1555. fo. 217.

DOUGHTIE, *of Boston, fr. Co. Derby*. 1550. fo. 125*b*.

DOWSTOW, 1550. fo. 233*b*.

DRIBY, 1550. fo. 45.

DYMOKE, *of Scrivelsby*, 1097. fo. 55.   1190. fo. 75*b*.   1484. fo. 19.   1550. ff. 58*b*. 80*b*.

DYON, *of Tathwell*, 1550. fo. 52.

DYVE, *of Kinnerby*, 1097. fo. 67.   1150. fo. 62.

ECCLESTON, *of Elsham, fr. Co. Lanc*. 1550. fo. 103.

EGMANTON, 1550. fo. 237*b*.

Elerick, v. Erly.

Elkington, 1550. fo. 193*b*.

ELLIS, *of Swineshead*, 1097. fo. 115*b*.   1190. fo. 26.   1484. fo. 29.   1550. fo. 35*b*.

ELMER, *or*, AYLMER, *of Risby, fr. Co. Norf*. 1550. fo. 135*b*.

ELTON, *of Frisby*, 1097. fo. 56.   1550. fo. 13*b*.

ENGAINE, *or*, INGAINE, 1097. fo. 85.   1190. fo. 29.   1484. fo. 22.   1550. fo. 167*b*.

ERBY, *or*, IRBY, *of Waplod*, 1550. fo. 180.

Erle, of Stickswold, 1550. fo. 193.

Erly, or, *Elerick*, 1550. fo. 193*b*.

ERMYN, *or*, ARMYN, *of Osgerby, fr. Co. York*. 1190. fo. 37*b*.   1484. fo. 33*b*.   1550. fo. 91*b*.

ESTERBY, *or*, ASTERBY, *of Howton*, 1550. fo. 190.

ESTON, 1097. fo. 78.

EVERINGHAM, *of Barton upon Humber, fr. Co. York*. 1550. fo. 116*b*.

EVINGTON, *of Spalding, fr. Co. Leic*. 1550. fo. 159.

EWERBY, *of Brakenborough*, 1097. fo. 104*b*.   1190. fo. 94.   1484. fo. 30*b*.   1550. fo. 203*b*.

FARRER, *or*, FERRES, 1550. fo. 192.

FAYREFAX, *of Cunsby and Swarby*, 1190. fo. 79*b*. 1550. fo. 206*b*.

Fayrefax, of Deepin Gate, 1550. fo. 193*b*.

FEARNE, *or*, FERNE, *of Temple Bell Wood, fr. Cos. Derby and Essex*, 1190. fo. 89*b*.   1550. ff. 171. 221.

FERNE, *v*. FEARNE.

Ferres, v. Farrer.

FINCH, 1550. fo. 167.

Fisher, of Freckingham, 1550. fo. 223.

Fitz-Richards, 1550. fo. 193.

FITZ-WILLIAMS, 1097. fo. 58.   1190. fo. 21*b*. 1484. fo. 30.   1487. fo. 360.   1550. ff. 89. 155.

———— *of Claworth*, 1550. fo. 179*b*.

———— *of Shampden, fr. Co. Essex*, 1550. fo. 162*b*.

FODDRINGE, *v*. FORDINGHAM.

Fodyrby, 1550. fo. 193*b*.

FORDINGHAM, *or*, FODDRINGE, 1484. fo. 13.   1550. fo. 29*b*.

FORMAN, *of Gainsborough*, 1190. fo. 76.   1550. fo. 206.

FORSETT, *of Billesby*, 1550. fo. 191.

FRANCKISH, 1102. fo. 83*b*.   1151. fo. 82*b*. 1193. fo. 83*b*.   1234. fo. 24*b*.   1391. fo. 89*b*.

FRANKE, *of Grimsby*, 1097. fo. 108.   1190. fo. 93*b*.

FRISKENEY, *of Bennington*, 1190. fo. 12.

———— *of Friskeney*, 1097. fo. 86*b*.   1190. fo. 71*b*.   1484. fo. 22*b*.   1550. ff. 19. 42*b*.

FROME, 1097. fo. 104*b*.   1190. fo. 94.   1484. fo. 30*b*.

FULGAMB, *or*, FULGEAM, *of Milton*, 1484. fo. 37*b*.

FULGEAM, *v*. FULGAMB.

FULNETBY, 1097. fo. 47*b*.   1190. fo. 74*b*.   1484. fo. 15.   1550. fo. 48.

GAMLYN, *of Spalding*, 1550. fo. 201*b*.

GANNOKE, *of Sibsey*, 1550. fo. 230*b*.

Gannoke, of Boston, 1550. fo. 193*b*.

Gant, 1190. fo. 95.

GARDNER, *of Bishop's Norton and Kirton*, 1097. fo. 114.   1190. fo. 52*b*.   1484. fo. 32*b*. 1550. fo. 101*b*.

Gardner, of Belton, 1550. fo. 192*b*.

GARRET, 1187. fo. 37.   1188. p. 41.

GASCOIGNE, 1394. p. 206.

GASKARICHE, *of Killingholme*, 1097. fo. 50.   1190. fo. 58*b*.   1484. fo. 28*b*.   1550. fo. 74.

GATES, 1097. fo. 85*b*.

Gates, of Gosberton, 1550. fo. 193.

GAUNT, 1100. fo. 24.

GEDNEY, *of Enderby*, 1097. fo. 80*b*.   1190. fo.
9*b*.   1484. fo. 18.   1535. fo. 249*b*.   1550.
fo. 12.
Gegg, 1550. fo. 193*b*.
GERING, *of Winterton*, 1153. fo. 85(*a.b.*)   1550.
fo. 1.
GIBTHORPE, *or*, THORPE, *of Friskeney*, 890. fo.
40*b*.   1097. ff. 43. 63.   1190. ff. 15*b*. 45.
1484. fo. 9*b*.   1550. fo. 36.
GILBERT, *or*, KNYVETON, *of Yolgrave*, 1484. fo.
35.
GILBY, *of Steynton and West Randall*, 1097. fo. 74.
1187. fo. 67*b*.   1188. p. 94.   1190. fo.
39*b*.   1484. fo. 13*b*.   1550. fo. 56.
Girlington, 1550. fo. 192*b*.
GLAPWELL, 1484. fo. 38.
GOCHE, *or*, GOOCH, *of Alvingham, fr. Co. Notts*.
1190. fo. 4.   1550. fo. 141*b*.
GODFREY, 1547. fo. 84*b*.
GOOD, *of Girsby and Ownby*, 1190. fo. 48.   1550.
fo. 220*b*.
GOODHALL, *of Halliwell*, 1190. fo. 91.   1550. fo.
217.
GOODHAND, *of Newton Wold and Kyrman*, 1550.
fo. 145*b*.
GOODINGE, *of Fostwicke*, 1190. fo. 48.
GOODRICKE, *of Bolingbrook*, 1190. fo. 4*b*.   1484.
fo. 32*b*.
————— *of East Kirkby*, 1097. fo. 113.   1190.
fo. 54.   1550. fo. 134.
Goverey, of Stanigod, 1550. fo. 192*b*.
GRANDORGE, *of Donnington*, 1097. fo. 87*b*.   1190.
fo. 29*b*.   1484. fo. 22*b*.   1550. fo. 17.
GRANTHAM, *of Donham*, 1097. fo. 48.   1190.
fo. 80(*a.b.*)   1484. fo. 29.   1550. fo. 75*b*.
Grantham, of Langton, 1190. fo. 99.
GRAUNT, 1097. fo. 47*b*.   1190. fo. 74*b*.   1484.
fo. 15.
GRAY, *of Codnor*, 1484. fo. 34.   1550. fo.
106.
—— *of Irford*, 1550. fo. 106.
GREGORY, *of Stockwith, fr. Co. Derby.* 1550. ff.
119*b*. 187*b*.
GRESLEY, *of Laseby, fr. Co. Devon.* 1550. fo. 114.
GRIMSBY, 1190. fo. 91.   1550. fo. 217.
GRISLING, *or*, GRYSLING, *of Algorby*, 1097. fo. 93.
1190. fo. 67.   1484. fo. 25.   1550. fo.
16*b*.
GUEVARA, *of Stanygott*, 1550. fo. 214*b*.
GULL, 1550. fo. 70.
GYBSONN, *of Tidd St. Mary's, fr. Co. York*, 1550.
fo. 244.
Gyllett, 1550. fo. 192*b*.
HALL, *of Grantham,* 1190. fo. 21*b*.   1484. ff.
30. 33.   1550. ff. 88*b*. 154*b*.
———— *of Sarnforth*, 1097. fo. 77*b*.   1190. ff.
48*b*. 57*b*.   1484. fo. 14*b*.   1550. fo. 165.
HALTON, *of Maplethorpe*, 1041. fo. 34.   1191.
fo. 30.   1543. fo. 25.   1550. fo. 137.
HANBY, *of Auford and Brocklesby*, 1097. ff.
50. 98.   1190. ff. 18*b*. 59.   1484. fo. 28.
1550. fo. 40*b*.
HANSARD, *of Shartha*, 1550. fo. 95*b*.
—————— *of Walworth*, 1097. ff. 49. 103*b*.   1190.
ff. 5. 60*b*.   1484. ff. 12. 30.   1550. ff.
77*b*.
Hargrave, of Tofte, 1190. fo. 95.   1550. fo. 193.
HARINGTON, *of Witham, fr. Co. Lanc.* 1097. fo.
97.   1164. ff. 92*b*. 93.   1190. fo. 62.
1550. ff. 173*b*. 194*b*.   4031. fo. 72.

HARRISON, *of Reisley, fr. Co. Durham*, 1550. fo.
97*b*.
——————— *or*, THORPE, *of Sillington and Wain-
fleete*, 1550. fo. 179.
HASELDEN, *or*, CARTER, *of Stamford, fr. Co.
Leic.* 1550. fo. 188*b*.
HATCHER, *of Carby*, 1190. fo. 50*b*.   1550. fo.
202*b*.
Hatcher, 1550. fo. 192*b*.
HATCLIFFE, *of Hatcliffe and Thurswaye*, 1190. fo.
3.   1550. fo. 143*b*.
HAWIS, 1550. fo. 53.
HAWKES, 1097. fo. 42.
HAWLEY, *of Gresby*, 1550. ff. 78*b*. 88.   1556. fo.
162.
HEADON, *of Moulton, fr. Co. Herts.* 1097. fo. 87.
1190. fo. 32.   1484. fo. 22*b*.   1550. fo. 19*b*.
HELWISH, *of Worloby, fr. Co. Notts.* 1550. fo.
164*b*.
HENADGE, *of Haynton*, 1097. fo. 41.   1550. ff.
86*b*. 88.
HERON, *of Cressey, fr. Co. Northumb.* 1097. fo. 61.
1190. fo. 24.   1484. fo. 13.   1550. fo. 90.
HERTHULL, 1484. fo. 34*b*.
HEYTON, *of Long Sutton and Westerkele*, 1550.
fo. 130*b*.
HICKMAN, *of Gainsborough, fr. Cos. Essex and
Oxon.* 1190. fo. 90*b*.   1550. fo. 204*b*.
HILL, 6104. fo. 16*b*.
Hill, 1550. fo. 193.
HILTON, 1550. fo. 39*b*.
————— *v.* HULTON.
Hobsonn, of Spalden, 1550. fo. 223.
HOLBEACH, *or*, HOLBECK, *of Stow*, 1097. fo. 105*b*.
1190. fo. 7*b*.   1484. fo. 5*b*.   1550. ff.
110*b*. 237.
HOLBECK, *v.* HOLBEACH.
HOLLAND, *of Stevington*, 1097. fo. 60.   1190. ff.
11. 24*b*.   1484. fo. 20*b*.   1550. fo. 70*b*.
—————— *of Swinstead*, 1097. ff. 60*b*. 84.
HOLLIS, *of Grimsby, fr. Cos. Notts. and Warwick.*
1550. fo. 37*b*.
HOPKINSON, *of Alford, fr. Co. Northumb.* 1550.
fo. 241*b*.
Horne, 1550. fo. 193*b*.
HORNSEY, 4108. fo. 10.
HORSEMAN, *of Slyford*, 1550. fo. 197.
HOUGH, *of Hough*, 1550. fo. 46*b*.
HOWSON, *of Wigtoft*, 1550. fo. 125.
HUDDLESTON, 1097. fo. 111.   1190. fo. 54*b*.   1484.
fo. 32.   1550. ff. 219. 232*b*.
Hudleston, of Pinchbeck, 1550. fo. 193.
HULTON, *or*, HILTON, *of Donnington*, 1097. fo. 86.
1190. fo. 28*b*.   1484. fo. 22.   1550. fo.
172*b*.
HUMFINES, 1550. fo. 62.
HUNGATE, 1484. fo. 29*b*.   1550. fo. 80.
HUNSTON, *of Boston, fr. Co. Norf.* 1190. ff. 3*b*.
45.   1550. fo. 164.
HUSSEY, *of Gonthorpe*, 1550. fo. 200.
————— *of Hador*, 1550. fo. 199.
————— *of Hunnington*, 1190. fo. 92.   1484. fo.
7.   1550. ff. 10. 46*b*. 148. 199*b*.
HUTTON, *of Tuddowe*, 1190. fo. 61.   1484. fo.
30.   1550. fo. 78*b*.
INGAINE, *v.* ENGAINE.
INGLEBY, 1550. ff. 80*b*. 233.
ION, *or*, JON, *of Filmingham*, 1550. fo. 101.
IRBY, *v.* ERBY.
IRONSIDE, *of Ormsby*, 1550. fo. 233.

Ironside, 1550. fo. 193.
ISNEY, *v.* DEISNEY.
JARVIS, 1401. fo. 30.   1534. fo. 7*b*.   6774. fo.
     46.   6775. fo. 30.   Add. MS. 4962. fo. 26*b*.
JAY, 886. fo. 51*b*.
JEKELL, 1398. fo. 14.   1541. fo. 21.
Jenkinson, 1550. fo. 192*b*.
JENNEY, *of Hornecastle, fr. Co. Suff.* 1097. fo.
     99*b*.   1190. fo. 87*b*.   1484. fo. 15.   1550.
     fo. 198.
JENYSON, *of Kendyngton, fr. Co. Norf.* 1550. fo.
     128*b*.
JOHNSON, *of Thwayte, fr. Co. Norf.* 1550. fo. 142*b*.
Johnsonn, 1533. fo. 115.
KELK, *of Barnetby, fr. Co. York.* 1097. fo. 106*b*.
     1190. fo. 6.   1484. fo. 31*b*.   1550. fo. 228.
——— *of Grimsby*, 1550. fo. 95.
KETTLEBY, 1041. ff. 36*b*. 67.   1191. fo. 27*b*.
     1543. fo. 7.
KIDALL, *or*, KYDDALL, *of Ferriby*, 1550. ff. 106*b*.
     236*b*.
KINGSTON, *of Grimsby*, 1550. fo. 95.
KIRTON, *of Holland*, 1097. fo. 45*b*.   1190. fo.
     77*b*.   1484. fo. 18.   1550. fo. 15*b*.
KNIGHT, *of Kennington*, 1550. fo. 127*b*.
KNIGHTSBRIDGE, 1097. fo. 112.
KNYVETON, *v.* GILBERT.
KYME, 1550. fo. 80*b*.
——— *of Friskeney*, 1484. fo. 11*b*.
——— *of Stickford*, 1550. fo. 60*b*.
LACON, *of Humberston, fr. Co. Shrop.* 1550. fo.
     145.
——— *of Tetney*, 1550. fo. 144*b*.
LACY, *Earl of Lincoln*, 1045. fo. 100.   1424. ff.
     3*b*. 55.   1505. ff. 3*b*. 55.   1535. ff. 37*b*.
     38*b*.   2142. fo. 170.   2076. fo. 12.
     2187. fo. 6.   5182. fo. 118.   Add. MS.
     5529. fo. 18.
——— *of Stamford*, 1550. fo. 168.
Lacy, 1190. fo. 95.
LAMBART, *of Pinchbeck and Skipton*, 1097. fo. 53.
     1550. fo. 90*b*.
Lamley, of Horbling, 1550. fo. 192*b*.
LANAM, *of Welton, fr. Co. Suff.* 1550. fo. 129.
LANGDALE, *or*, LANGDALL, 1097. fo. 72*b*.   1550.
     ff. 44. 238.
LANGHAM, *or*, LANGHOLME, *of Conisholme*, 1097.
     fo. 90*b*.   1190. fo. 27.   1484. fo. 24.
     1550. fo. 22.
LANGHOLME, *v.* LANGHAM.
LANGTON, *of Langton*, 1097. fo. 80.   1190. fo.
     13*b*.   1484. ff. 16*b*. 17.
LAWDHAM, *of Denham*, 1550. fo. 68.
LEAKE, *of Boston*, 1097. fo. 45.   1190. fo. 74.
     1550. ff. 147*b*. 238*b*.
——— *of Friston*, 1097. fo. 90*b*.   1190. fo. 27.
Lecton, 1550. fo. 193.
LEEDS, *of Coleby, fr. Co. York.* 1550. ff. 100*b*.
     104.   Add. MS. 14,283. fo. 88.
LEEKE, *of Cotham*, 1097. fo. 45.   1190. fo. 85.
     1484. fo. 5.   1550. ff. 7. 50. 166*b*.
LEGBORNE, *v.* ATBEKE.
LETHERICKE, *of Irby*, 1097. fo. 43*b*.   1190. fo.
     70.   1550. fo. 31*b*.
LETTON, *of Welborne*, 1550. fo. 235*b*.
LEVENTHORPE, 1177. fo. 105.   1552. fo. 21*b*.
LEVERETT, 1190. fo. 23.   1484. fo. 23.
LINACRE, 1484. fo. 38.
LINCOLN, *Earls of, v.* LACY.
——— · ——————— QUINCY.

LITLER, *of Tathwell*, 1097. fo. 79*b*.   1190. fo. 13.
     1550. fo. 72*b*.
LITTLEBURY, *of Stanesbury and Winsby*, 1097. ff.
     45*b*. 50*b*.   1190. fo. 77*b*.   1484. ff. 14. 16*b*.
     18(*a. b.*)   1550. fo. 15*b*.
LOCKTON, *of Swinstead, fr. Co. Camb.* 1097. fo.
     57*b*.   1190. fo. 56.   1484. fo. 21*b*.   1550.
     fo. 59*b*.
LODINGTON, *of Faldingworth*, 1550. fo. 245*b*.
LOVEDAY, *of Stamford, fr. Co. Essex*, 1550. fo.
     190*b*.
LOWNDE, *of Winterton*, 1550. fo. 105.
Lucas, of Fenton, 1550. fo. 192*b*.
LYTELTON, 1484. fo. 34*b*.
MACHELL, *of Swaby, fr. Cos. Cumb. and
     Westm.* 1550. fo. 92*b*.
MADDISON, *of Jonabie and Unthank*, 1097. fo.
     107*b*.   1190. ff. 8. 60.   1484. ff. 30. 31*b*.
     1550. fo. 49.
MADOCKS, 1097. fo. 50*b*.   1484. fo. 14.
MAGALEN, *of Wigtoft*, 1190. fo. 9.   1484. fo.
     19.   1550. fo. 33.
MALIVERER, 1097. fo. 103*b*.
MALKAKE, MALKELE, *or*, MALLACABO, 1190. fo.
     44*b*.   1484. fo. 10.   1550. fo. 36*b*.
MALKELE, *v.* MALKAKE.
MALLACABO, *v.* MALKAKE.
MALLETT, 1081. fo. 49*b*.   1532. fo. 64*b*.   Add.
     MSS. 4961. fo. 89.   14,283. fo. 89.
MAN, *of Bolingbrook, fr. Co. Derby.* 1190. fo. 19.
     1550. fo. 242.
Man, of Long Sutton, 1550. fo. 193*b*.
MANBY, *of Elsham*, 1097. fo. 63.   1190. fo. 44*b*.
     1484. fo. 10.   1550. fo. 36*b*.
Manby, 1190. fo. 105.
MANCELL, 1550. fo. 237*b*.
Mannors, 1190. fo. 95.
MARBURY, *of Grisby*, 1097. fo. 99.   1190. fo.
     20.   1484. fo. 11.   1550. fo. 174*b*.
Marbury, 1550. fo. 192*b*.
MARKHAM, *of New Bow Abbey*, 1550. fo. 240*b*.
——— *of Sedgebrooke*, 1097. fo. 45.   1190.
     fo. 84*b*.   1484. fo. 5.
Markham, 1190. fo. 105.
Marshall, of Tidd St. Mary's, 1550. fo. 192.
MARSTON, *of Marston*, 1550. fo. 46*b*.
MASSINGBRED, *or*, MASSINGBERD, *of Gonby*, 1097.
     fo. 43.   1190. fo. 69*b*.   1484. fo. 20.
     1550. fo. 44*b*.
Massingbred, 1190. fo. 101.
MAUDIT, *of Great Stretton, fr. Co. Devon.* 1550.
     fo. 197*b*.
Maydenwell, of Teynton, 1550. fo. 223.
MEDCALFE, 1550. fo. 128*b*.
MERES, *of Houghton*, 1550. fo. 2.
——— *or*, MEERES, *of Kirton*, 1097. fo. 65.
     1190. fo. 42*b*.   1484. fo. 11.   1550. fo. 1*b*.
MESSLEDEN, 1097. fo. 104*b*.
METHAM, *of Bullington, fr. Co. York.* 1097. fo.
     104.   1190. fo. 5*b*.   1484. fo. 11*b*.   1550.
     fo. 177.
MIDLETON, *of Fulbeck*, 1097. fo. 67*b*.   1550. fo.
     64*b*.
——— *of Swetton*, 1097. fo. 89.
MORGAN, *of Gainsborough*, 1190. fo. 76.   1550.
     fo. 206.
MORLAND, *of Boston, fr. Co. Westmoreland*, 1550.
     fo. 216*b*.
MORRISON, *of Cadby and Co. Herts.* 1550. fo. 50*b*.
MOUNTFORD, *of Gainsborough*, 1550. fo. 123.

MOUNTJOY, *Lord*, v. BLOUNT.
MOYGNE, *of Willingham*, 1550. ff. 50b. 53.
MUNSON, *of Carleton*, 1097. fo. 52. 1484. fo.
5. 1550. ff. 68b. 148.
MUSSENDEN, *or*, MUSSENDYNE, *of Great Lymber*,
1550. fo. 96b.
———————————*of Helyng*, 1097. ff.
49b. 73. 1198. fo. 35b. 1484. ff. 12. 30b.
1550. ff. 26b. 204.
NEVILL, 1097. fo. 116b. 1190. fo. 51. 1484.
fo. 33.
NEWCOMEN, *of Saltfleetby*, 1097. fo. 46. 1190.
fo. 73b. 1484. fo. 15. 1550. ff. 126b. 128.
——————— *of Teynton*, 1550. fo. 126b.
NOTTS, 1550. fo. 33.
OGLE, *of Pinchbeck*, 1097. fo. 88. 1190. fo. 19.
1484. fo. 23. 1550. ff. 18b. 209b.
OREBY, 2109. ff. 66b. 68b.
ORMESBY, *of Louth*, 1097. ff. 89b. 90. 1190.
fo. 30b. 1484. fo. 23b. 1550. fo. 17b.
——————— *of Partney*, 1097. fo. 82b. 1190.
fo. 31b. 1484. fo. 16. 1550. ff. 52b.
233.
Ormesby, *of Ormesby*, 1190. fo. 105.
Osney, *of Louth*, 1550. fo. 223.
OTEBY, 1097. fo. 46b. 1190. fo. 88b. 1484.
fo. 23.
OVERTON, 890. fo. 46b.
Overton, 1190. fo. 100b. 1550. fo. 193.
PAGE, 1097. fo. 96.
PAGENHAM, *of Belton*, *fr. Co. Sussex*, 1550. fo.
198b.
PANELL, *or*, PAYNELL, *of Bothby*, 1097. fo. 70b.
1484. fo. 5b. 1550. fo. 4b.
Parke, *of Basingham*, 1550. ff. 192. 193b.
PARKER, *of Horncastle*, *fr. Cos. Derby and York*,
1550. fo. 126.
PARKHOUSE, *of Somercott*, 1550. fo. 133.
PARLER, 1097. fo. 50b.
PARLY, *or*, PURLY, *of Barnelby*, 1190. fo. 40.
1097. fo. 74b. 1484. fo. 13b. 1550. fo.
25b.
Partridge, *or*, *Partrich*, *of Sutton*, 1550. ff. 192b.
193b.
PAUNTON, *of Paunton*, 1097. fo. 97. 1190. fo.
62. 1484. fo. 27b. 1550. fo. 173b.
Paunton, 1550. fo. 223.
PAYNELL, v. PANELL.
PEAKE, *of Warton*, 1097. fo. 71b. 1190. fo.
35. 1484. fo. 12. 1550. fo. 25.
PECK, *of Bourn*, *fr. Co. Rutland*, 1550. fo. 196.
PEEKE, *of Saxilby*, 1550. fo. 127.
Peele, v. *Pell*.
PEERE, 1550. fo. 193b.
PELHAM, *of Brocklesby*, *fr. Co. Sussex*, 1550. ff.
187. 234.
——————— *of Newstead*, 1190. fo. 93.
PELL, *of Dymblesby and Willingsby*, 1550. fo. 137b.
Pell, *or*, *Peele*, *of Toynton*, 1550. fo. 192.
PEPPER, *of Thorlesby*, *fr. Co. Kent*, 1097. fo. 79.
1190. fo. 14b. 1484. fo. 16. 1550. fo. 73.
Persall, *of Toynton*, 1550. fo. 192b.
Pillett, 1550. fo. 193.
PINDER, *Isle of Axholme*, 1550. fo. 196b.
PISTOR, *of Metheringham*, 1097. fo. 115. 1190.
ff. 45. 52. 1484. fo. 32. 1550. fo. 176.
PONNDER, *of Barkston*, 1550. fo. 137b.
PORMORT, *of Kennington and Saltfleetby*, 1097. fo.
78. 1190. fo. 49. 1484. fo. 15. 1550.
fo. 134b.

PORTER, *of Grantham*, *fr. Co. Notts*. 891. fo. 12b.
1097. fo. 68. 1190. fo. 46b. 1449. ff.
21b. 103. 1484. ff. 6. 14. 1550. fo. 9b.
1560. fo. 147b.
PORTINGTON, *of Sawcliff*, *fr. Co. York*. 1550. fo.
108.
Prescott, 1550. fo. 192.
PULVERTOFT, *or*, PULVERTOST, *of Sanplod and
Boston*, 1097. fo. 83b. 1190. fo. 10b.
1484. ff. 18b. 21. 1550. fo. 11b.
PURLY, v. PARLY.
PURY, *of Kirton*, 1550. fo. 225.
PYGOTT, *of Bratoft*, *fr. Cos. Bucks and York*.
1550. fo. 139.
QUADRINGE, *of Irby*, 1097. ff. 43b. 63. 111b.
1484. fo. 19b. 1550. fo. 32.
——————— *of Quadring*, 1097. fo. 111b. 1190.
ff. 45. 70b. 1484. fo. 19b. 1550. fo. 32.
QUINCY, *Earl of Lincoln*, 1535. fo. 38b.
Quincy, 1190. fo. 95.
RADCLIFFE, 1550. fo. 24.
RADLEY, *of Yarborough and Halton*, 1550. fo.
131.
Rands, 1550. fo. 192.
RATCLIFFE, 1097. fo. 68.
RAVENSDALE, *of Waltham*, 1550. fo. 238.
READE, *of Wrangle*, 1550. fo. 207b.
Reade, 1550. fo. 192.
RICARD, *of Harlaxton*, 1550. fo. 7b.
RICHARDSON, 1552. fo. 60.
RIDLEY, 1097. fo. 61.
RIGGES, *of Straglethorpe*, 1190. fo. 46. 1484.
fo. 17b. 1550. fo. 5. 1097. fo. 66b.
RITHER, v. TOUTHBY.
ROBINSON, *of Boston*, *fr. Co. Kent*, 1097. ff. 85b.
110b. 1190. ff. 28. 55b. 1484. ff. 22.
32. 1550. fo. 171b.
——————— *of Rysingprise*, 1550. fo. 172.
Robinson, 1550. fo. 192.
ROCH, *of Walkneth*, 1097. fo. 73b. 1190. fo. 39.
1484. fo. 13. 1550. fo. 28b.
ROCHFORD, 1097. fo. 84.
ROKELEY, 1097. fo. 56. 1190. fo. 21. 1550.
fo. 12b.
ROLONSON, fo. 1550. fo. 68.
ROOS, *of Dowsby*, 1550. fo. 156.
ROSSETUR, *of Somerby*, 1190. fo. 79. 1550. fo.
107.
Rothwell, 1550. fo. 192.
RUDD, *of Winterton*, 1097. 113b. 1190. fo. 53b.
1484. fo. 32b. 1550. fo. 231b.
RYGATE, 1190. fo. 58b. 1550. fo. 74.
RYLL, *of Hull*, 1550. fo. 28b.
ST. PAUL, *of Carleton*, *fr. Co. York*. 1097. ff.
53b. 72. 83b. 1190. ff. 10b. 36b. 1484.
ff. 11b. 31. 1550. fo. 27b.
SALTBY, 1394. fo. 201.
SALTMARSHE, *of Strubby*, 1097. fo. 102b. 1190.
fo. 17. 1484. fo. 20. 1550. fo. 215b.
SANDBY, *of Sandby*, *East Markham, and Remston*,
fr. Co. Notts. 1097. fo. 44. 1190. fo. 75.
1484. fo. 28. 1550. fo. 49b.
SANDERSON, *of Saxby*, *fr. Co. York*. 1097. ff. 48.
95. 1190. fo. 62b. 1484. fo. 26. 1550.
fo. 57b.
SANTON, *of Santon*, 1550. fo. 103b.
SAPCOTS, *of Bracebridge*, *fr. Co. Hunts*. 1550. fo.
123b.
SAVILL, *of Grantham*, *fr. Co. York*. 1097. fo. 71.
1190. fo. 34. 1484. fo. 6. 1550. fo. 8.

SAXTON, 1550. fo. 160.

SAY, 1550. fo. 199.

SCRIMSER, *of Muschamp*, 1097. fo. 42. 1190. fo. 73. 1484. fo. 28*b*.

SEYMOUR, 1190. fo. 61. 1484. fo. 30. 1550. fo. 78.

SHEFFIELD, *of Croxby*, 1097. fo. 75*b*. 1190. fo. 41. 1484. fo. 14. 1550. fo. 56*b*.

SHERARD, *or*, SHERWOOD, *of Lopingthorpe, fr. Co. Leic.* 1097. fo. 116. 1190. fo. 25*b*. 1484. fo. 33. 1550. fo. 153*b*.

SHERWOOD, *v.* SHERARD.

SKERNE, Add. MS. 14,311. fo. 96*b*.

———— *of Waltham, fr. Co. York.* 1097. fo. 72*b*. 1190. fo. 38*b*. 1484. fo. 12*b*. 1550. ff. 43*b*. 237*b*.

———— *v.* CASTILLION.

SKINNER, *of Thornton*, 1190. fo. 79*b*. 1484. fo. 3. 1550. fo. 202.

Skinner, 1550. fo. 192.

SKIPWITH, *of Grantham*, 1550. fo. 242*b*.

————— *of Hever*, 1097. ff. 41*b*. 59*b*. 1420. ff. 69. 209*b*. 1484. fo. 3*b*. 1550. fo. 170*b*.

———— *of Stayne*, 1550. fo. 93.

————— *of Utterby*, 1097. ff. 41. 59*b*. 1190. fo. 68*b*. 1484. ff. 3*b*. 14*b*. 1550. fo. 169*b*.

Skipwith, of Ormesby, 1190. fo. 95(*a. b.*)

SLATER, *of Upton, fr. Co. Bucks.* 1550. fo. 108*b*.

SLEFORD, *or*, SLEEFORD, 1097. fo. 114*b*. 1190. fo. 53. 1484. fo. 32. 1550. fo. 178*b*.

SMYTH, *of Hackthorpe*, 1097. fo. 46*b*. 1190. fo. 88*b*. 1484. fo. 23. 1550. fo. 143.

————— *of Honnington*, 1550. fo. 105*b*.

————— *of Saltfleetby*, 1550. fo. 151.

———— *of Thedelthorpe, fr. Cos. Essex and Staff.* 1550. fo. 93*b*.

———— *of Waltham*, 1550. fo. 143.

SNARFORD, 1097. fo. 103. 1190. fo. 36*b*. 1484. fo. 11*b*. 1550. fo. 27*b*.

SOMERCOTTS, *of Somercoats*, 1550. fo. 239.

Somercotts, 1550. fo. 193.

SOUTH, *of Fotherby*, 1550. fo. 217*b*.

SOUTHEHILL, *of Redburn*, 1097. ff. 58*b*. 91. 1190. fo. 22*b*. 1394. p. 249. 1484. fo. 24*b*. 1550. fo. 21*b*.

SPENCER, 1190. fo. 38*b*.

SPENLUFFE, *of Falsethorp*, 1097. fo. 83. 1190. fo. 27*b*. 1484. fo. 20*b*. 1550. fo. 169.

STAFFORD, *of Botham*, 1424. fo. 93. 1484. fo. 35. 1505. fo. 91*b*. 2142. fo. 20. Add. MS. 5529. fo. 41.

STANDISH, *of Billinghay*, 1550. fo. 33.

STANLAW, *of Stickford*, 1550. fo. 141.

Stanley, of Stickford, 1550. fo. 192*b*.

Stanton, of Deane, 1550. fo. 193*b*.

STARNBRUGH, *of Louth*, 1550. fo. 61.

STEWARD, *of Skerne*, 1550. fo. 237*b*.

———— *v.* CASTILLION.

STILES, 1043. fo. 85. 1401. fo. 61*b*. 1534. fo. 81. Add. MS. 4962. fo. 56*b*.

STOCKTON, 1533. fo. 105*b*.

STONESBY, *of Grantham*, 1097. fo. 97. 1190. fo. 62. 1484. fo. 27*b*. 1550. fo. 173*b*.

SUTTON, 1097. ff. 44. 59*b*. 1190. ff. 23*b*. 75. 91*b*. 94*b*. 1484. fo. 28. 1550. ff. 43. 126.

———— *of East Markham*, 1550. fo. 49*b*.

———— *of Washingburgh*, 1187. fo. 67*b*. 1188. p. 94. 1550. fo. 111*b*.

———— *of Wellingore*, 1190. fo. 84. 1097. fo. 55*b*. 1484. fo. 9. 1550. ff. 111*b*. 181*b*.

SYDNEY, 1484. fo. 37*b*.

TALBOYES, 1097. fo. 49*b*. 1190. fo. 61*b*. 1484. fo. 29*b*. 1550. fo. 80*b*.

———— *of Retheby, or, Ketleby*, 1097. fo. 94. 1190. fo. 65*b*. 1484. fo. 25*b*. 1550. ff. 27. 173.

TAMWORTH, *or*, THOMWORTH, *of Leak*, 1097. ff. 65. 84. 1190. ff. 11. 50. 1484. ff. 11. 21. 1550. fo. 166*b*.

Tamworth, 1190. fo. 95.

TATTERSHALL, 1190. ff. 43*b*. 70.

THETOFTE, 1097. fo. 102. 1190. fo. 16. 1484. fo. 25*b*. 1550. fo. 180*b*.

THIMBLEBY, *or*, THIMOLBY, *of Ernham*, 1097. fo. 66. 1190. fo. 43*b*. 1484. fo. 8*b*. 1550. fo. 39*b*.

Thimbleby, 1190. fo. 100*b*.

THOMPSON, *of Roxholme*, 1550. fo. 158.

———— *or*, TOMSONNE, *of Wellinor, fr. Co. York.* 1097. fo. 96. 1190. fo. 63. 1484. fo. 26*b*. 1550. fo. 156*b*.

THOMSON, *of Welling*, 1531. fo. 127*b*. 4600. p. 72.

THOMWORTH, *v.* TAMWORTH.

THORESBY, *of Croxby*, 1550. ff. 53. 56*b*. 145*b*.

THORNHILL, *of Owston, fr. Co. York.* 1550. fo. 107*b*.

THORNTON, *of Loughton, fr. Co. York.* 1550. fo. 194.

THOROLD, *of Marton and Hough, fr. Co. York.* 1097. fo. 51*b*. 1190. ff. 58. 84. 1484. fo. 4*b*. 1550. fo. 46*b*.

THORPE, *of Claxby, fr. Cos. Essex and Suff.* 890. fo. 40*b*. 1097. fo. 101. 1484. fo. 9*b*. 1550. fo. 181. 1552. fo. 157*b*.

———— *v.* GIBTHORPE.

———— HARRISON.

THORY, *of Boston*, 1550. fo. 239*b*.

THROCKMORTON, 1046. fo. 2*b*.

TIRWHITT, *of Harpswell*, 1097. fo. 92. 1190. fo. 67*b*.

———— *of Kettleby*, 890. fo. 38*b*. 1097. fo. 51. 1190. fo. 81*b*. 1484. fo. 8. 1550. ff. 35. 246*b*. 1562. fo. 13*b*.

———— *of Stanfield*, 1190. fo. 81*b*. 1484. fo. 8. 1550. fo. 35.

Tirwhitt, 1190. ff. 95*b*. 104*b*.

TOMSONNE, *v.* THOMPSON.

TOPCLIFFE, *of Somerby*, 1097. fo. 44. 1190. fo. 75. 1484. fo. 28. 1550. fo. 49*b*.

Topcliffe, 1190. fo. 104*b*.

TORNEY, 1190. fo. 37. 1394. p. 195. 1484. fo. 11*b*. 1550. ff. 28. 80*b*.

TORVILE, 1550. fo. 13*b*.

TOUTHBY, *or*, RITHER, *of Touthby*, 1550. fo. 94.

TOWERS, *or*, TURVILLE, *of Somerby*, 1097. ff. 44. 56. 1190. ff. 75. 85. 1484. fo. 28. 1550. ff. 7. 50.

———— *of Thornock*, 1550. fo. 118*b*.

Townley, of Nocton, 1550. fo. 192*b*.

TOWNRAWE, *of Ashby, fr. Co. Derby*, 1190. fo. 89. 1550. fo. 34.

TRAHERNE, *or*, TRAHERON, 1190. fo. 4.

TROLLOP, *of Caeswick and Thurlby*, 1550. fo. 244*b*.

TROWSDALE, *of Hundon*, 1097. fo. 64. 1190. fo. 45*b*. 1484. fo. 10*b*. 1550. fo. 48*b*.

Trowesdale, 1190. fo. 105.

TURNEY, *of Cavenby*, 1550. fo. 113*b*.

TURVILLE, *v.* TOWERS.

TWIFFORD, *of Fossdike and Cos. Camb. and Hunts.* 1550. fo. 213*b*.

Twiford, 1550. fo. 192.
UMFREVILE, 1550. fo. 80*b*.
UPTON, *of Boston and North Holme*, 1097. fo. 81*b*.
   1190. fo. 9.   1484. ff. 12*b*. 19.   1544. fo.
   126.   1550. fo. 32*b*.
VANDERNOTT, 1550. fo. 193.
VERNON, 1484. ff. 36*b*. 37.   1550. fo. 8*b*.
VILLIERS, *of Coningsby and Revesley*, 1190. fo. 86.

WAEDALL, 1097. fo. 41*b*.
Wake, of Deeping, 1550. fo. 192*b*.
WALPOLE, *of Pinchbeche*, 1097. fo. 109.   1190.
   fo. 8*b*.   1484. fo. 32.   1550. fo. 2*b*.
   ———- *of Whaplode, fr. Co. Norf.* 1550. fo. 83*b*.
WALTHAM, *of Waltham*, 1097. fo. 72*b*.   1550.
   fo. 44.
WATERTON, 1180. ff. 27. 49.   1189. fo. 30*b*.
   1431. fo. 23*b*.   6125. fo. 38.   6183. fo.
   38*b*.
WELBY, *of Gedney*, 1550. fo. 152*b*.
   ———- *of Halstead and Moulton*, 1097. fo. 81.
   1190. fo. 11*b*.   1484. fo. 18*b*.   1550. fo. 151*b*
Welcom, of Market Stanton, 1550. fo. 223.
Westden, 1550. fo. 193*b*.
WESTLED, *of Bratoft*, 1550. fo. 132*b*.
WESTMEALES, *of Shegness*, 1190. fo. 2.   1401. fo.
   52.   1550. fo. 161*b*.
WHICHCOTT, *of Harpswell, fr. Co. Shrop.* 1097.
   fo. 92.   1190. fo. 67*b*.   1550. fo. 20.
Whichcot, of Donston, 1190. fo. 98*b*.
WHITTINGHAM, 1432. fo. 90.
Whittington, of Louth, 1550. fo. 192*b*.
Whyte, 1550. fo. 193*b*.
Wilford, 1550. fo. 192*b*.
WILKES, *or*, WIKES, 1487. fo. 355.
WILLABY, *or*, WILLARBY, 1097. fo. 46*b*.   1190.
   fo. 88*b*.   1484. fo. 23.   1550. fo. 143.
WILLARBY, *v.* WILLABY.
WILLIAMS, *of Denton, fr. Aberconway*, 1550. fo.
   227*b*.
WILLIAMSON, 1097. fo. 47.
   ——————— *of Gainsborough, fr. Co. Notts.* 1550.
   fo. 165*b*.
WILLOUGHBY, *Lord*, 1097. fo. 104.   1550. fo. 80*b*.
   ——————— *v.* BERTY.

WILSON, *of Stroby, fr. Co. York.* 1097. fo. 112*b*.
   1484. fo. 32*b*.   1550. fo. 85*b*.
   ——— *of Timberland*, 1550. fo. 230.
Wilsonn, of Welbourne, 1550. ff. 192. 193.
WIMBERLY, *of Spalding*, 1550. fo. 84*b*.
WIMBISHE, *or*, WYMBISHE, *of Blankney and
   Norton*, 1097. fo. 91*b*.   1190. fo. 30.   1484.
   fo. 25.   1550. fo. 30*b*.
WINCEBY, *of Bennington*, 1097. fo. 85.   1190.
   fo. 29.   1484. fo. 22.   1550. fo. 167*b*.
WINGFIELD, 1179. fo. 126*b*.   Cott. MS. Julius
   F. viii. fo. 61*b*.
Witham, of Boston, 1550. fo. 192*b*.
WITHERNWIKE, *of Claxby*, 1097. fo. 76.   1190.
   fo. 41*b*.   1484. fo. 14.   1550. fo. 61.
Witt, 1550. fo. 193.
WOLLEY, *of Cumberworth, fr. Co. Dorset.* 1550. fo.
   229.
WOLLMER, *of Swinstead*, 1097. fo. 84*b*.   1190.
   fo. 10.   1484. fo. 21*b*.   1550. ff. 36. 66.
WOLRICH, *of Spalding, fr. Co. Northampt.* 1550.
   fo. 201*b*.
WOODFORD, 1097. fo. 89*b*.   1190. fo. 31.   1550.
   fo. 18.
WOODTHORPE, 1097. ff. 43. 45*b*.   1190. fo. 69*b*.
   1484. fo. 19*b*.   1550. ff. 15*b*. 31*b*. 45.
WORTHYNGTON, *of Bramston*, 1550. fo. 122*b*.
WRAY, *of Glentworth, fr. Co. York.* 1550. fo. 158*b*.
Wraye, 1190. fo. 95*b*.
WRIGHT, *of Bradley*, 1190. fo. 39.   1484. fo.
   13.   1550. ff. 29*b*. 142.
WYETT, 1190. fo. 59.
Wymarke, of Gretford, 1550. fo. 193*b*.
WYMBISHE, *v.* WIMBISHE.
WYNN, 1476. fo. 364*b*.
WYTHER, *of Barkston*, 1550. fo. 137*b*.
YAXLEY, *or*, HARBERD, *of Boston, fr. Co. Suff.*
   1550. fo. 163*b*.
YARBOROUGH, *of Kelstorn and Yarborough*,
   1090. ff. 74. 88*b*. 100.   1190. fo. 17*b*.   1484.
   ff. 10. 24.   1550. fo. 22*b*.
   ——————— *of Lincoln*, 1550. fo. 23.
YORKE, *of Ashby*, 1415. fo. 37*b*.   1420. fo. 204.
   1550. fo. 221*b*.
ZOUCH, *Lord*, 1484. fo. 34.

LONDON.

ABBOTT, 1476. ff. 204. 352.
ABDY, *fr. Co. York.* 1444. fo. 13.   Add. MS.
   5533. p. 22.
ABEELS, 1476. fo. 231*b*.   Add. MS. 5533. p.
   231.
ABELL, *fr. Co. Northampt.* 1476. fo. 337.
Abell, 1096. fo. 140.
ABRAHALL, *fr. Co. Herts.* 1476. fo. 133*b*.
Abrahall, 1086. fo. 12.
ADAMS, 1476. fo. 215*b*.
   ———- *fr. Co. Shrop.* 1445. fo. 11.   1476. fo.
   142.   Add. MS. 5533. p. 20.
Adrian, 1086. fo. 4*b*.
ADYS, *fr. Co. Heref.* 1476. fo. 143*b*.

Adys, 1096. fo. 138.
ALBANEY, 1463. fo. 26.
ALCOCK, *fr. Co. Suff.* 1476. fo. 90*b*.
ALDERSEY, *fr. Co. Chesh.* 1476. fo. 160*b*.
Aldersey, 1096. fo. 77.   1463. fo. 16*b*.
ALFORD, 1560. fo. 84.
   ——— *fr. Co. Warw.* 1476. fo. 408*b*.
Alie, 1086. fo. 13.
ALLAUNSON, *fr. Co. Durham*, 1463. fo. 68.
ALLCOCK, *fr. Co. Chesh.* 1476. fo. 412.
ALLEN, 1096. ff. 38. 61.   1463. ff. 3*b*. 30.
Allen, 1086. fo. 27.
ALLMERY, *fr. Co. Linc.* 1476. fo. 315.
Allyson, 3391. fo. 2.

ALPHE, 1139. fo. 27*b*.   1544. fo. 92.
ALSOPP, *fr. Co. York.* 1463. fo. 59.
ALSTON, *fr. Co. Suff.* 1476. fo. 135*b*.
Alston, 1086. fo. 15*b*.
Altam, 1086. fo. 27.
AMORY, *fr. Co. Devon.* Add. MS. 5533. p. 184.
AMSTED, *v.* AUNSTED.
AMYDAS, 1137. fo. 22*b*.   1432. fo. 15.   1541.
    fo. 217*b*.
AMYE, 1504. fo. 94*b*.
ANDREW, *fr. Co. Worc.* 1476. fo. 337*b*.
ANDREWS, 1077. fo. 44.   1094. ff. 85*b*. 86. 87*b*.
    1173. fo. 36*b*.   1184. ff. 82*b*. 83. 84*b*.   1444.
    fo. 77*b*.   1463. fo. 5*b*.   1553. ff. 214. 215*b*.
    1570. fo. 11.   6128. fo. 42.
———— *fr. Co. Midd.* 1476. fo. 136*b*.
Andrews, 1086. ff. 8*b*. 9. 22.   1096. ff. 4. 133.
    1444. ff. 7. 8.   Add. MS. 5533. pp. 10. 12.
ANES, 1463. fo. 37*b*.
ANGELL, 1147. fo. 33.   1430. fo. 36.   Add.
    MS. 4963. fo. 38.
———— *fr. Co. Northampt.* 1476. ff. 262*b*. 390.
    Add. MS. 5533. p. 174.
ANION, *fr. Co. Chesh.* Add. MS. 5533. p. 200.
ANKETILL, *fr. Co. Dorset.* 1476. fo. 427*b*.
ANTHOINE, 1504. fo. 98.
ANTHONY, 1096. fo. 36*b*.   1444. fo. 19.   1463.
    fo. 23.   Add. MS. 5533. p. 94.
ANTROBUS, *fr. Co. Chesh.* 1476. fo. 438*b*.
ARCHBOLD, *fr. Co. Linc.* 1476. fo. 78*b*.
ARCHDALE, *fr. Cos. Oxon. and Staff.* 1476. fo. 368.
    Add. MS 5533. p. 69.
Archer, 1086. fo. 19.   1463. fo. 83*b*.
ARMITAGE, *fr. Co. York.* 1441. fo. 78*b*.   1476.
    fo. 293*b*.
Arnold, 1086. fo. 3*b*.
ASH, *fr. Co. Devon.* 1476. fo. 319*b*.
—— *fr. Cos. Leic. and Derby.* 1476. fo. 421*b*.
Ashe, 1086. fo. 9.
Ashton, 1096. fo. 115*b*.
Ashurst, 1086. fo. 4*b*.
ASHWELL, *fr. Co. Bedf.* 1476. fo. 105*b*.   Add.
    MS. 5533. p. 219.
Aske, 1086. ff. 5. 27.
ASTON, *fr. Co. Staff.* 1476. fo. 415.
ASTRY, 1463. fo. 33*b*.
AT DENE, *v.* DENE.
ATKINS, *fr. Co. Herts.* 1476. fo. 466.
Atkins, 1096. fo. 4.
ATKINSON, *fr. Co. York*, 1476. ff. 258*b*. 360*b*.
    Add. MS. 5533. ff. 177*b*. 178.
Atwood, 1086. fo. 24*b*.
ATYE, *fr. Co. Midd.* 1476. fo. 116.
AUDLEY, 1546. fo. 137*b*.
AUNGER, *v.* HANGER.
AUNSTED, *or*, AMSTED, 1096. fo. 28*b*.
AUSTEN, *fr. Co. Kent*, 1476. fo. 423.
———— *fr. Cos. Midd. and Suff.* 1476. fo. 305*b*.
AUSTIN, *fr. Cos. Surrey and Herts.* 1444. fo. 18.
AVENON, *fr. Co. Worc.* 1096. fo. 96*b*.   1463. fo.
    2.   1504. fo. 107*b*.
AVERES, 1137. fo. 62*b*.   1432. fo. 55*b*.
Avery, 1096. fo. 4.
AWSTREY, 1096. fo. 18.
Ayleff, 1086. fo. 27.
Aylmer, 1086. fo. 27.
Ayscough, *fr. Co. Linc.* 1086. fo. 11.
BABINGTON, *fr. Co. Staff.* 1476. fo. 51*b*.
BACKHOUSE, *fr. Co. Cumb.* 1096. fo. 27*b*.   1444.
    fo. 49.   1463. fo. 36*b*.   Add. MS. 5533. p. 44.

BACON, *fr. Co. Norf.* 1476. fo. 264.
———— *fr. Co. Suff.* 1463. fo. 4*b*.
BAFFORD, 1096. fo. 85*b*.
Bagnall, 1086. fo. 21*b*.
BAGSHAWE, 1094. fo. 211*b*.   1553. fo. 174.
    1180. fo. 135*b*.   1189. fo. 105.   1431. fo.
    96*b*.   6125. fo. 95*b*.   6183. fo. 113.
Bainbrigg, 1086. fo. 3.
Baion, 1463. fo. 83.
BAKER, *fr. Co. Norf.* 1476. fo. 282.
Baker, 1086. fo. 21.   Add. MS. 4963. fo. 168.
Baldwin, 1086. fo. 25.
BALL, *fr. Cos. Northampt. and Warr.* 1444. fo.
    35*b*.   1476. fo. 105.   Add. MS. 5533. p. 112.
Ball, Add. MS. 5533. p. 9.
BALLARD, *fr. Co. Leic.* 1476. fo. 437*b*.
BANBURY, 1077. fo. 61.   1173. fo. 53.   1570.
    fo. 63.   6128. fo. 3*b*.
BANCKS, *fr. Co. Lanc.* 1476. fo. 453*b*.
BANCKYS, *fr. Co. Staff.* 1476. fo. 454.
BANESTER, *fr. Co. Lanc.* 1476 fo. 249.
Banister, of St. Johns, 1096. fo. 6.
BANKES, 1504. fo. 103*b*.
BANNYNG, *Baron Hookesley*, Add. MS. 5533. p. 245.
BARD, *fr. Co. Linc.* Add. MS. 5533. p. 173.
BARDOLPHE, *fr. Co. Staff.* 1444. fo. 83*b*.   1476.
    fo. 219*b*.
Bardolphe, Add. MS. 5533. p. 11.
BARDSEY, *fr. Co. Lanc.* 1476. fo. 195.
BARKER, 1560. fo. 225.   1820. fo. 19.
———— *fr. Co. Bucks.* 1476. fo. 459*b*.
———— *fr. Cos. Essex and York.* 1476. ff. 225*b*.
    342*b*.
———— *or*, COVERALL, *fr. Co. Shrop.* 1476.
    fo. 320.
BARKHAM, *fr. Co. Norf.* 1444. fo. 74.   1476.
    fo. 248.
BARKLEY, *or*, BERKLEY, *fr. Co. Shrop.* 1476. fo.
    126*b*.
BARKSTED, *fr. Co. Staff.* Add. MS. 5533. p. 206.
BARNARDISTON, *fr. Cos. Essex and Suff.* 1476. fo.
    322.
BARNE, 1504. ff. 116*b*. 175*b*.   1541. fo. 193.
———— *v.* BARON.
BARNES, 1096. fo. 52*b*.   1463. fo. 12*b*.
Barnes, 1086. fo. 23.
BARNESLEY, *fr. Co. Staff.* 1476. fo. 158.
BARNEY, *or*, BERNEY, *fr. Co. Norf.* 1096. fo. 13*b*.
    1463. fo. 35.
BARNHAM, *fr. Co. Hants.* 1463. fo. 53.
BARON, *or*, BARNE, *fr. Co. Essex*, 1463. ff. 52*b*.
    54. 65.   1476. fo. 406*b*.
Baron, 1463. fo. 84.
BARTHLETT, 1551. fo. 46*b*.
BARTLETT, 1463. fo. 5*b*.
BASSANO, 1476. fo. 156*b*.
BASSE, 1444. fo. 33.   Add. MS. 5533. p. 111.
Butcliff, 1463. fo. 83.
BATEMAN, *fr. Co. Derby*, 1444. fo. 14.   1476.
    fo. 134.   Add. MS. 5533. p. 23.
Bateman, 1086. fo. 13.
Bates, 1086. fo. 25*b*.
BAXTER, 1096. fo. 66.
Bayley, 1096. fo. 112*b*.
Baylie, Add. MS. 5533. p. 216.
BAYNBRIG, *fr. Co. York.* 1476. fo. 309.
Baynes, 1086. fo. 23*b*.
BEALE, *fr. Co. Kent*, 1476. ff. 168*b*. 326*b*.
BEANE, *fr. Co. York.* 1476. fo. 181*b*.
BEAUCHAMP, *fr. Co. Northampt.* 1476. fo. 373*b*.

BEC, 1476. fo. 41.
BECKETT, 1076. fo. 54b.   1463. fo. 15b.
BEDLE, *fr. Co. Suff.* 1476. fo. 193.
Bedle, Add. MS. 5533. p. 9.
BEE, 1504. fo. 88b.   6128. fo. 87.
BEECHER, 1096. fo. 40b.   1463. ff. 4b. 13.   1504.
    fo. 90b.   Add. MS. 16,279. p. 431.
Beeke, 1086. ff. 8. 10.
Beheathland, 1086. fo. 14b.
BELL, *fr. Co. Surrey,* 1476. fo. 303.
—— *fr. Co. York.* 1476. fo. 235.
BELLAMY, *fr. Co. Worc.* 1476. fo. 104.
Bellamy, 1086. fo. 18.
BELTON, 5865. fo. 16b.
Benault, 1463. fo. 83.
Bening, of Wilsdon, 1096. fo. 4b.
BENNE, *fr. Co. Essex,* 1096. fo. 73b.   1463. fo. 34b.
BENNETT, *fr. Co. Sussex,* 1444. fo. 59b.   1463.
    fo. 45.   Add. MS. 5533. p. 85.
BENSON, 1476. fo. 334b.
Benson, 1096. fo. 104b.
BENWINE, *fr. Co. Midd.* 1476. fo. 70.
BERESFORD, *fr. Co. Herts.* 1476. fo. 141.
BERKLEY, *v.* BARKLEY.
Berkley, 1086. fo. 6b.
BERNEY, *v.* BARNEY.
BEST, *fr. Co. Kent,* 1476. fo. 144b.
—— *fr. Flanders,* 1476. fo. 347.
Beston, 1449. fo. 7.
Betesworth, 1086. fo. 2.
BETTINSON, *fr. Co. Shrop.* 1476. fo. 410b.
BEWLEY, *fr. Co. Kent,* 1444. fo. 42.   1476. fo.
    79b.   Add. MS. 5533. p. 75.
Bewley, 1086. fo. 10b.
BEYSTON, 1096. fo. 43.
BICKLEY, *fr. Co. Camb.* 1476. fo. 286.
BICKLIFE, 1444. fo. 73.   Add. MS. 5533. p. 58.
BIDDULPH, *fr. Co. Staff.* Add. MS. 5533. p. 146.
Biddulph, 1086. fo. 25b.
Billesdon, 1086. fo. 27.
BILLINGSLEY, 1141. fo. 74b.   1445. fo. 108b.
    1559. fo. 201b.
BINGHAM, *fr. Cos. Rutland and Notts.* 1476. fo.
    375.
BINGLEY, *fr. Co. Notts.* 1476. fo. 418.
BIRKHENED, *fr. Co. Flint.* 1476. fo. 131b.
Birkin, or, Burkin, 1086. fo. 13.
BISHOP, *fr. Cos. Dorset and Glouc.* 1476. fo.
    177.
BISTON, *fr. Co. Linc.* 1463. fo. 15b.
BLACKBOROUGH, 1083. fo. 35.   1137. fo. 119.
    1432. fo. 116b.   1542. fo. 11.
BLACKNELL, *fr. Cos. Berks. and Bucks.* 1444. fo.
    24b.   Add. MS. 5533. p. 103.
BLACKNOLE, 6128. fo. 76.
BLACKWALL, *fr. Co. Derby,* Add. MS. 5533. p.
    185.
BLACKWELL, 1096. fo. 126b.   1444. fo. 41b.
BLADLOWE, 1432. fo. 28.   1535. fo. 248b.
BLADWELL, *fr. Co. Suff.* 1476. fo. 69b.
BLAGRAVE, 1046. fo. 86.   1397. fo. 125.   1433.
    fo. 116b.
Blagrave, 1086. fo. 5b.
BLAKE, *fr. Co. Hants.* 1476. fo. 129b.
—— *fr. Co. Som.* 1476. fo. 124.
BLANCK, *fr. Co. Surrey,* 1463. fo. 6b.
BLAND, *fr. Co. Westmoreland,* 1476. fo. 153b.
BLASHFORD, *fr. Co. Dorset,* 1476. fo. 30b.
BLEDLOW, 1546. fo. 57b.   1551. fo. 62b.
BLITHE, *fr. Cos. Camb. and Derby.* 1476. fo. 431b.

BLOME, 1444. fo. 25.   1476. fo. 252.   Add.
    MS. 5533. p. 37.
BLONDE, 1096. fo. 94b.
Bloss, 1096. fo. 5b.
BLOUNT, 1096. fo. 14b.   1400. fo. 27.   1555.
    fo. 49b.
—— *fr. Co. Shrop.* 1463. fo. 14.   1096. fo.
    83b.
BLOWER, *fr. Co. Suff.* 1444. fo. 88.
BLUNT, 1433. fo. 65b.
BOLLING, *fr. Co. York.* 1476. ff. 42. 308.
BOLTON, *fr. Cos. Chesh. and Lanc.* 1476. fo. 424b.
—— *fr. Cos. Midd. and Lanc.* 1096. fo. 104.
    1476. fo. 444.   Add. MS. 5533. p. 151.
—— *fr. Co. Warr.* 1476. fo. 150b.
Bolton, 1096. fo. 140b.
BONABY, Add. MS. 14,311. fo. 66b.
BOND, 1077. fo. 44b.   1173. fo. 36b.   1548. fo.
    71b.   6128. fo. 41b.
—— *fr. Co. Somerset,* 1096. fo. 99.   1463. fo.
    5b.   1476. fo. 32.
Bond, 1086. fo. 7b.
BOOKER, *fr. Cos. Lanc. and Notts.* 1096. fo. 128b.
    1476. fo. 271b.
BOOTHBY, 1476. ff. 28b. 413.   6104. ff. 23. 95b.
    Add. MS. 5533. p. 180.
Borlacy, 1463. fo. 63.
BORNE, *fr. Cos. Kent and Somerset.* 1476. fo. 185.
Bottiler, 1096. fo. 108b.
Boughey, 1086. fo. 16.
Boulton, 1444. fo. 7.   Add. MS. 5533. p. 10.
Boun, 1086. fo. 23.
BOURCHIER, 1241. fo. 62b.   Add. MS. 14,314. fo.
    40.
BOWATER, *fr. Co. Warr.* 1476. fo. 382.   Add.
    MS. 5533. p. 209.
Bowater, Add. MS. 5533. p. 15.
BOWDON, 1550. fo. 161.
BOWEN, *fr. Co. Denbigh,* 1476. fo. 467b.
BOWER, *fr. Co. Kent,* 1476. fo. 359.
—— *fr. Co. Wilts.* 1476. fo. 240b.
BOWES, 1096. fo. 90b.   1463. fo. 14b.
BOWYER, *fr. Co. Staff.* 1504. ff. 18b. 104b.
—— *fr. Co. Sussex,* 1476. fo. 216b.
Bowyer, 1086. fo. 14.
BOYLAND, *fr. Co. Dorset,* 1476. fo. 395b.
Boylston, 1086. fo. 20b.
BOYS, *fr. Co. Kent,* 1476. fo. 244b.
BOXE, 1096. fo. 72b.   1463. fo. 5.
—— *fr. Co. Oxon.* 1476. fo. 447.
BRADBOURNE, *fr. Co. Surrey,* 1096. fo. 106b.
    1476. fo. 108b.
BRADBERY, *fr. Co. Warr.* 1463. fo. 37b.
Bradbury, 1086. fo. 27.
BRADLEY, *fr. Co. Shrop.* 1476. fo. 103.
BRADSHAW, *fr. Co. Derby.* 1476. fo. 103b.
Bradshaw, 1086. fo. 11.
BRAGDEN, 1463. fo. 26b.
BRAMPTON, 1432. fo. 328b.   1548. fo. 30.
BRANCH, 1541. fo. 36b.
BRANCHE, *fr. Co. Norf.* 1096. fo. 70b.   1463.
    fo. 6.
—— *fr. Co. Suff.* 1504. fo. 124b.
BRANDT, 1476. fo. 293.
BRAUNCH, 1046. fo. 86b.   1397. fo. 125b.   1433.
    fo. 117.
BRAY, 1180. fo. 74.   1431. fo. 8.   6125. fo.
    5.   6128. fo. 109b.   6183. fo. 6.
—— *fr. Co. Hereford.* 1476. fo. 226b.
Braylesford, 1086. fo. 4.

BRETRIDG, *fr. Co. Bucks.* 1476. fo. 164*b.*
BRETT, *fr. Cos. Devon. and Linc.* 1096. fo. 64. 1463. fo. 26.
Brett, 1086. fo. 18.
BREWER, *fr. Co. Som.* 1444. fo. 21. 1476. fo. 306. Add. MS. 5533. p. 96.
BREWTON, *fr. Co. Warr.* 1444. fo. 19*b.* Add. MS. 5533. p. 94.
Brigginshaw, of Hese, 1096. fo. 5.
BROADGATE, *fr. Co. Warr.* 1476. fo. 235*b.*
Brockas, 1096. fo. 116.
BROCKES, 1444. fo. 79*b.*
BROCKETT, *fr. Co. Heref.* 1476. fo. 436.
BROCKEDON, *fr. Co. Devon.* 1476. fo. 173.
Bromer, 1463. fo. 83.
BROMFIELD, *fr. Co. Chesh.* 1476. fo. 300.
———— *fr. Co. Essex,* Add. MS. 5533. p. 117.
Bromfield, 1086. fo. 22*b.*
BROND, *fr. Co. Suff.* 1476. fo. 176.
BROOKBANCK, 1439. fo. 53*b.*
BROOKE, *fr. Co. Suff.* 1476. fo. 203*b.*
BROOKES, 1463. fo. 45*b.*
BROUGHTON, *fr. Co. Staff.* 1476. fo. 334.
Bromker, of Littleton, 1096. fo. 5.
BROWNE, *fr. Co. Bedf.* 1476. fo. 249*b.*
———— *fr. Co. Bucks.* 1463. fo. 10*b.*
———— *fr. Cos. Chesh. and Flint.* 1476. fo. 377*b.*
———— *fr. Co. Derby,* 1476. fo. 78.
———— *fr. Co. Essex,* 1444. fo. 77. 1463. fo. 36. 1476. ff. 207*b.* 449.
———— *fr. Co. Hunts.* 1476. fo. 270*b.*
———— *fr. Co. Kent,* 1476. fo. 187*b.*
———— *fr. Co. Suff.* 1096. fo. 15. 1463. fo. 12*b.*
Browne, 1086. fo. 27.
BRUGES, 1463. fo. 47*b.*
Bruning, 1086. fo. 11*b.*
BULBECK, *fr. Co. Som.* 1546. fo. 93*b.*
Bulfell, 1086. fo. 19*b.*
BULLOCK, 1463. fo. 50.
BULTEEL, 1476. fo. 320*b.*
BUNBURY, *fr. Co. Chesh.* 1444. fo. 22*b.* 1476. fo. 404*b.* Add. MS. 5533. p. 99.
BUNCE, *fr. Co. Kent,* 1476. fo. 186. Add. MS. 5533. p. 35.
BURDETT, *fr. Co. Linc.* 1476. fo. 123*b.*
Burdett, 1086. fo. 4.
BURGIS, 1430. fo. 48*b.*
Burkin, v. Birkin.
BURLIMACHI, 1476. fo. 55*b.*
BURNELL, *fr. Co. Kent,* 1476. fo. 94.
Burnell, of Great Stanmore, 1096. fo. 5*b.*
BURRE, *fr. Co. Som.* 1476. fo. 77.
BURRELL, 1476. fo. 325*b.*
BURSTON, 1476. fo. 463.
BURTON, *fr. Cos. Notts. and York.* 1096. fo. 53. 1463. fo. 16. 1476. ff. 76. 344. 353.
BURWASH, *fr. Cos. Kent and Sussex,* 1476. fo. 243.
BUTTERWORTH, *fr. Co. Lanc.* 1476. fo. 409*b.*
BUXTON, *fr. Co. Suff.* 1476. fo. 450.
Byfield, 1086. fo. 27.
Byllingsley, 1096. fo. 117*b.*
BYRD, *fr. Co. Chesh.* 1463. fo. 40.
BYSHOP, Add. MS. 5533. p. 249.
CALDWELL, 1140. fo. 22. 1159. fo. 22. 1442. fo. 22. 1545. fo. 34.
CALCOTT, *fr. Co. Northampt.* 1444. fo. 12. 1476. fo. 433. Add. MS. 5533. p. 21.
CALTHROP, *fr. Co. Norf.* 1096. fo. 81*b.*

Camarden, Add. MS. 5533. p. 241.
CAMBELL, *fr. Co. Linc.* Add. MS. 5533. p. 63.
———— *fr. Co. Norf.* 1096. fo. 23*b.* 1504. fo. 111*b.*
CAMDEN, *fr. Co. Dorset.* 1476 fo. 40*b.*
CAMPAYNE, *or,* CHAMPAYNE, 1046. fo. 87.
CAMPION, *fr. Co. Essex,* 1096. fo. 126*b.* 1444. fo. 41. 1476. fo. 395. Add. MS. 5533. p. 74.
Campion, 1096. fo. 107*b.*
CANDELER, 1096. fo. 33*b.*
Candeler, 1463. fo. 17*b.*
CANE, *fr. Co. Warr.* 1444. fo. 17.
Cantelow, 1096. fo. 107*b.*
Capell, 1086. fo. 3*b.*
Cardife, 1444. fo. 8.
CARESWELL, *or,* CASSWELL, *fr. Cos. Northampt. and Staff.* 1476. fo. 228*b.*
Carew, 1086. fo. 27.
CARLETON, *fr. Cos. Linc. and Surrey,* 1444. fo. 64. 1476. fo. 168. Add. MS. 5533. p. 125.
Carlisle, 1096. ff. 4. 113. Add. MS. 5533. p. 13.
CARMARDEN, 1096. fo. 75*b.* 1476. fo. 291.
CARPENDER, *fr. Co. Kent,* Add. MS. 5533. p. 189.
Carpender, Add. MS. 5533. p. 10.
CARPENTER, *fr. Cos. Surrey and Heref.* 1476. fo. 229*b.*
———— *fr. Co. Sussex,* 1476. fo. 457.
CARROWE, *fr. Co. Essex,* 1463. fo. 24.
CARTER, *fr. Co. Hereford,* 1476. fo. 328*b.*
CARTWRIGHT, *fr. Co. Glouc.* 1444. fo. 62. 1476. 364. Add. MS. 5533. p. 89.
Cartwright, 1086. fo. 6.
CASSWELL, *v.* CARESWELL.
CASTLE, 1046. fo. 71.
CASTLYN, *fr. Co. Derby,* 1096. fo. 81.
Castlyn, 1463. fo. 20.
Caswell, of Hampton, 1096. fo. 5.
CATCHER, 1096. fo. 94*b.* 1476. fo. 331.
Catworth, 1086. fo. 27.
Cauldwell, 1444. fo. 84*b.*
CAVE, *fr. Co. Warr.* Add. MS. 5533. p. 88.
CAWOOD, *fr. Co. York.* 1096. fo. 101.
Caytwell, 1096. fo. 115*b.*
Cesar, 1463. fo. 64*b.*
Chadworth, 1086. fo. 27.
Challers, 1463. fo. 83.
CHALONER, 1100. fo. 50*b.* 1167. fo. 42*b.*
CHAMBERLAIN, *or,* CHAMBRELAN, 1444. fo. 26. 1476. fo. 27*b.* Add. MS. 5533. p. 38.
Chamberlen, 1086. fo. 3.
CHAMBERLIN, *fr. Co. Som.* 1476. fo. 211.
CHAMBERS, 1444. fo. 42*b.* Add. MS. 5533. p. 68.
———— *fr. Co. Staff.* 1096. fo. 26*b.* 1444. fo. 50. Add. MS. 5533. p. 46.
Chambers, 1086. fo. 3*b.* 1096. fo. 5*b.*
Champante, v. Ciampanti.
CHAMPAYNE, *v.* CAMPAYNE.
CHAMPION, 1096. fo. 42*b.* 1463. fo. 1*b.*
CHAPMAN, *fr. Cos. Herts. and York.* 1476. fo. 160.
———— *fr. Cos. Kent and York.* 1096. fo. 47. 1476. fo. 69.
CHAPPELL, *fr. Co. Devon.* 1476. fo. 88*b.*
CHARDE, *or,* CHARE, *fr. Co. Leic.* 1476. fo. 211*b.* Add. MS. 5533. p. 155.
CHARKE, 1476. fo. 254. 1535. fo. 162.
CHARLETON, *fr. Co. Shrop.* 1476. ff. 48*b.* 329.
Charleton, 1463. fo. 84.
Chase, 1086. fo. 4.
Cheshire, Add. MS. 5533. p. 15.

CHESTER, 1096. fo. 38*b*.   1463. fo. 1.
————*fr. Co. Somerset*, 1476. fo. 339*b*.
Chester, 1086. fo. 1*b*.
CHETHAM, *fr. Co. Lanc.* 1476. fo. 246*b*.
Cheyney, 1096. fo. 113.
CHICHELY, 1449. fo. 23.   1541. fo. 39*b*.   1433.
      fo. 22*b*.   1561. fo. 13*b*.   Add. MS. 14,311.
      ff. 23*b*. 95*b*.
CHIVERTON, *fr. Co. Cornw.* 1476. fo. 119*b*.
CHOLMLEY, *fr. Co. Surr.* 1476. fo. 370*b*.
CHRISTMAS, *fr. Co. Surrey*, 1476. fo. 64*b*.   Add.
      MS. 5533. p. 36.
CHURCHMAN, 1476. fo. 359*b*.
CHUTE, *fr. Cos. Suff. and Kent*, 1476. fo. 426*b*.
Ciampanti, or, Champante, 1086. fo. 7.
CLAGETT, *fr. Co. Kent*, Add. MS. 5533.' p. 239.
Clagett, 1086. fo. 18*b*.
CLAPHAM, *fr. Cos. Northampt. and York.* 1476.
      fo. 193*b*.   Add. MS. 5533. p. 234.
CLARKE, 1504. fo. 101.
Clarke, 1444. fo. 90*b*.
———— *of Edmonton*, 1096. fo. 5.
CLAXTON, *fr. Co. Suff.* 1476. fo. 287*b*.
CLAY, *fr. Co. Shrop.* 1476. fo. 292.
CLAYDON, *fr. Cos. Camb. and Essex*, 1444. fo. 67.
      Add. MS. 5533. p. 130.
Claydon, 1096. fo. 139*b*.
CLEDEROW, *or*, CLETHEROW, 1096. fo. 68*b*.   1444.
      fo. 43.   Add. MS. 5533. p. 75.
Clederow, or, Cletherow, 1086. fo. 9.
CLEE, *fr. Co. Shrop.* 1476. fo. 47.
CLERKE, *fr. Co. Norf.* 1476. fo. 198.
CLETHEROW, *v.* CLEDEROW.
CLIFTON, 3288. fo. 128.   Add. MS. 5533. p. 69.
CLOBERY, *fr. Co. Devon.* 1476. fo. 140.
CLOUGH, *of Denby*, 1096. fo. 100*b*.
————*fr. Co. Suff.* 1476. fo. 74*b*.
CLOWES, 1476. fo. 68*b*.
————*fr. Co. Chesh.* 1476. fo. 356*b*.
COCKE, *fr. Co. Norf.* 1476. fo. 356.
———— *fr. Co. Suff.* Add. MS. 5533. p. 144.
COCKES, *v.* COXE.
COCKEYN, 1096. fo. 97*b*.   1476. fo. 257*b*.
COCKS, *fr. Co. Glouc.* 1476. fo. 314.
Cocks, 1086. fo. 25*b*.
COCKSON, *fr. Co. Durham*, 1476. fo. 394.
COGAN, *fr. Cos. Dorset. and Oxon.* 1476. fo. 194*b*.
COGSHULL, 1041. fo. 58.
Coke, 1463. fo. 64*b*.
Colby, 1463. fo. 83.
COLE, 1149. fo. 21.
COLECLOGH, *or*, COLECLOTH, *fr. Co. Staff.* 1096.
      fo. 17.   1463. fo. 28*b*.
Coles, 1086. fo. 27.
COLLIMORE, *fr. Co. Glouc.* 1476. fo. 256*b*.
Collins, 1068. fo. 22.
COLLYNS, 1476. fo. 310.
COLMAN, *fr. Co. Kent*, 1476. fo. 373.
COLSTON, 1171. fo. 28*b*.   •
————————*fr. Co. Linc.* 1096. fo. 57.   1463. ff.
      16*b*. 45*b*.
COLTMAN, *fr. Co. Leic.* 1476. fo. 39*b*.
Coltman, Add. MS. 5533. p. 9.
Colwell, 1086. fo. 6.
CONLIFF, *fr. Co. Lanc.* 1476. fo. 154*b*.
CONRADUS, 1476. fo. 358.
CONYERS, *fr. Co. Lanc. or York.* 1096. ff. 89*b*. 95*b*.
      1463. fo. 17.
COOKE, 1077. fo. 61.   1173. fo. 53.   1415. fo.
      118*b*.   1570. fo. 63.   6128. fo. 3*b*.

COOKE, *fr. Co. Essex*, 1476. fo. 198*b*.
Cooke, 1086. fo. 10.   Add. MS. 5533. p. 241.
COOPER, *fr. Co. Shrop.* 1463. fo. 38.
Cooper, 1463. fo. 63.   6830. p. 110.
COOTE, *fr. Co. Norf.* 1476. fo. 326.
Coote, 1086. fo. 27.
COPPINGER, *fr. Co. Suff.* 1476. fo. 108.
Coppinger, 1096. fo. 112.
CORBETT, *fr. Co. Leic.* 1476. fo. 156.
Corcelles, 1086. fo. 13*b*.
CORDALL, 1096. fo. 92*b*.
CORKEN, *fr. Co. Berks.* 1476. fo. 282*b*.
CORNISH, *fr. Co. Devon.* 1476. fo. 460*b*.
CORNWALL, *v.* WILLIAMS.
Cornwallys, 1086. fo. 27.
COSWORTH, *fr. Co. Cornwall*, 1096. fo. 56.   1463.
      fo. 8*b*.
COTEEL, 1096. fo. 131*b*.   1476. fo. 266*b*.
COTTON, 1476. fo. 319.
————*fr. Co. Chesh.* 1476. fo. 218*b*.
COURTEN, *fr. Co. Devon.* 1096. fo. 130.   1476. fo.
      107.
COVELL, 1476. fo. 133.
COVERALL, *v.* BARKER.
COWLEY, *fr. Co. Staff.* 1476. fo. 201*b*.
COWPER, 1463. fo. 50*b*.   1476. fo. 22.
COXE, *or*, COCKES, *fr. Co. Som.* 1096. fo. 155.
      Add. MS. 5533. p. 198.
COYTEMORE, *fr. Co. Carnarvon*, 1444. fo. 34.
      Add. MS. 5533. p. 114.
CRADOCK, *fr. Co. Northampt.* 1476. fo. 136.
————*fr. Co. Staff.* 1476. fo. 232*b*.
CRAFORD, *fr. Co. Kent*, 1476. fo. 464.
CRANMER, *fr. Co. Warr.* 1476. fo. 419.
CRATHORNE, *fr. Co. York.* 1476. fo. 172.
CRIAL, *v.* DE CRIAL.
CRICHE, 1504. fo. 100*b*.
CRISPE, Add. MS. 5507. fo. 199*.
————*fr. Cos. Glouc. and Leic.* 1476. ff. 35*b*.
      299*b*.   Add. MS. 5533. p. 223.
CROFT, *fr. Co. Norf.* 1476. fo. 339.
CROFTE, 1562. fo. 59.
CROFTS, 1476. fo. 234.
CROKE, *fr. Co. Bucks.* 1476. fo. 433*b*.
CROONE, *fr. Co. Heref.* 1476. fo. 270.
Cropley, 1096. fo. 140.
CROSBOROUGH, *v.* HENCHMAN.
CROUCH, 1476. ff. 403. 469.
CROW, *or*, DE CROW, *v.* DE CRIAL.
CROWTHER, *fr. Co. Shrop.* 1476. fo. 35.
CRUSE, 1444. fo. 25*b*.   Add. MS. 5533. p. 37.
CRUSO, *fr. Co. Norf.* 1476. fo. 442.
CUDNER, 1476. fo. 62*b*.
Culling, 1086. fo. 5*b*.
CULLUM, *fr. Co. Suff.* 1476. fo. 143.
CULME, Add. MS. 5533. p. 158.
CUNLIFF, *fr. Co. Lanc.* 1476. fo. 176*b*.
Curteys, 1086. fo. 27.
CURWEN, *fr. Co. Cumb.* 1476. fo. 344*b*.
CUSTE, *fr. Co. Suff.* Add. MS. 5533. p. 190.
CUTLER, *fr. Co. York.* 1444. ff. 57. 68.   1533.
      fo. 132.   Add. MS. 5533. p. 86.
CUTT, *or*, CUTTS, *fr. Cos. Staff. and York.* 1476. fo.
      100.
DALE, *fr. Cos. Chesh. and Northampt.* 1463. fo. 66.
————*fr. Co. Somerset*, 1463. fo. 31.
Dallowe, 1086. fo. 25.
DALTON, *fr. Co. York.* 1096. fo. 61*b*.   1463. fo. 23*b*.
DANE, *fr. Co. Herts.* 1096. fo. 53*b*.   1463. fo. 5.
DANIELL, *fr. Co. Beds.* 1476. fo. 335.

DANIELL, *fr. Co. Norf.* 1476. fo. 254*b*.
Daniell, 1086. fo. 16*b*.
DANSY, *fr. Co. Leic.* 1476. fo. 93*b*.
DARLING, *fr. Co. Warr.* 1476. fo. 286*b*.
DARNEL, Add. MS. 5533. p. 82.
Dashwood, Add. MS. 5533. p. 242.
DAVENPORT, *fr. Cos. Chesh. and Leic.* 1476. fo. 402*b*.   1551. fo. 129*b*.
Davenport, 1086. fo. 2.
DAVERS, 1096. fo. 28*b*.
DAVIES, *fr. Co. Devon.* 1476. fo. 284.
——— *fr. Co. Leic.* 1096. fo. 159.   Add. MS. 5533. pp. 161. 166.
——— *fr. Co. Shrop.* 1476. fo. 85*b*.
Davies, 1086. fo. 26.
DAVIS, 1476. fo. 179.
——— *fr. Co. Worc.* 1476. fo. 170*b*.
DAVY, *fr. Co. Norf.* 1476. fo. 96.
DAWBENY, 1096. fo. 69.   1463. fo. 32*b*.
DAWES, 1077. fo. 110.   1173. fo. 100.
——— *fr. Co. Norf.* 1476. fo. 388*b*.
——— *fr. Cos. Staff. and Bedf.* Add. MS. 5533. p. 147.
DEACON, *fr. Co. Som.* 1476. fo. 91*b*.
——— *fr. Co. Worc.* 1476. fo. 49*b*.
Deane, 1086. fo. 2*b*.   1463. fo. 63*b*.
DE CRIAL, DE CROW, *or*, DEICROW, *fr. Co. Suff.* Add. MS. 5533. p. 199.
DEERING, *fr. Co. Kent.* 1476. fo. 432.
DE LA BARRE, 1476. fo. 24.
DE LA FORTRY, FORTRY, *or*, FORTERIE, 1476. ff. 166. 232.
De Lawne, 1086. fo. 23*b*.
DELONY, 1463. fo. 37*b*.
DE MAISTRIS, 1476. fo. 220*b*.   Add. MS. 5533. p. 154.
DENE, *or*, AT DENE, *of Deneland*, 1463. fo. 53*b*.
Dent, 1463. fo. 63*b*.
DENTON, *fr. Co. Cumb.* 1476. fo. 324*b*.
DERBY, Add. MS. 16,279. p. 335.
DETHICK, 1096. fo. 19.
——— *fr. Co. Norf.* 1476. fo. 54*b*.
Detts, 1086. fo. 1*b*.
DEVENISH, *fr. Co. Dorset.* 1476. fo. 394*b*.
DE VISHER, 1476. fo. 50*b*.
De Vischer, 1086. fo. 13.
Dichfield, 1086. fo. 15*b*.
DICKENSON, *fr. Co. Lanc.* 1476. fo. 425*b*.
DICKINS, *fr. Co. Staff.* 1476. fo. 250*b*.
Dickins, 1086. fo. 17.
DIGHTON, *fr. Cos. Linc. and York.* 1476. fo. 63*b*.
DIKE, *fr. Co. York.* 1476. fo. 72.
DIXON, 1401. fo. 13.   1534. fo. 3*b*.   1536. fo. 16.   Add. MS. 4962. fo. 12.
DO, 1167. fo. 109.
DOBBES, 1463. fo. 53*b*.
DOBBINS, *fr. Co. Glouc.* 1476. fo. 263*b*.
DOD, *fr. Co. Chesh.* 1096. fo. 36.   1463. fo. 12.
Dodmer, 1086. fo. 27.
Doget, 1086. fo. 21*b*.
Dollin, 1463. fo. 83.
DORRINGTON, 1444. fo. 76.   1476. fo. 463*b*.
DONNE, 1091. fo. 107*b*.   1096. fo. 33.   3288. fo. 137*b*.   5185. fo. 45*b*.
Dormer, 1086. fo. 27.
DOVE, *fr. Co. Suff.* 1096. fo. 39*b*.   1463. fo. 33.
DOWNES, 1241. fo. 1.   1396. fo. 320.
——— *fr. Co. Devon.* 1476. fo. 80.   Add. MS. 5533. p. 70.
——— *fr. Cos. Suff. and Norf.* 1476. fo. 428*b*.

DRAKE, *fr. Cos. Hunts. and Som.* 1463. fo. 26. 1476. fo. 132.
DRAPER, *fr. Co. Kent,* 1476. fo. 290.
——— *fr. Co. Notts.* 1096. fo. 89.   1444. fo. 78.
Draper, 1086. fo. 27.
DUBOYES, 1476. fo. 384*b*.   Add. MS. 5533. p. 100.
Duboyes, 1444. fo. 23*b*.
DUCIE, *fr. Cos. Staff. and Suffolk,* 1096. fo. 163*b*. Add. MS. 5533. p. 205.
Ducie, 1096. fo. 146.
DUCKETT, 1096. fo. 88.   1463. fo. 3*b*.   1541. fo. 200*b*.
DUCY, 1504. fo. 112*b*.
DUDLEY, *fr. Co. Leic.* 1476. fo. 447*b*.
Dudson, 1086. fo. 16*b*.
DUGDALE, *fr. Cos. Lanc. and Wilts.* 1476. fo. 366*b*.
Dun, 1463. fo. 64*b*.
DUNBRIDGE, 1081. fo. 5.   1139. fo. 114*b*. 1532. fo. 15*b*.   6173. fo. 6.   Add. MSS. 4961. fo. 67.   14,283. fo. 67.
DUNCOMB, 1476. fo. 314*b*.
DYKE, *fr. Co. Kent.* 1476. fo. 317*b*.
EARNING, 1086. fo. 14*b*.
EAST, *fr. Co. Beds.* 1476. fo. 407*b*.
EASTFIELD, *fr. Co. York.* 1504. fo. 119.
EDMONDS, *fr. Co. Suffolk,* Add. MS. 5533. p. 101.
Edmonds, 1463. fo. 64*b*.
EDWARDS, *fr. Co. Camb.* 1444. fo. 14*b*.   1476. fo. 460.   1532. fo. 17.   Add. MS. 5533. p. 24.
——— *fr. Co. Denbigh,* 1476. fo. 67*b*.
——— *fr. Co. Norf.* 1476. fo. 130*b*.
——— *fr. Co. Sussex,* 1476. fo. 30.
——— *fr. Wales,* 1476. fo. 318*b*.   Add. MS. 5533. p. 162.
Edwards, 1086. ff. 19*b*. 27.
EGERTON, *fr. Co. Chesh.* 1096. fo. 55.   1463. fo. 9.
ELDRED, *fr. Co. Norf.* 1476. fo. 206.
Elerton, 1463. fo. 83*b*.
ELIOT, *fr. Co. Herts.* 1476. fo. 57.
ELKINGTON, *fr. Co. Dorset.* 1476. fo. 85.
ELLIOT, *fr. Co. Surrey,* 1476. fo. 387.
Elliot, 1463. fo. 83.
ELLIS, *fr. Co. York.* 1476. fo. 150.
ELLNOR, *fr. Co. Kent.* 1476. fo. 125.
ELWES, 1234. fo. 132*.   1504. fo. 161*b*.   1547. fo. 66*b*.
——— *fr. Co. Notts.* 1096. fo. 100.   1476. ff. 267. 441.
Elwes, 1463. fo. 63*b*.
EMAN, *fr. Co. Linc.* 1476. fo. 61*b*.
EMES, *fr. Co. Berks.* Add. MS. 5533. p. 225.
Emes, 1086. fo. 8.
ERDESWICK, 1463. fo. 31*b*.
ERINGTON, 1096. fo. 120.   1476. fo. 294*b*.
ESSEX, 1463. fo. 49*b*.
ESSINGTON, *fr. Co. Glouc.* 1476. fo. 281.   Add. MS. 5533. p. 163.
ESTCOURT, *fr. Co. Wilts.* 1476. fo. 371.
Estfeild, 1086. fo. 27.
ESTON, *fr. Co. Surrey,* 1476. fo. 227*b*.
Eton, 1463. fo. 84.
ETTRICK, *fr. Co. Dorset.* 1096. fo. 154*b*.
Ettrick, 1086. fo. 25.
EVANS, *fr. Wales,* 1476. fo. 295*b*.
Everard, 1086. fo. 20.
EVERINGTON, 2109. fo. 36.   4600. p. 30.
EYRES, *fr. Co. Berks.* 1476. fo. 208*b*.
——— *fr. Co. Linc.* 1476. fo. 215.

FABIAN, *fr. Co. Surrey*, 1476. fo. 440.
Fabian, 1086. fo. 27.
FAIRCLOUGH, *fr. Co. Herts*. 1476. fo. 375*b*.
FAIRFAX, *fr. Co. Linc*. 1096. fo. 65*b*.   1463. fo. 11*b*.
FAIRTHWAIT, 1424. fo. 66.   1505. fo. 65*b*.
FARINGTON, 6128. fo. 78*b*.
———————— *fr. Co. Lanc*. 1476. ff. 265*b*. 321.
——--—— *fr. Co. Sussex*, 1096. fo. 46.   1463. fo. 26*b*.
FARMER, *fr. Cos. Leic. and Linc*. 1096. fo. 148*b*.
———— *fr. Co. Northampt*. 1241. fo. 4*b*.   1396. fo. 310*b*.   1982. fo. 164.   Add. MS. 14,314. fo. 124.
Farmer, 1086. fo. 27.
Farr, 1086. fo. 2*b*.
FARRER, *fr. Co. York*. 1444. fo. 70.   Add. MS. 5533. p. 52.
FARWELL, *fr. Co. Dorset*. 1476. fo. 253.
FEKE, *fr. Co. Norf*. 1096. fo. 119.
Feke, 1463. fo. 83.
FEN, *v.* VENN.
FENN, *fr. Co. Suff*. 1476. fo. 50.
FENROTHER, 1536. fo. 20*b*.
FENWICK, *fr. Co. Northumb*. 1476. fo. 38*b*.
FERNE, *fr. Co. Linc*. 1476. fo. 308*b*.
Fernfold, 1096. fo. 110*b*.
FERRER, Add. MS. 14,315. p. 4.
FERRERS, *fr. Co. Berks*. 1476. fo. 134*b*.
———— *fr. Co. Glouc*. 1476. fo. 169.
———— *fr. Co. Wilts*. 1096. fo. 103.
Ferrers, 1463. fo. 63.
FIELDING, *fr. Co. Lanc*. 1504. fo. 107.
FIFIELD, *or*, LOWE, 1463. fo. 45.
FILMER, *fr. Co. Kent*. 1476. fo. 221.
Finch, 1086. fo. 7.
FINCHER, *fr. Co. Bucks*. Add. MS. 5533. p. 203.
FINDALL, 1550. fo. 161.
FIRMAN, 1476. fo. 164.
FISHER, Add. MS. 5533. p. 62.
——--- *fr. Co. Chesh*. 1476. fo. 438.
——— *fr. Cos. Glouc. and Herts*. 1476. fo. 294.
FITCH, *fr. Co. Derby*. 1096. fo. 129.
FITZ-ALWIN, 1504. fo. 114*b*.
FITZ-HERBERT, *fr. Co. Leic*. 1476. fo. 363.
FITZ-RICHARDS, 1504. fo. 115*b*.
Flam, 1463. fo. 84.
FLEET, 1476. fo. 379*b*.
Fleet, 1096. fo. 4.   1444. fo. 88*b*.
FLEMING, *fr. Co. Cork*, 1476. fo. 287.
Fleming, 1463. fo. 64*b*.
FLETCHER, *fr. Co. Staff*. 1476. fo. 132*b*.
FLOOD, *fr. Co. Shrop*. 1476. ff. 81. 307.
FLOWER, *fr. Cos. Som. and Wilts*. 1476. fo. 148.
Fluellin, 1086. fo. 23.
FLYER, *fr. Co. Staff*. 1476. fo. 118*b*.
FOOTE, *fr. Co. Linc*. Add. MS. 5533. p. 183*b*.
Foote, 1086. fo. 23*b*.   Add. MS. 5533. p. 15.
FORMAN, 1476. fo. 202*b*.
FORSTER, 1179. fo. 86.   Cotton. MS. Jul. F. viii. fo. 41*b*.
———————— *fr. Cos. Cumb. and Notts*. 1476. fo. 73*b*.
———————— *fr. Northampt*. 1476. fo. 309*b*.
———————— *fr. Co. Shrop*. 1476. fo. 173*b*.
FORTERIE, *v.* DE LA FORTRY.
FORTH, *fr. Co. Lanc*. Add. MS. 5533. p. 32*b*.
Forth, 1086. fo. 12*b*.
FORTRY, *v.* DE LA FORTRY.
FOSTER, 1081. fo. 8*b*.   1139. fo. 116*b*.   1544. fo. 176*b*.

FOWELL, *fr. Co. Devon*. 1476. fo. 385*b*.
FOWKE, *fr. Co. Glouc*. 1444. fo. 32*b*.   Add. MS. 5533. p. 111.
FOWLE, 1476. fo. 289.
FOWLKS, 1535. fo. 214*b*.
FOWNES, *fr. Co. Hants*. 1476. fo. 260*b*.
FOXCROFT, *fr. Co. Camb*. 1476. fo. 25*b*.
FRANCKLIN, *fr. Cos. Beds. and York*. 1476. fo. 147.
———————— *fr. Co. Essex*, 1096. fo. 58*b*.]
———————— *fr. Co. Kent*. 1476. fo. 128*b*.
———————— *fr. Co. Midd*. 1476. fo. 124*b*.
FREEBODY, *fr. Co. Essex*, 1476. fo. 302.
FREEMAN, *fr. Co. Glouc*. 1476. fo. 426.
———————— *fr. Co. Northampt*. 1463. fo. 55*b*. 1476. ff. 79. 169*b*.
Freeman, 1086. fo. 6*b*.   1444. fo. 7.   Add. MS. 5533. p. 10.
FRERE, *fr. Co. Camb*. 1463. fo. 50.
FRESE, *fr. Cos. Essex and Northampt*. 1476. fo. 241.
FRIDAY, 1463. fo. 55.
Fronyh, 1086. fo. 27.
FRYNE, 1189. fo. 107*b*.   1431. fo. 99.
FULWER, 1444. ff. 69. 81*b*.   Add. MS. 5533. p. 104.
FUTTER, *fr. Co. Norf*. 1476. fo. 194.
Fylding, 1463. fo. 84.
GABBOTT, *fr. Co. Shrop*. 1096. fo. 100.   1463. fo. 67.   Add. MS. 5533. p. 70.
GADBURY, 1093. fo. 102.
GALLARD, *fr. Co. Norf*. 1476. fo. 68.
GAMAGE, *fr. Cos. Norf. and Glamorgan*. 1463. fo. 7.
GAMULL, *fr. Co. Chesh*. 1476. fo. 228.
GARAWAY, *fr. Co. Herts*. 1476. fo. 310*b*.   Add. MS. 5533. p. 167.
GARDENER, 1463. fo. 22*b*.   1401. fo. 1*.   1534. fo. 10.   Add. MS. 4962. fo. 1*.
GARDNER, *fr. Co. Herts*. 1463. fo. 52.   1476. fo. 191.
———————— *fr. Co. Lanc*. 1096. fo. 136.   1476. fo. 70*b*.
Gardner, 1463. fo. 83*b*.
GARFIELD, *fr. Co. Northampt*. 1096. fo. 152.
GARFOOTE, *or*, GARFORTH, *fr. Cos. Essex and York*. 1444. fo. 44*b*.   Add. MS. 5533. pp. 50. 76.
GARFORTH, *v.* GARFOOTE.
GARLAND, *fr. Co. Kent*, 1476. fo. 222.
GARRARD, *fr. Cos. Bucks. and Kent*, 1096. fo. 87. 1463. fo. 3.
———————— *fr. Co. Essex*, 1476. fo. 138.   Add. MS. 5533. p. 194.
Garrard, Add. MS. 5533. p. 13.
GARTHE, 1096. fo. 29.
GARTON, 1548. fo. 153.
GATEWARD, *fr. Co. Herts*. Add. MS. 5533. p. 197.
GAVELL, *fr. Co. Surrey*, 1444. fo. 73*b*.   Add. MS. 5533. p. 59.
GAYNSFORD, *fr. Co. Surrey*, 1096. fo. 47*b*.   1463. fo. 22.
GAYRE, *fr. Co. Devon*. 1476. fo. 82.
Gayre, 1444. fo. 72*b*.
GEARE, *fr. Co. Midd*. Add. MS. 5533. p. 175.
GEERING, *fr. Co. Glouc*. 1476. fo. 299.
GEOFFREYS, 1476. fo. 114*b*.
GERARD, *fr. Co. Somerset*. 1476. fo. 422.
GERBRIDGE, 1096. fo. 33.
Gerbridge, 1096. fo. 108.

Gerey, Add. MS. 5533. p. 57.
GIBBON,*fr. Co. Kent*, 1476. ff. 126. 298.   Add. MS. 5533. p. 28.
GIBBS, *fr. Co. Warr.* 1476. fo. 171.
——— *fr. Co. Worc.* 1476. fo. 111*b*.
Giffard, 1096. fo. 117*b*.
GILBARD, 1096. fo. 78*b*.
GILBERT, 1100. fo. 38*b*.   1167. fo. 30*b*.   1559. fo. 64.
——— *fr. Co. Suff.* 1096. fo. 15*b*.   1463. fo. 20*b*.   1504. fo. 80*b*.
GILLMAN,*fr. Co. Beds.* 1476. fo. 200*b*.
GIPPS,*fr. Co. Suff.* 1476. fo. 448.
GISLING, 1476. fo. 259.
GISORS, 1504. fo. 115.
Glanvile, 1096. fo. 112*b*.
GLASCOCK,*fr. Co. Essex.* 1476. fo. 113.
GLOVER, 1476. fo. 182*b*.
Glover, 1086. fo. 1.
GLYDE,*fr. Co. Sussex*, 1096. fo. 135.   1444. fo. 49*b*.   1476. fo. 420*b*.   Add. MS. 5533. p. 45.
GOARE, 1504. fo. 113*b*.
GODDARD,*fr. Co. Wilts.* 1476. fo. 428.
GODSCHALK, 1476. fo. 301*b*.
GOLD,*fr. Cos. Shrop. and Som.* 1476. fo. 330.
GOLDSMITH,*fr. Co. Chesh.* 1096. fo. 132.   1476. fo. 324.
Gomersall, 1463. fo. 63.
GOODAY,*fr. Co. Suff.* 1476. fo. 361*b*.
GOODFELLOW,*fr. Co. Northampt.* 1096. fo. 162*b*.
GOODWIN,*fr. Co. Bucks.* 1476. fo. 93.
GOODYERE, 1077. fo. 61.   1173. fo. 53.   1415. fo. 118*b*.   1570. fo. 63.   6128. fo. 3*b*.
GORE, 1096. fo. 21*b*.   1476. fo. 239.   1504. fo. 84.
GORNEY, 1096. fo. 79.
GORSUCH,*fr. Co. Lanc.* 1476. fo. 166*b*.
Goslin, 1463. fo. 83.
GOULD,*fr. Co. Devon.* 1476. fo. 99*b*.
GOURNAY, *v.* GURNAY.
GRACE, *fr. Co. Bucks.* 1444. fo. 29.   Add. MS. 5533. p. 41.
——— *fr. Co. Kent*, 1476. fo. 272*b*.
GRAFTON, 1241. fo. 146*b*.
GRANGE,*fr. Co. Chesh.* 1463. fo. 39.
GRAVENER,*fr. Co. Staff.* 1476. fo. 250.
GRAYE, 1444. fo. 82*b*.
GREEN,*fr. Cos. Dorset. and Hants.* 1187. fo. 13*b*. 1188. p. 5.
GREENE,*fr. Co. Essex*, 1476. fo. 212.
——— *fr. Co. Northampt.* 1476. fo. 37*b*.
Greene, 1086. ff. 4. 18*b*.
GREENHURST, 1079. fo. 1.
GREENWELL,*fr. Co. Durham*, 1096. fo. 96.
GRESHAM, *fr. Co. Norf.* 1096. fo. 32*b*.   1463. fo. 8.
Gresham, 1086. fo. 27.
GRESWALD,*fr. Co. Warr.* 1463. fo. 54*b*.
GREY, *fr. Cos. Devon. and Wilts.* 1096. fo. 32. 1463. fo. 41.
Grey, 1086. fo. 27.
GRILING, 1106. fo. 52.   1432. fo. 209*b*.
GRISWOULD, 1535. fo. 286.
GROVE, 1096. fo. 106*b*.   1451. fo. 123*b*.   1166. fo. 75*b*.   1539. fo. 166*b*.
GULSON,*fr. Co. Leic.* 1476. fo. 238.
GUNSON, 1476. fo. 350.
Gunston, Add. MS. 5533. p. 216.
Gurden, 1086. fo. 22*b*.
GURNARD, *v.* GURNEY.

GURNAY, *or*, GOURNAY, *fr. Co. Norf.* 1476. fo. 360.
GURNEY, *or*, GURNARD,*fr. Co. Westm.* 1476. fo. 317.
GWYNN, 1096. fo. 101.
HACKETT, 1476. fo. 333*b*.
HALL, *fr. Co. Sussex*, 1463. fo. 27*b*.   1476. fo. 174.
——— *fr. Co. York.* 1463. fo. 28.
HALLELY,*fr. Co. Midd.* 1476. fo. 397.
Halse, 1463. fo. 83.
HALSTED, *fr. Cos. Berks. and Lanc.* 1476. fo. 437.
Halsted, 1444. fo. 91*b*.
HAMEE, 1476. fo. 159*b*.
Hamey, 1086. fo. 20.
HAMOND, 1429. fo. 83.
——— *fr. Co. Herts.* 1476. fo. 296.
Hamond, of Tudington, 1096. fo. 5.
HAMPDEN, *fr. Co. Sussex*, 1096. fo. 45*b*.   5832. fo. 58.   5868. fo. 56.
HAMPTON, 1504. fo. 26.   6147. fo. 18.
——— *fr. Co. Staff.* 1476. fo. 162*b*.
HANCOCK,*fr. Co. Glouc.* Add. MS. 5533. p. 60.
Hancock, Add. MS. 5533. p. 227.
Hancorne, Add. MS. 5533. p. 11.
HANFORD, 1096. fo. 18*b*.   1504. fo. 81*b*.
HANGER,*fr. Co. Beds.* 1476. fo. 84*b*.
——— *or*, AUNGER, Add. MS. 5533. p. 105.
HANSACRE, 1096. fo. 14*b*.
Hanson, 1086. fo. 2.
HARBORNE,*fr. Co. Warr.* 1476. fo. 205*b*.
HARBY.*fr. Cos. Cumb. and Northampt.* 1463. fo. 51*b*.   1476. fo. 46.
HARDING, 1096. fo. 49.   1463. fo. 30*b*.
HARDYN, 1096. fo. 161*b*.
HAREWELL,*fr. Co. Staff.* 1476. fo. 393.
HAREWOOD,*fr. Co. Linc.* 1476. fo. 29*b*.
HARINGTON,*fr. Co. Lanc.* 1476. fo. 55.
HARISON, 1463. fo. 44.
HARPER,*fr. Co. Lanc.* 1096. fo. 102.   1463. fo. 2.   1476. fo. 387*b*.
Harper, 1444. fo. 85.
HARRIS,*fr. Co. Staff.* 1476. fo. 185*b*.
——— *v.* PRICKLEY.
——— *v.* SMYTH.
Harris, 1086. fo. 15*b*.
HARRISON, 1561. fo. 53*b*.   1534. fo. 117.
——— *fr. Co. Berks.* 1476. fo. 87*b*.
——— *fr. Co. Chesh.* Add. MS. 5533. p. 202.
——— *fr. Co. Cumb.* 1476. fo. 96*b*.
——— *fr. Co. Lanc.* 1476. ff. 149*b*. 177*b*.
——— *or*, HEDE, 3288. fo. 169*b*.   5185. fo. 65.
Hart, Add. MS. 5533. p. 9.
HARTFORD,*fr. Co. Hunts.* 1096. fo. 63*b*.   1463. fo. 19.
HARSNAT, 6125. fo. 85.   6183. fo. 78.
HARVEY,*fr. Co. Staff.* 1504. fo. 110*b*.   Add. MS. 5533. p. 32.
HARVY, 1046. fo. 84*b*.   1147. fo. 134.   1397. fo. 123*b*.   1430. fo. 140.   1433. ff. 116. 126.   1463. fo. 6*b*.   1468. ff. 119*b*. 135*b*. 1476. fo. 315*b*.   Add. MS. 14,311. fo. 68*b*.
——— *fr. Co. Kent*, 1476. fo. 325.
——— *fr. Cos. Norf. and Northampt.* 1476. fo. 97*b*.
Harvy, 1086. fo. 15.   1096. fo. 6.
HASELFOOTE, 1476. fo. 285.
Haselfoote, 1096. fo. 139*b*.

HASTINGES, *fr. Co. Oxon.* 1476. fo. 345*b*.

HATT, *fr. Co. Berks.* 1476. ff. 233. 416*b*.   Add.
MS. 5533. p. 181.

HATTEY, *fr. Co. Beds.* 1476. fo. 98*b*.

Hatton, 1086. fo. 11.

HAULSEY, 1397. fo. 196.   1476. fo. 361.

HAVERS, *fr. Co. Norf.* 1096. fo. 143*b*.   1444.
ff. 52. 76*b*.   1476. fo. 142*b*.

HAWES, *fr. Co. Midd.* 1476. fo. 65*b*.

——— *fr. Co. Norf.* Add. MS. 5533. p. 48.

——- *fr. Co. Suff.* 1096. ff. 88*b*. 119*b*.—122*b*.
1463. fo. 3*b*.   1476. ff. 190. 420.

Hawes, 1096. fo. 4.   1444. fo. 7.   Add. MS.
5533. p. 12.

HAYDON, 1463. fo. 48.

HAYES, 1093. fo. 64.   2113. fo. 109.

——— *fr. Cos. Berks. and Lanc.* 1476. fo. 92*b*.

HAYNES, *v.* HEYNES.

HAYS, *fr. Co. Devon.* 1476. fo. 458*b*.

HAYWARD, *fr. Co. Shrop.* 1504. fo. 108*b*.

HEARNE, *or*, HERON, Add. MS. 5533. p. 214.

Heath, 1086. fo. 22.

HEDE, *v.* HARRISON.

HELDT, 1476. fo. 292*b*.

Hellyday, of Bromley, 1096. fo. 5*b*.

Heltost, 1086. fo. 27.

HEMING, *fr. Co. Herts.* 1476. fo. 44.

HENCHMAN, *or*, CROSBOROUGH, *fr. Co. Northampt.*
1476. fo. 311*b*.

Hend, 1086. fo. 27.

HENRICKS, *or*, HENRIX, 1476. fo. 131.

HEREFORD, *fr. Co. Monmouth.* 1538. fo. 287.
Add. MS. 14,315. p. 37*b*.

HERICK, *fr. Co. Leic.* 1444. fo. 13*b*.   Add. MS.
5533. pp. 23. 157.

HERING, *fr. Co. Warr.* Add. MS. 5533. p. 61.

HERIZ, *or*, SMITH, *fr. Co. Kent*, 1444. fo. 35.

————————— *fr. Co. Leic.* 1096. fo. 133*b*.
1444. fo. 35.   1463. fo. 17*b*.   Add. MS.
5533. p. 115.

HERON, *fr. Co. Linc.* 1476. fo. 102.

——— *v.* HEARNE.

HERRIS, *fr. Co. Essex*, 1476. fo. 399.

Herris, 1086. fo. 11*b*.

HESELRIGGE, *fr. Co. Leic.* 1476. fo. 297*b*.

HETON, *fr. Co. Lanc.* 1096. fo. 13.   1463. fo. 34.

——— *fr. Co. Linc.* 1096. fo. 48.   1463. fo. 21.

HEWES, *fr. Co. Som.* 1096. fo. 29*b*.   1463. fo.
14.

HEWETT, 1096. fo. 67*b*.

HEYNES, *or*, HAYNES, *fr. Co. Midd.* 1476. fo. 280*b*.

HEYTON, *fr. Co. Lanc.* 1504. fo. 80.

Hicks, 1086. fo. 22.

HYDE, *fr. Co. Notts.* 1476. fo. 36.

HIGHLORD, *v.* HILLARD.

HILARY, *fr. Co. Staff.* 1476. fo. 110*b*.

HILL, 1096. fo. 56*b*.   1463. fo. 14*b*.   6104. fo.
16*b*.

——- *fr. Co. Lanc.* 1096. fo. 35*b*.

——- *fr. Cos. Norf. and York.* 1096. fo. 136*b*.
1444. fo. 56.   Add. MS. 5533. p. 85.

——- *fr. Co. Sussex*, 1096. fo. 31.

Hill, 1086. ff. 10. 18. 27.   1096. ff. 4. 113*b*.

HILLARD, *or*, HIGHLORD, *fr. Co. Devon.* 1096. fo.
105*b*.   1476. fo. 37.   Add. MS. 5533. p.
66.

HILLES, *or*, HULLES, *fr. Co. Kent*, 1463. fo. 27*b*.

HILLS, 1093. fo. 64.   1476. fo. 111.

HILMAN, 1484. fo. 67.   1548. fo. 61.

HILTON, *or*, HULTON, *fr. Co. Lanc.* 1476. fo. 363*b*.

HIND, *fr. Co. York*, 1476. fo. 226.

Hinton, 1086. fo. 13*b*.

HOBERT, *fr. Co. Norf.* 1096. fo. 125*b*.

HOBSON, 1476. fo. 20.   1546. fo. 75.

Hockley, 1086. fo. 23.

HODESDON, *fr. Cos. Midd. and Herts.* 1096. fo. 78.
1463. fo. 19*b*.

HODGES, *fr. Co. Glouc.* Add. MS. 5533. pp. 187. 217.

——— *fr. Cos. Midd. and Shrop.* 1096. fo. 153.

HODGSON, 1137. fo. 22*b*.   1432. fo. 15.

——— *fr. Co. York*, 1096. fo. 85.   1463. fo.
25*b*.

HODSON, *fr. Co. York*, 1476. fo. 264*b*.

HOLLAND, *fr. Co. Suff.* 1476. ff. 58. 67.

——— *fr. Co. Surrey*, 1096. fo. 48*b*.   1463.
fo. 32.

Holland, 1096. fo. 110.

HOLLINGWORTH, *fr. Cos. Chesh. and Derby.* 1476.
fo. 347*b*.

HOLLOWELL, 1463. fo. 53*b*.

HOLMAN, *fr. Cos. Cornwall and Devon.* 1476. fo.
436*b*.

——— *fr. Co. Surrey*, 1476. fo. 42*b*.

HOLME, *fr. Co. Chesh.* 1096. fo. 57*b*.   1463. fo.
18.

HOLT, *fr. Co. Bucks.* 1476. fo. 288.

——- *fr. Co. Lanc.* 1476. fo. 62.

HOLTE, 1560. fo. 106.

——— *fr. Co. Warr.* 1096. fo. 52.

Holworthy, 1086. fo. 22*b*.

Honilove, 1086. fo. 19.

HONIWOOD, *fr. Co. Kent*, 1476. fo. 222*b*.

HOOGAN, *or*, WOGAN, *fr. Co. Norf.* 1096. fo. 41*b*.

HOOKER, 1096. fo. 103*b*.

Hooker, 1086. fo. 26.

HOOKESLEY, *Baron, v.* BANNYNG.

Hopkins, 1086. fo. 14.

HORNE, 1449. fo. 95.   1533. fo. 57*b*.

Horne, 1086. fo. 27.

HORSPOOLE, 1463. fo. 25.

HORTON, *fr. Cos. Chesh. and Derby.* 1476. fo. 332.

HOSKINS, *fr. Co. Monmouth*, 1096. fo. 60*b*.   1463.
fo. 20.

HOST, 1476. fo. 268*b*.   Add. MS. 5533. p. 106.

HOUGHTON, *fr. Co. Lanc.* 1096. fo. 102*b*.

——— *fr. Co. Northampt.* 1476. fo. 92.

HOVELL, *v.* SMYTH.

Hovener, 1086. fo. 21*b*.

HOW, *fr. Co. Suff.* 1476. fo. 138*b*.

HOWELL, 1041. fo. 24.   1191. fo. 22.   1543.
fo. 17.

——— *fr. Cos. Norf. and Suff.* 1476. fo. 255.

HOWLAND, *fr. Co. Essex*, 1476. fo. 109*b*.

HUCHINSON, *fr. Co. Surrey*, 1444. fo. 36.   Add.
MS. 5533. p. 116.

HUDSON, *fr. Co. Leic.* 1476. fo. 112*b*.

Hudson, 1444. fo. 58.   Add. MS. 5533. p. 67.

HUIT, 6104. fo. 35*b*.

HULL, *fr. Cos. Bucks. and Northampt.* 1476. fo.
421.

——- *fr. Co. Wilts.* 1476. fo. 404.

HULLES, *v.* HILLES.

HULME, *fr. Co. Staff.* 1476. fo. 411*b*.

HULTON, *v.* HILTON.

HUMBLE, 1504. fo. 106*b*.

——— *or*, HUMBELL, *fr. Co. York.* 1444. fo. 72.
1476. fo. 52*b*.   Add. MS. 5533. p. 57.

HUMBERSTONE, *fr. Co. Herts.* 1476. fo. 371*b*.

Huming, 1096. fo. 111*b*.

HUNGATE, 1476. fo. 161.
Hungerford, 1096. fo. 117.
HUNT,*fr. Co. Dorset.* 1476. fo. 209.   Add. MS. 5533. p. 138.
—— *fr. Co. Norf.* 1476. fo. 451.
HUNTER, *or*, VENOUR, *fr. Cos. Linc. and Hants.* 1476. fo. 86*b*.
Hunter, 1086. fo. 11*b*.
HURT,*fr. Co. Derby.* 1476. fo. 392*b*.
HUSSEY, Add. MSS. 5507. fo. 48.   16,279. p. 35.
—— *fr. Co. Sussex*, 1096. fo. 157*b*.   1476. ff. 349*b*. 386.
HUTCHINSON, 1096. fo. 135*b*.
HYDE,*fr. Co. Berks.* 1476. fo. 144.
INGLIS,*fr. Scotland*, 1476. fo. 374*b*.
INGOW, 1137. fo. 75*b*.   1398. fo. 15*b*.   1432. fo. 68*b*.   1541. fo. 23*b*.
INGRAM,*fr. Co. Warr.* 1096. fo. 164*b*.
INGRAVE, 1096. fo. 103.
IRELAND, 1504. fo. 104.
—— *fr. Cos. Lanc. and Notts.* Add. MS. 5533. p. 221.
ISAACSON,*fr. Co. York.* 1476. fo. 73.
ISHAM,*fr. Co. Northampt.* 1096. fo. 83.   1463. ff. 9. 40*b*.
Isham, 1444. fo. 89.
JACKMAN, 1444. fo. 89*b*.
JACKSON,*fr. Co. York.* 1096. fo. 49*b*.   1463. fo. 21*b*.
Jackson, 1086. ff. 9*b*. 20.
JACOB,*fr. Co. Camb.* 1476. fo. 117*b*.
Jacob, of Bromley, 1096. fo. 4*b*.
JACOBSON, 1476. fo. 97.
JADWIN, 1476. fo. 336.
JAMES, 1046. fo. 31*b*.   1504. fo. 148*b*.   1547. fo. 89*b*.   1147. fo. 25*b*.   1430. fo. 27*b*.   1433. fo. 66*b*.   1561. ff. 225*b*. 228*b*.
JANSON, 1504. fo. 79.
—— *fr. Co. Northampt.* 1096. fo. 12*b*.   1476. fo. 257.
JAQUES, 1476. fo. 22.
JEKELL, *or*, JEKYLL, 1137. fo. 107*b*.   1432. fo. 102.   1541. fo. 165*b*.
JENKENSON, *fr. Cos. Lanc. and Oxon.* 1463. fo. 29.
—— —— 1463. fo. 28*b*.
Jenkynson, 1096. fo. 44.
JENMAN,*fr. Cos. Hants. and Sussex*, 1096. fo. 147.
JENNEY, 1137. fo. 75.   1398. fo. 14*b*.   1432. fo. 68.   6065. fo. 41.
—— *fr. Co. Norf.* 1476. fo. 231.
JENNINGS, 1046. fo. 85*b*.
—— —— *fr. Co. Shrop.* 1096. fo. 66*b*.
JERARD,*fr. Co. Somerset.* 1476. fo. 345.
JESSON,*fr. Cos. Northampt. and Warr.* 1096. fo. 134*b*.   1476. fo. 352*b*.
JOHNSON, 1046. fo. 28*b*.   1433. fo. 60.   1447. fo. 16.   1539. fo. 78*b*.   1561. fo. 113.
—— —— *fr. Cos. Beds. and Bucks.* 1476. fo. 283*b*.
—— —— *fr. Cos. Beds. and Northumb.* 1476. fo. 378.
—— —— *fr. Cos. Beds. and Shropshire*, 1096. fo. 131.   1476. fo. 99.
—— —— *fr. Co. Chesh.* 1476. fo. 381*b*.
—— —— *fr. Cos. Hants. and Worc.* 1476. fo. 378*b*.
—— —— *fr. Cos. Midd. and Essex*, 1096. fo. 157. 1444. ff. 50*b*. 81.
—— —— *fr. Cos. Midd. and York.* Add. MS. 5533. p. 46.
—— —— *fr. Co. Rutland.* 1476. fo. 323.

JOHNSON,*fr. Scotland*, 1476. fo. 110.
Johnson, 1444. fo. 81.
JONES,*fr. Co. Flint.* 1476. fo. 190*b*.
—— *fr. Co. Kent*, 1476. fo. 350*b*.
—— *fr. Co. Lanc.* 1444. fo. 38*b*.   Add. MS. 5533. p. 122.
—— *fr. Co. Shrop.* 1476. fo. 258.
—— *fr. North Wales*, 1476. fo. 290*b*.
Jones, of Stratford Bow, 1096. fo. 5*b*.
JORDEN,*fr. Co. Wilts.* Add. MS. 5533. p. 186.
JUXON,*fr. Co. Suff.* 1476. fo. 236.
KAYLE, or, KELE, 1463. fo. 41*b*.
KEARSLEY,*fr. Co. Lanc.* 1096. fo. 149*b*.
KEATE,*fr. Cos. Berks. and Wilts.* 1476. fo. 88.
Keate, 1086. fo. 14*b*.
KEBLE,*fr. Co. Suff.* 1096. fo. 159*b*.
Kele, v. Kayle.
Kelke, 1086. fo. 6.
KELLEY, 1463. fo. 48.
KEMPE, 1137. fo. 117.   1432. fo. 114.
—— *fr. Co. Essex*, 1096. fo. 43.   1463. fo. 15.
—— *fr. Co. Norf.* 1096. fo. 60.   1476. fo. 432*b*.
Kempe, 1096. fo. 6.
KEMPTON, 1531. fo. 130*b*.   2109. fo. 36.   4600. p. 30.
KENDALL, *fr. Co. Oxon.* 1476. fo. 191*b*.
KENTON, *fr. Co. Oxon.* 1476. fo. 457*b*.   Add. MS. 5533. p. 70.
KERBY,*fr. Co. Suff.* 1476. fo. 130.
KERMOTT, *or*, YERMOTT,*fr. the Isle of Man*, 1476. fo. 458.
KILBURNE,*fr. Cos. Essex and York.* 1444. fo. 15*b*. Add. MS. 5533. p. 19.
Kilner, 1086. fo. 12*b*.
KILVERT,*fr. Co. Shrop.* 1476. fo. 260.
KINASTON, *or*, KYNASTON,*fr. Co. Shrop.* 1476. ff. 155*b*. 251.
KING, *fr. Cos. Devon. and Oxon.* 1096. fo. 147*b*. 1476. fo. 145*b*.
King, 1086. fo. 20*b*.   1463. fo. 63.
KINGSTON,*fr. Co. Glouc.* 1476. fo. 424.
Kingston, 1444. fo. 51*b*.
KIPP, 1476. fo. 135.
KIRBY,*fr. Co. Suff.* 1476. fo. 332*b*.
Kiriell, 1463. fo. 83.
KIRKE,*fr. Co. Derby.* 1476. fo. 302*b*.   Add. MS. 5533. p. 215.
KIRTON,*fr. Cos. Som. and Wilts.* 1096. fo. 74.
Kirton, 1086. fo. 27.
Knesworth, 1086. fo. 27.
KNIGHT, 808. fo. 43*b*.   5187. fo. 48*b*.
—— *fr. Co. Som.* 1476. fo. 81*b*.
Knight, Add. MS. 5533. pp. 47. 242.
KNIGHTLEY,*fr. Co. Northampt.* 1476. fo. 431.
—— —— *fr. Co. Worc.* 1476. fo. 272.
KNIPE,*fr. Co. Lanc.* 1444. fo. 12*b*.   Add. MS. 5533. p. 21.
Knipe, 1086. fo. 9*b*.
KNOTT,*fr. Cos. Devon. and Norf.* 1096. fo. 145*b*.
KYNASTON, *v.* KINASTON.
LACY, 1463. fo. 45.
LAKE,*fr. Co. Kent*, 1476. fo. 355.
—— *or*, LOCKE, 1190. fo. 90*b*.   1550. fo. 205.
Lake, 1463. fo. 64*b*.
LAMBERT,*fr. Co. Linc.* 1463. fo. 13.
LAMOTT, 1444. fo. 96.   1476. fo. 204.   Add. MS. 5533. p. 213.
LANCELOTT,*fr. Co. Denbigh*, 1476. fo. 31.
LANGFORD,*fr. Co. Denbigh*, 1476. fo. 423*b*.

Langford, 1463. fo. 84.

LANGHAM,*fr. Co.Northampt.* 1476. fo. 84.   Add. MS. 5533. p. 134.

———— *fr. Co. Suff.* 1476. fo. 247.

LANGHORNE, 1547. fo. 54*b*.

————— *fr. Co. Beds.* 1476. ff. 56. 439.

LANGLEY,*fr. Cos. Linc. and York.* 1096. fo. 85*b*. 1463. fo. 3.   Add. MS. 5533. p. 229*b*.

———— *fr. Co. Shrop.* 1476. fo. 60*b*.

LANGTON,*fr. Co. Linc.* 1096. fo. 142.   1444. fo. 32.   1476. fo. 115.   Add. MS. 5533. p. 110.

LANGWORTH,*fr. Co. Worc.* 1476. fo. 54.

LANT,*fr. Co. Devon.* 1476. fo. 113*b*.   Add. MS. 5533. p. 149.

Lant, 1086. fo. 14*b*.

LASON,*fr. Co. Durham*, 1096. fo. 65.   1463. fo. 35.

LATHAM, 1476. fo. 397.

———— *fr. Co. Essex*, 1476. fo. 187.

LA TOMBE,*fr. Co. Norf.* 1476. fo. 376.

LAURENCE,*fr. Co. Shrop.* 1096. fo. 79*b*.

LAVINDER,*fr. Cos. Beds. and Herts.* 1476. fo. 414. Add. MS. 5533. p. 136.

LAWLEY,*fr. Co. Shrop.* 1476. fo. 256.

LAWRENCE,1476. fo. 322*b*.   Add. MS. 5533. pp. 211. 247.

————— *fr. Co. Dorset.* 1476. fo. 452*b*.

———— *fr. Co. Herts.* Add. MS. 5533. p. 82.

Lawrence, 1086. fo. 14.

Layton, 1086. fo. 27.

LEACH,*fr. Cos. Kent and Lanc.* 1476. fo. 184*b*.

LEACHLAND,*fr. Co. Devon.* 1476. fo. 89.

LEAKE, 1476. fo. 221*b*.

Leaver, 1086. fo. 24.

LEE, *fr. Cos. Chesh. and Derby.* 1476. fo. 327. 1548. fo. 64*b*.

————*fr. Co. Cornw.* 1096. fo. 39.

————*fr. Cos. Kent and Notts.* 1476. fo. 183.

————*fr. Co. Leic.* 1096. fo. 163.

————*fr. Cos. Oxon. and Bucks.* 1476. fo. 281*b*.

————*fr. Co. Staff.* 1096. fo. 73.   1463. fo. 32.

————*fr. Co. York.* 1096. fo. 25.   1463. fo. 45.

LEEKE,*fr. Co. Shrop.* 1476. fo. 429*b*.

LEIGH,*fr. Co. Som.* 1476. fo. 454*b*.

Leigh, 1096. fo. 117.

LE MAIRE, 1463. fo. 62*b*.

LEMING,*fr. Co. York.* 1476. fo. 367*b*.

LEMMAN,*fr. Cos. Norf. and Suff.* 1476. fo. 26.   1504. fo. 110.

Lemster, 1463. fo. 84.

LE NEVE,*fr. Co. Norf.* 1476. fo. 163*b*.

LENNARTS, 1476. fo. 389*b*.

LENTHALL, 1187. fo. 76*b*.

————————*fr. Co. Oxon.* 1476. fo. 51.

LE TAYLOR,*fr. Cos. Suff. and Cumb.* 1463. fo. 11*b*.

LETHIEULLIER, 1476. fo. 262.

LETWOOD, *v.* SOROCOLE.

LEVESON, 1463. fo. 9*b*.

Lewes, 1463. fo. 83.

LEWIS,*fr. Co. Suff.* 1476. fo. 450*b*.

LEWKER, 1096. fo. 64*b*.

Lewyn, 1096. fo. 114*b*.

LIDSEY, *fr. Co. Surrey*, 1096. fo. 140*b*.   1444. fo. 48.   Add. MS. 5533. p. 44.

Lightborne, 1096. fo. 133.

LIGHTFOOT, 1147. fo. 44*b*.   1430. fo. 48*b*.

Lightwood, 1463. fo. 84.

LILBURN, Add. MS. 5533. p. 251.

Lillers, 1086. fo. 2*b*.

LILLY, 1241. fo. 55.   Add. MS. 14,314. fo. 52.

LION, *or,* LYON,*fr. Co. Essex*, 1444. fo. 31.   1476. fo. 321*b*.   Add. MS. 5533. p. 109.

LISLEY, *or,* LISLE, *fr. Co. Northampt.* 1476. fo. 101*b*.

LITTLETON,*fr. Co. Staff.* 1476. fo. 439.

LITTON,*fr. Cos. Derby. and Essex*, 1096. fo. 118*b*.

Loades, 1086. fo. 13*b*.

LOCKE, *or,* LOKE, 1096. ff. 20. 33*b*.

———— *v.* LAKE.

LODGE, 1081. fo. 6.   Add. MSS. 4961. fo. 60*b*. 14,283. fo. 60*b*.

LOKE, *v.* LOCKE.

LONGE, 1096. fo. 17*b*.   1463. fo. 34.   1504. fo. 81.

Lonne, 1463. fo. 83*b*.

Love, 1086. fo. 7*b*.

LOVELL, 1451. fo. 131**b*.

————-*fr. Co. York*, 1096. fo. 12.   1463. fo. 42.

LOWDHAM, 1177. fo. 60.

LOWE, 1394. p. 249.   1420. fo 126.

————*fr. Co. Worc.* 1476. fo. 200.   1504. fo. 126.

———— *v.* FIFIELD.

Lowe, 1173. fo. 108.

LOWEN, 1096. fo. 84*b*.   1463. fo. 10.

LOWTHER,*fr. Co. Westm.* 1476. fo. 213.

LUCAR, 1463. fo. 27.

Lucas, 1086. fo. 20.

Lucie, 1086. fo. 8.

LUDDINGTON, 1463. fo. 25.

LUSHER,*fr. Co. Surrey*, 1476. fo. 29.

Lutman, 1444. fo. 9.

LYDE,*fr. Cos. Midd. and Worc.* 1476. fo. 280.

Lylie, 1096. fo. 4.

LYNDSEY,*fr. Co. York.* 1096. fo. 99*b*.

LYON, *v.* LION.

MABBE,*fr. Co. Sussex*, 1463. fo. 20*b*.

MACHELL,*fr. Co. Surrey*, 1476. fo. 112.

Machell, 1096. fo. 108.

MAINWARING,*fr. Cos. Chesh. and Staff.* 1476. fo. 446.

MAJOR,*fr. I. of Guernsey*, 1476. fo. 396.

MALBY, 1096. fo. 73.   1504. fo. 97.

MALPAS, 1137. fo. 49.   1432. fo. 40*b*.

MAN, Add. MS. 5533. p. 167*b*.

————-*fr. Co. Norf.* 1476. fo. 370.

————-*fr. Co. Surrey*, 1476. fo. 43*b*.

MANBY,*fr. Co. Glouc.* 1096. fo. 136*b*.   1476. fo. 28.

MANNING,*fr. Co. Chesh.* 1096. fo. 93.

————————*fr. Co. Kent*, 1476. fo. 444*b*.

MANSBRIDGE, 1463. fo. 24*b*.   1476. fo. 244.

MANSELL, *or,* MAUNSELL,*fr. Co. York.* 1476. ff. 453. 462.

Mansell, 1444. fo. 83.

MANWARING, 1547. fo. 56.

MARBECKE, 1046. fo. 203.   1397. fo. 174.

MARBURY, 1096. fo. 14*b*.   1463. fo. 30.   1504. fo. 93*b*.

MARKHAM, 1476. fo. 106*b*.

Markham, 1086. fo. 15.

MARLAR, 1538. ff. 29*b*. 279.

MARRYOTT, Add. MS. 12,478. fo. 35.

MARSH,*fr. Cos. Midd. and Berks.* 1096. fo. 130*b*. 1476. fo. 362.   Add. MS. 5533. p. 226.

Marshall, 1086. fo. 2*b*.

MARSHE, 1535. fo. 297*b*.

MARSON,*fr. Co. Herts.* 1463. fo. 50.

MARTIN,*fr. Co. Heref.* 1433. fo. 181.   1561. fo. 21*b*.

Martin, 1444. fo. 8.   Add. MS. 5533. p. 12.

MARTYN, 1096. ff. 72. 93.

————————*fr. Co. Flint.* 1476. fo. 23.

MARTYN, *fr. Co. Suff.* 1096. fo. 43*b*.   1463. fo.
  1*b*.   1504. fo. 88*b*.
Mascall, 1086. fo. 24*b*.
Mason, 1463. fo. 83.   Add. MS. 5533. p. 9.
———— *v. Tufton.*
Massey, fr. Co. Chesh. 1476. fo. 369*b*.
MASSINGBERD, *fr. Co. Linc.* 1476. ff. 89*b*. 233.
MATTHEWS, 1476. fo. 443.
Mattock, 1463. fo. 83.
MAUCHOOD, 1476. fo. 219*b*.
MAUNSELL, *v.* MANSELL.
MAYDWELL, *fr. Co. Northampt.* 1476. ff. 178. 351*b*.
  Add. MS. 5533. p. 56.
Maydwell, 1444. fo. 71.
MEADE, *fr. Co. Essex*, 1476. ff. 58*b*. 227*b*.
MEDLICOTT, *fr. Co. Shrop.* 1476. fo. 239*b*.   Add.
  MS. 5533. p. 137.
MEERING, 1484. fo. 35*b*.
Meggs, of Whitechapel, 1096. fo. 5*b*.
MELLER, *fr. Co. Suff.* 1096. fo. 137.   1476. fo.
  464*b*.
MELLHUISH, *fr. Co. Cornw.* 1476. fo. 342.
MELLISH, 1476. fo. 346*b*.
MEREDITH, 1096. fo. 19*b*.
Merick, of Norcot, 1096. fo. 5.
MERILL, *fr. Cos. Essex and Suff.* 1444. fo. 63.
  Add. MS. 5533. p. 124.
Meriton, 1086. fo. 1*b*.
Merlowe, 1096. fo. 113*b*.
Merrell, 1541. fo. 53.
MERRETT, *fr. Co. Glouc.* 1096. fo. 156*b*.
MERRICK, *fr. Cos. Glouc. and Wales*, 1476. fo. 241*b*.
Mervin, 1086. fo. 11*b*.
METCALF, 1463. fo. 22*b*.
METHWOLD, 1504. fo. 107*b*.
MEVERELL, *fr. Co. Staff.* 1476. fo. 400.
MICHELL, *fr. Co. Herts.* 1096. fo. 129*b*.   1476.
  fo. 263.
————— *fr. Co. Suff.* 1504. fo. 117.
Micklethwayt, 1086. fo. 24*b*.
MICO, *fr. Cos. Devon. and Som.* Add. MS. 5533. p.
  191.
MIDDLETON, 1476. ff. 214*b*. 312*b*.
MIDLETON, *fr. Co. Denbigh.* 1476. fo. 242.   1504.
  fo. 109.   Add. MS. 5533. p. 159.
Milborne, 1086. fo. 27.   1140. fo. 115.   1463.
  fo. 83.
MILLETT, 1046. fo. 115*b*.
————— *fr. Co. Midd.* 1476. fo. 184.
MILLS, *fr. Co. Staff.* 1476. fo. 64.
Milner, of Lincoln's Inn, 1096. fo. 6.
MILTON, 1476. fo. 129.
Milton, Add. MS. 5533. p. 16.
MILWARD, *fr. Co. Derby.* 1476. fo. 352.
MINITER, *or*, NICHOLAS, *fr. Co. Limerick*, 1476. fo.
  175*b*.
MINORS, 1433. fo. 117.
MODY, 1096. fo. 94*b*.
MONGER, *or*, MONGRE, *fr. Co. Surrey*, 1476. ff.
  247*b*. 379.
MONMOUTH, 1137. fo. 48*b*.   1432. fo. 40.   1541.
  fo. 170.
Monmouth, 1463. fo. 83*b*.
MONOX, *fr. Co. Worc.* 1444. fo. 60*b*.   Add. MS.
  5533. p. 87.
Montford, Add. MS. 5533. p. 11.   1463. fo. 63.
MOORE, 1546. fo. 80*b*.
Moore, 1086. fo. 16.
MOOREWOOD, 1396. fo. 59*b*.
Morden, 1086. fo. 9*b*.

MORE, 1092. fo. 123.
———— *fr. Cos. Staff. and Lanc.* 1476. fo. 365.
More, 1096. fo. 138.   1444. fo. 8.   Add. MS.
  5533. pp. 11. 12.
MORETOFT, *fr. Co. Norf.* 1476. fo. 174*b*.
MORETON, *fr. Co. Staff.* 1476. fo. 161*b*.
Moreton, 1086. fo. 27.
MORGAN, *fr. Co. Essex*, 1463. fo. 65*b*.
————— *fr. Wales*, 1476. ff. 60. 399*b*.
Morgan, Add. MS. 5533. p. 11.
Morison, 1463. fo. 63*b*.
MORLEY, 1476. fo. 445.
Morllory, 1444. fo. 87.
Morris, 1086. fo. 18*b*.
MOSSE, *fr. Co. Beds.* 1476. fo. 152.   Add. MS.
  5533. p. 20.
MOSELEY, *fr. Co. Staff.* 1476. fo. 165*b*.
Mosse, 1444. fo. 11*b*.
MOTTE, Add. MS. 5533. p. 182.
MOUNTFORT, *fr. Co Norf.* 1476. fo. 86.
MOUNTJOY, *fr. Co. Essex*, 1476. fo. 455.
MOUSE, *fr. Co. Beds.* 1476. fo. 328.
MOYER, *fr. Co. Essex*, Add. MS. 5533. p. 25.
MUNNE, *fr. Co. Essex*, 1444. fo. 28.   1476. fo.
  34.   Add. MS. 5533. p. 40.
Murell, 1096. fo. 107*b*.
MUSCHAMP, *fr. Co. Surrey*, 1096. fo. 46*b*.   1463.
  fo. 22.
Muschamp, 1096. fo. 108.
Mussard, Add. MS. 5533. p. 15.
Mylles, 1463. fo. 5*b*.
MYLNER, *fo. Co. York.* 1476. fo. 297.
MYN, 6093. fo. 169.
MYRFIN, 1075. fo. 36*b*.
NASHE, *fr. Co. Warr.* 1476. fo. 44*b*.
Nayler, 1463. fo. 83.
NAYLOUR, 1096. fo. 19.   1463. fo. 54.
Neale, 1086. fo. 15*b*.
NELSON, *fr. Co. York.* 1096. fo. 150.
Nerborowe, 1463. fo. 84.
NEUCE, 1444. fo. 95.
NEVILL, 1096. fo. 32*b*.
————— *fr. Co. Staff.* 1476. fo. 203.
NEWBOLD, *fr. Co. Derby*, 1476. fo. 218.   Add.
  MS. 5533. p. 222.
NEWBY, *fr. Co. York.* 1476. fo. 24*b*.
NEWMAN, *fr. Co. Norf.* 1444. fo. 29*b*.   Add.
  MS. 5533. p. 41.
Newman, of St. Giles-in-the-Fields, 1096. fo. 6.
Newton, 1086. fo. 21.   1096. fo. 138.
NICHOLAS, *fr. Co. Wilts.* 1476. fo. 251*b*.
————— *v.* MINITER.
Nicholas, 1086. fo. 1.
NICHOLLS, 6104. fo. 65*b*.
Nicholls, 1096. fo. 111*b*.
NICHOLSON, *fr. Cos. Cumb. and Lanc.* 1444. fo.
  80*b*.
Nicholson, 1086. fo. 21.
NICOLL, *fr. Co. Midd.* 1096. fo. 146*b*.
Nicoll, 1463. fo. 83.
NICOLLS, 1463. fo. 39.
NIX, 1560. fo. 36*b*.
NORTHEY, *fr. Cos. Essex and Wilts.* 1476. fo. 316*b*.
NORTON, *fr. Co. Bedford.* 1476. fo. 21.
————— *fr. Co. Herts.* 1476. fo. 59*b*.
Norton, 1396. fo. 7.
ODINGSELLS, 1086. fo. 19.
OFFLEY, 1100. fo. 26.   1167. fo. 18.
————— *fr. Co. Staff.* 1096. fo. 42.   1463. ff.
  37. 45.   1476. fo. 31*b*.

OFSPRING, *or*, OXSPRING, *fr. Cos. Kent and York.* 1476. fo. 23*b*.
OKEOVER, 1096. fo. 34*b*.   1463. fo. 35*b*.
OLIPH, *fr. Co. Kent,* 1463. fo. 4.
OLMESTED, 1535. fo. 162.
Olney, 1096. fo. 108.
Orenge, 1096. fo. 111.
ORME, 1504. fo. 105.
OSBALDESTON, *or,* OSBALDSTON, 1476. fo. 100*b*.
Osbaldeston, 1086. fo. 17.
OSBORNE, *fr. Co. Kent,* 1476. fo. 346.
———— *fr. Co. Norf.* 1476. fo. 307*b*.
Osborne, 1463. fo. 7.
OTGAR, 1096. fo. 162.   1468. fo. 128.
OTGHAR, 1476. fo. 327*b*.
OTTER, 1533. fo. 32*b*.
OUSLEY, 1476. fo. 241*b*.
OVERTON, 1476. fo. 241*b*.
OWEN, 1041. fo. 114.   1476. fo. 285*b*.   1543. fo. 189.
Oxenford, 1086. fo. 27.
OXSPRING, *v.* OFSPRING.
OYLES, 1476. fo. 137*b*.
PACE, 1163. fo. 226.
PADDY, 1476. fo. 461*b*.
Padington, 1096. fo. 111.
Padnoll, 1086. fo. 17.
PAGE, 1476. fo. 40.
——- *fr. Co. Kent,* 1476. fo. 192.   1468. fo. 135. 1551. fo. 136.   Add. MS. 4964. fo. 136.
——- *fr. Co. Midd.* 1476. fo. 147*b*.
Page, 1096. fo. 5*b*.   1444. fo. 85*b*.
PAGETT, 1091. fo. 44*b*.
PAGGIN, 1476. fo. 283.
PALMER, *fr. Co. Leic.* 1476. fo. 189.
———— *fr. Co. Staff.* 1476. fo. 416.
Palmer, 1463. fo. 83.   Add. MS. 5533. p. 228.
PARKER, *fr. Co. Derby.* 1476. fo. 21*b*.
———— *fr. Co. Northampt.* 1096. fo. 67.   1463. fo. 25*b*.
PARKHURST, 1046. fo. 84*b*.   1147. fo. 134.   1397. fo. 123*b*.   1430. fo. 140.   1433. ff. 116. 125.   1476. fo. 65.   1561. ff. 89*b*. 91. Add. MS. 4963. fo. 155*b*.
————— *fr. Co. Surrey,* 1476. fo. 391*b*.
PARLAR, 1549. fo. 135*b*.
PARROTT, *fr. Cos. Beds. and Herts.* Add. MS. 5533. p. 201.
———— *fr. Co. Leic.* 1476. fo. 41*b*.
PARTRIDGE, *fr. Co. Essex,* 1096. fo. 76*b*.   1476. fo. 52.
Parys, 1086. fo. 27.
PATRICKSON, *fr. Co. Cumb.* 1444. fo. 20.   1476. fo. 417*b*.   Add. MS. 5533. p. 95.
PATTENSON, *fr. Co. York.* 1463. fo. 36*b*.
PEACOCK, 1463. fo. 48*b*.
———— *fr. Co. Beds.* 1476. fo. 354.
PEAKE, 1444. fo. 66.   Add. MS. 5533. p. 129.
PEARCE, 1468. fo. 122.
Pearse, of Parson's Green, 1096. fo. 6.
PECHE, 1096. fo. 94.
PECK, *fr. Co. Berks.* 1476. fo. 380.
PECOCK, 1463. fo. 50.
PECOCKE, *fr. Co. Kent.* 1096. fo. 159.   Add. MS. 5533. p. 168.
PEERS, *fr. Cos. Essex and Bucks.* 1476. fo. 248*b*. Add. MS. 5533. p. 150.
PEIRSE, *fr. Co. York.* 1476. fo. 425.
PEIRSON, 1476. fo. 374.
———— *fr. Co. Essex,* 1504. fo. 97*b*.

Peke, 1463. fo. 83*b*.
PELL, *fr. Co. Northampt.* 1476. fo. 55.
Pell, Add. MS. 5533. p. 175.
Pendarves, 1086. fo. 11*b*.
PENISTON, *fr. Co. Essex,* 1476. fo. 53*b*.
PENNINGTON, 1476. ff. 261*b*. 304.
PENRYN, *fr. Co. Montgomery,* 1476. fo. 269.
PENYFATHER, *fr. Co. Staff.* 1476.   fo. 288*b*. Add. MS. 5533. p. 67.
PERCHE, 1396. fo. 258.
PERCY, *fr. Co. Dorset.* 1476. fo. 442*b*.
Percy, 1463. fo. 84.
PERROTT, *fr. Co. Heref.* 1476. ff. 49. 336*b*.
——+—— *fr. Cos. Staff. and Warr.* 1463. fo. 52.
PETITT, 1476. fo. 233.
PETRE, 1463. fo. 55.
PETT, 1556. fo. 79.   Add. MS. 4963. fo. 108*b*.
PETTIT, *fr. Co. Kent,* Add. MS. 5533. p. 170.
PHESANT, *fr. Cos. Linc. and Midd.* 1476. fo. 316. Add. MS. 5533. p. 164.
PHILBERT, 1086. fo. 27.
PHILIPPS, *fr. Co. Warr.* 1463. ff. 13*b*. 41*b*.   1476. fo. 201.
PHILIPSON, *fr. Co. York.* 1463. fo. 38*b*.
PHILLINGHAM, 1396. fo. 60.
PHILLIPS, *fr. Co. Dorset.* 1476. fo. 467*b*.
———— *fr. Co. Notts.* 1476. fo. 107*b*.
———— *fr. Co. Shrop.* 1476. fo. 71.
PICKERING, 1504. fo. 101*b*.
———— *fr. Cos. Suff. and Westmoreland,* 1476. fo. 180*b*.
PIERSON, *fr. Co. Essex,* 1096. fo. 42*b*.   1463. fo. 16.
PIGOTT, *fr. Co. Bucks.* 1476. fo. 402.
———— *fr. Co. Shrop.* 1476. fo. 63.
Pigott, 1096. fo. 110.
PIKERING, 1096. fo. 37*b*.
PINCHON, *fr. Co. Essex,* 1476. fo. 236*b*.
PINDER, *fr. Cos. Northampt. and York.* 1096. fo. 118.   1476. fo. 127.
PIOTT, 1444. fo. 87*b*.
Piott, 1444. fo. 87*b*.
PIPE, *fr. Co. Staff.* 1096. ff. 51. 163*b*.   1463. fo. 5.
Pipe, 1444. fo. 86*b*.
PITCHAR, *fr. Cos. Bucks and Oxon.* 1476. fo 267*b*.
PITT, *fr. Co. Hereford,* 1476. fo. 98.
Pitt, 1096. fo. 138*b*.
PLATT, 1424. fo. 31*b*.   1505. fo. 30*b*.   1535. fo. 63.   2187. fo. 28.
POLLARD, *fr. Co. York.* 1476. fo. 284*b*.
POLLOXHILL, *v.* PULLISON.
POLSTED, *fr. Co. Surrey,* 1476. fo. 34*b*.   Add. MS. 5533. p. 152.
Polsted, 1561. fo. 3*b*.   Add. MS. 5533. p. 4.
POOLE, *fr. Co. Chesh.* 1476. fo. 271.
POPE, 1096. fo. 62.   1100. fo. 1*b*.   1463. fo. 24*b*.
PORTER, *fr. Co. Staff.* 1476. fo. 237*b*.   Add. MS. 5533. p. 153*b*.
———— *fr. Co. Sussex,* 1476. fo. 296*b*.
Porter, 1096. fo. 113.
POTKIN, *fr. Co. Camb.* 1476. fo. 80*b*.
POTT, 1537. fo. 82.
———- *fr. Co. Chesh.* 1476. fo. 448*b*.
———- *fr. Co. Derby,* 1476. fo. 197.
POWELL, 1463. fo. 5*b*.
———— *fr. Co. Shrop.* 1476. ff. 306*b*. 403*b*.
POWLETT, *fr. Co. Hants.* 1476. fo. 390*b*.
PRATT, 1076. fo. 18.   1483. fo. 111.   1530. fo. 64*b*.

PRATT, *fr. Co. Glouc.* Add. MS. 5533. p. 204.
———— *fr. Co. Norf.* 1476. fo. 224*b.*
PRESTLEY, 1234. fo. 120.   1504. fo. 145*b.*   1547. fo. 91*b.*
PRESTON, *fr. Co. Northampt.* 1476. fo. 83.
PRICE, *fr. Co. Flint.* 1476. fo. 237.
PRICKLEY, *or,* HARRIS, *fr. Cos. Glouc. and Worc.* 1476. fo. 90.
Prigion, 1550. fo. 223.
PROBY, 1476. fo. 234*b.*
PROWES, *or,* PROWZE, *fr. Co. Cornw.* 1096. fo. 34. 1463. fo. 27.
PUCKERING, 1476. fo. 245*b.*
PULLISON, *or,* POLLOXHILL, 1096. fo. 84.
Pye, 1096. fo. 6.   Add. MS. 5533. p. 207.
PYKE, *fr. Co. Somerset,* 1444. fo. 79*b.*   1476. fo. 338.
Pyke, 1086. fo. 27.
PYKERELL, 6093. fo. 35.
PYOTT, *fr. Co. Staff.* 1504. fo. 96.

QUARLES, 1463. fo. 43*b.*
QUESTER, *de,* 1476. fo. 178*b.*
QUINEY, *fr. Co. Warr.* 1476. fo. 405.
QUIXLEY, 1433. fo. 180*b.*   Add. MSS. 4963. fo. 71*b.*   14,311. fo. 79.

RADCLIFFE, 1549. fo. 51*b.*
RAINSFORD, *fr. Co. Warr.* 1476. fo. 223.
RAISHLEIGH, *fr. Co. Devon.* 1476. fo. 349.
RAND, *fr. Co. Durham,* 1476. ff. 189*b.* 401*b.*
Randall, 1086. fo. 21*b.*
Randolfe, 1096. fo. 110.
RANDYLL, 1096. fo. 59*b.*
RAWDON, *fr. Co. York.* 1476. ff. 94*b.* 140*b.*
RAWLIN, 1476. fo. 380*b.*
RAYNTON, *fr. Co. Linc.* Add. MS. 5533. p. 62.
RAYNWELL, 1504. fo. 118.
REA, *fr. Cos. Worc. and* York. Add. MS. 5533. p. 142.
READE, *fr. Co. Northumb.* 1476. fo. 95*b.*
Reade, 1086. fo. 12.
REDMAN, *fr. Co. York.* 1096. fo. 63.   1463. fo. 31.
REEVE, 1147. fo. 103*b.*   1403. fo. 108*b.*   1561. fo. 155*b.*   Add. MS. 4963. fo. 130*b.*
REMNICK, *fr. Co. York.* 1476. fo. 195*b.*
REYNARDSON, *fr. Co. Devon.* 1476. fo. 115*b.*   Add. MS. 5533. p. 232.
REYNEY, *fr. Co. York.* 1096. fo. 127.   1444. fo. 68.   Add. MS. 5533. p. 132.
Reyrroft, 1463. fo. 83.
RICCARD, *fr. Co. Dorset,* 1476. fo. 127*b.*   Add. MS. 5533. p. 165*b.*
RICHANT, 1476. fo. 207.
RICHE, *fr. Co. Beds.* 1463. fo. 13.
RICHERS, *fr. Co. Norf.* Add. MS. 5533. p. 143.
RIDLEY, *fr. Co. Northumberland,* 1476. fo. 289*b.*
Rigges, 1463. fo. 38.
RIVELL, *fr. Co. Northampt.* 1096. fo. 30*b.*   1463. fo. 28.
RIVERS, 1096. fo. 87*b.*   1463. fo. 4.
RIVETT, *fr. Co. Suff.* 1096. fo. 90.   1463. fo. 10.
ROBERTS, *fr. Co. Rutland,* 1476. fo. 151.
———— *from the Isle of Anglesey,* 1476. fo. 213*b.*
Robins, 1086. fo. 27.
ROBINSON, *fr. Co. York.* 1096. ff. 26. 137*b.*   1444. fo. 52*b.*   1476. ff. 72*b.* 122*b.* 259*b.*   Add. MS. 5533. pp. 49. 137.
ROBINSON, *fr. Co. Chesh.* 1476. fo. 381*b.*

Robinson, 1463. fo. 63.
ROGERS, *fr. Co. Shrop.* 1476. fo. 180.
ROLFE, *fr. Co. Beds.* 1476. fo. 145.
———— *fr. Co. Herts.* 1096. fo. 141.   1444. fo. 67*b.*   1476. fo. 159.   Add. MS. 5533. p. 131.
ROLT, 1096. fo. 155.
ROMNEY, *fr. Co. Glouc.* 1096. fo. 28*b.*   1463. fo. 52*b.*   1476. fo. 33.
RONDELL, 1543. fo. 84.
ROPE, Add. MS. 5533. p. 20.
Rosowell, 1096. fo. 112.
ROTSEY, *fr. Co. Worc.* 1096. fo. 87.
Rous, 1086. fo. 27.
ROWE, *fr. Co. Kent,* 1096. fo. 71.   1444. fo. 54.   1463. fo. 2*b.*   1504. ff. 116. 122.   Add. MS. 5533. p. 53.
ROWLES, 1147. fo. 44*b.*   1430. fo. 48*b.*
ROYS, *fr. Co. Leic.* 1476. fo. 186*b.*
ROYSTON, 1096. fo. 94*b.*
Rudde, of Furnival's Inn, 1444. fo. 9.   Add. MS. 5533. p. 15.
RUDG, *fr. Co. Worc.* 1476. fo. 393*b.*
RUGELY, *fr. Co. Staff.* 1476. fo. 152*b.*
RUSSELL, *fr. Cos. Camb. and Hants.* 1476. fo. 202.
Russell, 1096. fo. 109.
Rutter, 1086. fo. 23*b.*
Rycaut, 1086. fo. 5.
RYDIAT, 1535. fo. 123.
SACKVILE, *of Buckhurst,* 1463. fo. 47*b.*
Sadler, 1086. fo. 1.   1463. fo. 83*b.*
ST. HILL, *of Bradnish,* 1476. fo. 25.
ST. JOHN, *fr. Co. Norf.* 1476. ff. 175. 179*b.*
ST. LOW, *fr. Co. Som.* 1476. ff. 151*b.* 171*b.*   Add. MS. 5533. p. 140.
St. Low, 1086. fo. 12.   1444. fo. 9.
ST. PIERE, 1476. fo. 182.
SALISBURY, *of Llwenney,* 1096. fo. 100*b.*
SALKYNS, *fr. Co. Kent,* 1463. fo. 11.
SALMON, *fr. Co. Chesh.* 1096. fo. 124.
SALTER, *fr. Co. Dorset.* 1476. fo. 170.
Salter, 1086. fo. 18*b.*
SALTINGSTALL. 1476. fo. 46.
SAMS, *fr. Co. Essex,* 1476. fo. 123.
SANDERS, *fr. Cos. Derby and Surrey,* 1476. fo. 406.
———— *fr. Co. Mid.* 1476. fo. 434.
———— *fr. Co. Som.* 1476. fo. 27.
———— *fr. Co. Worc.* 1476. fo. 238*b.*
SANDES, *fr. Co. Hants.* 1476. fo. 439.
SANDS, *fr. Co. Lanc.* 1476. fo. 220.
SANFORD, *fr. Co. Som.* 1096. fo. 14.   1463. fo. 34*b.*
SARES, *fr. Cos. Sussex and York.* 1463. fo. 38*b.*
SAUNDERS, *fr. Cos. Beds. and Bucks.* 1476. fo. 468*b.*
———— *fr. Co. Northampt.* 1096. fo. 51*b.*   1463. fo. 18.
SAUNDERSON, 1100. fo. 50*b.*   1167. fo. 42*b.*   1563. fo. 70*b.*
———— *fr. Co. York.* 1096. fo. 71*b.*
Saundur, 1463. fo. 84.
SAVILE, *fr. Co. York.* 1476. fo. 465.
Savoy, 1463. fo. 84.
SAYER, *v.* SIAR.
Scarbrough, 1463. fo. 83.
Schoolmaster, 1086. fo. 8*b.*
Sclater, 1086. fo. 8*b.*
Scorey, Bishop of Hereford, 1096. fo. 116*b.*
SCOTT, *of Halden,* 1476. fo. 245.

SCOVILE, *fr. Co. Som.* 1444. fo. 79*b*.
SEARLE, *fr. Co. Devon.* 1463. fo. 53.
Sebright, of Co. Essex, 1463. fo. 7*b*.
Seddon, 1086. fo. 17*b*.
SEEDS, *fr. Co. Lanc.* Add. MS. 5533. p. 65.
Selby, 1086. fo. 17*b*.
SEYMOUR, 1187. fo. 27*b*.   1188. p. 28.
SHALCROSS, *fr. Co. Staff.* 1476. fo. 46*b*.
Shalcrosse, Add. MS. 5533. p. 25.
SHAROWE, *fr. Co. York.* 1476. fo. 384.
SHARPE, *fr. Co. Oxon.* 1096. fo. 30.
SHAW, *fr. Co. Chesh.* 1476. fo. 253*b*.
SHEFFIELD, 1096. fo. 163*b*.
Sheffield, 1096. fo. 4*b*.
SHELBERY, *fr. Co. Essex,* 1096. fo. 151.
Shelbery, 1086. fo. 16*b*.
SHIRLY, *fr. Co. Chesh.* 1476. ff. 139. 225.
Short, 1086. ff. 6. 25.
SIAR, *or,* SAYER, *fr. Co. Dorset,* 1476. fo. 340.
SILLS, 1546. fo. 83
Skepper, 1086. fo. 7*b*.
SKINNER, 1400. fo. 10.   1463. fo. 51*b*.
Skinner, 1086. fo. 27.   1096. fo. 4.   1444. fo.
    7.   Add. MS. 5533. p. 13.
SKYMER, 1545. fo. 79*b*.
SLANEY, *fr. Co. Shrop.* 1476. fo. 75.
——— *fr. Co. Staff.* 1096. fo. 23.   1504. fo. 83.
SLEIGH, *fr. Co. Derby,* 1476. fo. 459.
SMART, 1476. fo. 357*b*.   Add. MS. 5533. p.
    244.
——— *fr. Co. Devon.* 1476. fo. 162.
SMITH, 1046. fo. 87*b*.   1476. ff. 68*b*. 104*b*.
    1397. fo. 126*b*.   1433. fo. 117*b*.   1561.
    fo. 72.   2109. fo. 19.   4600. p. 12.
——— *of Caernarvon,* 1476. fo. 23.
——— *fr. Co. Berks.* 1096. fo. 161*b*.   1476. fo. 22*b*.
——— *fr. Co. Kent,* 1476. fo. 57*b*.
——— *fr. Cos. Northampt. and York.* 1476. fo.
    158*b*.
——— *fr. Co. Warr.* 1476. fo. 397*b*.
——— *v.* HERIZ.
Smith, 1086. fo. 3.   1096. ff. 5*b*. 6.   1463. fo. 64*b*.
SMITHWICK, *fr. Co. Staff.* 1476. fo. 351.
SMYTH, 1096. fo. 82.   1463. ff. 52. 468.
——— *fr. Cos. Hants. and Staff.* 1463. ff. 24. 39*b*.
——— *fr. Co. Lanc.* 1476. fo. 338*b*.
——— *or,* HARRIS, *fr. Co. Leic.* 1096. fo. 82*b*.
——— *or,* HOVELL, *fr. Co. Suff.* 1096. fo. 119*b*.
Smyth, 1096. fo. 133.
SNELLING, *fr. Co. Surrey,* 1476. fo. 367.
SNELSON, *fr. Co. Chesh.* 1476. fo. 366.
SOAME, *fr. Cos. Norf. and Suff.* 1476. fo. 341*b*.
    1096. fo. 93*b*.   Add. MS. 5533. pp. 71. 156.
SONNINGES, 1504. fo. 26.   1546. fo. 15*b*.   6147.
    fo. 17*b*.
SONTLEY, *fr. Co. Devon.* 1476. fo. 318.
SOROCOLE, *or,* LETWOOD, *fr. Co. Lanc.* 1096. fo.
    134.   1476. fo. 91.   Add. MS. 5533. p. 77.
SOTHERNE, *fr. Co. Shrop.* 1476. fo. 48.
Sotherne, Add. MS. 5533. p. 9.
SOTHERTON, *fr. Co. Norf.* 1096. ff. 68. 95*b*.
    1463. fo. 49.   1476. ff. 333. 462*b*.
SOUDON, 1476. fo. 458.
South, 1444. fo. 91.
SOUTHEAKE, *fr. Co. Cumb.* 1096. fo. 16.   1463.
    fo. 33*b*.
SPARCHFORD, *or,* SPARKFORD, 808. fo. 32*b*.
    1097. fo. 6.   5187. fo. 38*b*.   1429. fo. 69*b*.
    1533. fo. 57.   5832. fo. 6*b*.   5868. fo. 2*b*.
SPARKE, *fr. Co. Chesh.* 1476. fo. 430*b*.

SPEEDE, 1476. fo. 417.
SPELLMAN, *fr. Co. Norf.* 1476. fo. 418*b*.
SPENCER, 1551. fo. 3.
——— *fr. Co. Beds.* Add. MS. 5533. p. 240.
SPENSER, 6125. fo. 28.   6183. fo. 29.
SPERING, 1476. fo. 242*b*.
SPIGHT, 1096. fo. 93.
SPRINGHAM, 1096. fo. 19*b*.
SPURSTOW, *fr. Co. Shrop.* 1476. fo. 216.   Add.
    MS. 5533. p. 243.
Spycer, 1463. fo. 84.
STALBROOKE, 1137. fo. 48*b*.   1432. fo. 40.
    1541. fo. 170.
Stalbroke, 1463. ff. 83*b*. 84.
Stampe, 1086. fo. 24.
STANDISH, *fr. Co. Lanc.* 1096. fo. 26.
STANLEY, 1096. fo. 70*b*.   1549. fo. 144.
——— *fr. Co. Hants.* 1096. fo. 149.
STAPER, 1463. fo. 15.
Stapley, 1086. fo. 10*b*.
STARKEY, 1096. fo. 96*b*.
Starkey, 1096. fo. 116*b*.
STAVELY, *fr. Co. York.* 1476. fo. 439*b*.
STAWELL, *fr. Co. Devon.* 1096. fo. 156.
STEEL, *fr. Co. Chesh.* Add. MS. 5533. p. 238.
STEPHENS, *fr. Co. Wilts.* 1476. fo. 451*b*.
STEWARD, *fr. Co. Norf.* 1476. fo. 243*b*.
STILE, *fr. Co. Kent,* 1096. fo. 98.   1463. fo.
    51.   1476. ff. 59. 223*b*.
STINT, *fr. Co. Hants.* 1476. fo. 204*b*.
STISTED, *fr. Co. Suff.* 1476. fo. 392.
Stockbridge, or, Stokebridge, 1444. fo. 96*b*.
Stockton, 1096. fo. 112.
STODDARD, 1463. fo. 13*b*.
STODDEY, 5865. fo. 16*b*.
Stokebridge, v. Stockbridge.
STONARD, *fr. Co. Camb.* 1476. fo. 116*b*.
STONE, *fr. Co. Dorset.* 1476. fo. 452.
——— *fr. Co. Worc.* 1476. fo. 362*b*.
——— *fr. Co. York.* 1476. fo. 461.
Stone, 1086. fo. 11.   Add. MS. 5533. p. 12.
STONES, *fr. Co. Lanc.* 1476. fo. 217*b*.
STOREY, *fr. Co. Hunt.* 1476. fo. 205.   Add. MS.
    5533. p. 207.
STOUGHTON, *fr. Co. Surrey,* 1476. fo. 188*b*.
STREET, *fr. Co. Chesh.* 1096. fo. 162.   1476. fo.
    141*b*.
STRETE, 1556. fo. 5.
STRINGER, *fr. Co. York.* 1476. fo. 33*b*.
STUTEVILE, *fr. Cos. Camb. and Essex,* 1476. fo.
    430.
SUTTON, *fr. Cos. Oxon. and Staff.* 1463. fo. 44*b*.
    Add. MS. 5533. p. 188.
Swale, 1086. fo. 13*b*.
SWANLAND, 1100. fo. 58*b*.   1167. fo. 51*b*.
Swanley, of Poplar, 1096. fo. 5*b*.
SWAYNE, *fr. Co. Kilkenney,* Add. MS. 5533. p. 61.
Sweeting, 1086. fo. 7.
SWIFT, 1463. fo. 18.
——— *fr. Co. York.* 1476. fo. 32*b*.
SWINNERTON, *fr. Co. Shrop.* 1468. fo. 120*b*.
    1476. fo. 38.   1504. fo. 111.
Sygar, 1096. fo. 110.
SYMONDS, 1476. fo. 121.
SYMONS, 1096. fo. 45.
TANFIELD, 1139. fo. 48.
TATE, *fr. Co. Warr.* 1504. fo. 116.   1546. fo. 64.
Tatton, 1086. fo. 1*b*.
TAYLARD, 1394. p. 168.   1415. fo. 16*b*.   1420.
    fo. 126*b*.

TAYLOR, 1096. fo. 28b.   1463. fo. 52b.   6128.
   fo. 105b.
———— fr. Cos. Camb. and York. 1096. fo. 86.
———— fr. Co. Cumb. 1096. fo. 80b.
———— v. LE TAYLOR.
Taylor, Add. MS. 5533. pp. 16. 238.
TAYLOUR, fr. Co. Westm. 1476. fo. 435b.
———— fr. Co. York. 1476. fo. 153.
TEDCASTLE, 1463. fo. 44.
TENCH, fr. Co. Shrop. 1476. fo. 331b.
Terne, 1086. fo. 9b.
TERRICK, fr. Cos. Linc. and Staff. 1096. fo. 139.
   1476. fo. 246.
Terrick, 1096. fo. 138b.
Terry, 1444. fo. 8.   Add. MS. 5533. p. 15.
Teste, 1463. fo. 84.
THAYER, fr. Co. Essex, 1476. fo. 443b.
THETCHER, fr. Co. Sussex, 1476. fo. 303b.
THINNE, 1096. ff. 32b. 91b.
THOMPSON, fr. Co. York. 1476. fo. 329b.   Add.
   MS. 5533. p. 28.
THOMSON, 1096. fo. 91b.
———— fr. Co. Herts. 1476. fo. 36b.
Thornbury, 1086. fo. 8.
THORNE, fr. Co. Dorset. 1476. fo. 77b.
THORNHILL, fr. Co. Notts. 1096. fo. 144b.
THOROLD, fr. Co. Linc. 1476. fo. 323b.
THOROWGOOD, fr. Co. Herts. 1476. fo. 45b.
Thorowgood, 1096. fo. 5b.   Add. MS. 5533. p.
   11.
THORPE, 1391. fo. 15b.
THROGMORTON, fr. Co. Warr. 1476. fo. 46.
THURKETTLE, or, THURKELL, fr. Co. Norf. 1476.
   fo. 102b.
Thurkettle, or, Thurkell, 1096. fo. 133.   1444.
   fo. 7.   Add. MS. 5533. p. 10.
THURLBY, fr. Co. Northampt. 1476. fo. 410.
   Add. MS. 5533. p. 235.
THURSTON, fr. Co. Hunts. 1476. fo. 146.
Thurston, 1086. fo. 27.
THWAYTES, fr. Cos. Bucks. and York. 1463. fo.
   42b.
Thwaytes, 1463. fo. 63.
TICHBORNE, fr. Co. Kent. 1476. fo. 466b.
TINDALL, 1535. fo. 127.
Tirrey, 1096. fo. 4.
TISDALE, 1396. fo. 220b.
Tivill, 1086. fo. 12.
TONG, fr. Cos. Notts. and Lanc. 1476. fo. 422b.
TOOKE, fr. Co. Herts. 1476. fo. 456b.
Tooke, 1444. fo. 82.
TOWERS, fr. Co. Lanc. 1476. fo. 196b.
TOWSE, fr. Cos. York. and Som. Add. MS. 5533.
   p. 172.
TRAPPES, 1463. fo. 11.
TRAVEIS, v. TRAVES.
TRAVELL, fr. Co. Northampt. 1476. fo. 47b.
TRAVERS, fr. Co. Warr. 1096. fo. 92.   1476. fo.
   66b.
TRAVES, or, TRAVEIS, 1096. fo. 132b.   1476.
   fo. 295.
TRENCH, fr. Co. Norf. 1476. fo. 365b.
TREVELIAN, fr. Co. Glouc. 1476. fo. 377.
TREVOR, 1504. fo. 105b.
TRISTRAM, fr. Co. Devon. 1476. fo. 252b.
Trotman, 1086. fo. 3b.
TROTT, fr. Co. Kent. 1476. ff. 358b. 391.
———— fr. Co. York. 1476. fo. 391.
. TRYON, Add. MS. 5533. p. 43.
Tryon, 1444. fo. 30.

Tufton, or, Mason, 1086. fo. 19b.
TURBERVILE, fr. Co. Worc. 1476. fo. 199b.
Turfett, 1463. fo. 43.
TURGIS, fr. Co. Sussex, 1476. fo. 109.
Turgis, 1086. fo. 2.
Turk, 1096. fo. 111.   1463. fo. 84.
TURNER, fr. Cos. Berks. and Wilts. 1476. fo. 74.
———— fr. Co. Heref. 1096. fo. 154.
———— fr. Co. Kent. 1476. fo. 386b.
———— fr. Co. Oxon. 1096. fo. 150b.
Turner, 1086. fo. 25b.
TURVILL, fr. Co. Leic. 1444. fo. 92b.
TWYFORD, 1184. fo. 208b.
TYCE, 1102. fo. 77.   1151. fo. 76.   1193. fo.
   77.   1234. fo. 29.   1391. fo. 84.
Tykkyll, 1096. fo. 117b.
TYLER, fr. Co. Heref. Add. MS. 5533. p. 30.
TYPPER, 1504. fo. 99b.
UNDERHILL, fr. Co. Warr. 1476. fo. 372.
UNDERWOOD, fr. Co. Herts. 1476. fo. 407.
UPHILL, fr. Co. Devon. 1444. fo. 69b.   Add.
   MS. 5533. p. 104.
———— fr. Co. Som. 1096. fo. 141b.   1476. fo.
   155.
UPTON, fr. Cos. Cornw. and Som. 1444. fo. 80.
Urswick, 1541. fo. 51b.
UTBERE, fr. Co. Norf. 1476. ff. 66. 445b.
VANDEBEND, 1532. fo. 93.   6173. fo. 95.
   Add. MSS. 4961. fo. 25b.   14,283. fo. 25b.
VANDEPUTT, 1476. fo. 304b.   Add. MS. 5533. p.
   107.
Vanderput, 1086. fo. 10b.
VAN WIJCKERSLOT, 1476. fo. 269b.
VASSALL, fr. Co. Essex. 1476. fo. 125b.
VAUGHAN, 1430. fo. 161.   1433. fo. 128.   1147.
   fo. 155.   1397. fo. 136b.
———— fr. Co. Denbigh. 1096. fo. 101.   1476.
   ff. 95. 175. 183b.   Add. MS. 5533. p. 169.
VENN, or, FEN, fr. Co. Som. 1476. fo. 343b.
VENOUR, v. HUNTER.
VERMUYDEN, fr. Co. York. 1476. fo. 56b.
VERNON, of Middlewich, 1096. fo. 102b.
———— fr. Cos. Derby, and Hunts. Add. MS.
   5533. p. 81.
VIELL, fr. Co. Glouc. 1476. fo. 82b.   Add. MS.
   5533. p. 171.
Villett, v. Violett.
VINCENT, fr. Co. Leic. 1476. fo. 427.
VINER, fr. Co. Glouc. 1476. fo. 53.   Add. MS.
   5533. p. 220.
VINSETT, or, VINCET, 1096. fo. 122.
VIOLETT, 1476. fo. 396b.
Violett, or, Villett, 1463. fo. 43b.
VISHER, v. DE VISHER.
WAADE, 1463. fo. 64b.
WADE, Add. MS. 5507. fo. 67.
WAKE, 1553. fo. 3b.
WALCOTT, 1476. fo. 382b.
Wale, 1086. fo. 3.
WALKEDEN, fr. Co. Staff. 1096. fo. 77b.   1463.
   fo. 9b.
WALL, 1096. fo. 71b.
WALLER, 1549. fo. 51b.
WALTER, fr. Co. Heref. 1476. fo. 357.
WALTHALL, fr. Co. Chesh. 1476. fo. 167.
———— or, WALTHAW, 1444. fo. 75.
WALTON, fr. Co. Som. 1096. fo. 54.   1463. fo.
   32b.
WANDESFORD, 5865. fo. 40.
WANTON, 1463. fo. 35b.

WARD, *or*, WARDE, 1137. fo. 100.   1432. fo. 94*b*.
—— *fr. Co. Devon.* 1476. fo. 118.
——— *fr. Co. Norf.* 1476. ff. 188. 348*b*.
Warde, 1086. fo. 19.
Ware, 1086. fo. 27.
WARING, *fr. Co. Staff.* 1476. ff. 101. 172*b*.
——— *v.* WARREN.
Waring, 1086. fo. 6*b*.
WARNER, *fr. Cos. Oxon. and Warr.* 1476. fo. 400*b*.   Add. MS. 5533. p. 135.
Warner, 1096. fo. 110*b*.
WARREN, 890. fo. 38.   1463. fo. 4.
——— *fr. Co. Devon.* 1476. fo. 229.
——— *fr. Co. Essex,* 1504. fo. 121*b*.
——— *or,* WARING, *fr. Co. Lanc.* 1476. fo. 196.
Warren, 1086. fo. 5*b*.
WARRIN, *fr. Co. Chesh.* Add. MS. 5533. p. 196.
WASHBORNE, *fr. Co. Worc.* 1476. fo. 76*b*.
WASSE, *fr. Co. Bucks.* 1096. fo. 45*b*.   1463. fo. 21*b*.
WASTFIELD, *fr. Cos. Som. and Wilts.* 1476. fo. 398.   Add. MS. 5533. p. 233.
Wastfield, Add. MS. 5533. p. 3.
WATERHOUSE, *fr. Co. Herts.* 1476. fo. 240.
WATERS, 1476. fo. 208.
WATKINS, *fr. Co. Monmouth.* 1476. fo. 157*b*. Add. MS. 5533. p. 208.
——— *fr. Co. Northampt.* 1476. fo. 353*b*.
WATSON, *v.* WATTON.
WATTON, *or,* WATSON, 1541. fo. 49.   6065. fo. 131*b*.
WATTS, 1400. fo. 48.   1476. fo. 411.   1555. fo. 7.   1532. fo. 17.
WAWEN, *or,* WAWYN, *fr. Co. Notts.* 1476. fo. 154.
WAYER, 1463. fo. 36.
WEAVER, *fr. Co. Heref.* 1463. fo. 18*b*.   1476. fo. 39.
WEBB, *fr. Cos. Oxon. and Wilts.* 1476. fo. 120*b*.
Webber, 1086. fo. 4*b*.
WEBLING, 1463. fo. 63*b*.
WEEKES, 1463. fo. 48.
WELBY, *fr. Co. Linc.* 1476. fo. 114.
WELD, *fr. Co. Chesh.* 1096. fo. 98*b*.   1463. fo. 54*b*.   1476. fo. 106.   6830. p. 130.
Weld, 1086. fo. 20*b*.   1096. fo. 5*b*.
WELLS, *fr. Co. Norf.* 1476. fo. 165.   1504. fo. 120.
WESSE, Add. MS. 14,311. fo. 14.
WEST, 1476. fo. 385.   1541. fo. 214.   Add. MS. 5533. p. 83.
——— *fr. Co. Hants.* 1476. fo. 441*b*.
——— *fr. Co. York.* 1476. fo. 300*b*.
West, 1444. fo. 46.   Add. MS. 5533. p. 83.
Westcliffe, 1096. fo. 114*b*.
Westerne, 1086. fo. 12*b*.
WESTWRAY, 1444. fo. 57*b*.   Add. MS. 5533. p. 86.
WHEATLEY, *fr. Co. York.* 1476. fo. 87.
WHEELER, 1444. fo. 15.   Add. MS. 5533. p. 18.
——— *fr. Co. Shrop.* 1476. fo. 230.
WHICHCOT, 1476. fo. 75*b*.
WHITCOMBE, *fr. Co. Shrop.* 1476. fo. 388.
WHITE, 1096. fo. 86*b*.   1463. fo. 1.   1476. p. 192*b*.
——— *fr. Co. Norf.* Add. MS. 5533. p. 145*b*.
——— *fr. Co. Wilts.* 1476. fo. 291*b*.
White, 1086. fo. 5.

WHITEHORNE, *fr. Co. Somerset.* 1096. fo. 24. 1444. fo. 51.   Add. MS. 5533. p. 47.
WHITLOCK, *fr. Co. Berks.* 1476. fo. 354*b*.
WHITMORE, 1096. fo. 91.
——— *fr. Co. Shrop.* Add. MS. 5533. pp. 33. 66.
Whitmore, 1444. fo. 90.
WHITTINGHAM, *fr. Cos. Midd. and York.* 1476. fo. 83*b*.
Whittington, 1096. fo. 112.
Wiberd, 1086. fo. 17*b*.
WIGGE, 1444. fo. 47*b*.   Add. MS. 5533. p. 84.
WIGHTMAN, *fr. Co. Leic.* 1476. fo. 217.
WILBRAHAM, *fr. Co. Chesh.* 1476. fo. 224.
WILCOCKS, *fr. Co. Shrop.* 1444. fo. 45.   Add. MS. 5533. p. 80.
WILD, 1100. fo. 26.   1167. fo. 18.
Wilford, 1076. fo. 115*b*.
Wilkins, 1086. fo. 26.
WILKINSON, *fr. Co. Essex,* 1096. fo. 78*b*.   1463. fo. 33.   1476. fo. 197*b*.
Willan, 1096. fo. 4.
WILLIAM, 1096. fo. 95*b*.
WILLIAMS, 1096. fo. 121*b*.   Add. MS. 5533. pp. 31. 64. 114.
——— *fr. Co. Monmouth.* 1476. fo. 157.
——— *fr. I. of Anglesey,* 1476. fo. 465*b*.
——— *or,* CORNWALL, 1140. fo. 15.   1442. fo. 15.
Williams, 1444. fo. 8.   Add. MS. 5533. p. 12.
Willoughby, 1086. ff. 5. 24.
WILSON, *fr. Cos. Berks. and York.* 1444. fo. 16*b*. Add. MS. 5533. p. 27.
——— *fr. Co. Leic.* 1476. fo. 405*b*.
——— *fr. Co. Westm.* 1476. fo. 313.
Wilson, 1086. fo. 7.
Wiltshire, of St. John's, 1096. fo. 4*b*.
WIMESWOLD, 1401. fo. 1**b*.   1534. fo. 12*b*. Add. MS. 4962. fo. 1**b*.
WINDHAM, Add. MS. 5533. p. 192.
——— *fr. Co. Somerset.* 1476. fo. 412*b*.
WINGER, 1546. fo. 102*b*.
Winn, 1086. fo. 24.
WINSTANLEY, 1476. fo. 152.
WINSTON, *fr. Co. Glouc.* 1476. fo. 167*b*.
Winston, 1096. fo. 4.
WINTERBURNE, *fr. Co. York.* 1444. fo. 68*b*.   Add. MS. 5533. p. 133.
WITHAM, *fr. Co. York.* 1476. fo. 413*b*.
WITHERS, *fr. Co. Hants.* 1476. fo. 128.
——— *fr. Co. Som.* 1476. fo. 268.
——— *fr. Co. Staff.* Add. MS. 5533. p. 179.
Withers, 1444. fo. 84.
WITHINS, *fr. Co. Chesh.* 1444. fo. 23.   Add. MS. 5533. pp. 100. 179.
WITTON, 1463. fo. 30*b*.
WOGAN, *v.* HOOGAN.
WOLFALL, *fr. Co. Lanc.* 1444. ff. 10*b*. 30*b*. 1476. fo. 227.   Add. MS. 5533. pp. 18. 43.
WOLLASTON, *fr. Co. Staff.* 1476. fo. 455*b*.
Wolph, 1444. fo. 86.
WOLSTON, 1463. fo. 51.
Wolston, 1463. fo. 7*b*.
WOMERTON, *fr. Co. Worc.* 1476. fo. 139*b*.
WOOD, *fr. Cos. Midd. and Notts.* 1476. fo. 214. Add. MS. 5533. p. 119.
Wood, 1086. fo. 17*b*.
WOODALL, *fr. Cos. Herts. and Worc.* 1476. fo. 372*b*.

WOODALL, *fr. Co. Warr.* 1476. fo. 355.
WOODCOCK, *fr. Co. Derby.* 1476. fo. 398*b*.
WOODCOCKE, 1140. fo. 22.   1159. fo. 22.   1442.
    fo. 22.   1444. fo. 21*b*.   1545. fo. 34.
    1562. fo. 90*b*.   Add. MS. 5533. p. 97.
WOODFORD, 1447. fo. 56.
WOODROFE, 1476. fo. 298*b*.
WOODROFF, *fr. Co. Devon.* 1504. fo. 124.
WOODRUFFE, 1096. ff. 55*b*. 89.   1463. fo. 6.
Woods, 1086. fo. 16.
WOODWARD, *fr. Co. Staff.* 1096. fo. 153*b*.   1476.
    ff. 61. 206*b*.
Woore, 1463. fo. 42*b*.
Worcely, 1086. fo. 8*b*.
WORSOPP, *fr. Cos. Notts. and Suffolk,* 1096. fo.
    91*b*.
Worsop, 1086. fo. 20*b*.
WOTTON, 1476. fo. 408.
———— *fr. Co. Heref.* 1476. fo. 440*b*.
WRIGHT, 1444. fo. 65.   6104. fo. 35.   Add.
    MS. 5533. p. 127.
———— *fr. Co. Essex,* 1476. fo.45.
———— *fr. Co. Northampt.* 1096. fo. 141.   1444.
    fo. 65*b*.   Add. MS. 5533. p. 128.
Wright, 1086. fo. 16.

Wright, of Marylebone, 1096. fo. 6.
WROTE, 1476. fo. 261.
———— *fr. Cos. Norff. and Suff.* 1476. fo. 456.
WYBERD, *fr. Co. Essex,* 1476. ff. 43. 137.
Wycliff, 1463. fo. 42.
WYLDE, 1476. fo. 122.
WYRLEY, *fr. Co. Staff.* 1476. fo. 230*b*.
WYTHER, *fr. Co. Chesh. and of Cos. Shrop. and
    Som.* 1096. fo. 24*b*.
WYTTON, 1096. fo. 50.
YALLOP, *fr. Co. Norf.* 1096. fo. 155*b*.
YARDLEY, 1463. fo. 23.
YATES, *fr. Co. Berks.* 1476. ff. 119. 210.
YERMOTT, *v.* KERMOTT.
YONG, *fr. Cos. Chesh. and Flints.* 1476. fo. 181.
Yong, 1096. ff. 115*b*. 116*b*.
YONGE, 1476. fo. 389.
———— *fr. Co. Suff.* 1504. fo. 82*b*.
YORK, *fr. Co. York.* 1463. fo. 49*b*.
YOUNG, 1468. ff. 120. 121.   Add. MS. 5533.
    p. 246.
———— *fr. Co. Cumb.* 1476. fo. 120.
———— *fr. Co. Staff.* 1096. fo. 16*b*.   1463. fo.
    41.   Add. MS. 5533. p. 176.
Young, 1086. ff. 7*b*. 10.   1096. fo. 112*b*.

MIDDLESEX.

AGMONDISHAM, *of Heston,* 1551. fo. 93*b*.
    Add. MS. 4964. fo. 94*b*.
Agmondisham, 1551. fo. 41*b*.   Add. MS. 4964.
    fo. 41*b*.
ALLANSON, 1096. fo. 128.   1476. fo. 429.
Allen, of Chelsea, 1551. fo. 41*b*.   Add. MS. 4964.
    fo. 41*b*.
ALTHAM, *of Acton, fr. Co. York.* 1551. fo. 117*b*.
ARNOLD, *of Chilwike,* 1551. fo. 7*b*.
ASHBY, *of Harvile and Breakspears,* 1551. fo. 94.
    Add. MS. 4964. fo. 94.
ASHFELD, *of Acton, fr. Co. Suff.* 1551. fo. 116*b*.
Atkins, of Stanmore, 1551. fo. 41*b*.   Add. MS.
    4964. fo. 41*b*.
ATYE, *of Kilborn,* 1551. fo. 113.
Atye, 1551. fo. 41.   Add. MS. 4962. ff. 41. 113.
AUBREY, 1433. fo. 24*b*.
AVERY, 1096. fo. 148.
———— *of Enfield, fr. Co. Som.* 1468. fo. 130*b*.
AWNSHAM, 1551. fo. 94*b*.   Add. MS. 4964. fo. 94*b*.
AWSITER, *of Southall,* 1468. fo. 128*b*.
BAKER, *of Radcliffe and London, fr. Co. Kent,*
    1551. fo. 3*b*.
Baker, Add. MS. 4964. fo. 3*b*.
BANISTER, *of St. John's, fr. Co. Hants.* 1468. fo.
    136.
Barker, 1551. fo. 92.
BARRELL, *of Isleworth, fr. Cos. Suff. and Heref.*
    1468. fo. 125.   Add. MS. 4964. fo. 94.
Barrell, 1096. fo. 5.
Beaufiz, 1551. fo. 93.
BEAUMONT, *of Hackney, fr. Co. Leic.* 1468. fo.
    133.
BELLAMY, *of Harrow,* 1551. fo. 5.

Bellamy, Add. MS. 4964. fo. 5.
BENNET, *of Uxbridge, fr. Co. Berks.* 1551. fo.
    136.   Add. MS. 4964. fo. 136.
BENNING, *of Tottenham,* 1468. fo. 140.
BENTLEY, *of Holborne,* 1551. fo. 61.
Berry, 1551. fo. 91.
BILLESBY, 1551. fo. 15.
BIRCHETT, *of Radcliff, fr. Cos. Surrey and Sussex.*
    1468. fo. 131*b*.
BIRD, *of Hackney, fr. Co. Chesh.* 1468. fo. 141.
BLAGDEN, *of Apscourt,* 1551. fo. 53*b*.
BLAGRAVE, *of Clerkenwell, fr. Co. Staff.* 1551. fo.
    59.
Blagrave, Add. MS. 4964. fo. 59.
BLAKE, *of Hales House, fr. Co. Hants.* 1551. fo. 78.
BLAND, 1551. fo. 23*b*.
BLOSSE, *of Stratford-le-Bow, fr. Co. Suff.* 1468. fo.
    132*b*.
Bludder, Add. MS. 4963. fo. 59*b*.
BOND, *of Fulham, fr. Co. Northumb.* 1551. ff. 97.
    114*b*.   Add. MS. 4964. fo. 97.
Bond, Add. MS. 4964. fo. 115.
BONFOY, *of Hese,* 1096. fo. 152*b*.   1468. fo.
    127.
BONNELL, *of Isleworth, fr. Co. Norf.* 1468. fo.
    139.
Bonnell, 1096. fo. 4*b*.
BOOTH, *of Harrow, fr. Co. Linc.* 1551. fo. 75*b*.
Booth, Add. MS. 4964. fo. 75*b*.
BOOTHBY, *of Tottenham, fr. Co. Essex,* 1468. fo.
    125*b*.
Boothby, 1096. fo 5.
BOROUGH, *of Limehouse, fr. Co. Devon.* 1551. fo.
    126*b*.

Borough, Add. MS. 4964. fo. 126*b*.
Boys, *of Harrow,* 1551. fo. 5.　　1560. fo. 36*b*.
Brett, *of Edmonton,,fr. Co. Som.* 1551. fo. 108.
Brewsyerd, 1551. fo. 41.　　Add. MS. 4964. fo. 41.
Brigginshaw, *of Hese,* 1468. fo. 127*b*.
Broune, of Harewood, 1551. fo. 41.　　Add. MS. 4964. fo. 41.
Browker, *of Littleton, fr. Co. Kent,* 1468. fo. 129*b*.
Browker, 1096. fo. 5.
Browne, *of Stepney, fr. Co. Dors.* 1468. ff. 115*b*. 122*b*.
Browne, 1096. fo. 5*b*.
Brownlow, *of Enfield, fr. Co. Derby.* 1551. fo. 71*b*.
Brownlow, Add. MS. 4964. fo. 71*b*.
Brunshall, 1551. fo. 122.
Brunskill, *of Hadley, fr. Co. York.* 1468. fo. 125*b*.
Buggin, *of St. John's, fr. Co. Staff.* 1551. fo. 134.
Burbage, *of Hayes-Park Hall,* 1546. fo. 69*b*. 1551. fo. 55*b*.
Burbyche, 1433. fo. 5*b*.　　1504. fo. 40.　　1546. fo. 26*b*.　　6147. fo. 27.
Burnell, *of Stanmore, fr. Co. Kent,* 1468. fo. 130*b*.
Byrd, 1096. fo. 4*b*.
Cæsar, *of Tottenham,* 1551. fo. 67.　　Add. MS. 4964. fo. 67.
Campe, *of Conyhatch, and London,* 1551. fo. 126. Add. MS. 4964. fo. 126.
Cantrell, 1551. fo. 138.　　Add. MS. 4964. fo. 138.
Carlton, *v.* Charleton.
Carmarden, *of Hoxton,* 1551. fo. 82.
Carmarden, Add. MS. 4964. fo. 82.
Carmino, 1551. fo. 29.
Carr, *of Hellingdon,* 1551. fo. 110.
Carr, 1551. fo. 41*b*.　　Add. MS. 4964. ff. 41*b*. 110.
Caswell, *of Hampton,* 1468. fo. 130.
Challoner, of Fulham, 1551. fo. 41*b*.　　Add. MS. 4964. fo. 41*b*.
Chamber, 890. fo. 30*b*.
Chambers, *of Hackney,* 1468. fo. 133*b*.　　1556. fo. 15*b*.
Charleton, *or,* Carlton, 1106. fo. 135.　　1432. fo. 260*b*.　　Add. MSS. 5507. fo. 286. 16,279. p. 36.
Cheesman, *of Dormans Well and Co. Kent,* 1546. fo. 67*b*.　　1551. fo. 28*b*.
Chilcott, *v.* Comyn.
Child, 1046. fo. 213.　　1147. fo. 131.　　1397. fo. 184. 1430. fo. 137.　　1433. fo. 170*b*.　　1561. fo. 247*b*.
Cholmley, *of Highgate,* 1551. fo. 99.
Cholmley, Add. MS. 4964. fo. 99.
Chylde, *of Chiswick, fr. Co. Surrey,* 1551. fo. 89*b*.　　Add. MS. 4964. fo. 88.
———— *of Turnham Green,* 1551. fo. 90*b*.
Clarke, 1086. fo. 21.　　1096. fo. 5.
Clerke, *of Edmonton, fr. Co. Westm.* 1468. fo. 127.
Cobb, *of Hackney, fr. Co. Norf.* 1551. fo. 52.
Cobb, Add. MS. 4964. fo. 52.
Cockerham, *of Hampstead,* 1551. fo. 64*b*.
Cockerham, 1551. fo. 41*b*.　　Add. MS. 4964. ff. 41*b*. 64*b*.
Collett, *of Chelsea, fr. Co. Glouc.* 1468. fo. 139*b*.
———— *of Highgate,* 1468. fo. 137.
Collett, 1096. fo. 4*b*.
Comyn, *or,* Chilcott, *of Isleworth,* 1468. fo. 138.

Comyn, or, Chilcott, 1096. fo. 4*b*.
Connyers, Lord, 1551. fo. 50*b*.
Corbett, *of Newington, fr. Co. Shrop.* 1551. fo. 77.
Cordell, *of Enfield,* 1463. fo. 54*b*.　　1551. fo. 15*b*.
Cornehill, 1504. fo. 69*b*.
Cornwall, *of Wilsdon,* 1551. fo. 63.
Coston, *of Greenford, fr. Co. Linc.* 1551. fo. 112*b*.
Coston, Add. MS. 4964. fo. 112*b*.
Cotton, *of Stratford-le-Bow, fr. Co. Glouc.* 1551. fo. 57.
Crompton, *of Hounslow,* 1551. fo. 123*b*.　　Add. MS. 4964. fo. 123*b*.
Cropley, *of Clerkenwell, fr. Co. Camb.* 1468. fo. 141*b*.

Dixon, *of Enfield, fr. Co. York.* 1468. fo. 141.
Dixon, 1096. fo. 4*b*.
Dobins, 1551. fo. 41*b*.　　Add. MS. 4964. fo. 41*b*.
Dormer, *of Fulham, fr. Co. Bucks.* 1551. fo. 127*b*. Add. MS. 14,311. ff. 36. 37.
Dormer, Add. MS. 4964. fo. 127*b*.
Dragoner, *or,* Drayner, *of Hoxton, fr. Co. Kent,* 1550. fo. 137.　　1551. fo. 43.　　Add. MS. 4964. fo. 43.
Draper, *of Colbrook,* 1551. fo. 34.　　Add. MS. 4964. fo. 34.
Draper, 1551. fo. 34.
Drax, *of Hackney,* 1468. fo. 134.
Drax, 1096. fo. 5*b*.
Drayner, *v.* Dragoner.
Duck, *of Tuddington, fr. Co. Norf.* 1551. fo. 53.
Duck, Add. MS. 4964. fo. 53.
Dudley, *of Newington,* 1551. fo. 104*b*.
———— Lord, *v.* Sutton.
Durant, 1103. fo. 97*b*.
Dutton, *of Thistleworth, fr. Co. Chesh.* 1551. fo. 72.
Dycer, *of Hackney, fr. Co. Suff.* 1468. fo. 133.
Dyer, *of Tottenham, fr. Co. Wilts.* 1468. ff. 120*b*. 121*b*.
Edmonds, 1551. fo. 62*b*.
Elrington, *of Hackney,* 1551. fo. 105*b*.
Enfield, 1137. fo. 41*b*.　　1432. fo. 32.　　6065. fo. 137*b*.
Eston, Add. MS. 4964. fo. 141.
Evington, *of Enfield, fr. Co. Linc.* 1468. fo. 126*b*.　　1551. fo. 26.
Evington, 1096. fo. 5.　　Add. MS. 4964. fo. 26.
Eyre, *of Kensington, fr. Co. Wilts.* 1468. fo. 138.
Eyre, 1096. fo. 4*b*.
Farmer, *of Lincoln's Inn Fields, fr. Co. Leic.* 1468. fo. 122.
Faunt, *of Cannons,* 1551. fo. 54.
Fenn, 1504. fo. 36.　　1546. fo. 126.
Fenner, 1551. fo. 41.　　Add. MS. 4964. fo. 41.
Ferrers, 1532. fo. 93*b*.　　Add. MS. 14,283. fo. 25*b*.
Ferrers, 1551. fo. 91*b*.　　Add. MS. 4964. fo. 91*b*.
Finch, *of Kensington, fr. Co. Kent,* 1468. ff. 114. 115.
Finch, 1551. fo. 92.　　Add. MS. 4964. fo. 92.
Fisher, *of Fulham, fr. Co. Staff.* 1551. ff. 17*b*. 62*b*.
———— *fr. Co. Worc.* 1531. fo. 167.
Fisher, Add. MS. 4964. fo. 17*b*.
Flexmore, *of Cathall House,* 1551. fo. 133*b*.
Flexmore, Add. MS. 4964. fo. 133*b*.
Fookes, *of Enfield,* 1551. fo. 86.
Ford, Add. MS. 4964. fo. 99*b*.

FORSETT, *of Marylebone*, 1551. fo. 132. Add. MS. 4964. fo. 132.

FORTESCUE, 1561. fo. 14. Add. MS. 4963. fo. 64.

———— *of Hendon, fr. Co. Devon.* 1551. fo. 31. *Fortescue*, Add. MS. 4964. fo. 31.

FORTH, *of Enfield*, 1551. fo. 99b.

FOWLE, *fr. Co. Sussex*, 1551. fo. 47b. Add. MS. 4964. fo. 47b.

FOWLER, *of Islington*, 1551. fo. 16b. *Fowler*, Add. MS. 4964. fo. 16b.

FRANCIS, Add. MS. 16,279. pp. 35. 225.

FRANCKLIN, 1180. fo. 152. 1189. fo. 114. 1431. fo. 105b.

———— *of Wilsdon*, 1551. fo. 2. Add. MS. 4964. fo. 2.

FROWICK, 1177. fo. 131b. 1552. fo. 68. 1433. fo. 181.

———— *of the Old Ford*, 1551. fo. 62b.

FULLER, *of Thistleworth, fr. Co. Camb.* 1468. fo. 123b.

FULLWOOD, *of Holborn, fr. Co. Derby.* 1551. fo. 60b. *Fullwood*, Add. MS. 4964. fo. 60b.

GALE, *of Hadley, fr. Co. York.* 1551. fo. 55. *Gale*, Add. MS. 4964. fo. 55.

GARAWAY, 1046. fo. 205b. 1397. fo. 176b. 1433. fo. 163b. 1561. fo. 234b.

———— *of Acton, fr. Co. Herts.* 1551. fo. 65. *Gardner*, 1551. fo. 41. Add. MS. 4964. fo. 41.

GARFIELD, *of Tuddington, fr. Co. Northampt.* 1468. fo. 129.

GARRETT, 1444. fo. 94. 1476. fo. 348. Add. MS. 5533. p. 108.

GARWAY, 1476. fo. 313b.

GERRARD, 1468. fo. 84b. 1549. fo. 47b. 6159. fo. 38.

———— *of Gray's Inn*, 1551. fo. 11b.

———— *of Harrow, fr. Co. Lanc.* 1551. fo. 10. *Gerrard*, Add. MS. 4964. fo. 10.

GERY, *of St. Giles', fr. Co. Beds.* 1468. fo. 121b.

GIFFARD, *of Northall*, 1551. fo. 70.

GILBY, *of Little Stanmore, fr. Co. Bucks.* 1468. fo. 132.

GODDARD, 5184. fo. 55.

GOMELDON, *of Chiswick, fr. Co. Wilts.* 1468. fo. 128. *Gomeldon*, 1096. fo. 4b.

GOODERE, *of Edgware*, 1551. fo. 14.

———— *of Hadley*, 1551. fo. 13b. *Goodere*, Add. MS. 4964. fo. 14.

GORGE, *of Westminster, fr. Co. Glouc.* 1468. fo. 140b. *Gorge*, 1096. fo. 4b.

GRAY, 1551. fo. 93. Add. MS. 4964. fo. 93. *Grey*, 1551. fo. 92.

GUYLEMYN, 1433. fo. 15. 1504. fo. 50b. 1546. fo. 38. 6147. fo. 38b.

———— *of Twickenham*, 1551. fo. 6. *Guylemyn*, Add. MS. 4964. fo. 6.

GWILLIAMS, *of Highgate, fr. Co. Monm.* 1551. fo. 120b.

HALLE, Add. MS. 4964. fo. 41.

HALLELEY, *of Hackney*, 1551. fo. 50b. *Halleley*, Add. MS. 4964. fo. 51. *Hallyday*, 1551. fo. 91. *Halse*, 1551. fo. 41b.

HAMOND, 1551. fo. 122.

———— *of Tuddington, fr. Co. Herts.* 1468. fo. 129.

HAMPTON, *of Norwood, fr. Co. Staff.* 1468. fo. 123.

HARBORNE, 1463. fo. 50b. 1551. fo. 51b. *Harborne*, Add. MS. 4964. fo. 51b.

HARINGTON, *of Stepney, fr. Co. York.* 1551. fo. 33.

HARRISON, *of Brentford and Co. Northampt.* 1551. fo. 106b.

HARTE, *of Fulham*, 1551. fo. 86b. Add. MS. 4964. fo. 138b.

———— *of Highgate*, 1551. fo. 21b. *Harte*, Add. MS. 4964. fo. 21b.

HAWES, 1504. fo. 123b.

HAWKESWORTH, *of Turnham Green, fr. Co. York.* 1468. fo. 124. *Hawkesworth*, 1096. fo. 5.

HAWTREY, *of Rislip, from Co. Bucks.* 1551. fo. 2b. *Hawtrey*, Add. MS. 4964. fo. 2b.

HEATH, 1096. fo. 59. 1463. fo. 19. *Heath, of Heath*, Add. MS. 4964. fo. 40.

HEBORNE, or, RICHARDSON, *of Tottenham*, 1551. fo. 25. *Heborne*, Add. MS. 4964. fo. 25.

HERON, *of Enfield and Hackney*, 1551. fo. 84b. *Heron, of Shakelwell*, 1551. fo. 41. Add. MS. 4964. fo. 41.

HETH, *of Twickenham*, 1551. fo. 40.

HIGATE, *of Hayes*, 1551. fo. 61b. *Higate*, Add. MS. 4964. fo. 61b. *Hille*, 1551. fo. 41. Add. MS. 4964. fo. 41.

HINSON, *of Fulham, fr. Co. Camb.* 1468. ff. 123. 132.

HIPSLEY, *of Hornsey, fr. Co. Som.* 1551. fo. 57b. *Hipsley*, Add. MS. 4964. fo. 58b.

HOBERT, *of Highgate, fr. Co. Norf.* 1551. fo. 102b.

HOBSONN, *of Marylebone Park and Co. Hants.* 1551. fo. 65b. *Hobsonn*, Add. MS. 4964. fo. 65b.

HODGES, *of Hanwell, fr. Co. Shrop.* 1468. fo. 124b. *Hodges, of Highgate*, 1551. fo. 41. Add. MS. 4964. fo. 41.

HOLLIDAY, *of Bromley*, 1468. fo. 134b.

HOORD, 1561. fo. 260b.

HOPE, *of North Hall Court*, 1551. fo. 22b. *Hope*, Add. MS. 4964. fo. 22b.

HORSEMAN, *of Kensington*, 1551. fo. 134b. *Horseman*, 1551. fo. 41. Add. MS. 4964. fo. 41. *House, of Edmonton*, Add. MS. 4964. fo. 141.

HOWBY, 1551. fo. 7.

———— *v.* SUTTON.

HUNT, *of Hammersmith, fr. Co. Derby.* 1551. fo. 48b.

HUXLEY, *of Edmonton, fr. Co. Chesh.* 1551. fo. 76. *Huxley*, Add. MS. 4964. fo. 76.

JACKSON, *of Bromfield*, 1468. fo. 131. *Jackson*, 1096. fo. 5. Add. MS. 4964. fo. 130b.

JACOB, *of Bromley, fr. Co. Camb.* 1468. fo. 142. *Jacob*, 1551. fo. 91. Add. MS. 4964. fo. 91.

JAMES, *of Stroud Green*, 1551. fo. 52b.

JEKELL, 1398. fo. 14. 1541. fo. 21.

JENINGS, 1551. fo. 41b. Add. MS. 4964. fo. 41b.

JENNEY, *of Tottenham, fr. Co. Suff.* 1551. fo. 68b. *Jenney*, Add. MS. 4964. fo. 69.

JOHNSON, *of Blackwall, fr. Co. Sussex*, 1468. fo. 134.

———— *of Hackney, fr. Co. Ess.* 1468. fo. 122b. *Johnson*, 1096. ff. 5. 6.

JONES, 1096. ff. 5. 139b.

———— *of Stratford-le-Bow, fr. Co. Som.* 1468. ff. 126. 133b.

KEMPTON, *of Hadley, fr. Co. Herts.* 1551. fo. 64.

Kempton, 1551. fo. 41.   Add. MS. 4964. ff. 41. 64.

KENDALL, 1551. fo. 106*b.*

KENTESBERE, 1551. fo. 72*b.*

KIRBY, 1551. fo. 7.

KIRTON, *of Edmonton,* 1551. ff. 6*b.* 73*b.*

Kirton, Add. MS. 4964. fo. 74.

KNOWLES, *of North Mims,* 1551. fo. 63*b.*

KYME, *of Sunbury,* 1551. fo. 87.   Add. MS. 4964. fo. 139.

LACYE, *of Durhams, fr. Co. Northumb.* 1551. fo. 18*b.*

Lacye, Add. MS. 4964. fo. 19.

LAKE, *of Cannons,* 1551. fo. 111*b.*   Add. MS. 4964. fo. 111*b.*

LANE, *of Perivale,* 1551. fo. 109.

Lane, of Twickenham, 1551. fo. 41.   Add. MS. 4964. fo. 41.

Langton, of Stanmore, 1551. fo. 41.   Add. MS. 4964. fo. 41.

LATHOM, *of Hackney,* 1551. fo. 50*b.*

LAW, *or,* LOW, *of Newington,* 1551. fo. 88*b.*   Add. MS. 4964. fo. 87*b.*

LAWRENCE, *of Chelsea, fr. Co. Shrop.* 1551. fo. 38*b.*

Lawrence, Add. MS. 4964. fo. 38*b.*

LEE, *of Highgate, fr. Co. Bucks.* 1551. fo. 119*b.*

Lee, Add. MS. 4964. fo. 119*b.*

LEEKE, *of Wyer Hall,* 1551. fo. 6*b.*

Leeke, Add. MS. 4964. fo. 6*b.*

LEIGH, *of St. Johns, fr. Co. Chesh.* 1551. fo. 83*b.*

Lemitaire, Add. MS. 4964. fo. 135*b.*

Long, of Clerkenwell, 1551. fo. 41*b.*   Add. MS. 4964. fo. 41*b.*

LOSSE, *of Whitchurch,* 1551. fo. 36.

Losse, Add. MS. 4964. fo. 36.

LOW, *v.* LAW.

LUDDINGTON, 1551. fo. 4.

LYON, 1400. fo. 72.   1555. fo. 111.

—— *of Twyford,* 1551. fo. 8.   Add. MS. 4964. fo. 8.

MACHELL, *or,* MATCHELL, *of Hackney,* 1551. fo. 4.

Machell, Add. MS. 4964. fo. 4.

MALMAYNES, 1551. fo. 45.

MARSH, *of Edmonton, fr. Co. Berks.* 1468. fo. 140.

Marsh, 1096. fo. 4*b.*

MARTIN, *of Tottenham, fr. Co. Essex,* 1551. fo. 12*b.*

Martin, Add. MS. 4964. fo. 12*b.*

MATCHELL, *v.* MACHELL.

MAY, *of Islington, fr. Co. Suss.* 1551. fo. 132*b.*

MAYNARD, 1486. ff. 53. 62.   1537. fo. 65.

———— *of Fulham,* 1551. fo. 85.

———— *of Poplar, fr. Co. Devon.* 1551. fo. 61.

Maynard, Add. MS. 4964. fo. 61.

MAYO, *of Tottenham, fr. Co. Heref.* 1468. fo. 124.

Mayo, 1096. fo. 5.

MEGGS, *of Whitechapel,* 1468. fo. 118.

MELTON, *of Tottenham, fr. Co. Devon.* 1551. fo. 77*b.*

MERRICK, *of Norcott, fr. Co. Glouc.* 1468. ff. 120. 121.

Michell, Add. MS. 4964. fo. 24.

MIDLEMORE, *of Enfield,* 1551. fo. 85*b.*

Midlemore, 1551. fo. 41.   Add. MS. 4964. fo. 41.

MILDMAY, *of Heston, fr. Co. Ess.* 1468. fo. 139.

Mildmay, 1096. fo. 4*b.*

MILLETT, *of Hayes Court,* 1551. fo. 96*b.*   Add. MS. 4964. fo. 96*b.*

MILNER, *of Lillistone Green,* 1468. fo. 136*b.*

Moore, of Newington, Add. MS. 4964. fo. 141.

MORGAN, *of Fulham, fr. Co. Monm.* 1551. fo. 46.

MUN, *of Hackney, fr. Co. Essex,* 1551. fo. 101*b.*   Add. MS. 4964. fo. 101*b.*

Muschamp, 1551. fo. 92.

NELSON, *of Gray's Inn, fr. Co. York.* 1468. fo. 118*b.*

NEWDIGATE, *of Harefield,* 1551. fo. 45.

Newdigate, 1551. fo. 41.   Add. MS. 4964. ff. 41. 45.

NICHOLSON, *of Twickenham,* 1551. fo. 95*b.*   Add. MS. 4964. fo. 95*b.*

North, of Feltham, 1551. fo. 39*b.*   Add. MS. 4964. fo. 39*b.*

NORTON, *of Fulham, fr. Co. Kent,* 1551. fo. 78*b.*

Norton, Add. MS. 4962. fo. 79.

NORWOOD, 1139. fo. 91*b.*

NOWELL, 1549. fo. 80*b.*

———— *of Edmonton, fr. Co. Lanc.* 1551. fo. 37*b.*

Nowell, Add. MS. 4964. fo. 38.

NYNESOR, 1551. fo. 106*b.*

PACKINGTON, *of Edgeworth, fr. Co. Northumb.* 1551. fo. 35*b.*

Packington, Add. MS. 4964. fo. 35*b.*

Page, of Wembly, 1551. fo. 41*b.*   Add. MS. 4964. ff. 11*b.* 41*b.*

PAGITT, *of Hadley, fr. Co. Northampt.* 1468. fo. 129*b.*

PALMER, *of Kentish Town, fr. Co. Leic.* 1551. fo. 27*b.*

Palmer, Add. MS. 4964. fo. 27*b.*

PARKER, *of Tottenham, fr. Co. Derby.* 1468. fo. 127*b.*

PARLAR, *of Westminster, fr. Co. Westm.* 1551. fo. 15.

Parlar, Add. MS. 4964. fo. 15.

PATTEN, *or,* WANFLEET, *of Newington, fr. Co. Derb.* 1551. fo. 254.

Patten, Add. MS. 4964. fo. 25*b.*

PAWLETT, *of Wilsdon,* 1468. fo. 139*b.*

Pawlett, 1096. fo. 4*b.*

PAYNE, *of Highgate, fr. Co. Hants.* 1551. ff. 44. 81*b.*

Payne, 1551. fo. 41.   Add. MS. 4964. ff. 41. 81*b.*

PEACOCK, *of Finchley, fr. Co. Herts.* 1551. ff. 32*b.* 79*b.*

Peacock, Add. MS. 4964. fo. 32*b.*

PEAKE, *of Hoxton,* 1551. fo. 41*b.*   Add. MS. 4964. fo. 41*b.*

Percie, of Islington, 1551. ff. 41*b.* 44*b.*   Add. MS. 4964. fo. 41*b.*

PERCY, *of Stanwell,* 1551. fo. 44*b.*

PERT, *of Fryern, fr. Co. Glouc.* 1551. fo. 3.

Pert, Add. MS. 4964. fo. 3.

PHESANT, *of Tottenham,* 1551. fo. 5*b.*

Phesant, Add. MS. 4964. fo. 5*b.*

PIGEON, *of Hampton-upon-Thames,* 1551. fo. 113*b.*

Pigeon, Add. MS. 4964. fo. 114.

PITFIELD, *of Hoxton, fr. Co. Dorset.* 1468. fo. 119.

Pitfield, 1096. fo. 5*b.*

PLATT, *of Kentish Town, fr. Co. Herts.* 1551. fo. 34*b.*

Platt, Add. MS. 4964. fo. 34*b.*

PLUMBE, *of Northend, fr. Co. Kent,* 1551. fo. 39.

POPHAM, *of Newington,* 1551. fo. 72*b.*

POWELL, *of Clerkenwell, fr. Co. Heref.* 1468. fo. 135*b.*

Powell, 1096. fo. 6.

PRICHETT, *of Cowley Hall,* 1551. fo. 98.

PYE, *of Charter House, fr. Co. Heref.* 1468. fo. 116*b*.

RADCLIFF, *of Harrow, fr. Co. Lanc.* 1551. fo. 9*b*.

Radcliffe, Add. MS. 4964. fo. 9*b*.

RAYNTON, *of Enfield*, 1468. fo. 123*b*.

Raynton, 1096. fo. 5.

READE, *of Osterley, fr. Co. Norf.* 1551. fo. 35.

Reade, Add. MS. 4964. fo. 35.

REDING, *of Cannons*, 1551. fo. 62.

Reding, Add. MS. 4964. fo. 62.

REYNELL, *of Laltham, fr. Co. Devon.* 1551. fo. 74*b*. 1561. fo. 61*b*.

Reynell, Add. MS. 4964. fo. 74*b*.

RICHARDS, *of Isleworth, fr. Co. Devon.* 1468. fo. 124*b*.

Richards, 1096. fo. 5.

RICHARDSON, *v.* HEBORNE.

RICKTHORNE, *of Cannonbury*, 1551. fo. 80*b*.

Rickthorne, Add. MS. 4964. fo. 81.

ROANE, *of Hounslow*, 1551. fo. 31*b*.

Roane, Add. MS. 4964. fo. 32.

ROBERTS, 1180. fo. 152.   1187. fo. 139*b*.   1187. fo. 114.   1196. fo. 84*b*.   1431. fo. 105*b*. 6125. fo. 105*b*.   6183. fo. 122.

———— *of Wilsdon*, 1551. fo. 124.

Roberts, Add. MS. 4964. ff. 124. 125*b*.

ROBINS, 1476. fo. 209*b*.   Add. MS. 5533. p. 16.

ROGERS, *of Edmonton*, 1468. fo. 138*b*.

———— *of Sunbury, fr. Co. Kent*, 1551. fo. 59*b*.

Rogers, 1096. fo. 4*b*.   Add. MS. 4964. fo. 60.

Rolte, 1551. fo. 91.

ROOE, *of Hackney, fr. Co. Kent*, 1551. fo. 4*b*.

———— *of Muswell Hill*, 1551. fo. 28.

Rooe, Add. MS. 4964. fo. 28.

Roper, 1551. fo. 91.

ROWDON, 1551. fo. 122.

Rowdon, Add. MS. 4964. fo. 123.

ROWE, *of Enfield, fr. Co. Hunts.* 1468. fo. 125.

Rowe, 1096. fo. 5.   1463. fo. 83.   Add. MS. 4964. ff. 4*b*. 137*b*.

RYETH, *of Twickenham, fr. Co. Hants.* 1551. fo. 16.

Ryeth, Add. MS. 4964. fo. 16.

SADLER, *of Edmonton*, 1551. fo. 36*b*.

Sadler, Add. MS. 4964. fo. 36*b*.

SANDERSON, *of Stratford-le-Bow, fr. Co. York*, 1551. fo. 110*b*.

SANDFORD, *of Brompton, fr. Co. Wilts.* 1551. fo. 70*b*.

Sandford, Add. MS. 4964. fo. 70*b*.

SARES, *of Fulham, fr. Co. York*, 1551. fo. 101. Add. MS. 4964. fo. 101.

Saunders, *of Uxbridge*, 1551. fo. 41.   Add. MS. 4964. fo. 41.

SAY, *of Ickenham*, 1551. fo. 121.

SEGAR, Add. MS. 4964. fo. 142*b*.

Segar, Add. MS. 4964. fo. 143*b*.

SHELBERRY, *of St. Clement's Danes, fr. Co. Essex*, 1468. fo. 137*b*.

SKEFFINGTON, *or*, SKEVINGTON, *of Hornsey, fr. Co. Leic.* 1551. fo. 67*b*.   Add. MS. 4964. fo. 68.

Smale, of Paddington, 1551. fo. 41.   Add. MS. 4964. fo. 41.

SMITH, *of Hammersmith*, 1468. fo. 121.

———— *of St. Giles' Cripplegate, fr. Co. Worc.* 1468. fo. 135.

Smithby, 1551. fo. 137*b*.   Add. MS. 4964. fo. 137*b*.

SMYTH, *of Fulham, fr. Co. Berks.* 1551. fo. 69*b*.

SMYTH, *of Harrow Weld*, 1551. fo. 49.

———— *of Stratford-le-Bow*, 1551. fo. 76*b*.

SNELLING, *of Thistleworth, fr. Co. Surr.* 1551. fo. 100*b*.

SPELER, *of Laleham*, 1551. fo. 75.

Speller, Add. MS. 4964. fo. 75.

SPRIGNALL, *of Highgate, fr. Co. Bucks.* 1551. fo. 37.

Sprignall, Add. MS. 4964. fo. 37.

STAMFORD, *of Hadley, fr. Co. Staff.* 1551. fo. 45*b*.

Stamford, Add. MS. 4964. fo. 45*b*.

STANLEY, *of Cursitor Alley, fr. Co. Hants.* 1468. fo. 118*b*.

Stephin, of Wapping, Add. MS. 4964. fo. 141.

STOCKER, 1137. fo. 107*b*.

STRATFORD, *of Enfield, fr. Co. Glouc.* 1551. fo. 82*b*.

SUTTON, *Lord Dudley*, 1551. fo. 104*b*.

———— *or*, HOWBY, 1551. fo. 7.

SWANLEY, *of Poplar, fr. Co. Glouc.* 1468. fo. 134.

SYMCOTTS, *of Isleworth, fr. Co. Essex*, 1468. fo. 126*b*.

Symcotts, 1096. fo. 5.

TATE, 1551. fo. 93.

Tawe, of Hadley, 1551. fo. 41*b*.   Add. MS. 4964. fo. 41*b*.

TAYLOR, *of Hadley, fr. Co. Lanc.* 1551. fo. 26*b*.

Taylor, Add. MS. 4964. fo. 27.

THOMAS, *of Islington, fr. Co. Kent*, 1468. fo. 136.

Thomas, 1096. fo. 6.

THORNTON, *of Gernford*, 1412. fo. 102*b*.   1551. fo. 1.   Add. MS. 4964. fo. 1.

THOROWGOOD, *of Kennington, fr. Co. Essex*, 1468. fo. 132*b*.

Topsfield, Add. MS. 4964. fo. 92.

TOWNLEY, 1437. ff. 62*b*. 99.

———— *of Littleton, fr. Co. Lanc.* 1551. fo. 128.

Townley, Add. MS. 4964. fo. 128*b*.

TRACY, *of Mile-end Green, fr. Co. Glouc.* 1468. fo. 134*b*.

TRESWALLEN, *of Hillingdon, fr. Co. Cornw.* 1468. fo. 128*b*.

Treswallen, 1096. fo. 5.

TROTT, *of Colney Hatch*, 1551. fo. 54*b*.

Trott, Add. MS. 4964. fo. 54*b*.

TURNER, *of Cursitor Court, fr. Co. Oxon.* 1468. fo. 137*b*.

VAUGHAN, *of Littleton*, 1551. fo. 44.

Vaughan, Add. MS. 4964. fo. 44.

WADE, *of Belseys*, 1551. fo. 19*b*.

Wade, Add. MS. 4964. fo. 20.

WALESTON, 1187. fo. 76*b*.   1188. p. 109.

WALKER, *of Hillingdon, fr. Co. York.* 1468. fo. 140*b*.

Walker, 1096. fo. 4*b*.

Wall, Add. MS. 4964. fo. 42.

WALLER, *of Harrow, fr. Co. Bucks.* 1551. ff. 12. 23*b*.

Waller, Add. MS. 4964. fo. 12.

WALLISON, *of Rislip*, 1551. fo. 95.   Add. MS. 4964. fo. 95.

WALTER, *of Stepney, fr. Co. Camb.* 1551. fo. 8*b*.

Walter, Add. MS. 4964. fo. 8*b*.

WALTERS, *fr. Co. York*, 1468. fo. 131.

Walters, 1096. fo. 5*b*.

WANFLEET, *v.* PATTEN.

WARD, *of Lincoln's Inn, fr. Co. Oxon.* 1468. fo. 119.

WARDE, *of Bedfont, fr. Co. Northampt.* 1551. fo. 71.   1433. fo. 9*b*.   1504. fo. 41.   1546. fo. 31*b*.   6147. fo. 33*b*.

Warde, Add. MS. 4964. fo. 71.
WARREN, *of Westminster, fr. Co. Glouc.* 1551. fo. 24*b.*
Warren, Add. MS. 4964. fo. 24*b.*
WARNER, 1171. fo. 80.   1546. fo. 69*b.*
———— *of Stroud,* 1463. fo. 137.   1551. ff. 18. 55*b.*
Warner, Add. MS. 4964. fo. 18.
WATSON, *of Enfield, fr. Co. York.* 1551. fo. 43*b.*
Watson, Add. MS. 4964. fo. 43*b.*
WEBB, *of Clerkenwell,* 1468. fo. 119*b.*
Webb, 1096. fo. 6.
WELD, *of Edmonton, fr. Co. Chesh.* 1468. fo. 131*b.* 1551. fo. 14*b.*
Weld, Add. MS. 4964. fo. 14*b.*
WESTWOOD, *of Hackney, fr. Co. Essex,* Add. MS. 4964. fo. 140.
WICKES, *of Staines,* 1468. fo. 130.
Wickes, 1096. fo. 5.
WIGHTMAN, *of Harrow, fr. Co. Warr.* 1551. fo. 20*b.*
Wightman, Add. MS. 4964. fo. 20*b.*
WILCOCKS, *of Tottenham, fr. Co. Shrop.* 1551. fo. 118*b.*   Add. MS. 4964. fo. 118*b.*
WILDING, *of Hackney, fr. Co. Chesh.* 1468. fo. 133*b.*
Wilding, 1096. fo. 5*b.*
WILFORD, *of Enfield,* 1551. fo. 21.
Wilford, of Hatfield, 1551. ff. 41*b.* 92*b.*   Add. MS. 4964. ff. 21. 41*b.* 92*b.*

WILLIAMSON, *fr. Co. Cumb.* 1551. fo. 66.
Williamson, Add. MS. 4964. fo. 66.
WILLMER, *of Stratford-le-Bow, fr. Co. Warr.* 1551. ff. 84. 130*b.*
Willmer, 1551. fo. 91.   Add. MS. 4964. fo. 131.
WILSON, *of Edmonton,* 1468. fo. 131.   1551. fo. 50.
Wilson, 1551. fo. 93.   Add. MS. 4964. fo. 93.
WILTSHIRE, *of St. John's, fr. Co. Glouc.* 1468. fo. 116.
WINDEBANK, 1551. fo. 87*b.*
Windebank, Add. MS. 4964. fo. 86*b.*
WINDSOR, 1171. fo. 80.
Wirley, Add. MS. 4964. fo. 41*b.*   1551. fo. 41*b.*
WOOD, *of Islington,* 1551. fo. 131*b.*   Add. MS. 4964. fo. 42.
Wood, 1551. ff. 41. 42.   Add. MS. 4964. fo. 41.
WOODWARD, *of Hampstead, fr. Co. Staff.* 1468. fo. 117*b.*
WRIGHT, *of Marylebone,* 1468. fo. 137.
WROTH, 1432. fo. 168*b.*   1476. ff. 219. 305. Add. MS. 16,279. ff. 19. 455.
———— *of Enfield,* 1551. fo. 9.   1558. fo. 40*b.*
Wroth, Add. MS. 4964. fo. 9.
YETSWORTH, *of Sunbury,* 1551. fo. 97*b.*
Yetsworth, Add. MS. 4964. fo. 97*b.*
YOUNG, *of Gernford,* 1551. fo. 41.   Add. MS. 4964. fo. 41.

NORFOLK.

ABBYS, *of Buxton,* 1177. fo. 172*b.*   1552. fo. 138.   4755. fo. 73.   5189. fo. 64.   6093. fo. 173.
Abbys, 6093. p. 16*b.*
ABERGAVENNY, *Lord, v.* NEVELL.
Alderford, 1552. fo. 1*b.*
ALDHAM, *of Shimpling and Broom,* 1177. fo. 121.   1552. fo. 46.   5189. fo. 35*b.* 4755. fo. 18*b.*   6093. p. 44.   6166. p. 49.   Add. MS. 11,388. p. 69*b.*
ALDRICH, *of Man Green,* 1552. fo. 246*b.*
———— *of Norwich,* 1552. ff. 59*b.* 246*b.*
Allen, of Arlam, 1552. fo. 2.
ALYSBERY, 1552. fo. 190.
AMIAS, *of Deepham, fr. Co. Kent,* 1552. fo. 198.
ANDREW, *of Ryburgh, fr. Co. Suff.* 1177. fo. 143*b.* 1552. ff. 81*b.* 83*b.*   4755. fo. 46.   5189. fo. 47.   6093. p. 117.
ANDREWS, 1137. fo 64*b.*   1432. fo. 57.
Andrewes, 6093. p. 12.
ANGUISH, *of Great Melton,* 1552. fo. 84.
Anguish, 1552. fo. 1*b.*
APLEFORD, *of Norwich,* 1552. fo. 118*b.*
APLEYARD, *of Dunston,* 1177. fo. 102*b.*   1552. fo. 18*b.*   4755. fo. 8*b.*   5189. fo. 23. 6093. p. 18.
———— *of East Carleton,* 6166. p. 39.   Add. MS. 11,388. p. 65*b.*
ARNOLD, *of Cromer,* 1552. fo. 6.   4755. fo. 81. 5189. fo. 68*b.*   6093. fo. 183.

Arnold, 1552. fo. 1*b.*   6093. p. 11.
ARSICK, *v.* HARSICK.
ASLAKE, *of Holme,* 1177. fo. 139*b.*   1552. fo. 77.   4755. fo. 41.   6093. fo. 126.
Aslake, 6093. p. 10.
ASTELL, *of Clay, fr. Co. Staff.* 1177. fo. 153.   1552. fo. 107*b.*   4755. fo. 54*b.*   5189. fo. 55.   6093. fo. 147*b.*
Astell, 6093. p. 14.
ATHOWE, *of Brisley,* 1552. fo. 62.
Athow, 1552. fo. 1.
ATKINS, *of Norwich,* 1552. fo. 199*b.*
AT-CHURCH, 1552. ff. 111. 227*b.*
AUDLEY, *of Swaffham Market,* 1177. fo. 122*b.* 1552. fo. 48*b.*   4755. fo. 20.   5189. fo. 36.   6093. p. 49.
AUDLEY, *Lord, v.* TOUCHETT.
AVENELL, 1177. fo. 136.   1552. fo. 98*b.*   5189. fo. 22.   6093. fo. 143.
AYLWARD, *of Batheley,* 1177. fo. 148*b.*
BACHELER, *or,* BATCHELER, *of West Rudham,* 1177. fo. 147*b.*   1552. fo. 92*b.*   6093. fo. 137*b.*
BACON, *of Harleston,* 155. fo. 54.   1177. ff. 47. 58. 98*b.*   1449. ff.6 8. 75.   1552. ff.12*b.* 228*b.*   1560. ff. 60*b.* 247.   4755. fo. 5. 5189. fo. 28*b.*   6093. p. 6.   6166. p. 37. Add. MS. 11,388. p. 64*b.*
Bacon, 4755. fo. 42*b.*   6093. p. 2.
BAKER, 1177. fo. 134.   1552. fo. 70.

BAKER, *of Smallborough, fr. Co. Suff.* 1552. fo. 235*b*.

———— *of Walton, fr. Co. Suff.* 1552. fo. 180. 4755. fo. 94. 5189. fo. 30. 6093. fo. 209*b*.

———— *v.* LADD.

BALAM, *of Walsoken, fr. Cos. Kent and Suff.* 1177. fo. 106. 1552. fo. 23. 4755. fo. 26. 5189. fo. 38*b*. 6093. p. 63. 6166. p. 57. Add. MS. 11,388. p. 73.

BALDEN, *of Elsington,* 1177. fo. 104*b*. 1552. fo. 21. 4755. fo. 25*b*. 6166. p. 56. Add. MS. 11,388. p. 72*b*.

BALL, *of Scottow, fr. Cos. Derby and Suff.* 1552. fo. 200.

BANYARD, *of Stukey,* 1177. fo. 146. 1552. fo. 90*b*. 4755. fo. 48. 5189. fo. 49*b*. 6093. fo. 130.

Banyard, 6093. p. 12*b*.

BARDOLFE, 1177. fo. 139*b*. 1552. fo. 77. 6093. fo. 126.

Bardolfe, 6093. p. 2.

BARKEHAM, 1504. fo. 95*b*.

Barker, 1552. fo. 2.

Barnage, 6093. p. 2.

Barneham, 6093. p. 2.

BARNESDALE, *of Barwick,* 1552. fo. 151. 6093. fo. 182.

BARNEY, *of Gunton,* 1177. fo. 94. 1552. fo. 209*b*.

———— *of Redham,* 1552. fo. 233*b*.

Barney, 6093. p. 4.

Barnock, 6093. p. 2.

Barnold, 6093. p. 2.

BARNWELL, *of Myleham, fr. Co. Northampt.* 1552. fo. 232.

BAROW, *of Shipdam, fr. Co. Linc.* 1177. ff. 119*b*. 169*b*. 1552. fo. 43. 4755. fo. 17. 5189. fo. 34*b*. 6093. pp. 1. 200.

BARREY, 1177. fo. 139*b*. 1552. ff. 77. 172*b*. 6093. fo. 126.

BARSHAM, *of Colkirk,* 1552. fo. 131.

BASPOOLE, *or,* BASEPOLE, *of Beeston,* 1177. fo. 164. 1552. fo. 128*b*. 4755. fo. 68*b*. 5189. fo. 58*b*. 6093. fo. 165*b*.

Baspole, 6093. p. 15*b*.

BASTARD, *of Dunham,* 1552. fo. 24. 6093. p. 65.

———— *of Watlington,* 4755. fo. 26*b*.

———— *of West Winch,* 1177. fo. 106*b*. 1552. ff. 24. 66*b*. 5189. fo. 39. 6093. p. 95. 6166. p. 57. Add. MS. 11,388. p. 73.

BATCHELER, *v.* BACHELER.

BATE, *fr. Co. Derby,* 1552. fo. 153*b*. 4755. fo. 82*b*. 5189. fo. 69. 6093. fo. 186.

Bate, 6093. p. 11*b*.

BATISCROFT, *of Bexwell,* 1177. fo. 93*b*. 1552. fo. 208.

BAXTER, *of Cromer,* 1177. fo. 93*b*. 1552. fo. 207*b*.

———— *of Rainthorpe,* 1552. fo. 181. 4755. fo. 94*b*. 5189. fo. 17. 6093. fo. 211*b*.

———— *of Stannow,* 1177. fo. 147. 1552. fo. 95*b*. 4755. fo. 50. 5189. fo. 16*b*. 6093. fo. 140.

Baxter, 6093. p. 13.

Baydwell, 6093. p. 4.

Beake, 6093. p. 15.

BEAUPRE, *of Well,* 1449. fo. 64*b*. 1552. fo. 188.

Beaupre, 6093. p. 2.

BECKHAM, *of Narford,* 1177. fo. 94. 1552. fo. 210.

BECKINGHAM, *of Hoveton, fr. Co. Wilts.* 1552. fo. 156. 4755. fo. 83. 5189. fo. 70. 6093. fo. 187.

Beckingham, 6093. p. 11*b*.

BEDINGFIELD, *of Bedingfield,* 1552. fo. 56*b*. 4755. fo. 22*b*. 6093. p. 53. 6166. p. 52. Add. MS. 11,388. p. 71.

———————— *of Buxton,* 1552. fo. 195*b*.

———————— *of Ditchingham, fr. Co. Suff.* 1177. fo. 94*b*. 1552. fo. 211.

———————— *of Ellington, fr. Co. Suff.* 1552. fo. 88. 6093. p. 23*b*.

———————— *of Erswell and Quiddenham,* 1177. fo. 125. 1552. fo. 73. 4755. fo. 38. 5189. fo. 10(*a. b.*) 6093. pp. 52. 104.

———————— *of Home Hall,* 1552. fo. 53*b*. 4755. fo. 20*b*. 5189. fo. 9. 6093. p. 29. 6166. p. 43. Add. MS. 11,388. p. 66.

BEKE, *of South Repps,* 1177. fo. 163. 1552. fo. 126*b*. 4755. fo. 67*b*. 5189. fo. 61. 6093. fo. 163*b*.

BEKESWELL, *or,* SHORDICH, *of Bekeswell,* 1177. fo. 129. 1552. fo. 61*b*. 4755. fo. 33. 5189. fo. 19. 6093. pp. 21. 70. 6166. p. 63. Add. MS. 11,388. p. 76.

BELL, *of Otwell,* 1552. fo. 188.

Bellingford, 6093. p. 1.

BEMAN, 1552. fo. 27.

BENDISH, 1552. ff. 197*b*. 227*b*.

———— *of Congham, fr. Co. Essex,* 1552. fo. 121.

———— *of Witchingham,* 1552. fo. 135.

BENNETT, *of Attlebridge,* 1552. fo. 154. 4755. fo. 82. 5189. fo. 69*b*. 6093. fo. 185*b*.

Bennett, 6093. p. 11.

BERNAKE, 1552. fo. 193.

BERNERS, *Lord, v.* BOURCHIER.

BERRYE, 1560. fo. 83.

BETTES, *of Irmingland,* 1177. fo. 174. 1552. fo. 164*b*. 4755. fo. 85*b*. 5189. fo. 71*b*. 6093. fo. 192*b*.

Betts, 6093. p. 18*b*.

BIGOT, *Earl of Norfolk,* 1552. fo. 41.

Bigot, Earl of Norfolk, 2109. fo. 81*b*. 6093. p. 1. 6592. fo. 3*b*.

BILLINGFORD, *of Blackford,* 1177. fo. 97*b*. 1552. fo. 11. 4755. fo. 5*b*. 5189. fo. 29. 6093. p. 9. 6166. p. 37. Add. MS. 11,388. p. 64.

BIRD, 1558. fo. 42.

Birmingham, 6093. p. 2.

BISHOP, *of Yarmouth,* 1177. fo. 165*b*. 1552. fo. 32*b*. 4755. fo. 70*b*. 5189. fo. 63*b*. 6093. fo. 169.

BLACKNEY, *v.* BLAKENEY.

BLAGE, *v.* BLAKE.

BLAKE, *or,* BLAGE, *of Wimbotsham,* 1177. fo. 150. 1552. fo. 100. 4755. fo. 32. 5189. fo. 41. 6093. p. 72. 6166. p. 62.

BLAKENEY, *or,* BLACKNEY, *of Sparham,* 1177. fo. 173*b*. 1552. fo. 139. 4755. fo. 73*b*. 5189. fo. 64*b*. 6093. fo. 174.

Blakeney, 6093. p. 16*b*.

BLESBY, *of Winch,* 1552. fo. 97.

BLEVERHASSET, *of Horning,* 1552. fo. 158*b*.

———————— *of Norwich,* 1552. fo. 158. 4755. fo. 84. 5189. fo. 70*b*. 6093. fo. 189.

Bleverhasset, 6093. pp. 17. 18.

BLUNDEVILLE, *of Newton,* 1093. fo. 101. 1177. fo. 164. 1400. fo. 54. 4755. fo. 68*b*. 1486. fo. 31. 1537. fo. 85*b*. 1552. fo. 129. 5189. fo. 61*b*. 6093. fo. 166. Egert. MS. 996. fo. 7*b*.

Blundeville, 1552. fo. 1*b.* 6093. p. 15*b.*

BOKELL, 1177. fo. 123. 1552. fo. 49*b.* 6093. p. 51.

Boleyn, 6093. p. 5.

BOLTER, *of South Creake,* 1552. fo. 64*b.*

BOLTON, *of Burston,* 1177. fo. 117. 1552. fo. 39. 4755. fo. 14. 5189. fo. 33*b.* 6093. p. 35. 6166. p. 45. Add. MS. 11,388. p. 67*b.*

———— *of Wilton,* 6093. fo. 135.

Bonner, 6093. p. 14.

BOSUM, *of Wenley,* 1552. fo. 206*b.*

BOURCHIER, *Lord Berners,* 1552. fo. 190.

Boydwell, 6093. p. 4.

BOYLAND, 1552. fo. 39.

BOYSE, *of Rollesby,, fr. Co. York.* 1177. ff. 123. 180. 1552. ff. 50. 147. 4755. fo. 78*b.* 5189. ff. 37. 67*b.* 6093. p. 51. ff. 130*b.* 179*b.*

Boyse, 6093. p. 22*b.*

BOYTON, *of Walden, fr. Co. Essex,* 1177. fo. 179*b.* 1552. fo. 146. 4755. to. 78. 5189. fo. 67. 6093. p. 36. 6166. p. 46. Add. MS. 11,388. fo. 68.

Boyton, 6093. p. 22.

BOZON, *of Wissingset,* 1177. ff. 118. 149. 1552. ff. 40*b.* 97*b.* 4755. fo. 51. 5189. fo. 49. 6093. fo. 141*b.*

Bozon, 6093. p. 22.

BRADDOCK, *fr. Co. Essex,* 1552. fo. 10*b.*

BRAMPTON, *of Blow Norton,* 4755. fo. 17. 6093. p. 27. 6166. p. 42. Add. MS. 11,388. p. 66*b.*

———— *of Brampton,* 1177. fo. 109*b.* 1552. ff. 32*b.* 162(*a. b.*) 4755. ff. 84*b.* 85. 5189. fo. 11. 6093. fo. 191*b.*

———— *of Letton,* 1177. fo. 108*b.* 1552. fo. 43*b.* 4755. fo. 11. 5189. fo. 12. 6093. p. 38. 6166. p. 48. Add. MS. 11,388. p. 69.

———— *of Westwick,* 1177. fo. 109. 1552. fo. 27*b.* 4755. fo. 29*b.* 5189. fo. 12*b.* 6093. p. 69. 6166. p. 59. Add. MS. 11,388. p. 74.

Brampton, 6093. p. 18.

BRANDON, 1552. fo. 190*b.*

BRERETON, *of Norwich,* 1552. fo. 207.

BRETTON, *of Felmingham,* 1177. fo. 173. 1552. fo. 139*b.* 4755. fo. 74. 5189. fo. 65 6093. fo. 174*b.*

Bretton, 6093. pp. 4. 17.

BRIGG, *of Sall,* 1177. fo. 178*b.* 1552. fo. 145. 5189. fo. 66. 4755. fo. 77. 6093. fo. 178*b.*

Brome, 1552. fo. 1*b.* 6093. p. 1.

BROND, *of Griston, fr. Co. Suff.* 1177. fo. 169*b.* 1552. fo. 176*b.* 4755. fo. 91. 5189. fo. 72*b.* 6093. fo. 200.

Brotherton, Earl of Norfolk, 6093. p. 1.

BROWNE, 1552. fo. 152. 1560. fo. 104*b.*

Brygge, 6093. p. 17.

BUGGE, 1432. fo. 90.

BULL, *of Hockwold,* 1177. fo. 170*b.* 1552. fo. 177. 4755. fo. 91. 5189. fo. 62. 6093. fo. 200*b.*

BULLEN, *of Blickling,* 1177. ff. 110. 171. 185. 1552. ff. 164. 203*b.* 6093. fo. 192.

Bullen, 6093. p. 18.

BULWER, *or,* DALLING, *of Wood Dalling,* 1177. fo. 180*b.* 181. 1552. ff. 113*b.* 148. 153. 4755. ff. 79. 82. 5189. fo. 25(*a. b.*) 6093. ff. 15 3. 180*b.* 185.

Bulwer, or, Dalling, 6093. pp. 11. 22. 22*b.*

BUNTING, *of Snettisham, fr. Co. Linc.* 1177. fo. 153. 1552. fo. 108. 4755. fo. 55. 5189. fo. 44*b.* 6093. fo. 148.

Bunting, 6093. p. 14.

BURNAVILE, 1552. ff. 81*b.* 83*b.*

BURNELL, 1177. fo. 164. 1552. fo. 129.

BURNETT, *of Norwich, fr. Scotland,* 1552. fo. 80.

Bushope, 6093. p. 16.

BUTTS, *fr. Cos. Midd. and Suff.* 1177. fo. 141*b.* 1552. fo. 201*b.* 4755. fo. 43. 5189. fo. 29*b.* 6093. p. 96.

———— *of Garboys,* 1552. fo. 225*b.* 6093. p. 23.

Butts, 4755. fo. 42*b.* 6093. pp. 3. 10*b.*

BUXSTON, *of Dickleborough,* 1552. fo. 205*b.*

———— *of Tibbenham,* 1552. fo. 206.

CALDECOTT, 6093. p. 4.

CALL, *of Melton,* 1177. fo. 98. 1552. fo. 11*b.* 4755. fo. 8. 5189. fo. 24. 5823. fo. 61. 6093. p. 15. 6166. p. 38. Add. MS. 11,388. p. 65.

CALLIBUTT, *of Castle Acre,* 1552. fo. 161*b.* 4755. fo. 85. 5189. fo. 71. 6093. fo. 191. 6774. fo. 65. 6775. fo. 49. Add. MS. 4962. fo. 45*b.*

CALTHORPE, *or,* CALTHROPE, *of Antingham,* 6093. fo. 159*b.*

————————— *of Cockthorpe,* 1552. fo. 228*b.*

————————— *of Pokethorpe,* 6093. p. 115.

————————— *of Thorpe Market,* 1177. fo. 160*b.* 1194. fo. 142. 1552. ff. 121*b.* 122. 1562. fo. 203. 4755. fo. 63*b.* 5189. fo. 59.

Calthorpe, 6093. p. 19.

CALTHROPE, 1177. fo. 185. 1552. fo. 187.

CALYN, 1552. fo. 5*b.*

CAPPES, *of Strumpshaw,* 1552. fo. 155*b.* 4755. fo. 82*b.* 5189. fo. 69*b.* 6093. fo. 186*b.*

Cappes, 6093. p. 11.

CARLTON, 1177. fo. 117. 1552. fo. 39*b.* 4755. fo. 14. 6093. p. 35.

Carlton, 1552. fo. 1.

CARSEY, *of South Barow,* 1177. fo. 121. 1552. fo. 46*b.* 4755. fo. 18*b.* 5189. fo. 35*b.* 6093. p. 45. 6166. p. 50. Add. MS. 11,388. p. 70.

Cartwright, 1552. fo. 1*b.*

CARY, *of Tibbenham,* 1177. fo. 167.

CASTELL, *of Raveningham,* 1177. fo. 95. 1552. fo. 213.

CECILL, *or,* CICELL, 1177. fo. 178. 1552. fo. 144. 4755. fo. 76*b.* 5189. fo. 66*b.* 6093. fo. 177.

Cecyll, 6093. p. 17.

Celvyll, 6093. p. 22.

Chabnor, 1552. fo. 1.

CHAMBERLAINE, *of Barnham Broom and Ellingham,* 1177. fo. 115*b.* 1552. ff. 36*b.* 37. 1560. fo. 57. 4755. fo. 12*b.* 5189. fo. 32. 6093. p. 31.

CHAPMAN, *of Rainthorp Hall,* 1177. fo. 116. 1552. fo. 38. 4755. fo. 13. 5189. fo. 32*b.* 6093. p. 32. 6166. p. 44. Add. MS. 11,388. p. 67.

CHAUNCY, *of Shibdame, fr. Co. Wilts.* 1177. fo. 119.   1552. fo. 42*b*.   4755. fo. 16*b*. 5189. fo. 33*b*.   6093. p. 40.   6166. p. 49. Add. MS. 11,388. p. 69*b*.
CHEYNEY, 1552. fo. 190.
CICELL, *v.* CECILL.
CLARKE, 1552. fo. 115.
CLARY, *v.* CLEERE.
CLAVOR, *of Sterstone,* 1552. fo. 188*b*.
CLEERE, *or,* CLARY, *of Ormsby,* 1139. fo. 113. 1177. fo. 157*b*.   1552. ff. 117. 184.   4755. fo. 61.   5189. fo. 57*b*.   6093. fo. 154*b*.
———— *of Stokesby,* 1552. fo. 184.
Cleere, 6093. pp. 3. 19.
CLEMENT, *of Longham, fr. Co. Linc.* 1177. fo. 94*b*. 1552. fo. 212*b*.
Clement, 1552. fo. 1.
CLESEBY, 1552. fo. 5*b*.
CLIFTON, *of Buckenham,* 5189. fo. 54.
———— *of Fakenham,* 1552. fo. 94*b*.   4755. fo. 49*b*.
———— *of Toft Trees,* 1177. fo. 137.   1552. fo. 74*b*.   4755. fo. 40.   5189. fo. 14*b*.   6093. p. 111.
———— *of Walsingham,* 1177. fo. 140*b*.   1552. fo. 112.   4755. fo. 58*b*.   6093. fo. 151*b*.
Clifton, 6093. pp. 4. 10. 13.
CLIPESBY, *of Clipesby,* 1552. fo. 152*b*.   2109. fo. 62.   4755. fo. 81*b*.   5189. fo. 69. 6093. fo. 184*b*.
Clippesby, 6093. pp. 4. 11.
COBB, *of Peterbridge and Co. Midd.* 1552. fo. 160. 4755. fo. 84*b*.   6093. p. 114.
———— *of Snettisham,* 1177. fo. 138*b*.   1552. ff. 76. 88*b*.   4755. fo. 40*b*.   5189. fo. 22*b*. 6093. p. 113.
———— *of Somerton,* 6093. p. 114.
———— *of Sundringham,* 1552. fo. 89*b*.
Cobb, 4755. fo. 26*b*.   6093. pp. 5. 12*b*.
COCKETT, *or,* COKETT, *of Bromthorpe, fr. Cos. Herts. and Suff.* 1433. fo. 21*b*.   1552. fo. 185*b*.   6147. fo. 45*b*.
COLBY, *of Banham,* 1177. fo. 116*b*.   1552. fo. 38*b*. 115.   4755. fo. 13*b*.   5189. fo. 33. 5823. fo. 61.   6093. p. 33.   6166. p. 44. Add. MS. 11,388. fo. 67*b*.
Colby, 6093. p. 18.
Colvile, 1177. fo. 94.
COOKE, 1177. fo. 117*b*.   2109. ff. 62(*a. b.*) 63.
COOTE, *of Blow Norton,* 1177. fo. 113.   1552. fo. 31*b*.   4755. fo. 10.   5189. fo. 31*b*. 6093. p. 23.   6166. p. 41.   Add. MS. 11,388. fo. 66.
COPLEDIKE, *of Harington,* 1177. fo. 94*b*.   1552. fo. 211*b*.
COPPING, *of Norwich,* 1177. fo. 94*b*.   1552. fo. 212.
CORBETT, *of Framingham,* 5823. fo. 60*b*.
———— *of Sprowston,* 1177. fo. 101.   1552. fo. 15*b*.   5189. fo. 29.   4755. fo. 6*b*.   5823. fo. 60*b*.   6093. p. 12.   Add. MS. 14,311. fo. 33*b*.
CORDALL, *of Long Melford,* 1177. fo. 116.   1552. fo. 16*b*.   4755. fo. 7*b*.   5189. fo. 28*b*. 6093. p. 14*b*.   6166. p. 38.   Add. MS. 11,388. p. 64*b*.
CORY, *of Bramerton,* 1552. fo. 231.
Cossen, of Kenninghall, 1552. fo. 1.
COTTERELL, *of South Repps.* 1552. fo. 196.

COUPER, *of Runcton Holme, fr. Co. Camb.* 1552. fo. 52*b*.
COURTEIS, *v.* CURTEIS.
Cox, of Bramerton, 1552. fo. 1*b*.
CRANE, 1552. fo. 183.
CRESONER, 1177. fo. 118.
CROFTES, *of Felmingham,* 1552. fo. 180*b*.   4755. fo. 94.   5189. fo. 30.   6093. fo. 210*b*.
Croftes, of Witton, 6093. p. 1.
Cromer, of Yarmouth, 1552. fo. 2.
Crooke, of Alderford, 1177. fo. 94.   1552. fo. 1*b*. 4755. fo. 77*b*.   6093. p. 22.
Crumwell, of Tateshall, 6093. pp. 1. 4.
CULPEPER, *of Ingham, fr. Co. Kent,* 1177. fo. 164*b*. 1552. fo. 129*b*.   4755. fo. 69.   5189. fo. 61*b*.   6093. fo. 166*b*.
Culpeper, 6093. p. 15.
CURSON, 1177. fo. 117.   1552. fo. 39.   6093. p. 35.
———— *of Letheringsett,* 1177. fo. 151*b*.   1552. fo. 102.   4755. fo. 52*b*.   5189. fo. 50*b*. 6093. fo. 144*b*.
———— *of Beckhall, fr. Co. Derb.* 1552. fo. 102*b*.
Curson, 6093. pp. 2. 13.
CURTEIS, *or,* COURTEIS, *of Newton,* 1177. fo. 135. 1552. fo. 72.   6093. p. 103.
Cushin, of Hingham, 1552. fo. 1.
DADE, *of Witton,* 1177. fo. 179*b*.   1552. fo. 145*b*.   4755. fo. 77.   5189. fo. 67.   6093. fo. 179.
Dade, 6093. p. 22.
DALLING, *v.* BULWER.
Dare, of Lynn, 1552. fo. 2.
DARES, *of Loddon,* 1552. fo. 159*b*.   4755. fo. 84*b*. 5189. fo. 70.   6093. fo. 190*b*.
Dares, 6093. p. 18.
DAVY, *of Geyst,* 1552. ff. 83. 257.
———— *of Gunthorpe,* 1177. ff. 48*.(*a.b.*) 136.   1552. ff. 72*b*. 98*b*.   4755. fo. 51.   5189. fo. 21*b*. 6093. fo. 142*b*.
———— *of Norwich,* 1552. fo. 259.
———— *of Stanfield,* 1177. fo. 135*b*.   4755. fo. 37*b*.   5189. fo. 41*b*.   6093. p. 105.
Davy, 6093. p. 13.
DAWBENEY, *of Sarington, fr. Co. Linc.* 1177. fo. 155.   1552. fo. 109.   4755. fo. 56*b*. 5189. fo. 55*b*.   6093. fo. 149.
DEANE, *of Tilney,* 1177. fo. 107.   1552. fo. 25. 4755. fo. 27*b*.   5189. fo. 39.   6093. p. 64.   6166. p. 58.   Add. MS. 11,388. p. 73*b*.
DELAMARE, 1552. fo. 62*b*.
D'ENGAINE, *of Brumsted, fr. Co. Camb.* 1177. fo. 165.   1552. fo. 131*b*.   4755. fo. 69*b*. 5189. fo. 63.   5823. fo. 59.   6093. fo. 167*b*.
D'Engaine, 6093. p. 15.
DENNY, *of Howe,* 1177. fo. 169.   1432. fo. 51*b*. 1541. fo. 83.   1552. ff. 172. 254*b*.   4755. fo. 89*b*.   5189. fo. 73.   6093. fo. 197.
DEREHAM, *of Crimplesham,* 1177. fo. 129*b*.   1552. fo. 64.   4755. fo. 34.   5189. fo. 41*b*. 6093. p. 81.   6166. p. 59.   Add. MS. 11,388. p. 74*b*.
DETHICK, *of Wormegay, fr. Co. Derb.* 1177. fo. 130*b*. 1552. fo. 66.   4755. fo. 35.   5189. fo. 42. 6093. p. 95.
DIGBY, *of Bathely, fr. Co. Leic. and London,* 1177. fo. 148*b*.   1552. fo. 98.   4755. fo. 51*b*. 5189. fo. 50.   6093. fo. 143*b*.

Dix, *of Wickmere,* 1177. fo. 156. 1552. fo. 115*b*. 4755. fo. 60. 5189. fo. 57. 6093. fo. 153*b*.

Dixon, *of Wymondham, fr. Co. Herts.* 1177. fo. 151. 1552. fo. 202.

Dodge, *of Mannington, fr. Co. Kent,* 1177. fo. 153*b*. 1552. fo. 108*b*. 4755. fo. 55*b*. 5189. fo. 55. 6093. fo. 148*b*.

Dodge, 6093. p. 14.

Doggett, *of Wrongey,* 1177. fo. 145*b*. 1552. fo. 86*b*. 4755. fo. 47. 5189. fo. 48. 6093. fo. 127.

Doggett, 6093. pp. 5. 12*b*.

Dorward, 6093. fo. 125.

Doughty, *of Hanworth,* 1552. fo. 52.

Downe, *of Bodney,* 1177. fo. 95. 1552. fo. 213*b*.

———— *of Great Melton and Wremplingham, fr. Co. Suff.* 1177. fo. 102. 1552. ff. 17*b*. 37*b*. 4755. ff. 8.(*a. b.*) 13. 5189. ff. 15. 32*b*. 6093. pp. 16. 39. Add. MS. 11,388. p. 65.

Downing, *of Lexham, fr. Co. Essex,* 1177. fo. 95. 1552. fo. 214*b*.

Doyle, *or,* Doylye, *of Shottesham, fr. Co. Suff.* 1552. fo. 185.

Drake, *of Hardley,* 1177. fo. 101*b*. 1552. fo. 17. 4755. fo. 7. 5189. fo. 21. 6093. fo. 13. 6166. p. 61. Add. MS. 11,388. p. 75.

Drayton, 1177. fo. 172. 1552. fo. 137*b*.

Drury, 6093. pp. 14*b*. 22*b*.

Duck, *of Hermesby,* 1177. fo. 95. 1552. fo. 214.

Dussing, *of Bramerton,* 1177. fo. 111. 1552. fo. 29.

Dygbye, 6093. p. 13.

Dynne, *of Heydon,* 1177. fo. 155*b*. 1552. fo. 109*b*. 4755. fo. 56*b*. 5189. fo. 56. 6093. fo. 131*b*.

Dynne, 1449. fo. 106. 6093. p. 14.

Eassing, *of Wymondham, fr. Co. Kent,* 5189. fo. 31.

Eldred, *of Kentsell,* 6093. p. 88.

Ensigne, *of Windham, fr. Co. Kent,* 1177. fo. 103. 1552. fo. 19. 4755. fo. 9. 6093. p. 19. 6166. p. 40. Add. MS. 11,388. p. 65*b*.

Erpingham, 6093. p. 2.

Everard, *of Gillingham, fr. Co. Camb.* 1177. fo. 175. 1552. fo. 165. 4755. fo. 87. 5189. fo. 20*b*. 6093. fo. 193*b*.

———— *of Walpole, fr. Co. Linc.* 1177. fo. 105. 1552. fo. 21*b*. 4755. fo. 25. 5189. fo. 20. 6093. p. 61. 6166. p. 55. Add. MS. 11,388. p. 72*b*.

Everard, 6093. p. 18.

Fairfax, *of Walsingham, fr. Co. Suff.* 1552. fo. 47.

Farmer, *of Barsham,* 1552. fo. 240.

Farmer, 1552. fo. 1*b*. 6093. p. 2.

Farra, 1552. fo. 2.

Felmingham, 1552. fo. 180*b*. 5189. fo. 30.

Fincham, *of Ontwell,* 1552. fo. 63*b*.

Fisher, of Witchingham, 1177. fo. 94. 1552. fo. 1*b*. 6093. p. 22.

Fitz-Raffe, 1177. fo. 115*b*. 1552. fo. 36*b*.

Flynt, of Norwich, 1552. fo. 2.

Fodringhay, 6093. fo. 125.

Fountayne, *of Sall,* 1177. fo. 179. 1552. ff. 113. 144*b*. 4755. fo. 76*b*. 5189. fo. 66*b*. 6093. p. 80. ff. 152*b*. 177*b*. 6166. p. 64. Add. MS. 11,388. p. 76*b*.

Fountayne, 6093. p. 17.

Fowler, *of Weeting,* 1552. fo. 65*b*.

Freeston, *of Mendham, fr. Co. York.* 1552. fo. 232*b*.

Freeston, 1552. fo. 1*b*.

Frier, *of Harleston, fr. Co. Suff.* 1552. fo. 237.

Fulmerston, *of Ormesby,* 1552. fo. 55.

———— *of Thetford,* 1552. fo. 204.

Futter, *of Kimberley and Thuxton, fr. Co. Suff.* 1177. fo. 123*b*. 1552. fo. 51*b*. 4755. fo. 19. 5189. fo. 35*b*. 6093. p. 47. 6166. p. 51. Add. MS. 11,388. p. 70*b*.

Fysher, *of Buntingford,* 1552. fo. 182*b*.

Gabyn, 1552. fo. 113*b*.

Gardener, *of Cokesforth, fr. Co. Chesh.* 1177. fo. 141. 1552. fo. 78. 4755. fo. 42. 5189. fo. 45. 6093. pp. 21*b*. 100.

Gardener, 6093. p. 10.

Garrard, *of Felmingham,* 1552. fo. 163.

Gascoigne, *of Ellington,* 1552. fo. 225.

Gascoigne, of Micklefield, 1552. fo. 1.

Gawcell, *of Denwar,* 1177. fo. 150*b*.

Gawdey, *of Claxton and Redenhall,* 1552. fo. 167. 4755. fo. 88. 5189. fo. 26*b*. 6093. p. 119.

———— *of Harleston, and Co. Suff.* 1177. fo. 174*b*. 1552. ff. 161. 167. 4755. ff. 87. 88. 5189. fo. 26*b*. 6093. p. 119.

Gawdey, 6093. p. 4.

———— 6093. pp. 5. 18*b*. 20.

Gayton, *of Gayton,* 1177. fo. 184*b*. 1552. fo. 223.

Gerbridge, *of Walsingham,* 1177. ff. 147. 173. 1552. ff. 77. 95. 172*b*. 4755. fo. 50. 5189. fo. 47*b*. 6093. fo. 139*b*.

Geyney, 6093. p. 1.

Gibsonn, *of Thorpe,* 1552. fo. 74.

Gigges, 6093. p. 2.

Gilbert, *of North Irlingham,* 1552. fo. 114.

Gillot, *of Bradfield,* 1171. fo. 161*b*. 1552. fo. 128. 4755. fo. 68. 5189. fo. 58. 6093. fo. 165.

Gilpin, 6093. p. 18.

Girling, *of Wellington and Outwell,* 1177. fo. 128*b*. 1552. fo. 61. 4755. fo. 32*b*. 5189. fo 41. 6093. pp. 21. 79. Add. MS. 11,388. p. 76.

Gislingham, *of Downham,* 1552. fo. 103.

Glene, *of Norwich,* 1552. fo. 118.

Godsalve, *of Bucknam Ferry,* 1137. fo. 92. 1177. fo. 182*b*. 1432. fo. 86*b*. 1552. fo. 215.

Gogill, *of Gemingham Green,* 1177. fo. 182*b*. 1552. fo. 216.

Goldingham, *of Banham, fr. Co. Suff.* 1177. fo. 113*b*. 1552. fo. 33. 4755. fo. 10*b*. 5189. fo. 31*b*. 6093. p. 24. 6166. p. 41. Add. MS. 11,388. p. 66.

Gottes, 1401. fo. 78. 1534. fo. 101*b*. 6774. fo. 97. 6775. fo. 98. Add. MS. 4962. fo. 73*b*.

Gowsell, *or,* Gowcell, *of Denver,* 1552. fo. 100*b*. 4755. fo. 31. 5189. fo. 41. 6093. p. 75. 6166. p. 62. Add. MS. 11,388. p. 75*b*.

Gray, 1449. fo. 65. 1484. fo. 48.

Gray, 6093. p. 22.

Green, *of Knapton,* 1177. fo. 163*b*. 1552. fo. 127*b*. 4755. fo. 68. 5189. fo. 18. 6093. fo. 164*b*.

———— *of Welles,* 1177. fo. 114*b*.

———— *of Wilby,* 1177. fo. 114*b*. 1552. fo. 34*b*. 4755. fo. 12. 5189. fo. 18. 6093. p. 28. 6166. p. 43. Add. MS. 11,388. p. 67.

Green, 6093. p. 15.

GRESHAM, *of Holt and Co. Sussex,* 1552. fo. 196*b.*
———- *of Walsingham,* 1177. fo. 144*b.* 1504.
fo. 122*b.* 1552. ff. 82*b.* 86. 4755. fo.
46*b.* 5189. fo. 47*b.* 6093. p. 89.

Gresham, 6093. p. 12.

GREY, *of Martin, fr. Co. Suff.* 1177. fo. 170.
1552. fo. 175*b.* 4755. fo. 90*b.* 5189. fo.
72*b.*
——— *of Spikesworth,* 1177. fo. 170*b.* 1552.
fo. 150*b.* 4755. fo. 80. 5189. ff. 27. 67*b.*
6093. p. 82. fo. 181*b.* 6166. p. 64. Add.
MS. 11,388. p. 76*b.*

GRIME, *of Antingham,* 1177. fo. 182*b.* 1552. fo.
215*b.*

GRIMSTON, *of Oxborough, fr. Co. Suff.* 1177. fo.
125*b.* 1552. fo. 55*b.* 4755. fo. 21*b.*
5189. fo. 36*b.* 6093. p. 50. 6166. p. 52.
Add. MS. 11,388. p. 71.

GROOS, *of Crostwick,* 1177. fo. 162. 1552. fo.
124*b.* 4755. fo. 65*b.* 5189. fo. 60*b.*
6093. fo. 162.

Grosse, 6093. pp. 2. 19.

GUIBON, *or,* GUYBON, *of Strachett and Sturston,*
1177. fo. 126. 1552. fo. 57. 4755. fo.
23. 5189. fo. 37*b.* 6093. p. 55.

Guibon, or, Guybon, 6093. p. 14.

GURNEY, *of Cawston,* 1552. fo. 44*b.* 4755. fo.
81. 5189. fo. 68*b.* 6093. p. 83. 6166.
p. 64. Add. MS. 11,388. p. 76*b.*
——— *of West Basham,* 1552. fo. 49.

Gurney, 6093. p. 11.

GUYBON, *v.* GUIBON.

GYGGES, *of Wighton,* 1552. fo. 54.

Gyllott, 6093. p. 15.

HACON, *of Whitacre,* 1177. fo. 182*b.* 1552. fo.
216*b.* Add. MS. 14,311. fo. 96.

HALES, *of Norton,* 1552. fo. 188*b.* 5189. fo. 53.
6093. fo. 206.

Hales, 6093. p. 3.

HALL, *of Basham, fr. Co. Notts.* 1177. fo. 142.
1552. fo. 201. 4755. fo. 43*b.* 5189. fo.
45*b.* 6093. pp. 87. 94.

Hall, 6093. p. 10.

HALYS, 1552. fo. 82*b.*

Hamberston, of Yarmouth, 1552. fo. 1*b.*

HAMMON, *of Ellingham,* 1177. fo. 183. 1552.
fo. 217*b.*

HARGETT, *of Sedgford,* 1552. fo. 97.

HARLING, 1177. fo. 125. 1552. fo. 53*b.*

HARSICK, *or,* ARSICK, *of Castle Acre,* 1552. ff. 5*b.*
89. 122.

HART, *of Walpole,* 1177. fo. 107. 1552. fo. 24*b.*
4755. fo. 27. 5189. fo. 39*b.* 6093. fo.
10. Add. MS. 11,388. p. 64.

HARTSTONGE, *of South Repps,* 1177. fo. 172*b.*
1552. fo. 160*b.* 4755. fo. 85.(*a. b.*) 5189.
fo. 25*b.* 6093. fo. 193.

Hartstonge, 6093. pp. 11. 18.

HARVEY, *of Fawconshall,* 1177. fo. 177*b.* 1552.
fo. 142*b.* 4755. fo. 75*b.* 5189. fo. 65*b.*
6093. fo. 176*b.*
——— *of Worlingworth,* 1177. fo. 166*b.* 1552.
fo. 159.

Harvey, of West Walton, 6093. pp. 3. 17.

Harwode, 6093. p. 10.

HAST, *of Windham,* 1177. fo. 103*b.* 1552. fo. 19*b.*
4755. fo. 9. 5189. fo. 16*b.* 6093. fo. 20.
6166. p. 40. Add. MS. 11,388. p. 65*b.*

HASTINGS, 1177. fo. 118. 1552. fo. 40*b.*

HASTINGS, *of Hindringham,* 1552. fo. 238*b.*

HAVERS, *of Shelfhanger,* 1177. fo. 183. 1552.
fo. 218.

HAWE, *of Helgay,* 1177. fo. 171. 1552. fo. 194.
2109. fo. 76.(*a. b.*) 4755. fo. 91*b.* 5189.
fo. 62*b.* 6093. fo. 201.

Haydon, 6093. ff. 3. 14*b.*

HEATHE, *of King's Lynn, fr. Co. Midd.* 1177. fo.
110*b.* 1552. fo. 28. 4755. fo. 30. 5189.
fo. 40. 6093. p. 68. 6166. p. 61.
Add. MS. 11,388. p. 75*b.*

Henage, 6093. p. 18.

HERNE, 1552. fo. 140.

HERWARD, *of Barham,* 1177. fo. 171*b.*
——— *of Gresnor and Pensthorp,* 1177. fo.
137*b.* 1552. fo. 73*b.* 4755. fo. 39.
5189. fo. 43*b.* 6093. p. 106.

HETHERSETT, *of Hethersett,* 1177. fo. 152.

HEVENINGHAM, 1552. fo. 107.

HEWAR, *or,* HEWER, *of Oxborough,* 1177. fo. 124.
1552. fo. 53. 4755. fo. 21. 5189. fo. 36*b.*
6093. p. 48. 6166. p. 51. Add. MS.
11,388. p. 70*b.*

HEYDON, *of Bacon's Thorpe,* 1177. fo. 154*b.* 1552.
fo. 91*b.* 4755. fo. 55*b.* 5189. fo. 51.
6093. ff. 133*b.* 134.

HEYWARD, *of Barham and Thetford, fr. Co. Suff.*
1552. fo. 204.

HIGHAM, *of Higham,* 6093. p. 91.

Higham, 6093. p. 3.

HILL, *of Hayles,* 1552. fo. 14. 6093. fo. 159.
——- *of Yarmouth, fr. Co. Suff.* 1552. fo. 233.

HILLARY, *of Denwar, fr. Co. Suff.* 1177. fo. 150.
1552. fo. 101. 4755. fo. 31*b.* 5189. fo.
40*b.* 6093. p. 74. Add. MS. 11,388. p. 76.

HIRNE, *of Hyveringland,* 1552. fo. 181*b.*

HOBERT, *or,* HUBBERT, *of Hayles and Plumstead,*
1177. fo. 154. 1552. ff. 111. 197*b.* 4755.
fo. 58. 5189. fo. 56*b.* 6093. fo. 150*b.*

HOLBECK, *of Norwich, fr. Co. Suff.* 1552. fo. 231*b.*

HOLDICH, 1177. fo. 107*b.* 1552. fo. 44. 6093.
p. 67.

HOLL, *of Asham and Melton,* 1177. fo. 183. 1552.
fo. 217.

HOLLAND, *of Harleston, fr. Co. Lanc.* 1177. fo.
175*b.* 1552. fo. 165*b.* 4755. fo. 87*b.*
5189. fo. 26.
——— *of Wroknell,* 5823. fo. 59. 6093. fo.
194.

Holland, 1552. fo. 1. 6093. p. 18.

HOO, *of Scarning and Burnham,* 1552. fo. 178.
4755. fo. 92. 5189. fo. 62*b.* 6093. fo.
202.

HOPTON, *of Narford, fr. Co. Shrop.* 1177. fo. 183.
1552. fo. 218*b.*

Hore, 1552. fo. 2.

HORNESEY, 1480. fo. 48*b.*

HORSMAN, 1137. fo. 74. 1432. fo. 67.

HORSYCKE, 6093. fo. 128.

HOUGHTON, *of Gunthorpe,* 1542. fo. 214. 1552.
fo. 230*b.*

HOVELL, 1560. fo. 34*b.*

HOVILE, *of Helington,* 1552. fo. 154*b.*

HOWARD, *Duke of Norfolk,* 888. fo. 49*b.* 1092.
fo. 65. 1153. fo. 81. 1163. fo. 117.
1177. fo. 95*b.* 1552. fo. 7*b.* 2109. fo.
90*b.* 2186. fo. 1. 5189. fo. 51*b.* 5865.
fo. 19.

Howard, Duke of Norfolk, 6093. p. 1.

Hubard, 6093. p. 14.

HUBBERT, v. HOBER .

HUMBERSTON, *of Yarmouth and Co. Suff.* 1552. fo. 253.

HUNSTON, *of Walpole,* 1552. fo. 103*b.*

HUNT, *of Hilderweston,* 1177. fo. 180.   1552. fo. 182.   4755. fo. 94*b.*   5189. fo. 29*b.*

Hunt, 6093. p. 4.

HUSE, v. SIBTHORPE.

ILLEY, *or,* YLLEY, 1177. fo. 123.   1552. fo. 50. 6093. p. 51.

Inglethorp, 6093. p. 1.

ISHAM, 1177. fo. 106.

JENES, *of Lynn,* 1139. fo. 112*b.*

JENISON, v. JENNYSON.

JENKINSON, *of Tunstall, fr. London,* 1552. fo. 157. 4755. fo. 83.   5189. fo. 71.   6093. fo. 188.

Jenkinson, 6093. p. 11.

JENNY, *of Cressingham, fr. Co. Suff.* 1177. fo. 123. 1552. ff. 49*b.* 147.   4755. fo. 22.   5189. fo. 37.   6093. p. 51.   6166. p. 60. Add. MS. 11,388. p. 75.

Jenny, 6093. p. 1.

JENNYSON, *or,* JENISON, *of Burnham Westgate,* 1177. fo. 142*b.*   1552. fo. 79*b.*   4755. fo. 44.   5189. fo. 45*b.*   6093. p. 115.

Jenyson, 6093. p. 12.

Jerbridge, 6093. p. 13.

JERMY, *of Antingham, fr. Co. Suff.* 1177. fo. 118*b.*   1552. fo. 41.   4755. fo. 15*b.* 5189. fo. 34*b.*   6093. p. 39.   6166. p. 47.   Add. MS. 11,388. p. 68*b.*

Jerningham, 6093. p. 4.

JERVEIS, *or,* JERVIS, 1137. fo. 117.   1432. fo. 114.

JERVIS, *of Letheringset,* 6093. fo. 212*b.*

JOHNSON, 1560. fo. 301*b.*

Johnson, 1552. fo. 1*b.*

Jones, of Walpole, 1552. fo. 1.

KEMP, *of Gessing, fr. Co. Suff.* 1177. fo. 168*b.* 1468. fo. 136*b.*   1552. fo. 174*b.*   4755. fo. 90.   5189. fo. 72.   6093. fo. 198*b.*

KENE, *of Starston, fr. Co. Suff.* 1177. fo. 166*b.* 1552. fo. 159.   4755. fo. 84.   6093. fo. 190.

———— *of Yarmouth,* 1552. fo. 133*b.*   4755. fo. 71.   5189. fo. 63*b.*   6093. fo. 170.

Kene, 6093. p. 18.

KENTYNGE, *of Wenlyng,* 1552. fo. 72.

Kerdeston, 6093. p. 1.

KERVILL, *or,* KERVILE, *of Watlington,* 1177. fo. 107*b.*   1552. ff. 25*b.* 99*b.*   2109. fo. 77. 4755. ff. 28. 32.   5198. fo. 16.   6093. p. 67.   6166. pp. 58. 62.   Add. MS. 11,388. pp. 74. 75*b.*

———— *of Wigenshall,* 1177. fo. 127.   1552. fo. 58.   4755. fo. 23*b.*   5189. fo. 15*b.*   6093. fo. 57.   6166. p. 53.   Add. MS. 11,388. p. 71*b.*

KINGESTON, 6093. fo. 130*b.*

KNEVETT, 1552. fo. 190.

Knevett, 6093. p. 3.

KNIGHTLEY, 1137. fo. 76.   1433. fo. 69.   1541. fo. 76*b.*   2109. ff. 61*b.* 62.

Knightley, 6093. p. 18.

KNOWLES, *or,* KNOLLS, *of Aylsham, fr. Co. Lanc.* 1177. fo. 159.   1552. fo. 116.   4755. fo. 60*b.*   5189. fo. 57.   6093. fo. 154.

Knowles, 6093. p. 19.

KNYVETT, *of Buckenham,* 4755. fo. 92*b.*   5189. fo. 53*b.*

LACYE, *fr. Co. Suff.* 1552. fo. 105.

LADD, LADE, *or,* BAKER, *of Terrington,* 1177. fo. 105*b.*   1552. fo. 22.   4755. fo. 25*b.* 5189. fo. 36.   6093. p. 58.   6166. p. 55. Add. MS. 11,388. p. 72.

LANCASTER, *of Brissingham,* 1177. fo. 117. 1552. fo. 39.   4755. fo. 14.   5189. fo. 33*b.*   6093. p. 35.

LANGDON, *of Wolterton,* 1177. fo. 183*b.*   1552. fo. 219*b.*

Latton, 1556. fo. 4*b.*

Latymer, 6093. p. 2.

LAVILL, 1552. fo. 102.   6093. fo. 145.

LAYER, *of Norwich, fr. Co. Suff.* 1177. fo. 99. 1552. ff. 10. 13*b.*   4755. fo. 4*b.*   5189. fo. 28.   6093. pp. 2. 7.   6166. p. 36.   Add. MS. 11,388. p. 64.

LAYNYE, *of Pulham, fr. London,* 1552. fo. 35.

Layton, 6093. p. 14.

LEE, *of Norwich,* 1552. fo. 160.

LEEKE, *of Diss, fr. Co. Derby.* 1552. fo. 242.

Legatt, 1552. fo. 1*b.*

LE GRIS, *of Brockdish,* 1177. fo. 167*b.*   1552. fo. 188*b.*   4755. fo. 93.   5189. fo. 53. 6093. fo. 205*b.*

LESTRANGE, *of Hunstanton,* 1177. fo. 108.   1552. ff. 26*b.* 188*b.*   4755. fo. 44*b.*   5189. fo. 46. 6093. p. 71. fo. 136*b.*

LEWGAR, *of Barton, fr. Co. Essex,* 1177. fo. 162*b.*   1552. fo. 125*b.*   4755. fo. 66*b.* 5189. fo. 60*b.*   6093. fo. 163.

Ley, 6093. p. 17.

LEYNHAM, 1552. fo. 65.   6093. p. 77.

LEYSTON, 1177. fo. 123.   1552. fo. 49*b.*   6093. p. 51.

LINSEY, *or,* LIMSEY, *of Colby, fr. Co. Kent.* 1177. fo. 183*b.*   1552. fo. 219.

———————— *of Gonton,* 1177. fo. 160*b.* 1552. fo. 193*b.*   4755. fo. 64.   5189. fo. 60.   6093. p. 93. fo. 158*b.*

LOMNER, *or,* LOMER, *of Sharington,* 1177. fo. 152*b.* 1552. fo. 104.   4755. fo. 53.   5189. fo. 49*b.*   6093. fo. 146*b.*

LOMER, v. LOMNER.

LOVEDAY, 1552. fo. 244.

LOVELL, *of Harling Hall,* 1177. fo. 169*b.*   1534. fo. 21.   1552. fo. 173*b.*   4755. fo. 89*b.* 5189. fo. 73.   6093. fo. 197*b.*

———————— *of Hills Hall,* 1552. fo. 226*b.*

Lovell, 6093. pp. 3. 19.

Lymsey, 6093. p. 19.

LYNBURY, 1552. fo. 193.

LYNGHOKE, *of Terrington,* 1177. fo. 105*b.*   1552. fo. 22*b.*   4755. fo. 26.   5189. fo. 37*b.* 6093. p. 56.   6166. p. 56.   Add. MS. 11,388. p. 73.

LYNNE, 6093. p. 90.

MABBES, *of Binham,* 1177. fo. 142.   1552. fo. 79.   4755. fo. 44.   5189. fo. 45*b.*   6093. p. 92.

Mabbes, 6093. p. 12.

MAHEW, v. MAYHEW.

MANSUER, *or,* MANSWER, *of North Creake, fr. Co. Westm.* 1177. fo. 143.   1552. fo. 80*b.* 4755. fo. 45.   5189. fo. 46*b.*   6093. p. 116.

Manswer, 6093. p. 12.

MAPES, *of Feltham and Rollesby*, 1552. fo. 228.

Marckham, 6093. p. 12.

Marshall, 6093. p. 4.

MARSHAM, *of Melton*, 1552. fo. 84*b*.   6093. fo. 204*b*.   Add. MS. 5533. p. 55.

MASON, 1476. fo. 146*b*.   Add. MS. 5533. p. 212.

Mathew, 6093. p. 15.

MAWTEBY, 1552. fo. 173.

Mawteby, 6093. p. 2.

MAYE, 1083. fo. 4.

MAYHEW, *or*, MAHEW, *of Clipesby*, 1177. fo. 165*b*. 1552. fo. 132.   4755. fo. 70.   5189. fo. 63.   6093. fo. 168*b*.

MEERES, *of Brancaster*, 1552. fo. 119*b*.

Mers, 6093. p. 2.

METHWOLD, *or*, METHOLD, *of Rusworth*, 1177. fo. 112*b*.   1552. fo. 31.   4755. fo. 9*b*. 5189. fo. 31.   6093. p. 22.   6166. p. 41. Add. MS. 11,388. p. 66.

MEY, *of Shouldham Abbey*, 1552. fo. 94.

Michell, 6093. p. 5.

MIHILL, *of Hawston, fr. Co. Northampt.* 1552. fo. 235.

MINGAY, *of Norwich*, 1552. fo. 114*b*.

MINNE, *or*, MYNNE, 1141. fo. 23*b*.   1445. fo. 42.   1559. fo. 156*b*.   1561. ff. 17*b*. 46*b*.

MOIGNE, *fr. Cos. Corn. and Essex*, 1177. fo. 168. 1552. fo. 135*b*.   4755. fo. 71*b*.   5189. fo. 63*b*.   6093. fo. 171.

MONDEFORD, *of Fletwell*, 1552. fo. 178*b*.   4755. fo. 92.   5189. fo. 52*b*.   6093. fo. 203.

Mondeford, 6093. p. 4.

Montford, or, Mountford, 6093. p. 4.

MOORE, *of Wolterton*, 1177. fo. 172.   1552. fo. 137*b*.   4755. fo. 72*b*.   5189. fo. 64*b*. 6093. fo. 172*b*.

Moore, 6093. p. 16.

MORDOCK, *of Olton*, 1177. fo. 183*b*.   1552. fo. 220*b*.

MORETOFT, *of Itteringham*, 1177. fo. 166.   1552. fo. 138*b*.   4755. fo. 73.   5189. fo. 64*b*. 6093. fo. 173*b*.

Moretoft, 6093. p. 16.

MORGAN, *of Barnham Norton, fr. Co. Monm.* 1177. fo. 140*b*.   1552. fo. 78*b*.   4755. fo. 42*b*.   5189. fo. 45.   6093. p. 98.

Morgan, 6093. p. 10.

MORLEY, 1177. fo. 131.   1552. fo. 220.

———— *of Norwich*, 1177. fo. 183*b*.   1552. fo. 67.

MORTIMER, 1449. fo. 100.   1552. fo. 36*b*.   1560. fo. 308.

Mortimer, of Attleborough, 1552. fo. 1*b*.   6093. p. 2.

MOULTON, *of Wykelwood*, 1552. fo. 182*b*.

Moulton, 6093. p. 15.

Mountford, v. Montford.

MOUNTNEY, *of Gestwike*, 1177. fo. 184.   1552. fo. 221.

MOWBRAY, *Duke of Norfolk*, 1177. fo. 96.   1552. fo. 8.

Mowbray, Duke of Norfolk, 6093. p. 1.

Moygue, 6093. p. 16.

Myngey, of Norwich, 1552. fo. 1.

MYNNE, *v.* MINNE.

MYNSHULL, *of Wood Norton, fr. Co. Chesh.* 1177. fo. 177*b*.   1552. fo. 142.   4755. fo. 75*b*. 6093. p. 86.

Mynshull, 6093. p. 17.

NARBOROUGH, 1177. fo. 132.   1552. fo. 243*b*.

Neele, 1552. fo. 1.

NEVE, *of East Dereham*, 1552. fo. 143.

NEVELL, *Lord Abergavenny*, 6093. p. 118.

NEWCE, *of Ditchingham*, 1552. fo. 56.

Newenham, 1552. fo. 2.

NICHOLLS, *of Barnham, fr. Co. Suff.* 1177. fo. 104.   1552. fo. 20.   4755. fo. 9*b*.   5189. fo. 17*b*.   6093. p. 21.   6166. p. 40. Add. MS. 11,388. p. 65*b*.

———— *of Tilney*, 1177. fo. 104.   1552. fo. 20*b*. 4755. fo. 24*b*.   5189. fo. 17*b*.   6093. p. 54.   6166. p. 53.   Add. MS. 11,388. p. 71.

NOONE, *of Peckenham and Swaffham, fr. Co. Suff.* 1552. ff. 125. 244*b*.

Noone, of Tostock, 1552. fo. 1.

NORFOLK, *Duke of, v.* HOWARD.

———— ———— ———— MOWBRAY.

————— *Earl of, v.* BIGOT.

————— ————— BROTHERTON.

NORRIS, *of Bilney*, 1177. fo. 184*b*.   1552. fo. 223.

NORTHGATE, *of Norwich*, 1552. fo. 237*b*.   6093. ff. 180. 209.

NORWOOD, 1552. fo. 189*b*.

ORRELL, 6093. p. 5.

OSBORNE, *of Kirkby Bydon, fr. Co. Essex*, 1177. fo. 100*b*.   1552. ff. 15. 29.   4755. fo. 6. 5189. fo. 30*b*.   5823. fo. 60.   6093. p. 11.

OUTLAW, *of East Dereham*, 1552. fo. 114*b*.   6093. fo. 153.

———— *of Witchingham, fr. Co. Som.* 1552. fo. 116*b*.

OWGAN, *Co. Pembroke*, 1552. fo. 186.

OXBOROUGH, *of King's Lynn*, 1552. fo. 241*b*.

Oxborough, 1552. fo. 1*b*.

PABENHAM, 1552. fo. 190.

PAGRAVE, *of Norwood Berningham*, 1177. fo. 152. 4755. fo. 53*b*.   5189. fo. 44*b*.

———— *of Palgrave*, 1552. fo. 104*b*.

———— *of Thuckston*, 1552. fo. 234.   6093. fo. 145*b*.

Pagrave, 6093. pp. 3. 13.

PAINE, *v.* PAYNE.

Papis, 6093. p. 12(*a. b.*)

PARKER, *of Aldborough and Honing*, 1177. fo. 163. 1552. fo. 126.   4755. fo. 67.   5189. fo. 61.   6093. p. 84.

Parker, 6093. p. 15.

Parkhurst, 6093. pp. 11*b*. 16*b*.

PARRIS, *of Padding Norton, fr. Co. Camb.* 1552. fo. 239*b*.

PASTON, *of Paston*, 1043. fo. 35.   1552. fo. 172*b*. 4755. fo. 93*b*.   5189. fo. 54*b*.   6093. fo. 207*b*.

Paston, 6093. pp. 4. 19.

PAYNE, *or*, PAINE, *of Itteringham, fr. Co. Linc.* 1177. ff. 162*b*. 171.   1484. fo. 47.   ff. 164. 203(*a. b.*)

Payne, 6093. pp. 16. 18.

———— *of Dunham*, 1552. fo. 1.

PECK, *of Methwold*, 1552. fo. 242*b*.

PEIRSE, *or*, PEYRSE, *of Northwold*, 1552. fo. 177*b*. 4755. fo. 91*b*.   5189. fo. 62.   6093. fo. 201*b*.

PENDLETON, *of Norwich, fr. Co. Lanc.* 1552. fo. 241.

PENYSTON, *of Haveley, fr. Co. Oxon.* 1177. fo. 103*b*. 1552. fo. 26. 4755. fo. 28*b*. 5189. fo. 39*b*. 6093. p. 66. 6166. p. 56. Add. MS. 11,388. p. 73.

PEPYS, *of South Creake, fr. Co. Camb.* 1177. fo. 146*b*. 1552. fo. 91. 4755. fo. 48*b*. 5189. fo. 49*b*. 6093. fo. 131.

Pepys, 1552. fo. 1.

PETTOUS, *of Norwich,* 1552. fo. 186*b*.

PEYRSE, *v.* PEIRSE.

PICKERELL, 1177. fo. 97. 1552. fo. 9*b*. 6093. p. 2.

PIGEON, *of Beckham,* 1177. fo. 160. 4755. fo. 63. 5189. fo. 58*b*. 6093. fo. 157*b*.

—— *of Pockthorpe,* 1552. fo. 120*b*.

Pigone, 6093. p. 19.

PLOMSTED, *of Plomsted, fr. Co. Suff.* 1177. fo. 184. 1552. ff. 50. 221*b*.

Plomsted, 1177. fo. 94. 1552. fo. 1*b*.

POINTER, *of East Dereham, fr. Co. Kent,* 1177. fo. 162*b*. 1552. fo. 203.

POPPEY, 1177. fo. 183*b*. 1552. fo. 220*b*.

PRATT, *of Hochhold,* 1177. fo. 128*b*. 1552. fo. 63. 4755. ff. 33*b*. 90*b*. 5189. ff. 21. 38. 6093. pp. 20*b*. 78.

—— *of Ryston,* 1552. fo. 63. 6093. pp. 20*b*. 78. 6166. p. 63. Add. MS. 11,388. p. 76*b*.

PRENTISE, *or,* PRENTYS, *of Burston and Wiggenshall,* 1177. fo. 132*b*. 1552. ff. 68*. 69.

PYKE, 1552. fo. 27.

QUITWELL, *of Felmingham,* 1552. fo. 180*b*. 5189. fo. 30. 6093. fo. 211.

RADCLIFF, *of Farmsden,* 1177. fo. 131. 1552. fo. 67.

READ, *of Norwich,* 1177. fo. 171*b*. 1552. fo. 136. 4755. fo. 72. 5189. fo. 64. 6093. fo. 171*b*.

—— *of Ringstead and Rudham,* 1177. fo. 148. 1552. fo. 96. 4755. fo. 50*b*. 5189. fo. 50. 6093. fo. 140*b*.

Read, of Ringstead, 6093. p. 13.

Rede, 6093. p. 17.

Redman, 6093. p. 5.

REEVE, *v.* WRIGHT.

REPPS, *of Felmingham, fr. Co. Shrop.* 1552. fo. 123*b*.

—— *of West Walton,* 1177. fo. 127*b*. 1552. ff. 59. 64*b*. 123*b*. 4755. fo. 24. 5189. fo. 38. 6093. p. 59. 6166. p. 54. Add. MS. 11,388. p. 71*b*.

Repps, 6093. p. 18.

REYMES, *of Aylesham and Overstrand,* 1177. fo. 136*b*. 1449. fo. 106*b*. 1552. fo. 118*b*. 4755. fo. 62*b*. 5189. fo. 59. 6093. fo. 157.

—— *of Kettleston,* 4755. fo. 38*b*. 5189. fo. 43*b*. 6093. p. 107.

REYNOLDS, *of Attleborough,* 1177. fo. 184. 1552. fo. 222*b*.

RICHARS, *or,* RICHERS, *of Swannington,* 1177. fo. 173*b*. 1552. fo. 141. 4755. fo. 75. 5189. fo. 65*b*. 6093. fo. 176.

—— —— *of Fring,* 1552. fo. 137.

RICHERS, *v.* RICHARS.

Richars, 6093. p. 17.

RICHMOND, *of Ledenham,* 1177. fo. 184. 1552. fo. 222.

RIVE, 1401. fo. 62. Add. MS. 4962. fo. 57.

ROCKWOOD, *v.* ROKEWOOD.

Rogers, of Coulton, 1552. fo. 2.

ROKEWOOD, *or,* ROCKWOOD, *of Cressingham and Weston, fr. Co. Suff.* 1177. ff. 123*b*. 144*b*. 1552. ff. 50. 82*b*. 140*b*. 4755. ff. 19*b*. 74*b*. 5189. fo. 19*b*. 6093. pp. 46. 89. fo. 175*b*. 6166. p. 51. Add. MS. 11,388. p. 70*b*.

Rokewood, 6093. p. 17.

ROPER, *of Saxlingham, fr. Co. Kent,* 1177. fo. 152*b*. 1552. fo. 101*b*. 4755. fo. 54. 5189. fo. 45. 6093. fo. 147.

Roper, 6093. p. 14.

ROWSE, *of Letton, fr. Co. Suff.* 1552. fo. 238.

ROYS, 155. fo. 39. 1177. fo. 49.

RUGG, *or,* RUGE, *of Helmingham, and North Repps,* 1177. ff. 161*b*. 184. 1552. fo. 123*b*. 4755. fo. 65. 5189. fo. 60. 6093. ff. 135*b*. 161*b*.

Rugg, or, Ruge, of Norwich, 1552. fo. 1. 6093. pp. 19*b*. 22*b*.

RUSHBROOKE, 1552. fo. 27.

RUSSELL, *of Burnham Thorpe and West Rudham, fr. Co. Kent,* 1177. fo. 147*b*. 1552. ff. 92*b*. 113*b*. 1560. fo. 201*b*. 4755. fo. 49. 5189. fo. 48*b*. 6093. fo. 137*b*.

—— *of Wighton,* 1552. fo. 54.

Russell, 6093. pp. 12*b*. 13.

Rydell, 1552. fo. 2.

SABBE, 1552. fo. 1.

St. Omery, 6093. p. 1.

Salter, 1552. fo. 2.

SAVILL, *of Thornhill,* 1552. fo. 173.

SAWYER, *of Cawston,* 1552. fo. 149.

SAYER, *of Pulham,* 1552. fo. 239.

Sayer, 1552. fo. 1.

SCAMBLER, *of Hickling,* 1552. fo. 58*b*.

SCARLETT, *of East Dereham,* 1552. fo. 143.

—— *of Harpley,* 1552. fo. 63*b*.

SCRIVENER, *of Bacton, fr. Co. Suff.* 1552. fo. 234*b*.

SEDLEY, *of Morley, fr. Co. Kent,* 1177. fo. 119. 1552. fo. 42. 4755. fo. 14*b*. 5189. fo. 33. 5823. fo. 61*b*. 6093. p. 34. 6166. p. 45.

SEGRAVE, *Lord,* 1177. fo. 96. 1552. fo. 8.

SEXTON, *of Lanham, fr. Co. Suff.* 1177. fo. 133. 1552. fo. 71. 4755. fo. 36. 5189. fo. 43. 6093. p. 99.

SHARDLOW, *of Shimpling,* 1552. ff. 6*b*. 170. 6093. fo. 195*b*.

—— *of Thelvedon,* 1177. fo. 176. 1552. fo. 170. 4755. fo. 89. 5189. fo. 73*b*. 6093. fo. 195*b*.

Shardlow, 6093. p. 20.

SHARNBORNE, *of Sharnborne,* 1552. fo. 243.

Sharnborne, 6093. p. 5.

SHAXTON, *of West Bilney,* 1177. fo. 184*b*. 1552. fo. 223. Add. MS. 5533. p. 195.

Shelton, 1552. fo. 106*b*.

SHEPPARD, *of Kerkby,* 1552. fo. 136*b*.

SHERINGTON, *of Cranworth,* 1566. fo. 17. 6093. p. 87.

SHERNEBURNE, 1552. fo. 32*b*.

SHORDICH, *v.* BEKESWELL.

SHOULDHAM, 1552. fo. 243*b*.

Shouldham, 6093. p. 3.

SIBSAY, *of West Basam, fr. Co. Linc.* 1552. fo. 157*b*. 4755. fo. 83*b*. 5189. fo. 70*b*. 6093. fo. 188*b*.

Sibsay, 6093. p. 18.

SIBTHORPE, *or*, HUSE, *of Knapton and Ludham, fr. Co. Herts.* 1177. fo. 163*b*. 1552. fo. 127. 4755. fo. 67*b*. 5189. fo. 61. 6093. fo. 164.

Sibthorpe, 6093. p. 15.

SINGLETON, *of Dickleborough, fr. Co. Suff.* 1177. fo. 175*b*. 1552. fo. 166. 4755. fo. 87*b*. 5189. fo. 71*b*. 6093. fo. 194*b*.

Singleton, 6093. p. 18.

SKIPWITH, *of Snowers, fr. Co. Linc.* 1177. fo. 184*b*. 1552. fo. 223*b*.

SMALPECE, *of Hockering*, 1177. fo. 120. 1552. fo. 6*b*. 4755. fo. 17*b*. 5189. fo. 35. 5823. fo. 62. 6093. p. 42. 6166. p. 49. Add. MS. 11,388. p. 69*b*.

SMITH, *or*, SMYTH, *of Buckenham, fr. Co. Suff.* 1177. fo. 115. 6093. fo. 30. 1552. fo. 35*b*. 4755. fo. 12. 5189. fo. 13. 6166. p. 44. Add. MS. 11,388. p. 67.

—— *of Carlton Road, fr. Co. Suff.* 1552. fo. 236.

—— *of Garbisham, fr. Co. Suff.* 1177. fo. 114. 1552. fo. 33*b*. 4755. fo. 11*b*. 5189. fo. 13. 6093. p. 26. 6166. p. 43. Add. MSS. 11,388. fo. 66*b*.

—— *of Shouldham, fr. Co. Essex*, 1177. fo. 130. 6093. p. 77. 1552. fo. 65. 4755. fo. 34*b*. 5189. fo. 13*b*. 6166. p. 60. Add. MS. 11,388. fo. 74*b*.

—— *of Wighton*, 1552. fo. 151. 6093. fo. 182. 4755. fo. 80. 5189. fo. 14.

SMYTH, *of Gunton*, 1552. fo. 60*b*.

—— *of Walsoken, fr. Co. Suff.* 1552. fo. 41*b*.

Smyth, 6093. p. 11.

SOAME, 1449. fo. 26*b*. 1541. fo. 32.

SOTHERTON, *of Norwich*, 1177. fo. 97. 1533. fo. 38. 1552. fo. 9*b*. 6093. fo. 2.

SOUTHWELL, *of Long Stratton*, 6093. fo. 134*b*.

—————— *of Woodrising*, 1177. fo. 121*b*. 1552. ff. 48. 194*b*. 233*b*. 4755. fo. 15. 5189. fo. 34. 5823. fo. 61*b*. 6093. pp. 37. 118. 6166. p. 46. Add. MS. 11,388. p. 68.

SPANY, *of Tunstall*, 1552. fo. 156*b*. 4755. fo. 83. 5189. fo. 70. 6093. fo. 187*b*.

Spayne, 1552. fo. 1*b*. 6093. p. 11.

SPELMAN, *or*, SPILMAN, *of Narborow and Whinborough*, 1177. fo. 131*b*. 1552. fo. 68. 4755. fo. 35*b*. 5189. fo. 42*b*. 6093. p. 9.

—— *of Stow*, 1177. fo. 131. 1552. fo. 66*b*.

SPENCER, *of Pagrave*, 1552. fo. 168*b*.

—— *of Worstead*, 1177. fo. 162. 1552. fo. 125. 4755. fo. 66. 5189. fo. 60*b*. 6093. fo. 162*b*.

Spencer, 6093. p. 19.

SPILMAN, *v.* SPELMAN.

STANLEY, *of Scottow, fr. Co. Suff.* 1177. fo. 158*b*. 1552. fo. 110. 4755. fo. 57. 5189. fo. 55*b*. 6093. fo. 150.

Stanley, 6093. p. 14.

STANNOW, *of Bedingham*, 1552. fo. 245*b*.

—————— *of Bedingfield*, 1552. fo. 60.

Stannow, 1552. fo. 2.

STANTON, *of Wootton, fr. Co. Suff.* 1552. fo. 120.

STAPLETON, 1552. fo. 229.

Stawpes, 6093. p. 2.

STERNE, *of Sketon, fr. Co. Camb.* 1177. fo. 156. 1552. fo. 112*b*. 4755. fo. 59. 5189. fo. 56*b*. 6093. fo. 152.

Sterne, 6093. p. 19.

STEWARD, *of Gestwayte, fr. Co. Camb.* 1552. fo. 152. 4755. fo. 81*b*. 5189. fo. 26. 6093. fo. 183*b*.

—————— *of Goldthorpe and Swardiston, fr. Co. Camb.* 1177. fo. 97. 1484. fo. 43. 1552. ff. 9*b*. 59. 1560. fo. 333*b*. 4755. fo. 3. 5189. fo. 27. 5823. fo. 59*b*. 6093. p. 2.

STONE, *of Holme*, 1552. fo. 85*b*.

STRANGE, 1552. fo. 39*b*. 4755. fo. 14. 6093. p. 35.

STUBBEY, *of Buxton*, 1552. fo. 205.

Stubbey, or, Stubes, 1552. fo. 1. 6093. fo. 199*b*.

SUCKLING, *of Norwich*, 1552. fo. 115.

Sutton, 6093. p. 2.

SYDNOR, 1560. fo. 304. 1820. fo. 36.

SYMONDS, *of Clay and Suffield*, 1177. fo. 149*b*. 1552. ff. 99. 110*b*. 236*b*. 4755. ff. 52. 57*b*. 5189. fo. 23*b*. 6093. ff. 144. 151.

Symonds, 6093. pp. 13. 14. 17. 19.

TALBOTT, *of Norwich, fr. Co. Lanc.* 1177. fo. 106. 1552. ff. 148*b*. 229*b*.

Talbott, 1449. fo. 1.

Tateshall, Lord, 6093. p. 1.

TAVERNER, *of Ellingham*, 1552. fo. 251*b*.

TEBALD, *v.* THEOBALD.

TEMPEST, 1177. ff. 110. 171. 1552. ff. 164. 203*b*. 6093. p. 192.

TENDERING, 1177. fo. 122. 1552. fo. 47*b*. 6093. p. 37.

TETLEY, *of King's Lynn, fr. Co. Chesh.* 1552. fo. 28*b*. 4755. fo. 30*b*. 5189. fo. 40. 6166. p. 61. Add. MS. 11,388. fo. 75*b*.

THEOBALD, *or*, TEBALD, *of Rushall*, 1177. fo. 176*b*. 1552. fo. 169*b*. 4755. fo. 89. 5189. fo. 74. 6093. fo. 196*b*.

Theobald, or, Tebald, 6093. p. 20*b*.

THETFORD, *of Catshall and Tittleshall*, 1552. fo. 198*b*.

Thetford, 1449. fo. 7.

THIMBLETHORP, *of Foulsham and Worstead*, 1177. fo. 181*b*. 1552. ff. 54*b*. 149*b*. 4755. ff. 79*b*. 101*b*. 5189. fo. 68. 6093. p. 121. fo. 132.

—————— *of Hingham*, 1552. ff. 54*b*. 149*b*. 6093. p. 121.

Thimblethorp, 6093. pp. 5. 22.

THINNE, 1177. fo. 144*b*. 1552. fo. 196*b*.

THORPE, 1552. ff. 157*b*. 189*b*. 1562. fo. 100.

THROCKMORTON, *of Claxton and Flixton, fr. Co. Worc.* 1177. fo. 177. 1552. fo. 171. 4755. fo. 89(*a. b.*) 5189. fo. 74.

—————— *of Norwich*, 1552. fo. 171*b*.

Throgmorton, 6093. p. 20.

THURSBY, *of Bocking*, 1552. fo. 5. 6093. fo. 125.

THWAYTES, *of Hardingham and Ramerston*, 1177. fo. 120*b*. 1552. fo. 45. 4755. fo. 18. 5189. p. 35. 6093. p. 43. 6166. p. 50. Add. MS. 11,388. p. 70.

Thwaytes, 6093. p. 20.

TIBNAM, *of Erston*, 1177. fo. 94*b*. 1552. fo. 211.

TILNEY, *of Tuddenham, fr. Co. Suff.* 1552. fo. 183*b*.

Timperley, 6093. p. 4.

TITLEY, *of King's Lynn, fr. Co. Chesh.* 6093. p. 70.

TOLWIN, *of Aylsham and Wighton,* 1177. fo. 111. 1552. fo. 29. 4755. fo. 29. 5189. fo. 39b. 6093. p. 62. 6166. p. 58. Add. MS. 11,388. fo. 74.

TOPCLIFFE, *of Horstead, fr. Co. Linc.* 1552. fo. 151b. 4755.fo. 80b. 5189.fo. 67. 6093. fo. 182b.

Topps, 1552. fo. 2.

TOUCHETT, *Lord Audley,* 1177. fo. 122b. 1552. fo. 48b. 4755.fo. 20. 5189.fo. 36. 6093. p. 49.

TOWNSEND, *of Brampton and Rainham,* 1177. fo. 138. 1552. fo. 75. 1560. fo. 121b. 4755. fo. 39b. 5189. fo. 44. 6093. p. 109.

———— *of East Rudham,* 6093. p. 108.

Townsend, 6093. pp. 3. 10. 19b.

Tracye, of Norwich, 1552. fo. 2.

TREVOR, *of Tacolneston, fr. Cos. Chesh. and Denbigh.* 1177. fo. 176. 1552. fo. 166b. 4755. fo. 88. 5189. fo. 71. 6093. fo. 123.

Trevor, 6093. p. 20.

TUDDENHAM, *of Oxborough,* 1177. fo. 125. 1552. fo. 53b. 5189. fo. 10b.

TYNDALL, 1552. fo. 178b. 6093. fo. 203.

UGARD, *of Emneth,* 1552. fo. 60.

UNDERWOOD, *of Bixley,* 1177. fo. 184b. 1552. fo. 224.

UTBER, *of Hoo,* 1552. fo. 240b.

VIOLETT, *of Lynn,* 6093. p. 23.

VOWELL, *of Creake Abbey, fr. Co. Som.* 1177. fo. 140. 1552. fo. 77b. 4755. fo. 41b. 5189. fo. 44. 6093. p. 112.

Vowell, 6093. p. 10.

WALDEGRAVE, *of Stanningall, fr. Cos. Essex and Sussex,* 1552. fo. 247b.

Walden, 1552. fo. 2.

WALESBURGH, 1177. fo. 115b. 1552. fo. 36b.

Walle, of Alby, 1552. fo. 2.

WALPOOLE, *of Docking,* 1177. fo. 146. 1552. ff. 89b. 90. 4755. fo. 47b. 6093. fo. 128b.

———— *of Houghton,* 1552. fo. 143b. 5189. ff. 48. 66. 6093. fo. 128b.

Walpole, 6093. pp. 12. 17.

WALSH, *of Colby,* 1177. ff. 156b. 179. 1552. ff. 113. 144b. 4755. fo. 59b. 5189. fo. 56. 6093. p. 80. fo. 153.

Walsh, 6093. pp. 2. 22b.

WARD, *of Boxley and Postwick,* 1177. fo. 100. 1552. fo. 168. 4755. fo. 88b. 5189. fo. 73b. 6093. p. 85.

———— *of Brohe,* 1177. ff. 99b. 100. 1552. fo. 14b. 5189.fo. 28b. 5823.fo. 60. 6093. p. 8. 6166. p. 37. Add. MS. 11,388. fo. 64b.

Ward, 6093. p. 20.

WARNER, 1177. fo. 162b. 1552. fo. 203.

———— *of Norwich,* 1177. fo. 96b. 1552. fo. 9. 4755. fo. 3b. 5189. fo. 27b. 6093. p. 4.

WATTS, *of Hockwold,* 1552. fo. 119.

WAUTON, *or,* WAWTON, *of Yarmouth, fr. Co. Hunts.* 1177. fo. 167. 1552. fo. 134. 4755. fo. 71. 5189. fo. 74b. 6093. fo. 170b.

Wauton, 6093. p. 16.

WAYTE, *of Tittleshall,* 1177. fo. 134b. 1552. fo. 71b. 4755. fo. 36b. 5189. fo. 43. 6093. p. 101.

WELBY, *of King's Lynn, fr. Co. Linc.* 1552. fo. 36.

WEYLAND, 1177. fo. 143b. 1552. ff. 81b. 83b. 5189. fo. 47. 6093. p. 117.

WHEATLEY, *or,* WHETLEY, *of South Creake,* 1177. fo. 144. 1552. fo. 81. 1563. fo. 4. 4755. fo. 45b. 5189. fo. 46b. 6093. p. 102.

Wheatley, 6093. p. 12.

WHETLEY, *v.* WHEATLEY.

WETTENHALL, *or,* WHETNALL, *of Besthorpe, fr. Co. Chesh.* 1177. fo. 96b. 1552. fo. 9. 4755. fo. 3b. 5189. fo. 27b. 6093. p. 4.

WHIPPLE, *of Dickleborough,* 1177. fo. 176b. 1552. fo. 169. 4755. fo. 88b. 5189. fo. 74. 6093. fo. 195.

Whipple, 6093. p. 20.

WICHINGHAM, *v.* WINCHINGHAM.

WIGMORE, *of Roughton, fr. Co. Herts.* 1177. fo. 157. 1552. fo. 202b. 4755. fo. 62. 5189. fo. 58b. 6093. fo. 156b.

WILBY, *of Hindringham,* 1177. fo. 136. 1552. fo. 98b. 5189. fo. 22. 6093. fo. 143.

WILKINSON, *of Buckenham, fr. Co. Westm.* 1177. fo. 114. 1552. fo. 34. 4755. fo. 11b. 5189. fo. 32. 6093. p. 25. 6166. p. 42. Add. MS. 11,388. fo. 66.

WINCHINGHAM, *or,* WICHINGHAM, 1177. fo. 121b. 1552. ff. 47b. 50. 233b.

———— *of Risings,* 6093. fo. 130b.

WINDHAM, *of Felbridge and Milham,* 1177. fo. 161. 1552. fo. 122b. 4755. fo. 64b. 5189. fo. 59b. 6093. fo. 160b.

Windham, 6093. pp. 3. 19b.

WINGFIELD, *of Dunham and Winch, fr. Co. Suff.* 1177. fo. 111b. 1179. fo. 127. 1552. ff. 29b. 190b. 4755. fo. 30b. 5189. fo. 40b. Cott. MS. Julius F. viii. fo. 62.

WINSHULL, *of Wood Norton, fr. Co. Chesh.* 5189. fo. 65b.

WINTER, *of Berningham,* 1177. fo. 159b. 1552. ff. 91b. 117b. 4755. fo. 61b. 5189. fo. 58. 6093. fo. 155b.

Winter, 6093. pp. 15. 19.

WISKARD, *of Fransham,* 1177. fo. 135. 1552. fo. 72. 4755. fo. 37. 5189. fo. 42. 6093. p. 103.

WITHE, 1552. fo. 228b.

Wolmer, of Thurston, 1552. fo. 1b.

WOLSEY, *of Newton,* 1177. fo. 98b. 1552. fo. 12. 4755. fo. 4. 5189.fo. 28. 6093. p. 5. 6166. p. 36. Add. MS. 11,388. fo. 64.

WOLTERTON, *of Fildalling,* 1177. fo. 172.

Wolverston, 6093. p. 4.

WOOD, *of Norwich,* 1177. ff. 97. 99. 1552. ff. 10. 13. 4755. fo. 3b. 5189. fo. 27b. 5823. fo. 59b. 6093. pp. 2. 3. 6166. p. 36. Add. MS. 11,388. fo. 64.

———— *of Sneterley, fr. Co. Camb.* 1552. fo. 30b.

WOODFORD, *of Brightwell,* 1552. fo. 182b.

WOODHOUSE, *of Hickling,* 1177. fo. 164b. 1552. ff. 59. 130. 4755. fo. 69b. 5189. fo. 19. 6093. fo. 59. fo. 167.

WOODHOUSE, *of Kimberley*, 1139. fo. 112*b*. 1177.
  fo. 117*b*. 1449. fo. 109. 1552. ff. 40. 107.
  4755. fo. 16. 5189. fo. 18*b*. 6093. p. 41.
  6166. p. 48. Add. MS. 11,388. fo. 69.
Woodhouse, 6093. pp. 3. 15*b*. 22.
WORLYCH, 1177. fo. 172. 1552. fo. 137*b*.
WOTTON, 1449. fo. 80. 1560. fo. 71*b*.
WRIGHT, *of Buckenham, fr. Co. Suff.* 1177. fo.
  184*b*. 1552. ff. 187*b*. 224*b*.

WRIGHT, *or*, REEVE, 1552. fo. 14*b*.
YAXLEY, *of Bawthorpe, fr. Co. Suff.* 1552. fo.
  113*b*.
Yaxley, 6093. pp. 2. 3.
YELVERTON, *of Bayfield*, 1552. fo. 70.
  ——— *of Rowgham*, 1177. fo. 133*b*. 1552.
  fo. 70. 6093. fo. 132*b*.
Yelverton, 6093. pp. 3. 17.
YLLEY, *v.* ILLEY.

NORTHAMPTONSHIRE.

ABERGAVENNY, *Lord, v.* NEVILL.
ACTON, *of West Haddon*, 1094. fo. 29*b*. 1184.
  fo. 29*b*. 1187. fo. 51. 1188. p. 61.
  1553. fo. 65*b*.
ADAMS, *of Ely*, 1187. fo. 37.
  ——— *of Welton*, 1094. fo. 179*b*. 1184. fo.
  174*b*. 1553. fo. 110*b*.
ADKINS, *of Northampton and Overston*, 1094. fo.
  197. 1184. fo. 192. 1553. fo. 139*b*.
AGARD, *of Broughton*, 1553. fo. 260*b*.
Agard, 1553. fo. 88.
ALICOCK, *of Sibbertoft, fr. Co. Staff.* 1094. fo.
  204*b*. 1184. fo. 199*b*. 1187. fo. 14.
  1188. p. 9. 1553. fo. 146.
ALLESTON, 1480. fo. 56.
ALMEY, *of Badby, fr. Co. Leic.* 1094. fo. 184*b*.
  1184. fo. 179*b*. 1553. fo. 114.
ANDREWS, *of Blisworth*, 1084. fo. 19. 1094. fo.
  80*b*. 1138. fo. 52*b*. 1184. fo. 77*b*.
  1187. fo. 55. 1553. fo. 212.
  ——— *of Carlton*, 890. ff. 8. 32. 41. 1084.
  fo. 19. 1094. fo. 78. 1138. fo. 46.
  1171. fo. 17. 1184. fo. 75. 1187. ff.
  54*b*. 58*b*. 71. 1188. pp. 68. 99. 1553.
  fo. 210.
  ——— *of Harleston*, 1094. fo. 82*b*. 1184. fo.
  79*b*. 1553. fo. 214*b*.
  ——— *of Starton*, 1094. fo. 84. 1184. fo. 81.
ANNE, *of Towcester, fr. Cos. Oxon and Worc.* 890.
  p. 28. 1138. fo. 40*b*. 1187. fo. 34. 1188.
  p. 37. 1553. fo. 26*b*.
AP RICE, *v.* PRICE.
ARDEN, *of Rodburne*, 1187. fo. 79.
  ——— *of Watford*, 890. p. 25. 1094. fo. 123.
  1184. fo. 120. 1187. ff. 33*b*. 84*b*. 92*b*.
  1188. p. 36. 1553. fo. 23*b*.
ASHBY, 1187. ff. 11. 80. 86*b*. 90. 1188. p. 3.
ASTLEY, 1187. fo. 86*b*.
AT GROVE, 890. fo. 26*b*.
AUDLEY, *of Clapton*, 1138. fo. 21*b*.
  ——— *Lord*, 1187. ff. 10*b*. 89*b*.
AUSTE, 890. fo. 42.
AYLESBURY, 890. ff. 14*b*. 25. 1094. fo. 6*b*.
  1171. ff. 33. 36*b*. 1184. fo. 6*b*. 1188.
  p. 35. 1187. fo. 33. 1553. fo. 64.
AYOTT, 1187. ff. 85*b*. 87*b*. 88. 1553. fo. 64.
BACON, *of Burton Latimer, fr. Co. Suff.* 1094.
  fo. 215*b*. 1184. fo. 210*b*. 1553. fo. 179.

BANESTER, 1102. fo. 80*b*. 1151. fo. 79*b*. 1193.
  fo. 80*b*. 1234. fo. 22. 1391. fo. 87.
  1533. ff. 16. 18*b*.
  ——— *of Passenham*, 1553. fo. 263.
Banester, 1553. fo. 88.
BARDWELL, 890. p. 9. 1094. fo. 105. 1184.
  fo. 102. 1187. fo. 28*b*. 1188. p. 29.
  1553. fo. 10.
BARKER, *of Culworth*, 1553. fo. 246*b*.
BARLEY, *of Wodsom*, 1187. fo. 66. 1188. p.
  91.
BARNAKE, *or*, BARNACK, 890. fo. 18*b*. 1171.
  fo. 31. 1187. ff. 35. 74. 1188. pp. 38. 101.
  1553. ff. 164. 203.
BARNARD, *or*, BERNARD, *of Abington*, 890. fo. 5.
  1084. fo. 19*b*. 1094. fo. 90. 1138. fo.
  53. 1171. fo. 17*b*. 1184. fo. 87. 1187.
  ff. 25*b*. 93*b*. 1188. p. 26. 1541. fo. 174.
  1542. fo. 90. 1553. fo. 4.
BARNWELL, *of Cransley and Mildham, fr. Co.
  Galway*, 890. p. 16. 1094. fo. 60*b*. 1138.
  fo. 43*b*. 1171. fo. 18*b*. 1184. fo. 56*b*.
  1187. fo. 45. 1188. p. 55. 1553. fo. 33.
BARRE, 1187. ff. 83*b*. 94*b*.
BARROW, *of Potterspury, fr. Co. Chesh.* 1094. fo.
  200*b*. 1184. fo. 195*b*. 1553. fo. 156*b*.
BARTON, *of Estcott*, 1553. fo. 79.
BAUDE, *of Walgrave*, 1094. fo. 209*b*. 1184. fo.
  204*b*. 1553. fo. 170.
BAWDE, *fr. Cos. Beds. and Herts.* 1187. fo. 49*b*.
  1188. p. 59.
BAXTER, *of Burton Latimer, fr. Co. York.* 1553.
  fo. 259*b*.
BAYLY, *of Maidford*, 1553. fo. 79*b*.
BEAUCHAMP, *Lord*, 1187. fo. 83.
  ——— *of Bletnasho*, 1187. fo. 79*b*.
  ——— *of Holte*, 1187. fo. 83 (*a. b.*)
BEDELL, *of Wollaston*, 890. fo. 41.
BELCHER, *of Guilsborough, fr. Co. Staff.* 1094. ff.
  132. 199*b*. 1184. ff. 129. 194*b*. 1187.
  fo. 37. 1188. p. 41. 1553. fo. 154*b*.
  ——— *of Lamport*, 1094. fo. 133. 1187. fo.
  40. 1188. p. 47. 1553. fo. 69*b*.
BENOLT, 890. p. 4. 1084. fo. 16*b*. 1187. fo.
  16*b*. 1188. p. 13. 1553. fo. 90.
BERNARD, *v.* BARNARD.
BIGOT, *or*, BIGOD, *Earl of Norfolk*, 1094. fo. 121.
  1184. fo. 118. 1187. fo. 68*b*. 1188. p.
  89.

BILLINGE, 890. fo. 32. 1094. fo. 130b. 1184. fo. 127b. 1188. p. 53. 1533. fo. 8.
BIRD, *of Ashton and Beynton*, 1553. fo. 261b.
Bird, 1553. fo. 88b.
BISHOPSTON, 1187. ff. 87b. 88. 89. 92b. 95.
BLACKNALL, 1187. fo. 54.
BLAGRAVE, 1097. fo. 50b. 1484. fo. 14.
BLENCOW, *of Marston*, 1094. fo. 171. 1184. fo. 166. 1553. fo. 95.
Blencow, 1553. fo. 88.
BLUNT, 1187. fo. 93b.
BOSVILL, *of Honsborough*, 1187. fo. 68. 1188. p. 94.
BOTORTE, 1187. fo. 82.
BOUTEVELEIN, 1553. fo. 131b.
BOYSTARD, 890. fo. 15. 1094. fo. 105. 1184. fo. 102. 1187. fo. 28b. 1188. p. 29. 1553. fo. 10.
BOYVILLE, 2109. fo. 34b.
Boyville, 1553. fo. 88b.
BRADSTONE, *or*, BRANDESTONE, 1187. ff. 77b. 93. 96. 1188. p. 106. 1553. fo. 16.
BRAKENBURY, *of Geddington, fr. Co. Kent*, 890. fo. 34b. 1094. fo. 148b. 1138. fo. 21. 1171. fo. 17b. 1184. fo. 145b. 1187. fo. 38. 1188. p. 43. 1553. fo. 60b.
BRANDESTONE, *v.* BRADSTONE.
BRAY, 1187. fo. 93. 1401. fo. 12b.
—— *of Steyne, fr. Co Oxon.* 1553. fo. 245b.
BRAYBROOKE, 890. ff. 28b. 29. 1171. fo. 25. 1553. fo. 48.
BRAYLES, 1187. fo. 14b. 1188. p. 10. 1553. fo. 30b.
BRETINGHAM, 3288. fo. 154.
BRETTON, *or*, BRETON, *of Teken*, 890. fo. 15. 1094. ff. 123b. 190. 1138. fo. 42. 1171. fo. 19b. 1184. ff. 120b. 185. 1187. fo. 34b. 1188. p. 37. 1553. fo. 25.
BREWSTER, *of Marston Trussell*, 1553. fo. 125.
—————— *of Welford*, 1094. fo. 188b. 1184. fo. 183b. 1553. fo. 125.
BRIEWER, *of Torbay and Bridgwater*, 1187. fo. 18. 1188. p. 14.
BRISKO, *of Yarwell*, 1094. fo. 223b. 1184. fo. 218b. 1553. fo. 230.
BRISTOW, *of Stoke, fr. Co. Herts.* 1553. fo. 82.
BROGRAVE, *of Wappenham*, 890. fo. 11. 1094. fo. 107b. 1138. fo. 31b. 1171. fo. 18. 1184. fo. 104b. 1187. fo. 29b. 1188. p. 30. 1553. fo. 207.
BROOKE, *of Okeley*, 890. fo. 27b. 1094. fo. 3b. 1138. fo. 24. 1171. fo. 18. 1184. fo. 3b. 1187. fo. 42. 1188. p. 49. 1553. fo. 46b.
BROWNE, 1449. fo. 43. 1560. fo. 48b.
—————— *of Walcott, fr. Co. Rutland*, 1553. fo. 253b.
BRUDNELL, *of Deane, fr. Cos. Bucks. and Oxon.* 890. fo. 26b. 1094. ff. 36. 39. 1138. fo. 22b. 1184. fo. 35. 1187. fo. 21b. 1188. p. 19.
—————— *of Stoke*, 1094. fo. 101b.
Brudnell, 1094. fo. 34b.
BRUDWELL, Add. MS. 16,279. p. 210.
BRULIE, *or*, BRUYLIE, *of Waterstock*, 1094. fo. 159. 1184. fo. 156. 1187. fo. 11b. 1188. p. 4.
BRUNT, 1187. fo. 76b. 1188. fo. 109.
BRUYLIE, *v.* BRULIE.
BUCKE, 1187. fo. 15. 1188. p. 11.

BUCKLAND, *of Edgecott*, 1094. fo. 158b. 1184. fo. 155b. 1187. fo. 53. 1188. p. 65.
Buckminster, of Peterborough, 1553. fo. 88b.
BUCKNELL, *of Creke*, 1094. fo. 188. 1184. fo. 183. 1187. fo. 48. 1188. p. 60. 1553. fo. 120b.
BURDETT, *of Huncott*, 1094. fo. 128. 1171. fo. 33. 1184. fo. 125. 1187. fo. 16. 1188. p. 12. 1553. p. 63b.
BURGES, 1094. fo. 94b. 1187. fo. 11. 1188. p. 3. 1553. fo. 127b.
BURGH, 890. p. 2.
BURNABY, *of Watford*, 890. fo. 14. 1094. fo. 122b. 1138. fo. 39. 1184. fo. 119b. 1187. fo. 33b. 1188. p. 36. 1553. fo. 23b.
BUTLER, *of Aston, fr. Co. Heref.* 890. fo. 13b. 1094. ff. 39. 44b. 148b. 1138. fo. 36. 1171. fo. 19. 1184. fo. 40b. 1187. fo. 31. 1188. pp. 31. 43. 1553. ff. 103b. 248b.
—————— *of Preston Capes, fr. Co. Lanc.* 890. fo. 15. 1094. ff. 109b. 110. 1138. fo. 42b. 1171. fo. 19. 1184. fo. 107. 1187. fo. 31. 1188. p. 31. 1553. fo. 116.
BUTTERY, *of Marston*, 890. fo. 12. 1094. fo. 134. 1138. fo. 32. 1171. fo. 18b. 1184. fo. 131. 1187. fo. 44b. 1188. p. 53. 1553. fo. 14b.
BUTTEVILE, Add. MS. 14,311. fo. 24.
CALX, 1553. fo. 88.
CAMVILLE, *of Creeke*, 1187. ff. 65. 80. 86b. 95. 1188. pp. 86. 105.
CANTLOWE, 1553. fo. 83.
CARDIGAN, *v.* COCKE.
CARLETON, *of Wollerton, fr. Co. Linc.* 890. ff. 5b. 10. 1084. fo. 20b. 1094. fo. 91b. 1138. fo. 54. 1171. fo. 20b. 1184. fo. 88b. 1187. fo. 26. 1188. p. 27. 1553. fo. 5.
CARTER, *v.* HASELDEN.
Carvyll, of Brynton, 1553. fo. 88b.
CARY, *Lord Hunsdon*, 1187. fo. 62b.
CASTELL, *of Peterborough and Co. Hunts.* 890. fo. 41b.
CATESBY, *of Ashby*, 890. fo. 6. 1084. fo. 21b. 1094. fo. 95. 1138. fo. 55. 1171. fo. 20b. 1184. fo. 92. 1187. ff. 77(a. b.) 79b. 80. 81. 83. 87(a. b.) 92b. 93. 95b. 1188. p. 106. 1553. fo. 16.
—————— *of Hinton*, 890. fo. 12b. 1138. fo. 35. 1171. fo. 21. 1187. fo. 24b. 1188. p. 24. 1553. fo. 17.
—————— *of Whiston*, 1094. fo. 97b. 1184. fo. 94b. 1187. fo. 96b. 1188. p. 108b. 1553. fo. 18b.
CATLIN, *of Raunds*, 890. fo. 19b. 1094. fo. 138. 1138. fo. 48b. 1171. fo. 21. 1184. fo. 135. 1187. fo. 53b. 1188. p. 66. 1553. fo. 183b.
CAUCEFIELD, *of Aldingham*, 1094. fo. 153. 1184. fo. 150.
CAVE, *of Okeley.* 1187. fo. 71b. 1553. fo. 31b.
—————— *of Stanford, fr. Co. York.* 890. ff. 22. 54. 1138. fo. 12. 1171. fo. 20. 1187. ff. 10b. 70b. 1188. pp. 2. 97. 1553. fo. 32.
CHANTRELL, *of Faxton*, 1187. fo. 56. 1553. fo. 234.
CHAPLIN, *of Newenham*, 1094. fo. 179. 1184. fo. 174. 1553. fo. 109b.
CHARINGWORTH, 1187. fo. 85b.

CHARNELLS, *of Bedworth*, 1187. fo. 83.
Charnock, of Wellingborough, 1553. fo. 88.
CHAUNCEY, *of Edgecot*, 890. fo. 11*b*.   1094. fo.
    112.   1138. fo. 33*b*.   1139. fo. 103.
    1171. fo. 22.   1184. fo. 109.   1187. fo.
    55.   1188. p. 71.   1533. fo. 40*b*.   1553.
    fo. 13.   5832. fo. 52*b*.   5868. fo. 50*b*.
    5181. p. 74.
CHAUNCY, *of Upton*, 2109. fo. 61*b*.
CHAWORTH, 1187. fo. 74.   1553. fo. 203.
Cheney, of Attleborough, 1553. fo. 88.
CHESELDEN, *of Walden*, 1180. fo. 70*b*.   1187.
    fo. 122.   1189. fo. 54*b*.   1431. fo. 46.
    1553. fo. 249*b*.   6125. ff. 71. 118*b*.   6183.
    fo. 72.
CHEYNEY, *of Tresham*, 1094. fo. 36*b*.   1187. fo.
    21*b*.   1188. p. 19.
CHIBNALL, *of Orlingbury, fr. Co. Bucks*. 1094.
    fo. 212*b*.   1184. fo. 207*b*.   1553. fo.
    227*b*.
CHICHE, 1094. fo. 156*b*.   1184. fo. 153*b*.
CHICHELEY, *of Higham Ferrers*, 1094. fo. 156.
    1184. fo. 153.   1480. fo. 33*b*.   1557. fo.
    9.   2109. fo. 44.   Add. MS. 5507. fo.
    106.
CHRISTIAN, *of Herborow*, 1187. fo. 69*b*.   1188.
    p. 90.
CLAPHAM, *of Helpstone and Peterborough, fr. Co.*
    York. 890. fo. 33*b*.   1094. fo. 146*b*.   1138.
    fo. 61.   1171. fo. 19*b*.   1184. fo. 143*b*.
    1187. fo. 43.   1188. p. 51.   1553. fo. 52.
CLARKE, 1094. fo. 125*b*.   1187. fo. 15*b*.   1188.
    p. 11.   1429. fo. 84*b*.
———— *of Potterspury and Stanwick, fr. Co.*
    Devon. 809. fo. 25.   1094. fo. 17*b*.   1138.
    fo. 17*b*.   1171. fo. 22*b*.   1184. fo. 17*b*.
    1187. fo. 38*b*.   1188. p. 44.   1553. fo.
    155*b*.
CLEYPOOLE, *of Northburgh*, 1094. fo. 225*b*.   1184.
    fo. 220*b*.   1553. fo. 194.
CLIFFORD, *of Wedon*, 1094. fo. 195.   1184. fo.
    190.
CLINTON, *Lord*, 1094. fo. 67*b*.   1184. fo. 63*b*.
    1187. fo. 72*b*.   1188. p. 95.
CLODESHALL, 1187. fo. 92*b*.
CLOVILE, 1094. fo. 94*b*.   1184. fo. 91*b*.   1187.
    fo. 11.   1188. p. 3.   1553. fo. 127*b*.
COAPE, *v*. COPE.
COCKE, *or*, CARDIGAN, 1187. ff. 79*b*. 96.
COLEPEPER, *of Exton and Conington*, 1553. fo. 253.
COLLOWORTH, 1187. fo. 64*b*.   1188. p. 75.
COLVYLE, 890. fo. 4*b*.
COMPTON, *Earl of Northampton*, 1094. fo. 126*b*.
    1184 fo. 123*b*.   1187. fo. 47*b*.   1188. pp.
    59. 85.   1241. fo. 89.   1396. fo. 91.
    2109. fo. 92*b*.
CONGLETON, *of Flower*, 1138. fo. 45*b*.   1187.
    fo. 53.   1188. p. 65.   1553. fo. 35.
Conyers, of Worgerley, 1553. fo. 88.
COOK, 1553. fo. 19.
COPE, *or*, COAPE, *of Coapes Ashby, fr. Co. Oxon.*
    890. fo. 13.   1094. fo. 46.   1138. fo. 35*b*.
    1171. ff. 22. 33*b*.   1184. fo. 42.   1187.
    ff. 31*b*. 62.   1188. p. 33.   1553. ff. 19.
    21*b*.
CORNEWALL, *of Grafton Park, fr. Co. Sussex,*
    890. fo. 7.   1094 fo. 99*b*.   1138. fo. 58.
    1171. fo. 21*b*.   1184. fo. 96*b*.   1187. fo. 27.
    1188. p. 25.   1553. fo. 6*b*.
COSTE, 1171. fo. 25.

COWPER, *of Arthingworth*, 1553. fo. 85.
CRANFORD, *of Ashby*, 1188. p. 105.
———— *of South Newton*, 1094. fo. 148.
    1184. fo. 145.   1187. ff. 56. 77. 87*b*. 89. 93*b*.
    1188. p. 72.
CRESSY, 1553. fo. 64.
CRESWELL, *of Purston, fr. Co. Chesh.* 1094. fo.
    169.   1184. fo. 165.   1553. fo. 93.
CREW, *of Steyne, fr. Co. Chesh.* 1553. fo. 257*b*.
CREWES, *or*, CREWSE, *of Fotheringhay, fr. Cos.*
    Berks. and Devon. 890. fo. 25*b*.   1094. fo.
    19*b*.   1138. fo. 19*b*.   1171. fo. 21*b*.
    1184. fo. 19*b*.   1187. fo. 41.   1188. p.
    47.   1553. fo. 44*b*.
CROSHOLME, *of Ashby*, 1188. p. 105.
CROSIER, 1187. fo. 73*b*.   1188. p. 100.
Cryps, 1553. fo. 88*b*.
CURSON, 1188. p. 105.   1187. ff. 80. 86*b*. 91.
    95(*a. b.*)
Cutberd, 1553. fo. 269.

DABRIDGECOURT, 1187. fo. 64*b*.   1188. p. 74.
Dale, of Collyweston, 1553. fo. 88.
DALTON, *of Sherborne*, 1094. fo. 126.   1184. fo.
    122*b*.   1187. fo. 15.
DANVERS, *of Blisworth and Culworth, fr. Cos.*
    Oxon. and Wilts. 890. fo. 22.   1094. ff.
    159. 161*b*.   1184. ff. 157. 158*b*.   1187.
    fo. 12.   1188. p. 4.   1553. fo. 217.
DARCY, *Lord*, 890. fo. 39.   1094. fo. 115.   1184.
    fo. 112.   1187. fo. 46*b*.   1188. p. 57.
    1553. fo. 185.
———— *of Addington, fr. Co. York*. 890. fo. 39.
    1094. fo. 115.   1184. fo. 112.   1187. fo.
    46*b*.   1188. p. 57.   1553. fo. 185.
DARELL, 1553. fo. 219.
DALACARNALL, 890. fo. 35*b*.
DE LA HAY, 1187. fo. 95.
DE LA PLANCHE, 1187. fo. 80*b*.
DERBY, *Earl of*, 1187. fo. 62*b*.
DIGBY, 890. p. 71.   1094. fo. 10*b*.   1171. fo.
    30*b*.   1187. fo. 50.
———— *of Kettleby*, 1188. p. 66.
DILLON, *of Farthingstone, fr. Co. Devon*. 1094. fo.
    48*b*.   1184. fo. 44*b*.   1187. fo. 50.
    1188. p. 61.   1553. fo. 75*b*.
———— *of Fotheringhay, fr. Co. Devon*. 1553.
    fo. 76*b*.
DIVE, Add. MS. 14,311. fo. 54.
DIXEY, *of Brampton, fr. Co. Herts*. 1553. fo. 86.
DIXWELL, *of Watford, fr. Co. Warr*. 1094. fo.
    187*b*.   1184. fo. 182*b*.   1553. fo. 123*b*.
Dove, of Peterborough, 1094. fo. 234.   1184. fo.
    229.   1553. fo. 88*b*.
DOWNEHALL, *of Geddington*, 890. fo. 28.   1094.
    fo. 26.   1138. fo. 25.   1171. fo. 23.
    1184. fo. 26.   1187. fo. 37*b*.   1188. p.
    42.   1553. fo. 46.
D'OYLYE, *of Hackenorton*, 1187. fo. 93.
DRAYTON, *of Cranford*, 1094. fo. 148.   1184.
    fo. 115.   1187. ff. 56. 93*b*.   1188. p. 72.
DRYDEN, *of Cannons Ashby, fr. Co. Cumb*. 1094.
    fo. 113*b*.   1171. fo. 23.   1184. fo. 110*b*.
    1187. fo. 24.   1188. p. 21.   1553. fo.
    13*b*.
DUDLEY, *of Clapton*, 890. fo. 26.   1094. fo.
    20*b*.   1171. fo. 22*b*.   1184. fo. 20*b*.
    1187. fo. 41*b*.   1188. p. 48.   1553. fo.
    187.

EATON, *of Brockhole*, 1094. fo. 144. 1553. fo. 236.

EKINS, *of Chelveston, Irchester, Isham, Rance, Ringsted, Twywell, and Weston Favell, fr. Co. Hunts.* 1553. fo. 266.

Ellis, of Peterborough, 1553. fo. 88.

ELMES, *of Lilford, fr. Co. Oxon.* 890. fo. 24*b*. 1094. fo. 21*b*. 1102. fo. 60*b*. 1138. fo. 18. 1151. fo. 59*b*. 1171. fo. 23*b*. 1184. fo. 21*b*. 1187. fo. 40*b*. 1188. p. 45. 1234. fo. 66*b*. 1391. fo. 64*b*. 1533. ff. 111. 196*b*. 1553. fo. 41.

EMPSON, 1187. fo. 87.

EMYLY, *of Helmedon*, 1094. fo. 171*b*. 1184. fo. 166*b*. 1553. fo. 96*b*.

ENGLAND, *of Welton*, 1094. fo. 179*b*. 1184. fo. 174*b*. 1553. fo. 111.

ESSEBY, 1187. fo. 80.

ETON, 890. fo. 9. 1094. fo. 105. 1184. fo. 102. 1187. fo. 28*b*. 1188. p. 29. 1553. fo. 10.

EVERARD, *of Yelvertoft, fr. Co. Suff.* 890. fo. 19*b*. 1138. fo. 48. 1171. fo. 23*b*. 1553. fo. 36*b*.

Eyton, of Brockhole, 1094. fo. 231*b*. 1184. fo. 226*b*. 1553. fo. 88*b*.

FAIRFAX, *of Deepinggate*, 1187. fo. 37*b*. 1188. p. 42.

FARMER, *or*, FARMOR, *of Easton Neston, fr. Co. Oxon.* 890. fo. 2*b*. 1084. fo. 16*b*. 1094. fo. 167. 1138. fo. 49. 1184. fo. 163. 1187. fo. 17. 1188. p. 13. 1553. fo. 89.

FAWCONER, *or*, FAWLCONER, *of Coggenho, fr. Co. Hants.* 890. fo. 5. 1084. fo. 20. 1094. fo. 90*b*. 1138. fo. 53*b*. 1171. fo. 24*b*. 1184. fo. 87*b*. 1187. fo. 24*b*. 1188. p. 3. 1553. fo. 4*b*.

FELD, *of Westminster*, 1553. fo. 42.

FELMERSHAM, *of Creake*, 1094. fo. 188. 1184. fo. 183. 1187. fo. 48. 1188. p. 60. 1553. fo. 120*b*.

FERRERS, *of Groby*, 1187. fo. 94.

FISHER, *of Hartwell Park, fr. Co. Shrop.* 890. fo. 6*b*. 1094. fo. 99. 1138. fo. 55*b*. 1171. fo. 24*b*. 1184. fo. 96. 1187. fo. 26*b*. 1188. p. 24. 1553. fo. 5*b*.

FITTON, *of Bodlym*, 1188. p. 17.

FITZ-GEFFREY, *of Rushden, fr. Co. Beds.* 1094. fo. 217*b*. 1184. fo. 212*b*. 1553. fo. 182*b*.

FITZ-WILLIAMS, *of Glapthorne, fr. Co. Essex,* 1094. fo. 220. 1184. fo. 215. 1187. fo. 66*b*. 1188. p. 91. 1553. fo. 229*b*.

FITZ-WITH, *of Shotteswell*, 1187. fo. 83*b*.

Flamsted, of Denton, 1094. fo. 233. 1184. fo. 228. 1553. fo. 88*b*.

FOLKESWORTH, 1541. fo. 7.

Folks, of Stibbington, 1553. fo. 88*b*.

FOLLSWORTH, *of Steepington*, 1553. fo. 205.

FOLYOT, 890. fo. 29.

FOSBROOKE, *of Cranford*, 890. ff. 21. 39. 1094. fo. 27*b*. 1138. fo. 9*b*. 1171. fo. 24. 1184. fo. 27*b*. 1187. fo. 36*b*. 1188. p. 40. 1553. fo. 38.

FOX, *of Chalcombe*, 890. fo. 7*b*. 1094. fo. 101. 1138. fo. 60. 1184. fo. 98. 1187. fo. 27*b*. 1188. p. 28*b*. 1553. fo. 7.

FOXLEY, *of Foxley and Blakesley*, 890. fo. 10*b*. 1094. fo. 110*b*. 1138. fo. 31. 1171. fo. 24. 1184. fo. 107*b*. 1187. fo. 29*b*. 1188. p. 33. 1553. fo. 12*b*.

FRAY, 1553. fo. 64.

FREEMAN, *of Cranford*, 1553. fo. 151.
———— *of Higham Ferrers*, 1094. fo. 160*b*. 1184. fo. 157*b*. 1187. fo. 76*b*. 1188. p. 109. 1553. ff. 184*b*. 263*b*.
———— *of Willingburgh*, 1094. fo. 164*b*. 1184. fo. 161*b*.

FROME, 890. fo. 24*b*. 1094. fo. 22*b*. 1171. fo. 23*b*. 1184. fo. 22*b*. 1187. fo. 41. 1188. p. 45. 1553. fo. 41*b*.

FURTHO, *of Furtho*, 890. ff. 17. 31. 1094. fo. 50. 1138. fo. 45. 1171. fo. 24*b*. 1184. fo. 46. 1187. fo. 45*b*. 1188. p. 54. 1553. fo. 34*b*.

GAGE, *of Randes*, 890. fo. 24. 1094. fo. 15. 1171. fo. 25*b*. 1184. fo. 15. 1187. fo. 39. 1188. p. 44. 1553. fo. 185*b*.

GARLAND, 1094. fo. 138. 1184. fo. 135. 1187. fo. 53*b*. 1188. p. 66.

GARTER, *of Brigstock, fr. London*, 1094. fo. 205*b*. 1184. ff. 135. 200*b*. 1187. fo. 53*b*. 1188. p. 66. 1553. fo. 151*b*.

GASCOIGNE, 1394. p. 163. 1415. fo. 15. 1420. fo. 122. 1487. fo. 281*b*.

GENT, *of Muscott*, 890. fo. 14*b*. 1094. fo. 4*b*. 1171. fo. 25. 1138. fo. 40. 1184. fo. 4*b*. 1187. fo.30*b*. 1188. p. 29. 1553. fo. 24*b*.

GEVILL, 1187. fo. 70*b*. 1188. p. 97.

GIFFORD, *of St. James Abbey*, 890. fo. 36*b*. 1094. ff. 134*b*. 195*b*. 1171. fo. 25*b*. 1184. ff. 131*b*. 190*b*. 1187. ff. 43. 44*b*. 1188. pp. 51. 54. 1553. fo. 220.

GOODDAY, *of Higham Ferrers, fr. Cos. Essex and Herts.* 1094. fo. 181. 1184. fo. 176. 1553. fo. 228*b*.

GOODMAN, *of Northampton*, 1094. fo. 196. 1184. fo. 191. 1553. fo. 139.

GREEN, *of Mauduit and Green's Norton*, 1094. fo. 149*b*. 1097. fo. 98. 1184. fo. 146*b*. 1187. fo. 12*b*. 1188. p. 6. 1553. fo. 252*b*. Add. MS. 14,311. fo. 24*b*.

GREISLEY, 1187. fo. 94.

GRENDON, *of Caldecott*, 1094. fo. 203*b*. 1184. fo. 198*b*. 1553. fo. 161*b*.

GREY, *of Groby and Ruthen*, 890. fo. 35*b*.

GRIFFIN, *of Dingley and Braybrooke*, 890. fo. 29*b*. 1138. fo. 28. 1171. fo. 25. 1553. fo. 48.

GRIMSBY, *of Drakelow*, 1187. fo. 75. 1188. p. 103.

GROBY, 1094. fo. 125. 1184. fo. 122. 1187. fo. 14*b*. 1188. p. 10. 1553. fo. 30*b*.

GROVE, 890. p. 50.

GUNTON, *of Peterborough, fr. Co. Kent*, 1094. fo. 231. 1184. fo. 226. 1553. fo. 201.

GYLL, 890. p. 115.

HADDON, *of St. Mary Cray*, 1187. fo. 58. 1188. p. 75.

HAKE, *of Peterborough*, 1094. fo. 230*b*. 1184. fo. 225*b*. 1553. fo. 200*b*.

HALLIWELL, 1553. fo. 246.

HAMPDEN, *of Rothwell, fr. Co. Oxon.* 890. fo. 35. 1094. fo. 145*b*. 1138. fo. 62*b*. 1171. fo. 26. 1184. fo. 142*b*. 1187. fo. 46. 1188. p. 56. 1553. fo. 53*b*.

HANBURY, *of Kelmarsh, fr. Co. Worc.* 1553. fo. 247*b*.

HANCOCK, *of Blakesley*, 1094. fo. 201.   1184. fo. 196.

HARBY, *of Adston, fr. Co. Camb.* 890. fo. 35*b*. 1094. fo. 19.   1138. fo. 62.   1171. fo. 26*b*.   1184. fo. 19.   1187. fo. 36.   1188. p. 39.   1553. fo. 54.

HARECOURT, 1187. fo. 89.

HARINGTON, *Lord*, 1094. fo. 153.   1184. fo. 150. 1188. p. 104.   1553. fo. 253.

———— *of Exton*, 1553. fo. 253.

———— *of Westley and Brikesworth*, 1094. fo. 153.   1184. fo. 151.

HARRIS, *v.* SMITH.

HARRISON, *of Northampton*, 1094. fo. 197*b*. 1184. fo. 192*b*.   1553. fo. 140*b*.

HARROWDON, *Baron, v.* VAUX.

HARTHILL, 1187. fo. 85*b*.

HARTWELL, *of Hartwell*, 1553. fo. 256*b*.

———— *of Preston, fr. Co. Notts.* 890. fo. 6*b*. 1094. fo. 101*b*.   1138. fo. 57.   1171. fo. 26.   1184. fo. 98*b*.   1187. fo. 26*b*.   1188. p. 25.   1553. fo. 6.

HARVEY, *of Cotton End, fr. Co. Norf.* 890. fo. 4*b*. 1084. fo. 18*b*.   1094. fo. 75*b*.   1138. fo. 51*b*.   1171. fo. 25*b*.   1184. fo. 72*b*.   1187. fo. 22.   1188. p. 20.   1553. fo. 90*b*.

———— *of Weston Favell, fr. Co. Norf.* 1553. fo. 91*b*.

HARWEDON, 890. ff. 1*b*. 2.   1084. fo. 15*b*. 1171. fo. 37.   1553. fo. 1.

HASELDEN, *or*, CARTER, *of Nassington, fr. Co. Leic.* 1094. fo. 221*b*.   1184. fo. 216*b*.   1553. fo. 190*b*.

HASELWOOD, *of Medwell and Co. Worc.* 1094. ff. 8*b*. 26*b*.   1184. fo. 26*b*.   1553. fo. 251*b*.

HATHEWIKE, 1187. ff. 79*b*. 96.

HATTON, *of Holdenby, fr. Co. Chesh.* 890. fo. 36. 1094. fo. 72.   1184. fo. 68.   1187. fo. 19. 1188. p. 16.   1424. fo. 69*b*.   1505. fo. 69.   1535. fo. 163*b*.   1553. fo. 56*b*.

———— *of Kirby, fr. Co. Chesh.* 1094. fo. 74. 1184. fo. 70.

———— *v.* NEWPORT.

HAWES, *of Stoke Albany*, 1094. fo. 206.   1184. fo. 201.   1553. fo. 152.

HAWLEY, *of Wittering*, 1553. fo. 205.

HAWTON, *of Pufford*, 1187. fo. 55.   1188. p. 71. 1553. fo. 41.

HELEY, *or*, HELYAS, *of Byfield*, 1187. fo. 64*b*. 1188. p. 75.

HELYAS, *v.* HELEY.

HERDEBOROUGH, 1187. fo. 85*b*.

HEWETT, 1982. fo. 42.   1396. fo. 219.

HICKLING, *of Green's Norton, fr. Co. Staff.* 890. fo. 24*b*.   1094. fo. 16*b*.   1138. fo. 16*b*. 1171. fo. 26*b*.   1184. fo. 16*b*.   1187. fo. 39.   1188. p. 44.   1553. fo. 60.

HILL, *of Brigstock, fr. Cos. Devon. and Som.* 1094. fo. 210*b*.   1184. fo. 205*b*.   1553. fo. 170*b*.

HOLDENBY, *of Holdenby*, 890. fo. 35*b*.   1094. fo. 73.   1184. fo. 69.   1187. fo. 53.   1188. p. 65.

HOLMES, 1187. fo. 67*b*.   1188. p. 94.

HOLT, 1094. fo. 121.   1184. fo. 118.   1187. ff. 69*b*. 85*b*. 87*b*.   1188. p. 90.

HOPKINS, *of Cold Ashby, fr. Co. Staff.* 1094. fo. 193*b*.   1184. fo. 188*b*.   1553. fo. 133*b*.

HOUGHTON, *of Kingscliff, fr. Co. Rutland*, 1094. fo. 239*b*.

HOVELL, *of Soulgrave, fr. Co. Suff.* 1187. fo. 10. 1188. p. 1.   1553. fo. 74.

HUDLESTON, *of Irtlingborough*, 1094. fo. 150*b*. 1187. fo. 13.   1188. p. 7.   1553. fo. 252.

HUMFREY, *of Addington, fr. Co. Glouc.* 1187. fo. 54.   1188. p. 67.   1553. fo. 39*b*.

———— *of Barton Segrave, fr. Co. Glouc.* 890. fo. 21*b*.   1171. fo. 26*b*.   1138. fo. 11. 1187. fo. 38*b*.   1188. p. 43.   1553. fo. 38*b*.   Add. MS. 14,314. fo. 33*b*.

HUNSDON, *Lord, v.* CARY.

HURST, 1187. fo. 20.   1188. p. 17.

HUSSEY, 1187. ff. 87. 92.

INGOLDSBY, *of Newbottle, fr. Co. Bucks.* 890. ff. 7*b*. 9.   1094. fo. 104*b*.   1184. fo. 101*b*. 1138. fo. 56.   1187. fo. 28*b*.   1188. p. 29.   1553. fo. 9*b*.

IRETON, *of Watford, fr. Co. Leic.* 1094. fo. 189*b*. 1184. fo. 184*b*.   1553. fo. 126.

ISHAM, *of Barby*, 1184. fo. 32*b*.   1187. ff. 48*b*. 53*b*.   1188. p. 73.   1553. fo. 68.

———— *of Braunston and Langport*, 890. fo. 18*b*. 1094. fo. 32*b*.   1171. fo. 31.   1184. fo. 32*b*.   1187. fo. 48*b*.   1188. p. 72.   1553. fo. 67.

JENISON, *of Irchester, fr. Co. York.* 1094. fo. 217.   1184. fo. 212.   1553. fo. 180*b*.

JENNINGS, 1187. fo. 18*b*.   1188. p. 15.

JOHNES, 2109. fo. 24.

JUDKIN, *of Heyford*, 1094. fo. 195.   1184. fo. 190.   1553. fo. 137.

KEBELL, 1137. fo. 98.   1432. fo. 92*b*.

KELBY, *of Eston*, 1187. fo. 28*b*.   1188. p. 29.

KENDALL, 1553. fo. 140*b*.

KENT, *v.* SMITH.

Kerchivall, of Yarwell, 1553. fo. 88*b*.

KEYNES, *of Dodford*, 890. fo. 14.   1094. fo. 6*b*. 1171. fo. 33.   1184. fo. 6*b*.   1187. fo. 85*b*. 1188. p. 35.   1553. fo. 64.

KILPECK, 1187. fo. 91.

KING, 1187. fo. 76*b*.   1188. p. 109.

———— *of Torcester, fr. Co. Bucks.* 1094. fo. 202. 1184. fo. 197.

King, 1553. fo. 88*b*.

KINNE, *of Maidford*, 1553. fo. 100.

KINSMAN, *of Broughton*, 1553. fo. 59.

———— *of Loddington*, 890. fo. 20*b*.   1094. fo. 208.   1138. fo. 8*b*.   1184. fo. 203. 1187. fo. 58*b*.   1553. ff. 58. 167*b*.

———— *of Pipwell Abbey*, 1094. fo. 61*b*.   1184. fo. 57*b*.   1187. fo. 36.   1188. pp. 40. 76. 1553. ff. 58. 167*b*.

KIRKHAM, *of Fineshead Abbey, fr. Co. Lanc.* 890. fo. 25*b*.   1094. fo. 18*b*.   1138. fo. 38. 1171. fo. 27.   1184. fo. 18*b*.   1187. fo. 38.   1188. p. 43.   1553. fo. 40.

KIRTON, *of Thorpe Mandeville, fr. Co. Som.* 1094. fo. 125*b*.   1184. fo. 122*b*.   1187. fo. 15. 1188. p. 11.   1553. fo. 74*b*.

KNIGHT, *of Abthorp*, 890. fo. 9*b*.   1138. fo. 56*b*. 1171. fo. 27.   1187. fo. 28.   1188. p. 28*b*.   1553. fo. 9.

———— *of Charwelton, fr. Co. Shrop.* 1094. fo. 53*b*.   1184. fo. 49*b*.   1187. fo. 65*b*. 1188. p. 77.   1553. fo. 108*b*.

———— *of Piddington*, 1094. fo. 191.   1184. fo. 186.   1553. fo. 128*b*.

KNIGHTLEY, *of Fawsley and Upton, fr. Co. Staff.* 890. fo. 1*b*.   1084. fo. 15*b*.   1171. fo. 37. 1553. fo. 1.

Knowles, of Cold Ashby, 1553. fo. 88.

KYMESMAN, 810. fo. 5.

LAMPORTE, 890. fo. 9.   1094. fo. 105.   1184.
fo. 102.   1187. fo. 28*b*.   1188. p. 29.
1553. fo. 10.

LANE, 1102. ff. 51.65*b*.   1151. fo. 64*b*.   1193.
ff. 51. 65*b*.   1234. ff. 40. 62*b*.   1391. ff.
55. 69*b*.   1533. ff. 141. 154*b*.

—— *of Cottesbrooke,* 1094. fo. 59.   1138. fo.
15.   1184. fo. 55.   1187. fo. 22*b*.   1188.
p. 22.   1553. fo. 240*b*.

—— *of Glendon,* 1094. fo. 57.   1184. fo. 53.
1187. fo. 22*b*.   1188. p. 22.   1553. fo.
240*b*.

—— *of Kettering,* 890. fo. 23*b*.   1094. fo. 57.
1138. fo. 14*b*.   1171. fo. 27*b*.   1184. fo.
53.   1187. fo. 22*b*.   1188. p. 22.   1553.
fo. 240*b*.

—— *of Northampton,* 1094. fo. 193.   1184.
fo. 188.   1553. fo. 132.

—— *of Walgrave,* 1553. fo. 241*b*.

LANGTREE, *of Holcote, fr. Co. Lanc.* 890. fo. 16.
1094. fo. 104.   1138. fo. 43.   1184. fo.
101.   1187. fo. 32.   1188. p. 34.   1553.
fo. 29*b*.

LATYMER, 890. fo. 29*b*.   1138. fo. 28.   1171.
fo. 25.   1553. fo. 48.

LAW, *of Ashton,* 1094. fo. 219.   1184. fo. 214.
1195. fo. 94.   1553. fo. 186*b*.

LEDYT, 890. fo. 29.

LEEKE, 1187. fo. 15.   1188. p. 11.

LEESON, *of Sulgrave and Whitfield,* 890. fo. 21*b*.
1094. fo. 125.   1138. fo. 11*b*.   1171. fo.
28.   1184. fo. 122.   1187. fo. 14*b*.   1188.
p. 10.   1553. fo. 30*b*.

LEFEILD, *of Thorpe,* 1094. fo. 229.   1184. fo.
224.   1553. fo. 198*b*.

LELAM, *of Bricksworth and Cansham, fr. Co.
York.* 1094 fo. 51*b*.   1184. fo. 47*b*.

LENTON, *of Woodford,* 1102. fo. 67*b*.   1151. fo.
66*b*.   1187. fo. 54.   1193. fo. 67*b*.   1391.
fo. 71*b*.   1553. ff. 80*b*. 155*b*.

LEVINZ, *v.* LEVYNES.

LEVESON, *of Sulgrave,* 890. fo. 21*b*.

LEVYNES, *or,* LEVINZ, *of Evenley, fr. Co. Westm.*
1094. fo. 168.   1184. fo. 164.   1553. fo.
202.

LIDCOT, *of Woodburcot, fr. Co. Bucks.* 1094. fo.
202*b*.   1184. fo. 197*b*.   1553. fo. 224*b*.
1561. fo. 233.

LILLINGE, *of East Lillinge,* 1187. fo. 53.   1188.
p. 65.

LINESTIE, 1187. ff. 83*b*. 87.

LINGARD, *or,* LINGER, *of Wellingborough,* 1094.
fo. 31.   1184. fo. 31.   1187. fo. 51*b*.
1188. p. 63.   1553. fo. 65.

LINNE, *or,* LYNNE, *of Southwich,* 890. fo. 26.
1094. fo. 23*b*.   1138. fo. 20*b*.   1171. fo.
27*b*.   1184. fo. 23*b*.   1187. fo. 41*b*.
1188. p. 48.   1553. fo. 45*b*.

LIONS, 5186. p. 54.

LISLE, *of Yarwell, fr. Co. Warr.* 1094. fo. 221.
1184. fo. 216.   1553. fo. 189*b*.

LISLEY, *of Brackley, fr. Co. Cumb.* 1094. fo. 31*b*.
1184. fo. 31*b*.   1187. fo. 51*b*.   1188. p.
62.   1553. fo. 94*b*.

LODBROOKE, 1094. fo. 95*b*.   1184. fo. 92*b*.
1187. ff. 78. 79(*a. b.*) 84*b*. 96.   1188. p. 107.

LOVE, *of Aynhoe, fr. Co. Kent,* 1553. fo. 81.
Love, 1094. fo. 232*b*.   1184. fo. 227*b*.

LOVET, *of Astwell, fr. Co. Bucks.* 890. fo. 12.
1138. fo. 34.   1171. fo. 28.   1187. fo.
93*b*.   1553. fo. 15*b*.

LUCY, 890. fo. 35*b*.   1553. fo. 222*b*.

LUFFWICK, 890. fo. 18*b*.   1171. fo. 31.   1187.
fo. 35.   1188. p. 38.   1553. fo. 164.

LUMLEY, *of Clipstone and Harleston,* 1094. fo. 10.
1184. fo. 10.   1187. fo. 50*b*.   1188. p.
62.   1553. fo. 147.   1570. fo. 25.   6128.
fo. 59.

LUTTERINGTON, 890. fo. 30*b*.

LYFEILD, *of Stoke Dabernon,* 1187. fo. 73*b*.
1188. p. 100.

LYNNE, *v.* LINNE.

LYONS, *of Warknorth,* 890. fo. 1*b*.

MAKEPEACE, *of Chipping Warden,* 1184. fo. 172*b*.
1553. fo. 107.

MALLORY, *of Kirkby,* 1187. fo. 79.

—————— *of Woodford and Clevedon,* 890. ff. 21.
37.   1094. ff. 11. 28*b*.   1138. fo. 9.
1171. fo. 28*b*.   1184. ff. 11. 28*b*.   1187.
fo. 36*b*.   1188. p. 42.   1553. fo. 175.

MANDUIT, *v.* MAUDUIT.

MANTELL, *of Heyford and Co. Kent.* 1553. fo.
82*b*.

Markham, of Duddington and Little Oakley, 1553.
fo. 88.

MARMION, 1187. fo. 91.

MATHEW, *of Bradden, fr. Co. Bucks.* 890. fo. 7.
1094. fo. 59*b*.   1138. fo. 58*b*.   1171. fo. 28*b*.
1184. fo. 55*b*.   1187. fo. 27.   1188. p.
27.   1553. fo. 97.

—————— *of Whitfield,* 1094. fo. 172*b*.   1184.
fo. 167*b*.

MAUDELYN, 1139. fo. 43.   1553. fo. 36*b*.

MAUDIT, *or,* MANDUIT, *of Warminster,* 1094. fo.
150*b*.   1184. fo. 147*b*.   1187. fo. 13.
1188. p. 7.   1553. fo. 252.

MAXE, *of Higham Ferrers,* 890. fo. 39*b*.

MEREBROKE, 1187. ff. 93. 96.   1188. p. 106.

MERTON, 1187. fo. 55.   1188. p. 71.   1553.
fo. 13.

MEWCE, *of Holdenby, fr. Co. Essex,* 1094. fo.
190*b*.   1184. fo. 185*b*.   1553. fo. 128.

MILDMEY, *of Apthorpe, fr. Cos. Essex and Glouc.*
1187. fo. 52.   1188. p. 63.   1553. fo.
77*b*.

MILTECOMBE, 1187. fo. 83.

MOLE, *or,* MOLLE, *of Northampton,* 1187. fo. 76*b*.
1188. p. 109.

Mole, of Culworth, 1553. fo. 88.

MOLLE, *v.* MOLE.

MONTACUTE, *Lord, v.* POOLE.

MONTAGUE, *of Boughton,* 890. fo. 28*b*.   1138.
fo. 25*b*.   1171. fo. 29*b*.   1553. fo. 243.
2109. fo. 88.

MONTGOMERY, *of Ecton,* 1187. fo. 56*b*.   1188.
p. 69.   1553. fo. 86*b*.

MOORE, 890. fo. 27*b*.   1187. fo. 67*b*.   1188.
p. 94.

MORGAN, *of Kingsthorpe,* 1187. fo. 58*b*.   1188.
p. 76.   1550. fo. 208.

Morgan, of Heyford, 1553. fo. 88.

MORTIMER, *of Grendon,* 1094. fo. 12*b*.   1184.
fo. 12*b*.   1187. fo. 56.   1188. p. 71.
1553. fo. 233.

MORTON, 1553. fo. 40*b*.

MOULBRAY, 1187. fo. 80.
MOUNTFORD, *of Lapworth*, 890. p. 24.   1187. ff.
    77*b*. 83*b*. 86. 87*b*. 93. 95*b*.   1188. p. 106.
    1553. fo. 16.
MOUNTSTEVEN, *of Paston, fr. Co. Devon.* 1171.
    fo. 29.   1187. fo. 23*b*.   1188. p. 20.
———— *of Peterborough, fr. Co. Devon.*
    1553. fo. 71*b*.
MULSHO, *of Thingden*, 890. fo. 20.   1094. fo. 49*b*.
    1138. fo. 8.   1171. fo. 29.   1184. fo.
    45*b*.   1187. ff. 35. 74*b*.   1188. pp. 39.
    53. 102.   1553. fo. 157*b*.
MURDAX, *of Ochcott, or, Edgecott*, 1553. fo. 13.
MUSCOTE, *of Barton*, 1094. fo. 164.   1184. fo.
    161.
———— *of Wilby*, 1553. fo. 150.
NEALE, *of Daventry and Northampton*, 1094. fo.
    203.   1184. fo. 198.   1553. fo. 160.
———— *of Woolaston and Hanging Houghton*,
    1094. fo. 206*b*.   1184. fo. 201*b*.   1553.
    fo. 153.
NETHERCOTS, *of London*, 1187. fo. 37.   1188.
    p. 41.
NEVILL, *Lord Abergavenny*, 1187. ff. 11. 60*b*.
    1188. pp. 3. 80.
NEWBOTTELL, 890. fo. 30*b*.   1171. fo. 25.
NEWENHAM, *or*, NEWNHAM, *of Newenham*, 1139.
    fo. 103.   1553. fo. 107*b*.
Newenham, of Everdon, 1553. fo. 269.
NEWPORT, *or*, HATTON, 1094. fo. 72*b*.   1184.
    fo. 68.   1553. fo. 56*b*.
———— *of Welton, fr. Co. Herts.* 890. fo. 13*b*.
    1094. fo. 16.   1138. fo. 36*b*.   1171. fo.
    29*b*.   1184. fo. 16.   1187. fo. 32*b*.   1188.
    p. 34.   1553. fo. 208*b*.
NICHOLLS, *of Hardwick and Co. Leic.* 1094. fo.
    211*b*.   1184. fo. 206*b*.   1553. fo. 174.
NORBURY, 1187. fo. 73*b*.   1188. p. 100.   1553.
    fo. 246.
NORTHAMPTON, *Earl of*, v. COMPTON.
NORWICH, *of Brampton, fr. Co. Linc.* 1094. fo.
    121.   1184. fo. 118.   1187. ff. 68*b*. 69*b*.
    1188. pp. 89. 90.   1553. fo. 102*b*.
NYNESOR, 1553. fo. 140*b*.
OGLE, *of Potterspury*, 1094. fo. 232.   1184. fo.
    227.
OKES, *of Oundle, fr. Cos. Chesh. and Norf.* 1094.
    fo. 225.   1184. fo. 220.   1553. fo. 193*b*.
ONLY, *of Catesby and Staverton*, 890. fo. 14.
    1094. fo. 13*b*.   1138. fo. 37*b*.   1171. fo.
    30.   1184. fo. 13*b*.   1187. fo. 32.   1188.
    p. 34.   1553. fo. 22*b*.
———— *of Charlton and Co. Midd.* 1553. fo. 23.
OSBORNE, *of Doddington and Buckley*, 1553. fo.
    106.
———— *of Kelmarsh*, 890. fo. 22*b*.   1094. fo. 9.
    1138. fo. 13*b*.   1171. fo. 30.   1184. fo. 9.
    1187. fo. 39*b*.   1188. p. 46.   1533.
    fo. 41.   1553. fo. 105*b*.
OUSELEY, *of Courten Hall*, 1094. fo. 114.   1184.
    fo. 111.   1187. fo. 52*b*.   1188. p. 64.
    1553. fo. 73.
PAGET, Add. MS. 5507. fo. 255.

PALMER, *of Carlton and Co. Rutland*, 890. ff. 30*b*.
    31.   1094. fo. 24*b*.   1138. fo. 27*b*.   1184.
    fo. 24*b*.   1187. fo. 42*b*.   1188. p. 50.
    1553. fo. 50*b*.
———— *of Stoke Doyle*, 1094. fo. 218*b*.   1184.
    fo. 213.   1553. fo. 188*b*.

PAMAN, 1187. fo. 48.   1188. p. 60.
PARGITER, *of Gretworth*, 890. fo. 10.   1094. ff.
    113. 134*b*.   1138. fo. 29*b*.   1171. fo. 31.
    1184. ff. 110. 131*b*.   1187. fo. 29.   1188.
    p. 30.   1553. fo. 101*b*.
———— *of Thenford*, 1094. fo. 176*b*.   1184.
    fo. 171*b*.   1553. fo. 102.
PARLES, 1094. fo. 123.   1184. fo. 120.   1187.
    fo. 33*b*.   1188. p. 36.
PARR, *of Horton*, 1187. fo. 23.   1188. p. 23.
    1553. fo. 85*b*.
Pearson, 1553. fo. 88*b*.
PECHE, *of Hampton*, 1187. fo. 89.
PECK, *of Copull*, 1187. fo. 48.   1188. p. 60.
PEITOE, 1187. fo. 92*b*.
PEMBERTON, *of Rushden*, 890. fo. 17.   1094.
    ff. 52*b*. 207*b*.   1138. fo. 44*b*.   1171. fo.
    32*b*.   1184. ff. 48*b*. 202*b*.   1187. fo. 45*b*.
    1188. p. 50.   1553. fo. 162*b*.
PENNY, *of Peterborough, fr. Co. Lanc.* 1094. fo.
    226*b*.   1184. fo. 221*b*.   1553. fo. 195.
PENTELOW, *of Weston Favell, fr. Co. Camb.* 1094.
    fo. 198.   1184. fo. 193.   1553. fo. 142.
PERCY, *of Ardingworth, fr. Co. Bucks.* 890. fo.
    20*b*.   1094. fo. 158.   1138. fo. 7*b*.   1771.
    fo. 32*b*.   1184. fo. 155.   1187. fo. 35*b*.
    1188. p. 38.   1553. fo. 37*b*.
PERWICH, *of Blisworth, fr. Co. Leic.* 890. ff. 24.
    37.   1094. fo. 10*b*.   1138. fo. 16.   1171.
    fo. 30*b*.   1184. fo. 10*b*.   1187. ff. 46. 50.
    1188. p. 56.   1553. fo. 42*b*.
PICKERING, *of Gretton and Titchmarsh, fr. Co.
    Westm.* 890. fo. 18*b*.   1094. fo. 67*b*.   1138.
    ff. 10. 19.   1171. fo. 31.   1184. fo. 63*b*.
    1187. fo. 72*b*.   1188. p. 95.   1553. fo.
    163*b*.
———— *of Isham, fr. Co. Westm.* 1094. fo. 68.
    1138. fo. 47*b*.   1184. fo. 64.   1187. fo.
    35.   1188. p. 38.   1553. fo. 164.
PIGG, 1553. fo. 205*b*.
PILKINGTON, *of Northampton, fr. Co. Rutland*,
    1094. fo. 199.   1184. fo. 194.   1553. fo.
    144.
POOLE, *Lord Montacute*, 1187. fo. 60*b*.   1188.
    p. 80.
POULTON, *of Desborough*, 1553. ff. 79*. 80.
POWER, 890. p. 26.   1094. fo. 6*b*.   1171. fo.
    36*b*.   1184. fo. 6*b*.
PRICE, *or*, AP RICE, *of Wollaston, fr. Cos. Bucks.
    and Hunts.* 1094. fo. 43*b*.   1171. fo. 17.
    1184. fo. 39*b*.   1187. fo. 25.   1188. p.
    8.   1553. fo. 73*b*.
PUILESDON, 1553. fo. 100.
PUTTENHAM, 1553. fo. 41*b*.
QUARLES, *of Ufford*, 1553. fo. 59*b*.
QUINTON, 2109. fo. 21.   4600. p. 25.
RANDES, *of Cranesley*, 1094. fo. 131*b*.   1184.
    fo. 128*b*.   1187. fo. 37.   1188. p. 41.
    1553. fo. 68*b*.
Randes, of Rowell, 1094. fo. 233*b*.   1184. fo.
    228*b*.   1553. fo. 88*b*.
RAVENSCROFT, *of Maidford, fr. Co. Flint.* 1094.
    fo. 173*b*.   1184. fo. 168*b*.   1553. fo. 98*b*.
RAYE, *of Kibworth*, 1187. fo. 53*b*.   1188. p. 66.
RAYNES, 890. fo. 41*b*.
RIDDELL, 1553. fo. 205.
ROBERTS, 1187. fo. 57*b*.   1188. p. 74.
ROBINSON, 1553. fo. 269.
ROTHEWOOD, 1187. fo. 68.   1188. p. 94.

Rowe, *of Cotherstock, fr. Co. Suff.* 1094. fo. 220*b*. 1184. fo. 215*b*. 1553. fo. 189.

Rowse, *of Sywell, fr. Co. Worc.* 890. fo. 47.

Rudd, *of Higham Ferrers, fr. Cos. Beds. and York.* 1094. fo. 254. 1184. fo. 249.

Rudiard, *of Olworth, fr. Co. Staff.* 1553. fo. 87*b*.

Russell, *of Towcester, fr. Co. Beds.* 1094. fo. 255. 1184. fo. 250.

Russell, 1553. fo. 269.

Ruthall, 1554. fo. 24*b*.

Ryvell, 1187. fo. 90*b*.

St. John, 890. fo. 1*b*. 1084. fo. 15*b*. 1171. fo. 37. 1187. ff. 79*b*. 83. 94. 1541. fo. 240. 1553. fo. 1.

St. Lyon, 1100. fo. 24.

St. Mark, 1553. fo. 205.

Salisbury, 1531. fo. 27*b*. 2109. fo. 24*b*.

Salter, *of Daventry, fr. Co. Warr.* 1094. fo. 187. 1184. fo. 182. 1553. fo. 122.

Samwell, *of Upton, fr. Cos. Oxon. and Corn.* 1094. fo. 135. 1184. fo. 132. 1187. fo. 44*b*. 1188. p. 54. 1553. fo. 72.

Sanderson, *of Addington, fr. Co. Beds.* 1094. fo. 214. 1184. fo. 209. 1553. fo. 176.

Sapcotts, 1553. fo. 205.

Saunders, *of Bowdon and East Haddon,* 1138. fo. 14. 1187. fo. 58. 1553. fo. 237*b*.

———— *of Brixworth,* 1553. fo. 238*b*.

———— *of Flower,* 1553. fo. 234*b*.

———— *of Harrington and Welford,* 890. ff. 22. 23. 26*b*. 1094. fo. 140*b*. 1138. ff. 22. 38*b*. 1171. fo. 20. 1180. fo. 37. 1184. fo. 138*b*. 1187. fo. 57*b*. 1188. p. 74. 1189. fo. 44. 1553. ff. 31*b*. 234*b*. 6125. fo. 47. 6183. fo. 48.

———— *of Othorpe,* 1553. fo. 236*b*.

———— *of Sibtofte,* 1553. fo. 235*b*.

———— *of Stresham,* 1553. fo. 239*b*.

Sawyer, *of Kettering,* 1094. fo. 216. 1184. fo. 211. 1553. fo. 179*b*.

Say, *of Weston Favell,* 1094. fo. 198*b*. 1184. fo. 193*b*. 1187. fo. 85. 1553. fo. 142*b*.

Seymarke, 2109. fo. 91*b*.

Seyton, *of Wickdyve,* 890. fo. 10*b*. 1094. fo. 106. 1138. fo. 30. 1171. fo. 34. 1187. fo. 30. 1188. p. 31. 1553. fo. 12.

Shilton, *of Birmingham,* 1187. fo. 13*b*. 1188. p. 8.

Shortgrave, *of Everdon, fr. Co. Worc.* 1094. fo. 194*b*. 1184. fo. 189*b*. 1553. fo. 134*b*.

Shugborough, *or,* Shukburgh, *of Harrowdon, fr. Co. Warr.* 890. fo. 15*b*. 1094. fo. 208*b*. 1138. fo. 41. 1139. fo. 103. 1184. fo. 203*b*. 1533. fo. 41. 1553. ff. 27*b*. 169. 5868. fo. 51.

Skinnerton, *of Alderton,* 890. fo. 1*b*. 1084. fo. 15*b*. 1171. fo. 37. 1553. fo. 1. 2109. fo. 61.

Skull, 1094. fo. 129. 1188. p. 12.

Slade, of Rushton, 1553. fo. 88.

Smith, *or,* Harris, *of Kelmarsh, fr. Co. Leic.* 1094. fo. 204. 1184. fo. 199. 1553. fo. 202*b*.

———— *or,* Kent, *of Moorend,* 1094. fo. 200. 1184. fo. 195. 1553. fo. 154.

Snowball, *of Potterspury, fr. Co. Berks.* 890. fo. 9. 1094. fo. 102. 1138. fo. 57*b*. 1184. fo. 99. 1187. fo. 49*b*. 1188. p. 57. 1553. fo. 8*b*.

Soore, *of Sclemingdon,* 1187. fo. 84*b*.

Spelling, 1187. fo. 21*b*. 1188. p. 19.

Spencer, *of Althorpe and Wormleighton, fr. Cos. Warr. and Worc.* 890. fo. 2*b*. 1084. fo. 17. 1171. fo. 33*b*. 1187. ff. 54. 59*b*. 1188. p. 78. 2109. fo. 89(*a. b.*) 1553. fo. 19.

———— *of Everton,* 890. fo. 13*b*. 1138. fo. 37. 1553. fo. 21*b*.

Stafford, *of Blatherwick, fr. Cos. Worc. and Staff.* 1041. fo. 80*b*. 1094. fo. 127*b*. 1171. ff. 32. 33. 1184. fo. 124*b*. 1187. fo. 16. 1188. p. 12. 1534. fo. 24. 1543. fo. 47. 1553. fo. 62*b*.

Stanford, 1187. fo. 91. 95.

Stanley, 1094. fo. 153*b*. 1184. fo. 150*b*.

Staresmore, *of Deane, fr. Co. Staff.* 1094. fo. 205. 1184. fo. 200. 1553. fo. 225*b*.

Starkey, *of Whitly,* 1094. fo. 142*b*. 1187. fo. 57*b*. 1188. p. 74.

Steward, *of Pattishall,* 1094. fo. 201*b*. 1184. fo. 196*b*. 1553. fo. 206*b*.

Stiles, *of Bainton, Walton, and Werrington,* 1094. fo. 227. 1184. fo. 222. 1553. fo. 196.

Stotesbury, *of Sulgrave,* 1094. fo. 125. 1184. fo. 122. 1187. fo. 14*b*. 1188. p. 10. 1553. fo. 30*b*.

Stretley, *of Strixton, fr. Co. Oxon.* 890. fo. 16*b*. 1094. fo. 100*b*. 1138. fo. 44. 1139. 55. 1184. fo. 97*b*. 1187. fo. 32*b*. 1188. p. 35. 1553. fo. 34.

Stuteville, *of Cottingham,* 1553. fo. 1*b*.

Sybthorpe, *of Slipton, fr. Cos. Herts. and Norf.* 1553. fo. 262*b*.

Sydenhall, 890. fo. 15*b*. 1553. fo. 28.

Symmes, *of Welton,* 1094. fo. 185*b*. 1184. fo. 180*b*. 1553. fo. 118*b*.

Tame, 1553. fo. 205.

Tampion, *of Easton,* 1094. fo. 224. 1184. fo. 219. 1553. fo. 193.

Tanfield, *of Harpole and Gayton,* 890. fo. 6. 1084. fo. 21. 1094. fo. 92*b*. 1138. fo. 54*b*. 1171. fo. 34*b*. 1184. ff. 89*b*. 91*b*. 1187. fo. 10*b*. 1188. p. 2. 1553. fo. 126*b*.

Tawyer, *of Raunds,* 890. fo. 20. 1094. fo. 157. 1138. fo. 7. 1171. fo. 34*b*. 1184. fo. 154. 1187. fo. 35*b*. 1188. p. 39. 1553. fo. 37.

Taylor, *of Middleton Cheney, fr. Co. Lanc.* 1094. fo. 50*b*. 1184. fo. 46*b*.

Temple, *of Burton Dassett,* 1553. fo. 21*b*.

———— *of Chilvers Cotton,* 1553. fo. 107*b*.

Thorne, 890. fo. 26*b*. 1187. fo. 21*b*. 1188. p. 19. 1189. fo. 18*b*.

Thorneton, *of Newenham,* 1094. fo. 178*b*. 1184. fo. 173*b*. 1188. p. 17. 1553. fo. 107*b*.

Thorogood, *of Nassington, fr. Co. Herts.* 1094. fo. 224*b*. 1184. fo. 219*b*. 1553. fo. 230*b*.

Thorold, *of Houghe,* 1094. fo 37.

Thorpe, *of Kingscliff,* 1094. fo. 222*b*. 1184. fo. 217*b*. 1553. fo. 191*b*.

Thorpe, of Landon, 1553. fo. 88*b*.

Throgmorton, 1187. fo. 87. 1552. fo. 64*b*. 6093. fo. 81.

———— *of Pauls Perry,* 1553. fo. 255*b*.

Thurning, 1553. fo. 88.

TIRINGHAM, *of Weston Favell, fr. Co. Bucks.* 1094. fo. 196*b*. 1184. fo. 191*b*. 1553. fo. 222*b*.

Tooky, of Luffenham, 1184. fo. 247*b*.

TORKINGTON, *of Marham, fr. Cos. Hunts. and Chesh.* 890. fo. 46. 1094. fo. 228*b*. 1184. fo. 223*b*. 1553. fo. 198.

Towers, of Norton, 1553. fo. 88*b*.

TRAVELL, 1100. ff. 77*b*. 121. 1167. fo. 161*b*. 1563. fo. 203*b*.

TRESHAM, *of Newton and Rushden,* 890. fo. 32. 1094. ff. 130. 154. 1106. fo. 134*b*. 1138. fo. 63. 1171. ff. 35. 72*b*. 1184. ff. 127. 151. 1187. ff. 43*b*. 80*b*. 1188. p. 52. 1432. fo. 260*b*. 1553. ff. 61*b*. 171*b*. Add. MSS. 5507. fo. 285. 5526. fo. 274*b*. 16,279. p. 225.

TREST, or, TRIST, *of Culworth and Maidford,* 1094. fo. 175*b*. 1184. fo. 170*b*. 1553. fo. 100.

TRILLOWE, 1187. ff. 87*b*. 95.

TROUTBECKE, 1187. ff. 92. 94.

TUDER, *of Hartwell, fr. Co. Flint.* 890. fo. 10. 1138. fo. 29. 1171. fo. 35. 1187. fo. 28. 1188. p. 11. 1553. fo. 11*b*.

UPTON, 1187. fo. 85.

VAUX, *Lord Vaux, of Harrowdon,* 890. fo. 1. 1084. fo. 15. 1094. fo. 149. 1171. fo. 35*b*. 1184. fo. 146. 1187. ff. 64. 87. 1188. p. 87.

VAVASOR, *of Harrowdon, fr. Co. York.* 890. fo. 23. 1094. ff. 67*b*. 210. 1184. ff. 63*b*. 205. 1187. fo. 72*b*. 1188. p. 95. 1553. fo. 173*b*.

———— *of Overston,* 1184. fo. 160*b*. 1553. fo. 149*b*.

Vavasor, 1553. fo. 88*b*.

VENABLES, *of Kinderton,* 1188. p. 17.

VERE, *of Addington,* 1094. fo. 151. 1184. fo. 148. 1187. fo. 13. 1188. p. 7.

VILLERS, *of Othorpe,* 1553. fo. 236*b*.

VINCENT, *of Wellingborough and Thingdon,* 1187. fo. 74. 1188. p. 100. 1433. fo. 179. 1553. ff. 203. 205.

VINTRE, *of Creake,* 1187. fo. 48. 1188. p. 60.

WADE, *of Bowden and Kelmarsh,* 1094. fo. 162*b*. 1184. fo. 159*b*. 1553. fo. 147*b*.

WAKE, *Lord,* 890. ff. 3. 6. 1084. fo. 17*b*. 1094. fo. 63. 1138. fo. 50. 1184. fo. 59. 1187. fo. 17*b*. 1188. p. 14. 1553. fo. 2.

———— *of Forestade Salsee,* 1187. fo. 82.

———— *of Hartwell and Blisworth,* 890. fo. 6. 1084. fo. 18. 1094. fo. 64*b*. 1138. fo. 50*b*. 1184. fo. 60*b*. 1187. fo. 18*b*. 1188. p. 15. 1553. fo. 26.

WAKELIN, *of Boddington,* 1553. fo. 25*b*.

———— *of Eydon,* 890. ff. 11. 23. 1094. fo. 42*b*. 1138. fo. 33. 1171. fo. 36. 1184. fo. 38*b*. 1187. fo. 29. 1188. p. 22. 1553. fo. 2*b*.

WARD, *of Houghton, fr. Co. Warr.* 1094. fo. 191*b*. 1184. fo. 186*b*. 1433. fo. 9*b*. 1504. fo. 41. 1546. fo. 31*b*. 1553. fo. 129*b*. 6147. fo. 33*b*.

WARKWORTH, 890. fo. 2. 2109. fo. 61.

WARNER, *of Peterborough, fr. Co. Camb.* 1094. fo. 226. 1184. fo. 221. 1553. fo. 194*b*.

WARREN, 1396. fo. 131. 1553. fo. 28. 1982. fo. 17*b*. Add. MS. 14,314. fo. 108.

WASHINGLEY, 890. fo. 35*b*.

WASHINGTON, *of Sulgrave, fr. Co. Lanc.* 890. fo. 11*b*. 1094. fo. 108*b*. 1138. fo. 32*b*. 1171. fo. 36. 1184. fo. 105*b*. 1187. fo. 30*b*. 1188. p. 32. 1553. ff. 104*b*. 135*b*.

WASTELL, *of Norton, fr. Co. Westm.* 1094. fo. 186*b*. 1184. fo. 181*b*. 1553. fo. 119*b*.

WATFORD, *of Watford,* 1187. ff. 77. 89. 91*b*. 95. 1188. p. 105.

WATHE, *of Slipton, fr. Co. York.* 1094. fo. 213*b*. 1184. fo. 208*b*. 1553. fo. 171.

WATTERTON, 1187. fo. 75. 1188. p. 103.

WATTS, *of Blakesley, fr. Co. Leic.* 1553. fo. 250*b*.

WELDON, *of Braynford,* 1187. fo. 58*b*. 1188. p. 76.

WELLES, 1187. fo. 79*b*.

WESSENHAM, 890. fo. 43*b*.

WEST, *of Cotton End, fr. Co. Bucks.* 1094. fo. 192*b*. 1171. fo. 25. 1184. fo. 187*b*. 1553. fo. 131.

WESTON, 1553. fo. 163*b*.

WETHILL, 1187. fo. 15. 1188. p. 11.

Whitfield, 1554. fo. 7.

WILDBORE, *of Glinton,* 1094. fo. 229*b*. 1184. fo. 224*b*. 1553. fo. 199.

———— *of Markham,* 1553. fo. 199*b*.

WILKINS, 1535. fo. 163*b*.

WILKINSON, *of Northampton,* 1094. fo. 194. 1184. fo. 189. 1553. fo. 132*b*.

WILLIAMSON, *of Denford, fr. Cos. Cumb. and Oxon.* 890. fo. 17*b*. 1094. fo. 53. 1138. fo. 47. 1184. fo. 49. 1187. fo. 34*b*. 1188. p. 38. 1553. fo. 35*b*.

WILLINGTON, 1187. fo. 87.

WILLMER, *of Sywell and Starton, fr. Co. Warr.* 1094. fo. 118. 1184. fo. 115. 1187. fo. 47. 1188. p. 58. 1553. fo. 111*b*.

WILLOUGHBY, *of Grendon, fr. Co. Notts.* 1094. ff. 13. 212*b*. 1184. ff. 13. 207*b*. 1187. fo. 55*b*. 1188. p. 70. 1531. fo. 53. 1553. fo. 232. 2109. ff. 17*b*. 78. (*a. b.*) 84*b*. 4600. p. 18.

WINCHCOMB, 1187. fo. 58*b*. 1188. p. 76.

WINGFIELD, *of Upton, fr. Co. Suff.* 1552. fo. 192*b*. 1553. fo. 84.

WOLESTON, or, WOLSTON, *of Burton Latimer, fr. Co. Hunts.* 890. fo. 24*b*. 1094. fo. 17. 1138. fo. 17. 1171. fo. 36*b*. 1184. fo. 17. 1187. fo. 45. 1188. p. 46. 1553. fo. 42.

WOOD, 1553. fo. 83.

WOODHULL, *of Thenford, fr. Co. Beds.* 890. fo. 7*b*. 1094. fo. 102*b*. 1138. fo. 59*b*. 1171. fo. 35*b*. 1184. fo. 99*b*. 1187. fo. 27*b*. 1188. p. 28. 1397. fo. 186*b*. 1553. fo. 7*b*.

WOODVILLE, 1531. fo. 27*b*. 2109. ff. 21. (*a. b.*) 24*b*.

WORME, *of Peterborough,* 1553. fo. 255.

WORSLEY, *of Deeping Gate,* 890. fo. 33. 1094. fo. 2*b*. 1138. fo. 20. 1171. fo. 36*b*. 1184. fo. 2*b*. 1187. fo. 37*b*. 1188. p. 42. 1553. fo. 53.

WRIGHT, 1094. fo. 126. 1188. p. 10.

WYBURNE, 1187. fo. 15*b*. 1188. p. 11.

WYCLIFFE, *v.* WYEKLEY.

WYEKLEY, *or*, WYCLIFFE, *of Addington and Irtling-burgh, fr. Co. York.* 1094. fo. 214*b*. 1184. fo. 209*b*. 1553. fo. 177.

WYRLEY, *of Dodford, fr. Co. Staff.* 890. ff. 4. 14*b*. 1084. fo. 18. 1094. ff. 5*b*. 63*b*. 1138. fo. 39*b*. 1171. fo. 36*b*. 1184. ff. 5*b*. 59*b*. 1187. fo. 33. 1188. p. 35. 1553. ff. 121. 216.

YORK, *of Brackley, fr. Co. York.* 1094. fo. 41*b*. 1184. fo. 37*b*. 1187. fo. 23*b*. 1188. p. 21. 1553. fo. 70*b*.

ZOUCH, *Lord*, 888. fo. 4*b*. 1111. fo. 31. 1165. fo. 49. 1181. fo. 53. 1187. fo. 82*b*. 1443. fo. 136*b*. 1565. fo. 2*b*. 5184. p. 1.

NORTHUMBERLAND.

ALDER, *of Alnwick*, 1153. fo. 56*b*. 1448. fo. 50*b*. 1554. fo. 119*b*.

ANDERSON, *of Newcastle*, 1153. ff. 53. 55*b*. 1171. fo. 45. 1448. ff. 22*b*. 46. 1554. ff. 13. 53*b*. 108. Add. MS. 12,477. ff. 13*b*. 14. (*a. b.*)

Anderson, 1554. ff. 6*b*. 7.

ANNESLEY, *or*, ANSLEY, *of Shaftoe*, 1153. fo. 54*b*. 1448. fo. 34. 1554. fo. 78*b*.

ARMORER, *of Belford*, 1153. fo. 51*b*. 1448. fo. 45*b*. 1554. fo. 103.

BALL, *of Newcastle, fr. Co. Lanc.* 1554. fo. 136*b*.

BAXTER, *of Newcastle*, 1171. fo. 48. 1554. ff. 16. 142*b*.

Baxter, 1554. fo. 7.

BEDENELL, *of Lemington*, 1153. fo. 52. 1448. fo. 11*b*. 1554. fo. 31.

BELGRAVE, *of Belgrave*, 1153. fo. 55*b*. 1448. fo. 47. 1554. fo. 111*b*.

BELL, *of Bellassis*, 1153. fo. 54*b*. 1448. fo. 35. 1554. fo. 79*b*.

BENNET, *of Newcastle*, 1448. fo. 58.

Bennet, 1554. fo. 7*b*.

BERTRAM, *of Mitford*, 1554. fo. 133.

BERTRAM, *v.* OGLE.

BIRD, *of Newcastle*, 1554. fo. 145*b*.

BLENKINSOP, *of Bellaster*, 1153. fo. 54*b*. 1448. fo. 35*b*. 1554. fo. 80*b*.

———— *of Blenkinsop*, 1153. fo. 56*b*. 1448. fo. 55*b*. 1554. fo. 124*b*.

Blenkinsop, of Bereley, 1554. fo. 7.

BORRELL, *of Barwick*, 1554. fo. 6.

BRADFORD, *of Bradford*, 1153. fo. 53. 1448. fo. 21. 1554. fo. 49.

BRANDLING, *of Newcastle*, 1171. fo. 48*b*. 1554. fo. 16*b*. Add. MS. 12,477. fo. 12*b*.

BUCKTON, *of Bellingsholme, fr. Co. York.* 1554. fo. 138*b*.

Burnett, 1554. fo. 17*b*.

BURRELL, *of Howtell*, 1153. fo. 56. 1448. fo. 49*b*. 1554. fo. 116*b*.

CARNABY, *of Halton, fr. Co. Cumb.* 1153. fo. 57. 1448. ff. 18*b*. 57. 1554. ff. 44*b*. 45. Add. MS. 12,477. fo. 20.

CARR, *of Ford*, 1554. fo. 143.

———- *of Newcastle*, 1171. fo. 45. 1554. fo. 15.

———- *of Woodhall*, 1448. fo. 16*b*.

CLAVERING, *of Calleley*, 1153. fo. 55*b*. 1448. fo. 46*b*. 1554. fo. 95*b*.

CLENHILL, *of Clennell*, 1153. fo. 52. 1448. fo. 12*b*. 1554. fo. 32*b*.

COLLINGWOOD, *of Eslington*, 1153. ff. 52. 56. 1448. ff. 14*b*. 48*b*. 1554. ff. 6. 36*b*.

———— *of Rayley*, 1153. fo. 51*b*. 1448. fo. 14*b*. 1554. fo. 30.

Collingwood, 1448. fo. 10. 1554. fo. 7.

CRAMLINGTON, *of Cramlington*, 1153. fo. 55*b*. 1448. fo. 42. 1554. fo. 91.

CRASTRE, *of Crastre*, 1153. fo. 54. 1448. fo. 27. 1554. fo. 64.

CRESWELL, *of Creswell*, 1554. fo. 135*b*.

DAYRRAYS, 1153. fo. 52. 1448. fo. 13. 1554. fo. 33*b*.

DELAVALE, *of Seaton*, 1153. fo. 51*b*. 1171. fo. 80*b*. 1448. fo. 7*b*. 1554. fo. 22*b*. 6093. fo. 87.

Delavale, Add. MS. 12,477. fo. 17.

DENT, *of Newcastle*, Add. MS. 12,477. fo. 15.

Dent, 1554. fo. 130.

DE RUDA, 1554. fo. 16.

DRAPER, *of Newcastle, fr. London*, 1153. fo. 56. 1448. fo. 49. 1554. fo. 115*b*.

ELAND, *de*, 1448. fo. 44*b*. 1554. fo. 101.

ELLYSSON, *of Newcastle*, Add. MS. 12,477. fo. 16.

ERRINGTON, *of Denton*, 1153. fo. 56*b*. 1448. fo. 55. 1554. fo. 97.

———— *of Errington*, 1153. fo. 54. 1448. fo. 28*b*. 1554. fo. 66*b*.

———— *of Pont Eland*, 1153. fo. 51. 1448. fo. 45.

EVERS, *or*, EURE, *Lord*, 1171. fo. 46*b*.

FELTON, 1415. fo. 36*b*. 1420. fo. 211*b*.

FENWICK, *of Batterlaw*, 1153. fo. 53. 1448. fo. 23.

———— *of Brinkborne*, 1448. fo. 33. 1554. fo. 54. 1153. fo. 54*b*.

———— *of Butterley*, 1448. fo. 58.

———— *of East Haddon*, 1153. fo. 54*b*. 1554. fo. 22.

———— *of Longshawes*, 1448. fo. 40*b*. 1554. fo. 21.

———— *of Meldon*, 1448. fo. 27*b*.

———— *of Stanton*, 1153. fo. 55. 1448. fo. 36*b*. 1554. fo. 21*b*. 6592. fo. 18.

———— *of Wallington*, 1153. fo. 53*b*.

FETHERSTONEHALGH, *of Fetherstonehalgh*, 1153. fo. 56*b*. 1448. fo. 54*b*. 1554. fo. 123*b*.

FORDE, 1171. fo. 49.

FORSTER, *of Edderston*, 1153. fo. 54. 1448. fo. 26*b*. 1554. fo. 10*b*.

———— *of Fleetham*, 1153. fo. 53*b*. 1448. fo. 26. 1554. fo. 61*b*.

FORSTER, *of Newham*, 1153. fo. 53*b*.   1171. fo. 11.   1448. fo. 26.   1554. fo. 59*b*.

———— *of Tuggill Hall*, 1153. fo. 53*b*.   1448. fo. 26.   1554. fo. 60.

GOBION, 1554. fo. 132*b*.

GONSTON, 1554. fo. 28*b*.

GRAY, *Lord Powis*, 1554. fo. 9*b*.

———— *of Chillingham*, 1153. fo. 51*b*.   1171. fo. 11*b*.   1448. fo. 9*b*.   1554. fo. 13*b*.

———— *of Kilay*, 1448. fo. 42*b*.   1153. fo. 51. 1554. fo. 93.

HASELRIGG, *of Swarland*, 1153. fo. 53.   1448. ff. 20*b*. 44*b*.   1554. fo. 47*b*.

HEARLE, 1385. fo. 32.   1559. fo. 7*b*.

HEBBORNE, *of Hebborne*, 1153. fo. 52.   1448. fo. 13*b*.   1554. fo. 35.

———— *of Newton*, 1153. fo. 52.   1448. fo. 13.   1554. fo. 33*b*.

HEPPELL, 1554. ff. 39*b*. 132*b*.

HERON, *of Bokenfield*, 1153. fo. 54.   1171. fo. 49.   1448. fo. 31*b*.   1554. fo. 18.

———— *of Chipchase*, 1448. fo. 57.   1554. fo. 73*b*.

HODGSON, *of Newcastle*, 1554. fo. 25*b*.

HODSHAM, *of Newcastle*, 1171. fo. 81*b*.

HORSLEY, 1153. fo. 57.   1448. fo. 57.   1554. fo. 46.

JACKSON, *of Newcastle*, 1153. ff. 42*b*. 56*b*. 1168. fo. 48*b*.   1397. fo. 245*b*.   1448. fo. 51.   1540. ff. 130. 156.   1554. fo. 90*b*.

JENISON, *of Newcastle, fr. Co. York*. 1153. fo. 56. 1448. fo. 47*b*.   1554. fo. 112*b*.

KILLINGWORTH, *of Killingworth*, 1153. ff. 55. 57.   1448. ff. 37*b*. 56.   1554. ff. 83*b*. 127.

KIRKBY, 1554. fo. 133*b*.

LANCKASTER, 1554. fo. 130.

LAWSON, *of Cramlington*, 1153. fo. 54.   1171. fo. 81*b*.   1448. fo. 32.

LEE, 1556 fo. 113*b*.   1554. fo. 2.

LEWEN, *of Newcastle*, Add. MS. 12,477. fo. 13.

LISLE, *or*, LISLEY, *of Felton*, 1448. fo. 24.   1554. fo. 26*b*.

Lockwood, 1448. fo. 46.   1554. fo. 108.

MADDISON, *of Newcastle, fr. Co. Durham*, 1448. fo. 48.

Maddison, 1554. fo. 7.

MANNERS, *of Ettall*, 1554. fo. 40*b*.

MARSHALL, *of Newcastle*, 1554. fo. 137*b*.

Marshall, 1554. fo. 130.

METFORD, *of Segellin*, 1554. fo. 15*b*.

MIDDLEHAM, *of Elemouth*, 1448. fo. 45*b*.

MIDDLETON, *of Eddington*, 1153. fo. 55.   1448. fo. 38*b*.   1554. fo. 85.

———— *of Newcastle, fr. Co. Durham*, 1554. fo. 24*b*.

MITFORD, *of Mitford*, 1448. fo. 33*b*.   1554. ff. 40*b*. 77.

———— *of Pont Eland*, 1153. fo. 51.   1171. fo. 45*b*.   1448. fo. 44*b*.   1554. fo. 100*b*.

———— *of Seighall*, 1153. fo. 54*b*.   1171. fo. 45*b*.   1448. fo. 32*b*.   1554. fo. 74*b*.

Morpeth, 1554. fo. 7*b*.

MULCASTER, 1171. fo. 49*b*.   1554. fo. 19.

MUSCHAMP, *of Barmoor*, 1153. fo. 54.   1448. fo. 31.   1554. fo. 71*b*.

MUSGRAVE, *of Newcastle*, Add. MS. 12,477. fo. 12.

NEVELL, *of Pickehull*, 1068. fo. 62.   1554. fo. 7.

NEWTON, *of Stockfield Hall*, 1554. fo. 29.

NORTHUMBERLAND, *Duke of*, 1562. fo. 32*b*.

———— ———— ———— *Earl of*, *v*. PERCY.

———— ———— ———— ———— ST. LICE.

Northumberland, Earl of, 1394. fo. 351.

OGLE, *of Bedside and Cawsey Park*, 1448. fo. 19. 1554. fo. 40(*a. b.*)

———— *of Burrowdon*, 1153. fo. 52*b*.   1448. fo. 15*b*.   1554. ff. 39*b*. 42.

———— *or*, BERTRAM, 1554. fo. 132*b*.

Orde, of Orde, 1554. fo. 7.

PERCY, Add. MS. 12,477. fo. 17*b*.

———— *Earl of Northumberland*, 1100. fo. 85*b*. 1167. fo. 183.   1541. fo.120*b*.   Add. MS. 14,311. fo. 36*b*.

PHILIPSON, *or*, THIRLWALL, 1448. fo. 52.

PLACE, 1171. fo. 48*b*.

POWIS. *Lord, v*. GRAY.

PROCTER, *of Shawdon, fr. Co. York*. 1153. fo. 52. 1448. fo. 14.   1554. fo. 35*b*.

RADCLIFF, *of Dilston, fr. Co. Cumb*. 1153. fo. 52*b*.   1171. fo. 49.   1448. fo. 17.   1554. fo. 18*b*.

READ, *of the Close*, 1153. fo. 53*b*.   1448. fo. 23*b*. 1554. fo. 55*b*.

REVELEY, *of Angcrofte*, 1153. fo. 55.   1448. fo. 39.   1554. fo. 86.

RIDLEY, *of Walltown*, 1448. fo. 37.   1554. fo. 81*b*.

———— *of Westwood*, 1153. fo. 55.   1171. fo. 80*b*.   1448. fo. 38.   1554. fo. 84*b*.

———— *of Willimondswick, fr. Co. Chesh*. 1554. ff. 1*b*. 5*b*. 27*b*.

Robsonn, of Newcastle, 1554. fo. 130.

RODHAM, *of Rodham*, 1153. fo. 52.   1448. fo. 12.   1554. ff. 31*b*. 140*b*.

Rodham, 1554. ff. 6*b*. 17*b*.

ROPER, *of Newcastle, fr. Co. Kent*, 1554. fo. 128*b*. 6104. fo. 76.   6592. fo. 6.

ROTHERFORD, *of Middleton Hall*, 1554. fo. 141.

Rotherford, 1554. fo 17*b*.

RYDALL, *of Newcastle*, 1171. fo. 49*b*.   1554. fo. 19*b*.

ST. LICE, *Earl of Northumberland*, 1558. fo. 41*b*.

SALKELD, *of Bassington*, 1153. fo. 53*b*.   1448. fo. 28.

———— *of Hull Abbey*, 1554. fo. 23*b*.

———— *of Rosegill*, 1554. fo. 134*b*.

SELBY, *of Betlesden*, 1153. fo. 53.   1448. fo. 22. 1554. fo. 51.

———— *of Newcastle*, 1554. fo. 24.

Selby, 1554. fo. 7*b*.

SHASTOW, *of Babington*, 1554. fo. 144.

Shasto, 1554. fo. 7*b*.

SHERWOOD, *of Newcastle*, Add. MS. 12,477. fo. 18.

SIMPSON, *of Newcastle*, 1153. fo. 56.   1448. fo. 47*b*.   1554. fo. 115.

SMYTH, 1168. fo. 13.   1397. fo. 214.   1540. fo. 67.

STROTHER, *of Newton*, 1153. fo. 53*b*.   1448. fo. 25.   1554. fo. 57*b*.

SWINBORNE, *of Edlingham and Nafferton*, 1448. fo. 15.   1554. ff. 4*b*. 39.   Add. MS. 12,477. fo. 18*b*.

Swynborne, 1234. fo. 246*b*.   1374. ff. 14*b*. 15.

Swyke, (?) 1554. fo. 130.

SWYNNOW, *of Carlisle*, 1554. fo. 139*b*.

THIRLWALL, *of Thirlwall*, 1153. fo. 56*b*.   1448. fo. 54.   1554. fo. 121.

THIRLWALL, *v.* PHILIPSON.
THORNTON, 1153. fo. 51.   1448. fo. 40.   1554.
fo. 86*b.*
WARMOUTH, *of Newcastle,* 1153. fo. 52*b.*   1448.
fo. 18.   1554. fo. 44.
WELDEN, *of Welden,* 1554. fo. 144*b.*
Welden, 1554. fo. 130.

WHITCHESTER, 1448. fo. 8.   1554. fo. 23.
WHITFIELD, 1171. fo. 13.   1554. fo. 40*b.*
WHITWANGE, *of Dunstan,* 1153. fo. 53*b.*   1448.
fo. 25*b.*   1554. fo. 58*b.*
WODDERINGTON, *of Cartington,* 1153. fo. 53.
———————— *of Swinburne,* 1171. fo. 83*b.*
1448. fo. 20.   1540. fo. 26.   1554. fo. 4.

NOTTINGHAMSHIRE.

ALESTREE, 1555. fo. 155.
ALFRETON, 1082. ff. 65*b.* 66.   1400. fo. 71.
2119. fo. 129*b.*
ANNESLEY, *of Annesley,* 1082. fo. 66*b.*   1400.
fo. 71*b.*
APELBY, 1400. fo. 40*b.*   1555. fo. 72*b.*
ARDEN, 1400. fo. 86*b.*   1555. fo. 138.
ASCOUGH, *or,* AYSCOUGH, *of Nuthall, fr. Co. Linc.*
1082. fo. 64.   1400. fo. 35.   1555. fo. 62.
Aslacton, 1555. fo. 155*b.*
ATKINSON, *of Nottingham,* 1400. fo. 71*b.*   1555.
fo. 110*b.*
ATWELL, *of Legborne,* 1555. fo. 89*b.*
AYLESBURY, *of Wycerton,* 1082. fo. 66.   1400.
fo. 70*b.*   1555. fo. 109*b.*
Ayre, 1555. fo. 154*b.*
AYSCOUGH, *v.* ASCOUGH.
BABINGTON, *of Rampton, fr. Co. Derby.* 1082.
fo. 64.   1400. fo. 82*b.*   1555. fo. 130.
Babington, 1400. fo. 2*b.*
BAKER, *of Aldesworth,* 886. fo. 51.   1082. fo.
64*b.*   1400. fo. 14.   1555. fo. 30*b.*
BALLARD, *of Southwell, fr. Co. Kent,* 1400. fo. 59.
1555. fo. 88*b.*
Barker, of South Leverton, 1555. fo. 155.
BARNAKE, 886. fo. 52*b.*   1400. ff. 26. 70*b.*
BARNARD, *of Bridford, fr. Co. Oxon.* 1555. fo.
158*b.*
BARWICK, 1555. fo. 162*b.*
BASSETT, *of Drayton,* 1400. fo. 71*b.*
——— *of Fledborough,* 1082. fo. 64*b.*   1093.
ff. 34. 57*b.*   1400. fo. 17*b.*   1415. fo.
108*b.*   1555. ff. 37*b.* 150*b.*   1570. fo.
8*b.*
——— *of Sapcotts,* 1093. fo. 90*b.*   1400. fo.
79.   1555. ff. 37. 122.
——— *of Weldon,* 1400. fo. 70*b.*
Bawdrick, 1555. fo. 155*b.*
Baxter, 1400. fo. 2*b.*   1555. fo. 154*b.*
Beaumont, Lord, 1499. fo. 21.
BERESFORD, *of Kenton, fr. Co. Staff.* 1400. fo.
94*b.*   1555. fo. 149.
BEVERCOTTS, *of Ordsall,* 1555. fo. 151.
BILLINGE, 1400. fo. 59*b.*
BINGHAM, *of Bingham,* 1400. fo. 69*b.*   1555.
fo. 126.
Bingham, 1400. fo. 2*b.*   1555. fo. 154*b.*
BINGLEY, *of Blith, fr. Co. Chesh.* 1082. fo. 64*b.*
1400. fo. 84*b.*   1555. fo. 133*b.*
BLACKNALL, *of Eaton,* 1400. fo. 64*b.*   1555. fo.
99*b.*
BLAND, *of Applestock, fr. Co. York.* 886. fo. 53*b.*
1137. fo. 118.   1400. fo. 44.   1432. fo.
118.   1541. fo. 196*b.*   1555. fo. 75.

BLAND, *of Goldington,* 1555. fo. 164.
BLONDESTON, *or,* BLUNDERSTON, *of Houghton,*
fr. Co. Suff. 1082. fo. 65.   1400. fo. 86.
1555. fo. 137.
BLUNDERSTON, *v.* BLONDESTON.
BOLLES, *of Osberton, fr. Co. Linc.* 1400. fo. 48.
1555. fo. 79.   6592. fo. 24*b.*
BOTETORT, 886. fo. 63.
BOUGGE, *v.* BUGGE.
BOURCHIER, 1555. fo. 3.
BOWETT, 1400. fo. 88.   1555. fo. 141.
BOYVILLE, 1555. fo. 152.
BRINDESLEY, *of Brindesley,* 1082. fo. 49.   1400.
fo. 79*b.*   1555. fo. 123.
Brodbent, of Stapleford, 1400. fo. 65*b.*   1555.
fo. 101.
BROME, *of Calverton, fr. Co. York.* 1400. fo. 76*b.*
1555. fo. 117.
BROOK, 1400. fo. 32.
BROOKESBY, *of Kilvington, fr. Co. Leic.* 1400. fo.
77.   1555. fo. 115*b.*
BROWNE, 1400. fo. 92*b.*   1555. ff. 26*b.* 146.
Browne, of Newark, 1555. fo. 155.
BRUSE, *of Pickering,* 1400. fo. 93.   1555. fo.
146.
BUGGE, *or,* BOUGGE, 1180. fo. 29.   1189. fo. 33*b.*
1431. fo. 27.   6125. fo. 40*b.*   6183. fo. 41*b.*
Burdon, 1555. fo. 154*b.*   1400. fo. 1.
BURLEIGH, *Lord, v.* CECIL.
BURNELL, *of Wynkborne, fr. London,* 1093. fo.
101.   1400. fo. 54.   1486. fo. 31.   1537.
fo. 85*b.*   1555. fo. 82*b.*   2113. fo. 105.
Egert. MS. 996. fo. 7*b.*
BYRON, *of Newsted, fr. Co. Lanc.* 886. fo. 46*b.*
1400. fo 6*b.*   1499. fo. 20*b.*   1555. fo. 6.
CARTWRIGHT, *of Ossington,* 1400. fo. 63.
1555. fo. 93*b.*
CECIL, *Lord Burleigh,* 1400. fo. 51.   1555. fo.
80.
CHAMBERS, *of Spretton,* 1400. fo. 86*b.*   1555.
fo. 138.
CHAWORTH, *of Wiverton, fr. Co. Derby.* 1082. fo.
65*b.*   1093. fo. 18.   1400. fo. 71.   1486.
fo. 58.   1555. fo. 108*b.*   Egert. MS. 996.
fo. 60*b.*
Chaworth, 1400. fo. 2*b.*
CLARKSON, *of Kirton,* 1400. fo. 46*b.*   1555. fo.
77.
CLAXTON, *of Kirton, fr. Co. York.* 1555. fo.
165*b.*
CLIFTON, *of Hodsock,* 886. fo. 41*b.*   1400. fo. 9.
1420. fo. 72*b.*   1555. fo. 10.   2109. fo. 75*b.*
CLUDD, *of Arnold, fr. Co. Shrop.* 1400. fo. 58.
1555. fo. 87*b.*

COLVILE, 1400. fo. 79.   1555. fo. 122.

CONSTABLE, *of Everingham*, 1400. ff. 8. 15*b*. 1555. ff. 33*b*. 152.

COOPER, *of Thurgarton*, 886. fo. 47.   1171. fo. 81.   1400. fo. 80.   1555. fo. 123*b*.

CORNWALLIS, *of Ordsall, fr. London*, 1400. ff. 50. 89. 90.   1555. fo. 141*b*.

CRANMER, *of Aslerton*, 1082. fo. 67*b*.   1400. fo. 32.   1555. fo. 56*b*.

CRESSEY, *of Hodsock*. 886. fo. 42.   1555. fo. 10. —— *of Holme, fr. Co. York*. 886. fo. 42. 1082. fo. 67*b*.   1093. fo. 23.   1400. fo. 16*b*.   1555. fo. 35*b*.

—— *of Owlcottes*, 1400. fo. 49.   1555. fo. 79*b*.

CROMWELL, *of Tatshall*, 1555. fo. 3.

Culley, 1400. fo. 1.   1555. fo. 154.

DABRIDGCOURT, *of Ossington, fr. Co. Hants.* 1400. fo. 15.   1555. fo. 31*b*.

DAND, *of Mansfield, fr. Co. Chesh.* 1400. fo. 75. 1555. fo. 113.

DARRELL, *of Radford, fr. Co. Kent*, 1400. fo. 45. 1555. fo. 75*b*.

DELAMARE, 1400. fo. 15.   1555. fo. 32.

Denman, 1555. fo. 155.

DENSELL, *v.* DENSHULL.

DENSHULL, DENSELL, *or*, DENSYLL, *of Houghton, fr. Co. Corn.* 1082. fo. 71.   1555. fo. 51.

DIGBY, *of Mansell Woodhouse, fr. Co. Leic.* 1400. fo. 29*b*.   1555. ff. 53*b*. 147*b*.

DOBSONN, *of Gainsborough*, 1400. fo. 72*b*.   1550. fo. 165*b*.   1555. fo. 112.

DODD, *of Cromwell*, 1400. fo. 18.   1555. fo. 38.

DODINGSELLES, 1400. fo. 33*b*.

DONHAM, *of Kirtlington*, 1082. fo. 68.   1400. fo. 88.   1499. fo. 21.   1555. fo. 141.

DRAPER, *of Flintham*, 1082. fo. 68*b*.   1400. fo. 78.   1555. fo. 121.

DUNHAM, 1077. fo. 46.   1173. fo. 38.   1415. fo. 116.   6128. fo. 41*b*.

EASTWOOD, *of Hayton*, 1400. fo. 46.   1555. fo. 76*b*.

EDGE, 6104. fo. 9*b*.

ELWIS, *or*, HELWISH, *of Brockston*, 1082. fo. 69. 1400. fo. 11*b*.   1555. fo. 22*b*.

ENGAINE, 1400. fo. 70*b*.

EYRE, *of Normanton*, 1082. fo. 69.   1400. fo. 18*b*. 1555. fo. 39. —— *of Rayton*, 1400. ff. 46*. 47.   1555. fo. 77*b*.

FAUCONER, 1400. fo. 1.   1555. fo. 154.

FENTON, *of Fenton*, 1082. fo. 69*b*.   1400. ff. 12*b*. 64.   1555. ff. 26*b*. 98*b*.

FITZ-RANDOLF, *of Langton Hall*, 1400. ff. 58*. 58*b*.

FLEMYNG, 886. fo. 51*b*.

FLETCHER, *of Bardolphe*, 1400. fo. 33*b*.   1555. fo. 60*b*.

FLOWER, *of Hucknall*, 1082. fo. 73.   1400. fo. 70.   1555. fo. 107.   6192. fo. 8.

FORSTER, *of Tuxford*, 1400. fo. 84*b*.   1555. fo. 133*b*.

FOUNE, *of Little Markham*, 1400. fo. 7*b*.   1555. fo. 7*b*.

FRETCHVILLE, 1400. fo. 21.   1555. fo. 43.

FREVELL, 886. fo. 63.

GARNON, *of Carlton, fr. Co. Leic.* 886. fo. 51*b*. 1400. fo. 77*b*.   1555. fo. 119.

GASTNEYS, *v.* WASTNES.

GATE, 1400. fo. 48.   1555. fo. 79.

GOLDING, *of Colston Bassett, fr. Co. Suff.* 1400. fo. 60*b*.   1555. fo. 91.

GOLYNTON, 1400. fo. 70*b*.

GOODERE, *of Collingham, fr. Co. Midd.* 1555. fo. 156.

GREENE, 1400. fo. 26.   1555. fo. 47*b*.

Grenould, 1555. fo. 155.

GRIMESBY, 1400. fo. 79.   1555. fo. 122.

Gunthorpe, *of Tuxford*, 1555. fo. 155.

HACKETT, 1400. fo. 1.   1555. fo. 154.

HAMPSTERLEY, 1555. fo. 161*b*.

HANDLEY, *of Wilford, fr. Co. Som.* 1082. fo. 70. 1400. fo. 85*b*.   1555. fo. 135*b*.

HARINGTON, 1400. fo. 79.

Harington, 1400. fo. 1.   1555. fo. 154*b*.

HARISON, 1555. fo. 155.

HARTHULL, 1400. fo. 1.   1555. fo. 154.

HASELRIGGE, *of Sutton Bennington, fr. Co. Leic.* 1082. fo. 70.   1400. fo. 83*b*.   1555. fo. 132.

Hastings, 1400. fo. 1.   1555. fo. 154.

HATFIELD, *of Willoughby*, 1075. fo. 15*b*.   1179. fo. 35.   1400. fo. 68.   1555. fo. 104. Cott. MS. Jul. F. viii. fo. 15*b*.

Hatfield, 1400. fo. 2*b*.

HAWKES, 1400. fo. 93.   1555. fo. 146.

HAWKESWORTH, 1400. fo. 70*b*.

HELWISH, *v.* ELWIS.

HERBERT, 886. fo. 64.

HERCEY, *of Grove*, 1082. fo. 79.   1400. fo. 8. 1480. fo. 42*b*.   1499. fo. 21*b*.   1555. fo. 9.   1557. fo. 14*b*.

HERON, *of Bullcote, fr. Co. Northumb.* 1555. fo. 164*b*.

HERRIS, 1400. fo. 19*b*.   1555. fo. 42*b*.

Hertley, or, Hetley, of Sturton, 1555. fo. 154*b*. 1400. fo. 2*b*.

Hetley, v. Hertley.

Heton, 1555. fo. 154*b*.   1400. fo. 2*b*.

HOLCROFT, 1400. fo. 22*b*.

Holland, 1555. fo. 155*b*.

HOLLIS, *of Houghton, fr. Co. Warr.* 1082. ff. 70*b*. 71*b*.   1400. fo. 28.   1535. fo. 259.   1555. fo. 50*b*.

HOLTOFTE, *of Flintham*, 1400. fo. 57*b*.   1555. fo. 87.

HOWARD, *Earl of Nottingham*, 1137. fo. 12. 1432. fo. 3.   1541. fo. 1.

Howard, Earl of Nottingham, 4108. fo. 2.

HOWBY, 1400. fo. 26.

HUBARKE, *of Stapleford*, 886. fo. 52*b*.

HUNT, *of Normanton*, 1400. fo. 93.   1555. fo. 147.

HUSSEY, *of Flintham*, 1400. fo. 78.   1555. fo. 121.

HUTCHINSON, *of Owthorpe*, 1400. fo. 67.   1555. fo. 102*b*.

HYND, *of Laxton, fr. London*, 1400. fo. 72.   1555. fo. 111.

ILLINGWORTH, 1400. fo. 2*b*.   1555. fo. 154*b*.

KAYNES, *or*, KAYMES, 1400. fo. 70*b*.   1555. fo. 109*b*.

KEBLE, 1400. fo. 91*b*.   1555. fo. 145*b*.

LACOCK, *of Burton*, 1400. fo. 50*b*.   1555. fo. 169*b*.

Lacock, 1555. fo. 169*b*.

LASCELLES, *of Elston, fr. Co. York*. 1400. ff. 23. 25*b*.   1555. fo. 46*b*.

—— *of Sturton*, 1555. fo. 47.

Lascelles, 1400. fo. 24.   1555. fo. 44*b*.

LAXTON, *v.* LEXINGTON.

LEEK, *of Cotham*, 1400. fo. 8.

—— *of Hallom*, 1082. fo. 73*b*.   1400. ff. 8. 56. 1555. ff. 9. 84*b*.

LEIGH, *of Southwell*, 1400. fo. 55.   1555. fo. 84.

LESSINGTON, *v.* LEXINGTON.

Lewes, of Hedon, 1555. fo. 155.

Levett, of Normanton, 1555. fo. 155.

LEXINGTON, *of Tuxford*, 1400. fo. 80*b*.   1555. fo. 124*b*.

—————— LESSINGTON, *or*, LAXTON, 1153. fo. 88.

LINLEY, 1171. fo. 82*b*.

LONGFORD, *of Sutton Ashfield, fr. Co. Derb.* 886. fo. 50*b*.   1171. fo. 84*b*.   1400. fo. 13*b*. 1555. fo. 29*b*.

Longford, 1555. fo. 154.

LONGVILLERS, *of Houghton*, 1555. fo. 2*b*.

LOUNDERS, 1555. fo. 109.

LOVELL, 1097. fo. 93*b*.   1190. fo. 66.   1484. fo. 25*b*.   1550. fo. 41*b*.

LOWDHAM, 886. ff. 26. 109.   1555. fo. 42*b*. 2134. fo. 36*b*.   Egerton MS. 996. ff. 67*b*. 68.

Lowdham, 1400. fo. 1.   1555. fo. 154.

LYNDLEY, *of Shegby, fr. Co. York.* 886. fo. 49*b*. 1400. fo. 68*b*.   1555. fo. 105*b*.

MALLETT, *of Willoughby*, 1400. fo. 68.   1555. fo. 104.

Mallett, 1400. fo. 1.   1555. fo. 154*b*.

MARKHAM, *of Cotham*, 886. ff. 42. 43.   1082. fo. 74.   1400. ff. 8. 9*b*. 80*b*.   1553. fo. 49. 1555. ff. 17. 124*b*.

MARMION, 1535. fo. 300*b*.

MARSHALL, *of Carlton*, 1082. fo. 74*b*.   1097. fo. 42.   1190. fo. 72*b*.   1400. fo. 92*b*. 1484. fo. 28*b*.   1555. fo. 146.

————— *of Mustham*, 1555. fo. 163*b*.

Maston, of Cotham, 1555. fo. 154*b*.

MAXEY, *of Cortnall*, 1093. fo. 52*b*.   1400. fo. 86*b*.   1555. fo. 138.

———— *of Higham Ferrers*, 1400. fo. 86*b*.   1555. fo. 138.

MEDHOP, *of Newark-upon-Trent*, 1555. fo. 159*b*.

MERING, *of Hocknall*, 1082. fo. 75.   1400. fo. 7*b*.   1555. fo. 7*b*.

METHLEY, *of Elston*, 1400. fo. 26*b*.   1555. fo. 49.

Methley, of Estley, 1400. fo. 2*b*.   1555. fo. 154*b*.

MOLINEUX, *of Houghton, fr. Co. Lanc.* 1082. fo. 75*b*.   1400. fo. 33.   1555. fo. 57*b*.

MONBOCHER, 1400. fo. 21.   1555. ff. 41*b*. 43.

Monox, 1400. fo. 2*b*.

MONTGOMERY, 1400. fo. 1.   1555. fo. 154.

MORTAYNE, 1400. fo. 8.   1555. fo. 9.

MOUNTNEY, *of Stoke*, 1400. fo. 30.   1555. fo. 54.

MOYLE, *of Lymby, fr. Co. Kent.* 1555. fo. 153.

Muston, of Gotham, 1400. fo. 2*b*.

NEVELL, 886. ff. 51*b*. 53*b*.   1082. fo. 76*b*. 1139. ff. 39. 118.   1400. ff. 30. 43.   1432. fo. 115.   1541. ff. 46*b*. 196*b*.   1555. fo. 53.

Newmarch, 1400. fo. 1.   1555. fo. 154.

NORTH, *of Walkeringham*, 1082. fo. 73.   1400. fo. 37*b*.   1555. fo. 65*b*.

NOTTINGHAM, *Earl of*, 1385. fo. 2.

——————— *Earl of, v.* HOWARD.

ODINGSELLS, *of Everton*, 1400. fo. 34.   1555. fo. 61.

Oglethorpe, of Kynnalton, 1400. fo. 2*b*.

Osborne, of Keyton, fr. Co. Kent, 1555. fo. 25*b*.

PABENHAM, *or*, PAGENHAM, 1400. fo. 70*b*. 1555. fo. 109*b*.

PARKINS, *of Bunney*, 1082. fo. 80*b*.   1400. fo. 87*b*.   1555. fo. 140.

PENDOCK, *of Tollaston, fr. Co. Glouc.* 1400. fo. 61. 1555. fo. 91*b*.

PERPOINT, *of Holme*, 886. fo. 42.   1082. fo. 77. 1400. ff. 19*b*. 21(*a. b.*) 22.   1415. fo. 30. 1420. fo. 177.   1487. fo. 293.   1555. ff. 41*b*. 42(*a. b.*) 46.

Perpoint, 1400. ff. 19(*a. b.*) 20(*a. b.*)   1555. ff. 39*b*. 40(*a. b.*) 41.

Pickering, 1555. fo. 154*b*.

PIGOTT, *of Weston*, 1400. fo. 66*b*.   1555. fo. 102.

PINKNEY, 1400. fo. 34.

PLOMPTON, 1555. fo. 152.

Plompton, 1555. fo. 169*b*.

Plumtree, 1555. fo. 155.

Pontrell, 1400. fo. 1.   1555. fo. 15*b*.

POOLE, *of Annesley, fr. Co. Chesh.* 886. fo. 47*b*. 1400. fo. 10*b*.   1555. fo. 20.

POWER, *of Edwalton*, 1555. fo. 157*b*.

Pycott, 1400. fo. 1.   1555. fo. 154.

RAMSTONE, 1400. fo. 2*b*.   1555. fo. 154*b*.

RANDALL, *of Stoke*, 1555. fo. 50*b*.

READ, 1555. fo. 167.

REYNES, *of Stanford*, 1400. fo. 61*b*.   1555. fo. 92*b*.

ROLSTON, *of Watnall, fr. Co. Derb.* 1555. fo. 150.

ROODES, 1400. fo. 93.   1555. fo. 146.

ROOS, *of Laxton*, 1400. fo. 63*b*.   1555. fo. 95*b*.

Roos, 1400. fo. 1.   1555. fo. 154.

ROSSELL, *of Ratcliffe*, 1400. fo. 69.   1555. fo. 106*b*.

SACHEVERELL, *of Ratcliffe, fr. Co. Derby.* 1082. fo. 77*b*.   1093. fo. 78*b*.   1400. fo. 91. 1537. fo. 48.   1555. fo. 143*b*.   Egert. MS. 996. fo. 57.

SADLER, 886. fo. 43.

ST. ANDREW, *or*, ST. ANDREA, *of Gotham*, 1180. fo. 73*b*.   1189. fo. 15.   1400. ff. 35*b*. 36. 1431. fo. 8.   1555. fo. 63(*a. b.*)   6125. fo. 4*b*.   6128. fo. 109*b*.

St. Andrew, or, St. Andrea, 1400. fo. 36*b*.   1555. ff. 64*b*. 65.

ST. GEORGE, 1400. fo. 27.   1555. fo. 49*b*.

ST. JOHN, 1400. fo. 27.   1555. fo. 49*b*.

SALFORD, *of Burton-on-Trent*, 886. fo. 65*b*.

SAMON, *of Annesley Wood House*, 886. fo. 48. 1400. fo. 13.   1555. fo. 27*b*.

SANDERSON, *of Blithe, fr. Co. York.* 1400. fo. 53. 1555. fo. 83*b*.

SANDFORD, *of Southwell, fr. Co. Cumb.* 1400. ff. 26. 94.   1555. fo. 148.

SAVELL, *of Sutton, fr. Co. York.* 1555. fo. 153*b*.

SCOPHAM, 1400. fo. 28.   1555. fo. 51.

SHERARD, *of Woodborough*, 886. fo. 52*b*.

SHERBROOKE, *of Oxton, fr. Co. Derby.* 1400. fo. 76.   1555. fo. 115.

SHIRLEY, 1555. fo. 7.

SIMCOCK, *fr. Co. Stafford*, 1082. fo. 78*b*.   1400. fo. 85.   1555. fo. 134*b*.

SKEWIS, 1082. fo. 71*b*.

SLORY, *of Colwick*, 1400. ff. 40*b*. 42.   1555. fo. 72(*a. b.*)   Add. MS. 5533. p. 119.

SMYTH, 1504. fo. 28*b*.   1546. fo. 16*b*.   6147. fo. 16.

Sorpey, 1555. fo. 154.

SOTEHILL, 1555. fo. 152.

SOUTHILL, *of Everingham, fr. Co. York.* 1400. fo. 16.   1555. fo. 33*b*.

SOUTHWORTH, *of Claborough*, 1400. fo. 65.   1555. fo. 100*b*.

STANHOPE, *of Shelford*, 1400. fo. 5.   1555. fo. 2*b*.

Stanley, of Sutton, 1555. fo. 155*b*.

STANTON, *of Stanton*, 1180. fo. 8*b*.   1189. fo. 48.   1555. ff. 53*b*. 161*b*.   6125. ff. 15. 119.   6183. fo. 16.

Stanton, 1555. fo. 155.

STAPLETON, 886. fo. 53.   1080. fo. 69*b*.   1142. fo. 15*b*.   1149. fo. 16.   1162. fo. 16*b*. 1499. fo. 20*b*.

STATHOM, *of Morley*, 1400. fo. 91*b*.   1555. fo. 143*b*.

STAUNTON, 1555. fo. 7.

Stepey, 1400. fo. 1.

STERLEY, *v.* STRELLY.

STOCKWITH, *of Stockwith*, 1555. fo. 157.

Strechley, 1400. fo. 1.   1555. fo. 154*b*.

STRELLY, *or*, STERLEY, *of Strelly*, 1555. fo. 13.
——— *of Woodborough*, 886. fo. 43*b*.   1093. fo. 57*b*.   1400. fo. 73*b*.   1555. fo. 13. Egert. MS. 996. fo. 43*b*.

STRETTON, *of Stretton*, 1400. fo. 43*b*.   1555. fo. 74*b*.

STRINGER, *of Eaton*, 1400. fo. 41.   1555. fo. 70*b*.

STURDIVANT, *of Norwell*, 1082. fo. 78*b*.   1400. fo. 87.   1555. fo. 139.

SUTTON, *Lord*, 1555. fo. 167**b*.
——— *of Averham*, 1400. ff. 80*b*. 81.   1555. ff. 124*b*. 125. 167**b*.

Sutton, 1555. fo. 155.

SWIFT, 1400. fo. 47*b*.   1555. fo. 78*b*.

TALBOT, 886. fo. 65.   1400. fo. 22*b*.

TATE, *of Sutton*, 1400. fo. 39.   1555. fo. 68*b*.

Tee, or, Tye, 1555. fo. 155.

TENWAY, 886. fo. 51*b*.

THERLAND, *v.* THURLAND.

THORNHEGH, *of Fenton*, 1400. fo. 31*b*.   1555. fo. 56.

THORNHILL, 2109. fo. 65*b*.

THURLAND, *or*, THERLAND, *of Gamston*, 1400. fo. 84.   1499. fo. 21*b*.   1555. fo. 132*b*.

THYRKYLL, 886. fo. 61.

TONG, *of Newark, fr. Co. York*. 1400. fo. 40. 1555. fo. 70.

Touke, 1400. fo. 1.   1555. fo. 154*b*.

TRUSSELL, *of Cossall, fr. Co. Warr.* 886. fo. 50. 1082. fo. 80.   1400. fo. 11.   1535. fo. 300*b*. 1555. fo. 21.

Tye, v. Tee.

VAUS, 1400. fo. 1.   1555. fo. 154.

Villers, 1400. fo. 1.   1555. fo. 154*b*.

VINCENT, *of Wilford, fr. Co. Linc.* 1400. fo. 78*b*. 1555. fo. 122.

WALDYFF, 886. fo. 63*b*.

WALKER, *of Mansfield*, 1400. fo. 73.   1555. fo. 112*b*.

WALSHE, 886. fo. 63*b*.

WARD, *of Newark*, 1400. fo. 68.   1555. fo. 104.

WASE, *of Hickling, fr. Co. Leic.* 1555. fo. 152*b*.

WASTNES, *or*, GASTNEYS, *of Hedon*, 886. fo. 54*b*. 1082. fo. 80.   1400. ff. 30*b*. 31.   1499. fo. 21*b*.   1555. fo. 55*b*.

WHALLEY, *of Cotgrave*, 1075. fo. 15*b*.   1179. fo. 35.   1400. fo. 67*b*.   1555. fo. 103*b*. Cotton MS. Jul. F. viii. fo. 15*b*.
——— *of Kirton, fr. Co. Staff.* 1400. fo. 68. 1555. fo. 104.

Whatton, 1555. fo. 155*b*.

WHITE, *of Tuxford, fr. Co. Suff.* 1400. fo. 51. 1555. fo. 80.

White, 1400. fo. 2*b*.

WIDMERPOOLE, *of Widmerpoole*, 1400. fo. 62. 1555. fo. 93.

WIGHTMAN, *of Stoke, fr. Co. Leic.* 1082. fo. 79*b*. 1400. fo. 75*b*.   1555. ff. 113*b*. 160.

WILLIAMSON, *of Burton*, 1400. fo. 52.   1555. fo. 80*b*.
——— *of Hayton*, 1400. fo. 52*b*.   1555. fo. 82.

WILLOUGHBY, *of Normanton*, 1400. fo. 57.   1499. fo. 20*b*.   1535. fo. 126.   1555. fo. 86*b*. 2187. fo. 51*b*.
——— *— — of Wollaton*, 886. fo. 45.   1400. fo. 81*b*.   1555. ff. 126*b*. 166*b*.

Wodeson, of Lowdham, 1555. fo. 155.

WOOD, *of Lamley, fr. Co. Midd.* 1166. fo. 32. 1400. fo. 42.   1451. fo. 54*b*.   1539. fo. 121.   1555. fo. 71*b*.

Wyld, of Nettleworth, 1555. fo. 155.

WYMONDESWOLD, *of Southwell*, 1400. fo. 66. 1555. fo. 101*b*.

YERBOROUGH, *of Willoughby*, 1400. fo. 59*b*. 1555. fo. 89*b*.

OXFORDSHIRE.

ANDREWES, of Woodstock, 1556. fo. 4*b*.

ANNE, *of North Aston*, 808. fo. 47.   1095. fo. 46*b*.   1412. fo. 101.   1556. fo. 156*b*. 5187. fo. 47.   Lansd. MS. 880. fo. 37*b*.

ANNESLEY, *of Brookend and Cornwell, fr. Co. Notts.* 808. fo. 25*b*.   1095. fo. 54*b*.   1097. fo. 5. 1480. fo. 17*b*.   1556. fo. 84*b*.   1557. fo. 85.   5187. fo. 32*b*.

APLETREE, *of Dedington*, 1556. fo. 147*b*.   1557. fo. 104*b*.

APPOWELL, *v.* POWELL.

ARCHER, *of Nether Thorpe, fr. Co. Warr.* 1480. fo. 57.   1557. fo. 49*b*.

ARDEN, *or*, ARDERNE, *of Cottesford*, 1095. fo. 59*b*. 1097. fo. 7.   1556. fo. 164.
——— *of Enstone, fr. Co. Warr.* 1556. ff. 65. 152. 6166. p. 151.   Add. MS. 11,388. fo. 184*b*.

ASHCOMBE, *of Alverscott*, 1480. fo. 56.   1557. fo. 46*b*.

Ashcombe, 1412. fo. 72*b*.

ASHFIELD, *of Ewelme*, 808. fo. 14.   1095. fo. 32. 1412. fo. 92*b*.   5187. fo. 18*b*.   6166. p. 153.   Lansd. MS. 880. fo. 24*b*.   Add. MS. 11,388. fo. 185*b*.
——— *of Rollewright*, 808. fo. 32.   1095. fo. 31*b*.   1097. fo. 4.   1556. fo. 68*b*. 5187. fo. 19.

ASHFIELD, *of Shipton,* 808. fo. 30*b.*

ASHWORTH, *of Heyford Warren, fr. Co. Lanc.* 1480. fo. 48.   1557. fo. 37*b.*

ATHERTON, *of Baldon,* 1557. fo. 50.

ATKINSON, *of Oxford and Co. Glouc.* 1556. ff. 133*b.* 134.

ATMORE, *of Bray in the Wold,* 808. fo. 46*b.* 1095. fo. 45.   1412. fo. 100.   1556. fo. 154*b.*   5187. fo. 46.

AUDLEY, 1556. fo. 99.

AYLWAY, *Forest of Deane, fr. Co. Glouc.* 1480. fo. 51*b.*   1557. fo. 40*b.*

AYLWORTH, *of Tackley, fr. Co. Glouc.* 808. fo. 21*b.* 1556. ff. 82. 102.   5187. fo. 27.

BABINGTON, *of Kiddington, fr. Co. Northumb.* 808. fo. 45.   1095. fo. 16*b.*   1412. fo. 82*b.* 1556. fo. 150*b.*   5187. fo. 47*b.*   Lansd. MS. 880. fo. 13*b.*

BALDINGTON, *of Alderbury,* 1556. fo. 99*b.*
————— *of Shipton,* 5187. fo. 43*b.*

BARBER, *of Adderbury, fr. Co. Beds.* 1480. fo. 60*b.* 1557. fo. 53.

BARNARD, *of Pirton,* 808. fo. 8*b.*   1095. fo. 27*b.* 1412. fo. 89*b.*   1556. fo. 149*b.*   5187. fo. 12.   Lansd. MS. 880. fo. 21*b.*

BARRY, *of Ensham and Thame,* 808. fo. 27. 1095. fo. 51*b.*   1097. fo. 7*b.*   1480. fo. 61*b.*   1556. fo. 88*b.*   1557. fo. 55*b.* 5187. fo. 34*b.*

Barton, of South Stoke, 1556. fo. 4.

BAUGH, *of Milcombe, fr. Co. Glouc.* 1480. fo. 58. 1557. fo. 48.

BAYLY, *of Ducklington, fr. Co. Dors.* 1557. fo. 12.

BEAUFOREST, *of Dorchester, fr. Co. Glouc.* 808. fo. 3.   1095. fo. 7.   1139. fo. 53. 1412. fo. 76*b.*   1556. fo. 22*b.*   5187. fo. 5*b.*   6166. p. 142.   Add. MS. 11,388. fo. 178.

BECKINGHAM, *of Pudlicott and Stonesfield,* 808. pp. 22*b.* 36.   1095. fo. 23*b.*   1097. fo. 3*b.* 1412. fo. 87.   1556. fo. 57*b.*   5187. fo. 28*b.*   6166. p. 149.   Lansd. MS. 880. fo. 18*b.*   Add. MS. 11,388. fo. 183.

BELSON, *of Aston Rowant, fr. Co. Bucks.* 808. fo. 37*b.*   1095. fo. 45*b.*   1097. fo. 8.   1194. fo. 105.   1412. fo. 100*b.*   1556. fo. 121. 1562. fo. 8*b.*   5187. fo. 41*b.*   Lansd. MS. 880. fo. 36*b.*
————— *of Kingston Blunt,* 1556. fo. 122*b.*

Bentley, 1556. fo. 4.

BEROW, *of Yelford, fr. Co. Glouc.* 1480. fo. 16. 1557. fo. 84*b.*

BETHOME, *of Adwell, fr. Co. Bucks.* 808. fo. 21. 1556. fo. 91*b.*   5187. fo. 26*b.*

BILLING, *of Deddington, fr. Co. Bucks.* 808. fo. 38.   1556. fo. 98*b.*   5187. fo. 40*b.*

BLACKMAN, *of Ensham,* 1095. fo. 48.   1556. fo. 119.

BLOUNT, *or,* BLUNT, *of Eynston,* 808. fo. 33*b.* 1556. fo. 84.   5187. fo. 39*b.*
————— *of Mapledurham,* 1556. fo. 161*b.*
————— *of Wigginton,* 1480. fo. 41*b.*   1557. fo. 16*b.*

BLUNDELL, *of Barton,* 1556. fo. 148*b.*

BLUNT, *v.* BLOUNT.

BOLSTRED, 1167. fo. 111.

BONNER, *or,* RYDDELL, *of Swarford, fr. Co. Glouc.* 1556. fo. 133.

BOURNE, *of Chesterton,* 808. ff. 8*b.* 40*b.*   1095. fo. 39*b.*   1412. fo. 97*b.*   1480. fo. 54. 1557. fo. 44.   5187. fo. 11*b.*   6166. p. 145.   Lansd. MS. 880. fo. 30*b.*   Add. MS. 11,388. fo. 180.
————— *of Wendlebery,* 1556. fo. 35.

BRASEY, *of Thame, fr. Co. Worc.* 1480. fo. 25. 1557. fo. 96.

BRAY, *of Barington,* 1041. fo. 81*b.*   1097. fo. 6. 1480. fo. 55.   1543. fo. 54**b.*   1556. fo. 146.   1557. fo. 45*b.*

BRAYBROOK, *Lord,* 1097. fo. 4*b.*

BRECKNOCK, 1556. fo. 15.

BRIDGES, *Lord Chandos, and of Fingley, fr. Co. Herts.* 1095. fo. 53*b.*   1097. fo. 3*b.*   1556. fo. 124*b.*

BRIGHAM, *of Cannon Jude,* 1480. fo. 44.   1557. fo. 13.

BROCKHULL, 1095. fo. 36*b.*   1556. fo. 26*b.*

BROOME, *of Clifton,* 1480. fo. 18.   1556. fo. 100*b.*   1557. fo. 86*b.*
————— *of Halton, fr. Co. Warr.* 808. fo. 42. 1556. fo. 99.   5187. fo. 42*b.*

BRUDWELL, Add. MS. 16,279. p. 210.

BRULEY, *of Waterstock,* 808. fo. 46.   1095. fo. 42.   1412. fo. 98*b.*   1556. fo. 152. 5187. fo. 45.   Lansd. MS. 880. fo. 34*b.*

BULL, *of Heddington, fr. Co. Som.* 1480. fo. 47*b.* 1557. fo. 33.

BURFORD, *Baron, v.* CORNWALL.

Burnell, 1556. fo. 4.

BURY, *of Culnaham,* 1095. fo. 63*b.*   1556. fo. 103.

BUSTARD, *of Adderbury, fr. Co. Devon.* 1095. fo. 50*b.*   1097. fo. 2*b.*   1556. fo. 118.

BUTLER, *of Worthington, fr. Co. Northampt.* 808. ff. 10*b.* 40*b.*   1095. fo. 15*b.*   1412. fo. 82. 1556. fo. 37.   5187. fo. 14*b.*   6166. p. 146.   Lansd. MS. 880. fo. 12*b.*   Add. MS. 11,388. fo. 180*b.*

CALCOTT, *of Hooknorton and Willscott,* 808. ff. 9. 39.   1095. fo. 18*b.*   1412. fo. 83*b.* 1556. fo. 40*b.*   5187. fo. 12*b.*   6166. p. 147.   Lansd. MS. 880. fo. 15.   Add. MS. 11,388. fo. 181.

CARLETON, *of Brightwell, fr. Co. Linc.* 808. ff. 6*b.* 41*b.*   1095. fo. 5*b.*   1412. fo. 75. 1504. fo. 11.   1546. fo. 57*b.*   1556. fo. 17*b.*   6166. p. 142*b.*   Lansd. MS. 880. fo. 4.   Add. MS. 11,388. fo. 177*b.*

CAVE, *of Waterstock, fr. Co. Northampt.* 808. ff. 7. 37.   1095. fo. 20*b.*   1412. fo. 85*b.* 1556. fo. 50*b.*   5187. fo. 10*b.*   6166. p. 147.   Lansd. MS. 880. fo. 16*b.*   Add. MS. 11,388. fo. 182.

CHAMBERLAYNE, *of Sherborne, fr. Co. Linc.* 1480. fo. 23*b.*   1556. fo. 93*b.*   1557. ff. 29*b.* 93*b.* 105*b.*
————— *of Stratton Audley,* 1480. fo. 9. 1557. ff. 74*b.* 105*b.*
————— *of Wickham Castle,* 1557. fo. 30.

CHAMBERS, *of Petton,* 808. ff. 9. 39.   1095. fo. 18*b.*   1412. fo. 83*b.*   1556. fo. 41. 5187. fo. 12*b.*   Lansd. MS. 880. fo. 15.

CHANDOS, *Lord, v.* BRIDGES.

CHARLTON, 1480. fo. 46*b.*   1557. fo. 34.

CHAWORTH, 1556. fo. 159.

CHYLD, *of Enston, fr. Co. Worc.* 1556. fo. 168.

CLARKE, *of Worton, fr. Co. Som.* 1100. fo. 94*b*. 1167. fo. 119. 1556. fo. 140*b*. 1563. fo. 145.

CLIFFORD, 1412. fo. 102*b*.

CLODSHALL, 1556. fo. 152.

COAPE, *of Banbury and Hanwell,* 1555. fo. 108*b*. 1556. fo. 158*b*.

COBB, *of Adderbury, fr. Co. Norf.* 1480. fo. 59. 1556. fo. 149. 1557. fo. 50*b*.

COCKERELL, 1556. fo. 102*b*.

COGAN, *of Oxford, fr. Co. Som.* 808. fo. 11. 1095. fo. 10*b*. 1412. fo. 78*b*. 1556. fo. 30*b*. 5187. fo. 15. 6166. p. 144. Lansd. MS. 880. fo. 8*b*. Add. MS. 11,388. fo. 179*b*.

COGHILL, *of Blechingdon, fr. London,* 1480. fo. 32*b*. 1557. fo. 10*b*.

COKER, *of Bicester,* 1557. fo. 38*b*.
———— *of Hook Norton, fr. Co. Berks.* 1097. fo. 3.

COLCHESTER, *of Gray's Inn,* 1557. fo. 96*b*.

Cole, 1095. fo. 46.

Cooper, of Glinton, 1412. fo. 72*b*.

COPCOTT, *of Horspath,* 808. fo. 47*b*. 5187. fo. 46*b*.
———— *of Pirton,* 1556. fo. 4.

CORNEY, *of Steeple Barton, fr. Co. York.* 1480. fo. 4. 4*. 1557. fo. 66*b*.

CORNWALL, Add. MS. 14,311. fo. 33*b*.
———— *Baron Burford,* 1097. fo. 9*b*.

COTTESFORD, *of Launton,* 1480. fo. 31*b*. 1557. fo. 11*b*.

COTTESMORE, *of Brightwell,* 1095. fo. 50. 1097. fo. 2*b*. 1187. fo. 11*b*. 1188. p. 4. 1556. fo. 117*b*.

CRISPE, *of Copcott,* 1095. fo. 60. 1097. fo. 8*b*. 1556. fo. 165.

Crispe, 1556. fo. 4.

CROKER, *of Hook Norton, fr. Co. Berks.* 1095. fo. 41. 1412. fo. 98. 1556. fo. 123*b*. Lansd. MS. 880. fo. 34.

CROOKE, 1480. ff. 25. 30*b*. 1556. fo. 45*b*. 1557. fo. 20*b*.

CUPPER, *of Glimpton, fr. Co. Shrop.* 1095. fo. 57*b*. 1097. fo. 6*b*. 1556. fo. 127.

CURSON, *of Waterperry, fr. Co. Derby.* 808. fo. 1*b*. 1095. fo. 9*b*. 1412. fo. 78. 1480. fo. 5. 1556. fo. 28*b*. 1557. fo. 69*b*. 5187. fo. 3*b*. 6166. p. 144. Lansd. MS. 880. fo. 8. Add. MS. 11,388. fo. 179.

DANNERSE, Add. MS. 14,315. p. 80.

DANVERS, *or,* DAVERS, *of Adderbury,* 1557. fo. 88*b*. 1480. fo. 19*b*.
———————— *of Colthorpe and Banbury,* 808. fo. 46. 1095. ff. 36. 43. 1097. fo. 2. 1139. fo. 52*b*. 1180. fo. 19*b*. 1189. fo. 20*b*. 1412. ff. 95*b*. 99*b*. 100. 1431. fo. 13*b* 1556. fo. 43. 1557. fo. 16. 4031. fo. 73*b*. Lansd. MS. 880. fo. 35. Add. MS. 11,388. fo. 181*b*.
——————— *of Culworth,* 808. fo. 45*b*. 1095. fo. 43. 1412. fo. 99. 1480. fo. 41.
——————— *of Morton,* 1557. fo. 32*b*. 1480. fo. 46.
——————— *of Prescott,* 808. fo. 8.

DARELL, 1556. fo. 45*b*. 1557. fo. 91*b*.

DAVERS, *v.* DANVERS.

DENTON, *of Amersden and Hampton Poyle, fr. Co. Berks.* 808. ff. 6*b*. 41*b*. 1412. fo. 74*b*. 1480. fo. 18*b*. 1556. ff. 137*b*. 1537. fo. 87*b*. 5187. fo. 44.

DENTON, *of Blackthorne,* 1480. fo. 19. 1557. fo. 88.

DORMER, 1139. fo. 101*b*.

Dorset, 1556. fo. 4*b*.

DOYLEY, *of Adderbury,* 1480. fo. 20. 1556. fo. 104. 1557. fo. 89*b*.
———— *of Chiselhampton,* 1480. fo. 61. 1556. fo. 103*b*. 1557. fo. 54*b*.
———— *of Meriton,* 808. fo. 15. 1556. fo. 107. 5187. fo. 19*b*.
———— *of Stodham,* 1480. fo. 24. 1556. fo. 108. 1557. fo. 94.

Duck, 1556. fo. 4*b*.

DUNCOMBE, *of Doddington, fr. Co. Bucks.* 1557. fo. 96*b*.

DURANT, *of Yarnton, fr. Co. Rutland,* 808. fo. 24*b*. 1556. fo. 83*b*. 5187. fo. 31.

EDGERLEY, *of Milton,* 808. fo. 23. 1095. fo. 32*b*. 1412. fo. 93. 1556. fo. 48. 5187. fo. 30. 6166. p. 148. Lansd. MS. 880. fo. 25. Add. MS. 11,388. fo. 182.

EDMONDS, *of Deddington,* 808. fo. 26. 1137. fo. 37. 1480. fo. 41. 1556. fo. 88. 5187. fo. 33.
———— *of Winslow,* 1557. fo. 16.

ELMES, *of Bowlney,* 808. fo. 33. 1556. fo. 83. 5187. fo. 39.

ELSYNG, *of Cornwell, fr. Co. Camb.* 1557. fo. 100*b*.

ESSE, *of Buckenhall, fr. Co. Devon,* 1095. fo. 52. 1097. fo. 7*b*. 1556. fo. 118*b*.

ESTURMEY, *v.* STURMEY.

EURE, *of Heyford Warren,* 1480. fo. 50. 1557. fo. 37.

EYNES, *of Charlberry, fr. Co. Shrop.* 1557. fo. 80*b*.

FETTIPLACE, *or,* PHETTIPLACE, *of Swinbrook,* 808. fo. 14. 1095. fo. 32. 1412. fo. 92*b*. 1480. fo. 43*b*. 1556. fo. 70*b*. 1557. fo. 14. 5187. fo. 18*b*. Lansd. MS. 880. fo. 24*b*.

FITZHERBERT, *of Bagbrooke, fr. Co. Herts.* 1480. fo. 3. 1557. fo. 64*b*.

FITZHUGH, *of Walcot, fr. Co. Beds.* 1556. fo. 176.

FLEETWOOD, *of Woodstock, fr. Co. Lanc.* 1556. fo. 166*b*.

FLEXNEY, *of Oxford,* 1556. fo. 145*b*.

FOWLER, *of Cuddesdon and Ricott,* 1139. fo. 86*b*. 1556. ff. 110. 180.

FRERE, *of Oxford,* 808. fo. 10. 1095. fo. 15. 1412. fo. 81*b*. 1556. fo. 29*b*. 5187. fo. 13*b*. 14. 6166. p. 144. Add. MS. 11,388. fo. 179*b*.

Fulwell, 1556. fo. 4.

FYNES, *of Broughton, fr Co. Camb.* 1097. fo. 3. 1095. fo. 63. 1480. fo. 40*b*. 1557. fo. 15*b*.

GAINSFORD, *of Idbury, fr. Co Surrey,* 808. ff. 18. 36*b*. 1095. fo. 22*b*. 1097. fo. 4*b*. 1412. fo. 86*b*. 1556. fo. 78*b*. 1561. fo. 84. 5187. fo. 23*b*. 6166. p. 149. Lansd. MS. 880. fo. 18. Add. MS. 11,388. fo. 182*b*.

GARDINER, 1433. fo. 171.

Gardner, of Alebury, 1556. fo. 4.

GIBBONS, *or,* PAYNE, *of Ditchley, fr. Co. Warr.* 808. fo. 23*b*. 1095. fo. 28*b*. 1412. fo. 90. 1556. fo. 64. 5187. fo. 30*b*. 6166. p. 151. Lansd. MS. 880. fo. 22. Add. MS. 11,388. fo. 184(*a. b.*)

GILL, *of Wickham, fr. Co. Notts.* 808. fo. 43*b*. 5187. fo. 48*b*.

Glynne, of Bicester, 1557. fo. 106.

GOLLOFREY, or, GOLEAFFER, *of Cernden,* 808. fo. 19*b*. 1556. ff. 82. 100*b*. 5187. fo. 25*b*.

GOODERE, *of Heythrop, fr. Co. Warr.* 1557. fo. 103*b*.

GRANDGER, *of Witney,* 1557. fo. 26*b*.

GRAY, 1556. fo. 170*b*.

GREENE, *of Great Milton,* 808. fo. 37. 1102. fo. 116. 1139. fo. 50. 1391. fo. 119. 1556. fo. 78. 5187. fo. 40.

GREENWOOD, *of Brize Norton, fr. Co. York.* 1480. fo. 11. 1557. fo. 76.

GRIFFITH, *of Bloxholme, fr. Anglesey,* 1480. fo. 38*b*. 1557. fo. 17*b*.

HADDON, 1556. fo. 179*b*.

HALL, *of Banbury,* 1480. fo. 22*b*. 1556. fo. 75. 1557. fo. 24*b*.

―― *of Swarford,* 1139. fo. 51*b*.

Hall, 1556. fo. 4*b*.

HAMPDEN, *of Hampden,* 1557. fo. 87.

HAMPSHIRE, *of Crawley,* 1480. fo. 56*b*. 1557. fo. 47.

HAMSON, *of Bradwell,* 1480. fo. 38. 1557. fo. 18.

HANSARD, 1556. fo. 162.

HARBORNE, *of Tackley, fr. Co. Midd.* 1480. fo. 49*b*. 1556. fo. 161. 1557. fo. 36*b*.

HARCOURT, 1095. fo. 12*b*. 1097. fo. 5. 1180. fo. 76. 1429. fo. 75. 5832. fo. 3. 6183. fo. 76*b*. Add. MS. 12,479. fo. 11*b*.

HARMAN, *of Tainton, fr. Co. Suff.* 808. fo. 18*b*. 1095. fo. 25. 1097. fo. 6. 1412. fo. 88*b*. 1556. fo. 66. 5187. fo. 24. 6166. p. 151. Lansd. MS. 880. fo. 20. Add. MS. 11,388. fo. 184.

HARRINGTON, *of Kidlington, fr. Co. Rutland.* 1556. fo. 142.

HASLOM, 1412. fo. 102*b*.

HASTINGS, *of Elford, fr. Co. Worc.* 808. ff. 13*b*. 34*b*. 35. 1095. fo. 24. 1412. fo. 87*b*. 1480. fo. 16*b*. 1556. fo. 60*b*. 1557. fo. 85*b*. 5187. fo. 18. 6166. p. 149. Lansd. MS. 880. fo. 19. Add. MS. 11,388. fo. 183.

HAWTAYNE, or, HAWTEN, *of the Ley,* 808. ff. 11*b*. 39*b*. 1095. fo. 14*b*. 1412. fo. 81. 1480. fo. 39. 1556. fo. 38*b*. 1557. fo. 21. 5187. fo. 15*b*. 6166. p. 146*b*. Lansd. MS. 880. fo. 11*b*. Add. MS. 11,388. fo. 181.

HAWTEN, *v.* HAWTAYNE.

HAWTREY, *of Bodicott,* 1480. fo. 21*b*. 1557. fo. 92*b*.

HAYDOCK, *of Bampton,* 808. fo. 29*b*. 1556. fo. 93. 5187. fo. 37.

HAYDON, *of Lawenton, fr. Co. Herts.* 808. fo. 28*b*. 1556. fo. 89. 5187. fo. 36.

HEARLE, *v.* HERLE.

HEATH, *of Shelswell,* 1095. fo. 61. 1097. fo. 9. 1556. fo. 132.

HERLE, or, HEARLE, *of Stanton Wyard, fr. Co. Heref.* 1097. fo. 6. 1556. fo. 126*b*.

HESTER, *of Thame,* 1557. fo. 97.

HIGGINS, *of Fewcott, fr. Co. Berks.* 1557. fo. 47*b*.

HILDESLEY, *of Cromarsh Gifford, fr. Co. Berks.* 808. fo. 5*b*. 1095. fo. 38*b*. 1097. fo. 8*b*. 1412. fo. 97. 1556. fo. 20. 5187. fo. 8. 6166. p. 142*b*. Lansd. MS. 880. fo. 30. Add. MS. 11,388. fo. 178.

HITCH, *of Wendlebury, fr. Cos. Beds. and York.* 808. fo. 26*b*. 1139. fo. 96. 1556. fo. 155. 5187. fo. 34.

HODGESON, *of Fifield, fr. London,* 1046. fo. 56*b*. 1147. fo. 126*b*. 1397. fo. 94*b*. 1430. fo. 132*b*. 1556. fo. 168*b*. 1561. fo. 149*b*. Add. MSS. 4963. fo. 151*b*. 12,478. fo. 40*b*.

HOLLOWAY, *of Oxford,* 1480. fo. 36. 1557. fo. 7.

HOLTE, *of Stoke Lynds, fr. Co. Lanc.* 808. fo. 6. 1095. fo. 36*b*. 1097. fo. 7. 1412. fo. 96. 1556. fo. 26*b*. 1557. fo. 21*b*. 5187. fo. 9. Add. MS. 11,388. fo. 179.

HORD, *of Coat, fr. Co. Shrop.* 1097. fo. 9*b*. 1480. fo. 15*b*. 1556. fo. 153. 1557. fo. 84.

HORNE, 808. fo. 19*b*. 5187. fo. 26.

Horne, of Sarsden, 1556. fo. 4.

HORSMAN, *of Haseley, fr. Co. York.* 808. fo. 5. 1095. fo. 34*b*. 1412. fo. 94*b*. 1556. fo. 6. 5187. fo. 7*b*. 6166. p. 141. Lansd. MS. 880. fo. 29*b*. Add. MS. 11,388. fo. 177.

HOVELL, *v.* HOWELL.

HOWELL, or, HOVELL, *of Eynsham, fr. Co. Suff.* 808. fo. 25. 1556. fo. 86. 5187. fo. 32.

HUGHES, *of Middleton Stoney, fr. Co. Carnarvon.* 1480. fo. 7*b*. 1557. fo. 72*b*.

Hughes, 1556. fo. 4*b*.

HUNGERFORD, *of Black Bourton,* 1480. fo. 13*b*. 1556. fo. 169. 1557. fo. 82*b*.

IZODE, *v.* SHILLINGFORD.

JENKINSON, *of Walcot, fr. Co. Lanc.* 1480. fo. 22. 1557. fo. 93.

JONES, *of Chasleton,* 1557. fo. 101*b*.

―― *of Esthall,* 1480. fo. 37. 1557. fo. 6.

KEATE, *of Checkendon,* 1556. fo. 170.

KELLAWAY, 1102. fo. 122. 1139. fo. 51.

KENION, *of Esthall, fr. London,* 1480. fo. 37*b*. 1557. fo. 19.

KEYT, *of Woodstock,* 1556. fo. 157*b*.

KINSMAN, 1556. fo. 15.

KNEVETT, 1557. fo. 101.

KNOLLES, 808. fo. 17. Add. MS. 14,311. fo. 86*b*.

Knowles, 4108. fo. 2.

LACY, *of Shipton, fr. Co. Northumb.* 1480. fo. 21. 1556. fo. 139. 1557. fo. 92.

LAKE, 1557. fo. 98.

Lapworth, of Oxford, 1556. fo. 4*b*.

LEE, *of North Aston,* 808. fo. 10*b*. 1095. fo. 11. 1412. fo. 79. 1556. fo. 36*b*. 5187. fo. 33. 6166. p. 146*b*. Lansd. MS. 880. fo. 9. Add. MS. 11,388. fo. 180*b*.

LENTHALL, *of Lachford, fr. Co. Heref.* 808. fo. 24. 1095. fo. 52*b*. 1097. fo. 7*b*. 1480. fo. 55*b*. 1556. fo. 119*b*. 1557. fo. 45. 5187. fo. 31*b*.

LE ROOS, 1556. fo. 26*b*.

LEVINS, or, LEVINZ, *of Oxford, fr. Co. Westm.* 808. ff. 4*b*. 41. 1095. fo. 12. 1412. fo. 79*b*. 1556. fo. 28. 5187. fo. 7. 6166. p. 143. Lansd. MS. 880. fo. 10. Add. MS. 11,388. fo. 179.

LIBBE, *of Chekenden, fr. Co. Devon.* 808. fo. 6. 1095. fo. 37. 1412. fo. 96*b*. 1556. fo. 23*b*. 5187. fo. 8*b*. 6166. p. 143. Add. MS. 11,388. fo. 178*b*.

LIBBE, *of Hardwick*, 1480. fo. 29. 1556. fo. 23*b*. 1557. fo. 99*b*.

LIGHT, *of Horley*, 808. ff. 12. 39*b*. 1095. fo. 16. 1097. fo. 3. 1412. fo. 82. 1556. fo. 39*b*. 5187. fo. 16*b*. 6166. p. 146. Lansd. MS. 880. fo. 13. Add. MS. 11,388. fo. 181.

LITCOTT, *of Chekenden, fr. Co. Berks.* 808. fo. 4. 1095. fo. 4*b*. 1412. fo. 74. 1556. fo. 12*b*. 5187. fo. 6*b*. 6166. p. 141. Lansd. MS. 880. fo. 3. Add. MS. 11,388. fo. 177.

LOGGINS, *of Idbury*, 1557. fo. 39.

LOVE, *of Broughton, fr. Co. Kent*, 1095. fo. 56*b*. 1097. fo. 6. 1556. fo. 125.

Lovelace, of Henley, 1556. fo. 4.

LYDE, *of Coddesdon and Horspath*, 1480. fo. 45*b*. 1557. fo. 31*b*.

LYDYAT, 810. fo. 13.

MACHEN, *of Benchington, fr. Co. Glouc.* 1557. fo. 28.

MARROWE, 808. fo. 42*b*. 5187. fo. 43.

MARTIN, *of Witney*, 1480. fo. 36*b*. 1557. fo. 19*b*.

MAWNDE, *of Chesterton*, 808. fo. 29. 5187. fo. 36*b*.

MEDHOPE, *of Aston*, 1480. fo. 13. 1557. fo. 79*b*.

MERCY, *or*, MESEY, *fr. Co. Worc.* 1480. fo. 41. 1557. fo. 16.

MEREDITH, *v.* MOORE.

MESE, *of Overwarton*, 1480. fo. 7. 1557. fo. 71*b*.

MESEY, *v.* MERCY.

MOLLINS, *of Monkswell, fr. Co. Hants.* 1556. fo. 174*b*. 1557. fo. 62*b*.

MOORE, *of Haddon*, 1556. fo. 109.

———— *or*, MEREDITH, *of North Aston, fr. Co. Bucks.* 808. fo. 28. 1556. fo. 91. 5187. fo. 35*b*.

Moore, of Bicester, 1556. fo. 4.

MOORECROFT, *of Churchill, fr. Windsor*, 1480. fo. 53. 1557. fo. 41*b*.

MORGAN, 1097. fo. 3*b*.

NAPPER, *of Holywell, fr. Co. Dors.* 1480. fo. 9*b*. 1557. fo. 75.

NASH, *of Woodstock, fr. Co. Warr.* 808. fo. 27*b*. 1556. fo. 89*b*. 5187. fo. 35.

Newes, 1556. fo. 4*b*.

NORRIS, *of Islip*, 1480. fo. 50*b*. 1557. fo. 39*b*.

———— *of Weston on the Green*, 1480. fo. 34*b*. 1557. fo. 9*b*.

NOURSE, *of Woodeaton, fr. Co. Bucks.* 1480. fo. 31. 1556. fo. 167*b*. 1557. fo. 20.

OGLETHORP, *of Newington*, 808. fo. 3*b*. 1095. fo. 6*b*. 1412. fo. 75*b*. 1556. fo. 17. 5187. fo. 6. 6166. p. 141. Lansd. MS. 880. fo. 4*b*. Add. MS. 11,388. fo. 117*b*.

OSBALDESTON, *of Chadlington, fr. Co. Lanc.* 1095. fo. 55*b*. 1097. fo. 4*b*. 1480. fo. 52*b*. 1556. fo. 125*b*. 1557. fo. 42*b*.

OUDIS, *of Adderbury*, 1480. fo. 41. 1557. fo. 16.

OWEN, *of Godstowe*, 808. ff. 12. 41. 1095. fo. 7*b*. 1097. fo. 6*b*. 1412. fo. 77. 1556. fo. 32. 5187. fo. 16. 6166. p. 145. Lansd. MS. 880. fo. 6. Add. MS. 11,388. fo. 180.

OWGAN, *v.* WOGAN.

OXFORD, *Earl of*, *v.* VERE.

PALMER, *of South Stoke*, 1556. fo. 4.

PARRATT, *of Oxford*, 808. fo. 26*b*. 1139. fo. 95*b*. 5181. p. 41. 5187. fo. 33*b*.

PARSONS, *of Great Milton*, 1412. fo. 103. 1480. fo. 64. 1557. fo. 4.

PAYNE, *v.* GIBBONS.

PAYNELL, 1556. fo. 15.

PEGE, 808. fo. 38. 1139. fo. 96*b*. 5187. fo. 41.

PENNISTON, *of Dean, fr. Co. Buchs.* 808. ff. 17. 34*b*. 1095. fo. 21*b*. 1412. fo. 85. 1556. fo. 56*b*. 5187. fo. 22. 6166. p. 149. Lansd. MS. 880. fo. 17*b*. Add. MSS. 11,388. fo. 182*b*. 14,311. fo. 86*b*.

PERROTT, *of Drayton and North Leigh*, 808. fo. 2. 1095. fo. 8*b*. 1412. fo. 77*b*. 1480. ff. 3*b*. 4*b*. 1556. fo. 24. 1557. fo. 67. 5187. fo. 4. 6166. p. 143. Lansd. MS. 880. fo. 7.

———— *of Stoke Lyndes*, Add. MS. 11,388. p. 178*b*.

PEROTT, *v.* WICKHAM.

PETTEY, *of Stoke*, 1480. fo. 33. 1557. fo. 10.

———— *of Tetsworth*, 808. fo. 20*b*. 1139. fo. 39*b*. 1556. fo. 97. 5187. fo. 25.

———— *of Thame*, 1557. fo. 25*b*.

PHENICE, 808. fo. 43*b*. 5187. fo. 48*b*.

PHETTIPLACE, *v.* FETTIPLACE.

PIGOTT, *of Aston, fr. Co. York.* 1095. fo. 62. 1097. fo. 7*b*.

PILKINGTON, 1412. fo. 102*b*.

PINCHPOOLE, *of Hampton Poyle, fr. Co. Essex*, 1556. fo. 102*b*.

PINK, *of Oxford, fr. Co. Hants.* 1480. fo. 35. 1557. fo. 6*b*.

PIPARD, *of Lacheford*, 808. fo. 19. 5187. fo. 24*b*.

PLOWDEN, *of Shiplake, fr. Co. Shrop.* 1480. fo. 28. 1557. fo. 97*b*.

POLLARD, *of Newnham, fr. Co. Devon.* 808. fo. 43. 1095. fo. 58. 1097. fo. 6*b*. 1480. fo. 47. 1556. fo. 129*b*. 1557. fo. 33*b*. 5181. p. 50. 5187. fo. 44*b*.

POOLE, 1097. fo. 3*b*.

POPE, *of Deddington and Rockstone*, 808. ff. 23. 38*b*. 1095. fo. 19*b*. 1412. fo. 84*b*. 1556. fo. 47*b*. 5187. fo. 29*b*. 6166. p. 147. Lansd. MS. 880. fo. 16. Add. MS. 11,388. fo. 181*b*.

POWELL, *or*, APPOWELL, *of Sandford*, 1480. fo. 34. 1557. fo. 8.

Powell, 1556. fo. 4*b*.

POWER, *of Bletchington*, 808. fo. 31(*a. b.*) 1095. fo. 61*b*. 1556. fo. 135*b*. 5187. ff. 37*b*. 38.

PRATELL, *of Tew*, 1139. fo. 51*b*.

PRESTON, 1094. fo. 145*b*. 1184. fo. 142*b*. 1187. fo. 46. 1188. pp. 35. 56.

PUDSEY, *of Elsfield, fr. Co. Warr.* 1095. fo. 58*b*. 1097. fo. 6*b*. 1480. fo. 5*b*. 1556. fo. 130*b*. 1557. fo. 70*b*.

PURSHALL, 1139. fo. 51*b*.

PURY, *of Chamberhouse*, 808. fo. 46*b*. 1095. fo. 44*b*. 1412. fo. 100. 1556. fo. 154. 5187. fo. 45*b*. Lansd. MS. 880. fo. 36.

Pye, of Oxford, 1556. fo. 4*b*.

PYMME, *of Banbury*, 808. fo. 44.

Pypard, of Haseley, 1556. fo. 4.

RAINSFORD, *of Tew, fr. Co. Lanc.* 808. fo. 15*b*. 1095. fo. 33*b*. 1100. ff. 22*b*. 29. 1102. fo. 117*b*. 1139. fo. 51*b*. 1167. ff. 15. 19*b*. 1391. fo. 120*b*. 1412. fo. 93*b*. 1556. fo. 75. 5187. fo. 20. 6166. p. 153. Lansd. MS. 880. fo. 25*b*. Add. MS. 11,388. fo. 186.

RANDOLPH, *of Whitfield, fr. Co. Berks.* 1556. fo. 162*b*.

RAVENING, *of Cudlington,* 808. fo. 38. 1139. fo. 96*b*. 1556. fo. 82*b*. 5181. p. 52. 5187. fo. 41.

Raynsford, 808. fo. 21.

RESTWOLD, 1532. fo. 3.

RISLEY, 890. fo. 11*b*. 1171. fo. 22. 1187. fo. 55. 1188. p. 71. 1553. fo. 13.

ROLLS, *of Brightwell,* 1480. fo. 62*b*. 1557. fo. 58.

—— *of Lewknor, fr. Co. Devon.* 1480. fo. 63. 1557. fo. 57*b*.

RYDDELL, *v.* BONNER.

ST. JOHN, *Lord,* 1557. fo. 60*b*.

ST. PHILBERT, 1556. fo. 4*b*.

St. Valery, 1556. fo. 4*b*.

SAMBORNE, *fr. Co. Berks.* 1097. fo. 9.

SAMON, *of Henley,* 1557. fo. 22*b*.

SANDERS, 1535. fo. 196.

Sanders, of Banbury, 1556. fo. 4*b*.

SAVAGE, *of Clanfield, fr. Co. Warr.* 808. fo. 17*b*. 1095. fo. 24*b*. 1412. fo. 88. 1556. fo. 65*b*. 5187. fo. 22*b*. 6166. p. 152*b*. Lansd. MS. 880. fo. 19*b*. Add. MS. 11,388. fo. 184*b*.

SAY, *of Blechingdon, fr. Co. Midd.* 1480. fo. 8*b*. 1557. fo. 74.

SCROOPE, *of Wormesley, fr. Co. Bucks.* 1480. fo. 62. 1557. fo. 56*b*.

SCUDAMORE, 1480. fo. 46*b*. 1557. fo. 34.

SEYMOUR, *of Burton, fr. Co. Wilts.* 808. ff. 14*b*. 34. 1095. fo. 29*b*. 1412. fo. 91. 1556. fo. 63*b*. 6166. p. 150. Lansd. MS. 880. fo. 23*b*. Add. MS. 11,388. fo. 183*b*.

SHARSHALL, *of Tew,* 1139. fo. 51*b*.

SHELDON, *of Steeple Barton, fr. Co. Worc.* 1557. fo. 59.

SHEPPARD, *of North Aston,* 808. fo. 28. 1556. fo. 90*b*.

———— *of Rollewright,* 1480. fo. 53*b*. 1557. fo. 43*b*.

Sheppard, of Rollewright, 1556. fo. 4.

SHILLINGFORD, *or,* IZODE, *of Beckley,* 1480. fo. 45. 1557. fo. 31.

SILL, *of Fulwell, fr. Co. Northampt.* 1556. fo. 98.

Silvester, of Burford, 1551. fo. 4.

Simson, 1556. fo. 4.

SMYTH, *of Oxford, fr. Co. Lanc.* 808. fo. 9*b*. 1095. fo. 13*b*. 1412. fo. 80*b*. 1556. fo. 33*b*. 5187. fo. 13. 6166. p. 145. Lansd. MS. 880. fo. 11. Add. MS. 11,388. fo. 180.

SNAPE, *or,* SNAPP, *of Stanlake,* 808. fo. 7*b*. 1095. fo. 12*b*. 1412. fo. 80. 1556. fo. 35*b*. 5187. fo. 11. 6166. p. 145. Lansd. MS. 880. fo. 10*b*. Add. MS. 11,388. fo. 180*b*.

SONIBANK, *of Haseley,* 1480. fo. 26*b*. 1557. fo. 95*b*.

SPEERE, *v.* SPYER.

SPENCER, *of Yarnton,* 1556. fo. 163*b*.

SPYER, *or,* SPEERE, *of Huntercombe,* 1081. fo. 30*b*. 1095. fo. 64. 1139. fo. 123*b*. 1483. fo. 128*b*. 1532. ff. 53. 86. 1556. fo. 116*b*. 6173. fo. 84*b*. Add. MSS. 4961. fo. 13*b*. 14,283. ff. 13*b*. 74.

STAMPE, *or,* STOMPE, *of Newnham, fr. Co. Berks.* 808. fo. 1. 1095. fo. 3*b*. 1412. fo. 73*b*. 1481. fo. 24*b*. 1556. fo. 7. 1557. fo. 95. 5187. fo. 3. Lansd. MS. 880. fo. 2*b*. Add. MS. 11,388. fo. 177.

STANDARD. *of Whitehill,* 1480. fo. 8. 1557. fo. 73.

STANLEY, 6125. fo. 12.

—— ——— *Lord, and of Eynsham,* 1556. fo. 160.

STAVELEY, *of Bignall,* 1095. fo. 47*b*. 1097. fo. 2*b*. 1180. fo. 91*b*. 1187. fo. 100. 1189. fo. 9*b*. 1431. fo. 2*b*. 1556. fo. 117. 6125. fo. 119. 6183. fo. 13.

STEPHENS, *or,* STEVENS, 1180. fo. 88. 6125. fo. 87. 6183. fo. 80.

STOMPE, *v.* STAMPE.

STONER, *of North Stoke,* 808. fo. 2*b*. 1095. fo. 60*b*. 1097. fo. 8*b*. 1556. fo. 14. 5187. fo. 4*b*. 6166. p. 141. Add. MS. 11,388. fo. 177*b*.

STOTESBURY, *of Southerne, fr. Co. Northampt.* 1097. fo. 7. 1095. fo. 59. 1556. fo. 131*b*.

Stowe, of Burford, 1556. fo. 4*b*.

STREATLEY, *or,* STRETLEY, *of Weld and Whitfield,* 808. ff. 22*b*. 35*b*. 1095. fo. 40. 1097. fo. 7. 1412. fo. 97*b*. 1556. fo. 59. 5187. fo. 29. Lansd. MS. 880. fo. 31. Add. MS. 11,388. fo. 183.

STRINGER, *of Oxford and London,* 1480. fo. 41. 1557. fo. 16.

STURMEY, *or,* ESTURMEY, 1095. fo. 29*b*. 1412. fo. 90*b*. Lansd. MS. 880. fo. 23*b*.

SUMPTER, 1556. fo. 26*b*.

Sunnibank, 1412. fo. 72*b*.

SYDENHAM, 1097. ff. 3*b*. 5*b*.

SYMONS, *of Hampden and Pirton,* 1557. fo. 87.

TAVERNER, *of Wood Eaton, fr. Co. Norf.* 1556. fo. 134*b*.

TAYLOR, *of Williamscot, fr. Co. Northampt.* 1480. fo. 40. 1557. fo. 13*b*.

THAME, 1180. fo. 88. 1187. fo. 124*b*. 6125. ff. 87. 111. 6183. fo. 80.

THIMBLETHORPE, *of Henley, fr. Co. Norf.* 1480. fo. 63*b*. 1557. fo. 58*b*.

THIRKELD, 1556. fo. 114.

THROCKMORTON, *of Chastleton, fr. Co. Warr.* 808. fo. 16. 1095. fo. 3. 1097. fo. 4. 1139. fo. 52. 1412. fo. 73. 1556. fo. 67*b*. 5187. fo. 20*b*. 6166. p. 153. Lansd. MS. 880. fo. 2. Add. MS. 11,388. fo. 185*b*.

TIPPING, *of Dracot, fr. Co. Lanc.* 808. fo. 12*b*. 1412. fo. 84. 1480. fo. 25*b*. 1556. fo. 46. 5187. fo. 17. 6166. p. 147. Lansd. MS. 880. fo. 15*b*. Add. MS. 11,388. fo. 181*b*.

———— *of Whitfield, fr. Co. Lanc.* 1095. fo. 19.

TONKS, 1480. fo. 46*b*. 1556. fo. 129*b*. 1557. fo. 34.

TURNER, 4108. fo. 10.

VAZIE, *of Chimney,* 1480. fo. 12. 1557. fo. 77.

VENOUR, *fr. Co. Sussex,* 1556. fo. 173*b*.

VERE, *Earl of Oxford,* 155. fo. 45. 1137. ff. 12. 46. 1139. fo. 111*b*. 1153. fo. 106*b*. 1177. fo. 47*b*. 1424. fo. 135. 1432. ff. 3. 37*b*. 1484. fo. 55*b*. 1505. fo. 134. 2109. fo. 72*b*. 6128. fo. 46.

VINE, *of Piddington, fr. Co. Berks.* 1480. fo. 51. 1557. fo. 40.
WAINMAN, *v.* WENMAN.
WALROND, 1556. fo. 103.
WALTER, *of Sarsden, fr. Co. Warr.* 1557. fo. 29.
WALWYN, *of Stanlake, fr. Co. Heref.* 1556. fo. 166.
WARCOPP, *of English, fr. Co. York.* 808. fo. 13. 1095. fo. 30*b.* 1412. fo. 91*b.* 1556. fo. 66*b.* 1557. fo. 28*b.* 5187. fo. 17*b.* 6166. p. 152. Add. MS. 11,388. fo. 185.
WARDE, *of Bloxham,* 1556. fo. 158.
WARFIELD, 1139. fo. 51*b.*
WELBECK, *of Garsington, fr. Co. Derb.* 808. fo. 6*b.* 1412. fo. 75. 1556. fo. 143. Lansd. MS. 880. fo. 4.
WELLESBORNE, *of Fulwell, fr. Co. Bucks.* 1556. fo. 144*b.*
WENMAN, *or,* WAINMAN, *of Careswell,* 1095. fo. 65*b.* 1097. fo. 2. 1412. fo. 96*b.* 1556. fo. 72. 1557. fo. 34*b.*
———————————— *of Fringford,* 808. fo. 16(*a. b.*) 1095. fo. 37*b.* 1480. fo. 48*b.* 1556. fo. 72. 1557. fo. 34*b.* 2109. fo. 51*b.* 6166. p. 153. Add. MS. 11,388. fo. 185*b.*
———————————— *of Whitney,* 808. fo. 30. 5187. fo. 21.
WENTWORTH, *of Oxford, fr. Cos. Essex and Suffolk,* 1556. fo. 176*b.*
WHARTON, *of Chipping Norton, fr. Co. York.* 1480. fo. 14*b.* 1557. fo. 83*b.*
WHEATE, *of Glimpton, fr. Co. Staff.* 1480. fo. 6*b.* 1557. fo. 69.
WHETTELL, 1097. fo. 8.
Whistler, 1556. ff. 4. 5.
Whittington, of Oxford, 1556. fo. 4.
WHITTON, *or,* WILTON, *of Nethercot, fr. Co. Herts.* 808. fo. 18. 1095. fo. 38. 1097. fo. 8. 1412. fo. 97. 1556. fo. 53*b.* 5187. fo. 23. 6166. p. 148*b.* Add. MS. 11,388. fo. 182*b.*
WHORWOOD, *of Oxford, fr. Co. Staff.* 1480. fo. 2. 1557. fo. 64.
———————————— *of Yarnton, fr. Co. Staff.* 1556. fo. 170*b.*

WICKHAM, *of Sawcliffe,* 1480. fo. 59*b.* 1556. fo. 80. 1557. fo. 52.
— —— – -- *or,* PEROTT, 1556. fo. 79*b.*
WILLCOTTS, *of Wilcot and Tew,* 1139. fo. 51*b.* 1187. ff. 87*b.* 92*b.* 95. 1556. fo. 75.
WILLIAMS, *of Oxford, fr. Co. Dorset.* 1480. fo. 52. 1557. fo. 41.
Williams, of Teynton, 1556. fo. 4.
WILLIAMSON, *of Minster Lovell, fr. Co. Cumb.* 1556. fo. 114.
WILLICOTES, 1187. ff. 87*b.* 92*b.* 95.
WILLISCOTT, *of South Stoke, fr. Co. Berks.* 1480. fo. 28*b.* 1557. fo. 98*b.*
WILMOTT, *of Stodham,* 1480. fo. 44*b.* 1557. fo. 30*b.*
WILTON, *v.* WHITTON.
WINCHCOMBE, 1041. fo. 87. 1191. fo. 40. 1543. fo. 83.
WINTERSHALL, *of Little Stoke, fr. Cos. Berks. and Surrey,* 808. fo. 2*b.* 1095. fo. 40*b.* 1097. fo. 8*b.* 1412. fo. 98. 1556. fo. 16. 5187. fo. 5. Lansd. MS. 886. fo. 33*b.*
WODELL, *of Mollington,* 1480. fo. 20*b.*
WOGAN, *or,* OWGAN, *fr. Co. Pembroke,* 1241. fo. 89. 1396. fo. 91. Add. MS. 14,314. fo. 86*b.*
Wood, 1556. fo. 4.
WOODHALL, *of Mollington, fr. Co. Beds.* 1095. fo. 51. 1097. fo. 3. 1557. fo. 90*b.*
WOODWARD, *of Filknes, fr. Co. Berks.* 808. fo. 16*b.* 1556. fo. 81*b.* 1557. fo. 23. 5187. fo. 21*b.*
———————————— *of Stratton Audley,* 1557. fo. 27*b.*
WRAY, 1480. fo. 39*b.* 1557. fo. 12*b.*
WYKEMAN, 1556. fo. 102.
YATE, *of Bentlott, fr. Co. Berks.* 1556. fo. 74*b.*
———— *of Stanlake, fr. Co. Berks.* 808. fo. 22. 1095. fo. 25*b.* 1097. fo. 9. 1412. ff. 89. 92. 1480. fo. 12*b.* 1556. fo. 61*b.* 1557. fo. 79. 5187. fo. 27*b.* 6166. p. 150. Lansd. MS. 880. fo. 21. Add. MS. 11,388. fo. 183.
———— *of Whitney, fr. Co. Berks.* 1412. fo. 92. 6166. p. 152. Lansd. MS. 880. fo. 24. Add. MS. 11,388. fo. 185.
YORKE, *of Fritwell, fr. Co. York.* 1556. fo. 159*b.*
YOUNG, *of Stratton Audley, fr. Co. Worc.* 1556. fo. 179*b.*

RUTLANDSHIRE.

ALLINGTON, of Timwell, 1558. fo. 46. 3391. fo. 120.
Andrews, of Pisbrooke, 1558. fo. 45. 3391. fo. 120.
Aston, 1068. fo. 61*b.* 1386. fo. 74*b.*
BAKEPNICE, or, BAKEPURE, 1068. fo. 62*b.* 1386. fo. 74*b.*
Barkley, 1558. fo. 38*b.* 3391. fo. 118*b.*
BASINGS, *de,* 1558. fo. 56.
BASSETT, *of North Luffenham,* 1094. fo. 248. 1184. fo. 243. 1558. fo. 28. 3391. fo. 116*b.*
Bassett, 1558. fo. 38*b.* 1068. fo. 61. 1386. fo. 74. 3391. fo. 118*b.*

Bedford, 1068. fo. 62.
Belgrave, 1558. fo. 38*b.* 3391. fo. 118*b.*
BERIE, *or,* BERY, *of Whisendyne,* 1558. fo. 11*b.*
Berie, 3391. fo. 115*b.*
Berreford, 1386. fo. 74*b.*
BEWFFO, *of Seaton,* 1558. fo. 51.
Benford, 1558. fo. 38. 3391. fo. 118*b.*
Bodenham, v. Bodindyne.
Bodindyne, or, Bodenham, of Bellinerthorpe, 1558. fo. 38. 3391. fo. 118*b.*
Boltesham, 1068. fo. 61*b.*
Bontvillen, 1386. fo. 74.

BOOTH, *of Oakham, fr. Co. Leic.* 1094. fo. 238. 1184. fo. 233. 1558. fo. 16*b*. 3391. fo. 120*b*.

Botelsham, 1386. fo. 74.

Botemlem, 1068. fo. 61.

Boyvill, 1068. fo. 62*b*.

Bradden, 1068. fo. 61*b*. 1386. fo. 74.

Bray, 1068. fo. 61*b*. 1386. fo. 74*b*.

BRISKO, *of Oakham, fr. Co. Cumb.* 1558. fo. 36*b*. 3391. fo. 121.

BROUGHTON. *of Seaton, fr. Co. Lanc.* 1558. fo. 8. 3391. fo. 116.

BROWNE, Add. MS. 14,311. fo. 35.

BRUDNELL, *of Glaston, fr. Co. Northampt.* 1094. ff. 36*b*. 39. 1184. fo. 35. 1558. fo. 53*b*. 3391. fo. 121.

BRUSE, 1553. fo. 253. 6159. fo. 40*b*.

BURTON, *of Braunston,* 1094. fo. 238*b*. 1184. fo. 233*b*. 1558. fo. 17. 3391. fo. 117.

BUSBY, *of Barleythorpe, fr. Co. Staff.* 1094. fo. 244. 1184. fo. 239. 1558. fo. 23*b*. 3391. fo. 117.

BUTLER, *of Oakham, fr. Co. York.* 1094. fo. 236*b*. 1184. fo. 231*b*. 1558. fo. 14*b*. 3391. fo. 115*b*.

Byvile, 1386. fo. 74*b*.

CALCOTT, *of Whitwell, fr. Co. Berks.* 1558. fo. 10.

Calcott, 3391. fo. 115*b*.

CATESBY, 1094. fo. 98. 1184. fo. 95. 1187. fo. 96*b*. 1188. fo. 108*b*.

—— *of Seaton, fr. Cos. Northampt. and Warr.* 1094. fo. 95. 1184. fo. 92. 1558. fo. 35*b*. 3391. fo. 121.

Care, of Barrowden, 1558. fo. 38*b*. 3391. fo. 120*b*.

Cheny, of Seaton, 1558. fo. 38. 3391. fo. 118*b*.

CHESELDEN, *or,* CHESELDYNE, *of Uppingham, fr. Co Leic.* 1094. fo. 249*b*. 1184. fo. 244*b*. 1558. ff. 1*b*. 2. 4. 3391. fo. 115.

COLLYE, *of Glaston, fr. Co. Leic.* 1094. fo. 252. 1184. fo. 247. 1558. ff. 13*b*. 35.

Collyc, 3391. ff. 115*b*. 118.

CONNEY, *or,* CONEY, *of Whisendine, fr. Co. Linc.* 1094. fo. 243*b*. 1184. fo. 238*b*. 1558. fo. 2*b*. 3391. fo. 115.

Conney, of Yaxley, 1558. fo. 38*b*. 3391. fo. 120*b*.

CORBETT, *of Clipsham and Stretton, fr. Co. Shrop.* 1094. fo. 235*b*. 1184. fo. 230*b*. 1558. fo. 10*b*. 3391. fo. 115*b*.

DEENE, 1068. fo. 62*b*. 1386. fo. 74*b*.

De Lisle, 1068. fo. 61(*a. b.*)

DIGBY, *of North Luffenham, fr. Co. Leic.* 1094. fo. 247. 1184. fo. 242. 1558. fo. 27.

—— *of Seaton, fr. Co. Leic.* 1094. fo. 249. 1184. fo. 244. 1558. fo. 31. 3391. fo. 120*b*.

Digby, of North Luffenham, 3391. fo. 116*b*.

DURANT, *of Cottesmore, fr. Co. Sussex,* 1558. fo. 40*b*. 3391. fo. 118. 5828. fo. 19*b*.

Durant, 3391. fo. 118.

FANNELL, 1386. fo. 74.

Feilding, of Mastrop, 1558. fo. 47. 3391. fo. 120.

Fitz-Robert, 1068. fo. 61*b*. 1386. fo. 74.

FLOWER, *of Whitwell,* 1558. fo. 8*b*.

Flower, 3391. fo. 116.

FOWLER, *of Hambleton, fr. Co. Oxon.* 1558. fo. 51*b*.

GAYTON, or, GEYTON, 1068. fo. 62. 1386. fo. 74*b*.

GIBSON, *of Barleythorpe,* 1094. fo. 244*b*. 1184. fo. 239*b*. 1558. fo. 24*b*. 3391. fo. 120*b*.

HADDON, *of Essendine, fr. Co. Linc.* 1094. fo. 242. 1184. fo. 237. 1558. fo. 19*b*. 3391. fo. 120*b*.

HALFORD, *of Edithweston, fr. Co. Leic.* 1187. fo. 64. 1188. p. 73. 3391. fo. 115*b*.

Hansted, 1068. fo. 61. 1386. fo. 74.

HARBOTTELL, *of Eglington, fr. Co. Linc.* 1094. fo. 235. 1184. fo. 230. 1558. fo. 6*b*. 3391. fo. 116.

HARINGTON, *of Exton,* 1094. fo. 153. 1187. fo. 75*b*. 1188. fo. 104. 1558. fo. 39. 3391. fo. 118.

Harington, of Glaston, 1558. fo. 38. 3391. fo. 118*b*.

HASELWOOD, *of Belton, fr. Co. Northampt.* 1094. fo. 26*b*. 1184. fo. 26. 1558. fo. 44.

Haselwood, 3391. fo. 120.

HERENDEN, 1558. fo. 9*b*.

Herendon, 3391. fo. 116.

HOLFORD, *of Edithweston,* 1094. fo. 251*b*. 1184. fo. 246*b*. 1558. fo. 14.

HOUGHTON, *of Kelthorpe,* 1094. fo. 239*b*. 1184. fo. 234*b*. 1558. fo. 18. 3391. fo. 117.

HUNT, *of Lyndon, fr. Co. Northampt.* 1094. fo. 245*b*. 1184. fo. 240*b*. 1558. fo. 4*b*. 3391. fo. 115.

Hutton, of Glaston, 1558. fo. 38. 3391. fo. 118*b*.

JOHNSON, *of South Luffenham,* 1094. fo. 245. 1184. fo. 240. 1558. fo. 25. 3391. fo. 116*b*.

KAY, *of Edithweston, fr. Co. York.* 1094. fo. 250*b*. 1184. fo. 245*b*. 1558. fo. 33. 3391. fo. 116*b*.

LACIE, 1068. fo. 62*b*. 1386. fo. 74*b*.

LODBROOKE, 1094. fo. 95*b*.

Lyle, 1386. fo. 74.

MACKWORTH, *of Empingham,* 1558. fo. 55*b*.

MANNERS, *Earl of Rutland,* 1046. fo. 85*b*. 1424. fo. 73*b*. 1484. fo. 47*b*. 1505. fo. 73. 1535. fo. 171. 1537. fo. 77*b*. 2187. fo. 59*b*. 5182. fo. 56*b*. Egert. MS. 996. fo. 21.

Mentone, 1386. fo. 74*b*.

Mordat, 1068. fo. 61.

MYNNE, 3391. fo. 120*b*.

—— *of Whitsondyne, fr. Co. Surrey,* 1094. fo. 237. 1184. fo. 232. 1558. fo. 15*b*.

NEDHAM, *of Belton, fr. Co. Leic.* 1558. fo. 3*b*. 3391. fo. 115.

Neville, 1386. fo. 74*b*.

OGLE, 1558. fo. 38*b*. 3391. fo. 118*b*.

OSBORNE, *of Thorby Water, fr. London,* 1094. fo. 247*b*. 1184. fo. 242*b*. 1558. fo. 27*b*.

OVERTON, *of Morecote,* 1094. fo. 246*b*. 1184. fo. 241*b*. 1558. fo. 26.

Overton, 3391. fo. 116*b*.

PALMER, *of Uppingham, fr. Co. Northampt.* 1094. fo. 24*b*. 1184. fo. 24*b*. 1558. fo. 34*b*. 3391. fo. 120*b*.

Palmer, 1558. fo. 38*b*. 3391. fo. 118*b*.

Pateshull, 1068. fo. 61. 1386. fo. 74.

PECK, *of Lydington,* 1558. fo. 1.

Peck, 3391. fo. 120*b*.

PILKINGTON, 1100. fo. 2*b*.

Pinkency, 1068. fo. 61*b*. 1386. fo. 74.

PLESSINGTON, *of Burleigh*, 1558. fo. 9.
Plessington, 1558. fo. 38. 3391. fo. 118*b*.
Popley, of Ketton, 1558. fo. 38. 3391. fo. 118*b*.
POYNTON, 1558. fo. 42.
Preyeres, 1386. fo. 74*b*. 1068. fo. 62.
ROBERTS, *of Wardley*, 1558. fo. 37. 3391. fo. 121.
ROOS, *of Ashwell, fr. Co. Notts.* 1094. fo. 242*b*. 1184. fo. 237*b*. 1558. fo. 20*b*. 3391. fo. 117.
Russell, 1068. fo. 62. 1386. fo. 74*b*.
RUTLAND, *Earl of, v.* MANNERS.
Rutland, Earl of, 1394. p. 341.

SAPCOTTS, *of Burleigh, fr. Co. Hunts.* 1180. fo. 26. 1189. fo. 29. 1558. fo. 49*b*. 6125. fo. 36*b*. 6183. fo. 37*b*. 3391. fo. 121.
Sapcotts, 1558. fo. 38*b*. 3391. fo. 118*b*.
SHEFFELD, *of Seaton*, 1094. fo. 248*b*. 1184. fo. 143*b*. 1558. fo. 28*b*. 3391. fo. 116*b*.
Sherrard, of Whitsondyne, 1558. fo. 49. 3391. fo. 120.
SHOPLAND, 1558. fo. 40*b*.
SYMPSON, *of Keythorpe*, 1558. fo. 43. 3391. fo. 121.
THOCHET, 1068. fo. 62.
Tissington, 1558. fo. 38. 3391. fo. 118*b*.

Tooky, of South Luffenham, 1094. fo. 252*b*. 1184. fo. 247*b*. 1558. fo. 37*b*. 3391. fo. 118.
Trussell, 1068. fo. 62. 1386. fo. 74*b*.
Tuchett, 1386. fo. 74*b*.
TUNSTALL, *of Melbank*, 1558. fo. 7*b*.
VANNCEYE, 1386. fo. 74.
Vertdonne, 1068. fo. 61. 1386. fo. 74.
WALCOTT, *of Uppingham, fr. Co. Linc.* 1094. fo. 250. 1184. fo. 245. 1558. fo. 32. 3391. fo. 120*b*.
Wall, 1068. fo. 62. 1386. fo. 74*b*.
Wanney, 1068. fo. 61*b*.
WARREN, 1558. fo. 38. 3391. fo. 118*b*.
WAYTE, 1555. fo. 92*b*.
Webster, 1558. fo. 38*b*. 3391. fo. 118*b*.
WELBY, *of Woodhead, fr. Co. Linc.* 1094. fo. 240. 1184. fo. 235. 1558. fo. 18*b*. 3391. fo. 117.
WETTENHALL, *of Henning, fr. Co. Chesh.* 1558. fo. 6. 3391. fo. 116.
WILCOX, *of Ashwell*, 1094. fo. 243. 1184. fo. 238. 1558. fo. 22*b*. 3391. fo. 120*b*.
WINGFELD, *of Tickencote, fr. Co. Suff.* 1558. fo. 13. 3391. fo. 115*b*.
WYMARKE, *of Luffenham*, 1558. fo. 50*b*. 3391. fo. 120.

SHROPSHIRE.

ABURGAVENNY, *Lord, v.* BREWES.
ACTON, *of Aldenham*, 615. ff. 220*b*. 228. 1396. fo. 16. 1472. fo. 5. 1982. ff. 77*b*. 153. 6172. fo. 7*b*. Add. MS. 14,314. ff. 7. 62*b*.
——— *of Acton Scott*, 1241. fo. 14. 1396. fo. 17. 1472. fo. 5*b*. 1982. fo. 148*b*. 6172. fo. 6*b*. Add. MS. 14,314. fo. 63.
——— *v.* SCOTT.
ADAMS, *of Clecton and Kaynham*, 615. fo. 234. 1241. fo. 19*b*. 1472. fo. 7. 1982. fo. 151. Add. MS. 14,314. fo. 84.
——— *of Longdon, fr. Co. Kent*, 615. ff. 229*b*. 234. 1241. fo. 42. 1396. fo. 10*b*. 1472. fo. 1. 1982. fo. 162. 6172. fo. 7. Add. MS. 14,314. fo. 63*b*.
——— *of the Moor*, Add. MS. 14,314. fo. 130.
Adams, of Longdon, 6172. fo. 10.
ALBANY, 1046. 17*b*. 1397. fo. 55*b*. 1450. fo. 45*b*. 1433. fo. 52*b*. 1561. fo. 24.
——— *of Whittington, fr. Co. Beds.* 1241. fo. 59*b*. 1396. fo. 13. 1472. fo. 3.
Albany, 6172. fo. 13.
ALKINGTON, *of Oswestry*, 1241. fo. 61. 1396. fo. 14*b*. 1472. fo. 9. Add. MS. 14,314. fo. 23.
Alkington, 6172. fo. 13.
ALLEN, *of Trevaldwyn, fr. Co. Staff.* 1241. fo. 132. 1396. fo. 15.
ALLWIN, 1241. fo. 80.
AP EINION, *v.* BENION.
AP HOWELL, *v.* POWELL.

AP JOHN, 1982. ff. 132. 133. 134*b*.
——— *v.* BRWGE.
Appleby, 1982. fo. 61*b*.
AP RICHARD, *of Place Madock*, 1982. fo. 122*b*.
Ap Roger, 6172. fo. 24.
AP THOMAS, *of Lemster*, Add. MS. 14,314. fo. 76.
Arderne, 1982. fo. 61*b*.
ARON, *of Drayton*, 1241. ff. 103*b*. 136*b*. 1396. fo. 14*b*. 1472. fo. 4.
Asterley, 6172. fo. 4.
ASTLEY, *of Aston, fr. Co. Staff.* 1241. ff. 16. 145. 160*b*. 1396. fo. 13*b*. 1472. fo. 3*b*. 1982. fo. 11*b*.
——— *of Nordley*, 1241. fo. 160*b*. 1396. ff. 14. 212*b*. 1472. fo. 8. Add. MS. 14,314. ff. 38*b*. 91*b*.
Astley, 6172. fo. 25*b*.
Aston, of Ludlow, Add. MS. 14,314. fo. 144*b*.
Asturell, 1241. fo. 4*. 1396. fo. 3.
ATHERTON, 1187. fo. 20*b*. 1188. p. 18.
Atkins, 1241. fo. 2**b*. 1396. fo. 3. 1982. fo. 116. 6172. fo. 3.
ATTWOOD, *of Broughton*, 1241. fo. 152*b*. 1396. fo. 15. 1472. fo. 10.
Attwood, 6172. fo. 26*b*.
AUBERMOND, 1396. fo. 144*b*.
AUCKINTON, 1424. fo. 149. 1505. fo. 147*b*. 1535. fo. 282. 2187. fo. 133*b*. 5182. p. 117.
BADGER, v. Bagsover.
Bagshaw, 6172. ff. 13*b*. 23*b*.

BAGESOVER, 1241. fo. 103*b*.

Bagsover, or, Badger, 6172. fo. 18.

BAKER, *of Hanwood,* 1241. fo. 139*b*. 1396. fo. 50. 1982. fo. 28. Add. MS. 14,314. fo. 7*b*.

BALDWIN, *of Diddlebury,* 1241. ff. 58. 96. 1396. fo. 21*b*. 1472. ff. 14*b*. 15*b*. 1982. fo. 21. 6172. ff. 12*b*. 17*b*. Add. MS. 14,314. ff. 56. 102*b*.

BALLARD, Add. MS. 14,314. fo. 54*b*.

BANESTER, *of Lacon,* 615. fo. 231*b*. 1241. ff. 34*b*. 35.(*a. b.*) 1472. ff. 44(*a. b.*) 45. 1982. ff. 21. 64*b*. 67. 162*b*. Add. MS. 14,314. ff. 20. 122*b*.

———— *of Walford,* 1241. fo. 10. Add. MS. 14,314. fo. 28.

Banester, 6172. fo. 9.

BARDSEY, *of Shrewsbury, fr. Co. Staff.* 1396. fo. 30*b*. 1472. fo. 24*b*.

BARKER, *or,* COVERALL, *of Colehurst,* 1241. fo. 93*b*. 1396. fo. 19*b*. 1424. fo. 57. 1472. fo. 12*b*. 1505. fo. 57. 1535. fo. 167*b*. 2119. fo. 137.

———— *of Hallond,* 1982. ff. 36. 76.

———— *of Hamon,* 1241. ff. 12. 23*b*. 107*b*. 1396. ff. 19*b*. 269*b*. 1472. fo. 12*b*. 1982. ff. 29. 148. Add. MS. 14,314. fo. 99*b*.

Barker, 1241. fo. 2*b. 6172. ff. 3. 6. Add. MS. 14,314. fo. 141*b*.

BARKLEY, *of Cressage,* 615. fo. 218*b*. 1241. fo. 28.

———— *or,* BERKLEY, *of Shrewsbury,* 1396. fo. 46*b*. 1472. fo. 41. 6172. fo. 8. Add. MS. 14,314. fo. 94.

Barnaby, of Ludlow, 1396. fo. 3.

BARNFIELD, *of Newport, fr. Co. Devon.* 1241. fo. 105. 1396. fo. 23. 1472. fo. 16. 6172. fo. 21.

BARTON, *of Diddlestone,* 1241. fo. 146*b*. 1472. fo. 22*b*.

Barton, 6172. fo. 26.

BARZEY, 1396. fo. 250*b*.

BASKERVILLE, 1241. fo. 66*b*. 1396. fo. 253*b*. Add. MS. 14,314. fo. 3*b*.

BASSETT, 1982. ff. 114. 115.

BAUGHE, *of Aldencourt,* 1396. fo. 28*b*. 1472. fo. 20*b*. 1982. fo. 4.

BAYLEY, *of Shrewsbury,* 1241. ff. 63*b*. 115. 139*b*. 1396. ff. 43*b*. 219*b*. 334. 6172. ff. 13*b*. 22*b*. Add. MS. 14,314. fo. 56*b*.

BAYTON, 1241. fo. 150*b*. 1472. fo. 27.

BECHFIELD, *of Worthyn,* 1241. ff. 138. 139*b*. 1472. fo. 10*b*.

BECKHAM, 1241. fo. 151*b*.

BEDOW, 1982. fo. 130.

BEESTON, *of Shrewsbury, fr. Co. Chesh.* 1241. fo. 138*b*. 1396. fo. 49*b*. 6172. fo. 22.

BEISINE, 1424. fo. 11. 1505. fo. 11. 1535. fo. 1. 2187. fo. 16. Add. MS. 5529. fo. 11*b*.

BELLIPORT, 1100. fo. 114*b*.

BENBOW, *of Newport,* 1241. fo. 120. 1396. fo. 34*b*. 1472. fo. 29*b*.

Benbow, 6172. fo. 23.

BENION, *or,* AP EINION, *of Shrewsbury,* 1982. fo. 27.

Bennet, 1241. fo. 4*. 1396. fo. 3. 6172. fo. 4*b*.

BENTALL, *of Benthall,* 1241. fo. 57*b*. 1396. ff. 47*b*. 271. 1472. fo. 41*b*. 6172. fo. 12*b*. Add. MS. 14,314. fo. 57.

Bentley, 1982. fo. 62.

BERINGTON, *of Methall and Shrewsbury,* 1241. fo. 97. 1396. ff. 45*b*. 46. 1472. fo. 40. 1982. fo. 111. 6172. fo. 18.

Berington, 1982. fo. 80*b*.

BERKLEY, *v.* BARKLEY.

BERKROLS, Add. MS. 14,314. fo. 4*b*.

Berrew, 1241. fo. 3*b. 1396. fo. 3. 6172. fo. 4.

BERRY, *of Ludlow, fr. Co. Devon.* 1396. fo. 29. 1472. fo. 23. 1982. fo. 24*b*.

Beryton, 1396. fo. 3.

BEST, *of Acham,* 1241. fo. 62. Add. MS. 14,314. ff. 39*b*. 54.

Best, 6172. fo. 13.

BETTON, *of Berwick,* 1396. fo. 31. 1472. fo. 25.

BEWPEY, *v.* BEWPTY.

BEWPREY, 1982. fo. 122.

BEWPTY, *or,* BEWPEY, 1241. fo. 152*b*. 1396. fo. 164.

BILLINGSLEY, *of Billingsley,* 1241. fo. 115. 1396. fo. 23*b*. 1472. ff. 16*b*. 17. 6172. fo. 22*b*.

BIRCHE, *of Ludlow, fr. Co. Lanc.* 1241. fo. 119*b*. 1396. fo. 29*b*. 1472. fo. 23*b*.

———— *of Milsan, fr. Co. Staff.* 1396. fo. 30. 1472. fo. 24.

BISHOP, 1241. fo. 124*b*.

Bishop, 1396. fo. 3. 6172. fo. 23*b*.

BLAKEWAY, *of Bridgenorth,* 1241. fo. 114.

Blancminster, 1396. fo. 3.

BLANEY, 1982. fo. 142.

Blaunch, 1241. fo. 3*b.

BLODWELL, *of Oswestry,* 1241. fo. 160. 1982. fo. 25.

BLONDEN, *or,* BLUNDEN, *of Bishop's Castle,* 615. fo. 220*b*. 1241. fo. 45*b*. 1396. fo. 21. 1472. fo. 14. 1982. fo. 75. 6172. fo. 11. Add. MS. 14,314. fo. 123*b*.

BLOUNT, *or,* BLUNT, *of Yeo,* 615. fo. 222*b*. 1241. ff. 8. 39. 131*b*. 1396. ff. 41*b*. 95*b*. 201*b*. 271*b*. 1472. fo. 37. 1982. ff. 82*b*. 98. 160*b*. Add. MS. 14,314. fo. 98*b*.

Blount, of Stretton, 6172. fo. 10*b*.

BLUNDEN, *v.* BLONDEN.

BLUNT, *v.* BLOUNT.

BLYKE, *of Astley,* 1241. fo. 160*b*. 1396. fo. 14. 1472. fo. 8. Add. MS. 14,314. fo. 91*b*.

Blyke, 1396. fo. 3.

Bohun, 6172. fo. 31.

BOOTH, *of Ludlow, fr. Co. Lanc.* 1241. fo. 12*b*. 1396. fo. 44*b*. 1472. fo. 39. 1982. fo. 13*b*. Add. MS. 14,314. fo. 103.

Booth, 6172. fo. 6.

BOROUGH, *or,* BURGH, *of Mowthwy,* 1241. fo. 88. 1396. ff. 50*b*. 67*b*. 95. 1982. fo. 8. Add. MS. 14,314. ff. 43. 19.

BOSTOCK, *of Moreton Sea,* 1241. fo. 66*b*.

Bostock, 6172. fo. 13*b*.

BOSTON, Add. MS. 14,314. fo. 16.

BOTELER, *of Ludlow, fr. Co. Herts.* 1241. fo. 122*b*. 1472. fo. 23*b*.

Boteler, 6172. fo. 23*b*.

BOTTEREL, *of Botterel Aston,* 615. fo. 213*b*. 1241. fo. 67. 1396. fo. 45. 1982. ff. 21. 79*b*. Add. MS. 14,314. ff. 6*b*. 9*b*.

BOUNTAINE, 1472. fo. 36*b*.

BOWDLER, *of Ludlow,* 615. fo. 235*b*. 1241. ff. 34. 36. 1396. fo. 237. 1472. ff. 25*b*. 26*b*. 1982. fo. 58.

BOWDLER, *of Oswestry and Shrewsbury*, 1241. fo. 56*b*.   1396. fo. 32.(*a. b.*)   1427. fo. 26. 27*b*.   1982. ff. 4*b*. 5*b*. 58.

———— *v.* GETHIN.

———— RIDGE.

BOWLES, 615. fo. 209*b*.   Add. MS. 14,314. fo. 124.

BOWIHE, *of Ludlow*, 615. fo. 222.   1982. fo. 148.

BOYNON, 1982. fo. 114*b*.

BRABAZON, 6172. fo. 2.

BRADLEY, *of Hinton*, 1982. fo. 113.

BRAGOTT, *of Dodmore*, 1396. fo. 130.   Add. MS. 14,314. fo. 85.

BRAILES, *v.* BRAYLES.

BRAMPTON, 1241. fo. 11.   1396. ff. 53*b*. 96*b*. 201*b*.   1982. ff. 9*b*. 63. 67*b*.

BRAYLES, *or*, BRAILES, 1092. fo. 56.   1100. fo. 35.   1167. fo. 27.   1241. fo. 101*b*. 1451. fo. 168.   1563. fo. 30*b*.   2186. fo. 29.

BRERETON, *of Burras, fr. Co. Denbigh*, 1241. ff. 107*b*. 129.   1396. ff. 49. 296.

Brereton, 1241. fo. 3*.   6172. ff. 3*b*. 24.

BREWES, *Lord Aburgavenny*, 1982. fo. 96*b*.

BRIGGS, *of Ernstree, fr. Cc. Norf.* 615. fo. 233*b*. 1241. ff. 13*b*. 22*b*.   1396. fo. 43.   1566. fo. 104*b*.   1982. fo. 153*b*.   Add. MS. 14,314. fo. 102*b*.

Briggs, 1241. fo. 3**b*.   6172. ff. 3*b*. 7.

BROCKTON, 1982. fo. 149*b*.   Add. MS. 14,314. fo. 97.

———— *v.* COLLINS.

BROCKWELL, 1982. fo. 121.

BROHE, 1982. fo. 113.

BROME, *of Brome*, 1982. ff. 20*b*. 42*b*.   Add. MS. 14,314. fo. 57.

BROMLEY, *of Mittley*, 1241. ff. 18. 41*b*. 59. 75. 1396. ff. 36. 317.   1472. ff. 31.—34.   1982. ff. 76. 150*b*.   6172. fo. 15.   Add. MS. 14,314. fo. 112*b*.

Bromley, 1241. fo. 3*.   1982. fo. 116.   6172. fo. 3*b*.

Brompton, 6172. fo. 3.

BROMWICH, 1396. fo. 220.

BROOKE, *of Church Stretton and Cotton, fr. Co. Staff.* 1241. fo. 64.   1396. fo. 51*b*.   1472. fo. 42*b*.   1982. fo. 21.   6172. fo. 13*b*. Add. MS. 14,314. fo. 40*b*.

BROOME, *of Hopesay*, 1241. fo. 61*b*.   1396. fo. 48*b*.

Broome, 6172. fo. 13.

BROUGHTON, *of Broughton and Hanley*, 615. fo. 212.   1241. ff. 58*b*. 78.   1396. ff. 24*b*. 27*b*. 289*b*.   1472. ff. 19. 21*b*.   1982. ff. 101*b*. 124(*a. b.*) 141.   6172. ff. 9. 12*b*. 15*b*. Add. MS. 14,314. ff. 9. 130*b*.

Broughton, 1241. fo. 2**b*.   6172. fo. 3.

BROWNE, 1396. fo. 176.   1982. fo. 85*b*.

———— *of Cotton*, 1241. fo. 97.

———— *of Morfield*, 1241. fo. 54.   1472. fo. 21.

BRUDNELL, *of Deane*, 1241. fo. 64.   1396. fo. 273*b*.   1472. fo. 42*b*.

BRUSE, *of Pembroke and Gower*, 1241. ff. 71. 102. 1396. fo. 295.

BRWGE, *or*, AP JOHN, *of Tralloge*, 1982. fo. 101.

BRYAN, *of Langhern*, 1396. fo. 325.

BUCK, 1241. fo. 57*b*.

BULKLEY, *of Beaumaris*, 1241. fo. 154*b*.

BULLEN, 1241. fo. 57.

BULLOCK, *of Sidnell*, 1241. fo. 150*b*.   1472. fo. 27.   Add. MS. 14,314. fo. 125.

BURD, *of Eistock Green*, 1241. fo. 110.

BURFORD, *Baron, v.* CORNWALL.

BURGH, *v.* BOROUGH.

BURGHE, *Earl of Ulster*, 1982. fo. 94.

BURLEY, 1241. ff. 64*b*. 109. 148.   1396. fo. 55. 1982. fo. 59.   Add. MS. 14,314. fo. 1*b*.

Burley, 1396. fo. 3.

BURNELL, *of Baschurch*, 1241. fo. 148*b*.   1396. fo. 33*b*.   1472. fo. 28*b*.   1982. fo. 57*b*.

———— *of Holgate*, 1396. fo. 34.   1472. fo. 29.   1982. fo. 55*b*.   Add. MS. 14,314. fo. 53.

———— *of Newton*, 615. fo. 223*b*.   1241. fo. 40.   Add. MS. 14,314. fo. 7*b*.

BURTON, *of Longnor*, 615. fo. 233.   1396. ff. 44. 124.   1982. ff. 7*b*. 21. 153*b*.   6172. fo. 7*b*.   Add. MS. 14,314. fo. 51.

Burton, of Long Norley, 6172. fo. 7*b*.

Butler, 1982. fo. 62.

BUTTON, *v.* GRAUNT.

BURWASH, 1982. fo. 92*b*.

Bushbury, 1982. fo. 62.

CADWALLADER, *of Brampton*, 1982. ff. 100*b*. 141*b*.

CALCOTT, *of Preston Montford*, 1396. fo. 77*b*. 1472. fo. 53.   1982. fo. 13.

CAMBROY, *of Stretton*, 1241. fo. 164.   1396. fo. 151.   1982. ff. 7. 122.

CAPPER, *of Stanton Lacy*, Add. MS. 14,314. fo. 82.

CASSEY, *of Addisbury*, 1241. fo. 102.

CHAMBERS, *of Petton*, 1396. fo. 80*b*.

———— *of Shrewsbury*, 1241. fo. 76*b*.   6172. fo. 15.   Add. MS. 14,314. fo. 53*b*.

CHANDOS, 1396. fo. 144*b*.

CHARLTON, *Lord Powis*, 1396. fo. 66*b*.

———— *of Apley*, 1241. ff. 51. 104*b*.   1396. ff. 56. 64*b*.   1472. fo. 35.   1982. ff. 18*b*. 64*b*.   6172. fo. 12.   Add. MS. 14,314. fo. 61.

———— *of Tern*, 1396. fo. 79*b*.

Charlton, 1241. fo. 2**b*.   6172. ff. 3. 18.

CHEDDER, *of Bristol*, 1982. fo. 113.

CHELMICKE, *or*, CHELMWYKE, *of Ragdon*, 1396. fo. 63.(*a. b.*)   1472. fo. 49.   6172. fo. 3*b*.

Chelmicke, 1241. fo. 3*.

CHETTILTON, 1396. fo. 36*b*.   1472. fo. 31*b*.

Chettwine, 1241. fo. 3*.   6172. fo. 3*b*.

CHETTWOOD, *of Reis*, 1241. fo. 112.

CHEVERELL, 1241. fo. 101*b*.

CHURCH, *of Petton, fr. Co. Chesh.* 1396. fo. 78. 1472. fo. 53*b*.   1982. fo. 12*b*.

Clare, 6172. fo. 8*b*.

CLARKE, *of Shrewsbury*, 1241. fo. 116.   1396. fo. 89*b*.

———— *v.* GREENWAY.

CLAY, *de le Fells*, 1396. fo. 81*b*.

Clay, 1241. fo. 4*.   6172. fo. 4*b*.

CLENCH, *of Bridgenorth, fr. Dublin*, 1241. fo. 108*b*. 1396. fo. 70.   6172. fo. 21.   Add. MS. 14,314. fo. 96.

CLIFF, *or*, CLIVE, *of Huxley and Wolverton*, 1241. ff. 2*b*. 25.   1396. ff. 60. 76*b*. 290*b*.   1472. fo. 52.   1982. ff. 50. 52. 154*b*.   6172. fo. 7*b*.   Add. MS. 14,314. fo. 62.

CLOUGHE, *of Hockstone and Minsterley*, 1241. fo. 68.   1396. fo. 69.   1472. fo. 50.   Add. MS. 14,314. fo. 61*b*.

Cloughe, 6172. fo. 14.

CLUDD, *of Orleton*, 615. fo. 238*b*. 1241. fo. 43. 1396. ff. 70*b*. 71*b*. 1982. fo. 162*b*. 6172. fo. 10. Add. MS. 14,314. ff. 54. 65*b*.

Cludd, 6172. fo. 10.

CLUN, *of Clun*, 1241. fo. 164*b*. 1396. fo. 89.

Clun, 6172. fo. 28.

CLYNTON, 1982. fo. 115*b*.

COATES, 1533. fo. 88*b*.

COCKSEY, 1241. fo. 102. 1396. fo. 295*b*.

———— *v.* GREVILL.

COLBECH, 1241. fo. 136*b*.

COLE, *of Shrewsbury*, 1241. ff. 73*b*. 95. 1396. ff. 84*b*. 252*b*. 6172. fo. 14*b*.

Cole, of Leighton, Add. MS. 14,314. fo. 142*b*.

COLLINS, *of Stretton*, 1241. ff. 14. 164. 1396. ff. 21. 151. 1472. fo. 5*b*.

———— *or*, BROCKTON, 1241. fo. 58*b*. 1472. fo. 21*b*.

CONINGSBY, *of Neen Solers*, 1241. fo. 101. 1396. fo. 87*b*. 1472. fo. 46*b*. 6172. fo. 18*b*. Add. MS. 14,314. fo. 69*b*.

CONSTANTINE, *of Hinton*, 1241. ff. 67*b*. 162*b*. 1396. fo. 163. 6172. fo. 28. Add. MS. 14,314. fo. 65*b*.

COOKE, 1241. fo. 143.

COOPER, 1241. fo. 147*b*.

———— *of Ludlow and Steventon*, 1241. fo. 121*b*.

Cooper, 6172. fo. 23*b*.

CORBETT, *of Belso*, Add. MS. 14,314. fo. 26.

———— *of Cans*, 1241. fo. 8. 1396. fo. 96*b*. 1982. ff. 63. 96. 6172. fo. 5*b*. Add. MSS. 5507. fo. 192. 14,314. fo. 25.

———— *of Hampton*, 1241. fo. 106. 1396. fo. 102.

———— *of Lea*, 615. fo. 225*b*. 1241. ff. 9. 23*b*. 64*b*. 1396. ff. 92*b*.-102*b*. 138. 171*b*. 269*b*. 1982. ff. 21*b*. 64*b*. 65. 154. 159. 6172. fo. 5*b*. Add. MS. 14,314. ff. 25. 26(*a. b.*) 28*b*. 43.

———— *of Leighton*, 1241. fo. 7*b*.

———— *of Long Norley*, 615. fo. 232*b*. 1096. fo. 98*b*. 1396. fo. 98. 6172. fo. 5*b*.

———— *of Morton Corbet*, 1396. ff. 53*b*. 94. 6172. fo. 5*b*. Add. MS. 14,314. fo. 27*b*.

———— *of Newton*, 1396. fo. 102*b*.

———— *of Pontesbury*, 1241. fo. 147*b*. 1396. fo. 342. 1982. fo. 34.

———— *of Stoke*, 1396. fo. 93.

———— *of Willaston*, 1241. fo. 131*b*. 1396. fo. 271*b*.

Corbett, 1241. fo. 2**b*. 6172. ff. 3. 5*b*.

CORBIN, 1241. fo. 55*b*. 1396. fo. 218. Add. MS. 14,314. fo. 44*b*.

CORNWALL, *Baron Burford*, 1396. fo. 91. 1982. fo. 93*b*. Add. MS. 14,314. fo. 125*b*.

———— *of Kinlett*, 1241. fo. 8. 1396. fo. 201*b*. 1982. ff. 67*b*. 96. 98. 6172. ff. 16*b*. 29*b*. Add. MS. 14,314. fo. 125*b*.

Cornwall, 1241. fo. 2**b*. 6172. fo. 3.

Cossyn, 1982. fo. 55*b*.

COSTON, *of Corston*, 1396. fo. 71*b*. Add. MS. 14,314. fo. 112.

Coston, 1982. fo. 89*b*.

COTES, *of Woodcote, fr. Co. Staff.* 1241. fo. 70*b*. 1396. fo. 83. 1982. fo. 49. Add. MS. 14,314. fo. 60.

COTHER, *or*, TATHER, Add. MS. 14,314. fo. 86*b*.

Cottes, 6172. fo. 14*b*.

COTTINGHAM, *of Trevaleen, fr. Co. Chesh.* 1241. fo. 137*b*. 1472. fo. 6*b*.

Cottingham, 6172. fo. 21*b*.

COTTON, *of Alkington*, 1241. fo. 72. 1396. fo. 72*b*.

———— *of Cotton*, 1241. fo. 10*b*. 1396. fo. 200. 1982. fo. 66*b*. Add. MS. 14,314. fo. 58*b*.

———— *of Penegoes*, 1241. fo. 111.

Cotton, 6172. fo. 14*b*.

COUSYN, 615. fo. 223*b*. Add. MS. 14,314. fo. 7*b*.

COVERALL, *v.* BARKER.

COWPER, *of Ponfort*, 1396. fo. 138. 1982. fo. 33*b*.

COX, *of Bramfield*, 1396. fo. 82.

COYTMOORE, 1241. fo. 149.

CRADOCK, *of Wilkes, fr. Co. Staff.* Add. MS. 14,314. fo. 69.

CRANNAGE, *of Pypeley, fr. Co. Chesh.* 1241. fo. 154*b*.

Crannage, 6172. fo. 27.

CRESSETT, *of Upton*, 1241. fo. 79. 1396. fo. 86*b*. 1982. ff. 7*b*. 21. 64*b*. 6172. fo. 15*b*. Add. MS. 14,314. fo. 64*b*.

Cressett, 6172. fo. 3. 1241. fo 2**♭*

CRISPE, 1241. fo. 97.

CROSSE, 1982. fo. 32*b*.

CROST, Add. MS. 14,314. fo. 6*b*.

CROPHULL, 1982. fo. 92*b*.

CROWTHER, *of Ludlow*, 1241. ff. 58. 126. 1396. fo. 24*b*. 1472. fo. 21*b*. Add. MS. 14,314. fo. 87.

Crowther, 1396. fo. 3*b*. 6172. fo. 23*b*.

CRUX, 1982. fo. 50.

CUPPER, *of Ludlow and Stanton Lacy*, 1396. fo. 73*b*.

DABITOTT, 615. fo. 238*b*. 1241. fo. 30*b*. 1396. fo. 74.

Dabitot, 6172. fo. 8*b*.

DACKINS, 1241. fo. 125.

DANBY, 1241. fo. 147*b*. 1982. fo. 34.

DANNETT, *of Westhope, fr. Co. Leic.* 1241. fo. 77. 1982. fo. 1. Add. MS. 14,314. fo. 65.

DARAS, 1396. fo. 166.

DAVENPORT, 1241. fo. 18.

DAVIES, *of Whitchurch*, 1241. fo. 144.

DAVIS, *of Marshe, fr.Co. Montgom.* 615. fo. 237*b*. 1241. fo. 38. 1396. fo. 103*b*. 1982. ff. 103*b*. 161*b*. Add. MS. 14,314. fo. 120.

Davis, Co. Flint. 6172. fo. 9*b*. Add. MS. 14,314. fo. 143.

Dawes, 6172. fo. 26*b*.

DAY, *of Hallon*, 1982. fo. 76.

———— *of Newport*, 1982. fo. 36.

———— *of Wefield*, 1241. fo. 78*b*. Add. MS. 14,314. fo. 59*b*.

Day, 1396. fo. 3*b*. 6172. fo. 15*b*.

DELABERE, *of Kinardesley*, 1982. fo. 94*b*. Add. MS. 14,314. fo. 21*b*.

Delapipe, 1982. fo. 61*b*.

DELAWARE, *Lord*, 1982. fo. 115*b*.

DEVEREUX, Add. MS. 14,314. fo. 43.

DODD, *of Cloverley*, 1241. fo. 76. Add. MS. 14,314. ff. 65*b*. 105*b*.

———— *of Petsey*, 1241. fo. 140. 1396. fo. 106*b*.

DODINGTON, *of Doddington*, 615. fo. 219. 1241. fo. 24. 1982. fo. 152*b*. 6172. fo. 7*b*. Add. MS. 14,314. fo. 27.

Dodington, 1982. fo. 116.

DODMORE, Add. MS. 14,314. fo. 85.

DONE, Add. MS. 14,314. fo. 18.

DORMÉR, 1241. fo. 107b.

DOWNTON, 615. fo. 212.   1241. fo. 70b.   1396. fo. 104b.   1982. fo. 49.   Add. MS. 14,314. fo. 60.

DRAPER, *of Worthen*, 615. fo. 221b.   1241. fo. 6b.   1472. fo. 10b.   1982. fo. 151b. 6172. fo. 5.   Add. MS. 14,314. ff. 28b. 49. 136b.

Draper, 1396. fo. 3b.

DUDLEY, 1244. fo. 107b.

DUDMOSTON, 1241. fo. 52.

DYCHER, *v.* DYCHFIELD.

DYCHFIELD, *or*, DYCHER, *of Shawbury*, 1241. fo. 79b.   6172. fo. 15b.   Add. MS. 14,314. fo. 60b.

EATTON, *of Eaton and Marshe*, 1241. fo. 14.

EDGE, *or*, HAWKINS, 615. fo. 230.   1241. fo. 5b.   1982. fo. 149b.   Add. MS. 14,314. fo. 97.

Edge, or, Hawkins, 6172. fo. 5.

EDWARDS, *of Liddome*, 1241. fo. 137.   1396. fo. 109.   1982. fo. 2.

———— *of Shrewsbury*, 615. fo. 229.   1241. ff. 33b. 114. 156.   1396. ff. 60. 105b. 110b. 1982. ff. 66. 159b.   6172. fo. 9.   Add. MS. 14,314. fo. 118b.

Edwards, 1241. fo. 4*.   1396. fo. 5.   6172. ff. 4. 11.

EGERTON, 1982. fo. 49b.

———— *Baron Ellesmere*, 1472. fo. 48.

————— *v.* SHEPARD.

ELLESMERE, *Baron*, *v.* EGERTON.

EMMOT, *of Minton*, 1241. fo. 61b.

ENGLISH, 1241. fo. 14.   1396. ff. 16b. 324b. 1472. fo. 5b.   1982. fo. 41.

Erdington, 1982. fo. 61b.

ESTERLING, *v.* STRADLING.

ETTON, *of Goldstone*, 1982. fo. 110b.

EVANS, 1241. ff. 91. 113. 139. 142b.   1396. ff. 109b. 174b.   1982. fo. 139.   6172. fo. 22.   Add. MS. 14,314. fo. 122.

———— *of Northope*, 615. fo. 240b.   1241. fo. 41.

———— *of Shrewsbury*, 1396. fo. 107.   1982. fo. 10b.

———— *of Treveleth*, 1396. fo. 108.   1982. fo. 11.

Evans, 6172. fo. 11b.

EVELL, 1982. fo. 102.

EVORS, 1982. fo. 33b.

EVREUX, *Earl of*, *v.* MOUNTFORD.

EYGHTON, *or*, EYTON, *of Marshe*, 1982. fo. 164. 1241. fo. 47.   1396. ff. 122. 260b.   Add. MS. 14,314. ff. 41b. 78b. 133.

EYNNES, *of Bawsley*, Add. MS. 14,314. fo. 9b.

———— *v.* HEYNES.

EYTON, *of Diddlestone*, 615. fo. 222b.   1241. fo. 54b.   1396. fo. 111b.   Add. MS. 14,314. fo. 29.

———— *of Eyton*, 1241. ff. 74b. 100.   1396. ff. 111b. 112b. 122.   1982. ff. 54b. 121b. 138. 6172. fo. 12.   Add. MS. 14,314. ff. 2b. 66. 105b.

———— *v.* EYGHTON.

Eyton, 6172. fo. 15.

FARNHAM, 1982. fo. 61b.

FELTON, *of Wastrey*, 1982. fo. 110.

FERRERS, *Lord*, 1982. fo. 92b.

FEWTERELL, *of Downe*, 1396. fo. 118b.

FILILODE, *of Alveley*, 1241. fo. 55b.   1396. ff. 14. 218.   1472. fo. 8.   Add. MS. 14,314. fo. 91b.

FINCHE, 1396. fo. 327.

FISHER, *of Ludlow*, *fr. Co. Worc.* 1396. fo. 119. Add. MS. 14,314. fo. 140.

FITZ-HUGH, 1396. fo. 219.   1982. fo. 42.

FITZ-WARREN, Add. MS. 14,314. fo. 115.

FLETCHER, *of Condover*, *fr. Co. Chesh.* 1241. fo. 132b.   1396. fo. 119b.

Fletcher, 6172. fo. 25.

FOORD, *fr. Co. Montgomery.* 1396. fo. 340.

FORDE, 1396. fo. 21.   1472. fo. 14.   1982. fo. 163b.   Add. MS. 14,314. fo. 123b.

FORMER, *or*, FROMMER, 615. fo. 210.

FORSTER, *of Eveley*, 1241. fo. 50.   Add. MS. 14,314. ff. 30b. 79.

———— *of Watling Street*, 615. fo. 230b.   1241. ff. 44. 146.   1396. fo. 117.   1982. ff. 22. 162b.   6172. fo. 10b.   Add. MS. 14,314. ff. 8b. 30. 90.

Forster, 1396. fo. 5.

FOSTER, 1439. fo. 6.

FOULESHURST, 1241. fo. 66b.   1982. fo. 84b.

FOWKES, 1241. fo. 23.

FOWLER, *of Breckton*, 1241. fo. 57b.

———— *of Bromhill and Harnage*, 1241. fo. 123.   1396. fo. 118.   6172. fo. 24b. Add. MS. 14,314. fo. 66b.

Fowler, 1241. fo. 4*.

Fowlkin, 6172. fo. 25b.

FOX, *of Bromfield and Raynham*, *fr. Co. Heref.* 615. fo. 234.   1396. fo. 115.

———— *of Greet*, 1241. fo. 126b.

———— *of Ludlow*, 1241. fo. 4.   1982. ff. 73. 157. Add. MS. 14,314. fo. 70b.

———— *of Steventon*, *fr. Co. York.* Add. MS. 14,314. fo. 71b.

Fox, 1241. ff. 3*. 3*b.   6172. fo. 3b.

FRANCIS, 1241. fo. 134b.

Francis, 6172. fo. 25.

Franckton, 1241. fo. 4*.   6172. fo. 4.

FROMMER, *v.* FORMER.

FURNIVALL, *Lord*, 1982. fo. 92b.

GABBETT, *v.* GARBETT.

GAMADGE, *fr. Co. Monm.* Add. MS. 14,314. fo. 5.

GARBETT, *or*, GABBETT, *of Ryton*, 1241. fo. 55. Add MS. 14,314. fo. 51b.

Garbett, 6172. fo. 12.

GARDINER, *of Shrewsbury*, *fr. Co. Lanc.* 1241. fo. 147.   1396. fo. 123b.

GATTACRE, *of Gattacre*, 1241. ff. 32. 77b.   1396. ff. 14. 124b. 156.   1982. fo. 25b.   1472. fo. 8.   6172. fo. 15b.   Add. MS. 14,314. ff. 1b. 67b.

GAUNT, 1982. fo. 113.

GAYWOOD, 1241. fo. 107.   1396. fo. 137.

GEDINGTON, Add. MS. 14,314. fo. 108.

GEERS, 1396. fo. 230.

GELTON, *of Shrewsbury*, 1241. fo. 146b.

GERRARD, Add. MS. 14,314. fo. 34b.

GETHIN, *or*, BOWDLER, *of Bronton*, 1241. fo. 159. 1396. ff. 27. 31b.   1472. ff. 19. 25b.   1982. ff. 6. 9b.

GIBBONS, *of Shrewsbury*, 1241. fo. 144.   1396. fo. 121.   1472. fo. 54.   1982. fo. 70b.

Gibbons, 6172. fo. 25b.

GIFFORD, Add. MS. 14,314. fo. 68.

GITTINS, *of Shrewsbury*, 1241. fo. 139.

GOCH, *v.* GOUGH.

GOLDSTON, 1982. fo. 48*b*.　　Add. MS. 14,314. fo. 31*b*.

GOODYEARE, 1982. fo. 56*b*.

GORNAY, *v.* GURNAY.

GOSTWICH, *of Wellington*, 1982. fo. 82.

GOUGH, *or*, GOCH, *of Marsh*, 1241. fo. 157. 1396. fo. 121*b*.　　1982. ff. 121*b*. 131.

—— 6172. fo. 27*b*.

GOULSTON, *of Astley*, 1241. fo. 42*b*.　　6172. fo. 10.

GRATTWOOD, 1241. fo. 107(*a. b.*)

GRAUNT, *or*, BUTTON, 1396. fo. 325.　　1982. fo. 41.

GRAY, 6172. fo. 12.

GREAVES, 1241. fo. 96*b*.

Greaves, 6172. fo. 17*b*.

GREENE, *of Brompton Brian*, 1241. fo. 146.

GREENWAY, *or*, CLARKE, 1396. fo. 136*b*.

GREGORY, *of Rodington, fr. Co. Lanc.* 1396. fo. 123.

GREMYTON, *of Alkington*, ~ 1241. fo. 72.　　Add. MS. 14,314. fo. 58*b*.

GREVILL, *or*, COCKSEY, 1241. fo. 102.　　1396. fo. 29*b*.

GREY, *Lord Powis*, 1241. fo. 51*b*.　　1396. fo. 66. 6172. fo. 12.　　Add. MS. 14,314. fo. 32.

GRIFFETH, *of Bromhall*, 1982. fo. 14.

GRIFFINS, *of Bentall*, 1396. fo. 139*b*.　　1982. fo. 14.

GROSVENOR, *of Whitmoor*, 1439. fo. 31.　　1982. fo. 16*b*.

GRUBBERT, 615. fo. 209*b*.　　Add. MS. 14,314. fo. 124.

GRUFFITH, Add. MS. 14,314. fo. 6.

GRUFFITHS, *of the Eyle*, 1241. fo. 150*b*.

GURNAY, *or*, GORNAY, 1982. fo. 112*b*.

GUTTYNS, 1241. fo. 73*b*.　　6172. fo. 15.　　Add. MS. 14,314. fo. 68*b*.

HADD, 1396. fo. 324*b*.　　1472. fo. 5*b*.

HADNALL, Add. MS. 14,314. fo. 7.

HAGER, *or*, HAGGER, *of Bromley*, 1241. ff. 34. 136. 1982. fo. 38.　　1396. fo. 162.　　Add. MS. 14,314. ff. 28*b*. 118.

HALL, *of Northall*, 1241. fo. 158*b*.　　1396. fo. 144.　　Add. MS. 14,314. fo. 15.

Hall, 6172. fo. 27*b*.

HAMPTON, 1982. ff. 112*b*. 115.

HANBURY, Add. MS. 14,314. fo. 124.

HANMER, *of Bechfield, fr. Co. Flint.* 1241. fo. 130.　　1396. fo. 159*b*.　　1982. ff. 15. 111*b*. 6172. fo. 24.

—— *of Kenwick and Evenall, fr. Co. Flint.* 1396. fo. 160*b*.

—— *of Llanwymapsy*, 1241. fo. 133.　　6172. fo. 25.

—— *of Porkington*, 1241. fo. 158.　　1396. fo. 129*b*.　　6172. fo. 27*b*.

HANSACRE, 1472. fo. 36*b*.

HARCOURT, Add. MS. 14,314. fo. 31.

HARINGTON, *of Bishton*, 1396. fo. 131.　　1982. fo. 17.　　Add. MS. 14,314. fo. 107*b*.

HARLEY, *of Brompton*, 615. fo. 215*b*.　　1241. ff. 8. 11. 99.　　1396. ff. 53*b*. 95*b*. 166. 201. 1559. fo. 86*b*.　　1982. ff. 54*b*. 59*b*. 67. 68. 96.　　6172. ff. 18. 29.　　Add. MS. 14,314. fo. 36*b*.

Harley, 1241. fo. 2**b*.　　6172. fo. 3.

HARNAGE, *of Belswarden*, 615. fo. 226*b*.　　1241. fo. 20.　　1396. fo. 133*b*.　　Add. MS. 14,314. fo. 92.

—— *of Shenton*, 1241. fo. 48*b*.　　1396. fo. 134.　　Add. MS. 14,314. fo. 33*b*.

Harnage, 6172. fo. 11*b*.

HARPER, 615. fo. 210.　　1241. fo. 4*b*.　　1982. fo. 164.　　Add. MS. 14,314. fo. 124.

—— *of Wellington, fr. Co. Heref.* 1241. fo. 152*b*.　　1396. fo. 164.　　1982. fo. 113*b*.

—— *of Woseston*, 1241. fo. 140.　　1396. fo. 163*b*.

Harper, *of Wellington*, 6172. fo. 26*b*.

HARRIS, 1041. fo. 121.　　1543. fo. 188.

—— *of Abcot*, 1396. fo. 130*b*.　　1982. fo. 12.

—— *of Boraton*, 1982. fo. 43A.

—— *of Condover*, Add. MS. 14,314. fo. 132.

—— *of Cruckton and Tong Castle*, 1396. fo. 135.　　1982. fo. 22*b*.

—— *of Shrewsbury*, 1241. ff. 65*b*. 139.　　1396. fo. 174*b*.

—— *of Stockton*, 1982. fo. 23.

—— *or*, HILL, *of Stockton, fr. Co. Staff.* 1241. fo. 124.　　1396. fo. 148.

Harris, 1241. fo. 3*.　　6172. fo. 3*b*.

Harvey, 6172. fo. 28*b*.

HASSELL, 1472. fo. 8*b*.

Hastange, 1982. fo. 61*b*.

HATTON, *of Kestybirches and Shrewsbury*, 1241. ff. 89*b*. 143.　　1396. fo. 138*b*.　　1982. fo. 119. 6172. fo. 16*b*.　　Add. MS. 14,314. fo. 33.

HAWARD, *of Bridgenorth*, Add. MS. 14,314. fo. 12.

HAWARDEN, Add. MS. 14,314. fo. 39.

HAWKINS, *v.* EDGE.

HAWKYNS, 1982. fo. 108.

HAYNES, Add. MS. 14,314. fo. 32*b*.

HAYWARD, 1241. fo. 114*b*.　　1982. fo. 50.

HEALE, *of Stretton*, 1241. ff. 118*b*. 129*b*.　　1396. fo. 125*b*.

HEAVON, 1533. fo. 88*b*.

HEDLEY, 1241. fo. 47*b*.　　1396. fo. 159.　　6172. fo. 11*b*.　　Add. MS. 14,314. fo. 34.

HEILYN, *of Alderton*, 1396. fo. 153.　　1982. fo. 136*b*.

HELLESBY, Add. MS. 14,314. fo. 33.

HENNALL, *v.* HENOLD.

HENOLD, *or*, HENNALL, 1982. ff. 23. 80.

HERINGE, 1241. fo. 143.　　1396. fo. 164*b*.　　6172. fo. 22.

Hering, *of Owsley*, 6172. fo. 22.

HERNAGE, 1982. fo. 151*b*.

HEYNES, *or*, EYNNES, *of Bridgenorth*, 1241. fo. 113*b*.

—— *of Stretton*, 615. fo. 207*b*.　　1241. ff. 32. 70. 127*b*.　　1396. ff. 156. 173*b*.　　1982. ff. 42*b*. 158*b*.　　6172. fo. 9.　　Add. MS. 14,314. ff. 2. 83.

Heynes, 6172. fo. 9.

HIBBYNS, *of Weo*, 1396. fo. 130.　　Add. MS. 14,314. fo. 85.

HIDE, *of Wafers Hopton, fr. Co. Chesh.* 1241. fo. 92*b*.　　1396. fo. 135*b*.　　6172. fo. 17.

Hide, 1982. fo. 62.

HIER, 1982. fo. 138*b*.

HIGGINS, *or*, HIGGONS, *of Stretton*, 1241. ff. 119. 150. 151.　　1396. ff. 128*b*. 129. 165*b*.　　1982. fo. 34*b*.　　Add. MS. 14,314. fo. 73.

—— *v.* HUGHES.

—— SMITH.

Higgins, 1396. fo. 5*b*.　　6172. fo. 26.

HIGGS, 1241. fo. 132*b*.　　1396. fo. 125*b*.

HIGHLEY, 1241. fo. 116.

HILL, *of Buntingsdale*, 1241. ff. 25. 107.　　1396. ff. 136*b*. 290*b*.　　1982. fo. 54*b*.　　Add. MS. 14,314. fo. 82*b*.

HILL, *of Hill Court*, 1241. fo. 74.   1396. fo. 136*b*.
—— *or*, HULES, *of Ford and Drayton*, 1396. fo. 155.
—— *or*, HULL, *of Sillington, fr. Co. Worc.* 1241. fo. 18*b*.   1396. fo. 149*b*.
—— *v.* HARRIS.
Hill, 6172. fo. 21.
—— *or*, *Hull*, 6172. fo. 9*b*.
HINTON, *of Hinton*, 1241. fo. 67*b*.   1396. fo. 163.   Add. MS. 14,314. fo. 66.
Hinton, 6172. fo. 14.
HIPPESLEY, *of Camley*, 1396. fo. 59*b*.
HOCKLETON, 1241. fo. 136.   1396. fo. 162. 1982. fo. 38.
HODNETT, 1241. fo. 58*b*.   1396. fo. 25.   1472. fo. 22.   Add. MS. 14,314. fo. 130*b*.
HODSHED, Add. MS. 14,314. fo. 68.
HOLLAND, *of Burwarton*, 1241. fo. 116*b*.   1396. fo. 148*b*.   1982. fo. 29.
Holland, 6172. fo. 22*b*.
HOORD, *or*, HORDE, *of Park Bromage*, 615. ff. 205*b*. 210.   1241. fo. 26*b*.   1396. fo. 126. 1982. ff. 156. 164.   6172. fo. 9*b*.   Add. MS. 14,314. ff. 41. 124.
Hoord, 1241. fo. 3*b.   6172. ff. 4. 9*b*.
HOPTON, *of Churbury*, 1241. fo. 43*b*.   1982. fo. 26.
—————— *of Downton and Rockhill*, 1241. fo. 98*b*. 1396. ff. 95*b*. 127*b*. 271*b*.   1982. fo. 64.
—————— *of Hopton*, 1241. fo. 2.   1396. fo. 54. 1982. fo. 64.   Add. MS. 14,314. ff. 34*b*. 75. 81*b*. 89*b*. 90*b*.
—————— *of Llan*, 1241. fo. 131*b*.
—————— *of Staunton*, 1241. fo. 64*b*.
Hopton, 6172. fo. 4*b*.
HORDE, *v.* HOORD.
HORNE, *of Childs Arnold*, 615. fo. 235*b*.   1241. fo. 16*b*.   1396. fo. 162*b*.   1982. fo. 150. 6172. fo. 6*b*.   Add. MS. 14,314. fo. 110*b*.
HORNER, 1396. fo. 124.
HORTON, 1396. fo. 296*b*.
HOSIER, *of Crouckton*, 1396. fo. 152*b*.
—————— *of Preston*, 1396. fo. 171.
HOUGHTON, *of Beckbury*, 1241. fo. 154*b*.   1396. fo. 156*b*.   Add. MS. 14,314. fo. 95.
Houghton, 6172. fo. 27.
HUDDINGTON, 1241. fo. 102.   1396. fo. 295*b*.
HUGHES, *or*, HIGGINS, *of Stretton*, 1396. ff. 128*b*. 228.
HUGONS, *of Cotton Hall*, 1982. fo. 33.
Hugons, 6172. fo. 23.
HULES, *v.* HILL.
HULL, *of Hull*, 1241. fo. 39*b*.   1982. fo. 161*b*. Add. MS. 14,314. fo. 120*b*.
HUMPHRESTON, *of Humphreston*, 1081. fo. 28. 1241. fo. 141.   1396. fo. 132.   4108. fo. 6.   6172. fo. 22.   Add. MS. 14,283. fo. 72.
HUNGERFORD, 1982. fo. 55*b*.
HUNT, *of Longnor*, 1043. fo. 42*b*.   1241. fo. 57*b*.   1396. fo. 158*b*.   1566. fo. 113. Add. MS. 14,314. fo. 96*b*.
—————— *of Milston*, Add. MS. 14,314. fo. 128.
HUSSEY, *of Adbrighton*, 1241. fo. 54.   1396. ff. 146*b*. 254.   1982. ff. 39*b*. 69.   Add. MS. 14,314. fo. 42.
HYNDE, *of Eveleth, fr. Co. Durham*, 1396. fo. 131*b*.
ILLARY, 1982. fo. 61*b*.

IPSTONNES, 1241. fo. 10.   1396. fo. 95*b*.   Add. MS. 14,314. fo. 27*b*.
IRELAND, *of Abrighton*, 1396. ff. 101*b*. 171.
—————— *of Oswestry*, 1241. fo. 97.   1396. fo. 169*b*.
—————— *of Shrewsbury*, 1241. fo. 80.   1396. ff. 169. 170. 174.   1982. fo. 108*b*.
IREMONGER, 1241. fo. 3*b.   1396. fo. 6.   6172. fo. 4.
JAY, *of the Jay*, 1141. fo. 129*b*.   1396. fo. 169. 1445. fo. 176.   1559. fo. 257*b*.   1982. fo. 57.
JEFFSON, 1982. fo. 1.
JENKES, *of Tally-Pont and Downton*, 1241. fo. 134*b*.   1396. fo. 178*b*.
—————— *of Wolverton*, 1241. ff. 72*b*. 164.   1396. fo. 151.   1439. ff. 31. 32.   6172. fo. 28. 1982. fo. 71*b*.   Add. MS. 14,314. fo. 14*b*.
Jenkes, 1241. fo. 4*.   1396. fo. 6.   1982. fo. 116.   6172. fo. 4*b*.
JENKINS, 1241. ff. 37. 141*b*.   1396. fo. 27.   1472. fo. 19.   Add. MS. 14,314. fo. 62*b*.
JENNINGS, *of Diddleston, fr. Co. Chesh.* 1241. ff. 86*b*. 110.   1396. fo. 217.
—————— *of Wellborne*, 615. fo. 239.   1241. fo. 41*b*.   1396. ff. 169. 175*b*.   1982. ff. 56*b*. 57. 162.   6172. ff. 10. 21.   Add. MS. 14,314. fo. 121*b*.
JOBBER, *of Aston*, 1241. fo. 151*b*.   1396. fo. 175.   6172. fo. 26*b*.
JONES, *of Argoed*, 1982. fo. 51*b*.
—————— *of Astington*, 1396. fo. 173*b*.   1982. fo. 42*b*.
—————— *of Chilton and Shrewsbury, fr. Co. Denbigh*, 1241. fo. 143.   1396. fo. 173.   1982. fo. 43A.
—————— *of Lybottwood*, 1241. fo. 127*b*.
—————— *of Melwen*, 1982. fo. 134*b*.
Jones, 1241. fo. 4*.   6172. fo. 4*b*.   Add. MS. 14,314. fo. 142.
JORDEN, *of Sutton*, 1396. fo. 292.
—————— *of Wellington*, 1396. fo. 176.
KAYNYS, 1982. fo. 114.
KELL, Add. MS. 14,314. fo. 40.
KELTON, *of Shrewsbury*, 615. fo. 229*b*.   1241. fo. 31*b*.   1982. fo. 158*b*.   6172. fo. 8*b*. Add. MS. 14,314. fo. 116*b*.
KEMSEY, 1241. fo. 71*b*.   Add. MS. 14,314. fo. 15*b*.
Kemsey, 6172. fo. 14*b*.
KENDYRICK, 1982. fo. 162*b*.
KENWRICK, *of Ower*, 1396. fo. 181.   1982. fo. 16.
KERRY, *of Binweston*, 615. fo. 227*b*.   1241. fo. 23.   1982. fo. 152*b*.   Add. MS. 14,314. fo. 114.
—————— *of Worthen*, 1396. fo. 191.   Add. MS. 14,314. fo. 16*b*.
Kerry, 6172. fo. 7*b*.
KETTLEBY, *of Steple, fr. Co. Linc.* 615. ff. 215*b*. 216.   1041. ff. 36*b*. 67.   1191. fo. 27*b*. 1241. fo. 45.   1396. ff. 177. 190.   1543. fo. 7.   1982. fo. 163.   6172. fo. 11. Add. MS. 14,314. ff. 16. 97*b*.
KIFFIN, *of Hondyralt*, 1396. ff. 107*b*. 180*b*.
—————— *of Oswestry*, 1982. ff. 102*b*. 104.
Kiffin, 1396. fo. 6.   1241. fo. 4*.   6172. fo. 4.

KINARDSLEY, *of Badger and Loxley*, 1241. fo. 104. 1396. fo. 180. 6172. fo. 18. Add. MS. 14,314. fo. 35*b*.

KNIGHT, *of Shrewsbury*, 1241. fo. 65. 1396. fo. 299. 1982. fo. 56*b*. 6172. fo. 13*b*. Add. MS. 14,314. fo. 106*b*.

KNIGHTLEY, 1396. fo. 57.

KOLBES, 1241. fo. 114.

KYNASTON, *of Coles and Shotton*, 1396. fo. 184. 1982. fo. 45*b*.

———— *of Hordley*, 1396. ff. 59*b*. 185. Add. MS. 14,314. fo. 38.

————— *of Lightrich*, 1982. fo. 47.

———— *of Marton*, 1396. fo. 185*b*.

———— *of Otley and Stokes*, 1241. ff. 52*b*. 53. 1396. fo. 188*b*. Add. MS. 14,314. ff. 36. 53*b*.

————— *of Pauly Birsley*, 1982. fo. 47*b*.

————— *of Pontesbury*, 1396. fo. 187.

—————— *of Roos Hampton*, 1396. fo. 205.

———— *of Ryton*, 615. fo. 241*b*. 1982. fo. 151*b*.

————— *of Stokes*, 1396. fo. 183.

————— *of Walford*, 1241. fo. 3. 1396. ff. 64*b*. 183*b*. 1982. ff. 51. 52. Add. MS. 14,314. fo. 37*b*.

———— *of Wolley*, Add. MS. 14,314. fo. 37*b*.

———— *of Wolverton*, 1241. fo. 25.

———— *of the Woodhouse*, 615. fo. 218*b*. 1982. ff. 46**b*. 163. 1241. fo. 3. 1396. fo. 187*b*. Add. MS. 14,314. ff. 8*b*. 28. 113. 123.

Kynaston, 1241. ff. 2**b*. 3**b*. 6172. ff. 3. 4. 5.

LACON, *of Kenley*, 615. fo. 215*b*. 1982. fo. 155*b*. Add. MS. 14,314. fo. 36*b*.

———— *of Lacon*, 1241. fo. 10*b*. 1396. fo. 200*b*.

———— *of Tongland*, 615. fo. 227*b*. 1396. fo. 199*b*. 1982. fo. 153. 6172. fo. 6.

———— *of Willey*, 615. fo. 214*b*. 1396. ff. 57. 199. 1982. fo. 64*b*.

Lacon, 1982. fo. 11*b*.

LACY, *Earl of Ulster*, 1982. fo. 92*b*.

LAKE, 1241. fo. 137. 1396. fo. 108*b*.

LANGFORD, *fr. Co. Derby*, 1396. fo. 219*b*. 1982. fo. 44*b*.

LANGLEY, *of Broseley*, 1396. fo. 194*b*.

———— *of Shrewsbury*, 1396. fo. 221.

LATHOM, 1982. fo. 56*b*.

LAWLEY, *of Wenlock and Spoon Hill*, 615. fo. 234*b*. 1241. ff. 31. 67*b*. 162*b*. 1396. fo. 206*b*. 1982. fo. 158. 6172. fo. 8*b*. Add. MS. 14,314. fo. 37.

LE BARRE, 1241. fo. 89.

LEE, *of Cotton*, 615. fo. 231*b*. 1241. fo. 15*b*. 1396. fo. 212. 1472. fo. 54*b*. 1982. fo. 149. Add. MS. 14,314. fo. 38*b*.

———— *of Langley*, 615. fo. 225*b*. 1241. fo. 16. 1396. ff. 60. 88. 90. 212. 1472. fo. 54*b*. 1504. fo. 126*b*. 1566. fo. 138. 1982. ff. 8. 149*b*. Add. MS. 14,314. ff. 44*b*. 110.

Lee, 1241. fo. 3***. 6172. fo. 3*b*.

LEICH, *of Carden*, 1241. fo. 83*b*. 1396. fo. 315. Add. MS. 14,314. ff. 11. 54.

LEIGH, Add. MS. 14,314. fo. 135*b*.

———— *of Adlington*, Add. MS. 14,314. ff. 17*b*. 39.

———— *of Shrewsbury, fr. Co. Chesh.* 615. fo. 230*b*. 1241. fo. 29. 1982. ff. 15*b*. 157*b*. Add. MS. 14,314. ff. 17. 18. 39.

LEIGH, *of Stoneley*, 1241. fo. 107*b*.

LEIGH, *v.* WALKER.

Leigh, 6172. fo. 8.

LEIGHTON, *of the Cotes*, 1396. fo. 202*b*. 1982. ff. 66*b*. 152. Add. MS. 14,314. ff. 19. 104*b*.

————*r*- *of Leighton*, 1241. fo. 127*b*.

——————-- *of Wattlesborough*, 1241. fo. 21. 1396. ff. 50*b*. 57*b*. 203*b*. 1415. fo. 108. 1566. fo. 125*b*. 1982. ff. 6*b*. 66*b*. 2113. fo. 80. 6172. fo. 7. Add. MS. 14,314. ff. 18*b*. 43. 134.

Leighton, 1241. fo. 2**b*. 6172. fo. 3.

LEMANS, 1396. fo. 137.

LE SCOTT, *of Acton*, 1396. ff. 16*b*. 324*b*.

LEVESON, *of Lilleshall*, 1241. ff. 82. 107*b*. 1396. fo. 138. 6172. fo. 16.

Leveson, 1241. fo. 2**b*. 6172. fo. 3.

LEWIS, 1241. ff. 143. 149. 1396. ff. 124. 164*b*.

———— *of Sutton Magna*, 1396. fo. 220. 1982. fo. 3.

Lewis, 6172. fo. 26.

LINGAYNE, *of Whitton, fr. Co. Heref.* 615. fo. 219*b*. 1043. fo. 25. 1241. fo. 13. 1352. fo. 19. 1486. fo. 13*b*. 1982. ff. 137. 148*b*. Add. MS. 14,314. ff. 61*b*. 103*b*.

LINGEN, *of Tong Castle*, 1241. fo. 88. 1396. fo. 51. Add. MS. 14,314. fo. 42*b*.

Lingen, 6172. fo. 6*b*.

LISLEY, *Visct.* 1982. fo. 113.

LISTER, *of Rowton*, 1241. fo. 14*b*. 1396. fo. 214*b*. 6172. fo. 6*b*. Add. MS. 14,314. fo. 126*b*.

LITTLETON, 1241. ff. 64*b*. 109. 128*b*. 166. 1396. fo. 331. 1982. ff. 45. 59*b*.

———————— *v.* LODGE.

Littleton, 1241. fo. 166.

LLOYD, 1241. ff. 37. 132. 147. 154. 1396. ff. 26*b*. 27*b* 161*b*. 169*b*. 331. 1472. fo. 19*b*. 1982. ff. 38. 125. 131. 134. 142(*a. b.*) 143. Add. MS. 14,314. ff. 85*b*. 117.

———— *of Abertannat*, 1982. fo. 106.

———— *of Daywell*, 1396. fo. 217(*a. b.*)

———— *of Ellerton, fr. Co. Derby*, 1396. fo. 208*b*. 1982. fo. 3*b*.

———— *of the Glynne*, 1241. fo. 1.

———— *of Hardwick*, 1396. fo. 223*b*. 1982. fo. 38*b*.

———— *of Karroy*, 1982. fo. 38*b*.

———— *of Kogedda*, 1241. fo. 106.

———— *of Kryrndon*, 1982. fo. 127*b*.

———— *of Lloynamayne*, 1241. fo. 156. 1396. fo. 225. 1982. ff. 107. 108.

———— *of Ludlow, fr. Co. Brecon.* 1396. fo. 219. 1982. fo. 42.

———— *of Marington*, 615. fo. 242*b*. 1241. fo. 3*b*. 1472. fo. 18. 1982. fo. 151.

———— *of Melverley*, 1396. fo. 205.

———— *of Oswestry*, 1396. ff. 222. 225. 1982. fo. 105.

———— *of Shrewsbury*, 1396. fo. 216.

———— *of Trebroden*, 615. fo. 236*b*. 1241. fo. 1*b*. Add. MS. 14,314. fo. 74*b*.

———— *of Valiley*, 1982. fo. 138.

———— *of Whittington*, 1396. fo. 215*b*.

———— *of Yale*, 1241. fo. 133.

———— *Co. Denbigh*, 1982. fo. 102*b*.

———— *Co. Montgomery*, 1396. fo. 301.

Lloyd, 1241. fo. 3***. 617. ff. 3*b*. 5. 26. 27*b*.

LODGE, *or*, LITTLETON, *of Ower*, 1396. fo. 181*b*. 1982. fo. 16*b*.

LOKYER, *of Wenlock*, 1241. fo. 157*b*. 1396. fo. 196. Add. MS. 14,314. fo. 72*b*.

LONGE, 1241. fo. 134. 1396. fo. 316.

LOVELL, *Baron, of Titchmarshe*, 1396. fo. 34. 1472. fo. 29.

LOWE, *of Highley*, 1396. fo. 208.

Lowe, 1241. fo. 4*. 1982. fo. 62. 6172. fo. 4*b*.

LOYD, *of Maynington*, Add. MS. 14,314. fo. 135.

LUCEY, 1556. fo. 102*b*.

LUDLOWE, *of Moorehouse and Stokesay*, 615. fo. 210*b*. 1241. ff. 58. 74. 95*b*. 1396. ff. 66. 192*b*. 1982. ff. 21. 54*b*. 6172. ff. 15. 17*b*. Add. MS. 14,314. fo. 11*b*. 44. 56. 92*b*.

LUNELL, 1982. fo. 17*b*. Add. MS. 14,314. fo. 108.

LUTTLEY, *of Bromcroft and Coston*, 615. fo. 212*b*. 1241. ff. 55(*a. b.*) 93*b*. 1396. fo. 218. 6172. fo. 12*b*. Add. MS. 14,314. fo. 44*b*.

LUTTWICH, *of Luttwich*, 1396. fo. 205*b*. 1241. fo. 40*b*. 1982. fo. 70. 6172. fo. 10*b*. Add. MS. 14,314. fo. 46.

Luttwich, 6172. fo. 16.

LYME, Add. MS. 14,314. fo. 17.

LYSTER, *of Shrewsbury*, 615. fo. 211. 1982. fo. 149.

MACHELL, 1982. fo. 114.

MACKWORTH, *of Shrewsbury*, 1241. fo. 121. 1982. fo. 32.

Mackworth, Add. MS. 14,314. fo. 143*b*. 6172. fo. 23.

Madley, 1241. fo. 3**b*. 1982. fo. 116. 6172. fo. 4.

MADOCKS, *of Astley*, Add. MS. 14,314. fo. 132*b*.

MANNERS, *Lord Rosse*, Add. MS. 14,314. fo. 21.

MANWARING, *of Ightfield*, 1241. ff. 81. 102. 107*b*. 144*b*. 1396. ff. 235*b*. 295*b*. 1982. fo. 20. 6172. fo. 16.

Manwaring, 1241. fo. 2**b*. 6172. fo. 3.

MARBURY, 1472. fo. 36*b*. 1982. fo. 83.

MARCHE, *Earl of, v.* MORTIMER.

MARCHUMLEY, 1396. fo. 36*b*. 1472. fo. 31*b*.

MARSHALL, *Earl of Pembroke*, 1982. ff. 93. 96*b*.

MARSTON, *of Astcott and Heyton*, 1241. ff. 2. 15. 1396. fo. 226*b*. 1982. fo. 100*b*. Add. MS. 14,314. fo. 14*b*.

MASON, *of the Castle*, Add. MS. 14,314. fo. 46*b*.

———— *of Diddlebury*, 1241. ff. 69*b*. 140*b*. 1396. fo. 231. Add. MS. 14,314. fo. 14*b*.

Mason, 6172. fo. 14.

MATHEWS, *of Blodwell, fr. Co. Chesh.* 1396. fo. 233. 1982. fo. 105*b*.

———— *fr. Co. Glamorgan*, 1241. ff. 26*b*. 114. 1396. fo. 126.

MAVESON, *of Berwick*, 1241. fo. 85*b*. 1396. fo. 329.

MEAR, Add. MS. 14,314. fo. 117.

MECHEN, 1396. fo. 159.

MERCHER, 1241. fo. 47*b*.

MEREDITH, *of Oswestry*, 1241. ff. 80*b*. 142*b*. 1396. ff. 169*b*. 224*b*.

MERRY, 1241. ff. 67*b*. 112. 1396. fo. 163. Add. MS. 14,314. fo. 66.

MEYRE, *of Bewbridge, fr. Co. Chesh.* 1396. fo. 232*b*.

MIDDLETON, *of Middleton*, 615. fo. 241*b*. 1241. ff. 34. 36. 1396. fo. 237. 1472. fo. 18. 1982. ff. 5*b*. 120. 160. 6172. fo. 9. Add. MS. 14,314. ff. 118. 119.

MILLINGTON, *v.* SINGE.

MITTON, *of Mowthewy*, 1241. fo. 88. 1396. fo. 51.

———— *of Shrewsbury, fr. Co. Wilts.* 1241. fo. 108. 1396. fo. 233*b*. 6172. fo. 21.

———— *of Weston*, 1241. ff. 56. 138*b*.

Modeley, 1396. fo. 6*b*.

MODLICOTT, *of Harwood*, 1241. fo. 117*b*.

Modlicott, 6172. fo. 22*b*.

MOHUN, *of Posenall*, 1241. fo. 57*b*.

MONTAGUE, *Lord, v.* POOLE.

MONTHEY (?) 1982. fo. 8.

MOORE, *of Larden*, 615. fo. 206*b*. 1241. ff. 25*b*. 72*b*. 1396. ff. 151. 239. 1982. fo. 155. Add. MS. 14,314. ff. 14*b*. 48.

———— *of Millychape*, Add. MS. 14,314. fo. 89.

———— *of Moore*, 1241. fo. 135*b*. 1396. fo. 240*b*. 6172. fo. 21*b*.

Moore, 6172. ff. 8. 21*b*.

MORGAN, *of Seyton*, 1241. ff. 43*b*. 137*b*. 1472. fo. 6*b*.

MORRIS, *of Cardigan*, 615. fo. 228*b*. 1241. fo. 32*b*. 1982. ff. 140*b*. 159. Add. MS. 14,314. ff. 70. 117*b*.

Morris, 6172. fo. 9.

MORTIMER, *of Acton Burnell*, 1982. fo. 54*b*.

———— *Earl of Marche*, 6172. fo. 30*b*.

Mortimer, 6172. fo. 31.

MORTON, *of Houghton*, 615. ff. 219*b*. 235*b*. 1241. ff. 13*b*. 16*b*. 67*b*. 1396. fo. 162*b*. 1982. fo. 149. Add. MS. 14,314. ff. 66. 95*b*. 110*b*.

———— *of Melborne*, 1982. fo. 58*b*.

———— *of Twyning*, Add. MS. 14,314. fo. 94*b*.

Morton, 6172. fo. 6*b*.

MOTHWY, 1241. fo. 10. 1396. fo. 95.

MOUNTFORD, *Earl of Evreux*, 1982. fo. 94.

MOUNTGOMERY, *of Shrewsbury*, 1241. fo. 70*b*. 6172. fo. 14*b*. Add. MS. 14,314. fo. 47*b*.

MOWTHWY, *Baron*, Add. MS. 14,314. fo. 43.

MUNED, *v.* MYNDE.

MYNDE, *or*, MUNED, *of Mynd*, 615. fo. 239*b*. 1982. fo. 163. 1241. fo. 44*b*. 1396. fo. 225*b*. 6172. fo. 11. Add. MS. 14,314. fo. 47.

NANFANT, 1396. fo. 220.

NEEDHAM, *of Shenton, fr. Co. Derby.* 1241. fo. 59. 1396. fo. 245. 1982. ff. 99*b*. 100. 6172. fo. 12*b*. Add. MS. 14,314. fo. 35.

Needham, 1241. fo. 2**b*. 6172. fo. 3.

NEVILL, 1241. fo. 163.

NEWPORT, *of Arcoll*, 1241. ff. 60. 82*b*. 88. 1396. ff. 38. 50*b*. 57*b*. 243*b*. 1472. fo. 33. 6172. fo. 13. Add. MS. 14,314. ff. 41*b*. 138*b*.

———— *of Leechfield*, 1241. fo. 82*b*.

Newport, 1241. fo. 2**b*. 1982. ff. 62. 116. 6172. fo. 3.

NEWTON, 1241. ff. 67*b*. 83. 1396. ff. 139. 242. 6172. fo. 16. Add. MSS. 14,314. ff. 45. 45*b*. 66.

Newton, 1241. ff. 3*. 3**b*. 1396. fo. 7. 6172. fo. 3*b*.

NEYSHAM, Add. MS. 14,314. fo. 67.

Nicholls, fr. Co. Montgom. Add. MS. 14,314. fo. 144.

NOBLETT, *of Willaston, fr. Co. Heref.* 1241. fo. 111*b*.

NORMCOTT, *of Corston*, 1396. fo. 242*b*. 1982. fo. 37*b*.

NORTON, 1241. ff. 81b. 117.   1982. fo. 150.
    Add. MS. 14,314. fo. 45b.
NOWELL, *of Pelsall*, 1241. fo. 104.   1396. fo.
    180.
OATLEY, 1091. fo. 78.
OCKLEY, *of Shrewsbury*, 1396. fo. 248b.   1982.
    fo. 31b.
ONSLOWE, *of Onslow*, 615. fo. 217b.   1241. fo.
    7.   1396. fo. 247.   1472. fo. 54.   1982.
    ff. 156b. 157.   6172. fo. 5.   Add. MS.
    14,314. ff. 43b. 138.
Onslowe, 1241. fo. 3*.
OTELEY, *or*, OTLEY, *of Condover*, 1982. fo. 109b.
——— *of Pichford*, 1396. fo. 254b.   1982. fo.
    69.
——— *of Shrewsbury*, 1241. ff. 66. 95.   1396.
    ff. 84b. 252b. 254b. 255.   1982. ff. 22. 24.
    69.   6172. fo. 13b.   Add. MS. 14,314.
    fo. 99.
Oteley, or, Otley, 1241. fo. 3*.   6172. fo. 3.
OWEN, *of Adbrightley*, 1396. fo. 251.
——— *of Condover*, 1241. ff. 73b. 80b. 94b. 133.
    1396. ff. 84b. 170b.   1549. fo. 155.   1982.
    ff. 108b. 109b. 140.   6172. fo. 17b.   Add.
    MS. 14,314. ff. 1. 43.
——— *of Shrewsbury*, 1396. ff. 169b. 246. 250.
    252. 254.   1982. ff. 69. 145.
——— *of Woodhouse*, 1396. fo. 158b.
——— *of Wotton*, 1982. fo. 82.
Owen, 1241. fo. 2*b.   1982. fo. 116.   6172.
    fo. 3.
OWGAN, *v.* WOGAN.
PACKINGTON, 1241. fo. 60.
PALMER, *fr. Co. Beds.* 1396. fo. 323.
——— *of Bridgenorth*, 615. fo. 205b.   1241.
    fo. 26b.   1396. fo. 126.   1982. fo. 156.
    Add. MS. 14,314. fo. 41.
Pantolph, 1241. fo. 4*.   1396. fo. 7b.   6172.
    fo. 4b.
PARAMORE, *of Shipton*, 1241. fo. 90b.
Paramore, 6172. fo. 17.
PARDY, *of Weo*, 1396. fo. 130.   Add. MS.
    14,314. fo. 85.
Partysonne, 6172. fo. 21b.
PASHLEY, Add. MS. 14,314. fo. 36b.
PAULE, 1241. fo. 68b.   6172. fo. 14.   Add.
    MS. 14,314. fo. 19b.
PEARCH, *of Shrewsbury, fr. London*, 1241. fo.
    115b.
PEATE, *of Weston*, 1982. fo. 90.
PEERCE, *of Bridgenorth*, 1241. fo. 112b.
PEMBRIDGE, *of Tong Castle*, 1241. fo. 95b.
    1982. ff. 20b. 66b.   Add. MS. 14,314. fo.
    22b.
Pembridge, 1982. fo. 61b.   6172. fo. 17b.
PEMBROKE, *Earl of, v.* MARSHALL.
——— ——— ——— STRONGBOW.
PENN, *of Stockton*, 1241. fo. 128.   6172. fo.
    24.
Penreesse, 1241. fo. 3*b.
PENRYN, *of Llandrino*, 1982. fo. 146.
Penryn, 6172. fo. 23.
PENTRYN, *of Pentryn*, 1982. fo. 130b.
PERCHE, *of London and Shrewsbury*, 1396. fo. 258.
PERLE, Add. MS. 14,314. fo. 41.
PERRELL, 1241. fo. 26b.   1396. fo. 126.
PERSHALL, 1535. fo. 146b.
PERYNS, *of Brockton, fr. Co. Derby.* 1241. fo. 120.
    1396. ff. 35. 270b.   1472. fo. 30.   6172.
    fo. 23.

PETTITT, *of Bagesover*, 1241. fo. 104.   1396.
    fo. 180.
PEVERELL, *Lord*, 1982. fo. 93b.
PHILLIPS, *of Chelwick*, 1396. fo. 262.
——— *of Shrewsbury*, 1396. fo. 262b.
——— *of Stretton, fr. Co. Staff.* 1241. fo.
    129b.
PHILLPOT, *of Shrewsbury, fr. Co. Hereford*, 1396.
    fo. 261b.
PHIPPS, *of Rugdon*, 1241. fo. 118b.
Pichford, 1241. fo. 3*b.   1396. fo. 7b.   6172.
    fo. 4.
PIGOTT, *of Willaston*, 1241. ff. 33. 84. 131b.
    1396. fo. 271b.   6172. fo. 16.
Pigott, 1396. fo. 7b.
PILKINGTON, 1241. fo. 71.   1982. fo. 49.
PIRCELL, 1241. fo. 153.
Pirrell, 6172. fo. 27.
PITT, *of Curwyard*, 1396. fo. 260.
PLOWDEN, *of Plouden Hall*, 1241. ff. 22. 82b.
    109b.   1982. ff. 60. 77.   6172. ff. 20. 21.
    Add. MS. 14,311. fo. 34.
Pomell, 6172. fo. 3b.
PONTESBURY, *of Shrewsbury*, 1241. ff. 115. 146b.
    1396. fo. 43b.
Pontesbury, 6172. fo. 26.
POOLE, *Lord Montague*, 1241. fo. 163.
POPE, *of Shrewsbury, fr. Co. Montgom.* 1241. fo.
    143b.   1396. fo. 268b.   6172. fo. 25b.
PORTER, 1241. fo. 36b.   1396. fo. 27b.   1472.
    fo. 19b.
——— *or*, WESTLEY, 1241. fo. 135.
PORTMAN, 1241. fo. 37.   1396. fo. 26b.   1472.
    fo. 18b.
POWELL, *or*, AP HOWELL, 1241. fo. 153.   1396.
    fo. 101b.   1982. fo. 147b.
——— *of Ednop*, 1396. fo. 265.
——— *of the Parke*, 1241. fo. 91.   1396. fo.
    129.   1982. fo. 105.   6172. fo. 17.
——— *of Stretton*, 1396. fo. 129.
——— *of Worthen*, 1241. fo. 142.   1396. fo.
    264.   6172. fo. 22.
Powell, 1241. fo. 3*.   1982. fo. 116.
POWIS, *Prince of*, Add. MS. 14,314. ff. 36. 37b.
——— *of Henley*, 1241. fo. 118.   6172. fo. 24b.
——— *Lord, v.* CHARLTON.
——— ——— GREY.
Powis, Add. MS. 14,314. fo. 142b.
POWNT, Add. MS. 14,314. fo. 93.
POYNER, *of Beslow*, 1241. fo. 23b.   1396. fo.
    269b.   1982. fo. 153.   6172. fo. 7b.
    Add. MS. 14,314. ff. 26. 114b.
PRAERS, *of Badeleigh*, 1396. fo. 37.   1472. fo.
    32.
PRENELL, *of Broughton*, 615. fo. 229.
PRESTLAND, 1241. fo. 102b.   1396. ff. 60. 296b.
    1982. fo. 129b.
PRICE, 1241. fo. 65.
PRICHARD, *of Bereforth*, 1241. fo. 130b.
PRIDE, *of Shrewsbury*, 1041. fo. 67.   1543. fo. 7.
    Add. MS. 14,314. fo. 97b.
PRINCE, *of Abbeyforgate, near Shrewsbury*, 1241.
    fo. 120b.   1396. fo. 271.   1982. ff. 2b.
    32b.   Add. MS. 14,314. fo. 81.
PRINE, *or*, PRYN, 1043. fo. 34.   1566. fo. 130.
Proude, of Shrewsbury, 1241. fo. 4*.   6172. fo.
    4b.   1396. fo. 7b.   Add. MS. 14,314.
    fo. 144.
PRYCE, *of Shrewsbury*, 1241. fo. 138b.
PULLEYN, 1385. fo. 68b.

PURCELL, *of Ounslow*, 615. fo. 235. 1241. fo. 17. 1396. fo. 266*b*. Add. MS. 14,314. fo. 111.

———- *of Sherne*, 1241. fo. 153. 1396. ff. 101*b*. 171*b*.

———— *of Shrewsbury*, 615. fo. 226*b*. 1241. fo. 17. 1396. fo. 267*b*. 1982. fo. 150. 6104. fo. 47. 6172. fo. 6*b*. Add. MS. 14,314. fo. 111.

Purcell, 1982. fo. 116.

PURSLOWE, *of Sudbury*, 615. fo. 222*b*. 1241. fo. 47. 1396. fo. 260*b*. 1982 fo. 164. 1535. fo. 188*b*. 2187. fo. 76. 6172. fo. 11. Add. MS. 14,314. ff. 41*b*. 78*b*. 133.

PYERS, *of Shrewsbury*, 1241. fo. 153*b*. 6172. fo. 27.

RANDROLES, 1982. fo. 49.

RAVEN, 1241. fo. 142*b*. 1982. fo. 11.

RAVES, 1241. fo. 101*b*. 1396. fo. 295.

REA, *of Kingsland*, 1241. fo. 161*b*. Add. MS. 14,314. fo. 76.

READE, *of Barton*, 1396. fo. 90*b*.

REIGNOLDS, *of Broughton*, 1241. fo. 37. 1396. fo. 27*b*. 1472. fo. 19*b*. 1982. ff. 10. 160. 6172. fo. 9. Add. MS. 14,314. fo. 119*b*.

RICHARDSON, *of Broughton*, 1396. fo. 272*b*.

————— *of Wem*, 1241. fo. 137*b*.

Richards, 6172. fo. 4. 1241. fo. 3*b*. 1982. fo. 116.

RIDGE, *or*, BOWDLER, 615. fo. 235*b*. 1241. fo. 34. 1982. fo. 159*b*. Add. MS. 14,314. fo. 118.

RIDGLEY, *of Albright Hussey, fr. Co. Staff*. 1241. fo. 30. 1472. fo. 34*b*. Add. MS. 14,314. fo. 116.

Ridgley, 6172. fo. 8*b*.

RIDGWAY, 1241. fo. 110*b*.

Ridgway, 6172. fo. 21*b*.

RIDLEY, *of Alkinton*, Add. MS. 14,314. fo. 93*b*.

——— -- *of Bowlding, fr. Co. Northumberland*, 1241. fo. 57. 6172. fo. 12*b*. Add. MS. 14,314. ff. 48*b*. 108*b*.

——— *of Broughton*, 1396. fo. 273.

ROBERTS, *of Ashford*, 615. fo. 204*b*. 1241. fo. 92. 3288. fo. 167*b*.

———— *of Staunton Lacy*, 1241. fo. 14.

Roberts, 1241. fo. 4*. 6172. ff. 4*b*. 17.

ROCK, *of Shrewsbury, fr. Co. Glouc*. 1241. fo. 143. 1396. fo. 276. 1982. fo. 119*b*. 6172. fo. 25.

Rock, 1241. fo. 3*b*. 6172. fo. 4.

ROGERS, 1396. fo. 219*b*. 1982. ff. 44*b*. 135.

Rogers, *of Little Ness*, 1396. fo. 8.

RONE, *of Longford, fr. Co. Midd*. 1396. fo. 273*b*.

ROSSE, *Lord, v*. MANNERS.

ROWLEY, *of Rowley*, 1396. fo. 274*b*. 1472. fo. 57*b*.

———— *of Wyken*, 1396. fo. 274. 1472. fo. 58.

RUGGE, 1982. fo. 159*b*.

RUSSELL, 1241. fo. 102. 1396. fo. 295*b*.

RYCE, 1043. fo. 49. 1241. fo. 30*b*. 1396. fo. 74. 1566. fo. 118*b*.

RYSE, 615. fo. 238*b*.

SAER, *of Helige*, 1241. fo. 124*b*.

ST. OWEN, 615. fo. 211*b*. 1241. fo. 71. 1982. fo. 49. Add. MS. 14,314. fo. 60.

ST. PETER, *of Caws*, 1241. fo. 102. 1396. fo. 295.

ST. VALLERY, 1982. fo. 67*b*.

SALTER, *of Oswestry*, 1241. ff. 43. 93. 1396. ff. 285*b*. 286. 1982. ff. 25. 110. 6172. fo. 17. Add. MS. 14,314. ff. 49*b*. 99.

Salter, 1241. fo. 3*b*.

SALWAY, Add. MS. 14,314. fo. 31.

SANDBOROW, *of Pembroke*, 1241. fo. 138.

SANDFORD, *of Rossall*, 615. fo. 237*b*. 1241. fo. 19. 1396. fo. 284*b*. 1535. fo. 167*b*. 1982. ff. 71. 150*b*. Add. MS. 14,314. ff. 50. 73*b*.

————— *of Sandford*, 1241. fo. 73. 1982. fo. 63*b*. Add. MS. 14,314. fo. 73*b*.

Sandford, 6172. ff. 7. 14*b*.

SANDS, *of Eadgley, fr. Co. Worc*. 1982. fo. 72.

SANDWICKE, 1472. fo. 9*b*.

SANKEY, 1566. fo. 138.

Saunders, 1241. fo. 3*b*. 6172. fo. 4.

SAYE, 1241. fo. 87. Add. MS. 14,314. fo. 49.

——— *of Castle Richard*, 1982. fo. 97*b*.

SCOTT, *or*, ACTON, 1982. fo. 41.

SCRIVEN, *of Frodesley*, 615. fo. 208*b*. 1241. fo. 48. 1396 ff. 45. 290. 1982. ff. 21*b*. 80. 164*b*. 6172. fo. 11*b*. Add. MS. 14,314. ff. 6*b*. 7.

Scriven, 1241. fo. 3*. 6172. fo. 3*b*.

SCROOPE, *of Castle Combe*, 1241. fo. 134.

SELMAN, *of Harington and Ludlowe*, 1241. fo. 138. 1396. fo. 291*b*. 1472. fo. 9*b*. 1982. fo. 44.

Sharve, 6172. fo. 25.

Shellmick, 1982. fo. 116.

SHENTON, 1241. ff. 125. 133*b*. Add. MS. 14,314. fo. 50*b*.

SHEPARD, 615. fo. 207*b*. 1241. fo. 32. Add. MS. 14,314. fo. 2.

——— *or*, EGERTON, *of Whettell*, 1396. fo. 292. 1982. fo. 35*b*.

SHERAR, *of Shrewsbury*, 1241. fo. 91*b*. 1396. fo. 289*b*. 6172. fo. 17. Add. MS. 14,314. fo. 9.

SHERLEY, 1982. fo. 83. Add. MS. 14,314. fo. 40*b*.

SHERMAN, 1396. fo. 219*b*. 1982. fo. 44*b*.

SHREWSBURY, *Earl of*, 1075. fo. 8*b*. 1394. p. 348. 1484. fo. 37. Cott. MS. Jul. F. viii. fo. 8*b*.

——— --- *v*. TALBOT.

SHUKBOROUGH, 1396. fo. 131. 1982. fo. 7*b*. Add. MS. 14,314. fo. 108.

SIDENHALL, 1396. fo. 131. 1982. fo. 17*b*. Add. MS. 14,314. fo. 108.

SIMONDS, 1982. fo. 24*b*.

SINGE, *or*, MILLINGTON, *of Bridgenorth, fr. Co. Cheshire*, 1241. fo. 163*b*. 1396. fo. 283. Add. MS. 14,314. fo. 131*b*.

SITSILT, Add. MS. 14,314. fo. 3*b*.

SKERNE, *fr. Co. Essex*, Add. MS. 14,314. fo. 86*b*.

SMALLMAN, *of Wildertop, fr. Co. Heref*. 1241. fo. 115*b*. 1396. fo. 284. 6172. fo. 22*b*.

SMALLEY, Add. MS. 14,314. fo. 48.

SMITH, *of Morvill*, 1241. fo. 69. 6172. fo. 14.

——— *of Overton, fr. Co. Heref*. 1396. ff. 282. 293. 1982. fo. 37.

——— *or*, HIGGINS, 1241. fo. 133*b*.

——— *v*. TARBOCK.

SMYTH, Add. MS. 14,314. ff. 7. 127.

SOTHERN, 1535. fo. 99.

SPENCER, *of Witton*, 615. fo. 223*b*. 1241. fo. 40. 1396. fo. 294. 1982. fo. 161. 6172. fo. 10. Add. MS. 14,314. fo. 7*b*.

SPRENGSLOWE, *or*, SPRINGSEAUX, *of Plash*, 1241. fo. 19. 1396. fo. 284*b*. 1982. fo. 71.
Stanlawe, 1982. fo. 61*b*.
STANLEY, *of Hotton and Knocking*, *fr.* Co. Chesh. 1241. ff. 59. 116. 1396. fo. 37. 1535. ff. 265*b*. 266. 1982. fo. 64. 2187. ff. 106*b*. 107. 6172. fo. 22*b*. Add. MS. 14,314. fo. 8*b*.
STANNEY, *of Oswestry*, 1241. fo. 127. 1396. fo. 298*b*. 1982. fo. 107*b*. 6172. fo. 24.
Stanney, 1241. fo. 103.
STAPLEFORD, Add. MS. 14,314. fo. 99.
STAPLETON, 1097. fo. 9*b*. 1241. ff. 26*b*. 66*b*. 1396. fo. 126. 1982. ff. 7*b*. 21*b*. Add. MS. 14,314. fo. 41.
Stapleton, 1982. fo. 61*b*.
STAUNTON, 1241. fo. 18. 1982. fo. 76*b*. Add. MS. 14,314. fo. 112*b*.
Stedman, 6172. fo. 4*b*. 1396. fo. 8. 1241. fo. 4*.
STEPHENS, *of Minsterley*, 1396. fo. 287. Add. MS. 14,314. fo. 129.
STEVENS, 1241. fo. 148. 1396. fo. 298.
STEVENTON, *of Dodhill*, 615. fo. 242*b*. 1241. fo. 49. 1396. fo. 297*b*. 1982. fo. 165. 6172. fo. 11*b*. Add. MS. 14,314. ff. 8. 65*b*.
STICHE, *v.* STUCHE.
STOCKIN, 1241. fo. 139*b*. 1396. fo. 50. 1982. fo. 28.
STOCKPOOLE, 1241. fo. 95*b*. Add. MS. 14,314. fo. 21*b*.
STRADLING, *or*, ESTERLING, Add. MS. 14,314. fo. 5*b*.
STRONGBOW, *Earl of Pembroke*, 1982. ff. 93. 96*b*.
Strowbridge, 6172. fo. 22.
STROWDE, 1982. fo. 115.
STUCHE, *or*, STICHE, 1396. fo. 290*b*. 1424. ff. 31. 34*b*. 1982. fo. 50*b*. Add. MS. 14,314. fo. 62.
STUDLEY, *of Shrewsbury*, 1396. ff. 250*b*. 288*b*.
STURLEY, Add. MS. 14,314. fo. 31.
STURRY, *of Rossall*, 615. fo. 233. 1241. fo. 22. 1396. fo. 288. 1982. ff. 64*b*. 77. 152. Add. MS. 14,314. fo. 11.
Sturry, 6172. fo. 7.
SUBBINGE, 1982. fo. 54*b*.
Sugdon, 1241. fo. 3*b*. 1396. fo. 8. 1982. fo. 116. 6172. fo. 4.
SWORTON, Add. MS. 14,314. fo. 17.
Swynnerton, 1982. fo. 62.
Syton, 1241. fo. 4*. 1396. fo. 8. 6172. fo. 4*b*.
TALBOTT, *Earl of Shrewsbury*, 1394. p. 26. 1396. fo. 303. 1415. fo. 48. 1420. fo. 24. 1484. fo. 61*b*. 2109. fo. 81. 4630. p. 597. Add. MS. 14,314. fo. 66.
— — — *of Castle Riccard*, 886. fo. 65. 1187. ff. 83*b*. 94. 1396. fo. 55.
————— *of Sheffenhall*, Add. MS. 14,314. fo. 25*b*.
TANNATT, *of Aber Tannatt*, 1241. fo. 154. 1396. fo. 301*b*. 6172. fo. 27.
————— *of Blodwell*, 1396. fo. 300*b*. 1982. fo. 105*b*.
TARBOCK, *or*, SMITH, *of Oswestry*, *fr.* Co. Lanc. 1241. fo. 155*b*. 1982. fo. 108.
TATHER, *v.* COTHER.
TAYLOR, 1241. fo. 10*b*. 1982. ff. 92. 140*b*.
THORNES, *of Melverley and Shelvock*, 615. fo. 217*b*. 1241. fo. 46. 1396. fo. 306*b*. 1982. ff. 79*b*. 163*b*. Add. MS. 14,314. fo. 10.

Thornes, 6172. fo. 11.
THYNNE, *of Stretton*, 1241. fo. 70. 1396. ff. 173*b*. 299*b*. 1982. fo. 42*b*. 6172. fo. 14. Add. MS. 14,314. ff. 2. 9*b*.
Thynne, 1241. fo. 2*b*. 6172. fo. 3.
TIPTOFT, 1241. fo. 134.
Tiptoft, 6172. fo. 31.
TIRRELL, 1241. fo. 71*b*.
TITTELEY, *of Titteley*, 1241. fo. 122. 1396. fo. 299. 1982. fo. 28*b*.
Titteley, 6172. fo. 23*b*.
TOMKIN, *or*, TURBERVILLE, Add. MS. 14,314. fo. 22.
TOMPKYN, *of Swansea*, Add. MS. 14,314. fo. 22.
TOWERS, 1982. fo. 85*b*. Add. MS. 14,314. fo. 97*b*.
————— *of Henyng*, Add. MS. 14,314. fo. 97*b*.
TOWNSEND, *of Ludlow*, *fr.* Co. Norf. 1241. fo. 87*b*. 1396. fo. 309. 6172. ff. 18*b*. 20*b*. Add. MS. 14,314. fo. 77*b*.
TREFNANT, 1241. fo. 119.
TREVOR, *of Ellesmere*, 615. fo. 224*b*. 1241. fo. 11*b*. 1982. ff. 7. 148. Add. MS. 14,314. fo. 105.
————— *of Trevally*, Add. MS. 14,314. fo. 10*b*.
Trevor, 6172. fo. 5*b*.
TRYVETT, 1982. fo. 115.
TURBERVILLE, 1982. fo. 67*b*. Add. MS. 14,314. fo. 22.
————— — *v.* TOMKIN.
TURNER, *of Astley and Shrewsbury*, 1396. fo. 310*b*.
TURTON, *fr.* Co. Staff. 1982. fo. 88.
TWIFORD, *of Milvard*, 615. fo. 232*b*. 1241. fo. 29*b*. 1396. fo. 305*b*. 6172. fo. 8*b*. Add. MS. 14,314. fo. 115*b*.
ULSTER, *Earl of*, *v.* BURGHE.
————— —— LACY.
UPTON, *of Oteley*, 1241. fo. 44. 1982. fo. 22.
URBESTOR, 1241. fo. 45.
VAUGHAN, *of Dicer*, Add. MS. 14,314. fo. 117.
————— *of Dudleston*, 615. fo. 242*b*. 1396. fo. 314. 1982. fo. 15. 6172. fo. 30. Add. MS. 14,314. fo. 135.
————— *of Shrewsbury*, 1241. fo. 108. 1396. fo. 234.
————— *of Stretton*, Add. MS. 14,314. fo. 89*b*.
VAVASOR, *of Newton and Spaldington*, 1241. fo. 83*b*. 1396. fo. 314*b*. 6172. fo. 16. Add. MS. 14,314. fo. 11.
VEEL, 1396. fo. 126.
VENABLES, *of Bradwell*, Add. MS. 14,314. fo. 39
VERDON, *Lord*, 1982. fo. 92*b*.
VERNON, *of Hodnett or Haddon*, 615. fo. 210*b*. 1241. ff. 84*b*. 95*b*. 1396. fo. 311. 6172. fo. 16. Add. MS. 14,314. ff. 21*b*. 42*b*.
————— *of Stokesley*, 1396. fo. 66. Add. MS. 14,314. fo. 11*b*.
Vernon, 6172. fo. 17*b*.
VEYNOR, *of Condover*, *fr.* Co. Wilts. 1241. fo. 134. 1396. ff. 31*b*. 315*b*. 6172. fo. 25.
WAKE, 1982. fo. 114.
WALCOTT, *of Shrewsbury and Walcott*, 1241. ff. 97*b*. 98. 1396. ff. 317*b*. 318. 6172. fo. 18. Add. MS. 14,314. fo. 23*b*.
WALKER, 1396. fo. 252*b*.
————— *of Leigh Green*, 1982. fo. 49*b*.
————— *or*, LEIGH, *of Stretton*, 1472. fo. 14*b*.
WALL, *of Benthall*, 1396. fo. 292.
————— *of Sutton and Lawton*, Co. Heref. 1241. fo. 161*b*. 1396. fo. 331*b*. 6172. fo. 28. Add. MS. 14,314. fo. 75*b*.

WALLOP, *of Bagbroke, fr. Co. Hants.* 1396. fo. 337*b*.

WALTER, *of Ludlow*, 1241. fo. 128*b*. 1396. fo. 331. 6172. fo. 24.

—— *of Shrewsbury*, 1241. fo. 28*b*. 1982. fo. 157*b*. Add. MS. 14,314. ff. 70*b*. 115.

Walter, of Shrewsbury, 6172. fo. 8.

WARD, *of Hinton*, 615. fo. 230. 1241. fo. 1. 1396. fo. 320. 1982. fo. 153*b*. Add. MS. 14,314. fo. 74.

Ward, 6172. fo. 4*b*.

WAREHAM, *or*, WARHAM, *of Medley*, 1241. fo. 156*b*. Add. MS. 14,314. fo. 79*b*.

Wareham, 6172. fo. 27*b*.

WARING, *of Shrewsbury*, 1241. ff. 64. 86. 1396. fo. 326*b*. 1982. fo. 17*b*. 6172. fo. 16*b*. Add. MS. 14,314. fo. 101*b*.

Waring, 1241. fo. 3*b. 1982. fo. 116. 6172. fo. 4.

WARNNERTON, 615. fo. 233*b*.

WARREN, *of Ightfield*, 1241. fo. 81. 1982. fo. 20.

Warren, 1396. fo. 9.

Wastneys, 1982. fo. 61*b*.

WATEIS, *of Ludlow*, 1396. fo. 329*b*.

—— *of Shrewsbury, fr. Co. Brecknock*, 1396. fo. 324*b*. 1982. ff. 40*b*. 41*b*.

WATER, 615. fo. 234.

WATKINS, *of Shotton*, Add. MS. 14,314. fo. 128*b*.

WATSON, *of Newport, fr. Co. York.* 1241. fo. 145*b*. 1396. ff. 138. 333*b*.

Watson, 6172. fo. 26.

WAVERTON, *of Worsfield*, 1241. fo. 18. 1396. fo. 317. 1982. ff. 76*b*. 150*b*. Add. MS. 14,314. fo. 112*b*.

WEALE, *of Shrewsbury*, 1241. ff. 139. 155. 1396. fo. 321*b*. 6172. fo. 27.

Weale, 1396. fo. 9.

WEAVER, *fr. Co. Montgomery*, 1241. fo. 69.

WEDGWOOD, *of Ellerton*, 1982. fo. 90*b*.

Wenlock, of Wenlock, 1396. fo. 9.

WESTLEY, *v.* PORTER.

WETTENHALL, *of Cholmeston*, 1396. fo. 37. 1472. fo. 32.

WEEVER, *of Tarnhall, fr. Co. Chesh.* 1396. fo. 330*b*.

Weyer, 1982. fo. 61*b*.

WHEELER, *of Ludlow, fr. Co. Devon.* 1241. fo. 6. 1396. fo. 324. 1982. fo. 157*b*. 6172. fo. 5. Add. MS. 14,314. fo. 83*b*.

WHICHARLEY, *of Whicharley*, 615. fo. 224*b*. 1241. fo. 27. 1396. fo. 327*b*. 1472. fo. 58*b*. 1982. fo. 154*b*. Add. MS. 14,314. fo. 124*b*.

WHITBROOKE, *of Bridgenorth*, 1241. fo. 37*b*. 1472. fo. 45*b*. Add. MS. 14,314. fo. 12.

Whitbrooke, 6172. fo. 9*b*.

WHITCOMBE, *v.* WIDCOMBE.

WHITMORE, *of Apley, fr. Co. Staff.* 1396. fo. 321.

WHITTINGTON, *of Pantley*, Add. MS. 14,314. fo. 35.

WHITTON, *or*, WITTON, *of Whitton*, 615. fo. 235. 1241. fo. 27*b*. 1396. fo. 326. 1982. fo. 155. Add. MS. 14,314. fo. 109*b*.

Whitton, 6172. fo. 8.

WICHARD, 1982. fo. 84.

WIDCOMBE, *or*, WHITCOMB, *of Berwick, fr. Co. Som.* 1241. ff. 23*b*. 85*b*. 1396. fo. 329. 1982. fo. 77.

Widcombe, 6172. fo. 16*b*.

WIGMORE, *of Lucton*, 1396. fo. 322. 6172. fo. 31*b*.

WILKES, *of Shrewsbury*, 1241. fo. 144*b*. 1982. fo. 118*b*.

Wilkes, 6172. ff. 25*b*. 31.

WILKINSON, *v.* WILLCOCKS.

WILLASCOTT, 1241. ff. 22. 82*b*. 1982. fo. 77. Add. MS. 14,314. fo. 110*b*.

WILLASTON, *or*, WOLLASTON, 1241. ff. 57*b*. 86*b*. 6172. fo. 16*b*. Add. MS. 14,314. fo. 12*b*.

WILLCOCKS, *of Pontesbury*, 1241. fo. 152. 1566. fo. 137*b*.

—— *or*, WILKINSON, *of Broseley, fr. Co. Chesh.* 1241. fo. 152.

Willcocks, 6172. fo. 26*b*.

WILLEY, 1396. fo. 201.

WILLIAMS, *of Oswestry*, 1396. fo. 325*b*. 1982. fo. 10.

—— *of Willaston, fr. Co. Monmouth*, 615. fo. 236*b*. 1241. ff. 33. 41*b*. 1396. ff. 271*b*. 322*b*. 1982. ff. 122. 159. Add. MSS. 14,314. fo. 117. 16,279. p. 219.

Williams, 1241. fo. 3*.

WILTON, *v.* WHITTON.

WINDSOR, *Lord*, 1982. fo. 82. Add. MS. 14,314. fo. 11.

WINSBURY, 1241. ff. 109. 136.

WINTER, 1241. fo. 102. 1396. fo. 295*b*.

WLONKESLOW, *of Wlonkeslow*, 1396. fo. 290*b*.

WOGAN, *or*, OWGAN, Add. MS. 14,314. fo. 86*b*.

Wolfe, of Madeley, 1472. fo. 57.

WOLLASTON, *v.* WILLASTON.

WOLLEY, *of Shrewsbury*, 1241. fo. 143. 1396. fo. 165.

WOOD, *of Shynwood, fr. Co. York.* 1396. fo. 330.

Wood, 1241. fo. 4*. 1396. fo. 9. 1982. fo. 116. 6172. fo. 4.

WOODCOCK, *of Newport*, 1241. fo. 104*b*. 1396. fo. 319.

WOOLRICH, *of Dudmanston*, 1241. ff. 23*b*. 52. 97. 1396. fo. 45*b*. 1472. fo. 39*b*. Add. MS. 14,314. fo. 13*b*.

Woolrich, 1241. fo. 3*. 6172. ff. 3*b*. 12.

Wrotesley, 6172. fo. 28.

WYCHERLEY, *of Clive*, 1396. fo. 328.

WYFORD, 1982. fo. 158.

WYNNE, *of Dudleston*, 1241. fo. 36*b*. 1396. ff. 27*b*. 313*b*. 1472. fo. 19*b*. 1982. fo. 15*b*.

—— *of Gelgarth*, 1982. ff. 124*b*. 134.

—— *of Melyrche*, 1982. fo. 104*b*.

—— *of Oswestry*, 1241. fo. 1. 1396. fo. 320.

—— *of Powis*, 1396. fo. 169*b*.

YONGE, *of Keynton*, 1241. ff. 85. 102. 140. 1396. ff. 2. 296. 340*b*. 1982. ff. 75*b*. 79. 6172. fo. 16*b*. Add. MS. 14,314. ff. 2*b*. 10. 66.

YORKE, *of Pontesbury*, 1241. fo. 147*b*. 1396. fo. 341*b*. 1982. fo. 34. 6172. fo. 26.

SOMERSETSHIRE.

ABAROUGH, *of Castle Cary*, 1141. fo. 122*b*. 1385. fo. 40*b*. 1445. fo. 169. 1559. fo. 19*b*. Add. MS. 12,477. fo. 6*b*.

ALLEN, *of Wrainton*, 1141. fo. 103. 1445. fo. 142. 1559. fo. 228*b*.

ALLETT, *of Iwood, fr. Co. Linc.* 1141. fo. 115. 1445. fo. 159. 1559. fo. 244.

ARTHER, *of Clopton*, 1385. fo. 72. 1559. fo. 101*b*.

ARVOS, 1385. fo. 32. 1559. fo. 7*b*.

ASHCOMBE, *of East Pennon*, 1141. fo. 106. 1445. fo. 144*b*. 1559. fo. 231*b*.

ASHE, *of Tykenham*, 1559. fo. 95.

—— *v*. ESSE.

ASHELDON, 1385. fo. 32. 1559. fo. 7*b*.

ASHELEY, *of St. Giles Wynborne*, Add. MS. 14,315. p. 152.

ASTHORPE, *of Camelerton*, 1445. fo. 192*b*.

ATKINS, 1165. fo. 42. 1443. fo. 124*b*.

ATTWOOD, 1559. fo. 142.

Audeley, Lord, 1385. fo. 2.

AVERY, *of Mells*, 1141. fo. 43. 1385. fo. 62. 1445. fo. 62*b*. 1559. fo. 61.

Avery, 1385. fo. 5*b*. 1559. fo. 261*b*.

AYLWARD, 1141. fo. 100*b*. 1445. fo. 139*b*. 1559. fo. 226.

BABER, *of Chew Magna*, 1077. fo. 44*b*. 1141. fo. 94. 1445. fo. 128*b*. 1559. fo. 218.

——*of Rogelbery*, 1385. fo. 35*b*. 1445. fo. 181*b*. 1463. fo. 5*b*. 1559. fo. 11.

——*of St. Georges*, 1141. fo. 93*b*. 1445. fo. 129*b*.

Bacon, of Otterhampton, 1385. fo. 5.

BAILEY, *of Serne*, 1141. fo. 126. 1445. fo. 172*b*.

BALCHE, *of Horton*, 1141. fo. 122. 1445. fo. 167*b*. 1559. fo. 248*b*.

BAMPFIELD, *of Hardington*, 1141. fo. 101. 1385. fo. 33*b*. 1445. fo. 140. 1559. ff. 2. 226*b*.

BARAN, *of Wells*, 1141. fo. 86. 1445. fo. 122*b*. 1559. fo. 213*b*.

BARBER, 1173. fo. 36*b*.

BARFOOTE, 1385. fo. 54*b*. 1445. fo. 211*b*. 1559. fo. 35*b*.

BARKLEY, *or*, BERKLEY, *of Bruton and Stoke*, 1141. fo. 107*b*. 1385. fo. 25. 1445. fo. 146. 1559. fo. 64*b*.

Barkley, 1385. ff. 2. 71.

BARNARD, *of Downside*, 1141. fo. 108*b*. 1445. ff. 147*b*. 202. 1559. fo. 232*b*.

Basings, 1559. fo. 261.

BATH, *Earl of, v.* BOURCHIER.

Bath, Earl of, 1385. fo. 2.

BAVENT, *or*, BEVENT, 1141. fo. 97*b*. 1385. fo. 29. 1445. fo. 136*b*. 1559. ff. 4. 223*b*. Add. MS. 12,477. fo. 65*b*.

Beven, 1385. fo. 4. 1559. fo. 261.

BEAUCHAMP, *Baron, of Hache*, 1095. fo. 29*b*. 1097. fo. 4*b*. 1385. fo. 23. 1412. fo. 90*b*. 1559. ff. 63*b*. 95. Lansd. MS. 880. fo. 23*b*.

BEAUFORT, *Duke of Somerset*, 1187. ff. 81*b*. 82. 2109. fo. 8. Add. MS. 14,311. fo. 35*b*.

BERESFORD, *of Taunton Castle, fr. Co. Berks.* 1445. fo. 232*.

BERKLEY, *v.* BARKLEY.

BEVENT, *v.* BAVENT.

BIFLEET, *of Bratton*, 1141. fo. 36*b*. 1445. fo. 58*b*. 1559. fo. 165*b*.

Bindon, Visct. v. Howard.

BINGHAM, *of Sutton Bingham*, 1445. fo. 189*b*.

BISSE, *of Batcombe*, 1141. fo. 99. 1445. fo. 13. 1559. fo. 110*b*.

—— *of Hull Bishop*, 1141. fo. 4*b*.

—— *of Spargrove*, 1141. fo. 110*b*. 1445. fo. 12. 1559. fo. 236*b*.

Bisse, 1385. fo. 4.

BLAKE, *of Planchfield*, 1141. fo. 107. 1163. fo. 225*b*.

BLANCHARD, *of Katherine's Court, fr. Co. Glouc.* 1141. fo. 102. 1445. fo. 141. 1559. fo. 227*b*.

Blanchard, 1385. fo. 4*b*.

BLENET, *of Evenham*, Add. MS. 14,315. p. 132.

BLEWETT, *of Cottsham*, 1385. fo. 48*b*. 1445. fo. 183*b*. 1559. fo. 27*b*. Add. MS. 12,477. fo. 53.

—— *of Grenham*, 1445. ff. 182*b*. 183. 1559. fo. 37*b*.

BLUNT, *of Kinlett*, 1559. fo. 67*b*.

Bodington, of Loxton, 1385. fo. 4*b*.

BOLE, *of Limington*, 1141. fo. 100. 1445. fo. 139*b*. 1559. fo. 226.

BONNER, *of South Petherton*, 1141. fo. 45. 1445. fo. 67*b*. 1559. fo. 174*b*.

Bonner, of Watson, 1385. fo. 5*b*.

BONVILE, *of Dillington*, 1559. ff. 81*b*. 96*b*.

BOTELER, *of Old Clee*, 1141. fo. 6*b*. 1445. fo. 19*b*.

BOURCHIER, *Earl of Bath*, 6592. fo. 9.

Bourchier, Earl of Bath, 6774. fo. 5.

BOURNE, *of Street, fr. Co. Bucks.* 1385. fo. 44. 1445. fo. 225. 1559. fo. 22. Add. MS. 12,477. fo. 8*b*.

—— *of Wells*, 1141. fo. 17*b*.

—— *of Winscombe*, 1445. fo. 31*b*. 1559. fo. 78*b*.

BOWCHER, *of Bristol*, 1141. fo. 96. 1445. fo. 133. 1559. fo. 221.

BOWER, *of Alverton*, 1445. fo. 34. 1559. fo. 153.

—— *of Wells, fr. Co. Wilts.* 1141. ff. 19. 82*b*. 1445. ff. 33*b*. 34*b*. 1559. fo. 210*b*.

BOWERMAN, *of Wells, fr. Co. Devon.* 1141. fo. 77. 1385. fo. 61. 1445. ff. 113*b*. 199*b*. 1559. ff. 44. 118*b*. Add. MS. 12,477. fo. 60*b*.

BOYS, *of Oldstock*, 1046. fo. 58*b*. 1141. fo. 89. 1147. fo. 84*b*. 1430. fo. 89*b*. 1433. fo. 35. 1445. fo. 126*b*. 1559. fo. 216*b*. 1561. fo. 30. Add. MSS. 4963. fo. 5*b*. 14,311. fo. 80*b*.

Boys, 1385. fo. 5.

BRABANT, 1046. fo. 58*b*. 1433. fo. 35. 1561. fo. 30. Add. MS. 4963. fo. 5*b*.

BRACTON, *v.* BRATTON.

BRANCH, 1141. fo. 112. 1445. fo. 154. 1559. fo. 238.

BRATTON, *of Bratton*, 1445. fo. 190*b*.

—— *or*, BRACTON, 1163. ff. 212. 213.

BRENT, 1389. fo. 34. 1559. fo. 9.

—— *of Cossington*, 1559. fo. 45.

Brent, 1385. fo. 5.

BRERETON, *of Yard, fr. Co. Chesh.* 1141., fo. 57(*a. b.*)   1445. fo. 83.   1559. ff. 139. 187*b*.

Brereton, 1385. fo. 3.   1559. fo. 261.

BRIDGES, *of Leigh, fr.Co. Glouc.* 1141. fo. 42*b*. 1445. fo. 64.   1559. fo. 173*b*.

BRITHEN, Add. MS. 12,477. fo. 52*b*.

BROKAS, 1141. fo. 98.   1385. fo. 29.   1445. fo. 137.   1559. ff. 4. 224.   Add. MS. 12,477. fo. 65*b*.

BROMPTON, *of Brompton,* 1559. fo. 87.

BROOKE, *of Glastonbury,* 1141. fo. 15*b*.   1445. fo. 29.   1559. fo. 150*b*.

BROUGHTON, *of Sampford,* 1141. fo. 9*b*.   1385. fo. 58.   1445. ff. 23. 205*b*.   1559. fo. 41. Add. MS. 12,477. fo. 58*b*.

BROWNE, *of Backwell, fr. Co. Wilts.* 1141. fo. 92. 1445. fo. 127*b*.   1559. fo. 242*b*.

BRYCE, *of Dunington,* 1141. fo. 120.   1385. fo. 53.   1445. ff. 165*b*. 214.   1559. fo. 34. Add. MS. 12,477. fo. 56.

Bryce, 1385. fo. 5*b*.

Buckhurst, Lord, 1385. fo. 2.

BUCKLAND, *of West Harptree,* 1141. fo. 79*b*. 1445. fo. 115*b*.   1559. fo.205*b*.

Buckland, 1385. fo. 69*b*.

BULBECK, *of Kingston,* 1559. ff. 128. 134*b*.

BULL, *of Shapwick and Wells, fr. Co. Dorset.* 1141. fo. 75.   1445. fo. 110.   1559. fo. 203.

BULLER, *of Wood,* 1385. fo. 35.   1445. fo. 237. 1559. fo. 9*b*.   Add. MS. 12,477. fo. 66.

BURCHINSHAW, *fr. London,* 1385. fo. 14*b*.   1559. fo. 13*b*.

Burnefeld, 1538. fo. 7.

BURTON, 1385. fo. 31.

BUSH, *fr. Co. Carmarthen,* 1385. fo. 15.   1559. fo. 58.

BYCKOME, *of Crowne,* Add. MS. 14,315. p. 146.

BYHAM, *of Selworthy, fr. Co. Monm.* 1141. fo. 64*b*.   1445. fo. 94.   1559. fo. 194*b*.

Byham, 1385. fo. 4.

CADECOTT, 1445. fo. 239.

CADULL, 1385. fo. 72.   1559. fo. 103.

CALTHROPE, *of Barnwell, fr. London,* 1141. fo. 77*b*.   1445. fo. 114.   1559. fo. 202*b*.

Calthorp, 1385. fo. 4*b*.

CAMELL, 1147. fo. 118.   1397. fo. 141.   1561. fo. 10*b*.   Add. MSS. 4963. fo. 142.   14,311. fo. 56.

Capelin, of Stonachin, 1385. fo. 5.

CAPELL, *of Swanswick, fr. Co. Essex,* 1141. fo. 98*b*. 1445. fo. 137*b*.   1559. fo. 224*b*.

Carew, 1141. fo. 2*.

CARLILLE, *of Taunton,* 1385. fo. 62*b*.   1559. fo. 48.   Add. MS. 12,477. fo. 62*b*.

CARMINO, 1385. fo. 32*b*.   1559. fo. 8.

Carne, 1141. fo. 2*.

CARY, *of Langton Budville,* 1141. fo. 56*b*.   1445. fo. 82*b*.   1559. fo. 184*b*.

CAULX, 1385. fo. 65.   1445. fo. 196.   1559. fo. 51.   Add. MS. 12,477. fo. 63.

CAVE, 1559. fo. 93*b*.

CHAKKE, *v.* CHOKKE.

CHALLONS, 1559. fo. 96*b*.

CHAMPNES, *of Frome Selwood,* 1559. fo. 97*b*.

—————— *of Orchardleigh,* 1141. fo. 39.   1445. fo. 57*b*.   1559. fo. 98.

CHAPPELL, *of Portshead,* 1141. fo. 92*b*.   1445. fo. 128.   1559. fo. 243.

CHEDDER, 1982. fo. 113.

CHEKE, *of Bruton,* 1141. fo. 44.   1445. fo. 65*b*. 1559. fo. 174.

Cheke, 1385. fo. 6.

CHELWORTH, 1141. fo. 113*b*.   1445. fo. 155*b*. 1559. fo. 239*b*.

CHIDLEIGH, 1385. fo. 33.   1559. fo. 2.

CHILCOTT, *of Stowcombe,* 1141. fo. 66*b*.   1445. fo. 96*b*.   1559. fo. 196.

CHOKKE, *or,* CHAKKE, *of Yatton and Long Ashton,* 1141. fo. 20*b*.   1445. fo. 37*b*.   1559. fo. 105.

Choke, 1385. fo. 69*b*.

CHORNE, 1100. fo. 18*b*.

CLARKE, *of Bristol, fr. Co. Shrop.* 1559. fo. 124*b*.

————— *of Long Sutton, fr. Co. Glouc.* 1141. fo. 52.   1445. fo. 77*b*.   1559. ff. 41. 88*b*.

————— *of Norton,* 1141. fo. 9*b*.   1445. fo. 23.

Clarke, 1141. fo. 2*.

CLAVESHAY, *of Cory Rivell,* 1385. fo. 53*b*.   1445. fo. 211.   1559. fo. 34*b*.   Add. MS. 12,477. fo. 57.

CLAXTON, *of Bedminster, fr. Co. York.* 1141. fo. 88*b*.   1445. fo. 126.   1559. fo. 215*b*.

CLIFTON, 1415. fo. 16*b*.   1420. fo. 126*b*.

Clifton, of Barrington, 1559. fo. 261.

COCKES, *of East Harptree and Rode,* 1141. fo. 113*b*. 1445. fo. 155*b*.   1559. fo. 239*b*.

Cockes, 1385. fo. 6.

CODRINGTON, *of Codrington,* 1385. fo. 46.

COGAN, *of Chard,* 1141. fo. 45*b*.   1445. fo. 68. 1559. fo. 175*b*.

————— *of Mountague,* 1559. fo. 120*b*.

Cogan, 1385. fo. 5.

COLBORNE, *of Bratton and Wythehill,* 1141. fo. 116. 1445. fo. 160.   1559. fo. 245.

COLE, *of Nailsea, fr. Cos. Glouc. and Essex,* 1141. fo. 26*b*.   1445. fo. 45*b*.   1559. fo. 158.

Coles, 1385. fo. 2*b*.

COLLES, *of Barton,* 1385. fo. 19.   1559. fo. 60.

COLMORE, *of Colmore, fr. Co. Dorset,* 1141. fo. 53. 1445. fo. 79.   1559. fo. 183.

Colmore, 1385. fo. 5*b*.

COLSTON, *of Bristol, fr. Co. Lanc.* 1559. fo. 68*b*.

COLTHURST, *of Hinton, fr. Cos. Wilts. and York.* 1385. fo. 42.   1445. fo. 226.   1559. fo. 20.   Add. MS. 12,477. fo. 7.

COMBE, *of Norton Ferrers and Tisbery,* 1141. fo. 65*b*.   1445. fo. 95*b*.   1559. fo. 195*b*.

COMBES, 1445. fo. 112*b*.

COMPTON, *of Beckington and Newton,* 1559. fo. 109*b*.

————— *of Cannington,* Add. MS. 14,315. p. 136.

————— *of South Petherton and Wighbeare,* 1141. ff. 100. 120*b*.   1385. fo. 34*b*.   1445. ff. 139*b*. 166*b*. 235*b*.   1559. ff. 10*b*. 226. 242. Add. MS. 12,477. fo. 4*b*.

COOKE, *of Bristol,* 1141. fo. 28*b*.   1559. fo. 159*b*.

COOPER, *of Rockborne,* 1559. fo. 79.

COPLESTON, 1559. fo. 109.

CORNWALL, 1385. fo. 33*b*.   1559. ff. 1*b*. 87.

COTTINGTON, *of Frome,* 1141. fo. 38.   1445. fo. 56*b*.   1559. fo. 167*b*.

COURT, *or,* COVERT, *of North Petherton,* 1385. fo. 17.   1559. fo. 59.

COURTNEY, *of Moland,* 1385. fo. 18.   1559. fo. 11*b*.

Courtney, 1385. fo. 2.   1141. fo. 2*.

COVERT, *v.* COURT.

COWARD, *of Wells,* 1141. fo. 17.   1445. ff. 30*. 31.   1559. fo. 152.

Cox, *of Churchill*, 1141. fo. 127.　1445. fo. 166.　1559. fo. 213*b*.
—— *of Wells*, 1141. fo. 86.　1445. fo. 123. 1559. fo. 254*b*.
CRADOCK, *of Newton*, 1559. ff. 83*b*. 136.
CRISTE, 1385. fo. 60*b*.　1559. fo. 47.
CROFTES, 1385. fo. 13.　1559. ff. 56*b*. 67*b*.
CROSSE, *of Charleng*, 1559. fo. 85*b*.
Cross, 1385. fo. 4*b*.
CUFFE, *of Critch*, 1141. ff. 71. 136.　1385. fo. 49*b*.　1445. ff. 101*b*. 218*b*.　1559. fo. 29. Add. MS. 12,477. fo. 55.
Cuffe, 1385. fo. 4.
CULLIFORD, *of Queen's Camel, from the Isle of Purbeck*, 1141. fo. 130*b*.　1445. fo. 177. 1559. fo. 258*b*.
CUPPER. *of Lovington*, 1141. fo. 131.　1445. fo. 177*b*.　1559. fo. 259*b*.
CUTCLIFFE, 1141. fo. 48*b*.　1445. fo. 72*b*.
DAMPORT, or, *Dampiert*, 1559. fo. 261.
DANE, *of Bristol and Wells*, 1385. fo. 44*b*. 1445. fo. 224*b*.　1559. fo. 23*b*.　Add. MS. 12,477. fo. 9.
DANIELL, *of Bedminster*, 1141. fo. 126.　1445. fo. 173.　1559. fo. 253.
DAVIS, *of Tickenham, fr. Co. Carmarthen*. 1141. 30.　1445. fo. 48*b*.　1559. fo. 160*b*.
DAYLWYN, 1385. fo. 14.　1559. fo. 57*b*.
DENEBAND, *of Henton*, 1385. fo. 34.　1559. fo. 8*b*.
DENNIS, 1559. fo. 96*b*.
DIRWYN, 1559. fo. 3.
DODDINGTON, *of Doddington*, 1385. fo. 69.　Add. MS. 14,315. p. 145.
————— *of Loxton*, 1141. fo. 78.　1445. fo. 114*b*.　1559. fo. 82*b*.
DODESHAM, 1385. fo. 21.　1559. fo. 51*b*.
DRAKE, *of Axmouth*, 1141. fo. 46*b*.　1445. fo. 70.　1559. fo. 177.
DUNDALK, *Baron, v.* GORGE.
DYER, *of Bratton*, 1141. fo. 105*b*.　1445. fo. 120.　1559. fo. 231.
—— *of Sharpham Park*, 1141. fo. 80*b*.　1385. fo. 65*b*.　1445. fo. 118.　1559. fo. 206*b*.
—— *of Street*, 1141. fo. 127*b*.　1445. fo. 120*b*. 1559. ff. 66*b*. 118.
—— *of Wimalton*, 1559. fo. 84*b*.
EGERTON, Lord, 1385. fo. 2.
ENGLISH, *of Puddimore Milton, fr. Co. Wilts*. 1385. fo. 71*b*.
ESSE, *or,* ASHE, *of South Petherton*, 1141. fo. 119. 1385. fo. 57*b*.　1445. ff. 164. 205.　1559. fo. 42.　Add. MS. 12,477. fo. 59*b*.
Evans, 1166. fo. 88.　1385. fo. 3*b*.
EVERY, *of Cotthay, fr. Co. Devon.* 1141. fo. 1*b*. 1445. fo. 7*b*.　1559. fo. 140.
EWENS, *of Suddon and Wincanton*, 1141. fo. 104*b*.　1445. fo. 143*b*.　1559. fo. 230.
FAREWAY, 1559. fo. 131.
FAREWELL, *of Hill Bishop and Holbrooke*, 1141. fo. 109*b*.　1385. fo. 16.　1445. ff. 148*b*. 189.　1559. ff. 58*b*. 126*b*.
Farewell, 1385. ff. 3*b*. 5.　1559. fo. 261.
FAUKELEROY, *or,* FOCKEROY, 1385. fo. 32.　1559. fo. 7*b*.
Fitchet, 1385. fo. 4*b*.
FITZ, 1385. fo. 27.
FITZ-JAMES, *of Radleigh*, 1539. fo. 196.　Add. MS. 14,315. p. 149.
FLOYRE, *of Marleich, fr. Co. Devon.* 1141. fo. 71*b*. 1445. fo. 101.　1559. fo. 197*b*.
FOCKEROY, *v.* FAUKELEROY.

Font, of Rogenell, 1385. fo. 5*b*.
FORT, *of Curry Rivell*, 1141. fo. 52*b*.　1445. fo. 78.　1559. fo. 182*b*.
FOSTER, *of Luxborough*, 1385. fo. 64.　1445. fo. 197.　1559. fo. 50.　Add. MS. 12,477. fo. 62*b*.
————— *of Week, fr. Co. Berks.* 1141. fo. 115*b*. 1445. fo. 159*b*.　1559. fo. 244*b*.
FRANCIS, *or,* FRAUNCIS, *of Combe Florey*, 1141. fo. 7*b*.　1385. fo. 36.　1445. ff. 21. 233*b*. 1559. ff. 10. 145*b*.　Add. MS. 12,477. fo. 5.
Frauncis, 1385. fo. 3*b*.
FREAKE, *of Brwham*, 1141. fo. 114*b*.　1445. fo. 158*b*.　1559. fo. 243*b*.
FRYE, *of Cannington*, 1141. fo. 13.　1445. fo. 26. 1559. fo. 149.
FURNEUX, 1559. ff. 14*b*. 130*b*.
GALLEY, *of Bath, fr. Co. Dorset.* 1141. fo. 103*b*. 1445. fo. 142*b*.　1559. fo. 229.
GAWEN, *of Horsington, fr. Co. Wilts.* 1141. fo. 124*b*.　1445. fo. 171*b*.　1559. fo. 250.
Gawen, 1385. fo. 5*b*.
GERARD, *v.* JERRARD.
Gifford, 1141. fo. 2*.
GILBERT, 1141. fo. 134.　1559. fo. 101.
—— *of Whitcombe*, 1559. fo. 71*b*.
Gilson, 1559. fo. 261.
GLISSON, *of Brislington, fr. Co. Suff.* 1141. fo. 28*b*.　1445. fo. 47.　1559. fo. 159*b*.
Glisson, 1385. fo. 5*b*.
GLOSTER, *v.* PORTER.
GLYN, *of Wincanton*, 1141. fo. 42.　1445. fo. 61*b*.　1559. fo. 172.
GODWIN, *of Wells*, 1141. fo. 86*b*.　1385. fo. 43. 1445. fo. 30*b*.　1559. fo. 21.　Add. MS. 12,477. fo. 8*b*.
—— *of Wookey*, 1141. fo. 16*b*.　1445. fo. 29*b*.　1559. fo. 214.
GOLDE, 889. fo. 18.
GORGE, *Baron Dundalk*, 1559. fo. 63.
—— *of Batcombe*, 1141. fo. 73*b*.　1445. fo. 105.　1559. fo. 200.
—— *of Redlinch, fr. Co. Wilts.* 1141. ff. 11. 141.　1445. fo. 106*b*.　1559. fo. 237.
—— *of Wroxall*, 1141. fo. 93.　1385. fo. 70*b*. 1445. fo. 106.　1559. fo. 217.
Gorge, 1385. fo. 3.
GOTHURST, 3288. fo. 166.　5185. fo. 61.
GOUGH, *of Bristol, fr. Co. Radnor.* 1559. fo. 75*b*.
—— *of Merriot, fr. Co. Wilts.* 1141. fo. 51. 1445. fo. 76*b*.　1559. fo. 181*b*.
Gough, 1385. fo. 5*b*.　1559. fo. 261*b*.
GOULD, *of Seaborough*, 1559. fo. 109.
GOURNEY, 1079. fo. 164.　1142. fo. 159.　1149. fo. 159.　1162. fo. 161.
————— *of East Harptree and Stoke*, 1445. fo. 239.
GREENE, *of Milton Cleevedon*, 1141. fo. 35*b*. 1445. fo. 54*b*.　1559. fo. 164*b*.
GRENDON, 1559. fo. 86*b*.
GRENEHAM, *or,* GRENTHAM, 889. fo. 146*b*.　1091. fo. 120.
GRENTHAM, *v.* GRENEHAM.
Griffith, of Bristol, 1385. fo. 5.
GYLES, 1385. fo. 61*b*.
HACH, 1559. fo. 3.
HACKER, 1537. fo. 68*b*.　Egert. MS. 996. fo. 59.
HACKLUIT, 1559. fo. 131.
HACKSHAW, *of Heinton St. George, fr. Co. Cumb.* 1141. fo. 49*b*.　1445. fo. 74*b*.　1559. fo. 180*b*.

HADLEY, 1385. fo. 37.

HALES, *of Highchurch*, 1141. fo. 97. 1385. fo. 43*b*. 1445. fo. 135*b*. 1559. ff. 22*b*. 74. Add. MS. 12,477. fo. 9.

HALSWELL, *of Wells*, 1141. ff. 26. 69. 1385. fo. 10. 1445. fo. 44*b*. 1559. fo. 55*b*. Add. MS. 14,315. p. 139.

HALTON, 1041. fo. 34. 1191. fo. 30. 1543. fo. 25.

HAME, 1385. fo. 19. 1559. fo. 60.

HAMPTON, 1445. fo. 239.

HANCOCK, *of Gregory Stoke, fr. Cos. Dorset. and Leic.* 1141. fo. 5. 1445. fo. 13*b*. 1559. fo. 143*b*.

Hancock, 1385. fo. 3*b*.

HARBIN, *of Newton, fr. Co. Dors.* 1141. fo. 125*b*. 1559. fo. 252*b*.

Harbin, 1385. fo. 5. 1559. fo. 261*b*.

Harington, 1385. fo. 2*b*.

HARPTER, 1445. fo. 239.

Harris, 1141. fo. 2*.

HARTGILL, *of Kilmington*, 1141. fo. 104. 1445. fo. 143. 1559. fo. 229*b*.

HARVEY, *of Brockley, fr. Co. Surrey*, 1141. fo. 97*b*. 1385. fo. 29. 1445. ff. 136. 203. 1559. ff. 4. 223*b*. Add. MS. 12,477. fo. 65*b*.

Hastings, 1385. fo. 2.

Hawker, 1559. fo. 261.

HAWLEY, *of Auler and Buckland*, 1559. fo. 70*b*.

HAYDRIDGE, *of Halse*, 1141. fo. 85*b*. 1445. fo. 121*b*. 1559. fo. 212*b*.

HAYWARD, *of Charlton*, 1141. fo. 111*b*. 1445. fo. 149. 1559. fo. 237*b*.

HELMBRIDGE, *of East Coker*, 1559. fo. 109.

HEMERFORD, *of Stokes*, 1559. fo. 109.

HENDURE, *of North Wales*, 1385. fo. 33*b*. 1559. fo. 1*b*.

HENLEY, *of Leigh and Taunton*, 1141. ff. 2*b*. 46. 1445. fo. 9. 1476. fo. 121*b*. 1559. ff. 141. 176.

Henley, 1385. fo. 4. 1559. fo. 261.

HEWISH, *v.* HUISH.

HEXT, *of Netherham, fr. Co. Devon.* 1141. fo. 48*b*. 1445. fo. 72*b*. 1559. fo. 179*b*.

Hext, 1385. ff. 3. 4*b*.

HILL, *of Hounston*, 1385. fo. 13. 1445. fo. 187*b*. 1559. fo. 56*b*.

—— *of Pounsford*, 1445. fo. 84.

—— *of Taunton*, 1141. ff. 57*b*. 67. 1385. fo. 28*b*. 1445. ff. 97. 188. 1559. ff. 6. 43*b*. 46*b*. 120. 185. Add. MSS. 12,477. fo. 3*b*. 14,315. p. 142.

Hill, of Pounsford, 1385. fo. 4.

HIPPESLEY, *of Camleigh*, 1141. fo. 20. 1165. fo. 70*b*. 1443. fo. 171*b*. 1445. fo. 36. 1559. ff. 90*b*. 113.

———— *of East Pennon*, 1141. fo. 106*b*. 1445. fo. 37. 1559. fo. 232.

———— *of Stone Easton*, 1559. fo. 113.

Hipesley, of Camleigh, 1385. fo. 4*b*.

HOBBES, *of Brampton and Stoke Gussy*, 1141. fo. 70*b*. 1385. fo. 49. 1445. ff. 100*b*. 222*b*. 1559. fo. 27. Add. MS. 12,477. fo. 11.

HODGES, *of Lofton*, 1141. fo. 121*b*. 1445. fo. 116*b*. 1559. fo. 248.

——— *of Specklington*, 1385. fo. 14*b*. 1559. fo. 13*b*.

——— *of Wedmore*, 1141. fo. 80. 1445. fo. 116. 1559. fo. 206.

HOLBEACH, *of Filton, or, Whitchurch*, 1141. fo. 100. 1445. fo. 138*b*. 1559. fo. 225*b*.

HOLWEY, *of Taunton, fr. Co. Devon.* 1141. fo. 60*b*. 1445. fo. 89. 1559. fo. 191.

HOLWORTHY, 1385. fo. 27*b*. 1445. fo. 231. 1559. fo. 86.

HOOPER, *of Stowell, fr. Co. Dorset.* 1141. fo. 123. 1445. fo. 169*b*. 1559. fo. 249*b*.

HOPTON, *of Witham*, 1141. fo. 116*b*. 1445. fo. 160*b*. 1559. fo. 245*b*.

Hopton, 1141. fo. 2*. 1385. fo. 2*b*.

HORDE, *or,* HOURDE, *of Kingsdown*, 1141. fo. 128*b*. 1445. fo. 175*b*. 1559. fo. 255*b*.

HORNER, *of Mells*, 1141. fo. 113. 1445. fo. 155. 1559. fo. 239.

Horner, 1385. fo. 4*b*.

HOURDE, *v.* HORDE.

Howard, Visct. Bindon, 1385. fo. 2.

HOWE, 1385. fo. 64.

—— *of Huntspill*, 1385. fo. 15*b*. 1445. fo. 197*b*. 1559. fo. 13.

HOWPER, *of Meryet, fr. Co. Devon.* 1559. fo. 116*b*.

HUDDEY, *of Crewkerne, fr. Co. Dors.* 1559. ff. 119. 129*b*.

—— *of Langnam*, 1385. fo. 55*b*. 1445. fo. 208*b*. 1559. fo. 38*b*. Add. MS. 12,477. fo. 58.

——— *of Stowell*, 1385. fo. 24. 1559. fo. 7. Add. MSS. 12,477. fo. 4. 14,315. p. 18.

HUGHES, *of Wells*, 1141. ff. 23*b*. 84*b*. 1445. fo. 42. 1559. fo. 156*b*.

Hughes, 1385. fo. 3*b*.

—— *of Wells*, 1385. fo. 5.

HUISH, *or,* HEWISH, *of Donniford*, 1141. fo. 7. 1385. fo. 50. 1445. ff. 20. 221. 1559. fo. 28. Add. MS. 12,477. fo. 53*b*.

HUMBER, 889. fo. 31. 1080. fo. 374. 1091. fo. 30. 1538. fo. 57. 5871. fo. 11*b*.

HUNGERFORD, 1443. fo. 207.

———— *Lord*, 1141. fo. 126*b*. 1445. fo. 174. 1559. fo. 254.

HUNTLEY, *of Chedder*, 1385. fo. 64*b*. 1559. fo. 52*b*.

HYETT, *of Wotton*, 1385. ff. 46. 72. 1445. fo. 224. 1559. ff. 24. 103. Add. MS. 12,477. fo. 9.

INGHAM, 1559. fo. 2.

IPSLEY, 1173. fo. 107. 1439. fo. 12*b*.

IRISH, *of Yatton*, 1141. fo. 22*b*. 1445. fo. 40*b*. 1559. fo. 155*b*.

ISHAM, *of Ilbruars, fr. Co. Shrop.* 1385. fo. 56*b*. 1445. fo. 207*b*. 1559. fo. 39*b*. Add. MS. 12,477. fo. 58.

Ivatt, 1559. fo. 261.

IVERY, *of Donyate*, 1385. fo. 48. 1445. fo. 223*b*. 1559. fo. 26. Add. MS. 12,477. fo. 10.

JACKSON, *of Comb Hay*, 1141. fo. 33*b*. 1445. fo. 53*b*. 1559. fo. 163*b*.

JAMES, *of Minchin Barrow*, 1141. fo. 74*b*. 1445. fo. 109*b*. 1559. fo. 202.

James, 1385. ff. 2*b*. 4*b*.

JAY, *of Bristol*, 1385. fo. 68*b*. 1445. fo. 176. 1559. fo. 92*b*.

JENINGS, *of Burton*, 1141. fo. 129*b*. 1445. fo. 176. 1559. fo. 257*b*.

Jennings, 1385. fo. 5.

JERRARD, *or,* GERRARD, *of Sampford Orcas and Chilton*, 1141. ff. 40*b*. 41. 1445. fo. 60. 1559. fo. 170*b*.

Jerard, 1385. fo. 6.

JOHNSON, *of Bridge*, 1141. fo. 120*b*.
JONES, 1445. fo. 202.
——— *of Brinsey and Wraxall*, 1141. fo. 18*b*.
1445. fo. 32*b*. 1559. fo. 152*b*.
Jones, 1385. fo. 69*b*.
Jordan, 1385. fo. 5*b*.
KELKE, *of Bristol*, 1559. fo. 80*b*.
Kelke, 1543. fo. 49.
KELLEY, 1445. fo. 192*b*.
KELWAY, *of Stowford, fr. Co. Dors.* 1559. fo. 127.
KEMYS, *of Westwick, and Bedminster*, 1559. fo. 132*b*.
Kemys, 1385. fo. 5.
KENN, *of Kenn and Hutton*, 1141. fo.95. 1445. fo. 130*b*. 1559. fo. 219*b*.
Kenn, of Longford, 1385. fo. 4*b*.
KENTESBERY, 1141. fo. 139. 1385. fo. 30. 1445. fo. 194. 1559. fo. 4*b*. Add. MS. 12,477. fo. 7*b*.
Kentesbery, 1385. fo. 4.
Kerrey, of Weston, 1559. fo. 261*b*.
KILLEGREW, 1141. fo. 48*b*. 1445. fo. 72*b*. 1559. fo. 179*b*.
KINGSTON, *of Venne*, 1141. fo. 12. 1385. fo. 28. 1445. fo. 25*b*. 219*b*. 1559. ff. 3*b*. 148*b*. Add. MS. 12,477. fo. 54*b*.
KIRKHAM, 1559. fo. 96*b*.
KNOELL, *of Samford*, 888. fo. 54. 1046. fo. 9*. 1092. fo. 64. 1141. fo. 137. 1153. fo. 81. 1385. fo. 67*b*. 1445. fo. 179. 1539. fo. 42*b*. 2186. fo. 20.
KRUELL, 1181. fo. 43.
KYTCHEN, *of Bristol, fr. Co. Westm.* 1559. fo. 115.
KYNGMYLL, *of Basingstoke*, Add. MS. 14,315. p. 130.
LACON, 1559. fo. 86*b*.
LACY, *of Roborough, fr. Co. Northumb.* 1141. fo. 68. 1445. fo. 98. 1559. fo. 89.
LANCASTER, *of Milverton*, 1141. fo. 72. 1445. fo. 102*b*. 1559. fo. 198.
Lancaster, 1559. fo. 261.
LANDE, *of Wells, fr. Co. York.* 1141. fo. 73. 1559. fo. 199*b*. 1445. fo. 104*b*.
LANGFORD, 1445. fo. 202.
LECHLAND, *of Taunton, fr. Co. Devon.* 1559. fo. 188*b*.
LEIGH, *of Wells, fr. Co. Devon.* 1385. ff. 45. 59. 1445. fo. 213. 1559. fo. 23. Add. MS. 12,477. fo. 9*b*.
Leigh, 1385. fo. 69*b*.
LEVERICH, 1559. fo. 134*b*.
LEVERSEDGE, *of Frome Selwood*, 1141. fo. 101*b*. 1445. fo. 140*b*. 1559. ff. 75. 238.
——— *of Vallis*, 1141. fo. 112. 1445. fo. 153*b*.
LEWES, *of Wincanton, fr. Co. Monmouth.* 1141. fo. 40. 1445. fo. 59. 1559. fo. 169.
LEY, 1385. ff. 61. 62. 1559. fo. 47*b*.
LICHLAND, *of Taunton, fr. Co. Devon.* 1141. fo. 59*b*. 1445. fo. 87.
LISLE, *of Compton Darvill, fr. Co. Camb.* 1141. ff. 100. 118*b*. 1445. ff. 139*b*. 162*b*. 1559. fo. 247*b*.
Lisle, 1385. fo. 5*b*.
Livens, 1559. fo. 261*b*.
LONG, *of Stratton, fr. Co. Wilts.* 1141. fo. 96*b*. 1445. fo. 135. 1559. fo. 223.
LONGLAND, 1559. ff. 14*b*. 130*b*.

LOTTISHAM, *of Chipleigh and Farringdon*, 1141. fo. 58*b*. 1559. fo. 188. 1445. fo. 85*b*.
Lottisham, 1385. fo. 4.
LOVELL, *of Frome Selwood*, 1385. fo. 68. Add. MS. 14,315. p. 155.
LOWLE, *of Clyvedon, fr. Co. Worc.* 1545. fo. 56*b*. 1559. fo. 115*b*.
LUCAR, *of Maidenbrook, fr. London*, 1141. fo. 59. 1445. fo. 86. 1559. fo. 72*b*.
Lucar, 1385. fo. 4.
LUTTERELL, *of Dunster Castle*, 1385. fo. 18. 1559. ff. 1. 11*b*.
Lutterell, 1385. fo. 3*b*.
LYFFE, 1385. fo. 12. 1445. fo. 186. 1559. fo. 2*b*.
LYONS, 1141. fo. 100. 1445. fo. 139. 1559. fo. 225*b*.
LYTE, *of Lyte's Cary*, 1385. fo. 54. 1445. fo. 213*b*. 1559. fo. 35. Add. MS. 12,477. fo. 56.
Lytton, 1141. fo. 2*.
MALLETT, *of Corypoole*, 1385. fo. 8*b*. 1559. fo. 54.
——— *of Enmore and St. Andrews*, 1141. fo. 61. 1385. fo. 12. 1445. ff. 89*b*. 185(*a. b.*) 1559. ff. 2*b*. 192. Add. MSS. 12,477. fo. 64. 14,315. p. 141.
MARSHALL, *of Ivythorne*, 1385. fo. 20*b*. 1445. fo. 214*b*. 1559. fo. 33*b*. Add. MS. 12,477. fo. 55*b*.
Marshall, 1385. fo. 71.
MARTYN, *of Searborough*, 1141. fo. 50*b*. 1445. fo. 73. 1559. fo. 181.
Martyn, 1385. fo. 5*b*.
MAUDLEY, *of Wells*, 1385. fo. 41. 1445. fo. 226*b*. 1559. fo. 19. Add. MS. 12,477. fo. 6*b*.
MAUNCELL, *of Mauncell*, 1385. fo. 28. 1445. fo. 219*b*. 1559. fo. 3*b*. Add. MS. 12,477. fo. 54*b*.
MAWDLEY, *of Nunney*, 1141. fo. 43*b*. 1445. fo. 64*b*. 1559. fo. 128*b*.
MAY, *of Charter House, Hidon-upon-Mendip, fr. Co. Wilts.* 1141. fo. 22. 1385. fo. 42*b*. 1445. fo. 39*b*. 1559. ff. 21*b*. 154*b*. 1566. fo. 126. Add. MS. 12,477. fo. 8.
May, 1385. fo. 3*b*.
Meade, 1141. fo. 2*.
MERICK, *of West Camel, fr. Co. Hereford*, 1559. fo. 93.
MERIETT, 1559. fo. 95*b*.
MERIFIELD, *of Crewkerne*, 1141. fo. 53*b*. 1445. fo. 80. 1559. fo. 114.
Merifield, 1559. fo. 261.
MICHELDEVER, 1559. fo. 109.
MICHELL, *of Gornstreet*, 1141. fo. 138. 1385. ff. 8*b*. 30. 1445. fo. 184*b*. 1559. fo. 54. Add. MS. 14,315. p. 137.
Midwinter, 1385. fo. 4*b*.
MILBORNE, *of Dunkerton*, 1141. fo. 32*b*. 1445. fo. 52*b*. 1559. fo. 162*b*.
MILWARD, *of Batcombe*, 1141. fo. 47*b*. 1445. fo. 72. 1559. fo. 178.
Milward, 1385. fo. 5*b*.
MITCHELL, *of Cannington*, 1141. fo. 139. 1445. fo. 194.
MOHUN, *Earl of Somerset*, 808. fo. 20.
MOLEYNS, *of Bridgewater, fr. Co. Hants.* 1385. fo. 51*b*. 1445. fo. 215*b*. 1559. fo. 33. Add. MS. 12,477. fo. 53.

2 K

MONKE, 1385. fo. 19.   1559. fo. 60.
MONTAGUE, 1164. fo. 19.
MOORE, *of Drayton*, 1559. fo.117*b*.
———— *of Taunton*, 1385. fo. 46*b*.   1445. fo.
229.   1559. fo. 25*b*.   Add. MS. 12,477.
fo. 10*b*.
Moore, 1141. fo. 2*.
MORGAN, *of Easton*, 1141. fo. 89*b*.   1445. fo.
43*b*.   1559. fo. 113*b*.
———— *of Fraery*, *fr. Co. Wilts*. 1385. fo. 58*b*.
1445. fo. 204*b*.   1559. fo. 43.   Add. MS.
12,477. fo. 59*b*.
———— *of Wells*, *fr. Co. Dorset*. 1141. fo. 25.
1445. fo. 42*b*.   1559. fo. 157*b*.
Morley, *Lord*, 1385. fo. 2.
MORRYS, 1140. fo. 102*b*.
MUTTLEBERY, *of Jurdens*, 1141. fo. 123*b*.   1445.
fo. 170*b*.   1559. fo. 250*b*.
Muttleberry, 1385. fo. 5*b*.
Mynn, 1141. fo. 2*.
NAPPER, *of Tintinhull*, 1141. fo. 90.   1445. fo.
127.   1559. fo. 260.
NEVILL, *of Bathwick*, 1141. fo. 35.   1445. fo.
54.   1559. fo. 164.
NEWBOROUGH, *of Barkley*, 1141. fo. 112*b*.   1445.
fo. 154*b*.   1559. fo. 238*b*.
Newbury, 1385. fo. 6.
NEWMAN, *of Wincanton*, 1141. fo. 128.   1445.
fo. 174*b*.   1559. fo. 255.
NEWPORT, *of Bridgewater*, *fr. Co. Worc*. 1559.
fo. 73*b*.
NEWTON, 1445. fo. 238*b*.
———— *of Compton Darvill and Swell*, 1141.
fo. 118.   1385. fo. 50*b*.   1445. ff. 161*b*.
217.   1559. fo. 30. 246*b*.   Add. MS. 12,477.
fo. 55*b*.
———— *of East Harptree*, 1559. ff. 20*b*. 83*b*. 104.
136.
NORRIS, *of Plat*, *fr. Co. Devon*. 1141. fo. 6.
1385. fo. 38*b*.   1445. fo. 14.   1559. fo.
17*b*.   Add. MS. 12,477. fo. 6.
NORTHOVER, *of Aller*, 1141. fo. 51*b*.   1445. fo.
77.   1559. fo. 182.
Norton, 1385. fo. 2*b*.
OLDALL, 1141. fo. 141.   1385. fo. 22.   1559.
fo. 61*b*.
OLDMIXON, *of Oldmixon*, 1385. fo. 65.   1445.
fo. 195*b*.   1559. fo. 51.   4031. fo. 78.
Add. MS. 12,477. fo. 63.
ORANGE, *of Foscott*, 1141. fo. 99*b*.   1445. fo.
138.   1559. fo. 225.
ORCHARD, 1141. fo. 133*b*.   1559. fo. 100*b*.
Orendge, 1559. fo. 261.
ORMEROD, *of Huntspill*, *fr. Co. Lanc*. 1141. fo.
72*b*.   1445. fo. 103*b*.   1559. fo. 199.
Ormerod, 1385. fo. 4*b*.
Orrell, 1559. fo. 261.
OVERTON, *of Babcary*, *fr. Co. Staff*. 1141. fo.
126.   1445. fo. 172.   1559. fo. 253*b*.
OWEN, *of Wells*, 1141. fo. 85.   1445. fo. 121.
1559. fo. 212.
PAGRAVE, *of Colsford*, 1385. fo. 4.
Palmer, 1385. fo. 2*b*.
PALTON, *of Palton*, 1445. fo. 192*b*.
PARKER, *of Shoreditch*, 1141. fo. 123*b*.
PAUNCEFOOTE, *of Compton*, 1445. fo. 191*b*.
PAVY, 1140. fo. 38*b*.   1159. fo. 38*b*.   1442. fo. 38*b*.
PAWLETT, *of Goatehurst*, 1141. fo. 67*b*.   1385.
fo. 31.   1445. fo. 73*b*.   1559. fo. 5*b*.
Add. MS. 12,477. fo. 11*b*.

PAWLETT, *of Heniton*, 1141. fo. 49.   1445. fo.
73*b*.   1559. fo. 180.   Add. MS. 14,315.
p. 147.
PAYNE, 1385. fo. 39*b*.   1445. fo. 227.   1559.
fo. 18*b*.   Add. MS. 12,477. fo. 6*b*.
PEIRCE, *of Bruton*, 1141. fo. 39*b*.   1445. fo. 58.
1559. fo. 168*b*.
PENNINGTON, *or*, TOWKER, *of Taunton*, *fr. Co.
Devon*. 1385. fo. 63.   1445. fo. 198*b*.
1559. fo. 48*b*.   Add. MS. 12,477. fo. 62.
PEPWALL, *of Bristol*, *fr. Co. Glouc*. 1559. fo.
124.
PERCIVALL, *of Weston Gargan*, 1141. fo. 27*b*.
1445. ff. 46*b*. 187.   1559. ff. 93*b*. 104.
4031. fo. 78.
Percivall, 1385. fo. 71.
PERCY, *of Shaftesbury*, 1385. fo. 60.   1445. fo.
202.   1559. fo. 42*b*.
PERRY, *of Halse*, 1141. fo. 85*b*.   1445. fo. 121*b*.
1559. fo. 212*b*.
PERYAM, 1385. fo. 21*b*.   1559. ff. 52. 136.
Peryam, 1385. fo. 2.
PESHALL, 1559. fo. 86*b*.
PEYSSUN, *of Hey*, *fr. Co. Dorset*. 1559. fo. 110.
PHILLIPS, *of Montague*, *fr. Co. Dorset*. 1141. fo.
47.   1445. fo. 70*b*.   1559. fo. 169*b*.
———— *of Yeovil*, 1141. fo. 125.   1445. fo.
71*b*.   1559. fo. 251*b*.
Phillips, 1385. ff. 3. 6.
PITT, *of Cricket Malherbe*, *fr. Co. Dorset*. 1141.
fo. 126.   1445. fo. 172*b*.   1559. fo. 253.
PLESSITIS, 1544. fo. 109*b*.
POLLARD, *of Kelve*, *fr. Co. Devon*. 1141. fo. 62.
1445. fo. 91*b*.
Pollard, 1559. fo. 261*b*.
POPHAM, *of Huntsworth*, 1141. ff. 15. 139.   1385.
fo. 30.   1445. ff. 27. 194.   1559. ff. 2.
4*b*. 149*b*.   Add. MS. 12,477. fo. 7*b*.
———— *of Porlock*, 1385. fo. 47.   1445. fo.
193.   1559. fo. 25.   Add. MS. 12,477.
fo. 10.
Popham, 1385. fo. 2(*a. b.*)
PORTER, *or*, GLOSTER, 1559. fo. 103.
PORTMAN, *of Orchard*, 1141. fo. 133*b*.   1385.
fo. 7.   1445. fo. 240.   1559. ff. 53*b*.
100*b*.
Portman, 1141. fo. 2*.   1385. ff. 2*b*. 3.
Powell, *of Boniton*, 1385. fo. 69*b*.
PRESTON, *of Crickett*, 1141. fo. 54.   1445. fo.
80*b*.   1559. fo. 77*b*.
Preston, 1385. fo. 6.
PROWZE, *of Oldcliffe*, 1385. fo. 39.   1445. fo.
231*b*.   1559. fo. 17.   Add. MS. 12,477.
fo. 5*b*.
———— *of Taunton*, *fr. Co. Devon*. 1141. fo. 1.
1445. fo. 7.   1559. fo. 139*b*.
———— *of Wellington*, *fr. Co. Devon*. 1141. fo.
48.   1445. fo. 7.   1559. fo.178*b*.
PRYN, *of Swanswick*, *fr. Co. Shrop*. 1559. fo. 89*b*.
PYKE, *of Brockley*, 1041. fo. 96.   1141. fo. 98.
1445. fo. 136*b*.   1543. fo. 113*b*.   1559. fo.
224.
———— *of Bridgewater*, 1385. fo. 59.   1445. fo.
203*b*.   1559. fo. 41*b*.   Add. MS. 12,477.
fo. 60.
PYM, *of Brymore*, 1096. fo. 95*b*.   1385. fo. 21.
1559. ff. 51*b*. 103*b*.
PYNE, *of Curry Mallet*, 1445. fo. 202.
———— *of Meriett*, 1385. fo. 60.   1559. fo. 42*b*.
Add. MS. 12,477. fo. 61.

PYNE, *of Stawell, fr. Co. Devon.* 1141. fo. 70. 1445. fo. 100. 1559. fo. 197.

Pynne, 1385. fo. 3.

QUICK, *of West Monkton,* 1385. fo. 47*b*. 1445. fo. 223. 1559. fo. 26*b*. Add. MS. 12,477. fo. 10*b*.

RADBERD, *of Lambrook,* 1385. fo. 29*b*. 1445. fo. 234*b*. 1559. fo. 5. Add. MS. 12,477. fo. 4.

RALEIGH, *of Nettlecombe,* 1445. fo. 191.

RAMSEY, *of Mudford and Orclad,* 1445. fo. 189*b*.

Rawleigh, 1385. fo. 2.

RAYMOND, *of Chard and Ilchester,* 1141. fo. 46*b*. 1445. fo. 69. 1559. fo. 176*b*.

RAYNES, 1385. fo. 23. 1559. fo. 63*b*.

Redney, 1385. fo. 3.

Reinold, 1166. fo. 89.

Renn, 1385. fo. 71.

Reynoldes, of Longport, 1559. fo. 262.

RICHARDS, *of East Bagborough,* 1141. fo. 3. 1445. fo. 10. 1559. fo. 138*b*.

———— *of Bayford,* 1141. fo. 41*b*. 1559. fo. 94*b*.

———— *of Milverton,* 1559. fo. 117.

Richards, 1385. fo. 4. 1559. fo. 261*b*.

RICHMOND, 1385. fo. 66*b*. 1559. fo. 91.

RITHERDON, *of Thorne St. Margaret,* 1141. fo. 56. 1445. fo. 81*b*. 1559. fo. 183*b*.

RIVERS, *Earl, v.* WOODVILLE.

RIVETT, *of Wells, fr. Co. Suffolk,* 1141. fo. 87. 1445. fo. 124. 1559. fo. 214*b*.

ROBERTS, *of Bristol, fr. Co. Shrop.* 1559. fo. 123.

———— *of Wells,* 1141. fo. 86. 1445. fo. 123. 1559. fo. 213*b*.

ROBSON. *v.* ROWBORO.

RODNEY, *of Stoke,* 1141. fo. 75*b*. 1385. ff. 13. 67. 1445. fo. 111. 1559. ff. 56*b*. 84. 203*b*.

ROGERS, *of Cannington, fr. Co. Wilts.* 1141. fo. 140. 1559. fo. 98*b*.

Rogers, 1385. ff. 3. 5. 1559. fo. 261.

Rognon, 1385. fo. 4*b*.

ROSS, *of Shepton, fr. Co. York.* 1141. fo. 130. 1445. fo. 176*b*. 1559. fo. 258.

Ross, 1385. fo. 6.

ROSSETER, *of Crewkerne,* 1559. fo. 50.

ROWBORO, *or,* ROBSON, *of Bristol, fr. Co. Wilts.* 1559. fo. 67*b*.

ROWSWELL, *of Bradford and Dunkerton,* 1385. fo. 52. 1445. fo. 212. 1559. fo. 31. Add. MS. 12,477. fo. 56*b*.

ROYNON, *of Bickfold, fr. Co. Hants.* 1141. ff. 78*b*. 85*b*. 1445. ff. 115. 122. 1559. fo. 205.

RUDER, 1385. fo. 60. 1445. fo. 202*b*. 1559. fo. 42*b*. Add. MS. 12,477. fo. 61.

RUSSELL, *v* GORGES.

SACHEVILE, 1559. fo. 123*b*.

SAFFIN, 1163. fo. 244.

ST. AUBIN, *of Alfexton,* 1141. fo. 61*b*. 1385. fo. 55. 1445. fo. 209. 1559. ff. 38. 96*b*. 193. Add. MSS. 12,477. fo. 57*b*. 14,315. p. 144.

ST. BARBE, *of Astington,* 1385. fo. 37. 1559. ff. 14*b*. 130*b*. 1982. ff. 114*b*. 115*b*.

ST. MARTIN, 1559. fo. 2.

ST. MAURE, 1559. fo. 106*b*.

SALESBURY, *of Catanger, fr. Co. Denbigh,* 1385. fo. 56. 1445. fo. 206. 1559. fo. 39. Add. MS. 12,477. fo. 58*b*.

SAMBORNE, *of Timsbury,* 1141. fo. 88. 1385. fo. 70. 1445. fo. 125*b*. 1559. fo. 85.

SAMFORD, *of Bicknoller, fr. Co. Devon.* 1141. fo. 63. 1445. fo. 92*b*. 1559. fo. 194.

Sandis, 1166. fo. 89*b*.

SANDS, 1559. fo. 46.

SANDYS, *of South Petherton, fr. Co. Lanc.* 1141. fo. 119*b*. 1445. fo. 165. 1559. fo. 241*b*.

SCOVILE, *of Brockley,* 1141. fo. 97*b*. 1385. fo. 29. 1445. fo. 136*b*. 1559. ff. 4. 223*b*. Add. MS. 12,477. fo. 65*b*.

SEDBOROUGH, *of Porlock,* 1385. fo. 45*b*. 1445. fo. 230. 1559. fo. 24*b*. Add. MS. 12,477. fo. 9*b*.

SEMORE, 1559. fo. 131.

SEYMOUR, *Duke of Somerset.* 1139. fo. 15. 1532. fo. 104*b*. Add. MS. 14,283. fo. 54.

SHAA, *of Charter House Henton, fr. London,* 1141. fo. 126*b*. 1445. fo. 173*b*. 1559. fo. 254.

SHANK, *of Taunton,* 1559. fo. 261.

SHARSHILL, 1385. fo. 19. 1559. fo. 60.

SHILSTON, 1385. fo. 60. 1445. fo. 202*b*. 1559. fo. 42*b*. Add. MS. 12,477. fo. 61.

SIDDENHAM, *or,* SYDDENHAM, *of Brimpton,* 1385. fo. 27. 1445. fo. 16. 1559. ff. 14. 65*b*.

———— *of Chelworthy,* 1141. fo. 129. 1445. fo. 19. 1559. fo. 256.

———— *of Langford,* 1385. fo. 31*b*. 1445. fo. 232*b*. 1559. fo. 14. Add. MS. 12,477. fo. 5*b*.

———— *of North Quarum,* 1141. fo. 64. 1445. fo. 17*b*. 1559. fo. 70.

———— *of Whetstone,* 1141. fo. 5*b*. 1385. fo. 18. 1445. fo. 14*b*. 1559. ff. 144. 256.

Siddenham, or, Sydenham, 1141. fo. 2*. 1385. fo. 3. 1567. fo. 44.

SIMS, *v.* SYMES.

SIMSON, *or,* SIMPSON, *of Crickett Malherbe,* 1385. fo. 54*b*. 1445. fo. 211*b*. 1559. fo. 35*b*.

Slayer, of Morelick, 1385. fo. 4.

Slocombe, 1385. fo. 5*b*.

SMITH, *of Long Ashton, fr. Co. Glouc.* 1141. fo. 94*b*. 1445. fo. 50. 1559. fo. 219.

Smith, 1385. fo. 3.

SMITHES, *of Wrenton,* 1141. fo. 31. 1445. fo. 49*b*. 1559. fo. 161.

Smyth, 1559. ff. 261. 262.

SNIGG, *of Bristol,* 1559. fo. 121.

Snigge, 1385. fo. 3.

SOMERSET, *of South Brent,* 1385. fo. 63*b*. 1445. fo. 195. 1559. fo. 50*b*. Add. MS. 12,477. fo. 63*b*.

———— *Duke of,* 1164. fo. 13*b*. Add. MS. 14,314. p. 20*b*.

———————————— *v.* BEAUFORT.

———————————— SEYMOUR.

———————— *Earl of, v.* MOHUN.

Sore, 1559. fo. 261*b*.

SOUTHWORTH, *of Weekchampflory, fr. Co. Lanc.* 1141. fo. 74. 1445. fo. 107. 1559. fo. 200*b*.

Southworth, 1385. fo. 4*b*.

SPARK, 1445. fo. 202.

SPEAKE, *or,* SPEEKE, *of White Lackington,* 1141. fo. 50. 1385. fo. 23. 1445. fo. 76. 1559. ff. 63*b*. 96.

Speake, 1385. fo. 2*b*.

SPENCER, 889. fo. 42b.   1164. fo. 13b.
SPILLER, 6128. fo. 103b.
Stalenge, 1559. fo. 261b.
STAPLETON, 1559. fo. 131.
STAVELL, STAWELL, *or*, STOWELL, *of Cothelston*, 1141. fo. 8b.   1385. fo. 8.   1559. ff. 53. 76. 91b.   Add. MS. 14,315. p. 133.
STENINGS, *v.* STEYNINGS.
STEWKLEY, *of Kenney*, 1385. fo. 8.   1559. fo. 53.
———— *of Marshe*, 1385. ff. 13. 17b.   1559. ff. 1. 16. 59b.
STEYNINGS, *or*, STENINGS, *of Honycote*, 1141. fo. 65.   1385. fo. 51.   1445. ff. 95. 220b. 1559. fo. 28b.   Add. MSS. 12,477. fo. 54. 16,279. fo. 216.
STILL, *of Sutton, fr. Co. Linc.* 1141. fo. 68b. 1445. fo. 98b.   1559. fo. 196b.
STOCKER, *of Chilcompton, fr. Co. Dorset*, 1141. fo. 102b.   1445. fo. 141b.   1559. fo. 228.
Stocker, 1385. fo. 3b.
STONE, *of Wedmore*, 1141. fo. 21b.   1445. fo. 38b.   1559. fo. 154.
Stone, 1385. fo. 4b.
STOURTON, *of Preston*, 1385. fo. 27.   1559. fo. 65b.
STOWELL, *v.* STAVELL.
Stowell, 1385. fo. 2.
STRADLING, 1385. fo. 37.   1559. fo. 130b.
STRANGWAYS, 1385. fo. 33b.
STREATFIELD, 1548. fo. 34.
STRODE, *of Shepton Mallett*, 1141. ff. 109. 110. 117b.   1445. ff. 147. 150.   1559. fo. 233(a. b.)
Stroud, 1141. fo. 2*.
STROWDE, *of Pitmyster, fr. Co. Dorset.* 1559. fo. 108b.
STURGES, *of Wolverton, fr. Co. Wilts.* 1385. fo. 36b.   1559. fo. 15b.
SWILLINGTON, 1141. fo. 116b.   1559. fo. 245b.
SYDDENHAM, *v.* SIDDENHAM.
SYMCOKE, *of Buttleigh, fr. Co. Staff.* 1559. fo. 67.
SYMES, *or*, SIMS, *of Pounsford and Chard*, 1141. ff. 57b. 67.   1445. ff. 83b. 97.   1559. ff. 120. 187.

TABOR, *of Wells*, 1141. fo. 24b.   1445. fo. 44. 1559. fo. 157.
Thinne, 1385. fo. 2b.
THORNE, 1041. fo. 37b.   1191. fo. 34.   1543. fo. 31.
TILLEY, 1080. fo. 324b.   1163. fo. 249b.
Tilley, 1567. fo. 37.
TOWKER, *v.* PENNINGTON.
TOWSE, *of Stoke Lane*, 1141. fo. 76b.   1445. fo. 112b.
———— *of Swell*, 1385. fo. 59b.   1445. fo. 200b. 1559. fo. 43b.   Add. MS. 12,477. fo. 61b.
———— *of Taunton*, 1385. fo. 28b.   1445. fo. 188. 1559. fo. 6.
———— *of Wells*, 1141. fo. 86.   1445. fo. 122b. 1559. fo. 213.
TREGARTHEN, 1385. fo. 33b.   1559. ff. 1b. 8.
TREGEAN, 1385. fo. 32b.   1559. fo. 8.
TREMAYLE, *of Cannington, fr. Co. Devon.* 1385. fo. 10.   1445. fo. 45.   1559. fo. 55b.   Add. MS. 14,315. p. 138.
TRENOTH, 1385. fo. 32b.   1559. fo. 8.
Trerellian, 1385. fo. 3b.
TREVETT, 1141. fo. 133b.   1559. fo. 101.

TREVILIAN, *of Nettlecombe*, 1141. fo. 66.   1445. ff. 96. 191.   1559. ff. 107b. 190b.
TWINYHO, *of Kayford*, 1559. fo. 87b.
TYNT, *of Chelvey and Wraxall*, 1141. fo. 29b. 1445. fo. 48.   1559. fo. 125.
Tynt, of Chelinge, 1385. fo. 5b.
UFFLETT, 1385. fo. 26.   1559. fo. 36.
UPTON, *of Warminster and Wells, fr. Co. Cornw.* 1385. fo. 41b.   1445. fo. 225b.   1559. ff. 20b. 135b.   Add. MS. 12,477. fo. 7.
VAUGHAN, *of Charlinch*, 1141. fo. 11b.   1445. fo. 25.   1559. fo. 148.
Vaughan, 1385. fo. 5b.
VAWER, *of Bristol*, 1559. fo. 79b.
VERNEY, *of Ferefield*, 1385. fo. 11.   1559. fo. 56.   Add. MS. 14,315. p. 140.
VUEDAYLE, *of Moorerysell*, Add. MS. 14,315. p. 153.

WADHAM, *of Merifield*, 1385. fo. 33.   1559. fo. 1b.   Add. MS. 12,477. fo. 60b.
Wadham, 1141. fo. 2*.
WAKE, 1559. fo. 135.
WALDRON, *of Langridge*, 1141. fo. 31b.   1445. fo. 51b.   1559. fo. 161b.
WALISBURGH, 1445. fo. 191.
WALKER, *of Stowey, fr. Co. Staff.* 1141. fo. 62b. 1385. fo. 27b.   1445. ff. 92. 230b.   1559. fo. 86.
WALLEY, 1557. fo. 62.
WALROND, *of Sey, fr. Co. Devon.* 1046. fo. 58b. 1147. fo. 84b.   1385. fo. 26.   1397. fo. 96b.   1430. fo. 89b.   1433. ff. 35. 90b. 1445. fo. 210.   1559. fo. 36.   1561. fo. 30.   Add. MSS. 4963. fo. 5b.   12,477. fo. 57.   14,311. p. 80b.
WALSH, *of Catanger*, 1385. ff. 16b. 56.   1445. fo. 221b.   1559. fo. 3.   Add. MS. 12,477. fo. 11.
WALTON, *of Compton Dando*, 1141. fo. 101b. 1445. fo. 140b.   1559. fo. 74b.
———— *of Shapwick*, 1559. fo. 69b.
WARE, *or*, WARR, *of Chipley*, 1137. fo. 61. 1141. ff. 3b. 4.   1385. fo. 33b.   1445. fo. 11.   1559. ff. 2. 142.   2109. fo. 38b.
———— *of Eastercombe*, 1385. fo. 9.   1559. fo. 54b.   Add. MS. 14,315. p. 134.
Warr, 1385. ff. 2b. 69b.
Waters, of Shank, 1385. fo. 5.
WATKINS, 888. fo. 65b.   1092. fo. 73.   1153. fo. 83.   1539. fo. 67b.   2186. fo. 32.
———— *of Holwell*, 1445. fo. 180.
WATTS, *of Cotlington*, 1141. fo. 38b.   1385. fo. 30b.   1445. fo. 57.   1559. ff. 6b. 168. Add. MS. 12,477. fo. 3.
WEBBER, 1385. fo. 62.   1559. fo. 47b.
Weldon, of Langridge, 1385. fo. 4b.
WHITHORNE, 1504. fo. 94.
WHITTINGTON, *of Ivythorne and Backwell*, 1141. fo. 11.   1445. fo. 24.   1559. ff. 122. 146b.
Whittington, 1385. fo. 4.
Whyte, of Bristol, 1559. fo. 261.
WIDCOMBE, 1451. fo. 172.
WIKE, *or*, WYKE, *of Nineheadflorye*, 1385. fo. 57. 1445. fo. 206b.   1559. fo. 40.   Add. MS. 12,477. fo. 59.
WIKES, *of Wells*, 1141. fo. 87b.   1445. fo. 125. 1559. fo. 215.
WILLIAMS, 1041. fo. 95b.   1543. fo. 113.
WILLILEGH, *of Kenlegh*, 1559. fo. 86b.

WILLING, 1385. fo. 60*b*.   1559. fo. 46*b*.
WINDESOR, *of Stanwell*, 1385. fo. 18.
WINDHAM, *of Orchard, fr. Co. Norf.* 1385. ff.
33*b*. 38.   1559. ff. 16*b*. 99.
Windham, 1385. fo. 3.
WINTER, 1141. fo. 129.   1445. fo. 18.   1559.
fo. 256.
WOLLAVINGTON, 1385. fo. 21.
WOLLCOMBE, 1385. fo. 19.   1559. fo. 60.
WOLVEDON, 1385. fo. 32*b*.   1559. fo. 8.
Woodhouse, 1141. fo. 2*.
WOODVILE, *Earl Rivers*, 1559. fo. 96.
WOODWARD, *of Bristol*, 1141. fo. 85*b*.   1445.
fo. 121*b*.   1559. fo. 212*b*.
WORNELL, *of Yatton*, 1141. fo. 19*b*.   1445. fo.
33.   1559. fo. 153*b*.

WORTH, *of Brampton*, 1445. fo. 192*b*.
———— *of Luccombe, fr. Co. Devon.* 1141. fo. 63*b*.
1385. fo. 40.   1445. ff. 93. 227*b*.   1559.
ff. 18. 82.   Add. MS. 12,477. fo. 6.
WOSELEY, 1385. fo. 68*b*.
Wotton, 1385. fo. 5.
WYKE, *v.* WIKE.
Wyndham, 1141. fo. 2*.
WYNSLADE, 1141. fo. 112.   1445. fo. 154.
1559. fo. 238.

YONGE, 1385. fo. 33*b*.
Yonge, 1385. fo. 3*b*.
Young, of Trent, 1385. fo. 5.
ZOUCH, 1394. fo. 168.   1415. fo. 16*b*.   1420.
fo. 126*b*.

STAFFORDSHIRE.

ABNEY, *of Audley*, 6104. fo. 1.
ADAMS, 1241. fo. 141.   1396. fo. 12.   1472.
fo. 2.   6128. fo. 103.
ADDERLEY, *of Blackhaugh*, 1077. ff. 35. 36*b*.
1173. fo. 28(*a. b.*)   1415. fo. 114.   1439.
ff. 7*b*. 51.   1570. ff. 10. 81*b*.   6104. fo.
1*b*.   6128. fo. 25.   2113. fo. 90.
———— *of Cotton*, 1570. ff. 10. 53*b*.   1077.
fo. 36*b*.   6104. fo. 2.
Adderley, of Cotton Hall, 1077. fo. 40.   1173.
fo. 32.   1570. fo. 2*b*.   6128. fo. 2*.
ALDESTREY, 1439. fo. 28.
ALLEN, 1077. fo. 7*b*.   1173. fo. 6*b*.   1415. fo.
106*b*.   1570. fo. 23*b*.
———— *of Brokehouse*, 1173. fo. 102*b*.   6128.
fo. 17*b*.
ALPORT, *of Cannock*, 6104. fo. 2*b*.
Alport, 1173. fo. 107*b*.
ALSOPE, *of Hognorton*, 6128. fo. 65.
Apleby, 1077. fo. 2.   1173. fo. 2.   1570. fo.
4*b*.   6128. fo. 4*.
AP REES, 1077. fo. 58*b*.
ARBALASTER, *or*, ARBLASTER, *of Longdon*, 1077.
fo. 41*b*.   1173. fo. 33*b*.   1415. fo. 117.
1570. fo. 55*b*.   6104. fo. 12*b*.   6128. fo.
51.
ARDEN, *of Leacroft*, 6104. fo. 3.
ARDERNE, *of Elford*, 1077. ff. 71*b*. 82*b*.   1173.
ff. 63*b*. 74*b*.   1415. ff. 113*b*. 120*b*. 122*b*.
1570. ff. 64*b*. 72*b*.   6104. fo. 27.
Arderne, 1077. fo. 2*b*.   1173. fo. 2*b*.   1570. fo.
1.   6128. fo. 3*.
ARNWAY, 1241. fo. 138.   1472. fo. 9*b*.   6172.
fo. 21*b*.
ASHELEY, *of Pateshull*, 1077. fo. 40.   1173. fo.
64*b*.   1570. fo. 63.   6128. fo. 3*b*.
Asheley, 1077. fo. 40.   1173. fo. 32.   1570.
fo. 3.
ASHENHURST, *of Ashenhurst*, 1570. fo. 90*b*.
Ashenhurst, 1570. fo. 3.
ASHER, 6128. fo. 108.
ASHMOLE, *of Litchfield*, 6104. fo. 3*b*.

Ashton, 1570. fo. 1*b*.
ASTLEY, *of Pateshull*, 1173. fo. 59*b*.   1415. fo.
120*b*.   1439. ff. 33. 34.   1570. fo. 39*b*.
6104. fo. 4*b*.   6128. fo. 4*b*.
- ———— *of Wood Eaton, fr. Co. Shrop.* 6104. fo. 4.
———— *of Woolvey*, 6128. fo. 97*b*.
Astley, 6128. fo. 133.
ASTON, *of Park Hall*, 886. fo. 63.   1415. fo.
120.   1570. fo. 15*b*.
———— *of Tixhall*, 1077. fo. 64*b*.   1100. fo.
110.   1173. ff. 56*b*. 114.   1415. ff. 120.
134*b*.   1439. fo. 15*b*.   1570. fo. 15*b*.
6104. fo. 5.   6128. ff. 1. 42*b*. 104.   2113.
fo. 80*b*.   Add. MS. 14,311. fo. 19*b*.
Aston, 1077. fo. 4.   1173. ff. 3. 111.   6128.
ff. 3*. 4**b*. 133.
ATHERLEY, *of Blackhall, fr. Co. Derby*. 1077. fo. 33.
Atlowe, 1077. fo. 4*b*.   1173. fo. 3*b*.   1570. fo.
2*b*.   6128. fo. 3**b*.
ATTWOOD, *of Loxley and Uttoxeter*, 6128. fo. 106.
AUDLEY, *Lord, v.* TOUCHETT.
Audley, 1077. fo. 4.   1173. fo. 3.   1570.
fo. 1*b*.
Awdeley, 1077. fo. 2*b*.   1173. fo. 2*b*.   1570.
fo. 1.
BABINGTON, *of Tynmore*, 1077. fo. 61*b*.   1173.
fo. 53*b*.   1570. fo. 59*b*.   6104. fo. 38.
6128. fo. 4.
Babington, of Litchfield, 1173. fo. 108.   6128.
fo. 5*.
BAGENHALL, *or*, BAGNALL, *of Newcastle*, 1077.
fo. 106*b*.   1173. fo. 96*b*.   1415. fo. 127*b*.
1570. fo. 40*b*.   6128. fo. 38.
BAGOTT, *Baron Stafford*, 1535. fo. 130*b*.
———— *of Litchfield*, 1173. fo. 127*b*.
———— *or*, BAGOD, *of Bromley*, 886. fo. 57*b*.
1077. fo. 13*b*.   1173. fo. 12*b*.   1415. ff.
109*b*. 130*b*.   1439. fo. 18.   1570. ff. 30.
45*b*.   6128. ff. 6*b*. 7.   2113. ff. 77. 79.
———— *of Blithfield*, 1077. fo. 13*b*.   1173. fo.
56*b*.   1415. fo. 109*b*.   1439. fo. 18.
1573. fo. 30.   6128. fo. 7.

Bagott, 1077. fo. 2*b*. 1173. fo. 2*b*. 1570. ff. 1. 3*b*. 6128. ff. 3*. 4*b. 133.

BAGSHAW, *of Farewell, fr. Co. Derby.* 1077. fo. 81*b*. 1173. fo. 73*b*. 1241. ff. 63. 124*b*. 1415. fo. 122. 1570. fó. 70*b*. 6128. fo. 82*b*. Add. MS. 14,314. ff. 54*b*. 55(*a. b.*)

BALIOLL, 1077. fo. 105*b*.

BAMFIELD, 1173. fo. 103*b*.

BAMVILLE, 1415. fo. 133.

BARBOR, *of Flashbrooke*, 1415. fo. 112. 1535. fo. 126*b*. 1570. fo. 40. 6104. ff. 5*b*. 6. 6128. fo. 38*b*.

Barbor, 6128. fo. 133.

BARKELEY, *of Stoke*, 1173. fo. 36*b*. 6128. fo. 62*b*.

BARNESLEY, *of Tresley*, 6104. fo. 6*b*.
———— *of Trisull*, 1077. fo. 105. 1173. fo. 95. 1415. fo. 129*b*. 1570. fo. 79*b*. 6128. fo. 87*b*.

BARRY, 6128. fo. 90*b*.

BARTON, *of Stoke*, 810. ff. 1*b*. 10. 1570. fo. 44. 6128. fo. 19.

BARTRAM, *of Barlastone and Cocknage*, 1077. fo. 76. 1173. fo. 68. 1415. fo. 122. 1570. fo. 66*b*. 6128. fo. 57.

Bartram, 1173. fo. 108.

BASSETT, *of Blore and Grindon, fr. Co. Derby.* 1077. fo. 18*b*. 1173. ff. 15*b*. 17*b*. 18*b*. 79. 1415. ff. 110. 124. 1439. ff. 45*b*. 46(*a. b.*) 1484. fo. 34*b*. 1535. fo. 129. 1562. fo. 7. 1570. ff. 30*b*. 47(*a. b.*) 6128. ff. 5. 52.

Bassett, 1077. ff. 2*b*. 40. 1173. fo. 2*b*. 1570. fo. 1. 6128. ff. 3*. 4*b. 133.
———— *of Sapcott*, 1077. fo. 87*b*.

BAVER, 6128. fo. 41*b*.

BEAUCHAMP, *Lord*, 6128. fo. 62*b*.

BECHAM, *of Sandon*, 886. fo. 59.

BECHE, 6128. fo. 76.

BECHINGTON, 1415. fo. 133.

BEEKE, *or*, BECKE, 1415. fo. 133. 1570. ff. 18. 28. 6128. fo. 60.

Beeke, or, Becke, 1077. fo. 4*b*. 1173. fo. 3*b*. 1570. fo. 2. 6128. fo. 3*b.

BELGRAVE, *of Kelworth*, 6128. fo. 109*b*.

BELLAQUA, 1415. fo. 124. 1570. fo. 38. 6128. fo. 73.

Bennet, of Sutton, 1173. fo. 3. 1570. fo. 1*b*.

BENTLEY, 1439. fo. 10. 6128. fo. 16.

Bentley, 1077. ff. 2*b*. 3. 4. 1173. ff. 2*b*. 3. 1570. fo. 1*b*. 6128. ff. 3*b. 4*b.

BERESFORD, *of Beresford*, 1043. fo. 111. 1173. fo. 83. 1401. fo. 15*b*. 1415. fo. 126. 1534. fo. 91. 6128. fo. 41.

Beresford, 1077. fo. 91.

BERMINGHAM, 6128. fo. 63.

BIDDULFE, *or*, BIDDULPHE, 1077. ff. 91*b*. 92. 1173. fo. 83*b*. 1415. fo. 125*b*. 1439. fo. 54. 1570. fo. 77*b*. 6104. fo. 22*b*. 6128. fo. 20.

Biddulfe, or, Biddulphe, 886. fo. 66*b*.

BISSELL, *of Barkeswell*, 6128. fo. 97.

BLEWETT, *v.* BOWETT.

BLITHFIELD, 1077. fo. 14*b*. 1173. fo. 13*b*. 1415. fo. 108*b*. 1570. fo. 9*b*. 2113. fo. 79. 6128. fo. 7.

BLOUNT, *or*, BLUNT, *of Burton, fr. Cos. Shrop. and Worc.* 1077. fo. 62. 1173. fo. 54. 1415. ff. 119. 133*b*. 1439. fo. 37. 1570. ff. 14. 60. 6128. fo. 13(*a. b.*)

Blount, or, Blunt, 1077. fo. 40. 1173. fo. 32. 1570. fo. 3. 6128. fo. 133.

Blomfeld, 1570. fo. 5.

BLUNT, *v.* BLOUNT.

BLYTHE, 6128. fo. 65*b*.

Bafferey, 1077. fo. 4*b*. 1570. fo. 2*b*. 6128. fo. 3*b.

BOILAND, *or*, BOLAND, 1549. fo. 53. 6159. fo. 39*b*.

BOLAND, *v.* BOILAND.

BOLLINGHULL, *or*, BULLINGHULL, 1077. fo. 43. 1173. fo. 35. 1415. fo. 114*b*. 1570. fo. 57. 6128. fo. 55.

Bollin, of Litchfield, 1173. fo. 110.

BOSLEY, *of Longdon*, 6128. fo. 16.

Bosley, 1077. fo. 90*b*. 1173. fo. 82*b*. 1415. fo. 125*b*. 1570. fo. 5.

Bosterey, 1173. fo. 3*b*.

BOTETORT, *of Weoley*, 886. fo. 63. 1570. fo. 16. 6128. ff. 15*b*. 62*b*.

BOWES, *of Elford*, 1077. fo. 83. 1173. fo. 75. 1415. fo. 122*b*. 1570. fo. 73. 6104. fo. 24*b*.

Bowes, 1077. fo. 40. 1173. fo. 32. 1570. fo. 2*b*. 6128. fo. 5*.

BOWETT, *or*, BLEWETT, *of Rippinghall*, 1077. fo. 46. 1173. fo. 38. 1415. fo. 116. 6128. fo. 41*b*.

BOWLAND, *v.* ROWLAND.

BOWLES, *of Rushall*, 1077. fo. 46*b*. 1173. fo. 38*b*. 1415. fo. 115*b*. 1570. fo. 12.

BOWYER, *of Broad Heath and Knipersley*, 1077. fo. 22*b*. 1173. ff. 21*b*. 121*b*. 1415. fo. 112*b*. 1439. fo. 10*b*. 1552. fo. 70*b*. 1570. fo. 51*b*. 6104. fo. 26. 6128. ff. 7*b*. 49*b*. 87.

Bowyer, 6128. fo. 133.

BRADDOCK, *of Adbaston*, 1077. fo. 40. 1241. fo. 140. 1439. ff. 33*b*. 35.

Braddock, 1077. fo. 40. 1173. ff. 32. 110. 1570. fo. 3. 6128. fo. 5*.

BRANDRETH, *of Shenstone*, 6104. fo. 24.

BRAYLESFORD, 1415. fo. 132. 1570. fo. 46*b*. 6128. fo. 76*b*.

BREARETON, 1415. fo. 135. 1472. fo. 9.

BRERETON, *of Halton*, 6104. fo. 25.

Brereton, of Ipstones, 6128. fo. 133.

BRETT, *of Keele and Wystanton*, 1077. fo. 25*b*. 1173. fo. 24*b*. 1415. fo. 113. 1570. fo. 22. 6104. fo. 26*b*. 6128. fo. 37*b*.

Brett, 1077. fo. 40. 1173. fo. 32. 1570. fo. 3.

BRETTON, 1077. fo. 29. 6128. fo. 42*b*.

BRINLEY, 1476. fo. 383*b*.

Brittayne, of Serescott and Tamworth, 1077. fo. 40. 1173. ff. 32. 108. 1570. fo. 2*b*. 6128. fo. 5*.

BROCTON, *v.* BROUGHTON.

BROME, *of Badesley*, 2119. fo. 173*b*.

Bromfeild, 1077. fo. 4*b*. 1173. fo. 3*b*. 1570. fo. 2*b*. 6128. fo. 3*b.

BROMLEY, 1415. fo. 126. 1570. ff. 12. 31*b*.

BROOKE, *of Hastler, fr· Co. Derby.* 1077. ff. 30*b*. 71*b*. 83. 1173. ff. 26*b*. 63*b*. 75. 1415. fo. 113*b*. 1570. ff. 51. 65. 73. 6104. fo. 27. 6128. fo. 52*b*.

BROUGHTON, *or*, BROCTON, *of Broughton*, 1077. fo. 39. 1139. fo. 106*b*. 1173. fo. 30. 1415. fo. 119*b*. 1439. fo. 55. 1570. fo. 60*b*. 2113. fo. 88. 6128. fo. 6.
———— *of Longdon*, 1077. fo. 38. 1173. fo. 31. 1415. fo. 114. 1570. fo. 54*b*. 2113. fo. 88. 6128. fo. 6*b*.
———— *of Whittington*, 6104. fo. 63*b*.

Browne, of Hanbury, 6128. fo. 5*.
BULBECK, 1415. fo. 119*b*.   1570. fo. 38.   6128. fo. 73.
BULKLEY, *of Stoke*, 6104. fo. 27*b*.
BULLINGHULL, *v.* BOLLINGHULL.
BURGHE, 2109. fo. 61*b*.   6128. fo. 109*b*.
BURGHLEY, *or*, BURLEY, *of Bromescroft*, 1077. fo. 66.   1415. fo. 120*b*.   1570. fo. 33. 6128. fo. 42*b*.
BURNELL, 6128. fo. 62*b*.
BURTON, *of Falde, Tutbury and Co. Leic.* 1439. fo. 7.   6128. fo. 61*b*.   Add. MS. 4964. fo. 148.
BUSHBURY, 6128. fo. 26.
Bushbury, 1077. fo. 4.   1173. fo. 3.   1570. fo. 1*b*.   6128. fo. 3*.
BUTLER, 886. fo. 62*b*.   6128. fo. 65*b*.
Butler, 1077. fo. 4.   1173. ff. 3. 108.   1570. fo. 1*b*.   6128. fo. 3*.
BYRDE, 6128. fo. 97*b*.
CALDWELL, *of Rolleston*, 1439. fo. 50*b*.   6104. fo. 25*b*.   6128. fo. 78.
Caldwell, 1173. fo. 111.
CAMBRIDGE, *or*, CLARKE, 6128. fo. 109.
CARDEN, *or*, CAWARDEN, 1415. fo. 130.   1570. fo. 37.   6128. fo. 14*b*.
CARESWELL, *or*, CAVERSWELL, 1535. fo. 277. 6128. ff. 105. 140*b*.
Cariswall, 1077. fo. 4.   1173. fo. 3.   1570. fo. 1*b*.   6128. fo. 3*.
Cave, 1420. fo. 224.
CAVERSWELL, *v.* CARESWELL.
CAWARDEN, *v.* CARDEN.
Cawne, 1077. fo. 2*b*.   1173. ff. 2*b*. 108.   1570. fo. 1.
CAYTHORP, 1570. fo. 13*b*.
CHAMPION, 1077. fo. 52*b*.
CHANDOS, 1415. fo. 132.   1570. fo. 46*b*.   6128. fo. 76*b*.
Chandos, 1077. fo. 4.   1173. fo. 3.   1570. fo. 1*b*.   6128. fo. 3*.
CHANNELL, 1570. fo. 13*b*.
CHESTER, 6128. fo. 108.
Chettelton, 1077. fo. 4*b*.   1173. fo. 3*b*.   1570. fo. 2.   6128. fo. 3*b.
CHETWIND, *or*, CHETWYND, *of Denston*, 1173. ff. 81. 124*b*.   1439. fo. 24.   6128. fo. 9.
——————————————— *of Ingestry*, 1570. fo. 76*b*.   6128. fo. 107.
Chetwind, 1077. fo. 89.   1415. fo. 125.
CHETWOOD, *of Oakley*, 1173. fo. 130*b*.   1439. fo. 22*b*.   1533. fo. 34*b*.   1570. fo. 85. 5186. pp. 55. 56.   5832. fo. 44.   5868. fo. 42.   6104. fo. 28*b*.
CHEYNEY, 1570. fo. 63*b*.   6128. fo. 91.
CHINETT, 1439. fo. 28.
CHOLMLEY, *of Coppenhall*, 1077. fo. 63*b*.   1173. fo. 55*b*.   1415. ff. 119(*a. b*.) 132*b*.   1570. fo. 63*b*.   6128. fo. 14.
CHORLETON, 1439. fo. 55.
CLARKE, 1077. fo. 8.   1173. fo. 7.   1415. fo. 106*b*.   1570. fo. 24.
——————— *v.* CAMBRIDGE.
——————— — WELLES.
CLAYTON, 1077. fo. 52.   6128. fo. 26.
Clement, 1173. fo. 108.
CLERKE, *of Rowley*, 6128. fo. 97.
CLIFTON, 1415. fo. 129*b*.   1570. fo. 79.
CLYNTON, 1077. fo. 19*b*.   1439. fo. 45*b*.
COBB, 1570. fo. 11.   6128. fo. 42.

COCKAYNE, 1077. fo. 18*b*.   1439. fo. 46.
COCKE, *of Lillingborne*, 1077. fo. 46.   1173. fo. 38.   1415. fo. 115*b*.   1570. fo. 12.
COCKFIELD, 1570. fo. 13*b*.
COKENAGE, 1077. fo. 75*b*.   1173. fo. 67*b*.   1415. fo. 122.   1570. fo. 66*b*.   6182. fo. 57.
COLBRAND, *of Dudley*, 6128. fo. 97.
COLECLOUGH, *of Ingeton and London*, 1415. fo. 130*b*.   1570. fo. 31*b*.   6104. fo. 29. 6128. fo. 70.
Coleclough, 886. fo. 67.
COLLIER, *of Darlaston*, 1077. ff. 26*b*. 27.   1173. fo. 25*b*.   1415. fo. 113.   1570. ff. 21*b*. 53.   6104. fo. 29*b*.   6128. ff. 37. 111*b*.
COLLYNS, *of King's Norton*, 6128. fo. 97*b*.
COLSULL, 6128. fo. 91.
COLWICH, 1535. fo. 192.
COMBERFORD, *of Comberford*, 1415. fo. 114*b*.   1439. fo. 45.   1570. ff. 57. 71*b*.   6128. ff. 55. 67.
COMPTON, 886. fo. 64.
CONGREVE, *of Stretton*, 1100. fo. 21*b*.   1173. fo. 113.   1439. fo. 16.   1563. fo. 34.   6104. fo. 30.
Congreve, 1077. fo. 4*b*.   1173. fo. 3*b*.   1570. fo. 2.   6128. fo. 3*b.
COOKE, *of Armitage*, 6128. fo. 98*b*.
COPE, *of Hanwell*, 6104. fo. 30*b*.
COPENHALL, 6128. fo. 105.
CORBETT, *of Honford, fr. Co. Chesh.* 1077. fo. 84*b*.   1173. fo. 76*b*.   1415. fo. 122*b*.   1570. fo. 35*b*.   6128. fo. 72*b*.
CORNEWALL, 1415. fo. 134.
COSTYFE, 1077. fo. 52*b*.
COTES, *of Lee*, 1173. fo. 102.
COTTON, 1400. p. 33.   1555. fo. 57*b*.
——————— *of Crakendish*, 6104. fo. 7.
——————— - *of Crackmarsh*, 6128. fo. 34.
——————— - *of Ridware Hamstall*, 6128. fo. 32*b*.
COWPER, 1077. fo. 72*b*.   1173. fo. 64*b*.
COYNEY, *or*, COYNE, *of Weston Coney and Co. Shrop.* 1077. fo. 12*b*.   1173. fo. 11*b*.   1415. fo. 130*b*.   1439. fo. 12.   6104. fo. 7*b*.   6128. fo. 58.
Coyney, 6128. fo. 4*b.
CRADOCK, *of Stafford*, 1173. ff. 104. 130.   1439. fo. 23.
CRESWELL, *of Wolverhampton*, 1173. fo. 120.   1439. fo. 25*b*.   6128. fo. 105*b*.
CROMPTON, *of Checkley and Stone Abbey, fr. London*, 1077. fo. 74*b*.   1173. ff. 66*b*. 131.   1415. fo. 121.   1439. fo. 20.   1570. fo. 38*b*.   6128. fo. 70*b*.
Crompton, 6128. fo. 133.
CROWTHER, 1415. fo. 116.
DACRES, 1424. fo. 66.   1505. fo. 65*b*.
DANIELL, 1415. fo. 132*b*.   1570. fo. 44.   6128. fo. 19.
DARCY, 1570. fo. 14.
DARLASTON, *or*, DARLESTON, 2113. fo. 110*b*.   6128. fo. 20.
DEANE, *or*, WOOD, *of Codsall*, 1439. fo. 9*b*.   6128. fo. 77.
De la Lee, 1077. fo. 4*b*.
DE LA MORE, 1570. fo. 14.
De la Pype, 1077. fo. 2.   1173. fo. 2.   1570. fo. 4*b*.   6128. ff. 3*b. 4*.
DETHICK, 886. fo. 64*b*.   1077. fo. 19*b*.   1173. ff. 17*b*. 18*b*.   1415. fo. 109.   1439. ff. 45*b*. 46*b*.   1570. fo. 30*b*.   6128. fo. 52.

DICKENS, *of Bobbington and Morehall*, 1077. fo. 63. 1173. ff. 55. 118*b*. 1415. fo. 120. 1439. fo. 29*b*. 1570. fo. 36. 6128. fo. 72.

DICKENSON, *of Bradley*, 1173. fo. 100*b*. 1439. fo. 26.

Diett, or, Dyett, of Litchfield, 1077. fo. 98*b*. 1415. fo. 127. 1570. fo. 80*b*. 6128. fo. 5.

DIGBY, *of Tilton*, 6104. fo. 8.

DIMOCK, 6128. ff. 106. 111.

DODINGTON, 6104. fo. 29*b*.

DRACOTT, *or*, DRAYCOTT, *of Painsley*, 886. fo. 56*b*. 1077. fo. 16*b*. 1415. fo. 135. 1570. ff. 48*b*. 71*b*. 2113. fo. 91. 6128. fo. 18.

Dracott, or, Draycote, 6128. ff. 4*b. 133.

DRAYCOTT, *v*. DRACOTT.

DRYLY, 6128. fo. 65*b*.

DUCY, 6104. fo. 9.

DUDLEY, *of Tibington*, 2109. fo. 73*b*. 6128. fo. 25*b*.

Dudley, Baron, 1077. fo. 2*b*. 1173. fo. 2*b*. 1570. fo. 1. 6128. fo. 3*.

DUDLEY, *Lord, v*. SOMERY.

DUNSTON, 1173. fo. 77*b*. 1415. fo. 123*b*. 6128. fo. 34*b*.

Dyett, v. Diett.

DYOTT, *of Litchfield*, 1173. fo. 89*b*. 6104. fo. 8*b*. 6128. fo. 105*b*.

EGERTON, *of Newborough*, 6128. fo. 40.

———— *of Walgrange and Wrinhill*, 6128. fo. 99.

Egerton, of Wryneford, 6128. fo. 133.

ELD, *of Syford*, 1173. fo. 99. 1439. fo. 21*b*. 6104. fo. 10.

ENDESORE, *of Comberford*, 1077. fo. 43. 1173. fo. 35. 1415. fo. 114*b*. 1570. fo. 57. 6128. fo. 55.

ERDESWICKE, *of Sandon*, 886. fo. 59. 1077. fo. 105*b*. 1173. fo. 95*b*. 1180. fo. 24. 1189. fo. 27. 1415. fo. 131. 1431. fo. 20*b*. 1535. ff. 130. 227. 273. 1570. fo. 44*b*. 2113. fo. 80. 2187. fo. 98. 6125. fo. 43. 6128. fo. 79*b*. 6183. fo. 44.

Erdington, 1077. fo. 2*b*. 1173. fo. 2*b*. 1570. fo. 1. 6128. fo. 3*.

EVERARD, *of Whittington, fr. Co. Leic.* 1077. fo. 40*b*. 1173. fo. 32*b*. 1415. fo. 117. 1439. fo. 48. 1570. fo. 80. 6128. fo. 49.

Everard, 1077. fo. 40. 1173. fo. 32. 1570. fo. 3.

EYTON, 6128. fo. 96.

FARNEHAM, 1077. fo. 2. 1173. fo. 2. 1570. fo. 4*b*. 6128. fo. 4*.

FAWCONER, *of Ridware, fr. Co. Leic.* 6128. fo. 33*b*.

FEARNE, *of Crackmarch, fr. Co. Derby.* 1077. fo. 68*b*. 1173. fo. 60*b*. 1415. fo. 120. 1570. fo. 68. 6104. fo. 10*b*. 6128. fo. 21*b*.

FELTON, *of Wastrey*, 6128. fo. 107*b*.

Feres, 886. fo. 66.

FERRERS, *Lord, of Chartley*, 2113. fo. 85. 6128. ff. 22. 94.

———————— *of Groby*, 2113. fo. 85*b*. 6128. ff. 22. 94*b*.

—————————— *of Badsley*, 2113. fo. 86*b*. 6128. fo. 22*b*.

———— *of Lockesley*, 1100. fo. 117. 1167. fo. 156. 1563. ff. 45*b*. 192*b*. 6128. fo. 94.

FERRERS, *of St. Albans*, 2113. fo. 87. 6128. fo. 22.

———— *of Tamworth*, 886. fo. 66. 2113. fo. 86. 6128. ff. 15*b*. 22*b*. 94*b*.

FITZ-HERBERT, *of Etwall*, 1415. fo. 110*b*. 1570. fo. 72. 2113. fo. 90.

———— *of Norbury*, 1077. fo. 16*b*. 1173. fo. 15*b*. 1415. ff. 109. 110*b*. 1439. fo. 27*b*. 1570. ff. 49. 72. 2113. ff. 75*b*. 90. 6128. ff. 21. 59*b*.

———————— *of Upsall*, 1077. fo. 17*b*. 1415. fo. 109*b*. 1570. fo. 49. 6128. fo. 20*b*.

FITZ-OTES, 6128. fo. 62*b*.

FLEETWOOD, *of Colwick, fr. Co. Lanc.* 1570. fo. 86. 6104. fo. 11*b*.

FLYAR, *or*, FLYER, *of Hints*, 1439. fo. 49. 6104. fo. 11.

FOARD, *or*, FORDE, *of La Mosse*, 1415. fo. 112*b*. 6182. fo. 49*b*.

FODEN, *of Fulford*, 6104. fo. 39.

FOLIAMBE, *of Croxdon, fr. Co. Derby.* 1077. fo. 30. 1173. fo. 26. 1415. fo. 113. 1570. fo. 41. 6128. ff. 68*b*. 81.

———— *of Walton*, 1077. fo. 29.

FOLLIOLD, 6128. fo. 25*b*.

FOULKE, *of Aston*, 886. fo. 55.

FOULKES, 1241. fo. 143*b*.

FOWKE, *of Braywoode and Gonstone*, 1173. fo. 88. 1415. fo. 126*b*. 1439. fo. 29. 6104. fo. 36*b*. 6128. fo. 18.

Fowke, 886. fo. 67. 1077. fo. 97. 1173. fo. 111. 1570. fo. 5.

FOWLER, *of Penford, fr. Co. Norf. and St. Thomas' Abbey*, 1077. fo. 73*b*. 1173. ff. 65*b*. 121. 1415. fo. 121. 1439. fo. 30. 1570. fo. 15. 2113. fo. 84. 6104. fo. 13. 6128. fo. 23.

Fowler, 6128. fo. 133.

FRANCIS, 1241. fo. 51. Add. MS. 16,279. pp. 35. 225.

Francis, 6128. fo. 5*.

FRENCH, 1173. fo. 52.

FREVILLE, 886. fo. 63. 1570. fo. 16. 2113. fo. 80*b*. 6128. ff. 1. 15*b*. 62*b*.

FYNDERNE, 1077. fo. 85. 1173. fo. 77. 1415. fo. 122*b*. 1570. ff. 18*b*. 74*b*. 6128. fo. 55*b*.

GAMULL, *of Olton, fr. Co. Chesh.* 6104. fo. 14.

GASTENEYS, *v*. WASTENES.

GAYWOOD, *of Offley*, 6104. fo. 13*b*.

GERMAN, *of Cosington*, 6128. fo. 65*b*.

GERRARD, 1468. fo. 66*b*.

Gerrard, of Bromley, 6128. fo. 133.

GIBBONS, 6128. fo. 108.

GIFFORD, *of Chillington*, 1077. fo. 57*b*. 1173. fo. 49*b*. 1187. ff. 79. 94. 1415. fo. 117*b*. 1439. fo. 43*b*. 1570. fo. 61*b*. 2109. fo. 61*b*. 6104. fo. 64*b*. 6128. ff. 26*b*. 27.

Gifford, 1173. fo. 109(*a. b.*)

————— *or, Ufford*, 1077. fo. 4*b*. 1173. fo. 3*b*. 1570. fo. 2.

GILLOTT, *of Sheytye*, 6128. fo. 66.

Glover, 1570. fo. 3.

GOUGH, *of Hampton*, 6104. fo. 15*b*.

GRAY, *of Rotherfield*, 1100. fo. 20. 1167. fo. 13. 6128. ff. 42*b*. 63.

GREENE, *of Stone*, 6104. fo. 31*b*.

GRENDON, 6128. fo. 34.

GRESHAM, 6128. fo. 65*b*.

GRESLEY, *of Colton and Draklowe*, 886. ff. 54*b*. 55.   1077. fo. 8*b*.   1173. fo. 7*b*.   1415. fo. 107.   1570. fo. 49*b*.   2113. fo. 89(*a. b.*) 6128. fo. 11*b*.

Gresley, 1077. fo. 4.   1173. fo. 3.   1570. fo. 1*b*.   6182. fo. 3*.

GREY, *Lord, of Ruthin*, 1077. fo. 107*b*.   1173. fo. 97*b*.   1415. fo. 108*b*.   1570. fo. 20*b*. 6104. fo. 17*b*.   6128. fo. 23*b*.

—— *of Envile*, 1077. fo. 107*b*.   1173. fo. 97*b*. 1415. fo. 108*b*.   1533. fo. 80*b*.   1570. fo. 20*b*.   6128. fo. 23*b*.

Grey, 6128. fo. 133.

GRIFFITH, *of Wichnor,* 1077. fo. 103*b*.   1173. fo. 94*b*.   1415. fo. 129*b*.   1570. fo. 79. 2113. fo. 90*b*.

GRIMSBY, *of Drakelow*, 1570. fo. 84.

GROBBER, *or,* RUSHALL, 1077. fo. 46*b*.   1173. fo. 38*b*.   1415. fo. 115*b*.   1570. fo. 12.

GROSVENOR, *of Bushbury, fr. Co. Chesh*. 1077. fo. 52.   1173. ff. 44. 133.   1415. fo. 114. 1439. fo. 32.   1570. fo. 37*b*.   6128. fo. 26.

GROVEHORNE, *of Grovehorne*, 6128. fo. 36*b*.

GRUFFETH, 1100. fo. 11*b*.   1167. fo. 5*b*.

——————— *of Wigmore*, 6128. fo. 111.

HALE, *of Compton*, 1439. fo. 47*b*.

HALFORD, *of Halford*, 1439. fo. 28.

HALL, 1046. fo. 110*b*.   1397. fo. 149*b*.   1433 fo. 139*b*.   1561. fo. 188.

HAMERSLEY, *of Hamersley*, 6128. fo. 92*b*.

Hampton, 1077. fo. 4.   1173. fo. 3.   1570. fo. 1*b*.   6128. fo. 3*.

HANBURY, 1570. fo. 12.

HANDSACRE, 1415. fo. 130.   1570. fo. 37. 6128. fo. 14*b*.

HANMER, 6128. fo. 107*b*.

HANSARD, 1570. fo. 14.

HARECOURT, *or,* HARCOURT, *of Elmhall, fr. Co. Oxon*. 1077. ff. 11*b*. 79*b*. 85*b*.   1173. ff. 10*b*. 71*b*. 77*b*. 128.   1415. ff. 108. 123*b*. 131*b*. 135*b*.   1505. fo. 92*b*.   1535. ff. 101*b*. 252. 6128. ff. 4*b*. 34*b*. 43*b*. 69. 76.

——————— *of Milwadge*, 6104. fo. 14*b*.

——————— *of Ranton Hall, fr. Co. Oxon*, 1173. ff. 72. 128.   1415. fo. 35*b*.   1439. fo. 21. 1570. fo. 34*b*.   2113. fo. 82*b*.   6128. fo. 44.

HARPESFEILD, *v.* MITTON.

HARPUR, *of Rushall*, 1077. fo. 46.   1173. fo. 38. 1415. ff. 115*b*. 116.

Harvile, 1077. fo. 4.   1570. fo. 1*b*.   6128. fo. 3*b.

Hastange, or, Hastrange, 1077. fo. 2.   1173. fo. 2.   1570. fo. 4*b*.   6128. fo. 4*.

HASTINGS, 1415. fo. 133.   1570. fo. 18.

Hastrange, v. Hastange.

HAVERSHAW, 6128. fo. 15.

HAW, *of Caldmore*, 6104. fo. 16.

HAWKES, *of Rushall, fr. Co. Shrop*. 1077. fo. 103. 1173. fo. 94.   1415. fo. 129.   1570. fo. 78*b*.

HAWKINS, *of Rushall, fr. Co. Shrop*. 6128. fo. 29.

HAWLEY, *of Grimsby*, 1415. fo. 126.

HERBERT, 886. fo. 64.

HEVENINGHAM, *of Aston*, 1173. fo. 118.   1439. fo. 14(*a. b.*)   6128. fo. 86.

Heveningham, 1077. fo. 99*b*.   1173. fo. 90*b*. 1415. fo. 128.   1570. fo. 80*b*.

HEWETT, *of Walsall*, 1415. fo. 115*b*.   1570. fo. 12.

Hewett, 1077. fo. 4.   1173. fo. 3.   1570. fo. 1*b*.   6128. fo. 3*b.

HEXSTALL, 1570. fo. 12.

Hexstall, 6128. fo. 4*b.

HEYWOOD, *of Bishop's Offley*, 1173. ff. 106. 132. 1439. fo. 24*b*.

HILL, 1180. fo. 57.   1189. fo. 77.   1195. fo. 82.   6125. fo. 61.   6183. fo. 62.

—— *or,* HULL, *of Little Pipe*, 1077. fo. 42.   1173. fo. 34.   1415. fo. 117.   1439. fo. 38. 1570. fo. 56.   6128. fo. 53.

HOCKLETON, 6128. fo. 43.

HODGESON, *of Loxley*, 6128. fo. 93*b*.

HOLDEN, 6128. fo. 76.

HOLGRAVE, *v.* HULGRAVE.

HOLLINS, *of Mosseley*, 6128. fo. 66.

Hollins, 1570. fo. 3.

HOMERSLEY, *of Homersley*, 1439. fo. 52*b*.

HONNINGTON, 6128. fo. 36*b*

HOO, *of Bradley*, 1173. fo. 116.   1439. fo. 42*b*. 6104. fo. 17.

HOORD, *v.* HORD.

Hopkins, 1570. fo. 5.

HOPWAS, *of Comberford*, 1077. fo. 43.   1173. fo. 35.   1415. fo. 114*b*.   1570. fo. 57. 6128. fo. 55.

HORD, *or,* HOORD, 1077. fo. 15*b*.   1173. fo. 14*b*. 1415. fo. 109*b*.   1439. fo. 41*b*.   1570. ff. 12. 24*b*.   6128. fo. 11.

Hore, of Chartley, 1570. fo. 5.

HUDLESTON, *of Elford*, 1077. ff. 30*b*. 83. 71*b*. 1173. ff. 26*b*. 63*b*. 75.   1415. ff. 113*b*. 122*b*. 1570. ff. 51. 65. 73.   6104. fo. 27.   6128. fo. 52*b*.

HULGRAVE, HOLGRAVE, *or,* ERDESWICKE, 1077. fo. 105*b*.   1173. fo. 95*b*.   1570. fo. 44*b*. 2113. fo. 80.   6128. fo. 79*b*.

HULL, *v.* HILL.

HULME, *of Over Hulme*, 6128. fo. 16.

HUMET, 1077. fo. 102*b*.   1173. fo. 93*b*.   1415. fo. 129.   1570. fo. 78.

HUNT, *of Gayton, fr. Co. Northampt. and Rutland*, 1077. fo. 70*b*.   1173. fo. 62*b*.   1415. fo. 121.   1570. fo. 61.   6128. fo. 54.

HUNT, *of Uttoxeter*, 1077. fo. 111.   1570. fo. 88. 6128. fo. 28.

HUNTBACH, *of Seawell*, 6104. fo. 64.

HURTE, *of Casterne*, 6104. fo. 18*b*.

Hyde, 1077. fo. 4.   1173. ff. 3. 108.   1570. fo. 1*b*.   6128. fo. 3*.

ILLARY, 1077. fo. 2*b*.   1173. ff. 2*b*. 108. 1570. fo. 1.   6128. fo. 3*.

INGE, *of Thorp*, 6104. fo. 19.

INGLEBY, 6128. fo. 109*b*.

IPSTONE, 1535. fo. 68*b*.   2187. fo. 21*b*.   Add. MS. 5529. fo. 36*b*.

IRETON, 6128. fo. 64*b*.

JAMES, 1533. fo. 60.

James, 1570. fo. 3.   6128. fo. 5*.

JARVIS, *of Catrull*, 6104. fo. 19*b*.

JASSON, *of Colton, fr. Co. Suff*. 1439. fo. 52.

JENINGS, *fr. Co. Pembroke*, 6104. fo. 65*b*.

JONNES, *of Dudley*, 6128. fo. 108.

KEILING, *of Newcastle*, 1173. fo. 104*b*.

KENDALL, 1439. ff. 27*b*. 28.

KNEVETT, 6128. fo. 44.

KNIGHTLEY, 1137. fo. 76. 1415. fo. 133. 1432. fo. 69. 1541. fo. 76b. 1570. fo. 17b. 6128. fo. 81b.

———— of Ingleton, 6128. fo. 57b.

KNITTON, of Middleton, 1173. fo. 99b.

KNIVETON, of Myrcaston, 6128. fo. 81.

KYNARDESLEY, of Loxley, 886. fo. 58b. 1077. fo. 84. 1173. fo. 76. 1415. fo. 122b. 1570. fo. 73b. 2113. fo. 78b. 6128. fo. 96.

Kynardesley, 1077. fo. 89b. 1173. fo. 81b. 1570. fo. 77. 1415. fo. 125. 6128. fo. 4*b.

LACON, 1415. fo. 133.

Lands, 1173. fo. 109.

LANE, or, LOANE, of Hyde and Bentley, 1173. fo. 88b. 1415. fo. 126b. 1570. fo. 45b. 6128. fo. 63b.

Lane, 1077. fo. 97b. 1173. fo. 88b. 1570. fo. 5.

LANGFORD, 1077. fo. 16b. 1173. fo. 15b.

LANGHAM, 1570. fo. 83b.

LATHORPE, of Leigh, fr. Co. Linc. 1173. ff. 105. 122b. 1439. fo. 23b. 6104. fo. 20.

LEACROFT, of Walton, 6104. fo. 20b.

LEAKE, 6128. fo. 7b.

LEE, 1535. ff. 125b. 196(a. b.) 2119. ff. 125b. 126. Add. MS. 5529. fo. 43.

LEIGH, of Hamstall Ridware, 6128. fo. 42. 1570. fo. 11.

———— of Park Hall, 1570. fo. 15b. 2113. fo. 80b. 6128. fo. 1.

———— of Rushall, fr. Co. Shrop. 1077. fo. 45. 1173. fo. 37b. 1415. ff. 115. 116. 1439. fo. 9. 1570. ff. 11. 12. 6128. ff. 41b. 42.

———— of Stockwell, 6128. fo. 42. 1570. fo. 11b.

Leigh, 6128. fo. 133.

LETTESON, 6128. fo. 86b.

LEVESON, of Wolverhampton and Prestwood, 1077. ff. 55. 113b. 1173. fo. 47b. 1415. ff. 117b. 118. 1570. fo. 59. 6104. fo. 34. 6128. fo. 2b. Add. MS. 14,311. ff. 8b. 9.

Leveson, or, Lewson, 1077. fo. 4b. 1173. fo. 3b. 1570. fo. 2b. 6128. ff. 3*b. 133.

LEWSON, v. LEVESON.

LEYE, of Wenlock, 6128. fo. 97.

LIDDIAT, of Envile, 6104. fo. 21b.

———— of Walsall, 1173. fo. 119. 1439. fo. 40b.

LINACRE, of Chorley, 1173. fo. 115b. 1439. fo. 36b.

LITTLEBURY, 1570. fo. 45. 6128. fo. 80.

LITTLETON, 1173. fo. 108.

———— or, WESTCOTT, of Franckley, 886. fo. 63b. 1077. fo. 66. 1173. fo. 58. 1415. ff. 116b. 120b. 134b. 1570. ff. 15b. 33. 6128. ff. 42b. 88. 104.

———— of Pillaton Hall, 1415. fo. 116b. 1173. fo. 109b.

LOANE, v. LANE.

LOWDHAM, 1077. fo. 29.

LOWE, of Clifton, 6128. fo. 51b.

———— of Litchfield, 6128. fo. 98b.

———— of Whittington, 1077. fo. 108. 1173. fo. 98. 1415. fo. 108b. 1570. fo. 20b. 6128. fo. 23b.

Lowe, of Tinmore, 1077. fo. 88b. 1173. fo. 80b. 1415. fo. 124b. 1570. fo. 80b. 6128. fo. 5*.

LUTWICH, of Blacklaw, fr. Co. Shrop. 6104. fo. 21.

LYMRICKE, 6128. fo. 44.

LYSEUX, of Fledborough, 1077. fo. 87. 1173. fo. 79. 1415. fo. 124. 1570. fo. 8b.

MACCLESFIELD, of Meyre, fr. Co. Shrop. 1077. fo. 48b. 1173. fo. 40b. 1415. fo. 116. 1570. fo. 12b. 6104. fo. 40. 6128. fo. 67b.

MACKLESFIELD, 1424. fo. 108b. 1505. fo. 107b. 1535. ff. 218. 219. 2187. ff. 87b. 88.

Madder, 1077. fo. 98. 1173. fo. 89. 1415. fo. 127. 1570. fo. 80b. 6128. fo. 5*.

MADISON, 1570. fo. 14.

MALBON, of Sandon, 886. fo. 59.

MALLORY, 6128. fo. 6b.

MALPAS, of Seabridge, 6128. fo. 17b.

MALVOISIN, 1415. fo. 130. 1570. fo. 37. 6128. fo. 14b.

MANBY, 1570. fo. 14.

MANLEY, 1400. fo. 57. 6104. fo. 42.

MANLOR, 6104. fo. 40b.

MANWARING, or, MAYNERING, of Whitmore, 1077. fo. 24b. 1173. ff. 23b. 125. 1415. fo. 113. 1439. fo. 22. 1570. fo. 52b. 6128. fo. 53b.

Manwaring, or Maynering, 1077. fo. 40. 1173. fo. 32. 1570. fo. 3. 6128. fo. 133.

MARCHINGTON, 6128. fo. 105.

MARMION, of Tamworth, 1077. fo. 102b.

MASSIE, of Tatton, 1415. fo. 135.

Mawissyn, 1077. fo. 4b. 1173. fo. 3b. 1570. fo. 2. 6128. fo. 3*b.

MAYNERING, v. MANWARING.

MEEREBROOK, 6128. fo. 15.

Meryell, 1173. fo. 108.

MEVERELL, of Throwley, 1415. fo. 132b. 1439. fo. 13. 1570. ff. 44. 48. 6128. fo. 19.

Meverell, 1173. fo. 107b. 6128. fo. 133.

MEYNELL, 1077. fo. 19b. 1173. fo. 18b. 1415. fo. 109. 1439. fo. 45b. 1570. fo. 30b. 6128. fo. 52.

MINORS, MYNORS, or, MINNERS, of Blacknall, 886. fo. 61b. 1077. fo. 111(a. b.) 1093. fo. 63. 1439. fo. 11. 1570. fo. 88b. 2113. fo. 91b. 6128. fo. 27b. 6592. fo. 18b.

———— of Uttoxeter, 1077. fo. 109b. 111b. 1173. fo. 99b. 1439. fo. 11. 1570. fo. 87b. 2113. fo. 88b. 6104. fo. 42b.

Minors, 1077. fo. 40. 1173. fo. 32. 1570. fo. 3. 6128. ff. 4*b. 133.

MITTON, or, HARPESFEILD, of Weston, 1173. ff. 105b. 127. 1439. ff. 17. 41. 1570. fo. 17. 6128. ff. 8b. 31b.

Mitton, or, Harpesfeild, 6128. fo. 133.

Moland, of Coventry, 6128. fo. 5*.

MOLESLEY, or, MOWLESLEY, of Bilston, 1077. fo. 52b. 1173. ff. 44b. 119b. 1415. fo. 114b. 1439. ff. 26b. 28b. 1570. fo. 26b. 6104. fo. 41. 6128. fo. 58b.

MONKLESTON, or, MUCKLESTON, 1541. fo. 188. 1539. fo. 52.

MONTGOMERY, 6128. fo. 27.

MORETON, of Ingleton, 1077. fo. 62b. 1173. ff. 54b. 114b. 1415. fo. 118b. 1439. ff. 29b. 36. 1570. ff. 29. 31. 36. 2109. fo. 62. 6104. fo. 41b. 6128. ff. 57b. 72.

Moreton, 1173. fo. 110.

MOUNCHE, 6128. fo. 109b.

MOUNTFITCHET, 1415. fo. 119b. 1570. fo. 38. 6128. fo. 73.

MOUNTFORD, 1535. fo. 76. 1570. fo. 16. 2119. fo. 68b. 6128. ff. 1. 15.

MOUNTFORD, *of Bescott and Walsall*, 6104. fo. 43.

MOWLESLEY, *v.* MOLESLEY.

MUCEGROS, *v.* MUSGROSE.

MUCKLESTON, *v.* MONKELSTON.

MUSGROSE, *or*, MUCEGROS, 1415. fo. 124.   1570. fo. 38.   6128. fo. 73.

MUSSENDEN, 1570. fo. 14.

MYLLS, *of Bethom*, 1570. fo. 84*b*.

MYNORS, *v.* MINORS.

NAPTON, *of Broughton*, 1439. fo. 55.   1570. fo. 45.   2113. fo. 88.   6128. fo. 6.

NEVELL, *of Chenstone Parke*, 1077. fo. 69*b*. 1173. fo. 61*b*.   1415. fo. 121.   1570. fo. 32.   6128. fo. 71.

NEWPORT, *of Litchfield*, 886. fo. 63.

Newport, 1077. fo. 2*b*.   1173. ff. 2*b*. 108.   1570. fo. 1*b*.   6128. fo. 3*.

NIGHTINGALE, *of Bromley and Litchfield*, 6128. fo. 100.

NOBLE, *of Litchfield*, 6104. fo. 43*b*.

NOELL, *of Hilcot and Co. Leic.* 1077. ff. 84. 85*b*. 1173. fo. 77*b*.   1415. fo. 123*b*.   1439. fo. 15.   1570. fo. 75.   6128. ff. 34*b*—36.

———— *of Pertsall*, 6128. fo. 36.

NOTT, *of Cannock, fr. Cos. Warr. and Worc.* 1077. fo. 118.

OCHLEY, 1533. fo. 34*b*.

OCKELEY, 1535. fo. 90*b*.

OCKOVER, *v.* OKEOVER.

OFFLEY, *of Stafford, fr. Co. Chesh. and Lond.* 1077. fo. 117.   1504. ff. 12*b*. 91*b*.   1570. fo. 21*b*.   6104. fo. 65*b*.   6128. fo. 50*b*.

Offley, of Madeley, 6128. fo. 5*.

OKEOVER, *or*, OCKOVER, *of Oakover*, 886. fo. 64*b*. 1077. ff. 72*b*. 104*b*.   1173. fo. 64*b*.   1415. fo. 121*b*.   1439. fo. 44*b*.   1570. fo. 65*b*.   2113. fo. 90*b*.   6128. fo. 32.   6192. fo. 5*b*.   Egert. MS. 996. fo. 61*b*.

Okeover, 6128. fo. 4*b*.

OLDBEFFE, 6128. fo. 109.

ORME, *of Haunch Hall*, 6104. fo. 44.

Orme, 1570. fo. 5.

OULTON, 2113. fo. 80.

OVERTON, *of Overton*, 1077. fo. 93.   1173. fo. 84.   1415. fo. 125*b*.   1439. fo. 54*b*.

OWGAN, *fr. Co. Pembroke*, 886. fo. 64.

PAGETT, *Lord*, 1077. fo. 7*b*.   1173. fo. 6*b*. 1415. fo. 106*b*.   1570. fo. 23*b*.

PALMER, 1077. fo. 8.   1173. fo. 7.   1415. fo. 106*b*.   1570. fo. 24.

———— *of Marston*, 6128. fo. 92.

PANTOLFE, *or*, PANTOLPHE, *Baron Wemme*, 1415. fo. 133.   1563. fo. 28*b*.   1570. fo. 17*b*. 6128. fo. 81*b*.

PANTON, 2113. fo. 78.

PARGITER, *of Ridware, fr. Co. Northampt.* 6104. fo. 44*b*.

PARKER, *of Audley*, 6104. fo. 45.

———— *of Wedgebury*, 6104. fo. 34*b*.

PARKES, *of Wednesbury*, 1173. fo. 123.   1439. fo. 40.

PARTRICHE, 1570. fo. 45*b*.

PARTYN, 1241. fo. 137*b*.   1472. fo. 8*b*.   6172. fo. 21*b*.

Pearson, 6128. fo. 4*b*.

PEIRSON, *of Stafford, fr. Co. Essex*, 1439. fo. 53*b*.

PENBRUGGE, *or*, PEMBRUDGE, 1570. fo. 33*b*. 6128. fo. 43*b*.

Penbrugge, or, Pembruge, 1077. fo. 2*b*.   1173. ff. 2*b*. 108.   1570. fo. 1.   6128. fo. 3*.

PERSHALL, *or*, PESHALL, *of Horsley and Weston*, 1415. fo. 133.   1439. fo. 41.   1535. fo. 125*b*.   1570. fo. 16*b*.   6128. fo. 8*b*.

———— *of Knightley*, 1570. fo. 17*b*.   6128. fo. 81*b*.

Pershall, or Peshall, 1077. fo. 100.   1173. fo. 91. 1415. fo. 128.   1570. fo. 80*b*.

PERSHOUSE, *of Reynolds Hall*, 1077. fo. 110*b*. 1439. fo. 39*b*.   6104. ff. 32. 45*b*.

———— *of Sedgley*, 1077. fo. 39.   6104. fo. 32.

Perton, 1077. fo. 2*b*.   1173. ff. 2*b*. 108.   1570. fo. 1.   6128. fo. 3*.

PESHALL, *v.* PERSHALL.

PETITT, *of Hexstall, fr. Co. Shrop.* 1077. fo. 84. 1173. fo. 76.   1415. fo. 122*b*.   1570. fo. 73*b*.   6128. fo. 36(*a. b.*)

Petitt, 1173. fo. 108.

PIDCOCKE, 1077. fo. 61.   1173. fo. 53.   1570. fo. 63.   6128. fo. 3*b*.

PIOTT, *of Strethay, fr. London*, 6104. fo. 47*b*.

PIPE, 6104. fo. 46.   6128. fo. 76.

PLANTENEY, *of Wolverhampton, fr. Co. Linc.* 1077. fo. 82.   1173. fo. 74.   1415. fo. 122*b*.   1570. fo. 71.   6128. fo. 69*b*.

POOLE, *of Radburne*, 1415. fo. 132.   1570. fo. 27.   6128. fo. 64.

PORTE, *of Etwall, fr. Co. Chesh.* 6128. ff. 10. 27.

———— *of Ham*, 1173. ff. 107. 122.   1439. fo. 12*b*.   6104. fo. 46*b*.   6128. fo. 10.

PORTER, 1570. fo. 89.   6128. fo. 99*b*.

POWCHEN, 6128. fo. 109*b*.

POWELL, 1077. fo. 44*b*.   1173. fo. 36*b*.   6128. fo. 42.

PRESTWICH, 1570. fo. 46*b*.

PUDSEY, 6104. fo. 48.

QUATERMAYNE, *of Weston*, 6128. fo. 42*b*.

RATCLIFFE, 6128. fo. 5*.

RAWE, 6128. fo. 86*b*.

RAYNES, *of Clifton*, 6128. fo. 51*b*.

REVETT, 1077. fo. 8.   1173. fo. 7.   1415. fo. 106*b*.   1570. fo. 24.

REYS, 1570. fo. 85.

RICKTHORNE, *of Babington*, 1173. fo. 116*b*. 1439. fo. 34*b*.

Ridge, of Ridge, 1570. fo. 3.

RIDIARD, *v.* RUDIARD.

RIDWARE, *of Hamstall Ridware*, 1137. fo. 109*b*. 1432. fo. 104*b*.   1535. fo. 88.   6128. ff. 33. 34.

RIGGELEY, *v.* RUGGELEY.

ROBARTS, *of Tattenhall*, 6128. fo. 25*b*.

ROBINSON, *of Drayton Basset*, 1077. fo. 79. 1173. fo. 71.   1415. fo. 116*b*.   1570. fo. 39.   6128. fo. 69.

ROCH, 6128. fo. 63.

RODE, *of Rushton*, 6104. fo. 48*b*.

ROLLESTON, *of Rolleston*, 1439. fo. 8*b*.

Rolston, 1570. fo. 3*b*.

Roose, of Swinshead, 1077. fo. 40.   1173. ff. 32. 108.   6128. fo. 5*.

Rowland, or, Bowland, 1570. fo. 5.

ROWLESTON, 6128. fo. 27.

ROWLEY, 1570. fo. 85.

Rowley, of Highley, 6128. fo. 5*.

RUDIARD, *or*, RIDIARD, *of Rudiard*, 1077. fo. 99. 1173. fo. 90.   1415. fo. 127*b*.   1439. fo. 13*b*.   1570. fo. 26.   2113. fo. 78.   6104. fo. 49.   6128. ff. 9*b*. 98.

RUGGELEY, *or*, RIGGELEY, *of Shenstone*, 886. fo. 61.
1077. ff. 31*b*. 35.   1173. fo. 28.   1415.
fo. 113*b*.   1439. fo. 51.   1570. fo. 10.
2113. fo. 91*b*.   6104. fo. 49*b*.   6128. fo. 25.
Ruggeley, or, Riggeley, 1077. fo. 4.   1173. fo. 3.
1570. fo. 2.   6128. ff. 3**b*. 4**b*. 133.
RUSHALL, 1077. fo. 46*b*.   1173. fo. 38*b*.   1415.
fo. 115*b*.   1570. fo. 12.
———— *v.* GROBBER.
Ryce, of Magdfond, 1173. fo. 108.
RYDGELEY, 615. fo. 227.   1982. fo. 158.
SACHEVERELL, 1077. fo. 16*b*.   1173. fo. 15*b*.
1570. fo. 72.
SALT, *of Yaxall,* 886. fo. 60*b*.   1137. fo. 75.
2113. fo. 91*b*.   6128. fo. 24.
SALTER, *of Oswestry,* 6128. fo. 107*b*.
Salter, 1077. fo. 89.   1415. fo. 125.
SALWAY, *of Stanton,* 6128. fo. 19*b*.
SAVAGE, 1415. fo. 133.   1570. fo. 17*b*.
SAVILE, 6128. fo. 31.
SCHIRLEY, 6128. fo. 33.
SCOTT, *of Aldrich,* 6104. fo. 50.
SCRIMSHERE, *or*, SKRIMSHERE, *of Acquillot and
Johnson,* 1077. fo. 47*b*.   1415. fo. 115*b*.
1439. fo. 16*b*.   2113. fo. 82.   6104. fo.
52.   6128. fo. 10*b*.
———— *of Norbury, fr. Co. York.* 886. fo.
65.   1077. fo. 47*b*.   1173. ff. 39*b*. 125*b*.
1241. fo. 164*b*.   1400. p. 92.   1439. fo. 16*b*.
1555. fo. 146*b*.   1570. fo. 57*b*.   2113. fo.
82.   6104. fo. 52*b*.   6128. fo. 10*b*.
———— *of Orslow,* 6104. fo. 32*b*.
Senger, 886. fo. 66.
SHAWCROSSE, 6128. fo. 50.
Sheene, of Droitwich, 1570. fo. 3.
SHELDON, 1100. ff. 10*b*. 39.   1167. ff. 2. 31.
Sheldon, 1077. fo. 4*b*.   1173. fo. 3*b*.   1570. fo.
2*b*.   6128. fo. 3**b*.
SHELTON, *of Bringham,* 6104. fo. 50*b*.
Sherard, of Chetilton, 1077. fo. 108*b*.   1173. fo.
98*b*.   1415. fo. 130.   1570. fo. 80*b*.
SHERLEY, *of Staunton,* 1415. fo. 134*b*.   6128.
ff. 13. 88. 104.
SHORT, *of Ashley,* 6104. fo. 51*b*.
SIMCOCK, 1082. fo. 78*b*.   1400. fo. 85.   1555.
fo. 134*b*.
SKEVINGTON, *of Fisherwick, fr. Co. Leic.* 6128.
fo. 109.
Skevington, 1077. fo. 40.   1173. fo. 32.   1570.
fo. 2*b*.   6128. ff. 5*. 133.
SKRIMSHERE, *v.* SCRIMSHERE.
SMITH, *of Elford,* 1077. ff. 71*b*. 83. 30*b*.   1173.
ff. 26*b*. 63*b*. 75.   1415. ff. 113*b*. 122*b*.
1570. ff. 51. 65. 73.   6104. fo. 27.   6128.
fo. 52*b*.
———— *of Newcastle-under-Lyne,* 1077. fo. 77.
1173. fo. 69.   1439. fo. 49*b*.   6104. fo.
51.
Smith, 1077. fo. 88.   1173. fo. 80.   1415. fo.
124*b*.   1570. fo. 80*b*.
SMYTH, *or*, TARBOCK.
SNEAD, *or*, SNEYD, *of Bradwell, fr. Co. Chesh.*
886. fo. 56.   1415. fo. 124.   1439. fo. 53.
1570. fo. 21.   6128. fo. 68.
Snead, or, Sneyd, 1077. fo. 90.   1173. fo. 82.
SOMERFORD, *of Somerford,* 1077. fo. 102.   1173.
fo. 123*b*.   1415. fo. 129.   1439. fo. 30*b*.
1570. fo. 14*b*.   6104. fo. 53.   6128. fo. 82.
Somerford, 6128. fo. 4**b*.
SOMERSETT, *of Somersett,* 1173 fo. 93.

SOMERVILLE, 1077. fo. 103*b*.   1173. fo. 94*b*.
1415. fo. 129*b*.   1570. fo. 79.   2109. fo.
68*b*.
SOMERY, *Lord Dudley,* 6128. fo. 62*b*.
SOUTHWICK, *Baron, v.* STAFFORD.
Spiller, 1077. fo. 100*b*.   1173. fo. 91*b*.   1415.
fo. 128*b*.   1570. fo. 80*b*.   6128. fo. 5*.
Spillman, 1077. fo. 4*b*.   1173. fo. 3*b*.   1570.
fo. 2*b*.   6128. fo. 3**b*.
SPROTT, *of Ashmerbrooke,* 6128. fo. 39*b*.
SQUIRE, 889. fo. 122*b*.   1091. fo. 55.   5871.
fo. 41.
STAFFORD, *Baron Southwick,* 6128. fo. 91.
———— *Lord,* 1241. fo. 8.   1396. ff. 54.
96*b*.   1982. ff. 63. 96.   Add. MS. 14,314.
fo. 25.
———— *of Bramshall,* 6128. fo. 89*b*.
———— *of Frome,* 6128. fo. 89*b*.
———— *of Pipe,* 1077. ff. 71*b*. 82*b*.   1415.
ff. 120*b*. 122*b*.   1570. fo. 72*b*.
———— *of Sandon,* 886. fo. 59.   1077. fo.
105*b*.   1173. fo. 95*b*.   1415. ff. 130*b*. 131.
1570. ff. 44*b*. 45*b*.   6128. ff. 46. 79. 80.
89*b*.
———— *Baron, v.* BAGOTT.
Stafford, 1077. fo. 2*b*.   1173. ff. 2*b*. 111.   1570.
fo. 1.   6128. fo. 3*.
STAMFORD, *or*, STANFORD, *of Pury Hall and
Rowley, fr. Co. Midd.* 1077. ff. 60*b*. 61.
1173. ff. 53(*a.b.*) 120*b*.   1415. ff. 118*b*. 119.
1439. fo. 37(*a.b.*)   1570. ff. 59*b*. 60. 62*b*.
6128. ff. 3*b*. 4.
Stamford, of Barr, 6128. fo. 133.
STANDEN, 1532. fo. 132.
STANDLEY, 1415. fo. 135.
STANFORD, *of Packington,* 6104. fo. 37*b*.
———— *v.* STAMFORD.
STANLEY, *of Elford and the Pipe,* 1077. ff. 71*b*.
82*b*.   1173. ff. 63*b*. 74*b*.   1187. fo. 13*b*.
1188. p. 8.   1415. ff. 113*b*. 122*b*. 133.
1570. ff. 64*b*. 72*b*. 73.   6104. fo. 27.
6128. ff. 52*b*. 86.
———— *of Hooton,* 1570. fo. 12.
———— *of West Bromwich,* 1439. fo. 32*b*.   1570.
fo. 81.   6104. fo. 53*b*.
———— *of Yeatell,* 1077. fo. 30*b*.   1173. fo. 26*b*.
1570. fo. 51.
Stanley, of West Bromwich, 1173. fo. 109.   6128.
fo. 133.
Stanlowe, 1077. fo. 2.   1173. fo. 2.   1570. fo. 4*b*.
6128. fo. 4*.
STANTON, 1077. ff. 71*b*. 83.   1173. ff. 63*b*. 75.
1187. fo. 14.   1188. p. 9.   1415. ff. 113*b*.
122*b*.   1570. ff. 65. 73.   6128. fo. 86.
STAPENHULL, 6128. fo. 78.
STAPLETON, 886. fo. 53.   1415. ff. 124. 131*b*.
1570. ff. 34. 38.   6128. fo. 73.
Stapleton, 1077. fo. 2.   1173. fo. 2.   1570.
fo. 4*b*.   6128. fo. 4*.
STOCKLEY, *of Yaxall,* 886. fo. 60*b*.   2113. fo.
91*b*.   6128. fo. 24.
STONLEIGH, 1415. fo. 133.
Strangwyshe, 886. fo. 66.
STRETHAY, *or*, STRETTEY, *of Strethay and Litch-
field,* 1077. fo. 39*b*.   1173. fo. 31*b*.   1415.
fo. 113*b*.   1439. fo. 48*b*.   1570. fo. 54.
6128. fo. 28*b*.
Strethay, 1077. fo. 4.   1173. fo. 3.   1570. fo.
2.   6128. fo. 3**b*.
STRETTEY, *v.* STRETHAY.

STURTON, 1415. fo. 133.

SUTTON, *of Aram*, 1570. fo. 8*b*.

——— *of Osberston*, 6128. fo. 13*b*.

Sutton, 1077. fo. 4(*a.b.*) 1173. fo. 3*b*. 1570. fo. 2*b*. 6128. fo. 3*(a.b.)*

SWINNERTON, *of Eccleshall*, 2113. fo. 87*b*. 6128. fo. 60.

——————— *of Swinerton*, 1100. fo. 15. 1167. fo. 8*b*. 1415. fo. 132. 1563. fo. 31*b*. 1570. fo. 27(*a.b.*) 6128. fo. 59*b*.

Swinnerton, *of Eccleshall*, 1077. fo. 40. 1173. fo. 32. 1570. fo. 3.

——————— *of Swinnerton*, 1077. ff. 2*b*. 4. 1173. ff. 2*b*. 3. 1570. ff. 1*b*. 2. 6128. fo. 3*(a.b.)*

SYLVESTER, 1415. fo. 133.

TALBOYS, 1570. fo. 13*b*.

TAMHORNE. *v.* TOMHORNE.

TARBOCK, *or*, SMYTH, *of Newcastle-under-Lyne*, *fr. Co. Lanc.* 1077. fo. 77. 1415. ff. 113*b*. 118. 1570. fo. 31. 6128. fo. 17.

TAYLBOUCH, 6128. fo. 91.

TAYLER, *of Burton-upon-Trent*, 1077. ff. 72*b*. 104*b*. 1173. fo. 64*b*. 1570. fo. 66. 6128. fo. 32.

TENDERING, 1432. fo. 33*b*.

TETESWORTH, 1439. fo. 13*b*. 2113. fo. 78. 6128. ff. 9*b*. 98.

THICKENS, *of Barterley*, 1077. fo. 23*b*. 1173. ff. 22*b*. 124. 1415. fo. 112*b*. 1439. fo. 19*b*. 1570. fo. 22*b*. 2113. fo. 76*b*. 6128. fo. 3.

THIRKELL, *of Smalewood*, 886. fo. 61. 1077. fo. 35. 1173. fo. 28. 1415. fo. 113*b*. 1439. ff. 7*b*. 51. 1563. fo. 235*b*. 1570. fo. 10. 2113. fo. 91*b*. 6128. fo. 25.

Thornhurst, *of Litchfield*, 1173. fo. 110.

THORP, 1077. fo. 29.

TICKELL, *or*, TICKHULL, 1077. fo. 196. 1173. fo. 18*b*. 1415. fo. 109. 1439. fo. 45*b*. 1570. fo. 30*b*. 6128. ff. 37. 52.

TILDESLEY, 1415. fo. 135.

TIRRELL, *of Rushton*, *fr. Co. Essex*, 1077. fo. 76*b*. 1173. fo. 68*b*. 1415. ff. 121*b*. 133*b*. 1570. fo. 69*b*. 6128. fo. 83.

TIRRICK, *of Clayton*, 6104. fo. 54.

TIXSHALL, *of Kingston and Loxley*, 6128. fo. 106.

Tleire, *of Flints.* 1173. fo. 103.

TOMHORNE, *or*, TAMHORNE, *of Tomhorne and Newborough*, 2113. fo. 84*b*. 6128. 40.

Tomhorne, *or*, *Tamhorne*, 1077. fo. 4*b*. 1173. ff. 3*b*. 108. 1570. fo. 2. 6128. ff. 3*b*. 4.*b*.

TOUCHETT, *Lord Audley*, 1415. fo. 135*b*.

——————— *of Nether Whitby*, 1415. fo. 135*b*.

TRAFFORD, *of Swithamly Grange.fr. Co. Chesh.* 1439. fo. 11*b*. 6104. fo. 54*b*.

TRENTHAM, *of Rocester*, *fr. Co. Shrop.* 1077. fo. 15*b*. 1173. ff. 14*b*. 117. 1415. fo. 109*b*. 1439. fo. 41*b*. 1570. fo. 24*b*. 6128. fo. 11.

Trentham, 6128. fo. 133.

TROMWIN, *of Cannock*, 6128. ff. 19*b*. 113.

TRUSSELL, 1077. fo. 68. 1415. fo. 120*b*.

Tuchett, 1077. fo. 4. 1173. fo. 3. 1570. fo. 2. 6128. fo. 3*.*b*.

TUDENHAM, 1415. fo. 124. 1570. fo. 35*b*. 6128. fo. 71*b*.

TURTON, *of West Bromwich*, 1982. fo. 88. 6104. fo. 55.

TWIFORD, 1415. fo. 132. 1570. fo. 46*b*. 6128. fo. 76*b*.

TWYNE, 1077. fo. 61.

UFFORD, *v.* GIFFORD.

UMSARD, 6128. fo. 19*b*

UNDERHILL, 810. fo. 12.

UNWIN, *of Chatterley and Clough*, 1077. fo. 78. 1173. fo. 70. 1415. fo. 122. 1570. fo. 70. 6104. fo. 56*b*. 6128. fo. 40*b*.

Unwin, 1173. fo. 108.

VENABLES, *of Bradwall*, 1077. fo. 22*b*. 1173. fo. 21*b*. 1415. fo. 112*b*. 1570. fo. 51*b*. 6128. fo. 41*b*.

——————— *of Copenhall*, 6128. fo. 105.

Venables, *of Newbold*, 1173. fo. 108.

VERDON, 1077. fo. 83*b*. 1173. fo. 75*b*. 1415. fo. 119*b*. 1570. fo. 9.

Verdon, 6128. fo. 4*b*.

VERNEY, 1077. fo. 111.

——————— *of Sandon*, 1570. fo. 45. 6128. fo. 80.

Verney, 1173. fo. 108.

VERNON, 1077. fo. 105*b*. 1173. fo. 95*b*. 1415. fo. 131. 1570. fo. 44*b*. 6104. fo. 59*b*. 6128. ff. 27. 59*b*.

——————— *of Hilton and Haddon*, 1077. fo. 101*b*. 1173. fo. 92*b*. 1415. fo. 129. 1570. fo. 28*b*. 6128. fo. 30*b*.

——————— *of Shipbrooke*, 6128. fo. 79*b*.

Vernon, 1077. fo. 4. 1173. fo. 3. 1570. fo. 2. 6128. fo. 3*b*.

VYSE, *of Stawne*, *or*, *Stawndon*, 1077. fo. 49*b*. 1173. fo. 41*b*. 1415. fo. 116. 1439. fo. 50. 1570. fo. 58. 1982. fo. 15*b*. 6104. fo. 56. 6128. fo. 56.

WAKE, 1173. fo. 93*b*. 1415. fo. 129. 1570. fo. 78.

WAKEBRIDGE, *v.* WATERBRIDGE.

WALGRAVE, 1077. fo. 8. 1173. fo. 7. 1415. fo. 106*b*. 1570. fo. 24.

WALKEDEN, *of Walton and Stone*, 1570. fo. 92*b*.

WALKER, *of Bramshall and Uttoxeter*, *fr. Cos. Derby and Kent*, 6128. fo. 8.

——————— *of Reynalds Hall*, 6104. fo. 65. 1439. fo. 56.

——————— *of Weston*, 1077. fo. 34. 1439. fo. 56.

WALRON, 1439. fo. 28.

Walworth, 886. fo. 66*b*.

WARD, 1077. fo. 19*b*. 1173. fo. 18*b*. 1439. fo. 45*b*. 1570. fo. 30*b*. 6104. fo. 62*b*. 6128. fo. 52.

Waring, *de la Lee*, 1077. fo. 4*b*. 1570. fo. 2*b*. 6128. fo. 3*.b*.

WARINGS, 6128. fo. 93.

WARNER, *of Bramshall*, 6128. fo. 100*b*.

Warter, 1077. fo. 4*b*. 1173. fo. 3*b*. 1570. fo. 2*b*. 6128. fo. 3*.b*.

WASHBORNE, 6128. fo. 19*b*.

WASTENEYS, *or*, GASTENEYS, *of Colton*, 1077. fo. 8*b*. Egert. MS. 996. fo. 78*b*.

Wastenes, 1077. fo. 2. 1173. fo. 2. 1570. fo. 4*b*. 6128. ff. 4*(a. b.)* 5*.

WATERBRIDGE, *or*, WAKEBRIDGE, 1415. fo. 132. 1570. fo. 27. 6128. fo. 64.

WEDGWOOD, *of Harecles*, 1439. fo. 55*b*. 6104. fo. 57. 6128. fo. 7*b*.

Wedgwood, 1077. fo. 101. 1173. fo. 92. 1415. fo. 128*b*. 1570. fo. 80*b*. 6128. fo. 5*.

WELLES, *of Haywood and Hoar Cross*, 1077. ff. 42*b*. 72*b*. 1173. ff. 34*b*. 64*b*. 1415. fo. 117. 1439. fo. 51*b*. 1570. ff. 56*b*. 66. 6104. fo. 57*b*. 6128. fo. 39.

——————— *or*, CLARK, *of Tybington*, 6128. fo. 25*b*.

Welles, *of Hoar Cross*, 6128. fo. 133.

Weryell, 6128. fo. 5*.
WESTCOTT, *v.* LITTLETON.
WESTERDALE, *fr. Co. Beds.* 6128. fo. 97.
WESTON, *of Litchfield*, 6104. fo. 37.   6128. fo. 101*b*.
———— *of Rougeley*, 6128. fo. 106*b*.
Weston, 1570. fo. 2*b*.   6128. fo. 5*.
Weyer, 1077. fo. 2.   1173. fo. 2.   1570. fo. 4*b*.   6128. fo. 4*.
Weynhurst, *of Blacknell Hall*, 1570. fo. 5.
WHITACRE, 886. fo. 63*b*.   6128. fo. 104.
WHITE, 1570. fo. 72.
WHITEHALL, 6104. fo. 58.
WHITGREVE, *of Burton and Bridgeford*, 1077. fo. 59*b*.   1173. ff. 51*b*. 126.   1415. fo. 118*b*. 1439. fo. 19.   1570. fo. 29*b*.   6104. fo. 58*b*.   6128. fo. 56*b*.
Whitgreve, 6128. fo. 133.
WHITTINGTON, 1173. fo. 98.
———————— *of Newborough*, 2113. fo. 84*b*. 6128. fo. 40.
Whittington, 886. fo. 66*b*.
WHITWICK, *of Whitwick*, 1173. fo. 132*b*.   1439. fo. 31.   6104. fo. 59.
WHORWOOD, *of Bobbington*, 1077. fo. 55.   1173. fo. 47.   1415. fo. 117*b*.   1570. fo. 19. 6128. fo. 46*b*.
———————— *of Compton and Lutley, and Co. Warw.* 1077. fo. 53*b*.   1173. fo. 45.   1415. ff. 114. 117.   1439. fo. 25.   1570. fo. 19*b*. 6128. fo. 47.
WIGHTWICK, 1483. fo. 123*b*.   1530. fo. 35.
WILBRAHAM, 6104. fo. 59*b*.
WILKES, *of Willenhall*, 6104. fo. 33*b*.
Wilks, of Wolverhampton, 1570. fo. 5.
WILLOUGHBY, 6128. ff. 15*b*. 91.
WINNINGTON, 6128. fo. 80.
WITHERINGS, *of Overton*, 6128. fo. 101.
WOLFESLEY, *or,* WOLFELEY, *of Stafford and Wolfesley*, 1173. ff. 87*b*. 129*b*.   1439. fo. 20*b*. 6128. fo. 85.

Wolfesley, or, Wolfeley, 1077. fo. 96*b*.   1415. fo. 126.   1570. fo. 5.
WOLLARSTON, *of Perton*, 6104. fo. 62.
Wollaston, of Trescot Grange, 1570. fo. 5.
WOLRICH, *of Copshall*, 6104. fo. 60.
Wolsey, of Wolsey Bridge, 6128. fo. 133.
WOLVERSTON, *of Shotfield*, 6104. fo. 60*b*.
Wolverston, 1077. fo. 40.   1173. fo. 32.   1570. fo. 3.   6128. fo. 5*.
WOOD, *of Batterley*, 1173. fo. 101.   1439. fo. 31*b*.
——— *of Uttoxeter*, 6104. fo. 61.
——— *v.* DEANE.
Wood, of Woodford, 886. fo. 66*b*.
——— *of Woodhill*, 6128. fo. 5*.
WOODHOUSE, *of Woodhouse*, 6104. fo. 61*b*.
WORSLEY, *or,* WORKESLEY, 1415. fo. 135.
WROTTESLEY, 1043. fo. 45.   1046. fo. 9*b*. 1077. fo. 59.   1173. fo. 51.   1241. fo. 166*b*.   1415. fo. 118.   1439. fo. 47. 1570. fo. 36*b*.   6128. fo. 46.
Wrottesley, 1077. fo. 4*b*.   1173. fo. 3*b*.   1570. fo. 2.   6128. fo. 3*b*.
WYCHARD, 6128. fo. 13*b*.
Wynlea, 1173. fo. 108.
WYNNESBURY, 6128. fo. 43.
WYRLEY, *of Hondesworth*, 886. fo. 62*b*.   1077. fo. 51.   1100. fo. 39.   1167. fo. 31. 1173. fo. 43.   1415. fo. 116*b*.   1570. ff. 42. 58*b*.   6104. fo. 63.   6128. fo. 61.
Wyrley, 1077. fo. 4*b*.   1173. fo. 3*b*.   1570. fo. 2*b*.   6128. fo. 3*b*.
YARDLEY, *of Yardley and Co. Warr.* 1077. fo. 77*b*.   1173. fo. 69*b*.   1415. fo. 121*b*. 6104. fo. 31.   6128. fo. 5*b*.
YOUNG, *of Charnes*, 1439. fo. 35*b*.
ZOUCH, 1394. p. 168.   1415. fo. 16*b*.   1420. fo. 126*b*.

SUFFOLK.

ADELBY, *v.* ALDEBY.
AGAUNT, *of Cardiff*, 155. fo. 14.   1177. fo. 59*b*. 1449. fo. 79.
AGER, *v.* AUCHER.
ALDEBY, *or,* ADELBY, 1449. fo. 12*b*.   1484. fo. 42.   1560. fo. 16.
ALDHAM, *of Broome, fr. Co. Norf.* 1560. fo. 312.
ALEE, 1560. fo. 308*b*.
ALINGTON, 1484. fo. 45.
ALLEN, *or,* ALLEYN, *of Farnham*, 155. fo. 19*b*. 891. fo. 20.   1560. fo. 191*b*.
Allen, 1820. fo. 46*b*.   1449. fo. 6*b*.
ALLEYN, *v.* ALLEN.
Almott, 1449. fo. 5*b*.   1560. fo. 182*b*.
ALRED, *of Tannington*, 1560. fo. 187*b*.
ANDREWES, *of Baylham*, 155. fo. 59.   1177. fo. 28.   1149. fo. 32.   1560. fo. 33.

ANDREWES, *of Bury St. Edmunds*, 155. fo. 53*b*. 891. fo. 19.   1103. fo. 25.   1177. fo. 24*b*. 1449. fo. 29*b*.   1569. fo. 30.
Andrewes, 1449. fo. 3*b*.
APPLEYARD, 1449. fo. 39*b*.
Appleyard, 1449. fo. 6.
APPLETON, *of Kettlebastone, fr. Co. Essex*, 1560. fo. 318*b*.
———————— *or,* APULTON, *of Waldingfield*, 891. fo. 15*b*.   1449. ff. 28. 104   1560. fo. 131.
APULTON, *v.* APPLETON.
ARMIGER, *of North Creake, fr. Co. Essex*, 891. fo. 32.   1449. fo. 44*b*.   1560. fo. 275. 1820. fo. 33*b*.
ARROWSMITH, *of Huntingfield Hall*, 155. fo. 12. 1103. fo. 78.   1449. fo. 65*b*.   1560. fo. 86*b*.
ARUNDELL, *Earl of, v.* FITZ-ALLEN.

ASHFIELD, *of Stowlangtoft*, 1106. fo. 217. 1432.
fo. 323*b*. 1560. fo. 218*b*. Add. MS.
5507. fo. 82. 5526. fo. 453.
Ashfield, 1449. fo. 4*b*.
ASPALL, 1449. fo. 93. 1484. ff. 44. 48. 1541.
fo. 203*b*.
Aspall, 1449. fo. 3.
ATZAR, *v.* EDGAR.
ATWOOD, *of Aspal, fr. Co. Beds.* 155. fo. 8.
1103. fo. 36. 1177. fo. 34*b*. 1449. fo.
37*b*. 1560. fo. 43*b*.
AUCHER, *or*, AGER, 1484. fo. 48*b*.
AYLMER, 1449. fo. 50*b*. 1560. fo. 155*b*.
Aylmer, 1449. fo. 5. 1560. fo. 128*b*.
BACON, *of Drinkstone and Redgrove*, 155. fo. 9*b*.
1103. fo. 39. 1177. fo. 36*b*. 1449. fo.
40. 1560. fo. 142*b*. 1820. fo. 28.
────── *of Hessett*, 891. fo. 16*b*. 1177. fo. 59.
1449. fo. 53. 1560. ff. 235*b*. 239*b*. 1820.
fo. 38*b*.
Bacon, 1449. fo. 108.
Badby, 1449. fo. 4*b*.
Balam, of Barton, 1449. fo. 5.
BALDREY, *or*, BALDRIE, *of Stow Market, fr. Co.
Essex*, 155. fo. 68*b*. 1137. fo. 35. 1398.
fo. 3. 1432. fo. 26.
BALDWIN, *of Mildenhall, fr. Co. Shrop.* 1560. fo.
316*b*.
Baldwin, 1820. fo. 46.
BALLARD, *v.* BALLETT.
BALLETT, *or*, BALLARD, *of Codenham and Ufford*,
1560. fo. 294*b*.
BAMBOROUGH, *of Rendlesham, fr. Co. Linc.* 155.
fo. 40*b*. 1103. fo. 594. 1177. fo. 52.
1449. fo. 44*b*. 1560. fo. 64*b*.
BANKES, *of Wetherfield, fr. Cos. Essex and
York.* 1560. fo. 333.
BARBER, *of Bury St. Edmunds*, 891. fo. 11*b*.
1560. fo. 172.
Barber, 1449. fo. 6*b*.
Bardolph, Lord, 1449. fo. 1.
BARDWELL, *of Boxsted*, 891. fo. 28. 1449. fo.
18. 1560. fo. 11*b*.
──────────── *of West Harling*, 1484. fo. 50.
Bardwell, 1449. fo. 3*b*.
Barett, 1820. fo. 43.
BARKER, *of Bildeston*, 1449. fo. 86*b*. 1560. fo.
211*b*.
────── *of Ipswich*, 1449. fo. 59*b*. 1560. fo.
264. 1820. fo. 37.
────── *of Trimley*, 1560. fo. 264. 1820. fo.
37.
Barker, 1449. fo. 106. 1820. fo. 46.
BARKER, *v.* CHAPMAN.
BARNARD, *of Akenham, fr. Co. Northampt.* 155.
fo. 11*b*. 1103. fo. 42. 1177. fo. 38*b*.
1449. fo. 42*b*. 1560. ff. 49. 113.
Barnard, 1449. fo. 3*b*.
BARNARDESTON, *of Keddington*, 155. fo. 65*b*.
891. fo. 21. 1449. fo. 57*b*.
────────────── *of Ketton*, 1484. fo. 43*b*. 1560.
fo. 120.
Barnardeston, 1820. fo. 45*b*.
BARRETT, *of Blithborough and Westhall*, 1103. fo.
89. 1177. fo. 74. 1449. ff. 48*b*. 78*b*.
1560. fo. 106*b*.
BARREY, 1449. fo. 13. 1560. fo. 15*b*.
BARROW, *of Westhorpe, fr. Co. Linc.* 1560. fo.
236*b*.
Barrow, 1820. fo. 45*b*.

BARWICK, *of Westrop, fr. Cos. Lanc. and Sussex*,
891. fo. 10. 1449. ff. 50. 64*b*. 1552. fo.
187*b*. 1560. fo. 154*b*.
BATEMAN, *of Flixton, fr. Co. Norf.* 155. fo. 29*b*.
1103. fo. 87*b*. 1177. fo. 73. 1449. fo.
70. 1560. fo. 105*b*.
BAYMAN, *of Marlesford*, 1449. fo. 87*b*. 1560.
fo. 175.
BAYNARD, *of Speckeshall*, 1449. fo. 75*b*. 1560.
fo. 60*b*.
BEAKE, *of Michelldever*, 1449. fo. 34. 1560.
fo. 35*b*.
BEALE, *of Woodbridge*, 1449. fo. 103*b*.
BEART, *of Ipswich*, 1560. fo. 256*b*.
BEAUMONT, *of Beaumont Hall, and Cos. Leic. and
Staff.* 155. fo. 4. 1103. fo. 45. 1177.
fo. 41. 1449. fo. 73. 1560. fo. 52.
BEDDINGFIELD, *of Redlingfield and Thorndon, fr.
Co. Norf.* 1560. fo. 198*b*. 1820. ff. 36*b*.
40*b*. 4755. fo. 45*b*.
BELHOUSE, 1560. fo. 175*b*.
BELL, *of Baughton and Hawley*, 155. fo. 28*b*.
1103. fo. 35*b*. 1177. fo. 34. 1449. fo. 35.
1560. fo. 38*b*.
BENCE, *of Aldborough*, 1449. fo. 110*b*.
Berketote, 1449. fo. 3.
BERNARD, 1541. fo. 174. 1542. fo. 9*b*.
BERRYE, *fr. Co. Norf.* 1560. fo. 83.
Beston, of London, 1449. fo. 7.
Billingforth, 1449. fo. 5.
Bladerowe, 1449. fo. 6*b*.
BLADWELL, *v.* BLODWELL.
Blakenham, 1449. fo. 1*b*.
BLAKEY, *of Huntingfield*, 1560. fo. 128.
BLENERHASSETT, *of Barsham, fr. Co. Norf.* 155.
fo. 61. 1103. fo. 69*b*. 1177. fo. 60.
1449. fo. 99. 1560. fo. 75*b*.
BLODWELL, *or*, BLADWELL, *of Thurlow, fr. Co.
Camb.* 155. ff. 43. 66*b*. 891. fo. 14*b*.
1103. fo. 19*b*. 1177. fo. 20. 1449. fo.
25*b*. 1560. fo. 25*b*.
BLOSSE, *of Boxsted and Ipswich*, 1560. fo. 282.
BLUNDUS, *of Lewes*, 1484. fo. 49*b*.
Bockinge, of Bucknam, 1449. fo. 5*b*. 1103. fo.
91*b*.
BOGE, *or*, BOGAS, *of Denham Hall*, 1560. fo. 203*b*.
BOHUN, *of Cholmondeston and Fressingfield*, 155.
fo. 6. 1103. fo. 43*b*. 1177. fo. 39*b*.
1560. fo. 50.
BOILAND, *of Boiland*, 1449. fo. 87. 1560. fo.
175*b*.
BOKING, *of Ashbocken*, 155. fo. 47*b*. 1103.
fo. 93*b*. 1177. fo. 78. 1449. fo. 49*b*.
1560. ff. 111*b*. 192*b*.
Bolbroke, 1820. fo. 45*b*.
BOLDERO, *of Bury St. Edmunds and Fornham*,
1177. fo. 36. 1560. fo. 255. 1820. fo. 39.
Boldero, 1820. fo. 45(*a. b.*)
BOLNEY, *of Wetheringsett*, 155. fo. 55*b*. 1103.
fo. 31*b*. 1177. fo. 30*b*. 1449. fo. 34.
1560. fo. 35*b*.
BOLTON, *of Woodbridge*, 1177. fo. 78*b*.
Bolton, 1449. fo. 5*b*. 1560. fo. 182*b*.
Bonham, 1560. fo. 183.
Boothe, 1449. fo. 8.
BOREHEAD, *of Welby*, 1560. fo. 205.
BORLEY, 155. fo. 52. 1177. fo. 21. 1449.
fo. 27.
BOROW, *of Wickham Brook, fr. London*, 1560. fo.
124.

Bottelford, 1449. fo. 5. 1560. fo. 182*b*.
Bottescroft, 1449. fo. 6.
BOTTRY, *of Bury St. Edmunds*, 891. fo. 23*b*.
Bournevyle, 1449. fo. 3.
Boville, 1449. fo. 2.
BOWES, *of Wayncham*, 155. fo. 65.
Bowyatt, 1449. fo. 2*b*.
Boyland, 1449. fo. 3*b*.
BOYS, 1449. fo. 97*b*. 1560. ff. 3. 101.
Boys, 1449. ff. 1*b*. 4*b*. 1560. fo. 182*b*.
Boyton, 1449. fo. 2*b*.
BOZAM, *of Wissingsett*, 1449. fo. 58*b*.
BRAHAM, *of Wickham Skyeth*, 1081. fo. 64*b*.
   1560. fo. 262*b*.
Brakesworye, 1449. fo. 3.
BRAMTON, 1484. fo. 47.
Branche, 1449. fo. 5*b*.
BRANDON, *Duke of Suffolk*, 1079. fo. 163*b*. 1102.
   fo. 82*b*. 1103. fo. 97. 1142. fo. 156*b*.
   1149. fo. 156*b*. 1151. fo. 81*b*. 1162. fo.
   158*b*. 1193. fo. 82*b*. 1234. fo. 23*b*.
   1391. fo. 88*b*. 1532. fo. 50. 1533. fo.
   39. 5868. fo. 48.
Brandon, 1449. fo. 1.
BRAYNE, *v.* HOTTOST.
Breame, of Wendesworth, 1103. fo. 91*b*.
BREND, *of Beccles*, 155. fo. 27. 1177. fo. 70*b*.
   1560. fo. 104*b*.
BREWSE, *of Wenham and Whittingham, fr. Co.
   Norf.* 891. fo. 21*b*. 1449. fo. 55*b*. 1560.
   fo. 122.
BREWSTER, *of Wrentham and Rushmere*, 1560.
   fo. 248*b*. 1820. fo. 38.
Brewster, 1449. fo. 107*b*. 1820. fo. 43*b*.
BRIDGMAN, 1472. fo. 35. 1982. fo. 18. 6172.
   fo. 12. Add. MS. 14,314. fo. 61.
BRINDLEY, 2119. fo. 118.
BROCK, *of Worlingworth, fr. Co. Essex*, 1560. fo.
   319*b*. 1820. fo. 20.
BROCKET, *of West Leyton, fr. Co. Heref.* 155. fo.
   12*b*. 1103. fo. 76. 1177. fo. 63*b*. 1449.
   fo. 66*b*. 1560. fo. 86.
BROCKHOLS, *v.* BROCKHULL.
BROCKHULL, *or*, BROCKHOLS, 155. fo. 18. 1177.
   fo. 13*b*. 1449. fo. 20*b*. 1560. fo. 17.
Brodock, 1449. fo. 7.
BROKAS, 1449. fo. 95.
Brome, of Bromehall, 1449. fo. 5.
Brond, of Boxford, 1449. fo. 5*b*.
BROOKE, 155. fo. 57*b*. 1560. fo. 112.
———— *Lord Cobham*, 1484. fo. 47*b*.
———— *of Aspal, fr. Co. Som.* 1560. fo. 125*b*.
———— *of Ash*, 1449. fo. 40*b*. 1560. fo. 150.
———— *of Nacton*, 1560. fo. 317*b*.
Brooke, 1820. ff. 43. 45.
BROWNE, *of Walton*, 1449. fo. 94. 1560. fo.
   177.
Browne, of Linston, 1449. fo. 5.
Bruse, 1449. fo. 5*b*.
Buckingham, 1449. fo. 6. 1560. fo. 182.
BULBROKE, *of Drinkstone*, 1449. fo. 53*b*. 1560.
   ff. 160*b*. 232.
BULLEYN, 1484. fo. 47.
BURGON, 1560. fo. 113*b*.
Burl, 1820. fo. 43.
BURLY, *of Debden, fr. Co. Essex*, 1560. fo. 284*b*.
Burnevile, 1449. fo. 4.
BURROUGH, *of Wickham Brook*, 1560. fo. 124.
BURWELL, *of Sutton*, 1560. fo. 245*b*.
Burwell, 1820. fo. 45*b*.

BURY, *of Worlingham, fr. Co. Essex*, 155. fo. 29.
   1103. fo. 78*b*. 1177. fo. 66. 1449. fo.
   76*b*. 1560. fo. 88*b*.
BUTLER, 1449. fo. 12*b*. 1484. fo. 42. 1560.
   fo. 16.
BUTTEY, *or*, BUTTREY, *of Bury St. Edmunds*, 1449.
   fo. 51. 1560. fo. 156.
BUTTREY, *v.* BUTTEY.
BYRDE, *of Gaseley*, 155. fo. 31*b*.
CAGE, 1096. fo. 80.
CALDEBECK, 1449. fo. 26*b*. 1560. fo. 322.
CALL, *of Framlingham, fr. Co. Norf.* 1560. fo. 276.
CALTHROPE, 1484. fo. 47. 1060. fo. 142*b*.
CANTRELL, *of Bury St. Edmunds, fr. Cos. Norf.
   and Bucks.* 1560. fo. 202*b*.
Cantrell, 1449. fo. 106.
CARBONELL, 1449. fo. 12*b*. 1484. fo. 42.
   1560. fo. 16.
Carbonell, 1449. ff. 2*b*. 4.
Carbrigge, 1449. fo. 4*b*.
CARDINALL, *of Hadleigh and Wenham*, 1560. fo.
   287*b*. 1820. fo. 15.
Cardinall, 1820. fo. 43*b*.
CAREW, *of Bury*, 1484. fo. 41*b*.
CARR, 1041. fo. 34. 1191. fo. 29. 1543. fo.
   25*b*.
Carwell, 1449. fo. 6.
CASTILTON, *of Rattlesden, fr. Co. Surrey*, 891. fo.
   30*b*. 1449. fo. 54. 1560. ff. 125. 130*b*.
CASTLETON, 1397. fo. 195*b*. 1561. fo. 50*b*.
CASTON, *or*, CAUSTON, *of Ipswich fr. Co. Durham*,
   1560. fo. 205. 1820. fo. 23.
Caston, 1820. fo. 44*b*.
CAUSTON, *v.* CASTON.
CAVENDISH, *of Cavendish*, 1560. fo. 330*b*. 1562.
   fo. 76*b*.
———— *v.* GERNON.
Certinge, 1449. fo. 2.
Chamber, of Stoke Nayland, 1560. fo. 181.
Chanterell, 1820. fo. 45.
CHAPMAN, *or*, BARKER, *of Sibton*, 1560. fo. 262.
———— *v.* FELTON.
Chapman, 1449. fo. 6. 1560. fo. 181*b*.
CHEEKE, *of Bludhall*, 155. fo. 64. 891. fo. 24.
   1103. fo. 66. 1177. fo. 57*b*. 1449. ff. 68.
   69. 1560. fo. 69.
———— *of Debenham*, 1449. fo. 89. 1560. fo.
   69*b*.
Cheeke, 1449. fo. 7.
Cherche, 1449. fo. 4. 1560. fo. 183.
CHESTON, *of Mildenhall*, 1560. fo. 196.
Cheston, 1820. fo. 44*b*.
CHETHAM, *fr. Co. Lanc.* 155. fo. 21*b*. 1103. fo.
   11*b*. 1177. fo. 14. 1449. fo. 21. 1060.
   fo. 17*b*.
CHETTING, *or*, CHITTING, *of Wortham, fr. Co.
   Norf.* 155. fo. 7. 1103. fo. 38*b*. 1177.
   fo. 36. 1449. fo. 38*b*. 1560. fo. 184.
Chetting, 1820. fo. 45*b*.
Chichley, 1484. fo. 62*b*.
CHITTING, *v.* CHETTING.
CHITTOCK, *or*, CHITTOKE, *of Wortham, fr. Co.
   Norf.* 891. fo. 11. 1449. fo. 45*b*. 1560.
   fo. 154.
CLARE, 1484. fo. 42.
Clare, 1449. fo. 6*b*.
CLARKE, 1137. fo. 52. 1432. fo. 43*b*. 1541.
   fo. 62*b*. 1560. fo. 141. 6065. fo. 128.
Clarke, of Oake, 1560. fo. 183*b*.

CLAXTON, *of Cheston, fr. Co. Norf.* 155. fo. 16.
1103. fo. 74.   1177. fo. 62.   1449. fo. 77.
1560. fo. 84.   1820. ff. 30. 36*b*.
CLENCHE. *v.* CLINCHE.
CLERE, 1484. fo. 47.
CLINCHE, *or,* CLENCHE, *of Bealings and Holbrook,*
fr. Co. Essex, 1560. fo. 233*b*.   1820. ff. 32*b*. 33.
———— *of Creting, fr. Co. Essex,* 891. fo. 32*b*.
1449. fo. 41*b*.   1820. fo. 32*b*.
CLOPTON, *of Groton,* 1820. fo. 16.
———— *of Kentwell and Keddington,* 155. fo. 32*b*.
1103. ff. 5*b*. 19.   1177. ff. 16. 19*b*.   1449.
fo. 16.   1484. fo. 45*b*.   1560. fo. 3*b*.
—— *of Ketton,* 1449. fo. 15*b*.
—— *of Melford,* 1103. fo. 1*b*.   1177. fo. 6*b*.
1820. fo. 16.
———— *of Sudbury,* 1560. fo. 3*b*.
Clopton, 1449. fo. 5.   1820. fo. 42*b*.
COBHAM, *Lord. v.* BROOKE.
Cockfield, 1449. ff. 2. 4*b*.
CODUN, *of Weston,* 1103. fo. 86*b*.   1177. fo. 72.
1449. fo. 70*b*.
COGGESHALL, *of Farnham, fr. Co. Essex,* 1449. fo.
61*b*.   1560. ff. 165*b*. 213*b*.
Coggeshall, 1820. fo. 45.
COLBORNE, 4755. fo. 100*b*.
COLBY, *of Brownditch, fr. Co. Norf.* 155. fo. 26*b*.
1103. ff. 58*b*. 84*b*.   1177. ff. 51. 70.   1449.
fo. 67*b*.   1560. fo. 98*b*.   1820. fo. 30*b*.
COLLETT, *of Gromesborough, fr. Co. Bucks.* 155.
fo. 38.   1103. fo. 61*b*.   1177. fo. 53*b*.
1449. fo. 74*b*.   1560. fo. 250.
COLLINGS, *of Bury St. Edmunds, fr. Co. Norf.*
891. fo. 9*b*.   1449. fo. 38*b*.   1560. fo. 148*b*.
COLMAN, *of Burnt Ely Hall and Waldingfield,*
1560. fo. 241*b*.
Colvell, of Melton, 1449. fo. 5.
COMBERFORD, 1449. fo. 73.   1560. fo. 52.
CONESBY, *of Nele,* 1449. fo. 37.
CONYERS, 1449. fo. 57.   1560. fo. 76*b*.
COOE, *of Groton, and Boxford,* 891. fo. 7.   1449.
fo. 31*b*.   1560. fo. 267*b*.   1820. fo. 15.
COOKE, *of Bury St. Edmunds and Langham,* 891.
fo. 17*b*.   1449. fo. 54*b*.   1560. fo. 119. 257.
———— *of Cratfield,* 155. fo. 17.   1177. ff. 39*b*.
62*b*.   1449. fo. 77*b*.
———— *of Linstead,* 155. ff. 6. 16*b*.   1103. ff.
43*b*. 77*b*.   1177. fo. 65.   1449. fo. 66.
1552. fo. 35.   1560. fo. 89.   1820. fo. 26.
Cooke, 1560. fo. 183*b*.   1820. fo. 45*b*.
COOTE, 1177. fo. 80*b*.
COPPINGER, *of Buxhall,* 155. fo. 58.   1103. fo.
29.   1177. fo. 28*b*.   1449. fo. 31*b*.
1560. fo. 34.   1820. fo. 18*b*.
COPLEDIKE, *of Horam,* 155. fo. 55.   1103.
fo. 35.   1177. fo. 33*b*.   1449. fo. 36*b*.
1560. fo. 43.
CORDALL, *of Melford,* 155. fo. 31*b*.   1103. fo.
4*b*.   1177. fo. 8*b*.   1449. fo. 14*b*.
1560. ff. 2*b*. 142.
Cordall, 1820. fo. 42*b*.
Cornerd, 1449. fo. 2.
CORNWALL, *or,* RAWLINS, *of Higham, fr. Co.*
Bucks. 1449. fo. 102.   1560. fo. 177*b*.
CORNWALLIS, *of Aronton,* 1560. fo. 45.
———————— *of Brome, fr. London,* 155. fo. 24.
1103. ff. 36*b*. 37.   1177. fo. 35.   1484.
fo. 48*b*.   1560. ff. 44. 341.
COTTON, *of Barton, fr. Co. Camb.* 1449. fo. 59.
1560. ff. 292*b*. 325*b*.   1820. fo. 22*b*.

COTTON *of Ipswich, fr. Co. Essex,* 1560. fo. 292.
COULTE, *of Melford, fr. Carlisle,* 155. fo. 20.
1103. fo. 9*b*.   1177. fo. 12.   1449. fo. 19.
1484. fo. 46.   1560. fo. 12*b*.
COVILL, *of Parham,* 1560. fo. 196*b*.
Colvell, 1449. fo. 5*b*.
CRADOCK, *of Wickham Brook, fr. Co. Staff.* 1560.
fo. 299.
CRANE, *of Stoneham,* 155. fo. 34.   1103. fo. 2.
1177. fo. 7.   1449. ff. 13. 88.   1484. fo.
42.   1560. ff. 8*b*. 176*b*.
CRANEWELL, 1449. fo. 111.
CREAKE, *of Cartling and Cockfield, fr. Co. Camb.*
1560. fo. 323*b*.
CRIKTOT, 1484. fo. 49*b*.
CROCHRODE, *of Cavendish, fr. Co. Essex,* 891. fo.
18.   1449. fo. 52*b*.   1820. fo. 17*b*.
Crochrode, 1820. fo. 43.
CROFTE, 1043. fo. 92*b*.
CROFTS, *of Bardwell and Saxham,* 1449. ff. 60.
61.   1484. fo. 44*b*.   1560. fo. 164.
Crofts, 1820. ff. 44*b*. 46.
CROMER, 1449. fo. 95*b*.   1560. fo. 189*b*.
CUDDON, *of Shaddingfield and Weston,* 1560. fo.
159*b*.   1820. fo. 33.
Cuddon, 1820. fo. 43.
Cudington, 1449. fo. 6.   1560. fo. 182.
Cudlowe, 1449. fo. 4.
Curson, Lord, 1449. fo. 1.
CUTLER, *of Eye, fr. London,* 155. fo. 56*b*.
1103. fo. 33.   1177. fo. 32.   1449. fo.
35.   1560. fo. 37.
———— *of Sprowton,* 1560. fo. 302*b*.
DADE, *of Shaddingfield and Tannington, fr. Co.*
Norf. 1560. fo. 309*b*.   1820. fo. 33*b*.
Dageworth, 1449. fo. 3.
DANIELL, *of Acton,* 155. fo. 30*b*.   1103. fo. 3.
1177. fo. 7*b*.   1449. fo. 14.   1560. fo. 9*b*.
1820. fo. 17.
———— *of Stoke Juxta Clare, fr. Co. Chesh.*
1103. fo. 17*b*.   1177. fo. 18*b*.   1449. fo.
24*b*.   1560. fo. 24.
Daniell, 1820. fo. 46*b*.
DANVERS, *of Clare, fr. Co. Bucks.* 891. fo. 14.
1449. fo. 50*b*.   1560. fo. 155*b*.
DARBY, *of Tuddenham and Bury St. Edmunds,*
1560. fo. 266*b*.   1820. fo. 21.
Darby, 1449. fo. 7.
DAUNDY, *of Combs and Ipswich,* 1560. fo. 300*b*.
DAYVILLE, 891. fo. 28*b*.   1449. fo. 56.   1560.
ff. 40. 306*b*.
DEANE, 1552. fo. 203.
DEBDEN, *of Brampton,* 1560. fo. 307*b*.
Debden, 1820. fo. 46.
DE LA POOLE, *Earl of Suffolk,* 1139. ff. 75*b*. 105.
1449. fo. 1.   1552. fo. 190.
Dennie, of Stoke Ash, 1449. fo. 108*b*.
DERHAUGH, *of Colston Hall,* 1560. fo. 208.
Dixes, v. GIGGS.
DOW, *of Stradbrooke,* 1449. fo. 95.
Downes, 1449. fo. 5*b*.
DOYLEY, *of Pond Hall, fr. Co. Norf.* 1560. fo.
336.
DREWRIE, *of Halstead and Lawshall,* 155. fo. 48*b*.
891. fo. 22.   1103. fo. 23*b*.   1449. fo. 81*b*.
DRURY, *or,* DREWRY, *of Bestrope,* 1449. fo. 64.
1484. fo. 48.
———————— *of Rougham,* 155. fo. 60.
891. fo. 29.   1449. fo. 58.   1484. fo. 44.
Drury, 1820. fo. 45*b*.

DUKE, 1046. fo. 31.   1177. fo. 168*b*.   1552.
fo. 174*b*.   1561. fo. 58*b*.   6093. fo. 199.
—— *of Brampton and Shaddingfield*, 155. fo. 25*b*.
1103. fo. 82*b*.   1177. fo. 68*b*.   1560. ff.
96*b*. 293*b*.
—— *of Worlingham*, 1103. fo. 84.   1177. fo.
69*b*.   1560. fo. 293*b*.
Duke, 1449. fo. 6.
DUREWARD, 1484. fo. 46.
Durewarde, 1449. fo. 3*b*.
EDEN, *v.* EDON.
EDGAR, *of Glenham*, 1449. fo. 89*b*.   1560. fo.
251*b*.   1820. ff. 23*b*. 25.
—— *of Ipswich*, 1560. fo. 251*b*.   1820. fo. 25.
—— *or*, ATGAR, *of Eye*, 1560. fo. 338*b*.
Edmondes, 1449. fo. 107*b*.
EDON, *or*, EDEN, *of Sudbury*, 155. fo. 35.   1103.
fo. 1.   1177. fo. 6.   1449. fo. 79*b*.   1484.
fo. 43.   1560. ff. 207. 227*b*.   1820. fo. 15*b*.
ELLIOTT, *of Boxsted*, 1560. fo. 209.
ELMY, *of Netlested*, 1560. fo. 210.
ELRINGTON, *of Withersfield*, 1484. fo. 43*b*.
ESTOTEVILE, *v.* STOTEVILE.
EVERARD, *of Hawden*, 1560. fo. 272.
——————— *of Linstead, fr. Co. Camb.* 155. fo. 13.
891. fo. 27*b*.   1103. fo. 76*b*.   1177. fo.
64.   1449. ff. 57*b*. 82.   1560. fo. 87.
1820. fo. 31.
EVERDON, *or*, EVERTON, *of Basford, fr. Co. Staff.*
155. fo. 42*b*.   1103. ff. 50. 63.   1177. ff.
44*b*. 55.   1449. fo. 46*b*.   1560. fo. 56.
Everingham, 1449. fo. 3*b*.
EVERTON, *v.* EVERDON.
Eynmore, 1449. fo. 1*b*.
FASTOLFE, *of Ipswich*, 1820. fo. 23.
——————— *of Pettow, fr. Co. Norf.* 155. fo.
63*b*.   1103. fo. 68*b*.   1177. fo. 59.   1449.
ff. 47*b*. 94*b*.   1560. fo. 74.   1820. fo.
18*b*.
FELGATE, *of Stonham*, 891. fo. 35*b*.   1449. fo.
30.   1560. fo. 147*.
Felgate, 1449. fo. 6*b*.
FELTHAM, *of Mutford and Hawlesworth*, 1560. fo.
241.
FELTON, *or*, CHAPMAN, *of Glemsford*, 1449. fo.
83*b*.   1560. fo. 171.
—————— *of Playford*, 1449. ff. 84. 90*b*.   1560.
fo. 173*b*.
Felton, of Candish, 1449. fo. 5.
FERMINGHAM, *of Crowshall from London*, 1449.
fo. 95.
FERNLEY, *of Creeting*, 155. fo. 57*b*.   1103. fo. 29*b*.
1177. fo. 29.   1449. fo. 32*b*.   1560. fo. 34*.
1820. fo. 12*b*.
Ferre, 1449. fo. 1*b*.
Fishe, of Stowmarket, 1449. fo. 7.
FITZ-ALLEN, *Earl of Arundell*, 155. fo. 45.
FITZ-LEWES, 155. fo. 44*b*.
FITZ-OSBORNE, *of Somerliton*, 1449. fo. 72.
1560. fo. 89*b*.
FITZ-RAFE, 1449. fo. 100.   1560. fo. 308.
Fitz-Rafe, 1449. ff. 2*b*. 6.   1560. fo. 181*b*.
FITZ-WAREN, *Lord*, 155. fo. 22.   1177. fo. 15.
Forde, of Bury St. Edmunds, 1449. fo. 8.
FORESTER, *of Newton*, 155. fo. 14.
FORSTER, *of Birch*, 1449. fo. 68*b*.   1560. fo.
68*b*.
——— *of Syleham, fr. Co. Essex*, 155. fo. 62.
1103. fo. 63*b*.   1177. fo. 55*b*.
——— *v.* FOSTER.

FORTESCUE, 155. fo. 9.   1484. fo. 42.
FORTH, *of Hadleigh and Butley*, 1560. fo. 268*b*.
1820. fo. 14*b*.
Forth, 1820. fo. 43*b*.
FOSTER, *or*, FORSTER, *of Cobdock, fr. Co. Shrop.*
155. fo. 44.   1103. ff. 32. 47.   1177. fo.
42*b*.   1449. fo. 71*b*.   1560. fo. 54.
FRAMLINGHAM, *of Crowshall*, 1484. fo. 49*b*.
1560. fo. 46.
FRERE, *of Ockolds*, 1449. fo. 102*b*.   1560. fo.
291.
FUTTER, *of Staunton, fr. Co. Norf.* 1560. fo.
219*b*.
Futter, 1449. fo. 8.   1820. fo. 46.
FULNETBY, *of Glemsford, fr. Co. Linc.* 155. fo. 31.
1103. fo. 7*b*.   1177. fo. 10*b*.   1449. fo.
77.   1560. fo. 6.
FYNDELEN, 1484. fo. 43.
GALL, *of Weneston*, 1449. fo. 78.   1560. fo.
167*b*.
Garbrigge, 1449. fo. 4*b*.
GARDINER, *of Columbine Hall, fr. London*, 155. fo.
51*b*.   1103. fo. 27.   1177. fo. 26*b*.   1449.
fo. 29*b*.   1560. fo. 31*b*.
——————— *of Wrentham, fr. Co. Linc.* 155. fo. 63.
1103. fo. 92*b*.   1177. fo. 77.   1449. fo.
79*b*.   1560. fo. 108*b*.
GARNEYS, *of Kenton and Beccles*, 155. fo. 62*b*.
1103. ff. 66*b*. 67*b*.   1177. fo. 58(*a.b.*)
1449. fo. 47.   1560. fo. 246*b*.
Garneys, 1820. fo. 43.
GATES, *of Bury St. Edmunds, fr. Co. Essex*, 1560.
fo. 261.
GAWDEY, *of Debenham, fr. Cos. Camb. and Norf.*
1484. fo. 49*b*.
——————— *of Mendham, fr. Co. Norf.* 155. fo. 64*b*.
1103. fo. 65.   1177. ff. 56*b*. 76.   1449. fo.
80.
——————— *of Waybred and Crowshall*, 1560. ff. 46.
71.
GEDDING, 1449. fo. 92*b*.   1484. ff. 44. 48.
Gedding, 1449. fo. 2*b*.
GEE, *of Mildenhall, fr. Co. Leic.* 1560. fo. 198.
Gee, 1820. fo. 46.
GENN, *of Hevingham*, 1560. fo. 74*b*.
Gernon, 1449. fo. 3*b*.
GERNON, *or*, CAVENDISH, *of Grimstone Hall, fr.*
Co. Derby. 155. fo. 43*b*.   1103. fo. 51.
1177. fo. 45*b*.   1449. ff. 22. 96.   1560.
fo. 57*b*.
Gervis, 1449. fo. 4.
Giggs, or, Dixes, 1449. fo. 6*b*.
GILBERT, 1449. fo. 45.
——————— *of Finborough Hall, fr. London*, 1560.
fo. 300.
Gilbert, of Clare, 1560. fo. 181.
GISLINGHAM, *of Eye and Co. Norf.* 1449. fo. 63*b*.
1560. fo. 214.
Glanville, Lord, 1449. fo. 1.
GLEMHAM, *of Glemham*, 155. fo. 54.   1103. fo.
54.   1177. fo. 47.   1449. fo. 75.   1532.
fo. 93*b*.   1560. fo. 60.   1820. fo. 29*b*.
6173. fo. 95.   Add. MS. 4961. fo. 25*b*.
Glemham, 1560. fo. 182.
Glemoin, 1449. fo. 8.
GODDAY, *of Kettlebastone, fr. Cos. Essex and*
Herts. 1449. fo. 63.   1560. fo. 282*b*.   1820.
fo. 32.
Godsave, 1449. fo. 5*b*.

GOLDING, *of Poslingford*, 1449. fo. 52.   1560.
fo. 212*b*.
GOLDINGHAM, *of Belsted*, 155. fo. 47.   1103.
fo. 47*b*.   1177. fo. 43.   1449. fo. 72*b*.
1560. ff. 54*b*. 222*b*.
————— *of Goldingham Hall*, 1560. ff. 54*b*.
222*b*.
Goldingham, 1449. fo. 2*b*.
Goldings, 1449. fo. 5*b*.
Goodall, of Stonham, 1560. fo. 181.
GOODINGE, *of Ipswich*, 891. fo. 31.   1449. fo.
48.   1560. fo. 277*b*.   1820. fo. 24*b*.
Goodinge, 1820. fo. 44*b*.
GORDON, *of Assington, fr. Cos. Essex and London*,
1560. fo. 110.   1820. fo. 16*b*.
GORNEY, *or*, GOURNEY, 1190. ff. 68. 71.   1484.
fo. 6.   1550. ff. 66*b*. 91.
GOSNOLD, *of Otley*, 155. fo. 41*b*.   1103. fo. 60.
1177. fo. 52*b*.   1449. ff. 45. 99.   1560. fo.
67.
Gosnold, 1449. fo. 5*b*.
Gourdon, 1449. fo. 6*b*.
GOWCELL, 155. fo. 44*b*.
GRAY, *of Eye*, 891. fo. 24*b*.   1449. fo. 81.   1560.
fo. 168*b*.
GREENE, *of Bury St. Edmunds and Lavenham*,
1449. fo. 53*b*.   1560. fo. 160.
GRENT, 1449. fo. 34.
Grey, 1449. fo. 2.
Grimston, 1449. ff. 5. 6.
GROOME, *of Barfold*, 1563. fo. 289.
————— *of Lavenham*, 891. fo. 31*b*.   1563. fo.
289.
GROVE, *of Aspall, fr. Co. Berks.* 1560. fo. 305*b*.
1820. fo. 22.
————— *of Ipswich, fr. London and Co. Som.* 1560.
fo. 302.   1820. fo. 24.
Grove, 1820. fo. 44*b*.
GRYMES, 1397. fo. 99.   1433. fo. 92*b*.   1561.
fo. 151.
GRYMSTON, 1449. fo. 40*b*.
GURNEY, 1543. fo. 40*b*.
GYBON, *of Darsham, fr. Co. Lanc.* 155. fo. 15.
1103. fo. 72*b*.   1177. fo. 61.   1449. fo.
78.   1560. fo. 83*b*.
HACKFORD, 1449. fo. 90*b*.
HALL, *of Ipswich, fr. Co. York.* 155. fo. 59*b*.
1449. fo. 93.   1560. fo. 115.
Hameldene, 1449. fo. 3.
Hameldon, v. Redsham.
HAMOND, *of Upton*, 1449. fo. 112.
HANBY, *of Dallinghoe, fr. Co. Linc.* 1560. fo.
221*b*.
HANHAM, *of Hitcham, fr. Co. Essex*, 1560. fo.
208*b*.
Haningfield, 1449. fo. 4.
Hannardeston, 1449. fo. 2*b*.
HANSARD, *of Whittingham*, 1449. fo. 55*b*.   1560.
fo. 121*b*.
HARBERD, 1550. fo. 163*b*.
HARBOTTLE, *of Cromfield, fr. Co. Norf.* 155. fo.
6*b*.   1103. fo. 39*b*.   1177. fo. 37.   1449.
fo. 40*b*.   1560. fo. 47*b*.
HARE, *of Brewseard*, 1449. fo. 44.   1177. fo.
46*b*.   1103. fo. 55.
————— *of Homersfield*, 155. fo. 40.   1449. fo.
44.   1560. fo. 61.
HARLINGS, 1449. fo. 100.   1560. ff. 198*b*. 308.
HARMAN, *of Ipswich and Rendlesham*, 1560. fo.
308*b*.   1820. fo. 14.

Harman, 1449. fo. 6*b*.   1552. fo. 260*b*.   1820.
fo. 43*b*.
HARVEY, *or*, HERVEY, 1043. fo. 109.   1401. fo.
43*b*.   1534. fo. 58.   6769. fo. 42*b*.
6770. fo. 61*b*.   6774. ff. 7. 59*b*.   6775. fo.
43*b*.   Add. MS. 4962. fo. 40.
——————— *of Oulton*, 155. fo. 28.   1103.
fo. 80*b*.   1177. fo. 67.   1449. fo. 75*b*.   1560.
fo. 92.
————— *of Ickworth, fr. Co. Beds.* 155. fo.
22*b*.   1103. fo. 14*b*.   1177. fo. 17.
1449. ff. 18. 23. 64.   1484. fo. 44.   1560.
fo. 20.
————— *of Hadleigh*, 1449. fo. 69*b*.   1560. fo. 21.
Harvy, of Fowkenshall, 1449. fo. 5.
Heath, 1449. fo. 4.
HEGATT, *of Rendlesham, fr. Co. Essex*, 1449. fo.
71*b*.
HELYON, 1449. fo. 52.   1560. fo. 212*b*.
HENINGHAM, 1449. fo. 91*b*.
HERBERD, *or*, YAXLEY, *of Mells and Yaxley*,
155. fo. 58*b*.   1103. fo. 34.   1177. fo. 33.
1449. fo. 36.   1560. fo. 41*b*.
Hernegne, 1449. fo. 2.
HERON, *of Bury St. Edmunds, fr. Co. Norf.* 1560.
fo. 235*b*.
HERVEY, *v.* HARVEY.
HEVENINGHAM, *of Hevingham*, 1560. ff. 113*b*.
128*b*.
HEYDON, 1484. ff. 42. 47*b*.
Higgins, of Bury, 1560. fo. 183*b*.
HIGHAM, *of Barrow Hall*, 1560. fo. 21*b*.
————— *of Cooling*, 1449. fo. 26*b*.   1820. fo.
27*b*.   1560. fo. 10.
————— *of Giffords*, 155. fo. 19.   1103. fo. 16.
1177. fo. 17*b*.   1560. ff. 10. 21*b*.
————— *of Higham Hall*, 1449. fo. 83.
Higham, 1820. fo. 44*b*.
HIGHGATE, *of Rendlesham, fr. Co. Essex*, 155. fo.
36*b*.   1103. fo. 57.   1177. fo. 49*b*.
1560. fo. 206.   1820. fo. 20*b*.
Highgate, 1820. fo. 43.
HILDERSHAM, *of Moulton, fr. Co. Camb.* 155. fo.
50*b*.   1103. fo. 22*b*.   1177. fo. 22.   1449.
fo. 27*b*.   1560. fo. 27*b*.
HILL, *of Bury St. Edmunds*, 1449. fo. 33*b*.   1560.
fo. 295*b*.   1820. fo. 25*b*.
HINCKLEY, 1141. ff. 26*b*. 32. 203*b*.   1546. fo.
83*b*.   1560. fo. 322.
HOBART, *or*, HOBERT, *of Lyndsey*, 1552. fo. 227*b*.
1560. fo. 311.   1820. fo. 26.
Hobart, 1820. fo. 43*b*.
Holbroke, 1103. fo. 91*b*.   1449. ff. 2*b*. 4.
HOMERSTON, *of Dunwich*, 1449. fo. 56.   1820.
fo. 38.
Homerston, 1820. fo. 45*b*.
Hone, 1449. fo. 6*b*.
HONINGS, *v.* HUNINGS.
Hoo, Lord, 1484. fo. 47.
HOPTON, *of Westwood*, 155. fo. 14*b*.   1103. fo.
71*b*.   1177. fo. 60*b*.   1449. fo. 97.   1484.
fo. 69.   1560. fo. 81.
HOTTOST, *of Columbine Hall*, 1560. fo. 46*b*.

Hottost, or, Brayne, 1449. fo. 4.
HOULTE, *of Bury St. Edmunds, fr. Co. Lanc.*
155. fo. 18.   1103. fo. 11.   1177. fo. 13*b*.
1449. fo. 20*b*.   1560. fo. 16*b*.
HOVELL, *or*, SMITH, *of Ashfield*, 1560. fo. 317.

HOVELL, or, SMITH, *of Stratford Hall*, 891. fo. 9. 1103. fo. 94*b*. 1449. fo. 50*b*. 1560. ff. 34**b*. 320.

Hovell, 1449. fo. 1*b*. 1820. fo. 44*b*.

HOWE, *of Stow Market*, 1449. fo. 63. 1560. fo. 131*b*.

Howard, Earl of Suffolk, 1094. fo. 67*b*. 1184. fo. 63*b*. 1187. fo. 72*b*. 1188. p. 95. 1449. fo. 1.

HUMBERSTON, *of Dunwich, fr. Co. Norf.* 1560. fo. 254.

HUMFREY, *of Drinkstone, fr. Cos. Glouc. and Northampt.* 1560. fo. 328*b*.

HUNINGS, or, HONINGS, *of Carleton, fr. Co. War.* 891. fo. 28*b*. 1449. fo. 56. 1560. ff. 40. 74*b*. 306*b*.

———— *of Eye*, 1560. fo. 40.

Hunings, 1449. fo. 6.

HUNNINGS, 155. fo. 56*b*. 1177. fo. 32. 1449. fo. 35.

HUNT, *of Bradley, fr. Co. Essex*, 1560. fo. 321*b*. 1820. fo. 37*b*.

Hunt, 1820. fo. 46.

ICHINGHAM, *of Barsham*, 1449. fo. 97.

ILWORTH, 1484. fo. 44.

Ingelose, 1449. fo. 8.

Ingelous, 1449. fo. 4*b*. 1560. fo. 182*b*.

JEFFEREY, *of Stanfield*, 155. fo. 54. 1449. fo. 75.

JENNEY, *of Heringfleet*, 155. fo. 24*b*. 1103. fo. 81. 1177. fo. 67*b*. 1449. ff. 70*b*. 74*b*. 1560. fo. 100*b*.

———— *of Frytton*, 1177. fo. 72.

———— *of Knottishall*, 1449. fo. 98. 1560. fo. 100*b*.

JENNINGS, 155. fo. 41. 1103. fo. 55*b*. 1177. fo. 48*b*. 1449. fo. 68*b*. 1560. fo. 59.

Jenour, 1449. fo. 6. 1560. fo. 182.

JERMY, *of Metfield*, 891. fo. 6*b*. 1449. fo. 85.

JERMYN, *of Rushbrooke*, 1177. fo. 23. 1449. ff. 29. 86. 1484. ff. 43*b*. 44*b*. 1560. fo. 113.

JERNEGAN, *of Somerliton, fr. Co. Norf.* 155. fo. 27*b*. 1103. fo. 79. 1177. ff. 66*b*. 79. 1449. fo. 72. 1560. fo. 89*b*.

JETTER, *of Laystolfe, fr. Co. Kent*, 1560. fo. 246. 1820. fo. 36.

Jettor, 1820. fo. 46.

JOHNSON, *of Lavenham, fr. Co. Kent*, 891. fo. 33. 1449. fo. 42. 1560. fo. 152.

Joynor, 1560. fo. 183*b*.

KEMPE, *of Beccles*, 1820. fo. 35*b*.

———— *of Cavendish, fr. Co. Essex*, 155. fo. 33*b*. 1103. fo. 9. 1177. fo. 11*b*. 1449. fo. 18*b*. 1484. fo. 48. 1560. fo. 7.

———— *of Washbrook*, 1449. fo. 35*b*. 1560. fo. 150*b*.

Kempe, 1820. fo. 45.

KEMPTON, *of Hitcham, fr. Co. Camb.* 1560. fo. 321.

Kenarston, 1449. fo. 3*b*. 1560. fo. 183.

KENE, *of North Cove and Thrandeston*, 155. fo. 67. 1103. fo. 86. 1177. fo. 71*b*. 1449. fo. 69. 1560. fo. 99. 1820. fo. 30.

Kene, 1820. fo. 43.

Kent, 1560. fo. 181.

King, of Sawisfield, 1449. fo. 7. 1560. fo. 181*b*.

KINGSTON, 1177. fo. 79.

KITSON, *of Hengrave*, 1177. fo. 15. 1449. fo. 21*b*. 1560. fo. 18.

KNAPP, *of Hintlesham and Washbrook*, 891. fo. 34*b*. 1449. fo. 64*b*. 1560. fo. 279*b*. 1820. fo. 21*b*.

———— *of Stoke*, 1820. fo. 24*b*.

Knapp, 1820. fo. 44.

KNEVETT, 1484. fo. 46*b*.

KNIGHTON, *of Bradley, fr. Co. Heref.* 155. fo. 53. 1103. fo. 22. 1177. fo. 21*b*. 1449. fo. 26*b*. 1541. fo. 32. 1560. ff. 26*b*. 322.

KNOLLYS, 1484. fo. 50.

KNYVETT, 1484. ff. 45*b*. 46.

LACY, *of Hoxstone*, 1560. fo. 338.

———— *of Walsham*, 1560. ff. 312*b*. 336*b*.

LAMBE, *of Burnhambrooke*, 1560. fo. 57.

———— *of Trimley*, 155. fo. 45*b*. 1103. fo. 49*b*. 1177. fo. 44. 1449. fo. 94. 1560. fo. 56*b*. 1820. fo. 26*b*.

Lambe, 1449. fo. 8.

Lamborne, 1449. fo. 3*b*.

Lampett, of Hardwell, 1449. fo. 3*b*. 1560. fo. 183.

LANCKASTER, *of Lidgate, fr. Co. York.* 1560. fo. 194*b*.

LANGHAM, 1137. fo. 110. 1432. fo. 105.

Laninge, 1449. fo. 8.

LANY, *of Cratfield, fr. London*, 155. fo. 17. 1103. fo. 75. 1449. fo. 77*b*. 1560. fo. 85. 1820. fo. 23.

———— *of Ipswich*, 1560. fo. 85.

Lany, 1449. fo. 4*b*.

Larder, 1449. fo. 8.

LATIMER, *of Freston*, 155. fo. 5. 1103. fo. 46. 1177. fo. 41*b*. 1449. fo. 42*b*. 1560. fo. 53.

Launce, 1560. fo. 183*b*.

Lawde, or, *Lowde*, 1449. fo. 3*b*. 1560. fo. 183.

Lee, 1449. fo. 4*b*. 1560. fo. 182*b*.

LEEDS, *of Olton, fr. Co. Kent.* 1560. fo. 253.

LEETE, *of Bury St. Edmunds, fr. Co. Camb.* 1560. fo. 231*b*. 1820. fo. 25*b*.

Lete, 1820. fo. 45.

LE ROOS, 1560. fo. 17.

LEWAGER, 1560. fo. 109*b*.

LOMAX, *of Eye, fr. Co. Lanc.* 1449. fo. 110*b*.

Loudham, 1449. fo. 3.

LOVEDAY, *of Cheston, fr. Co. Norf.* 1560. fo. 195*b*.

LOVELL, 1484. fo. 46*b*.

Lovell, of Laxfield, 1560. fo. 183*b*.

Loveyen, 1449. fo. 1*b*.

Lowde, v. *Lawde*.

LOWDHAM, 155. fo. 61. 1449. fo. 99. 1552. fo. 158. 1560. fo. 75*b*. 6093. fo. 189.

LUCAS, *of Saxham*, 155. fo. 35*b*. 1103. ff. 10*b*. 14. 1177. ff. 13. 16. 1449. ff. 20. 93. 1484. fo. 41*b*. 1560. fo. 13*b*.

LUTTRELL, 1449. fo. 32.

LYTTON, 1504. fo. 11*b*. 1546. fo. 63*b*. 6147. fo. 53.

MALBY, *of Stonham, fr. Co. Essex*, 1560. fo. 197*b*.

MALLOWES, *of Bury St. Edmunds*, 1177. fo. 79*b*.

MANNOKE, *of Gifford's Hall and Co. Essex*, 1560. fo. 117.

———— *of Stoke*, 1820. fo. 18.

MARSHAM, *of Badwell, fr. Co. Norf.* 1560. fo. 235*b*.

MARTIN, *of Chellysworth*, 1560. fo. 279. 1820. fo. 15*b*.

MARTIN, *of Melford*, 155. fo. 32.   1103. fo. 4. 1177. fo. 8.   1484. fo. 42.   1449. fo. 13*b*. 1560. fo. 226*b*.   1820. fo. 17.
Martin, 1820. fo. 43*b*.
MAWE, *of Rendlesham, fr. Co. Linc.* 891. fo. 12. 1449. fo. 51*b*.   1560. ff. 157*b*. 281*b*.   1820. fo. 13*b*.
Mawe, 1820. fo. 43*b*.
MAWLE, *of Challoch*, 891. fo. 22*b*.
Mawle, 1560. fo. 183.
Mawleby, 1449. fo. 4*b*.
MELL, *of Bramfield*, 155. fo. 17*b*.   1103. fo. 77. 1177. fo. 64*b*.   1449. fo. 66*b*.   1560. fo. 88.
MELLER, 1137. fo. 116*b*.   1432. fo. 113.
Methwold, 1449. fo. 4*b*.
Middleton, of Mendham, 1449. fo. 5*b*.   1560. fo. 182*b*.
Milecent, 1820. fo. 45.
MILESON, *of Bury St. Edmunds*, 1560. fo. 237.
Minster, 1103. fo. 91*b*.
MINSTERCHAMBER, *of Stuston, fr. Co. Hunt.* 155. fo. 64.   1103. fo. 93.   1177. fo. 77*b*. 1449. fo. 49*b*.   1560. fo. 111.
Mirgrant, or, Neirgrant, 1449. fo. 3*b*.
Molyngton, 1449. fo. 2.
Monoux, or, Moris, 1449. fo. 3*b*.
MONTACUTE, *Marquis*, v. NEVILL.
MOORE, *of Stanstead*, 155. fo. 51*b*.   1103. fo. 24. 1177. fo. 23*b*.   1449. fo. 28*b*.   1560. fo. 28.
Moriens, 1449. fo. 3.
Moris, v. Monoux.
MORRIS, *of Helmingham, fr. London*, 891. fo. 8*b*. 1449. fo. 36*b*.   1560. fo. 148.
MOSSELL, 1449. fo. 84.   1560. fo. 173*b*.
MOSWELL, *of Shotley, fr. Co. Kent*, 1560. fo. 289*b*.
MOULTON, *of Ferington*, 155. fo. 12.   1177. fo. 65*b*.   1449. fo. 65*b*.
Moyne, 1449. fo. 2*b*.
MUSKETT, *of Halston*, 891. fo. 35.   1449. fo. 56*b*. 1560. ff. 163*b*. 257*b*.   1829. fo. 12*b*.   2109. fo. 26.
Muskett, 1820. fo. 43*b*.
MYLDMEY, *of Crettingham, fr. Co. Essex*, 1484. fo. 41.
MYLLS, 1560. fo. 82*b*.
NANTON, *of Alderton and Letheringham*, 1820. fo. 38*b*.
NEEDHAM, *of Needham Hall, fr. Co. Derby*. 1560. fo. 309.
Neirgrant, v. Meirgrant.
NEVILL, *Marquis Montacute*, 155. fo. 9.   1177. fo. 38.
NEWTON, *of Brisworth, fr. Co. Somerset*. 155. fo. 59*b*.   1103. fo. 32*b*.   1177. fo. 31*b*. 1449. fo. 34*b*.   1560. fo. 36*b*.
Newton, 1449. fo. 4.   1560. fo. 183.
NICHOLLS, *of Brondish*, 1449. fo. 77*b*.   1560. fo. 167.
NOONE, *of Bardwell Ash, fr. Co. Norf.* 1560. fo. 314*b*.
—— *of Martlesham, fr. Co. Norf.* 155. fo. 37. 1103. fo. 60*b*.   1177. fo. 53.   1449. fo. 74.   1560. fo. 67*b*.
NORTH, 1560. fo. 300.
NORTON, *of Halesworth*, 155. fo. 15*b*.   1103. fo. 73*b*.   1177. fo. 61*b*.   1449. fo. 57. 1560. fo. 76*b*.

NORTON, *of Hundon, jr. Cos. Camb. and Som·* 1560. fo. 324*b*.
Norton, 1820. fo. 45*b*.
NUNN, *of Tostock*, 1560. fo. 57.   1820. fo. 40.
Nun, 1820. fo. 45.
OILLERS, v. WYLLERS.
OKE, *of Strickland*, 1449. fo. 101.
ONGER, 1432. fo. 139.
OSBORNE, *of Wattesfield*, 1560. fo. 258*b*.   1820. fo. 20*b*.
Osborne, 1449. fo. 7.   1560. fo. 181*b*.   1820. fo. 42*b*.
OWLE, 891. fo. 28*b*.   1449. fo. 56.   1560. ff. 40. 306*b*.
PAGENHAM, 1449. fo. 1*b*.
PAKENHAM, 1484. fo. 49*b*.
PARKER, *of Walsham and Wattesfield*, 1560. fo. 273*b*.
Parker, 1449. fo. 5.   1820. fo. 45.
PARKES, 1484. fo. 47.
PARKIN, *of Aldham and Hadleigh*, 1560. fo. 299*b*. 1449. fo. 32*b*.
Parkins, 1560. fo. 182.
Parkyns, 1449. fo. 8.
PARTRIDGE, *of Finborough*, 891. fo. 33*b*.   1449. fo. 15.   1560. ff. 146. 293.
PASTON, 1484. fo. 47*b*.
PAYNE, *of Hengrave, fr. Co. Leic.* 155. ff. 18*b*. 67*b*.   1103. fo. 12.   1177. fo. 14*b*. 1449. fo. 21.   1560. ff. 15. 280*b*.   1820. fo. 27.
—— *of Naughton and Worlington*, 1560. fo. 280*b*.   1820. fo. 27.
Payne, 1820. fo. 43.
PAYTON, *or*, PEYTON, *of Bury St. Edmunds*, 155. fo. 23.   1103. fo. 13*b*.   1177. fo. 15*b*. 1449. fo. 22.   1484. fo. 43*b*.   1560. fo. 18*b*.   Add. MS. 14,311. fo. 15.
Payton, or, Peyton, 1449. fo. 1*b*.
PECHE, 1560. fo. 322.
Peche, 1449. ff. 2(*a. b.*) 3. 7.
Pede, of Bury St. Edmunds, 1560. fo. 183*b*.
PENNING, *of Kettleborough and Ipswich*, 1560. fo. 263.
Penning, 1820. fo. 44*b*.
PETIT, *of Shepmedon, fr. Co. Kent*, 155. fo. 68. 1103. fo. 85*b*.   1177. ff. 70*b*. 71.   1449. fo. 71.   1560. fo. 105.
Petowe, 1449. fo. 4.
PEYTON, v. PAYTON.
PINNER, *of Bury St. Edmunds*, 1560. fo. 284.
Pinner, 1820. fo. 45.
PLATER, *of Sotterley*, 155. fo. 26.   1103. fo. 81*b*. 1177. fo. 68.   1449. ff. 44. 76.   1552. fo. 229.   1560. fo. 93.   1820. fo. 26*b*.
Plater, 1820. fo. 43.
PLAYNE, *of Preston and Sudbury, fr. London*, 891. fo. 7*b*.   1449. fo. 30*b*.   1560. fo. 147*b*. 1820. fo. 16*b*.
Playne, 1820. fo. 43.
PLEASANCE, *or*, PLEASANS, *of Brandon Ferry and Tuddenham*, 891. fo. 13*b*.   1449. fo. 51*b*. 1560. ff. 157. 276*b*.
Pleasans, 1820. fo. 46.
PLUME, *of Hawkedon Hall, fr. Co. Essex*, 1560. fo. 335.
PLUMSTED, 1449. fo. 97*b*.   1560. fo. 101.
POOLEY, *or*, POLEY, *of Badley*, 1560. ff. 11*b*. 192.
—— *of Boxsted*, 155. ff. 20*b*. 66*b*.   891. fo. 28.   1449. ff. 17*b*. 18.   1463. fo. 47*b*. 1560. fo. 11*b*.

POOLEY, *or*, POLEY, *of Columbine Hall*, 1560. ff. 192. 300.

———— *of Kenton, fr. Co. Herts.* 1103. fo. 30. 1177. fo. 29*b*. 1820. fo. 11*b*.

——————*of Pakenham*, 1103. fo. 10. 1177. fo. 12*b*.

———— *of Codreth, fr. Co. Herts.* 1103. fo. 8. 1177. fo. 11.

Pooley, or, POLEY, 1449. fo. 6. 1820. fo. 42*b*.

PORTER, *of Hallesworth, fr. Co. Suffolk*, 1560. fo. 341.

POURCELL, *of Nowenton*, 1449. fo. 102.

POYNTZ, 891. ff. 24. 38*b*.

PRATT, *of Ipswich, from London*, 891. fo. 12*b*. 1449. fo. 21*b*. 1561. fo. 147*b*.

PRETTY, *of Eye, fr. Co. Worc.* 1560. fo. 287.

PRETTYMAN, *of Bawton and Thornton*, 1560. fo. 247*b*.

RADCLIFF, *of Hundon, fr. Co. Lanc.* 155. fo. 46*b*. 1103. fo. 17. 1177. fo. 18. 1449. fo. 23*b*. 1560. fo. 23*b*.

RAVEN, 1449. fo. 103.

RAWLINS, *v.* CORNWALL.

RAYMOND, 1449. fo. 93.

Raynolds, 1449. fo. 6*b*.

READE, *of Weston and Beccles, fr. Co. Norf.* 155. fo. 27. 1103. ff. 85. 87. 1177. ff. 70*b*. 72*b*. 1449. fo. 70*b*. 1560. fo. 103*. 1820. fo. 30*b*.

REEVE, *of Bury St. Edmunds*, 155. fo. 52*b*. 1103. fo. 24*b*. 1177. fo. 24. 1449. fo. 28*b*. 1560. fo. 29*b*.

———— *of Molenden Park*, 1560. fo. 322*b*.

———— *v.* WRIGHT.

Reeve, 1560. fo. 341*b*.

REIGNOLDS, *of Barfield and Shotley*, 155. fo. 4*b*. 1103. fo. 44*b*. 1177. fo. 40. 1449. fo. 93*b*. 1560. fo. 51.

Reppes, 1449. fo. 4*b*.

REPPINGALL, 1449. fo. 88. 1560. fo. 176*b*.

Reydon, 1449. fo. 2*b*.

Reymes, 1449. fo. 7.

REYNOLLS, 1552. fo. 67.

RISBY, *of Layham*, 1449. fo. 40*b*. 1560. fo. 47*b*.

———— *of Thorpe*, 155. fo. 6*b*. 891. fo. 15. 1177. fo. 37. 1449. fo. 53. 1560. fo. 159.

RISLEY, 1560. fo. 159.

RIVETT, *of Belston Hall*, 1560. fo. 230.

———— *of Branson*, 1560. fo. 229*b*.

———— *of Rattlesden*, 155. fo. 61*b*. 1177. ff. 57. 76*b*. 1449. fo. 69*b*. 1560. fo. 228*b*. 1820. fo. 31*b*.

———— *of Stow Market*, 1820. fo. 14.

Rockely, 1449. fo. 2*b*.

ROLFE, *of Hardley and Carsey Priory*, 1560. fo. 193*b*.

ROOKEWOOD, *or*, ROKEWOOD, *of Coldham Hall*, 891. fo. 18*b*. 1449. fo. 55. 1560. fo. 162*b*.

Rookewood, of Euston, 1449. fo. 6.

ROSSER, *of Hacheston*, 891. fo. 10*b*. 1449. fo. 50. 1560. fo. 155.

ROUSE, *or*, ROWSE, *of Baddingham*, 1560. fo. 63.

———— *of Cranford*, 1103. fo. 58. 1177. fo. 50*b*. 1449. fo. 67. 1560. fo. 64.

———— *of Devington*, 155. fo. 39. 1103. fo. 56. 1177. fo. 49. 1560. fo. 62*b*. 1820. fo. 29*b*. 6093. fo. 185*b*.

———————— *of Glemsford and Worlingworth*, 1820. fo. 20*b*.

ROUSE, *or*, ROWSE, *of Henham*, 1449. fo. 44. 1484. fo. 48. 2109. fo. 62.

Rove, 1560. fo. 181*b*.

Rows, 1449. fo. 5.

Redsham, or, Hameldon, 1449. fo. 3*b*.

Ruchwood, 1449. fo. 5*b*.

RUSHBROOK, 1449. fo. 86. 1560. fo. 113.

RUSHE, *of Chapmans and Co. Essex*, 155. fo. 57. 1103. fo. 33*b*. 1177. fo. 32.(*a. b.*) 1449. fo. 34*b*. 1560. fo. 37*b*.

RYCE, *of Preston*, 1560. fo. 193.

Rysse, 1449. fo. 6.

SACVYLE, 1449. fo. 3.

St. Cleare, 1449. ff. 2*b*. 4. 1560. fo. 182.

SALTER, *of Floton, fr. Cos. Essex and Shrop.* 1560. fo. 316.

SAMPSON, *of Carsey*, 1449. ff. 84. 94*b*. 1560. fo. 271*b*.

———— *of Playford*, 1560. fo. 174.

Sampson, 1820. fo. 46*b*.

Sanders, 1449. fo. 6*b*.

SAVELL, 1449. fo. 97.

Saye, 1449. fo. 2*b*.

SAYER, *of Bawton, fr. Co. Essex*, 1560. fo. 250*b*. 1820. fo. 22.

SCOTT, *of Leeston, fr. Co. Essex*, 1103. fo. 89*b*. 1177. fo. 74*b*. 1449. fo. 49. 1560. fo. 107.

Scrivener, of Ipswich, 1449. fo. 6*b*.

SECKFORD, *of Belings*, 1103. fo. 50*b*. 1177. fo. 45. 1560. fo. 79.

———— *of Seckford*, 155. fo. 46. 891. fo. 27. 1103. fo. 48*b*. 1177. fo. 43*b*. 1449. fo. 90*b*. 1560. fo. 78*b*.

Septon, 1449. fo. 8.

SEYMOUR, 1484. fo. 42*b*.

SHADWELL, 1484. fo. 47.

SHANKE, *of Beccles, fr. Co. Norf.* 1560. fo. 252*b*. 1820. fo. 35*b*.

Shanke, 1820. fo. 45.

Shaxton, 1449. fo. 7.

SHARDELOWE, *of Keseland, fr. Co. Norf.* 1560. fo. 311*b*.

Shardlowe, 1449. fo. 5.

SHAW, *of Dallinghoe, fr. Co. Northumb.* 1560. fo. 235.

Shelley, 1137. fo. 19. 1432. fo. 7*b*.

SHELTON, 1484. ff. 44. 47.

Shelton, 1449. fo. 2.

SHERMAN, *of Brewsard*, 1560. fo. 249*b*.

———— *of Yaxley*, 1449. fo. 101*b*. 1560. fo. 249.

Shingleton, of Mendlesham, 1449. fo. 5*b*.

Sidley, of Morley, 1449. fo. 8.

SIDNEY, 1535. fo. 225*b*.

Simpson, of Carsey, 1560. fo. 182.

SINGLETON, *of Beccles and Mendlesham*, 1560. fo. 204*b*. 1820. fo. 37.

Singleton, 1560. fo. 182*b*.

Skelton, or, Stratton, 1449. fo. 4.

SKRIVENER, *of Ipswich*, 891. fo. 13. 1449. fo. 51. 1560. fo. 156*b*. 1820. fo. 24.

———— *of Sibdon*, 1560. fo. 156*b*. 1820. fo. 24.

Skrivener, 1820. fo. 44*b*.

SMITH, *of Ashfield*, 1046. fo. 190*b*. 1147. fo. 162. 1430. fo. 168. 1433. fo. 150*b*. 1561. fo. 204*b*.

———— *of Bawton*, 1177. fo. 82. 1449. fo. 24. 1560. fo. 10*b*.

———— *of Denham*, 1187. fo. 48. 1188. fo. 60.

SMITH, or, SMYTH, of Deverston and Cavendish, 155. ff. 23b. 48.　891. fo. 25b.　1103. ff. 15b. 26b.　1177. ff. 16b. 26.　1449. fo. 24.　1560. fo. 7b.

—— of Hundon and Waltham, 1449. fo. 54b. 1560. ff. 161b. 162.

—— of Nettlestead, 1820. fo. 14.　1560. fo. 123.

Smith, 1234. fo. 158b.　1433. fo. 150b.　1561. fo. 204b.

Smithe, of Garbesham, 1449. fo. 8.　1820. fo. 43.

SMYTH, of Attleborough, 1560. fo. 173.

—— of Halesworth, 155. fo. 13b.　1103. fo. 75b.　1177. fo. 63.　1449. fo. 59b. 1560. fo. 77.　1820. fo. 31.

—— of Hundon, 891. fo. 26.

—— of Tuddenham, 1560. fo. 106.

Smyth, 1449. fo. 105(a. b.)

SMYTH, v. HOVELL.

SNELLING, of Ipswich, 1560. fo. 232b.　1820. fo. 17b.

Snelling, 1820. fo. 44b.

SOAME, of Bradley, 1560. fo. 326.

—— of Hundon, 1560. fo. 328.

—— of Thurlowe, 1560. fo. 326b.

Some, 1449. fo. 6b.

SOMERSETT, of Badmonsfield, 155. fo. 49b.　1103. fo. 23.　1777. fo. 22b.　1449. fo. 28. 1560. fo. 27.

Somerton, 1449. fo. 6.　1560. fo. 181b.

Soterley, 1449. fo. 4b.

SOUTHALLS, of Southalls, 1560. fo. 259.

SOUTHWELL, of Barrow Hall, fr. Co. Norf. 155. fo. 10b.　1103. fo. 42b.　1177. fo. 39. 1449. fo. 43b.　1560. ff. 49b. 253b.　1820. fo. 29.

—— of Barrow Hall, 1560. fo. 253b.

Southwell, 1449. fo. 7.

SOWTHWELL, of Woodrising, 1484. fo. 46b.

SPARKE, of Gleham, 1555. fo. 188b.　1560. fo. 186b.　2187. fo. 76.

SPENCER, of Naughton Hall, fr. Co. Norf. 155. fo. 37b.　1103. fo. 57b.　1177. fo. 50.　1449. fo. 90.　1560. ff. 65. 133. 207.　1820. fo. 23b.

Spencre, 1449. fo. 8.

SPRING, of Cockfield, 1484. fo. 43b.

—— of Lavenham, 155. fo. 30.　1103. fo. 7. 1177. fo. 9b.　1449. ff. 16b. 86b.　1560. fo. 237b.　6065. fo. 67.

—— of Loose Hall, 1560. fo. 207.

—— of Pakenham, 891. fo. 29b.　1449. fo. 58b.　1560. fo. 237b.

STANFIELD, v. STAYLEFIELD.

STANNOW, of Beccles, fr. Co. Norf. 1560. fo. 314. 1820. fo. 31b.

Stannow, 1820. fo. 43.

STANTON, of Southwold, 891. fo. 34.　1449. fo. 14b.　1560. fo. 146b.

STANYNGS, or, STEYNINGS, of Earl Soham, fr. Co. Som. 155. fo. 47b.　1103. fo. 53b.　1177. fo. 46.　1449. fo. 88b.　1560. fo. 58b.

STAYLEFIELD, or, STANFIELD, 155. fo. 54.　1449. fo. 75.

STEWARD, 1106. fo. 131.　1432. fo. 258.　1552. fo. 225b.　Add. MS. 5507. fo. 280.　5526. fo. 267.

STEYNING, v. STANYNGS.

Stoddard, 1449. fo. 8.

STONER, 155. fo. 9.　1177. fo. 38.　1449. fo. 83.

Stormyne, 1449. ff. 3. 4.

STOTEVILE, or ESTOTEVILE, of Dalham, 155. ff. 35. 52.　891. fo. 17.　1103. fo. 21.　1177. fo. 21.　1449. fo. 27.　1560. ff. 26. 172b.

STRANGMAINE, 1484. fo. 42.

STRATTON, 1449. fo. 84.　1560. fo. 173b.

Stratton, v. Skelton.

SUFFOLK, Duke of, v. BRANDON.

—— Earls of, v. DE LA POOLE.

—— —— HOWARD.

—— —— UFFORD.

SULIARD, of Wetherden and Eye, 155. fo. 59. 1103. fo. 28.　1177. fo. 28.　1449. fo. 32.　1560. fo. 33.　1820. fo. 13.

SUMPTER, 155. fo. 18.　1103. fo. 11.　1177. fo. 13b.　1449. fo. 20b.　1560. fo. 17.

Swillington, 1449. fo. 4.

SWINBORNE, 1484. fo. 43.

Sydnor, 1820. fo. 43b.

Symons, 1449. fo. 107b.

TALKERNE, of Wethersfield, fr. London, 1449. fo. 54.　1560. fo. 161.

TALMAGE, of Helmingham, 155. fo. 7b.　1103. fo. 41b.　1177. fo. 37b.　1449. fo. 43. 1560. fo. 48.

—— of St. Leonard's Hall, 1560. fo. 48b.

Talmache, 1449. fo. 1b.

TASBOROUGH, of Flixney Abbey, 1560. fo. 97b.

—— of St. Andrew Ilketshall, 155. fo. 25.　1103. fo. 83b.　1177. fo. 69.　1449. ff. 76b. 95b.　1560. fo. 97b.

—— of St. Peter Southelmham, 155. fo. 25.　1103. ff. 83b. 88b.　1177. fo. 73b. 1449. fo. 76b.

TASSELL, of Bury St. Edmunds, 155. fo. 50.　1103. fo. 25b.　1177. fo. 25b.　1449. fo. 30. 1560. fo. 30b.

Tatyngton, 1449. fo. 1b.

TAYLOR, of Gasely and Lidgate, 1560. fo. 180.

Tebether, 1449. fo. 4b.

Tenderinge, 1449. ff. 2. 5b.

THORPE, 1449. fo. 73b.　1560. fo. 139.

Thorpe, 1449. fo. 3.

THROCKMORTON, of All Hallows Southelmham, fr. Co. Worc. 1449. fo. 85b.　1560. fo. 116.

—— of South Helmingham, 1560. fo. 116b.

THURSTON, of Hoxne, 1560. fo. 272b.

Thwaytes, of Hardingham, 1449. fo. 8.

TILLETT, of Roughan, 1177. fo. 79b.

TILNEY, or, TYLNEY, of Shelley, 155. fo. 5b. 1103. fo. 46b.　1177. fo. 42.　1449. fo. 73b.　1552. ff. 11. 62b. 189b.　1560. fo. 139.　1820. fo. 21.

TIMPERLEY, of Hurtlesham, fr. Co. Chesh. 1560. fo. 210b.　1820. fo. 34b.

TIPTOST, Lord, 1484. fo. 42b.

TIRRELL, of Gipping, fr. Co. Essex, 155. fo. 56. 891. fo. 19b.　1103. fo. 27b.　1177. ff. 27. 59.　1449. fo. 31.　1484. fo. 43. 1560. fo. 32.　1820. fo. 12.

—— of Wetherden, 1560. fo. 32.

TOPPESFIELD, of Fressingfield, 1560. fo. 134b.

—— of Gislingham, 155. fo. 63.　891. fo. 38.　1177. fo. 58b.　1449. ff. 47. 62b. 1560. fo. 134b.

TOUKE, 1449. fo. 95.

Truston, 1449. fo. 6b.　1560. fo. 181b.

TUDDENHAM, of Oxborough, 1560. fo. 198b.

TUFTON, 1476. fo. 146*b*.

TUKE, 2109. fo. 44.

TURNER, *or*, TURNOR, *of Wratting*, 155. fo. 42. 1103. fo. 18. 1177. fo. 19. 1449. fo. 26. 1560. fo. 24*b*. 1820. fo. 34.

Turner, of Blunts Hall, 1449. fo. 8.

TURNOR, *v.* TURNER.

TYLNEY, *v.* TILNEY.

UFFORD, Earl of Suffolk, 1449. fo. 1(*a. b.*)

UNDERHILL, *of Bradley*, 1449. fo. 26*b*. 1560. fo. 322.

VAVASOR, 1484. fo. 43*b*.

VEERE, *of Stradbroke and Blakenham*, 155. fo. 38*b*. 1103. fo. 59. 1177. fo. 51*b*. 1449. fo. 67. 1560. ff. 66. 224.

VESSEY, *of Aldham and Bedingham*, 1560. fo. 285. 1820. fo. 14*b*.

———— *of Huntlesham*, 891. fo. 8. 1449. fo. 45*b*. 1560. ff. 153. 285. 1820. fo. 21*b*.

Vessey, Lord, 1449. fo. 1.

VISDELEW, 1449. fo. 84. 1560. fo. 173*b*.

VYNOR, *of St. Lawrens*, 1560. fo. 273.

WACHESHAM, 1449. fo. 2.

WADE, *of Bilston*, 1560. fo. 191. 1820. fo. 32.

———— *of Brundish, fr. Co. Norf.* 1560. fo. 306. 1820. fo. 32.

Wade, 1820. fo. 46.

WALGRAVE, *of Hitcham*, 1449. fo. 29. 1560. fo. 29.

———— *of Smallbridge*, 1177. fo. 23. 1449. fo. 29. 1484. fo. 43. 1560. fo. 28*b*.

Waldegrave, 1820. fo. 46.

Walker, of Sudbury, 1560. fo. 183*b*.

WALLER, *of Parham*, 155. fo. 11. 1103. fo. 38. 1177. fo. 35*b*. 1449. fo. 39. 1560. fo. 46*b*.

———— *of Ramsholt and Wortham*, 1560. ff. 46*b*. 47.

WALLESBOROUGH, 1560. fo. 308.

Walpoole, 1449. fo. 5.

WALSINGHAM, 1484. fo. 41*b*.

WALWORTH, *of Ipswich*, 1449. fo. 95.

Walworth, 1560. fo. 183*b*.

Wauy, 1449. fo. 4.

WARBERTON, *of Melford, fr. Co. Chesh.* 155. fo. 34*b*. 1103. fo. 5. 1177. fo. 9. 1449. fo. 15. 1560. fo. 5*b*.

WARD, *of Gorleston and Homersfield*, 1552. fo. 3. 1560. fo. 230*b*.

WARREN, *of Melford and Thurlow Magna*, 1449. fo. 52*b*. 1560. ff. 158*b*. 220*b*.

———— *of Newbourn and Newton*, 155. fo. 36. 1103. fo. 62*b*. 1177. fo. 54*b*. 1449. fo. 46. 1560. fo. 68.

Warren, 1820. fo. 44.

Wannsy, 1449. fo. 2.

WARNER, *of Cratfield*, 891. fo. 26*b*. 1449. fo. 39*b*. 1560. ff. 149. 298. 1820. fo. 19.

———— *of Parham*, 155. fo. 69. 1449. fo. 52. 1560. fo. 298. 1820. fo. 19.

Warner, 1820. ff. 43. 46.

Waynsford, 1449. ff. 3*b*. 6*b*. 1560. fo. 183.

WELBECK, *of Higham, fr. Cos. Derby and Kent*, 891. fo. 30. 155. fo. 3*b*. 1449. fo. 62. 1560. ff. 166. 220.

WELLS, *Lord*, 1484. fo. 47.

WENTWORTH, 1139. fo. 51. 1533. fo. 201. 5181. p. 96.

WENTWORTH, *of Codham*, 1484. fo. 43. 1560. fo. 138*.

———— *of Darsham*, 1449. fo. 39*b*. 1560. fo. 149*b*. 1820. fo. 37*b*.

———— *of Elmeshall*, 1484. fo. 42*b*. 1560. fo. 135*b*.

———— *of Mendham*, 1541. fo. 29*b*. 6065. fo. 11*b*.

———— *of Nettlestead, fr. Co. York.* 155. fo. 8*b*. 891. fo. 26*b*. 1103. fo. 40. 1177. fo. 38. 1449. fo. 41. 1484. fo. 42*b*. 1560. fo. 138.

———— *of Wentworth*, 155. fo. 10. 1103. fo. 64. 1177. fo. 56.

———— *of West Bretton*, 1560. fo. 138*b*.

Wentworth, 1820. fo. 43*b*.

Welvetham, 1449. fo. 3.

Westys, 1449. fo. 6*b*. 1560. fo. 182.

WEYLAND, 155. fo. 59. 1415. fo. 124. 1560. fo. 46*b*. 1570. fo. 35*b*. 6128. fo. 71*b*.

Weyland, 1449. ff. 1*b*. 2*b*.

WHINBOROUGH, 1484. fo. 47.

WHITBYE, 1449. fo. 68.

WICHINGHAM, 1449. fo. 97*b*. 1560. fo. 101.

WINCKEFELDE, *of Cronfield*, 1820. fo. 23*b*.

WINCOLL, *of Biston and Hitcham*, 1560. ff. 244. 245.

———— *of Waldingfield*, 891. fo. 16. 1449. fo. 56*b*. 1560. fo. 243.

WINGFIELD, *of Brantham Hall and Ipswich*, 1820. fo. 34.

———— *of Brewsworth*, 1820. fo. 21*b*.

———— *of Letheringham*, 155. ff. 44*b*. 61*b*. 1103. fo. 52. 1177. ff. 47*b*. 60. 1449. fo. 40*b*.

———— *of Offord*, 1179. fo. 128(*a. b.*) Cotton MS. Jul. F. viii. ff. 62*b*. 63.

Wingfield, of Dedington, 1449. fo. 4*b*.

WINTHROP, *of Groton*, 1560. fo. 271. 1280. fo. 16*b*.

Withe, 1449. fo. 5*b*.

WITHIPOOLE, *of Ipswich, fr. Co. Shrop.* 155. fo. 14. 1103. fo. 71. 1177. fo. 59*b*. 1449. fo. 79. 1560. fo. 77*b*.

WOLRICH, *of Cowling, fr. Co. Shrop.* 155. fo. 66.

WOOLRICH, *or*, WORLICH, *of Wickham Brook, fr. Co. Shrop.* 891. fo. 20*b*. 1449. fo. 80*b*. 1560. ff. 168. 214*b*.

WOLVERSTON, *of Freeston*, 155. fo. 5. 1177. fo. 41*b*. 1449. fo. 42*b*. 1560. fo. 53.

WOODHALL, *of Rawson*, 1560. fo. 42.

WORLICH, *v.* WOOLRICH.

WRENNE, 1177. fo. 69*b*.

WRIGHT, *of Brunt Bradfield*, 1449. fo. 33.

———— *of Bury St. Edmunds, fr. Co. York.* 155. fo. 49. 1103. fo. 26. 1177. fo. 25. 1449. fo. 30*b*. 1560. ff. 31. 206*b*.

———— *or*, REEVE, *of Thwaite*, 155. ff. 34. 54*b*. 891. fo. 29*b*. 1103. fo. 31. 1177. ff. 7. 30. 1449. fo. 64*b*. 1484. fo. 42. 1560. ff. 35. 265. 1820. ff. 20. 22*b*.

Wright, or, Reeve, 1820. fo. 43.

WRITH, 891. fo. 14.

WROTH, *of Hemnalls Hall, fr. Cos. Dors. and Kent*, 1103. ff. 97*b*. 98.

WROTTE, *of Gunton, fr. Co. Norf.* 1449. fo. 84*b*. 1560. fo. 174*b*.

Wrotte, 1560. fo. 181*b*. 1449. fo. 6*b*.

WEYLAND, 1449. fo. 32.

Wyerd, 1449. fo. 106.

Wyllers, cr, Oillers, 1449. fo. 3.

WYNEVE, *of Brettenham*, 1177. fo. 81.   1560.
fo. 209*b*.
WISEMAN, *of Thornham*, 155. fo. 56*b*.   1177.
fo. 32.   1449. fo. 35.   1560. fo. 184*b*.
Wytherton, 1449. fo. 3*b*.   1560. fo. 183.

YARDE, 1560. fo. 129*b*.
YARMOUTH, *of Hemsted and Blundeston*, 891. fo.
25.   1449. fo. 42.   1560. fo. 152*b*.
YAXLEY, *v.* HERBERT.
YLLEYE, 1449. fo. 97*b*.   1560. fo. 101.

SURREY.

ABBOT, *of Guildford*, 1046. fo. 92.   1147. fo.
135.   1397. fo. 131.   1430. fo. 141.
1433. fo. 121.   1561. fo. 79*b*.   Add. MSS.
4963. fo. 157.   16,279. p. 443.
ABDY, *of Kingston-upon-Thames, fr. London and
Co. York.* 1046. fo. 66.   1147. fo. 103*b*.
1430. fo. 108*b*.   1433. fo. 97*b*.   1397. fo.
104*b*.   1561. fo. 155.   Add. MS. 4963. fo.
130*b*.
ABURGAVENNY, *Lord, v.* NEVILL.
Adrian, of Brookham, 1433. fo. 188.   1561. fo. 3.
ADYE, *of Southwark, fr. Co. Kent*, 1046. fo. 47.
1147. fo. 69.   1397. fo. 85.   1430. fo. 7*b*.
1433. fo. 74*b*.   1561. fo. 133.   Add. MSS.
4963. fo. 90*b*.   12,478. fo. 27*b*.
AGMONDISHAM, *of Rowbarnes*, 1147. fo. 89.   1430.
fo. 94.   1433. fo. 181*b*.   1561. fo. 47.
Add. MS. 14,311. fo. 47.
Agmondisham, 1433. fo. 187*b*.   1561. fo. 2*b*.
Add. MS. 4963. fo. 108.
AKELAND, *of Morley*, 1561. fo. 218.
ALBANY, *of Badshot*, 1147. fo. 42.   1397. fo.
55*b*.   1430. fo. 45*b*.   1433. fo. 52*b*.   1561.
fo. 25.
———— *of Oxsted, fr. London*, 1046. fo. 18.
1147. fo. 42*b*.   1397. fo. 56.   1430. fo. 46.
1433. fo. 52*b*.   1561. fo. 24.
Aldham, 1433. fo. 187*b*.   1561. fo. 2*b*.   Add.
MS. 4963. fo. 50*b*.

ALLEN, *or*, ALEYN, *of Dulwich, fr. Co. Bucks.*
1046. fo. 58.   1147. fo. 11.   1430. fo. 12.
1433. ff. 85*b*. 91*b*.   1397. fo. 96.   1561.
fo. 150*b*.   Add. MSS. 4963. ff. 14*b*. 15.
12,478. fo. 36*b*.
ANGELL, *of Southwark, fr. Co. Norf.* 1046. fo. 50.
1147. fo. 79.   1397. fo. 88.   1430. fo. 86.
1433. fo. 86.   1561. fo. 142*b*.   Add. MSS.
4963. fo. 100.   12,478. fo. 34.

Angell, of Paris Garden, Add. MS. 5533. fo. 276*b*.
Anger, 1433. fo. 186.
ANGEVINE, 1561. fo. 49.
AP JOHN, *of Streatham*, 1046. fo. 217*b*.   1433.
fo. 177.   1561. fo. 250*b*.   1397. fo. 188*b*.
Add. MS. 4963. fo. 171*b*.
AP POWELL, *of Talworth, fr. Co. Brecknock*,
1433. ff. 29. 182.   1561. fo. 34*b*.
Arderne, 1433. fo. 187.   1561. fo. 1.
ARUNDELL, *Earl of*, Add. MS. 14,311. ff. 36*b*. 37.
73*b*.
ASHBURNHAM, *of Ashburnham and Scotling*, Add.
MS. 14,311. ff. 19. 64.
ASHLEY, 1397. fo. 141.   1430. fo. 124.   Add.
MS. 14,311. fo. 56.

Ashworth, of Chiddingfold, Add. MS. 5533. fo.
266*b*.
ASTON, *of Farnham, fr. Co. Chesh.* 1046. fo. 118.
1147. fo. 153*b*.   1397. fo. 157.   1430. fo.
159*b*.   1433. fo. 146.   1561. fo. 198.
Add. MS. 4963. fo. 157*b*.
AUNSLOW, Add. MS. 14,311. fo. 59.
AUSTEN, *of Shalford, fr. Co. Herts.* 1046. fo. 73.
1147. ff. 113*b*. 155*b*.   1397. fo. 112.   1430.
ff. 119*b*. 161*b*.   1433. fo. 104.   1561. fo.
53*b*.   Add. MS. 14,311. fo. 76*b*.
Austen, of Shalford, Add. MSS. 4963. fo. 137*b*.
5533. fo. 263*b*.
———— *of Southwark*, 1561. fo. 4.   Add. MSS.
4963. fo. 169*b*.   5533. fo. 276.
AYLIFFE, Add. MS. 14,311. fo. 27*b*.
BABINGTON, *of Chorley*, 1046. ff. 84*b*. 96*b*.
1397. ff. 123*b*. 135*b*.
BACON, Add. MS. 14,311. fo. 35*b*.
Baines, of St. Olaves, Add. MS. 5533. fo. 278*b*.
BANESTER, *of Croydon, fr. Co. Lanc.* 1046. fo. 26*b*.
1147. fo. 18*b*.   1397. fo. 64*b*.   1433. fo.
62*b*.   1430. fo. 20.   1561. fo. 116*b*.   Add.
MSS. 4963. fo. 24.   12,478. fo. 19*b*.
BARHAM, *of Wandsworth, fr. Co. Suff.* Add.
MS. 4963. fo. 74.
BARINGTON, Add. MS. 14,311. fo. 18*b*.
Barker, of Wandsworth, Add. MS. 5533. fo. 273.
BARLEY, 1561. fo. 19*b*.
Barne, of Stoke, fr. Co. Kent, Add. MS. 5533.
fo. 263*b*.
BARNESLEY, *of Lambeth*, 1046. fo. 104*b*.   1147.
fo. 167.   1397. fo. 143*b*.   1430. fo. 173.
1433. fo. 134*b*.   1561. fo. 184.   Add.
MS. 4963. fo. 177.
BARNHAM, *of Bilsington, fr. Cos. Kent and Hants.*
Add. MS. 14,311. fo. 11.
Bateler, of Weybridge, Add. MS. 5533. fo. 260.
Bates, of Kingston, Add. MS. 5533. fo. 259*b*.
Bathurst, of Redriffe, Add. MS. 5533. fo. 272.
BATTELL, *of Farnham*, 1394. p. 53.   1420. fo.
34*b*.   1561. fo. 13.
BEALE, *of Barn Elms, fr. Co. Suff.* 1561. fo. 65.
Beale, Add. MS. 4963. fo. 31.
Beaumont, of Weybridge, Add. MS. 5533. fo. 260*b*.
Beaupyne, of North Petherton, 1433. fo. 188.
1561. fo. 3.
BEDO, *of Putney, fr. Co. Denbigh*, 1046. fo. 209*b*.
1397. fo. 180*b*.   1433. fo. 167*b*.   1561.
fo. 242*b*.
Bedo, Add. MS. 5533. fo. 278*b*.
BEECHER, *of Bletchingley, fr. Co. Kent*, 1430.
fo. 21*b*.
Beecher, Add. MS. 5533. fo. 257.

2 O

BELKNAP, Add. MS. 14,311. fo. 19b.

BELL, *of Ditton*, 1561. fo. 259.

—— *of Nutfield, fr. Co. Kent*, 1561. fo. 81.

Bellingham, 1433. fo. 186.

Belson, of Brill, Add. MS. 5533. fo. 274.

BENNE, *of Newport Cranley, fr. Co. Essex*, 1147. fo. 77b. 1430. fo. 84b. Add. MS. 4963. fo. 97b.

BERNERS, 1043. fo. 56b.

BENNET, *of Lambeth, fr. Co. Sussex*, 1046. fo. 209. 1397. fo. 180. 1433. fo. 167. 1561. fo. 241b.

—— *of Morden, fr. Co. Berks.* 1046. fo. 7. 1147. fo. 4. 1397. fo. 45. 1430. fo. 4. 1433. fo. 43. 1561. fo. 94b. Add. MS. 4963. fo. 6b.

Bettesworth, of Stoke, fr. Co. Hants. Add. MS. 5533. fo. 262.

BICKERSTAFFE, *of Croydon*, 1046. fo. 16. 1147. fo. 43. 1397. fo. 54. 1430. fo. 46b. 1433. fo. 53. 1561. fo. 103. Add. MS. 12,478. fo. 10.

BILTON, *v.* BITTON.

BINDON, *Visct. v.* HOWARD.

BINGHAM, *of Southwark, fr. Co. Notts.* 1046. fo. 56. 1147. fo. 125b. 1397. fo. 94. 1430. fo. 131b. 1433. fo. 89. 1561. fo. 148b. Add. MSS. 4963. fo. 151. 12,478. fo. 40.

BIRLEY, *of Winnards, fr. Co. Hants.* 1397. fo. 150.

BITTON, *or*, BILTON, Add. MS. 14,311. fo. 13b.

Blake, of Long Ditton, Add. MS. 5533. fo. 261b.

BLANCK, 1504. fo. 125.

BLEWETT, *or*, BOWETT, Add. MS. 14,311. fo. 7b.

BLUDDER, *of Flanchford, fr. Co. Lanc.* 1046. fo. 34. 1147. fo. 49. 1397. fo. 72. 1430. fo. 54. 1433. fo. 69. 1561. fo. 123b. Add. MS. 14,311. fo. 76.

Bludder, 1046. fo. 22. Add. MS. 4963. fo. 59b.

BODLEY, *of Streatham, fr. London*, 1046. fo. 65. 1147. fo. 93b. 1397. fo. 103b. 1430. fo. 98b. 1433. fo. 96b. 1561. fo. 154*. Add. MSS. 4963. fo. 112b. 14,311. fo. 43b.

Bodley, 1561. fo. 3b.

BOND, 1397. fo. 74.

—— *of Thorpe, fr. Co. Northumb.* 1561. fo. 52b.

BONWICH, 1504. fo. 25. 6147. fo. 17b.

BOROUGH, *of Limehouse*, 1561. fo. 66b.

BOROWES, *fr. Co. Midd.* 1433. fo. 116b.

Bostock, 1433. fo. 186.

BOTEFELD, *v.* BOTEVILLE.

BOTELER, *of Croydon, fr. Co. Herts.* 1147. fo. 19. 1430. fo. 21. 1433. fo. 63. 1561. fo. 117. Add. MSS. 4961. fo. 25. 12,478. fo. 20.

BOTEVILLE, BOTEFELD, *or*, THINNE, Add. MS. 14,311. fo. 32b.

Bourlace, of St. Olaves, fr. Co. Cornw. Add. MS. 5533. fo. 271.

BOWETT, *v.* BLEWETT.

BOWYER, *of Camberwell, fr. Co. Sussex*, 1046. fo. 58b. 1147. fo. 84b. 1397. fo. 96b. 1430 fo. 89b. 1433, ff. 35. 90b. 1561. fo. 30. Add. MSS. 4963. fo. 5b. 12,478. fo. 41b. 14,311. fo. 80b.

—— *of Charlewood, fr. Co. Sussex*, 1046. fo. 29. 1147. fo. 22. 1397. fo. 67. 1430. fo. 24. 1433. fo. 64. 1561. fo. 222. Add. MS. 4963. fo. 5.

Bowyer, 1433. fo. 186.

Boys, of Nutfield, Add. MS. 5533. fo. 258b.

BRADBRIDGE, *of Lambeth, fr. Co. Sussex*, 1046. fo. 205. 1397. fo. 17b. 1433. fo. 164b. 1561. fo. 238b.

Bradbridge, of Lambeth, Add. MSS. 4963. fo. 166b. 14,311. fo. 80b.

BRAHAM, *of Wandsworth, fr. Co. Suff.* 1561. fo. 28b.

Braham, 1433. fo. 188. 1561. fo. 3.

BRAMSHOTT, Add. MS. 14,311. fo. 93.

Brawne, of Lingfield, Add. MS. 5533. fo. 257.

BRAY, 1561. fo. 67b.

—— *Lord*, 1433. fo. 179b. 1561. ff. 44b. 257b. Add. MSS. 4963. fo. 73. 14,311. ff. 48b. 52b.

—— *of Cobham*, 1046. fo. 120. 1147. fo. 156b. 1397. fo. 158b. 1430. fo. 163. 1433. fo. 147. 1561. fo. 199. Add. MS. 14,311. fo. 49.

—— *of Ewell*, 1147. fo. 100. 1430. fo. 105. 1433. fo. 146b.

—— *of Shere*, 1430. fo. 162b. Add. MS. 14,311. fo. 49.

Brend, of West Moulsey, Add. MS. 5533. fo. 260.

BRERETON, *of Micham, fr. Co. Chesh.* 1046. fo. 4b. 1147. fo. 3. 1397. fo. 42b. 1430. fo. 3. 1433. fo. 42b. 1561. fo. 93b. Add. MS. 4963. fo. 4.

Bridger, of Bramley, Add. MS. 5533. fo. 262b.

BROCKAS, Add. MS. 14,311. fo. 60b.

Bromfield, of Suffolk Place, Add. MS. 5533. fo. 278.

BROMHAM, *or*, BROOMHAM, 1046. fo. 97b. 1147. fo. 155. 1430. fo. 161. 1433. fo. 128. 1561. fo. 180.

BROMLEY, Add. MS. 14,311. fo. 33b.

BROOKE, *Lord Cobham*, Add. MS. 14,311. fo. 17.

BROOKER, *or*, BROWKER, *of Southwark*, 1046. fo. 51. 1147. fo. 80b. 1430. fo. 87b. 1561. fo. 144. 1397. fo. 89. Add. MSS. 4963. fo. 101b. 12,478. fo. 35.

BROOMHAM, *v.* BROMHAM.

BROWKER, *v.* BROOKER.

BROWNE, 1561. fo. 18b.

—— *Earl of Montague*, 1397. fo. 192. Add. MS. 14,311. fo. 62b.

—— *of Bechworth*, 1147. ff. 81b. 82. 83b. 1397. fo. 117b. 1430. fo. 88b. 1561. fo. 11. Add. MS. 14,311. ff. 25b. 62.

—— *of Shalford*, 1397. fo. 193.

Browne, 1147. fo. 169b. 1433. ff. 110b. 185b.

BRUYN, *of Farnham*, 1046. fo. 27b. 1561. fo. 5.

Bruyn, 1433. ff. 187. 188b. 1561. fo. 1.

BRYAN, Add. MS. 14,311. fo. 73b.

BUCKLE, *of Banstead, fr. Co. Westm.* 1046. fo. 210. 1147. fo. 108. 1397. fo. 181. 1430. fo. 10b. 1433. fo. 172b. 1561. fo. 243. Add. MS. 4963. fo. 134.

Buckle, Add. MS. 5533. fo. 268.

BULBECK, 1187. fo. 19. 1188. p. 15.

Bulkley, of Norbury, Add. MS. 14,311. fo. 60b.

BUNGEY, *of Dorking, fr. Cos. Kent and Norf.* 1046. fo. 70b. 1147. fo. 116. 1397. fo. 109b. 1430. fo. 122. 1433. ff. 103b. 106b. 1561. fo. 163. Add. MSS. 4963. fo. 14b. 12,478. fo. 53b.

Burges, of Horsham, 1433. fo. 187b. 1561. fo. 2b.

BURGH, *of Southwark, fr. Co. York.* 1046. fo. 49b. 1147. fo. 76b. 1397. fo. 87b. 1430. fo. 83b. 1561. fo. 141b. Add. MSS. 4963. fo. 98b. 12,478. fo. 33.

—— *of Thornecombe, fr. Co. York.* 1046. fo. 28. 1433. fo. 30b. 1561. fo. 37.

BURLEY, Add. MS. 14,311. fo. 33.

BURLEY, *of Pirford, fr. Co. Devon.* 1046. fo. 192.
1147. fo. 163. 1397. fo. 163. 1430. fo.
169. 1433. fo. 151. 1561. fo. 197.
Add. MS. 4963. fo. 174*b*.

BURRELL, *of Chertsey, fr. London,* 1046. fo. 119*b*.
1147. fo. 159*b*. 1397. fo. 159. 1430. fo.
165*b*. 1433. fo. 148. 1561. fo. 201*b*.
Add. MS. 4963. fo. 174.

BURSHELL, *of Guilford, fr. Co. Sussex,* 1046. fo.
84. 1147. fo. 133. 1397. fo. 123.
1430. fo. 139. 1433. fo. 115*b*. 1561.
fo. 174.

BURTON, *of Carshalton,* 1046. ff. 4. 68. 1147.
fo. 14. 1397. fo. 42. 1430. fo. 15.
1433. fo. 40*b*. 1561. fo. 91*b*. Add. MS.
4963. fo. 19.

Burton, of Carshalton, 1433. ff. 40. 188. 1561.
fo. 3.

———— *of Newington,* Add. MS. 5533. fo. 270.

BUSSEY, 1561. fo. 258*b*.

BUTLER, Add. MS. 14,311. fo. 20.

———————— *of Croydon, fr. Co. Heref.* 1046. fo. 25*b*.
1397. fo. 63*b*.

Butmer, of Streatham, Add. MS. 5533. fo. 255.

BUTTES, *of Chertsey,* 1147. fo. 159. 1397. fo.
159*b*. 1433. fo. 147*b*. 1561. fo. 199*b*.
Add. MS. 4963. fo. 167.

———— *of Dorking, fr. Co. Norf.* 1046. fo. 28.
1430. fo. 165. 1433. fo. 29*b*. 1561. fo.
35. Add. MS. 4963. fo. 83*b*.

BYDON, *of Shakleford,* 1046. fo. 27*b*. 1561. fo.
43*b*.

Byers, of Walton, Add. MS. 5533. fo. 260*b*.

Byfield, of Dabernon, 1561. fo. 3.

BYND, *of Carshalton, fr. Co. Sussex,* 1046. fo. 27.
1147. fo. 14*b*. 1397. fo. 65. 1430. fo.
15*b*. 1433. fo. 59. 1561. fo. 112.
Add. MSS. 4963. fo. 19*b*. 12,478. fo. 16*b*.

Byne, of Carshalton, Add. MS. 5533. fo. 276.

BYRLEY, *of Wymarshe, fr. Co. Hants.* 1561. fo.
10.

BYSSHE, *of Burstow,* 1046. fo. 11. 1137. fo.
118*b*. 1147. fo. 20. 1397. fo. 49. 1430.
ff. 22. 81*b*. 1432. fo. 116. 1433. fo. 47.
1561. fo. 97. Add. MSS. 12,478. fo. 4.
14,311. fo. 75.

———— *of Smallfield,* 1430. fo. 21*b*.

Bysshe, 1433. fo. 186*b*. Add. MS. 4963. fo.
26.

———— *of Smalfield,* Add. MS. 5533. fo. 257*b*.

CAGE, *of Thames Ditton, fr. Cos. Herts. and Suff.*
1147. fo. 166. 1397. fo. 170. 1430. fo.
172. 1560. fo. 237*b*. Add. MS. 4963.
fo. 176.

CALSTON, *of Littlecott,* Add. MS. 14,311. fo. 28*b*.

CAMOYS, *Lord,* Add. MS. 14,311. fo. 90.

CAMPION, *of Putney, fr. London,* 1046. fo. 215.
1397. fo. 186. 1433. fo. 172. 1561. fo.
236. Add. MS. 14,311. fo. 75*b*.

Campion, Add. MS. 4963. fo. 171.

Canfield, or, Canvile, of Guilford, Add. MS. 5533.
fo. 269*b*.

Cantlowe, of Streatham, 1433. fo. 187*b*. 1561.
fo. 2*b*.

Care, of Newington, Add. MS. 4963. fo. 170.

CAREW, *of Beddington,* 1046. fo. 3. 1147. fo. 2.
1397. fo. 41. 1430. fo. 2. 1433. fo. 39.
1561. ff. 17. 252. Add. MSS. 4963. fo. 3.
14,311. fo. 61(*a. b.*)

CAREW, *v.* THROCKMORTON.

Carew, 1433. fo. 185*b*.

CARRIQUE, *of Tooting, fr. Cos. Oxon and Glouc.*
1046. fo. 54. 1147. fo. 92. 1397. fo. 92.
1430. fo. 97. 1433. fo. 87. 1561. fo.
146*b*. Add. MS. 4963. fo. 110*b*.

Carleton, of Addington, Add. MS. 5533. fo. 254*b*.

CARRELL, *of Kingston upon Thames,* 1046. fo. 198.
1397. fo. 169. 1561. fo. 77.

———— *of Tangley, fr. Co. Kent,* 1433. fo. 157.
Add. MS. 14,311. ff. 14. 86*b*.

Castleman, of Beddingfield, Add. MS. 5533. fo.
253*b*.

CASTLETON, *of Ditton, fr. Co. Linc.* 1397. fo.
195*b*. 1561. fo. 50*b*.

Castleton, of Ditton, 1561. fo. 3. 1433. fo. 188.

CAUSTON, *or,* CAWSTON, *of Oxsted, fr. Co. Kent,*
1147. fo. 157*b*. 1430. fo. 163*b*. Add.
MS. 16,279. p. 435.

CAVE, Add. MS. 14,311. fo. 80.

CAWSTON, *v.* CAUSTON.

CECILL, *Lord Rosse,* 1397. fo. 124*b*.

Celly, Add. MS. 4963. fo. 41*b*.

Cely, of Kingston, 1561. fo. 48*b*.

Chaloner, of Fulham, 1561. fo. 2*b*. 1433. fo.
187*b*.

CHAMPION, *of Godalming and Guildford, fr. Co.
Sussex,* 1046. fo. 93. 1397. fo. 132. 1147.
fo. 136. 1430. fo. 142. 1433. fo. 122.
1561. fo. 70*b*. Add. MS. 14,311. fo. 77.

Champion, of Putney, Add. MSS. 4963. fo. 171.
5533. fo. 264.

Champneys, of Southwark, Add. MS. 5533. fo.
271.

CHAWORTH, Add. MS. 14,311. fo. 52.

CHERRY, *of Camberwell and Lambeth, fr. London,*
1046. fo. 61. 1147. fo. 90*b*. 1397. fo.
100. 1430. fo. 95*b*. 1433. fo. 93*b*.
1561. fo. 152. Add. MSS. 4963. fo. 109*b*.
12,478. fo. 44*b*.

CHESTERFIELD, *Earl of, v.* STANHOPE.

CHILD, *of East Sheen and Wimbledon,* 1046. fo.
213. 1147. fo. 130*b*. 1397. fo. 184.
1430. fo. 136*b*. 1433. fo. 171. 1561. fo.
247*b*. Add. MS. 4963. fo. 153.

CHOLMLEY, *of Bletchingley,* 1046. fo. 37. 1147.
fo. 55. 1397. fo. 75. 1430. fo. 61.
1433. fo. 70. 1561. fo. 125*b*. Add. MSS.
4963. fo. 68*b*. 12,478. fo. 24.

CHUTE, 1096. fo. 159.

CLARKE, *of Bagshot, fr. Co. Kent,* 1046. fo. 98.
1147. ff. 98*b*. 154*b*. 1397. fo. 137. 1430.
fo. 160*b*. 1433. fo. 127*b*. 1561. fo. 179*b*.

———— *of Merton Abbey,* 1046. fo. 63. 1397·
fo. 102. 1430. fo. 103*b*. 1433. fo. 98*b*·
1561. fo. 157*b*. Add. MSS. 4963. fo. 127·
12,478. fo. 48*b*. 14,311. fo. 79.

Clarke, 1433. fo. 186*b*.

———— *of Bagshot,* Add. MS. 4963. fo. 161.

———— *of Vanne, in Godalming,* Add. MS. 5533·
fo. 266.

CLAVERING, Add. MS. 14,311. fo. 8.

Clay, of Rigate, 1561. fo. 3.

CLIFFORD, 1561. fo. 19.

COBHAM, *Lord, v.* BROOKE.

COKE, *fr. Co. Cornwall,* 1433. fo. 33*b*. 1561.
fo. 41*b*.

Cokes, of Southwark, 1561. fo. 4.

COLDHAM, *of Compton, fr. Co. Sussex*, 1046. fo. 117.   1147. fo. 151*b*.   1397. fo. 156. 1430. fo. 157*b*.   1433. fo. 145.   1561. fo. 193*b.   Add. MSS. 4963. fo. 10.   14,311. fo. 69*b*.

Coldham, Add. MS. 5533. fo. 269.

COLE, *of Petersham, fr. Cos. Devon. and Midd.* 1046. fo. 196.   1147. fo. 30.   1397. fo. 167.   1430. ff. 33. 79*b*. 145.   1433. fo. 155.   1561. fo. 208*b*.   Add. MS. 4963. fo. 32.

—— *of Southwark, fr. Co. Suff.* 1046. fo. 46. 1147. fo. 72*b*.   1397. fo. 84.   1433. fo. 78*b*.   1561. fo. 136.   Add. MS. 4963. fo. 94*b*.

Cole, of Carshalton, Add. MS. 4963. fo. 105.

—— *of Petersham*, Add. MS. 4963. fo. 31*b*.

Colepeper, of Burstow Court, Add. MS. 5533. fo. 258.

COLLINGHAM, 1046. fo. 217*b*.

COLMAN, *of Calais*, 1430. fo. 62*b*.

COLRIDGE, Add. MS. 14,311. fo. 37.

COLSHILL, Add. MS. 14,311. fo. 14.

COMBER, *of Wotton, fr. Co. Suss.* 1046. fo. 88. 1397. fo. 127.   1433. fo. 118.   1561. fo. 171.

Comber, Add. MS. 4963. fo. 171.

COMBES, *of Guildford*, Add. MS. 4963. fo. 139*b*.

COMPTON, Add. MS. 14,311. fo. 65*b*.

Compton, of Godalming, 1433. fo. 188.   1561. fo. 3.

COOE, *of Lambeth, fr. Co. Midd.* 1046. fo. 156*b*. 1561. fo. 184*b*.   1147. fo. 139.   1397. fo. 145*b*.   1433. fo. 135.   Add. MS. 4963. fo. 160*b*.

Cooke, of Burstow, Add. MS. 5533. fo. 257*b*.

COOPER, *of Cobham, fr. London*, 1046. fo. 198*b*. 1397. fo. 169*b*.   1433. fo. 157*b*.   1561. fo. 205.   Add. MS. 4963. fo. 133*b*.

COPLEY, *of Gatton*, 1046. fo. 30.   1147. fo. 23. 1397. fo. 68.   1430. fo. 25.   1433. fo. 64*b*.   1561. fo. 117*b*.   Add. MSS. 4963. fo. 27.   12,478. fo. 20*b*.

CORY, *of Whalisborough, fr. Co. Cornw.* 1433. fo. 34.   1561. fo. 40.

Cory, Add. MS. 4963. fo. 41*b*.

COSINGTON, 1147. fo. 31.   1430. fo. 34.

COVERT, *of Godstone, fr. Co. Sussex*, 1046. fo. 41. 1147. fo. 64*b*.   1397. fo. 79.   1430. fo. 70*b*.   1433. fo. 72*b*.   1561. fo. 130*b*.   Add. MSS. 12,478. fo. 26*b*.   14,311. ff. 64. 93.

—————— *of Hascomb*, 1046. fo. 113.   1147. ff. 101*b*. 148.   1397. fo. 152.   1430. fo. 154.   1433. ff. 30. 142.   1561. ff. 8*b*. 36. Add. MS. 14,311. fo. 57*b*.

Covert, of Hascomb, 1561. fo. 1.

COWPER, *of Cobham, fr. London*, 1147. fo. 107*b*. 1430. fo. 112*b*.   1534. fo. 115.

—————— *of Temple Elfant*, 1561. fo. 62*b*.   Add. MS. 12,478. fo. 57.

CRALLE, Add. MS. 14,311. fo. 20*b*.

CRANFIELD, *Lord*, Add. MS. 14,311. fo. 84.

Creswell, of Cranley, Add. MS. 5533. fo. 262*b*.

CROSIER, 1561. fo. 257*b*.

Cross, of St. Olives, Add. MS. 5533. fo. 270.

Crouch, of Redriffe, Add. MS. 5533. fo. 273*b*.

CROYSIER, Add. MS. 14,311. fo. 53.

Crusoe, of Newington, Add. MS. 5533. fo. 273*b*.

CRYMES, *of Peckham, from London and Co. Suff.* 1046. fo. 60.   1147. fo. 87.   1430. fo. 92.   Add. MSS. 4963. fo. 106*b*.   12,478. fo. 43*b*.   14,311. fo. 46.

Cullen, Add. MS. 5533. fo. 276*b*.

CURE, *of Newington*, 1046. fo. 204.   1397. fo. 175.   1433. fo. 162*b*.   1561. fo. 246*b*.

CUTTS, 1561. fo. 19.

DABERNON, *of Stoke Dabernon*, 1187. fo. 73*b*. 1188. p. 100.   1561. fo. 257*b*.   Add. MS. 14,311. ff. 53. 60*b*.

Dabernon, 1561. fo. 2*b*.

DABORNE, *of Guildford*, Add. MS. 4963. fo. 38*b*.

DACRES, *Lord, v.* FYNES.

——————————— LENNARD.

Dale, 1433. fo. 185*b*.   1561. fo. 2.

DALLANDER, *or*, DE LA VALE, *of Buckland*, 1046. fo. 38.   1147. fo. 56.   1397. fo. 76. 1430. fo. 62.   1433. fo. 71.   1561. fo. 127.   Add. MSS. 4963. fo. 69*b*.   12,478. fo. 25.

Dalmahoy, of the Priory, near Guildford, Add. MS. 5533. fo. 264.

DANNETT, *of Dannett Hall*, Add. MS. 14,311. fo. 19*b*.

DARRELL, *of Calehill and Scotney*, Add. MS. 14,311. ff. 25*b*. 28*b*.

DAWTREY, Add. MS. 14,311. fo. 64.

DAY, *of Dorking and Rusham*, 1046. fo. 77. 1147. fo. 122.   1397. fo. 116.   1430. fo. 128.   1433. fo. 109.   1561. fo. 167.

DEEREHAM, 1504. fo. 69*b*.

DEERING, *of Surrenden, fr. Co. Kent*, Add. MS. 14,311. fo. 29*b*.

De la Lynde, 1433. fo. 187*b*.   1561. fo. 2*b*.

DE LA VALE, *v.* DALLANDER.

DE LISLE, *of Rygate, fr. Cos. Essex, Oxon. and Devon.* 1561. fo. 56*b*.

DENHAM, *of Egham*, Add. MS. 12,478. fo. 18.

Denham, 1433. fo. 186.   1561. fo. 1*b*.

DERICK, 1561. fo. 64.

Dethick, of Weybridge, Add. MS. 5533. fo. 263.

DIGBY, *of Barnes, fr. Co. Linc.* 1147. fo. 120. 1397. fo. 188.   1430. fo. 126.

Digby, 1046. fo. 217.   1561. fo. 4.   Add. MS. 4963. fo. 145*b*.

—— *v.* SYDALL.

DIGGES, *of Newington and Rygate, fr. Co. Kent*, 1046. fo. 2.   1147. fo. 24.   1397. fo. 39*b*. 1430. fo. 26.   1561. fo. 146.   Add. MS. 14,311. fo. 30.

Digges, Add. MS. 4963. ff. 27*b*. 28.

Dobbyns, of Redriffe, Add. MS. 5533. fo. 276*b*.

DODD, *of Godstone, fr. Co. Chesh.* 1561. ff. 74. 101*b*.

—— *of Tanridge, fr. Co. Chesh.* 1046. fo. 14*b*. 1147. fo. 40.   1397. fo. 52*b*.   1430. fo. 43.   1433. fo. 37.   1561. ff. 72*b*. 99*b*.   Add. MS. 12,478. fo. 8.

Dove, of Camberwell, 1561. fo. 3*b*.   Add. MS. 4963. fo. 56.

DOWNE, *of Cobham*, 1046. fo. 105.   1147. fo. 63.   1397. fo. 144.   1430. fo. 69. 1433. fo. 30.   1561. fo. 36*b*.   Add. MS. 4963. fo. 84.

DOYLEY, *of Ranton*, Add. MS. 14,311. fo. 89*b*.

DRAKE, *of Rygate, fr. Co. Devon.* 1046. fo. 7*b*. 1147. fo. 34*b*.   1397. fo. 45*b*.   1430. fo. 37*b*.   1433. fo. 45*b*.   1561. fo. 96. Add. MSS. 4963. fo. 40*b*.   12,478. fo. 2*b*.

Drake, 1046. fo. 22.   1397. fo. 60.   1046. fo. 22.   1433. fo. 56*b*.   1561. fo. 108.

DRAPER, *of Camberwell, fr. Co. Notts.* 1046. fo. 59.   1147. fo. 85.   1397. fo. 97.   1430. fo. 90.   1433. fo. 91.   Add. MSS. 4963. fo. 6.   12,478. fo. 42.   14,311. ff. 96. 80*b*.

DREWRY, Add. MS. 14,311. fo. 10.

DRYLEY, Add. MS. 14,311. fo. 36.

DUBBER, *of Bechworth, fr. Co. Oxon.* 1046. fo. 21*b*.   1147. fo. 48.   1397. fo. 59*b*. 1430. fo. 52.   1433. fo. 56.   1561. fo. 107*b*.   Add. MSS. 4963. fo. 58.   12,478. fo. 13.

Duckett, of Gray's Inn, Add. MS. 5533. fo. 275.

DUDLEY, Add. MS. 14,311. fo. 93.

DUKE, *of Richmond, fr. Cos. Kent and Dors.* 1046. fo. 104.   1147. fo. 30*b*.   1397. fo. 143. 1430. fo. 33*b*.   1433. fo. 132*b*.   1561. ff. 59. 183.   Add. MSS. 4963. fo. 32*b*.   14,311. fo. 24.

Duke, of Wandsworth, Add. MS. 5533. fo. 276.

DUNCOMB, *of Shalford, fr. Cos. Beds. and Berks.* 1046. fo. 116.   1147. fo. 151.   1397. fo. 155.   1430. fo. 157.   1433. fo. 144*b*. 1561. fo. 233*b*.   Add. MSS. 4963. fo. 163*b*. 14,311. fo. 69.

Duncomb, of Bramley, Add. MS. 5533. ff. 262*b*. 264*b*.

Duthais, of St. Olaves, Add. MS. 5533. fo. 278*b*.

ELINBRIDGE, 1561. fo. 29.

Elinbrig, 1433. fo. 39*b*.

Elingworth, of Mitcham, 1433. fo. 187.   1561. fo. 1*b*.

ELLINGWORTH, *of Mitcham*, 1397. fo. 73*b*.   1561. fo. 16*b*.   Add. MS. 4963. fo. 65*b*.

ELLIOTT, *of Albury*, 1561. fo. 263.   Add. MS. 14,311. fo. 66.

———— *of Busbridge*, 1046. fo. 219.   1147. fo. 96.   1397. fo. 190.   1430. fo. 101.   1433. ff. 23*b*. 177*b*.   1561. fo. 22.   Add. MSS. 4963. fo. 114.   14,311. fo. 44.

———— *of Godalming*, 1046. fo. 114*b*.   1147. fo. 96.   1397. fo. 153*b*.   1430. fo. 101. 1433. ff. 23*b*. 142*b*.   1561. fo. 22.   Add. MSS. 4963. fo. 114.   14,311. fo. 44.

Elliott, 1046. fo. 22.   1397. fo. 60.   1433. fo. 56*b*.   Add. MS. 5533. fo. 268.

ELTON, 1397. fo. 188*b*.   1561. fo. 250*b*.

ENGLAR, *of Carshalton, fr. Co. Sussex*, 1046. fo. 25.   1397. fo. 63.   1433. fo. 58*b*. 1561. fo. 110*b*.   Add. MSS. 4963. fo. 167*b*. 12,478. fo. 15*b*.   14,311. fo. 66*b*.

Evans, of Bletchingley, Add. MS. 5533. fo. 256.

EVELIN, *of Godstone*, 1147. fo. 44.   1397. fo. 57.   1430. fo. 48.   1433. fo. 52*b*.   1561. fo. 39*b*.   Add. MS. 12,478. fo. 11.

———— *of Long Ditton*, 1046. fo. 19.   1147. fo. 147.   1397. fo. 56*b*.   1430. fo. 48. 1433. ff. 33. 54.   1561. fo. 39*b*.   Add. MSS. 12,478. fo. 11.   14,311. fo. 82*b*.

———— *of Wotton*, 1046. fo. 112*b*.   1147. fo. 147.   1397. fo. 151*b*.   1430. fo. 153. 1433. fo. 141*b*.   1561. fo. 66.   Add. MS. 14,311. fo. 83.

Evelin, of West Deane, Add. MS. 4963. fo. 52.

———— *of Wotton*, 1433. fo. 186.   Add. MSS. 4963. fo. 51*b*.   5533. fo. 262*b*.

Evershed, of Evershed, Add. MS. 5533. fo. 274.

FARRANT, *or*, FERRAND, *of Mitcham*, 1046. fo. 6*b*.   1147. fo. 2*b*.   1397. fo. 44*b*.   1430. fo. 2*b*.   1433. fo. 42*b*.   1561. fo. 94. Add. MS. 4963. fo. 3*b*.

FARRER, *v.* FERRER.

FAUNT, 1046. fo. 16.   1147. fo. 38*b*.   1397. fo. 54.   1433. fo. 53.   1561. fo. 221. Add. MS. 12,478. fo. 10.

FEAKE, *of Godstone, of London, fr. Co. Norf.* 1046. fo. 20.   1147. fo. 46.   1397. fo. 58. 1430. fo. 50.   1433. fo. 54*b*.   1561. fo. 104.   Add. MS. 12,478. fo. 11*b*.

Feake, Add. MS. 4963. fo. 53*b*.

FERBY, *of Rusham*, 1147. fo. 122.   1430. fo. 128.   1433. fo. 109.   1561. fo. 167*b*.

FERRAND, *v.* FARRANT.

FERRER, *or*, FARRER, *of Brewly, fr. Cos. Linc. and York.* 1561. fo. 169*b*.

———————— *of Westwood, fr. Cos. Linc. and York.* 1046. fo. 80*b*.   1397. fo. 119*b*. 1433. fo. 112.

Ferrer, Add. MS. 4963. fo. 31.

FERRERS, *of Tamworth*, Add. MS. 14,311. ff. 19*b*. 20.

Fesant, 1433. fo. 187*b*.   1561. ff. 2*b*. 3*b*.

FINCH, *of Croydon, fr. Co. Herts.* 1147. fo. 18. 1397. fo. 44*b*.   1430. fo. 18*b*.   1433. fo. 61.   1561. fo. 114*b*.   Add. MS. 4963. fo. 23*b*.   12,478. fo. 18.

FITZ-ELLIS, *of Lecheland*, Add. MS. 14,311. fo. 14*b*.

FITZ-GERALD, Add. MS. 14,311. fo. 79.

FLEETE, *of Chartham*, Add. MS. 14,311. fo. 20*b*.

FLOYD, *of Battersea, fr. Calais*, 1046. fo. 208*b*. 1397. fo. 179*b*.   1433. fo. 166*b*.   1561. fo. 241.

FORDE, *of Kingston upon Thames*, Add. MS. 14,311. fo. 78*b*.

FORSTER, *fr. Co. Northumb.* 1046. fo. 53.   1397. fo. 91.   1433. fo. 86.   Add. MSS. 4963. fo. 168*b*.   12,478. fo. 37.

Forster, of Crowhurst, 1433. fo. 186.   1561. fo. 8*b*.

FOSTER, *of Egham, fr. Co. Northumb.* Add. MS. 12,478. fo. 37.

Fortescue, 1561. fo. 1.   1433. fo. 187.

Forth, of Streatham, Add. MS. 4963. fo. 169.

Fox, of Camberwell, Add. MS. 5533. fo. 44.

Frankland, of Guildford, fr. Co. York. Add. MS. 5533. fo. 265.

FREEMAN, *of Bechworth, fr. Co. Northampt.* 1430. fo. 178*b*.

Freeman, of Lee, 1561. fo. 3*b*.   Add. MS. 5533. fo. 258(*a.b.*)

Freland, of Ockham, 1433. fo. 187*b*.   1561. fo. 2*b*.

FREVILLE, *of Tamworth*, Add. MS. 14,311. fo. 19*b*.

FRISKNEY, *of Friskney*, 1561. fo. 48*b*.

FROMONDES, *of Cheam, fr. Co. Kent*, 1046. fo. 68. 1147. fo. 105.   1397. fo. 107.   1430. fo. 110.   1433. fo. 100.   1561. fo. 29.   Add. MS. 12,478. fo. 50.

Fromondes, 1433. fo. 40.   Add. MS. 4963. fo. 131*b*.

FULLER, *v.* FULWER.

FULNETBY, 1561. fo. 48*b*.

FULWER, 1081. fo. 8*b.* 1139. fo. 116*b.*
———— or, FULLER, *of Tandridge Court, fr. Co. Sussex*, 1046. fo. 37*b.* 1147. fo. 54. 1397. fo. 75*b.* 1430. fo. 60. 1433. ff. 65*b.* 69*b.* 1561. fo. 125. Add. MSS. 4963. fo. 67*b.* 12,478. fo. 23*b.*
Fulwer, Add. MS. 5533. fo. 256*b.*
FYFYD, 1561. fo. 258*b.*
FYNCH, *v.* HERBERT.
FYNES, *Lord Dacres,* Add. MS. 14,311. ff. 7*b.* 74.
FYNEULX, Add. MS. 14,311. fo. 26*b.*
GAGE, *of Thames Ditton, from London,* 1046. fo. 199. 1433. fo. 160.
GAINSFORD, *of Blockfield,* 1046. fo. 40*b.* 1147. fo. 58*b.* 1397. fo. 78*b.* 1430. fo. 64*b.* 1433. fo. 71*b.*
———————— *of Carshalton,* 1561. fo. 85. Add. MS. 12,478. fo. 25*b.*
———————— *of Crowhurst,* 1046. fo. 40*b.* 1147. fo. 58*b.* 1397. fo. 78*b.* 1430. fo. 64*b.* 1433. ff. 35*b.* 71*b.* 1561. ff. 12*b.* 81*b.* Add. MS. 12,478. fo. 25*b.*
Gainsford, 1433. fo. 39*b.* Add. MS. 4963. fo. 75.
GARDINER, *of Bermondsey and Peckham,* 1046. fo. 59*.* 1147. fo. 86. 1397. fo. 98. 1430. fo. 91. 1433. fo. 92. 1561. fo. 51. Add. MS. 14,311. fo. 84*b.*
———————— *of Lagham,* 1561. fo. 51.
———————— *of Leatherhead,* 1561. fo. 56.
Gardiner, of Leatherhead, 1046. fo. 12*b.* 1397. fo. 50*b.* 1433. fo. 49.
Gardner, 1433. fo. 186*b.* 1561. fo. 1*b.* Add. MS. 4963. fo. 105*b.*
GARRAWAY, *of Mortlake, fr. London, and Co. Heref.* 1046. fo. 206. 1397. fo. 177. 1433. fo.164. 1561. fo. 234*b.*
GARTH, *of Morden,* 1046. fo. 9. 1147. fo. 5. 1397. fo. 47. 1430. fo. 6. 1433. fo. 44. 1561. fo. 215*b.* Add. MS. 4963. fo. 6.
GATTON, Add. MS. 14,311. fo. 20.
GAVELL, *of Cobham,* 1046. fo. 200. 1397. fo. 171. 1433. fo. 33*b.* 1561. fo. 42. Add. MS. 4963. fo. 165*b.*
Gavell, Add. MS. 5533. fo. 268.
GEMISH, Add. MS. 14,311. fo. 65*b.*
Gibbs, of St. Olives, Add. MS. 5533. fo. 269*b.*
GIBSON, *of Lambeth, fr. Co. York.* 1046. fo. 207*b.* 1397. fo. 178*b.* 1433. fo. 165*b.* 1561. fo. 240.
GIFFORD, *of Meth,* 1561. fo. 258. Add. MS. 14,311. fo. 60*b.*
GILLETT, Add. MS. 14,311. fo. 36.
GILMAN, *of Nutfield,* Add. MS. 14,311. fo. 66*b.*
Gilman, 1046. fo. 22. 1433. fo. 56*b.* 1561. fo. 108.
Glyd, of Pendhill, Add. MS. 5533. fo. 256.
Gofton, of Fockwell, Add. MS. 4963. fo. 169.
Goned, of Clapham, Add. MS. 5533. fo. 273.
Gonson, of Kingston, Add. MS. 5533. fo. 260*b.*
GOOD, *of Malden,* Add. MS. 4963. fo. 169*b.*
Good, Add. MS. 5533. fo. 261.
GOODIER, Add. MS. 14,311. fo. 30.
Goodman, of Leatherhead, 1433. fo. 188. 1561. fo. 3.
GOODWIN, *of Dorking and Hourne, fr. Co. Sussex,* 1046. fo. 36. 1147. fo. 53*b.* 1397. fo. 74. 1430. fo. 59. 1433. fo. 68*b.* 1561. fo. 121. Add. MSS. 4963. fo. 66*b.* 12,478. fo. 22*b.*

GOODWIN, *of Guildford,* 1046. fo. 99. 1147. fo. 52*b.* 1397. fo. 138. 1430. fo. 58. 1433. fo. 129. 1561. fo. 123.
Goodwin, 1561. fo. 3*b.*
———————— *of Streatham,* Add. MS. 5533. fo. 254.
GOPHILL, *of Fencheke,* 1433. ff. 34*b.* 184. 1561. fo. 40*b.* Add. MS. 4963. fo. 85.
GORING, *of Burton,* 1147. fo. 101*b.* 1430. fo. 106*b.* Add. MS. 14,311. ff. 57*b.* 92*b.*
GOSSALL, Add. MS. 14,311. fo. 20.
GRATWICK, 1433. fo. 27*b.* Add. MS. 4963. fo. 81*b.*
GREENFORD, Add. MS. 14,311. fo. 27*b.*
GRESHAM, *of Titsey, fr. Co. Norf.* 1561. fo. 64*b.* Add. MS. 14,311. ff. 35*b.* 86.
Gresham, of Haslemere, 1433. fo. 186. Add. MS. 5533. fo. 267*b.*
GREY, *Lord, of Ruthin,* Add. MS. 14,311. fo. 36*b.*
GRIFFITH, 1561. fo. 207*b.*
GRIFFIN, *of Southwark, fr. Cos. Suff. or Staff.* 1046. fo. 47*b.* 1147. fo. 74. 1397. fo. 85*b.* 1430. fo. 81. 1433. fo. 80. 1561. fo. 139. Add. MS. 12,478. fo. 31.
GRIMSBY, *of Drakelow,* Add. MS. 14,311. fo. 51*b.*
GRYMES, *of Peckham, fr. London,* 1397. fo. 99. 1433. fo. 92*b.* 1561. fo. 151.
GRYNT, Add. MS. 14,311. fo. 96.
GULDEFORD, *of Halden,* Add. MS. 14,311. ff. 20. 25*b.*
GUNTER, *of Chelworth,* 1561. fo. 12.
GWYNN, *of Glyn Ayron,* 1561. fo. 206.
HALL, *of Battersea, fr. Co. Shrop.* 1046. fo. 111· 1397. fo. 150. 1433. fo. 140. 1561. fo. 188.
——— or, HULL, *of Godalming,* 1046. fo. 111*b.* 1397. fo. 150*b.* 1433. fo. 140*b.* 1561. fo. 188*b.* Add. MS. 4963. fo. 162*b.*
——— *of Hamelden,* 1397. fo. 149*b.*
HAMLIN, 1397. fo. 141. Add. MS. 14,311. fo. 56.
Hamond, of Guildford, 1561. fo. 3.
Hampton, of Bletchingley, Add. MS. 5533. fo. 256*b.*
HANBY, Add. MS. 14,311. fo. 10*b.*
Hanne, 1433. fo. 187*b.* 1561. fo. 2*b.*
Harding, 1561. fo. 4.
HAREWARD, or, HARWARD, *of Merrow,* 1433. fo. 28. 1551. fo. 102. 1561. fo. 32. Add. MS. 4963. fo. 78.
Harleston, of Redriffe, Add. MS. 5533. fo. 275.
HARPER, or, HARPUR, *of Camberwell,* 1046. fo. 55*b.* 1147. fo. 125. 1397. fo. 93*b.* 1430. fo. 131. 1433. ff. 85. 88*b.* 1561. fo. 145. Add. MSS. 4963. fo. 150*b.* 12,478. fo. 36.
HARRIS, *of Croydon, fr. Co. Kent,* 1046. fo. 8. 1147. fo. 6. 1397. fo. 46. 1433. fo. 43*b.* 1430. fo. 7. 1561. fo. 95*b.* Add. MS. 4963. fo. 7.
——————— *of Kingston upon Thames, fr. Co. Shrop.* 1046. fo. 196*b.* 1147. fo. 5*b.* 1397. fo. 167*b.* 1433. fo. 155*b.* 1430. fo. 6*b.* 1561. fo. 209*b.* Add. MS. 4963. fo. 6*b.*
Harris, of Banstead, Add. MS. 5533. fo. 259*b.*
HARRISON, 1046. fo. 97*b.* 1147. fo. 155. 1397. fo. 136*b.* 1433. fo. 128. 1561. fo. 180.
HARVIE, 1444. fo. 79*b.*
HARVY, 1147. fo. 110*b.* 1430. fo. 115*b.*

HARWARD, v. HAREWARD.
HARWOOD, *of Merrow*, 1430. fo. 139. 1433.
 fo. 115*b*. 1561. fo. 174.
HASTINGS, Add. MS. 14,311. ff. 24. 36*b*.
Hatcher, Add. MS. 5533. fo. 255.
HATCLIFFE, Add. MS. 14,311. fo. 96*b*.
HATTON, *of Long Ditton, fr. Co. Chesh.* 1561. fo.
 59*b*.
———— *of Falworth*, 1561. fo. 60.
———— *of Sutton, fr. Co. Chesh.* 1561. fo. 60.
Hatton, of Mitcham and Thames Ditton, Add. MS.
 5533. ff. 255*b*. 261.
HAVERSHAM, Add. MS. 14,311. fo. 19*b*.
Haward, of Tandridge, Add. MS. 5533. fo. 256*b*.
HAWES, *of Tadworth Court, fr. Co. Suff.* 1046.
 fo. 201*b*. 1147. fo. 165. 1397. fo. 172*b*.
 1430. fo. 171. 1433. fo. 160*b*. 1444. fo.
 59. 1561. fo. 205*b*. Add. MS. 4963. fo.
 175*b*. 5533. p. 84.
HAWLE, *of Compton*, 1561. fo. 44. Add. MS.
 14,311. fo. 67.
HAWLEY, 1561. fo. 258.
HAWTE, *of Pluckley*, Add. MS. 14,311. fo. 29*b*.
———— *of Shelvingsborne*, Add. MS. 14,311. fo.
 30.
Haynes, 1147. fo. 170.
HAYWARD, *of Tandridge, fr. Wales*, 1046. fo. 71.
 1147. fo. 109. 1397. fo. 110. 1430. fo.
 114. 1433. fo. 102. 1561. fo. 162.
 Add. MSS. 4963: fo. 135. 12,478. fo. 52.
Hayward, 1433. fo. 187*b*. 1561. fo. 2*b*.
HEATH, *of Limesfield and Mitcham*, Add. MSS.
 4963. fo. 12. 14,311. fo. 58.
HEBBS, *of Waybridge, fr. Co. Dors.* 1561. fo. 76*b*.
HENDLEY, *of Rotherhithe*, 1046. fo. 52. 1147.
 fo. 48*b*. 1430. fo. 52*b*. 1397. fo. 90.
 1433. fo. 84*b*. 1561. fo. 144*b*. Add.
 MSS. 4963. fo. 58*b*. 12,478. fo. 35*b*.
HERBERT, *or*, FYNCH, Add. MS. 14,311. ff. 9*b*.
 20*b*.
HERON, *of Addiscombe*, 1561. fo. 16. Add. MS.
 4963. fo. 65*b*.
Heron, 1433. fo. 187. 1561. fo. 1.
Herris, 1433. fo. 56*b*.
HETON, *of Barwick*, 1147. fo. 44*b*. 1430. fo.
 48*b*.
HEVER, Add. MS. 14,311. fo. 60*b*.
Hildesley, of Kingston, Add. MS. 5533. fo. 261.
HILL, *v.* HULL.
HINNIMAN, Add. MS. 14,311. fo. 96.
HOBBES, *of Tootingbeck, fr. Co. Glouc.* 1046. fo.
 66*b*. 1147. fo. 97*b*. 1397. fo. 105*b*.
 1430. fo. 102*b*. 1433. fo. 99. 1561. fo.
 158*b*. Add. MSS. 4963. fo. 125*b*. 12,478.
 fo. 49.
Hobby, 1433. fo. 185*b*.
Hodeton, Add. MS. 4963. fo. 171.
HODGESON, *of Tooting, fr. Co. Sussex and London*,
 1046. fo. 57. 1147. fo. 126*b*. 1397. fo.
 95. 1433. fo. 89*b*. 1430. fo. 132*b*.
 1561. fo. 149. Add. MSS. 4963. fo. 151*b*.
 12,478. fo. 40*b*.
HOLLAND, *Earl of Surrey*, 890. fo. 3*b*.
Holland, of Guildford, fr. Co. Staff. Add. MS.
 5533. fo. 265.
HOLMAN, *of Godstone*, 1046. fo. 17. 1147. fo.
 41. 1397. fo. 55. 1430. fo. 44. 1433.
 fo. 52. 1546. fo. 108*b*. 1561. fo. 87.
 Add. MSS. 4963. fo. 48. 12,478. fo. 9.

HOLMAN, *of Sutton Place, fr. Cos. Dors. and Leic.*
 1046. fo. 73*b*. 1147. fo. 115. 1397. fo.
 112*b*. 1430. fo. 121. 1433. fo. 105*b*.
 1561. fo. 163*b*. Add. MSS. 4963. fo. 139.
 12,478. fo. 55*b*. 14,311. fo. 83*b*.
Holman, of Pendhill, Add. MS. 5533. fo. 256.
HOLMDEN, *of Tenchleys*, 1046. fo. 40. 1147. fo.
 60. 1397. fo. 78. 1430. fo. 66. 1433.
 fo. 72. 1561. fo. 128. Add. MSS. 4963.
 fo. 75*b*. 12,478. fo. 26. 14,311. fo. 43.
HOMDEN, *of Lingfield*, Add. MS. 14,311. fo. 95*b*.
HOOPER, 1483. fo. 138*b*. 1530. fo. 80*b*.
HOORD, *of Ewell*, 1561. fo. 260*b*.
HORDEN, Add. MS. 14,311. fo. 96*b*.
HOSKINS, *of Oxsted, fr. Wales*, 1046. fo. 39.
 1147. fo. 28. 1397. fo. 77. 1430. fo. 36.
 1433. fo. 70*b*. 1561. fo. 49*b*. Add. MSS.
 4963. fo. 29*b*. 14,311. ff. 67. 70*b*.
Hoste, of Mortlake, Add. MS. 5533. fo. 277*b*.
HOW, 1541. fo. 189.
HOWARD, *Visct. Bindon*, 1046. fo. 4. 1147. fo.
 13*b*. 1433. fo. 40*b*. Add. MS. 4963. fo.
 18*b*.
Howard, 1433. fo. 185*b*.
HOWLAND, *of Streatham, fr. London*, 1046. fo. 64.
 1147. fo. 92*b*. 1397. fo. 103. 1430. fo.
 97*b*. 1433. fo. 95*b*. 1561. fo. 153*b*.
 Add. MSS. 4964. fo. 132. 12,478. fo. 46*b*.
Howland, Add. MSS. 4963. fo. 111*b*. 5533. fo.
 255*b*.
HULL, *of Godalming*, 1147. fo. 145. 1430. fo.
 151. 1433. fo. 140*b*. 1561. fo. 189*b*.
 Add. MS. 4963. fo. 37.
———— *of Hameldon*, 1433. fo. 32. 1561. fo. 9.
 Add. MS. 4963. fo. 37.
———— *or*, HILL, Add. MS. 14,311. fo. 66*b*.
———— *v.* HALL.
Hull, of Hameldon, 1433. fo. 187*b*. 1561. fo. 2*b*.
———— *of London*, 1046. fo. 216. 1561. fo. 4.
 1433. fo. 175*b*.
Hungerford, of Nutfield, Add. MS. 5533. fo. 257.
HUNTLEY, *of Dorking, fr. London*, 1046. fo. 74*b*.
 1147. fo. 120*b*. 1430. fo. 126*b*. 1397.
 fo. 113*b*. 1433. fo. 108. 1561. fo. 170.
 Add. MS. 4963. fo. 146*b*.
INGLER, of Rygate, 1433. fo. 188. 1561. fo.
 3.
JAMES, *of Rygate, fr. Co. Essex, London, and
 Germany*, 1046. fo. 32. 1147. fo. 26.
 1397. fo. 70. 1430. fo. 28. 1433. fo.
 66*b*. 1561. fo. 224*b*.
———— *of Stoke, fr. Co. Kent*, 1046. fo. 72*b*.
 1397. fo. 111*b*. 1433. fo. 104*b*. 1561.
 fo. 226. Add. MS. 12,478. fo. 54*b*.
JAY, *of Dorking and Farnham*, 1046. fo. 76.
 1147. fo. 117. 1397. fo. 115. 1430. fo.
 123. 1433. fo. 107*b*. 1561. ff. 163*b*. 165*b*.
Jay, Add. MS. 4963. fo. 140*b*.
Jennyns, 1561. fo. 3*b*.
JERMYN, Add. MS. 14,311. fo. 36.
Johnson, of Godalming, Add. MS. 5533. ff. 259.
 269.
JONES, *of Whitley*, 1561. fo. 35*b*. 1433. fo. 29*b*.
 Add. MS. 4963. fo. 83.
JORDAN, *of Gatwick*, 1046. fo. 34*b*. 1147. fo.
 52. 1397. fo. 72*b*. 1430. fo. 57. 1433.
 fo. 68. 1561. fo. 120. Add. MS. 12,478.
 fo. 22.
Jordan, of Charlwood, 1433. fo. 186*b*. Add.
 MS. 4963. fo. 62.

KELLESETT, *of Egham*, 1561. fo. 3*b*.
Kellett, of Kipley, Add. MS. 4963. fo. 169.
KEMPE, Add. MS. 14,311. fo. 90.
—— *of Croydon, jr. Co. Norf.* 1046. fo. 31.
1147. fo. 17.   1397. fo. 69.   1430. fo. 18.
1433. fo. 62.   1561. fo. 115*b*.   Add. MSS.
12,478. fo. 19.   14,311. ff. 23*b*. 24.
Kempe, of Croydon, Add. MS. 4963. fo. 22*b*.
Kempsall, of Compton, Add. MS. 4963. fo. 89.
KENNETT, Add. MS. 14,311. fo. 26*b*.
Ketelby, of Horne, fr. Co. Shrop. Add. MS. 5533.
fo. 255*b*.
KIDDERMINSTER, *or*, KILDERMISTER, 1147. fo.
110*b*.   1430. fo. 115*b*.   Add. MS. 14,311.
ff. 68*b*. 95*b*.
KILDERMISTER, *v.* KIDDERMINSTER.
Kingsmill, Add. MS. 4963. fo. 46.
Knap, Add. MS. 5533. fo. 267.
KNEVETT, *or*, KNYVETT, Add. MS. 14,311. ff. 35*b*.
90.
KNIGHT, 1433. fo. 65*b*.
KNIGHTLEY, *of Kingston-upon-Thames, fr. Co.
Notts.* 1147. fo. 169.   1430. fo. 175.   1397.
fo. 191*b*.   Add. MS. 4963. fo. 178*b*.
Knightley, 1046. fo. 219*b*.   1397. fo. 191*b*.
1433. fo. 186*b*.   1561. fo. 4.
Knipe, of Imber Court, Add. MS. 5533. fo. 261*b*.
KNYVETT, *v.* KNEVETT.
LAKEN, Add. MS. 14,311. fo. 33*b*.
LAMBERT, *of Banstead and Carshalton*, 1046. fo.
69.   1081. fo. 53*b*.   1147. fo. 105*b*.
1397. fo. 108.   1430. fo. 110*b*.   1433. fo.
100*b*.   1561. ff. 69*b*. 159.
LAMBORN, *of Mayford, fr. Co. Bucks.* 1046. fo.
114.   1147. fo. 149.   1397. fo. 153.
1430. fo. 155.   1433. fo. 143.   1561. fo.
191*b*.
Langham, of Clapham, Add. MS. 5533. fo. 272*b*.
Lant, of Norbiton and London, Add. MS. 5533. fo.
261*b*.
LATTON, *of Esher, fr. Co. Berks.* 1561. fo. 264*b*.
Latton, 1561. fo. 264.
LAVEROCK, Add. MS. 14,311. fo. 27*b*.
LAWSON, 1561. fo. 49.
LEAKE, *of Southwark and Co. Essex, fr. Germany*,
1397. fo. 39.
LECHFORD, *or*, LICHFORD, *of Shelwood*, 1433. ff. 32*b*.
183.   1561. fo. 39.   Add. MS. 4963. fo. 144*b*.
Leechford, Add. MS. 5533. fo. 274.
LEIGH, *of Abbingworth*, 1046. fo. 74.   1147. fo.
110.   1397. fo. 113.   1430. fo. 115.
1433. fo. 106.   1463. fo. 4.   1561. fo.
164.   Add. MSS. 12,478. fo. 56.   14,311.
fo. 68*b*.
—— *of Addington*, 1147. fo. 110.   1430. fo.
115.   1561. fo. 13*b*.   Add. MS. 14,311.
ff. 21. 68*b*. 95*b*.
—— *of Stockwell, fr. Co. Chesh.* 1433. fo. 180.
1561. fo. 19*b*.   4963. fo. 70*b*.   Add. MS.
14,311. fo. 78*b*.
Leigh, of Addington, 1433. fo. 186.   1561. fo. 1.
—— *of Stockwell*, 1433. fo. 187*b*.   1561. fo. 2*b*.
—— *of Sutton*, Add. MS. 4963. fo. 135*b*.
LENNARD, *Lord Dacres*, Add. MS. 14,311. ff. 6*b*.
7*b*.
LEVESEY, *of Tooting, fr. Co. Notts.* 1433. fo. 28*b*.
1561. fo. 32*b*.   Add. MS. 4963. fo. 79.
Levesey, 1433. fo. 186.
LEWSTON, 1177. fo. 50*b*.
LICHFORD, *v.* LECHFORD.

LIDCOTT, *v.* LITCOTT.
LIFIELD, *of Stoke Dabernon*, 1433. fo. 179*b*.
1561. fo. 258.   Add. MS. 14,311. ff. 48*b*. 52*b*.
Lifield, 1561. fo. 3*b*.   1433. fo. 188.
LISLE, *Lord. v.* WARREN.
Lisle, of Redriffe, Add. MS. 5533. fo. 273.
LISLEY, *or*, DE INSULA, *of Gatescombe*, Add. MS.
14,311. fo. 93.
LITCOTT, *or*, LIDCOTT, *fr. Cos. Berks. and Bucks.*
1046. fo. 106.   1397. fo. 145.   1433. fo.
134.   1561. fo. 232*b*.
LITTLETON, Add. MS. 14,311. fo. 33*b*.
Littleton, of Lingfield, Add. MS. 5533. fo. 256*b*.
LITTON, *of Wallington, fr. Cos. Suff. and Derb.*
1046. fo. 2*b*.   1147. fo. 15*b*.   1397. fo.
64.   1430. fo. 16*b*.   1433. fo. 60*b*.
1561. fo. 114.   Add. MSS. 4963. fo. 20*b*.
12,478. fo. 17*b*.
Litton, of Weybridge, Add. MS. 5533. fo. 263.
LLOYD, *of Cheam, fr. Co. Denbigh*, 1046. fo. 24*b*.
1147. fo. 12*b*.   1397. fo. 62*b*.   1430. fo.
13*b*.   1433. fo. 59.   1561. fo. 111.   Add.
MSS. 4963. fo. 16*b*.   12,478. fo. 16.   14,311.
fo. 70.
—— *of Lanwayes*, 1046. fo. 195.   1397. fo.
166.   1433. fo. 154.   1561. fo. 208.
Lloyd, of Cheam, Add. MS. 5533. fo. 254*b*.
Long, of Carshalton, Add. MS. 5503. fo. 254.
—— *of St. George's*, Add. MS. 5533. fo. 270*b*.
LOVELL, Add. MS. 14,311. fo.. 73*b*.
—— *of Martin Abbey, fr. Co. Norf.* 1561. fo.
57*b*.
LUMLEY, *Lord*, 1147. fo. 13.   1397. fo. 62*b*.
1430. fo. 14.   Add. MSS. 4963. fo. 17.
14,311. ff. 70. 87.
LUSHER, *of Sholand*, 1147. fo. 61*b*.   1394. p. 53.
1397. fo. 186*b*.   1415. fo. 58.   1420. fo.
34*b*.   1430. fo. 67*b*.   1561. fo. 5*b*.   Add.
MSS. 4963. fo. 80*b*.   14,311. ff. 65. 96.
Lusher, 1046. fo. 215*b*.   1433. ff. 173. 186*b*.
1561. fo. 1.   Add. MSS. 4963. fo. 44*b*.
5533. fo. 267*b*.
LUTTERIDGE, Add. MS. 14,311. fo. 27*b*.
LYNNE, Add. MS. 14,311. fo. 35.
MACHELL, *of East Horsley*, Add. MS. 5533. fo.
267.
MACKWORTH, Add. MS. 14,311. fo. 35.
MANNING, *of Downe*, 1397. fo. 44.   Add. MS.
4963. fo. 21.
Marbecke, 1046. fo. 219*b*.   1561. fo. 4.
MARBURY, *of Lambeth, fr. Co. Wilts.* 1046. fo.
204*b*.   1397. fo. 175*b*.   1433. fo. 163.
1561. fo. 238.   Add. MS. 4963. fo. 166*b*.
MARLAND, Add. MS. 14,311. fo. 95*b*.
Marland, 1561. fo. 3*b*.
MARSHALL, *of Southwark, fr. Cos. Linc. and York.*
1046. fo. 43.   1147. fo. 69*b*.   1397. fo.
81.   1430. fo. 76*b*.   1433. fo. 75*b*.
1561. fo. 133*b*.   Add. MSS. 4963. fo. 91*b*.
12,478. fo. 28*b*.
Marston, of Horton, 1433. fo. 188.   1561. fo. 3.
MARTIN, *of Eaton Bridge*, 1046. fo. 21.
MARTYN, Add. MS. 14,311. fo. 95*b*.
Mascall, of Send, Add. MS. 5533. fo. 266.
Maynard, of Tooting, Add. MS. 5533. fo. 275*b*.
MEERHURST, *of Warpleston*, 1046. fo. 79*b*.   1397.
fo. 118*b*.   1433. fo. 112*b*.   1561. fo. 172.
Add. MS. 4963. fo. 173.
MELLERSH, *of Nore*, Add. MS. 14,311. fo. 76*b*.
Mellersh, of Godalming, Add. MS. 5533. fo. 266*b*.

Meverell, of Chertsey, Add. MS. 5533. fo. 263.
MIDLETON, *of Newington, fr. London,* 1046. fo. 203. 1397. fo. 174. 1433. fo. 162. 1561. fo. 213*b*.
Midleton, of Newington and St. Saviours, Add. MSS. 4963. fo. 171. 5533. fo. 269*b*.
MILL, *of Croydon,* Add. MS. 4963. fo. 7*b*.
Miller, of Bukland, Add. MS. 5533. fo. 258.
MILLET, *or,* MYLLET, *of Chertsey, fr. Co. Heref.* 1046. fo. 115*b*. 1147. fo. 156. 1397. fo. 154*b*. 1430. fo. 162. 1433. fo. 144. 1561. fo. 193*b*.
Mills, 1433. fo. 185*b*.
MINGAY, *of Southwark, fr. Co. Norf.* 1046. fo. 44. 1147. fo. 70*b*. 1397. fo. 82. 1430. fo. 77*b*. 1433. fo. 76*b*. 1561. fo. 135. Add. MSS. 4963. fo. 92*b*. 12,478. fo. 29*b*.
MINTERNE, *of Thorpe, fr. Co. Dors.* 1046. fo. 96. 1397. fo. 135. 1433. fo. 125. 1561. fo. 178.
Mitchell, of Redriffe, Add. MS. 5533. fo. 273*b*.
MONCKTON, *of Egham, fr. Co. York.* 1046. fo. 90*b*. 1147. fo. 166*b*. 1397. fo. 129*b*. 1430. fo. 172*b*. 1433. fo. 127. 1561. fo. 179. Add. MS. 4963. fo. 176*b*.
MONTAGUE, *Earl of, v.* BROWNE.
———————— *Marquis, v.* NEVILL.
Moone, of Ash, 1561. fo. 3. 1567. fo. 54.
MOORE, *of Losely, fr. Co. Denbigh,* 1046. fo. 108. 1147. fo. 143*b*. 1397. fo. 147. 1430. fo. 149*b*. 1433. fo. 135*b*. 1561. fo. 7. Add. MS. 14,311. ff. 67. 73.
———————— *of Southwark, fr. London, and Co. Shrop.* 1046. fo. 45. 1147. fo. 71*b*. 1397. fo. 83. 1430. fo. 78*b*. 1433. fo. 77*b*. 1561. fo. 229. Add MS. 4963. fo. 93*b*.
Moore, of Loseley, 1433. fo. 185*b*. 1561. fo. 1. Add. MSS. 4963. fo. 162. 5533. fo. 266*b*.
———————— *of Southwark,* Add. MS. 5533. p. 36.
Morbeck, 1433. fo. 186*b*.
MORELAND, *fr. Co. Oxon.* 1147. fo. 64*b*.
MORGAN, 1433. fo. 180*b*.
———————— *of Chilworth, fr. Co. Monm.* 1433. fo. 26*b*. 1561. fo. 31. Add. MS. 14,311. fo. 85(*a. b.*)
Morgan, 1433. fo. 186. Add. MS. 4963. fo. 144.
Morrice, of Battersea, Add. MS. 5533. fo. 253*b*.
MORTON, *of Bawtree,* 1046. fo. 28*b. 1397. fo. 66*b*.
———————— *of Croydon, fr. Cos. Kent, Glouc. and Dorset.* 1046. fo. 28*. 1094. fo. 125*b*. 1147. fo. 16. 1184. fo. 122*b*. 1187. fo. 15. 1397. fo. 66. 1430. fo. 17. 1433. fo. 60. 1553. fo. 74*b*. 1561. ff. 61. 113. Add. MS. 12,478. fo. 17.
Morton, Add. MSS. 4963. fo. 21*b*. 5533. fo. 255.
MOYSE, *of Banstead,* 1046. fo. 197. 1397. fo. 168. 1433. fo. 156. 1561. fo. 210*b*. Add. MSS. 4963. fo. 164*b*. 14,311. fo. 66*b*.
MUDGE, *v.* MUGGE.
MUGGE, *or,* MUDGE, *of Guildford,* 1561. fo. 7. Add. MS. 14,311. fo. 67.
MULCASTER, *of Charlwood, fr. Co. Cumb.* 1046. ff. 41*b*. 42. 1147. fo. 65. 1397. ff. 79*b*. 80. 1430. fo. 71*b*. 1433. fo. 73*b*. 1561. fo. 131*b*.
Mulcaster, Add. MSS. 4963. fo. 88*b*. 5533. fo. 250*b*.

MULSHO, *of Thingdon,* Add. MSS. 14,311. fo. 54*b*.
MUSCHAMP, *of Mitcham,* 1433. fo. 31. 1561. fo. 37*b*.
MUSCHAMP, *of Peckham and Rowbarnes,* 1046. fo. 62. 1147. fo. 87*b*. 1397. fo. 101. 1430. fo. 92*b*. 1433. ff. 94. 181*b*. 1561. ff. 21. 37*b*. Add. MS. 14,311. fo. 46*b*.
Muschamp, 1433. fo. 186*b*. Add. MSS. 4963. fo. 107*b*. 5533. fo. 265.
MYLLET, *v.* MILLET.
MYNN, *of Woodcot,* 1147. fo. 77.
NEVELL, *Marquis Montague,* 1561. fo. 18*b*.
NEVILL, Add. MS. 14,311. fo. 28*b*.
———————— *Lord Aburgavenny,* Add. MS. 14,311. fo. 74.
NEWDIGATE, *of Newdigate,* 1561. fo. 25*b*. Add. MS. 14,311. fo. 79*b*.
Newdigate, 1046. fo. 22. 1397. fo. 60. 1433. fo. 56*b*. Add. MS. 4963. fo. 36.
Newenham, 1433. fo. 187*b*. 1561. fo. 2*b*.
Newnum, Add. MS. 4963. fo. 166*b*.
Newton, of Stoke, Add. MS. 5533. fo. 263*b*.
NICHOLSON, *of Bramley, fr. Cos. Bucks. and York.* 1046. fo. 87. 1139. fo. 112*b*. 1397. fo. 126. 1433. fo. 117. 1561. fo. 71*b*.
Noke, 1561. fo. 3*b*.
NORBURY, *of Stoke,* 1561. fo. 257*b*. Add. MS. 14,311. ff. 53. 60*b*.
Norbury, 1561. fo. 3.
NORTOFT, *of Egmore,* Add. MS. 14,311. fo. 5*b*.
NORTON, *of Colesden and London,* 1561. fo. 50. Add. MS. 14,311. fo. 66.
OFFLEY, *of Putney and London, fr. Co. Staff.* 1046. fo. 211. 1397. fo. 182. 1433. fo. 168*b*. 1561. fo. 243*b*. Add. MS. 4963. fo. 173*b*.
OFFORD, *v.* UFFORD.
ONSLOW, *of Knoll, fr. Co. Shrop.* 1046. fo. 75. 1147. fo. 31*b*. 1397. fo. 114. 1430. fo. 34*b*. 1433. fo. 107. 1561. fo. 165. Add. MS. 14,311. fo. 59*b*.
Onslow, of West Clendon, Add. MS. 5533. fo. 268*b*.
Oneslow, Add. MS. 4963. fo. 33*b*.
Overman, of Southwark, 1561. fo. 4.
OWEN, 1084. fo. 21*b*. Add. MS. 14,311. fo. 86.
PAGENHAM, Add. MS. 14,311. fo. 93.
PAKINGTON, *of Sholand, fr. Cos. Midd. and Northampt.* 1046. fo. 90. 1147. fo. 150. 1397. fo. 129. 1430. fo. 15*b*. 1433. fo. 119. 1561. fo. 231*b*. Add. MS. 4963. fo. 163.
Palmer, 1046. fo. 219*b*. 1561. fo. 4. 1433. fo. 186*b*. Add. MS. 4963. fo. 46.
PAMPELION, *of Roehampton,* 1046. fo. 109*b*. 1397. fo. 148*b*. 1433. fo. 137*b*. 1561. fo. 186*b*.
PARKHURST, *of Guildford,* 1046. fo. 85. 1147. fo. 133*b*. 1397. fo. 124. 1430. fo. 139*b*. 1433. ff. 116. 125. 1561. fo. 89. Add. MS. 4963. fo. 155*b*.
PARVIS, *or,* PARVISH, *of Unsted and Guildford,* 1046. fo. 86*b*. 1397. fo. 125*b*. 1433. fo. 116*b*. Add. MS. 4963. fo. 147*b*.
PASTON, Add. MS. 14,311. ff. 35*b*. 79.
PAULE, *of Lambeth, fr. Cos. Shrop. and Norf.* 1046. fo. 207. 1397. fo. 178. 1433. fo. 165. 1561. fo. 239.
Paule, Add. MS. 4963. fo. 31.

Payne, of Milford, 1433. fo. 188.   1561. fo. 3.
    Add. MS. 5533. fo. 269.
PEMBRIDGE, Add. MS. 14,311. fo. 14*b*.
PERSALL, Add. MS. 14,311. fo. 14*b*.
PETT, *of Walworth, fr. Co. Essex*, 1046. fo. 60*b*.
    1147. fo. 90.   1397. fo. 99*b*.   1430. fo.
    95.   1433. fo. 93.   1561. fo. 230.   Add.
    MS. 12,478. fo. 44.
Pettiward, of Putney, Add. MS. 5533. fo. 274*b*.
PEVERELL, Add. MS. 14,311. ff. 53. 60*b*.
PISTOR, *of Rygate, fr. Cos. Dors. and Hants.*
    1046. fo. 33.   1147. fo. 51.   1397. fo. 71.
    1430. fo. 56.   *1433. fo. 66.   1561. fo.
    118*b*.   Add. MSS. 4963. fo. 61.   12,478.
    fo. 21.
PLATT, 1561. fo. 24.
Platt, of West Horsley, Add. MS. 5533. fo. 268.
PLECY, 1147. fo. 118.   1397. fo. 141.   1430.
    fo. 124.   1561. fo. 10*b*.   Add. MSS. 4963.
    fo. 142.   14,311. to. 56.
POLSTED, *of Albury and Woseley, fr. London*,
    1147. fo. 8.   1397. fo. 194.   1430. fo. 9*b*.
    Add. MSS. 4963. fo. 12*b*.   14,311. fo. 59.
Pope, of St. Olive's, 1561. fo. 3*b*.   Add. MS. 5533.
    fo. 269*b*.
POWELL, *of Tootingbeck, fr. Monmouth.* 1046. fo.
    57*b*.   1147. fo. 127*b*.   1397. fo. 95*b*.
    1430. fo. 133*b*   1433. fo. 90.   1561. fo.
    150.   Add. MSS. 4963. fo. 76.   12,478.
    fo. 41.
POUNCETT, *of Chaldon, fr. Cos. Essex and Som.*
    1561. fo. 52.
POYNINGS, Add. MS. 14,311. ff. 36*b*. 73*b*.
POYNTZ, 4109. fo. 79.
———— *of Rygate*, Add. MS. 14,311. fo. 79*b*.
Poyntz, 1433. fo. 56*b*.
PRICE, *of Kingston-upon-Thames, fr. Co. Cardi-
    gan*, 1046. fo. 193*b*.   1397. fo. 164*b*.   1433.
    fo. 152*b*.   1561. fo. 206*b*.
PRIMONT, Add. MS. 14,311. fo. 55.
Primont, Add. MS. 4963. fo. 124*b*.
PURSE, *of Guildford*, 1046. fo. 79.   1561. fo.
    168*b*.   1397. fo. 118.   1433. fo. 110.
Pynner, of Kingston-upon-Thames, 1561. fo. 3*b*.
QUELCH, *of Chipstead, fr. London*, 1546. fo. 90.
    1561. fo. 50.   Add. MS. 14,311. fo. 66.
QUENNELL, *of Chittingfeld*, 1046. fo. 89*b*.   1397.
    fo. 128*b*.   1433. fo. 118*b*.   1561. fo. 175.
    Add. MS. 4963. fo. 172.
Quynell, of Field Place, Add. MS. 5533. fo. 265*b*.
RADNELL, Add. MS. 14,311. fo. 90.
RANDYLL, *of Albury, fr. London*, Add. MS. 14,311.
    fo. 84.
RAWLINS, *of Woking, fr. Co. Som.* 1147. fo. 148*b*.
    1430. fo. 154*b*.   1561. fo. 192.
Rawlins, Add. MS. 5533. fo. 265*b*.
RAYMOND, *of Guildford, fr. Co. Essex*, 1046. fo.
    95.   1147. fo. 124.   1397. fo. 134.   1430.
    fo. 130.   1433. fo. 124.   1561. fo. 175*b*.
Raymond, Add. MS. 4963. fo. 148*b*.
READ, *of Oatlands*, 1561. fo. 57.
Read, Add. MS. 4963. fo. 41*b*.
RICHARDSON, *of Southwark, fr. Co. York.* 1046.
    fo. 49.   1147. fo. 76.   1397. fo. 87.   1430.
    fo. 83.   1433. fo. 81*b*.   1561. fo. 141.
    Add. MSS. 4963. fo. 97.   12,478. fo. 32*b*.
RICHBELL. 1397. fo. 191.
Ridley, 1433. fo. 185*b*.
ROBBINS, *of Woking, fr. Co. Som.* 1046. fo. 113*b*.
    1397. fo. 152*b*.   1433. fo. 143.

ROBERTS, Add. MS. 14,311. fo. 14*b*.
ROCHESTER, Add. MS. 14,311. fo. 5*b*.
Rogers, of Bermondsey, Add. MS. 5533. fo. 275*b*.
———— *of Leatherhead*, Add. MS. 5533. fo. 267.
ROKESLEY, Add. MS. 14,311. ff. 36*b*. 93.
Rollestone, of Lambeth, Add. MS. 5533. fo. 273*b*.
ROSETHORNE, *fr. Co. Lanc.* 1561. fo. 51*b*.
ROSSE, *Lord, v.* CECILL.
Rouchland, or, Routland, of Mitcham, 1433. fo.
    187*b*.   1561. fo. 2*b*.
ROUSE, 1194. fo. 117.   1562. fo. 45*b*.
Rouse, of St. Saviours, Add. MS. 5533. fo. 271.
ROWLAND, *of Egham, fr. London*, 1046. fo. 202*b*.
    1397. fo. 173*b*.   1430. fo. 174.   1433. fo.
    161*b*.   1561. fo. 212*b*.   Add. MS. 4963.
    fo. 178.
ROYDEN, *of Chertsey and Pirford*, 1046. fo. 189.
    1147. fo. 160*b*.   1397. fo. 161.   1430. fo.
    166*b*.   1433. fo. 148*b*.   1561. fo. 202*b*.
    Add. MS. 4963. fo. 175.
RUSHAM, *of Rusham Hall*, 1046. fo. 76*b*.   1147.
    fo. 122.   1397. fo. 115*b*.   1430. fo. 128.
    1433. fo. 109.   1561. fo. 167*b*.
RUTLAND, *of Mitcham, fr. Co. Kent*, 1171. fo. 78.
    1397. fo. 38*b*.   1561. fo. 54*b*.   Add. MS.
    4963. fo. 8*b*.
RYTHE, *of Chipstead, fr. Cos. Midd. and Hants.*
    1046. fo. 72.   1147. fo. 112.   1397. fo.
    111.   1430. fo. 117.   1433. fo. 103.
    1561. fo. 230*b*.
Rythe, Add. MS. 4963. fo. 136*b*.
RYTHER, *of Rygate, fr. Cos. Essex and York.*
    1046. fo. 14.   1147. fo. 37.   1397. fo. 52.
    1430. fo. 40.   1433. fo. 50.   1561. fo.
    218.   Add. MS. 12,478. ff. 7. 53.
Ryther, Add. MS. 4963. fo. 43.
RYVEREDGE, Add. MS. 14,311. fo. 65*b*.
ST. JOHN, Add. MS. 14,311. fo. 92*b*.
St. John, 1433. fo. 185*b*.
ST. LEGER, Add. MS. 14,311. fo. 64.
ST. MARTIN, Add. MS. 14,311. fo. 28*b*.
ST. OWEN, Add. MS. 14,311. fo. 14*b*.
SANDERS, *of Leatherhead*, 1561. fo. 50.
SANDES, *or*, SANDS, *of Patesham, fr. Co. Cumb.*
    1046. fo. 202.   1147. fo. 61.   1397. fo. 173.
    1430. fo. 67.   1433. fo. 161.   1561. fo. 31*b*.
———— *of Leatherhead*, Add. MS. 14,311. fo. 66.
———— *of Sheen, fr. Co. Cumb.* Add. MS. 4963.
    fo. 77.
———— *of Thorley*, Add. MS. 14,311. fo. 10*b*.
Sandes, 1433. fo. 185*b*.
SANDYS, *Lord*, Add. MS. 14,311. fo. 48*b*.
SAUNDERS, *of Charlewood*, 1046. fo. 190.   1137.
    fo. 49.   1147. fo. 100.   1397. fo. 162.
    1430. fo. 105.   1432. fo. 40*b*.   1433. fo.
    149*b*.   1561. fo. 18.
———— *of Ewell*, 1561. ff. 46*b*. 58.
Saunders, 1433. fo. 185*b*.   Add. MS. 4963. fo.
    128*b*.
SAVILL, *of Thornhill*, Add. MS. 14,311. fo. 35*b*.
SAYER, *of Battersea, fr. Co. Essex*, 1046. fo. 212.
    1397. fo. 183.   1433. fo. 169*b*.   1561. fo.
    245.   Add. MS. 4963. fo. 172*b*.
SCOTT, *of Camberwell*, 1561. fo. 43.   Add. MSS.
    4963. fo. 86.   14,311. ff. 20*b*. 21. 24*b*.
Scott, 1561. fo. 1*b*.   Add. MS. 4963. fo. 170.
SEPHAM, *of Kingston, fr. London and Co. Kent*,
    1397. fo. 173*b*.   1433. fo. 25*b*.   1561. fo.
    30*b*.   Add. MS. 4963. fo. 76*b*.
SERJEAULX, Add. MS. 14,311. fo. 20*b*.

SHAW, *of Southwark, fr. Co. Chesh.* 1046. fo. 48. 1147. fo. 75*b.* 1397. fo. 86. 1430. fo. 82*b.* 1433. fo. 81. 1561. fo. 139*b.* Add. MS. 4963. fo. 96*b.*

Shaw, of St. George's, Add. MS. 5533. fo. 270.

Sheffield, of Westden, 1561. fo. 3*b.*

Shelbery, of Peckham, Add. MS. 5533. fo. 277.

SHEPPARD, *of Battersea, fr. Co. Sussex*, 1046. fo. 110. 1397. fo. 149. 1433. fo. 138*b.* 1561. fo. 187*b.*

Sheppard, Add. MS. 4963. fo. 170.

Sherman, of Croydon, Add. MS. 5533. fo. 253*b.*

SKINNER, *of Rygate*, 1561. ff. 43. 45. 50. Add. MSS. 4963. ff. 63*b.* 86. 14,311. ff. 21. 66.

Skinner, 1046. fo. 22. 1397. fo. 60. 1433. fo. 56*b.* 1561. ff. 3*b.* 108.

———— *of Rygate*, 1433. fo. 187. 1561. fo. 1*b.*

SLIFFIELD, *of Sliffield*, 1561. fo. 263.

Slyfeild, of Bookham, 1433. fo. 187*b.* 1561. fo. 2*b.*

SMALPIECE, *of Guildford*, 1046. fo. 119. 1147. fo. 152*b.* 1397. fo. 158. 1430. fo. 158*b.* 1433. fo. 145*b.* 1561. fo. 195.

SMITH, *of Chertsey, fr. Co. Norf.* 1046. fo. 191. 1147. fo. 162. 1430. fo. 168. 1433. fo. 150*b.* 1561. fo. 203*b.* Add. MS. 4963. fo. 177*b.*

——— *of Milford and Guildford, fr. Co. York.* 1433. fo. 120. 1561. fo. 262.

——— *of Mitcham*, 1046. fo. 5. 1147. fo. 7. 1397. fo. 43. 1430. fo. 8. 1433. fo. 41*b.* 1561. fo. 93. Add. MS. 4963. fo. 11.

——— *of Pepperharrow, fr. Co. Linc.* 1433. fo. 141. 1561. fo. 190*b.*

——— *of Ryall, fr. London and Co. Linc.* 1046. fo. 112. 1147. fo. 145*b.* 1397. fo. 151. 1430. fo. 151*b.* Add. MS. 4963. fo. 179*b.*

——— *of Southwark, fr. Co. Suff.* 1046. fo. 48*b.* 1147. fo. 74*b.* 1397. fo. 86*b.* 1430. fo. 81*b.* 1433. fo. 80*b.* 1561. fo. 140*b.* Add. MSS. 4963. fo. 95*b.* 12,478. fo. 31*b.*

Smith, of Milford, Add. MS. 5533. fo. 265*b.*

——— *of Mitcham*, 1433. ff. 186*b.* 188. 1561. fo. 3.

——— *of Ryall*, Add. MS. 5533. fo. 266*b.*

Snelgrave, of Bermondsey, Add. MS. 5533. fo. 255.

SNELLING, *of Kingston-upon-Thames*, 1046. fo. 103. 1397. fo. 142. 1433. fo. 132. 1561. fo. 181*b.*

——— *of Snelling*, 1046. fo. 188*b.* 1397. fo. 127*b.* 1433. fo. 115. 1561. fo. 172*b.*

Snelling, Add. MS. 4963. fo. 164.

Sollers, of Carshalton, Add. MS. 5533. fo. 255*b.*

Southwell, 1046. fo. 22. 1397. fo. 60. 1433. fo. 56*b.* 1561. fo. 108.

SPENCER, *of Mayford*, 1046. fo. 114. 1147. fo. 149. 1397. fo. 153. 1430. fo. 155. 1433. fo. 143. 1561. fo. 192.

SPILLER, *of Sutton*, Add. MS. 4963. fo. 170*b.*

Spiller, 1046. fo. 216*b.* 1397. fo. 187*b.* 1433. fo. 174. 1561. fo. 4.

SPILMAN, Add. MS. 4963. fo. 71*b.*

STANHOPE, *Earl of Chesterfield*, Add. MS. 14,311. fo. 20.

Staughton, 1433. fo. 186.

STEERE, *of Ockley and Wootton*, 1430. fo. 176.

STIDOLFE, *of Hamhaugh and Mickleham, fr. Co. Kent*, 1046. fo. 78. 1147. fo. 122*b.* 1397. fo. 117. 1430. fo. 128*b.* 1432. fo. 161***. 1433. ff. 31*b.* 109*b.* 1561. fo. 38*b.* Add. MSS. 4963. fo. 158*b.* 14,311. fo. 78.

Stidolfe, or, Stydolph, 1433. fo. 188. 1561. fo. 3.

Stockton, of Godalming, Add. MS. 5533. fo. 268*b.*

Stone, 1561. fo. 3*b.*

STOPFORD, Add. MS. 14,311. fo. 79.

STOUGHTON, *of Stoke*, 1147. ff. 67. 124. 1430. fo. 73*b.* 1433. fo. 113*b.* 1561. fo. 75.

———— *of Stoughton*, 1046. ff. 81. 83. 1147. fo. 67. 1397. ff. 120. 122. 1430. fo. 73*b.* 1433. fo. 113*b.* 1561. fo. 74*b.* Add. MS. 14,311. fo. 67*b.*

———— *of Westocke*, 1046. fo. 82*b.* 1397. fo. 121*b.*

———— *of Worplesdon*, 1046. fo. 83*b.* 1147. fo. 68. 1397. fo. 122*b.* 1430. fo. 74*b.* 1433. fo. 114*b.* 1561. fo. 76. Add. MS. 14,311. fo. 68.

Stoughton, Add. MS. 4963. fo. 89*b.*

STREET, *of Oatlands*, 1561. fo. 63*b.*

———— *of Shalford*, 1433. fo. 104*b.*

Street, Add. MS. 4963. fo. 31.

Streeter, of Lewisham, Add. MS. 5533. fo. 279.

STIRRYE, Add. MS. 14,311. fo. 33.

SUDLEY, *Baron*, 1561. fo. 258*b.* Add. MS. 14,311. ff. 19*b.* 53.

SURRENDEN, Add. MS. 14,311. fo. 29*b.*

SURREY, *Earl of, v.* HOLLAND.

——————————— WARREN.

SWANLAND, Add. MS 14,311. fo. 80.

Sydall, or, Digby, 1046. fo. 219*b.* 1433. fo. 186*b.* 1561. fo. 4.

Symmes, of Guildford, Add. MS. 5533. fo. 263.

TALLER, of Linfield, 1561. fo. 3.

TANNER, *of Ashstead*, 1433. fo. 27*b.* 1561. fo. 33. Add. MS. 4963. fo. 81*b.*

Taylor, of Linfeild, 1433. fo. 188.

Temple, of Edgcombe, Add. MS. 5533. fo. 254.

Terrey, of Guildford, Add. MS. 5533. fo. 264.

THINNE, *v.* BOTEVILLE.

Thomas, of Cobham, Add. MS. 5533. fo. 268*b.*

THOMPSON, *of Streatham, fr. Co. Beds.* 1147. fo. 28*b.* 1397. fo. 71*b.* 1430. fo. 31*b.* Add. MS. 4963. fo. 30*b.*

THORNE, *of Apscourt, fr. Co. Berks.* 1433. fo. 31. 1561. fo. 38. Add. MS. 14,311. fo. 33.

Thornsbury, of Slyfeild Green, Add. MS. 5533. fo. 263*b.*

THROCKMORTON, *or,* CAREW, *of Beddington, fr. Cos. Northampt. and Warw.* 1046. fo. 2*b.* 1147. fo. 1*b.* 1397. fo. 40*b.* 1430. fo. 1*b.* 1433. fo. 38*b.* 1561. fo. 251*b.* Add. MSS. 4963. fo. 2*b.* 14,311. fo. 61*b.*

THURLAND, *of Rygate, fr. Co. Notts.* 1046. fo. 10. 1147. fo. 34. 1397. fo. 48. 1430. fo. 37. 1433. fo. 44*b.* 1561. fo. 217. Add. MS. 12.478. fo. 2.

Thurland, Add. MS. 4963. fo. 40.

TICHBORNE, *of Rygate, fr. Co. Kent*, 1046. fo. 21. 1147. fo. 47. 1397. fo. 59. 1430. fo. 51. 1433. fo. 55. 1561. fo. 105*b.* Add. MS. 12,478. fo. 12.

Tichborne, Add. MS. 4963. fo. 54*b.*

TIPTON, *of Rygate, fr. Co. Shrop.* 1046. fo. 33*b.* 1147. fo. 50. 1397. fo. 71*b.* 1430. fo. 54*b.* 1433. fo. 67*b.* 1561. fo. 119. Add. MS. 12,478. fo. 21*b.*

TIRRELL, *of Rygate*, 1046. fo. 13. 1147. fo. 36. 1397. fo. 51. 1430. fo. 39. 1433. fo. 48. 1561. fo. 99. Add. MS. 12,478. fo. 5.

TIRWHITT, Add. MS. 14,311. fo. 8.

TOOKE, *or*, TUCKE, Add. MS. 14,311. fo. 23*b*.
TOWNLEY, 1437. ff. 62*b*. 99.
TOWNSEND, Add. MS. 14,311.fo. 35*b*.
TRACY, Add. MS. 14,311. fo. 95*b*.
TREGOSE, Add. MS. 14,311. fo. 90.
Trice, 1046. fo. 219*b*.   1433. fo. 186*b*.
TROCHES, *of Barnes, fr. London*, 1046. fo. 107.
    1397. fo. 146.   1433. fo. 138.   1561. fo.
    187.
TRUSSELL, Add. MS. 14,311. fo. 33.
TUCKE, *v.* TOOKE.
TUESLEY, *of Guildford*, 1046. fo. 98*b*.   1147. fo.
    137*b*.   1397. fo. 137*b*.   1430. fo. 143*b*.
    1433. fo. 128*b*.   1561. fo. 180*b*.
TUFTON, *of East Bechworth, fr. Co. Sussex*, 1046.
    fo. 12.   1147. fo. 39.   1397. fo. 50.
    1430. fo. 42.   1433. fo. 46*b*.   1561. fo.
    96*b*.   Add. MSS. 4963. fo. 44.   12,478.
    fo. 3*b*.
TUNSTALL, *of Adgecombe, fr. Cos. Durham and*
    York. 1046. fo. 6.   1147. fo. 10.   1397.
    fo. 44.   1430. fo. 11.   1433. fo. 42.
    1561. fo. 214.   Add. MS. 4963. fo. 14.
TURNER, *of Camberwell, fr. Co. Midd.* 1046. fo.
    62*b*.   1147. fo. 91.   1430. fo. 96.   1397.
    fo. 101*b*.   1433. fo. 94*b*.   1542. fo. 53.
    1561. fo. 153.   Add. MSS. 4963. fo. 110.
    12,478. fo. 45*b*.
Turner, of Bletchingley, 1561. fo. 1*b*.   Add. MS.
    4963. fo. 170.
TWYNE, *of Preston*, 1561. fo. 55*b*.

UFFORD, *or*, OFFORD, Add. MS. 14,311. fo. 8.
UPTON, Add. MS. 14,311. fo. 10*b*.
URRICKE, *of Southwark, fr. Cos. Kent. and Shrop.*
    1046. fo. 51*b*.   1147. fo. 80.   1397. fo.
    89*b*.   1430. fo. 87.   1561. fo. 143*b*.
    Add. MSS. 4963. fo.101.   12,478. fo. 34*b*.
URSWICK, Add. MS. 14,311. fo. 7*b*.

VAN HAWSTERT, Add. MS. 4963. fo. 29.
Vaulx, 1433. fo. 187*b*.   1561. fo. 2*b*.
VERNEY, 1433. ff. 146*b*. 179*b*.
Vernon, of Camberwell, Add. MS. 5533. fo. 272*b*.
———— *of Farnham*, Add. MS. 5533. fo. 278.
VINCENT, *of Stoke Dabernon, fr. Co. Leic.* 1163.
    fo. 216*b*.   1433. ff. 146*b*. 178*b*. 179*b*.   1561.
    ff. 48. 258.   Add. MS. 14,311. fo. 52.
Vincent, 1433. fo. 185*b*.   1561. fo. 2.   Add.
    MSS. 4963. fo. 115.   5533. fo. 260.
VINE, *of Ash*, 1397. fo. 150.   1433. fo. 26.
    1561. fo. 8.
Vine, 1561. fo. 1.

WALDEN, 1561. fo. 19*b*.
Walden, Add. MS. 4963. fo. 41*b*.
WALLEYS, Add. MS. 14,311. fo. 94.
WALLICE, *of Codham*, 1397. ff. 44. 64.   Add.
    MS. 4963. fo. 21.
WALSINGHAM, *fr. Co. Kent*, 1561. fo. 12.   Add.
    MSS. 4963. fo. 56*b*.   14,311. ff. 5*b*. 85.
Walsingham, 1433. fo. 187.   1561. fo. 1.
WALTER, *of Wimbledon, fr. Co. Northampt.* 1561.
    fo. 259*b*.
Walter, 1561. fo. 3*b*.
Warbulten, Add. MS. 4963. fo. 10*b*.
WARHAM, *fr. Co. Hants.* 1561. fo. 15.   Add.
    MS. 4963. fo. 65.
Warham, 1433. fo. 187.   1561. fo. 1.
WARNER, *of Shepey*, Add. MS. 14,311. fo. 67.
Warner, Add. MS. 4963. fo. 49.

WARNET, *of Southwark, fr. Co. Sussex*, 1046. fo.
    50*b*.   1147. fo. 78*b*.   1430. fo. 85*b*.
    1397. fo. 88*b*.   1433. fo. 82*b*.   1561. fo.
    142.   Add. MSS. 4963. fo. 99*b*.   12,478.
    fo. 33*b*.
WARREN, *Earl of Surrey*, Add. MS. 14,311. fo.
    37.
———— *Lord Lisle*, Add. MS. 14,311. fo. 35*b*.
WATERER, *of Woking*, 1147. fo. 158.
WATERTON, Add. MS. 14,311. fo. 51*b*.
WEAVER, *of Kingston, fr. Co. Chesh.* 1433. fo. 28*b*.
    1561. fo. 33*b*.   Add. MSS. 4963. fo. 82.
Weeks, Add. MS. 4963. fo. 10*b*.
WEST, Add. MS. 14,311. fo. 5*b*.
WESTBROOK, *of Godalming*, 1561. fo. 6*b*.   Add.
    MS. 14,311. fo. 67.
Westbrooke, 1433. fo. 187.   Add. MS. 4963. fo.
    49.
WESTON, *of Albury*, 1046. ff. 100*b*. 101*b*.   1147.
    fo. 142.   1397. fo. 139*b*.   1430. fo. 148.
    1433. fo. 131.   1561. fo. 253.   Add. MS.
    14,311. fo. 56*b*.
———— *of Chertsey*, 1046. fo. 99*b*.   1147. fo.
    140.   1397. fo. 138*b*.   1430. fo. 146.
    1433. fo. 129*b*.   1561. ff. 26. 255*b*.   Add.
    MS. 14,311. fo. 57.
———— *of Ockham*, 1046. ff. 100. 101.   1147.
    fo. 141.   1397. ff. 139. 140.   1430. fo.
    147.   1433. fo 130.   1561. ff. 27. 253.
    254*b*.   Add. MSS. 4963. fo. 153*b*.   14,311.
    fo. 56*b*.
———— *of Sutton*, 1046. fo. 102.   1147. ff.
    117*b*. 141.   1397. ff. 140. 141.   1430.
    fo. 123*b*.   1433. fo. 131*b*.   1561. fo. 10*b*.
    Add. MSS. 4963. fo. 141*b*.   14,311. fo.
    55*b*.
———— *of Weston*, 1046. fo. 101.   1147. fo.
    141*b*.   1397. fo. 139*b*.   1430. fo. 147*b*.
    1433. fo. 130*b*.   1561. fo. 253.   Add.
    MS. 14,311. fo. 56*b*.
Weston, 1433. fo. 187.   1561. fo. 1.
WHEELER, *of Dorking, fr. Co. Devon.* Add. MS.
    4963. fo. 166.
Whelar, 615. fo. 238.
WHITE, 1046. fo. 217*b*.   1397. fo. 188*b*.   1433.
    fo. 176*b*.
White, or, Whight, of Ashstead, 1561. fo. 3*b*.   Add.
    MS. 4963. fo. 169.
WHITFIELD, *of Mortlake, fr. Cos. Sussex and*
    Northumb. 1561. fo. 256*b*.
Wiat, of Poyle, 1433. fo. 51*b*.
WICLIFF, *of Wicliff*, 1397. fo. 43*b*.   1433. fo. 42.
    Add. MS. 4963. fo. 14*b*.
WIDNELL, *of Tandridge and Co. Linc.* 1046. fo.
    70.   1147. fo. 45.   1397. fo. 109.   1433.
    fo. 101*b*.   1561. fo. 161.   Add. MSS.
    4963. fo. 53.   5533. fo. 257*b*.   12,478. fo. 51*b*.
Widnell, Add. MSS. 4963. ff. 52*b*. 53.   5533. fo.
    257*b*.
WIGHT, *of Brayleff and Wimbledon*, 1561. fo.
    68*b*.
———— *of Brockham*, 1561. fo. 69.
Wilcocks, of Kingston, fr. Co. Beds. Add. MS.
    5533. fo. 262.
Wilde, Add. MS. 4963. fo. 49.
WILFORD, *of Wandsworth, fr. London*, 1046. fo.
    55.   1147. fo. 129.   1397. fo. 93.   1430.
    fo. 135.   1433. fo. 88.   1561. fo. 147*b*.
    Add. MS. 12,478. fo. 39.
Wilford, Add. MS. 4963. fo. 152*b*.

Wilkinson, of Southwark, Add. MS. 5533. fo. 270*b*.

WIMBLETON, 155. fo. 39*b*.   1147. fo. 122*b*.   1397. fo. 117.   1430. fo. 128*b*.   1433. fo. 31*b*. Add. MS. 14,311. fo. 78.

Wimbleton, 1433. fo. 188.   1561. fo. 3.

WINDSOR, *of Thames Ditton, fr. Cos. Hants. and Bucks.* 1046. fo. 201.   1433. fo. 158*b*. 1397. fo. 172.   1561. fo. 211*b*.

WINTERSELL, 1561. fo. 7*b*.

WINTERSHALL, *of Wintershull,* 1046. fo. 27*b*.

Wintersell, or, Wintershull, 1433. fo. 187.   1561. fo. 1.   Add. MS. 4963. fo. 49.

Witham, of Peckham, Add. MS. 5533. fo. 273

Wither, of Stoke, Add. MS. 5533. fo. 265*b*.

WIVELL, *or,* WYVELL, *of Croydon, fr. Co. York.* 1046. fo. 24.   1147. fo. 12.   1397. fo. 62. 1430. fo. 13.   1433. fo. 58.   1561. fo. 109*b*. Add. MSS. 4963. fo. 16.   12,478. fo. 15.

Wood, of Kingston, Add. MS. 5533. ff. 261*b*. 262.

WOODDALL, 1561. fo. 81.

WOODMAN, *of Bechworth, and Walton upon Thames,* 1046. fo. 20*b*.   1147. fo. 47*b*. 1397. fo. 58*b*.   1430. fo. 51*b*.   1433. fo. 55*b*.   1561. fo. 106*b*.

WOODROFFE, *of Poyle, fr. London and Co. Devon.* 1046. fo. 91.   1094. fo. 126.   1147. ff. 63*b*. 64.   1187. fo. 14*b*.   1188. p. 11. 1397. fo. 130.   1430. fo. 69*b*.   1433. fo. 119*b*.   1561. fo. 47*b*.   Add. MSS. 4963. fo. 86*b*.   14,311. fo. 82.

Woodraffe, 1433. fo. 186*b*.   1561. fo. 1*b*.   Add. MS. 5533. fo. 266.

WOODWARD, *of Lambeth, fr. London and Co. Shrop.* 1046. fo. 208.   1397. fo. 179. 1433. fo. 166.   1561. fo. 240*b*.

WORMALL, *of Lambeth, fr. Co. York.* 1046. fo. 109.   1147. fo. 115.   1397. fo. 148. 1433. fo. 137.   1561. fo. 185*b*.   Add. MS. 4963. fo. 139.

WORSELEY, *of Mitcham, fr. Co. Lanc.* Add. MSS. 4963. fo. 165.   14,311. fo. 71.

WORSLEY, *of Calais,* 1561. fo. 20*b*.   Add. MSS. 4963. fo. 72.   14,311. fo. 79.

WRENN, 1561. fo. 59.

WRIGHT, *of Hartswood, fr. London, and Co. Essex,* 1046. fo. 67.   1147. fo. 107. 1397. fo. 106.   1430. fo. 112.   1433. fo. 101.   1561. fo. 160.   Add. MS. 4963. fo. 132*b*.

————— *of Southwark, fr. Co. Glouc.* 1046. fo. 47.   1147. fo. 73*b*.   1397. fo. 85.   1430. fo. 80*b*.   1433. fo. 79*b*.   1561. fo. 138*b*. Add. MS. 4963. fo. 94*b*.

Wright, 1561. fo. 4.

WROTH, Add. MS. 14,311. fo. 30.

Wyat, of Doyle and Shackleford, 1046. fo. 16*b*. 1397. fo. 54*b*.   Add. MS. 5533. fo. 267*b*.

WYDOX, 1561. fo. 55*b*.

WYLDE, *of Cowlisden,* 1147. fo. 45.   1561. fo. 14*b*.

————— *of Camberwell,* 1561. fo. 183*b*.

Wylde, of Cowlisden, 1561. fo. 1*b*.

Wymondesell, of Putney, Add. MS. 5533. fo. 277*b*.

WYVELL, *v.* WIVELL.

YOUNG, *of Purbright,* 1046. fo. 115.   1147. fo. 149*b*.   1397. fo. 154.   1430. fo. 155*b*. 1433. fo. 143*b*.   1561. fo. 192*b*.

Young, of Lambeth, Add. MS. 5533. fo. 271*b*.

SUSSEX.

AGMONDISHAM, *of Petsworth,* 1562. fo. 111.

ALCHORNE, *of Catsfield, fr. Co. Kent,* 1076. fo. 34*b*.   1084. fo. 97.   1135. fo. 83.   1194. fo. 76.   1406. fo. 39.   1562. fo. 166*b*. 6164. fo. 67.

ALFORD, *fr. Cos. Berks. and York.* 1076. fo. 69. 1084. fo. 139.   1135. fo. 125.   1406. fo. 115.   1562. fo. 194*b*.   4109. fo. 64.

ALFREY, *of Gulledge,* 1076. fo. 186(*a. b.*)   6164. ff. 27*b*. 28.

————— *of Guestling and Potmans,* 1076. fo. 149*b*. 1084. fo. 60.   1135. fo. 46.   1194. fo. 39.   1562. fo. 131*b*.   1406. fo. 10. 4109. fo. 54.   6164. fo. 85*b*.

Alfrey, 1562. fo. 1.

Allen, 1562. fo. 1.

ALMAN, *of Pevensey,* 1076. fo. 42.   1135. fo. 11*b*.   1194. fo. 5*b*.   1406. fo. 4*b*.   1562. fo. 81.   6164. fo. 50.

————— *of Warbleton,* 1084. fo. 26.   1135. fo. 12.   1194. fo. 6.   1406. fo. 5.   1562. fo. 80*b*.

Alman, of Warbleton, 1562. fo. 1.

AMHERST, *of Bayhall, fr. Co. Kent,* 1076. fo. 177.   1084. fo. 117.   1135. fo. 103. 1194. fo. 96.   1406. fo. 61.   1562. fo. 176*b*.   4109. fo. 65*b*.   6164. fo. 20.

ANDERSON, 1562. fo. 45.

ANDREWS, 1562. fo. 16*b*.

AP RHESE, *of Chichester, fr. Co. Hunts.* 1076. fo. 129.   1084. fo. 106.   1135. fo. 92. 1194. fo. 85.   1406. fo. 48.   1562. fo. 175*b*.   6164. fo. 93.

APSLEY, *of Pulborough,* 1076. fo. 134*b*.   1562. fo. 63*b*.   6164. fo. 95*b*.

————— *of Thakeham,* 1076. fo. 134*b*.   1084. fo. 125.   1135. fo. 111.   1406. fo. 101. 1562. ff. 8. 29*b*. 63*b*.   6164. fo. 96.

Apsley, 1562. fo. 1.

ARDERNE, *of Chichester, fr. Co. Chesh.* 1076. fo. 14*b*.   1562. fo. 180*b*.   6164. fo. 45.

ASHBURNHAM, *of Ashburnham,* 1076. ff. 2. 122. 1084. fo. 120*b*.   1135. fo. 106*b*.   1194. fo. 99*b*.   1406. fo. 95*b*.   1484. fo. 67*b*. 1562. fo. 15*b*.   4109. ff. 10*b*. 11.   6164. ff. 7*b*. 31.

ASHBURNHAM, *of Bromham*, 1562. fo. 16. 6164. ff. 7*b*. 31*b*.
Ashburnham, 1562. fo. 1.
AT FENN, *v.* FENNER.
ATKINSON, 1562. fo. 45.
ATWOOD, 1562. fo. 65*b*.
AUDLEY, 890. fo. 45*b*.
———— *Earl of Castlehaven*, 1135. fo. 37*b*. 1194. fo. 30*b*. 1406. fo. 70*b*. 1562. fo. 56*b*.
———— *Lord, v.* TOUCHETT.
AYLWIN, *of Lewis*, 1076. fo. 207*b*.
———— *of Trefford*, 1084. fo. 104. 1135. fo. 90. 1194. fo. 83. 1406. fo. 46. 1562. fo. 170. 4109. fo. 69.
AYNSCOMB, *of Mayfield*, 1076. fo. 46*b*. 1084. fo. 133*b*. 1135. fo. 119*b*. 1194. fo. 134. 1406. fo. 109*b*. 1562. fo. 185. 6164. fo. 1.
Aynscomb, 1562. fo. 1.
BABINGTON, 1484. fo. 61.
BAKER, *of Battle and Mayfield*, 1076. fo. 185. 1084. fo. 39. 1135. fo. 25. 1194. fo. 19. 1406. fo. 18. 1562. fo. 77*b*. 6164. fo. 27.
———— *of Withyham*, 1084. fo. 39. 1135. fo. 25. 1194. fo. 19. 1406. fo. 18. 1562. fo. 77*b*.
BALLARD, *of Wadhurst, fr. Co. Kent*, 1076. ff. 166. 167. 203. 1084. fo. 100. 1135. fo. 86. 1194. fo. 79. 1406. fo. 42.
———— *of Wandsworth, fr. Co. Kent*, 1076. ff. 167. 204.
Bannet, 1562. fo. 1*b*.
BARENTYNE, *of Plumpton*, 1084. fo. 122*b*. 1135. fo. 108*b*. 1194. ff. 101*b*. 118. 1406. fo. 97*b*. 1562. ff. 19*b*. 48.
Barentyne, 1562. fo. 1.
BARINGTON, 1084. fo. 45*b*. 1194. ff. 24*b*. 108. 1562. fo. 22*b*.
Barington, 1562. fo. 1.
BARLOW, *of Chichester, fr. Co. Chesh.* 1076. fo. 67. 1562. fo. 193*b*. 6164. fo. 18.
BARTLETT, *of Bodland and Stopham*, 1043. fo. 109*b*. 6769. fo. 43. 6770. ff. 62*b*. 63.
———— *of Redlead*, 1084. fo. 44*b*. 1135. fo. 30*b*. 1194. fo. 23*b*. 1562. fo. 61.
———— *of Stopham*, 1076. fo. 95. 1084. fo. 45. 1135. fo. 31. 1194. fo. 24. 1406. fo. 63. 1562. fo. 37*b*. 6164. fo. 61.
———— *of Wisborough Green*, 1076. fo. 95. 1084. fo. 45. 1135. fo. 31. 1194. fo. 24. 1406. fo. 63. 1562. fo. 37*b*. 6164. fo. 61.
Bartlett, 1484. fo. 69*b*. 1562. fo. 1.
BASKETT, *of Chichester, fr. Co. Dorset.* 1076. fo. 78. 1084. fo. 68. 1135. fo. 54. 1194. fo. 47. 1406. fo. 126*b*. 1562. fo. 139*b*. 6164. fo. 56*b*.
BAWDE, 1194. fo. 110*b*. 1562. fo. 25*b*.
BEARD, *of Aberton and Cuckfield*, 1076. fo. 53*b*. 1084. fo. 137. 1135. fo. 123. 1194. fo. 137*b*. 1406. fo. 113. 1562. fo. 189*b*. 6164. fo. 43.
BEE, 3288. fo. 159. 5185. fo. 14.
BELLINGHAM, *of Churchfleet*, 1484. fo. 66. 1562. fo. 28.

BELLINGHAM, *of Erringham*, 1076. fo. 77*b*. 1084. fo. 67. 1135. fo. 53. 1194. fo. 46. 1406. fo. 125*b*. 1562. ff. 138*b*. 196*b*. 4109. fo. 22. 6164. fo. 55*b*.
———— *of New Timber*, 1076. fo. 74. 1084. fo. 65. 1135. fo. 51. 1194. fo. 44. 1406. fo. 123*b*. 1562. ff. 60. 137*b*. 6164. fo. 55.
Bellingham, 1562. fo. 1.
BENDLOWES, 1194. fo. 105. 1562. fo. 8*b*.
BENION, *of Aldingborne*, 1084. fo. 148*b*. 1135. fo. 136*b*. 1406. fo. 87. 1562. fo. 80.
Benion, 1562. fo. 1*b*.
Benyon, 1562. fo. 1*b*.
BENNETT, 1562. fo. 59.
BERE, 1076. fo. 52.
BETTESWORTH, *of Chithurst*, 1076. fo. 15*b*. 1084. fo. 129. 1135. ff. 89. 115. 1406. fo. 105*b*. 1562. fo. 181.
———— *of Fyning and Fitz Halls*, 1076 fo. 15*b*. 1084. fo. 129. 1135. ff. 89. 115. 1194. fo. 82. 1406. ff. 45. 105. 1562. ff. 169*b*. 181.
BICKLEY, *or*, BIRKLEY, *of Chidham, fr. Co. Hants.* 1562. fo. 114. 1194. fo. 129*b*.
Bickley, 1076. fo. 209.
BIRCHENSTY, *v.* BIRSTY.
Birchett, of Rye, 1562. fo. 1*b*.
BIRKLEY, *v.* BICKLEY.
BIRSTY, *or*, BIRCHENSTY, *of Arundel, fr. Co. Kent*, 1076. fo. 21*b*. 1084. fo. 90. 1135. fo. 76. 1196. fo. 69. 1406. fo. 81. 1562. fo. 159*b*. 4109. fo. 68*b*. 6164. fo. 10.
Birsty, 1562. fo. 1*b*.
BISHOP, *of Henfield*, 1084. fo. 150*b*. 1135. fo. 138*b*. 1194. fo. 121. 1406. fo. 89*b*. 1562. fo. 54*b*. 4109. fo. 43. 6164. fo. 37*b*.
———— *of Parham*, 1076. fo. 199. 6164. fo. 37*b*.
BLACHFORD, *of Chichester, fr. Co. Dorset.* 1076. fo. 66*b*. 1084. fo. 63. 1135. fo. 49. 1194. fo. 42. 1406. fo. 122. 1562. ff. 136. 193. 6164. fo. 72*b*.
BLAKER, *of Portslade*, 1076. fo. 30*b*. 1084. fo. 92*b*. 1135. fo. 78*b*. 1194. fo. 71*b*. 1406. fo. 84. 1562. fo. 163. 6164. fo. 14*b*.
BLAST, *of Crawley*, 1562. fo. 83*b*.
Blaxton, 1076. fo. 209.
BLEWETT, 1194. fo. 104. 1562. fo. 11*b*.
BLOUNT, *Lord Mountjoy*, 1562. fo. 100.
BOARD, *or*, BOORD, *of Cuckfield and Linfield*, 1084. fo. 113. 1135. fo. 99. 1194. fo. 92. 1406. fo. 55. 1562. fo. 71*b*.
BOHUN, *of Midhurst*, 1562. ff. 32*b*. 53*b*. 73*b*. Add. MS. 14,311. fo. 93.
BOORD, *v.* BOARD.
BOORNE, *of Battle*, 1194. fo. 121*b*. 1562. fo. 55.
Boorne, 1562. fo. 1.
BOSVILE, 1194. fo. 101*b*. 1406. fo. 97*b*. 1562. fo. 19*b*.
BOWYER, *of Chichester and Leythorne, and of Co. Bucks*, 1076. fo. 132. 1084. fo. 49. 1135. fo. 36. 1194. fo. 29. 1406. fo. 69. 1562. fo. 43*b*. 6164. fo. 94.
Bowyer, 1562. fo. 1.
BRAMSHOTT, 1562. fo. 32*b*.
Bramshott, 1562. fo. 1.
BRAY, *Lord*, 1484. fo. 65. 1562. fo. 16*b*.
———— *of Eton*, 1562. fo. 16*b*.

Bray, 1562. fo. 1.

BRETT, 1076. fo. 222*b*.

BREWER, 1076. fo. 222*b*.

BREWES, *or*, BRUSE, *of Bramber, and Co. Bucks.* 1562. fo. 6*b*.

BRIDGER, *of Warminghurst*, 1076. fo. 160*b*. 1084. fo. 62*b*. 1135. fo. 48*b*. 1194. fo. 41*b*. 1406. fo. 120*b*. 1562. fo. 135*b*. 6164. fo. 72.

BROWNE, *Visct. Montague*, 1562. fo. 62.
———— *of Kerford*, 1562. fo. 83.
———— *of Tavistock, fr. Co. Surrey*, 1076. ff. 198*b*. 199. 6164. fo. 37.

Bruse, Lord, 1076. fo. 212*b*.

BRUSE, *v.* BREWES.

BRYAN, *of Battle, fr. Co. Leic.* 1076. fo. 44*b*. 1084. fo. 102. 1135. fo. 88. 1194. fo.81. 1406. fo. 44. 1562. fo. 173*b*. 4109. fo. 61*b*. 6164. fo. 51*b*.

BUFFKIN, *of Barkham, fr. Co. Kent*, 1076. fo. 31. 1084. fo. 94*b*. 1135. fo. 80*b*. 1194. fo. 73*b*. 1406. fo. 36*b*. 1562. fo. 174. 6164. fo. 69.

Burrell, of Cuckfield, 1076. fo. 105*b*. 1084. fo. 76. 1135. fo. 62. 1194. fo. 55. 1406. fo. 25*b*. 1562. fo. 146. 4109. fo. 74. 6164. fo. 74*b*.

BURTON, *of Bourne*, 1076. fo. 196*b*. 1084. fo. 48. 1135. fo. 34. 1194. fo. 27. 1406. fo. 66*b*. 1562. ff. 19. 41*b*. 4109. fo. 33. 6164. fo. 36*b*.

Burton, 1562. fo. 1.

BUSBRIDGE, *of Hareman*, 1076. fo. 3. 1084. fo. 38. 1135. fo. 24. 1194. fo. 18. 1406. fo. 17. 1562. fo. 128. 4109. fo. 73. 6164. fo. 8.

Bushop, 1562. fo. 1.

BUTLER, *Earl of Ormond*, 1484. fo. 61*b*.

Butler, 1562. fo. 1*b*. 1484. fo. 66*b*.

BUTTERWICK, *of Berry*, 1084. fo. 105. 1135. fo. 91. 1194. fo. 84. 1406. fo. 47. 1562. fo. 171.

BYNDLOS, *of Rye*, 1076. fo. 91.

BYNE, *of Rowdell*, 1076. fo. 51*b*. 1084. fo. 132*b*. 1135. fo. 118*b*. 1194. fo. 136. 1406. fo. 108*b*. 1562. fo. 187*b*. 6164. fo. 42.

BYRD, 1545. fo. 123.

BYSSHE, *of Worth, fr. Co. Surrey*, 1046. fo. 10*b*. 1076. fo.83. 1147. fo. 20*b*. 1397. fo. 48*b*. 1430. fo.22*b*. 1433. fo. 47*b*. 1561. fo.98*b*. 6164. fo. 35*b*. Add. MSS. 12,478. fo. 4*b*. 14,311. fo. 76.

Bysshe, 1076. ff. 85. 87*b*. 88.

CALDICOTT, 1076. fo. 120*b*. 6164. fo. 88*b*.

Caldicott, 1084. fo. 32. 1135. fo. 18. 1194. fo. 12. 1406. fo. 11*b*. 6164. fo. 83.

CAMOYS, 1562. fo. 20*b*.

CARDINALL, 1562. fo. 94.

CARLETON, *of Guisons, fr. Co. Cumb.* 1076. fo. 119. 1084. fo. 35. 1135. fo. 21. 1194. fo. 15. 1406. fo. 14*b*. 1562. fo. 126. 4109. fo. 72. 6164. fo. 77*b*.

CARR, *of Chichester*, 1076. fo. 195.

CARRELL, *of Harting*. 1076. fo. 91*b*. 1084. fo. 69*b*. 1106. fo. 134*b*. 1135. fo. 55*b*. 1194. fo. 48*b*. 1406. fo. 56. 1432. fo. 260*b*. 1562. fo. 141. 6164. fo. 60. Add. MSS. 5507. fo. 285. 5526. fo. 274*b*. 16,279. fo. 35.

Carrell, 1562. fo. 1*b*.

CASSY, 1076. fo. 132. 1084. fo. 50. 1135. fo. 36. 1194. ff. 29. 120*b*. 1406. fo. 69. 1562. ff. 43*b*. 51*b*. 6164. fo. 94.

CASTLEHAVEN, *Earl of, v.* AUDLEY.

CHALLONER, *of Stantons and Chiltington*, 1076. fo. 110. 1084. fo. 77. 1135. fo. 63. 1194. fo. 56. 1406. fo. 26*b*. 1562. ff. 37. 46. 147. 6164. fo. 87.
———— *of Trenmontes*, 1076. fo. 187. 1562. fo. 130. 6164. fo. 28*b*.

Challoner, 1562. fo. 1*b*.

CHAPMAN, *of West Hampnet*, 1076. fo. 141. 1084. fo. 110. 1135. fo. 96. 1194. fo. 89. 1406. fo. 52. 1562. fo. 122. 4109. fo. 67. 6164. fo. 98.

CHATFIELD, *of the Grove and Bedyles*, 1076. fo. 12*b*. 1084. ff. 51. 86*b*. 1135. ff. 37. 72*b*. 1194. ff 30. 65*b*. 1406. ff. 70. 80*b*. 1562. fo. 47*b*. 4109. fo. 37. 6164. fo. 48.

Chatfield, 1562. fo. 2.

CHATTERTON, *of Eston, fr. Co. Hants*. 1194. fo. 118*b*. 1562. fo. 48*b*. 4109. fo. 37*b*.

Chatterton, 1562. fo. 2.

CHENEY, 1106. fo. 219. 1432. fo. 325. Add. MS. 5526. fo. 457.
———— *of Cralle and Higham*, 1562. ff. 59*b*. 62*b*. 4109. fo. 48.

Cheyney, 1562. fo. 2.

CHOWNE, *of Frogfurle, fr. Co. Kent*, 1076. fo. 112*b*. 1084. fo. 79. 1135. fo. 65. 1194. fo. 58. 1406. fo. 29. 1562. fo. 149. 6164. fo. 91.

CHURCHAR, *of Slinfold, fr. Co. Surrey*, 1076. fo. 18*b*. 1084. fo. 88. 1135. fo. 74. 1194. fo. 67. 1406. fo. 85. 1562. fo. 156*b*. 4109. fo. 59*b*. 6164. fo. 46.

Churchar, 1562. fo. 2.

CLOPTON, 155. fo. 33.

COLBRAND, *of Lewes and Chichester*, 1076. fo. 172*b*. 1084. fo.156. 1135. fo. 144. 1194. fo. 113*b*. 1406. fo. 134. 1562. fo. 32. 6164. fo. 18*b*.

Colbrand, 1562. fo. 1*b*.

COLDHAM, *of Medhurst*, 1076. fo. 9*b*. 1084. fo. 86. 1135. fo. 72. 1194. fo. 65. 1406. fo. 79*b*. 1562. fo. 174*b*. 6164. fo. 4.

COLEPEPER, *v.* CULPEPER.

COLLINS, *of Brightling and Co. Kent*, 1076. ff. 145*b*. 148. 1084. fo. 57. 1135. fo. 43. 1194. fo. 36. 1406. fo. 76. 1562. fo. 109. 4109. fo. 52*b*. 6164. fo. 83*b*.
———— *of Burwash*, 1076. fo. 147.

COLSHILL, 1562. fo. 19.

COMBER, *or*, CUMBER, *of Alington*, 1076. ff. 108*b*. 178. 1084. fo. 75*b*. 1135. fo. 61*b*. 1194. fo. 21*b*. 1406. fo. 25. 1562. fo. 110. 6164. ff. 23. 32*b*.
———— *of Horsfield and Shermanbury*, 1084. fo. 42. 1135. fo. 28. 1562. fo. 9*b*.

Comber, 1562. fo. 2.

COMPTON, *of Bramblety*, 1076. fo. 169*b*. 6164. fo. 17*b*.

CONVARS, *of Winchelsea*, 1194. fo. 130*b*. 1562. fo. 115*b*.

COOKE, *of Roskington*, 1562. fo. 32*b*.
———— *of Shipley and West Taring*, 1076. fo. 104*b*. 1084. fo. 75. 1135. fo. 61. 1194. fo. 54. 1406. fo. 24*b*. 1562. ff. 145*b*. 197. 6164. fo. 73*b*. Add. MS. 14,311. fo. 93.

COOKE, *of Westburton*, 1076. fo. 94.   1084. fo.
43*b*.   1135. fo. 29*b*.   1194. fo. 22*b*.
1562. fo. 38.   4109. fo. 30.   6164.
fo. 62.
—— *of Wickham*, 1076. fo. 78*b*.   1084. fo.
43*b*.   1135. fo. 29*b*.   1194. fo. 22*b*.
1562. fo. 53*b*.
Cooke, 1562. fo. 1*b*.
COPLEY, *of Roughway and Co. Surrey*, 1194. fo.
124*b*.   1562. fo. 86.
Cotton, 1562. fo. 2.
COURTHOP, *of Wiley, fr. Co. Kent*, 1076. fo. 62*b*.
1084. fo. 149.   1135. fo. 137.   1406. fo.
88.   1562. fo. 79*b*.
COVERT, *of Abberton*, 1076. fo. 24.   1084. ff.
43*b*. 92.   1135. fo. 78.   1194. fo. 71.
1406. fo. 83.   1562. ff. 54. 162*b*.   6164.
fo. 11*b*.   Add. MS. 14,311. ff. 64. 93.
—— *of Sillington*, 1562. fo. 52*b*.
—— *of Slaugham*, 1562. fo. 33.
Covert, 1076 fo. 213.   1562. ff. 1*b*. 2.
COWPER, *of Chichester and Ditcham, fr. Co.
Hants*. 1076. fo. 71.   1084. fo. 34.   1135.
fo. 20.   1194. fo. 14.   1406. fo. 13*b*.
1562. fo. 125.   6164. fo. 53.
—— *of Pankhurst*, 1076. fo. 153.   1084.
fo. 32*b*.   1135. fo. 18*b*.   1194. fo. 12*b*.
—— *of Strood*, 1076. fo. 96*b*.   1084. fo.
36.   1135. fo. 22.   1194. fo. 16.   1406.
fo. 15.   1562. fo. 126*b*.
COX, *of Chichester, and Co. Herts, fr. Co. Mon-
mouth*, 1076. fo. 12.   1084. fo. 87.   1135.
fo. 73.   1194. fo. 66.   1406. fo. 84*b*.
1562. fo. 155.   6164. fo. 47*b*.
CRADOCK, *of Chichester, fr. Cos. Hants. and
Glamorgan*, 1076. fo. 159*b*.
CRALL, 1532. fo. 131*b*.
CRISPE, *of Ore, fr. Co. Kent*, 1076. fo. 119*b*.
1084. fo. 83.   1135. fo. 69.   1194. ff.
62. 105.   1406. fo. 33.   1562. ff. 8*b*.
105*b*.   4109. fo. 57*b*.   6164. fo. 80.
CRUMPE, *of Stoneliuck, fr. Co. Kent*, 1076. fo.
200*b*.   1084. fo. 152*b*.   1135. fo. 140*b*.
1194. fo. 142.   1406. fo. 91*b*.   1562. fo.
203.
CRYELL, 4109. fo. 47*b*.
CULPEPER, *or*, COLEPEPER, *of Fodington, or,
Fogington, fr. Co. Kent*, 1076. fo. 45.   1084.
fo. 101*b*.   1194. fo. 80*b*.   1135. fo. 87*b*.
1406. fo. 43*b*.   1484. fo. 62*b*.   1504. fo.
83*b*.   1562. fo. 169.   6164. fo. 52.
—— *of Wakehurst*, 1076. fo. 171*b*.   1084.
fo. 41.   1194. fo. 21.   1135. fo. 27.
1484. fo. 65.   1562. fo. 6.   6164. fo. 21.
Culpeper, 1562. fo. 1*b*.
CUMBER, *v.* COMBER.
DANVERS, *of Rotherfield*, 1562. fo. 86*b*.
DANYELL, 1546. fo. 52.
DARRELL, *or*, DORRELL, *of Scotney, fr. Co. Kent*,
1076. fo. 205.   1484. fo. 62*b*.
DAWTREY, *of Moorhouse and Petworth*, 1076. fo.
122*b*.   1084. fo. 23.   1194. fo. 3.   1135.
fo. 9.   1406. fo. 2.   1484. fo. 66.   1562.
fo. 23.   6164. fo. 78.
Dawtrey, 1562. fo. 2.
Day, of Chichester, 1562. fo. 2.
DEE, *of Chichester, fr. Co. Shrop.* 1076. fo. 67*b*.
1084. fo. 126.   1135. fo. 112.   1194. fo.
140.   1406. fo. 102.   1562. fo. 194.
4109. fo. 62.

DE LA CHAMBRE, *of Radmill*, 1076. fo. 107*b*.
1084. fo. 58.   1135. fo. 44.   1194. fo.
37.   1406. fo. 77.   1562. fo. 146*b*.
6164. fo. 32.
DE LA HAY, 1562. ff. 57*b*. 95.
De la Poole, Earl of Sussex, 1535. ff. 5. 6*b*. 12.
DEERING, *of Petworth, fr. Cos. Kent, and Som.*
1194. fo. 127.   1562. ff. 28*b*. 98.
Deering, 1562. fo. 2.
DEVENISHE, *of Hellingley*, 1194. fo. 115.   1562.
fo. 36*b*.
Devenishe, 1562. fo. 2.
DOBELL, *of Falmer*, 1076. fo. 141*b*.   1084. fo.
28.   1135. fo. 14.   1194. fo. 8.   1406.
fo. 5*b*.   1562. fo. 122*b*.   4109. fo. 70.
6164. fo. 98*b*.
DONINGS, *of Rye and Chichester*, 1194. fo. 119.
1562. fo. 49.
Donings, 1562. fo. 2.
DONNYNG, *or*, DORING, 1043. fo. 108.   6769. fo.
41*b*.   6770. fo. 63*b*.
DORING, *v.* DONNYNG.
DORRELL, *v.* DARRELL.
DRURY, *of Watergate, near Chichester, fr. Co. Shrop.*
1076. fo. 76.   1086. fo. 66.   1135. fo.
52.   1194. fo. 45.   1406. fo. 121.
1562. fo. 101*b*.   6164. fo. 57.
DUDLEY, 1562. fo. 32*b*.
DUNMOLL, *or*, DUMOLL, *of Wadhurst, fr. Co.
Kent*, 1076. fo. 155*b*.   1084. fo. 62.   1135.
fo. 48.   1194. fo. 41.   1406. fo. 120.
1562. fo. 134.   4109. fo. 28*b*.   6164. fo. 86*b*.
DURRANT, Add. MS. 16,279. fo. 389.
DYKE, 1084. fo. 115.   1194. fo 94.   1135. fo.
101.   1406. fo. 59.   1562. fo. 33*b*.   Add.
MS. 14,311. fo. 92*b*.
—— *of Horham, fr. Co. Kent*, 1076. fo. 162.
Dyke, 1562. fo. 201.
ECCLESTON, *of Winchelsea*, 1194. fo. 131.   1562.
fo. 116.
ECHINGHAM, *of Echingham*, 1562. fo. 100.
Echingham, 1135. fo. 142(*a. b.*)
EDMONDS, *of Bayley's Court*, 1076. fo. 20*b*. 1084.
fo. 88*b*.   1135. fo. 74*b*.   1194. fo. 67*b*.
1406. fo. 86.   1562. fo. 157.   6164. fo.
9*b*.
Edmonds, 1562. fo. 2*b*.
EDWARDS, *of Portslade, fr. London*, 1076. fo. 48*b*.
1194. fo. 135.   1562. fo. 186*b*.   6164.
fo. 2.
ELFECK, *of Seaford*, 1076. fo. 184*b*.   6164. fo.
26*b*.
ELFRED, *of Hoo*, 1076. fo. 27*b*.   1084. fo. 131.
1135. fo. 117.   1406. fo. 107.   1562. fo.
183.   4109. fo. 62*b*.
Elfred, 1562. fo. 2*b*.
ELLSON, *of Barnham and Overing*, 1076. fo. 195.
6164. fo. 34*b*.
ELRINGTON, 1194. fo. 110*b*.   1562. fo. 25*b*.
ERLE, 1552. fo. 189*b*.
ERNLEY, *of Ernley*, 1084. fo. 120.   1135. fo. 106.
1194. fo. 99.   1406. fo. 95.   1562. fo. 35*b*.
Ernley, 1076. fo. 209.   1562. fo. 2*b*.
EVERSFIELD, *of Denn*, 1076. fo. 127.   1084. fo.
104*b*.   1135. fo. 90*b*.   1194. fo. 83*b*.
1406. fo. 46*b*.   1562. fo. 91.   6164. fo.
78*b*.
Eversfield, of Grove, 1562. fo. 2*b*.
FARINGTON, *of Chichester, fr. Co. Lanc.* 1076.
fo. 194.   6164. fo. 34.

FARNDEN, *of Sedlescomb, fr. Co. Surrey*, 1076. fo. 217*b*.

Farnfield, 1076. fo. 104.   1084. fo. 74*b*.   1135. fo. 60*b*.   1406. fo. 24.   1562. fo. 2*b*.

FENNER, *or*, AT FENN, *of Crawley*, 1562. fo. 83*b*.

Fenner, 1562. fo. 2*b*.

FENROTHER, 1562. fo. 15.

FERMOR, *of Walsh*, 1076. fo. 154.   1084. fo. 31. 1135. fo. 17.   1194. fo. 11.   1562. fo. 88. 1406. fo. 8.   6164. fo. 81.

FOLYOTT, 1562. fo. 20*b*.

FORD, *of Harting, fr. Cos. Devon. and Surrey*, 1076. fo. 60*b*.   1084. fo. 141.   1135. fo. 127.   1194. ff. 85*b*. 112*b*.   1406. fo. 117. 1535. fo. 189*b*.   1546. fo. 68.   1561. fo. 20.   1551. fo. 29*b*.   1562. ff. 31. 192. 6164. fo. 17.

Ford, 1084. fo. 106*b*.   1135. fo. 92*b*.   1562. fo. 2*b*.

FORSTER, *of Angmering, fr. Co. Surrey*, 1076. fo. 158*b*.   1084. fo. 153.   1135. fo. 141. 1406. fo. 92.

———— *of Battle, fr. Cos. Herts. and Northumb.* 1076. ff. 43. 183.   1084. ff. 99*b*. 114. 1135. fo. 85*b*.   1194. fo. 78*b*.   1406. fo. 41*b*.   1562. ff. 68. 167.   6164. ff. 26. 50*b*.

———— *of Iden*, 1076. fo. 183.   1084. fo. 114. 1135. fo. 100.   1194. fo. 93.   1406. fo. 58.   1562. fo. 68.   6164. ff. 2*b*. 26.

———— *of Trotton, fr. Co. Worc.* 1076. fo. 11*b*. 1084. fo. 83*b*.   1135. fo. 69*b*.   1194. fo. 62*b*.   1406. fo. 33*b*.   1562. fo. 154. 4109. fo. 59.   6164. fo. 47.

Fortescue, 1562. fo. 2*b*.

FOWLE, *of River Hall and Ritherfield*, 1076. fo. 152.   1084. fo. 33.   1135. fo. 19.   1147. fo. 44*b*.   1194. fo. 13.   1406. fo. 12*b*. 1551. fo. 47*b*.   1562. fo. 88*b*.   4109. fo. 76.   6164. fo. 81*b*.   Add. MS. 4964. fo. 47*b*.

FRANCK, *of Ashburnham, fr. Cos. Essex and Linc.* 1194. fo. 125*b*.   1562. fo. 89*b*.

FREEBODY, *of Udimore*, 1076. fo. 184.   1084. fo. 56*b*.   1135. fo. 42*b*.   1194. fo. 35*b*. 1406. fo. 75*b*.   1562. fo. 178.   6164. fo. 25*b*.

FULLER, 1535. fo. 73*b*.

FYNES, *of Claveringham*, 1084. fo. 144*b*.   1135. fo. 130*b*.   1194. fo. 104.   1406. fo. 128*b*. 1484. fo. 64*b*.   1548. fo. 175.   1562. ff. 11*b*. 58.

Fynes, 1562. fo. 2*b*.

GAGE, *of Furle*, 1076. fo. 206*b*.   1194. fo. 105. 1562. fo. 8*b*.

Gage, 1484. fo. 65*b*.   1562. fo. 2*b*.

GARDNER, *of Rushper*, 1076. fo. 200.   1084. fo. 82*b*.   1135. fo. 68*b*.   1194. fo. 61*b*. 1406. fo. 32*b*.   1562. fo. 152*b*.   4109. fo. 58*b*.   6164. fo. 38.

GARTON, *of Woollavington and Billinghurst*, 1076. fo. 128.   1562. fo. 107*b*.   6164. fo. 79*b*.

GATESCOMBE, 1562. fo. 32*b*.

GEFFEREY, *v.* JEFFEREY.

Gefferey, 1562. fo. 2*b*.

GIFFORD, 1562. fo. 27.

GILBERT, *of Battle*, 1076. fo. 184*b*.   6164. fo. 26*b*.

———— *of Bletchingdon and Foginton*, 1084. fo. 132.   1135. fo. 118.   1406. fo. 108. 1562. fo. 184*b*.   6164. fo. 52*b*.

GILDRIDGE, *of Bourne*, 1135. fo. 17*b*.   1194. fo. 11*b*.   1406. fo. 11.   1562. fo. 178*b*. 4109. ff. 49. 72*b*.

GOODMAN, *of Wevilzfield*, 1076. fo. 193.   6164. fo. 33.

GOODWIN, *of East Grinstead*, 1084. fo. 119. 1135. fo. 105.   1194. fo. 98.   1406. fo. 94.   1562. fo. 5.

GORING, *of Cockham and Burton*, 1084. fo. 115. 1135. fo. 101.   1171. fo. 80.   1194. fo. 94.   1406. fo. 59.   1562. fo. 33(*a. b.*)

Goring, 1562. fo. 2*b*.

GRATWICK, *of Horsham*, 1076. fo. 109*b*.   1084. fo. 75*b*.   1135. fo. 61*b*.   1194. fo. 54*b*. 1406. fo. 25.   1562. ff. 110. 198*b*.   6164. fo. 32*b*.

———— *of Eaton and Combs*, 1076. fo. 220.

———— *of Tortington, fr. Co. Lanc.* 1076. fo. 137*b*.   1084. fo. 108.   1135. fo. 94. 1194. fo. 87.   1406. fo. 50.   1562. fo. 120*b*.   4109. fo. 67*b*.   6164. fo. 96*b*.

GRAY, *Lord*, 6164. fo. 17.

———— *of Ashdowne, fr. Cos. Shrop. and Montgom.* 1076. fo. 130*b*.

———— *or*, GREY, *of Welbeding*, 1076. fo. 59. 1084. ff. 34*b*. 38*b*.   1135. ff. 20*b*. 24*b*. 1194. ff. 14*b*. 18*b*.   1406. ff. 14. 17*b*. 1562. fo. 177*b*.   4109. fo. 71*b*.   6164. fo. 16.

GREGORY, 1562. fo. 59.

GRENT, *of Elrington*, 1562. fo. 86*b*.

GRESHAM, *of Mayfield, fr. Co. Norf.* 1194. fo. 125.   1562. fo. 87*b*.

GREY, *v.* GRAY.

GUILDERIDGE, *of Bourne*, 1076. fo. 144*b*.   1084. fo. 31*b*.   1562. fo. 124*b*.   6164. fo. 90*b*.

———— *of East Bourne*, 1076. fo. 177*b*. 1084. fo. 37*b*.   1135. fo. 23*b*.   1194. fo. 17*b*.   1406. fo. 16*b*.   6164. fo. 20*b*.

GUNTER, *of Chichester*, 1076. fo. 7*b*.   1084. fo. 133.   1135. fo. 119.   1141. fo. 100*b*. 1406. fo. 109.   1445. fo. 139*b*.   1559. fo. 226.   1562. fo. 42*b*.   4109. fo. 34.   6164. fo. 3*b*.   Add. MS. 14,311. fo. 85.

———— *of Racton*, 1076. fo. 61.   1562. fo. 42*b*.   6164. fo. 16*b*.

Gunter, of Racton, 1562. fo. 2*b*.

HALL, *of Horsham*, 1076. fo. 2*b*.   1084. fo. 84. 1135. fo. 70.   1194. fo. 63.   1406. fo. 34. 1484. fo. 67*b*.   1562. fo. 153.   6164. fo. 8*b*.

Hall, 1135. fo. 144*b*.

HALSEY, *of Gatesden*, 4109. fo. 77.

Halsham, 1562. fo. 3.

HARBOTTELL, *of Gesling, fr. Cos. Chesh. and Northumb.* 1194. fo. 130.   1562. fo. 115.

HAWLE, *of Ore*, 1084. fo. 150.   1135. fo. 138. 1194. fo. 103*b*.   1406. fo. 89.   1562. fo. 10*b*.

Hawle, 1562. fo. 3.   4109. fo. 9.

HAWTE, *of Pluckley*, 1194. fo. 127.   1484. fo. 67.   1562. ff. 28*b*. 98.

HAY, *of Battle*, 1076. fo. 179.   6164. fo. 24.

HEATH, *of Peddinghow, fr. Co. Surrey*, 1076. fo. 108*b*.   1084. fo. 75*b*.   1135. fo. 61*b*. 1194. fo. 54*b*.   1406. fo. 25.   1562. fo. 110.   6164. fo. 32*b*.

2 Q

HENSHAW, *of Billinghurst*, 1076. fo. 22*b*. 1084. fo. 91. 1135. fo. 77. 1194. fo. 70. 1406. fo. 82. 1562. fo. 161. 6164. fo. 10*b*.

HENSLEY, *of Lynveld*, *fr. Co. Devon*. 1562. fo. 114*b*.

HEPDEN, *of Burwash*, 1076. fo. 117. 1084. fo. 81*b*. 1135. fo. 67*b*. 1194. fo. 60*b*. 1406. fo. 31*b*. 1562. fo. 151. 6164. fo. 76*b*.

HERBERT, *Earl of Pembroke*, 1406. fo. 130*b*.

HEVER, *of Cuckfield*, 1194. fo. 111*b*. 1562. fo. 30.

Hever, 1562. fo. 3.

HEY, *of Glindbourne*, 1076. fo. 112. 1084. fo. 78*b*. 1135. fo. 64*b*. 1194. fo. 57*b*. 1406. fo. 28. 1562. fo. 148*b*. 4109. fo. 56*b*. 6164. fo. 88*b*.

HIGGENSON, 1076. fo. 154*b*.

HIGGINS, *of Berry*, 1076. fo. 92. 1084. fo. 58*b*. 1135. fo. 44*b*. 1194. fo. 37*b*. 1406. fo. 77*b*. 1562. fo. 113*b*. 6164. fo. 7.

Higgins, 1562. fo. 3.

HIGHAM, *of Echingham*, 1076. fo. 79*b*. 1084. fo. 68*b*. 1135. fo. 54*b*. 1194. fo. 47*b*. 1406. fo. 124*b*. 1562. fo. 140. 6164. fo. 58.

Higham, 1562. fo. 3.

HOBSON, *of Hastings*, *fr. Co. Midd*. 1194. fo. 120. 1562. fo. 51.

Hobson, 1562. fo. 3.

HODGSON, *of Framfield*, 1076. fo. 201. 6164. fo. 38*b*.

HOLLAND, *of West Angmering*, 1076. fo. 102. 1084. fo. 73*b*. 1135. fo. 59*b*. 1194. ff. 52*b*. 132*b*. 1406. fo. 23. 1562. fo. 144*b*. 6164. fo. 73.

—— *of West Burton*, 1076. fo. 121*b*. 1562. fo. 15*b*.

Hoo, 1076. fo. 213.

HOOKE, *of Chichester*, *fr. Co. Hants*. 1076. fo. 98*b*. 1084. fo. 72. 1135. fo. 58. 1194. fo. 51. 1406. fo. 21*b*. 1562. fo. 143. 6164. fo. 63.

HOUGHTON, *of Mayfield*, *fr. Cos. Derby. and Lanc*. 1076. fo. 47*b*. 1084. fo. 135. 1135. fo. 121. 1406. fo. 111. 1562. fo. 186. 6164. fo. 1*b*.

HUNGERFORD, 1562. fo. 13*b*.

HUSSEY, *of Cuckfield and London*, 4109. fo. 75.

—— *of Harting*, 1562. fo. 94*b*.

Hussey, 1562. fo. 3.

ISTED, *of Framfield*, 1076. fo. 168*b*. 1084. fo. 155. 1135. fo. 143. 1406. fo. 133.

Isted, 1562. fo. 3.

JEFFEREY, *or*, GEFFEREY, *of Buckholl and Chittingley*, 1076. fo. 188. 1084. fo. 118. 1135. fo. 104. 1194. fo. 97. 1406. fo. 62. 1562. ff. 12*b*. 40*b*. 4109. fo. 32. 6164. fo. 29*b*.

Jefferey, *or*, *Gefferey*, 1562. ff. 2*b*. 3.

JENNINGS, 1194. fo. 105*b*. 1562. fo. 9.

JERMYN, *of Lordington*, *fr. Co. Devon*. 1076. fo. 218*b*.

JOHNSON, 1562. fo. 80.

KEMPE, *of Slindon*, 1076. fo. 123*b*.

KENDALL, 1076. fo. 212. 1084. fo. 24. 1135. fo. 10. 1194. ff. 4. 114*b*. 1562. fo. 35.

KNOTTESFORD, 1562. fo. 179*b*.

LANGHAM, *of Burwash*, *fr. Co. Northampt*. 1076. fo. 148*b*. 1084. fo. 59. 1135. fo. 45. 1194. fo. 38. 1406. fo. 9*b*. 1562. fo. 131. 4109. fo. 53. 6164. fo. 84.

LANGWORTH, *of Broyle*, 1558. fo. 41*b*. 1562. fo. 118.

LEE, *of Fitchworth*, 1194. fo. 113. 1562. fo. 31*b*.

—— *or*, LEIGH, *of Plaistow*, *fr. Co. Leic. and London*, 1076. fo. 219*b*.

LEECH, *of Bersted and St. Bartholomews*, *fr. Co. Derby*, 1076. fo. 10*b*. 1084. fo. 85. 1135. fo. 71. 1194. fo. 64. 1406. fo. 79. 1562. fo. 154*b*. 4109. f o. 8*b*. 6164. fo. 4*b*.

LEGG, *of Chichester*, *fr. Co. Shrop*. 1194. fo. 119*b*. 1562. fo. 50.

Legg, 1562. fo. 3.

LEIGH, v. LEE.

LEVER, *of Tichurst*, *fr. London and Co. Lanc*. 1562. fo. 63.

LEVETT, *of Fittleworth*, 1076. fo. 101. 1084. fo. 74. 1135. fo. 60. 1194. fo. 53. 1406. fo. 23*b*. 1562. fo. 145. 4109. fo. 57. 6164. fo. 64*b*.

—— *of Longhurst*, 1562. fo. 171*b*.

LEWKENOR, *of Denton and Trotton*, *fr. Cos. Kent and Suff*. 1043. fo. 109*b*. 1076. fo. 178*b*. 1084. fo. 122*b*. 1135. fo. 108*b*. 1194. fo. 101. 1406. fo. 97*b*. 1484. fo. 66*b*. 1562. ff. 19*b*. 101. 1982. fo. 115*b*. 6164. fo. 23*b*. 6770. fo. 62*b*. Add. MS. 14,311. ff. 23*b*. 89*b*.

Lewkenor, 1562. fo. 3.

LINDSEY, *of Buchsted*, *fr. Co. York*. 1076. fo. 51. 1084. fo. 136. 1135. fo. 122. 1194. fo. 136*b*. 1406. fo. 112. 1562. fo. 188*b*. 6164. fo. 41*b*.

LISLEY, *of Gatescombe*, 1562. ff. 32*b*. 53*b*.

Lisley, 1562. fo. 3.

LITTLEBOYS, *of Ashburnham*, *fr. Co. Bucks*. 1076. fo. 150*b*. 1084. fo. 60*b*. 1135. fo. 46*b*. 1194. ff. 39*b*. 131*b*. 1406. fo. 78. 1562. fo. 132*b*. 4109. fo. 53*b*. 6164. fo. 85*b*.

LONDENOYS, 6065. fo. 76*b*.

LOUCHES, *of Milton*, 1562. fo. 20*b*.

LOVELL, *of Lorting*, 1562. fo. 94*b*.

Lovell, 1562. fo. 3.

LUCK, *of Chidham and Retherfield*, 1076. fo. 157. 1194. fo. 132. 1562. fo. 135. 4109. fo. 75*b*. 6164. fo. 71.

Lumley, *of Lumley Castle*, 1562. fo. 179*b*.

LUNSFORD, *of Battle*, 1084. fo. 147. 1135. fo. 133. 1406. ff. 130*b*. 131. 1562. fo. 22*b*.

—— *of Hotheley*, 1194. fo. 108. 1562. fo. 22*b*.

—— *of Luntsford and Wiligh*, 1084. fo. 45*b*. 1135. fo. 31*b*. 1194. fo. 24*b*. 1412. fo. 101*b*.

LYFFIELD, 1562. fo. 16*b*.

LYNE, *of Chichester*, *fr. Co. Hants*. 1194. fo. 129. 1562. fo. 112*b*.

MANNING, 1476. fo. 212*b*.

MARLOTT, *of Mundham*, 1076. fo. 191.

MARSHALL, *of Michelham*, *fr. Co. Herts*. 1076. fo. 176. 6164. fo. 19*b*.

MARVIN, *of Durford*, 1562. fo. 57.

—— *of Fountayne*, 1135. fo. 37*b*. 1194. fo. 30*b*. 1406. fo. 70*b*. 1562. fo. 56*b*. Add. MS. 14,311. fo. 93*b*.

Marvin, 1562. fo. 3*b*.

MASCALL, *of Lewes and Sherington*, 1076. fo. 173*b*. 6164. fo. 22.

Mascall, 1562. fo. 3*b*.

MATHEW, *of Stansted, fr. Co. Glamorgan*, 1076. fo. 7. 1084. fo. 84*b*. 1135. fo. 70*b*. 1194. fo. 63*b*. 1406. fo. 34*b*. 1562. ff. 153*b*. 179*b*. 6164. fo. 3*b*.

Mathew, 1562. fo. 3*b*.

MAUNSER, *of High Town*, 1562. fo. 102*b*.

MAY, *of Burwash*, 1076. fo. 36*b*. 1084. fo. 99. 1135. ff. 13. 85. 1194. fo. 78. 1046. fo. 41. 1562. fo. 81*b*.

———- *of Pachley, fr. Co. Kent*, 1076. fo. 50. 1084. fo. 27. 1135. fo. 13. 1194. fo. 7. 4109. fo. 1*b*. 6164. fo. 41. 1406. fo. 4. 1562. fo. 81*b*.

——— *of Ranmare, fr. London*, 1076. fo. 17*b*. 1562. fo. 82*b*. 6164. fo. 45*b*.

MEERES, 1076. fo. 42*b*. 1084. fo. 25*b*. 1135. fo. 11*b*. 1194. fo. 5*b*. 1406. fo. 4*b*. 1562. fo. 81. 6164. fo. 50.

MELWARD, 1076. fo. 188. 1084. fo. 118. 1194. fo. 104. 1135. fo. 104. 1406. fo. 62. 1562. fo. 12*b*. 6164. fo. 30.

Merlett, 1076. fo. 192.

MERSTON, 1562. fo. 45.

MICHELBORNE, *of Bawcombe*, 1562. fo. 66.

————————— *of Brodhurst*, 1076. fo. 195*b*. 1084. fo. 146. 1135. fo. 132. 1139. fo. 29. 1194. fo. 100. 1406. fo. 130. 1562. ff. 16. 65*b*. 6164. fo. 35.

MICHELL, *of Houghton*, 1076. fo. 136*b*. 1084. fo. 24*b*. 1135. fo. 10*b*. 1194. fo. 4*b*. 1406. fo. 3. 1562. fo. 120. 4109. fo. 50*b*. 6164. fo. 95.

————— *of Stanmerham*, 1076. ff. 80*b*. 192*b*. 1084. fo. 69. 1135. fo. 55. 1194. fo. 48. 1406. fo. 19. 1484. fo. 65*b*. 1562. fo. 140*b*. 6164. ff. 30*b*. 58*b*.

————— *of Sydney*, 1076. fo. 208.

Michell, 1076. fo. 104. 1084. fo. 74*b*. 1135. fo. 60*b*. 1406. fo. 24.

MIDDLETON. *of Boxgrove*, 1076. fo. 161*b*. 6164. fo. 71*b*.

————— *of Horsham*, 1076. fo. 3*b*. 1084. fo. 47. 1135. fo. 33. 1194. fo. 26. 1406. fo. 66. 1562. fo. 41. 4109. fo. 32*b*. 6164. fo. 5.

————— *fr. Co. Kent*, 1076. fo. 142. 1084. fo. 30. 1135. fo. 16. 1194. fo. 16. 1406. fo. 7*b*. 1562. fo. 128*b*. 4109. fo. 70*b*. 6164. fo. 89.

Middleton, 1562. fo. 3*b*.

MILL, *of Camoy's Court*, 1562. fo. 85*b*.

——- *of Gratham*, 1076. fo. 19*b*. 1084. fo. 40. 1135. fo. 26. 1194. fo. 20. 1562. fo. 50*b*. 6164. fo. 9.

Mill, 1562. fo. 3*b*.

MILLES, 1084. fo. 122*b*. 1135. fo. 108*b*. 1194. fo. 101*b*. 1406. fo. 97*b*. 1562. fo. 19*b*.

MINSHULL, *of Arundell*, 1076. fo. 139*b*. 1084. fo. 109*b*. 1135. fo. 95*b*. 1194. fo. 88*b*. 1406. fo. 51*b*. 1562. fo. 121*b*. 4109. fo. 66*b*. 6164. fo. 97*b*.

MONINGHAM, 1562. fo. 13*b*.

MONKE, *of Hurston*, 1076. fo. 138*b*. 1135. fo. 95. 1194. fo. 88. 1406. fo. 51. 1562. fo. 121. 6164. fo. 97.

MONTAGUE, *Visct. v.* BROWNE.

MOORE, *of Moore House*, 1076. fo. 23*b*. 1084 fo. 89*b*. 1135. fo. 75*b*. 1194. fo. 68*b*. 1406. fo. 82*b*. 1562. fo. 159. 4109. fo. 60. 6164. fo. 11.

Moore, 1562. fo. 3*b*.

MORGAN, 1084. fo. 122*b*. 1194. fo. 101*b*. 1406. fo. 97*b*. 1562. fo. 19*b*.

————— *of Chelworth*, 1562. fo. 43.

MORLEY, *of Glynd, fr. Co. Lanc.* 1076. ff. 202. 211. 1084. fo. 24. 1194. ff. 4. 114. 1135. fo. 10. 1562. fo. 34*b*.

————— *of Halfnaked*, 1076. fo. 125*b*. 1084. fo. 29. 1194. fo. 9. 1135. fo. 15. 1406. fo. 6*b*. 1562. fo. 118*b*. 6164. fo. 79. Add. MS. 14,311. fo. 94.

Morley, of East Lavant, 1562. fo. 3*b*.

MOUNTJOY, *Lord, v.* BLOUNT.

MOYNE, 1562. fo. 53.

Mundham, 1076. fo. 192.

MYLLS, 1562. fo. 45.

NALDRETT, 1562. fo. 65*b*.

NEWINGTON, *of Kingston and Salehurst*, 1076. fo. 221.

NEWTON, *of Chichester, fr. London*, 1076. fo. 81*b*. 1084. fo. 70. 1135. fo. 80. 1194. fo. 49. 1406. fo. 19*b*. 1562. fo. 141*b*. 6164. fo. 59.

————— *of East Mascall, fr. Co. Chesh.* 1076. fo. 26. 1084. fo. 94. 1135. fo. 56. 1194. fo. 73. 1406. fo. 36. 1562. fo. 163*b*. 6164. fo. 13.

Norbury, 1562. fo. 3*b*.

NOWELL, *of Battle, fr. Co. Lanc.* 1084. fo. 151. 1135. fo. 139. 1194. fo. 120*b*. 1406. fo. 90. 1562. fo. 52. 4109. fo. 40*b*.

————— *of Rampton, fr. Co. Lanc.* 1562. fo. 51*b*.

Nowell, 1562. fo. 3*b*.

OLIVE, *of Hastings*, 1076. fo. 154*b*.

OLIVER, *of Lewes, fr. London*, 1076. fo. 25. 1084. fo. 91*b*. 1135. fo. 77*b*. 1194. fo. 70*b*. 1406. fo. 83*b*. 1562. fo. 160*b*. 4109. fo. 60*b*. 6164. fo. 12.

ONELEY, *of Pulborough, fr. Co. Hunts.* 1076. fo. 207. 1084. fo. 125*b*. 1135. fo. 111*b*. 1406. fo. 101*b*. 6164. fo. 39*b*.

ORMOND, *Earl of, v.* BUTLER.

OVERTON, 1562. fo. 42.

OWEN, *of Midhurst*, 1562. ff. 73*b*. 95*b*.

OXENBRIDGE, *of Bread*, 1484. fo. 67. 1562. fo. 13*b*.

Oxenbridge, 1562. fo. 3*b*.

PACK, 1194. fo. 126*b*. 1562. fo. 92.

PAGE, *of Up Marden*, 1194. fo. 122*b*.

PAGENHAM, 1180. fo. 3. 1189. fo. 37. 1431. fo. 30*b*. 1562. ff. 32*b*. 57*b*. 6125. fo. 3*b*. 6183. fo. 5.

Pagenham, 1562. fo. 4.

PALMER, 1076. fo. 93. 1084. fo. 70*b*. 1135. fo. 56*b*. 1140. fo. 73*b*. 1159. fo. 73. 1194. fo. 49*b*. 1406. fo. 20. 1442. fo. 76*b*. 6164. fo. 60*b*. Add. MS. 14,311. fo. 93.

————— *of Angmering*, 1194. fo. 107. 1562. ff. 18*b*. 142.

————— *of Parham*, 1076. ff. 14*b*. 71. 1084. fo. 34. 1135. fo. 20. 1194. ff. 14. 107*b*. 1406. fo. 13*b*. 1562. ff. 18*b*. 125. 180*b*. 4109. ff. 15*b*. 55. Add. MS. 14,311. ff. 12*b*. 13*b*. 36*b*.

————— *of Steyning*, 1484. fo. 65*b*.

Palmer, 1562. fo. 4.

Pankurst, of Mayfield, 1076. fo. 220*b*.

PANTON, *of Brightling*, 1076. fo. 181.　6164. fo. 24*b*.

PARKER, 1076. fo. 146.　1084. fo. 70*b*.

———— *of East Bourne*, 1562. fo. 103*b*.

———— *of Herstmonceux, fr. Co. Surrey*, 1076. fo. 182*b*.　6164. fo. 25.

———— *of Ratton*, 1076. fo. 5.　1084. fo. 127. 1135. fo. 113.　1194. fo. 106*b*.　1406. fo. 103.　1562. fo. 18.　6164. fo. 6. Add. MS. 14,311. fo. 95.

Parker, 1562. fo. 4.

PARNELL, 1076. fo. 42*b*.　6164. fo. 50.

PAYE, *of Marden*, 1562. fo. 71.

—— *of Noniley and Pulborough*, 1076. fo. 206. 6164. fo. 39.

PAYNE, *of Petworth, fr. Co. Midd*. 1076. fo. 131. 1084. fo. 107.　1135. fo. 93.　1194. fo. 86.　1406. fo. 49.　1562. fo. 119*b*.　6164. fo. 94*b*.

PECK, *of Lewes and Winchelsea, fr. Co. Suff*. 1076. fo. 32.　1084. fo. 95.　1135. fo. 81. 1406. fo. 37.　1562. ff. 110*b*. 165.　6164. fo. 69*b*.

PECKHAM, *of East Hampnet*, 1076. fo. 72.　1084. fo. 64.　1135. fo. 50.　1406. fo. 121*b*. 1194. fo. 43.　1562. fo. 137.　6164. fo. 54.

Peeterson, of Lewes, 1562. fo. 4.

PEIRS, *of Westfield*, 1194. fo. 141.　1562. fo. 202.

PELHAM, *of Laughton and Sandhurst*, 1076. fo. 56.　1084. fo. 140.　1106. fo. 221*b*. 1135. fo. 126.　1194. fo. 106.　1432. fo. 326.　1484. fo. 65.　1562. ff. 17*b*. 33. 4109. fo. 14.　6164. fo. 44*b*.　Add. MSS. 5507. fo. 389.　14,311. ff. 57*b*. 94*b*.

Pelham, 1562. fo. 4.

PELLET, *of Bignor*, 1076. fo. 77.　1084. fo. 66*b*. 1135. fo. 52*b*.　1194. fo. 45*b*.　1406. fo. 125.　1562. fo. 133.　6164. fo. 56.

———— *of Bolney*, 1076. fo. 33.　1084. fo. 95*b*. 1135. fo. 81*b*.　1194. fo. 74*b*.　1406. fo. 37*b*.　1562. fo. 133.　4109. fo. 61.　6164. fo. 70.

PEMBROKE, *Earl of, v.* HERBERT.

PENHURST, 1562. fo. 86*b*.

PICKERING, *of East Grinsted, fr. Co. Chesh*. 1076. fo. 151.　1084. fo. 61.　1135. fo. 47. 1194. fo. 40.　1406. fo. 119.　1484. fo. 66*b*.　1562. ff. 19*b*. 90.　6164. fo. 86.

PLAYSTED, *of Artington*, 1194. fo. 117*b*.　1562. fo. 46*b*.

———— *of Erlyngton*, 1562. fo. 116*b*.

Playsted, 1562. ff. 4. 201.

POLHILL, *of Burghurst*, 1562. fo. 172*b*.　6164. fo. 66.

———— *of Burwash, fr. Co Kent*, 1076. fo. 35. 1084. fo. 98.　1135. fo. 84.　1194. fo. 76*b*. 1406. fo. 39*b*.　1562. fo. 172.　6164. fo. 65*b*.

POOLE, 1084. fo. 122*b*.　1135. fo. 108*b*.　1562. ff. 19*b*. 67*b*.

———— *of Lerdington, fr. Co. Hants*. 1562. fo. 67*b*.

Poole, 1562. fo. 4.

POPE, *of Hendall, fr. Co. Kent*, 1194. fo. 123*b*. 1562. fo. 75*b*.

POPHAM, 1562. fo. 73*b*.

PORTER, *of Seaford*, 1076. fo. 115*b*.　1084. fo. 80*b*.　1135. fo. 66*b*.　1194. fo. 59*b*. 1406. fo. 30*b*.　6164. fo. 75*b*.　1562. fo. 150*b*.

Porter, of Bayham, 1562. fo. 4.

POWELL, *of Ewhurst, fr. Co. Shrop*. 1076. fo. 120.

POYNES, Add. MS. 14,311. fo. 8.

Puckle, 1562. fo. 4.

RADBER, 1562. fo. 4.

RADCLIFFE, *Earl of Sussex*, 1137. fo. 12.　1179. fo. 130.　1432. fo. 3.　1472. fo. 29. Cott. MS. Jul. F. viii. fo. 62*b*.

RADMILL, 1562. fo. 20*b*.

RAVENSCROFT, *of Horsham, fr. Co. Chesh*. 1076. fo. 2*b*.　1084. fo. 84.　1135. fo. 70.　1194. fo. 63.　1406. fo. 34.　1562. fo. 153. 6164. fo. 8*b*.

RAYMAN, *of Appledram*, 1076. fo. 73*b*.　1084. fo. 46.　1135. fo. 32.　1194. fo. 25.　1406. fo. 65.　1562. fo. 39*b*.　6164. fo. 54*b*.

Rayman, 1562. fo. 4.

READE, 1484. fo. 63.　1562. fo. 59*b*.

Redinghersh, or, Rydinghersh, 1076. fo. 90(*a. b.*)

RELFE, *of Ashburnham*, 1076. fo. 37*b*.　1084. fo. 52*b*.　1135. fo. 38*b*.　1194. fo. 31*b*. 1406. fo. 71*b*.　1562. fo. 68*b*.　6164. fo. 67*b*.

REVE, *of Brede, fr. Co. Kent*, 1076. fo. 161.

REYNES, *of Lewes, fr. Co. Kent*, 1076. fo. 34. 1084. fo. 96*b*.　1135. fo. 82*b*.　1194. fo. 75*b*.　1406. fo. 38*b*.　1562. fo. 166. 6164. fo. 65.

RIGBY, *of Netherland, fr. Co. Lanc*. 1194. fo. 123. 1562. fo. 73.

ROBERTS, *of Battle*, 1562. fo. 49*b*.

———— *of Boresell, fr. Co. Kent*, 1076. fo. 116*b*. 1084. fo. 81.　1135. fo. 67.　1194. fo. 60.　1406. fo. 31.　1562. fo. 129.　4109. fo. 58.　6164. fo. 76.

———— *of Glastonbury*, 1484. fo. 63.

———— *of Warbleton*, 1076. fo. 160.

Roberts, 1562. fo. 4.

ROGERS, *of Horsted*, 1076. fo. 190*b*.

ROKESLEY, 1562. ff. 32*b*. 53*b*.

Rootes, 1562. fo. 4.

ROSE, *of Eastergate and Gray's Inn*, 1076. fo. 100*b*.　1084. fo. 72*b*.　1135. fo. 58*b*. 1194. fo. 51*b*.　1406. fo. 22.　1562. fo. 144.　4109. fo. 55*b*.　6164. fo. 64.

Rose, 1562. fo. 1.

ROWE, *of Lewes, fr. Co. Kent*, 1076. fo. 33*b*. 1084. fo. 96.　1135. fo. 82.　1194. fo. 75. 1406. fo. 38.　1562. fo. 165*b*.　6164. fo. 70*b*.

Rowse, of Rygate, 1562. fo. 4.

Russell, of Pemsey, 1562. fo. 4.

SACKVILE, *of Selscombe*, 1076. fo. 41.　1084. fo. 101.　1135. fo. 87.　1194. fo. 80.　1406. fo. 43.　1484. fo. 61*b*.　1562. fo. 167*b*. 6164. fo. 49*b*.

Sackvile, 1562. fo. 4.

ST. JOHN, 1084. fo. 115.　1135. fo. 101.　1194. fo. 94.　1562. fo. 33*b*.

ST. LEGER, 1562. fo. 53.

SANDERS, *of Sanders*, 1562. fo. 179.

SARIS, *of Billinghurst, fr. Co. York*. 1076. fo. 19. 1084. fo. 89.　1135. fo. 75.　1194. fo. 68.　1406. fo. 80.　1562. fo. 158*b*.　6164. fo. 46*b*.

SCOTT, *of the Moat, fr. Co. Kent,* 1076. fo. 118*b*. 1084. fo. 44. 1135. fo. 30. 1194. fo. 23. 1484. ff. 64. 67*b*. 1562. fo. 36. 6164. fo. 77. Add. MS. 5507. p. 297**.

———— *of Scott's Hall,* 6164. fo. 80*b*.

SCRASE, *of Bletchington,* 1076. fo. 29*b*. 1084. fo. 93. 1135. fo. 79. 1194. ff. 72. 133. 1406. fo. 35. 1562. fo. 162. 6164. fo. 14.

Scrasey, 1562. fo. 4.

SELWYN, *of Friston,* 1076. fo. 113*b*. 1084. fo. 37. 1135. fo. 23. 1194. fo. 17. 1406. fo. 16. 1562. fo. 84*b*. 6164. fo. 92.

Selwyn, 1562. fo. 4*b*.

SHARP, *of Northiam, fr. Co. Kent,* 1076. fo. 140. 1562. fo. 111*b*.

SHELLEY, *of Michelgrove,* 1076. fo. 103*b*. 1562. fo. 26*b*. 6164. fo. 74. Add. MS. 14,311. fo. 21*b*.

Shelley, 1562. fo. 4*b*.

SHEPPARD, *of Peasmarch and Co. Kent,* 1194. fo. 126. 1562. fo. 91*b*.

Sheppard, 1562. fo. 4*b*.

Sherborne, 1076. fo. 209.

Sherwin, of Chichester, 1562. fo. 4*b*.

SHIRLEY, *of Preston,* 1076. fo. 111. 1084. fo. 78. 1135. fo. 64. 1194. fo. 57. 1406. fo. 27. 1484. fo. 65*b*. 1562. fo. 147*b*. 6164. fo. 88. Add. MS. 14,311. ff. 91*b*. 92.

———— *of West Grinsted, fr. Co. Notts.* 1484. fo. 65. 1562. ff. 7*b*. 92*b*.

———— *of Westneston, fr. Co. Notts.* 1562. fo. 7*b*.

Shirley, 1562. fo. 4.

SHOYSWELL, *of Shoyswell,* 1076. fo. 201*b*. 1084. fo. 142*b*. 1135. fo. 128*b*. 1406. fo. 118*b*.

SHURLEY, *of Ifield,* 1076. fo. 57*b*. 1084. ff. 47*b*. 48*b*. 1135. ff. 33*b*. 34*b*. 1194. ff. 26*b*. 27*b*. 1406. fo. 67(*a. b.*) 1562. ff. 47. 104*b*. 4109. fo. 51*b*. 6164. fo. 15.

Shurley, 1562. fo. 4*b*.

SKARSFIELD, 1084. fo. 23. 1135. fo. 9. 1194. fo. 3. 1406. fo. 1*b*. 1562. fo. 23.

SMITH, *of Binderton,* 1076. ff. 18. 73. 1084. fo. 63*b*. 1135. fo. 49*b*. 1194. fo. 42*b*. 1406. fo. 122*b*. 1562. fo. 136*b*. 4109. fo. 54*b*. 6164. fo. 53*b*.

———— *of Crabett, fr. Co. Warr.* 1076. fo. 174. 6164. fo. 21*b*.

SNELLING, *of West Grinsted,* 1076. fo. 4*b*. 1084. fo. 56. 1135. fo. 42. 1194. fo. 35. 1406. fo. 75. 1562. fo. 93. 6164. fo. 5*b*.

Snelling, 1562. fo. 4.

SPENCE, *of Nayland, fr. London,* 1076. fo. 107. 1084. fo. 111*b*. 1135. fo. 97*b*. 1194. fo. 90*b*. 1562. fo. 76*b*. 6164. fo. 75.

SPRINGETT, *of Broyle Place, fr. Co. Kent,* 1076. fo. 144. 1084. fo. 29*b*. 1135. fo. 15*b*. 1194. fo. 9*b*. 1406. fo. 7. 4109. fo. 71. 1562. fo. 123*b*. 6164. fo. 90.

Springate, Add. MS. 16,279. p. 92.

STANLEY, *of Chichester,* 1076. fo. 101*b*.

———— *of Fittleworth, fr. Co. Cumb.* 1076. fo. 92*b*. 1084. fo. 71. 1135. fo. 57. 1194. fo. 50. 1406. fo. 20*b*. 1562. fo. 142*b*. 6164. fo. 59*b*.

STANNEY, 1076. fo. 92. 1084. fo. 58*b*. 1135. ff. 44*b*. 106. 1194. ff. 37*b*. 99. 1406. ff. 77*b*. 95. 1562. ff. 35*b*. 113*b*.

STAPLEY, *of Framfield and Patcham,* 1076. ff. 174*b*. 175. 1084. fo. 43. 1135. fo. 29. 1194. ff. 22. 112. 1406. ff. 9. 107*b*. 1562. fo. 30*b*. 6164. fo. 22*b*.

———— *of Hicksted,* 1076. ff. 49*b*. 175. 1084. fo. 131*b*. 1406. fo. 107*b*. 1562. fo. 30*b*. 6164. fo. 2*b*.

Stapley, 1562. fo. 4*b*.

STONE, *of Framfield,* 1076. fo. 55*b*. 1084. fo. 138. 1135. fo. 124. 1194. fo. 139*b*. 1562. fo. 191*b*. 1406. fo. 114. 4109. fo. 63*b*. 6164. fo. 44.

———— *of Lewes, fr. London,* 1076. fo. 193*b*. 6164. fo. 33*b*.

STOPHAM, 1076. fo. 95. 1084. fo. 45. 1135. fo. 31. 1194. fo. 24. 1406. fo. 63. 1484. fo. 65*b*. 1562. fo. 37*b*. 6164. fo. 61.

Story, of Chichester, 1562. fo. 4*b*.

STOUGHTON, *of Stoughton,* 1562. fo. 58*b*. 4109. fo. 46.

STRANGE, 2109. fo. 15. 4600. p. 8.

SURRENDEN, 1194. fo. 127. 1562. ff. 28*b*. 98.

SUSSEX, *Earl of,* 1552. fo. 189*b*.

———- *v.* RADCLIFFE.

Sussex, Earl of, v. De la Poole.

SUTTON, *of Dudley,* 1562. fo. 32*b*.

SYDNEY, 1084. ff. 45*b*. 125. 1135. fo. 111. 1406. fo. 101. 1562. ff. 29*b*. 32*b*.

TAUKE, *of Appledram,* 1194. fo. 116*b*. 1562. fo. 42. 4109. fo. 33*b*.

Tauke, 1562. fo. 4*b*.

TEMPLE, 1076. fo. 3. 1084. fo. 38. 1135. fo. 24. 1194. fo. 18. 1406. fo. 17. 6164. fo. 8.

THATCHER, *of Presthawes,* 1076. fo. 189*b*. 1084. fo. 152. 1135. fo. 140. 1194. fo. 115*b*. 1406. fo. 91. 1562. fo. 38*b*.

Thatcher, of Warbill, 1562. fo. 4*b*.

THOMAS, *of West Dean,* 1076. fo. 143. 1084. fo. 22. 1135. fo. 8. 1194. fo. 2. 1406. fo. 1. 1562. fo. 123. 4109. fo. 51. 6164. fo. 89*b*.

THORPE, *of Gibshaven, fr. Co. Surrey,* 1076. fo. 114*b*. 1084. fo. 80. 1135. fo. 66. 1194. fo. 59. 1406. fo. 30. 1562. ff. 149*b*. 199. 6164. fo. 92*b*.

THREELE, *of Boxley,* 1084. ff. 110*b*. 111. 1135. ff. 96*b*. 97. 1194. ff. 89*b*. 90. 1406. ff. 52*b*. 53. 6164. fo. 84*b*.

———— *of Lewisham,* 1076. fo. 149. 1084. fo. 59*b*. 1135. fo. 45*b*. 1194. fo. 38*b*. 1562. fo. 56. 6164. fo. 84*b*.

———— *of Loxwood,* 1076. fo. 98. 1084. fo. 71*b*. 1135. fo. 57*b*. 1194. fo. 50*b*. 1406. fo. 21. 4109. fo. 46*b*. 1562. fo. 85. 6164. fo. 62*b*.

Threele, 1562. fo. 4*b*.

TOUCHETT, *Lord Audley,* 1562. fo. 101.

TOWERS, *of Lewes, fr. Co. Linc.* 1076. fo. 40*b*. 1194. fo. 133*b*. 1562. fo. 183*b*. 6164. fo. 49.

TRAYTON, *of Lewes, fr. Co. Chesh.* 1076. fo. 25*b*. 1084. fo. 52. 1135. fo. 38. 1194. fo. 31. 1406. fo. 71. 1562. fo. 60*b*. 6164. fo. 12*b*.

Trayton, 1562. fo. 4*b*.

TURKE, *of Aspeden*, 1076. fo. 212. 1084. fo. 24. 1135. fo. 10. 1194. ff. 4. 114*b*. 1562. fo. 35.

TURNER, *of Tablehurst, fr. Co. Berks.* 1076. fo. 120*b*. 6164. fo. 80*b*.

Turner, 1562. fo. 4*b*.

VENOUR, 1556. fo. 173*b*.

WADE, *of Ferring, fr. Co. Suffolk*, 1076. fo. 99*b*. 1084. fo. 73. 1135. fo. 59. 1194. fo. 52. 1406. fo. 22*b*. 1562. fo. 143*b*. 4109. fo. 56. 6164. fo. 63*b*.

WALDEN, 1484. fo. 62.

WALLER, 1194. fo. 123*b*. 1562. fo. 75*b*.

WALLIS, *or*, WALLEYS, *of Glynd*, 1076. fo. 212. 1084. fo. 23*b*. 1135. fo. 9*b*. 1194. ff. 3*b*. 114. 1531. fo. 7*b*. 1562. fo. 34*b*. 2109. fo. 34*b*.

WALSINGHAM, 1562. fo. 43. 2109. fo. 75.

WALWYN, *of Cold Waltham, fr. Co. Heref.* 1076. fo. 97*b*. 1084. fo. 119*b*. 1406. fo. 94*b*. 1562. fo. 5*b*. 6164. fo. 61*b*.

WALYSH, Add. MS. 14,311. fo. 95*b*.

WARNER, 1562. fo. 42.

WARNETT, *of Framfield and Hempsted*, 1076. fo. 168. 1562. fo. 112.

WASE, *of Storrington and Woolavington*, 1076. fo. 131*b*.

WELLS, *of Bucksted*, 1194. fo. 116. 1562. fo. 40.

WENHAM, *of Morehall*, 1076. fo. 38*b*. 1084. fo. 54. 1135. fo. 40. 1194. fo. 33. 1406. fo. 73. 1562. fo. 69*b*. 6164. fo. 68.

Wenham, 1562. fo. 4*b*.

WEST, *of Cliff, fr. Cos. Berks. and Oxon.* 1076. fo. 8*b*.

WESTBROOK, *of Lavant*, 1076. fo. 44. 1084. fo. 130*b*. 1135. fo. 116*b*. 1406. fo. 106*b*. 1562. fo. 184. 6164. fo. 51.

WESTON, 1046. fo. 101. 1147. fo. 141. 1397. fo. 139. 1430. fo. 147*b*. 1433. fo. 130*b*. 1561. ff. 255. 256. Add. MS. 14,311. fo. 56*b*.

WHEATLEY, *of Echingfield and Pevensey*, 1076. fo. 55. 1084. fo. 142. 1135. fo. 128. 1194. fo. 138*b*. 1406. fo. 118. 1562. fo. 190*b*. 6164. fo. 43*b*.

WHITE, *of Nordiam and Winchelsea*, 1076. fo. 39. 1084. fo. 100. 1135. fo. 86. 1194. fo. 79. 1406. fo. 42. 1562. fo. 106. 6164. fo. 68*b*.

White, 1562. fo. 4*b*.

WHITFIELD, *of Worth, fr. Cos. Cumb. and Northumb.* 1076. ff. 28. 198*b*. 1084. fo. 55. 1135. fo. 41. 1194. fo. 34. 1406. fo. 74. 1562. fo. 74. 6164. fo. 13*b*.

————— *of Wadhurst, fr. Cos. Cumb. and Northumb.* 1076. ff. 166*b*. 198*b*. 1562. fo. 74.

WHITTINGHAM, *fr. Cos. Chesh. and Lanc.* 1194. fo. 122. 1562. fo. 55*b*.

WILDGOOSE, *of Iredge Court, fr. Co. Kent*, 1076. fo. 6. 1084. fo. 128. 1135. fo. 114. 6164. fo. 6*b*. 1406. fo. 104. 1562. fo. 200. 1194. fo. 140*b*.

WILLIAMS, *of Chichester, fr. London*, 1076. fo. 79. 1084. fo. 67*b*. 1135. fo. 53*b*. 1194. fo. 46*b*. 1406. fo. 126. 1562. fo. 139. 6164. fo. 57*b*.

WILSON, *of Sheffield, fr. Cos. York and Linc.* 1076. fo. 52. 1084. fo. 25. 1135. fo. 11. 1194. fo. 5. 1406. fo. 3*b*. 1562. fo. 75. 4109. fo. 69*b*. 6164. fo. 42*b*.

WINTER, 1562. fo. 101.

WODD, *of Hamsey*, 6164. fo. 19.

WODYE, *of Iwhurst*, 1562. fo. 83*b*.

WOLFE, *or*, WOOLFE, *of Ashenton*, 1076. fo. 14. 1084. fo. 87*b*. 1135. fo. 73*b*. 1194. fo. 66*b*. 1406. fo. 85*b*. 1562. fo. 156. 6164. fo. 48*b*.

WOOD, 1076. fo. 122*b*. 1084. fo. 23. 1135. fo. 9. 1194. fo. 3. 1406. fo. 2. 1562. fo. 23. 6164. fo. 78.

————— *of Hamsey*, 1076. fo. 175*b*.

————— *of West Hodley*, 1076. fo. 156. 1084. fo. 61*b*. 1135. fo. 47*b*. 1194. fo. 40*b*. 1406. fo. 119*b*. 1562. fo. 134*b*. 6164. fo. 82*b*.

Wood, 1562. fo. 4*b*.

WOOLFE, *v.* WOLFE.

YALDWYN, 4109. fo. 7.

Young, of Midhurst, fr. Co. York. 1084. fo. 103*b*. 1135. fo. 89*b*. 1194. fo. 82*b*. 1406. fo. 45*b*. 1562. fo. 170*b*.

WARWICKSHIRE.

ABBETOTT, *v.* DABBETOTT.

ADCOCK, 1167. fo. 44*b*.

ADDERLEY, *or*, ALDERLEY, *of Weddington, fr. Co. Staff.* 1100. fo. 83. 1167. fo. 93*b*. 1563. ff. 114*b*. 235*b*.

A GREEN, 1189. fo. 22. 6125. fo. 81*b*. 6183. fo. 74*b*.

ALDERFORD, *of Salford and Somerford, fr. Co. Worc.* 1100. fo. 25*b*. 1167. fo. 17*b*. 1563. fo. 41*b*.

ALDERLEY, *v.* ADDERLEY.

ALISBERIE, *of Edstone*, 1100. fo. 17. 1167. fo. 11. 1563. fo. 35.

Anderson, of Sudbury, 1563. fo. 1.

ANDREW, *of Rotby, fr. Co. Northampton.* 1100. fo. 65*b*. 1167. fo. 62*b*. 1563. fo. 85*b*.

ANDREWES, *of Meriden, fr. Co. Worc.* 1100. fo. 115. 1167. fo. 155. 1563. fo. 226.

ARCHER, *of Tamworth*, 1100. ff. 25. 91. 1167. ff. 17. 112*b*. 1563. fo. 15*b*.

ARDEN, *or*, ARDREN, *of Park Hall*, 1100. ff. 29*b*. 62. 1167. ff. 20*b*. 51. 56. 1563. fo. 5.

ASH, 1476. fo. 199.

ASHBROKE, 810. fo. 1.

ASHFIELD, *of Heythorpe*, 1100. fo. 54*b*. 1167. fo. 46*b*. 1563. fo. 80*b*.

ASTLEY, *of Wolvey*, 1100. fo. 107. 1167. fo. 141. 1195. fo. 102. 1563. fo. 173*b*.

Astley, 1563. fo. 236.

ATTESLEY, 1167. fo. 49*b*. 1563. fo. 211.

AVEREY, *of Fillingley*, 1100. fo. 118*b*. 1167. fo. 159. 1563. fo. 197*b*.

Ayleworth, of Kineton, 1563. fo. 1.

BALDWIN, *of Coventry, fr. Co. Essex*, 1100. fo. 111. 1167. fo. 146*b*. 1563. fo. 184.

BARKER, *of Coventry, fr. Co. Berks*. 1100. fo. 106*b*. 1167. fo. 140. 1563. fo. 96*b*.

BARNABY, *v.* BURNABY.

BEAMOND, *of Tresingham*, 1167. fo. 26. 1563. fo. 31.

BEAUCHAMP, *Earl of Warwick*, 1137. fo. 35. 1187. ff. 60*b*. 83. 1188. p. 80. 1398. fo. 2*b*. 1432. fo. 26. 1484. fo. 55. 1541. fo. 12*b*. 1545. fo. 105*b*. 4600. fo. 66. 6065. fo. 1*b*.

Beauchamp, Earl of Warwick, 887. fo. 4. 1137. fo. 12. 1432. fo. 3.

BEAUFOE, *of Edmonscott, fr. Co. Oxon*. 1100. fo. 15. 1167. ff. 8*b*. 66. 1563. fo. 31*b*.

BEAUFOY, 6128. fo. 59*b*.

BEAUMONT, 1100. fo. 34*b*.

BELCHER, *of Grilsborough, fr. Co. Staff*. 1100. ff. 26*b*. 27. 1167. fo. 18(*a.b.*)

BERRY, 1094. fo. 139. 1184. fo. 136. 1187. fo. 53*b*. 1188. fo. 66.

BETHAM, *of Rowington, fr. Co. Bucks*. 1100. fo. 70*b*. 1167. fo. 71. 1563. fo. 92*b*.

BISHOP, *fr. Co. Leic*. 1100. fo. 52*b*. 1167. fo. 44*b*.

——- *of Oxhill*, 1100. fo. 103*b*. 1167. fo. 134*b*. 1195. fo. 113*b*. 1563. fo. 168*b*.

BISHOPSTON, 1100. fo. 46*b*. 1167. fo. 38*b*.

BLOND, 1550. fo. 246*b*.

BLOUNT, 1543. ff. 153*b*. 187.

BOND, *of Wardesland*, 1100. fo. 38*b*. 1167. fo. 30*b*. 1559. fo. 64. 1563. fo. 47*b*.

BOUGHTON, 1100. ff. 31*b*. 57*b*. 1167. ff. 23. 49*b*. 1563. fo. 211.

———— *of Aufford*, 1563. fo. 231.

———— *of Cawston*, 890. fo. 22. 1187. fo. 71. 1189. fo. 49*b*. 1431. fo. 41*b*.

———— *of Coughton*, 1563. fo. 22.

Boughton, 1563. fo. 1*b*.

BOVY, of *Alcester*, 1100. fo. 97*b*. 1167. fo. 126*b*. 1563. fo. 157*b*.

BOZOM, 1100. ff. 33*b*. 41. 1167. fo. 25*b*.

BOWLES, *of Rushall*, 1563. fo. 43*b*.

BRACEBRIDGE, *or*, BRASBRIDGE, *of Kinsbury*, 1100. fo. 7*b*. 1167. fo. 4. 1180. fo. 22. 1187. fo. 108*b*. 1189. fo. 25. 1431. fo. 18*b*. 1563. fo. 14. 6125. fo. 33*b*. 6183. fo. 34*b*.

Bracebridge, 1563. fo. 1*b*.

BRADLEY, *of Coventry, fr. Co. York*. 1100. fo. 104. 1167. fo. 136. 1563. fo. 169.

BRANDESTON, *of Lapworth, fr. Co. Leic*. 1100. fo. 47. 1167. fo. 39.

BRASBRIDGE, *v.* BRACEBRIDGE.

BRAYE, 1100. fo. 50. 1167. fo. 42.

BRAYTOST, *of Coventry*, 1401. fo. 88. 1534. fo. 125*b*. 6774. fo. 107. 6775. fo. 108. Add. MS. 4962. fo. 82*b*.

BROME, *of Woodlose*, 1167. fo. 29. 1563. fo. 7.

BUGG, *of Bedworth, fr. Co. Essex*, 1563. fo. 229.

BURDETT, *of Arrow*, 1100. fo. 14. 1167. fo. 9. 1563. fo. 28.

———— *of Bramcott*, 1100. fo. 37*b*. 1167. fo. 29*b*. 1563. fo. 225. 1180. p. 13. 1187. fo. 128.

BURGOINE, 1100. fo. 33*b*. 1167. fo. 25*b*.

BURNABY, *or*, BARNABY, *of Church Over, fr. Co. Northampt*. 1100. fo. 83. 1167. fo. 95*b*. 1563. fo. 115*b*.

———— *of Waver, fr. Co. Northampt*. 1563. fo. 115*b*.

BURY, *or*, MARSHALL, *of Barton*, 1100. fo. 82. 1167. fo. 94. 1195. fo. 106. 1563. fo. 114.

BUSHALL, 1100. fo. 16. 1167. fo. 9*b*.

BUSSELL, *or*, BUSHELL, *fr. Co. Glouc*. 1100. ff. 48. 49*b*. 101*b*. 1167. ff. 40*b*. 41*b*. 132*b*. 1563. 67*b*.

———— *or*, FOWKES, *of Drymarston*, 1100. fo. 49. 1167. fo. 41.

BUTLER, *of Coventry, fr. Co. Lanc*. 1100. fo. 105. 1167. fo. 138. 1563. fo. 155*b*.

Butler, 1563. fo. 1*b*.

CAMVILLE, 1180. fo. 12. 6125. fo. 21. 6183. fo. 22.

CANNING, *or*, CANNINGES, *of Foxcott*, 1100. fo. 72*b*. 1167. fo. 75. 1563. fo. 7*b*.

CANTELOPE, 1566. fo. 127*b*.

CARDIFFE, 1100. fo. 50. 1167. fo. 42.

CARDIGAN, *v.* COKE.

CAREW, 1100. fo. 45. 1167. fo. 37.

CARINGTON, *v.* SMYTH.

Carnell, 1563. fo. 1.

CATESBY, *of Knoll*, 1100. fo. 118. 1167. fo. 158. 1563. fo. 195*b*.

———— *of Lapworth, fr. Co. Northampt*. 1100. ff. 43*b*. 46*b*. 1167. ff. 36(*a.b.*) 38*b*. 1563. fo. 60*b*.

CHAMBERLYN, *of Astley, fr. Co. Oxon*. 1100. fo. 80. 1167. fo. 91. 1563. fo. 111*b*.

Chamberlyn, 1563. fo. 1.

Charles, of Stratford upon Avon, 1563. ff. 1. 2.

CHARNELLS, *of Elmesthorpe*, 1100. fo. 23*b*. 1167. fo. 15*b*.

CHARNOCK, 1391. fo. 116.

CHEVERELL, 1100. fo. 35. 1167. fo. 27. 1563. fo. 30*b*.

CHIDLOWE, 1100. fo. 65. 1167. fo. 62.

CHILDE, *of Turlaston*, 1100. ff. 49*b*. 101*b*. 1167. ff. 41*b*. 132*b*. 1563. fo. 167.

CLAPHAM, *of Willinghall, fr. Co. York*. 1100. fo. 107*b*. 1167. fo. 141*b*. 1195. fo. 112. 1563. fo. 174*b*.

CLARE, 1100. fo. 48. 1167. fo. 40*b*.

CLARKE, *fr. Co. Oxon*. 1100. fo. 94*b*. 1167. fo. 119. 1563. fo. 145.

———— *or*, WOODCHURCH, *of Salford, fr. Co. Kent*, 1100. fo. 66*b*. 1167. fo. 65. 1563. fo. 88*b*.

CLINTON, *of Badesley*, 1100. ff. 35. 49. 1167. ff. 27. 41. 1563. fo. 30*b*.

CLODISHALL, 1100. fo. 29*b*. 1167. fo. 21.

CLOPTON, *or*, COCKSFIELD, *of Clopton*, 1100. ff. 20*b*. 40. 1167. ff. 13. 32*b*. 1563. fo. 49.

COCK, *or*, COCKES, *of Kirkby Monachorum, fr. Co. Herts*. 1100. fo. 81*b*. 1167. ff. 19*b*. 92. 1563. fo. 112*b*.

COCKAYNE, 1563. fo. 25b.

COCKES, v. COCK.

COCKFRYN, of Osborne, 1100. fo. 28. 1167. fo. 20.

COCKSFIELD, v. CLOPTON.

COKE, or, CARDIGAN, 1100. fo. 47b. 1167. fo. 39b.

COLBY, 1100. fo. 38b. 1167. fo. 30b.

COLEMORE, of Bremingham, 1100. fo. 98. 1167. fo. 126. 1563. fo. 156b.

COLLES, of Hampton, fr. Co. Worc. 1100. fo. 78. 1167. fo. 85. 1563. fo. 96.

Colles, 1442. fo. 2*b.

COLLIE, 1100. fo. 55. 1167. fo. 47.

COMBE, of Old Stratford, 1100. fo. 86b. 1167. fo. 105. 1195. fo. 104. 1563. fo. 123b.

—— of Wasperton, 1100. fo. 74. 1167. fo. 77b. 1563. fo. 99b.

COMBERFORD, or, CUMBERFORD, of Kingsbury, 1100. fo. 17b. 1167. fo. 11b. 1563. fo. 36.

CONINGSBY, 1100. fo. 49. 1140. fo. 29b. 1159. fo. 29b. 1167. ff. 37. 41. 1442. fo. 29b. 1545. fo. 119.

CONWAY, of Arrow, 1100. fo. 14. 1167. fo. 9. 1563. fo. 27b.

COOKE, of Rugby, fr. Co. Camb. 1100. fo. 88b. 1167. fo. 108b. 1563. fo. 6b.

CORBETT, of Meriden, fr. Co. Shrop. 1100. fo. 56. 1167. fo. 48. 1563. fo. 217.

CORBIN, of Hall End, fr. Co. Staff. 1100. fo. 119b. 1167. fo. 161. 1533. fo. 62. 1563. fo. 12.

COST, 1100. fo. 55. 1167. fo. 47.

COTTON, of Woodcott, fr. Co. Hunts. 1100. fo. 90b. 1167. fo. 111b. 1195. fo. 115. 1563. fo. 134b.

COVENTRIE, 1504. fo. 117b.

COYGHNEY, v. QUEWNE.

CRANFORD, of Ashby, 1100. fo. 48b. 1167. fo. 40.

CRESSWELL, of Purston. 1100. fo. 71.

CROSHOLME, 1100. fo. 48b. 1167. fo. 40.

CULPEPER, 1167. fo. 64b.

CUMBERFORD, v. COMBERFORD.

DABBETOTT, or, ABBETOTT, 1100. fo. 48. 1167. fo. 40b.

DABREDGECOURT, or, DAMPRECOURT, of Langdon Hall, fr. Co. Hants. 1100. ff. 18b. 22. 1167. ff. 12. 14b. 1563. fo. 40b.

DALBY, of Brookhampton, 1100. fo. 108. 1167. fo. 142. 1195. fo. 111. 1563. fo. 175b.

DAMPRECOURT, v. DABREDGECOURT.

DARSETT, 1100. fo. 58. 1167. fo. 50. 1563. fo. 90.

—— v. DASSETT.

DASSETT, or, DARSETT, of Hull Morton, 1563. fo. 232b.

DASTON, of Hinton and Ipsley, 1100. fo. 54. 1167. fo. 46. 1563. fo. 78*b.

DAVENPORT, of Coventry, fr. Co. Chesh. 1100. fo. 109. 1167. fo. 144. 1563. fo. 179b.

DAVERS, of Culworth, 1100. fo. 41b. 1167. fo. 34.

DAVES, of Affordby, 1167. fo. 44b.

DEACONS, of Newton and Wasperton, fr. Co. Beds. 1100. fo. 74. 1167. fo. 78. 1563. fo. 98.

DE LA MARE, fr. Co. Glamorgan. 1100. fo. 22. 1167. ff. 14b. 37b.

DESPENSER, v. SPENCER.

DEVEREUX, of Castle Bromwich, 1100. ff. 30b. 84b. 1167. ff. 22. 100. 1563. fo. 119b.

DICCONS, of Burton, 1100. fo. 53. 1167. fo. 45.

DIGBY, of Coleshill, 1100. fo. 12. 1167. fo. 6. 2109. fo. 83.

DIGHTON, 1100. fo. 65. 1167. fo. 62. 1563. fo. 84.

DILKE, of Maxtoke Castle, fr. Co. Leic. 1100. fo. 82b. 1167. fo. 95. 1195. fo. 107. 1563. fo. 20b.

DIMOCK, 1476. fo. 171.

Dimock, of Erdington, 1563. fo. 1.

DITCHFORD, 1100. fo. 35. 1167. fo. 27. 1563. fo. 30b.

DIXWELL, of Church Over, fr. Co. Beds. 1100. fo. 89. 1167. fo. 108.

—————- of Cotton, 1100. fo. 19b. 1167. fo. 12b. 1563. fo. 221b.

DODINGSELLS, v. ODINGSELLS.

Dudley, of Coventry, 1563. fo. 1.

DUGDALE, of Shustoke, fr. Co. Lanc. 1100. fo. 95b. 1167. fo. 121b. 1563. fo. 150b.

EGBASTON, 1100. fo. 125.

EGLIONBY, 1100. fo. 95b. 1167. fo. 122. 1563. fo. 151.

Endesoure, of Wilmcote, 1563. fo. 1.

ENGLEFIELD, or, INGLEFIELD, 1100. fo. 45. 1167. fo. 37. 1563. fo. 63b.

EVERTON, of Colsell, 1100. fo. 88b. 1167. fo. 109. 1563. fo. 128b.

EYTON, 1041. fo. 114b. 1543. fo. 27b.

FALSTOFFE, or, FASTOLFE, 1100. fo. 57. 1167. fo. 49. 1563. fo. 66b.

FEILDING, of Newnham, 1100. ff. 5b. 11. 1167. ff. 4b. 5. 1563. fo. 11.

FERRERS, of Badesley and Tamworth, 1100. ff. 4b. 45. 59b. 1167. fo. 3. (a. b.) 1563. ff. 25b. 220b.

Fish, of Coventry, 1563. fo. 1.

FISHER, of Packington, fr. Co. Shrop. 1100. fo. 2. 1167. ff. 2b. 71b. 1180. fo. 21. 1189. fo. 24b. 1431. fo. 18. 1563. fo. 9. 6125. fo. 32b. 6183. fo. 33b.

—————— or, HAWKINS, of Warwick, 1100. fo. 13. 1167. fo. 7. 1563. fo. 23.

FITZ-RALPH, 1100. fo. 57. 1167. fo. 49. 1563. fo. 66b.

FLETCHER, of Coventry, fr. Co. Leic. 1100. fo. 103b. 1167. fo. 133b. 1563. fo. 217b.

FORSTER, fr. Cos. Berks. and Oxon. 1100. fo. 45b. 1167. fo. 37b. 1563. fo. 64b.

FOULKES, of Drymarston, 1100. fo. 49.

FOWKES, v. BUSSELL.

FOX, of Coventry, 1100. fo. 50b. 1167. fo. 42b. 1563. fo. 70b.

—— of Warwick, 1100. fo. 42b. 1167. fo. 35. 1563. fo. 57.

FREVILL, 1100. fo. 57. 1167. fo. 49. 1563. fo. 66b.

FULWOOD, of Alne and Wilmcott, 1100. fo. 75b. 1167. fo. 82.

—————- of Clay Hall, 1100. fo. 40b. 1167. fo. 33. 1563. ff. 50. 100b.

Fynderne, of Nuneaton, 1563. fo. 1b.

FYNES, 1100. fo. 50b. 1167. fo. 42b. 1563. fo. 72.

GARNETT, of Audeley, 1100. fo. 50b. 1167. fo. 42b.

GERMINE, *of Coventry, fr. Co. Staff.* 1100. fo. 96.   1563. fo. 152.   1167. fo. 123.

GIBBES, *of Honington,* 1100. fo. 69*b*.   1167. fo. 69.   1181. fo. 66.   1563. fo. 16*b*.

Gifford, of Elmdon, 1563. fo. 1.

GOBARD, *of Coventry,* 1100. fo. 87.   1167. fo. 105*b*.   1195. fo. 71(*a. b.*)   1563. fo. 124*b*.

GOLOFRE, 1100. fo. 29*b*.   1167. fo. 21.

GOODALL, *of Atherstone,* 1100. fo. 99.   1167. fo. 129.   1563. fo. 160*b*.

GOODIER, *of Polesworth, fr. Co. Midd.* 1100. ff. 27*b*. 29.   1167. fo. 19(*a. b.*)

GOODWIN, *of Wiverington,* 1167. fo. 26.   1563. fo. 220.

GORGON, 1100. fo. 50*b*.

GRAMMER, *of Kenilworth,* 1100. fo. 73*b*.   1167. fo. 77.   1563. fo. 98.

GRAUNT, 1187. fo. 61*b*.   1188. pp. 82. 86.

GREENE, 1100. fo. 88*b*.   1167. fo. 109.   1563. fo. 128*b*.

————— *of Stratford-upon-Avon,* 1100. fo. 90. 1167. fo. 112.   1563. fo. 134.

————— *of Wyken,* 1100. ff. 88*b*. 124.   1563. fo. 214.

Greene, 1563. fo. 1*b*.

GREGORY, *of Coventry, fr. Co. Leic.* 1100. ff. 51. 52. (*a. b.*)   1167. ff. 41*b*. 42*b*. 43. 44(*a. b.*) 1563. ff. 73. 74. (*a. b.*)

GRENDON, 1982. fo. 66*b*.

Gresbrooke, 1563. fo. 2.

GRESWOLD, *of Solihull and Kenilworth,* 1100. ff. 26. 91*b*.   1167. ff. 18. 113.   1195. fo. 111*b*.   1563. fo. 42*b*.

GREVILL, *of Campden,* 1563. fo. 5.

————— *of Milcote, fr. Co. Glouc.* 1100. fo. 16. 1167. fo. 9*b*.   1563. fo. 32*b*.

————— *of Shotswell, from Co. Glouc.* 1100. fo. 88.   1167. fo. 107.   1563. fo. 126.

GREY, 1559. ff. 128. 135.

GRIFFIN, *of Bromecourt,* 1100. fo. 55.   1167. fo. 47.   1563. fo. 17*b*.

GRIFFITH, 1100. fo. 33.

GROSVENOR, *of Sutton Coldfield, fr. Co. Shrop.* 1100. fo. 114(*a. b.*)   1167. fo. 152.

GRUFFETH, *fr. Co. Staff.* 1100. fo. 11*b*.   1167. fo. 5*b*.

GUIBON, *of Sutton Coldfield,* 1100. fo. 94*b*.   1167. fo. 120.   1563. fo. 144*b*.

GYLOTT, 1043. fo. 19.

HALES, *of Newland, fr. Co. Kent,* 1041. fo. 101*b*. 1100. ff. 36*b*. 69.   1167. ff. 28. 68. 96*b*. 1195. fo. 81.   1543. fo. 130.   1563. fo. 226*b*.

HANCOCK, 1180. fo. 122*b*.   1189. fo. 91*b*. 6183. fo. 99*b*.

HANSLAP, *of Southam, fr. Co. Northampt.* 1100. fo. 79*b*.   1167. fo. 89*b*.   1563. fo. 108*b*.

HARDISHULL, 1548. fo. 153.

HARFORD, 1532. fo. 3.

HARMAN, *of Moor Hall,* 1100. fo. 39.   1167. ff. 31. 43.   1563. ff. 48. 74.

Harman, 1100. fo. 125.

HARTE, 1100. fo. 113.   1167. fo. 149.

HARTHULL, *of Woodcott,* 1100. fo. 40*b*.   1167. fo. 33.   6147. fo. 26.

HARWARE, *of Coventry and Stoke,* 1100. fo. 82*b*. 1167. fo. 94*b*.   1563. fo. 115.

HATHWICK, 1100. fo. 47*b*.   1167. fo. 39*b*.

HAWES, *of Hillfield,* 1100. fo. 119.   1167. fo. 158*b*.   1563. fo. 196*b*.

HAWKINS, *v.* FISHER.

HAY, *of Sisonby,* 1167. fo. 44*b*.

HERBERT, 1167. fo. 41*b*.

HEREWARD, 1100. fo. 34*b*.   1167. fo. 26*b*. 1563. fo. 31.

Heritage, of Byrton, 1563. fo. 1.

HOBLEDAY, *of Thornton, fr. Co. Worc.* 1167. fo. 53*b*.

HOLBEACH, *or,* HOLBEECH, *of Fillongley,* 1100. ff. 103. 124*b*.   1167. ff. 120*b*. 135.   1563. fo. 147.

HOLBROOK, 1100. fo. 57.   1167. fo. 49.   1563. fo. 66*b*.

HOLLIS, *of Stoke,* 1563. fo. 138.

HOLT, *of Aston Stokeland,* 1100. fo. 12*b*.   1167. fo. 6*b*.   1563. fo. 22*b*.

HOPKINS, 6104. fo. 18.

Hore, 1563. fo. 2.

HORNE, *of Stoke, fr. Co. Shrop.* 1100. fo. 100*b*. 1167. fo. 131*b*.   1563. fo. 166.

HORSEY, *of Honingham, fr. Co. Wilts.* 1100. fo. 66.   1167. fo. 63*b*.   1563. fo. 87*b*.

HUBAND, *v.* HUSBAND.

HUDDESDON, *of Guy's Cliff,* 1100. fo. 15.   1167. fo. 66.   1563. fo. 32.

Huddesdon, 1563. fo. 1*b*.

HUGFORD, *of Henwood,* 1100. ff. 10. 99*b*. 1167. ff. 1*b*. 130.   1563. ff. 23*b*. 163*b*.

HUGGAN, 1100. fo. 18*b*.   1167. fo. 12.

HUNSON, 1100. fo. 45*b*.   1167. fo. 37*b*.

HUSBAND, *or* HUBAND, *of Ipsley,* 1100. fo. **54.** 1167. fo. 46.   1563. ff. 78*b*. 231*b*.

Husband, or, Huband, 1563. fo. 1*b*.

INGLEFIELD, *v.* ENGLEFIELD.

INGRAM, *of Welford,* 1563. fo. 4*b*.

JAMES, 1100. fo. 92.

JENNINGS, 1100. fo. 27*b*.   1167. fo. 19.

JENINS, *of Spesley,* 1100. fo. 120*b*.   1167. fo. 82*b*.   1563. fo. 213.

JERNINGHAM, 1100. fo. 33.   1167. fo. 24*b*.

KABELL, *v.* KEBULL.

KEBULL, *or,* KABELL, *fr. Co. Leic.* 1100. fo. 55. 1167. fo. 47.

KELCOPP, 1167. fo. 41*b*.

KEMPSTON, *or,* KEMPSON, *of Grafton and Hilborrow, fr. Co. Staff.* 1100. ff. 59. 121*b*.   1167. ff. 52. 162*b*.   1563. fo. 206.

KENDALL, *of Aldestrey,* 1100. fo. 95.   1167. fo. 121.   1563. fo. 150.

Kete, 1563. fo. 1*b*.

KEVERELL, 1100. fo. 92.

Kevett, 1563. fo. 1*b*.

KINARDESLY, *of Ward End, fr. Co. Staff.* 1100. ff. 38*b*. 117.   1167. ff. 30*b*. 156.   1563. ff. 45*b*. 192*b*.

KNEVETT, 1546. fo. 68.

KNIGHT, *of Rowington, fr. Co. Shrop.* 1100. ff. 27*b*. 71.   1167. fo. 72.   1563. fo. 192.

KNIGHTLEY, *of Offchurch, fr. Co. Staff.* 1100. ff. 55*b*. 123.   1167. ff. 47*b*. 164*b*.   1563. fo. 209.

LANE, *of Bridge Town,* 1100. fo. 90.   1167. fo. 112.   1563. fo. 132*b*.

Lane, of Stratford, 1563. fo. 1.

LANGHAM, *of Pailton, fr. Co. Northampt.* 1100. fo. 119*b*.   1167. fo. 160.   1563. fo. 198*b*.

LATHOM, 1167. fo. 19.

LEIGH, *of Stonleigh, fr. Co. Chesh.* 1096. ff. 40. 78.   1100. ff. 31. 87.   1167. ff. 22*b*. 105*b*. 1187. fo. 94.   1462. fo. 5*b*.   1563. ff. 124*b*. 223.

LEVING, *of Baddisley*, 1100. fo. 94.   1167. fo. 118.   1195. fo. 116*b*.   1563. fo. 142*b*.

LINDE, *v.* LYNDE.

LINDSEY, 1400. fo. 34.   1555. fo. 61.

LINGARD, *of Crudworth, fr. Co. Lanc.* 1100. fo. 101*b*.   1167. fo. 133.   1563. fo. 217*.

LINNESEY, *of Areley*, 1100. fo. 24.   1167. fo. 16.

LISLEY, *of Moxhull*, 1100. fo. 111*b*.   1167. fo. 151.   1563. fo. 185.

LODBROOKE, 1100. fo. 47*b*.

LUCEY, *of Charlcote*, 1100. fo. 9*b*.   1167. ff. 1. 104.   1563. fo. 23*b*.

LUDFORD, *of Ansley and Rowington*, 1100. fo. 92*b*. 1167. fo. 115.   1195. fo. 114.   1563. fo. 138.   6128. fo. 109*b*.

LUNSFORD, *of Hotheley, fr. Co. Sussex*, 1100. fo. 32.   1167. fo. 23*b*.   1563. fo. 44*b*.

LYNDE, *or,* LINDE, *of Coventry*, 1563. fo. 233. 6128. fo. 108*b*.

MACER, *or,* MARCER, 1100. fo. 47*b*.   1167. fo. 39*b*.

MAIO, *or,* NICHOLLS, *of Southam, fr. Co. Northamp.* 1100. fo. 105*b*.   1167. fo. 138*b*.   1195. fo. 112*b*.   1563. fo. 171*b*.

MALLOREY, 1100. fo. 57*b*.   1167. fo. 49*b*. 1563. fo. 211.

MARCER, *v.* MACER.

MARDEN, *v.* MORDEN.

MARROW, *of Barkswell and Rudfield, fr. London*, 1077. fo. 53*b*.   1100. fo. 28.   1167. ff. 20. 29.   1563. fo. 25*b*.

MARSHALL, *of Foxcott*, 1100. fo. 72*b*.   1167. fo. 75.   1563. fo. 7*b*.

———— *v.* BURY.

MASSEY, 1100. fo. 115*b*.   1167. ff. 31. 153*b*.

MATHEW, *of Barkeswell*, 1100. fo. 102*b*.   1167. fo. 134.   1563. fo. 167*b*.

MAUND, *of Chesterton*, 1167. fo. 41*b*.

MAYNARD, 1100. fo. 27*b*.   1167. fo. 19.

MAYNE, *of Ellidon, fr. Co. Bucks.* 1100. fo. 96*b*. 1167. fo. 124.   1563. ff. 24*b*. 152*b*.

MAYNEMAN, 1100. fo. 29.

MEDLEY, *of Whitness*, 1100. fo. 39*b*.   1167. fo. 32.   1563. fo. 45.

MEREBROOK, 1100. fo. 47.   1167. fo. 39.

METLEY, *of Wolston*, 1100. fo. 48*b*.   1167. fo. 40.   1187. fo. 95.   1188. p. 105.

MIDDLEMORE, *of Egbaston*, 1100. fo. 97.   1167. fo. 125.   1424. fo. 57.   1505. fo. 57. 1535. fo. 126*b*.   1563. fo. 154*b*.

Middlemore, 1100. fo. 125.

MORDEN, *or,* MARDEN, *of Morton Morrell*, 1100. fo. 93.   1167. fo. 116.   1563. fo. 139*b*.

MORGAN, 1550. fo. 208.

Morgan, 1100. fo. 125.   1563. fo. 1*b*.

MORIRS, 1167. fo. 41*b*.

MORLEY, 1167. fo. 153*b*.

MORTON, 1563. fo. 166.

MOSELEY, *of Coventry*, 1167. fo. 42*b*.

MOUNTFORD, *of Beldesert*, 1100. ff. 24. 47.   1167. ff. 16. 39.   Add. MS. 14,311. fo. 19*b*.

———— *of Kingshurst*, 1100. fo. 20*b*.   1167. fo. 16*b*.

NAPTON, 1100. fo. 102.   1167. fo. 132.   1563. fo. 39.

NASH, *of Old Stratford*, 1100. fo. 87*b*.   1167. fo. 111.   1563. fo. 131.

NETHERMILL, *of Coventry*, 1100. fo. 65*b*.   1167. fo. 87*b*.   1563. fo. 87.

NEVELL, *of Holt*, 1100. fo. 46*b*.   1167. fo. 38*b*.

NEWBOTELL, 1100. fo. 55.   1167. fo. 47.

NEWDIGATE, 1100. fo. 58*b*.   1167. fo. 51*b*.

NEWPORT, 890. fo. 36.

NEWSAM, *of Chadshunt*, 1100. fo. 93.   1167. fo. 115*b*.   1563. fo. 139.

NICHE, *of Overton*, 1167. fo. 44*b*.

NICHOLAS, *or,* NICOLLS, 1100. fo. 104*b*.   1167. fo. 137.   1563. fo. 171.

NICHOLLS, *v.* MAIO.

NICOLLS, *v.* NICHOLAS.

NORWOOD, *of Brodway*, 1100. fo. 49*b*.   1167. ff. 25*b*. 41*b*.

ODINGSELLS, *or,* DODINGSELLS, *of Itchingham*, 890. fo. 32*b*.   1546. fo. 106*b*.   1563. fo. 12*b*.

OFFORD, 1093. fo. 114*b*.   1100. fo. 75*b*.   1167. ff. 33. 82.   1486. fo. 62.   1537. fo. 63*b*.

Ognell, of Badisley, 1563. fo. 1.

OLNEY, *of Weston*, 1100. ff. 33*b*. 41.   1167. ff. 25*b*. 33*b*.

Osbaldeston, 1563. fo. 1.

Overton, 1563. fo. 1*b*.

PABENHAM, 1100. fo. 10.   1167. fo. 1*b*.   1563. fo. 24.

PALMER, 1100. fo. 55.   1167. fo. 47.

———— *of Compton*, 1100. fo. 71*b*.   1167. ff. 73.   1195. fo. 94*b*.

———— *of Milverton*, 1100. fo. 103*b*.   1167. fo. 136*b*.   1563. fo. 170.   1195. fo. 113.

———— *of Warwick, fr. Co. Glouc.* 1100. fo. 58. 1167. fo. 50*b*.

PARKER, 2109. ff. 59. 60.

Pawlett, of Maxtoke Abbey, 1563. fo. 1.

PAYTON, *or,* PEITON, *of Sutton Coldfield, fr. Co. Suff.* 808. fo. 32.   1100. fo. 112.   1167. fo. 139*b*.   1563. fo. 18*b*.   5187. fo. 19. Egerton MS. 996. fo. 75*b*.

PEACH, *of Hampton*, 1167. fo. 39.

PEERS, *of Alston or Alveston*, 1100. fo. 75.   1167. fo. 80.   1563. fo. 100.

PEITON, *v.* PAYTON.

PENYFATHER, 1167. fo. 42*b*.   1563. fo. 73.

PERKINS, *of Marson*, 1100. fo. 110*b*.   1167. fo. 146.   1195. fo. 101.   1563. fo. 183.

PETO, *of Chesterton*, 1095. fo. 57*b*.   1100. fo. 59*b*.   1167. fo. 53.   1563. fo. 82.

PETTET, *v.* PETTY.

PETTY, *or,* PETTET, *of Honington*, 1100. fo. 77. 1167. fo. 84.   1563. fo. 104*b*.

PEYTOT, 1100. fo. 57*b*.   1167. fo. 49*b*.

POINTON, 1100. fo. 43.   1563. fo. 60.

PORTER, *of Aston, fr. Co. Glouc.* 1100. ff. 42. 49*b*. 1167. ff. 34*b*. 41*b*.   1563. fo. 54*b*.

———— *of Egbaston, fr. Co. Worc.* 1100. fo. 97*b*. 1167. fo. 127.   1563. fo. 158*b*.

Poultney, 1563. fo. 1.

PUCKERINGE, *fr. Co. York.* 1100. fo. 66.   1167. fo. 64.   1563. fo. 186.

PUDSEY, *of Langley, fr. Co. Oxon.* 1100. ff. 39. 78*b*.   1167. ff. 31. 86.   1563. fo. 106.

———— *of Sutton*, 1167. fo. 31*b*.

PUREFOY, *of Caldecot*, 810. ff. 1*b*. 7*b*. 9.   1100. fo. 80*b*.   1167. ff. 29. 88.   1180. ff. 16. 17. 18. 19.   1187. fo. 107.   1189. ff. 18. 22. 32. 35*b*.   1431. ff. 11*b*. 25. 29.   1563. fo. 110*b*. 6125. ff. 25*b*. 31. 32. 113*b*.   6183. fo. 32.

PYE, 1100. fo. 19.   1167. fo. 12.

QUEWNE, or, COYGHNEY, of Weggenoke, 1563. fo. 1.

RADCLIFFE, or, RATCLIFFE, of Coventry, 1100. fo. 51. 1167. fo. 43. 1563. fo. 74.
RALEIGH, of Thornborough, 1100. fo. 30. 1167. fo. 21b. 1563. fo. 10b.
RANDOLPH, of Wood Benington, fr. Co. Berks. 1100 fo. 89b. 1167. fo. 110. 1563. fo. 129.
RATCLIFFE, v. RADCLIFFE.
RAVES, 1100. fo. 35. 1167. fo. 27. 1563. fo. 30b.
REPINGTON, of Anington, fr. Co. Linc. 1077. fo. 61. 1100. ff. 38. 64. 1167. ff. 30. 61. 1173. fo. 53. 1195. fo. 108. 1563. ff. 13b. 121b. 1570. fo. 63. 6128. fo. 3b.
REYNOLDS, of Stratford, 1100. fo. 76b. 1167. fo. 83. 1563. fo. 102.
RICE, 1100. fo. 48. 1167. fo. 40b.
RICHARDSON, of Atherstone, 1100. fo. 93b. 1167. fo. 117.
RISLEY, 1167. fo. 153b.
ROCLIFFE, 1167. fo. 73b.
RODYE, 1187. fo. 92.
ROGERS, of Aston, 1563. fo. 19b.
———— of Sherburn, fr. Co. Dors. 1100. fo. 98b. 1167. fo. 128. 1563. fo. 159b.
ROWLETT, 1100. fo. 27b. 1167. fo. 19.
RUGELEY, or, RUDGLEY, of Donton, fr. Co. Staff. 1100. ff. 50b. 51b. 52. 1167. ff. 42b. 43b. 44. 1563. fo. 73b.
———— of Warwick, 1100. fo. 73. 1167. fo. 76b. 1563. fo. 97.
RUSSELL, 1100. fo. 5b.
RUTTER, of Stratford, fr. Cos. Chesh. and Glouc. 1100. fo. 123b. 1167. fo. 80b. 1563. fo. 211b.
SACHEVERELL, of New Hall, 1167. fo. 154. 1195. fo. 84b. 1563. fo. 189b.
SADLER, of Phillingley, 1094. fo. 134b. 1100. fo. 100. 1167. fo. 130b. 1184. fo. 131b. 1187. fo. 44b. 1188. p. 54. 1563. fo. 164b.
ST. GERMAIN, 1100. fo. 57b. 1167. fo. 49b. 1563. fo. 211.
ST. PETER, 1100. fo. 35. 1167. fo. 27. 1563. fo. 30b.
SALTMARSH, 1100. fo. 50. 1167. fo. 42.
SAUNDERS, of Bedworth, 1100. ff. 45. 108b. 1167. fo. 143. 1195. fo. 114b. 1167. ff. 18. 37. 1563. fo. 177b.
SAVAGE, 1167. fo. 2.
SEGINGTON, 1100. fo. 104b. 1167. fo. 137. 1563. fo. 171.
SEGRAVE, of Catesby, 1100. fo. 52.
SERGEANT, of Strick Hall, fr. Co. Glouc. 1100. fo. 102b. 1167. fo. 133b. 1563. ff. 40. 216b.
SHELDON, of Spetchley, 1100. fo. 25b.
SHEPEY, or, SHEPLEY, of Atherstone, 1100. fo. 99. 1167. fo. 129. 1563. fo. 162.
SHEPLEY, v. SHEPEY.
SHUGBOROUGH, or, SHUCKBOROUGH, of Shugborough, 810. fo. 13b. 1100. ff. 21. 102. 1167. ff. 13b. 132. 1563. fo. 38b.
SHUTTLEWORTH, of Blaber, fr. Co. Lanc. 1100. fo. 59. 1167. fo. 54. 1563. fo. 81b.
SIDENHALL, 1100. fo. 21. 1167. fo. 13b. 1563. fo. 39.
Skarning, of Wolvey, 1563. fo. 1.
SKINNER, of Shelford, 1100. fo. 87b. 1167. fo. 106. 1563. ff. 3b. 125.
SKIPWITH, 1100. fo. 27b. 1167. fo. 19.
Smith, 1100. fo. 125b.

SMYTH, or, CARINGTON, of Rivenhall and Wotton, 1100. fo. 56b. 1167. fo. 48b. 1563. fo. 185b.
Smyth, of Shirford, 1100. fo. 125b. 1563. fo. 1.
SOMERVILLE, of Edston, 1100. ff. 11b. 17. 1167. ff. 10b. 11. 1563. fo. 35.
SOUTH, of Warwick, fr. Co. Linc. 1100. fo. 73b. 1167. fo. 83b. 1563. fo. 97b.
SPARREY, of Bradhealey, 1100. fo. 96. 1167. fo. 122b. 1563. fo. 151b.
SPEEKE, 1100. fo. 38b. 1167. fo. 30b.
SPENCER, 155. fo. 22. 1177. fo. 15. 1484. fo. 42b. 1544. fo. 24. 1556. fo. 158b. 5865. fo. 24b.
———— or, DESPENSER, Lord, 1100. ff. 85b. 86. 1167. ff. 101b. 102.
SPICER, of Napton, fr. Co. Som. 1563. fo. 230b.
STAFFORD, of Blatherwick, 1167. fo. 8.
STANDISH, 1100. fo. 51. 1167. fo. 43.
Stanford, of Abbot's Stratford, 1563. fo. 1.
STANLEY, of Elford, 1100. fo. 13b. 1167. ff. 7b. 11b. 1195. fo. 101b.
STANTON, of Longbridge and Roxsall, 1100. fo. 83b. 1167. fo. 99. 1195. fo. 109. 1563. fo. 118b.
STAPLE, 1100. fo. 49b. 1167. fo. 41b.
Starkey, of Whistow, 1563. fo. 1b.
STOCKLEY, of Yoxhall, 1100. fo. 26b. 1167. fo. 18. 1563. fo. 42b.
STOUGHTON, of St. John's, fr. Co. Surrey, 1046. fo. 83b. 1100. ff. 45b. 74b. 92b. 1147. fo. 68. 1167. ff. 37b. 78b. 114b. 1397. fo. 122b. 1430. fo. 74b. 1433. fo. 114b. 1561. fo. 76. 1563. fo. 106b. Add. MS. 14,311. fo. 68.
SUTTON, 1100. fo. 57b. 1167. fo. 49b. 1563. fo. 211.
TADLOW, of Coventry, fr. Co. Kent, 1100. fo. 82. 1167. fo. 96. 1195. fo. 105. 1563. fo. 116b.
Tallowes, 1563. fo. 1b.
TAMWORTH, 1100. fo. 38b. 1167. fo. 30b.
Tate, of Whitley, 1563. fo. 1b.
TAYLOR, of Austry, 1100. fo. 95. 1167. fo. 119b. 1195. fo. 110.
TERREY, of Affordby, 1100. fo. 52b.
THICKNESS, of Coventry, fr. Co. Staff. 1100. fo. 50. 1167. fo. 42b. 1563. fo. 70.
———— of Sutton Cheyney, 1100. fo. 51b. 1167. fo. 43b. 1563. fo. 69b.
THROGMORTON, or, THROCKMORTON, of Coughton, fr. Co. Worc. 1100. fo. 32b. 1167. fo. 24.(a. b.) 1563. fo. 91b.
———— of Haseley, 1167. fo. 67. 1563. fo. 90b.
———— of Wotton, 1100. fo. 81. 1167. fo. 90b. 1563. fo. 9b.
TOWNSEND, 1100. fo. 41.
TRACEY, 1100. fo. 53b. 1167. fo. 45b.
TRAVELL, of Stratford-upon-Avon, fr. Co. Shrop. 1100. fo. 77b. 1167. fo. 87. 1563. fo. 105b.
TRAYLEY, 1100. fo. 10. 1167. fo. 1b.
TRUSSELL, of Billesley, fr. Co. Chesh. 1100. fo. 35b. 1167. fo. 27b. 1535. fo. 300b. 1563. fo. 28b.
TURNER. of Atherstone, 1100. fo. 93b. 1167. fo. 117. 1563. fo. 140.

UNDERHILL, *of Honington, fr. Co. Staff.* 810. fo. 12. 1100. ff. 16*b*. 21*b*. 1167. ff. 10. 14. 1563. fo. 33*b*.

Underhill, Add. MS. 4963. fo. 168.

———— *of Stratford-upon-Avon,* 1563. fo. 1*b*.

UPTON, *of Gaydon,* 1563. fo. 97.

———— *of Warwick,* 1100. fo. 73. 1167. fo. 76*b*.

VENOUR, *of Wellesburne, fr. London,* 1100. fo. 120*b*. 1167. fo. 161. 1563. fo. 203.

VERNEY, *of Compton,* 1041. fo. 80*b*. 1100. ff. 14*b*. 16. 1167. fo. 8. 1543. fo. 47. 1563. fo. 26*b*.

Verney, 1563. fo. 1*b*.

VERNON, 1563. fo. 28*b*.

VINCENT, *of Weedon, fr. Co. Leic.* 1100. fo. 6*b*.

WADE, 1982. fo. 108*b*.

WAGSTAFFE, *of the College,* 1100. fo. 116*b*. 1167. fo. 157(*a. b.*) 1563. fo. 190*b*.

WALDEN, *of Warwick,* 1100. fo. 73. 1167. fo. 76*b*. 1563. fo. 97.

WALFORD, 1100. fo. 52. 1167. fo. 44.

WALLER, 1167. fo. 143.

WARDE, *of Bradford and Pillerton,* 1100. fo. 84. 1167. fo. 98. 1563. fo. 117.

———— *of Coventry,* 1100. fo. 50*b*. 1167. fo. 42*b*. 1563. fo. 71.

WARIN, *v.* WARREN.

WARING, *of Berry Hall,* 1100. fo. 101. 1167. fo. 131. 1563. fo. 218*b*.

WARNER, *of Ratcliff and Co. Oxon.* 1100. fo. 79. 1167. fo. 86*b*. 1563. fo. 107.

WARREN, *or,* WARIN, *of Coventry, fr. Co. Chesh.* 1100. fo. 106. 1167. fo. 139. 1563. fo. 172.

WARWICK, *Earl of,* Cott. MS. Jul. F. viii. fo. 33. Harl. MS. 1187. fo. 93. Add. MS. 14,311. fo. 35*b*.

———————— *v.* BEAUCHAMP.

WASHINGTON, 1553. ff. 135*b*. 136*b*.

WAYNMAN, 1100. fo. 29. 1167. fo. 19*b*.

WAYTE, *of Wapenbury,* 1100. fo. 71.

WELBROOKE. 1100. fo. 24*b*. 1167. fo. 16*b*.

WELLS, *of Shevington,* 1100. fo. 53. 1167. fo. 45.

WENTWORTH, 1100. fo. 19. 1176. fo. 12.

WHEAT, *of Coventry, fr. Co. Staff.* 1100. fo. 65. 1167. ff. 62. 63. 1563. fo. 83*b*.

WHITE, 1100. fo. 45. 1167. fo. 37.

WHITEHED, 1563. fo. 70*b*.

WHITLEY, 1093. fo. 114*b*. 1486. ff. 52. 62. 1537. fo. 62*b*.

WHITTLEBURY, *or,* WITTLEBURY, 1100. fo. 43. 1167. fo. 35*b*. 1563. fo. 60.

WIGSTON, *of Wolston,* 1100. fo. 19. 1167. fo. 12. 1563. fo. 37*b*.

WILKES, *of Hodnell,* 1563. fo. 3.

WILLCOTTS, 1100. fo. 46*b*. 1167. fo. 38*b*.

WILLENHALL, 1171. fo. 84*b*.

WILLIAMS, 1167. fo. 25*b*.

WILLINGTON, *of Hurley,* 1100. ff. 97. 109*b*. 110. 1167. ff. 125. 145. 1195. fo. 110*b*. 1563. fo. 181(*a. b.*)

WILLIS, *of Fenny Compton and Napton,* 1100. fo. 92. 1167. fo. 113*b*. 1563. fo. 135*b*.

WILLOUGHBY, 1100. ff. 16. 71. 1167. fo. 30*b*. 1563. fo. 33.

Willoughby, of Midleton, 1563. fo. 1*b*.

WILMER, *or,* WILMORE, *of Ryton and Starton,* 1100. fo. 46. 1167. fo. 38. 1563. fo. 66.

WILMORE, *v.* WILMER.

WINTER, 4031. ff. 75*b*. 78. Add. MS. 14,315. p. 97.

WITTLEBURY, *v.* WHITTLEBURY.

WOLLEY, *of King's Newton, fr. Co. Staff.* 1100. fo. 95. 1167. fo. 119*b*. 1195. fo. 110. 1563. fo. 146*b*.

WOLVERSTON, 1100. fo. 57. 1167. fo. 49. 1563. fo. 66*b*.

Wood, 1563. fo. 1*b*.

WOODCHURCH, *v.* CLARKE.

WOODWARD, *of Avon Dasset,* 1100. ff. 42*b*. 49. 1167. ff. 35. 76. 1563. fo. 57*b*.

————— ————— *of Solihull,* 1100. fo. 49. 1167. fo. 41.

Wright, 1563. fo. 1*b*.

WYSAM, *or,* WYSHAM, 1100. fo. 54. 1167. fo. 46. 1563. fo. 78*b.

Wyse, 1563. fo. 1*b*.

WYSHAM, *v.* WYSAM.

YARDLEY, *of Sutton Coldfield,* 1100. fo. 77. 1167. fo. 89. 1563. fo. 103*b*.

YATE, *of Wootton Wowen, fr. Co. Berks.* 1100. fo. 107. 1167. fo. 140*b*. 1563. fo. 173.

YOUNG, 1100. fo. 28*b*. 1167. fo. 20.

WESTMORELAND.

ASHTON, *of Middleton,* 1435. fo. 24. 1564. fo. 26.

Athinson, 1564. fo. 23.

BARWICK, *of Barwick Hall,* 1374. fo. 11*b*.

Beche, 1234. fo. 245*b*. 1564. fo. 23.

BELLINGHAM, 1374. fo. 14*b*.

————— ——— *of Helsington,* 1435. fo. 24. 1564. fo. 26.

BENSON, *of Hugell,* 1435. fo. 19*b*. 1564. fo. 19*b*.

Billington, of Seven, 2055. fo. 54.

Bird, 1435. fo. 36.

BRADLEY, *of Bradley and Betham, fr. Co. Lanc.* 1435. fo. 20. 1564. fo. 20.

BRATHWAYTE, *of Ambleside and Warcup,* 1435. fo. 1*b*. 1564. fo. 1*b*.

Brathwayte, 1234. fo. 245. 2055. fo. 54.

BRIGGS, *of Calmire,* 1435. fo. 19. 1564. fo. 19.

BUCKLEY, Add. MS. 5533. p. 106.

BYNDLOSE, *of Burnishead,* 1435. fo. 1. 1564. fo. 1.

Byndlose, 1234. fo. 245.

CARUS, *of Asthwaite and Kendal*, 1435. ff. 7*b*.
   34*b*.   1468. fo. 63.   1549. fo. 36.   1564.
   ff. 7*b*. 37*b*.   2086. fo. 56*b*.   6159. fo.
   24*b*.
Cleyborne, of Cleyborne, 1374. fo. 11*b*.   2055.
   fo. 54.
CRAKENTHORP, 1171. fo. 66.   1540. fo. 43.
Crakenthorpe, of Crakenthorpe, 1374. fo. 14.
   2055. fo. 54.
DACREE, of Warcup, 2055. fo. 54.
DALSTON, *of Warcup, fr. Co. Cumb.* 1435. fo. 3.
   1564. fo. 3.
Darleston, of Acorn Bank, 2055. fo. 54.
DUCKETT, *of Grayrigg*, 1435. fo. 11.   1564. fo.
   11.
Duckett, 2055. fo. 54.
Dudley, of Yenwith, 2055. fo. 54.
FALLOWFIELD, 1374. fo. 13.
FENNER, 1435. fo. 26.   1564. fo. 28.
Fisher, of Kendal, 2055. fo. 54*b*.
FOTHERGILL, 1234. fo. 245*b*.
Fothergill, of Ravensdale, 1234. fo. 245*b*.   1564.
   fo. 23.
GARNETT, 1234. fo. 245*b*.   1564. fo. 23.
   2055. fo. 54*b*.
HILTON, 1234. fo. 245*b*.   1564. fo. 23.   2055.
   fo. 54*b*.
HOLLAND, *of Caleis*, 1435. fo. 25*b*.   1564. fo.
   27*b*.
JACKSON, 1374. fo. 13.
LANCASTER, *of Milborne*, 1171. fo. 66.   1540.
   fo. 43.
Lancaster, of Cracktrees, 2055. fo. 55.
LANKASTER, *of Sockbridge and Kendal*, 1435. fo.
   29*b*.   1564. fo. 32*b*.
LAYBOURNE, *of Cunswick*, 1435. ff. 18. 35*b*.
   1564. fo. 18.
Laybourne, 1234. fo. 245.   2055. fo. 55.
LEVINS, 1435. fo. 20*b*.   1564. fo. 20*b*.
LOWTHER, *of Lowther*, 1435. fo. 9.   1536. fo.
   2*b*.   1564. fo. 9.   3391. fo. 2.
Lowther, 2055. fo. 55.

MACHELL, 1374. fo. 13.
MIDLETON, *of Kirkby Lonsdale*, 1435. fo. 29.
   1463. fo. 23.   1564. fo. 32.
———— —— *of Midleton*, 1435. fo. 11*b*.   1564.
   fo. 11*b*.
Mid'eton, of Midleton, 2055. fo. 55.
MUSGRAVE, *of Hartley Castle*, 1435. ff. 3*b*. 14.
   1564. ff. 3*b*. 14.
Musgrave, 2055. fo. 55.
NEVILL, Earl of Westmoreland, 1551. fo. 33*b*.
   1449. fo. 27.
PHILLIPSON, *of Cunnishead and Thwatterden
   Hall*, 1435. fo. 32*b*.   1536. fo. 16.   1564.
   fo. 35*b*.
Phillipson, 1564. fo. 23.
PICKRING, *of Crosby*, 2055. fo. 55*b*.
PRESTON, *of Hugell*, 1435. fo. 19*b*.   1564. fo.
   19*b*.
REDMAN, 1435. fo. 18*b*.
RICHMOND, *of Highett*, 1435. fo. 28.   1564. fo.
   30.
Rigge, 1234. fo. 247.   1374. fo. 12*b*.   1536.
   fo. 27.   3391. fo. 3*b*.
SAMFORTH, 1234. fo. 246*b*.
Sandford, 1374. fo. 13.   2055. fo. 55*b*.
STOCKDALE, *of Barbon and Kirkby Lonsdale*,
   1435. fo. 28*b*.   1564. fo. 30*b*.
Strickland, of Strickland, 2055. fo. 55*b*.
THAWYTES, of Apleby, 2055. fo. 56.
THORNBOROUGH, *of Whitwell, fr. Cos. York. and
   Lanc.* 1435. fo. 23.   1564. fo. 25.
Thornborough, 1234. fo. 245*b*.
WARCOP, *of Smerdalle*, 1435. fo. 6*b*.   1564.
   fo. 6*b*.
WESTMORELAND, *Earl of*, Add. MS. 14,314. fo.
   21.
Westmoreland, Earl of, v. Nevill.
WILSON, *v.* WOLSTON.
WOLSTON, *or*, WILSON, *of Hewgill*, 1435. fo. 31.
   1564. fo. 34.
Wolston, 1234. fo. 245*b*.

WILTSHIRE.

ALLEN, *or*, ALLEYN, *of Calne, fr. Co. Suff.* 888.
   fo. 23.   1111. fo. 87*b*.   1181. fo. 36.
   1443. fo. 212*b*.   1565. fo. 38.   5184. p.
   31.
ASHLEY, *of Damerham, fr. Co. Dorset.* 888. fo.
   40*b*.
———— *of Nash Hill, fr. Co. Hants.* 1165. fo. 79.
   1443. fo. 178*b*.
ASHMAN, *of Calne, fr. Co. Hants.* 888. fo. 21*b*.
   1111. fo. 83*b*.   1181. fo. 33.   1443. fo.
   212.   1565. fo. 35.   5184. p. 51.
AUBREY, *of Chadenwick*, 1166. fo. 54.   1443.
   fo. 14*b*.   1539. fo. 140*b*.
AUNCELL, 1111. fo. 94*b*.   1181. fo. 6*b*.   1443.
   fo. 118*b*.
AYLIFF, *of Brinkworth*, 1165. fo. 27*b*.   1443.
   fo. 16*b*.

AYLWARD, 1111. fo. 83*b*.
BACON, *of Whiteparish*, 888. fo. 4.   1111. fo.
   38.   1139. fo. 8*b*.   1181. fo. 9.   1443.
   fo. 213.   1544. fo. 71.   1565. fo. 8.   5184.
   p. 20.
BAILIFF, *of Tytherton, fr. Co. Som.* 1165. fo. 24*b*.
   1443. fo. 107*b*.
Bainton, 1565. fo. 132*b*.
BARRET, *of Tytherton*, 888. fo. 28*b*.   1111. fo.
   57.   1443. fo. 232.   5184. p. 21.
———— *of Whiteparish*, 888. fo. 2.   1111. fo.
   39.   1165. fo. 28*b*.   1181. fo. 25*b*.   1443.
   fo. 111*b*.   1565. fo. 47*b*.   5184. p. 26.
BARTLETT, *of Alcannings*, 1165. fo. 89*b*.   1181.
   fo. 29*b*.   1443. fo. 190*b*.
———— *of Cherton*, 1165. ff. 91. 93.   1443.
   fo. 191.

Bartlett, 1111. fo. 95.

BARWICK, *of Wilcott, fr. Co. Northumb.* 888. fo. 19.   1111. ff. 86. 92.   1181. p. 35. 1443. fo. 214*b.*   1565. fo. 30*b.*   5184. p. 18.

BAYLEY, *of Echilhampton,* 1165. fo. 45*b.*   1443. fo. 133*b.*

————— *of Stowford,* 888. fo. 26.   1111. fo. 54*b.* 1181. fo. 42*b.*   1443. fo. 216.   1565. fo. 45*b.*   5184. p. 38.

————— *of Wingfield,* 1165. fo. 76.   1443. fo. 175*b.*

BAYNARD, *of Lackham, fr. Co. Essex,* 888. fo. 15. 1111. fo. 52.   1181. fo. 18*b.*   1165. ff. 31. 78.   1443. fo. 31.   1565. fo. 24. 5184. p. 46.

BAYNTON, *of Bromham,* 1111. fo. 77.   1165. ff. 7*b.* 41.   1181. fo. 19.   1443. fo. 32*b.* 1565. fo. 25.   5184. p. 48.

————— *of Sarum,* 1443. fo. 34*b.*

BEAUCHAMP, *of Bromham,* 1111. fo. 77.   1443. fo. 33.

BECKETT, *of Littleton,* 888. fo. 19*b.*   1111. fo. 94*b.*   1165. fo. 37*b.*   1181. ff. 6*b.* 23. 1443. fo. 118*b.*   1565. fo. 32*b.*   5184. p. 11.

BEDFORD, *of Newbury,* 1111. fo. 15.   1443. fo. 66*b.*

————— *of Sarum, fr. Co. Beds.* 1165. fo. 3*b.*

BELLINGHAM, *of Orton St. George, fr. Co. Westm.* 888. fo. 28*b.*   1111. fo. 57*b.*   1181. fo. 56*b.*   1443. fo. 218.   1565. fo. 48. 5184. p. 26.

BENNEGER, 1548. fo. 132*b.*

BENNETT, *of Norton Bavent,* 888. fo. 32*b.*   1092. 61.   1111. fo. 67.   1153. fo. 80.   1166. fo. 34*b.*   1181. fo. 60.   1443. fo. 219*b.* 1565. fo. 53*b.*   5184. p. 44.

————— *of Pitt House,* 1111. fo. 96.   1443. fo. 12.

————— *v.* PITT.

BEVERLEY, 888. fo. 1.

BEWSHIN, *of Cottles, fr. Co. Dors.* 888. fo. 32*b* 1111. fo. 66.   1181. fo. 28*b.*   1443. fo. 219.   1565. fo. 53.   5184. p. 44.

BLACKER, *of Salisbury,* 1165. fo. 95*b.*   1443. fo. 17*b.*

BLAKE, *of Pennells,* 888. fo. 14*b.*   1111. fo. 50. 1181. fo. 17.   1165. fo. 80*b.*   1443. fo. 180*b.*   1565. fo. 22*b.*   5184. p. 42.

Blake, 1443. fo. 258.

Bolayne, 1443. fo. 220.

Booth, 1166. fo. 88*b.*

BORLEY, 1484. fo. 61.

BOTREUX, 1165. fo. 76*b.*

BOWER, *of Donhead St. Andrew, and Co. Som.* 888. fo. 35.   1092. fo. 32*b.*   1111. fo. 65*b.*   1153. fo. 75*b.*   1165. fo. 39. 1166. fo. 82*b.*   1181. ff. 44*b.* 57.   1443. fo. 122.   1451. fo. 135*b.*   1539. fo. 175. 1565. ff. 57. 125.   5184. p. 10.

————— *of Lavington,* 1181. fo. 6.

————— *of Sarum,* 1181. fo. 6*b.*

BOWLE, *of Sarum, fr. Co. Kent,* 1443. fo. 38.

BRANKER, *v.* BROUNKER.

BRAYBROOKE, 1111. fo. 77.   1443. fo. 33.

BRETTON, *or,* BRETON, *of Monkton Farley, fr. Co. Essex,* 888. fo. 27*b.*   1111. fo. 56*b.*   1181. fo. 56.   1443. fo. 217*b.*   1565 fo. 47. 5184. p. 26.

BRIDMER, 1166. fo. 30*b.*   1451. fo. 52*b.*

BRIND, *of Wanborough,* 1165. fo. 20*b.*   1443. fo. 100.

BROKAS, 5184. p. 11.

BROMWICH, 1165. fo. 39*b.*   1443. fo. 122*b.*

BROTHERS, *of Knoell,* 1165. fo. 16.   1443. fo. 83.

BROUNKER, *or,* BRANKER, *of Melksham,* 888. fo. 23*b.*   1111. fo. 72*b.*   1165. fo. 48*b.*   1181. fo. 32.   1443. fo. 135*b.*   1565. fo. 39*b.* 5184. p. 42.

BROWNE, *v.* WEARE.

————— *of Wilton,* 1165. fo. 55*b.*   1443. fo. 150.

BROWNING, *or,* BRUNING, *of Segre, fr. Co. Dors.* 888. fo. 24*b.*   1092. fo. 49.   1111. fo. 71*b.*   1181. fo. 43*b.*   1443. fo. 216*b.* 1565. fo. 41.   5184. p. 43.

BROWRE, *of Donhead,* 1443. fo. 218*b.*

BULKLEY, *of Whiteparish, fr. Co. Chesh.* 888. fo. 2*b.*   1111. fo. 40.   1181. fo. 45*b.*   1443. fo. 213*b.*   1565. fo. 10.   5184. p. 22.

BULLEN, *Earl of Wiltshire,* 1081. fo. 45.   1139. fo. 113*b.*   1484. fo. 61*b.*   1504. fo. 55.

BURLEY, *of Whistley,* 888. fo. 12.   1111. fo. 49. 1181. fo. 49.   1443. fo. 214.   1565. fo. 18*b.*   5184. p. 34.

BURNELL, 1165. fo. 76*b.*   1443. fo. 104*b.*

BURTON, *of Wilton,* 1111. fo. 82.

BUSH, *of Stoford,* 888. fo. 22*b.*   1111. fo. 86*b.* 1181. fo. 39*b.*   1443. fo. 215*b.*   1565. fo. 37.   5184. p. 53.

BUTLER, *of Langley, fr. Co. Lanc.* 888. fo. 22. 1111. fo. 85.   1181. fo. 39.   1443. fo. 215.   1565. fo. 36*b.*   5184. p. 52.

BUTTON, *or,* GRANT, *of Alton,* 1443. fo. 40*b.*   1544. fo. 183*b.*   1565. fo. 58*b.*

Button, 1165. fo. 106.

BYLLETT, 1433. fo. 32.   1561. fo. 42*b.*

CALLEY, *of Highway, fr. London,* 888. fo. 22. 1111. fo. 84*b.*   1165. fo. 20.   1181. fo. 33.   1443. ff. 99. 222*b.*   1565. fo. 36. 5184. p. 52.

CARPENTER, *of Tynsead's Court,* 1165. fo. 36*b.* 1443. fo. 117*b.*

CARRANT, *or,* CARRAUNT, *of Winterborne, fr. Co. Som.* 888. fo. 4.   1111. fo. 30.   1181. fo. 5.   1443. fo. 220*b.*   1565. fo. 2.   5184. p. 3.

CHADWELL, 1166. fo. 20*b.*   1451. fo. 35*b.*   1539. fo. 108*b.*

CHAFFIN, *of Bulford,* 1111. fo. 64*b.*

————— *of Sarum,* 1165. fo. 49*b.*   1443. p. 139.

————— *of Seales Clevedon,* 888. fo. 31.   1111. ff. 64*b.* 65.   1165. fo. 56*b.*   1181. fo. 28. 1443. fo. 138*b.*   1565. fo. 51.   5184. p. 6.

CHENEY, *or,* CHEYNEY, *of Uphaven, fr. Co. Berks.* 888. fo. 12*b.*   1111. fo. 49*b.*   1181. fo. 49*b.*   1443. fo. 221*b.*   1565. fo. 19*b.* 5184. p. 39.

CHIVER, *of Quemberford,* 1165. fo. 34*b.*   1443. fo. 113*b.*

Clavell, 1111. fo. 94.

CLIFFORD, *of Boscombe,* 1165. fo. 66*b.*   1443. fo. 168*b.*

Colborne, 1111. fo. 28*b.*

Collier, 1111. fo. 94.

COLTHURST, *of Warder Castle,* 1565. fo. 127*b.*

COMPTON, 1111. fo. 83*b.*   5184. p. 17.

Constantine, 1111. fo. 94.

COOKE, *of Sarum*, 5184. p. 16.

CORDRAY, *of Chute*, 888. fo. 18.   1111. fo. 90.
1165. fo. 72.   1181. fo. 22.   1443. fo.
174*b*.   1565. ff. 28*b*. 62*b*.   5184. fo. 56.

COTTLE, *of Cricklade, fr. Co. Devon*. 1165. fo. 14*b*.
1443. fo. 81.

CUSS, *of Fifield*, 1165. fo. 97*b*.   1443. fo. 197*b*.

DACCOMB, 1111. fo. 94.

DAMPORT, *v.* DAVENPORT.

DANIELL, *of St. Margarets, fr. Co. Chesh*. 888. fo.
5*b*.   1111. fo. 47.   1165. fo. 72*b*.   1181.
fo. 48.   1443. fo. 177.   1565. fo. 16.
5184. p. 33.

Daniell, 1565. fo. 132.

DARRELL, *of Littlecot, fr. Co. York*. 1443. fo. 224.
5184. p. 14.

DAVENPORT, *or*, DAMPORT, *of Lavington, fr. Co.
Chesh*. 1443. fo. 223*b*.

DAVY, *of Harnham*, 1165. fo. 2.   1443. fo. 48*b*.

DAUNTESEY, *or*, DAWNTESEY, *of Lavington*, 888.
fo. 14.   1165. fo. 42*b*.   1181. ff. 30. 51.
1443. fo. 35*b*.   1532. fo. 21*b*.   1565. fo.
22.   5184. p. 40.

Dauntsey, 1111. fo. 95.

DAY, *of Wilford*, 1165. fo. 51*b*.   1443. fo. 142*b*.

DIGGS, *of Marlborough, fr. Co. Kent*, 1165. fo. 18*b*.
1443. fo. 95.

DIGHTON, *of Lee*, 5184. p. 49.

DODDINGTON, *of Woodland, fr. Co. Som*. 888. fo.
30.   1111. fo. 62.   1443. fo. 223.   1565.
fo. 50*b*.   5184. p. 29.

DREW, *of South Broome*, 1165. fo. 40.   1443. fo.
123.

DREWRY, 1141. fo. 125*b*.   1559. fo. 252*b*.

DUCKETT, *of Caulston, fr. Co. Notts*. 1165. fo.
81.   1443. fo. 182.

DUDLEY, 1443. fo. 33.   5184. p. 13.

DUKE, *of Lake, fr. Co. Devon*. 1165. fo. 65.   1443.
fo. 152*b*.

EARTH, *of Minoll*, 1165. fo. 4*b*.   1443. fo. 67*b*.

ENGLISH, *of Kingswood, fr. Co. Cumb*. 1165. fo.
84.   1181. fo. 66*b*.   1443. fo. 184.

ERINGTON, *of Heele, fr. Co. Northumb*. 888. fo. 2.
1111. fo. 31*b*.   1165. fo. 54.   1181. fo.
5*b*.   1443. fo. 146.   1565. fo. 3*b*.   5184.
p. 4.

ERNELEY, *of Witham, fr. Co. Suss*. 888. fo. 16*b*.
1111. fo. 81*b*.   1165. fo. 74*b*.   1561. fo.
74*b*.   1181. fo. 55.   1443. fo. 29*b*.   1565.
fo. 26.   5184. p. 49.

Erneley, 1565. fo. 132.

EVELYN, 1561. fo. 39*b*.   1397. fo. 57.   1430.
fo. 47*b*.   1433. fo. 53*b*.   1561. fo. 39*b*.
Add. MS. 14,311. fo. 82*b*.

Evens, 1111. fo. 94.

EYRE, *of Bromham*, 1165. fo. 90.   1443. fo.
192.

——— *of Chalfield*, 1443. fo. 147.

——— *of Sarum*, 1165. fo. 54*b*.

——— *of Wood Hampton*, 888. fo. 31*b*.   1111.
fo. 63.   1165. fo. 75*b*.   1181. fo. 59.
1443. fo. 147.   1565. ff. 51*b*. 52.   5184.
p. 30.

FABIAN, 1181. fo. 19*b*.   1443. fo. 32*b*.

FANSTON, *of Downton*, 1165. fo. 7.   1443. fo. 72.

FAWCONER, *of Lawstock, fr. Co. Hants*. 1165. fo.
9*b*.   1443. fo. 75*b*.

FERRYS, *of Ashton Keynes*, 888. fo. 10*b*.   1181.
fo. 14.   1443. fo. 224*b*.   1565. fo. 14.
5184. p. 32.

FISHER, *of Lidham Weeke, fr. Co. Berks*. 1081.
ff. 24*b*. 25.   1139. fo. 64.   1165. fo. 25*b*.
1443. fo. 109.   6173. fo. 44.

Fitchett, of Barford St. Martin, 1565. fo. 130*b*.

FLOWER, *of Pottern*, 888. fo. 33.   1111. fo. 63*b*.
1181. fo. 29.   1443. fo. 225.   1544. fo.
188.   1565. fo. 54.   5184. p. 35.

Frampton, 1111. fo. 94.

FRANKLYN, *of Woodberry*, 1165. fo. 79*b*.   1443.
fo. 179*b*.

GAWEN, *of Northington,* 888. fo. 8*b*.   1111. fo.
37.   1181. fo. 10*b*.   1443. fo. 226.
1565. fo. 8*b*.   5184. pp. 19. 21.

GETHIN, *of Fisherton, fr. Co. Brecknock*. 888. fo.
21.   1111. fo. 82*b*.   1181. fo. 32*b*.
1443. fo. 227.   1565. fo. 34*b*.   5184. p.
50.

GIFFORD, *of Rodenhurst*, 888. fo. 26.   1111. fo.
54.   1181. fo. 24.   1443. fo. 227*b*.   1565.
fo. 43*b*.   5184. fo. 37.

GILBERT, 1111. fo. 82.   1443. fo. 251.   1546.
fo. 4*b*.

GIRDLER, *of Clack, fr. Co. Som*. 888. fo. 12.
1111. fo. 48*b*.   1181. fo. 48*b*.   1443. fo.
226*b*.   1565. fo. 19.   5184. p. 39.

GODDARD, *of Ashington, from Co. Hants*. 1165. fo.
83*b*.   1443. fo. 93.

——— *of Berwick*, 1165. fo. 80.   1443. fo.
89*b*.

——— *of Clatford*, 1165. fo. 16*b*.   1443. fo.
92*b*.

——— *of Cleeve*, 888. fo. 9*b*.   1111. fo. 85*b*.
1443. fo. 89*b*.   1565. fo. 13*b*.

——— *of Hartham*, 1165. fo. 30.   1181. fo.
38*b*.   1443. fo. 87*b*.

——— *of Ogbourn*, 1165. fo. 23.   1443. fo.
88.   5184. p. 54.

——— *of Stanton Hussey*, 1165. fo. 23*b*.
1181. fo. 47.   1443. fo. 85.   1565. fo.
13*b*.

——— *of Upham*, 1165. fo. 17.   1443. fo.
90*b*.   5184. p. 31.

GOLD, *v.* GOULD.

GOLDSTONE, *of Alderbury, fr. London*, 1165. fo. 1*b*.
1443. fo. 64*b*.

GORE, *of Alderington*, 1111. fo. 82.   1165. fo.
31*b*.   1443. fo. 113.

GORGES, *or*, RUSSELL, *of Langford, fr. Co. Som*.
1141. fo. 141.   1385. fo. 22.   1443. fo.
60.   1559. ff. 61*b*. 62.

GOUGH, *of All Cannings*, 1165. fo. 41*b*.   1443.
fo. 124.

GOULD, *or*, GOLD, *of Awlston, or, Alvedeston, fr.
Co. Som*. 1165. fo. 58.   1443. fo. 156.

GRANT, *v.* BUTTON.

GREEN, *of Standlinch*, 888. fo. 6.   1111. fo. 35*b*.
1181. fo. 54.   1443. fo. 225*b*.   1565. fo.
7.   5184. p. 6.

GRESHAM, 5184. p. 17.

GROBHAM, *of Washford, fr. Co. Som*. 1443. fo.
50*b*.

GROVE, *of Donhead, fr. Co. Bucks*. 888. fo. 30*b*.
1111. fo. 59.   1181. fo. 64.   1443. fo. 228.
1565. fo. 57*b*.   5184. p. 10.

GRUB, *of Pottern*, 1165. fo. 99*b*.   1443. fo.
200.

GUNTER, *of Milton*, 1165. fo. 69*b*.   1443. fo.
23*b*.

HALL, *of Bradford*, 888. fo. 26*b*.   1111. fo. 56.
1165. ff. 31*b*. 77.   1181. ff. 43. 55*b*.   1443.
ff. 113. 176. 240*b*.   1565. fo. 44*b*.   5184.
p. 38.

HARDING, *of Pewsey*, 1165. fo. 36.   1443. fo.
116*b*.

HAROLD, *of Cherell*, 1165. fo. 21.   1443. fo.
100*b*.

HARRINGTON, 6159. fo. 41.

HARRIS, 888. fo. 9.   1111. fo. 36.   1181. fo.
10.   1565. fo. 7*b*.

HAWKER, *of Hatchbury, fr. Co. Som.* 1165. fo. 57*b*.
1443. fo. 155*b*.

HERSEY, Add. MS. 14,315. fo. 131.

HEWES, *of Bromham*, 1165. fo. 43*b*.   1443. fo.
126*b*.

HINCKLEY, *of Sarum*, 1165. fo. 7*b*.

HITCHCOCK, *of Preshute*, 1165. fo. 93*b*.   1443.
fo. 193*b*.

Hitchcock, 1111. fo. 98*b*.

HOOPER, *of New Sarum, fr. Co. Dors.* 888. fo. 6*b*.
1111. fo. 29.   1165. fo. 52*b*.   1181. fo.
4*b*.   1443. ff. 144. 228*b*.   ˙ 1565. fo. 1*b*.
5184. p. 2.

HORNE, 1165. fo. 70.   1181. fo. 65*b*.   1443.
fo. 52*b*.

HORSEY, *of Martin, fr. Co. Dors.* 888. fo. 9.
1111. fo. 36.   1181. fo. 10.   1443.
fo. 229.   1565. fo. 7*b*.   5184. p. 20.

HORTON, *of Iford, fr. Co. Som.* 888. fo. 25.
1111. fo. 53.   1165. fo. 89.   1181. fo.
24*b*.   1443. fo. 188.   1565. fo. 42.   5184.
p. 35.

HOWARD, Lord, 1443. fo. 231.

HOWE, *of Lidyard*, 1443. fo. 51.

HUNGERFORD, *of Caddenham*, 888. fo. 19*b*.
1111. fo. 93.   1165. ff. 22*b*. 74. 76*b*.   1181.
fo. 22*b*.   1443. fo. 104.   1565. fo. 31*b*.
5184. p. 15.

Hungerford, 1443. fo. 257.

HUNTON, *of East Knoyle*, 888. fo. 30.   1111.
fo. 58*b*.   1165. fo. 22.   1181. fo. 27.
1443. fo. 102.   1565. fo. 49*b*.   5184. p.
28.

HUTTOST, *of Sarum*, 1165. fo. 65*b*.   1443. fo.
167.

HYDE, *of Marlborough, fr. Co. Chesh.* 1081. fo. 14.
1139. fo. 119*b*.   1165. to. 19.   1181. fo.
29*b*.   1443. fo. 95*b*.

IRTON, *of Birtford, fr. Co. Cumb.* 1165. fo. 7*.
1443. fo. 72*b*.

IVY, 1480. fo. 14.   1557. fo. 81*b*.

Ivey, of Keinton, 1111. fo. 96*b*.   1565. fo. 129.

JACOB, *of Norton*, 1443. fo. 207.

JENKINS, *v.* ROWSEWELL.

JONES, *of Kevell*, 1165. fo. 84*b*.   1443. fo. 94.

———— *of Woodlands*, 1165. fo. 17*b*.   1443. fo.
93*b*.

———— *or*, VALENCE, 1165. fo. 38*b*.

Jones, 1565. fo. 127*b*.

JORDAN, *of Chiterne*, 1165. fo. 85*b*.   1443. fo.
44*b*.

KAYNELL, *v.* KEYNELL.

KELEWAY, *of Whiteparish, fr. Co. Dors.* 888. fo.
2.   1111. fo. 39.   1181. fo. 45.   1443.
fo. 232.   1565. fo. 9*b*.   5184. p. 21.

KEMBLE, 1092. fo. 77.   1483. fo. 115*b*.   1530.
fo. 69*b*.   Add. MS. 14,284. p. 98.

KENNELL, *or*, KAYNELL, 1080. fo. 434.   **1165.**
fo. 31*b*.   1385. fo. 30*b*.   1443. fo. 113.
1559. fo. 6*b*.   Add. MS. 12,477. fo. 3.

KENT, *of Devizes, fr. Co. Chesh.* 1165. fo. 44.
1443. fo. 127.

KIRTON, 1532. fo. 84.

KNEVETT, *or*, KNIVETT, *of Charleton, fr. Co. Norf.*
1094. fo. 67*b*.   1184. fo. 63*b*.   1187.
fo. 72*b*.   1188. p. 95.   1443. fo. 230*b*.
1553. fo. 163*b*.

LAMBE, *of Coulston*, 1165. fo. 37.   1443. fo.
118.

LAMBERT, *of Boyton, fr. London*, 1165. fo. 59.
1443. fo. 157.   2186. fo. 33*b*.

———————— *of Maiden Bradley*, 1443. fo. 233*b*.

LAPP, *of Durnford, fr. Co. Hants.* 1165. fo. 50.
1443. fo. 139*b*.

Lapp, 1111. fo. 95*b*.

LAVINGTON, *of Hulcott*, 1165. fo. 85.   1443. fo.
184*b*.

Lavington, of Wilsford, 1443. fo. 126.

LAWRENCE, 1468. fo. 95.   1166. fo. 16*b*.
1451. fo. 27*b*.   1539. fo. 103*b*.

———————— *v.* UFFENHAM.

Layton, 1111. fo. 95.

LEIGH, *of Crosley*, 1111. ff. 76. 94*b*.   1181. fo. 6*b*.

LIGHT, *of Eastern Percy*, 1165. fo. 26*b*.   1443.
fo. 110*b*.

LISLEY, 1111. fo. 83*b*.

LONG, *of Ashley*, 888. fo. 20.   1165. fo. 44*b*.
1181. fo. 41.   1564. fo. 33.

———— *of Ashton*, 1165. fo. 82*b*.   1443. fo. 132.

———— *of Dracott*, 155. fo. 22.   1177. fo. 15.
1449. fo. 21*b*.   1484. fo. 45.

———— *of Kelweys*, 888. ff. 17. 28.   1111. fo. 79.
102*b*.   1181. fo. 21.   1165. ff. 73*b*.
1564. fo. 46*b*.   5184. p. 17.

Long, of Trowbridge, 1111. fo. 95*b*.   1565. fo.
131 (*a. b.*)

LOVELL, *of Bulford, fr. Co. Hants.* 888. fo. 10.
1111. fo. 43*b*.   1181. fo. 12*b*.   1443.
fo. 232*b*.   1565. fo. 11*b*.   5184. p. 24.

LOWE, *of Calne, fr. Co. Chesh.* 1165. fo. 35.
1443. ff. 18*b*. 115.

Lowe, of Calne, 1565. fo. 130.

——— *of Salisbury*, 1565. fo. 131.

LUDLOW, *of Hill Deverill*, 888. fo. 33*b*.   1111.
fo. 68.   1181. fo. 60*b*.   1443. fo. 233.
1544. fo. 123*b*.   1565. fo. 54*b*.   5184.
p. 7.

Ludlow, 1111. fo. 95*b*.

Lytlecotes, 1484. fo. 62*b*.

MAHEW, 1166. fo. 30*b*.   1451. fo. 52*b*.

MALIN, *of Maulenborow*, 1165. fo. 18.   1443. fo.
94*b*.

MALWYN, *or*, WALWYN, *of Echelhampton*, 1111.
fo. 94*b*.   1181. fo. 23.   1443. fo. 118*b*.

MARGRADGE, *or*, MOGRADGE, *of Salisbury*, 1165.
fo. 94.   1443. fo. 195.

MARKES, *of Steeple Aston*, 1165. fo. 104.   1443.
fo. 206*b*.

Martyn, 1111. fo. 94.

MARVIN, *of Pertwood*, 1111. fo. 58.   1153. fo.
80.   1165. fo. 5*b*.   1181. fo. 58.   1443.
fo. 28.   1565. fo. 50.   5184. pp. 12. 27.
5865. fo. 36*b*.

MASKELYN, *or*, MASCULIN, *of Purton*, 1165. fo.
19*b*.   1443. fo. 97*b*.   1565. fo. 60*b*.

MATON, *of North Tidworth*, 1165. fo. 1. 1443. fo. 64.

MAY, *of Broughton Gifford*, 1092. fo. 58. 1111. fo. 68*b*. 1153. fo. 79*b*. 1181. fo. 32. 1443. fo. 234*b*. 5184. p. 22.

MAYOW, *of Chilmark*, 1181. fo. 63*b*. 1443. fo. 165*b*.

———— *of Dinton*, 888. fo. 35. 1092. fo. 48. 1111. fo. 69. 1153. fo. 78. 1165. fo. 62. 1181. fo. 63. 1443. fo. 164. 1529. fo. 120. 1565. fo. 56*b*. 5184. p. 8.

———— *of Fonthill*, 1181. fo. 63. 1443. fo. 165. 1565. fo. 56*b*.

MEWES, *or*, MEWYS, *of Bishopstone,fr. Co. Hants.* 888. fo. 4*b*. 1111. fo. 35. 1181. fo. 9*b*. 1443. fo. 234. 1565. fo. 6*b*. 5184. p. 5.

MICHELL, *of Calne*, 888. fo. 14. 1181. fo. 18. 1443. fo. 199.

———— *of Calstone*, 888. fo. 13. 1111. fo. 51*b*. 1165. fo. 98*b*. 1181. fo. 18. 1443. fo. 198. 1565. fo. 23. 5184. p. 41.

MILDMAY, 1111. fo. 78*b*.

MOLYNS, *Lord*, 1443. fo. 103.

MOMPESSON, *of Corston*, 888. fo. 34*b*. 1111. fo. 73*b*. 1165. fo. 59*b*. 1181. fo. 62. 1443. fo. 162. 1565. fo. 55*b*. 5184. p. 9.

———— *of Salisbury*, 888. fo. 24. 1165. fo. 96. 1181. fo. 42. 1443. fo. 157*b*. 1565. fo. 40*b*. 5184. p. 9.

MONTAGUE, 1165. fo. 78.

———— *Earl of Salisbury*, 1164. fo. 19. 1385. fo. 20. 1556. fo. 174*b*. 1559. fo. 60*b*.

MOODY, *of Garsden,fr. Co. Worc.* 1443. ff. 214*b*. 235. 1565. fo. 60.

MOORE, *of Berwick St. John's,fr. Co. Worc.* 1165. fo. 6*b*. 1443. fo. 70*b*.

———— *of Hatsborough, fr. Co. Som.* 1165. fo. 8. 1443. fo. 71.

MORTIMER, *of Stockley*, 1165. fo. 81*b*. 1443. fo. 182*b*.

MOUNTACUTE, 1139. fo. 10.

MUSSELL, *of Steeple Langford*, 1165. fo. 51. 1443. fo. 142.

NEWBOROW, 1443. fo. 220.

NICHOLAS, *of Alcannings*, 1111. fo. 41. 1165. fo. 38.

———— *of Calne,fr. Co. Berks.* 1181. fo. 12.

———— *of Coate*, 1181. fo. 50*b*. 1443. fo. 119*b*. 5184. p. 41.

———— *of Rundway*, 888. fo. 3. 1181. fo. 11*b*. 1443. fo. 235*b*. 1565. fo. 10*b*. 5184. p. 23. 5865. fo. 29*b*.

———— *of Stert*, 1181. fo. 16*b*. 1443. fo. 236.

———— *of Winterborne*, 1165. fo. 52. 1443. fo. 21.

Nicholas, 1565. ff. 21(*a. b.*) 89*b*.

NORBORNE, *of Bremhill*, 1165. fo. 45. 1443. fo. 133.

NORDEN, *of Rowde*, 1165. fo. 90*b*. 1443. fo. 192*b*.

NORRIS, 1468. ff. 67. 68. 1549. ff. 82*b*. 83. 6159. fo. 58*b*.

OLLIFFE, 1137. fo. 62*b*. 1432. fo. 55*b*.

ORGAN, *of Burdrop,fr. Co. Berks.* 1165. fo. 70*b*. 1443. fo. 171*b*.

PAGE, *of Westhatch*, 888. fo. 25*b*. 1111. fo. 52*b*. 1181. fo. 37*b*. 1443. fo. 238. 1565. fo. 42*b*. 5184. p. 34.

Page, 1565. fo. 110*b*.

PAGENHAM, 5184. p. 13.

PALMER, *of Wilcott*, 1165. fo. 36. 1443. fo. 117.

PARKER, *v.* SNEITH.

PENRUDDOCK, *of Compton Chamberlain, fr. Co. Cumb.* 888. fo. 35*b*. 1111. fo. 70. 1165. fo. 67*b*. 1181. fo. 64*b*. 1443. fo. 36*b*. 1565. fo. 58. 5184. p. 10.

PERCY, *or*, PERCEHAY, *of Chalfield*, 888. fo. 1.

PERRY, *or*, PYRRY, *of Warminster,fr. Co. Dors.* 888. fo. 20*b*. 1111. fo. 71. 1181. fo. 23*b*. 1443. fo. 237. 1565. fo. 33*b*. 5184. p. 7.

PEVERELL, 1165. fo. 76*b*. 1111. fo. 69*b*. 1443. fo. 104.

PICKHAVER, *of Salisbury,fr. Co. Oxon.* 1165. fo. 100. 1443. fo. 202.

PIKE, *of Martin*, 1165. fo. 71*b*. 1443. fo. 174.

PILE, *or*, PYLE, *of Bulton*, 1111. fo. 36*b*. 1165. fo. 70. 1181. fo. 65*b*. 1443. fo. 52*b*.

Pile, 1111. fo. 9*b*.

PINCKNEY, *of Rushall*, 1165. fo. 87*b*. 1443. fo. 186.

PITT, *or*, BENNETT, *of Pitt House*, 888. fo. 27. 1111. fo. 75. 1181. fo. 37. 1443. fo. 237*b*. 1565. fo. 41*b*. 5184. p. 42.

PLAYDELL, *of Cricklade,fr. Co. Berks.* 888. fo. 9. 1111. fo. 44*b*. 1165. fo. 103 1181. fo. 13. 1443. fo. 204. 1565. fo. 12*b*. 5184. p. 25.

POOLE, 1181. fo. 19*b*. 1443. fo. 32*b*. 5184. p. 13.

POORE, *of Dorington*, 1165. fo. 7*b. 1443. fo. 73.

POPLE, *of New Sarum*, 888. fo. 6*b*. 1111. fo. 37*b*. 1181. fo. 11. 1443. fo. 236*b*. 1565. fo. 9. 5184. p. 22.

Power, 1166. fo. 88*b*.

PRATER, *of Latton*, 888. ff. 16*b*. 18*b*. 1111. fo. 91*b*. 1181. fo. 34*b*. 1443. fo. 238*b*. 1565. fo. 30. 5184. p. 19.

PROVENDER, *of Allington*, 888. fo. 13*b*. 1111. fo. 51. 1165. fo. 79*b*. 1181. fo. 51*b*. 1443. fo. 179*b*. 1565. fo. 23*b*. 5184. p. 45.

PRYNNE, *of Allington,fr. Co. Som.* 1165. fo. 29. 1443. fo. 49*b*.

PYLE, *v.* PILE.

PYRRY, *v.* PERRY.

QUINTON, *of Bulton*, 888. fo. 18. 1111. fo. 90*b*. 1181. fo. 33*b*. 1443. fo. 239. 1565. fo. 29. 5184. p. 57.

RALEIGH, *or*, RAWLEIGH, *of Downton*, 1165. fo. 14. 1443. fo. 80*b*.

READE, *of Cossam,fr. Co. Glouc.* 1165. fo. 78*b*. 1443. fo. 163.

———— *of Wilton*, 1165. fo. 60. 1443. fo. 162*b*.

REDICH, REDITCH, *or*, REDISH, *of Maiden Bradley, fr. Co. Lanc.* 888. fo. 34. 1092. fo. 3*b*. 1153. fo. 69*b*. 1181. fo. 61*b*. 1443. fo. 241*b*. 1451. fo. 159*b*. 1565. fo. 55. 5184. p. 8.

Redich, 1111. fo. 95*b*.

RICHMOND, *or*, WEBB, *of Rodborne*, 1443. fo. 57*b*. 1532. fo. 100. 6173. fo. 77. Add. MSS. 4961. fo. 40. 14,283. fo. 40.

Rives, 1111. fo. 94.

ROCHE, *of Bremham*, 888. fo. 1.

ROGERS, *of Bradford*, 888. fo. 27*b*. 1111. fo. 55. 1181. fo. 43. 1443. fo. 240*b*. 1565. fo. 46. 5184. p. 39.

ROLFE, *of Enford*, 1443. fo. 38*b*.

ROUSE, 888. fo. 1.

2 s

ROWSWELL, *or*, JENKINS, *of Vasterne, fr. Co. Som.* 888. fo. 8. 1111. fo. 44. 1181. fo. 46*b*. 1443. fo. 240. 1565. fo. 12. 5184. p. 24.

Rundway, 1166. fo. 89*b*.

RUSSELL, *v.* GORGES.

RYLEY, *of Sarum, fr. Co. Lanc.* 888. fo. 2*b*. 1111. fo. 30*b*. 1181. fo. 53*b*. 1443. fo. 239*b*. 1565. fo. 3. 5184. p. 3.

SADLEIR, *of Salthorpe*, 1165. fo. 63*b*. 1443. fo. 166.

SADLER, *of Everley, fr. Co. Herts.* 1565. fo. 61*b*.

——— *of Sarum*, 1165. fo. 12. 1443. fo. 43*b*.

ST. BARBE, *of White Parish, fr. Co. Som.* 1165. fo. 48. 1443. ff. 19*b*. 134.

ST. JOHN, *of Lydiard*, 1165. fo. 33*b*. 1443. fo. 54*b*.

ST. LOW, *of Knighton, fr. Co. Som.* 1165. fo. 53. 1181. fo. 19*b*. 1443. fo. 144*b*.

SALISBURY, *Earl of, v.* MONTAGUE.

SARMYNGTON, Add. MS. 14,315. p. 41.

SAVAGE, *of Knowle*, 1165. fo. 13*b*. 1443. fo. 80. 1565. fo. 127*b*.

Scras, 1565. fo. 127*b*.

SCROOPE, *of Castlecombe*, 1165. fo. 26. 1443. fo. 110.

——— *Lord*, 1443. fo. 109*b*.

SCUDAMORE, 890. fo. 42. 1075. fo. 41. 1179. fo. 84*b*.

SERVINGTON, *of Lanford*, 1111. fo. 69*b*.

SEYMOUR, 1165. fo. 29. 1443. fo. 49*b*.

SHELLEY, *of Allcannings, fr. Co. Suss.* 888. fo. 17. 1111. fo. 88. 1181. fo. 20*b*. 1443. fo. 244*b*. 1565. fo. 26*b*. 5184. p. 53.

SHERINGTON, *of Medburne, fr. Co. Norf.* 888. fo. 15*b*. 1111. fo. 78*b*. 1181. fo. 52. 1443. fo. 245*b*. 1553. fo. 78. 1565. fo. 24*b*. 1566. fo. 17. 5184. p. 47.

SKILLING, *of Dracott, fr. Co. Hants.* 888. fo. 17*b*. 1111. fo. 89*b*. 1181. fo. 21*b*. 1443. fo. 244. 1565. fo. 28. 5184. p. 56.

SKUTT, *of Warminster*, 1165. fo. 64. 1443. fo. 166*b*.

SMITH, *of Aberton, and Co. Som.* 1443. fo. 41*b*.

——— *of Boydon*, 1165. fo. 68. 1443. fo. 42.

——— *of Cossam*, 1165. ff. 28. 30*b*. 1443. fo. 112.

SNEITH, *or*, PARKER, *of Lushill*, 888. fo. 5*b*. 1111. fo. 46*b*. 1165. fo. 12. 1181. fo. 15. 1565. fo. 15*b*. 1443. ff. 43*b*. 242*b*. 5184. p. 32.

SNELGRAVE, *or*, SNELGAR, 1166. fo. 89.

SNELL, *of Foxham*, 1165. fo. 29*b*. 1443. fo. 77*b*.

——— *of Knighton*, 888. fo. 16. 1080. fo. 434. 1111. fo. 80*b*. 1165. fo. 10. 1181. fo. 54*b*. 1385. fo. 30*b*. 1443. fo. 76*b*. 1559. fo. 6*b*. 1565. fo. 25*b*. 5184. p. 45. Add. MS. 12,477. fo. 3.

——— *of Loxwell*, 1443. fo. 77.

SOTWELL, *or*, SOTEWELL, *of Chute*, 888. fo. 18*b*. 1111. fo. 91. 1165. fo. 69. 1181. fo. 34. 1443. fo. 169*b*. 1565. fo. 29*b*. 5184. p. 57.

SOUCH, *of East Grinstead*, 1165. fo. 50*b*. 1443. fo. 140*b*.

SOUTH, *of Swakeley*, 1181. fo. 43.

SOUTH, *of Swallowcliffe*, 888. fo. 23*b*. 1111. fo. 73. 1165. fo. 8*b*. 1181. fo. 36*b*. 1443. fo. 74*b*. 1565. fo. 40.

SPATCHURST, *of Humington, fr. Co. Camb.* 1165. fo. 53*b*. 1443. fo. 145*b*.

STAFFORD, *Earl of Wiltshire*, 1094. fo. 150*b*. 1184. fo. 147*b*. 1187. fo. 12*b*. 1188. p. 7. 1484. fo. 61*b*. Add. MS. 16,279. p. 225.

STAMP, *of Malmesbury*, 1181. fo. 19*b*. 1443. fo. 32*b*.

STANDON, 1532. fo. 104*b*. 6173. fo. 87*b*.

STANTER, *of Horningsham, fr. Co. Devon.* 888. ff. 25*b*. 32. 1111. fo. 75*b*. 1181. ff. 44. 58*b*. 1443. fo. 247*b*. 1565. ff. 43. 52*b*. 5184. p. 36.

STAPLES, *of Beareham*, 1165. fo. 66. 1443. fo. 167*b*.

STEPHENS, *of Burderopp*, 888. fo. 12*b*. 1111. fo. 70*b*. 1165. fo. 44. 1181. fo. 50. 1443. ff. 171*b*. 243. 1565. fo. 20. 5184. p. 40.

——— *of Chisledon*, 1181. fo. 16*b*. 1565. fo. 20*b*.

Stephens, 1565. fo. 88*b*.

STEVENS, *of Devizes*, 1165. fo. 44.

STILL, *of Christian Malford, fr. Co. Linc.* 1165. fo. 27. 1443. fo. 111.

STILLMAN, *or*, STYLLMAN, *of Steeple Ashton*, 888. fo. 6. 1111. fo. 34*b*. 1181. fo. 8*b*. 1443. fo. 242. 1565. fo. 6. 5184. p. 6.

STOKES, *of Titherton*, 1165. fo. 77*b*. 1443. fo. 178.

STOURTON, *v.* STURTON.

STRADLING, 1079. fo. 201.

Strangeways, 1111. fo. 88*b*.

STRATTON, *of Seagrey*, 1165. fo. 99*b*. 1443. fo. 200*b*.

Stratton, 1166. fo. 89.

STURTON, *or*, STOURTON, *of Horningsham*, 888. fo. 26*b*. 1111. fo. 53*b*. 1181. fo. 25. 1443. fo. 247. 1565. fo. 44. 5184. p. 37.

STYLLMAN, *v.* STILLMAN.

TALBOTT, 2186. fo. 10. 1539. fo. 12.

TEMMES, *of Rowd Ashton*, 888. fo. 29. 1111. fo. 60. 1181. fo. 26. 1443. fo. 250. 1565. fo. 48*b*. 5184. p. 27.

THATCHAM, *of Idmiston*, 888. fo. 8. 1111. fo. 32. 1181. fo. 7. 1443. fo. 248*b*. 1565. fo. 4. 5184. p. 4.

THINNE, *v.* THYNNE.

THISTLETHWAYTE, *of Winterslow*, 1165. ff. 3. 4. 1443. fo. 65.

THORNHULL, *or*, THORNHILL, *of Charlton, fr. Co. Dors.* 888. fo. 17*b*. 1111. fo. 89. 1443. fo. 249. 1181. fo. 20. 1565. fo. 27*o*. 5184. p. 54.

THYNNE, *or*, THINNE, *of Longleat*, 1165. fo. 58*b*. 1443. fo. 46*b*. Add. MS. 14,311. fo. 32.

Thynne, 1111. fo. 94.

TICHBORNE, *of Sarum*, 1165. fo. 11*b*. 1443. fo. 79*b*.

TIPTOFT, 1165. fo. 26. 1443. fo. 109*b*.

TOMER, *of Tomer*, 1443. fo. 220*b*.

TOOKER, *of East Grinstead, fr. Co. Devon* 1165. fo. 2*b*. 1443. fo. 39*b*.

——— *of Maddington*, 1165. fo. 103*b*. 1443. fo. 22.

TOPP, *of Combe Bisset*, 1165. ff. 56. 64*b*. 1443. fo. 151*b*.

TOPP, *of Stockton*, 1165. fo. 64*b*.   1443. fo.
  152.
Tope, 1565. fo. 130.
TROPNELL, *or*, TRAPNALL, *of Sopworth*, 888. fo.
  1.   1484. fo. 66*b*.
TRUSLOW, *of Avebury*, 1165. fo. 73.   1443. fo.
  177*b*.
Tucker, 1565. fo. 131*b*.
Turberville, 1111. fo. 94.
TUTT, *of Idmiston*, 1165. fo. 94*b*.   1443. fo.
  196*b*.
—— *of Oxenwood, fr. Co. Hants.* 888. fo. 9*b*.
  1111. fo. 45*b*.   1181. fo. 13*b*.   1565. fo.
  13.   5184. p. 29.

UFFENHAM, *or*, LAWRENCE, *of Downton*, 888.
  fo. 20*b*.   1092. fo. 75.   1111. fo. 82.
  1153. fo. 83.   1181. fo. 41*b*.   1443. fo.
  251.   1565. fo. 34.   5184. p. 50.

VALENCE, *v.* JONES.
VANNE, 1111. fo. 78*b*.
VAUGHAN, *of Falstone, fr. Co. Heref.* 1165. fo. 11.
  1443. fo. 56.
VAUX, *or*, VAULX, *of Marston, fr. Co. Camb.*
  1165. fo. 15*b*.   1443. fo. 82*b*.
Vuedall, 1111. fo. 94.
VYNOUR, *of Stafferton Wick*, 1165. fo. 98.   1443.
  fo. 45*b*.

WALKER, *of New Sarum, fr. Co. Worc.* 1165. fo.
  10*b*.   1443. fo. 78*b*.
WALLIS, *of Trowbridge*, 1165. fo. 83.   1443. fo.
  183*b*.
WALROND, *of Albourn*, 888. fo. 5.   1111. fo.
  46.   1165. fo. 71.   1181. fo. 14*b*.   1443.
  fo. 172*b*.   1565. fo. 15.   5184. p. 32.
WALTON, *of Kemble, fr. Co. Lanc.* 888. fo. 22*b*.
  1111. fo. 87.   1181. fo. 40.   1443. fo.
  254.   1565. fo. 37*b*.   5184. p. 30.
WARDER, *of Platford*, 888. fo. 3.   1111. fo.
  34.   1181. fo. 7*b*.   1443. fo. 251*b*.   1565.
  fo. 5.   5184. p. 5.
WARNEFORD, *of Sevenhampton*, 1165. fo. 15.
  1443. fo. 81*b*.
WARRE, *of Titherton, fr. Co. Som.* 888. fo. 21*b*.
  1111. fo. 84.   1181. fo. 38.   1443. fo.
  253.   1565. fo. 35*b*.   5184. p. 51.
WEARE, *or*, BROWNE, *of Burton*, 888. fo. 11*b*.
  1111. fo. 47*b*.   1181. fo. 48*b*.   1443. fo.
  252*b*.   1565. fo. 17*b*.   5184. p. 33.

WEBB, *of Manningford*, 1165. fo. 87.   1443. fo.
  185*b*.
—— *v.* RICHMOND.
WESTON, *of Cannings*, 1165. fo. 75.   1443. fo.
  175.
WHITE, *of Charlton*, 1165. fo. 7.   1443. fo. 71*b*.
—— *of Langley*, 1165. fo. 28.
White, 1166. fo. 88*b*.
WHITHART, *of Milton*, 1443. fo. 254*b*.
WIGNALL, *of Sarum, fr. Co. Surr.* 1165. fo. 61*b*.
  1443. fo. 163*b*.
WILLOUGHBY, *of Knowle*, 888. fo. 29*b*.   1111.
  ff. 49*b*. 61.   1165. fo. 57.   1181. fo. 57*b*.
  1443. fo. 153*b*.   1565. fo. 49.   5184.
  p. 28.
—————— *of Littleton*, 1165. fo. 86*b*.   1443.
  fo. 154*b*.
WILTSHIRE, 1111. fo. 83*b*.
Wiltshire, Earl of, v. Bullen.
——————————— Stafford.
WINTERSELL, *of Radborne, fr. Co. Surr.* 888. fo.
  5*b*.   1111. fo. 45.   1181. fo. 47*b*.   1443.
  fo. 252.   1561. fo. 17*b*.   1565. fo. 14*b*.
  5184. p. 25.
WOOD, 1166. fo. 32.   1451. fo. 54*b*.   1539.
  fo. 121.
WORTH, *of Buckington*, 1165. fo. 35*b*.   1443.
  fo. 116.
WROUGHTON, *of Broad Hinton*, 888. fo. 19.
  1111. fo. 92*b*.   1139. fo. 65.   1181. ff.
  35*b*. 66.   1443. fo. 26.   1565. fo. 31.
  5184. p. 18.   Add. MS. 14,315. p. 159.
YATE, *of Upham, fr. Co. Berks.* 888. fo. 10*b*.
  1111. fo. 42.   1181. fo. 46.   1443. fo.
  255.   1565. fo. 11.   5184. p. 23.
YERBURY, *of Trowbridge, fr. Co. Som.* 1165. fo.
  82.   1443. fo. 183.
YERTH, *v.* YERWORTH.
YERWORTH, *or*, YERTH, *of Collingbourn, fr. Co.*
  Monm. 888. fo. 11*b*.   1111. fo. 48.
  1181. fo. 16.   1443. fo. 69.   1565. fo.
  18.   5184. p. 33.
YORKE, *of Elcombe*, 1165. fo. 24.   1443. fo. 106*b*.
Yorke, of Ramsbury, 1565. fo. 127*b*.
YOUNG, *of Harnham*, 1165. fo. 5.   1443. fo. 70.
Young, 1111. fo. 5*b*.
ZOUCHE, *Lord, Co. Northampt. and of Pitton, Co.*
  Wilts. 888. fo. 4*b*.   1111. fo. 31.   1165.
  fo. 49.   1181. fo. 53.   1443. fo. 136*b*.
  1565. fo. 2*b*.   5184. p. 1.

WORCESTERSHIRE.

ACTON, *of Acton and Amersley*, 1043. fo. 32*b*.
  1077. fo. 62.   1173. fo. 54.   1566. fo.
  156*b*.   1415. fo. 119.   1439. fo. 37.
  1570. fo. 60.   6128. fo. 43.   Add. MS.
  12,479. fo. 23*b*.

—— *of Bockleton*, 1043. ff. 23. 26(*a.b.*)   1352.
  ff. 4*b*. 24.   1486. fo. 1*b*.   1566. fo. 36*b*.
  Add. MS. 12,479. ff. 24*b*. 71.

ACTON, *of Ribbeford*, 1043. fo. 17.   1352. fo.
  4*b*.   1486. fo. 1*b*.   1566. fo. 36*b*.   Add.
  MS. 12,479. fo. 71.
—— *of Sutton*, 1982. fo. 67.
Acton, 1444. fo. 10.   Add. MS. 5533. p. 17.
ALDERFORD, *of Knightwick, fr. Co. Warr.* 1043.
  fo. 29.   1352. fo. 1*b*.   1486. fo. 1.
  1566. fo. 93*b*.

ANDREWS, *of Hambury*, 1043. fo. 14.   1352. fo. 1.   1486. fo. 2*b*.   1566. fo. 23.
—— *of Longdon, fr. Co. Northampt.* 1566. fo. 154*b*.
ARCHER, *of Hanley, fr. Co. Warr.* 1566. fo. 145*b*.
ARUNDELL, *Earl of*, 1566. fo. 102*b*.
Asbury, 1566. fo. 147.
Ashborne, 1043. fo. 10.
ASTON, *of Norfield, fr. Co. Chesh.* 1566. fo. 122*b*.
AUNCLOW, *of Hoden*, Add. MS. 12,479. fo. 18*b*.
BALDWIN, *of Aylesbury*, 1043. fo. 27.   1566. fo. 85*b*.
Bardolfe, 1566. fo. 147.
Barker, 1043. fo. 11.   1566. fo. 147*b*.
BARKLEY, *of Cotteridge, fr. Co. Glouc.* 1566. fo. 117.
BARNABY, *of Acton, fr. Co. Shrop.* 1043. fo. 30.   1352. fo. 3*b*.   1396. fo. 90*b*.   1486. fo. 3*b*.   1566. fo. 95*b*.
BARNES, *of Tallon*, 1043. fo. 33.   1566. fo. 114.
BARNESLEY, *of Barnsley Hall*, 1566. fo. 153*b*.
BARRETT, 1396. fo. 59.
Bartlett, of Castle Norton, 1566. fo. 148.
BASKERVILE, *of Wolvershill*, 1566. ff. 41. 104*b*.
BASSETT, *Lord*, 1352. fo. 25.   1486. fo. 15*b*.
Belett, 1566. fo. 147*b*.
Bermingham, 1043. fo. 10.   1566. fo. 147*b*.
Besyn, 1566. fo. 125*b*.
BIGGS, *of Aldington, fr. Co. Glouc.* 1043. fo. 32.   1566. fo. 115.
Bissett, 1043. fo. 10.
Blondell, 1566. fo. 147*b*.
BLOUNT, *of Grindon*, 1566. fo. 12*b*.
—— or, BLUNT, *of Soddington*, 1043. fo. 40.   1352. fo. 35*b*.   1543. ff. 153. 187.   1566. ff. 2. 70.
BLUNT, *v.* BLOUNT.
BOKILTON, 1043. fo. 23.   1566. fo. 36*b*.   1486. fo. 1*b*.
BOULSTRODE, 1043. fo. 19.   1566. fo. 45.
BRACE, 1043. fo. 30*b*.   1352. fo. 19*b*.   1486. fo. 14.
BRACEY, *of Dordall*, 1566. ff. 125*b*. 167.   Add. MS. 12,479. ff. 18. 80.
BRASCY, 1566. fo. 101.
Brascy, 1566. fo. 147.
Bray, of Dordall, 1043. fo. 11.
BREY, 1566. fo. 128.
BRIDGES, *of Estington, fr. Co. Heref.* 1566. fo. 13*b*.
BROMLEY, 1566. fo. 125*b*.
BROMWICH, 1566. fo. 167.
BROWNE, *of Little Frome*, 1043. fo. 17*b*.   1352. fo. 26.   1486. fo. 17.   1566. fo. 105.
—— *of Pershore*, 1566. fo. 131*b*.
BUCK, *of Nash*, 1043. fo. 15.   1352. fo. 2*b*.   1486. fo. 3.   1566. fo. 25*b*.
Burgylomer, 1566. fo. 147*b*.
BUSHELL, or, FOUKES, *of Cleeve, fr. Co. Glouc.* 1566. fo. 127*b*.
BUTLER, *of Badmanton*, 1043. fo. 39.
—— *of Wich*, 1043. fo. 14.   1352. fo. 2.   1481. fo. 1.   1566. fo. 21.
CALDWELL, *of Upton, fr. Co. Staff.* 1043. fo. 20.   1352. fo. 3.   1486. fo. 2*b*.   1566. fo. 47*b*.
CALLEY, *of Highway, fr. London*, 1043. fo. 44*b*.
Carter, of Pery Court, 1566. fo. 147.
CASSY, 1043. fo. 31.
CASTON, *of Clifton*, Add. MS. 12,479. fo. 19*b*.

CHARLTON, 1566. fo. 125*b*.
CHILDE, *of Northwick and Sheley*, 1043. fo. 26*b*.   1352. fo. 5*b*.   1486. fo. 4.   1566. fo. 75*b*.
Cholmley, of Ripley, 1566. fo. 147*b*.
CLARE, *of Colwell*, 615. fo. 238*b*.   1043. fo. 49.   1241. fo. 30*b*.   1396. fo. 74.   1566. fo. 118*b*.   1982. fo. 158*b*.
Clare, 1043. fo. 10.
CLARK, 1566. fo. 14.
CLOPTON, 1566. ff. 87*b*. 125*b*.
CLYNTON, *of Colshull*, 1566. fo. 127.
COCKETT, *of Worcester, fr. Co. Suff.* 1566. fo. 164*b*.
Cocks, 1352. fo. 37*b*.
COLE, 1566. fo. 141*b*.
COLLES, *of Lye*, 1566. fo. 120.
Colles, 1442. fo. 2**b*.
COLWELL, *fr. Co. York.* 1566. fo. 160*b*.
CONINGSBY, *of Buray, fr. Co. Heref.* 1566. fo. 107*b*.
CONYSBY, 1043. ff. 26. 30.   1352. fo. 3*b*.
COOKSEY, *of Evesham*, 1043. fo. 26*b*.   1352. fo. 6*b*.   1486. fo. 4*b*.   1566. fo. 80.
COPLEY, *of Berdon, fr. Co. Suff.* 1043. fo. 25*b*.   1352. fo. 6.   1486. fo. 4.   1566. fo. 79*b*.
CROSSE, *of Holt*, 1043. fo. 26*b*.   1352. fo. 6*b*.   1486. fo. 4*b*.   1566. fo. 81.
DABITOTT, 1043. fo. 49.   1566. fo. 118*b*.
Dabitott, 1043. fo. 10.   1566. fo. 147*b*.
DAVERS, 1180. fo. 19*b*.   1189. fo. 20*b*.   1431. fo. 13*b*.
DAVIES, *of Droitwich, fr. Co. Shrop.* 1566. fo. 168*b*.
DAWBNEY, *of Ciceter*, 1043. fo. 24.   1352. fo. 7.   1486. fo. 4*b*.   1566. fo. 68*b*.
DETHICK, *of Sagebury, fr. Co. Derb.* 1043. fo. 37.   1566. fo. 110*b*.   Add. MS. 12,479. fo. 20*b*.
DICHFORD, 1092. fo. 56.   1153. fo. 79*b*.   1451. fo. 168.   2186. fo. 29.
DIGHTON, *of Worcester, fr. Co. Linc.* 1566. fo. 162.
DINGLEY, *v.* DYNLEY.
DOMBLETON, *of Brookhampton*, 1566. fo. 105.
DORE, *v.* MABE.
DOTCHEN, *of Beely and Wich*, 1566. fo. 159.
DYNLEY, or, DINGLEY, *of Charlton*, 1043. fo. 25*b*.   1352. fo. 7*b*.   1486. fo. 5.   1566. fo. 77*b*.
DYSON, *of Inkbarrow*, 1566. fo. 138*b*.
Dyson, 1043. fo. 38*b*.
EGIOKE, *of Egioke*, 1043. fo. 24.   1352. fo. 8.   1486. fo. 5*b*.   1566. fo. 71*b*.
EVANS, *of Worcester*, Add. MS. 12,479. fo. 44.
Evett, 1566. fo. 174.
EYNES, 1566. fo. 138.
EYNSFORD, 1566. fo. 41.
FARMOUNT, or, FERYMAN, 1566. fo. 147*b*.
Feryman, v. Farmount.
FOLLIOTT, *of Purton*, 1043. fo. 18*b*.   1352. fo. 8*b*.   1486. fo. 6.   1566. fo. 40*b*.
FORDEN, 1566. fo. 91*b*.
FORSTER, *of Wich*, 1043. fo. 24*b*.   1352. fo. 9.   1486. fo. 5*b*.   1566. fo. 74.
FORTESCUE, *of Cookhill, fr. Co. Devon.* 1566. fo. 172.
FOUKES, *v.* BUSHELL.
FOWLSHURST, 1043. fo. 39.
FREERE, *of Charlton*, 1241. fo. 60*b*.   1396. fo. 120.   6172. fo. 13.   Add. MS. 14,314. fo. 67.
Freville, 1043. fo. 10.   1566. fo. 147.
FROXMERE, *of Wich*, 1566. fo. 165.

FRYAR, *of Blanked*, 1043. fo. 28.   1352. fo. 9*b*.
1486. fo. 7.   1566. fo. 88.
Frye, 1566. fo. 147*b*.
FURNIVALL, *Lord*, 1566. fo. 41.
GABBOT, 1486. fo. 15.
GAGE, *of Bentley*, 1566. fo. 104*b*.
GATTACRE, 1566. fo. 138.
GEFFREYS, *or*, GEFFREY, *of Earls Combe*, 1043. fo.
19*b*.   1352. fo. 10.   1486. fo. 6*b*.   1566.
fo. 47.
————— *of Holme Castle*, 1043. fo. 28*b*.   1352.
fo. 10*b*.   1486. fo. 7.   1566. fo. 90.
GHEST, *of Rowheath*, 1566. fo. 169*b*.
Gifford, 1043. fo. 10.
GORGE, 1043. fo. 31*b*.
GOWER, *of Boughton*, 1566. fo. 54.
————— *of Earls Court*, 1043. fo. 23*b*.   1352. fo.
16.   1486. fo. 10*b*.   1566. fo. 59*b*.
————— *of Kewessey*, 1566. fo. 53.
————— *of Woodhall*, 1043. fo. 20*b*.   1352. fo.
11.   1486. fo. 7*b*.   1566. fo. 52.   Add.
MS. 12,479. ff. 19. 20. 78. 79.
GRAUNT, 1187. fo. 61*b*.   1188. pp. 82, 86.
GREENE, 1043. fo. 33*b*.
GREVILL, *of Lemington*, 1566. ff. 8*b*. 160.
Gyles, 1043. fo. 38*b*.
HABINGTON, *of Henlep, fr. Co. Heref.* 1566. fo.
104*b*.
HALL, *of Henwick*, 1043. fo. 28.   1180. fo. 153*b*.
1187. fo. 140.   1189. fo. 113*b*.   1195. fo.
81.   1352. fo. 11*b*.   1431. fo. 105.   1486.
fo. 8.   1566. fo. 88*b*.   6125. ff. 106. 118.
6183. fo. 123.
—— *of Mathan*, 1566. fo. 146*b*.
HAMBURY, *of Benhall*, 1566. fo. 63*b*.
————— *of Hambury*, 1043. fo. 50.   1352.
fo. 12.   1486. fo. 8*b*.   1566. fo. 63.
————— *of Elmeley Lovett*, 1043. fo. 51.   1352.
fo. 12*b*.   1486. fo. 8*b*.   1566. fo. 66*b*.
HAMPTON, 1043. fo. 35*b*.
HANFORD, *of Wollashull*, 1043. fo. 39.   1566.
fo. 8.
HAREWELL, *of Besford*, 1043. ff. 33*b*. 42.   1352.
fo. 13.   1486. fo. 9.   1566. fo. 87.
————— —— *of Wootton*, 1043. fo. 27*b*.   1566.
fo. 125.   1424. fo. 11.   1505. fo. 11.
2119. fo. 203*b*.   2187. fo. 15*b*.
HARPUR, 1100. fo. 89*b*.   1167. fo. 110.   1563.
fo. 130.
HARRIS, 1566. fo. 164.
————— *of Walton*, 1566. fo. 136.
————— *v.* PRICKLEY.
HASELWOOD, *of Wick Warren, fr. Co. Northampt.*
1043. fo. 27.   1352. fo. 13*b*.   1486. fo. 8.
1566. fo. 83*b*.
HAYDON, *of Grove*, 1043. ff. 13*b*. 44.
HEREFORD, *of Moore, fr. Co. Heref.* 1043. fo. 23*b*.
1352. fo. 14*b*.   1486. fo. 10.   1566. fo.
67*b*.
HEREWARD, *of Hatelbury, fr. Co. Warr.* 1043. fo.
19*b*.   1352. fo. 15.   1486. fo. 9*b*.   1566.
fo. 45*b*.
HICHE, 1043. fo. 42*b*.
HICKOCKE, *or*, HICHEOKE, 1043. fo. 30*b*.   1352.
fo. 19*b*.   1486. fo. 14.
HILL, 1566. fo. 69.
HITCH, 1566. fo. 113*b*.
HOBY, *of Badland*, 1043. fo. 43.   1566. fo. 91.
———— *of Burward*, 1566. fo. 91.
———— *of Ernley*, 1566. fo. 93.

HOBY, *of Lemster*, 1043. ff. 29. 43.   1352. fo. 14.
1486. fo. 9.
HODINGTON, 1041. ff. 7*b*. 49.   1043. fo. 31.
1352. fo. 25.   1486. fo. 15*b*.   1566. fo. 102*b*.
HUDLESTON, *of Milholme*, 1566. fo. 135*b*.
HUMFREY, 1043. fo. 15*b*.   1352. fo. 25*b*.   1486.
fo. 16*b*.   1566. fo. 27*b*.
HUNBURY, 1041. fo. 102*b*.   1543. fo. 131.
HUNCKES, *of Radbrook, fr. Co. Bucks.* 1043. fo.
19.   1352. fo. 15*b*.   1486. fo. 10.   1566.
fo. 44*b*.
HUSSEY, *Lord*, 1566. fo. 70.
INGRAM, *of Earls Court, fr. Co. Warr.* 1043. fo.
23*b*.   1352. fo. 16.   1486. fo. 10*b*.   1566.
fo. 59*b*.
JAMES, *of Foxley*, 1566. fo. 170.   6128. ff. 93.
97*.
JENINS, *of Spetchley*, 1566. fo. 144*b*.
JENNETT, 1043. fo. 45.   1352. ff. 1. 14.
Jennetts, of Nargrave, 1566. fo. 147*b*.
Jerveis, 1043. fo. 11.   1566. ff. 147*b*. 148.
JOANES, 1566. fo. 32*b*.
Joanes, 1444. fo. 47.   Add. MS. 5533. p. 83.
JONNES, *of Worcester*, 1566. fo. 155*b*.
KIGHLEY, *of South Littleton, fr. Co. Lanc.* 1043.
fo. 22.   1352. fo. 16*b*.   1486. fo. 11.
1566. fo. 62*b*.
LANGSTONE, *of Sedgebarrow*, 1100. fo. 54.   1167.
fo. 46.   1563. fo. 79*b*.   1566. fo. 172*b*.
LANGTON, 1566. fo. 109*b*.
Lechmare, of Handley Castle, 1043. fo. 52.
LENCH, *of Wich*, 1043. fo. 30*b*.   1352. fo. 19*b*.
1486. fo. 14.   1566. fo. 98*b*.
LEWKNOR, *fr. Co. Suss.* 1043. fo. 29*b*.   1352. fo.
18*b*.   1486. fo. 11.   1566. fo. 94*b*.
LEYTON, 1566. fo. 138.
LIGON, *of Maddersfield*, 1043. fo. 31*b*.   1352. fo.
17.   1486. fo. 11*b*.   1566. fo. 106.
LILLY, *of Bromsgrove*, 1352. fo. 20.   1486. fo.
14*b*.   1566. fo. 149.   1486. fo. 13*b*.
LITTLETON, *or*, WESTCOT, *of Frankley*, 1043. ff.
16. 29. 34*b*. 35.   1091. fo. 121.   1164.
fo. 19*b*.   1352. ff. 1*b*. 17*b*.   1486. ff. 1. 12*b*.
1538. fo. 296.   1566. fo. 29*b*.   Add. MS.
12,479. ff. 16. 44*b*.
Lowe, of Bromsgrove, 1566. fo. 176.
LUTTERELL, 1566. fo. 69.
MABE, *or*, DORE, *of Burton*, 1043. fo. 17.   1352.
fo. 5.
MANWERING, 1043. fo. 31.
MARKHAM, 1094.   fo. 133*b*.   1184. fo. 130*b*.
1187. fo. 39*b*.   1188. p. 46.   1553. fo. 70.
Marleton, 1566. fo. 147.
MAY, *fr. Co. Som.* 1566. fo. 126.
MEYSEY, *of Shakenhurst*, 1043. fo. 25.   1352. fo.
20*b*.   1486. fo. 12.   1566. fo. 75.   Add.
MS. 12,479. ff. 22. 73.
MIDLEMORE, 1043. fo. 14.   1352. fo. 1.   1486.
fo. 2*b*.   1566. fo. 23.
————— *of Haselwell, fr. Co. Warr.* 1566. fo.
158.
Midlemore, 1043. fo. 52.
MIDELTON, 1043. fo. 33*b*.
MOORE, *of Duckley and Bromsgrove*, 1140. ff. 27.
48.   1159. ff. 27. 47*b*.   1173. fo. 53*b*.
1442. fo. 47*b*.   1545. fo. 38*b*.
————— *or*, MORE, 1043. fo. 21.   1352. fo. 32*b*.
1486. fo. 18*b*.   1566. fo. 57.   1570. fo. 59*b*.
6128. fo. 4.

MORGAN, *of Commerton*, Add. MS. 12,479. ff. 45b. 81.

———— *of Hanbury*, 1043. fo. 27b.   1352. fo. 21.   1486. fo. 12.   1566. fo. 86b.   Add. MS. 12,479. ff. 45b. 81.

MORTIMER, 1043. fo. 17.   1352. fo. 5.

MOULTON, 1476. fo. 368.

MUCKLOW, *of Hodon*, 615. fo. 232.   1241. fo. 5. 1566. fo. 116.   1982. fo. 164b.   6172. fo. 5,

MYLBORNE, *of Tillington*, 1566. fo. 41.

NANFANT, *or*, NANPHAN, *of Morton*, 1041. ff. 24. 58.   1043. fo. 21b.   1140. fo. 51. 1159, fo. 50.   1352. fo. 21b.   1442. fo. 51.   1486. fo. 13b.   1566. fo. 60b.

NASH, 1982. fo. 118b.

Newdich, 1043. fo. 48.

Newport, 1566. fo. 147.

NEWTON, 1566. fo. 70.

NICHOLAS, 1043. fo. 21.   1352. fo. 22.   1486. fo. 10b.   1566. fo. 57b.

Norton, of Berrington, 1566. fo. 147.

NOTT, *of Sheldesley*, 1140. fo. 77b.   1159. fo. 77b. 1442. fo. 80b.   1566. fo. 111b.

OSNEY, 1566. fo. 147.

OTELEY, *of Pitchford*, 1566. fo. 7.

OWGAN, *of Witton*, 1043. fo. 33b.

PACKINGTON, *of Hampton Lovett*, 155. fo. 22. 1043. fo. 27.   1177. fo. 15.   1352. fo. 22b.   1449. fo. 21b.   1486. fo. 14b. 1566. fo. 84b.

PALMER, *of Blackley, fr. Co. Warr.* 1566. fo. 170b.

PARKES, 1043. fo. 30b.   1352. fo. 19b.   1486. fo. 14.

PARKINS, *of Mattisfield*, 1566. fo. 169.

PERKIN, 1566. fo. 141b.

Peverell, 1566. fo. 147b.

Phillips, 1043. fo. 11.   1566. fo. 147b.

PITT, *de la Pyrne*, 1043. fo. 41b.

——— *of Durewiard*, 1352. fo. 23.   1486. fo. 15. 1566. fo. 1.

Pitt, 1566. fo. 147.

POWER, 1043. fo. 16b.   1352. fo. 32.   1486. fo. 21b.   1566. ff. 32b. 105.

PRICKLEY, *or*, HARRIS, *of Prickley*, 1566. ff. 134. 164.

PRINE, *or*, PRYN, *fr. Co. Shrop.* 1043. fo. 34. 1566. fo. 130.

PYRREY, 1566. fo. 171.

RASTALL, 1043. fo. 38b.

RAVES, 1092. fo. 56.   1451. fo. 168.   2186. fo. 29.

Ravys, 1566. fo. 147.

READ, 1545. fo. 105b.

REE, *of Kidderminster, fr. Co. York.* 1566. fo. 175.

ROMPNEY, *of Lulldey*, 1043. fo. 17b.   1352. fo. 26.   1486. fo. 17.   1566. fo. 39b.

ROTSEY, *of King's Norton*, 1043. fo. 45b.   1566. fo. 70b.

ROUS, *of Randolff Linch*, 1043. fo. 15b.   1352. fo. 25b.   1486. fo. 16b.   1566. fo. 27.

RUDING, *of Martin Hussintree*, 1043. fo. 20. 1352. fo. 26b.   1566. fo. 46b.

RUFFORD, *of Clifton*, 1043. fo. 14b.   1352. fo. 24.   1486. fo. 16.   1566. fo. 23b.

RUSSELL, *of Little Malvern*, 1043. fo. 24b. 1352. fo. 23b.   1486. fo. 16.   1566. fo. 72b.

——— *of Strensham*, 1043. fo. 31.   1352. fo. 24b.   1486. fo. 15b.   1566. fo. 102. Add. MS. 12,479. fo. 22b.

RYCE, *of Shrewsbury*, 1043. fo. 49.   1566. fo. 118b.

SACHEVERELL, 1043. fo. 47b.

SALTER, 1566. fo. 7.

SALTMERSH, *of Upton*, 1566. fo. 128.

SALWAY, *of Stanford, fr. Co. Staff.* 1043. ff. 18. 26.   1077. fo. 93.   1173. fo. 84.   1352. fo. 27.   1415. fo. 125b.   1439. fo. 54. 1486. fo. 19.   1566. fo. 81b.

SANDES, *of Latimer*, 1548. fo. 19b.

SANDIS, *of Clatbury, fr. Co. Cumb.* 1566. fo. 144.

——— *of Ombersley, fr. Co. Cumb.* 1566. fo. 142b.

SAVAGE, *of Broadway, fr. Co. Chesh.* 1043. fo. 38.   1566. fo. 122.

SEBRIGHT, *of Blackshall, fr. Co. Essex*, 1043. fo. 47.   1566. fo. 9.

SHELDON, *of Beeley, fr. Co. Staff.* 1043. fo. 38. 1100. ff. 10b. 39.   1167. ff. 2. 31.   1352. fo. 27b.   1486. fo. 19b.   1566. ff. 18. 140b.

——— *of Broadwey*, 1043. fo. 13b.   1352. fo. 28.   1486. fo. 20.   1566. fo. 19b.

——— *of Pipleton*, 1566. fo. 141.

——— *of Spetchley*, 1043. ff. 29. 37b.   1352. ff. 1b. 18.   1486. fo. 1.   1566. fo. 139b.

Sherrard, 1566. fo. 147.

Shugborough, 1566. fo. 147b.

SIMONDS, 1566. fo. 93.

SMYTH, *of Copcote*, 1566. fo. 171.

——— *of Stoke Prior*, 1566. fo. 104.   1533. fo. 99b.

SOMERY, 1043. fo. 31.   1352. fo. 25.   1486. fo. 15b.   1566. fo. 102b.

SQUIER, *of Hanbury, fr. Co. Surrey*, 1043. fo. 21b. 1352. fo. 28b.   1486. ff. 14. 17b.   1566. fo. 60.

STAFFORD, 890. fo. 14b.   1094. fo. 6b.   1184. fo. 6b.

STAMFORD, *of Rowley*, 1566. fo. 104b.

STAPENHULL, 1566. fo. 48.

STAPLEFORD, 1566. fo. 7b.

STAUNTON, *fr. Co. Glouc.* 1043. fo. 42b.   1566. fo. 113.

Stayner, 1566. fo. 147.

STREDE, 1043. fo. 39.

Sudley, 1043. fo. 10.

Suleye, 1043. fo. 10.

TALBOTT, *of Grafton*, 1043. ff. 13. 28b. 35. 1077. fo. 57b.   1173. fo. 49b.   1415. fo. 117b.   1352. fo. 29b.   1396. fo. 303b. 1443. fo. 246.   1486. ff. 20b. 21.   1566. ff. 15. 89.   6128. fo. 26b.

TALBOYS, *Lord*, 1566. fo. 4.

THRUXSTON, *of Thruxston*, 1566. fo. 168.

TIRRY, *fr. Co. Cork*, 1566. fo. 109.

Tohe, 1566. fo. 147.

TOKEY, *of Kenton*, 1043. fo. 22b.   1352. fo. 33. 1486. ff. 9b. 18.   1566. fo. 58.

Tracy, 1043. fo. 10.

TROMWIN, 1352. fo. 27.

TRYMNELL, *of Orley Hall*, 1043. fo. 18.   1352. fo. 30b.   1486. fo. 18b.   1566. fo. 24b.

VAMPAGE, *of Pershore*, 1043. fo. 39.   1566. fo. 160.   Add. MS. 12,479. ff. 21. 74.

——— *of Wollashull*, 1566. fo. 8b.

VAUGHAN, 1566. fo. 92.

Vaux, 1043. fo. 10.

VERNON, *of Hanbury*, 1352. fo. 36b.

WALSH, *of Sheldesley*, 1043. ff. 16. 36.   1147. fo. 14.   1352. fo. 31.   1430. fo. 15. 1486. fo. 17*b*.   1566. fo. 10.   Add. MS. 4963. fo. 19.
WALWIN, *of Worcester, fr. Co. Heref.* 1043. fo. 14*b*.   1352. fo. 31*b*.   1486. fo. 18.
Warmster, 1566. fo. 147.
WASHBORNE, *of Winchford*, 1043. ff. 16*b*. 26. 27. 1352. ff. 27. 32.   1486. ff. 19. 22.   1566. fo. 32*b*.
WATSONN, *of Aldington and Bingworth*, 1043. fo. 43*b*.   1566. fo. 119.
WEISSAM, 1241. fo. 60*b*.   1396. fo. 120.
WESTCOT, *v.* LITLETON.
Westwood, 1566. fo. 147.
WHEATLEY, 1241. fo. 145*b*.
WHEELER, 1043. fo. 30(*a. b.*)   1352. ff. 3*b*. 19*b*.   1486. fo. 14.

WHEELER, *of Martin Hussintree*, 1566. fo. 171.
WHITHED, 1559. fo. 67*b*.
WILLOUGHBY, 1043. fo. 19.   1566. fo. 45.
WINTER, *of Wich*, 1043. fo. 31.   1566. fo. 108*b*.
Winter, 1566. fo. 147.
WITHE, *of Droitwich*, 1043. fo. 21.   1352. fo. 32*b*.   1486. fo. 18*b*.   1566. fo. 57.
WOLLEY, 1557. fo. 16.
WOLMER, 1043. fo. 22*b*.   1352. fo. 33.   1486. ff. 9*b*. 18.   1566. fo. 58.
Wyatt, 1566. fo. 147.
Wybb, 1043. fo. 14.   1352. fo. 1.
WYLDE, *of Droitwich*, 1566. fo. 132*b*.
——— *of the Ford*, 1566. fo. 132.
Wylde, 1043. fo. 11.
Wythe, 1043. fo. 11.
YONGE, *of Crome Dabitot*, 810. fo. 12*b*.   1043. fo. 45.   1566. fo. 12.

YORKSHIRE.

ACCLOM, *of Mooreby*, 1394. p. 70.   1415. fo. 72.   1420. ff. 55*b*. 103*b*.   1487. fo. 200*b*. 1499. fo. 37*b*.
Acclam, 1394. p. 350.   1415. fo. 98.   1420. fo. 236.
ACTON, 1487. fo. 102*b*.
ADAMS, *of Owston*, 1487. fo. 403*b*.   4630. p. 1.
Agenall, 1415. fo. 98.   1420. fo. 236.
Aglionby, 1415. fo. 101*b*.   1420. fo. 239.
Agullum, 1415. fo. 98.   1420. fo. 236.
AISCOUGHE, *of York*, 1570. fo. 13*b*.   4630. p. 19.
AKEROYD, *of Folkerthorp*, 1487. fo. 455*b*.
Alanby, 1415. fo. 103*b*.
ALDBURGH, *of Aldburgh*, 1394. pp. 139. 192. 1415. fo. 21.   1420. ff. 102*b*. 141*b*.   1487. ff. 95*b*. 234.   4630. p. 3.
Aldburgh, 1394. p. 345.   1415. fo. 102*b*.   1420. fo. 240.
ALDWARKE, *of Aldwarke*, 4630. p. 2.
Alesford, 1415. fo. 100*b*.   1420. fo. 238*b*.
ALFORD, *of Meux, fr. Co. Denbigh*, 1076. fo. 69. 1084. fo. 139.   1135. fo. 125.   1406. fo. 115.   1487. fo. 432*b*.   1562. fo. 194*b*. 4109. fo. 64.
Alforth, 1394. p. 350.
Allen, of Red House, 1415. fo. 98.   1420. fo. 236.
ALLOT, *of Bentley, fr. Co. Derby.* 4630. p. 5.
Alnaby, 1420. fo. 241.
ALRED, *or*, ALURED, *of Kingston-upon-Hull, fr. Co. Suff.* 1394. p. 95.   1415. fo. 81*b*. 1420. ff. 31*b*. 72*b*.   1487. fo. 242*b*.
Alrede, 1394. p. 350.
ALURED, *v.* ALRED.
AMYAS, *of Netherton*, 4630. p. 18.
ANBY, *or*, AUNBY, *of Sherwood Hall*, 1487. fo. 120. 4630. p. 9.
ANDBOROUGH, *of Andborough*, 1499. fo. 34.

ANLABY, *of Etton*, 1394. p. 79.   1415. fo. 76. 1420. fo. 61.   1487. fo. 277.
——— *of Thorpe Basset*, 1487. fo. 276*b*.
Anlaby, 1394. pp. 349. 351.
ANNE, *of Frickley*, 1394. p. 274.   1415. fo. 35.   1420. fo. 196*b*.   1487. fo. 126*b*. 1499. fo. 22.   4630. p. 7.
Anne, 1394. p. 348.   1415. fo. 98.   1420. fo. 236.
Annesley, 1420. fo. 227*b*.
ANVERVILE, 1487. fo. 344.
APPLEBY, *of Clovelodge and Hartington*, 1487. fo. 460*b*.
APPLEYARD, *of Burstwick Garth*, 1394. pp. 15. 96. 1415. fo. 82.   1420. fo. 74.   1487. fo. 295*b*.
Appleyard, 1394. p. 350.
Archard, 1415. fo. 98.   1420. fo. 236.
ARCHES, 1415. fo. 41.
ARDERN, 1487. fo. 344.
Ardesley, 1420. fo. 232*b*.
ARDINGTON, *or*, ARTHINGTON, *of Ardington*, 1487. ff. 8. 70*b*.   1415. fo. 20*b*.   1499. fo. 25. 4630. pp. 12.—15.
——— *of Castley*, 1394. pp. 187. 195. 1415. fo. 20*b*.   1420. fo. 138*b*.   1487. ff. 8. 70*b*.   1499. fo. 25.   4630. p. 14.
Ardington, or, Arthington, 1394. p. 348.   1415. ff. 98. 101.   1420. ff. 236. 238*b*.
ARGUN, 1415. fo. 90.
ARMITAGE, *of Kirklees*, 1487. fo. 401.   4630. p. 10.
ARTHINGTON, *v.* ARDINGTON.
ASCHEW, *of Colloyn*, 1420. fo. 236.
ASHE, 1394. p. 344*b*.
ASHOLF, 1394. p. 215.   1415. fo. 25.   1420. fo. 155*b*.   1487. fo. 164.
ASHTON, *of Clubcliffe*, 4630. p. 17.
Ashton, 1415. fo. 98*b*.   1420. ff. 231. 236*b*.

ASKE, *of Aughton*, 1171. ff. 40*b*. 50. 1394. p.
76. 1415. fo. 74*b*. 1420. fo. 58*b*. 1487.
ff. 202. 204. 1499. fo. 37*b*.
—— *of Owsthorpe*, 1394. p. 63. 1415. fo. 71*b*.
1420. fo. 55. 1487. fo. 203*b*.
Aske, 1394. pp. 350. 351. 1415. ff. 98. 99. 100*b*.
1420. ff. 229. 236(*a. b.*) 238. 1424. fo.
224*b*.
ASKWITH, *of Barrowby*, 1487. fo. 148.
—— *of Newstead*, 1394. p. 148. 1415. fo.
9*b*. 1420. fo. 108*b*. 1487. fo. 148.
—— *of Osgodby*, 1487. fo. 150*b*.
Askwith, 1394. p. 344.
Aslakeby, 1487. fo. 503*b*.
ATHERTON, *of Fritton, fr. Co. Lanc.* 1394. p. 34.
1415. fo. 59. 1420. fo. 36*b*. 1487. fo.
250.
Atherton, 1394. p. 341. 1420. fo. 231*b*.
ATKINSON, *of Little Cattall*, 1487. fo. 484. 4630.
p. 16.
ATTON, *Lord Vessy*, 1487. fo. 102.
Attoun, 1394. p. 341.
AUNBY, *v.* ANBY.
Aunger, 1394. p. 347.
AYRE, 1394. p. 259. 1415. fo. 32. 1420. fo.
185*b*. 1487. fo. 316.
Ayscough, 1420. fo. 226*b*.

BAAK, 1420. fo. 226*b*.
Babington, 1420. fo. 227*b*.
BABTHORPE, *of Babthorpe and Osgodby*, 1394. pp.
66. 184. 1415. fo. 70*b*. 1420. fo. 52*b*.
1487. fo. 215*b*.
Babthorpe, 1394. p. 350. 1415. fo. 101. 1420.
ff. 223*b*. 224. 238*b*.
Bacon, v. Bawne.
BAFFORTH, *v.* BARKESWORTH.
BAILDON, *v.* BAYLDON.
Balderston, 1415. fo. 101*b*. 1420. fo. 239*b*.
BAMBRIDGE, 1394. p. 25.
BAMBURGH, *of Howson, fr. Co. Linc.* 1394. p.
54. 1415. fo. 64. 1420. fo. 42*b*. 1487.
fo. 289*b*.
Bamburgh, 1394. p. 349. 1420. fo. 234.
BAMFORD, *of Pulehill*, 4630. p. 24.
BANESTER, *of Stainton*, 1394. p. 19. 1415. fo.
23. 1420. fo. 147*b*. 1487. fo. 141.
Banester, 1394. p. 348.
BANKE, *of Bank Newton*, 1487. fo. 69. 4630.
p. 25.
—— *of Whixley*, 1394. p. 184. 1415. fo. 20.
1420. fo. 136*b*. 1487. fo. 68*b*. 4630. p.
71.
Banke, 1394. pp. 345. 348. 1415. fo. 99*b*. 1420.
fo. 237*b*.
BARBOUR, *of Doncaster*, 1415. fo. 34. 1420. fo.
193*b*.
Barkestone, 1394. p. 346.
BARKESWORTH, *or*, BAFFORTH, *of Thormanby*,
1394. p. 152. 1415. fo. 11. 1420. fo.
111. 1487. fo. 301*b*.
Barnaby, 1394. p. 347.
BARNBY, *of Barnby Hall*, 1394. p. 254. 1415.
fo. 31. 1420. fo. 182. 1487. fo. 122*b*.
4630. p. 20.
Barneby, *of Touthorpe*, 1394. p. 342.
BARNES, *of Allerton*, 1394. p. 8. 1415. fo. 50*b*.
1420. fo. 27. 1487. fo. 177.
Barnyngham, 1415. fo. 101*b*.

BARTON, *of Cawton*, 1394. p. 129. 1415. fo.
91*b*. 1420. fo. 93*b*. 1487. fo. 195*b*.
———— *of Fryton*, 2086. fo. 59.
———— *of Newton Darwent*, 1394. p. 84. 1420.
fo. 67. 1487. fo. 195.
——— *of Whenley*, 1394. p. 23. 1415. fo. 39.
1420. fo. 17. 1487. fo. 194.
Barton, 1394. p. 341.
Barwick, of Kendall, 1415. fo. 102*b*. 1420. fo.
240*b*.
—— —— *of Sutton*, 1394. p. 342.
Basforth, of Thornaby, 1394. p. 341.
Bashdale, 1420. fo. 231*b*.
BATE, *of West Lathe, fr. Co. Lanc.* 1394. p. 136.
1415. fo. 93*b*. 1420. fo. 99*b*. 1487. fo.
328.
Bates, of Lupset and Mumby, 1394. p. 346. 1420.
fo. 225*b*.
BATT, *of Okewell*, 4630. p. 26.
Baverley, 1394. p. 346.
BAWNE, *of Kilham*, 1487. fo. 492.
Bawne, or, Bacon, 1394. p. 349.
Baxby, 1415. fo. 103. 1420. fo. 241.
BAXTER, *of Sharphill*, 1394. p. 230. 1415. fo.
27. 1420. fo. 165*b*. 1487. fo. 184*b*.
BAYLDON, *or*, BAILDON, *of Bayldon*, 1394. p.
214. 1415. fo. 25. 1420. fo. 155.
1487. fo. 182. 4630. p. 21.
——— *of Kepax*, 4630. p. 23.
Bayldon, 1394. p. 348.
BAYNE, *of Midlesmore*, 1487. fo. 392.
Baynebrigge, 1394. p. 344*b*.
BEALE, *of Woodhouse, fr. Cos. Linc. and Kent*.
1487. fo. 440*b*. 4630. p. 4*b*.
Beamond, 1394. p. 346.
BEAMONT, *of Cutton*, 1487. fo. 430*b*.
———— *of Fangfoss*, 1487. fo. 431*b*.
———— *of Whitley*, 1487. fo. 456*b*. 4630.
pp. 36.—39.
BEAUMONT, *of Mirfield*, 4630. p. 41.
BECKWITH, *of Acton*, 1487. fo. 404*b*. 4630. p.
33.
——— *of Clint*, 1046. fo. 42*b*. 1147. fo.
70. 1394. p. 193. 1397. fo. 80*b*. 1415.
ff. 21. 44*b*. 1420. fo. 142. 1430. fo. 77.
1433. fo. 76. 1487. fo. 212*b*. 1561. fo.
133*b*. 4630. p. 29. Add. MSS. 4963.
fo. 92. 12,478. fo. 29.
———— *of Stillingfleet*, 1394. p. 64. 1415.
fo. 69*b*. 1420. fo. 52. 1487. fo. 213*b*.
——— *of Selby*, 1430. p. 32.
Beckwith, of Clint, 1394. p. 345.
——— *of Selby*, 1394. p. 346. 1415. fo. 101.
1420. fo. 238*b*.
Beeslay, 1394. p. 342.
BEESTON, *v.* BEISTON.
BEILBY, *of Micklethwaite*, 4630. p. 34.
BEISTON, *or*, BEESTON, *of Beiston*, 1394. p. 235.
1415. fo. 28. 1420. fo. 170*b*. 1430. fo.
28. 1487. fo. 272.
Beiston, or, Beeston, 1394. p. 347. 1420. fo.
229*b*.
BEKARD, *of Beilby*, 1415. fo. 100. 1420. fo.
238.
BELAME, *of Markham, fr. Co. Notts.* 1487. fo.
485*b*.
BELFORD, 1394. p. 174. 1415. fo. 17*b*.
BELL, *of York*, 1487. fo. 303.
Bellamonte, 1420. fo. 221*b*.

BELLASSES, *or*, BELLASSIS, *of Newborough, fr. Co. Durham*, 1171. fo. 44. 1394. p. 162. 1415. fo. 13. 1420. fo. 119*b*. 1487. fo. 445*b*.
Bellasses, or, Bellassis, 1394. p. 342.
BELLEW, 1394. p. 67. 1415. fo. 69*b*. 1420. fo. 53.
Bellingham, 1415. fo. 99. 1420. fo. 236*b*.
BELT, *of York*, 4630. p. 47.
Beltoft, 1415. fo. 100*b*. 1420. fo. 238*b*.
BENNETT, *or*, SKERNE, 4630. p. 562.
Berdsey, 1415. fo. 103*b*. 1420. fo. 241*b*.
Berly, 1420. fo. 238*b*.
BERWICK, *of Sutton, fr. Co. Westm.* 1394. p. 160. 1415. fo. 12*b*. 1420. fo. 118. 1487. fo. 149.
BESELEY, *of Skelton, fr. Co. Lanc.* 1394. p. 153. 1415. fo. 11. 1420. fo. 112. 1487. fo. 138.
BEST, 6104. fo. 22.
Beston, 1415. fo. 98*b*. 1420. ff. 229*b*. 236.
BETHELL, *of Ellerton, fr. Co. Heref.* 1394. p. 167. 1415. fo. 14*b*. 1420. ff. 123*b*. 216. 1487. fo. 77.
———— *of Wrays, fr. Co. Heref.* 1420. fo. 216*b*.
BEVERLEY, *of Gamstead and Selby*, 1487. fo. 441. 4630. p. 44.
BEVETT, *of Kirkby*, 1487. fo. 456. 4630. p. 42.
BIGOD, *of Settrington*, 1499. fo. 38.
BIGOTT, *or*, BIGOD, *of Shakelthorpe*, 1394. p. 118. 1415. fo. 89. 1420. fo. 88*b*. 1487. fo. 314*b*.
Bigott, 1394. p. 349. 1415. fo. 101.
BIRD, *of Thornthorpe*, 1394. p. 122. 1415. fo. 91. 1420. fo. 92. 1487. fo. 335*b*.
BIRKBYE, *of York*, 1487. fo. 398*b*.
BIRNAUD, 4630. fo. 640.
BISHOP, *of Pocklington*, 1394. p. 81. 1415. fo. 77*b*. 1420. fo. 65. 1487. fo. 217.
Blakeburn, 1415. fo. 99*b*. 1420. fo. 237.
BLAKEFORDBY, *v.* TREWAND.
BLAND, *of Kepax Park*, 4630. p. 50.
Bland, 1394. p. 343.
Blaverhasset, 1415. fo. 102. 1420. fo. 239*b*.
Blencansop, 1415. fo. 104. 1420. fo. 241*b*.
BLITHE, *or*, BLYTHE, *of Barnby, fr. Co. Derby*, 1394. p. 236. 1415. fo. 36*b*. 1420. fo. 169. 1487. p. 123.
———— *of Quarmby*, 4630. p. 48.
Blithe, 1394. pp. 346. 349.
BLITHMAN, *of New Lathes*, 4630. p. 51.
BLOUNT, 1487. fo. 397.
Blysworth, 1415. fo. 99*b*. 1420. fo. 237*b*.
BLYTHE, *v.* BLITHE.
BOLINGBROOKE, 1394. p. 259. 1415. fo. 32. 1420. fo. 185*b*. 1487. fo. 316.
Bonvile, 1394. p. 341.
BOODE, *of Coldwell*, 1487. fo. 142*b*.
BOOTH, *of Pontefract and Knottingley*, 4630. p. 49.
Borningham, 1420. fo. 239*b*.
BOROUGH, 1394. p. 78.
———— *of Borough*, 1394. p. 21. 1415. fo. 38*b*. 1420. fo. 16. 1487. fo. 51*b*. 1499. fo. 30*b*.
Borough, 1394. p. 344.
BORTON, *of Kinsley*, 1499. fo. 42.
———— *of Whenby*, 1499. fo. 36.
BOSVILLE, 4630. pp. 62. 66.
———— *of Breythwell*, 4630. p. 67.

BOSVILLE, *of Chevett*, 1400. fo. 30. 1555. fo. 54. 4630. p. 59.
———— *of Conisborough*, 4630. p. 58.
———— *of Gunthwaite*, 1415. fo. 31. 1420. fo. 181*b*. 1487. ff. 317*b*. 318*b*. 4630. p. 60.
———— *of Newhall*, 1394. pp. 283. 287. 1415. fo. 35*b*. 1420. ff. 202*b*. 207. 1487. ff. 317*b*. 318*b*. 4630. p. 52.
———— *of Warmesworth*, 1394. p. 270. 1415. fo. 34. 1420. fo. 193*b*. 1487. fo. 320. 4630. p. 64.
———— *of Wortley*, 4630. p. 63.
BOSWELL, *of Newhall*, 1394. p. 87. 1415. fo. 78*b*. 1420. fo. 66*b*. 1487. fo. 296*b*.
Boswell, 1394. pp. 347. 349.
BOURCHIER, *Lord Fitz-Warren*, 1394. p. 4. 1420. fo. 32*b*.
———— *of Benningworth*, 1394. p. 5. 1420. fo. 33.
Bourchier, of Benningleigh, 1394. p. 341.
BOWES, *of Ellerbeck*, 1487. fo. 352*b*.
———— *of Stretham*, 1394. p. 7. 1487. fo. 353.
Bowes, of Ashe, 1394. p. 343. 1415. fo. 102. 1420. fo. 239*b*.
Bowett, 1420. fo. 222.
BOWLING, *of Bowling*, 4630. p. 83.
BOYNTON, *of Sudbery*, 1394. pp. 15. 21. 1415. fo. 39. 1420. ff. 16*b*. 18. 1487. fo. 307*b*. 1499. fo. 30.
———— *of Rawcliffe*, 4630. p. 68.
Boynton, 1394. p. 350. 1415. fo. 100. 1420. fo. 226.
BRADFORD, *of Staveley*, 1394. p. 241. 1415. fo. 29. 1420. fo. 173*b*. 1487. fo. 115*b*. 4630. p. 69.
Bradford, 1394. p. 346.
Bradley, of Nawnby, 1415. fo. 100. 1420. fo. 238.
BRADSHAW, *of Cleveland*, 1394. p. 140. 1415. fo. 95*b*. 1420. fo. 103*b*.
BRAKENBURY, *of Denton*, 1499. fo. 29*b*.
Brakenbury, 1487. fo. 503*b*.
BRANSBY, *of Okebanke*, 1394. p. 146*b*. 1415. fo. 10. 1420. fo. 107*b*. 1487. fo. 139*b*.
BREARHAUGHE, *of Brearhaughe and Scoughe*, 4630. p. 743.
Brerelay, 1415. fo. 100*b*.
BRERETON, *of Brereton*, 1415. fo. 44*b*.
BRIGGS, *of Old Malton, fr. Co. Westm.* 1487. ff. 415. 427.
BRIGHAM, *of Brigham*, 1394. pp. 113. 115. 1415. fo. 87*b*. 1420. fo. 84*b*. 1487. fo. 310.
Brigham, 1394. p. 349.
BRIGHT, *of Badswith and Carbroke*, 1420. fo. 218*b*. 4630. p. 70.
Brockett, 1420. fo. 221*b*.
BROKAS, 1420. fo. 121*b*.
BROMFLETT, *Lord Vessy*, 1487. fo. 102.
Browne, 1394. p. 344.
BRUSE, 1394. p. 85. 1415. fo. 78. 1420. fo. 65*b*. 1487. fo. 292.
BRYERS, *of Hampton*, 1394. p. 198.
BUCKTON, *of Heneswell*, 1420. fo. 79. 1487. fo. 54*b*. 1550. fo. 87*b*.
Buckton, 1415. fo. 103. 1420. fo. 240*b*.
BUKTON, *of Beningham*, 1171. fo. 43*b*.
Buld, 1415. fo. 101. 1420. fo. 238*b*.

BULLOCK, *of South Holme*, 1487. fo. 494*b*.

BULMER, *of Levening*, 1394. p. 119.   1415. fo. 89.   1420. fo. 89.   1487. fo. 339. 1499. fo. 26.

———— *of Pinchinthorpe*, 1394. p. 136. 1415. fo. 93*b*.   1420. fo. 100.   1487. fo. 339*b*.

Bulmer, of Gaterley, 1394. pp. 343. 349.   1499. fo. 24.

Bunney, 1394. p. 346.

BUNNY, *of Newland and Newton*, 1394. p. 54. 1415. fo. 61*b*.   1420. fo. 39*b*.   1487. ff. 288*b*. 452.   1499. fo. 43.   4630. p. 76.

BURDETT, *of Burthwaite*, 1394. pp. 253. 257. 1415. fo. 31.   1420. fo. 180*b*.   1487. fo. 78.   4630. p. 81.

———— *of Denby*, 1394. pp. 251. 257.   1415. fo. 30*b*.   1420. fo. 180.   1487. fo. 77*b*. 4630. p. 79.

———— *of Gainsborough*, 1415. fo. 16.   1420. fo. 126.   1487. fo. 75*b*.   1420. fo. 209*b*.

Burdett, 1394. p. 347.

BURGH, *Lord*, 1394. p. 290.   1420. fo. 209*b*.

———— *of East Hawkswell*, 1394. p. 181.   1415. fo. 19*b*.   1420. ff. 135*b*. 209*b*.   1487. fo. 68.

———— *of Walton*, 1394. p. 67.   1415. fo. 69*b*. 1420. fo. 53.

- ———— *v.* RICHMOND.

Burgh, 1415. fo. 100.   1420. ff. 229(*a. b.*) 238.

BURNABER, 1420. fo. 34*b*.

BURTON, *of Ingmanthorp*, 1394. p. 190.   1415. fo. 21.   1420. fo. 140*b*.   1487. fo. 387*b*. 1550. fo. 116*b*.   4630. p. 75.

———— *of Kinsley*, 1394. p. 18.   1415. fo. 39.   1420. fo. 18.   1487. fo. 388*b*. 4630. p. 73.

———— *of Threapland*, 1487. fo. 497.

Burton, 1394. pp. 345. 346.   1420. fo. 221.

BUSHELL, *of Whitby*, 1487. fo. 464.

Butler, of Warington, 1415. fo. 99.   1420. fo. 236*b*.

BYELBY, *of Killerby*, 1487. fo. 493.

BYERLY, *of Pickhill*, 1487. fo. 454*b*.

Bynard, or, Byrnand, of Knaresborough, 1415. fo. 100*b*.   1420. fo. 238.

BYRKIN, 1394. p. 215.   1415. fo. 25. 1487. fo. 164.

Byrnand, v. Bynard.

BYRON, *fr. Co. Lanc.* 1394. p. 20.   1415. fo. 39.   1420. fo. 16*b*.   1489. fo. 381.

Byssett, 1415. fo. 101.   4420. fo. 239.

CALTELY, 1420. fo. 229.

CALVERLEY, *or*, SCOTT, *of Calverley*, 1394. p. 16. 1171. fo. 47.   1415. fo. 39*b*.   1420. fo. 18*b*.   1487. fo. 389*b*.   1489. fo. 43*b*. 4630. pp. 85. 735.—741.

Calverley, 1394. p. 347.

CALVERT, *of Danby Wyske*, 1487. fo. 284*b*.

———— *of Kipling*, 1487. fo. 424.

CANSE, *v.* KANCE.

CAREY, 1415. fo. 75*b*.   1420. fo. 60.

CARLETON, 1415. fo. 14*b*.   1420. fo. 120.

CARLIELL, 1487. fo. 102*b*.

CARLYLE, *of Surely*, 1420. fo. 77.

CARPENTER, *of Scotton*, 1415. fo. 44*b*.

CARR, 1487. fo. 357*b*.

·———— *of Hag Hall*, 1487. fo. 466*b*.

CARRINGTON, *of Swanton*, 1487. fo. 422*b*.

Carthorp, 1415. fo. 98*b*.   1420. fo. 236.

CARTWRIGHT, *of Newland, fr. Co. Shrop.* 1487. fo. 452.

CARVILE, *of Milforth*, 4630. p. 87.

CARVILL, *of Nun Monkton, fr. Co. Dorset*, 1487. fo. 463*b*.

CASTILIAN, *or*, SKERNE, 4630. p. 562.

CASTLEFORD, *of Wisperdale*, 1394. p. 258. 1415. fo. 31*b*.   1420. fo. 184*b*.   1487. fo. 324*b*.

CATTERALL, *of Hallom*, 1487. fo. 433*b*.

———— *of Newhall*, 4630. p. 88.

———— *or*, CATHERALL, *of Rawthmell, fr. Co. Lanc.* 1394. p. 199.   1415. fo. 23. 1420. fo. 147.   1487. fo. 100.

Catterall, of Holderness, 1394. p. 348.   1415. fo. 99.   1420. fo. 236*b*.

CATTERICK, *of Carleton and Stanwick*, 1171. fo. 2*b*.   1394. p. 173.   1415. fo. 17*b*. 1420. fo. 130*b*.   1487. fo. 189*b*.

Catterick, 1394. p. 343.

CAUSE, 1394. p. 215.   1415. fo. 25.   1420. fo. 155*b*.   1487. fo. 164.

Cavaler, 1420. fo. 233.

CAWOOD, 1420. fo. 49.

CAWTON, *of Thirsk*, 1487. fo. 466.

Canward, 1420. fo. 222.

CAYE, *v.* KAYE.

Cecill, of Snape, 1394. p. 343.

Ceele, of York, 1420. fo. 222*b*.

CHAMBERLAYNE, *of Thoralby*, 1394. p. 120. 1415. fo. 89*b*.   1420. fo. 90.   1487. fo. 265*b*.

Chamberlayne, 1394. p. 349.

CHAMBERS, *of Baxby*, 1487. fo. 203.

Chambers, 1394. p. 343.

CHAPMAN, *of York*, 1487. fo. 466.

Chapman, 1420. fo. 222*b*.

CHARLES, 1415. fo. 26.   1420. fo. 160.

CHATER, *or*, CHEYTER, *of Croft, fr. Co. Durham*, 1420. fo. 194*b*.   1487. ff. 498. 499*b*.

CHAUMONT, *of Colton*, 4630. p. 89.

CHAUNCEY, 1433. fo. 3*b*.

Chaworth, 1420. fo. 228.

———— *of Cropwell*, 1420. fo. 227*b*.

CHENEY, *of Thorngombold*, 1394. p. 98.   1415. fo. 82*b*.   1420. fo. 75*b*.   1487. fo. 303*b*.

CHEYTER, *v.* CHATER.

CHOLMLEY, *or*, CHOLMONDELY, *of Bransby*, 1394. p. 156.   1415. fo. 11*b*.   1420. fo. 113. 1487. fo. 365*b*.

———— *of Golston*, 1499. fo. 25.

– – – – *of Skewsby*, 1487. fo. 366*b*.

———— *of Whitby*, 1487. fo. 367.

Cholmley, or, Cholmondeley, of Bransby, 1394. p. 341.

CLAPHAM, 1415. fo. 99*b*.   1420. fo. 237*b*.

———— *of Beamsley*, 1394. p. 24.   1415. fo. 40.   1420. fo. 20.   1487. fo. 162. 4630. p. 95.

Clapham, of Beamsley, 1394. p. 345.

Clarevaux, 1394. p. 343.   1415. fo. 102.   1420. fo. 240.

CLARRELL, *of Clarrell Hall*, 4630. p. 94.

CLAXTON, 1487. fo. 355*b*.

CLAYTON, *of Wakefield*, 1487. fo. 148*b*.

———— *of Okensham*, 4630. p. 99.

CLEBORNE, *of Kellerby, fr. Co. Westm.* 1394. p. 173. 1415. fo. 17. 1420. fo. 130. 1487. fo. 53.

CLERVAULX, *of Croft*, 1394. p. 296. 1420. fo. 195. 1487. fo. 302*b*.

Clesby, 1394. p. 343.

Clifford, 1420. fo. 222.

CLIFTON, 1394. p. 18. 1420. ff. 17*b*. 126*b*. 1487. fo. 382.

Clifton, 1415. fo. 100. 1420. fo. 237*b*.

CLOTHERAM, 1415. fo. 14*b*. 1420. fo. 120.

CLOUGH, *of Thorpe Stapleton*, 1420. fo. 156. 1487. fo. 175. 4630. p. 98.

COCKERELL, *of Staxby*, 1487. fo. 478.

COGHILL, *of Knaresborough*, 1420. fo. 214. 1487. fo. 471*b*. 4630. p. 100.

Cokyn, 1415. fo. 100*b*. 1420. fo. 238.

COLEVILE, 1415. fo. 87. 1420. fo. 91. 1487. fo. 348*b*.

———— *of Cockwold*, 1487. fo. 220. 1415. fo. 73*b*.

———— *of Dale*, 1487. fo. 234. 1394. p. 139. 1415. fo. 95. 1420. fo. 103.

Colevile, 1415. fo. 97. 1420. fo. 235.

COLWELL, 1566. fo. 160*b*.

COMBERWORTH, *Lord*, 1415. fo. 90.

COMPTON, *Lord*, 1420. fo. 24.

CONSTABLE, *of Burton and Upsall*, 1394. pp. 10*b*. 31. 1415. ff. 53*b*.—55. 1420. ff. 22. 29*b*. 1487. fo. 236*b*.

———— *of Carethorpe*, 1487. fo. 241.

———— *of Catfoss*, 1394. p. 221. 1415. fo. 25*b*. 1420. fo. 159*b*. 1487. fo. 242.

———— *of Cliffe*, 1487. fo. 240.

———— *of Dormanby*, 1394. p. 138. 1415. fo. 94. 1420. fo. 101*b*. 1487. fo. 238*b*.

———— *of Everingham*, 1394. p. 292. 1171. fo. 3. 1415. ff. 90*b*. 94*b*. 1420. fo. 123. 1487. fo. 239.

———— *of Halsham*, 1415. fo. 54(*a. b.*) 1394. p. 31. 1420. fo. 29*b*. 1487. fo. 236*b*.

———— *of St. Sepulchres*, 1394. pp. 31. 95. 1415. ff. 54. 72*b*. 82. 1420. fo. 29*b*. 1420. ff. 72*b*. 74*b*. 1487. fo. 242*b*. 1499. fo. 38*b*.

———— *of Sherburn*, 1415. fo. 90. 1420. fo. 90*b*. 1487. fo. 238.

Constable, of Dormonby, 1394. pp. 342. 349. 351. 1420. ff. 225. 229.

———— *of Halsham*, 1420. fo. 238. 1415. fo. 100. 1394. p. 350.

CONYERS, *of Bowlby*, 1487. fo. 350.

———— *of Hornby*, 1394. p. 36. 1415. ff. 59*b*. 95*b*. 1420. fo. 37. 1487. fo. 6*b*. 1499. fo. 32.

———— *of Hutton Conyers*, 1394. p. 37.

———— *of Maske*, 1394. p. 139. 1415. fo. 95. 1487. fo. 234. 1499. fo. 31.

———— *of Ormesby*, 1394. p. 140. 1420. fo. 104. 1487. fo. 234.

———— *of Pinchinthorpe*, 1385. fo. 62*b*. 1559. fo. 48. Add. MS. 12,477. fo. 62*b*.

———— *of Sockborne*, 1415. fo. 87. 1420. fo. 91. 1487. fo. 349.

———— *or*, NORTON, *of Norton*, 1394. p. 37. 1415. fo. 15*b*. 1420. fo. 124*b*. 1487. fo. 345.

Conyers, of Hornby, 1394. pp. 342. 343. 344. 345. 1415. fo. 102. 1420. fo. 240.

Conyers, of Maske, 1420. fo. 231.

———— *of Sockborne*, 1415. fo. 38*b*. 1420. fo. 236.

COOKE, *of Wheatley near Doncaster*, 1420. fo. 218. 4630. p. 111.

COPELEY, 1499. fo. 42*b*.

COPERAM, 1487. fo. 220.

Copland, of Santon, 1415. fo. 99*b*. 1420. fo. 237.

COPLEY, *of Batley*, 1394. p. 17. 1415. ff. 39. 40. 1420. ff. 17*b*. 19(*a. b.*) 1487. fo. 386. 1499. fo. 40*b*. 4630. p. 101.

———— *of Doncaster*, 4630. p. 105.

———— *of Shelbrooke*, 4630. p. 113.

———— *of Sprotborough*, 1487. fo. 38*b*. 4630. p. 104.

———— *of Wadsworth*, 4630. p. 107.

Copley, 1394. pp. 347. 348. 349.

Coppindale, 1394. p. 342.

COUNDON, *of Willerby, fr. Co. Durham*, 1487. fo. 494.

Covell, 1394. p. 343.

Cracouthorp, 1415. fo. 104. 1420. fo. 241*b*.

Crake, 1394. pp. 349. 351.

Cranmer, 1420. fo. 228.

Crasse, 1415. fo. 102*b*.

CRAVEN, *of Appletreewick*, 4630. p. 115.

———— *of Leveninge*, 1487. fo. 309.

CRAYTHORNE, *or*, CRAWTHORNE, *of Craythorne, and Co. Linc.* 1394. p. 143. 1415. fo. 96. 1420. fo. 106. 1487. fo. 269*b*.

Craythorne, or, Crawthorne, 1394. p. 342. 1415. fo. 100*b*. 1420. fo. 238*b*.

CREKE, *of Cottingham*, 1487. fo. 270*b*.

CRESSWELL, *of None-Killing, fr. Co. Northumb.* 1394. p. 99. 1415. fo. 83. 1420. fo. 76. 1487. fo. 312*b*.

CRESSY, *of Birkin*, 1487. fo. 96. 4630. p. 108.

Cressy, of Birkyn, 1394. p. 346*b*. 1415. fo. 97*b*.

CREWER, *or*, CROYER, *of Calveton*, 1394. p. 147. 1415. fo. 10. 1420. fo. 108. 1487. fo. 61*b*.

CREYKE, *of Marton*, 1394. p. 109. 1420. fo. 83.

CRISPE, Add. MS. 5507. fo. 199*.

CROCKHAY, 1142. fo. 121*b*. 1149. fo. 122*b*. 1162. fo. 126*b*.

Crofte, 1394. p. 344*b*.

Crosse, 1420. fo. 240*b*.

CROSSLAND, *of Crossland Hill*, 4630. p. 114.

———— *of Hemsley*, 1487. fo. 424.

CROYER, *v.* CREWER.

CURRER, *of Hollin Hall*, 1487. fo. 477. 4630. p. 112*b*.

CURWEN, *of Camerton*, 1394. pp. 16. 20. 1415. ff. 39. 40. 1420. ff. 18*b*. 19*b*. 1487. ff. 80*b*. 81. 1499. fo. 48.

Curwen, 1415. fo. 103*b*. 1420. fo. 241*b*.

CUTLER, *of Field Head*, 1487. fo. 482.

———— *of Stainburgh*, 1093. fo. 16*b*. 1487. fo. 438. 4630. p. 109.

DAKINS, *of Linton, fr. Co. Derby*, 1394. p. 91. 1487. ff. 177*b*. 427*b*. 1550. fo. 86*b*.

———— *of Long Couton*, 1487. fo. 178*b*.

Dalbye, 1394. p. 350.

DALTON, *of Kingston-upon-Hull*, 1394. p. 91. 1415. fo. 81. 1420. ff. 71. 237*b*. 1487. fo. 234*b*.

Dalton, 1394. p. 341. 1415. fo. 100. 1420. fo. 233*b*.

DALTREY, *of Fulsutton*, 1487. fo. 498*b*.

DANBY, *of Farnley*, 4630. pp. 132. 133. 134.
—— *of Great Langton*, 1394. p. 179.   1415.
    fo. 19.   1420. fo. 133*b*.   1487. fo. 287*b*.
    1499. fo. 44.   4630. p. 132.
———— *of Knaresborough and Braworth*, 1394.
    p. 202.   1415. fo. 23.   1420. fo. 148.
    1487. fo. 285.
——————— *of Scruton and Thorpe*, 1394. pp. 180.
    293.   1415. fo. 18*b*.   1420. fo. 134.
    1487. fo. 286.   1499. fo. 44.   4630. pp.
    132. 133.
——————— *of Yafforth*, 1394. p. 14.   1415. fo.
    95*b*.   1420. ff. 63*b*. 103*b*.   1487. fo. 285.
Danby, 1394. pp. 341. 344.
DANIELL, *of Beswick*, 1394. p. 80.   1171. fo.
    46.   1415. fo. 76*b*.   1420. fo. 62.   1487.
    ff. 218*b*. 219.
Daniell, 1394. p. 351.
DARCY, *Lord, of Aston*, 1171. fo. 43*b*.   1394.
    pp. 7. 36.   1415. ff. 49. 59*b*.   1487. fo.
    6*b*.   1420. ff. 24*b*. 37.   4630. pp. 116.—
    126.
Darcy, Lord, of Aston, 1394. pp. 344*b*. 348.
DARELL, *of Sezay*, 1394. p. 45.   1415. fo. 63*b*.
    1420. fo. 40.   1487. fo. 297*b*.
DARLEY, *of Buttercrambe and York*, 1394. p. 55.
    1415. fo. 64*b*.   1420. fo. 43*b*.   1487. fo.
    290*b*.
Darley, 1394. p. 341.
Darrell, 1420. fo. 223.
DARVILL, 1550. fo. 237.
DASSETT, *or*, DURSETT, *of Ricoll, fr. Co. Warr.*
    1394. p. 62.   1415. fo. 67.   1420. fo. 49*b*.
    1487. fo. 197*b*.
Davell, of Angram, 1394. p. 342.
Davell, 1415. fo. 98*b*.   1420. fo. 236*b*.
Dawkins, 1394. pp. 343. 349.
Dawna, of Cowick, 1415. fo. 98*b*.
DAWNEY, *of Cowick and Sezay*, 1394. pp. 45. 46*b*.
    1415. fo. 62.   1420. fo. 40(*a. b.*)   1487.
    ff. 256*b*. 298.   4630. p. 128.
Dawney, 1394. p. 342.   1420. fo. 223.
DAWSON, *of Azerley*, 4630. p. 137.
————— *of Ripon*, 1487. fo. 444.   4630. p.
    138.
————— *of Spaldingholme*, 1394. p. 130.   1415.
    fo. 91*b*.   1420. fo. 94*b*.   1487. fo. 331.
Dawson, 1394. p. 341.
DAWTREY, *of Elslack*, 1394. p. 205.   1415. fo.
    23*b*.   1420. fo. 149*b*.   1487. fo. 154.
DEAN, *of Saltingstall*, 1487. fo. 341*b*.
DE LA RIVER, *of Bransby*, 1394. pp. 13. 147.
    1415. ff. 10. 11*b*. 40*b*.   1420. ff. 20*b*. 30.
    108.   1487. ff. 61*b*. 173.   1499. fo. 24.
De la River, 1415. fo. 102.
DENBY, *of Denby*, 1487. fo. 77*b*.
DENMAN, *of New Hall Grange*, 1394. p. 259.
    1415. fo. 32.   1420. fo. 185*b*.   1487. fo.
    315*b*.
————— *of Tickhill*, 4630. p. 134.
Denton, 1415. ff. 101*b*. 103*b*.   1420. ff. 239.
    241*b*.
DEVYAS, 2086. fo. 28.
DEYNCOURT, 1415. fo. 97*b*.   1420. fo. 235*b*.
DEYVILL, *of Cuckwold*, 1394. p. 150.   1415. fo.
    10*b*.   1420. fo. 109*b*.   1487. fo. 160.
Dighton, 1420. fo. 222.
DIKERING, 1420. fo. 126.
Dillison, 1420. fo. 222.
Dinlay, 1394. p. 351.

DODDESWORTH, *of Fowelby*, 1394. p. 38.
————— *of Thornton*, 1394. pp. 19. 180.
    1415. fo. 18*b*.   1420. fo. 134*b*.   1487. ff.
    67*b*. 352.
Doddsworth, 1394. p. 344.
DOLMAN, *of Badsworth*, 4630. p. 140*b*.
————— *of Pocklington*, 1394. p. 55.   1415.
    fo. 64.   1420. fo. 43.   1487. fo. 244*b*.
DONHAM, *or*, DUNHAM, 1394. p. 19.   1415. fo.
    40*b*.   1420. fo. 20*b*.   1487. fo. 172*b*.
DONNINGTON, 1171. fo. 39.   1394. p. 13.
    1420. fo. 21.   1487. fo. 163.   1499. fo.
    36*b*.
Dorand, 1415. fo. 100*b*.   1420. fo. 238.
DORINGTON, 155. fo. 22.   1103. fo. 12*b*.   1177.
    fo. 15.
DOUGHTY, *of Hawkington*, 1394. p. 230.   1415.
    fo. 27.   1420. fo. 165*b*.   1487. fo. 184*b*.
Dowman, 1394. p. 351.
DRAKE, *of Barnoldswick*, 4630. p. 142.
DRANSFIELD, *of Stubbs Walden*, 1394. p. 23.
    1415. fo. 40*b*.   1420. fo. 20*b*.   1487. fo.
    162*b*.   1499. fo. 32.   4630. p. 145.
————— *of West Britton*, 4630. p. 139.
Dransford, 1420. fo. 231*b*.
DRAX, *of Woodhall*, 1171. fo. 47.   1394. p.
    256.   1415. fo. 31*b*.   1420. ff. 183*b*. 207.
    1487. fo. 316*b*.   4630. p. 144.
Drax, 1394. pp. 345. 349.   1420. fo. 233*b*.
DUDLEY, 1415. fo. 75*b*.   1420. fo. 60.
Duffield, 1420. fo. 222*b*.
DUNCALF, *of Ottringham, fr. Co. Chesh.* 1394. p.
    94.   1415. fo. 81*b*.   1420. fo. 72.   1487.
    fo. 210.
DUNHAM, *v.* DONHAM.
Dunkyrsley, 1420. fo. 231*b*.
DURSETT, *v.* DASSETT.
DUTTON, *of Cloughton, fr. Co. Chesh.* 1394. p.
    167.   1415. ff. 11*b*. 15.   1420. ff. 113. 124.
    1487. fo. 166*b*.
DYNELEY, *of Bramhope*, 1394. p. 212.   1415. fo.
    25.   1420. fo. 154.   1487. fo. 156*b*.
    4630. p. 135.
————— *of Melburn*, 1394. p. 78.   1415. fo.
    76.   1420. fo. 60*b*.   1487. fo. 156.
————— *of Swillington, fr. Co. Lanc.* 1394. p.
    208.   1415. fo. 24.   1420. fo. 151.   1487.
    fo. 155.
Dyneley, 1394. p. 348.   1420. fo. 221*b*.

EASTOFTE, *of Eastoft*, 4630. p. 146.
EDEN, 1484. fo. 61*b*.
EDMONDS, *of Worsbrough*, 1420. fo. 219.   4630.
    p. 159.
EDMONSON, *of York*, 1487. fo. 399*b*.
EGLESFIELD, *of Farmanby*, 1487. fo. 398.   1171.
    fo. 45*b*.
————— *of Mappleton, fr. Co. Cumb.* 1394. p.
    101.   1415. ff. 78. 84.   1420. fo. 78*b*.
    1487. fo. 327*b*.
Eglesfield, 1394. p. 342.   1415. fo. 101*b*.   1420.
    fo. 239.
ELAND, *of Carlinghowe*, 1487. fo. 465.   4630.
    p. 149.
————— *of Kingston-upon-Hull*, 1499. fo. 39.
Eland, 1394. pp. 346. 347.
————— *of Eland*, 1487. fo. 503*b*.
ELIOTH, *of Middleton*, 1394. p. 84.   1415. fo.
    77*b*.   1420. fo. 64*b*.   1487. fo. 226*b*.
Ellercar, 1499. fo. 38*b*.

ELLERKER, *of Ellerker,* 1394. p. 71.　　1415. fo.
73.　　1420. ff. 29*b.* 56.　　1487. fo. 205.
———— *of Risby,* 1394. p. 88.　　1171. fo.
41*b.*　　1415. ff. 79*b.* 81.　　1420. ff. 68*b.* 71.
1487. ff. 206*b.* 234*b.*　　1499. fo. 40.
————— *of Yolton,* 1487. fo. 397*b.*
Ellerker, of Risby, 1394. pp. 341. 351.　　1415.
ff. 100*b.* 103*b.*　　1420. ff. 226. 238.
———— *of Youlton,* 1420. fo. 241.　　1415. ff.
100*b.* 103*b.*
ELLIOTT, 1532. fo. 143.
ELLIS, *of Barnbrough,* 1394. p. 89.　　1415. fo. 79.
1420. fo. 68.　　1487. fo. 300.
——— *of Barnesey,* 1394. p. 63.　　1415. fo. 71*b.*
1420. fo. 55.
——— *of Kiddall,* 1394. p. 241.　　1415. fo. 29.
1420. fo. 174.　　1487. fo. 300*b.*　　4630. p.
157.
——— *of York, fr. Co. Cumb.* 1487. fo. 299*b.*
Ellis, of Bradsay, 1394. pp. 346. 348.
ELLWICK, *of Seaton, fr. Co. Northumb.* 1394. p.
86.　　1415. fo. 77*b.*　　1420. fo. 66.　　1487.
fo. 221.
Ellwick, 1394. p. 351.
ELLYS, *of Gray's Inn,* 1487. fo. 291.
ELTOFT, *of Farnhill, fr. Co. Durham,* 1394. p. 213.
1415. fo. 25.　　1420. fo. 154*b.*　　1487. fo.
112*b.*　　4630. p. 158.
Eltoft, 1415. fo. 102*b.*　　1420. fo. 240*b.*
———— *of Holden Park,* 1394. p. 351.
Elwood, 1394. p. 351.
Elyndane, 1415. fo. 100*b.*　　1420. fo. 238.
Engleby, of Aham, 1394. p. 345.
ESCOTE, *of Escote,* 1171. fo. 51*b.*
Estcott, 1487. fo. 503*b.*
ESTOTEVILE, 1394. p. 108.　　1415. fo. 86*b.*
——————— *of Humanby,* 1487. fo. 428.
——————— *of Knaresborough,* 4630. p. 160.
Ests, of Farneley, 1394. p. 348.
Etton, of Gilling, 1415. fo. 100.　　1420. fo. 237*b.*
EURE, *Lord,* 1394. p. 141.　　1420. fo. 105.　　1487.
fo. 426*b.*
EVERINGHAM, *of Birkin,* 1394. pp. 14*b.* 215.
1415. ff. 25. 40*b.* 90.　　1420. fo. 21.　　1487.
fo. 164.　　1499. fo. 22*b.*　　4630. p. 163.
————— *of Rockesley,* 1487. fo. 375*b.*
————— *of Stainborough,* 4630. p. 165.
————— *of Wadsley Hall,* 1487. fo. 163*b.*
Everingham, 1394. p. 347.
Evers, Lord, 1394. p. 342.
Exilby, 1394. p. 343.
EYNCOURT, 1415. fo. 61.　　1420. fo. 38*b.*　　1487.
fo. 250*b.*
EYRE, *of Bramley,* 4630. p. 162.
——— *of Keton, fr. Co. Derby.* 1394. p. 276.
1415. fo. 35.　　1420. fo. 197*b.*　　1487. fo.
458.
FAIRFAX, *of Denton,* 4630. p. 170.
————— *of Steton,* 1394. p. 60.　　1415. fo. 68.
1420. fo. 49.　　1487. fo. 255.　　1499. fo. 35.
4630. pp. 169. 172.
————— *of Walton and Gilling,* 1171. fo. 38*b.*
1394. pp. 12. 76.　　1415. ff. 40*b.* 67*b.*
1420. fo. 21.　　1487. fo. 254*b.*　　1499. fo.
34*b.*　　4630. p. 166.
Fairfax, 1394. pp. 341. 342. 344. 345.　　1420.
fo. 221*b.*
FALCONBRIDGE, *Lord,* 1415. fo. 60.　　1420. fo.
37.　　1487. fo. 6*b.*
FALKINGHAM, 4630. p. 174.

Farley, 1394. pp. 341. 342.
FARRER, 4630. p. 177.
FAUCONBRIDGE, *of Ottrington,* 1487. fo. 371.
Faux, of Farnley, 1394. p. 345.
FAWBERRY, *of Newbold, fr. Co. Northumb.* 1420.
fo. 59.
FAWCONBRIDGE, *Lord, v.* NEVILL.
Fawconbridge, 1420. fo. 221*b.*
Fawkenham, 1420. fo. 229*b.*
FAWKES, *of Farnley and South Duffield,* 1394. p.
64.　　1415. fo. 69.　　1420. fo. 51.　　1487.
fo. 199*b.*　　4630. p. 175.
FEILD, *or,* FELD, *of Ardeslowe,* 1394. p. 232.
1415. fo. 27*b.*　　1420. fo. 166*b.*　　1487. fo.
114*b.*
FENAY, *of Fenay,* 4630. p. 181.
FENTON, *of Crake,* 1394. p. 159.　　1415. fo. 12*b.*
1420. fo. 116.　　1487. fo. 192.
Fenton, 1394. p. 341.　　1420. fo. 222*b.*
Fenwyck, 1415. fo. 103.　　1420. fo. 241.
FEREMSBY, 1415. fo. 45.
FERRAND, *of Carlton,* 1487. fo. 453*b.*　　4630.
p. 179.
Fetherstonhaw, 1415. fo. 101.　　1420. fo. 239.
FICHAM, 1415. fo. 26.　　1420. fo. 160.
Fitz-Henry, of Kerfeild, 1415. fo. 102*b.*　　1420.
fo. 240.
Fitz-Ralfe, 1415. fo. 97*b.*　　1420. fo. 235*b.*
FITZ-RANDOLPH, *of Spennithorne,* 1487. fo. 332.
Fitz-Randolph, 1415. fo. 101*b.*
FITZ-WARREN, *v.* BOURCHIER.
FITZ-WILLIAMS, *Lord,* 1487. fo. 362*b.*
———————— *of Aldwarke,* 1487. fo. 364.
1561. ff. 9*b.* 18*b.*　　4630. p. 198.　　Add. MSS.
4963. fo. 48*b.*　　14,311. fo. 62*b.*　　Egert.
MS. 996. ff. 67*b.* 68.
———————— *of Bentley,* 1487. fo. 362.
———————— *of Elmley,* 1487. fo. 360*b.*
———————— *of Maplethorpe,* 1487. fo. 363*b.*
———————— *of Sprotborough,* 1394. pp. 22.
287.　　1415. fo. 39.　　1420. ff. 17*b.* 207.
1487. fo. 360.　　4630. p. 193.
———————— *of Woodhall,* 4630. p. 198.
Fitz-Williams, 1415. fo. 102*b.*　　1420. fo. 221.
FLAMBOROUGH, 1415. fo. 16.　　1420. fo. 125*b.*
1487. fo. 384*b.*
FLEMING, *of Sharleston,* 4630. p. 188.
———— *of Wakefield,* 1394. p. 245.　　1415. fo.
34*b.*　　1420. fo. 175.　　1487. fo. 121*b.*
4630. p. 200.
———— *of Wath,* 1394. p. 272.　　1415. fo. 29.
1420. fo. 195*b.*　　1487. fo. 121.
Fleming, 1415. fo. 102.　　1420. fo. 240.
———— *of Wath,* 1394. p. 346.　　1415. fo.
101.　　1420. fo. 238*b.*
FLETCHER, *of Campsall,* 1394. p. 219.　　1415.
fo. 25*b.*　　1420. fo. 158*b.*　　1487. fo. 106*b.*
4630. p. 183.
FLOWER, *of Methley, fr. Co. Linc.* 1487. fo. 481.
4630. p. 187.
———— *of Rowmarsh, fr. Co. Notts.* 1171. fo. 4.
———— *of Whitwell,* 1394. p. 201.　　1420. fo.
168*b.*
FOLIAMBE, *of Aldwarke,* 4630. p. 202.
———— *of Steeton,* 4630. p. 205.
Foliambe, 1415. fo. 102*b.*　　1420. fo. 240.
FOLKINGHAM, *of Barton, fr. Co. Linc.* 1394. pp.
158. 215.　　1415. ff. 12*b.* 25.　　1420. ff.
115. 155*b.*　　1487. fo. 188*b.*
Folkingham, 1394. p. 348.

FOLTHERHOPE, *of Middleham Castle,* 1499. fo. 32.
FOLYOTT, *of Fenwick,* 4630. p. 201.
Fordingham, 1394. p. 350.
FORESTER, 1415. fo. 43.
FORSTER, *of Everwick,* 1487. fo. 113.
FOSTER, *of Smawe, fr. Co. Northumb.* 1394. p. 231. 1415. fo. 27.   1420. fo. 165.   1487. fo. 114.   4630. p. 225.
Foster, 1394. p. 346.
FOWBERY, *of Newbald, fr. Co. Northumb.* 1394. p. 77.   1415. fo. 75.   1487. fo. 295.
Fowbery, 1394. p. 351.
FOX, *of Marderby, fr. Co. Northumb.* 1487. fo. 421.
Fox, 1420. fo. 220*b*.
—— *of Thorpe,* 1394. p. 342.
FOXCROFT, *of Halifax,* 4630. p. 207.
FRANKE, *of Alwoodley and Pomfret,* 1487. fo. 431.
———— *of Knyton,* 1487. fo. 375.   4630. p. 210.
Franke, of Allinglay, 1394. p. 348.
Frankland, 1394. p. 345.
FREESTON, *of Altoftes,* 1394. p. 222.   1415. fo. 26.   1420. fo. 160*b*.   1487. fo. 173*b*.   4630. pp. 212—223.   6592. fo. 14.
FRETCHVILE, *of Staveley,* 1420. fo. 179.
FRETWELL, *of Hellaby,* 1487. fo. 487*b*.   4630. p. 192.
Freyston, 1394. p. 346.
FROBISHER, *of Altoftes,* 4630. pp. 190. 208.
Frobisher, 1394. p. 347.
FRODINGHAM, *v.* FROTHINGHAM.
FROTHINGHAM, *or,* FRODINGHAM, *of South Frodingham,* 1394. p. 97.   1415. fo. 82*b*.   1420. fo. 75.   1487. fo. 304*b*.
Fulbaron, 1415. fo. 103*b*.   1420. fo. 241*b*.
Fulthorp, 1394. p. 342.   1415. fo. 102.   1420. fo. 239*b*.
FURNIVALL, *Lord,* 4630. p. 224.
GAILE, *of Akeham,* 4630. p. 236.
GALE, *of York,* 1171. fo. 44*b*.
Gale, of Akeham, 1394. p. 344.
—— *of York,* 1487. fo. 503*b*.   1420. fo. 222.
Garbrothe, 1394. p. 348.
GARFORTH, *of Sleeton,* 4630. p. 237.
GARGRAVE, *of Nostal,* 1394. p. 29.   1415. fo. 58*b*.   1420. fo. 35*b*.   1487. fo. 225*b*.   4630. p. 226.
Gargrave, 1394. p. 347.
GARWARDBY, 1394. p. 184.
GASCOIGNE, *of Barnbowe,* 4630. p. 232.
———————— *of Caley,* 1394. p. 206.   1415. fo. 24.   1420. fo. 150.
————— *of Gawthorpe,* 1394. p. 294.   1415. ff. 24. 38*b*.   1487. ff. 278. 282.   4630. pp. 228. 234.
————— *of Lasingcroft,* 1394. pp. 124. 163.   1415. fo. 15.   1420. fo. 122.   1487. ff. 280*b*. 452.   1499. fo. 23.   4630. p. 231.
———— *of Micklefield,* 1394. p. 207.   1420. fo. 150*b*.   1487. fo. 277*b*.
Gascoigne, 1394. pp. 343. 346. 347. 348.   1420. fo. 230*b*.
GASPELL, 1394. p. 18.   1487. fo. 383*b*.
GATES, *of Seymour,* 1394. p. 28.   1415. fo. 55*b*.   1420. fo. 31*b*.   1487. fo. 249.
Gates, 1394. pp. 341. 350.
GAYTONBY, *of Gaytonby,* 1171. fo. 3*b*.

Gaytonby, 1394. p. 343.   1487. fo. 503*b*.
GIBSON, *of Welburn, fr. Co. Lanc.* 1487. fo. 423.
GIBTHORPE, 1487. fo. 502*b*.
GIFFORD, 1487. fo. 416*b*.
Gigod, 1420. fo. 238*b*.
GIRLINGTON, *of Hackforth,* 1394. p. 195.   1415. fo. 22.   1420. fo. 144.   1448. fo. 47*b*.   1487. fo. 103.   1554. fo. 115.
Girlington, 1394. p. 344.
GLANVILE, *Baron, of Brome Hall,* 1487. fo. 344.
GLEIDHILL, *of Barksland,* 4630. p. 246.
Gobyham, 1420. fo. 235*b*.
Gobyone, 1415. fo. 97*b*.
GOLDESBURGH, *of Goldesburgh,* 1394. p. 285.   1415. fo. 36.   1420. ff. 204*b*. 205.   1487. fo. 135.   4630. p. 238.
Goldesburgh, 1394. p. 345.   1415. fo. 102.   1420. fo. 240.
GOODRICH, *of Ribston, fr. Co. Linc.* 1394. p. 13.   1415. fo. 40*b*.   1420. fo. 21*b*.   1487. fo. 168.   4630. p. 239.
Goodrich, 1394. p. 345.
GOURLEY, *v.* GOWERLEY.
GOUTON, *of Gowton,* 1487. fo. 452*b*.
GOWER, *of Garton,* 1394. p. 94.   1415. fo. 82.   1420. fo. 73*b*.   1487. ff. 268*b*. 396*b*.
—— *of Stainsby,* 1394. p. 182.   1415. fo. 19.   1420. fo. 135.   1487. fo. 267*b*.
—— *of Stittenham,* 1394. p. 159.   1171. fo. 39.   1415. fo. 12*b*.   1420. fo. 115*b*.   1499. fo. 36*b*.   1487. fo. 266*b*.
—— *of Wigginthorp,* 1420. fo. 67*b*.   1487. fo. 209*b*.
Gower, of Richmond, 1420. fo. 232*b*.
—— *of Stittenham,* 1394. pp. 341. 342.   1415. fo. 104.   1420. ff. 232*b*. 241*b*.
GOWERLEY, *or,* GOURLEY, *of Sutton Grange, fr. Co. Cumb.* 1394. p. 110.   1415. fo. 88.   1420. fo. 85*b*.   1487. fo. 301.
GRAMERIKE, *v.* GRAMERY.
GRAMERY, *or,* GRAMERIKE, 1415. fo. 35.   1420. fo. 196*b*.
Grandale, 1415. fo. 97.   1420. fo. 235.
GRAUNT, *of Roxby,* 1394. p. 174.   1415. fo. 17*b*.   1487. fo. 391*b*.
GRAVES, *v.* GROVE.
GRAY, *v.* GREY.
Gray, of Barton, 1394. p. 341.   1420. fo. 241.   1415. fo. 103*b*.
GREEN, *of Aukley,* 1394. p. 126.   1415. fo. 32*b*.   1420. fo. 187.   1487. fo. 325.
———— *of Cawthorne, and Thundercliff Grange,* 1487. fo. 480.
—— *of Horsforth,* 1394. p. 227.   1415. fo. 27.   1420. fo. 164*b*.   1487. fo. 184.   4630. p. 250.
—— *of Lamouth,* 1487. fo. 429.
—— *of Newby,* 1171. fo. 44*b*.
—— *of Newsham,* 1487. ff. 370*b*. 420.
Green, 1394. p. 349.
—— *of Newby,* 1394. pp. 343. 348.   1415. fo. 101*b*.   1420. fo. 239.   1487. fo. 503*b*.
GREENWOOD, *of Westerton,* 4630. p. 248.
———— *of Wrenthorpe,* 1487. fo. 484*b*.   4630. p. 249.
GREGORY, *of Barneby, and Monk St. John's, fr. Co. Linc.* 1487. fo. 417*b*.   4630. p. 244.
GRENDON, 1415. fo. 43*b*.
Grescy, 1420. fo. 235*b*.

GREY, *Lord, of Codnor,* 1394. p. 290.   1420. fo. 209*b*.

———— *or,* GRAY, *of Barton,* 1394. p. 28. 1415. fo. 56*b*.   1420. fo. 36.   1487. fo. 243.

GRICE, *or,* GRYS, *of Sandall,* 4630. p. 242.

———— *of Wakefield, fr. Co. Norf.* 1394. p. 239.   1415. fo. 28*b*.   1487. fo. 104*b*. 4630. p. 242.

GRIFFITH, *of Aunis Burton,* 1487. fo. 155*b*.

————*fr. Co. Montgom.* 1487. fo. 423*b*.

Griffith, 1415. fo. 99.   1420. fo. 236*b*.

GRIMSTON, *of Frasthorpe,* 1420. fo. 214*b*.

————————— *of Goodmanham,* 1420. fo. 215.

————————— *of Grimston,* 1394. p. 103.   1415. fo. 84*b*.   1420. fo. 79*b*.   1487. fo. 229*b*.

———————— *of Sherburn,* 1420. fo. 214*b*.

Grimston, 1394. p. 350.

GROVE, *or,* GRAVES, *of Hull,* 1487. fo. 369*b*.

GRYLES, *of Wakefield, fr. Co. Norf.* 1420. fo. 171*b*.

GRYS, *v.* GRICE.

Grysley, 1420. fo. 231*b*.

HADSON, 1420. fo. 229*b*.

HALDENBY, *or,* HOLDENBY, *of Haldenby,* 1394. p. 217.   1415. fo. 25*b*.   1420. fo. 158. 1487. fo. 183*b*.   1532. fo. 64*b*.   4630. p. 255.

Haldenby, or, Holdenby, of Haldenby, 1420. fo. 233*b*.

HALES, 6183. fo. 78.

HALL, *of Lenthorpe,* 1394. pp. 209. 272.   1415. fo. 23*b*.   1420. fo. 151*b*.   1487. ff. 104. 121.   4630. p. 253.

——– *of Middle Walton, fr. Co. Lanc.* 1394. p. 234.   1415. fo. 28.   1420. fo. 168.   1487. fo. 97*b*.

——– *of Newsham,* 1420. fo. 145.   1487. fo. 105.

——– *of York,* 1487. fo. 116.

Hall, of Salford, 1420. fo. 233.

HALTON, *of Halton,* 4630. p. 252.

HAMELTON, *of York,* 1420. fo. 129.   1487. fo. 208.

HAMERTON, *of Hellifeild,* 1487. fo. 412*b*.   4630. p. 257.

Hamerton, 1394. p. 348.

HAMMERTON, *of Munckroyd,* 4630. p. 259.

HAMOND, *of Scarthingwell,* 4630. p. 261.

Hamond, 1394. p. 346.

Hanford, 1420. fo. 240.

Hangate, of Saxton, 1420. fo. 231.

HANSBY, *or,* HANS, *of New Malton and St. Giles in Beverley,* 1394. p. 89.   1415. fo. 79*b*. 1420. fo. 69*b*.   1487. fo. 60*b*.   4630. p. 263.

———— *of Tickhill Castle,* 4630. p. 263.

HANSON, *of Wood House,* 4630. p. 264.

HARCOURT, 1487. fo. 292*b*.

HARDWICK, *of Potter Newton,* 4630. p. 266.

Hardwick, 1394. p. 348.

HAREBREAD, *of Ledsham,* 1487. fo. 449.

——————— *of Wistow,* 4630. p. 269.

Harebread, 1394. p. 346.

HARGILL, *of Clementhorpe,* 1394. p. 286.   1415. fo. 35*b*.   1420. fo. 206*b*.   1487. fo. 133*b*.

HARINGTON, *of Brearley,* 4630. p. 267.

Harington, of Cartmell, 1415. fo. 99*b*.   1420. fo. 237.

HARISON, *of Acaster,* 4630. p. 303.

———— *of Caton,* 1487. fo. 417.   4630. p. 268.

HARRINGWELL, 1415. fo. 35.   1420. fo. 196*b*. 1487. fo. 126*b*.

Harsyke, 1415. fo. 100.   1420. fo. 237*b*.

HART, *of Sproston Court,* 1487. fo. 369.

HARWOOD, *of Beverley,* 1487. fo. 432.

Haselerton, 1394. p. 349.   1415. fo. 97*b*.   1420. fo. 235*b*.

Hasell, or, Hasaell, 1420. fo. 241*b*.

HASTINGS, *of Fenwick,* 1171. fo. 41*b*.   1415. fo. 36*b*.   1420. fo. 211*b*.   1499. fo. 40*b*. 4630. p. 270.

Hastings, 1415. fo. 100.   1420. fo. 238.

HATEFIELD, *of Laughton,* 4630. p. 287.

———————— *of Stanley,* 4630. p. 272.

Hatfield, 1415. fo. 98*b*.   1420. fo. 236.

Hatly, 1420. fo. 238*b*.

HAUNSARD, 1415. fo. 102*b*.

HAWDONBY, 1499. fo. 45*b*.

HAWICK, *of Edon,* 1394. p. 85.   1415. fo. 78. 1420. fo. 65*b*.   1487. fo. 292.

HAWKESWORTH, *of Hawksworth,* 1394. p. 210. 1420. fo. 152*b*.   1487. ff. 182*b*. 391*b*.   4630. p. 273.

Hawkesworth, 1394. p. 348.

HEATON, *or,* HETON, *of Heton and Mirfield,* 1430. p. 277.   1487. fo. 281.

HEBBORNE, *fr. Co. Durham,* 1487. fo. 371*b*.

HEBDEN, 1415. fo. 45.

HEBER, *of Marton,* 1487. fo. 154*b*.   4630. p. 281.

HEBLETHWAITE, *of Sedbergh,* 1394. p. 166. 1415. fo. 14*b*.   1420. fo. 122*b*.   1487. fo. 74*b*.

HEDON, *of Marton,* 1394. p. 101.   1415. fo. 83*b*. 1420. fo. 77*b*.   1487. fo. 58*b*.

HEDWORTH, *of Herverton,* 1499. fo. 29.

HELLARD, *of Ruston,* 1487. fo. 429*b*.

HELPERBY, 1415. fo. 26.   1420. fo. 160.

Helton, 1415. fo. 101.   1420. fo. 239.

HEMSWORTH, *of Garforth,* 1487. fo. 486.

———————— *of Purston,* 4630. p. 288.

HERBERT, *of York,* 1487. ff. 461*b*. 462.

HERCY, *fr. Co. Notts.* 1394. p. 10*b*.   1415. fo. 41.   1420. fo. 22.

HERON, *of Chipchase,* 1394. p. 92.   1415. fo. 80*b*. 1420. fo. 71*b*.

HESLARTON, *of Wiverthorpe,* 1394. p. 117.   1415. fo. 89.   1420. fo. 88.   1487. fo. 263*b*.

HESSELL, 1487. fo. 291.

HETON, *v.* HEATON.

Heveringham, 1415. fo. 99*b*.   1420. fo. 237*b*.

HEWLEY, *of Wistow, fr. Co. Chesh.* 4630. p. 276.

HIGDEN, *of Laxton,* 1487. fo. 490.

Higden, 1420. fo. 222*b*.

HILDESLEY, *of Barthropp, fr. Co. Berks.* 1487. fo. 428*b*.

HILLIARD, *of Booth and Winestead,* 1394. p. 27. 1415. fo. 51(*a*. *b*.)   1420. fo. 27*b*.   1487. fo. 246*b*.

Hilliard, 1394. pp. 349. 350.   1415. fo. 100*b*. 1420. fo. 238*b*.

HILTON, *of Hilton Castle,* 1394. p. 7.   1420. fo. 32. 1499. fo. 98*b*.

——– *of Slingsby,* 1394. p. 122.   1420. fo. 92.   1415. fo. 91.   1487. fo. 336.

HIPPON, *of Featherston,* 4630. p. 282.

——– *of Newhall,* 1487. fo. 404.

HODGSON, *or,* HODSON, *of Newhall,* 1487. fo. 432*b*. 4630. p. 283.

Hodleston, 1415. ff. 97. 103*b*.   1420. ff. 235.
241*b*.

Hoghton, 1415. fo. 101*b*.   1420. fo. 239*b*.

HOLDBERD, 1415. fo. 44*b*.

HOLDENBY, *v.* HALDENBY.

Holforth, 1394. p. 341.

HOLGATE, *of Stapleton*, 1487. fo. 483*b*.   4630. p. 284.

HOLLAND, 1394. p. 263.   1415. fo. 33. ⚫ 1420. fo. 189.   1487. fo. 77*b*.

HOLME, *of Huntington*, 1394. p. 158.   1415. fo. 12.   1420. fo. 114*b*.   1487. fo. 185.

—— *of Palholme*, 1394. p. 102.   1415. fo. 84. 1420. fo. 78.   1487. fo. 185*b*.

Holme, 1394. p. 341.

HOLMES, *of Hampole, fr. Co. Herts.* 1394. p. 275. 1420. fo. 197.   1487. fo. 187.   4630. p. 284.

Holmes, 1394. p. 349.   1420. fo. 222.

HOLTBY, 1394. p. 45.   1415. fo. 12*b*.   1420. fo. 118*b*.   1487. fo. 166.

—— *of Hovingham*, 1394. p. 129.

Hookes, 1415. fo. 98.   1420. fo. 236.

HOPPERTON, *of Hopperton*, 1487. fo. 470*b*.   4630. p. 289.

HOPTON, *of Armley Hall*, 1394. p. 11.   1415. fo. 41.   1420. fo. 22*b*.   1487. fo. 165. 4630. p. 290.

Hopton, 1394. p. 347.   1415. fo. 102.   1420. fo. 240.

Horbury, 1415. fo. 97*b*.   1420. fo. 235*b*.

Horselay, 1394. p. 349.

HORSFALL, *of Storr's Hall*, 1487. fo. 479.   4630. p. 296.

HORSLEY, *of Skerpenbeck*, 1394. p. 293.   1415. fo. 89*b*.   1420. fo. 91*b*.   1487. fo. 271*b*.

Horsman, of Ripon, 1420. fo. 241*b*.

HOTHAM, *of Scarborough*, 1097. fo. 72*b*.   1190. fo. 38*b*.   1394. p. 56.   1415. fo. 65. 1420. fo. 45.   1484. fo. 12*b*.   1487. ff. 87*b*. 245*b*.   1550. ff. 44. 237*b*.

Hotham, 1394. p. 351.

Hoton, 1415. fo. 101*b*.   1420. fo. 239.

—— *fr. Co. Cumberland*, 1420. fo. 237.

HOWDANBY, *of Howdanby*, 1171. fo. 42*b*.

Howtred, 1415. fo. 102.   1420. fo. 240.

HUDSON, *of Normanby*, 1487. fo. 495.

HUGH, *of Llanrayer*, 1487. fo. 423*b*.

HUMFREY, *of Askerne*, 4630. p. 304.

HUNGATE, *of Sand Hutton*, 1394. p. 157.   1415. fo. 12.   1420. fo. 113*b*.

—— *of Saxton*, 1394. p. 75.   1415. fo. 74. 1420. fo. 58.   1487. fo. 222*b*.   4630. p. 297.

Hungate, 1394. pp. 342. 346. 351.   1415. fo. 99*b*.   1420. ff. 223*b*. 237*b*.

HUNT, *of Carleton*, 4630. p. 305.

HUNTER, *of Thornton*, 1487. fo. 476.

HUSSE, *of Harswell*, 1394. p. 56.   1415. fo. 64*b*. 1420. fo. 44*b*.   1487. fo. 8*b*.   1499. fo. 25*b*.

Hussey, 1394. p. 350.

HUTCHINSON, *of Wickham*, 1394. p. 131.   1415· fo. 91*b*.   1420. fo. 95.   1487. fo. 330*b*.

HUTTON, *of Auckland*, 1394. pp. 7. 143.   1415. fo. 96.   1420. fo. 106.

—— *of Goldesborough, fr. Co. Cumb.* 1487. ff. 413*b*. 414*b*.   4630. p. 299.

—— *of Poppleton*, 4630. p. 302.

Hyde, of Northbery Hall, 1415. fo. 99.   1420. fo. 237.

IERTON, *of Ierton*, 1394. p. 11.   1415. ff. 40*b*. 41.   1420. fo. 22*b*.   1487. fo. 168*b*. 1499. fo. 46*b*.

Ilderton, 1415. fo. 100*b*.   1420. fo. 238*b*.

INGLEBERT, 1550. fo. 100*b*.   Add. MS. 14,283. fo. 88*.

INGLEBY, *of Lawkland*, 4630. p. 322.

—— *of Ripley*, 1394. p. 195.   1415. ff. 21*b*. 68.   1420. ff. 56*b*. 143*b*.   1487. fo. 98*b*. 4630. p. 318.

Ingleby, 1420. fo. 222.

—— *of Akam*, 1394. p. 345.   1415. fo. 102*b*.

—— *of Ripley*, 1420. fo. 240.

INGRAM, *of Knottingley*, 4630. p. 325.

—— *of Temple Newsham*, 4630. pp. 326—330.

IRELAND, *of Crofton*, 4630. p. 332.

ISONS, *of Troutsdale*, 1487. fo. 442.

JACKSON, 1187. fo. 76*b*.   1188. p. 109.

—— *of Bossell*, 1487. fo. 461.

—— *of Cateby*, 1487. fo. 209.   1420. fo. 198*b*.

—— *of Darrington and Snaith Hall*, 1394. p. 222.   1420. fo. 160.   1487. fo. 180.

—— *of Ederthorpe*, 1487. fo. 393.

—— *of Gateby*, 1487. fo. 483.

—— *of Gatonby*, 1394. p. 8.   1415. fo. 41. 1420. fo. 22*b*.   1487. ff. 165*b*. 181.

—— *of Killingwold Grave*, 1487. fo. 475.

—— *of Stanke*, 1487. fo. 179.

—— *or*, LASCELLES, *of Ganthorpe*, 1394. p. 131.   1415. fo. 92.   1420. fo. 96.   1487. fo. 178.

Jackson, 1394. p. 346.

—— *of Bedall*, 1394. p. 344.

JENKYN, *of York and Great Busby, fr. Co. Monmouth*, 1394. p. 22.   1415. fo. 36.   1420. fo. 205*b*.   1487. ff. 124*b*. 425*b*.

JENNINGS, *of Ripon*, 4630. p. 323.

JESSOP, *of Bromehall*, 1171. fo. 79*b*.   1400. fo. 47*b*.   1555. fo. 78*b*.   4630. p. 324.

JOHNSON, *of Ripon*, 1394. p. 187.

—— *of Wynkesley*, 1394. p. 234.

Johnson, 1415. fo. 46.

JONELEY, 1415. fo. 26.   1420. fo. 160.

JOPSON, *of Cudworth*, 1487. fo. 501.   4630. p. 331.

KANCE, *or*, CANSE, 1394. p. 215.   1415. fo. 25.   1420. fo. 155*b*.   1487. fo. 164.

KAYE, *or*, CAYE, *of Dalton and Woodson*, 1171. fo. 6.   1394. pp. 234. 235. 238.   1415. fo. 28.   1420. ff. 168*b*. 171. 179.   1487. ff. 111. 112.   4630. pp. 333. 339.

—— *of Wakefield*, 1487. fo. 406*b*.

Kaye, 1394. p. 346.   1420. ff. 232. 233*b*. 234.

KELLUM, *of Kellum*, 1487. fo. 342*b*.

Kendall, of Ripon, 1415. fo. 103.   1420. fo. 241.

KERESFORTH, *of Keresforth*, 1394. p. 252.   1415. fo. 30*b*.   1420. fo. 181.   1487. fo. 116*b*. 4630. p. 336.

Keresford, 1394. p. 349.   1415. fo. 99*b*.   1420. fo. 241*b*.

Keton, 1415. fo. 100*b*.   1420. fo. 238.

KEY, 890. fo. 48*b*.

KIGHLEY, *of Kighley and Newhall*, 1487. fo. 471. 4630. p. 337.

Kighley, 1394. p. 345.   1415. fo. 101*b*.   1420. fo. 239*b*.

KILLINGBECK, *of Chapel Allerton*, 1394. p. 209. 1415. fo. 21*b*.   1420. fo. 152.   1487. fo. 147*b*.

Kingeston, 1415. fo. 97*b*.   1420. fo. 235*b*.
KIRKBY, *of Kirkby*, 1394. p. 8*b*.   1415. ff. 26.
    41.   1420. ff. 23. 160.   1499. fo. 46*b*.
    1551. fo. 4.
KIRWILLHEDE, 1415. fo. 43*b*.
KNIVETT, 1415. fo. 75*b*.   1420. fo. 60.
KNOWLESLEY, *of North Burton*, 1487. fo. 493*b*.
Kyllom, of Danby, 1415. fo. 100.   1420. fo.
    237*b*.
KYME, *of Wilberfoss*, 1415. ff. 84. 85*b*.   1420. fo.
    80*b*.   1487. fo. 312.
LACY, *Baron Pontefract*, 1187. fo. 66.   1188.
    fo. 91.
—— *of Brearley*, 4630. p. 345.
—— *of Cromwell Bothome*, 1394. p. 248.   1415.
    fo. 29*b*.   1420. fo. 175*b*.   1487. fo. 321.
    4630. p. 343.
—— *of Folketon*, 1394. p. 107.   1415. fo. 86.
    1420. fo. 82.   1487. fo. 322*b*.
Lacy, of Halifax, 1394. pp. 347. 349.   1415.
    fo. 99.   1420. ff. 227. 236*b*.
LAKE, *of Barley*, 1487. fo. 440*b*.
—— *of Normanton*, 1394. p. 233.   1415. fo.
    27*b*.   1420. fo. 167.   1487. fo. 108*b*.
Lake, 1394. p. 346.   1420. fo. 234.
LAMBERT, *of Calton, fr. Co. Durham*, 1394. p.
    200.   1415. fo. 22*b*.   1420. fo. 146*b*.
    1487. fo. 354*b*.   4630. p. 347.
Lambart, 1394. p. 348.
LAMBTON, *of Malton, fr. Co. Durham*, 1394. p.
    130.   1415. fo. 91*b*.   1420. fo. 94.   1487.
    fo. 334*b*.
Lamplegh, 1415. fo. 101.   1420. fo. 239.
LAMPLEW, 1394. p. 56.   1415. fo. 64*b*.   1420.
    fo. 44.   1499. fo. 47.
—— *of Riston, fr. Co. Cumb.* 1394. p. 104.
    1415. fo. 84.   1420. fo. 80*b*.   1487. fo.
    326*b*.
LANGDALE, *of Everstone*, 1394. p. 134.   1415.
    fo. 93.   1420. fo. 98*b*.   1487. fo. 338.
—— *of Fenton and Houghton*, 1394. p. 83.
    1415. fo. 77.   1420. fo. 64.   1487. fo.
    336*b*.
—— *of Snainton*, 1487. fo. 338*b*.
Langdayle, 1394. pp. 350. 351.   1415. fo. 99.
    1420. fo. 236*b*.
Langhorn, 1420. fo. 224.
LANGLEY, *of Orsthorpe*, 1394. p. 77.   1415. fo.
    75*b*.   1420. fo. 59*b*.   1487. fo. 294*b*.
Langley, 1394. p. 351.
LANGTON, *of Farnley*, 1430. fo. 346.
Langton, 1415. fo. 103.   1420. ff. 222. 229*b*.
    240*b*.
LASCELLES, *of Brackenburgh*, 1394. p. 34.   1415.
    fo. 56.   1420. fo. 32.   1487. fo. 248.
—————— *v.* JACKSON.
Lascelles, of Eskrick, 1415. fo. 102*b*.   1420. fo. 240*b*.
—— *of Sowerby*, 1394. p. 342*b*.   1415. fo.
    100.   1420. fo. 238.
Lascenby, v. Laseby.
Laseby, or, Lascenby, 1394. p. 343.
Lasingby, 1420. fo. 229.
Latham, 1420. fo. 228.
LATIMER, *Lord, v.* NEVILL.
—————— *of Bransby*, 1420. fo. 239*b*.
Latimer, 1415. ff. 97. 98.   1420. ff. 235. 236.
LATON, *of Saxhowe*, 1487. ff. 424*b*. 471.
—— *v.* LAYTON.
Laton, 1415. fo. 101.   1420. fo. 239.
LAUGHTON, 1487. fo. 476*b*.   1541. fo. 192.

Lauthir, 1415. fo. 103.
LAVENTHORPE, *v.* LEVENTHORPE.
Lawar, 1420. fo. 226*b*.
LAWSON, 1394. pp. 57. 172.   1415. ff. 17*b*. 66*b*.
    1420. ff. 47*b*. 129*b*.   1484. fo. 57.   1487.
    ff. 78*b*. 80.   4630. p. 348.
Lawson, 1394. p. 344.   1499. fo. 35*b*.
LAYBORN, *v.* LEYBORN.
LAYTON, *or*, LATON, *of Barrowby*, 1487. fo. 143.
    4630. p. 342.
—————— *of Duffield*, 1394. p. 223.
—————— *of Rawden*, 4630. p. 341.
—————— *of West Layton*, 1394. p. 174.   1415.
    fo. 17*b*.   1420. ff. 117. 131.   1487. fo.
    142.
Layton, or, Laton, 1394. pp. 342. 343. 344.   1415.
    fo. 101*b*.   1420. fo. 239*b*.
LEE, *of Hatfield*, 1433. fo. 22*b*.   4630. p. 356.
Lee, 1394. p. 347.
Leech, 1415. fo. 99.   1420. fo. 237.
LEEDES, *of Milforth*, 1394. pp. 89. 215.   1415.
    fo. 79.   1420. fo. 67*b*.
—————— *of Northall*, 4630. p. 364.
Leedes, 1394. pp. 346. 350.
LEEDS, 1394. p. 215.   1415. fo. 25.   1420.
    fo. 155*b*.
LEGARDE, *of Anlaby and Rysam*, 1394. p. 33.
    1415. fo. 52*b*.   1420. fo. 28*b*.   1487. fo.
    283*b*.
Legarde, 1394. p. 350.
LEGH, *of Middleton*, 4630. pp. 349.—355.
LEIGH, *fr. Cos. Chesh. and Northumb.* 1394. p. 9.
    1415. fo. 41*b*.   1420. fo. 23*b*.
LEMING, *of Pickering*, 1487. fo. 496.
Lenington, 1415. fo. 101*b*.   1420. fo. 239.
LEPINGTON, *of Hodmanby*, 1487. fo. 492*b*.
LEPTON, *of Kepwick*, 1394. p. 149.   1415. fo.
    9*b*.   1420. fo. 109.   1487. fo. 271.
Lepton, of Cornborough, 1394. p. 342.   1415. fo.
    103.   1420. fo. 241.
LEVENING, 1394. p. 103.   1487. fo. 55*b*.
LEVENTHORPE, *or*, LAVENTHORPE, *of Leventhorpe*,
    1401. fo. 5*b*.   4630. p. 367.   6774. fo. 22*b*.
    6775. ff. 5*b*. 27*b*.   Add. MS. 4962. fo. 5*b*.
LEVETT, *of Melton*, 1487. fo. 438*b*.   4630. p.
    358.
LEWIS, *of Ledston and Marr*, 1487. fo. 498.
    4630. p. 369.
LEWLIAN, 1541. fo. 116.
LEYBORN, *or*, LAYBORN, 1394. p. 12*b*.   1415.
    fo. 41.   1420. fo. 23.   1487. fo. 169.
    1499. fo. 47*b*.
Leyborn, or, Layborn, 1415. ff. 97. 99*b*.   1420.
    ff. 235. 237*b*.
LINDLEY, *or*, LINLEY, *of Leathley*, 4630. p. 359.
    1487. fo. 288.
Lindley, 1394. p. 345.
LINLEY, *of Scotershelfe*, 1487. fo. 471.
—— - *v.* LINDLEY.
LISLE, 1487. fo. 406.
LISTER, *of Arnoldsbiggin*, 4630. p. 362.
—————— *of Kingston-upon-Hull, fr. Co. Glouc.*
    1487. fo. 455.
—— - *of Maningham*, 4630. p. 363.
—— —— *of Midhope*, 1394. pp. 125. 198.   1415.
    fo. 22*b*.   1420. fo. 146.   1487. fo. 150.
    4630. p. 360.
—— - *of Thornton*, 4630. p. 361.
—— —— *of Wakefield*, 1487. fo. 397.   1400. fo.
    26*b*.   1555. fo. 49.

Litster, *of Gargrave*, 1394. p. 348.
LITTON, *of Litton*, 1487. fo. 448*b*.
LOCKWOOD, *of Sowerby*, 1487. fo. 83.
LOFTHOUSE, 1415. fo. 45.
Longvillers, 1415. fo. 104.   1420. fo. 241*b*.
Lound, of Cave, 1415. fo. 102.   1420. fo. 239*b*.
Louther, 1420. fo. 240*b*.
LOVELL, *of Skelton and York*, 1394. p. 154.   1415.
    ff. 12. 41*b*.   1420. fo. 23.   1487. fo. 171.
    1499. fo. 48*b*.
Lovell, 1394. p. 341.   1415. fo. 99*b*.   1420.
    fo. 237.
LOWE, *fr. London*, 1394. p. 249.   1420. fo. 176.
LOWES, *v.* SHIRBROOKE.
LOWSON, *of Laxton*, 1487. fo. 489*b*.
LOWTHER, *of Ingleton*, 1487. fo. 368.   4630. p.
    366.
———— *of Swillington*, 4630. p. 368.
LUMLEY, *Lord*, 1499. fo. 26*b*.
LUTTON, *of Knapton*, 1394. p. 111.   1415. fo.
    88*b*.   1420. fo. 87.   1487. fo. 311.
———— *of Osgodby*, 1487. fo. 496*b*.
Lutton, 1394. p. 349.
Lynesford, 1415. fo. 100*b*.   1420. fo. 238*b*.
MADDISON, *of Unthanke*, 1394. p. 186.   1415.
    fo. 20.   1420. fo. 138.   1487. fo. 74.
Mafrell, 1420. fo. 238.
Magnus, of York, 1420. fo. 223.   1499. fo. 35.
MALBEIS, 1487. fo. 254*b*.
MALBYE, *of Cowton*, 4630. p. 408.

MALEVERER, *of Allerton*, 1394. p. 53.   1415. fo.
    57(*a. b*)   1420. ff. 34*b*. 35.   1487. fo.
    232*b*.   1499. fo. 34*b*.   4630. p. 389.
———— *of Beamesley*, 4630. p. 392.
———— *of Letwell*, 4630. p. 393.
———— *of Whixley*, 1394. p. 184.   1415.
    fo. 20.
———— *of Woderson*, 1394. p. 139.   1415.
    fo. 95.   1420. ff. 102*b*. 103.   4630. p.
    385.
Maleverer, of Arncliffe, 1420. fo. 236.   1415. fo.
    98*b*.
MALHAM, *of Bradley*, 4630. p. 376.
———— *of Elslach*, 1394. p. 205.   1415. fo.
    23*b*.   1420. fo. 149*b*.   1487. fo. 154.
    4630. p. 374.
MALLETT, *of Normanton*, 1394. pp. 242. 243.
    1415. ff. 28*b*. 29.   1420. fo. 173.   1487.
    fo. 117*b*.   4630. p. 370.
Mallett, 1394. p. 346.
MALLORY, *of Studley*, 1394. p. 37.   1415. fo. 85.
    1420. fo. 80.   1487. fo. 313*b*.   1499. fo.
    34.   4630. p. 377.
Mallory, 1394. p. 345.

MALTBY, *of Maltby and Muston*, 1487. ff. 465*b*.
    270*b*.
MAN, *of Bramley*, 1487. fo. 348.
—— *of Drax Abbey*, 1487. ff. 346. 347.
MANBY, *of Cranswich, fr. Co. Lanc.* 1487. fo. 431.
———— *of Elsam and Middleton, fr. Co. Linc.*
    1487. fo. 502*b*.
MANCHESTER, *of North Studley*, 1487. fo. 220.
Manners, of Dighton, 1394. p. 345.
Manston, 1415. fo. 102.   1420. fo. 240.
MANWICK, *or*, NUNWICK, 1394. p. 37.   1487.
    fo. 314.
MARCHE, *of Marr*, 4630. p. 383.
MARKHAM, 1094. fo. 133*b*.   1184. fo. 130*b*.
    1187. fo. 39*b*.   1188. p. 46.   1553. fo. 70.

MARKINFIELD, *of Markington*, 4630. p. 380.
MARKINGTON, 1415. ff. 43. 73*b*.
MARLEY, 1487. fo. 285.
Marmyon, 1420. fo. 229.
Marosby, 1420. fo. 241.
MARR, *of Marr*, 4630. p. 382.
MARSHALL, *of Pickering*, 1394. p. 85.   1415.
    fo. 78.   1420. fo. 65*b*.   1484. fo. 12.
    1487. fo. 291*b*.   1550. fo. 24*b*.
Marshall, 1394. p. 342.   1420. fo. 225*b*.
Martildale, 1415. fo. 103*b*.   1420. fo. 241.
MARTON, *of Marton*, 1394. p. 197.   1415.
    fo. 22.   1420. fo. 145*b*.   1487. fo. 140.
    4630. p. 379.
Marton, 1394. p. 348.   1415. fo. 100.   1420.
    fo. 238.
Masteneys, of Stow, 1420. fo. 236.
MATHEW, *of York, fr. Co. Durham*, 1487. fo.
    390*b*.
Maulee, 1415. fo. 97.
MAWDE, *of Helthwayte*, 4630. p. 384.
———— *or*, MONHAULT, *of West Ridleston*,
    1394. p. 212.   1415. fo. 24*b*.   1420. fo.
    153*b*.   1487. fo. 174.
Mawde, of Helthwayte, 1394. pp. 345. 348.
Mawley, 1415. fo. 97.   1420. fo. 235.
MAYNE, *of Rowton*, 1394. p. 99.   1415. fo.
    83.   1420. fo. 76*b*.   1487. fo. 235.
MEDCALFE, *or*, METCALFE, *of Bellerby and
    Ottrington*, 1394. pp. 147. 171.   1415. ff.
    10. 17. 25.   1420. ff. 108. 155*b*. 128. 213.
    1487. ff. 61*b*. 274*b*. 473.
———— *of Nappa*, 1394. p.
    171.   1415. fo. 17.   1420. fo. 213*b*.
    1487. fo. 217*b*.
Medcalfe, or Metcalfe, 1394. pp. 342. 344(*a. b.*)
MEDLEY, 1420. fo. 221.
MEERING, *of Water Freeston*, 1394. p. 217.
    1415. fo. 25.   1420. fo. 157.
Meering, 1394. p. 347.
Meffrell, 1415. fo. 100*b*.
MELTON, 1415. fo. 43*b*.   2109. fo. 92.
Menell, of Hawenby, 1394. pp. 342. 343.
MERKINGTON, 1420. fo. 57.
MERWORTH, *of Middleton*, 1394. p. 9.   1415. fo.
    41*b*.   1420. fo. 23*b*.
METCALFE, *v.* MEDCALFE.
Metgam, of Wigginthorp, 1420. fo. 232*b*.
METHAM, *of Barnehill*, 1171. fo. 41.   1394. p.
    69.   1415. fo. 70.   1420. fo. 53*b*.
    1487, fo. 208*b*.
———— *of Cateby*, 1394. p. 278.   1415. fo.
    35*b*.   1420. fo. 198*b*.   1487. fo. 209.
———— *of Metham and Wigginthorpe*, 1394.
    p. 170.   1415. fo. 17.   1420. fo. 129.
    1420. fo. 53*b*.   1487. fo. 208.   1499. fo.
    37*b*.
Metham, 1394. p. 350.   1420. fo. 224(*a.b.*)
MEYNELL, *of Kilvington and Stanke*, 1171. fo. 5*b*.
    1394. p. 169.   1415. fo. 16*b*.   1420. fo.
    127*b*.   1487. fo. 52.
MICKELFIELD, *of Bolton*, 1394. p. 86.   1415.
    fo. 79.   1487. fo. 209*b*.
MIDHOPE, *of Midhope*, 4630. p. 747.
MIDLETON, *of Newcastle-upon-Tyne*, 1487. fo.
    378*b*.   1499. fo. 28.
———— *of Stockeld and Stubham*, 1394. p. 196.
    1171. fo. 44.   1415. fo. 21*b*.   1420. fo.
    144*b*.   1487. ff. 376*b*. 377*b*.   1499. fo.
    44.   4630. pp. 396—399.

Midleton, 1420. ff. 222*b*. 238.
———— *of Stockeld*, 1394. p. 345.   1415. fo. 100.   1420. fo. 241*b*.
MILESON, *of East Hathesley*, 1420. fo. 156*b*.
Milisent, 1487. fo. 175*b*.
MILLNER, *of Pudsey*, 1487. fo. 471.   4630. p. 401.
MIRFIELD, *of Howley and Tonge*, 4630. pp. 402. 754. 755.
Molineux, 1415. fo. 103.   1420. fo. 240*b*.
MONHAULT, *v.* MAWDE.
MONKETON, *of Cawell*, 1190. fo. 92*b*.   1394. p. 87.   1415. fo. 78*b*.   1420. fo. 66*b*. 1487. ff. 285. 296*b*.
———— *of Lansburg*, 1415. fo. 84*b*.
———— *of Wharram Grange, fr. Co. Linc.* 1394. p. 110.   1415. fo. 88*b*.   1420. fo. 86*b*. 1487. fo. 297.
Monketon, 1394. pp. 349. 350.
MONTEAGLE, *Lord, v.* STANLEY.
MONTFORD, *of Hackforth*, 1394. p. 291.   1420. fo. 210*b*.
MONTFORT, *or*, MOUNTFORT, *of Kilnhurst*, 1171. fo. 51*b*.   1394. p. 169.   1415. fo. 16*b*. 1420. fo. 127.   1487. fo. 379*b*.   4630. p. 406.
Montfort, or, Mountfort, 1394. pp. 341. 349.
MOORE, *of Austrope*, 4630. p. 411.
———— *of Otterburn*, 1394. p. 24.   1415. fo. 40.   1420. fo. 20.   1487. ff. 162. 410.
Moore, 1394. p. 350.
More, 1394. p. 349.
MORESBY, 1415. fo. 75*b*.   1420. fo. 60.   1487. fo. 101*b*.
Moresby, 1415. fo. 103*b*.
MORLEY, *of Maltby and Normanby*, 1394. p. 137. 1415. ff. 93*b*. 94.   1420. fo. 100*b*.   1487. fo. 328*b*.
MORTON, 1180. fo. 89.   6183. fo. 86.
Morton, 1394. p. 349.
MORYN, *of Brompton*, 1487. fo. 194.
MOSELEY, *of York*, 1487. fo. 474*b*.
MOSTON, *of Cavil*, 1487. fo. 285.
MOUNTFORT, *v.* MONTFORT.
MOUNTNEY, *of Cowley*, 4630. p. 404.
———— *of Igmountney*, 1449. fo. 104.   1560. fo. 131.
———— *of Rotheram*, 4630. p. 410.
———— *of Wheatley*, 4630. p. 409.
Mountney, 1394. p. 349.   1415. fo. 98*b*.   1420. fo. 236.
MOWBRAY, *of Colton and Kirklington*, 1487. ff. 98*b*. 278.
MOYSER, *of Appleton*, 4630. p. 407.
———— *of Farlington*, 1394. p. 157.   1415. fo. 12.   1420. fo. 114.   1487. fo. 161.
Moyser, 1394. p. 341.
Mulcaster, 1415. fo. 103*b*.   1420. fo. 241*b*.
MUSGRAVE, *fr. Co. Westm.* 1394. p. 92.   1415. fo. 81.   1420. fo. 71*b*.   1487. fo. 64*b*. 1499. fo. 34.
MYLLES, *of Thorneton*, 1487. fo. 495*b*.
Myrfeld, 1415. fo. 101*b*.   1420. fo. 239*b*.
NALTON, *of Westhoe*, 1487. fo. 372*b*.
NANDICK, *of Edstone*, 1487. fo. 450.
Nelson, of Grimstone, 1394. p. 346.
NEOFILL, *or*, NEVILE, *of Cawthorne*, 4630. p. 414.
NETTLETON, *of Thornhill*, 1487. fo. 136.   4630. p. 415.

NEVILL, *Lord Falconbridge*, 1415. fo. 60.   1487. fo. 6*b*.
———— *Lord Latimer*, 1487. fo. 7*b*.   1499. fo. 24*b*.
———— *of Brearly*, 4630. p. 419.
———— *of Chevet*, 1394. p. 255.   1415. fo. 31*b*.   1420. fo. 182*b*.   1487. fo. 384*b*. 4630. p. 424.
———— *of Hoult*, 1394. p. 18.   1415. fo. 39*b*. 1420. fo. 17*b*.   1487. fo. 382*b*.
———— *of Leversedge*, 1487. fo. 384*b*.   1420. fo. 125*b*.   1415. fo. 16.   1499. fo. 43. 4630. p. 421.
———— *of Mirfield*, 4630. p. 413.
———— *of Thornton*, 1415. fo. 39*b*.   1394. p. 18.   1420. fo. 17*b*.   1487. fo. 383.
Nevill, of Leversedge, 1394. pp. 346. 347.   1415. ff. 97*b*. 101*b*. 103.   1420. ff. 235*b*. 239*b*. 240(*a. b.*)
———— *of Pickill*, 1415. fo. 98*b*.   1420. fo. 236*b*.
———— *of Wilmersley*, 1415. fo. 102*b*.
NEWARK, *of Akeham*, 1394. p. 57.   1415. fo. 65.   1420. fo. 46*b*.   1487. fo. 258*b*. 4630. p. 418.
Newark, 1394. p. 345.   1420. fo. 222.
NEWBY, *of Draughton*, 4630. p. 417.
———— *of North Fenton*, 1394. p. 226.   1415. fo. 26*b*.   1420. fo. 163.   1487. ff. 176*b*. 400.   4630. p. 416.
Newby, 1394. p. 346.
NEWLAND, 1487. fo. 194.
Newmarch, 1415. fo. 100*b*.   1420. fo. 238*b*.
NEWTON, *of Thorpe, fr. Co. Lanc.* 1394. p. 186. 1415. fo. 20.   1420. fo. 137*b*.   1487. fo. 72.
Newton, 1394. p. 350.
NICK, 1487. fo. 218.
NORCLIFF, *of Great Gomersal*, 1487. fo. 324.
NORMAN, 1487. fo. 359.
———— *of Burton Salmon*, 4630. p. 426.
———— *of Gateforth*, 1487. ff. 403. 443.
NORMANVILE, 1487. fo. 164.
———————— *of Billingley*, 1394. p. 127.   1415. fo. 32*b*.   1420. fo. 186*b*.
———————— *of Kirkham*, 1394. p. 42.   1415. fo. 87*b*.   1420. fo. 85.   1487. fo. 195*b*.
———————— *of Thribergh*, 1394. p. 116.   1415. fo. 61.   1420. fo. 38*b*.   1487. fo. 250*b*.
Normanvile, 1394. pp. 300. 349. 351.   1415. fo. 98*b*.   1420. ff. 221. 236.
NORTON, *v.* CONYERS.
———— *of Sawley*, 1487. fo. 497*b*.
Norton, 1394. p. 348.   1415. fo. 99.   1420. fo. 237.
Nowell, 1394. p. 347.
NUNWICK, *v.* MANWICK.
NUTHILL, 1487. fo. 247.
OGLETHORPE, *of Oglethorpe*, 1394. p. 228. 1415. ff. 20*b*. 27.   1420. ff. 140. 163*b*. 4630. p. 427.   1487. fo. 91*b*.
———————— *of Rawden*, 1394. p. 228.   1420. fo. 164.   4630. p. 432.   1487. fo. 95.
———————— *of Roundhey*, 4630. p. 431.   1487. fo. 92*b*.
Oglethorpe, 1394. pp. 346. 348. 349.   1420. fo. 231.
ORMESBY, 1487. fo. 358*b*.
Ormeston, 1420. fo. 223*b*.
OSBORNE, *of Keeton*, 4630. p. 433.
Osmunderlaw, 1415. fo. 101.   1420. fo. 239.

OTTERBORNE, *of Otterborne*, 1487. fo. 410.
Oughtred, *or, Owtred*, 1394. p. 300.   1415. fo. 97.   1420. fo. 235.
OWEN, 1487. ff. 229*b*. 423*b*.
Owtred, v. Oughtred.
Oxclyff, 1415. fo. 99*b*.   1420. fo. 237.
PAGANELL, 1415. fo. 90.
PAGE, 1420. fo. 209*b*.
Pakenham, 1420. fo. 222.
Palamore, 1420. fo. 240*b*.
PALMES, *of Lindley*, 4630. p. 438.
——— *of Naburn*, 1394. p. 58.   1415. fo. 65*b*.   1420. fo. 45*b*.   1487. fo. 251*b*.   1499. fo. 45*b*.   4630. p. 436.
Palmes, of Lindley, 1394. pp. 345. 350.
PARKER, *of Brownsholme*, 4630. p. 440.
PARKINSON, *of Burneston*, 1394. p. 171.
PARKYNS, *of Bramwith*, 1487. fo. 449*b*.
Paslawe, 1394. p. 348.
PASLEW, *of Ridlesden*, 4630. p. 441.
PAVOR, *of Braham*, 1487. fo. 65*b*.   4630. p. 467.
Pawney, of Cowell, 1420. fo. 236*b*.
PEARSON, *of York*, 1487. fo. 399.
PECKE, *of Wakefield and Wilsick*, 1153. fo. 102*b*. 1394. p. 39.   1415. fo. 32*b*.   1420. fo. 186.   1487. fo. 315.   1499. fo. 42*b*.   4630. p. 445.   Egerton MS. 996. fo. 25*b*.
Pecke, 1394. p. 346.
PEIRCE, *of York, jr. Co. Berks.* 1487. fo. 442*b*.
Pemerton, 1499. fo. 37.
Penington, 1415. fo. 102.   1420. fo. 240.
PENNYMAN, *of Marton and Stokesley*, 1394. p. 135. 1415. fo. 96.   1420. fo. 104*b*.   1487. fo. 62.
Pennyman, of Ormesby, 1394. p. 342.
PEPPER, *of East Cowton*, 1487. fo. 160*b*.
PERCEHAY, *of Ryton*, 1394. p. 132.   1415. fo. 92*b*.   1420. fo. 96*b*.   1487. fo. 231*b*.   1499. fo. 44.
Percehay, of Kildale, 1394. p. 341.   1415. fo. 101*b*.   1420. fo. 239*b*.
PERCY, 1420. fo. 209*b*.   1487. fo. 396.
——— *of Featherstone*, 4630. p. 442.
——— *of Scotton*, 1394. p. 194.   1415. ff. 20*b*. 21.   1420. ff. 140*b*. 142*b*.   1487. ff. 71*b*. 162*b*.   4630. p. 446.
——— *of Stubbs Walden*, 4630. p. 446.
PERERS, *v.* PERRERS.
PEREY, *of Ormesby*, 1394. p. 140.   1415. fo. 95*b*.   1420. fo. 104.
Perkings, 1420. fo. 231.
PERKINS, *of Otley*, 4630. pp. 443. 444.
PERRERS, *or,* PERERS, 1415. fo. 16.   1420. fo. 126.   1487. fo. 76.
Perwyngys, 1415. fo. 99*b*.   1420. fo. 237*b*.
PHILLIP, *of Bignell*, 1171. fo. 2.
PICKERING, 1415. ff. 21*b*. 75*b*.   1420. ff. 60. 143.   1487. ff. 101*b*. 495*b*.   Add. MS. 14,311. ff. 20. 90.
——————— *of Flamborough*, 1100. fo. 66.   1167. fo. 64.   1563. fo. 186.
——————— *of Therkell*, 1499. fo. 48.
Pickering, of Ellyrton, 1420. fo. 239.
——— *of Oswaldkirk*, 1415. fo. 103.   1420. fo. 240*b*.   1487. fo. 503*b*.
PIGOTT, 1394. p. 215.   1415. ff. 14*b*. 25.   1420. fo. 155*b*.
——— *of Clotheram*, 1415. fo. 14*b*.   1420. fo. 120.

PILKINGTON, 1487. fo. 456*b*.
——————— *of Nether Bradley*, 1487. fo. 179. 4630. p. 449.
Pilkington, 1420. fo. 231.
PINKENEY, *of Silton Pannel*, 1394. p. 145.   1415. fo. 96*b*.   1420. fo. 107.   1487. fo. 63.
PLACE, *of Halnaby*, 1487. fo. 282*b*.   1499. fo. 32*b*.
Place, 1487. fo. 503*b*.   1499. fo. 33*b*.
Plas, of Igton, 1415. fo. 100*b*.   1420. fo. 238.
PLOMPTON, *of Plompton*, 1394. p. 14.   1415. fo. 38.   1420. fo. 212*b*.   1487. fo. 132*b*. 1499. fo. 34*b*.   4630. pp. 452.—456.
Plompton, 1394. p. 345.   1415. fo. 102*b*.   1420. fo. 240.
POLLARD, *of Bishop's Auckland*, 1394. p. 133. 1415. fo. 92*b*.   1420. fo. 97*b*.   1487. fo. 329*b*.
Pollard, 1394. p. 341.
POLLEN, *of Kenlingham*, 1420. fo. 214.
POLLINGTON, *of Pollington*, 4630. p. 435.
PONCHEN, 1415. fo. 90.
PONTEFRACT, *Baron, v.* LACY.
POOLE, *of Bagley, jr. Cos. Devon. and Glouc.* 1394. p. 263.   1415. fo. 33.   1420. fo. 189.   1487. fo. 86*b*.
Poole, of Bartington, 1415. fo. 100*b*.   1420. fo. 238.
POPELEY, *or,* POPLEY, *of Moor House*, 1394. p. 251.   1415. fo. 30*b*.   1420. fo. 179*b*. 1487. fo. 116.   4630. p. 457.
PORTINGTON, *of Barnby*, 1420. fo. 215*b*.   1487. fo. 436*b*.   4630. p. 458.
Portington, 1394. p. 349.   1415. fo. 99.   1420. ff. 220*b*. 225. 237.
POWER, *of Wakefield*, 4630. p. 468.
Poynton, 1420. fo. 237*b*.
PROCKTER, *of Fountains Abbey*, 4630. p. 465.
——— *of Newhall*, 4630. p. 466.
Profite, 1420. fo. 223*b*.
PUDSEY, *of Arneforth*, 1394. p. 204.   1415. fo. 23*b*.   1420. fo. 149.   1487. fo. 158.
——— *of Bolton*, 1499. fo. 30*b*.   4630. p. 460.
Pudsey, 1394. p. 348.   1415. fo. 102*b*.   1420. fo. 240.
PULLEYN, *of Killinghall*, 1415. fo. 21*b*.   1420. fo. 143.   1487. fo. 75*b*.   4630. p. 463.
——— *of Scotton*, 1415. fo. 15*b*.   1420. fo. 125.   1487. fo. 76.   1499. fo. 23.   4630. p. 462.
Pulleyn, of Killinghall, 1394. p. 345.   1499. fo. 23*b*.
Pycott, 1415. fo. 97.   1420. fo. 235.
PYEMONT, *of Wakefield*, 4630. p. 464.
Pypper, 1394. p. 344.
QUARMBY, *of Quarmby*, 4630. p. 469.
QUIXLEY, 1394. p. 184.   1415. fo. 20.   1420. fo. 136*b*.   1487. ff. 68*b*. 352.
Quixton, 1420. fo. 225*b*.
RADCLIFFE, *of Hewicke*, 1394. p. 205.   1415. fo. 23*b*.   1420. fo. 105*b*.   1487. fo. 154.
——— *of Musgrave and Tunstall*, 1394. p. 142.   1415. fo. 96.   1420. fo. 149*b*. 1487. fo. 257*b*.
—— ——— *of Overthorpe*, 4630. p. 480.
—— ——— *of Threshfield*, 4630. p. 481.
Radcliffe, 1394. pp. 342. 347.   1415. fo. 99. 1420. fo. 237.

RAMSDEN, *of Longley and Lassell Hall*, 1487. fo. 457. 4630. pp. 470—472.

RAMSTON, 1415. fo. 30.

RASBY, *of Smeaton*, 4630. p. 476.

RASING, *of Malton*, 1394. p. 126. 1415. fo. 91. 1420. fo. 92*b*. 1487. fo. 262*b*.

RASTRICKE, *of Rastricke*, 4630. p. 474.

RAWDEN, *of Rawden*, 1487. fo. 59*b*. 4630. p. 473.

RAWSON, *of Besacle*, 1394. p. 264. 1415. fo. 33*b*. 1420. fo. 189*b*. 1487. fo. 81*b*.

————— *of Pigborne*, 1420. fo. 218*b*. 4630. p. 478.

—— *of Shipley*, 4630. p. 482.

READHEAD, *of Holden, fr. Co. Surrey*, 1487. fo. 488*b*.

REDMAN, *of Fulford*, 1394. p. 63. 1415. fo. 68*b*. 1420. fo. 50*b*. 1487. fo. 243*b*.

————— *of Harwood*, 1415. fo. 22. 1420. fo. 145. 1487. fo. 244. 4630. p. 483.

Redman, of Thornton and Twistleton, 1394. pp. 341. 348. 1415. fo. 99*b*. 1420. fo. 237(*a. b.*)

REMINGTON, *of Garby*, 1487. fo. 491*b*.

RENEVILL, *v.* REVENILL.

RERESBY, *of Thribergh*, 890. fo. 44. 1394. p. 42. 1171. fo. 42. 1415. fo. 61. 1420. fo. 38*b*. 1487. fo. 250*b*. 4630. p. 485.

Reresby, 1394. p. 348. 1420. ff. 220*b*. 221.

Resvill, 1420. fo. 232*b*.

REVENILL, *or,* RENEVILL, 1394. p. 67. 1415. fo. 69*b*. 1420. fo. 53.

RHODES, 1394. p. 85.

RICCARD, *of Hatfield*, 1487. fo. 440. 4630. p. 491.

—— —— *of Heck*, 1487. p. 402*b*. 4630. p. 489.

RICHMOND, *or,* BURGH, 1420. fo. 16.

RIDLEY, *of Buttersby*, 1487. fo. 433.

RIPLEY, *of Brereton*, 1415. fo. 44*b*.

RISHWORTH, *of Ridlesdon*, 4630. p. 492.

Rishworth, 1394. p. 346.

ROBINSON, *of Cowton Grange*, 1487. fo. 220*b*. 4630. p. 493.

———————— *of Richmond*, 1982. fo. 24*b*.

——— *of Rither and Thicket, fr. Co. Staff.* 1487. fo. 393*b*.

Robinson, of York, 1487. fo. 500*b*.

ROCKLEY, *of Rockley*, 1171. fo. 43. 1394. p. 257. 1415. fo. 32. 1420. fo. 184. 1487. fo. 323*b*. 1499. fo. 41. 4630. pp. 494*b*.—497.

Rockley, 1394. p. 349. 1415. fo. 102. 1420. fo. 241.

ROCLIFFE, *or,* ROWCLIFFE, *of Colthorpe*, 1394. pp. 14. 179. 1415. ff. 21*b*. 38. 1420. ff. 143. 212. 1487. fo. 96*b*. 1499. fo. 35. 4630. p. 498.

————— *of Rocliffe*, 4630. p. 500.

RODES, *of Houghton*, 4630. p. 501.

ROKEBY, *or,* ROOKEBY, *of Manfield*, 1394. p. 138. 1415. fo. 95. 1420. fo. 102. 1487. fo. 227.

————— *of Morton*, 1394. p. 82. 1415. fo. 77. 1420. fo. 63*b*. 1487. fo. 227*b*. 1499. fo. 29*b*.

————— *of Skires Hall, and Kirk Sandall*, 1394. p. 125. 1415. fo. 33*b*. 1420. fo. 190. 1487. fo. 228*b*. 4630. p. 504.

ROLLESTONE, *or,* ROLSTONE, *of Tanshelf*, 1487. fo. 247*b*. 4630. p. 479.

Romondby, 1415. fo. 100. 1420. fo. 238.

ROODS, 1484. fo. 37. 1487. fo. 292.

ROOKEBY, *v.* ROKEBY.

ROOKES, *of Rodishall*, 4630. pp. 502. 503.

Rookesby, of Skires, 1394. pp. 342. 343. 347.

ROOS, *of Wakefield*, 810. fo. 17*b*. 1180. fo. 58*b*. 1187. fo. 119*b*. 1487. fo. 486*b*. 6125. ff. 62*b*. 119. 6183. fo. 63*b*.

Roos, 1394. pp. 341. 345. 1415. ff. 97*b*. 101. 1420. ff. 221*b*. 225*b*. 235*b*. 239.

Roskenet, 1420. fo. 231*b*.

ROSSE, *of Cawton, fr. Co. Westm.* 1394. p. 147. 1415. fo. 10. 1420. ff. 30. 108. 1487. fo. 61*b*.

ROTHERHAM, *v.* SCOTT.

ROUTH, *of Pollington*, 1487. fo. 441*b*. 4630. p. 505.

————— *of Walesworth*, 1487. fo. 458*b*.

Routh, 1415. ff. 99*b*. 100. 1420. fo. 237(*a. b.*)

ROWCLIFFE, *v.* ROCLIFFE.

RUDSTON, *of Hayton*, 1394. p. 80. 1415. fo. 76*b*. 1420. fo. 62*b*. 1487. fo. 298*b*. 1504. fo. 120*b*.

Rudston, 1394. p. 351.

RUFO, 1415. fo. 41.

RUSSELL, *of Normanton*, 1394. p. 242. 1415. fo. 28*b*. 1420. fo. 172*b*.

RYDER, 1415. fo. 72.

Rylston, 1415. fo. 98*b*. 1420. fo. 236*b*.

Rytford, 1415. fo. 99. 1420. fo. 236*b*.

RYTHER, *of Alford*, 1394. p. 95. 1415. fo. 81*b*. 1420. fo. 73.

————— *of Harewood*, 1394. p. 216. 1171. fo. 50. 1415. fo. 24*b*. 1420. fo. 156. 1487. fo. 193.

————— *of Rither*, 4630. p. 506.

————— *of Scarcroft*, 4630. p. 508.

Ryther, of Harewood, 1394. p. 348. 1415. fo. 102. 1420. fo. 239*b*.

SACHEVERELL, 1415. fo. 30. 1420. fo. 177. 1487. fo. 293*b*.

ST. PAUL, *of Campsall*, 1394. p. 220. 1415. ff. 25*b*. 34. 1420. ff. 159. 193*b*. 1487. fo. 181*b*.

ST. QUINTIN, *of Acklam*, 1394. p. 119. 1415. fo. 89*b*. 1420. fo. 89*b*. 1487. fo. 56.

————— *of Ganstead*, 1394. pp. 81. 103. 1415. fo. 76*b*. 1420. ff. 63. 79. 1487. fo. 53*b*.

————— *of Harpham*, 1394. p. 108. 1415. fo. 86*b*. 1420. fo. 82*b*. 1487. fo. 53*b*.

St. Quintin, of Harpham, 1415. fo. 99*b*. 1420. fo. 237.

Salaray, 1420. fo. 235.

Salkeld, 1415. fo. 103*b*. 1420. fo. 241.

SALTMARSH, *of Saltmarsh*, 1394. p. 65. 1415. fo. 69. 1420. fo. 51*b*. 1487. fo. 259*b*.

Saltmarsh, 1394. p. 350.

SALTONSTALL, *or,* SALTINGSTALL, *of Huntwicke Grange*, 1487. fo. 451*b*. 1541. fo. 36. 4630. p. 512.

————— *of Rogerthorpe*, 4630. p. 513.

SALVEN, *or,* SALVEYNE, 1093. fo. 25. 1415. fo. 35*b*. 1420. fo. 199. 1487. fo. 125*b*. 1499. fo. 25*b*. 1537. fo. 31*b*. 4630. p. 511. 6592. fo. 24.

SALVEN, *or*, SALVEYNE, *of Thorpe Salvin*, 4630. p. 509.

Salven, or, Salveyne, of Duffield, 1394. p. 342. 1415. fo. 97. 1420. fo. 240.

——————————— *of Killum*, 1415. fo. 102.

SAMSON, 1415. fo. 97.

Samuell, 1096. fo. 4.

Sandes, 1415. fo. 101*b*. 1420. fo. 239.

SANDFORD, *of Thorpe Salvin*, 4630. p. 514.

Sandford, 1415. ff. 102. 103*b*. 1420. ff. 239*b*. 241.

SARAZIN, 1487. fo. 234.

Sarlay, 1415. fo. 100*b*.

Saulkeld, 1415. fo. 103*b*.

SAVELL, 1499. fo. 42.

Savell, 1420. fo. 241.

SAVILL, *or*, SAVILE, *of Aneley House*, 4630. p. 553.

——— *of Bradley*, 4630. p. 546.

——— *of Bowling*, 4630. p. 528.

——— *of Copley*, 1394. p. 247. 1415. fo. 92. 1420. fo. 178. 1487. fo. 467*b*. 4630. pp. 536. 540.

——— *of Golcarre*, 4630. p. 553.

——— *of the Bank*, 1394. p. 246. 1415. fo. 29*b*. 1420. fo. 176*b*. 1487. fo. 459*b*.

——— *of Bromehall*, 4630. p. 531.

——— *of Halifax*, 1487. fo. 235*b*.

——— *of Howley*, 4630. p. 534.

——— *of Hullingedge*, 4630. p. 539.

——— *of Husworth and Lupsett*, 1415. fo. 31. 1420. fo. 183. 4630. p. 527.

——— *of Mexbrough*, 4630. p. 548.

——— *of Netherton*, 4630. p. 531.

——— *of Newhall*, 4630. pp. 543. 544.

——— *of Savile Hall*, 4630. pp. 532. 554.

——— *of Stanley*, 4630. p. 529.

——— *of Thornhill*, 4630. pp. 516—526.

——— *of Wakefield*, 1394. p. 240. 1415. fo. 28*b*. 1420. fo. 172.

——— *of Wathe*, 1394. p. 272*b*. 1415. fo. 34*b*. 1420. fo. 195*b*. 1487. fo. 459*b*. 4630. p. 552.

——— *of Welburn*, 1420. fo. 95*b*.

——— *of Wrenthorpe*, 4630. p. 544.

Savill, 1394. pp. 341. 346. 347. 1415. fo. 103*b*. 1420. ff. 231. 232. 1487. fo. 503*b*.

SAWLEY, *of Sawley or Saxton*, 1487. fo. 222*b*.

SAXTON, 1394. p. 244. 1415. fo. 29. 1420. fo. 174*b*. 1487. fo. 119*b*.

SAYER, 1487. fo. 420*b*.

Scanfield, 1420. fo. 232.

SCARBROUGH, *of Glosburn*, 4630. pp. 557. 558.

SCARGILL, *v.* SKARGILL.

SCORAH, *of Doncaster, fr. Co. Heref.* 1420. fo. 216*b*.

SCHERCLYFF, *of Ecclesfield Hall*, 1487. fo. 464*b*.

Schorthose, 1415. fo. 103. 1420. fo. 240*b*.

SCOTT, *of Tollerton*, 1487. fo. 397*b*.

——— *or*, ROTHERAM, *of Barnes Hall*, 1487. fo. 350*b*. 4630. p. 555.

——— *v.* CALVERLEY.

SCOTTON, 1415. fo. 44*b*.

SCRIVEN, *of Knaresborough*, 1394. p. 73. 1415. ff. 43. 73*b*. 1420. fo. 57. 1487. ff. 219*b*. 220.

SCROOP, 1394. p. 290. 1420. fo. 209*b*.

——— *Lord*, 1499. fo. 28.

Scroop, of Bolton, 1394. p. 344*b*. 1420. fo. 222.

SCUDAMORE, *of Overton, fr. Co. Monm.* 1487. fo. 320*b*.

Sear, of Worsall, 1394. p. 342.

Segrave, of Helmesley, 1394. p. 341.

SELINGSBY, *v.* SLINGSBY.

SERLBY, *of Harthill*, 1394. p. 279. 1415. fo. 35*b*. 1420. fo. 199*b*. 1487. fo. 127*b*.

Sheffield, 1420. fo. 222.

SHILLITOE, *of Heath*, 4630. p. 560.

SHIRBROOKE, *or*, LOWES, 1394. p. 41. 1415. fo. 60*b*. 1420. fo. 38.

SILVESTER, *of Great Driffield, fr. London*, 1487. fo. 490*b*.

SIMSON, *of Ryton and Edgeton, fr. Co. Cumb.* 1394. p. 62. 1415. fo. 67. 1420. fo. 56. 1487. fo. 198*b*.

Skaresbecke, 1415. fo. 101. 1420. fo. 238*b*.

SKARGILL, *or*, SCARGILL, *of Thorp Stapleton*, 1468. fo. 90. 4630. pp. 556. 557.

Skargill, 1415. fo. 103. 1420. fo. 241.

Skawsby, 1420. fo. 232*b*.

SKELTON, *of Armathwayte*, 1420. fo. 205*b*. 1487. fo. 130*b*.

——— *of Bramford*, 1499. fo. 48.

——— *of Flamborough*, 1394. p. 109. 1415. fo. 87. 1420. fo. 84.

——— *of Osmondthorp*, 1487. fo. 131. 4630. p. 561.

——— *of Pomfret*, 1415. fo. 80.

Skelton, 1394. p. 351. 1415. fo. 103. 1420. fo. 241.

SKERNE, *of Portington, fr. Co. Linc.* 1394. p. 65. 1415. fo. 71*b*. 1420. fo. 54*b*. 1487. fo. 202.

——— *or*, STEWARD, *of Fokerby*, 4630. p. 562.

——— *v.* BENNETT.

——— CASTILIAN.

SKETON, *of Skelton*, 1487. fo. 233.

Skipwith, 1420. fo. 226.

SKYRES, *of Alderthwayte*, 1394. p. 268. 1415. fo. 34. 1420. fo. 192*b*. 1487. fo. 89*b*.

SLINGER, *of Catlowe*, 4630. p. 596.

SLINGSBY, *or*, SELINGSBY, *of Scriven*, 1394. pp. 25. 73. 1415. ff. 44. 73*b*. 1420. fo. 57. 1487. fo. 220. 1499. fo. 22*b*. 4630. p. 565.

Slingsby, 1394. p. 345. 1415. fo. 101. 1420. fo. 238*b*.

SMALLEY, 1415. fo. 28*b*. 1420. fo. 172*b*.

SMELT, *of Anderby*, 1394. p. 171.

Snassell, 1394. p. 344.

SNAWSELL, *of Bilton*, 1394. p. 61. 1415. fo. 66*b*. 1420. ff. 48. 160. 1487. fo. 211*b*. 1499. fo. 23*b*. 4630. p. 568.

SNIPSTON, *of Snipston*, 1415. ff. 42*b*. 43*b*.

SNYTHALE, 1394. p. 242. 1415. fo. 28*b*. 1420. fo. 172*b*.

SOTHEBY, *of Derington*, 1487. ff. 343*b*. 443*b*.

Sotheby, 1394. p. 351.

SOTHELL, *of North Dighton*, 1394. p. 188. 1415. ff. 20. 90. 1420. ff. 17*b*. 139. 176. 1487. fo. 72*b*. 4630. p. 570.

SOTTELL, *of Soutelhill*, 1415. fo. 39.

SOUTHEBY, *of Birdsall and Pocklington*, 1394. p. 116. 1415. fo. 88. 1420. fo. 86. 1487. fo. 264*b*.

Sowlby, 1394. p. 344*b*.

SPENCER, *Lord*, 1415. fo. 36*b*.

——— *of Bramley Grange*, 4630. p. 559.

Spencer, of Sidingham and Walton, 1394. p. 341.

SPENLOWE, *of Mormouter*, 1487. fo. 397*b*.

Spente, 1394. p. 344*b.*
Springs, 1415. fo. 97*b.*   1420. fo. 235*b.*
Stafford, 1415. fo. 99.   1420. fo. 237.
STANHOPE, *of Grimstone,* 4630. p. 580.
———— *of Horsforth,* 4630. p. 581.
Stanhope, 1415. fo. 104.   1420. fo. 241*b.*
STANILY, 1415. fo. 43.
STANLEY, *Lord Monteagle,* 1394. p. 168.   1415.
  fo. 16*b.*   1420. fo. 126*b.*
———— *of Womberley,* 1487. fo. 439*b.*
———— *of Womersley,* 1487. fo. 391.   4630.
  p. 579.
Stanley, 1394. p. 347.   1420. fo. 237.
STANSFIELD, *of Stansfield,* 4630. p. 582.
Stapilton, of Ednell, 1415. fo. 103*b.*
STAPLETON, *of Bedale,* 1394. p. 171.
———— *or,* STAPILTON, *of Carleton and Wig-*
  hill and Co. Notts. 1394. p. 171.   1415. fo.
  30.   1420. fo. 177(*a. b.*)   1487. fo. 292*b.*
  1499. fo. 23.   4630. pp. 572.—578.
Stapleton, 1394. pp. 344. 346*b.*   1415. ff. 97*b.*
  102*b.*   1420. ff. 235*b.* 240. 241*b.*
STAVELEY, 1394. p. 189.   1415. fo. 20*b.*   1420.
  fo. 139*b.*   1487. fo. 351*b.*
Staveley, 1394. p. 345.
Stayley, 1415. fo. 99.   1420. fo. 237.
Staynton, 1420. fo. 231*b.*
STEWARD, *v.* SKERNE.
STILLINGTON, *of Acaster,* 1394. p. 72.   1415.
  fo. 68.   1420. fo. 56*b.*   1487. fo. 218.
———— ———— *of Kelfield,* 1487. fo. 217*b.*
Stillington, 1394. p. 350.
STOCKDALE, *of Hammerton and Thorpe,* 1394. p. 288.
  1420. fo. 207*b.*   1487. fo. 137.   4630. p.
  585.
———— *of Leckington,* 1487. fo. 430.
STODLEIGH, 1487. fo. 220.
STODLEY, 1415. fo. 14*b.*   1420. fo. 120.
Stodow, 1415. fo. 100.   1420. ff. 223*b.* 238.
STOPHAM, 1415. fo. 14.   1420. fo. 121*b.*
Stopham, 1415. fo. 97*b.*   1420. fo. 235*b.*
STORMY, *v.* STURMEY.
STRANGWAYS, *of Ormesby,* 1394. p. 140.   1415.
  fo. 95*b.*   1420. ff. 103*b.* 104.   1487. ff. 7.
  253.
Strangrays, 1394. p. 342.   1415. fo. 102.
  1420. ff. 226*b.* 239*b.*
STRANGWISH, 1415. fo. 60.   1420. fo. 37.
Stranlay, 1415. fo. 99.
STRICKLAND, *of Boynton,* 1394. p. 109.   1487.
  fo. 57*b.*
Strickland, 1394. p. 349.   1415. fo. 102*b.*   1420.
  ff. 83*b.* 240*b.*
STRINGER, *of Sharleston,* 1487. fo. 405.   4630.
  p. 588.
Strouther, 1420. fo. 226*b.*
STURMEY, *or,* STORMY, *of Dromanby,* 1394. pp.
  121. 138.   1415. ff. 90. 94.   1420. fo.
  90*b.*   1487. fo. 238*b.*
STURMYN, 1487. fo. 102*b.*
STYLE, *of Auston,* 1487. fo. 481*b.*
Styreley, 1394. p. 350.
SUNDERLAND, *of High Sunderland,* 4630. p. 589.
Surtcys, 1415. fo. 103.
Sutteli, 1394. p. 345.   1415. fo. 99.
SWALE, *of Staveley,* 1394. p. 189.   1415. fo. 20*b.*
  1420. fo. 139*b.*   1487. fo. 69*b.*   4630. p.
  591.
Swarby, or, Swordby, 1415. fo. 99.   1420. fo.
  236*b.*

Swayle, 1394. p. 344*b.*
SWAYNE, 1487. fo. 351*b.*
SWIFT, *of Doncaster,* 4630. p. 593.
———— *of Rotherham,* 1487. fo. 358.
Swift, of Rotherham, 1394. p. 349.   1420. fo.
  220*b.*
SWILLINGTON, *of Swillington,* 1449. fo. 97.   4630.
  p. 742.
Swillington, 1415. ff. 97*b.* 101.   1420. ff. 235*b.*
  238*b.*
SWORDBY, *v.* SWARBY.
SWYNBORNE, *of York,* 1487. fo. 269.
Swynburne, 1415. fo. 101*b.*   1420. fo. 239.
SYMMES, *or,* SYMES, 1394. p. 249.   1415. fo.
  29*b.*   1420. fo. 176.
SYMSON, *of Edston,* 1487. fo. 372.
TALBOT, *of Bashall,* 4630. pp. 602.—609.
———— *of Thornton,* 1487. fo. 419*b.*
Talbot, of Birdforth, 1394. pp. 343. 344. 348.
  1415. fo. 98*b.*   1420. fo. 236*b.*
Talboys, 1420. fo. 221*b.*
TANCKRED, *of Whixley,* 4630. p. 614.
TANKARD, *of Panall,* 1394. pp. 14. 191. 293.
  1415. ff. 19. 20*b.*   1420. ff. 133*b.* 141.
  1487. ff. 287*b.* 425*b.*
———— *of Barrow Bridge and Arden,* 1394. pp.
  185. 151.   1415. ff. 10*b.* 20.   1420. ff.
  110. 137.   1487. fo. 374.   4630. p. 610.
Tankard, 1394. pp. 342. 345.   1415. fo. 102*b.*
  1420. fo. 236*b.*
TANKERSLY, *of Tankersly,* 4630. p. 615.
TAWNELL, *v.* WOMBWELL.
TEMPEST, *of Bowling,* 4630. p. 621.
———— *of Broughton,* 1394. p. 203.   1415. fo.
  23.   1420. fo. 148*b.*   1487. fo. 151.
  1499. fo. 43*b.*   4630. p. 623.
———— *of Rayne,* 4630. p. 626.
———— *of Studley,* 1394. p. 37.
———— *of Tong and Bracewell,* 1394. pp. 232.
  271.   1415. ff. 28. 34*b.*   1420. ff. 167*b.*
  194.   1487. fo. 152.   4630. pp. 616. 622.
  749—752.
———— *of Yellison,* 4630. p. 625.
Tempest, of Craven and Broughton, 1394. p. 347.
  1415. fo. 98*b.*   1420. fo. 236.
TENANT, *of Scotton,* 1487. fo. 478*b.*
Tenant, Add. MS. 4961. fo. 92.
THACKEL, 1097. fo. 79.
THIMELBY, *or,* THIMBLEBY, *of Snidale, fr. Co.
  Linc.* 1489. fo. 405*b.*   4630. fo. 636.
Thirheld, 1394. p. 351.   1415. fo. 101.   1420.
  fo. 238*b.*
THIRKELL, 1415. fo. 75*b.*   1420. fo. 60.   1487.
  fo. 102.
Thirlbe, 1394. p. 349.
Thirlwall, 1415. fo. 101.   1420. fo. 239.
THOATTS, *of Thoatts,* 1499. fo. 47*b.*
THOMLINSON, *of Birdforth,* 1394. p. 148.   1415.
  fo. 11.   1420. fo. 110*b.*   1487. fo. 191*b.*
Thomlinson, 1394. pp. 342. 344.
THOMSON, *of Esholt,* 1394. p. 211.   1415. fo.
  24*b.*   1420. fo. 153.   1487. fo. 310.
  4630. p. 635.
———— *of Langton,* 1394. p. 111.   1415. fo.
  88*b.*   1420. fo. 87*b.*   1487. fo. 309*b.*
  4630. p. 635.
Thomson, of Esholt, 1394. p. 348.
———— *of Warnfield,* 1487. fo. 500.
THORESBY, *of Thoresby,* 1487. fo. 352.

Thoresby, 1394. p. 344*b.*
Thorland, 1394. p. 347.
THORNBOROUGH, *of Shelside,* 1394. p. 98.   1415.
   fo. 82*b.*   1420. fo. 75*b.*   1487. fo. 187*b.*
   1499. fo. 48*b.*
THORNEHOLME, *of Asthorp,* 1415. fo. 86.   1394.
   p. 106.   1487. fo. 304.   1415. fo. 86.
   1420. fo. 81*b.*
Thornell, 1394. p. 347.
THORNHILL, *of Fixby,* 1487. fo. 457*b.*   4630.
   p. 630.
—————— *of Thornhill Hall,* 1487. fo. 468.
   4630. p. 628.
Thornhill, 1420. fo. 231*b.*
THORNTON, *of Askrigg,* 1394. p. 178.   1415. fo.
   18*b.*   1420. fo. 133.
—————— *of Birdforth,* 1394. p. 144.   1415.
   ff. 17. 96*b.*   1420. ff. 106*b.* 128.   1487.
   ff. 145*b*—147.   4630. p. 633.
—————— *of East Newton,* 1415. fo. 24.   1420.
   fo. 150.
—————— *of Thornton,* 1487. fo. 10.
Thornton, 1394. p. 347.

—————— *of Hull,* 1487. fo. 503*b.*
—————— *of Newton,* 1234. fo. 246*b.*   1374.
   fo. 14.   1394. p. 341.   1415. fo. 103.
   1420. fo. 240*b.*   1457. fo. 24*b.*
Thorold, 1415. fo. 100.   1420. fo. 237*b.*
THORPE, *of Aldbrough,* 1487. ff. 302. 485.
—————— *of Thorpe,* 1171. fo. 43.   1394. pp. 35.
   288.   1415. fo. 52(*a. b.*)   1420. ff. 28.
   208.   1487. ff. 204*b.* 224*b.*

—————— *of Burdstall,* 1394. p. 122.
Thorpe, 1394. pp. 342. 350.   1420. fo. 222.
—————— *of Burdstall,* 1487. fo. 503*b.*
THURGERLAND, *of Liley,* 4630. p. 637.

—————— *of Thurgerland,* 1487. fo. 406.
THURLAND, *of Gamstone,* 1394. p. 99.   1415.
   fo. 83.   1420. fo. 76*b.*   1487. fo. 188.
THWAITS, *of Lound and Ridell,* 1394. p. 120.
   1415. fo. 88*b.*   1420. fo. 83*b.*   1487. fo.
   260.

—————— *of Marston,* 1394. p. 60.   1415. fo.
   65*b.*   1420. fo. 47.   1487. fo. 260*b.*
   Add. MS. 14,311. fo. 35*b.*
Thwaits, 1394. p. 344.   1415. ff. 101*b.* 102*b.*
   1420. ff. 230. 234. 239. 240*b.*
THWENG, *of Cornebrough,* 1394. pp. 6*b.*   177.
   1415. ff. 18. 36.   1420. ff. 132. 200. 206.
   1487. ff. 131*b.* 144*b.* 434.
—————— *of Over Helmesley,* 1394. p. 161.   1415.
   fo. 13.   1420. fo. 119.   1487. fo. 306*b.*
—————— *of Ratsey,* 1487. fo. 434.
Thweng, 1394. pp. 341. 351.   1415. fo. 103.
   1420. fo. 241.
TOCKETTS, *of Tocketts,* 1394. p. 137.   1415. fo.
   94.   1420. fo. 101.   1487. fo. 335.
Tocketts, 1394. p. 342*b.*

TONGE, *of Eccleshall,* 1499. fo. 29.
—————— *of Tonge,* 4630. p. 753.
TOPHAM, *of Agelthorp,* 1487. fo. 392*b.*
Topham, 1420. fo. 241*b.*
Townley, 1420. fo. 229*b.*
TOWRYE, *of Wistowe,* 1487. fo. 302.
TRAPPS, *of Harrowgate,* 4630. p. 640.
TRAVERS, 1415. fo. 34.   1420. fo. 193*b.*
Trentham, 1420. fo. 221*b.*
TREWAND, *or,* BLAKEFORDBY, 1415. fo. 43*b.*

TRIGOTT, *of South Kirkby,* 1394. p. 218.   1415.
   -fo. 25*b.*   1420. fo. 157*b.*   1487. fo. 107.
   4630. p. 642.
TROTTER, *of Skelton Castle,* 1487. fo. 426.
TRUSLOWE, *of Mappleton,* 1487. fo. 453.
—————— *of Sutton and Beverley,* 1420. fo. 194.
   1487. fo. 89.
TUNSTALL, *of Scargill,* 1394. p. 21.   1415. fo.
   88.   1420. fo. 85*b.*   1487. fo. 422.
   1499. fo. 47*b.*
Tunstall, 1394. p. 343.   1415. fo. 102*b.*   1420.
   fo. 240*b.*
TWISLETON, *of Barley,* 1487. fo. 400*b.*   4630.
   p. 641.
Twisleton, 1394. p. 346.
TWYER, 1394. p. 95.   1420. p. 72*b.*
TYNDALL, *of Brotherton,* 1394. p. 231.   1415.
   fo. 27*b.*   1420. fo. 166.   1487. fo. 105*b.*
   4630. pp. 638. 639.   Add. MS. 12,477. fo.
   52.
Tyndall, 1394. p. 346.
UFFLETT, 1415. fo. 25*b.*   1420. fo. 158.   1487.
   fo. 183*b.*
Urswick, 1420. fo. 236*b.*
USHER, *of Featherstone,* 1394. p. 262.   1415.
   fo. 33.   1420. fo. 188*b.*   1487. fo. 87.
USLEETE, *of Wighill,* 4630. p. 662.

VAUGHAN, *of Sutton, fr. Co. Brecknock,* 1394.
   p. 78.   1415. fo. 75*b.*   1420. fo. 60.
   1487. fo. 100*b.*
—————— *of Thorpe,* 1487. ff. 308*b.* 423*b.*
Vaughan, 1394. pp. 350. 351.
VAUX, *of Steresby, fr. Co. Cumb.* 1394. p. 160.
   1415. fo. 12*b.*   1487. fo. 340*b.*
Vaux, 1415. fo. 101.   1420. fo. 239.
VAVASOUR, 1548. fo. 177.   Add. MS. 16,279.
   p. 215.

—————— *of Acaster,* 1394. p. 68.   1415. fo.
   71.   4630. p. 655.
—————— *of Coppenthorpe,* 4630. p. 654.
—————— *of Denby,* 1394. p. 284.   1415. fo.
   36.   1420. fo. 203*b.*   1487. fo. 436.
   4630. p. 653.
—————— *of Haselwood and Spaldington,* 1171.
   fo. 40*b.*   1394. pp. 74. 164.   1415. ff.
   13*b.* 74.   1420. ff. 57*b.* 60. 120*b.* 121*b.*
   227.   1487. ff. 410*b.* 411*b.* 434*b.* 436.
   1499. fo. 37.   4630. pp. 644. 656.
—————— *of Weston,* 1394. p. 25.   1415. fo.
   32.   1420. ff. 54. 121*b.* 185.   1487. ff.
   410*b.* 411*b.*   4630. p. 648.
Vavasour, 4394. pp. 345. 346*b.* 350.   1415. fo.
   102.   1420. ff. 222. 227. 226*b.* 232(*a. b.*)
   239*b.*   1487. fo. 503*b.*
Verdon, 1420. fo. 231*b.*
VESSY, *or,* VESCY, *of Brampton,* 1487. fo. 439.
   4630. p. 657.
—————— Lord, *v.* ATTON.

—————— —————— BROMFLETT.
VICCAR, 1100. fo. 4.   1563. fo. 16.
VINCENT, *of Braithwell and Barnbrough,* 4630.
   p. 659.
—————— *of Smeaton,* 1487. fo. 447*b.*
Vincent, 1394. pp. 343. 349.
WADDINGTON, 1394. p. 348.
WADE, *of Kilnsea,* 4630. p. 663.
Wadesley, 1415. fo. 97*b.*   1420. fo. 235*b.*
WADESON, *of Yafforth,* 1487. fo. 454.
Wake, 1415. fo. 97.   1420. fo. 235.

WAKEFIELD, *of Kingston-upon-Hull and Pomfret,* 1394. p. 72.   1415. fo. 80.   1420. fo. 70. 1487. fc. 201.
Walham, 1394. p. 348.
WALKINGHAM, 1394. p. 73.   1415. fo. 43. 1420. fo. 57.   1487. fo. 351.
WALLER, *of Balnehall,* 4630. p. 664.
WALLIS, *of Frickley,* 4630. p. 676.
WALTERS, 1468. fo. 131.
WANDESFORD, *of Kirklington,* 1394. pp. 7. 183. 1415. fo. 19*b.*   1420. ff. 103. 136.   1487. ff. 73. 234.   1499. fo. 32*b.*   5865. fo. 40.
———————— *of Pickhill,* 1487. fo. 73*b.*
Wandesford, 1394. p. 343.   1499. fo. 33*b.*
WARCOPP, 1415. fo. 37.   1420. fo. 206*b.*   1487. fo. 134.   1499. fo. 49.
Warcopp, of Lambersed, 1394. p. 343.   1415. fo. 102.   1420. fo. 239*b.*
WARDE, *of Brereton and Scotton,* 1415. fo. 45. 1433. fo. 9*b.*   1487. fo. 356*b.*   1504. fo. 41.   1546. fo. 31*b.*   6147. fo. 33*b.*
Warde, 1394. p. 348.   1415. fo. 103*b.*   1420. fo. 241.
WARTER, *of Wansworth,* 1487. fo. 491.
Warwyck, 1415. fo. 103.   1420. fo. 241.
WASHINGTON, *of Adwich,* 1487. fo. 459.   4630. p. 665.
Wassington, 1394. p. 349.
Wastnes, of Stow, 1415. fo. 98*b.*
WATERHOUSE, *of Braithwell,* 1394. p. 266. 1415. fo. 33*b.*   1420. fo. 190*b.*
——————— *of Halifax,* 1487. fo. 85.
———————— *of Shipden Hall,* 4630. p. 667.
Waterhouse, 1394. p. 349.
WATERTON, *of Walton,* 1093. fo. 16.   1394. pp. 67. 225.   1415. ff. 26*b.* 69*b.*   1420. ff. 53. 162*b.*   1487. fo. 261*b.*   4630. pp. 668—672.
Waterton, 1394. p. 346.   1415. fo. 103*b.*   1420. ff. 231. 241*b.*
Watnall, 1394. p. 344.

WATSON, *of Loft House,* 4630. p. 673.
WATTERS, *of Usburne,* 4630. p. 675.
WAWTON, *of Cliffe,* 1394. p. 177.   1415. fo. 18. 1420. ff. 132. 200.   1487. ff. 131*b.* 144*b.*
WAYTE, *of Austrope,* 1487. fo. 410.
WEBSTER, *of Flamborough,* 1487. fo. 110.
Weekerley, 1415. fo. 99.   1420. fo. 237.
WELBERY, *of Lassenby,* 1487. fo. 497*b.*
Wellys, 1415. fo. 100*b.*   1420. fo. 238*b.*
WENCELAGHE, *of Brandesburton,* 1394. p. 100. 1415. fo. 83*b.*   1420. fo. 77.   1487. fo. 311*b.*

WENTWORTH, *of Gawthorpe and Wentworth,* 1394. p. 250.   1171. fo. 42*b.*   1415. fo. 37. 1420. fo. 208*b.*   1487 fo. 408.   1499. ff. 41. 43*b.*   4630. p. 677.
——————— *of Kirkby and Elmsall,* 1394. p. 50.   1415. ff. 30*b.* 37.   1487. fo. 289*b.* 1487. fo. 408.   1499. fo. 22.   4630. p. 684.
——————— *of West Bretton,* 1415. fo. 30*b.* 1420. fo. 178*b.*   1487. fo. 409*b.*   1499. 43*b.*   4630. p. 691.
——————— *of Woolley,* 1487. fo. 407*b.*   4630. p. 693.
Wentworth, 1394. pp. 346. 347. 348.
Wepound, 1415. fo. 97*b.*   1420. fo. 235*b.*
WESSE, 1562. fo. 19.

WEST, *of Aighton,* 1394. p. 273.   1420. fo. 196. 1487. fo. 88.   4630. p. 697.
——— *of Burghwallis,* 4630. p. 695.
——— *of Firbeck,* 4630. p. 696.
——— *of Hunshelfe,* 1487. fo. 88*b.*
——— *of Rotheram,* 1487. fo. 88*b.*
WESTBY, *of Gilthwayte,* 4630. p. 700.
———— *of Ravensfield,* 1394. p. 277.   1415. fo. 35.   1420. fo. 198.   1487. fo. 129*b.* 4630. p. 698.
Westby, 1394. pp. 345. 349.
WESTHORPE, *or,* WESTROPE, *of Cornbrough,* 1394. pp. 6. 177.   1415. ff. 18. 36.   1420. ff. 132. 200. 206.   1487. fo. 131*b.*
WESTON, 1415. fo. 75*b.*   1420. fo. 60.
WESTROPE, *v.* WESTHORPE.
Whadisley, 1415. fo. 102*b.*   1420. fo. 240.
WHALLEY, *of Dalby,* 1394. p. 152.   1415. fo. 11.   1420. fo. 111*b.*   1487. fo. 138*b.*
WHARTON, *Lord,* 1415. fo. 37*b.*   1420. fo. 203. 1499. fo. 48*b.*
———————— *of Beverley,* 1420. fo. 44*b.*   1487. fo. 66*b.*
———————— *of Gilling, fr. Co. Westm.* 1487. fo. 418*b.*
———————— *of Helthwait Hill,* 1487. fo. 70.
Wharton, Lord, 1394. p. 344.
Whatton, 1420. fo. 228.
WHEATLEY, *of Brearley,* 4630. p. 701.
——————— *of Woolley,* 1487. fo. 407.
Wheatley, 1420. fo. 232.
Whelpdale, 1415. fo. 101*b.*   1420. fo. 239.
WHETENHALL, *of Hening, fr. Co. Chesh.* 1394. p. 175.   1415. fo. 18*b.*   1420. fo. 132*b.* 1487. fo. 191.
WHITACRES, 1487. fo. 355.
WHITGIFT, 1397. p. 133.   Add. MS. 4963. fo. 2.
WHYTE, *of Wakefield,* 4630. p. 702.
Whytryg, 1415. fo. 103*b.*   1420. fo. 241.
WICKLIFF, *of Wickliff,* 1415. fo. 37.   1420. fo. 202.   1487. fo. 128.   1499. fo. 29.
WILBERFOSSE, *of Brigham,* 1487. fo. 312*b.*
——————— *of Wilberfosse,* 1394. p. 105. 1415. fo. 85*b.*   1420. ff. 80*b.* 81.   1487. fo. 312.
WILBORE, *of Knottingley,* 4630. p. 709.
WILKINSON, *of Bolton,* 1394. p. 282.   1415. fo. 35*b.*   1420. fo. 201*b.*   1487. fo. 130.
WILLAN, *of Boston, and Kingston-upon-Hull,* 1420. fo. 192.   1487. fo. 83*b.*
WILLEY, *of Houghton,* 1487. fo. 499*b.*
WILLIAMSON, *of Scarborough,* 1394. p. 128. 1420. fo. 93.   1487. fo. 62*b.*
Williamson, of Harnes Feader, 1394. p. 341.
WILLOUGHBY, *Lord, of Parham,* 1394. p. 27. 1420. fo. 27*b.*
——————— 1394. p. 41.   1415. fo. 60*b.* 1420. fo. 38.
WILSON, *of Monkefreston,* 1487. fo. 126.
——— *of Westonfield,* 1487. fo. 421*b.*
Wilson, of Beverley, 1420. fo. 225.
WILSTHORPE, *or,* WILSTROPE, 1171. fo. 48. 1415. fo. 40*b.*   1487. fo. 163*b.*   4630. pp. 726—727.
Wilsthorpe, 1394. p. 344.   1415. fo. 103.   1420. ff. 221*b.* 240*b.*   1487. fo. 503*b.*
WITHAM, *or,* WYTHAM, *of Cliffe,* 1394. p. 176. 1415. fo. 18.   1420. fo. 131*b.*   1487. ff. 131*b.* 144.

WITHAM, *or*, WYTHAM, *of Ledstone*, 1394. fo. 223. 1415. fo. 26. 1420. ff. 132. 161. 1487. fo. 145. 4630. p. 703.
———————————— *of West Garforth*, 4630. p. 706.
Witham, or, Wytham, 1394. p. 346. 1420. fo. 223.
WITHES, *of Copgrave, fr. Co. Norf.* 1487. fo. 450*b*. 4630. p. 705.
Wolven, 1420. fo. 222.
WOMBWELL, *of Syvercliff*, 1487. fo. 306.
———————— *of Thunnercliff*, 4630. p. 717.
———————— *or*, TAWNELL, *of Wombwell*, 1394. p. 280. 1415. fo. 35*b*. 1420. fo. 200*b*. 1487. fo. 305*b*. 4630. p. 714.
Wombwell, 1394. pp. 348. 349. 1415. fo. 99*b*. 1420. fo. 237*b*.

WOOD, *of Belston*, 4630. p. 710.
——— *of Copmanthorpe*, 1487. fo. 57*b*.
——— *of West Lutton, and Kilnwick*, 1394. pp. 79. 122. 1415. ff. 76. 91. 1420. fo. 61*b*. 1487. ff. 79*b*. 336.
Wood, 1394. p. 345.
——— *of Langley*, 1420. fo. 232.
WOODROVE, *of Bolton, fr. Co. Derby.* 1394. p. 269. 1415. fo. 34. 1420. fo. 193. 1487. fo. 82.
———————— *of Woolley.* 1415. fo. 37*b*. 1420. fo. 211. 1487. fo. 82*b*. 4630. p. 711.
Woodrove, 1394. p. 347.
WORMELEY, *of Hatfield*, 1394. p. 261. 1415. fo. 32*b*. 1420. fo. 188. 1487. fo. 325*b*.
Worsnyke, 1415. fo. 98*b*.
WORTLEY, *of Normanton*, 1487. fo. 354.
———————— *of Wortley*, 1487. fo. 353*b*. 4630. pp. 718—724.
Wortley, 1394. p. 347. 1415. ff. 97*b*. 99*b*. 1420. ff. 235*b*. 237.

WRAYE, *of Cusworth*, 1487. fo. 456*b*. 4630. p. 725.
WRIGHT, *of Plowland, fr. Co. Kent*, 1394. p. 95. 1171. fo. 46. 1415. fo. 81*b*. 1420. fo. 73. 1487. fo. 230*b*.
WROTELEY, 1093. fo. 14.
Wycliff, 1394. pp. 343. 344. 1415. fo. 101*b*. 1420. fo. 239*b*.
WYNN, *of Gisborough*, 1487. fo. 345*b*.
WYNTER, *of Hadnam*, 1394. p. 195.
WYRRALL, *or*, WYRRELL, *of Loversall*, 1241. fo. 161. 1394. p. 260. 1415. fo. 33. 1420. fo. 187*b*. 1487. ff. 84. 402. 4630. p. 707. 6172. fo. 27*b*. Add. MS. 14,314. fo. 13.
———————— *of Monahan*, 1487. fo. 84.
WYRRELL, *v.* WYRRALL.
WYTHAM, *v.* WITHAM.
WYVELL, *or*, WYVILL, *of Burton*, 1415. fo. 37*b*. 1420. fo. 210. 1487. fo. 332.
———————————— *of Osgodby*, 1394. p. 134. 1415. fo. 93. 1420. fo. 98. 1487. fo. 332*b*.
Wyvell, 1394. pp. 341. 344.
YARBOROUGH, *of Snaith Hall*, 4630. p. 728.
YAXLEY, *of Bickerton*, 1394. p. 345.
YEOWARD, *of Stokesley*, 1394. p. 135. 1415. fo. 93. 1420. fo. 99. 1487. fo. 333*b*.
YOUNG, *of Burn*, 4630. p. 730.
———— *fr. Co. Staff.* 1394. p. 244. 1415. fo. 29. 1420. fo. 174*b*. 1487. fo. 119*b*. 4630. p. 729.
———— *of York*, 1487. fo. 391. 4630. p. 733.
Yong, 1420. fo. 222*b*.
YORKE, 1394. p. 195. 1415. fo. 37*b*. 1420. fo. 204.
———— *of Gowthwaite*, 4630. p. 732.
———— *of York*, 4630. p. 731.
Yorke, 1394. p. 345.

THE END.